SCHÜLER-
DUDEN

Der Sport

DUDEN für den Schüler

Rechtschreibung und Wortkunde
Vom 4. Schuljahr an

Grammatik
Eine Sprachlehre mit Übungen und Lösungen

Wortgeschichte
Herkunft und Entwicklung des deutschen Wortschatzes

Bedeutungswörterbuch
Wortbildung und Wortschatz

Fremdwörterbuch
Herkunft und Bedeutung der Fremdwörter

Die richtige Wortwahl
Ein vergleichendes Wörterbuch sinnverwandter Ausdrücke

Die Literatur
Die wichtigsten literarischen Begriffe

Lateinisch-Deutsch
Ein Wörterbuch für Schule und Studium

Die Mathematik I
5. bis 10. Schuljahr

Die Mathematik II
11. bis 13. Schuljahr

Die Informatik
Ein Sachlexikon speziell für Schüler

Die Biologie
Das Grundwissen der Schulbiologie

Die Tiere
Ein Sachlexikon für den Biologieunterricht

Die Physik
Von der ersten Physikstunde bis zum Abitur

Die Chemie
Ein Lexikon der gesamten Schulchemie

Die Geographie
Von der Geomorphologie bis zur Sozialgeographie

Die Geschichte
Die wichtigsten historischen Begriffe

Die Musik
Ein Sachlexikon der Musik

Die Kunst
Der gesamte Stoff für den modernen Kunstunterricht

Der Sport
Ein Fachwörterbuch für die Schule

Die Philosophie
Ein Sachlexikon der Philosophie

Politik und Gesellschaft
Ein Lexikon zur politischen Bildung

Die Psychologie
Ein Fachwörterbuch speziell für Schüler

Die Religionen
Ein Lexikon aller Religionen

Das Wissen von A bis Z
Ein allgemeines Lexikon für die Schule

DUDEN Schülerlexikon

WIE FUNKTIONIERT DAS?

Wie funktioniert das?
Die Technik im Leben von heute
608 Seiten mit 282 zweifarbigen und 8 vierfarbigen Schautafeln.

Wie funktioniert das?
Der Mensch und seine Krankheiten
600 Seiten mit 245 zweifarbigen und 8 mehrfarbigen Schautafeln.

Wie funktioniert das?
Gesund sein und fit bleiben
543 Seiten mit rund 240 zweifarbigen Schautafeln.

Wie funktioniert das?
Der moderne Staat
640 Seiten mit 306 zweifarbigen Schautafeln.

Wie funktioniert das?
Die Umwelt des Menschen
592 Seiten mit 260 zweifarbigen Schautafeln.

Wie funktioniert das?
Die Wirtschaft heute
656 Seiten mit 315 ganzseitigen Schautafeln.

Wie funktioniert das?
Die Energie – Erzeugung, Nutzung, Versorgung
303 Seiten mit 137 zweifarbigen Schautafeln.

Wie funktioniert das?
Die Arzneimittel
320 Seiten mit 132 zweifarbigen Abbildungen.

Wie funktioniert das?
Städte, Kreise und Gemeinden
336 Seiten mit 160 zweifarbigen Schautafeln.

Wie funktioniert das?
Die Bundeswehr
Etwa 320 Seiten mit rund 135 zweifarbigen Schautafeln.

MEYERS TASCHENLEXIKA ZU SPEZIALTHEMEN

Meyers Taschenlexikon Biologie in 3 Bänden
Alles Wissen über Mensch, Tier und Pflanze. 960 Seiten, rund 15 000 Sachartikel und Biographien. Über 800 meist farbige Abbildungen, Graphiken, Tabellen, Übersichten und entwicklungsgeschichtliche Stammbäume, zahlreiche Literaturangaben.

Meyers Taschenlexikon Geschichte in 6 Bänden
Die Weltgeschichte in 25 000 exakt definierten Stichwörtern.
1 920 Seiten, rund 25 000 Biographien, Sachartikel und Ländergeschichten. Zahlreiche, zum Teil mehrfarbige Abbildungen, Graphiken, Übersichten und Stammtafeln. Rund 200 historische Karten und mehr als 6 000 Literaturangaben.

Meyers Taschenlexikon Musik in 3 Bänden
Das gesamte Wissen über die Musik: Von der Musik des Mittelalters bis zur Musik des 20. Jahrhunderts einschließlich Jazz-, Rock- und Popmusik sowie der Musik antiker und fremder Kulturen. 1 056 Seiten, rund 8 000 Biographien und Sachartikel. Über 800 Notenbeispiele, zahlreiche, zum Teil farbige Abbildungen, rund 9 000 Literaturangaben.

NACHSCHLAGEWERKE DES ALLGEMEINEN WISSENS

Alte Maße, Münzen und Gewichte
Das Lexikon für den Sammler. 399 Seiten, 214 Abbildungen.

Krank – was tun?
Ein Ratgeber für den Alltag. 324 Seiten.

Schlaglichter der deutschen Geschichte
Ein Geschichtsbuch mit einer neuartigen Konzeption. 456 Seiten, über 300 Abbildungen. Register.

KINDER- UND JUGENDBÜCHER

Meyers Großes Kinderlexikon
Das neuartige Wissensbuch für Vor- und Grundschulkinder. 323 Seiten mit 1 200 Artikeln, 1 000 bunten Bildern sowie einem Register mit etwa 4 000 Stichwörtern.

Meyers Kinderlexikon
Mein erstes Lexikon. 259 Seiten mit etwa 3 000 Stichwörtern und rund 1 000 farbigen Bildern.

Meyers Buch vom Menschen und von seiner Erde
Das besondere „Schmökerlexikon“. Erzählt für jung und alt von James Krüss, gemalt von Hans Ibelshäuser und Ernst Kahl.
162 Seiten mit 77 überwiegend ganzseitigen, farbigen Bildtafeln.

Meyers Großes Buch der alten Schiffe
Von den frühesten Bootsformen bis zu den schönen schnellen Segelschiffen unseres Jahrhunderts. 96 Seiten mit 45 großformatigen, farbigen Bildtafeln.

Meyers Großes Sternbuch für Kinder
Eine umfassende Einführung in das faszinierende Wissensgebiet der Astronomie für Kinder. 126 Seiten mit über 100 farbigen, teils großformatigen Zeichnungen und Sternkarten.

MEYERS LEXIKONVERLAG
Mannheim/Wien/Zürich

SCHÜLER-DUDEN

Der Sport

Herausgegeben
von der Redaktion für Sport
des Bibliographischen Instituts
unter der Leitung
von Gerhard Kwiatkowski

Bearbeitet von
Professor Dr. Herbert Haag
und weiteren Mitarbeitern

Bibliographisches Institut Mannheim/Wien/Zürich
Dudenverlag

Redaktion: Dr. Rudolf Ohlig

Mitarbeiter:
Matthias Horeis, Frankfurt am Main
Christine Koloska, Kiel
Jutta Schmichowski, Kiel
Dr. Birgit Wagenbach-Horeis, Frankfurt am Main
Jutta Wilke, Kiel

CIP-Kurztitelaufnahme der Deutschen Bibliothek

Schülerduden „Der Sport“/hrsg. von d. Red. für Sport d. Bibliograph. Inst. unter Leitung von Gerhard Kwiatkowski. Bearb. von Herbert Haag u. weiteren Mitarb. - Mannheim; Wien; Zürich: Bibliographisches Institut, 1987.

ISBN 3-411-02209-4

NE: Kwiatkowski, Gerhard [Hrsg.]; Haag, Herbert [Bearb.]; Der Sport

Satz: Bibliographisches Institut (DIACOS Siemens)
und Mannheimer Morgen Großdruckerei und
Verlag GmbH (Digiset 40 T 30)
Druck und Einband: Klambt-Druck GmbH, Speyer
Printed in Germany
ISBN 3-411-02209-4

Vorwort

Sport zählt zu den Erscheinungsformen unseres individuellen und gesellschaftlichen Lebens, die in jüngster Zeit immer größere Bedeutung erlangt haben. Auch in der Schule ist Sport ein vollgültiges Fach, das von Klasse 1 bis 13 als unverzichtbarer Bestandteil des Schullebens angesehen wird.

Es ist Ziel des Sportunterrichts, vielseitige Bewegungserlebnisse und -erfahrungen zu vermitteln sowie eine Vielfalt sportmotorischer Fertigkeiten im Rahmen eines breiten Angebots von Sportarten zu entwikkeln. Der Schüler soll dadurch zu seiner eigenen Gesundheit beitragen und zu weiterer sportlicher Tätigkeit in der Freizeit angeregt werden. Ferner soll er Kenntnisse und Einsichten erwerben, die ihn befähigen, in dem Lebensbereich Sport urteilen, entscheiden und handeln zu können.

Dem Schulsport kommt also sowohl in seiner unterrichtlichen als auch in seiner außerunterrichtlichen Form eine große erzieherische Verantwortung zu. In der gymnasialen Oberstufe wird diesem Auftrag in Form von Grundkursen und Leistungskursen Rechnung getragen, in einem Sportunterricht also, in dem neben motorischen und affektiven ganz besonders auch die kognitiven Lernziele in den Vordergrund gerückt werden.

Der Schülerduden „Der Sport" übernimmt in diesem Zusammenhang die wichtige Funktion, dem Schüler zu helfen, die Inhalte des Sportunterrichts auch auf der begrifflichen Ebene genau zu erfassen. Der Schülerduden „Der Sport" wurde gemeinsam von Sportwissenschaftlern, Sportmedizinern, Sportlehrern mit Schulerfahrung, Schülern und den Fachredakteuren des Bibliographischen Instituts erarbeitet und wendet sich vor allem an Schüler der Klassen 8 bis 10 der weiterführenden Schulen.

Die über 3 000 behandelten Stichwörter wurden unter Berücksichtigung der Lehrpläne der einzelnen Bundesländer sorgfältig und kritisch ausgewählt. Sie repräsentieren alle wichtigen Begriffe des Sports, der Sporterziehung und der Sportwissenschaft. Auch zahlreiche grundlegende Begriffe aus angrenzenden Fachgebieten wie Sportmedizin, Sportbiomechanik, Sportpsychologie, Sportpädagogik, Sportsoziologie, Sportgeschichte und Sportphilosophie wurden berücksichtigt, soweit sie für das Verständnis sportspezifischer Zusammenhänge von Bedeutung sind.

Die Artikel dieses ersten deutschsprachigen Schülerfachlexikons zum Sport sind praxisgerecht aufgebaut und in einer leichtverständlichen Sprache abgefaßt. Zahlreiche in den Text integrierte Abbildungen und Skizzen, die einen zusätzlichen Informationswert darstellen, sowie ein Verzeichnis mit weiterführender Literatur runden das Werk zu einem informativen Nachschlagewerk ab, das auch über den schulischen Gebrauch hinaus von Nutzen ist.
Zu danken haben wir den im Vorspann genannten Mitarbeitern, vor allem Herrn Dr. Rudolf Ohlig für seine unermüdliche und zuverlässige Betreuung des Gesamtwerkes.

Mannheim, im Frühjahr 1987

HERAUSGEBER UND BEARBEITER

Zur Einrichtung des Buches

1. Alphabetisierung

Der Text ist nach Stichwörtern alphabetisch geordnet, die halbfett gedruckt am Anfang der ersten Zeile des Artikels stehen. Die Alphabetisierung berücksichtigt diakritische Zeichen grundsätzlich nicht und ordnet Umlaute wie die einfachen Selbstlaute ein: ä wie a, ö wie o usw. Komplexe Stichwörter, die mehrere halbfett gedruckte Wörter umfassen, werden ohne Rücksicht auf die Wortgrenze durchalphabetisiert.

2. Schreibung

Die Schreibung richtet sich grundsätzlich nach den Regeln der Duden-Rechtschreibung. Bei Begriffen aus Sprachen mit einer anderen Schrift als der lateinischen wurde eine vereinfachte Transkription verwendet, die die Laute annähernd in lateinischen Buchstaben wiedergibt. Zusätzlich werden beim Stichwort bzw. im Text die folgenden diakritischen Zeichen verwendet:

- ´ (Akzent auf Vokal): im Griechischen Betonung der Silbe; im Französischen accent aigu.
- ` (Akzent auf Vokal): im Griechischen Betonung der letzten Silbe, wenn ein weiteres griechisches Wort folgt; im Französischen accent grave.
- ῀ (Zirkumflex auf Vokal): im Griechischen Kennzeichnung einer langen, betonten Silbe, auf die nur eine kurze Silbe folgt.
- ^ im Französischen accent circonflexe.

3. Betonung

Der untergesetzte Punkt unter Vokalen bedeutet, daß der Vokal kurz und betont ist; untergesetzter Strich unter Vokalen bedeutet, daß der Vokal lang und betont ist. Bei mehreren möglichen Betonungen erfolgt die Betonungsangabe nur in der Lautschrift in eckigen Klammern. Wenn das Stichwort neben der Aussprache noch eine Herkunftsangabe (Etymologie) erhält, erscheint die jeweilige Sprache nur einmal. Beispiel:

Lifetimesport [englisch 'laɪftaɪm „auf Lebenszeit"]

4. Ausspracheangaben in Lautschrift

In den Fällen, in denen die Aussprache nicht oder nur unvollkommen aus dem Stichwort erschlossen werden kann, wird in eckigen Klammern die Aussprache mit den folgenden Zeichen des Internationalen Phonetischen Alphabets (IPA) wiedergegeben:

a	helles bis mittelhelles a	hat [hat], Ra̲d [ra̲:t]	ç	Ich-Laut	ịch [ɪç]
			d	d-Laut	Dạmpf [dampf]
ã	nasales a	Gourmand [gʊr'mã:]	dʒ	dsch-Laut („weich")	Gịn [dʒɪn]
æ	sehr offenes ä	Catch *engl.* [kætʃ]			
aɪ	ei-Diphthong	re̲i̲t! [raɪt]	e	geschlossenes e	le̲bt [le:pt]

ɛ	offenes e	hätte ['hɛtə]
ə	Murmellaut	halte ['haltə]
f	f-Laut	fast [fast]
i	geschlossenes i	Elisa [e'li:za]
ɪ	offenes i	bist [bɪst]
k	k-Laut	kalt [kalt]
l	l-Laut	Last [last]
m	m-Laut	man [man]
n	n-Laut	Nest [nɛst]
ŋ	ng-Laut	lang [laŋ]
o	geschlossenes o	Lot [lo:t]
õ	nasales o	Bon [bõ:]
ɔ	offenes o	Post [pɔst]
r	r-Laut	Rast [rast]
s	s-Laut („scharf")	Rast [rast]
ʃ	sch-Laut	schalt [ʃalt]
t	t-Laut	Tau [taʊ]
ts	z-Laut	Zelt [tsɛlt]
u	geschlossenes u	Kur [ku:r]

v	w-Laut	Wart [vart]
w	konsonantisches u	Winston *engl.* ['wɪnstən]
z	s-Laut („weich")	Hase ['ha:zə]
ʒ	sch-Laut („weich")	Genie [ʒe'ni:]
:	Längezeichen, bezeichnet Länge des unmittelbar davor stehenden Vokals	bade ['ba:də]
'	Hauptbetonung, steht unmittelbar vor der betonten Silbe;	Acker ['akər], Apotheke [apo'te:kə]
-	Bindestrich, bezeichnet Silbengrenze	Wirtschaft ['vɪrt-ʃaft]

5. Herkunftsangabe (Etymologie)

Ist eine Information über die Herkunft und die ursprüngliche Bedeutung eines Stichworts nicht nur wortgeschichtlich, sondern auch inhaltlich bedeutsam, erhält das betreffende Stichwort eine Herkunftsangabe in eckigen Klammern. Die Herkunftsangabe wird im Normalfall mit der Sprache eingeleitet, aus der das Wort stammt, es folgt die Bedeutung des Wortes in dieser Sprache in Anführungszeichen. Sofern das Wort eine abgeleitete Bildung ist oder nicht mehr mit seiner ursprünglichen Lautung übereinstimmt, wird diese ebenfalls in einer vereinfachten Transkription eingeführt, gegebenenfalls unter Verwendung der unter 2. angegebenen diakritischen Zeichen. Beispiele:

Libero [italienisch „freier (Mann)"]
Kinetik [zu griechisch kineĩn „bewegen"]
Gymnologie [zu griechisch gymnós „nackt" und lógos „Wort, Lehre"]

Ist die Erschließung der ursprünglichen Lautung inhaltlich nicht von Bedeutung, erscheint nur die Sprache, der dieses Wort entstammt.

6. Bedeutungsgleiche oder bedeutungsähnliche Wörter (Synonyme)

Gibt es für einen Sachverhalt mehrere Begriffe, so werden diese in runden Klammern wiedergegeben.

7. Abkürzungen

In diesem Buch werden nur allgemein bekannte und gebräuchliche Abkürzungen verwendet, zum Beispiel:

z. T. = zum Teil, u. a. = unter anderem, und andere[s], u. ä. = und ähnliche[s], v. a. = vor allem, d. h. = das heißt, z. B. = zum Beispiel, svw. = soviel wie, v. Chr. = vor Christus, n. Chr. = nach Christus, usw. = und so weiter, Abb. = Abbildung, S. = Seite.

A

Abbruch: vorzeitige Beendigung eines sportlichen Wettkampfs durch den Schieds- bzw. Kampfrichter aufgrund von veränderten Witterungsverhältnissen, disziplinlosem Verhalten von Wettkampfteilnehmern, Ausschreitungen von seiten der Zuschauer oder zu starker Unterlegenheit eines Wettkampfteilnehmers (z. B. beim Boxen). Gegebenenfalls erfolgt eine Neuansetzung des Wettkampfs oder – bei eindeutiger Verursachung des Abbruchs durch eine Mannschaft bzw. ihre Anhängerschaft – es wird der anderen Mannschaft der Sieg zugesprochen.

Abfahrtslauf: Disziplin des alpinen Skilaufs für Damen und Herren, bei der eine künstlich angelegte, von den Läufer gefährdenden Hindernissen geräumte Abfahrtsstrecke mit Pflichttoren in kürzester Zeit zu durchfahren ist. Die Strecke muß mindestens 40 m breit sein und Gleitstücke, Sprünge und Steilstücke sowie einen großen Zielraum zum Ausschwingen enthalten. Der Höhenunterschied der Strecke beträgt für Herren 800 bis 1 000 m, für Damen 500 bis 700 m. Die Mindestbreite der durch zwei an Stangen befestigten Flaggen gekennzeichneten Pflichttore beträgt 8 m. Die Ausrüstung der Abfahrtsläufer ist speziell auf die Abfahrt zugeschnitten: langer und breiter ↑ Ski mit besonderer Schaufel und körperangepaßten Stöcken, eng anliegender, windschlüpfriger Rennanzug, Sturzhelm (Vorschrift!). Da beim Abfahrtslauf Geschwindigkeiten von über 100 km/h erreicht werden können, sind gute Kondition und Fahrtechnik erforderlich. Die typische Abfahrtshaltung, v. a. in der Schußfahrt, ist die sogenannte *Monopostohaltung* (benannt nach einem [einsitzigen] Rennwagentyp; früher: *Eihaltung*): Der Oberkörper ist weit herabgebeugt, so daß die Oberschenkel mit den Unterschenkeln einen nahezu rechten Winkel bilden, die Beine sind weit gespreizt, die Stöcke in den Achselhöhlen eingeklemmt, so daß ihre Teller – bedingt durch die gebeugte Haltung – nach oben zeigen. Auch beim Fahren der meist langen Kurven (wobei in der Regel die Bogen- oder Schwungtechnik eingesetzt wird) wird auf eine Haltung geachtet, die möglichst windschlüpfrig ist. Vor Abfahrtsrennen finden jeweils Trainingstage an der Rennstrecke statt, damit die Läufer die Strecke kennenlernen können, und dadurch das Sturzrisiko vermindert wird. – Die Wettkämpfer starten einzeln nach Leistungsgruppen in Abständen von in der Regel 60 Sekunden. Beim Starten öffnet der Läufer das Starttor und setzt dadurch die elektronische Zeitmessung in Gang. Die Zeit wird gestoppt, wenn der Läufer mit beiden Skiern die Ziellinie überquert hat. – Es gibt auch einen Kombinationsabfahrtslauf, der mit dem Kombinationsslalomlauf gemeinsam gewertet wird. – Zur Technik ↑ alpiner Skilauf, zu Geschichte und Organisation ↑ Skisport.

Abfallen: 1. in *Rennwettbewerben* das Verlieren des Kontakts (des Anschlusses) zu dem bzw. den das Feld der Wettkämpfer Anführenden (z. B. in den leichtathletischen Laufwettbewerben); – 2. im *Segelsport* das Wegdrehen vom Wind (Gegensatz: Anluven).

Abfaller: Übung im Kunst- und Turmspringen, bei der der Springer aus dem Sitz, Stand (vorlings oder rücklings) oder Handstand den Körper passiv vom Brett nach unten fallen läßt, um dann möglichst senkrecht einzutauchen. Der Abfaller dient v.a. dazu, das Eintauchen genau zu erlernen, und als Vorübung für die Sprünge, da ihm das Element des Absprungs fehlt.

Abgabe: 1. der Verlust eines Satzes, Punkts oder Titels in bzw. nach Wettkämpfen; – 2. bei Ballspielen das Weiterleiten (Abgeben, Abspiel) des Balles an einen (möglichst freien) Spieler der eigenen Mannschaft.

Abgang: im Geräteturnen letzter Teil der Übung, mit dem der Turner das Gerät verläßt. Der in vielfältigen Varianten geturnte Abgang muß zum sicheren Stand führen. Ein gekonnter und risikoreicher Abgang rundet eine Übung ab.

Abiturprüfung im Fach Sport: aufgrund der Vereinbarung zur Neugestaltung der gymnasialen Oberstufe in der Sekundarstufe II der Kultusministerkonferenz vom 7. 7. 1972 kann auch das Fach Sport an den meisten Schulen eines von vier Abiturprüfungsfächern sein: 1. als viertes Prüfungsfach als Abschluß der Teilnahme an Grundkursen Sport (praktische und mündliche Prüfung); – 2. als Leistungsfach (praktische und schriftliche/mündliche Prüfung bei 5–6 Wochenstunden Unterricht). – In jedem Fall hat der Schüler Sport in Grundkursen (2–3 Unterrichtsstunden pro Woche) zu belegen, wobei bis zu drei für die Gesamtqualifikation angerechnet werden können. Damit ist sichergestellt, daß Sport wie andere Fächer bei der Berechnung der Hochschulreife bzw. -qualifikation berücksichtigt wird.

Ablauf: 1. bei bestimmten Sportarten der Startplatz, an dem sich die Wettkampfteilnehmer (z.B. Läufer, Pferde) vor dem Start einfinden; – 2. in der Leichtathletik bei Staffeln auch das Starten des den Stab übernehmenden Läufers. Der Ablauf erfolgt hier von der Wechselmarke aus, damit der Stab im Wechselraum bei optimalem Tempo übernommen werden kann.

Ablegen: beim Kanu-, Ruder-, Segel- und Motorbootsport u.a. das Sichentfernen vom Anlegesteg bzw. vom Land. Dafür haben sich – ähnlich wie beim ↑Anlegen – bestimmte Manöver (Techniken) als sinnvoll herausgestellt, bei denen es im allgemeinen v.a. darauf ankommt, daß ein Fuß (landabgewandt) festen Stand im Boot hat, während der andere durch einen kräftigen Abstoß vom Steg (Land) dem Boot Antrieb zu geben versucht.

Ablösesumme: im Berufssport eine Geldsumme, die dem Verein, den ein Sportler verläßt, von dem neuen Verein, zu dem dessen Wechsel erfolgt, gezahlt wird. Als Nebenvereinbarung wird oft ein sogenanntes **Ablösespiel** zwischen dem bisherigen und dem neuen Verein vereinbart; der Erlös aus diesem Spiel fließt dem bisherigen Verein zu. Ablösesummen sind u.a. im Fußball in Millionenhöhe bekannt. Oft erhält der wechselnde Spieler zudem ein inoffizielles Handgeld. Die Ablösesumme ist heute weltweit fester Bestandteil des Berufssports (v.a. beim Berufsfußball). Die Entwicklung auf dem Gebiet der Ablösesummen ist ein Beispiel für Auswüchse im Berufssport.

Abpfiff: akustisches Zeichen zur Beendigung einer Teilspielzeit bzw. des gesamten Wettkampfes durch den Schiedsrichter, auch zur Unterbrechung eines Spiels oder Wettkampfs wegen eines Regelverstoßes.

Abprallen: bei hartem Auftreffen auf einen Widerstand das [federnd] Zurückgeworfenwerden; bei verschiedenen Ballspielen prallt der Ball z.B. vom Gerät (etwa vom Torpfosten beim Fußball, Handball u.a.; vom Brett bzw. Ring beim Basketball [„Rebound"]) oder von einem Gegen- bzw. Mitspieler (beim Fußball, Rugby u.a.) ab.

Abrißfraktur ↑Fraktur.

Abschirmen: das Decken (Beschatten) eines Gegenspielers im Rahmen der Verteidigung bei Ballspielen. Der Grad der Körperberührung kann dabei von *nicht* (↑Block im Volleyball) über *möglichst nicht* (Basketball) zu *gegeben* (↑ Sperren im Fußball) reichen.

Abschlag: 1. das [Wieder]insspielbringen des Balles nach einer Spielunterbrechung (z. B. Torausball) zur Fortsetzung des Spiels; z. B. im *Fußball* der Abschlag des Balles aus der Hand des Torwarts innerhalb des 16-m-Raums; im *Hockey* die Fortsetzung des Spiels vom Schußkreis aus; – 2. im *Golf* der Startschlag vom ↑ Tee.

abschütteln: sich von einem Verfolger (Gegenspieler, Läufer, Radfahrer u. a.) durch größere Schnelligkeit bzw. geschicktes taktisches Verhalten absetzen (entfernen).

Abseilen ↑ Bergsteigen.

abseits: Qualifizierung einer regelwidrigen Position eines oder mehrerer Spieler bei verschiedenen Ballspielen und beim Eishockey.
Beim *Fußball* ist ein Spieler der angreifenden Mannschaft abseits, wenn er sich im Augenblick der Ballabgabe in der gegnerischen Spielhälfte näher an der Torlinie des Gegners befindet als der Ball *und* nicht mindestens zwei Gegner zwischen sich und der Torlinie hat (Ausnahme: Der Ball wird zuletzt vom Gegner gespielt oder kommt unmittelbar von einem Eckball, Einwurf oder Schiedsrichterball). Im modernen Fußball wird zunehmend mit der sogenannten *Abseitsfalle* gearbeitet, einer Taktik, mit der die Verteidigungsspieler die Angreifer ins Abseits zu locken versuchen. Die korrekte Anwendung der Abseitsregel ist oft schwierig, so daß bisweilen Tore aus abseitsverdächtigen Positionen erzielt oder Angriffszüge zu Unrecht wegen vermeintlicher Abseitsstellung abgepfiffen werden. Häufig wird der Augenblick der Ballabgabe nicht richtig erkannt.
Beim *Hockey* ist ein Spieler abseits, wenn er sich im Augenblick der Ballabgabe in der gegnerischen Spielfeldhälfte näher am Tor befindet als der Ball *und* nicht mindestens zwei Gegner vor sich hat (Ausnahme: Der Ball wird zuletzt vom Gegner gespielt oder prallt von der Querlatte des Tors oder einem Torpfosten ab).
Beim *Rugby* ist jeder Spieler abseits, der sich nicht hinter dem Ball befindet.
Beim *Eishockey* ist jeder Spieler abseits, der in das gegnerische Verteidigungsdrittel gelaufen ist, *bevor* der von einem Mitspieler gespielte Puck dort angelangt ist, bzw. wenn der Puck über zwei der markierten Linien der Mittelzone gespielt wird **(Zweilinienabseits).**

Abseits. Links: Fußball: Der Spieler der angreifenden Mannschaft steht im Abseits, da sich im Augenblick der Ballabgabe durch seinen Mitspieler weniger als zwei Gegenspieler zwischen ihm und der Torlinie befinden. – Rechts: Eishockey: Der Angriffsspieler steht im Abseits (gestrichelte Linien), a: da er einen Paß über zwei Linien erhält, b: da er in das gegnerische Verteidigungsdrittel eingedrungen ist, bevor der Puck über die Verteidigungslinie gespielt wurde (durchgezogene Linien: erlaubtes Zuspiel)

Die Abseitsregel ist der Versuch, das Angriffsspiel ohne Übervorteilung zu regeln. Früher wurde die Regel auch bei anderen Ballsportarten angewandt (z. B. beim Feldhandball bis 1950).

Abspiel ↑ Abgabe.

Absprung: das Sichabdrücken aus dem Stand oder nach Anlauf mit dem Ziel, eine gewisse Sprunghöhe bzw. -weite zu erreichen. Dieser Bewegungsablauf ist Bestandteil der Grundtechniken in zahlreichen Sportarten. – In den *Ballspielen* wird nach dem Absprung versucht, eine bestimmte Technik anzuwenden (z. B. den Kopfball beim Fußball, Sprungwurf beim Handball, Korbleger beim Basketball). In der *Leichtathletik* spielt der Absprung im Rahmen aller Sprungwettbewerbe nach dem Anlauf eine Rolle, um vom Boden abzuheben. Beim *Reiten* bzw. *Springreiten* gipfelt der Anlauf auf ein Hindernis im Absprung des Pferdes. Präzise Vorbereitung und Durchführung des Absprungs sind für die Unversehrtheit von Pferd und Reiter von größter Bedeutung. Beim *Skispringen* hebt der Skispringer mit dem Absprung vom Schanzentisch ab. Beim *Wasserspringen* beginnt der Körper mit dem Absprung die Flugphase. Ähnlich liegt es in anderen Kunstsportarten wie *Geräteturnen, rhythmischer Sportgymnastik, Eiskunstlauf, Eistanz* oder *Tanz*. Beim *Fallschirmspringen* ist der Absprung (fußwärts) für die Gestaltung des freien Falls vor dem Öffnen des Fallschirms von entscheidender Bedeutung. – Da Springen eine Grundtätigkeit und eine Elementarerfahrung des Menschen darstellt, ist auch der Absprung als Grundelement von (auch sportlicher) Bewegung aufzufassen.

Abstaubertor: in den Ballspielen (v. a. beim Fußball) ein durch Ausnützen eines glücklichen Zufalls erzieltes Tor. Das Tor wird dabei entweder von den eigenen Mitspielern bis zur freien Torgelegenheit vorbereitet oder es ergibt sich aus Unachtsamkeit bzw. Fehlern der gegnerischen Abwehr, insbesondere des Torwarts.

Abstieg: in Mannschaftssportarten das Eingestuftwerden in eine niedrigere Leistungsklasse aufgrund schlechter Wettkampfergebnisse in der abgelaufenen Wettkampfsaison. Die abgestiegene Mannschaft nimmt in der folgenden Saison an der Meisterschaftsrunde der niedrigeren Leistungsklasse teil. Eine aufsteigende Mannschaft (↑ Aufstieg) ersetzt die abgestiegene. Der Abstieg einer Mannschaft kann vom zuständigen Fachverband auch aufgrund schwerer Verstöße gegen das sportliche Verhalten verhängt werden.

Abstoppen ↑ Stoppen.

Abstoß: 1. *allgemein* eine Bewegung auf der Grundlage eines kräftigen Sichabdrückens von einem Widerstand mit dem Ziel der Kraftkonzentration, die in mehreren Sportarten als Technikelement enthalten ist, z. B. im Eis- und Rollkunstlauf als erster Schritt bzw. Ansatz zum Sprung, beim Eisschnellauf das Abdrücken des Stoßbeins vom Eis (Druckstoßtechnik); – 2. beim *Kugelstoß* der Zeitpunkt, in dem die Kugel die Hand des Kugelstoßers verläßt; – 3. (Torabstoß) im *Fußball* das Wiederinsspielbringen des Balles, nachdem er die gegnerische Torlinie überquert hat; er erfolgt aus dem Torraum heraus bis mindestens über die Strafraumgrenze, ausgeführt von einem Spieler der Mannschaft, über deren Torlinie der Ball ins Aus ging.

Abtrainieren [...trɛ:...]: 1. körperliche Betätigung zur Verminderung des Körpergewichts v. a. aus gesundheitlichen oder kosmetischen Gründen. In Kampfsportarten, bei denen die Kämpfer aus Gründen der Chancengleichheit in ↑ Gewichtsklassen eingeteilt sind, ist das Halten einer Gewichtsobergrenze erforderlich, was durch Abtrainieren erreicht werden kann; – 2. der schrittweise Abbau hoher Trainingsbelastung mit dem Ziel der Anpassung an geringere Anforderungen v. a. im Herz-Kreislauf-Bereich.

Abwehr: 1. in *Zweikampf-* und

Mannschaftssportarten defensive Kampfweise, um Angriffe des Gegners wirkungslos werden zu lassen; – 2. in den *Ballsportarten* die Gesamtheit der verteidigenden Spieler (Abwehrspieler) einer Mannschaft (Hintermannschaft). Sind deren Aktionen erfolgreich, spricht man von stabiler Abwehr. – ↑auch Verteidigung, ↑Deckung.

Abwehrgriffe ↑Befreiungsgriffe.

Abwurf: 1. Wurf, mit dem bei bestimmten Spielen wie *Schlag-* und *Völkerball* ein Gegenspieler getroffen und damit ausgeschaltet wird; – 2. bei anderen *Ballspielen* eine Grundtechnik, die meist vom Torwart (z. B. der Torabwurf beim Handball) oder vom Korbhüter (beim Korbball) zur Wiederaufnahme des Spiels ausgeführt wird; – 3. beim *Kegeln* das Verlassen der Kugel aus der Hand des Keglers; – 4. in den *Wurfdisziplinen* der Leichtathletik sowohl der Zeitpunkt, in dem das Gerät die Hand des Werfers verläßt, als auch der Vorgang des Abwerfens (z. B. beim Speer-, Diskus- und Hammerwerfen). Wichtig sind hier die *Abwurflinie,* die nicht übertreten werden darf, und der *Abwurfwinkel,* da dieser die Voraussetzung für einen optimalen Flug des Geräts bildet; – 5. beim *Springreiten* das Reißen eines Hindernisses durch das Pferd. – Der Abwurf als Wurfbewegung zählt zu den grundlegenden Bewegungsformen.

Abzählen: eine Verteidigungsmaßnahme beim Handball, die sicherstellen soll, daß jedem gegnerischen Angriffsspieler jeweils ein Verteidigungsspieler zugeordnet ist.

Abzeichen ↑Leistungsabzeichen.

Acetylcholin (Azetylcholin) [lateinisch-griechisch]: Substanz zur Erregungsübertragung am Nervenende, deren Freisetzung bei Erregung an der ↑Synapse einzelner Nerven erfolgt. Solange Acetylcholin an der Synapse wirkt, können keine weiteren Impulse übertragen werden, und die Synapse ist blockiert. Nach Erledigung seiner Arbeit wird das Acetylcholin sofort abgebaut, so daß die Synapse erneut erregbar ist. Acetylcholin bewirkt u. a. Blutdrucksenkung, Gefäßerweiterung, Pulsverlangsamung, Bronchienverengung sowie Steigerung der Verdauungsfunktionen (↑Parasympathikus). Die entgegengesetzte Wirkung erfolgt durch den ↑Sympathikus (↑auch motorische Endplatte).

Achillessehne [nach dem griechischen Sagenheld Achilleus (Achilles), der nur an einer Ferse verwundbar war]: Sehne (Bindegewebsfasern) zur Herstellung einer – von außen sichtbaren – Verbindung des dreiköpfigen Wadenmuskels mit dem Fersenbein. Zug an ihr führt zu einer Abwärtsbewegung des vorderen Fußteils. Die Achillessehne kann bei extremer Belastung oder ständiger Überforderung reißen. Mangelnde Durchblutung, Kälte und eine unzureichende Aufwärmphase im Training begünstigen solche Verletzungen; besonders gefährliche Situationen sind Absprung bzw. Landung nach dem Sprung, Antritt zum Sprint, wie sie v. a. in Sportarten wie Fußball, Volleyball, Turnen, Fechten, Hoch- und Weitsprung, Laufen u. a. vorkommen, und Abrutschen an Stufen. Die Verletzung schmerzt stark und ist oft mit einem Bluterguß verbunden. Beim Riß der Achillessehne muß diese genäht und durch einen Gipsverband ruhiggestellt werden.

achtern: niederdeutsch und in der Seemannssprache Bez. für: hinten; umfaßt im Segelsport alles, was, von der Mitte des Schiffs (mittschiffs) aus gesehen, im hinteren Schiffsteil und dahinter liegt.

Achtkampf: seit 1952 bestehender olympischer Mehrkampf **(olympischer Achtkampf)** für Mädchen und Frauen im Kunstturnen, die aus vier Kür- und vier Pflichtübungen an den Geräten Seitpferd, Stufenbarren, Schwebebalken und Boden mit je spezifischen Vorschriften für die Bewertung dieser Übungen besteht. Die höchste erreichbare Punktzahl pro Gerät und Übung ist national 10, insgesamt also 80, international gilt in der Praxis die Punktzahl 72 als Höchstwertung. Bei diesem olympischen Achtkampf gibt es eine Einzel- und eine Mannschaftswertung. Der olympische Achtkampf wird bei Olympischen Spielen, internationalen und nationalen Meisterschaften sowie auf Großveranstaltungen geturnt. – Daneben gibt es noch einen **deutschen Achtkampf** im Rahmen der deutschen Vereinsmeisterschaft im Turnen, wobei sich je vier Teilnehmerinnen in insgesamt acht Disziplinen des Geräteturnens und der Leichtathletik messen (Seitpferd, Stufenbarren, Schwebebalken, Boden, 100-m-Lauf, Weitsprung, Kugelstoßen, Schleuderballwerfen).

ADAC: Abk. für: ↑**A**llgemeiner **D**eutscher **A**utomobil**c**lub e. V.

Adenosintriphosphat [griechisch] (ATP): Salz der Adenosintriphosphorsäure, eine energiereiche Phosphatverbindung, die in Körperzellen unter Aufwendung chemischer Energie aufgebaut wird und eine Speicherform für Energie darstellt. ATP ist u.a. die unmittelbare Energiequelle jeder Muskelbewegung, sowohl der Anspannung (Kontraktion) als auch der Erschlaffung. Werden Muskeln z.B. bei einer sportlichen Leistung beansprucht, kommt es in den Muskelzellen mittels eines Enzyms zur Spaltung von ATP zu **Adenosindiphosphat** (ADP) und Phosphor, wobei die gespeicherte Energie wieder freigesetzt wird. Das verbrauchte ATP wird vom Körper durch die Verstoffwechselung von Zucker, Fetten und Eiweißen wieder aufgebaut.

ADH: Abk. für: ↑**A**llgemeiner **D**eutscher **H**ochschulsportverband.

Adipositas [lateinisch]: Fettleibigkeit, d.h. Überschreiten des ↑Normalgewichts um mehr als 20%, meistens Folge übermäßiger Nahrungsaufnahme und/oder falscher Ernährungsgewohnheiten bei gleichzeitig mangelnder Bewegung. Obwohl manche Menschen anlagebedingt mehr als andere zu Adipositas neigen, kann durch geeignete Maßnahmen, die allerdings Selbstüberwindung erfordern, das Übergewicht vermieden werden. Abgesehen vom persönlichen Wohlbefinden ist Adipositas auch ein gesundheitliches Problem. Sie überlastet den Knochenbau sowie die Gelenke und führt dadurch zu vorzeitigen Abnutzungserscheinungen (↑Arthrose); ferner ist sie ein deutlicher Risikofaktor für Gefäßverkalkungen (↑Arteriosklerose) und begünstigt die Entstehung der Zuckerkrankheit (↑Insulin). Bisweilen kann Adipositas auch Ausdruck einer Erkrankung der Bauchspeicheldrüse, der Nebennieren, der Schilddrüse oder der Hirnanhangsdrüse sein. Zielgerichtetes und bewegungsintensives Sporttreiben kann zur Vermeidung adipöser Erscheinungen beitragen.

ADL: Abk. für: ↑**A**usschuß **D**eutscher **L**eibeserzieher.

Admiral's Cup [englisch 'ædmərəlz ˌkʌp]: seit 1957 alle zwei Jahre stattfindender Länderkampf im Hochseesegeln mit maximal drei Jachten pro teilnehmendem Land. Der Admiral's Cup wird während der sogenannten „Cowes Week", einer jährlich vor Cowes auf der britischen Kanalinsel Wight veranstalteten Regatta ausgetragen, wobei vier Rennen stattfinden: Channel-Race, Britannia-Cup, New York YC Challenge und Fastnet-Race. Der Admiral's Cup ist der wohl bekannteste Wettkampf im Hochseesegeln.

Adrenalin [lateinisch]: Hormon, das im Nebennierenmark gebildet und von dort in die Blutbahn abgegeben wird. Ausgelöst durch Nervenimpulse in Gefahren- oder Streßsituationen, bewirkt die Adrenalinausschüttung vielfältige Veränderungen im Körper (↑Sympathikus), u.a.: Die Atmung wird beschleunigt; der Blutdruck und die Pulsfrequenz steigen, dadurch auch die vom Herzen pro Zeiteinheit geförderte Blutmenge; gleichzeitig werden die Darmtätigkeit verringert und die Durchblutung des Darms sowie der Haut zugunsten der Herz- und Skelettmuskulatur gedrosselt; der Stoffwechsel wird angeregt, um aus den

Reserven Energie in Form von Blutzucker und Fetten bereitzustellen. – Außerdem ist Adrenalin neben Noradrenalin auch Informationsüberträger an Nervenenden des Sympathikus.

ADS: Abk. für: ↑Arbeitsgemeinschaft Deutscher Sportämter.

aerob [a-e...; zu griechisch aḗr „Luft, Sauerstoff" und bíos „Leben"]: bedeutet, daß ein Lebensvorgang oder ein chemischer Prozeß unter Anwesenheit von Sauerstoff vor sich geht. So sind z. B. einige Bakterien nur in Kontakt mit Luft lebensfähig (Aerobier) bzw. Energiegewinnungsprozesse abhängig von der Bereitstellung von Sauerstoff (O_2). Jede menschliche Zelle ist zum Überleben letztlich auf aerobe Energiegewinnung angewiesen. Bei Muskelbewegungen benötigte Energie kann nur kurzzeitig (bis zu wenigen Minuten) ohne Gegenwart von O_2 gewonnen werden (↑anaerob). Um der Muskelzelle die Funktionsfähigkeit zu erhalten, wird ihr auf dem Blutweg O_2 zur Verfügung gestellt. Bei extremer Belastung kann der Muskel das 20fache, sogar das 50fache seines Ruhebedarfs an O_2 verbrauchen, was durch eine bis zu 20fache Verstärkung der Durchblutung und eine höhere Sauerstoffausnutzung ermöglicht wird. Solange das O_2-Angebot dem Verbrauch entspricht, gewinnt der Muskel seine Energie überwiegend aus dem aeroben Abbau von Fetten und deren Verwendung im ↑Zitronensäurezyklus. Aerobe Stoffwechsellage ist Vorbedingung für eine sportliche Dauerleistung; eine Ermüdung tritt dabei erst auf, wenn die Vorräte an Zucker und Fetten aufgebraucht bzw. ihr Nachschub vermindert sind.

aerobe Kapazität [a-e...; zu ↑aerob und lateinisch capacitas „Fähigkeit"]: die Fähigkeit von Muskeln, durch Steigerung der aeroben Energiegewinnung (↑aerob) innerhalb einer längeren Belastungsphase funktionstüchtig zu bleiben. Diese Reserve ist abhängig von der Art des Muskels. Insbesondere die Haltemuskulatur ist durch ihren Aufbau für Dauerleistungen geeignet.

Aerobic [englisch ɛəˈroʊbɪk; a-eˈro:bik; von aerob, etwa „Sauerstoff zum Leben benötigend"]: Bewegungstraining mit hoher Intensität zur Schulung der allgemeinen ↑Fitneß. Bei dieser Form des Fitneßtrainings wird durch tänzerische und gymnastische Übungen der Sauerstoffumsatz gesteigert. Aerobic ist eine Ausdauertrainingsform meist unter Einschluß von Musikbegleitung, wobei auch Koordinationsfähigkeit, Gelenkigkeit, Kraft und Schnelligkeit geschult werden. – Aufgrund der Arbeiten des Amerikaners Kenneth H. Cooper, der in seinem Buch „Aerobics" (1968, deutsch 1970) ein aerobes Trainingsprogramm und entsprechende Leistungstests vorlegte, hat Aerobic als „Volksbewegung" großen Anklang gefunden. Aerobic kann bei sachgemäßer Durchführung zur Erhaltung und Verbesserung der Gesundheit beitragen.

Aerodynamik [a-e...; zu griechisch aḗr „Luft" und dýnamis „Kraft"]: Wissenschaft bzw. Lehre von der Wirkung strömender Gase (Luft). Im Sport spielt die Aerodynamik v. a. bei Sportarten und Bewegungsformen eine Rolle, bei denen Luft und Wind als Einflußgrößen der Bewegungsgeschwindigkeit anzusehen sind. Wichtig hierbei sind sowohl das Einnehmen von Bewegungshaltungen (aerodynamische Haltung) als auch eine Gestaltung des Sportgeräts, die den Luftwiderstand nach Möglichkeit verringern, z. B. die Monopostohaltung (früher: Eihaltung) im Skisport, die äußere Form (Verkleidung) des Geräts im Automobil- und Motorradsport sowie im Flugsport (Segelfliegen, Drachenfliegen), aber auch „windschlüpfrige" Sportkleidung etwa beim Eisschnellauf, Abfahrtslauf, Bobfahren und Rodeln. – Die Gesetze der Aerodynamik spielen daher bei der Entwicklung von Sportgeräten und -material hinsichtlich optimaler Wettkampfbedingungen eine große Rolle.

A-Fahrer: im Automobilsport Bez. für Fahrer, die Formel-1-Rennen fahren dürfen. Dies wird von der *Fédération Internationale de l'Automobile* (↑Automobilsport) jährlich neu festgelegt und trägt zu einer möglichst sicheren Gestaltung der Formel-1-Rennen bei.

afferente Bahnen [zu lateinisch afferre „hin-, zuführen"]: Bez. für afferente Nervenfasern, d. h. Nerven, die Informationen aus den Körperregionen an das übergeordnete Zentralnervensystem (Rückenmark und Gehirn) zur Verarbeitung weiterleiten. Der in ihnen geleitete Reiz stammt aus der Erregung der sensiblen Nervenenden (Rezeptoren). So werden die Eindrücke der Sinnesorgane, aber auch u. a. Berührung, Schmerz, Temperatur, Anspannungs- und Dehnungsgrad der Muskeln sowie Stellung von Gelenken ständig an das Zentralnervensystem gemeldet. Z. T. werden sie bis zum Bewußtsein fortgeleitet, z. T. stammt die Reaktion auf sie aus dem Rükkenmark (↑Reflex). Je nach Situation werden aus der Vielzahl der angebotenen Reize die benötigten und als wichtig erkannten verstärkt, wahrgenommen und verarbeitet, dagegen die momentan uninteressanten unterdrückt.

AGFIS: Abk. für: ↑Association **G**énérale des **F**édérations **I**nternationales de **S**port.

Agonistik [zu griechisch agṓn „Krieg, Schlacht, Wettkampf"]: Bez. für das Wettkampfwesen des antiken Griechenland. Die Wettkämpfe, die **Agone,** wurden hinsichtlich der sportlichen Disziplinen in drei Haupttypen ausgetragen: als *gymnische* (körperliche), *hippische* (mit dem Pferd) und *musische* (künstlerische). Diese Typen bildeten das Grundprogramm der meisten sportlichen ↑antiken Festspiele. Die gymnische und hippische Agonistik wurden als ↑Athletik bezeichnet, die meist (bis in die römische Kaiserzeit) berufsmäßig ausgeübt wurde, gefördert durch materielle Vergünstigungen, die den Siegern zuteil wurden. – Unter „agonalem Prinzip" versteht man das wesentlich zum Sport gehörende Leistungs- und Wettkampfprinzip.

AIESEP: Abk. für: ↑Association **I**nternationale des **É**coles **S**upérieures d'**É**ducation **P**hysique.

Aikido [japanisch ai „Harmonie", ki „Geist", do „Weg"]: zu den Budosportarten zählende sportliche Form der Selbstverteidigung, die nicht als Kampfsport betrieben wird. Aikido wurde Ende des 19. Jahrhunderts von dem Japaner Morihei Ujeschiba (* 1882, † 1969) aus der altjapanischen Kriegskunst Jujutsu und in Anlehnung an die Philosophie des Zen-Buddhismus entwickelt. – Wesentliches Kennzeichen von Technik und Taktik des Aikido ist das bewußt und betont passive Verhalten gegenüber einem Angreifer. Die Bewegung des Angreifers wird entweder konsequent durchbrochen oder auf eine verlängerte Kreisbahn geführt, wobei der Verteidiger die auf den Angreifer wirkenden Zentrifugalkräfte geschickt zur Brechung von dessen Gleichgewicht nutzt, und zwar durch Kreis- und Kugelbewegungen, durch Hüft-, Körper- und Schulterwürfe. Außer den Wurftechniken enden alle Techniken mit einem Arm-, Hand- oder Genickhebel. – Die Teilnehmer am Aikido tragen eine Judojacke und einen weiten schwarzen Hosenrock, der ihre Bewegungsfreiheit gewährleistet. – In der Bundesrepublik Deutschland wird Aikido innerhalb des Judoverbands als eine eigene Sektion betreut, international von der *International Aikido Federation* (IAF; Sitz Tokio).

Akrobatik ↑Sportakrobatik.

Aktin [griechisch]: Muskeleiweißmolekül, das als Hauptbestandteil zusammen mit anderen Muskeleiweißen die sogenannten „dünnen Filamente" bildet. Gruppen dieser stabförmigen Filamente sind im Sarkomer, der kleinsten verkürzungsfähigen Einheit der Muskelfaser, abwechselnd mit den „dicken Filamenten" aus ↑Myosin zusammengelagert. Durch veränderliche chemische Bindungen zwischen diesen Filamenten wird die Muskelanspannung ermöglicht (↑auch Aktomyosin).

Aktionspotential [lateinisch]: Beschreibung für die Entladung und unmittelbar anschließende Wiederaufladung der an Nerven- (Neuron) und Muskelzellen in Ruhe vorhandenen elektrischen Spannung (↑Membranpotential). Am Nerv führt diese Entladung, die durch Verschiebung von Ionen aus der und in die Zelle bewirkt wird, zu Zellwandveränderungen der benachbarten Nervenabschnitte, so daß auch dort eine Entladung eintritt, der Reiz also fortgeleitet wird. Erreicht der Reiz die Muskelzelle, führt das Aktionspotential auch hier zu einer Ionenverschiebung, die wiederum durch Vermittlung von Ca^{++} die Muskelanspannung auslöst (↑Alles-oder-nichts-Gesetz). Die Aktionspotentiale können mittels der ↑Elektromyographie aufgezeichnet werden.

Aktionsprogramm für den Schulsport: ein 1972 vom *Deutschen Sportbund* und der Kultusministerkonferenz entwickeltes Programm zu folgenden Problemkreisen: Sportunterricht, Sportlehrer, Sportstätten, Sport an der Hochschule, Verwirklichung des Aktionsprogramms. Vorläufer des Programms waren die „Empfehlungen zur Förderung der Leibeserziehung in den Schulen" (1956). Das Programm wurde fortgeschrieben in einem „Zweiten Aktionsprogramm für den Schulsport" (1984), das sich noch stärker auf Aussagen zum Schulsport konzentriert, und zwar unter folgenden Aspekten: Sport als besonderer Erziehungs- und Erfahrungsraum; Sport in der Schule; übergreifende Gesichtspunkte des Schulsports (Sportunterricht, außerunterrichtlicher Schulsport, weitere Schulsportveranstaltungen, Sportförderunterricht, Sport der behinderten Schüler); Sport in den verschiedenen Schularten und Schulstufen (Grundschule, Sekundarbereich I, gymnasiale Oberstufe, berufliche Schulen, Sonderschulen); Aus- und Weiterbildung von Sportlehrern; Sportstätten und -geräte, Schule und Sportverein als Partner.

Aktische Spiele ↑antike Festspiele.

aktiv [ak'ti:f, 'akti:f; lateinisch]: im Sport häufig verwendetes Adjektiv zur Kennzeichnung von v. a. körperlichem Engagement in einem oder mehreren Bereichen des Sports, u. a. auch im Sinne von Teilnahme an Wettkämpfen (↑Leistungssport) im Gegensatz zum ↑passiven Verhalten. Als Aktiven bezeichnet man einen Sport treibenden bzw. an einem Wettkampf teilnehmenden Menschen. Dies setzt in vielen Fällen eine aktive Mitgliedschaft in einem Sportverein voraus.

aktive Erholung ↑Erholung.

Aktomyosin [griechisch]: Verbindung der Muskeleiweiße ↑Aktin und ↑Myosin. Die aus Aktin bzw. Myosin bestehenden stabförmigen Fila-

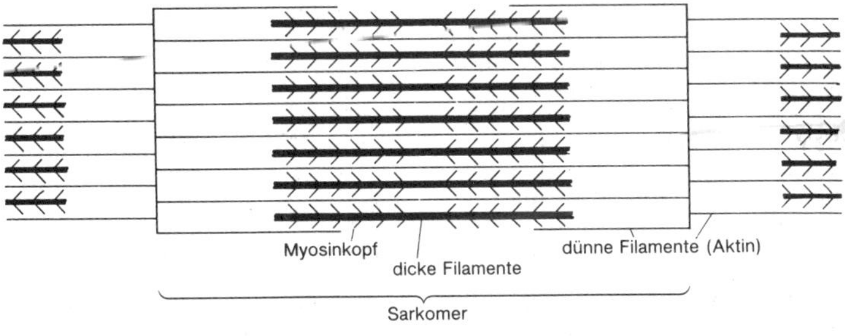

Aktomyosin. Schematische Darstellung des Aufbaus

mente sind im Sarkomer, der kleinsten funktionsfähigen Untereinheit der Muskelfaser, abwechselnd umeinandergelagert. An den freien Enden („Köpfen“) können die Eiweißmoleküle der Myosinfilamente chemische Bindungen mit Aktin eingehen, die mittels ↑Adenosintriphosphat aufgelöst werden. Während die Verbindung besteht, ist eine räumliche Veränderung des Bindungswinkels möglich, so daß die Filamente aneinander entlang gleiten können. Dabei wird Energie verbraucht. Zur Muskelanspannung sind viele solcher vorübergehenden Bindungen nötig, die Myosinfilamente „rudern“ gewissermaßen an den Aktinfilamenten entlang und bewirken so die Muskelverkürzung (↑Kontraktion).

Akzeleration [von lateinisch acceleratio „Beschleunigung“]: Bez. für die Beschleunigung der Entwicklung bzw. des Wachstums von Jugendlichen, die für die körperliche und motorische Entwicklung von großer Bedeutung ist. Die Akzeleration läßt sich an drei Indikatoren erkennen: größere Körpermaße (morphologisch), Vorverlagerung der Sexualreife (funktionell) und frühere Reife (geistig-seelisch). Wenn sich diese Indikatoren bei der Akzeleration gleichmäßig entwickeln, spricht man von *harmonischer* oder *synchroner Akzeleration* im Gegensatz zu *disharmonischer* oder *asynchroner Akzeleration*. Der der Akzeleration entgegengesetzte Vorgang ist die ↑Retardation. – Im Schulsport sollte bei vorliegender Akzeleration v.a. im Bereich der motorischen Eigenschaften intensiv geschult werden, um so eine allseitig harmonische Entwicklung des Körpers und der Bewegungsfähigkeiten zu erreichen.

Alkalireserve [arabisch; lateinisch] (Standardbikarbonat): die Menge von im Blut befindlichen Puffersubstanzen, die chemisch saure (Standardbikarbonat): insbesondere Kohlensäure, neutralisieren kann. Neben Bluteiweißen ist dies die Pufferbase HCO_3^-, die mit H_2CO_3 in einem Gleichgewicht steht und den pH-Wert des Blutes in den lebensnotwendig engen Grenzen um 7,14 konstant hält. Durch dieses Puffersystem kann der Körper der Übersäuerung entgegenwirken, die bei starker körperlicher Betätigung durch die vermehrt gebildete Kohlensäure entstehen kann.

Alleingang: 1. bei *Individualsportarten* ein Wettkampfablauf, bei dem ein Wettkämpfer allein eine Strecke zurücklegt, meist aufgrund einer im Vergleich zu den anderen Wettkampfteilnehmern überlegenen Spitzenposition; – 2. bei *Ballspielen* der Durchbruch eines Spielers durch die Verteidigung des Gegners; – 3. im *Alpinismus* die Bewältigung einer Kletterroute ohne Partner.

Alles-oder-nichts-Gesetz: physiologisches Gesetz, das besagt, daß jede einzelne Muskelfaser auf einen Reiz (↑Aktionspotential) hin entweder mit einer maximalen Zuckung oder gar nicht reagiert. Ist der vom Nerv übermittelte Reiz zu gering, d.h. unterschwellig, wird kein Aktionspotential ausgelöst und die Faser verbleibt in Ruhe. Ist die Reizschwelle überschritten, entwickelt sich immer ein vollständiges Aktionspotential, und die Faser verkürzt sich so stark wie möglich. Ein stärkerer Reiz ergibt keinen weiteren Erfolg. Eine abgestufte Kraftentwicklung des Muskels ist nur durch nervale Reizung unterschiedlich vieler Muskelfasern oder ↑Tetanus zu erreichen. Ausnahme: Da im Herzmuskel der Reiz von jeder Faser in die Umgebung fortgeleitet wird – im Gegensatz zum Skelettmuskel – führt jeder überschwellige Reiz zu einer Kontraktion aller Herzmuskelfasern, das Alles-oder-nichts-Gesetz gilt hier entsprechend für den gesamten Herzmuskel.

allgemeine Ausdauer ↑Ausdauer.

Allgemeiner Deutscher Automobilclub e.V. (ADAC): 1903 in Stuttgart als *Deutsche Motorradfahrer-Vereinigung* gegründete, heute größte deutsche Organisation zur

Allgemeiner Deutscher Automobilclub e. V. (ADAC)

Vertretung der Interessen der Kraftfahrer; Sitz München (seit 1907), Mitglied im *Deutschen Sportbund.* Der ADAC ist der zweitgrößte Automobilclub der Welt und verfügt über ein bundesweites Verwaltungsnetz. Speziell vertritt er die Interessen des Motorsports, v. a. durch Organisation und Ausrichtung verschiedener Rennen, Rallyes und Meisterschaften für Automobile, Motorräder und Motorboote.

Allgemeiner Deutscher Hochschulsportverband (ADH): 1948 gegründeter Dachverband der Hochschulsporteinrichtungen der Hochschulen und Universitäten in der Bundesrepublik Deutschland, Sitz Darmstadt. Oberstes Organ ist die Vollversammlung (je ein Hochschulsportbeauftragter und ein Sportreferent pro Hochschulsporteinrichtung). Die Arbeit wird zwischen den Vollversammlungen (alle zwei Jahre) vom Vorstand, von Ausschüssen und vom Fachbeirat (Vertretung der im ADH betreuten Sportarten) geleistet. Der ADH ist seit 1951 Mitglied der *Fédération Internationale du Sport Universitaire,* die alle zwei Jahre die Studentenweltspiele (↑ Universiade) ausführt.

Allkategorie: im Judo eine Gewichtsklasse ohne jede Gewichtsbeschränkung, die neben den üblichen ↑ Gewichtsklassen besteht und auch als **offene Klasse** bezeichnet wird, in der Wettkämpfer ohne Rücksicht auf Gewicht und ↑ Dan antreten können.

Allroundsportler [englisch 'ɔ:l-'raʊnd „rundherum"]: Sportler, der vielseitig begabt und interessiert ist, d. h. verschiedene Sportarten betreibt. Bei Mannschaftsspielen wird derjenige Spieler Allroundspieler genannt, der auf mehreren Positionen eingesetzt werden kann. – Der *Deutsche Turner-Bund* bietet im Rahmen seines Wettkampfprogramms Mehrkämpfe mit Teildisziplinen aus verschiedenen Sportarten an (z. B. Turnen, Leichtathletik, Schwimmen). Mehrkämpfe, die wie der moderne Fünfkampf aus Elementen verschiedener Sportarten bestehen, finden zunehmend Anklang (z. B. ↑ Triathlon, ↑ Skiyachting).

All-Star-Team [englisch 'ɔ:l 'stɑ: 'ti:m]: Mannschaft, die aus Sportlern bzw. Spielern verschiedener Vereine aufgrund hervorragender Leistungen zusammengestellt wird. All-Star-Teams werden auf der Basis verschiedener zeitlicher Einheiten (Spieltag, Monat, Saison, Jahr) gebildet; sie sind v. a. in den Mannschaftsspielen üblich. In der Leichtathletik z. B. treten All-Star-Teams bei allen Erdteilkämpfen an. Der Regelfall des All-Star-Teams ist eine Nationalmannschaft in den einzelnen Sportarten.

Alltagsmotorik ↑ Arbeitsmotorik/Alltagsmotorik.

Alpenvereine: Organisationen innerhalb des Alpinismus zur Förderung des Bergwanderns und Bergsteigens sowie zur Erforschung und Erschließung der Bergwelt. Im einzelnen widmen sich die Alpenvereine folgenden Aufgaben: Anlage und Unterhalt von Wegen und Hütten, Durchführung von Bergfahrten, Ausbildung von Bergsteigern und Bergführern, Förderung der Bergrettung (↑ Bergwacht), Herausgabe von Publikationen (Zeitschriften, Karten, Führer u. a.), Förderung des Landschafts- und Umweltschutzes. – Der *Alpine Club* in London (gegründet 1857) ist der älteste Alpenverein. Der *Deutsche Alpenverein* (DAV) wurde 1869 in München gegründet. 1950 entstand in München ein neuer *Deutscher Alpenverein* (Sitz München), der (1984) in 292 selbständigen Sektionen (rund 440 000 Mitglieder) 396 Hütten in den Alpen und 72 in den Mittelgebirgen unterhält. Der *Deutsche Alpenverein* unterhält in München eine Berg- und Skischule.

Das 1911 in München gegründete Alpine Museum wurde im 2. Weltkrieg zerstört. Ein Teil seiner Bestände konnte jedoch nach Tirol ausgelagert werden und bildet heute den Grundstock des Alpinen Museums des *Österreichischen Alpenvereins* in Innsbruck. International sind die Alpenvereine in der *Union Internationale des Associations d'Alpinisme* (UIAA; gegründet 1932, Sitz Genf) zusammengeschlossen.

alpine Kombination: früher ein Mehrfachwettbewerb (Kombinationswettbewerb) im alpinen Skilauf, bestehend aus zwei oder drei alpinen Disziplinen.

alpiner Skilauf: Bereich des Skisports, der sich sowohl als Wettkampf- bzw. Spitzensport als auch als Breiten- und Freizeitsport großer Beliebtheit erfreut und heute fast ganzjährig (↑Sommerskilauf) betrieben werden kann. – **Wettkampfdisziplinen** des alpinen Skilaufs für Damen und Herren sind ↑Abfahrtslauf, ↑Slalom (Spezialslalom), ↑Riesenslalom und ↑Superriesenslalom, früher auch Kombinationen aus diesen Disziplinen (alpine Kombination). Die jeweiligen Wettkampfstrecken (Pisten) werden vom internationalen Fachverband durch ↑Homologation anerkannt.

Die **Technik** des alpinen Skilaufs entwickelte sich in Abhängigkeit von der technischen Entwicklung des Sportgeräts (↑Ski, ↑Skischuh, ↑Skistöcke) vom Fahren mit nur einem Stock, in tiefer Hocke („Arlberghocke"), mit starker Sprungbewegung u. a. zur heute weltweit, mit nur geringfügigen länderspezifischen Varianten gefahrenen Technik. Diese beruht im wesentlichen auf sechs *Schwungprinzipien,* dem Prinzip der Hochentlastung (↑Hochentlastungsschwung), der Tiefentlastung (↑Tiefentlastungsschwung), des Umsteigens (↑Umsteigeschwung), des parallelen Fahrens (↑Parallelschwung), der Rotation (↑Rotationsschwung) und der Verwindung (↑Torsionsschwung). Diese Schwungprinzipien bzw. Schwünge bilden die Grundlage zahlreicher Schwungvarianten und -typen. Wichtig bei allen Grundtechniken sind v. a. die Schwungauslösung und die Schwungsteuerung, z. B.: **Fersenschub** (Drehung der parallel und geschlossen gehaltenen Fersen bogenauswärts, wodurch ein Schwung zum Hang erreicht wird), **Jetschwung** (beim Richtungswechsel v. a. auf Buckelpisten, Tiefschnee und in steilem Gelände läßt der in leichter Hockstellung fahrende Läufer die Unterschenkel vorschnellen, unterstützt durch eine leichte Rücklage des Körpers), **Klammerschwung** (tiefe Hockstellung und weites Ausscheren des Außenskis), Schlangentechnik (flüssige Schwungfolge), **Temposchwung** (Schwung mit großem Radius bei hoher Geschwindigkeit), **Wedeln** (Kurzschwung; schnell aufeinanderfolgende kleine Parallelschwünge), ↑Schlittschuhschritt u. a. Die Beherrschung der alpinen Skilauftechnik erfordert ein schrittweises Erlernen der grundlegenden Technikelemente, z. B.: Gehen in ebenem Gelände, Wenden im Stand, Aufstiegsarten, Umtreten in der Fahrt, Fahren in der Fallinie (mit Auslauf), Schrägfahrt, Verlangsamen und Stoppen der Fahrt (Bremspflug; bei leicht gebeugten Knien werden die Skienden nach außen gewinkelt), **Pflugbogen** (in der Stellung des Bremspflugs werden der bogenäußere Ski durch einen Fersenschub gedreht und der Körper seitwärts auswärts gebeugt) u. a.

Zu **Geschichte** und Organisation des alpinen Skilaufs ↑Skisport.

alpines Notsignal: akustisches oder optisches Zeichen bei Notfällen in den Bergen: sechs Signale in gleichmäßigen Abständen innerhalb einer Minute, eine Minute Pause und Wiederholung, bis eine Antwort erfolgt. Die Antwort besteht aus drei Signalen pro Minute. Es werden auch Signalraketen verwendet.

alpines Rettungswesen ↑Bergwacht.

Alpinismus (Alpinistik): Unternehmungen im Hochgebirge, in der sportlichen Form als ↑Bergsteigen betrieben. Obwohl man bereits den italienischen Dichter Francesco Petrarca (* 1304, † 1374) wegen seiner Besteigung des 1912 m hohen Mont Ventoux in den Provenzalischen Alpen als „Vater des Alpinismus" bezeichnete und schon 1492 technische Hilfsmittel wie Leiter, Seil u.a. erwähnt wurden, gilt die Erstbesteigung des Montblanc (4807 m) 1786 als die eigentliche „Geburtsstunde" des Alpinismus, der dann mit den Erstbesteigungen vieler Gipfel der Alpen sein „goldenes Zeitalter" erlebte, das im wesentlichen 1865 mit der Erstbesteigung des Matterhorns (4478 m) endete. Die Gründung von ↑Alpenvereinen mit Beginn etwa der 2. Hälfte des 19. Jahrhunderts brachte die systematische Erschließung der Alpen. Es folgte die Zeit der „Gebietserschließungen" mit der Besteigung aller Gipfel. Ab etwa 1910 begann die Zeit des „Schwierigkeitsalpinismus", wobei mit technischen Hilfsmitteln Schwierigkeiten bis zur 6. und höchsten Stufe gemeistert wurden, v.a. in Direktrouten (Direttissima). Der höchste Berg der Erde, der Mount Everest (8848 m), wurde 1953 von Sir Edmund Percival Hillary (* 1919) und dem Sherpa Tenzing Norgay (* 1914) bezwungen. 1964 waren alle Berge der Erde mit einer Höhe von über 8000 m überwunden. – Möglichkeiten für weitere Erstbesteigungen und Gebietserschließungen liegen noch in Amerika, Asien und in der Antarktis, so daß der Alpinismus als sportliche Bewegung nach wie vor aktuell sein wird.

Unter technischem Aspekt lassen sich im Alpinismus folgende Varianten unterscheiden: 1. Expeditionsstil: Aufbau von Biwaklagern als Ausgangsort für weitere Besteigungen; Transport des Nachschubs durch Träger oder Seile; v.a. im Winteralpinismus betrieben; 2. Bergtouren mit einem ortskundigen Bergführer; 3. Aufstieg in der direkten Fallinie (Direttissima); seit etwa 1930 Ziel der Bergsteiger; 4. Höhenbergsteigen ohne künstliche Atemgeräte; 5. Felsklettern ohne künstliche Fortbewegungshilfen; 6. Bergsteigen als Teil der Tourismusbewegung. Besonders durch die Arbeit der Alpenvereine hat sich der Alpinismus von der Extremform stark zum Bergwandern für jedermann entwickelt, wohl auch gefördert durch den Drang des Menschen zur Natur als Gegenreaktion auf die Technisierung des Lebens. – Das alpine Rettungswesen ist in der ↑Bergwacht organisiert.

Alter: anthropologisch-soziologischer Begriff, für den es keine allgemein gültige Definition gibt. Das Alter ist eine Lebensphase, in der sich der Mensch aufgrund der Entwicklung und Wandlung der Organe und körperlichen Funktionen befindet. Altern stellt einen dynamischen Vorgang dar, der als Wandel der lebenden Materie und der körperlichen und seelischen Funktionen zu verstehen ist. Man unterscheidet gelegentlich zwischen biologischem und kalendarischem Alter. Altern im *biologischen* Sinne ist ein über das ganze Leben sich erstreckender Wandlungsprozeß, der v.a. durch biologische (endogene) und (exogene) Umwelteinflüsse geprägt ist. Wichtige Indikatoren für das biologische Alter sind der Verknöcherungszustand des Skeletts, Veränderungen der Gewebe und Organe, der Wachstumszustand (Körpergröße) und der Reifegrad der Geschlechtsmerkmale. Im Falle einer „normalen" Altersentwicklung stimmt das biologische Alter mit dem *kalendarischen* (dem in Jahren gemessenen Lebensalter) überein. Die je verschiedenen endogenen und exogenen Faktoren können jedoch auch zu einer Beschleunigung (↑Akzeleration) oder zu einer Verzögerung (↑Retardation) des Alterungs- bzw. Reifungsprozesses führen, so daß zwischen biologischem und kalendarischem Alter eine erhebliche Diskrepanz bestehen kann. V.a. in der Zeit der Pubertät zeigen sich oft größere individuelle Unterschiede in der Entwicklung, die – hinsichtlich des sportlich-motorischen Lernens – als wichtige Einflußgrößen zu berücksichtigen sind. Die Differenz zwischen biologischem und kalendarischem Alter, also die Abweichung von der „Normalität“, kann sowohl positive als auch negative Folgen haben. Im positiven Sinne können gerade aktives Sporttreiben und Bewegungstraining dazu beitragen, den biologischen Alterungsprozeß zu verlangsamen, so daß die sportlich-motorische, und damit auch die allgemeine Leistungsfähigkeit höher liegen, als nach dem kalendarischen Alter zu erwarten wäre (mögliche Folge: höhere Lebenserwartung). Andererseits kann andauernder Bewegungsmangel den biologischen Alterungsprozeß beschleunigen und dadurch das motorische und allgemeine Leistungsniveau unter jenes absinken lassen, das aufgrund des kalendarischen Alters (noch) erwartet werden könnte (mögliche Folge: geringere Lebenserwartung).

Altersklassen: Kategorien zur Gruppierung von Sportlern nach dem kalendarischen Alter für die Organisation des Wettkampfwesens. Die Altersklassen sind je nach Sportart und internationalen Gepflogenheiten verschieden. Generell können folgende Klassen unterschieden werden): Kinder (6–10 Jahre), Schüler B (11-12), Schüler A (13–14), Jugend B (15–16), Jugend A (17-18), Junioren [Juniorinnen] (19-20), Senioren (ab 21). Männer ab 32 Jahre und Frauen ab 30 Jahre nehmen wiederum in weiter differenzierten Altersgruppen an Wettkämpfen teil. – In einigen Bereichen des Spitzensports werden jedoch unter bedenklich einseitiger Betonung des Leistungsoptimums im judendlichen Alter (v.a. bei Kunstturnerinnen, Schwimmerinnen, Eiskunstläuferinnen) keinerlei Altersklassen berücksichtigt.

Alterssport: Sammelbegriff für Bewegung, Spiel und Sport von Erwachsenen über 40 Jahre. Im Alter von 40 bis 60 Jahren spricht man vom „Sport für Ältere“, ab dem 60. Lebensjahr vom **Seniorensport.** Erst in jüngster Zeit bemühen sich Sportvereine und -verbände, Kirchen, Volkshochschulen, *Deutsches Rotes Kreuz* und private Träger um Angebote im Rahmen des Alterssports. Zielsetzungen für den Alterssport sind: Gesunderhaltung, Selbständigkeit, Zufriedenheit, Freude, Verbindung zu anderen. Im Zusammenhang mit Bemühungen zur Gestaltung des Alterssports wird auch von *Sportandragogik* (Erwachsene) und *Sportgeragogik* (ab 50 Jahre) gesprochen.

Altrock-Stipendium: zur Erinnerung an Hermann Altrock (* 1887, † 1980), einen der Pioniere der Sportwissenschaft in der Bundesrepublik Deutschland, jährlich an einen Sportstudierenden (v.a. für Auslandsstudium bzw. Promotion) vom *Deutschen Sportbund* vergebenes, mit einer Geldsumme dotiertes Stipendium. Voraussetzungen sind v.a. sportwissenschaftliche Leistungen sowie Mitarbeit in Jugendgruppen und/oder Sportvereinen.

Alveolen [zu lateinisch alveolus „kleine Mulde“]: Lungenbläschen, Orte des Gasaustauschs zwischen Blut und Luft. Die Alveolen befinden sich als kugelförmige Hohlräume am Ende des Luftwegs Rachen – Luftröhre – Bronchien – Bronchiolen. Da jede Alveole mit ihrem Durchmesser von etwa 0,5 mm die Gasaustauschfläche der Lunge stark vergrößert, ergibt sich eine Gesamtfläche der Alveolenwände von über 100 m^2. Durch diese Wand wird dem Körper u.a. der benötigte Sauerstoff zugeführt und das Kohlendioxid abgeatmet.

Amateur [...'tø:r; lateinisch-französisch; eigentlich „Liebhaber“]: jemand, der eine Tätigkeit aus Liebhaberei an der Sache ausübt, ohne einen Beruf daraus zu machen. Der Begriff wird v.a. im Sport angewandt und meint hier allgemein jeden, der einen Sport zwar in organisierter Form, jedoch nebenberuflich betreibt, d.h. ohne durch die Ausübung des Sports seinen Lebensunterhalt zu sichern (↑ Amateursport).

Zentrale Bedeutung erhielt der Begriff im Zusammenhang mit den Olympischen Spielen, an denen – der Idee des ↑Amateurismus zufolge – nur Amateure teilnehmen durften. Im Lauf der Entwicklung des Sports, v. a. des Spitzen- oder Hochleistungssports gerade auch in den olympischen Disziplinen, zeigte sich jedoch, daß die erforderlichen zeitlichen und materiellen Aufwendungen dem Sportler eine außerhalb seiner sportlichen Tätigkeit liegende berufliche und soziale Existenzsicherung unmöglich machen, so daß er auf Einkünfte aus dem Sport weitgehend angewiesen ist. Daraus entstand ein ernster Konflikt zwischen den pragmatischen Erfordernissen der Existenzsicherung des Sportlers und dem olympischen Ideal des Amateurismus, der zur Entstehung eines „Scheinamateurtums" (v. a. in sozialistischen Ländern auch zu einem „Staatsamateurtum") führte, in dem zwar die Bezeichnung „Amateur" aufrecht erhalten, gleichzeitig aber die Tatsache verschleiert wird, daß die dem Sportler etwa in Form von Stiftungen, Stipendien, Aufwandsentschädigungen u. a. zufließenden Finanzierungen seines Lebensunterhalts ebenso wie soziale Maßnahmen (z. B. Arbeitsplatzsicherung oder -beschaffung) letztlich doch in seinen sportlichen Leistungen begründet sind. Dieser Tatsache trägt nun auch das *Internationale Olympische Komitee* Rechnung, das bis 1971 starr an dem Begriff Amateur festhielt, dann jedoch in der betreffenden Regel 26 des olympischen Regelwerks (bis dahin als **Amateurregel,** seit 1974 als **Olympische Zulassungsregel** bezeichnet) die veränderten Gegebenheiten berücksichtigte, wenigstens insoweit, als diese – ebenso wie alle anderen olympischen Regeln – den Begriff Amateur vermeidet. Gemäß dieser Olympischen Zulassungsregel darf ein aktiver Teilnehmer an den Olympischen Spielen für seine sportliche Betätigung keine finanziellen Zuwendungen erhalten oder sonstige materielle Vorteile erlangt haben. Soziale und technische Hilfen sind erlaubt (z. B. Zahlung von Gehaltsausfall und Stipendien). Von Olympischen Spielen sind Berufssportler und -trainer, nicht aber Sportlehrer im Elementarunterricht ausgeschlossen. Nicht teilnehmen dürfen ferner Sportler, deren Person, Name, Bild oder sportliche Leistung zum eigenen Vorteil verwendet werden, und Sportler, die Werbung etwa an bzw. auf ihrer Kleidung treiben. Werbung ist nur dann zugelassen, wenn die finanzielle Zuwendung pauschal an Sportverbände oder an die *Nationalen Olympischen Komitees* abgetreten wird. Darüber hinaus wurde den *Nationalen Olympischen Komitees* zugestanden, spezielle Ausführungsbestimmungen für die Olympischen Spiele zu erlassen.

Amateurismus [...tø:r...; zu ↑Amateur]: Bez. für das der Olympischen Bewegung zugrundeliegende Ideal, das die Teilnahme an Olympischen Spielen nur dem reinen ↑Amateur gestattet. Der von dem Initiator der modernen Olympischen Spiele, Pierre Baron de Coubertin (* 1863, † 1937), eingeführte Begriff stammt aus dem 19. Jahrhundert und geht auf die Unterscheidung zwischen dem Gentlemansportler, der sich seine sportliche Betätigung als Hobby selbst finanzieren konnte („Herrenreiter", „Herrenfahrer"), und dem Berufssportler zurück, die heute jedoch – nicht zuletzt wegen der mit ihr verbundenen sozialen Ungleichbehandlung der Sportler – so nicht mehr aufrecht erhalten werden kann. Die Idee des Amateurismus kann also heute nicht mehr als Kennzeichnung des olympischen Sports herangezogen werden. Je klarer dies offen gelegt wird, um so besser ist es nicht nur für die Olympische Bewegung selbst, sondern auch für das weite, ständig zunehmende Gebiet des ↑Amateursports.

Amateursport [...'tø:r...; zu ↑Amateur]: in Abgrenzung zum ↑Berufssport sowie zum ↑Breitensport und zum ↑Freizeitsport Bez. für den

Sport, der zwar vereinsmäßig organisiert, jedoch vorwiegend in der arbeitsfreien Zeit ausgeübt wird, und zwar sowohl hinsichtlich des Trainings als auch der Wettkämpfe. Der Amateursport verfolgt also nicht primär das Ziel des Gelderwerbs zur Sicherung der Existenz. In vielen Sportarten, v.a. den Mannschaftssportarten, gibt es neben den Verbänden und Ligen für Berufssportler auch eigene Amateurligen und -verbände (z. B. Fußball, Boxen). Andere Sportarten sind dem Namen nach als Amateursport organisiert (z. B. Fechten, Handball, Volleyball). Dennoch führen die allgemeine Entwicklung im Sport sowie die Tendenz zur ↑ Kommerzialisierung immer mehr zu Mischformen aus Berufs- und Amateursport, so daß – auch unabhängig von der olympischen Idee (↑ Amateurismus) und den Olympischen Spielen überhaupt – auch hier die Problematik des Begriffs ↑ Amateur deutlich wird.

American Football [englisch əˈmɛrıkən ˈfʊtbɔ:l] ↑ Football.

American Handball [englisch əˈmɛrıkən ˈhændbɔ:l]: Rückschlagspiel, das in einem Raum (etwa 13 × 6 × 6 m) unter Einbeziehung der vier Wände gespielt wird (als Einzel und als Doppel). Der Ball besteht aus Hartgummi, hat einen Durchmesser von etwa 4,8 cm und wird mit der Handinnenfläche möglichst so gegen eine Wand gespielt, daß der Gegenspieler ihn nach Bodenberührung nicht mehr erreichen kann. Ein Satz geht bis 21 Punkte, es wird auf zwei Gewinnsätze gespielt. Von der Übungsstätte und der Spielidee her ist American Handball mit dem in Europa sehr verbreiteten ↑ Squash und mit dem ↑ Racquetball zu vergleichen.

America's Cup [englisch əˈmɛrıkəz kʌp]: ein wichtiger Wettbewerb im Hochseesegeln, 1851 von der englischen Königin Viktoria (* 1819, † 1901) gestiftet und rund um die Kanalinsel Wight ausgefahren. Da das erste Rennen von Amerikanern gewonnen wurde, erhielt die gesamte Veranstaltung den Namen „America's Cup".

Amphetamin [Kunstwort]: anregende und aufputschende Droge, die deshalb auch als Dopingmittel (↑ Doping) verwendet wird. Die Stimmungslage wird gebessert, die Müdigkeit verschwindet, durch Ermüdung bedingte Leistungsminderung wird für Stunden scheinbar gebessert. Das geschieht jedoch auf Kosten der vom Körper sonst als „Notfallreserven" zurückgehaltenen letzten Kräfte; es führt bei längerfristiger Anwendung zwangsläufig zum vollständigen Erschöpfungszustand, verleitet damit zur Dosissteigerung und bedeutet deshalb eine deutliche Suchtgefahr, die auch berücksichtigt werden sollte, wenn Amphetamine aufgrund ihrer übrigen Wirkungen auch als Zusatz zu Appetitzüglern eingenommen werden.

Amplitude [von lateinisch amplitudo „Größe, Weite"]: allgemein Schwingungsweite, angeregt durch den größten Ausschlag einer Schwingung oder eines Pendels aus der Mittellage; im motorischen Bereich die Schwingungsweite einer Bewegung. Die Amplitude einer Bewegungsgestalt wird oft variiert (z. B. der Beinschlag beim Kraulschwimmen). Sie kann verändert werden je nach dem Energiezustand der beteiligten motorischen Zellen, wobei die Struktur der Bewegungsphase bzw. des Bewegungsrhythmus konstant bleibt. Im Zusammenhang hiermit steht die Theorie der relativen Koordination von Erich von Holst (* 1908, † 1962), nach der die durch zusammengesetzte Muskeleffekte entstehenden motorischen Figuren Zeitgestalten sind, in denen Amplitude und Frequenz (Häufigkeit) miteinander korrelieren.

AMV: Abk. für: ↑ Atemminutenvolumen.

Anabolika (Einzahl Anabolikum) [zu griechisch anabolikós „aufschiebend, in die Höhe bringend"]: Hormone, die den Körperstoffwechsel so beeinflussen, daß der Aufbau von Kohlenhydraten und Fetten sowie insbesondere von Eiweiß den Abbau überwiegt. Es werden also sowohl der „Betriebsstoffwechsel“ als auch der „Baustoffwechsel“ angeregt. Zu den Anabolika gehören körpereigene Hormone (z. B. ↑Insulin, Wachstumshormon, ↑Östrogene, ↑Gestagene, ↑Androgene) sowie synthetisch hergestellte Hormone, die dem Körper zugeführt werden können. Diese werden auch von Leistungssportlern verwendet (↑Doping), da sie die Muskelmasse, die aus Eiweiß besteht, schneller vermehren helfen. Trotz der chemischen Verwandtschaft mit den männlichen Geschlechtshormonen (Androgene) wurde mittlerweile erreicht, daß die anabole Wirkung auf die Muskulatur von der vermännlichenden Wirkung weitgehend getrennt ist, was die Anwendbarkeit bei Sportlerinnen verbessert. Trotzdem birgt dieses Vorgehen Gesundheitsrisiken 1. durch Veränderungen im ausgewogenen natürlichen Hormonhaushalt, 2. durch unangemessene Belastung der Gelenke, der Sehnen und Bänder des künstlich verstärkten Muskels. – Aus ethischen Gründen ist die Verwendung von Anabolika abzulehnen. Auch der *Deutsche Sportbund* hat in seiner „Grundsatzerklärung zum Spitzensport“ (1977) eindeutig Stellung gegen Doping bezogen.

anaerob [...a-e...; zu griechisch a (vor Vokalen an), einer verneinenden Vorsilbe, und ↑aerob]: bedeutet, daß ein Lebensvorgang oder ein chemischer Prozeß nicht an die Anwesenheit von Sauerstoff gebunden ist bzw. nur bei dessen Fehlen abläuft. So kann der Körper auch vorübergehend Muskelarbeit ausführen, wenn die Durchblutung, die den sonst für die Energiegewinnung nötigen Sauerstoff anliefert, unzureichend ist. Unter anaeroben Bedingungen können jedoch zur Energiegewinnung nur Kohlenhydrate (Zucker) abgebaut werden, wobei Laktat (↑Milchsäure) entsteht. Die Energieausbeute ist gegenüber dem ↑aeroben Abbau dabei um ein vielfaches geringer. Die Anhäufung des Laktats führt zu einer Übersäuerung des Muskels und damit zu dessen Ermüdung, ferner ist sie die Ursache für den „Muskelkater“. Die Durchblutung des Muskels und die Sauerstoffausnutzung steigen zur Vermeidung dieser Situation möglichst entsprechend dem Energiebedarf an; bei Beginn einer Belastung ist die Muskulatur jedoch für die Umstellungszeit auf anaerobe Energiegewinnung angewiesen. Speziell bei der isometrischen Kontraktion wird durch den Muskeldruck die eigene Durchblutung des Muskels behindert und der angespannte Muskel ermüdet sehr schnell.

anaerobe Kapazität [...a-e...; zu ↑anaerob und lateinisch capacitas „Fähigkeit“]: die Fähigkeit von Muskeln, trotz ↑Sauerstoffschuld arbeiten zu können, indem eine anaerobe Energiegewinnung (↑anaerob) stattfindet. Die für kurze und starke Beanspruchung angelegte Bewegungsmuskulatur besitzt einen Zellaufbau, der besonders auf die Vergrößerung dieser Kapazität abzielt.

Analysator [zu griechisch análysis „Auflösung“]: in den Sinnesorganen (Rezeptoren), auch in der Muskulatur und in den Sehnen liegender Nerv, der die durch die Sinne aufgenommenen Informationen zur Weiterleitung (über die afferenten Bahnen) an das Zentralnervensystem verarbeitet, um dort die entsprechenden motorischen Reaktionen einzuleiten. Auf der Grundlage der ↑Sensomotorik wird ein motorischer Lernprozeß als Empfang, Umkodierung und Weiterleitung sensorischer Signale verstanden, die die Voraussetzungen für eine motorische Handlung sind. Im einzelnen können je nach der Art des sensorischen Eindrucks ein akustischer, optischer, taktiler und kinästhetischer (↑Kinästhesie) Analysator unterschieden werden.

analytisch-synthetische Methode ↑Sportmethodik.

Anatomie [zu griechisch anatomé „das Zerschneiden“]: Lehre vom gestaltlichen Aufbau des Körpers. Die

Anatomie beschreibt die Strukturen und Organsysteme, die in ihrer Gesamtheit den menschlichen Körper ergeben, und ferner, in welchen nachbarschaftlichen Beziehungen und bedeutungsmäßigen Zusammenhängen sie stehen. Je nach Interesse kann man dabei z. B. nach Gruppen geordnet Knochen, Knorpel, Bänder, Sehnen, Muskeln, Eingeweideorgane, Sinnesorgane, Nervensystem, Blut und Gefäße, Bindegewebe und Haut betrachten. Man kann aber auch, wie die *funktionelle Anatomie,* das Zusammenwirken aller beteiligten Systeme an einer Aufgabe (z. B. „Verdauung" oder „Beugung des Kniegelenks") erklären, woraus sich Möglichkeiten und Grenzen bzw. Schwachstellen ableiten lassen. Obwohl die Anatomie eine beschreibende Wissenschaft bleibt, bilden ihre Erkenntnisse die Grundlage für jeglichen Versuch, das Funktionieren des Organismus zu erklären. Aus ihrer Anwendung lassen sich auch die Gegebenheiten jeder (sportlichen) Bewegungsmöglichkeit ablesen.

Androgene [zu griechisch anḗr, andrós „Mann" und génos „Abstammung, Geschlecht"]: Sexualhormone, die die Ausbildung und die Entwicklung der männlichen Geschlechtsmerkmale ermöglichen und fördern. Hauptvertreter der natürlichen Androgene ist das Testosteron, das in den Hoden gebildet wird. In der Embryonalentwicklung verursachen die Androgene die Geschlechtsdifferenzierung und danach wirken sie auf die Pubertätsentwicklung. Weiterhin steuern sie Wachstum und Funktion der Vorsteherdrüse (Prostata) sowie der Samenblasen, verursachen die Ausbildung der männlichen sekundären Geschlechtsmerkmale (z. B. Bartwuchs, Stimmbruch, Körperproportionen), wirken an der Bildung der Samen (Spermien) mit und lenken den Stoffwechsel, so daß insbesondere der Aufbau von Eiweißen (Muskelmasse) zunimmt (↑ auch Anabolika).

Anfängerschwimmen: die Anfangsphase der Entwicklung der Schwimmfähigkeit, in der insbesondere solche Übungen durchgeführt werden, die das Erleben des Wasserwiderstands und -auftriebs, Taucherlebnisse sowie die Beherrschung des Gleitens im Wasser vermitteln sollen. Als hierfür geeignete Schwimmtechniken werden sowohl das Brustschwimmen als auch das Kraulschwimmen angesehen. Wichtig beim Anfängerschwimmunterricht ist ein behutsames und sorgfältiges methodisches Vorgehen.

Angabe (Aufgabe, Aufschlag): erstes Spielen des Balles zum Spielbeginn oder zur Wiederaufnahme des Spiels nach einem erzielten Punkt, womit ein neuer Spielabschnitt begonnen wird (Tischtennis, Indiaca, Faustball u. a.). Beim Badminton, Tennis und Volleyball spricht man von *Aufschlag.* Für die Angabe hat sich in jeder betreffenden Sportart eine breite Palette technischer Varianten entwickelt, die es dem Gegner erschweren sollen, die Angabe zurückzuspielen.

Angelsport (Angelfischerei, Angeln): der als Sport mit der Angel betriebene Fischfang. Die Entwicklung des ursprünglich nur der Ernährung des Menschen dienenden Angelns zu einem Sport ist nicht genau nachzuvollziehen. Sportliches Angeln ist erstmals um die Mitte des 19. Jahrhunderts in Großbritannien nachzuweisen, von wo aus es sich zunächst über Europa, dann weltweit ausbreitete.

Das **Gerät** des Angelsports, die **Angel** (Wurfangel) besteht aus der elastischen Rute (oft Bambus, jetzt besonders auch Glasfiber), durch deren Leitringe die Schnur (meist Kunststoff) läuft. Die Rolle dient zum Auswerfen der Schnur über die Rutenlänge hinaus und zum Einholen. Schnur und Haken (in zahlreichen Formen) sind durch das Vorfach (Vorfächer) lösbar verbunden. Schwimmer oder Floß (aus Kork) und Senker (aus Blei) bewirken die Schwebelage des Köders im Wasser. Der *wettkampfmäßige Angelsport*

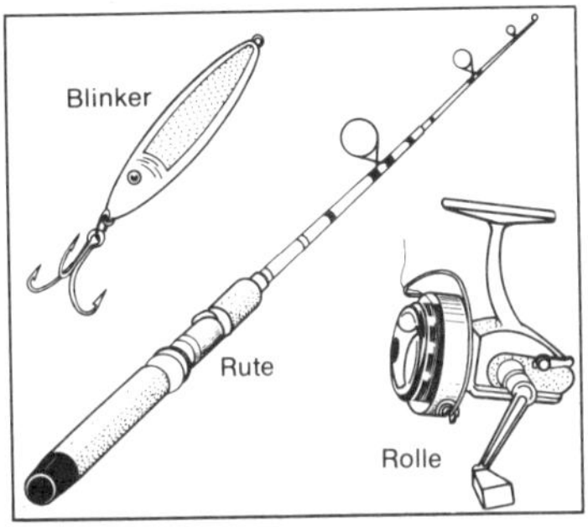

Angelsport. Wurfangel

(Wettfischen) wird an Flüssen, stehenden Gewässern und auf dem Meer mit Boot (Meeressportfischen) oder vom Land aus (Brandungsfischen) betrieben. Dabei wird dem Teilnehmer ein bestimmter Platz zugewiesen, an dem er innerhalb einer festgelegten Zeit (in der Regel 3-6 Stunden) unter Aufsicht Fische fangen soll. Die Wertung erfolgt nach Punkten, abhängig von Größe und Gewicht der geangelten Fische, aber auch des Fischunkrauts. Vor dem Wettkampf werden Mindestgröße und -gewicht der Fische festgelegt. Man unterscheidet mehrere Disziplinen beim Wettfischen: Die *Grundangelei* wird mit natürlichen Ködern auf jede Fischart betrieben. Bei der *Legangelei* wird eine Schnur mit bis zu 50 beköderten Haken bleibeschwert auf dem Gewässergrund ausgelegt. Die Legangel bleibt oft über Nacht unbeaufsichtigt liegen und dient v. a. als Aalschnur für den Aalfang. Die *Spinnangelei* dient dem Fang von Raubfischen mit künstlichen oder toten Ködern, die bewegt werden (Spinner und Blinker, Nachbildungen u. a.). Die *Flugangelei* ist die Angelei mit künstlichen Fliegen auf größere Entfernungen (10-18 m), was spezielle Flugschnüre, Flugrollen u. a. erfordert. Große Raubfische werden vom Boot aus mit überschwerem, oft am Bootskörper verankertem Gerät geangelt.
Da der Angelsport in unmittelbarer Auseinandersetzung mit der Tierwelt erfolgt, ist ein verantwortungsvolles Umweltbewußtsein (z. B. Berücksichtigung von Schonzeiten für bestimmte Fischarten und von Fangbeschränkungen) des Angelsportlers unverzichtbar.
Der Angelsport ist in der Bundesrepublik Deutschland im *Verband Deutscher Sportfischer* (VDSF; gegründet 1946, Sitz Offenbach am Main), international in der *Confédération Internationale de la Pêche Sportive* (CIPS; gegründet 1952, Sitz Rom) organisiert.
Zum *Turnierwerfen*, das sich aus dem Angelsport entwickelt hat, ↑Sportfischen.

Angriff: 1. [taktischer] Spielzug, durch den der Gegner in die Verteidigung gedrängt wird, so daß das Wettkampfgeschehen vom Angreifenden bestimmt wird; – 2. in den Mannschaftsspielen auch der angreifende Mannschaftsteil; – 3. in den Kampfsportarten eine Aktion, mit der der Gegner attackiert wird. – Der Angriff wird in den einzelnen Sportarten verschieden gestaltet und ist wesentlicher Bestandteil der Taktik (z. B. bei den Rückschlagspielen Badminton, Tischtennis, Tennis, Volleyball). In manchen Sportarten sind die Möglichkeiten des Angriffs durch die Spielfeldmaße bzw. -aufteilung eingeschränkt (z. B. Angriffsdrittel im Eishockey, Angriffszone im Volleyball). – Gegensatz: ↑Verteidigung.

Anhalten des Balles: im *Feld-* und *Hallenhockey* das Anhalten bzw. Auffangen eines hoch gespielten Balles mit der Hand. Der Ball muß jedoch sofort losgelassen werden, so daß er zu Boden fallen kann. Die Beherrschung dieser Technik ist wichtig, um den Ball unter Kontrolle zu bekommen. – Im *Eishockey* ist dieselbe Aktion mit dem Puck erlaubt.

Anlauf: erste Bewegungsphase sportlicher Übungen zum Zweck des Schwungholens und der Kraftkonzentration durch einen Lauf. Beim Anlauf wird immer Bewegungsenergie in eine Sprung- oder Wurfbewegung umgesetzt. In den verschiede-

Anlauf beim Wasserspringen

nen Sportarten gestaltet sich der Anlauf unterschiedlich, so z. B. in der *Leichtathletik* als Umsetzung von Schnelligkeit in Sprunghöhe bzw. -weite (Hochsprung, Weitsprung, Dreisprung, Stabhochsprung) oder in Wurfweite (Speerwerfen; auch beim *Kegeln* [Antritt] und *Bowling*), im *Wasserspringen* als Auftaktbewegung auf dem Brett bzw. Turm, beim Pferdsprung im *Geräteturnen* als Schwungholen oder beim *Skispringen* als Fahrt bis zum Schanzentisch. – Der Anlauf ist ein elementares Bewegungsmuster sportlicher Bewegung.

Anlegen: Bez. für fein- und grobmotorische Bewegungen im Rahmen verschiedener Sportarten, z. B. im *Reitsport* der Schenkeldruck des Reiters auf den Körper des Pferdes, beim *Bogenschießen* das Anlegen des Pfeils auf dem oberen Bogenarm, beim *Wassersport* (Rudern, Segeln, Kanusport, Motorbootsport) das zum Stillstandbringen des Bootes am Bootssteg oder an einer Boje, wobei – wie beim ↑Ablegen – bestimmte Manöver erforderlich sind (nicht zuletzt, um das Bootsmaterial zu schonen).

ANOC: Abk. für: ↑Association of National Olympic Committees.

A-Note ↑Note.

Anpassung: biologisch und sozial aktive Form des Handelns, wobei das innere System (Person) sich auf das äußere System (Umwelt) abstimmt. Ziel der Anpassung ist die Schaffung eines Gleichgewichts zwischen inneren Bedürfnissen und von außen gegebenen Möglichkeiten. Bestimmte Sportarten (z. B. Reiten, Bogenschießen, Schwimmen, Skilanglauf) sind in ihrer Entstehung Techniken der Anpassung an bestimmte Umweltbedingungen. Diese Funktion haben sie heute jedoch verloren. Das Kinderspiel, aber auch das Sportspiel, werden gegenwärtig noch als Form der Anpassung an die Kultur gesehen, da in ihnen v. a. Konflikte in Mikroform abgebildet und deren Lösungen gelernt werden. Passive Anpassung geht meist mit Resignation und Apathie einher und ist deshalb kein wünschenswertes Verhaltensmuster.

Anpfiff: Pfiff des Schiedsrichters bei Mannschaftsspielen zu Beginn des Spiels oder nach Spielunterbrechungen. Bei manchen Spielen wird die Spielzeit „rein" genommen, d. h. bei Spielunterbrechungen wird die Uhr angehalten (↑effektive Spielzeit). Hier ist der Anpfiff zugleich identisch mit dem Ingangsetzen der Uhr. In Sportspielen, bei denen die Spielzeit auch bei Unterbrechungen weiterläuft bzw. nur bei offenkundig bewußter Verzögerung angehalten wird, kommt dem Anpfiff die wichtige Funktion zu, unfaire Spielverzögerungen auszuschalten.

Anriß: teilweise Durchtrennung von Muskeln, Sehnen, Bändern oder Gelenkkapseln. Der Anriß entsteht durch äußere Gewalteinwirkung oder durch Überlastung; typischer Mechanismus: „Umknicken" – Anriß im Sprunggelenk; Drehung des Körpers auf festgehaltenem Fuß (z. B. durch Ski oder Schuhstollen) – Anriß im Kniegelenk. Im Unterschied zum vollständigen ↑Riß bleiben beim Anriß einige oder sogar die meisten Fasern erhalten. Die Funktionsfähigkeit kann jedoch stark beeinträchtigt sein, so daß zu den meist starken Schmerzen und der Schwellung ein Kraftverlust oder eine Instabilität des betroffenen Gelenks hinzukommt. Außerdem besteht die Gefahr, daß die verbliebenen Fasern der Beanspruchung nicht mehr standhalten und ein vollständiger Riß entsteht. Die Behandlung besteht in Ruhigstellung im Gips oder

Operation zur Naht der gerissenen Anteile mit anschließender Ruhigstellung, bis die Fasern durch Vernarbung wieder fest verbunden sind.

Anschlag: Bez. für eine Bewegungsstellung bzw. einen Bewegungsvollzug bei verschiedenen Sportarten: im *Schießsport* die Endstellung vor der Schußabgabe; im *Geräteturnen* ein Grundsprung (Boden und Schwebebalken), bei dem das Sprungbein in der Luft an das abgespreizte andere Bein schlägt; im *Schwimmsport* das Berühren der Beckenwand mit einer Hand (Kraul- und Rückenschwimmen) bzw. mit beiden Händen (Brust- und Schmetterlingsschwimmen).

Anschlußtreffer: Treffer, der den Tor- bzw. Punktestand so verbessert, daß die Differenz bis auf eins verkürzt wird. Bei manchen Ballspielen spricht man auch von *Anschlußtor.* Der Anschlußtreffer hat eine wichtige psychologische Bedeutung für den engagierten Fortgang des Wettkampfs.

anschneiden: einem Ball mit dem Fuß, der Hand oder einem Schläger einen „Schnitt“ (Effet, Drall) geben, so daß die Flugbahn stark gekrümmt und der Ball dadurch für den Gegner unberechenbar wird. Das Anschneiden ist eine besondere technische Fertigkeit, die sowohl in den Mannschafts- als auch in den Rückschlagspielen gezielt geübt wird.

Anspiel: erste Aktion eines Spiels, die in den verschiedenen Spielsportarten unterschiedlich benannt wird, z. B. im *Handball* Anwurf, im *Basketball* Springball, im *Fußball* Anstoß, im *Wasserball* Anschwimmen, beim *Tennis, Tischtennis, Volleyball* und *Badminton* Aufschlag. – In Mannschaftssportarten wird auch das Zuspiel eines Balles zu einem Mitspieler im Verlauf eines Spiels Anspiel genannt.

Anstoß: im Fußball die Aufnahme des Spiels zu Beginn jeder Halbzeit (auch der Spielabschnitte einer Verlängerung) sowie nach einem Torerfolg. Das Anstoßrecht wechselt von Abschnitt zu Abschnitt zwischen den Mannschaften, nur nach einem Tor stößt immer die Mannschaft an, die das Tor erhalten hat. Der Anstoß wird nach einem Pfiff des Schiedsrichters am Mittelpunkt des Mittelkreises ausgeführt. Die Spieler beider Mannschaften müssen sich dabei in ihrer jeweiligen Spielfeldhälfte aufhalten, die Spieler der den Anstoß nicht ausführenden Mannschaft in einem Mindestabstand von 9,15 m zum Ball. Der Ball muß in die gegnerische Spielfeldhälfte getreten und von einem Mitspieler berührt worden sein, ehe der Gegner oder der Spieler, der den Anstoß ausführte, den Ball spielen dürfen. Aus einem Anstoß kann kein direktes Tor erzielt werden.

Antagonisten [zu griechisch antí „gegen“ und agōnistḗs „Wettkämpfer“]: allgemeine Kennzeichnung von Strukturen und Substanzen, deren Wirkung einander entgegengesetzt ist. Die verschiedene und wechselnde Aktivität der antagonistischen Partner bedingt den resultierenden Effekt, z. B.: 1. Das Hormon Insulin bewirkt, daß der im Blut vorhandene Zucker in den Zellen verbraucht oder in eine Speicherform umgewandelt wird, senkt also den Blutzuckerspiegel. Ein Gegenspieler (Antagonist) ist das Hormon Glucagon, das den Abbau des Zuckers hemmt, die Neubildung im Körper fördert und die Speicherform wieder ins Blut bringt, also den Blutzuckerspiegel erhöht. 2. Der Bizepsmuskel führt zu einer Beugung des Unterarms gegen den Oberarm, sein Antagonist ist der Trizepsmuskel, der den Arm strecken kann. Je nachdem, welcher Muskel stärker angespannt wird, führt also der Arm die entsprechende Bewegung aus. Dieser Effekt ist nur abhängig vom Verhältnis der Kräfte. Sind beide Muskeln völlig entspannt, resultiert daraus eine lockere Mittelstellung, die von außen verändert werden kann. Soll der Arm aber, wie z. B. beim Tennisspielen, fest in dieser Zwischenstellung gehalten werden, sind beide Muskeln in gleichem Maß angespannt und die

Antike Festspiele. Ringkämpfer (links) und Speerwerfer bei der Vorbereitung seines Wurfs (rechts)

Haltung ist fixiert. Ihr gegensinniger Effekt ist also (manchmal) erwünscht. Ist allerdings für eine sportliche Leistung eine maximale Kraftentwicklung in einer Richtung das Ziel, z. B. Strecken des Beins beim Absprung, wird das beste Ergebnis erzielt, wenn man alle Antagonisten völlig entspannt lassen kann. Auch dieses erfordert gezieltes Training, da bei Alltagsbewegungen Antagonisten meist schwach mitangespannt werden. – ↑auch Synergisten.

Antennen [italienisch; zu lateinisch antenna „Segelstange"] ↑Volleyball.

Anthropometrie [zu griechisch ánthrōpos „Mensch" und métron „Maß"]: Bez. für die verschiedenen Methoden zur Messung körperlicher Merkmale des Menschen. Die Anthropometrie wurde schon um die letzte Jahrhundertwende angewandt, um Daten zur Erklärung und Verbesserung sportlicher Leistungen zu gewinnen (z. B. zu Größe, Gewicht, Umfängen, Bewegungsradien). – Die **Kinanthropometrie** bringt die Methoden der Anthropometrie mit der Bewegung in Verbindung; sie gewinnt in der Sportwissenschaft zunehmend an Bedeutung.

Antidopinggesetz ↑Doping.

antike Festspiele: öffentliche Wettkämpfe in der griechisch-römischen Antike (etwa 800 v. Chr.–400 n. Chr.), die in enger Verbindung mit religiösen Festen zu Ehren von Göttern oder göttergleich verehrten Herrschern, meist in regelmäßigem Zyklus, veranstaltet wurden. Die angesehensten unter ihnen waren die *Panhellenischen Spiele,* die von allen griechischen Stadtstaaten anerkannt und beschickt wurden: die **Olympischen Spiele** in Olympia (seit 776 v. Chr., alle 4 Jahre), die **Pythischen Spiele** in Delphi (seit 586 v. Chr., alle 4 Jahre), die **Isthmischen Spiele** auf der Landenge von Korinth (seit 580 v. Chr., alle 2 Jahre) und die **Nemeischen Spiele** in Nemea (seit 573 v. Chr., alle 2 Jahre). Ein Wettkämpfer, dem es gelang, bei diesen vier großen Veranstaltungen, die die sogenannte Periodos („Umlauf") bildeten, zu siegen, erwarb den begehrten Titel eines **Periodoniken.** In der römischen Kaiserzeit wurde der Festkalender beträchtlich ausgeweitet, wobei die **Aktischen Spiele** in Aktium (ab 27 v. Chr., alle 4 Jahre) und die **Kapitolien** in Rom (ab 86 v. Chr., alle 4 Jahre) besondere Berühmtheit erlangten. Von großer Bedeutung

und äußerer Pracht waren auch die **Panathenäen** in Athen (ab 566 v. Chr., alle 4 Jahre).
Im Lauf der Zeit entwickelte sich bei den antiken Festspielen ein Standardprogramm von Wettbewerben (↑auch Agonistik), das im wesentlichen aus folgenden Sportarten bestand:
1. Lauf: Am ältesten und populärsten war der *Sprint* (Dromos) über ein Stadion (600 Fuß; Stadionlauf). Die Länge dieser Strecke war wegen des regional unterschiedlichen Fußmaßes jedoch nicht überall gleich; sie schwankte zwischen etwa 167 m und etwa 192 m. Der *Doppellauf* (Diaulos), in Olympia ab 724 v. Chr., ging über zwei Stadien, der *Langlauf* (Dolichos), in Olympia ab 720 v. Chr., über maximal 24 Stadien. Der *Waffenlauf* (Hoplites), in Olympia ab 520 v. Chr., führte ebenfalls über zwei Stadien. Während die Teilnehmer zunächst noch in voller Rüstung an den Start gingen, trugen sie später nur noch Helm und Schild. Seit 720 v. Chr. lief man in Olympia nackt, eine Sitte, die sich allmählich auf alle anderen Festorte und den gesamten Übungs- und Wettkampfbetrieb übertrug.
2. Fünfkampf: Der Fünfkampf (Pentathlon), in Olympia ab 708 v. Chr., bestand aus Diskuswurf, Weitsprung, Speerwurf, Lauf und Ringen. Die ersten drei Disziplinen wurden bei den Panhellenischen Spielen niemals als Einzelwettbewerbe, sondern nur im Rahmen des Fünfkampfes ausgetragen. Jeder Athlet, der gegen ein und denselben Konkurrenten dreimal eine schlechtere Plazierung aufwies, mußte ausscheiden. Wenn der Sieger aufgrund dieses Vergleichs nicht bereits nach der dritten oder vierten Disziplin feststand, entschied der abschließende Ringkampf. Der **Diskus** (Diskos) wurde mit einer weiten Ausholbewegung aus dem Stand geworfen. Die Scheiben aus Stein, Bronze oder Eisen wogen bis zu 4,8 kg, waren im Durchschnitt auf jeden Fall erheblich schwerer und größer als die heutigen Geräte (2 kg). Weiten um 30 m galten deshalb als hervorragende Leistung. Der **Weitsprung** (Halma) bestand aus fünf fortgesetzten Sprüngen aus dem Stand, deren Gesamtweite gewertet wurde. Die Wettkämpfer sprangen von einer steinernen Startschwelle in einen Sektor der Laufbahn hinein, der auf einer Länge von 50 Fuß aufgerauht war (das Skamma). In den Händen hielten sie dabei zwei etwa 2,5 kg wiegende Gewichte (Halteren). Es sollen Weiten von etwa 16,50 m erreicht worden sein, was pro Sprung etwa 3,30 m ausgemacht hätte. Beim **Speerwurf** (Akontion) wurde ein knapp mannsgroßer Speer aus Holunderholz, der unterhalb seines Schwerpunkts mit Lederriemen umwickelt und mit einer Schlaufe zur besseren Führung mit dem Finger versehen war, aus einem Anlauf heraus von einer Markierung aus geworfen, die nicht übertreten werden

Antike Festspiele. Diskuswerfer des Myron (Marmorstatue aus dem 5. Jahrhundert v. Chr.)

durfte. Die Länge des **Laufs** im Fünfkampf ist nicht überliefert, wahrscheinlich betrug sie ein Stadion.

3. Ringen: In Olympia wurde das Ringen (Pale) auch als Einzeldisziplin zusammen mit dem Fünfkampf 708 v. Chr. eingeführt. Es handelte sich um einen reinen Standkampf. Wer dreimal mit einem anderen Körperteil als den Füßen den Boden berührte, hatte verloren. Da es keine Gewichtsklassen gab, bemühten sich die Ringer mit Hilfe einer besonderen Diät um eine maximale Gewichtszunahme. Vor dem Kampf rieben sie sich mit Öl ein und bewarfen sich mit Staub.

4. Boxen: Das Boxen (Pygme, Faustkampf) ist militärischen Ursprungs. Es stand in Olympia seit 688 v. Chr. auf dem Programm. Die Kämpfer wickelten sich etwa 3 m lange Riemen aus Ochsenhaut um Finger, Handgelenk und Unterarm, auf die später zum Zweck der Schlagverstärkung Lederstücke aufgesetzt wurden. Es gab weder Gewichtsklassen noch Runden noch eine zeitliche Begrenzung. Der Kampf wurde entweder durch Kampfunfähigkeit oder Aufgabe eines Kämpfers entschieden. Die Schläge richteten sich fast ausschließlich gegen den Kopf und führten zu schweren Verletzungen und Dauerschäden, Todesfälle waren nicht selten. Daher waren die Boxer in erster Linie darum bemüht, nicht getroffen zu werden und den Gegner durch ständiges Ausweichen zu ermüden.

5. Pankration: Das Pankration („Allkampf"), in Olympia ab 648 v. Chr., enthielt Elemente des Boxens und Ringens. Es begann als Standkampf, wurde aber meist am Boden weitergeführt. V. a. durch schmerzhafte Würge-, Dreh- und Klammergriffe versuchte man, den Gegner zur Aufgabe zu zwingen, da nur so ein Kampf beendet werden konnte. Die auch unter Aristokraten beliebte Disziplin wies aber entgegen oft geäußerter Meinung nicht die brutalen Züge des Boxens auf, sondern war in mancher Hinsicht dem heutigen Judo ähnlich. Dennoch nahm auch hier mancher Kampf einen tödlichen Ausgang.

5. Wagen- und Pferderennen: Die hippischen, d. h. pferdesportlichen Agone waren eine Domäne des Adels, der reichen, Pferde züchtenden Großgrundbesitzer. In Olympia wurde das Rennen mit dem *Vierergespann* (ab 680 v. Chr.) in klassischer Zeit zum Höhepunkt des Festes. Später gab es auch Rennen mit dem *Zweigespann* sowie für eine besondere Klasse der Fohlen. Der vier Stadien lange Kurs im Hippodrom mußte zwölfmal durchfahren werden (in Olympia über 9 km). Als Sieger galt nicht der Wagenlenker, sondern der Besitzer des Gespanns. Die *Pferderennen* (in Olympia ab 648 v. Chr.), bei denen die Reiter nackt und ohne Sattel ritten, gingen dagegen vermutlich nur über vier Stadien (in Olympia 769 m) und erlangten nie die Popularität der Wagenrennen.

Bei fast allen antiken Festspielen gab es gesonderte Wettbewerbe für **Jugendliche:** in Olympia ab 632 v. Chr. den Stadionlauf, später kamen Ringen, Boxen und Pankration hinzu. Die Altersgrenze zur Klasse der Männer war das 20. Lebensjahr. Gelegentlich gab es auch drei Altersklassen.

Frauenwettkämpfe im eigentlichen Sinn hat es in der Antike nie gegeben. Da die Frau weder in der Politik noch bei der Verteidigung des Staates oder sonst im öffentlichen Leben eine aktive Rolle spielte, erhielt sie im Gegensatz zu den Männern auch keine systematische Leibeserziehung im Gymnasium und beteiligte sich nicht an Wettkämpfen. In Olympia war es verheirateten Frauen sogar bei Androhung der Todesstrafe verboten, zuzuschauen. Die wenigen überlieferten „Frauenwettkämpfe" sind entweder kultische Zeremonien (z. B. die *Heräen,* ein 160-m-Lauf für Mädchen zu Ehren der Göttin Hera) oder Kuriositäten aus der römischen Kaiserzeit. Eine Ausnahme gab es allerdings: Reiche Frauen beteiligten

sich als Besitzerinnen von Gespannen oder Pferden hin und wieder bei den antiken Festspielen und wurden auf diese Weise sogar Olympiasieger.
Hauptmotiv für den freien Griechen, später auch den Römer, an den antiken Festspielen teilzunehmen, war das Streben nach Ruhm, Ehre und größerem sozialen Ansehen. Doch schon früh erhielten Sieger bei Wettkämpfen von panhellenischer Bedeutung, besonders bei den Olympischen Spielen, von ihren Heimatstädten auch besondere materielle Vergünstigungen und Privilegien, z. B. Geldprämien, Speisung auf Lebenszeit, Steuerfreiheit. Diese Aussichten ermöglichten in zunehmendem Maß auch Angehörigen mittlerer und unterer gesellschaftlicher Schichten eine Beteiligung und führten zur Entstehung des Berufsathletentums.

Antizipation [zu lateinisch anticipare „vorwegnehmen"]: in der *Psychologie* die [gedankliche] Vorwegnahme oder Erwartung eines bestimmten Ziels bzw. Ereignisses in der Vorstellung bzw. Phantasie, an dem sich das Verhalten, v. a. künftiges Handeln, orientiert. Im *Sport* spielt die Fähigkeit des Menschen zur Antizipation insoweit eine wichtige Rolle, als mit ihrer Hilfe die Eigenbewegung leichter einer Fremdbewegung angepaßt, die Reaktionszeit wegen des weitgehenden Ausfalls des Überraschungseffekts verkürzt werden können, wodurch die Antizipation u. a. für das taktisch angemessene Verhalten bei der Ausübung eines Sports unentbehrlich wird. Darüber hinaus ist die Antizipation auch unter sportpädagogischen Gesichtspunkten von entscheidender Bedeutung, da sie aus den Fähigkeiten der ↑Bewegungsvorstellung und des ↑Bewegungsentwurfs resultiert und somit eine wesentliche Voraussetzung für das Erlernen komplexer Bewegungsabläufe darstellt.

Antrieb: v. a. durch Eigenbewegung erreichte Aufrechterhaltung des Bewegungszustands des Körpers gegen äußere Widerstände (z. B. Luft- oder Wasserwiderstand) oder dessen Veränderung (Beschleunigung oder Verzögerung). Beim *Schwimmen* resultiert der Antrieb aus der Arm- und Beinarbeit, wobei die größere Antriebsenergie durch die Armarbeit erzielt wird. Die Antriebsenergie der Beine kann durch ↑Schwimmflossen erhöht werden. Entsprechend den unterschiedlichen Bewegungsabläufen der Arm- und Beinarbeit bei den einzelnen Schwimmarten ist auch die Höhe der Antriebsenergie jeweils verschieden.

Antritt: 1. Bez. für Bewegungsfertigkeiten, die v. a. der Beschleunigung dienen. In Sportdisziplinen, in denen die Zeit gestoppt wird, spielt der Antritt sowohl beim Start als auch beim Abwehren von Überholmanövern und beim Sprint eine Rolle. In der Leichtathletik spricht man auch von Antrittsvermögen, d. h. der Fähigkeit, mit wenigen Schritten in kurzer Zeit eine hohe Geschwindigkeit zu erreichen; – 2. beim Kegeln ist Antritt synonym zu ↑Anlauf; – 3. beim Rugby Bez. für den ersten Balltritt zu Beginn des Spiels und nach Spielunterbrechung.

Aorta [griechisch]: Hauptschlagader, die das vom Herzen ausgeworfene, sauerstoffbeladene Blut mittels der von ihr abzweigenden Blutgefäße (Arterien) im gesamten Körper verteilt. Die Aorta entspringt – nach oben gerichtet – der linken Herzkammer, von der sie durch eine dreiteilige, ventilartig wirkende Klappe (Aortenklappe) getrennt ist. So kann das Blut nicht während der Erschlaffungsphase des Herzens (↑Diastole) zurückströmen. Um bei jedem Herzschlag die gesamte Blutmenge aufnehmen zu können, hat die Aorta in diesem Bereich einen Durchmesser von etwa 3–4 cm und ist zudem noch mit einer sehr elastischen Wand ausgestattet. Wenn die Herzklappen sich geschlossen haben, weil der Druck im Herzen geringer als in der Aorta geworden ist, zieht sich der gedehnte Abschnitt wieder zusammen und pumpt daher das Blut weiter in den Körper hinein. Dieser Mechanismus wird auch **Windkesselfunktion** genannt. Die Elastizität läßt im Lauf des Lebens nach, beschleunigt auch durch Gefäßverkalkung (↑ Arteriosklerose). Die Aorta läuft weiter in einem Bogen nach hinten-unten, vor der Wirbelsäule abwärts, führt durch das Zwerchfell in den Bauchraum und verzweigt sich schließlich im Becken in ihre letzten Gefäßabgänge.

Apophysenabriß (Apophysenlösung) [zu griechisch apóphysis „Auswuchs"]: meist durch äußere Gewalteinwirkung (Trauma) oder extremen Muskelzug hervorgerufene Ablösung der Apophyse vom Knochen. Die **Apophyse** ist ein hervorstehender Knochenteil, der als Ansatzstelle für Sehnen und Muskeln dient. Da die Apophyse erst in der Kindheit entsteht, ist ihre Verbindung zum Knochen in der Jugend noch sehr weich (Knorpel) und daher bei Unfällen oder bei maximaler Muskelanspannung in diesem Alter eine Schwachstelle. Beim Springen ist die Apophyse des Schienbeins durch extremen Zug der Kniestreckermuskeln, bei Sportarten mit häufigem Starten und/oder Stoppen (z. B. Sportspiele, Läufe) die Fersenbeinapophyse durch Zug der Achillessehne besonders gefährdet. Die Behandlung eines Apophysenabrisses besteht in mehrwöchiger Ruhigstellung, die allerdings oft erst nach operativer Anlagerung der Apophyse an ihre Verbindungsstelle beginnen kann.

Appell [französisch; zu lateinisch appellare „anreden, benennen"]: im Fechten das betonte Aufsetzen des vorgestellten Fußes aus der Fechtstellung, ohne sich dabei vorwärts zu bewegen, mit dem Ziel, den Gegner zu täuschen, nach einem Sprung rückwärts das Gleichgewicht wieder herzustellen und die eigene sichere Fechtstellung zu überprüfen.

Arbeitersport: zusammenfassende Bez. für den Sport der im Rahmen der Arbeiterbewegung sowie der Gründung der sozialistischen Parteien entstandenen Sportvereine und -verbände der Arbeiter. 1850 wurde in Leipzig der erste Arbeiterturnverein gegründet. Doch erst nach Aufhebung der Bismarckschen „Sozialistengesetze" (1878–90) entstand eine starke Arbeiter-Turn- und Sportbewegung, d. h. der eigentliche Arbeitersport (1893 Gründung des *Arbeiter-Turnerbundes Deutschlands* [ATB] und bis 1912 Arbeitersportverbände für andere Sportarten) mit dem Ziel der Schaffung einer neuen sozialistischen Körperkultur. 1912 gründeten der *Arbeiter-Turnerbund* und andere Arbeitersportverbände die *Zentralkommission für Arbeitersport und Körperpflege,* ab 1919 *Arbeiter-Turn- und Sportbund* (ATUS). Das Aufkommen des Arbeitersports verlief allerdings nicht reibungslos; es kam zu zahlreichen Auseinandersetzungen zwischen ihm und dem sogenannten „bürgerlichen Sport". Wie für die gesamte deutsche Turn- und Sportbewegung brachte der 1. Weltkrieg auch für den Arbeitersport einen schweren Rückschlag. 1922 in Leipzig und 1929 in Nürnberg führte der *Arbeiter-Turn- und Sportbund* eigene Arbeiter-Turn- und Sportfeste durch. Er trat auch der *Sozialistischen Arbeiter-Sport Internationale* (SASI; gegründet 1920) bei, die 1925 in Frankfurt am Main und 1921 in Wien sogenannte Arbeiterolympiaden durchführte. 1921 wurde in Moskau als Gegenorganisation die *Rote Sportinternationale* gegründet, wodurch in den folgenden Jahren ein scharfer Kampf zwischen sozialistisch und kommunistisch orientierter Arbeitersportbewegung ausbrach.

Nach der Machtergreifung Adolf Hitlers (* 1889, † 1945) 1933 wurden der Arbeitersport zerschlagen, das Vermögen seiner Vereine beschlagnahmt und seine Angehörigen verfolgt, und 1934 im Zuge der „Gleichschaltung" der *Deutsche Reichsbund für Leibesübungen* gegründet. Nach 1945 entschied sich der Arbeitersport der Bundesrepublik Deutsch-

land für den Einheitsverband *Deutscher Sportbund.*
Die Verbände des Arbeitersports in Westeuropa und Israel sind seit 1948 im *„Comité Sportif International du Travail"* (CSIT; Sitz Brüssel) zusammengeschlossen. Die heutige ↑Körperkultur der Deutschen Demokratischen Republik versucht ganz bewußt, an die kommunistisch orientierte Tradition des Arbeitersports anzuknüpfen.

Arbeitsgemeinschaft Deutscher Sportämter (ADS): Zusammenschluß der öffentlichen Sportämter, der Verwaltungsbehörden für Sport in Städten, Kreisen und Gemeinden auf Bundesebene (gegründet 1949, Sitz Frankfurt am Main).

Arbeitsgemeinschaft für Sportpsychologie (ASP): 1969 gegründete Vereinigung zur Förderung von Lehre und Forschung in der Sportpsychologie, einem Theoriefeld der Sportwissenschaft. Hauptaufgabenbereiche: Information der Mitglieder, Organisation nationaler und internationaler Veranstaltungen, Zusammenarbeit mit nationalen und internationalen Organisationen, Herausgabe von Publikationen. Der Sitz der ASP wechselt in der Regel mit dem jeweiligen Vorsitzenden.

Arbeitsmotorik/Alltagsmotorik: im Leben des Menschen kann man *Alltags-* (z.B. Essen), *Arbeits-* (z.B. Schreibmaschineschreiben; „Gebrauchsmotorik") und *Freizeitbeschäftigungen* (z.B. Fußballspielen) unterscheiden. Arbeitsmotorik bzw. Alltagsmotorik ist jeweils die Summe der Bewegungen bzw. motorischen Äußerungen, die auf der Grundlage der Anforderungen der Arbeit bzw. des Alltags eine Rolle spielen. Beide gehören vorwiegend in den Bereich der Feinmotorik, allerdings unter starker Berücksichtigung koordinativer Leistungen.

Arbeitsschulmethode: Unterrichtsverfahren, bei dem selbständige Arbeit, Kreativität und Spontaneität im Mittelpunkt stehen, gekennzeichnet durch induktive Methode, impulsgebenden und Aufgaben stellenden Unterricht sowie durch fragenentwickelnde Methode. Im Bereich des Sports wird zur Charakterisierung der Arbeitschulmethode v.a. die ↑Bewegungsaufgabe verwendet.

Arbeitsweise: grundsätzliche Form des Bewegungsvollzugs oder des Erlernens einer sportmotorischen Fertigkeit in zwei Varianten: *asynchron* als ungleiche Form (z.B. rechtes und linkes Bein nicht gleichsinnig im Bewegungsablauf) und *synchron* als gleichsinnorientiertes Ablaufschema.

Arena [lateinisch]: ursprünglich sandbestreuter Kampfplatz im antiken Amphitheater, Zirkus oder Stadion, heute allgemeine Bez. für den Austragungsort von sportlichen Wettkämpfen.

Armbewegung: dem ↑Antrieb dienende Bewegung der Arme in den vier Schwimmtechniken Brust-, Schmetterlings-, Kraul- und Rückenkraulschwimmen. Man unterscheidet je nach der Betätigungsart der Arme eine Zug-, Druck- und Schwungphase sowie (mit Ausnahme des Brustschwimmens) Überwasser- und Unterwasserphase.

Armbrustschießen: Sportart, die heute v.a. noch in Süddeutschland und in der Schweiz gepflegt wird. Sie hat ihren Ursprung in China und ist seit den Kreuzzügen im 12. Jahrhundert auch in Europa bekannt. Im Mittelalter diente das Armbrustschießen – trotz kirchlichen Verbots – der Ritterschaft zu Jagdzwekken. Im 14. Jahrhundert kam es zur Gründung von Schützengilden im Stadtbürgertum mit organisiertem Freischießen. Mit dem Aufkommen der Feuerwaffen wurde das Armbrustschießen mehr und mehr nur noch als Sport betrieben. – Das Gerät, die **Armbrust,** ist eine Schußwaffe für Bolzen und Pfeile mit hoher Präzision. Sie besteht aus Bogen (Bügel) und Sehne und einem in der Mitte des Bogens senkrecht zu diesem angebrachten Schaft (Visierlänge bis 72 cm), der zur Führung des

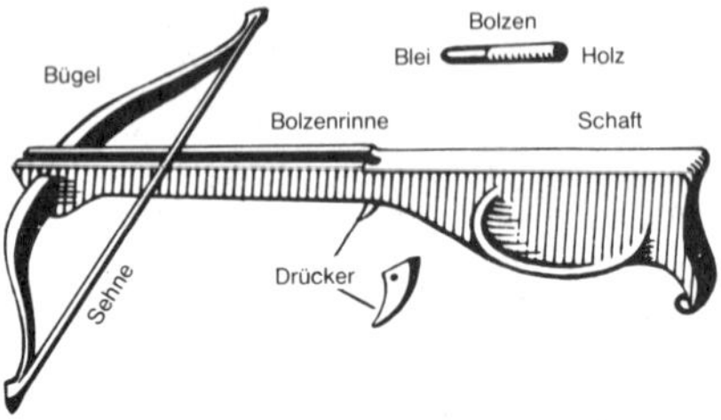

Armbrustschießen. Armbrust mit Bolzen

Geschosses dient und mit einer Einrast- und Abzugsvorrichtung für die Sehne versehen ist. Die 11,5 cm langen *Bolzen* können aus beliebigem Material bestehen. Ihre Spitze aus Blei hat eine Länge von 15 mm und einen Durchmesser von 6 mm. Bei Wettkämpfen wird aus einer Distanz von 30 m kniend und stehend mit je 30 Schuß auf eine Zielscheibe von 10 cm Durchmesser geschossen. – In der Bundesrepublik Deutschland wird das Armbrustschießen vom *Deutschen Schützenbund* (↑Schießsport) betreut, international von der *Internationalen Armbrust Union* (IAU; gegründet 1956, Sitz Luzern).

Armhebel: im *Judo* Angriffe, die auf das Ellbogengelenk erfolgen (gestreckt: Streckhebel; gebeugt: Beugehebel). Armhebel sind als Angriff sehr wirkungsvoll; sie dürfen aber wegen Verletzungsgefahr nur auf das Ellbogengelenk ausgeführt werden. – Im *Ringen* sind Armhebel Griffe, bei denen der Arm des Gegners als Hebel benutzt wird, um dessen Oberkörper zu bewegen.

Arterien [griechisch artēria „Arterie", zu aeírein „zusammen-, anbinden", also eigentlich „die (am Herzbeutel) Angehängte"] (Schlagader, Pulsader): Blutgefäße, die das vom Herzen ausgeworfene Blut vom Herz fortleiten. Im Körperkreislauf ist das Blut mit Sauerstoff angereichert, im Lungenkreislauf ist das arterielle Blut auf dem Weg in die Lunge also noch sauerstoffarm. Da in Arterien durch die Pumpleistung des Herzens ein relativ hoher Druck herrscht, sind sie mit einer kräftigen Muskelwand versehen. Durch gezielte unwillkürliche Anspannung dieser ringartigen Muskeln regelt der Körper automatisch dic Verteilung der verfügbaren Blutmenge nach dem Bedarf der zu versorgenden Gewebe. – ↑auch Blutdruck, ↑Aorta, ↑Venen.

Arteriosklerose [zu ↑Arterien und griechisch sklērós „trocken, hart"]: Bez. für die Verkalkung der Schlagadern (Arterien). Dabei lagern sich an der Innenwand der Blutgefäße Kalkmoleküle ab (Kalzium ist ständig im Blut), wodurch die Elastizität nachläßt und der für die Blutströmung wichtige freie Durchmesser abnimmt. Da sich das Gefäß nicht mehr dem Bedarf entsprechend vergrößern kann, kommt es in dem von ihm versorgten Gebiet zu einer relativen Mangeldurchblutung und so zum Sauerstoffmangel. Das führt – je nach Stärke der Arteriosklerose und Lage der vorwiegend betroffenen Gefäße – z. B. zum Absterben von Hirnsubstanz, zur Gefahr für das Herz bis hin zum Herzinfarkt, zu Schmerzen und Schwäche an der Muskulatur oder gar zum Gewebszerfall. Die Entwicklung der Arteriosklerose wird u. a. gefördert durch fettes, übermäßiges Essen, Rauchen, Übergewicht, hohen Blutdruck, Zukkerkrankheit (↑Insulin) und Bewegungsmangel. Regelmäßige sportliche Betätigung kann hier sehr gut zur Vorsorge eingesetzt werden.

arteriovenöse O_2-Differenz [griechisch; lateinisch]: um die Körperzellen mit O_2 (Sauerstoff) zu versorgen, wird in den Schlagadern (Arterien) Blut transportiert, das in der Lunge auf rund 20 Volumenprozent (Vol.-%) O_2 angereichert worden ist. Hat das Blut auf dem Weg durch ein Organ O_2 abgegeben, fließt es in den Venen zurück zum Herzen, von wo es wieder in die Lunge gepumpt wird. Mißt man nun in der Vene den O_2-Gehalt (normal etwa 15 Vol.-%, bei starker körperlicher Anstrengung bis auf 10 Vol.-% gesenkt), so ergibt sich eine arteriovenöse O_2-Differenz von 5–10 Vol.-%, woraus man den Verbrauch bzw. die Ausnutzung des Sauerstoffs errechnen kann.

Arthrose [zu griechisch árthron „Gelenk, Glied"]: Verschleißerscheinung (Degeneration) von Gelenken, die starke Schmerzen verursacht und Bewegungsbehinderungen bis zur völligen Gelenkversteifung bewirken kann. Bei der Arthrose herrschen Knorpelveränderungen vor, wobei der Knorpel in seinem Aufbau verändert oder ganz zerstört sein kann. Dann nutzt sich auch die Knochenoberfläche ab. Die Arthrose kann isoliert einzelne Gelenke betreffen, besonders wenn durch Fehlstellungen der Gelenkflächen zueinander (O- oder X-Beine, falsch verheilte Knochenbrüche) oder durch Haltungsfehler ständig eine ungleichmäßige und unnatürliche Belastung stattfindet. Jede Veränderung an den Gelenkflächen, z. B. auch ein Meniskusriß, erhöht die Gefahr einer späteren Arthroseentwicklung. Die Arthrose mehrerer bis vieler großer und kleiner Gelenke (Polyarthrose) kann auch durch dauerhaft starke, auch sportliche, Beanspruchung (z. B. Hüft- und Kniegelenke bei Übergewicht, Ellbogen und Schultergelenk beim Tennis) oder in höherem Lebensalter ohne sichtbare Ursache eintreten.

Artistik [zu lateinisch ars, artis „Kunst"] ↑ Sportakrobatik.

As [zu englisch ace „Eins" (beim Würfel)]: Bez. für einen voll gelungenen Treffer, z. B. wenn im Golfsport der Ball mit einem Schlag vom Abschlag in das Loch auf dem „Green" gespielt wird. In den Rückschlagspielen, v. a. im Tennis, Bez. für einen Aufschlag, der so plaziert geschlagen ist, daß der Gegenspieler ihn nicht erreicht, d. h. daß kein ↑ Return erfolgt.

A-Schein ↑ Schein.

Asienspiele (Panasiatische Spiele): sportliche Wettkämpfe der asiatischen Länder mit olympischem Programm. Die ersten Asienspiele fanden 1951 in Neu-Delhi (Indien) statt und werden seit 1954 in vierjährigem Turnus in der Mitte des vierjährigen Intervalls der ↑ Olympiade ausgetragen. Sie sind vergleichbar mit den Panamerikanischen, Panarabischen und Afrikanischen Spielen bzw. mit den Europameisterschaften.

ASP: Abk. für: ↑ Arbeitsgemeinschaft für Sportpsychologie.

Association Générale des Fédérations Internationales de Sport [französisch asɔsjɑsjõʒeneraldefederɑsjõzɛ̃tɛrnɑsjɔnaldə'spɔ:r] (AGFIS): 1967 gegründete (heutiger Name seit 1977) ständige Generalversammlung aller internationalen Sportfachverbände (Sitz Monte Carlo), die v. a. das Ziel verfolgt, nichtolympische Sportarten zu fördern.

Association Internationale des Écoles Supérieures d'Éducation Physique [französisch asɔsjɑsjõɛ̃tɛrnɑsjɔnaldezekɔlsʏperiœrdedʏkasjõfi'sik] (AIESEP): Zusammenschluß von Sporthochschulen und sportwissenschaftlichen Instituten an Hochschulen und Universitäten auf weltweiter Ebene (gegründet 1962, Sitz Lüttich). Die AIESEP bemüht sich v. a. um die Weiterentwicklung sportwissenschaftlicher Lehre und Forschung.

Association of National Olympic Committees [englisch əsoʊsɪ'eɪʃən əv 'næʃənəl ə'lɪmpɪk 'kɔmɪti:z] (ANOC): 1966 gegründete ständige Versammlung der *Nationalen Olympischen Komitees* (Sitz Paris), mit dem Ziel, deren Position innerhalb des *Internationalen Olympischen Komitees* zu stärken.

Assoziation [französisch; zu lateinisch associare „beigesellen, vereinigen, verbinden"]: die Verknüpfung zweier oder mehrerer Vorstellungen bzw. Verhaltensäußerungen auch im Bereich der Bewegung. Im motorischen Lernen kommt es dabei auf die Beachtung der Ähnlichkeiten von Bewegungselementen an (↑ auch Bewegungsverwandtschaft), wobei deren Anordnung in ↑ methodischen Reihen und die Anzahl der Wiederholungen entscheidend sind.

asthenisch [von griechisch asthenés „kraftlos, schwach"] ↑Körperbautypen.

Ästhetik [zu griechisch aisthánestai „(durch die Sinne) wahrnehmen"]: allgemein die Lehre von der sinnlichen Wahrnehmung, Erfahrung, Anschauung und Erkenntnis, umgangssprachlich auch Bez. für das „stilvoll Schöne, die Schönheit". In dieser Bedeutung ist Ästhetik im Sport ein wichtiges Element u.a. im Tanz, in der Gymnastik und in den sogenannten Kunstsportarten (z.B. Turnen, Eiskunstlauf). Auch im Rahmen der musischen Erziehung spielen ästhetische Gesichtspunkte im Hinblick auf Ausdrucksfähigkeit, Rhythmus, Natürlichkeit und Ganzheitlichkeit einer Bewegung eine entscheidende Rolle. Ästhetische Bewegungsgestaltung beruht auf der Fähigkeit, Bewegungen zu strukturieren, zu variieren und ihnen einen präzisen Ausdruck zu verleihen. In vielen Kunstsportarten gilt die Ästhetik als eine Norm, d.h. die Bewegungsform muß stabil sein und eine optimale Koordination ihrer Einzelelemente darstellen, und ist deshalb meist auch ein selbständiges Kriterium der Leistungsbewertung.

A-Teil ↑Teil.

Atemäquivalent: [zu lateinisch aequs „gleich" und valentia „Stärke"]: diejenige Luftmenge, mit der die Lunge belüftet werden muß, um dem Blut 100 ml Sauerstoff zuzuführen. Da nicht der gesamte Luftsauerstoff ausgenutzt werden kann, sondern ein Teil wieder ausgeatmet wird, beträgt das Atemäquivalent – individuell und nach Situation verschieden – etwa 1,8–3,2 l.

Atemfrequenz: die Häufigkeit der Atemzüge (Ein- und Ausatmung zählen als ein Zug) pro Zeiteinheit. Bei Erwachsenen beträgt sie in Ruhe etwa 12–16 Züge/min, bei Anstrengung oder Aufregung kann die Frequenz auf ein Vielfaches steigen (Hyperventilation). Beachten muß man hierbei, daß diese schnelle Atmung an sich schon eine Arbeit bedeutet, sie also allein eine ungeeignete Regelmöglichkeit des Körpers wäre. Außerdem werden bei jedem Atemzug etwa 0,15 l Luft im ↑Totraum bewegt, so daß also die nichtlohnende Atmung bei steigender Frequenz vermehrt ist.

Atemgrenzwert: das ↑Atemminutenvolumen, das bei kräftigster willkürlicher Atmung erreicht werden kann. Dieser Wert wechselt – abhängig von Alter, Geschlecht, Körperbau, Trainingszustand u.a. – sehr stark. Er kann etwa 120–170 l/min bei einer Atemfrequenz von 40–60 Zügen/min erreichen. Hier ist allerdings Vorsicht geboten, da diese unnötig verstärkte Atmung schnell zu den Erscheinungen der ↑Hyperventilation führen kann.

Atemgymnastik: Form der Gymnastik, bei der Übungen zur Stärkung des Leistungsvermögens der Organe Herz und Lunge im Mittelpunkt stehen (↑auch Organgymnastik). Übungen zur Einatmung (z.B. Armkreisen rückwärts) und zur Ausatmung (z.B. Fallenlassen in die tiefe Hockstellung) wechseln sich ab.

Atemminutenvolumen (AMV): die Menge Luft bzw. Gase, die in 1 min ein- oder ausgeatmet wird, gemessen in l/min. Bei gesunden jungen Menschen in Ruhe beträgt das AMV etwa: Frequenz (14 Züge/min) × Atemzugvolumen (0,5) = 7 l/min. Da die Atmung den Sinn des Gasaustauschs hat, ist der Körper bei Belastung (also bei höherem Sauerstoffbedarf und vermehrter Kohlendioxidabatmung) auf eine optimale Regelung des AMV angewiesen. Dazu werden gleichzeitig die Frequenz gesteigert und das Atemzugvolumen vergrößert. Diese Anpassung der Lungenatmung an die Erfordernisse erfolgt äußerst schnell und automatisch, so daß durch den Versuch der bewußten Steuerung oder durch emotionale Einflüsse eher ein falsches AMV hervorgerufen wird. Das größte AMV ist der ↑Atemgrenzwert.

Atemtechnik: trainierbares Vermögen, das Lungenvolumen beim Einatmen zu vergrößern. Dies kann auf zwei Arten, die normalerweise kombiniert sind, geschehen: 1. *Bauchatmung:* Durch Anspannung des Zwerchfellmuskels senkt dieser seine nach oben gerichtete Wölbung, und durch gleichzeitige Entspannung der Bauchmuskeln kann die Lunge nach unten vergrößert werden. – 2. *Brustatmung:* Durch Anspannung der Zwischenrippenmuskeln und der Heber des Brustkorbs werden die Rippen auswärts gedreht, wodurch der Durchmesser der Lunge (besonders nach vorne) vergrößert wird. – ↑auch Atmung.

Atemzugvolumen: die Luft- bzw. Gasmenge (in Liter), die bei einem einzelnen Atemzug ein- oder ausgeatmet wird, also die Tiefe eines Atemzugs. Deren Wert kann den Anforderungen entsprechend stark schwanken: Bei einem Erwachsenen in Ruhe z. B. beträgt er etwa 0,5 l, kann jedoch bei gut trainierten Leistungssportlern bei Bedarf bis zu 8 l erreichen. Das Atemzugvolumen wird begrenzt durch die Größe des Brustkorbs, die (trainierbaren) Fähigkeiten der Atemhilfsmuskulatur und die für den Atemzug vorhandene Zeit. Das Produkt aus Atemfrequenz × Atemzugvolumen ergibt das ↑Atemminutenvolumen.

Athlet [von griechisch athlētḗs „Wettkämpfer"]: 1. in der Antike der Teilnehmer an den antiken Festspielen (↑Athletik); – 2. heute Bez. für einen Sportler, der v. a. zu besonderen Kraftleistungen fähig ist.

Athletik [zu ↑Athlet]: in der Antike zum Zweck des Gelderwerbs betriebener Wettkampfsport im Rahmen der ↑Agonistik. Ein *Athlet* war jeder Teilnehmer an einem gymnischen (nicht an einem hippischen oder musischen) Agon, der sich in der Regel durch gezieltes Training auf leicht- und schwerathletische Agone vorbereitete. Die Athleten waren auf örtlicher (Verein), regionaler (Trainings- und Festgemeinschaft) und „Weltebene" (Athletenorganisation des Römischen Reiches) organisiert. – Die Hauptwettkampfdisziplinen der Athletik waren in Anlehnung an die Olympischen Spiele: Stadionlauf, Doppellauf, Langlauf, Fünfkampf, Ringen, Boxen, Pankration und Waffenlauf (↑antike Festspiele). Als weitere Wettbewerbe wurden Pferdelauf, Fackellauf und Bogenschießen veranstaltet. Die athletischen Wettbewerbe wurden in Altersklassen durchgeführt und – mit Ausnahme einiger lokaler Läufe für Mädchen – nur von Jungen ausgetragen. – Heute wird der Begriff Athletik fast ausschließlich in seiner Ausdifferenzierung in ↑Leichtathletik und ↑Schwerathletik verwendet.

athletisch [zu ↑Athlet] ↑Körperbautypen.

Atmung: Gasaustausch der Lebewesen mit ihrer Umwelt (äußere Atmung) und Energie liefernder Stoffwechselprozeß in den Zellen (innere Atmung, Gewebeatmung). Die *Gewebeatmung* ist der Gasaustausch zwischen Zellen und Blut, wobei ↑Sauerstoff (O_2) in die Zelle und dafür Kohlendioxid (CO_2) aus der Zelle transportiert wird. Das O_2 wird im Zellstoffwechsel verbraucht, und das Endprodukt vieler Stoffwechselwege ist CO_2. – Allgemein versteht man unter Atmung die äußere Atmung (Respiration), bei der Sauerstoff vom Organismus aufgenommen und Kohlendioxid abgegeben wird. Dieser Gasaustausch erfolgt beim Menschen durch besondere Atmungsorgane (Lungenatmung) und (zu etwa 1%) durch die Haut (Hautatmung). Bei der *Lungenatmung* wird die Luft durch Nase oder Mund, Rachen, Luftröhre und Bronchien in die Lunge gesogen (Inspiration = Einatmungsphase). Dort findet in den ↑Alveolen der Gasaustausch mit dem Blut statt, wobei als wichtigste Gase Luftsauerstoff (O_2) aufgenommen und Stoffwechsel-Kohlendioxid (CO_2) abgegeben werden. Die so ausgenutzte Luft wird während der Ausatemphase (Expiration) aus dem Körper gedrückt. Um diese Luftbewegung zu erreichen, wird bei der Einatmung 1. das Zwerchfell (ein Muskel) angespannt, d. h. dieses senkt sich, und werden 2. die Rippen durch ihre Muskulatur auseinandergezogen und der Brustkorb angehoben. Dadurch wird die elastische Lunge gedehnt, und ihr so vermehrtes Volumen füllt sich zwangsläufig mit Luft. Bei der Ausatmung wird das Zwerchfell entspannt, die gedehnte Lunge zieht sich elastisch wieder zusammen, und die Luft wird ausgetrieben. Bei verstärkter Atmung verkleinern Rippenmuskeln aktiv und schnell den Brustkorb zusätzlich, die Bauchmuskeln drücken das Zwerchfell nach oben. Um die Atmung den Erfordernissen des Stoffwechsels anzupassen, kann die Lungenbelüftung (Ventilation) stark verändert werden. Bei gesunden Personen steuert hauptsächlich der Gehalt des Blutes an CO_2 und O_2 automatisch sowohl die ↑Atemfrequenz als auch das ↑Atemzugvolumen.

ATP: Abk. für: ↑**A**denosintri**p**hosphat.

Atrophie [griechisch „Auszehrung"]: Schrumpfung, Abnahme der Masse von Organteilen oder eines Organs bzw. sogar Abmagerung des gesamten Körpers. Grundsätzlich kann die Atrophie jedes Gewebe oder Organ in leichter bis extremer Form betreffen. Sie beruht letztlich auf Ernährungsverminderung, wozu neben mangelhafter Nahrungsaufnahme z. B. auch zelleigene Stoffwechselstörungen, Vergiftungen, verminderte Durchblutung, Druckschädigungen, Hormoneinflüsse und Umstellungen im Alter zählen. Besonders zu erwähnen ist die sogenannte „Inaktivitätsatrophie" der Muskulatur, die bei Ruhigstellung (z. B. im Gips) innerhalb kurzer Zeit eine spürbare Abnahme der Muskelmasse und damit der Kraft bewirkt. Sie beruht auf dem fehlenden Aufbaureiz, der Körper paßt sich dem geringeren Bedarf an. – Gegensatz: ↑Hypertrophie.

audiovisuelle Medien [zu lateinisch audire „hören", videre „sehen" und medium „Mittel, Hilfsmittel"]: Ton- und Bildträger, optisch-auditive Kommunikationssysteme, die v. a. im Lehr- und Lernbereich

Auerbachsprung

eingesetzt werden *(audiovisuelle Unterrichtsmittel),* da sie sowohl auf auditivem Weg (akustische Übermittlung von Informationen) als auch auf visuellem Weg (optische Darbietung von Informationen) die Wirksamkeit eines Unterrichts, eines Vortrags, einer Vorlesung u. a. erhöhen, eine Aktivierung der Selbstbeteiligung des Lernenden bewirken und den Lern- und Aneignungsprozeß unterstützen. – 1. **Auditive Medien** sind Informationsträger wie Schallplatten und Magnettonbänder nebst dazugehörenden Aufnahme- und Wiedergabegeräten. 2. **Visuelle Medien** sind Zeichnungen, Graphiken, Bildtafeln, Karten und Modelle sowie Diapositive und Stummfilmstreifen nebst dazugehörenden Aufnahme- und Wiedergabegeräten. 3. **Audiovisuelle Medien** im eigentlichen Sinn sind Tonfilme und Magnetbildbänder nebst dazugehörenden Aufnahme- und Wiedergabegeräten.

Im Sport dienen audiovisuelle Medien einerseits als Informationsüberträger von Sportereignissen, andererseits als Informationsträger im Lehr- und Lernprozeß, sei es als Hilfsmittel, sei es als selbständiges Lehrsystem im ↑programmierten Lernen. Dokumentiert werden audiovisuelle Medien für den Sport vom *Bundesinstitut für Sportwissenschaft* und der *Deutschen Sporthochschule Köln.* Eine weitere Informationsquelle sind die Stadt-, Kreis- und Landesbildstellen. Darüber hinaus stellen auch das *Institut für den Wissenschaftlichen Film* in Göttingen und das *Institut für Film und Bild in Wissenschaft und Unterricht* in München audiovisuelle Medien zur Verfügung.

Auerbachsprünge: Gruppe von Sprüngen im Wasserspringen, die nach dem Berliner Sportpädagogen Wilhelm Auerbach (19. Jahrhundert) benannt ist. Die Auerbachsprünge werden mit oder ohne Anlauf ausgeführt. Dabei dreht sich der Körper im Flug rückwärts, aber gegen die Absprungrichtung, die immer vorlings vorwärts ist. Die Auerbachsprünge sind aufgrund ihres Bewegungsablaufs schwierig und müssen genau gesprungen werden, da sonst bei der Rückwärtsbewegung die Gefahr einer Brettberührung durch den Körper besteht.

Aufbautraining [...trɛ:...] ↑Training.

Aufforderungscharakter: im Zusammenhang mit dem Sport Bez. für eine Eigenschaft, eine Qualität, die bestimmten Umweltbedingungen, Sportgeräten und -stätten usw. eignet, wodurch derjenige, der sie wahrnimmt, zu deren Ausnutzung bzw. Benutzung, also zum aktiven Sporttreiben angeregt wird. Sportpädagogisch kann deshalb der Aufforderungscharakter durch Schaffung geeigneter Situationen, durch Pflege von Gerät und Übungsstätte bewußt motivierend eingesetzt werden.

Aufgabe ↑Angabe.

Aufgang: im Geräteturnen erster Teil einer Übung, mit dem der Turner auf bzw. an das Gerät gelangt. Bisweilen wird als Hilfe zum Aufgang ein ↑Sprungbrett verwendet.

Aufhaltstoß (französisch: Coup d'arrêt): eine schnelle Aktion im Fechten, mit der der Verteidiger dem Stoß oder Hieb des Angreifers zuvorzukommen sucht.

Aufsatz: mehrdeutiger, sportartspezifischer Begriff: 1. im *Golfsport* das ↑Tee zur Auflage des Balles beim ersten Abschlag; – 2. im *Wasserspringen* das Ende des Anlaufs an der Brettspitze.

Aufschießen: im Segelsport Bez. für das Bearbeiten des Tauwerks beim Segeln, um rechts bzw. links geschlagenes Tauwerk zu erhalten. Man hält ein Ende des Taus in der linken Hand, während man mit der rechten Hand jeweils ein gleichlanges Stück Tau nimmt und wie eine Schlaufe im Uhrzeigersinn in die linke Hand legt (oder umgekehrt).

Aufschlag ↑Angabe.

Aufschwung: 1. im *Geräteturnen* Bez. für den Positionswechsel vom Hang in den Stütz durch eine ganze Drehung um die Breitenachse des Körpers (↑Felge) am Reck, am Barren, an den Ringen und am Stufenbarren. Der Aufschwung gilt als eine Möglichkeit des Aufgangs zu Beginn einer Übung im Geräteturnen; – 2. Bez. für eine Figur im *Kunstflugsport* (halber Looping aufwärts).

Aufsetzer: in den Ballspielen durch besondere Technik erreichtes Auftreffen des Balles auf dem Boden (Wasser) kurz vor dem Tor derart, daß die Richtung seines Weiterflugs schwer zu berechnen und er für den Torwart nicht leicht zu fangen ist. Im Handball wird als Aufsetzer auch eine Form des Ballzuspiels an einen Mitspieler (der Ball berührt, bevor der Mitspieler ihn fängt, den Boden) bezeichnet (auch im Basketball).

Aufsichtspflicht ↑Sorgfalts- und Aufsichtspflicht.

Aufsprung: in mehreren Sportarten Bestandteil der Grundtechniken, z. B. im Wasserspringen die letzte Phase vor dem Absprung von der

Brettspitze. In allen Sportarten, bei denen am Ende eines Sprungs eine Landung aus der Luft erfolgt, kommt es auf einen rhythmischen, dynamischen, weichen und federnden Aufsprung an (z. B. beim Skispringen und Geräteturnen, in der Leichtathletik und im Trampolinturnen).

Aufstellung: in den *Mannschaftssportarten* die Vergabe von Spielpositionen an die einzelnen Spieler. Die Aufstellung wird in der Regel vom Trainer bestimmt und vor dem Wettkampf aus taktischen Gründen oft geheimgehalten bzw. kurzfristig verändert. – In *Individualsportarten* ist Aufstellung die Vergabe der Positionen auf der Startlinie, z. B. beim 5 000-m-Lauf, beim Segeln oder Motorsport.

Aufstieg: in fast allen Sportarten das Erreichen der nächsthöheren Leistungsklasse. Meist ist der Aufstieg die Folge der Meisterschaft bzw. Vizemeisterschaft in der niedrigeren Leistungsklasse am Ende der Wettkampfsaison. Gelegentlich werden zur Ermittlung des Aufsteigers spezielle Aufstiegsrunden (Aufstiegsspiele) angesetzt. Beim Aufstieg wird vom Aufsteiger der Platz eingenommen, der durch den ↑Abstieg eines anderen Wettkampfteilnehmers freigeworden ist.

Auftakt: Vorbereitungsphase vor Beginn einer Bewegung durch Ausholbewegung oder federndes Vorbereiten der Bewegungshauptphase. Der Auftakt erfordert rhythmisches Einfühlungsvermögen in den gesamten Bewegungsablauf.

Auftrieb: die Kraft, die auf einen von einer Flüssigkeit oder einem Gas umströmten Körper senkrecht zur Anströmrichtung bzw. entgegengesetzt zur Schwerkraft wirkt. V. a. beim Wassersport und Luftsport, aber auch beim Skispringen und in der Leichtathletik (Speer- und Diskuswerfen) spielt der Auftrieb eine wichtige Rolle. Im Schwimmsport wird die Nutzung der Auftriebskraft des Wassers bereits beim Anfängerschwimmunterricht gezielt geschult, um eine horizontale Körperlage im Wasser zu erreichen. Dabei werden noch zusätzlich verschiedene Auftriebs[hilfs]mittel wie Schwimmflügel, Gurte, Schwimmbrett u. a. eingesetzt. Die Stärke des Auftriebs hängt von der Beschaffenheit des strömenden Mediums (z. B. Salzgehalt und Strömung des Wassers, Windstärke und Windrichtung) ab. So ist z. B. im Toten Meer (etwa 25% Salzgehalt) der Auftrieb so stark, daß ein Ruhen auf dem Wasser ohne Bewegung möglich ist. – Der Auftrieb im Wasser oder in der Luft stellt für den Menschen eine Bewegungserfahrung primärer Art dar.

Aufwärmen: Maßnahme, um die Kreislauf- und Stoffwechseltätigkeit auf die Belastungen des Trainings bzw. des Wettkampfs vorzubereiten. Die Erhöhung der Temperatur in der Muskulatur durch (aktiv) leichtes Laufen **(Einlaufen, Warmlaufen),** gymnastische Dehnungs- und Lokkerungsübungen und/oder (passiv) Massage, Duschen u. a. fördert die Kontraktionsgeschwindigkeit und die Durchblutung der Muskulatur und trägt zu einer Steigerung der Leitungsgeschwindigkeit der Nerven bei. Daraus resultieren also eine generelle Verbesserung der organischen, koordinativen und psychischen Leistungsbereitschaft sowie v. a. auch eine deutliche Minderung des Verletzungsrisikos. – Ähnliche Übungen sollten auch am Ende einer sportlichen Betätigung erfolgen, um die körperlichen Reaktionen auf das Normalmaß zurückzuführen (physiologische Deaktivierung).

auf Zeit spielen: in Sportarten ohne die Regel der ↑effektiven Spielzeit ist es, v. a. gegen Ende der Spielzeit, möglich, auf Zeit zu spielen, d. h. den Spielverlauf zu verzögern, um die Chancen des Gegners zu einem Angriff zu schmälern. Dies erfolgt meist durch die führende Mannschaft, gilt als unsportliches Verhalten und wird – bei zu großer Offensichtlichkeit – vom Schiedsrichter bestraft, der die so verlorene Spielzeit auch nachspielen lassen kann.

August-Bier-Plakette: höchste Auszeichnung für die besten Diplomprüfungen an der *Deutschen Sporthochschule Köln,* 1921 gestiftet anläßlich des 60. Geburtstags von August Bier (* 1861, † 1949), des ersten Rektors der *Deutschen Hochschule für Leibesübungen* in Berlin, der Vorgängerin der *Deutschen Sporthochschule Köln.*

August-Bier-Plakette

Aus: 1. in den *Kampfsportarten* Bez. für das Ende eines Wettkampfes, bei dem ein Teilnehmer wegen Kampfunfähigkeit aus dem Wettkampf genommen wird († auch Auszählen); – 2. bei *Malspielen* (z. B. Baseball) das Ausscheiden eines Läufers, der das Ziel (Mal) nicht erreicht hat; – 3. in den *Ballsportarten* Bez. für den Raum außerhalb der Spielfeldgrenzen.

Ausball: Ball, der über die Grenzlinien des Spielfeldes (ins *Aus*) gespielt wird. In den Spielsportarten ist die Art der Wiederaufnahme des Spiels nach einem Ausball durch besondere Regeln festgelegt.

Ausbildungs- und Prüfungsordnungen: Ordnungen, die von Institutionen und Organisationen erlassen werden, die für die Ausbildung von Sportlehrern im weitesten Sinne zuständig sind. Im Bereich der öffentlichen Sportverwaltung sind dies die von den Kultusministerien der Bundesländer erlassenen Studien- und Prüfungsordnungen für die Ausbildung von † Sportlehrern sowie Ordnungen für Diplomsportlehrer, Magister und Promotionsabschlüsse. Private, staatlich anerkannte Sport- und Gymnastikschulen haben ebenfalls Ausbildungs- und Prüfungsordnungen. Im Bereich der Sportselbstverwaltung sind es die vom *Deutschen Sportbund* erlassenen Rahmenrichtlinien für die Ausbildung im eigenen Bereich (Übungsleiter, Fachübungsleiter, Jugendleiter, Organisationsleiter, Trainer, Fachsportlehrer in verschiedenen Stufungen). Der *Deutsche Sportbund* und seine Verbände legen jedoch nicht nur die Ausbildungsordnungen fest, sondern leisten darüber hinaus auch selbst umfangreiche Ausbildungsarbeit für ehrenamtliche, neben- und hauptberufliche Tätigkeiten im Sport.

Ausbrennen: Vorgang, bei dem durch physische Überbeanspruchung die sportliche Leistungsfähigkeit nach und nach bleibend verlorengeht. Auch psychische Überbeanspruchung kann die Tendenz zum Ausbrennen verstärken, da gerade auch der unter hohen Leistungsanforderungen sporttreibende Mensch als psychophysische Ganzheit zu sehen ist. Dagegen kann eine optimale Periodisierung von Training und Wettkampf das Ausbrennen verhindern.

Ausdauer: konditionell orientierte motorische Eigenschaft, die Ermüdungserscheinungen verhindert oder verzögert und eine höhere Arbeitsqualität zuläßt; sie wirkt also der Ermüdung entgegen. Die im Sport übliche grobe Unterscheidung zwischen einer allgemeinen und einer speziellen, d. h. sportartspezifischen Ausdauer kann – nach H. Letzelter – unter unterschiedlichen sportphysiologischen Gesichtspunkten durch Bildung von Gegensatzpaaren differenzierter analysiert werden. Danach unterscheidet man: 1. nach der Art der Energiegewinnung *aerobe* und *anaerobe Ausdauer.* Aerob bedeutet, daß genügend Sauerstoff vorhanden sein bzw. zugeführt werden muß, um die benötigte Energie bereitzustellen, anaerob, daß die Energiegewinnung unter Sauerstoffmangel erfolgt, d. h. durch den Abbau von energiereichen Phosphaten, wodurch Milchsäure im Muskel abgelagert wird (Entstehung von Muskelkater). Als Regel kann gelten: Die aerobe Ausdauer ist um so wichtiger, je länger ein Wettkampf dauert, die anaerobe, je kürzer er ist. Kraft- und Schnelligkeitsausdauer (z. B. Sprint) sind anaerob orientiert. Die aerobe Ausdauer ermöglicht eine höhere Dauerleistungsfähigkeit (z. B. Skilanglauf über 10 km). – 2. nach dem Umfang der eingesetzten Muskulatur *lokale* und *gesamte Ausdauer*. Einer Einteilung von W. Hollmann folgend, ist bei lokaler Ausdauer 1/7 bis 1/6 der Gesamtmuskulatur beteiligt; darüber hinaus spricht man von gesamter Ausdauer. Der Sport ist v. a. durch grobmotorische Bewegungen gekennzeichnet. Seltener ist auch Feinmotorik speziell gefordert (z. B. beim Schießen im Biathlon). Unter Trainingsgesichtspunkten kann man deshalb die gesamte Ausdauer den Ganzkörperübungen zuordnen und die lokale Ausdauer den Teilkörperübungen. – 3. nach der Arbeitsweise der Muskulatur *dynamische* und *statische Ausdauer*. Statische Ausdauer wird bei Haltearbeit gefordert, die aufgrund der mangelnden Durchblutung auf anaerobe Energiegewinnung angewiesen ist (z. B. die Monopostohaltung beim Abfahrtslauf). Meistens ist im Sport dynamische Ausdauer gefordert (z. B. in den Sportspielen). – 4. nach der Dauer der Beanspruchung *Kurzzeitausdauer* und *Langzeitausdauer*. Die Kurzzeitausdauer (Beanspruchung bis 2 Minuten; z. B. im Sprint) ist vorwiegend anaerob. Die Langzeitausdauer (Beanspruchung ab 8 Minuten; z. B. Skilanglauf über 10 km) ist aerob. Diese Form der Ausdauer spielt v. a. im Breitensport eine Rolle, aber auch in der Vorbereitungsphase sportlichen Trainings, um eine Basis für gezieltes Kraft- und Schnelligkeitstraining zu legen. Die allgemeine Belastbarkeit wird dabei gesteigert, die Erholungszeit verkürzt. Eine Mittelstellung nimmt hier die *Mittelzeitausdauer* (Beanspruchung 2–8 Minuten; z. B. beim 1 500-m-Lauf) ein, die aerobe und anaerobe Ausdauer in Balance hält; die Intensität der Übung ist hier submaximal. – 5. nach dem Trainingsziel *Kraft-* bzw. *Schnelligkeitsausdauer* und *Grundlagenausdauer*. Die Grundlagenausdauer ist die allgemeine Basis für jedes Training. Ziel kann sein, speziell die Kraftausdauer oder die Schnelligkeitsausdauer zu schulen. Beide Trainingsziele sind Mischformen aus jeweils zwei motorischen Eigenschaften. Man spricht deshalb auch von Komplexeigenschaften. – 6. nach der Besonderheit der Beanspruchung *allgemeine* und *spezielle Ausdauer*. Die allgemeine Ausdauer ist mit der Grundlagenausdauer gleichzusetzen, allerdings mit starken aeroben Anteilen. Auf dieser Basis ist in den meisten Sportarten eine mittlere Leistungsfähigkeit möglich. Ferner kann auf dieser Grundlage die Entwicklung der speziellen Ausdauer ansetzen, der Fähigkeit also, in einem vorgegebenen Zeitrahmen möglichst belastbar zu sein.

Diese verschiedenen Arten von Ausdauer kommen in konkreten sportlichen Handlungen nur gemischt vor, und zwar in jeweils wechselnden Verhältnissen, z. B. beim Sprinter anaerobe, gesamte, dynamische, Kurzzeit-, Schnelligkeits- und spezielle Ausdauer, beim Langstreckenläufer aerobe, gesamte, dynamische, Langzeit-, Grundlagen- und spezielle Ausdauer. Die Ausdauer ist somit neben Kraft, Schnelligkeit und Gelenkigkeit eine der vier motorischen Eigenschaften konditioneller Art, die sowohl im Spitzensport als auch im Breitensport als Basisvoraussetzung für ein optimales sportliches Handeln angesehen werden kann.

Ausdauertraining [...trɛ:...]: gezielte Maßnahmen zur Steigerung der motorisch-konditionellen Eigenschaft ↑Ausdauer. Für das Ausdauertraining kommen zwei grundlegende Methoden in Betracht, die Dauer- und die Intervallmethode, wobei in der Zielsetzung des Trainings zwischen aerobem und anaerobem Ausdauertraining unterschieden werden kann. 1. Die *Dauermethoden* (↑auch Dauermethode) bewirken v. a. eine Verbesserung der aeroben Ausdauer, da hier lange Strecken bewältigt werden (z. B. vom Leichtathleten bis 200 km, vom Schwimmer bis 100 km pro Woche im Spitzenbereich). Bei der Dauermethode erfolgen Anpassung an die Wettkampfstrecke, Stoffwechseltraining und Verbesserung der Kapillarisierung, d. h. der peripheren Versorgung mit Blut. Man kann bei den Dauermethoden zwei Varianten unterscheiden: a) Die *kontinuierliche Dauermethode* ist durch gleiche Intensität der Belastung gekennzeichnet, die eine Dauer von 30 Minuten bis 2 Stunden umfassen kann. Umfang und Intensität der Belastung sind aufeinander abzustimmen. Die Intensität (angegeben in Pulsfrequenz) liegt im Breitensport bei 130–150, im Spitzensport bei 160–180 Schlägen pro Minute. Da der Erweiterung des Trainingsumfangs Grenzen gesetzt sind, geht man stärker zur Steigerung der Intensität über. b) Die zweite Variante ist die *Dauermethode mit Intensitätswechsel,* bekannt als ↑Fahrtspiel und als Tempowechselmethode. Da hier verschiedene Methoden kombiniert werden, wird sowohl aerob und anaerob als auch auf andere konditionelle Eigenschaften hin trainiert. Es handelt sich also um eine v. a. im Breitensport sehr sinnvolle Trainingsmethode, die auch schon Elemente der zweiten Gruppe berücksichtigt. – 2. Die *Intervallmethoden* sind durch einen Wechsel von Belastung und Erholung gekennzeichnet. Anzahl, Dauer und Intervalle zwischen den Einzelbelastungen sowie die Intensität werden variiert. Auch hier geht es grundsätzlich um das richtige Verhältnis von Umfang und Intensität. Wird das ↑Intervalltraining im Rahmen des Ausdauertrainings eingesetzt, dann wird die Trainingsbelastung in folgenden Schritten gesteigert: Zahl der Wiederholungen, Dauer der Einzelbelastung, Verkürzung der Pausen (↑auch lohnende Pause) und Erhöhung der Intensität der Einzelbelastung. Bei der Intervallmethode lassen sich drei Varianten unterscheiden: a) Bei der *intensiven Intervallmethode* geht es v. a. um anaerobe Ausdauer, hohe Intensität der Belastung, Ausdauer als Komplexeigenschaft (z. B. Kraft- und Schnelligkeitsausdauer). Die Reizdauer ist geringer als die Wettkampfdistanz, Wiederholungen der Einzelbelastung erfolgen im Durchschnitt bis zu 10mal. b) Bei der *extensiven Intervallmethode* geht es v. a. um aerobe Ausdauer und hohe Belastungsdauer (z. B. insgesamt 10 km bei etwa 70% Intensität, unvollständige Pausen, d. h. die Belastung wird im Spitzensportbereich vor der vollständigen Erholung wieder aufgenommen, also etwa bei einer Pulsfrequenz von 120–130 Schlägen pro Minute). c) Bei der *Wiederholungsmethode* wird die Belastung nach Anzahl, Dauer, Pausenlänge und Intensität variiert; es geht v. a. um anaerobe Ausdauer, hohe Sauerstoffschuld zur Anpassung des Organismus, hohe Beanspruchung (etwa 90–100% der Intensität); die Pausen sind fast vollständig, es besteht die Möglichkeit von Unter- oder Überdistanzstrecken.

Im Verlauf des Ausdauertrainings ist die ständige Kontrolle des Trainingsfortschritts wichtig; das bedeutet, daß eine Leistungsdiagnose das Ausmaß der Ausdauerleistung feststellt, was – bei vollem Engagement des Sportlers – motivierend wirken soll. Die Teststrecken liegen im Annäherungsbereich der Wettkampfstrecke (z. B. für den 1500-m-Lauf die Strecken von 1200 m und 2000 m). Das Ausdauertraining hat jedoch auch im Rahmen des Breitensports große Bedeutung, da sich immer mehr Menschen Ausdauerbelastungen unterziehen (z. B. ↑Volkswettbewerbe, ↑Trimmaktion). Ein sinnvolles Ausdauertraining sollte hierauf vorbereiten, um gesundheitliche Effekte zu erzielen und Verletzungsrisiken auszuschalten. Das Ausdauertraining ist auch eine der wirkungsvollsten Methoden, um (zivilisationsbedingten) Bewegungsmangelkrankheiten entgegenzuwirken.

Ausfall beim Fechten

Ausdrucksbewegung: jede Bewegung, die – unbewußt oder bewußt – über den körperlichen bzw. seelischen Zustand des sie Ausführenden informiert, ihm Ausdruck verleiht. Ein solcher Zustand kann sich aktuell (z. B. in Gesten, Gebärden, Mimik) und habituell (z. B. in der Haltung) motorisch äußern (Ausdrucksmotorik), sich aber auch als Ergebnis einer Ausdrucksbewegung (z. B. in Handschrift, Zeichnung) objektivieren. Bei der Ausdrucksbewegung unterscheidet man nach den sie (vorrangig) ausführenden Körperteilen Gestik (Hände, Arme), Mimik (Gesicht) und Pantomimik als Ausdrucksbewegung des ganzen Körpers. Im Sport sind Ausdrucksbewegungen als (ästhetische) Stilelemente wesentlicher Bestandteil aller künstlerischen Sportarten (z. B. künstlerische Gymnastik, Tanz [↑auch Ausdruckstanz], Eis- bzw. Rollkunstlauf, Eistanz) und werden deshalb durch ↑Ausdrucksgymnastik gezielt geübt.

Ausdrucksgymnastik: Sammelbez. für alle ausdrucksvollen Körperbewegungen rhythmisch-tänzerisch-gymnastischer Art. Die Ausdrucksgymnastik als besondere Form des Sporttreibens wurde im Anschluß an die Lehre vom Ausdruck von Ludwig Klages (* 1872, † 1956) 1924 begründet. Sie kann als Form der ↑künstlerischen Gymnastik angesehen werden, wobei es um die Übung von Ausdruckselementen durch ↑Ausdrucksbewegungen geht.

Ausdruckstanz: Bestandteil des künstlerischen Tanzes und der Tanzpädagogik, begründet von Mary Wigman (* 1886, † 1973) und weiterentwickelt von Rudolf von Laban (* 1879, † 1958). In Abhebung vom klassischen Ballett sollen im Ausdruckstanz neue Möglichkeiten tänzerischer Aussage gefunden werden, wobei v. a. natürliche Beweglichkeit und Kraft die prägenden Elemente sind.

Ausfall (Ausfallschritt): Technik der Beinarbeit, Bestandteil verschiedener Sportarten: 1. beim *Fechten* das schnelle Nach-vorne-Setzen des Ausfallbeins (beim Rechtshänder das rechte, beim Linkshänder das linke Bein) während einer Angriffsaktion; das Standbein bleibt gestreckt, der Oberkörper aufrecht; – 2. beim *Gewichtheben* (Reißen und Stoßen) das Vorsetzen eines Beins um eine Fußlänge, während das andere Bein gleichzeitig nach hinten gebracht wird; mit diesem Ausfallschritt wird beim Umsetzen der Hantel vom Boden zur Brust der Körper unter die Hantel gebracht; – 3. beim *Skispringen* das leichte Vorschieben eines Beins beim Aufsprung, um den beim Aufsprung entstehenden Druck in den Knien federnd aufzufangen (Telemarkaufsprung); – 4. beim *Geräteturnen* eine Grundübung v. a. im Bodenturnen, wobei ein Bein schnell und flach abgespreizt wird (seitwärts oder nach vorne); während dieses Bein vor dem Aufsetzen auf den Boden stark gebeugt wird, bleibt das andere Bein gestreckt.

Ausführung: in den Kunstsportarten wichtiges Kriterium zur Bewertung eines Bewegungsablaufs hinsichtlich seiner technischen Präzision und ästhetischen Ausgestaltung (↑auch Ästhetik). Ein Teil der erreichbaren Punkte gilt jeweils der Ausführung (z. B. beim Geräteturnen). Eiskunstlauf, Rollkunstlauf und Eistanz kennen in der sogenannten B-Note (↑ Note) sogar eine gesonderte Bewertung der Ausführung.

Ausgleich: 1. in Sportarten, bei denen das Verhältnis der von den Wettkampfgegnern erzielten Treffer das Ergebnis des Wettkampfes bestimmt, Treffer (Tor, Korb, Punkt), der den Gleichstand beider Seiten herstellt. Manche entscheidenden Sportwettkämpfe werden verlängert, wenn am Ende Gleichstand besteht, oder neu angesetzt bzw. durch ein Verfahren abgeschlossen, das auf jeden Fall einen Sieger ermittelt (z. B. ↑ Tie-Break beim Tennis, ↑ Elfmeterschießen beim Fußball, ↑ Stechen beim Springreiten); – 2. in manchen Sportarten die zur Herstellung vergleichbarer Wettkampfchancen vorgenommenen Korrekturen, z. B. im Pferdesport die Zuteilung von Gewichten in Ausgleichsrennen, im Segeln die ↑ Vergütung beim Start ungleicher Boote in einer Klasse (↑ auch Handikap).

Ausgleichsgymnastik: Gymnastik zum Ausgleich von Körperschwächen und einseitigen Belastungen. Ausgleichsgymnastik dient im Rahmen des ↑ Sportförderunterrichts zur Behebung von Organ- und Koordinationsleistungsschwächen und Haltungsschwächen. Sie spielt außerdem eine Rolle bei Angeboten der Turn- und Sportvereine sowie im Rahmen des Betriebssports.

Ausgleichssport: eine besondere Form des Sports, bei der mit ↑ Ausgleichsgymnastik und ↑ Ausgleichsübungen versucht wird, die v. a. durch den Arbeitsprozeß bedingte einseitige Beanspruchung des Körpers in medizinisch-therapeutischer und psychohygienischer Hinsicht auszugleichen. Bemühungen zur Einrichtung von Bewegungspausen am Arbeitsplatz im Rahmen des ↑ Betriebssports (z. B. in Japan) sind Formen des Ausgleichssports. Der Ausgleichssport steht in enger Beziehung zum ↑ Erholungssport und zum ↑ Freizeitsport.

Ausgleichsübung: im Rahmen des ↑ Ausgleichssports und der ↑ Ausgleichsgymnastik Sammelbegriff für Übungen, die gezielt Schwächen im Körperbau und im Organ-, Muskel- und Koordinationsbereich beheben sollen, die durch einseitige Arbeits- und Alltagsbelastung entstanden sind.

Ausholbewegung: Funktionsphase zum Auftakt einer Bewegung (↑ Bewegungsphase).

Auskugelung: fast nur für die Schulter- und Hüftgelenke benutzte Bez. für eine extreme Verrenkung (↑ Luxation). An diesen Gelenken liegt ein etwa halbkugelförmiges Knochenende in einer Gelenkpfanne und wird durch Bänder, Sehnen und Muskeln dort festgehalten. Wird dieser gelenkverstärkende Apparat überfordert und verläßt die Halbkugel ihr Lager, ist das Gelenk ausgekugelt. Es kann sich dann entweder von selbst oder durch angemessene Bewegung wieder einrichten. Ein einmal ausgekugeltes Gelenk neigt durch die Vordehnung der Bänder zu erneuter Verrenkung, weshalb vorübergehende körperliche Schonung nötig ist.

Auslage: Bez. für Technikelemente verschiedener Sportarten. In den Kampfsportarten Fechten und Boxen eine Körperstellung, die zur Verringerung der Trefffläche dem Gegner nicht die Körperfront, sondern nur eine Seite darbietet, beim *Fechten* als Waffenhaltung in der Ausgangsstellung, beim *Boxen* als

Auslage. Boxen: Rechtsauslage (links) und Linksauslage (rechts)

Kampfstellung, bei der eine Schulter vorgenommen, d. h. dem Gegner näher gebracht wird als die andere; je nachdem, welche Schulter vorgenommen wird, unterscheidet man *Rechtsauslage* und *Linksauslage*. – Auch bei den Individualsportarten Rudern und Geräteturnen spricht man von Auslage. Beim *Rudern* ist Auslage die Stellung der Riemen oder Skulls vor dem Eintauchen ins Wasser, wobei der Rollsitz des Ruderers nach vorne (d.h. gegen die Fahrtrichtung des Boots) gerollt ist. Beim *Geräteturnen* ist Auslage das weite Vor-, Seit- oder Rückstellen eines Beins, wobei das Körpergewicht jedoch auf dem gebeugten Standbein bleibt.

Auslauf: in verschiedenen Sportarten Bez. für einen Raum, der es dem Wettkämpfer ermöglicht, seine [Lauf]bewegung ausklingen zu lassen, z. B. beim Skilauf der Raum hinter dem Ziel bzw. am Ende des Skisprungs, im Tennis der Raum außerhalb des Spielfeldes, im Pferdesport das Ende der Rennbahn, in der Leichtathletik der Raum zwischen der letzten Hürde und dem Ziel bzw. der Raum hinter der Ziellinie, beim Fechten ein bis 2 m langes Bahnstück am Ende der Fechtbahn.

Ausleger: Bez. für die Halterungen der ↑Dollen am Ruderboot, die an beiden Bootsseiten befestigt sind und nach außen und schräg oben gehen. Bei Skullbooten ist die Auslegeranordnung *(Riggerung)* beidseitig neben jedem Ruderplatz, bei Riemenbooten abwechselnd rechts und links. Eine Variante ist die italienische Auslegeranordnung (seit 1965) beim Achter, und zwar auf den Positionen Backbord 1, 4, 6, 7, Steuerbord 2, 3, 5, 8 zur besseren Kraftausnutzung.

Auslosung: Art der Festlegung der Startreihenfolge in Individualsportarten bzw. der Spielpaarungen in Partner- und Mannschaftssportarten durch Auslosen der [Start]nummern oder Namen. Bei ungerader Teilnehmerzahl wird ein Freilos vergeben. Die Auslosung kann auch innerhalb von Leistungsgruppen erfolgen (z. B. beim Skilauf) bzw. nach vorheriger Setzung leistungsstarker Teilnehmer (Tennis, Tischtennis).

Ausputzer: beim Fußball ein Spieler, der im Rahmen der Verteidigung keinen direkten Gegenspieler hat und somit als „Feuerwehr" variabel dort eingreift, wo Gefahr durch Angreifer besteht; im heutigen taktischen Aufbau eines Fußballspiels kaum noch anzutreffen.

Ausreiten: im Segelsport die Verlagerung des Gewichts der Besatzung möglichst weit nach Luv, damit das Boot auf ebenem Kiel liegt. Das Ausreiten wird durch Ausreitgurte erleichtert; ferner kann der Vorschotmann ins Trapez steigen, um eine noch stärkere Ausreitwirkung zu erzielen.

Ausrichter: Organisator von offiziellen Wettkämpfen; in der Regel ist dies ein vom jeweils zuständigen Fachverband beauftragter Sportverein.

Ausrüstung: zusammenfassende Bez. für Sportkleidung und Sportgerät. Im *Wettkampfsport* enthalten die Regelwerke der einzelnen Sportarten genaue Vorschriften zur jeweiligen Ausrüstung (z. B. über Material, Umfang und Gewicht von Bällen, maximale Sohlendicke beim Hochsprung, Beschaffenheit des Helms beim Abfahrtslauf). – Im eher informellen *Breitensport* richtet sich die Ausrüstung einmal nach den Erfordernissen der Sportart, zum anderen aber immer stärker auch nach persönlichem Geschmack und bestimmten Modetrends. Hier wird der nicht zu leugnende Zusammenhang von Sport und Wirtschaft besonders deutlich, d.h. die Ausrüstung im Sport stellt einen beachtlichen Wirtschaftsfaktor dar.

Ausscheidungsverfahren: zur Ermittlung des Siegers notwendige Form der Auslese von Wettkampfteilnehmern bzw. der Reduzierung von deren Anzahl, z. B. in Vor- bzw. Zwischenkämpfen. Das Ausscheidungsverfahren ist je nach Sportart verschieden. Grundlage können sein: die Bestimmung einer Höchstzahl an Teilnehmern zum Endkampf (z. B. acht im Schwimmen und in der Leichtathletik) oder das K.-o.-System, d.h. das Ausscheiden des Verlierers (z.B. im Radsport und beim Europapokal im Fußball); gelegentlich ist die Teilnahme an einer Hoffnungsrunde nach einmaliger Niederlage möglich.

Ausscheren: 1. in den *Wassersportarten* das unabsichtliche Verlassen des eingeschlagenen Kurses; – 2. beim *Rugby* das Verlassen der Gasse, um angespielt zu werden.

Ausschluß: das Verbot der weiteren Teilnahme an einem Wettkampf nach erfolgloser (wiederholter) ↑Ermahnung oder ↑Verwarnung durch den Schieds- bzw. Kampfrichter wegen gravierender Regelverstöße, aber auch ohne vorherige Verwarnung (z.B. bei Tätlichkeiten). Der Ausschluß erfolgt entweder auf Zeit (↑Zeitstrafe) oder für die gesamte Spieldauer (↑Disqualifikation). Als Folge eines Ausschlusses kann der zuständige Fachverband auch eine ↑Sperre verhängen.

Ausschreibung: offizielle Ankündigung eines Wettkampfs durch Aushang, Rundschreiben, Information in Zeitschriften u.a. Die Ausschreibung muß v.a. folgende Informationen enthalten: Wettkampfart und -verlauf, Zeit, Ort, Teilnahmeberechtigung, Klasseneinteilung, Auszeichnung der Sieger, Kampf- bzw. Schiedsgericht, Versicherungsfragen, sportärztlicher Dienst, Meldemodalitäten und Meldeschluß.

Ausschuß Deutscher Leibeserzieher (ADL): Zusammenschluß (seit 1953) von Verbänden aus den Bereichen Sport, Sporterziehung und Sportwissenschaft an Schulen, Hochschulen und außerhalb dieser Bereiche mit dem Ziel der wirksamen Vertretung von Sporterziehung und Sportwissenschaft gegenüber der öffentlichen Sportverwaltung. Oberstes Organ ist die Jahrestagung (drei Vertreter pro Trägerverband). Die beiden Trägerverbände sind der ↑Deutsche Sportlehrerverband und die ↑Deutsche Vereinigung für Sportwissenschaft. Alle drei Jahre (seit 1958) organisiert der ADL einen großen nationalen Kongreß, auf dem jeweils zentrale Themen der Sportwissenschaft behandelt werden. Ferner gibt der ADL zusammen mit dem *Bundesinstitut für Sportwissenschaft* und dem *Deutschen Sportbund* die Zeitschrift „Sportwissenschaft“ heraus. Eine besondere Aufgabe sieht der ADL in der Steuerung des Wechselverhältnisses zwischen Theorie und Praxis im Sport.

Außenseiter: Teilnehmer an einem Wettkampf mit nur geringen Aussichten auf Erfolg bzw. Sieg. Die Rolle des (scheinbaren) Außenseiters wird aus wettkampfpsychologischen Gründen nicht ungern übernommen, um den Wettkampf unbelastet von überhöhten Erfolgserwartungen bestreiten zu können.

Außenseitstoß: Technik im Fußball, um den Ball sicher und genau über kurze und mittlere Entfernung zuzuspielen. Der Ball wird dabei mit der Außenseite des (gestreckten) Fußes gespielt. Der Außenseitenstoß eignet sich v.a. auch dazu, einen Paß mit ↑Effet zu spielen.

außer Konkurrenz [zu lateinisch concurrere „zusammenlaufen“]: Möglichkeit zur Teilnahme an Sportwettkämpfen ohne reguläre Startberechtigung; ist v.a. als freundschaftliche Geste des Wettkampfveranstalters zu sehen und meist nur in Ausnahmefällen möglich.

außerschulischer Sport: im weiteren Sinn Sammelbegriff für Vereinssport, Sport in nichtschulischen Institutionen und nichtinstitutionalisierten Sport. Im engeren Sinn der Sport von Kindern und Jugendlichen außerhalb der Schule. Eine gute Zusammenarbeit zwischen außerschulischem Sport und Schulsport ist pädagogisch sinnvoll. Der Begriff des außerschulischen Sports ist nicht zu verwechseln mit dem des außerunterrichtlichen Sports, der neben dem Pflichtschulsport eine Ergänzung des ↑Schulsports, v.a. in Neigungsgruppen und Arbeitsgemeinschaften darstellt.

außerunterrichtlicher Sport ↑Schulsport.

Austreibungszeit (systolische

Austreibungszeit): Zeitraum, in dem das Herz während der Anspannungsphase (Systole) das Blut aus den Herzkammern in die Blutgefäße drückt. Wenn im Herz der Druck größer als in den nachfolgenden Blutgefäßen (Aorta, Lungenarterie) wird, öffnen sich die Herzklappen: Beginn der Austreibung. Läßt der Druck am Ende der Anspannung nach und sinkt unter den Gefäßdruck, schließen sich die Klappen wieder: Ende der Austreibung. Je nach Schnelligkeit der Herzschläge beträgt diese Zeit etwa 0,1–0,2 Sekunden. – ↑auch Aorta.

Auswahlmannschaft: Mannschaft, die sich aus den leistungsstärksten Sportlern verschiedener Vereine zusammensetzt, um gegen vergleichbare Mannschaften Wettkämpfe zu bestreiten. Eine Auswahlmannschaft kann auf verschiedenen Ebenen gebildet werden: auf Stadt-, Kreis-, Landes-, Staats- (Nationalmannschaft), Erdteil- und Weltebene.

Auswärtsspiel: Spiel, das im Verlauf einer Meisterschaftsrunde (Hin- und Rückspiel) auf dem Spielfeld des Gegners ausgetragen wird. Für das Auswärtsspiel sind mitunter besondere taktische Maßnahmen vorgesehen, um den Vorteil des Gegners durch die Zuschauerunterstützung bei dessen ↑Heimspiel auszugleichen.

Auswechseln: das Austauschen eines Spielers bzw. Wettkampfteilnehmers während des Wettkampfs wegen Verletzung, Ausscheiden eines Mitspielers entsprechend dem sportartspezifischen Regelwerk (z. B. nach fünf Fouls im Basketball) oder aus taktischen Überlegungen (Auswechseltaktik). Die Auswechselspieler (Ersatzwettkämpfer) müssen in der Mannschaftsaufstellung namentlich benannt sein. Das Auswechseln hat von einem bestimmten Platz aus (z. B. Auswechselbank) und in durch Regeln vorgeschriebenen Formen zu erfolgen.

Auszählen: im Boxen Methode der Feststellung der endgültigen Kampfunfähigkeit eines Boxers und Beendigung des Kampfs. Der Ringrichter zählt bei Kampfunfähigkeit nach einem Wirkungsschlag in Sekundenabständen bis „zehn“ („Aus“). Der Sieger gewinnt durch K.-o.

Auszeichnungen ↑Leistungsabzeichen.

Auszeit: Zeitabschnitte der Spielunterbrechung, die nach dem Regelwerk einer Sportart einer Mannschaft auf Verlangen zustehen. Die Auszeit dient vorwiegend der taktischen Beratung mit dem Trainer (aber auch der gezielten Unterbrechung einer gegnerischen Erfolgsserie) und wird je nach Spielverlauf unterschiedlich in Anspruch genommen. Auszeiten sind nur möglich bei Spielen mit ↑effektiver Spielzeit (z. B. Basketball) oder bei Spielen, die keine feste Spielzeit kennen (z. B. Volleyball).

Auto-Cross [zu Auto (Kurzbez. für griechisch-lateinisch Automobil) und englisch cross „quer, schräg, widrig“]: Geländefahrt für Kraftfahrzeuge in variantenreichem Gelände nach Zeit (↑auch Moto-Cross).

autogenes Training ['trɛ:...; von griechisch autogenés „aus eigenen Kräften, von innen heraus“]: von dem deutschen Psychiater Johannes Heinrich Schultz (* 1884, † 1970) entwickelte, mit Hypnose und fernöstlichen Entspannungsmethoden verwandte, psychotherapeutische Methode der „konzentrativen Selbstentspannung“. Auf autosuggestivem bzw. autohypnotischem Weg sollen durch stufenweise erlernbare Konzentrationsübungen (körperlich durch Muskelentspannung, Puls- und Atmungskontrolle; psychisch durch Selbstruhigstellung, Affektdämpfung, Selbstanalyse) sonst nicht willkürlich beeinflußbare Körperfunktionen und Körperempfindungen (z. B. Herzschlagfolge, Körperwärmeempfindung) verändert werden können, und zwar zum Zweck der Umschaltung von Körpergefühlen, des Ausgleichs von Spannungszuständen, der Lösung von Verkrampfungen, Linderung oder Beseitigung von Schmerzen, Schlafstörungen u. a. Auf diese Art will das autogene Training v. a. der Behebung körperlicher und seelischer Anfälligkeiten und der Selbsterziehung dienen. Autogenes Training kann individuell oder in Gruppen durchgeführt werden. Für einen sinnvollen Einsatz von autogenem Training in der Sportpraxis ist eine Verbindung mit anderen Trainingsmethoden wie mentales Training, Desensibilisierung u. a. angebracht.

Automatisierung [zu griechisch autómatos „sich selbst bewegend"]: sportphysiologischer Begriff zur Kennzeichnung eines (trainierbaren) Vorgangs, bei dem die sensorische Aufnahme eines Bewegungsreizes und dessen motorische Beantwortung als Einheit ablaufen. Das Ergebnis ist die *automatisierte Bewegung* (Feinstform). Bei der Steuerung automatisierter Bewegungen tritt das Bewußtsein gegenüber niedrigeren Hirnbereichen zurück, jedoch ohne gänzlich ausgeschaltet zu sein. Voraussetzung für die Automatisierung ist die Fähigkeit zur ↑ Antizipation. Je mehr automatisierte Bewegungen bzw. Bewegungsabläufe einem Sportler zur Verfügung stehen, um so geringer ist seine Konzentrationsbelastung. Automatisierte Bewegungen sind deshalb eine wesentliche Zielperspektive für den sportmotorischen Lernprozeß. Allerdings können bereits eingeübte automatisierte Bewegungen auch das Erlernen neuer Bewegungsabläufe erschweren.

Automobilsport [zu griechisch autós „selbst" und lateinisch mobilis „beweglich"]: zum Motorsport zählende sportliche Wettbewerbe, die mit Kraftfahrzeugen (Automobilen) ausgetragen werden. Der Automobilsportler benötigt eine Lizenz der nationalen Sportbehörden. Für den gesamten Automobilsport bestehen international und national festgelegte Vorschriften, nach denen die Fahrzeuge in Kategorien, Gruppen und [Hubraum]klassen eingeteilt und die jeweiligen Meisterschaften ausgetragen werden. 1986 gilt folgende Einteilung:

Kategorie A: Homologierte (↑ Homologation) Produktionswagen
Gruppe N: Produktionswagen aus der Großserie
Gruppe A: Tourenwagen, aus der Serienherstellung abgeleitet
Gruppe B: Sportwagen, in kleiner Serie gebaut (bis 200 Stück)
Gruppe C: als Einzelstücke gefertigte Prototypen
Gruppe S (gültig ab 1988): Spezialfahrzeuge für Rallyes (Produktion bis 20 Stück) mit Weltmeisterschaftswertung für Marken
Kategorie B: Rennwagen
Gruppe D: Rennwagen der internationalen Formeln (↑ Rennformel)
Gruppe E: formelfreie Rennwagen

Im Automobilsport werden im wesentlichen folgende Wettbewerbe ausgetragen: 1. *Schnelligkeitswettbewerbe:* Sie sind in der Regel Bahn-, seltener Straßenrennen. Über den Sieg entscheidet entweder die kürzeste Zeit über eine vorgeschriebene Strecke (z. B. die 500 Meilen von Indianapolis), wobei z. T. die Tankfüllung begrenzt ist (ab 1986 195 l Treibstoff, ab 1988 185 l), oder die längste gefahrene Strecke in einem festgelegten Zeitabschnitt (z. B. die 24 Stunden von Le Mans). Im Mittelpunkt des öffentlichen Interesses stehen hier die Weltmeisterschaften der einsitzigen Formel-1-Rennwagen, die bei den jährlichen Grand-Prix-Rennen (↑ Großer Preis) den weltbesten Fahrer ermitteln. Daneben wird ein Pokal der Formel-1-Konstrukteure vergeben. Ähnliche Wettbewerbe gibt es auch für Sportwagen. In Wertungsrennen wird die Weltmeisterschaft der Fabrikate der Herstellerfirmen (Prototypenweltmeisterschaft) und in diesem Rahmen der Weltmeister der Langstreckenfahrer ermittelt. Für Formel-2-Rennwagen gibt es eine jährlich ausgetragene Europameisterschaft, ebenso für Tourenwagen. – 2. *Zuverlässigkeitsprüfungen:* Hier müssen die Fahrer mit ihren Fahrzeugen besondere Bedingungen erfüllen, deren

Verletzung zu Strafpunkten führt (Überschreiten der Mindestzeiten, Motorendefekte u. a.). Rallyes sind Dauerprüfungen mit Sonderkontrollen und -prüfungen in meist mehreren Etappen. Außer Rallye-Marken- und Rallye-Fahrer-Weltmeisterschaften (seit 1979) wird auch eine Europameisterschaft der Fahrer ausgetragen. – 3. *Geschicklichkeitswettbewerbe:* Sie sollen das fahrerische Können auf einer mit kenntlichen Hindernissen versehenen Strecke zwischen 400 und 2 000 m Länge prüfen. Dabei werden Fehler mit Zeitstrafen geahndet. Sonderwettbewerbe sind Auto-Cross und Rallye-Cross.

Geschichte: Der Automobilsport entstand kurz nach der Entwicklung der ersten Kraftfahrzeuge. Die ersten *Rennen* wurden in Frankreich ausgetragen (1887: Paris–Versailles [32 km], 1894: Paris–Rouen [125 km; Durchschnittsgeschwindigkeit des Siegers: 17 km/h]). 1895 wurde das Rennen Paris–Bordeaux–Paris über 1 178 km als Großer Preis von Frankreich ausgeschrieben, das somit als das erste Grand-Prix-Rennen gezählt wird. In Deutschland fand das erste Rennen 1898 (Berlin–Potsdam–Berlin) statt. 1900 erließ der Amerikaner James Gordon Bennett (* 1841, † 1918) erste technische Rennvorschriften. 1904 wurden die Automobile nach Maßen und Gewichten in Klassen eingeteilt. Ebenfalls 1904 wurde der internationale Fachverband *Fédération Internationale de l'Automobile* (FIA; Gründungsname: *Association Internationale des Automobile Clubs Reconnus* [AIACR], Sitz Paris) gegründet. Deren Unterorganisation *Fédération Internationale du Sport Automobile* (FISA) ist für den Automobilsport zuständig, erläßt die sportlichen Regeln, legt die Rennformeln fest und bestimmt den Terminkalender der Rennen. 1911 wurde das Hubraummaß eingeführt. Im gleichen Jahr wurden erstmals die 500 Meilen von Indianapolis gefahren, 1923 folgten die 24 Stunden von Le Mans. Seit 1926 wird der Automobilsport in Deutschland von der *Obersten Nationalen Sportkommission für den Automobilsport in Deutschland GmbH* (ONS; Sitz Frankfurt am Main) betreut, zu deren Mitgliedern der *Allgemeine Deutsche Automobilclub* und der *Automobilclub von Deutschland* (gegründet 1899, Sitz Frankfurt am Main) gehören. Zwischen 1925 und 1939 erreichte der Automobilsport eine besondere Blüte, als sich nahezu alle Hersteller von Motorfahrzeugen an den internationalen Wettbewerben beteiligten. Die erste Weltmeisterschaft der Formel-1-Rennfahrer fand 1950 statt. Seitdem nahm – v. a. auch infolge der technischen Entwicklung – die kommerzielle Bedeutung des Automobilsports ständig zu, so daß gegenwärtig Anstrengungen unternommen werden, die Technik so unter Kontrolle zu halten, daß das Element des Sportlichen im Automobilsport erhalten bleibt und die Gefahren für die Sportler reduziert werden.

auxotonisches Training ['trɛ:...; zu griechisch aúxē „Zuwachs, Ver-

Axel. Einfacher Axel

größerung" und tónos „Spannen, Anspannung"]: den Tonus, d. h. den durch Nerveneinfluß ständig wachgehaltenen Spannungszustand (die Kontraktionsform) der Muskulatur unterstützende bzw. verstärkende Übungen. Bei der auxotonischen Muskelarbeit werden die Spannung (der Druck) und die Länge der Muskelfasern verändert, so daß das auxotonische Training zwischen ↑isometrischem Training und ↑isotonischem Training steht.

Axel (Axel-Paulsen, Axel-Paulsen-Sprung): nach dem norwegischen Eiskunstläufer Axel R. Paulsen (* 1885, † 1938) benannter Sprung im Eis- und Rollkunstlauf. Der Sprung wird aus der Vorwärts-auswärts-Bogenhaltung von der Außenkante des linken Fußes angesetzt. In der Luft erfolgen dann beim *einfachen Axel* eineinhalb Umdrehungen im Bewegungssinn, beim *Doppelaxel* zweieinhalb und beim *dreifachen* Axel dreieinhalb. Nach dem Sprung setzt der Läufer rückwärts laufend mit der Außenkante des rechten Fußes wieder auf.

Azetylcholin ↑Acetylcholin.

azyklische Bewegung ↑Bewegung.

B

Backbord [zu niederdeutsch bak „Rücken"]: die (in Fahrtrichtung gesehen) linke Seite eines Wasserfahrzeugs. Die Kennfarbe ist rot (↑auch Steuerbord).

Backhand [englisch 'bækhænd] ↑Rückhandschlag.

Badminton [englisch 'bædmıntən]: vorwiegend in der Halle mit Schlägern und einem Federball gespieltes Rückschlagspiel für zwei (Einzel) bzw. vier (Doppel) Spieler. Badminton wird von Damen und Herren, auch als Mixed, gespielt.

Der **Spielgedanke** beim Badminton ist, daß jeder Spieler versucht, mit Hilfe seines Schlägers den Federball so in das gegnerische Feld zu schlagen, daß es dem Gegner möglichst nicht gelingt, den Ball zurückzuschlagen, bevor dieser den Boden berührt.

Badminton hat keine feste **Spielzeit,** sondern es wird nach (in der Regel zwei) Gewinnsätzen (bis zu 15 [teilweise 21], im Dameneinzel bis zu 11 Punkten) gespielt.

Das **Spielfeld** ist 13,40 m lang und

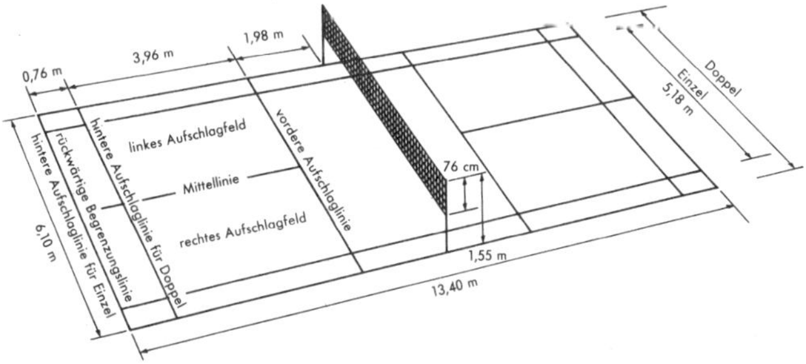

Badminton. Spielfeld

6,10 m breit. Beim Einzel ist die Breite des Spielfelds an beiden Längsseiten um je 0,46 m verringert, so daß die Gesamtbreite hier also 5,18 m beträgt. Ein zwischen zwei auf den Seitenlinien stehenden Pfosten gespanntes *Netz* halbiert das Spielfeld in zwei gleich große Felder. Das 76 cm breite Netz hat an den Pfosten eine Bodenhöhe von 1,55 m, in der Spielfeldmitte von 1,524 m. In einem Abstand von 1,98 m vom Netz befindet sich in jeder Spielfeldhälfte die *vordere Aufschlaglinie.* Die rückwärtigen Begrenzungslinien des Spielfelds sind beim Einzel gleichzeitig die *hinteren Aufschlaglinien,* beim Doppel befinden sich diese 0,76 m spielfeldeinwärts von den Begrenzungslinien entfernt. Durch eine zwischen vorderen und hinteren Aufschlaglinien gezogene *Mittellinie* entstehen in jeder Spielfeldhälfte ein rechtes und ein linkes *Aufschlagfeld.* Alle Markierungslinien sind 4 cm breit und zählen zum Spielfeld.

Spielgerät sind ein tennisähnlicher *Schläger* (allerdings mit kleinerem Kopf) aus Aluminium, Holz, Stahl, Graphit, Karbon u. a. (Gewicht: 85–120 g, durchschnittliche Länge: 65–70 cm; die Schlägermaße und das Material sind nicht genormt), bespannt mit Natur-(Darm-) oder Kunststoffsaiten, und ein *Federball,*

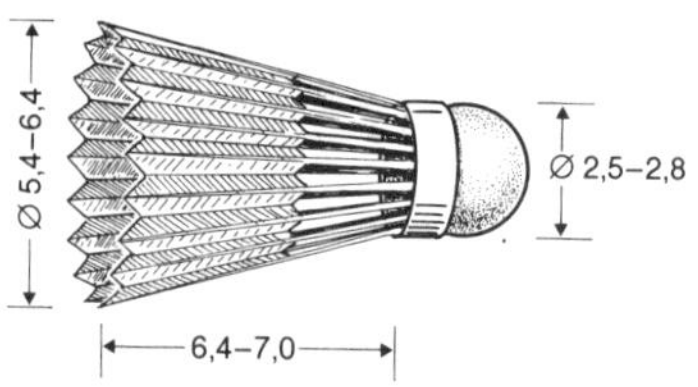

Badminton. Federball

bestehend aus einer mit Leder überzogenen Korkkugel (Kopf) von 2,50 bis 2,80 cm Durchmesser, an der 14–16 Gänsefedern (Korb) befestigt sind (Gesamtgewicht: 4,73–5,50 g). Die Länge der Federn (zwischen 6,40 und 7,00 cm) ist so bemessen, daß die Federspitzen einen Kreis mit einem Durchmesser von 5,40–6,40 cm bilden. Eine haltbarere Variante ist der Kunststoffball, bei dem entweder Kopf und Korb oder nur der Korb aus Kunststoff bestehen.

Spielregeln (Auswahl): Punkte können nur vom jeweiligen Aufschläger erzielt werden, das Aufschlagrecht wechselt also bei jedem Fehler. Im Doppel haben beide Partner einer Mannschaft je einen Aufschlag, bevor das Aufschlagrecht zum Gegner wechselt. Zum Gewinn eines Satzes ist eine bestimmte Punktdifferenz nicht erforderlich. Ein Satz endet in der Regel, wenn die erforderliche Punktzahl von einer Partei erreicht ist. Jeder Aufschlag muß aus einem der Aufschlagfelder heraus (ohne Berührung einer Linie) erfolgen, und zwar so, daß der Ball über das Netz (eine Netzberührung des Balles ist kein Fehler) in das jeweils diagonal gegenüberliegende Aufschlagfeld geschlagen wird. Der Aufschlag wird entweder flach, d. h. von hinter der eigenen vorderen Aufschlaglinie aus bis hinter die gegnerische vordere Aufschlaglinie ausgeführt (kurzer Aufschlag) oder hoch bis an die gegnerische hintere Aufschlaglinie (langer Aufschlag).

Die **Technik** beim Badminton ähnelt in ihren Elementen jener des Tennis, unterscheidet sich davon jedoch (v. a. bedingt durch die Andersartigkeit der Übungsstätte) durch kürzere Ausholphasen beim Schlagen und durch stärker aus dem Handgelenk heraus geschlagene Bälle. Die wichtigsten Schlagvarianten sind ↑Drive, ↑Lob, ↑Schmetterball (Smash), ↑Stoppball (Drop) und ↑Clear. Diese Schläge können als Vorhand- oder als Rückhandschläge (↑Vorhand, ↑Rückhandschlag) ausgeführt werden. Im Doppel wird im Angriff mit gestaffelter Aufstellung gespielt, in der Verteidigung wird die Position „Nebeneinander“ eingenommen. Im Mixed wird im allgemeinen die gestaffelte Position (Dame am Netz) bevorzugt, sofern die Dame konditionell und technisch nicht gleich stark wie der Herr ist.

Badminton eignet sich sehr gut als Schulspiel und als Ausgleichssport, da es wenig Geräte erfordert, leicht erlernbar ist, dennoch eine hohe Bewegungsintensität aufweist, Freude bereitet und auch außerhalb der Schule bzw. nach der Schulzeit gespielt werden kann (Lifetimesport). Außerhalb des Wettkampfsports spricht man statt von Badminton meist von **Federball.**

Geschichte: Badminton hat sich aus einer altindischen Form des Federballspiels („Poona") entwickelt und wurde in Europa seit der Renaissance vorwiegend von Adligen, später auch von Bürgerlichen gespielt. 1872 führte der Duke of Beaufort erstmals das Spiel in einer geregelten Form auf seinem Landsitz Badminton in Gloucestershire (daher der Name) vor. 1887 wurden allgemeingültige Regeln aufgestellt. Seit 1904 gelten die „All England Badminton Championships" als inoffizielle, seit 1977 als offizielle Weltmeisterschaft. Das Spiel verbreitete sich von England aus auf dem europäischen Kontinent und in Südostasien. Es wird heute in über 70 Ländern wettkampfmäßig gespielt. Seit 1950 ist Badminton auch in der Bundesrepublik Deutschland Wettkampfsport. Seine Belange regelt der *Deutsche Badminton-Verband* (DBV; gegründet 1953, Sitz Mülheim a. d. Ruhr), international die *International Badminton Federation* (IBF; gegründet 1934, Sitz London). Seit 1979 gibt es den Status des Linzenzspielers.

Baggern (Bagger): beidarmiges Zuspiel im Stand **(unteres Zuspiel)** beim Volleyball. Dabei sind die Knie gebeugt, die Beine in Schritt-Grätsch-Stellung, die Arme vor dem Körper, wobei die Unterarme dicht beisammen und die Hände meist ineinander gelegt sind. Das Treffen des Balles (mit erweitertem Bereich der Unterarme) wird durch eine Streckung des Körpers eingeleitet, wobei der Winkel zwischen Oberkörper und Armen nahezu konstant bleibt, d. h. die gestreckten Arme werden dem Ball entgegengeführt bzw. -gehalten. Baggern wird auch als Technik eingesetzt, um die Aufgabe des Gegners abzuwehren. Dabei werden drei Formen unterschieden: 1. **Abwehrbagger** (beidhändige Abwehr mit gleichzeitigem Zuspiel), 2. **Hechtbagger** (einhändige Abwehr im Fallen vorwärts, die Schlaghand spielt den Ball mit dem Handrücken, während die andere Hand die Landung des Körpers auffängt), 3. **japanische Rolle** (einarmige Abwehr im Fallen seitwärts: Nach weitem Ausfallschritt seitwärts wird der Ball mit einer Hand bzw. dem Unterarm gespielt; danach rollt der Spieler über Hüfte, Rücken und Gegenschulter ab und nimmt wieder die Bereitschaftsstellung ein). –

Baggern. Abwehrbagger

Diese wesentlichen Formen des Baggerns zum Zweck der Abwehr werden auch als Brems-, Faust-, Hand- oder Seitwärtsbagger bezeichnet. Erfolgt das Baggern in mittlerer oder niedriger Höhe, spricht man auch von Schaufeln oder Schöpfen.

Bahn: in einer bestimmten Länge und Breite abgegrenzte Strecke für Wettbewerbe im Laufen, Schwimmen und anderen Rennwettbewerben. Die Breite der Bahn ist in den einzelnen Sportarten vorgeschrieben. Die Zuteilung der einzelnen Bahnen an die Wettkampfteilnehmer erfolgt durch Losentscheid. Eine Bahnaufsicht *(Bahnrichter)* wacht über die Einhaltung der Bahn durch den Wettkämpfer. – Im ↑ Kegelsport ist Bahn Bez. für die Übungsstätte (Asphaltbahn, Bohlenbahn, Scherenbahn, Bowlingbahn).

Bahnengolf: aus dem Golf entwikkeltes Zielspiel, bei dem ein Hartgummiball (Durchmesser zwischen 37 und 43 mm) auf stationären, eindeutig abgegrenzten oder genormten *Bahnen* mit einem (nicht genormten) Schläger (meist etwa 80 cm lang) mit möglichst wenigen Schlägen vom Abschlag aus unter Überwindung von Hindernissen unterschiedlicher Schwierigkeit ins Zielloch zu schlagen ist. Vorgeschrieben sind 18 Bahnen (Pisten) mit 18 Löchern. Die Bahnen müssen so angelegt sein, daß es möglich ist, den Ball mit einem Schlag vom Abschlag ins Loch zu spielen. Jeder Spieler hat an jeder Bahn sechs Schläge, um die Hindernisse überwinden und den Ball ins Zielloch spielen zu können. Jeder Schlag wird mit einem Punkt bewertet. Gelingt es einem Spieler nicht, mit sechs Schlägen den Ball einzulochen, wird ihm ein siebter Punkt angerechnet. Es muß solange vom Abschlag aus gespielt werden, bis das Hindernis regelgerecht überwunden ist, dann wird von der Stelle weiter gespielt, an der der Ball liegengeblieben ist. Sieger ist, wer für die 18 Löcher (Bahnen) die wenigsten Schläge (Punkte) benötigt.

Im organisierten Wettkampfsport gelten fünf Varianten des Bahnengolfs **(Minigolf, Miniaturgolf, Cobigolf, Sterngolf** und **Kleingolf),** die sich hinsichtlich der Spielregeln und der Wertung nicht unterscheiden, wohl aber hinsichtlich der Beschaffenheit der Bahnen, deren Abmessungen, der Gestaltung der Zielkreise sowie in der Zusammenstellung der Hindernisse.

Für Bahnengolf – heute weitaus häufiger als Freizeitsport denn als Wettkampfsport betrieben – wurden 1953 internationale Regeln eingeführt. 1966 wurde der *Deutsche Bahnengolf-Verband* (DBV) gegründet (Sitz Köln), der der internationalen Dachorganisation, dem *Internationalen Bahnengolf-Verband* (IBGV; gegründet 1980, Sitz Wien) angehört.

Bahnradsport: Radrennen, die auf Bahnen ausgetragen werden (Gegensatz: ↑Straßenradsport). Die Bahnen sind entweder aus Holz (in Hallen, Winterbahn) oder aus Asphalt bzw. Zement (im Freien, Sommerbahn). Sie sind oval mit überhöhten Kurven und zwischen 200 und 500 m lang. Im Bahnradsport werden folgende Rennen ausgetragen: Fliegerrennen, Verfolgungsrennen, Zeitfahren, Vorgaberennen, Punktefahren, Ausscheidungsfahren, Tandemrennen, Steherrennen, Omnium, Sechstagerennen (↑Radsport).

BA-L: Abk. für: ↑**B**undes**a**usschuß **L**eistungssport.

balancieren [balãs...; französisch, zu balance „Gleichgewicht“]: den eigenen Körper bzw. einen Gegenstand am Ort oder in der Fortbewe-

Ball: Sportbälle, Auswahl

Ball	Beschaffenheit	Umfang cm	Gewicht g
Vollbälle			
Baseball	Lederball mit Korkkern, eingewickelt in 2 Gummischichten und Garn	22,86	142–149
Billardball (Billardkugel)	Elfenbein, Kunststoff oder Pockholz mit „Points“ (Punkten), Stiften aus Hartholz oder Schrauben	6,1–6,15	nicht festgelegt
Golfball	Kern aus gewickeltem Gummiband, Kunststoff- oder Hartgummihülle	mindestens 12,8	höchstens 46
Hockeyball	wie Baseball, mit weißer Lederhülle	22,4–23,5	156–163

Ball: Sportbälle, Auswahl (Forts.)

Ball	Beschaffenheit	Umfang cm	Gewicht g
Kricketball	wie Baseball	22,3–22,8	156–163
Krocketball	Holz, Kunststoff	8–10	300–400
Medizinball	12teilige Lederhülle, mit Reh- oder Rentierhaar gefüllt	je nach Gewicht	bis 5 000
Pferdepoloball	Holz oder Preßgeflecht aus Bambuswurzelfaser	25	um 130
Radball	Stoffball mit Leinenhülle	16–18 cm Ø	500–600
Radpoloball	Filz oder Holz mit Filzüberzug	29,83–32,97	500–600
Schlagball	4teilige Rindslederhülle, Füllung wie Medizinball	19–21	70–85
Schleuderball	Rindslederhülle mit 28 cm langer, 2,5 cm breiter Wurfschlaufe, Füllung wie Medizinball	65–70 60–65	1 500 für Männer 1 000 für Damen und Jugendliche
Softball	weiches Leder	etwa 30	etwa 180
Hohlbälle			
Basketball	Gummi-, Kunststoff- oder Lederhülle	75–78	600–650
Faustball	12teilige Kalbs- oder Glacélederhülle	62–68	320–380
Fußball	12–18teilige Rindskernlederhülle	68–71 62–66	396–453 (Herren) 340–390 (Damen und Junioren)
Handball	12teilige Lederhülle	58–60 54–56	425–475 (Herren) 325–400 (Damen und Jugendliche)
Korbball	12teilige Lederhülle	56–60	400–500
Prellball	wie Faustball		
Rugbyball	eiförmige, 4teilige Kernlederhülle	76,2–78,7 lg. 61–64,1 br.	382–425
Squash	gasgefüllter Weichgummi	4 cm Ø	24
Tennisball	nahtloser Gummi mit Filzhülle, gasgefüllt	20–21	56,7–58,74
Tischtennisball	Celluloid	11,43–12,7	2,4–2,53
Volleyball	weiche Lederhülle	65–67	250–270
Wasserball	mehrteilige Kalbschromlederhülle, auch Kunststoffhülle	68–71	400–450

gung im ↑Gleichgewicht halten. Die Fähigkeit, Balance zu halten (Balancierfähigkeit), ist eine Grundfähigkeit des koordinativ orientierten motorischen Bereichs, die v.a. bei den sogenannten Kunstsportarten wie z.B. Geräteturnen, Sportakrobatik, Kunstradfahren, rhythmische Sportgymnastik u.a. eine Rolle spielt.

Ball: ein meist rundes, gelegentlich auch eiförmiges Spiel- und Sportgerät zum Werfen, Fangen, Rollen, Schlagen und Stoßen mit je nach Sportart unterschiedlichem Gewicht und unterschiedlichen Größen. Der Ball findet Verwendung in den ↑Ballspielen und als Handgerät in der ↑rhythmischen Sportgymnastik. Der Ball zählt zu den ältesten Spielgeräten. Am Anfang wurden vorwiegend Naturprodukte (z.B. Kokosnuß), bei kultischen Ballspielen auch Totenschädel, verwendet. Man unterscheidet heute ↑Vollball (massiv, gefüllt) und ↑Hohlball (Druck durch aufgepumpte Gummiblase). Herstellungsmaterialien für Bälle können sein: Leder, Gummi, Kunststoff, Filz, Kork, Holz u.a. Eine Sonderform des Balles ist der Federball mit Flugstabilisatoren (↑Badminton). – Vom Ball zu unterscheiden ist die ↑Kugel. – Übersicht S. 56f.

Ballbehandlung: technische Fertigkeit im Umgang mit dem Ball in Ballspielen, die v.a. bei der Ballannahme, dem Führen des Balles (Ballführen) und der Ballabgabe zum Tragen kommt. Einem Spieler mit besonders gekonnter Ballbehandlung wird ↑Ballgefühl zugeschrieben, das zur Ballsicherung gegenüber dem Gegner beiträgt, d.h. zur Abschirmung des Balles vor dem Gegner mit dem eigenen Körper.

Ballett [italienisch; zu spätlateinisch ballare „tanzen"]: Bez. für eine musische szenische und choreographische Komposition sowie für die Gruppe, die diese zum Vortrag bringt. Heute wird unter Ballett auch der klassische Bühnentanz verstanden. Ballett ist eine Form des künstlerischen Tanzes mit einer ↑Choreographie, die strenge und stilisierte Bewegungen nach fünf Stellungen der Arme und Beine vorschreibt. Der Ursprung des Balletts liegt bei den Fürstenhöfen der Renaissance in Italien und in den Gesellschaftstänzen. Ausgangspunkt für das moderne Ballett war die Aufführung des abendfüllenden Werkes „Ballett comique de la Reine" von Baldassaro de Belgiojoso (†um 1587) 1581 in Frankreich. Hier gewann das Ballett auch, nicht zuletzt wegen der Förderung durch Ludwig XIV., seine europäische Bedeutung. Noch heute ist Französisch die internationale Ballettsprache. – Ballett ist eine künstlerische Bewegungsform von hohem auch sportlichem Wert, die Bewegungsgefühl, Koordinationsfähigkeit und Präzision sowie rhythmische Musikalität fordert und fördert, und gehört deshalb zum Grundbestand des Trainings in den Kunstsportarten.

Ballführen: im Fußball eine Technik, um den Ball im Lauf möglichst nahe am Fuß zu halten. Das Ballführen kann sowohl mit der Fußinnen- als auch mit der Fußaußenseite erfolgen. In der Nähe eines Gegenspielers versucht der Ballführende, seinen Körper zwischen Ball und Gegner zu bringen, um dem Gegner das Erreichen des Balls zu erschweren.

Ballgefühl: Fähigkeit, besonders geschickt und elegant mit einem Ball umzugehen (↑Ballbehandlung), insbesondere die Fähigkeit, sich auf Flugbahn und Geschwindigkeit des Balles bei der Ballannahme einzustellen und diese Faktoren auch bei der Ballabgabe berücksichtigen zu können.

Ballistik [zu griechisch bállein „werfen"]: die Lehre vom Verhalten und von der Bewegung geworfener oder geschossener Körper und von den sie verursachenden und beeinflussenden Kräften. Man unterscheidet v.a. *innere Ballistik* (Erzeugung der Anfangsgeschwindigkeit) und *äußere Ballistik* (Bewegung nach Abwurf bzw. Abschuß). Ballistik spielt v.a. bei den Wurfdisziplinen der

Leichtathletik und beim Schießsport eine Rolle. Sie hat im Hochleistungssport Bedeutung, da man versucht, Leistungsgrenzen mit Hilfe wissenschaftlicher und technischer Neuerungen zu erweitern.

Ballmitnahme ↑Stoppen.

Ballon [ba'lɔn; französisch; zu italienisch pallone „großer Ball"]: 1. Gerät *(Freiballon)* im ↑Freiballonsport; – 2. im Segelsport ↑Spinnaker.

Ballpendel: Trainingsgerät (ein an einer in der Höhe verstellbaren Schnur hängender Ball) zur Schulung der Schuß- und Kopfballtechnik für Fußballspieler.

Ballsicherung ↑Ballbehandlung.

Ballspiele: Sammelbez. für sehr vielfältige und meist weit verbreitete Spiele, in deren Mittelpunkt ein Ball steht. Ballspiele sind oft kultischen Ursprungs, schon in der Antike, dann im alten Mexiko bekannt und haben seit dem Mittelalter durch die sogenannten Ballhäuser an Bedeutung gewonnen. In sportlicher Form entstanden sie v. a. im England des 19. Jahrhunderts und erfreuen sich heute in sehr differenzierter Form weltweit großer Beliebtheit. Man unterscheidet: *Partnerspiele* (z. B. Tennis) und *Mannschaftsspiele* (z. B. Basketball); einige Ballspiele sind weltweit verbreitet (z. B. Fußball, Volleyball), andere nur regional (z. B. Baseball in den USA, in Kanada und in Japan). Die Wettkämpfe in den Ballspielen werden nach international festgelegten Regeln ausgetragen. Danach kann man die Ballspiele in folgende Gruppen einteilen: *Tor-* und *Zuspiele* (Basketball, Fußball, Handball, Hockey, Korbball, Korfball, Lacrosse, Polo, Radball, Rugby, Wasserball u. a.), *Netz-* und *Rückschlagspiele* (Badminton, Faustball, Indiaca, Pelota, Squash, Prellball, Ringtennis, Tennis, Tischtennis, Volleyball u. a.), *Schlagballspiele* (Baseball, Kricket, Schlagball, Softball u. a.), *Vollball-* und *Kugelspiele* (Billard, Boccia, Golf, Kegeln, Schleuderball u. a.), *kleine Turn-* und *Volksspiele* (Raufball, Jägerball, Völkerball u. a.).

Ballwechsel: Situation in den Rückschlagspielen, in der der Ball zwischen den Gegnern hin- und hergespielt wird. Ein langer Ballwechsel gilt im Wettkampfsport als besonders attraktiv für die Zuschauer. Der Ballwechsel wird unterbrochen, wenn der Rückschlag nicht mehr möglich ist, der Ball ins Aus geht oder der Schiedsrichter das Spiel unterbricht.

Band ↑Handgeräte.

Bandage [ban'da:ʒə; zu französisch bande „Band, Binde"]: elastischer Verband, angelegt zur Unterstützung bzw. Entlastung eines Gelenks und seines ↑Bandapparats. Sie wird von unten nach oben, das gesamte Gelenk einschließend, fest gewickelt. Bandagen werden häufig von Sportlern getragen, die aufgrund ihrer Sportart einer einseitigen Dauerbeanspruchung mancher Gelenke ausgesetzt sind, z. B. Fußballspieler und Skiläufer: Knie- und Sprunggelenksbandagen, Gewichtheber: Handgelenksbandagen, Boxer: Handknöchelbandagen.

Bandapparat: Sammelbez. für die **Bänder** (starke Bindegewebsstränge), die die Knochen beweglich, aber fest miteinander verbinden. Durch – oft komplizierte – Kombinationen mehrerer Bänder erlaubt der Bandapparat die Bewegung in den Gelenken, wobei gleichzeitig die Knochenenden an ihrer Position festgehalten werden. Die leichte Dehnbarkeit der Bänder erweitert den Bewegungsspielraum; ein **Bänderriß** führt zu Instabilität des Gelenks und muß genäht und ruhig gestellt werden.

Bande [französisch „Binde, Band"]: Bez. für die (elastische) Umrandung eines Spielfelds bzw. einer Übungsstätte in verschiedenen Sportarten (z. B. Billard, Eishockey, Rollhokkey, Kegelsport und Pferdesport [Reithalle]). Die Bande kann Bestandteil des Spielfelds und ihre Berührung durch das Sportgerät deshalb erlaubt (z. B. Billard, Eishokkey) oder nicht erlaubt sein (z. B. Kegelsport).

Bänderzerrung ↑Zerrung.

Bandscheibe: elastischer, faseriger Bindegewebsknorpel, der jeweils zwischen zwei aufeinanderfolgenden Wirbelkörpern liegt. Sie hält den

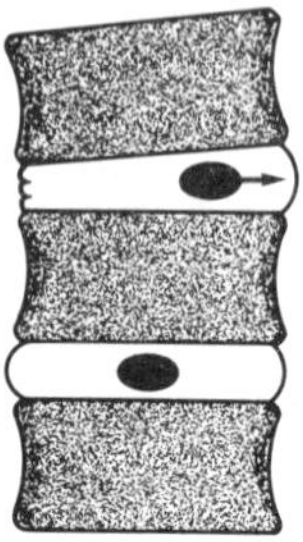

Bandscheibe. Ausweichen der Bandscheibe bei Verbiegungen der Wirbelsäule. Der Kern der oberen Bandscheibe weicht zur gedehnten Seite hin aus, die untere verharrt in Ruhestellung

Abstand zwischen den Knochen aufrecht und ermöglicht die Beweglichkeit der ↑Wirbelsäule. Die gallertige Masse in der Bandscheibe ist verschieblich, wodurch sie bei Abknikken der Wirbelkörper gegeneinander ihre Form in Grenzen verändern kann. Bei zu starker Belastung (z. B. extremes Beugen mit Heben schwerer Lasten) oder durch Ermüdungserscheinungen im Alter kann es zum Bandscheibenvorfall kommen, d. h. ein Teil der Füllung wird als Ausbuchtung zwischen den Wirbeln herausgedrückt.

Bandy [englisch 'bændı]: aus England stammendes (bereits im 11. Jahrhundert nachgewiesen), heute v. a. in Skandinavien und der Sowjetunion verbreitetes Treibballspiel auf dem Eis. Seit 1957 werden auch Weltmeisterschaften ausgetragen. – Bandy wird in zwei Varianten gespielt: 1. auf einem Spielfeld von 90–105 × 50–70 m von zwei Mannschaften mit je 11 Spielern, 2. als **Rinkbandy** auf einem normalen Eishockeyfeld von zwei Mannschaften mit je sechs Spielern. Hinzu kommen in beiden Fällen je drei Auswechselspieler. – Die auf Schlittschuhen laufenden Spieler versuchen, mit gebogenen Feldhockeyschlägern einen Ball (6 cm Durchmesser, 58–62 g schwer) möglichst oft ins gegnerische Tor (3,50 m breit, 2,10 m hoch) zu schlagen. Die Spielzeit beträgt 2 × 45 Minuten. Die Regeln sind strenger als im Eishockey. So sind z. B. Bein- und Knietackling verboten. Abseitsregeln und Mannschaftsaufstellung entsprechen in etwa jenen im Fußball. Ein Regelverstoß innerhalb des Strafraums (Halbkreis mit einem Radius von 17 m um die Mitte der Torlinie) wird mit einem Strafschlag aus 12 m Entfernung vom Tor, außerhalb des Strafraums mit einem Freischlag geahndet.

Bank: 1. Bez. für ein aus Schweden stammendes *Turngerät* (**Langbank;** lange niedrige Sitzbank ohne Lehnen), das zur allgemeinen Körperschulung verwendet wird; – 2. Bez. für eine bankähnliche *Körperstellung* im Ringen (Arme gestreckt und senkrecht, Knie im spitzen Winkel) und in der Gymnastik (Arme gestreckt und senkrecht, Oberschenkel senk-

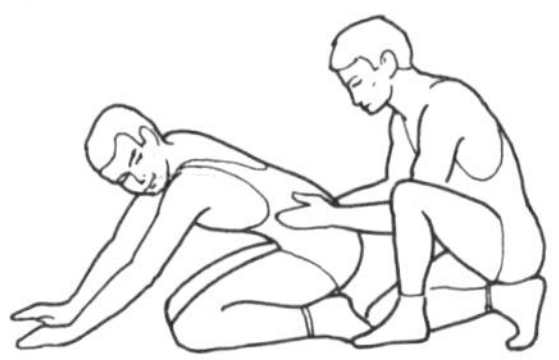

Bank. Ringen

recht); – 3. Kurzbez. für den *Platz,* von dem aus in bestimmten Sportarten das ↑Auswechseln der Spieler erfolgt (Auswechselbank).

Barrenturnen: Disziplin des Geräteturnens für Jungen und Männer, des Turnens am **Barren,** einem Gerät mit zwei durch Stützen gehaltenen, horizontal und parallel zueinander verlaufenden Stangen (Holmen). Die mit einem schweren Gestell aus Metall verbundenen Stützen bilden die Ecken eines Rechtecks mit den Seitenlängen von 2,30 × 0,48 m. Die 3,50 m langen, 41 mm dicken ovalen Holme bestehen aus mit Holz um-

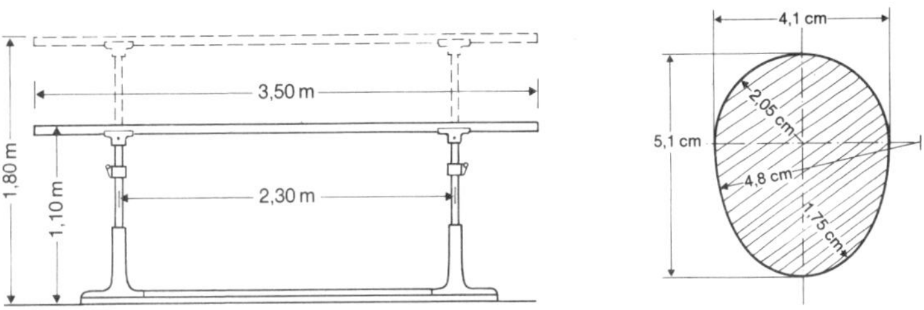

Barrenturnen. Gesamtansicht des Barrens (links) und Profil des Barrenholms (rechts)

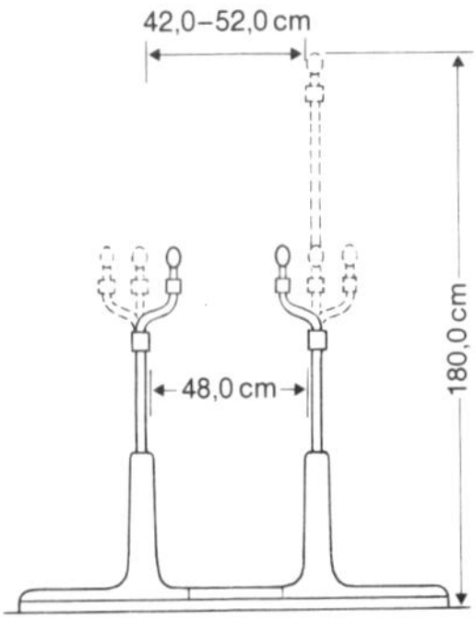

Barrenturnen. Barren (Frontansicht)

mantelten Glasfiberstäben, wodurch ihre Elastizität erhöht und die Bruchgefahr verringert werden. Die Holme sind in ihrem parallelen Abstand zwischen 42 und 52 cm, in der Höhe zwischen 1,10 m und 1,80 m verstellbar.

Der Barren wurde 1812 von Friedrich Ludwig Jahn (* 1778, † 1852) als Hilfsgerät für das Pferdturnen erfunden, war allerdings im 19. Jahrhundert hinsichtlich seiner Tauglichkeit umstritten *(Barrenstreit)*. Heute ist er jedoch weltweit verbreitet und olympisches Turngerät. 1936 wurde der Barren für das Frauenturnen zum Stufenbarren (↑ Stufenbarrenturnen) weiterentwickelt.

Im Kunstturnen werden am Barren v. a. schwunghafte Übungen über und unter den Holmen geturnt; darüber hinaus müssen Flugteile (Lösen der Hände) und statische Teile (z. B. Handstand) in der Übung enthalten sein. Auch Kraftteile sind möglich. Das Übungsgut am Barren kann für das Geräteturnen in Schule und Verein (nach Baumann und Zieschang) beispielhaft an folgenden zehn turnerischen Bewegungsfertigkeiten dargestelt werden, die eine Auswahl der Barrenübungen repräsentieren: Stützen, Schwingen, Kreishocke, Rolle vorwärts, Oberarmstand, Oberarmkippe, Felge, Unterschwung, Schwungstemme vorwärts und Schwungstemme rückwärts. Beim Barrenturnen wird der Aufgang gelegentlich durch ein Sprungbrett unterstützt. Wichtig ist die Abdeckung der Fläche unter dem Barren mit Matten. Als weitere Hilfsgeräte können Kasten bzw. Kastenteile dienen sowie eine über die Holme gelegte Matte. – Zur Wertung ↑ Kunstturnen.

Basaltext [zu griechisch básis „Grund, Grundlage“ und lateinisch textus „Geflecht, Zusammenhang“]: zusammengefaßte vollständige Textdarstellung eines Lehrstoffes. Im Sportunterricht wird die Sequenz einer Bewegungsfertigkeit mit einem Basaltext beschrieben. Die Summe der Basaltexte bildet die *Basalinformation*, d. h. die knappe Bewegungsbeschreibung einer Bewegungsfertigkeit. Für den Kernwurf im Handball z. B. lautet diese etwa: „Gehe in Schrittstellung, führe den Wurfarm mit Ball zurück, führe den Arm aus dieser Stellung am Kopf vorbei nach vorne zum Abwurf.“ Der Basaltext als Form des sensomotorischen Inputs spielt v. a. im Rahmen der ↑ Sensomotorik eine entscheidende Rolle als Teilaspekt des motorischen Lehr- und Lernprozesses.

Baseball ['be:sbo:l; englisch 'bɛɪsbɔ:l; englisch base „Basis, Grundlinie, Stützpunkt, Mal", aus griechisch básis „das, worauf etwas steht"]: in den USA als Nationalsport verbreitetes, in seiner jetzigen Art Mitte des 19. Jahrhunderts aus dem deutschen Schlagballspiel und dem englischen Kricket entstandenes Mannschaftsschlagballspiel, das zu den Malspielen zählt.

Baseball wird auf einem **Spielfeld** (Rasenplatz) ausgetragen, dessen größte Länge 175 m und größte Breite 125 m betragen. Innerhalb dieses Feldes befindet sich das *Innenfeld (Infield),* ein auf der Spitze stehendes Quadrat (Diamond). An dessen einer Ecke befinden sich das *Schlagmal (Home Plate, Home Base),* rechts und links davon (für rechts- bzw. linkshändige Schlagmänner *[Batter]*) je ein *Schlägerfeld (Batter's Box)* und hinter dem Schlagmann der Platz *(Catcher's Box)* für den *Fänger (Catcher).* Vom Schlagmal aus gegen den Uhrzeigersinn gesehen, markieren die restlichen drei Ecken des Quadrats das 1., 2. und 3. *Mal (Base),* die jeweils aus einem am Boden befestigten weißen Kissen (Malkissen, meist aus Segeltuch) mit den Maßen 38,1 × 38,1 cm bestehen; die Dicke des Kissens kann zwischen 8 und 12 cm betragen. Auf der Diagonalen vom Schlagmal zum 2. Mal befindet sich in einer Entfernung von 18,44 m das *Wurfmal (Pitcher's Plate).* Schlagmal und Wurfmal sind weiße Gummiplatten. Das Schlagmal ist ein in den Boden eingelassenes Fünfeck (Breite und Gesamtlänge je 43 cm), die Spitze des Fünfecks zeigt zum Fänger. Das Wurfmal, ein Rechteck von 61 × 15 cm Seitenlänge, haftet durch an seiner Unterseite angebrachte Nägel am Boden und sollte gegenüber dem Schlagmal um etwa 25 cm erhöht sein. Die von den Ecken des Schlagmals aus gezogenen Verlängerungen der Quadratseiten bis zum Spielfeldende bilden die *Foullinien (Foullines, Baselines).* Sie markieren die seitlichen Spielfeldgrenzen. Das gesamte zwischen ihnen liegende Feld ist das *Fair Territory,* das eigentliche Spielfeld, der außerhalb liegende Raum heißt *Foul Territory.* Der außerhalb des Innenfelds, des Quadrats, gelegene Raum des Fair Territory heißt *Außenfeld (Outfield).* Die unmittelbar an das Innenfeld angrenzende Fläche ist laufbahnähnlich angelegt.

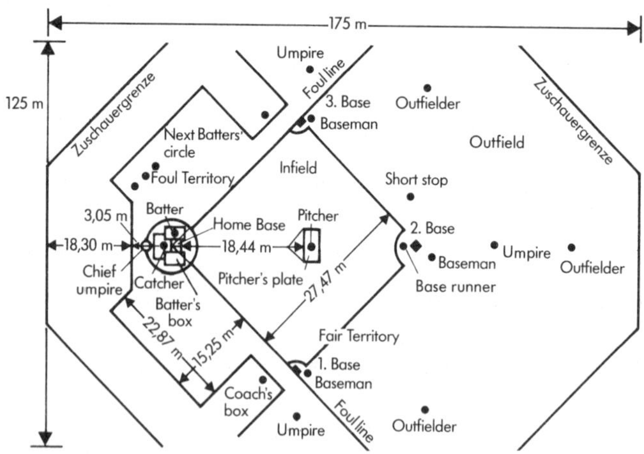

Baseball. Spielfeld

Innerhalb des Foul Territory befinden sich in einem gewissen Abstand vom Innenfeld die Plätze für die Mannschaften bzw. Reservespieler *(Dugout)*, für die Mannschaftsbetreuer *(Coach's Box)* und, jeweils seitlich hinter dem Schlagmal, für die nachrückenden Schlagmänner *(Next Batter's Circle)*.
Das Spiel wird in der Regel von vier *Schiedsrichtern (Umpires)* geleitet, die hinter dem Schlagmann und dem Fänger (Hauptschiedsrichter) und an den drei anderen Malen postiert sind.
Zwei Mannschaften zu je 9 **Spielern** treten gegeneinander an, wobei – anders als bei anderen Mannschaftsballspielen – eine Mannschaft die angreifende *(Schlagmannschaft)*, die andere die verteidigende (*Fang-* oder *Feldmannschaft*) Partei ist. Nur die Schlagmannschaft kann Punkte erzielen. Deshalb muß in jedem *Durchgang (Inning)* jede Mannschaft einmal die angreifende und einmal die verteidigende Partei sein. Ein Spiel geht in der Regel über 7 oder 9 Durchgänge. Sieger ist die Mannschaft, die die meisten Punkte erzielt hat.
Spielverlauf: Der zur verteidigenden Feldmannschaft gehörende *Werfer (Pitcher)* wirft den *Ball* (*Baseball*, ein in einer Lederhülle steckender, mit Garn umwickelter Kork- oder Hartgummiball; Umfang: 22,86–23,5 cm; Gewicht: 142–149 g) gegen den Schlagmann, den eigentlichen Angreifer. Der Ball muß dabei die *Schlagzone (Strike Zone)* passieren, d.h. eine Fläche über dem Schlagmal (mit dessen Breite) zwischen der Achsel- und der Kniehöhe des Schlagmannes. Bei vier ungenauen Würfen kann der Schlagmann ohne Schlag zum 1. Base vorrücken (Walk). Der Pitcher versucht, seine Würfe so zu gestalten (schnelle Würfe, Flatterwürfe, Bogenwürfe), daß der Schlagmann Schwierigkeiten hat, den Ball korrekt ins Feld zu schlagen. Der *Schlagmann* hat drei Versuche, einen gültigen Wurf zurückzuschlagen. (Geschlagen wird mit dem *Schlagholz [Bat]*, einer Holzkeule mit abgerundetem Ende, die eine Länge von 106 cm und an der dicksten Stelle einen Durchmesser von 7 cm nicht überschreiten darf.) Schafft er dies nicht, ist er *„aus“ (out)*. Sind drei Schlagmänner „aus“, wird die Schlagmannschaft zur Feldmannschaft (und umgekehrt). Haben beide Mannschaften drei „Aus“, ist ein Durchgang (Inning) beendet.

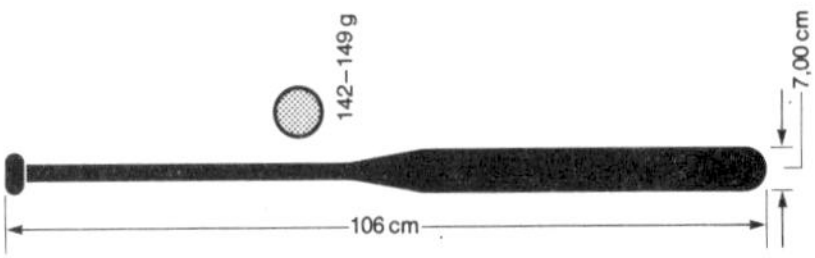

Baseball. Schlagholz (Bat) mit Ball

Der Schlagmann versucht, den Ball so weit wie möglich ins Feld zu schlagen und dann um das Innenfeld zu laufen (gegen den Uhrzeigersinn), wobei er jedes Base berühren muß. Wird der Ball von einem Feldspieler (*Baseman, Short Stop* oder *Outfielder)* aus der Luft gefangen, ist der Schlagmann „aus“. Gelingt es dem Schlagmann bzw. einem Läufer (Base Runner) seiner Mannschaft bei seinem Lauf (Run) das Home Base zu erreichen *(Home Run)*, hat er für seine Mannschaft einen Punkt erzielt. Um dies zu verhindern, versuchen die gegnerischen Feldspieler (v.a. die Basemen und der Short Stop), den geschlagenen Ball so schnell wie möglich unter Kontrolle zu bringen, um – immer mit dem Ball in der Hand – einen Läufer zu berühren, ihn dadurch also „aus“ zu machen, oder ein Base zu betreten, das dadurch für den Läufer unerreichbar wird. Die Außenfeldspieler (Outfielder) sind deshalb bemüht, den Ball einem ihrer Basemen oder dem Short Stop zuzuwerfen, damit dieser die Möglichkeit hat, einen Läufer „aus“ zu machen. Erkennt ein Läufer, daß er wahrscheinlich das Home Base nicht erreichen kann, ohne „aus“ gemacht zu werden, bringt er sich auf einem der drei Bases in Sicherheit. Allerdings zwingt ein loslaufender Schlagmann alle Läufer an den Bases zum Weiterlaufen, da ein Base nur von einem Läufer besetzt sein kann. Der *Fänger* (Catcher) der verteidigenden Mannschaft hat die Aufgabe, einen gültigen, aber vom Schlagmann verfehlten oder nicht angenommenen Wurf abzufangen und den Ball schnell einem Baseman oder dem Short Stop zuzuwerfen, damit dieser einen Läufer „aus" machen kann. Jeder Läufer, der das Home Base erreicht, hat einen Punkt erzielt. Die höchste Punktzahl, die in einem Spielzug erzielt werden kann, sind vier Punkte. Dazu müssen alle Bases besetzt gewesen sein, und der Schlagmann muß den Ball so unerreichbar für die Feldspieler geschlagen haben, daß alle Läufer und der letzte Schlagmann nacheinander das Home Base erreichen können *(Grand Slam Home Run).*

Das Baseballspiel stellt an alle Spieler hohe *technische* und *taktische* Anforderungen. Unabdingbar sind Sprintschnelligkeit (Läufer), Fang- und Wurfsicherheit (Fänger, Basemen, Short Stop, Außenfeldspieler), Zielgenauigkeit (Fänger, Werfer, Feldspieler), gutes Auge (Fänger, Werfer, Schlagmann) und Reaktionsschnelligkeit. In taktischer Hinsicht sind das blitzschnelle Erkennen von Möglichkeiten zum Laufen bzw. Abfangen sowie das präzise Einschätzen der Fähigkeiten des Gegners erforderlich. So kann z. B. ein Werfer, der einem bekannt sicheren Schlagmann gegenübersteht, durch absichtliche Fehlwürfe diesen zum Laufen auf das 1. Base zwingen, ihn dadurch als gefährlichen Schlagmann ausschalten, um so zu verhindern, daß der Schlagmann durch einen weiten Schlag sich und anderen Läufern die Möglichkeit zu einem Home Run, einem Punkt, eröffnet.

Geschichte: Als unmittelbarer Vorläufer des Baseball wird *Townball* angesehen, das nach ähnlichen Regeln in einem Quadrat von etwa 12 m Seitenlänge gespielt wurde. Erste Baseballregeln wurden 1845 für den *Knickerbocker Baseball Club* in New York aufgestellt, nach denen 1846 das erste Spiel stattfand. 1857 wurden der erste Baseballverband und 1869 der erste Berufsspielerclub in Cincinnati (Ohio) gegründet. Bereits 1874 wurde zwar in London das erste Basespiel in Europa ausgetragen, doch konnte Baseball in Europa erst nach dem 2. Weltkrieg, gefördert durch die Stationierung amerikanischer Truppen, in weiterem Umfang heimisch werden. In den USA gibt es zwei große Ligen, die National League (seit 1875) und die American League (seit 1901), deren jeweilige Sieger untereinander die Weltmeisterschaft, die World Series, austragen. In Europa betreuen die *European Baseball Union* (EBU; gegründet 1953, Sitz Bonn) und – für die Bundesrepublik Deutschland – der *Deutsche Baseball-Verband* (DBV, seit 1980; gegründet 1953 als *Amateur Baseball Federation Deutschland* [ABFD], Sitz Wiesbaden) das Baseballspiel.

Basketball [zu englisch basket „Korb"]: schnelles körperloses, und damit auf Fairneß ausgerichtetes Mannschaftsspiel.

Spielgedanke: Jede der beiden Mannschaften versucht, einen Ball so oft wie möglich in den gegnerischen Korb zu werfen und Korbwürfe des Gegners in den eigenen Korb zu verhindern.

Spielfeld: Basketball wird in der Regel in der Halle auf einem Spielfeld mit den Innenmaßen 26 × 14 m (bei Olympischen Spielen und Weltmeisterschaften 28 × 15 m) ausgetragen. Die Längsseiten des Feldes heißen Seitenlinien, die Schmalseiten Endlinien. Parallel zu den Endlinien halbiert die Mittellinie das Spielfeld in Vor- und Rückfeld (das Vorfeld einer Mannschaft A ist das Rückfeld der gegnerischen Mannschaft B und umgekehrt). Um die Mitte der Mittellinie ist ein Kreis mit einem Außenradius von 1,80 m geschlagen. – Die *Korbanlagen* befinden sich jeweils in der Mitte der beiden Endlinien. Sie bestehen aus je einem

Spielbrett (aus weiß gestrichenem Holz oder entsprechend starkem durchsichtigem Material [z. B. Acrylglas]), das rechtwinklig zum Boden und parallel in einem Abstand von 1,20 m zu der Endlinie und in einer Höhe von 2,75 m (Boden - Spielbrettunterkante) in das Spielfeld hineinragt. Die Spielbretter sind außerhalb des Spielfelds (Mindestabstand 1,0 m) fest montiert, so daß ihre Befestigungsvorrichtung die Spieler weder behindert noch gefährdet. Die Bretter sind mit einer Linie umgrenzt, die farblich zu ihrem Hintergrund kontrastiert. In einer Höhe von 3,05 m parallel zum Boden und in einem zur Ebene des Spielbretts senkrechten Abstand von 15 cm sind auf der Mittelsenkrechten der horizontalen Brettkanten orangefarbene Eisenringe mit einem Innendurchmesser von 45 cm (Außendurchmesser: 49 cm) angebracht, an denen weiße, auch nach unten offene 40 cm lange Netze aus Schnur hängen, die den Fall des Balls durch sie hindurch kurz verzögern sollen. Netz und Ring zusammen bilden den *Korb*. Hinter dem Ring ist auf jedem Spielbrett eine Zielmarkierung (59 × 45 cm) angebracht, wobei die obere Kante der Grundlinie auf gleicher Höhe mit dem Ring liegt. An den Endlinien unter der Korbanlage befinden sich die *Freiwurfräume* in Form eines gleichschenkligen Trapezes, dessen Symmetrieachse senkrecht auf der Mitte der Endlinie steht. Der Abstand der Schnittpunkte der Schenkel von der Symmetrieachse beträgt an den Endlinien 3 m, der Abstand der parallelen Seiten 5,80 m. Die zur Endlinie parallele Seite des Trapezes hat eine Länge von 3,60 m. Um ihren Mittelpunkt ist ein Kreis mit einem Radius von 1,80 m geschlagen, dessen einer Halbkreis den Freiwurfraum ins Spielfeld hinein verlängert. Der innerhalb des Freiwurfraums liegende Halbkreis ist durch eine unterbrochene Linie gezeichnet. An den beiden Schenkeln eines jeden Freiwurfraums werden durch je 10 cm lange,

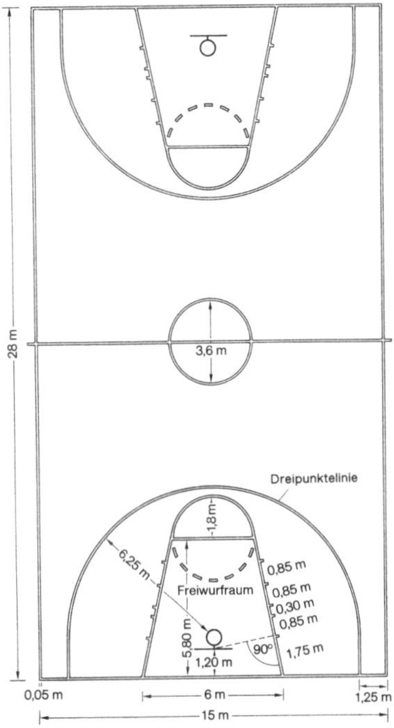

Basketball. Spielfeld

senkrecht auf ihnen nach außen stehende Markierungen die Plätze für die Aufstellung der Spieler bei einem Freiwurf gekennzeichnet. Die der Endlinie nächstliegende Markierung hat von dieser einen Abstand von 1,80 m, die nächste folgt nach 85 cm, dann folgen eine „neutrale Freizone" von 30 cm sowie zwei markierte Plätze von je 85 cm. Zwischen den dem Korb am nächsten und am weitesten liegenden Markierungen steht bei einem Freiwurf je ein Abwehrspieler, zwischen äußeren Abwehrspielern und Freizone je ein Angriffsspieler. 1984 wurde die **Dreipunktelinie** hinzugefügt, ein um den Korbmittelpunkt auf dem Boden geschlagener Kreis mit einem Radius von 6,25 m. Alle Markierungslinien auf dem Spielfeld und Spielbrett haben eine Breite von 5 cm.

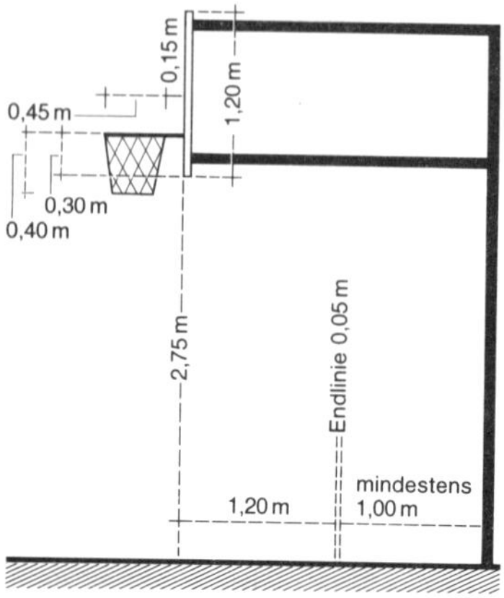

Basketball. Korbanlage

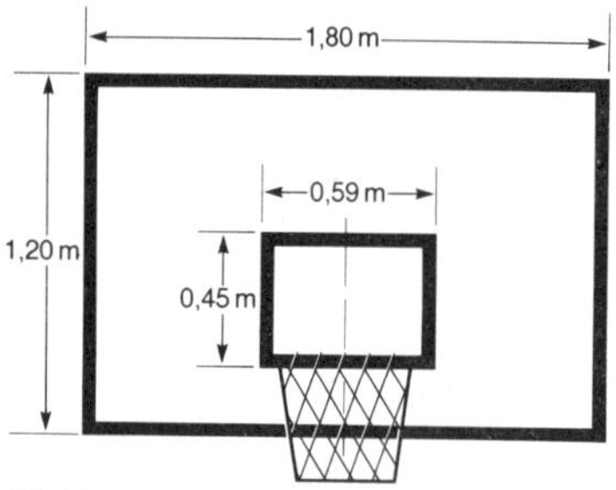

Alle Linien sind 0,05 m breit

Basketball. Spielbrett

Spielgerät: Zum Spielgerät zählen die beschriebene Korbanlage sowie der Ball *(Basketball),* ein kugelförmiger Hohlball aus Leder, Gummi oder synthetischem Material (mit einer Gummiblase) mit einem Umfang von 75–78 cm und einem Gewicht von 600–650 g. Der Ball soll bei einem Fall aus einer Höhe von 1,80 m eine Sprunghöhe zwischen 1,20 m und 1,40 m erreichen.
Spieler: Jede Mannschaft besteht aus 5 Feldspielern, dazu kommen 5 (bei internationalen Begegnungen 7) Auswechselspieler; die Spieler tragen die Nummern 4 bis 15.
Spielzeit: Die effektive Spielzeit beträgt 2 × 20 Minuten mit einer Pause von 10 Minuten (die Profis in den USA spielen über 4 × 15 Minuten). Eine Verlängerung erfolgt bei Punktgleichstand um jeweils 5 Minuten mit zweiminütiger Pause, bis eine der Mannschaften mindestens einen Punkt Vorsprung hat.
Spielregeln (Auswahl): Ein Basketballspiel wird von zwei während des Spiels gleichberechtigten Spielrichtern (1. und 2. Schiedsrichter) geleitet, die von einem Zeitnehmer (überwacht die effektive Spielzeit und die Auszeiten), einem Anschreiber (protokolliert den Spielverlauf [Punkte, Fouls, Auswechslungen, Auszeiten usw.]) und von einem Dreißigsekundenzeitnehmer (überwacht das Einhalten der Dreißigsekundenregel) unterstützt werden. Jeder Spielabschnitt beginnt mit einem vom 1. Schiedsrichter im Mittelkreis ausgeführten ↑Sprungball. Verschiedene Zeitregeln gewährleisten den für Basketball typischen schnellen Spielverlauf. So muß die ballführende (angreifende) Mannschaft den Ball binnen 10 Sekunden ab Ballbesitz ins Vorfeld gespielt **(Zehnsekundenregel)** und innerhalb 30 Sekunden ab Ballbesitz einen Korbversuch unternommen haben **(Dreißigsekundenregel).** Ferner darf ein Angreifer sich nur bis zu 3 Sekunden im gegnerischen Freiwurfraum aufhalten, während seine Mannschaft in Ballbesitz ist **(Dreisekundenregel),** und ein Freiwurf bzw. Einwurf muß innerhalb von 5 Sekunden ausgeführt sein **(Fünfsekundenregel).** Ebenfalls der Schnelligkeit des Spiels dient die Vorschrift (Schrittregel), daß ein Spieler mit dem Ball nur zwei Schritte machen darf (↑Zweitaktrhythmus); dann muß er entweder den Ball einem Mitspieler zupassen oder pivotieren (↑Sternschritt). Verstöße gegen die Schritt- bzw. Zeitregel ergeben einen Einwurf zugunsten des Gegners. – In dem körperlosen Basketballspiel ist jeder körperliche Kontakt mit dem Gegner, v. a. jeder in der Absicht, den Spielverlauf zu seinen Gunsten zu beeinflussen, herbeigeführte Kontakt zu vermeiden.

Alle Verstöße gegen diese Regel werden als ↑Foul qualifiziert. Im Basketball werden persönliches und technisches Foul unterschieden. Ein *persönliches Foul* ist jede Regelwidrigkeit eines Spielers im Kontakt mit einem Gegner (absichtlich oder unabsichtlich). Es wird in der Regel mit zwei Freiwürfen durch den gefoulten Spieler geahndet (wiederholtes absichtliches Foulspiel führt zur Disqualifikation des betreffenden Spielers). Ein *technisches Foul* ist jede Art unsportlichen Verhaltens, jeder Verstoß gegen das „Fair play". Es wird in der Regel ebenfalls mit zwei Freiwürfen für die gegnerische Mannschaft geahndet. Jedes begangene Foul wird vom Anschreiber personbezogen registriert. Hat ein Spieler fünf (persönliche oder technische) Fouls begangen, scheidet er aus dem Spiel aus. Hat eine Mannschaft innerhalb einer Halbzeit sieben (bis 1984: acht) Fouls begangen, werden dem Gegner zwei Freiwürfe zuerkannt.

Auszeiten: Jeder Mannschaft steht das Recht zu, pro Halbzeit zweimal und pro Verlängerung einmal eine ↑Auszeit von je einer Minute Dauer zu nehmen.

Die **Wertung** eines Basketballspiels erfolgt in Punkten, die durch erfolgreiche Korbwürfe erzielt werden. Ein aus dem Feldspiel herausgespielter Korb (Feldkorb) zählt 3 Punkte, wenn der Wurf von außerhalb der Dreipunktelinie erfolgte (bis zur Einführung der Dreipunktelinie 1984 2 Punkte), 2 Punkte, wenn der Wurf innerhalb dieser Linie erfolgte. Jeder durch Freiwurf erzielte Korb zählt 1 Punkt. Ein Spiel kann nicht unentschieden (mit Punktgleichstand) enden, die Differenz muß mindestens 1 Punkt betragen.

Technik: Das schnelle Spielen auf relativ kleinem Feld, die strengen Foul-, Schritt- und Zeitregeln sowie das Ziel des Spiels, möglichst viele Korbwürfe erfolgreich auszuführen, bestimmen die wesentlichen Elemente der Technik des Basketballspiels, v.a. hinsichtlich der Ballbehandlung, des Laufens mit und ohne Ball (↑auch Spiel ohne Ball) und des Werfens. Beim Fangen des Balls gehen meist die Hände dem Ball entgegen, wobei nur die Finger (nicht die Handflächen) eingesetzt werden, um ein sofortiges und schnelles Abspielen zu ermöglichen. Für das Zuspielen des Balls zu einem Mitspieler (↑auch Paß) haben sich v.a. der ↑beidhändige Brustpaß, der beidhändige Überkopfpaß sowie der Einhänderwurf über den Kopf durchgesetzt. Das Passen ist im Stand, Lauf und Sprung möglich. Die beidhändigen Pässe sind als gerader Paß (Flugbahn des Balls beschreibt eine Gerade), als Bogenpaß (Flugbahn bogenförmig) oder als Bodenpaß (nach dem Abspiel und vor dem Fangen hat der Ball eine Bodenberührung; ↑auch Prellen) ausführbar. Beim Einhänderwurf über den Kopf wird der Ball aus der angewinkelten Hand mit gestrecktem und über den Kopf schwingendem Arm geworfen. Nach dem Fangen des Balls wird dieser entweder unmittelbar wieder abgespielt oder der Spieler führt ein Dribbling (↑Dribbeln), einen Sternschritt oder zwei Schritte mit dem Ball aus, um das Zuspiel zu einem Mitspieler in möglichst günstiger Position zu gewährleisten. Die Korbwürfe können wie die Pässe aus dem Stand, aus dem Sprung und aus dem Lauf ausgeführt werden (↑Sprungwurf, ↑Hakenwurf, ↑Korbleger, ↑einhändiger Standwurf). Auch die ungehinderten Freiwürfe können verschiedene Formen haben: beidhändig, einhändig, Überkopf- oder Unterhandwürfe. Techniken des Spiels ohne Ball, die vorwiegend der Abwehr dienen, sind das Sperren (der Versuch eines Spielers, einem nicht den Ball führenden Gegner die Einnahme einer günstigen Position unmöglich zu machen) und das Blocken (durch mehrere Spieler gebildete Sperre). Mehr dem Angriff dienen die Techniken des Täuschens (z. B. Vortäuschen eines Korbwurfs) und des Fintierens (v.a. beim Dribbling).

Taktik: Wie die Technik ist auch die Taktik des Basketballspiels von dem schnellen Wechsel zwischen Offensiv- und Defensivspiel geprägt, der ständig unterschiedliche Spielsituationen mit sich bringt, die ihrerseits jeweils unterschiedliche taktische Maßnahmen erfordern. Als wichtige taktische Maßnahmen sind bereits der situationsgerechte Einsatz der einzelnen Lauf-, Wurf- und Paßtechniken sowie das Täuschen, Fintieren, Sperren und Blocken anzusehen. Darüber hinaus bestimmen verschiedene Angriffssysteme wie Schnelldurchbruch (↑Schnellangriff), ↑Positionsangriff u.a. entsprechende Abwehrsysteme wie Mann- und Zonen- bzw. Raumdeckung (↑Dekkung) u.a. die Taktik. Für Angriff und Abwehr gleichermaßen bedeutsam ist das taktisch geschickte Vorgehen bei dem Versuch, bei einem ↑Rebound in Ballbesitz zu kommen. Der für die Umsetzung von taktischen Anweisungen des Trainers wichtigste Spieler ist der ↑Center.
Geschichte: Als Vorläufer des Basketballspiels können die „Steißballspiele" der Inkas und Azteken sowie das „Soule-picarde" der Normannen (um etwa 1000 n.Chr.) angesehen werden. Das heutige Basketballspiel wurde 1891 von James Naismith (* 1861, † 1939) am Springfield College in Springfield (Massachusetts, USA) entwickelt, um v.a. im Winter die Pause zwischen Football- und Baseballsaison mit einem Wettkampfspiel zu überbrücken, das nicht die Härte des Footballs aufwies. Das Spiel verbreitete sich rasch – v.a. auch vermittelt durch die christliche Jugendorganisation *Young Men's Christian Association* (YMCA) – über die ganze Welt. In Europa wurde es erstmals 1906, in Deutschland wird es seit 1936 und v.a. nach 1949 (Gründung des *Deutschen Basketballbundes,* Sitz Hagen) gespielt. 1932 erfolgte die Gründung der *Fédération Internationale de Basketball Amateur* (FIBA; Sitz München). Basketball ist seit 1936 olympische Disziplin. In den USA wird es bereits seit 1924 auch als Berufssport betrieben. Europameisterschaften werden seit 1936 (Herren) bzw. 1938 (Damen) und Weltmeisterschaften seit 1950 (Herren) bzw. 1953 (Damen) ausgetragen. Weitere wichtige Wettbewerbe sind der Europapokal (der Landesmeister und der Pokalsieger) sowie der Interkontinentalcup. – Die Bedeutung des Basketballspiels als Schulsport sowie als Sport mit hohem Freizeitwert und als Zuschauersport (v.a. in den USA) nimmt ständig zu.

Beatmung, künstliche ↑künstliche Beatmung.

Beaufort-Skala [englisch 'boʊfət] ↑Windgeschwindigkeit.

Befreiungsgriffe: 1. *allgemein* Griffe, mit deren Hilfe man sich aus einer Umklammerung lösen kann; – 2. im *Judo* bestimmte Grifftechniken zur Befreiung aus Würge- und Haltegriffen; – 3. im *Rettungsschwimmen* die **Abwehrgriffe,** mit denen sich der Rettungsschwimmer vor (gefährlichen) Umklammerungen durch den Ertrinkenden schützt.

Befreiungsschlag: im Eishockey ein weiter Schlag des Pucks aus dem eigenen Verteidigungsdrittel bis über die Torlinie der gegnerischen Mannschaft. Der Befreiungsschlag wird als unerlaubter Weitschuß (es sei denn, die Mannschaft, die ihn ausführt, ist in der Unterzahl, oder ein Spieler dieser Mannschaft berührt den Puck hinter der Torlinie vor einem gegnerischen Spieler) mit einem ↑Bully vor dem Tor der Mannschaft geahndet, die ihn ausführte.

Begabung, motorische ↑motorische Begabung.

Behindertensport (Invalidensport): besondere, nur von Behinderten ausgeübte Form sportlicher Betätigung, und zwar sowohl als ↑Bewegungstherapie als auch als Breiten- und Wettkampfsport (z.B. Olympiade der Behinderten). Der Behindertensport entstand aus dem *Versehrtensport,* der während und nach den beiden Weltkriegen für die medizinisch-hygienische, soziale und psychologische Betreuung von Versehrten große Bedeutung erlangt hatte. Der 1951 gegründete *Deutsche Versehrten-Sportverband* wurde 1975 in *Deutscher Behinderten-Sportverband* (DBS; Sitz Bonn) umbenannt. Mit der Umbenennung des Verbands wurde gleichzeitig die Bezeichnung „Versehrtensport" durch „Behindertensport" ersetzt. – Die einzelnen sportlichen Disziplinen des Behindertensports sind den verschiedensten Arten und dem jeweiligen Grad (der Schadensklasse) der (körperlichen oder geistigen) Behinderung angepaßt, z. B. durch Änderung der Regelwerke einzelner Sportarten, Verkleinerung von Spielfeldern, Verkürzung von Laufstrecken, Ermöglichung der Benutzung von Hilfsmitteln wie Rollstuhl, Krücken u. a. Die Ausübung des Behindertensports erfolgt unter ärztlicher Kontrolle und wird von speziell ausgebildeten Fachkräften geleitet. Hauptziel des Behindertensports ist es, den Behinderten eine sinnvolle Freizeitgestaltung zu ermöglichen, soziale Geborgenheit und Selbstvertrauen zu vermitteln und die vorhandene Leistungsfähigkeit zu erhalten und zu verbessern. – Für den Behindertensport als besonders geeignet haben sich v. a. folgende Sportarten erwiesen: verschiedene Ballspiele (z. B. Sitzball, Rollstuhlbasketball, Volleyball, Fußballtennis), einzelne Disziplinen der Leichtathletik, Schwimmen, Bogenschießen, Kegeln, Skilaufen u. a. – Neben der Behindertenolympiade (mit Sommer- und Winterspielen im Jahr der Olympischen Spiele) sind die ↑Stoke-Mandeville-Spiele der wichtigste internationale Wettbewerb. Daneben gibt es noch zahlreiche behinderungsspezifische und nationale Wettbewerbe.

Behinderung: in mehreren Sportarten (v. a. Mannschaftsspiele, Radsport, Kanuslalom) vorkommende Regelwidrigkeit, die einem Wettkampfteilnehmer durch Beeinträchtigung eines Gegners einen Vorteil verschaffen soll.

beidhändiger Brustpaß (Druckpaß): die im ↑Basketball am häufigsten angewandte Technik des Zuspiels: Das Köpergewicht wird nach vorn verlagert, der Ball durch gleichzeitiges Strecken der Arme, Handgelenke und Finger abgespielt. Der Ball wird dabei meist auf kürzestem Weg und relativ schnell zum Mitspieler gepaßt (gerader Paß), kann aber auch als Boden- oder Bogenpaß gespielt werden.

Beinarbeit: 1. *allgemein* die Arbeit, die ein Sportler mit den Beinen verrichten muß; – 2. beim *Boxen* die Bewegungen der Beine während des Kampfes, die – abhängig von der Kondition des Boxers – in Angriff und Verteidigung (Schnelligkeit des Vorrückens bzw. Zurückweichens, Seitschritt) den Kampfverlauf stark beeinflussen; – 3. im *Schwimmen* ein Technikelement, das je nach Schlagzahl, Amplitude und Krafteinsatz unterschiedliche Bedeutung für die Fortbewegung hat.

Beinbewegung (Beinschlag): im Schwimmsport der Bewegungsablauf der Beine, der zusammen mit der ↑Armbewegung in für die einzelnen Schwimmtechniken Brust-, Schmetterlings-, Kraul- und Rückenkraulschwimmen jeweils typischer Weise den Antrieb bewirkt. Durch Veränderung der Schlagfrequenz und der Schlagamplitude (Schlagweite) kann die Schwimmgeschwindigkeit beeinflußt werden.

Belastung: allgemein jede Beanspruchung eines Körpers durch einwirkende äußere Einflüsse, im Sport z. B. durch die mechanischen Kräfte wie Gewichtskraft eines Körpers, die Krafteinwirkung durch einen Gegner, die Reaktionskraft der eigenen Muskulatur, die unmittelbar auf den Bewegungsapparat wirken, aber auch die durch die eigene körperliche Anstrengung hervorgerufene Beanspruchung des Herz-Kreislauf-Systems sowie die Umweltbedingungen (Witterungsverhältnisse, Geländebeschaffenheit) bei der Ausübung des Sports, die das Gesamtsystem unterschiedlich belasten. V. a. im Hochleistungssport hat die Belastung zusätzlich eine psychische

Komponente, insofern auch innere Erregungszustände wie Angst, Nervosität, Unruhe (z. B. im Vorstartzustand) auf das Gesamtsystem wirken und die Leistung beeinflussen. Für ein sinnvolles Sporttreiben ist deshalb die Kenntnis der je eigenen augenblicklichen *Belastungsgrenze* (die z. B. mit Hilfe eines Elektrokardiogramms ermittelt werden kann) unerläßlich, um diese Belastungsgrenze (Leistungsgrenze) durch gezieltes Training in Richtung auf eine Leistungssteigerung verschieben und eine physische und/oder psychische *Überbelastung* (Streß) vermeiden zu können.

Benefizspiel [zu lateinisch beneficium „Wohltat, Vergünstigung"]: Abschiedsspiel zu Ehren eines Sportlers (v. a. im Fußball sehr verbreitet), der eine erfolgreiche sportliche Laufbahn abschließt. Der Erlös aus dem Benefizspiel kommt entweder dem Sportler selbst oder einem wohltätigen Zweck (oder beidem) zugute.

Bereitschaftsstellung ↑Grundstellung.

Bergführer: bezahlter Berater, Helfer und Wegbegleiter von Bergsteigern bzw. Bergwanderern. Bergführer lehren in Kursen das Bergsteigen. Sie spielen ferner in der Erschließung der Hochgebirge eine wichtige Rolle. Seit 1969 gibt es in der Bundesrepublik Deutschland einen *Bergführerverband.* Alle alpenländischen Bergführerverbände sind der *Internationalen Vereinigung der Bergführer-Verbände* (IVBV; gegründet 1965, Sitz La Fouly [Schweiz]) angeschlossen.

Bergrennen: im Automobil-, Motorrad- und Radsport Rennen, die als Zeitfahren auf bergigen Strecken ausgetragen werden. Im *Automobil-* und *Motorradsport* starten dabei die Teilnehmer einzeln in bestimmten Zeitintervallen. Werden zwei Durchgänge gefahren, ist der Fahrer mit der geringsten Gesamtzeit Sieger. Im Motorsport werden regelmäßig *Bergmeisterschaften* ausgetragen. Die Bergrennen im *Radsport* gehen in der Regel über eine Distanz von etwa 5 km. Neben diesen Bergrennen im eigentlichen Sinn werden im Radsport auch bei Etappenrennen (z. B. Tour de France) Bergetappen und Bergwertungen gefahren, wobei der Fahrer, der zuerst den Scheitelpunkt eines Berges erreicht hat, eine Geldprämie oder eine Zeitgutschrift erhält.

Bergsteigen: sportliche Betätigung im Rahmen des ↑Alpinismus. Man unterscheidet Bergwandern und Klettern (in Fels und Eis). **Bergwandern** im Hochgebirge über Hütten- und Paßwege, teilweise auch über Klettersteige (schwierige Wegstrecken, die mit Drahtseilen oder leiterartig in den Fels geschlagenen Eisenklammern gesichert sind) erfordert Ausdauer, Trittsicherheit, Schwindelfreiheit, Orientierungssinn und Bergerfahrung sowie eine angemessene Ausrüstung: wetterfeste Kleidung, Bergschuhe, Rucksack und Biwaksack (als Wetterschutz). – Unter **Klettern** versteht man die Fortbewegung am Fels bzw. Eis unter Zuhilfenahme auch der Hände und Arme. Hier sind als zusätzliche Ausrüstung erforderlich: Kletterschuhe, Kunststoffseil (40–50 m lang, 8,5–11,5 mm stark), Felshaken, Bohrhaken, Klemmkeile (jeweils in verschiedenen Formen), Anseilgurt, Schutzhelm, Bohrmeißel, Kletterhammer, Karabiner (ringartige Ösen mit selbsttätigem Federverschluß bzw. mit Schraubverschluß). Ursprüngliches Ziel des Kletterns war zunächst allein der Gipfel, später der Weg dorthin; das Ziel ist nicht mehr die leichteste, sondern für den extremen Bergsteiger die schwierigste Anstiegsmöglichkeit auf einen Gipfel. Doch auch hier sucht der Bergsteiger nach dem Weg des geringsten Widerstands, verbindet Gliederungsteile des Wandaufbaus, Quergänge, Schluchten, Pfeiler, Risse, Kamine (Felsschächte zum Durchspreizen oder Durchstemmen nach Kaminfegerart), Verschneidungen im spitzen, rechten oder stumpfen Winkel aufeinandertreffender Wandfluchten,

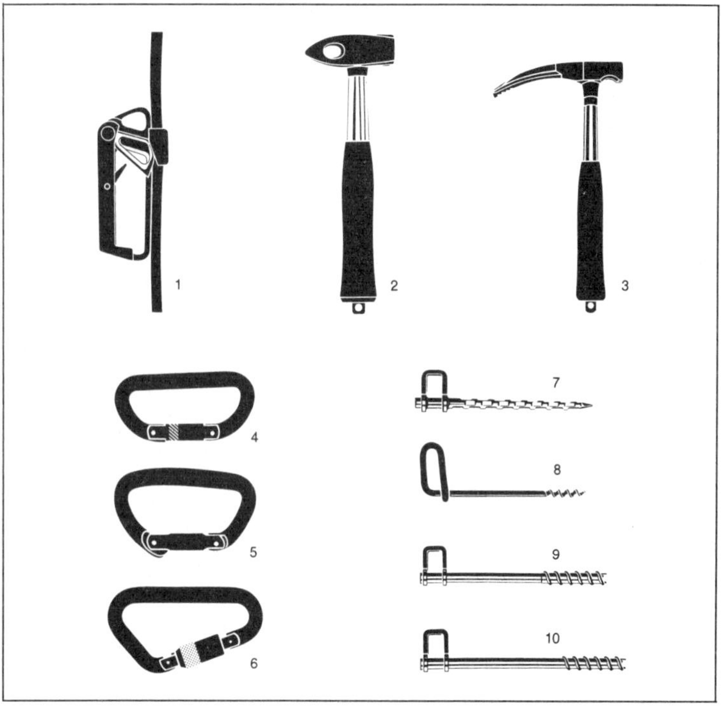

Bergsteigen. Ausrüstungsgeräte: 1 Steigbügel, 2 Stahlschafthammer, 3 Eishammer, 4 Griffkarabiner, 5, 6 Schraubkarabiner, 7–9 Rohreisspiralen, 10 Spiralzahnhaken

Überhänge (Dächer), Bändersysteme oder Randkluften zu einer Anstiegslinie (Route, Führe). Ferner bedingt die naturgemäß sich ständig erhöhende Schwierigkeit dieser Unternehmen eine verfeinerte Technik des Bergsteigens, die die Gefahren auf ein vertretbares Maß begrenzen soll. Das Seil (wichtigster Ausrüstungsgegenstand) benutzt der Bergsteiger zur Sicherung. Dazu seilt er sich an und verbindet sich durch das Seil mit einem oder mehreren Kameraden zu einer Seilschaft (die Regel ist die Zweierseilschaft). Dabei darf sich keines ihrer Mitglieder in schwierigem Gelände bewegen, ohne daß ein anderes sichert und bereit ist, einen Sturz des Kletternden durch das Seil aufzufangen (Gefährtensicherung). Diese Voraussetzung ist erst dann erfüllt, wenn sich der Sichernde seinerseits gegen die Gefahr, vom Stürzenden mitgerissen zu werden, abgesichert, an geeigneten Felsvorsprüngen, am häufigsten aber an zu schlagenden Felshaken festgebunden und eine Seilsicherung angebracht hat. Den Rhythmus des Vordringens einer Seilschaft bestimmt die Seillänge (meist 40 m), die dem Seilersten zur Verfügung steht, um den nächsten Standplatz anzuklettern, sich dort zuerst selbst, dann den nachsteigenden Kameraden zu sichern. Ein Standplatzwechsel wird so vorgenommen, daß der Seilerste, jetzt gesichert vom Zweiten, weiter die ge-

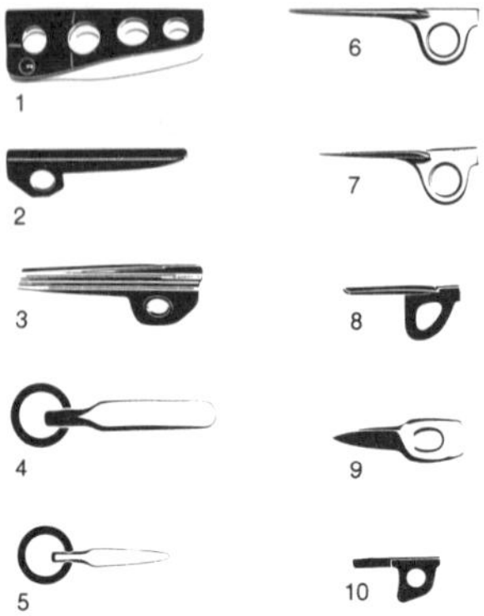

Bergsteigen. Ausrüstungsgeräte: 1–3 Profilhaken (1 Leichtmetall, 2 Stahlblech, 3 Stahl), 4, 5 Ringhaken, 6, 7 Felshaken (6 quer, 7 spitz), 8 Sicherheitshaken, 9 Universalhaken, 10 Bohrhaken

wählte Führe verfolgen kann. Das ungleich größere Risiko des Seilersten gegenüber dem Seilzweiten zwingt dazu, im Verlauf einer Seillänge Zwischensicherungen (Haken und Karabiner) anzubringen, die die Sturzhöhe verringern.

Schon zur Blütezeit der klassischen *freien Kletterei* (beim Aufstieg werden technische Hilfsmittel nur zur Sicherung benutzt) seilten sich Kletterer beim Abstieg ab, d. h. sie gleiten beim **Abseilen** am doppelt genommenen, in der Mitte um einen festen Punkt (Felsklöpfel, Haken, Karabiner) gelegten Seil in geeignetem Ab-

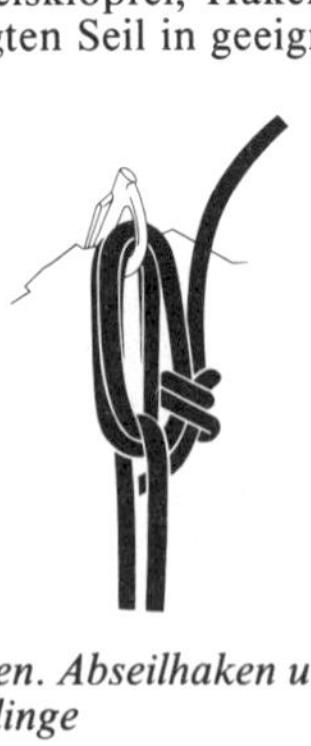

Bergsteigen. Abseilhaken und Abseilschlinge

seilsitz hinab zum nächsten Standplatz, lösen dann durch Ziehen an einem Ende das Seil vom Aufhängepunkt zur Verwendung für die nächste Abseilstelle. Diese Möglichkeit nutzen die Bergsteiger nun (und damit setzt die Entwicklung der *künstlichen Kletterei* ein) auch im Aufstieg, um nicht kletterbares Gelände zwischen zwei Rißfolgen etwa durch Schrägabseilen oder Pendeln im Abseilsitz (durch einen Seil- oder Pendelquergang) zu bezwingen. Auch Haken dienen nicht nur zur Sicherung, sondern zudem als Griff und Tritt, und selbst der Seilzweite kann zum Fortkommen des Seilersten dadurch aktiv beitragen, daß er ihn an einer Hakenstelle durch das im Karabiner umgelenkte Seil gegen den Fels zieht. Diese Doppelseiltechnik versagt an stark überhängenden Passagen, die dem Seilersten nicht mehr erlauben, sich mit den Füßen am Fels gegen den Seilzug zu stemmen. So muß er auf Trittleitern zurückgreifen und diese als Ersatz für andere Haltepunkte in seine Haken hängen. Wo völlig fugenloser Fels (z. B. Granit) es nicht mehr zuläßt, Haken einzuschlagen, werden die fehlenden Löcher für die Haken mit dem Steinbohrer (Bohrmeißel) gebohrt, was jedoch von vielen Bergsteigern abgelehnt wird.

Das Bergsteigen in den Eisregionen **(Eiswandern, extreme Eistouren)** erfordert noch größere Erfahrung als das Felsklettern, da Spaltenbrücken, überschneite Spalten u. a. in ihrer Tragfestigkeit richtig eingeschätzt werden müssen, sowie als zusätzliche Ausrüstung Eispickel, Steigeisen, Eisschrauben und Snarghaken (anstelle von Felshaken und Klemmkeilen), Eisbeil oder -hammer, Gletscherschutzbrille. Bei Eistouren ist der Seilabstand zwischen den Partnern geringer als beim Felsklettern (etwa 8–12 m), um bei einem Absturz des Partners die Fallhöhe möglichst gering zu halten. Die Mitglieder einer Seilschaft müssen über Kenntnisse der Spaltenbergung (durch Flaschenzugmethoden u. a.) verfügen.

Eine Kombination von Fels- und Eisklettern ist das **Winterbergsteigen,** das Bergsteigen im kalendarischen Winter ohne Berücksichtigung der Witterungsverhältnisse. Diese Form des Bergsteigens kann als die extremste angesehen werden, da sie höchste Anforderungen an das bergsteigerische Können (z. B. Klettern auf vereistem Fels) sowie an die Kondition (mehr Gepäck, da Biwakausrüstung, mehr Verpflegung, technische Hilfsmittel für Fels und Eis mitgenommen werden müssen) stellt und auch die äußeren Bedingungen (Kälte, kurze Tage, lange Biwaknächte) extrem ungünstig sind.

Die sportliche Bewertung des Bergsteigens richtet sich nach der Schwierigkeit der Führe. Sie erfolgt nach der 1947 erarbeiteten *Alpenskala,* die seit 1968 (mit Überarbeitungen 1970 und 1979) als **UIAA-Skala** *(Union Internationale des Associations d'Alpinisme)* bekannt ist. Diese Skala definiert für die Freikletterei (technische Hilfsmittel nur zur Sicherung) sieben Schwierigkeitsgrade:

I = geringe Schwierigkeiten, die Hände dienen nur zur Wahrung des Gleichgewichts,

II = mäßige Schwierigkeiten, die Hände dienen auch zur Fortbewegung,

III = mittlere Schwierigkeiten, Überwindung von senkrechten Stellen durch Kraftaufwand,

IV = größere Schwierigkeiten, längere Stellen mit Zwischensicherung,

V = sehr große Schwierigkeiten (Beginn der extremen Kletterei),

VI = überaus große Schwierigkeiten, die überdurchschnittliches Können verlangen,

VII = außergewöhnlich große Schwierigkeiten, die ein gesteigertes Training erfordern.

Die Grade III–VII werden durch Anfügung von „+" (obere Grenze) und „–" (untere Grenze) noch stärker differenziert. Die Schwierigkeitsgrade VIII und IX für Schwierigkeiten, die nur durch ständiges Training zu bewältigen sind, werden allgemein zwar verwendet, sind aber offiziell noch nicht anerkannt.

Seit etwa 1970 wird die UIAA-Skala durch Hinzufügung der Kategorien A0 bis A4 (A = Abk. für französisch artificiel „künstlich") auch auf die künstliche Kletterei angewandt zur Kennzeichnung der Schwierigkeiten, technische Hilfsmittel anzubringen.

Für das Bergsteigen im Eis gibt es keine offizielle Schwierigkeitsskala. Üblich ist die Angabe der durchschnittlichen Steilheit einer Eiswand (in Winkelgraden) und der Länge des Durchstiegs (in Metern).

Die früher gebräuchliche Differenzierung der Gefahren beim Bergsteigen in *objektive* (z. B. Steinschlag, Erdlawinen, Wetterumschwünge) und *subjektive* (z. B. unangemessene Ausrüstung, fehlendes Können, Leichtsinn) wird heute zunehmend aufgegeben, da man der Ansicht ist, daß die sogenannten objektiven Gefahren erst dann zu wirklichen Gefahren werden, wenn der Mensch sich ihnen gegenüber unsachgemäß verhält. Man spricht deshalb von objektiv-subjektiven Gefahren.

Bergsteigen zählt zu den riskantesten und extremsten Sportarten; es erfordert deshalb ausreichendes Training, gute allgemeine Vorbereitung und eine stabile psychische Verfassung. Während das Bergwandern sich immer mehr zum Breitensport entwikkelt, wird daher das Klettern in Fels und Eis immer nur einer relativen Minderheit vorbehalten bleiben.

Bergturnfeste: Wettkämpfe auf einfachen Wettkampfanlagen in den Bergen, meist leichtathletische Mehrkämpfe und Mannschaftskämpfe, die in Deutschland und Österreich ausgetragen („gefeiert") werden. In Deutschland sind v. a. bekannt das *Feldbergturnfest* auf dem Feldberg (Taunus), das *Harkort-Bergturnfest* (benannt nach dem Industriellen und Förderer der Turnbewegung Friedrich [Wilhelm] Harkort [* 1793, † 1880]) in Wetter (Ruhr) und das *Kaiserbergfest,* ursprünglich gefeiert auf dem Kaiserberg bei Duisburg (heute eingemeindet), seit 1921 jedoch im Duisburger Wedaustadion, so daß sein ursprünglicher Charakter als Bergturnfest verloren gegangen ist.

Bergwacht: 1920 in München gegründete Organisation (Sitz München). Die Bergwacht ist seit 1945 eine selbständige Sonderformation des *Roten Kreuzes* mit folgenden Aufgaben: Ordnungsdienst, (praktischer) Naturschutz (speziell Erhaltung der Bestände geschützter Pflanzen), Sanitäts- und Rettungsdienst in den Bergen (seit 1923), Entwicklung von Rettungsgeräten sowie Bau von Rettungsstützpunkten und Diensthütten. Ähnliche Organisationen bestehen u. a. auch in Österreich und der Schweiz. Die *Internationale Kommission für Alpines Rettungswesen* (IKAR; gegründet 1955, Sitz Thun [Schweiz]) bearbeitet für die alpinen Rettungsdienste aller Länder Fragen der Technik, Ausrüstung, Medizin und des Lawinendienstes. – ↑auch Bergsteigen.

Berufsschulsport: unterrichtlicher und außerunterrichtlicher Sport der berufsschulpflichtigen Jugendlichen. Der Berufsschulsport hat im Vergleich mit der Situation im Sportunterricht der allgemeinbildenden Schulen folgende Probleme zu überwinden: 1. Die zahlreichen organisatorischen Varianten im Bereich der beruflichen Bildung erfordern für den Sportunterricht jeweils spezifische Lösungen. 2. Für Teilzeitschüler ist der Sportunterricht derzeit nicht verbindlich. 3. Die berufsschulspezifische Ausbildung von Sportlehrern sowie die entsprechende Erarbeitung von Lehrplänen müssen zum großen Teil noch geleistet werden. 4. Sportstätten und Sportgeräte für Berufsschulen sind bislang nicht in hinreichendem Umfang vorhanden.

Der Berufsschulsport bietet für einen Großteil der Jugendlichen oft die letzte Möglichkeit, zum lebenslangen Sporttreiben motiviert zu werden. Aspekte der sportspezifischen Freizeit- und Gesundheitserziehung sollten deshalb im Vordergrund stehen. Ferner kommt es darauf an, mit den Berufsschülern die gedankliche Auseinandersetzung um das gesellschaftliche Phänomen Sport zu führen, damit sie nach Schulabschluß selbstbestimmend mit dieser Realität umgehen können.

Berufssport (Profisport): das organisierte, aktive Betreiben einer Sportart, und zwar vorwiegend zum Zweck der Existenzsicherung oder wenigstens zur Erzielung eines materiellen Gewinns. In der Geschichte des Sports (bereits die Antike kannte den Berufssportler) ist eine zunehmende Tendenz zum ↑Professionalismus zu beobachten, die allerdings z. T. unter Begriffen wie Halbprofitum, Staatsamateurismus und Förderung (durch private Institutionen; Scheinamateurismus) verdeckt wird, so daß eine begriffliche Klärung des Berufssports ebenso schwierig und problematisch ist wie jene des ↑Amateursports. Charakteristisch für den Berufssport und seine Problematik sind: 1. eine kurze Karriere der Sportler, die die Notwendigkeit von weit über dem Durchschnitt anderer Berufe liegenden Verdienstspannen bedingt; – 2. die damit verbundene Dominanz wirtschaftlicher Gesichtspunkte über die sportlichen Aspekte des Berufs; – 3. Probleme bei der Suche nach anderen (beruflichen) Bewährungsfeldern nach Beendigung der Karriere als Berufssportler; – 4. eine „Grauzone" zwischen Berufssport und Amateursport; – 5. die Notwendigkeit für den Berufssportler, eine Beziehung zwischen sich und dem Zuschauer als „seinem" Konsumenten herzustellen; – 6. die dadurch bedingten Begleiterscheinungen des Showbusineß, dem der Berufssport sich ehrlicherweise weitgehend zurechnen muß.

Diese Problematik des Berufssports rechtfertigt durchaus eine kritische Beurteilung des Berufssports im Gesamtzusammenhang des Sports. Doch wäre eine – aufgrund seiner großen Publikumswirksamkeit vielleicht verständliche – Herausstellung des Berufssports als wichtigste

oder gar einzige Form sportlicher Betätigung ebenso falsch wie eine aufgrund sicherlich vorhandener negativer Auswüchse vorgenommene Verurteilung des Berufssports oder gar des gesamten Sports.
Die Ausübung des Berufssports ist an ↑ Lizenzen gebunden, die von den verantwortlichen sportartspezifischen Berufssportverbänden an die Berufssportler und an die Wettkampfveranstalter vergeben werden. Die ausgeprägtesten Formen der Professionalisierung sind v. a. in folgenden Sportarten zu beobachten: Fußball, Radsport, Automobil- und Motorradsport, Tennis, Boxen, Pferdesport, Eishockey, Tanzsport, Eiskunstlauf, Basketball (v. a. in den USA), Golf u. a.

Berufung: 1. Einladung eines Sportlers zur Teilnahme an Vergleichskämpfen auf Länderebene, im nationalen oder internationalen Bereich; – 2. der Protest eines Sportlers (oder einer Mannschaft) gegen eine Disqualifikation, Bestrafung oder ein anderes Urteil der Sportgerichtsbarkeit (↑ Sportgericht), der innerhalb einer vorgeschriebenen Protestzeit eingereicht werden muß.

Beschleunigung: physikalische Größe (Formelzeichen $\mathfrak{a}$) zur Messung der Geschwindigkeitsänderung ($\Delta \mathfrak{v}$) eines bewegten Körpers innerhalb eines Zeitintervalls (Δt). Beschleunigung ist der Quotient aus der Geschwindigkeitsänderung und der dazu erforderlichen Zeit: $\mathfrak{a} = \Delta \mathfrak{v} / \Delta t$. – In *medizinischer Sicht* führen hohe Beschleunigungskräfte (z. B. im Flug- und Motorrennsport) zum Versacken des Blutes in den unteren Körperpartien, was zu einer Verminderung des Herzzeitvolumens und zu Blutdruckabfall und Sauerstoffverarmung führt. Aufgrund der Blut- und Sauerstoffarmut des Gehirns tritt der sogenannte **Beschleunigungskollaps** (ein Kreislaufkollaps mit Bewußtlosigkeit) ein. Zu dessen Vermeidung sind also bestimmte Vorsichtsmaßnahmen (z. B. das Tragen von Spezialanzügen) erforderlich.

Bestleistung: in vielen Sportarten in sogenannten **Bestenlisten** notierte Leistung (neben den offiziellen Rekorden), die hinsichtlich der Person (persönliche Bestleistung), eines bestimmten Zeitraums (z. B. Jahresbestleistung) oder der Austragungsstätte (z. B. Hallenbestleistung) die jeweils beste Leistung eines Sportlers (einer Mannschaft) in einer bestimmten Sportart darstellt. Die Bestleistung wird v. a. auch in Sportarten registriert, die keine offiziellen Rekorde kennen (z. B. im Marathonlauf). Unter „ewiger" Bestenliste versteht man die Notierung der jeweils besten Leistungen in einer Sportart überhaupt, unabhängig vom Zeitraum.

Betarezeptorenblockade (β-Rezeptorenblockade): mittels eines – meist kurz als *Betablocker* bezeichneten – Medikaments herbeigeführte Besetzung eines Teils der Betarezeptoren, so daß diese nicht mehr durch körpereigene Stoffe angeregt werden können. Betarezeptoren sind empfindliche Nervenendungen im Körper, die durch die Hormone ↑ Adrenalin und ↑ Noradrenalin erregt werden und u. a. die Herzfrequenz erhöhen. Diese Hormone sind bei körperlicher und seelischer Belastung vermehrt. Um z. B. bei Sportlern, die extremer seelischer Anspannung ausgesetzt sind, sich aber nicht gleich stark körperlich anstrengen (z. B. Bobfahrer), zu verhindern, daß die Herzfrequenz zu hoch steigt, werden die Betablocker eingesetzt. Außerdem werden sie zur Behandlung verschiedener Krankheiten angewendet.

Betreuer: Verantwortlicher für begleitende Maßnahmen im Verlauf des sportlichen Trainings und Wettkampfs. Wichtigste Aufgaben des Betreuers sind: Bereitstellung von optimalen Lernhilfen, Vermittlung von sozialem Wohlbefinden, Schaffung von Motivation zur Leistung sowie Lösung auftretender Konflikte, Talentförderung, Koordinierung beruflicher und sportlicher Belange, die Mannschaftsführung,

Wettkampfeinstellung und Öffentlichkeitsarbeit. V.a. im Bereich des Jugendsports spielt der Betreuer eine wichtige Rolle.

Betreuung, sportärztliche ↑sportärztliche Untersuchung.

Betriebssport (Firmensport): Formen des Sports, die von Mitgliedern eines Betriebs innerhalb des betrieblichen Rahmens ausgeübt werden. Im Mittelpunkt steht dabei der von sogenannten Betriebssportgemeinschaften in der Freizeit betriebene Breiten- und z.T. auch Wettkampfsport. Diese Betriebssportgemeinschaften sind in Landesbetriebssportverbänden zusammengefaßt, die wiederum den *Bund Deutscher Betriebssportverbände e.V.* (BDBV; gegründet 1954, Sitz Berlin) bilden. Betriebssport im weitesten Sinn sind auch Formen des „Sports am Arbeitsplatz" (Pausensport, Ausgleichssport), die z.B. in Japan sehr populär sind. Industrie (Arbeitgeber) und Gewerkschaften (Arbeitnehmer) sind für die Realisierung sinnvoller Formen des Betriebssports verantwortlich.

Beugen: Bewegungsform in vielen Sportarten, v.a. in der Gymnastik, und zwar bezogen auf Arme und Beine (ein- und beidseitig) sowie auf den Rumpf (rückwärts, vorwärts, seitwärts). Beugen schult die Gelenkigkeit, da Muskeln, Sehnen und Bänder gedehnt werden. Als Bewegungsform gehören Beugen und Strecken zusammen, da sie wechselweise ausgeführt werden.

Beweglichkeit ↑Gelenkigkeit.

Bewegung: im physikalischen Sinn die in der Zeit verlaufende Ortsveränderung eines Körpers (einer Masse) in bezug auf einen anderen, als ruhend betrachteten Körper oder auf ein durch andere Körper festgelegtes Bezugssystem; eine Absolutbewegung gibt es nicht. Bewegung des Menschen bzw. sein Drang nach Bewegung ist grundsätzlich in seiner Natur angelegt, gehört zum zentralen menschlichen Verhalten. Menschliche, und damit auch sportliche Bewegung kann – nach Grosser – als Ortsveränderung (Wechsel der Stellung des Körpers im Raum), Positionsveränderung (Veränderung der Körperteile zueinander) und Geschwindigkeitsveränderung (Änderung des Bewegungszustands durch Krafteingabe) angesehen werden. Sport ist ohne Bewegung undenkbar. Deshalb gehört zur Sportwissenschaft wesentlich die Bewegungsforschung, die sich um die Entwicklung von „Theorien der Bewegung" bzw. um die Frage, was der sich bewegende Mensch sei, bemüht. Aus der Sicht der *Sportmedizin* unterscheidet die *funktionelle Anatomie* z.B. die Bewegungsmöglichkeiten in den Gelenken, die *Sportphysiologie* die verschiedenen Formen der Muskelarbeit (isotonisch, isometrisch und auxotonisch). Die *Sportpsychologie* fragt nach den Ursachen von Bewegung, die sowohl ein Reflex (unwillkürliche Bewegung) oder eine kognitive Steuerung (willkürliche Bewegung) als auch äußere Kräfte sein können. Die *Sportbiomechanik* liefert Erklärungen für den Verlauf der Bewegung im Raum (gerade, winklig, rotierend) sowie Weg-Zeit-Merkmale, d.h. ob eine Bewegung beschleunigt wird oder eine konstante Geschwindigkeit hat. Die *Handlungstheorie* schließlich sieht in der Bewegung einen Prozeß, in dessen Verlauf eine Bewegungsaufgabe mit bestimmter Zielsetzung gelöst werden soll. In diesem Zusammenhang charakterisiert Göhner eine sportliche Bewegung unter fünf Gesichtspunkten, und zwar 1. nach der *Zielsetzung der Bewegung*. Dabei geht es um das Lösen einer Bewegungsaufgabe, die entweder verlaufsorientiert (z.B. Kunstturnen), resultatorientiert (z.B. Weitsprung) oder beides (z.B. Skisprung) ist; – 2. nach dem *Bewegungsobjekt* bzw. der zu bewegenden Masse. Dies kann einmal der eigene Körper sein (z.B. beim Laufen), ein Partner (z.B. beim Tanz), ein Gegner (z.B. beim Judo) oder ein Gerät (z.B. ein Ball); – 3. nach den *Merkmalen des Bewegungssystems.* Hier kommen drei Typen in Betracht: die na-

türliche Bewegung (z. B. Laufen), die instrumentell unterstützte Bewegung (z. B. Tennisspielen) und die durch Partner ermöglichte Bewegung (z. B. beim Volleyball und Judo); – 4. nach den *Bedingungen der Umgebung*. Faktoren wie Schnee, Wasser und Licht beeinflussen Bewegung in beträchtlichem Ausmaß; – 5. nach *Regeln* und *Vorschriften*. Hierdurch erfolgt eine Einschränkung und Normierung der sportlichen Bewegung (z. B. Art der Arm- und Beinarbeit beim Brustschwimmen.
Auf kybernetischer Grundlage wurde die Theorie der ↑Sensomotorik, v. a. von Ungerer, entwickelt. Jede Bewegung stellt demnach eine Verbindung von Aufnahme eines Reizes durch die Sinne (sensorisches Input), Verarbeitung im Inneren des Menschen und Antwort durch eine Bewegung (motorisches Output) dar. Diese Theorie der menschlichen Bewegung hat sich v. a. für den Bereich des Erlernens von Bewegungen im Sport als nützlich erwiesen.
Neben solchen relativ umfassenden Theorien der Bewegung gibt es speziellere Theorien, die versuchen, das sich in großer Bandbreite zeigende Phänomen der sportlichen Bewegung unter Zuhilfenahme unterschiedlicher Zugangsweisen oder Leitvorstellungen systematisch in den Griff zu bekommen, z. B. Bewegung als ein Kontinuum zwischen den beiden Polen „offene" Bewegung (z. B. Mannschaftsspiel) und „geschlossene" Bewegung (z. B. Diskuswurf), Bewegung als **zyklische** (Wiederholung von gleichen Einzelaktionen, z. B. beim Laufen) und **azyklische Bewegung** (einmalige Bewegungsausführung, z. B. ein Wurf). Die Differenzierung nach Außensicht der Bewegung (Bewegungsstruktur) und Innensicht der Bewegung (Bewegungssteuerung) ist ebenfalls ein Beispiel polarer Betrachtung des Phänomens. Leitgedanke können ferner sein der Grad der Bewegungsverwandtschaft (Gruppen von Bewegungen, z. B. Rollen im Kunstturnen), die Bedeutung der Rückmeldung für den Bewegungsvollzug, wobei zwischen externer (visueller, akustischer, taktiler) und interner (kinästhetischer Rückmeldung) unterschieden werden kann, sowie der Ansatzpunkt der Bewegung: der Mensch selbst (z. B. beim Laufen), ein Gerät (z. B. der Ball beim Handball), ein Gerät über ein Medium (z. B. der Ball über den Schläger beim Hockey), an einem Gerät (z. B. am Reck beim Geräteturnen) und äußere Kräfte (z. B. Geländeneigung beim Skilauf). – Einen weiteren Versuch der Strukturanalyse der Bewegung nimmt Meinel vor. Er unterscheidet acht wesentliche Merkmale sportlicher Bewegungsabläufe, die er insgesamt nach drei Merkmalstypen ordnet: *figurale Merkmale* (optischer Eindruck des äußeren Verlaufs einer Bewegung): 1. ↑Bewegungsstruktur, 2. ↑Bewegungsharmonie; – *dynamische Merkmale* (innere Merkmale, die den Ablauf einer Bewegung bestimmen): 3. ↑Bewegungsrhythmus, 4. ↑Bewegungsfluß, 5. ↑Bewegungselastizität, 6. Bewegungsübertragung (↑Bewegungskopplung); – *Merkmale der psychischen Einstellung* (Steuerung der Bewegung im Sinne von Bewegungspräzision und Bewegungsvorausnahme): 7. ↑Bewegungsgenauigkeit, 8. Bewegungsvorausnahme (↑Antizipation).

Bewegungsanalyse [griech. análysis „Auflösung"]: Verfahren zur Erforschung und Beschreibung von Bewegungsabläufen. Dabei gibt es mehrere theoretische Bezugsrahmen, innerhalb derer bzw. von denen aus eine Bewegungsanalyse durchgeführt werden kann (↑auch Bewegungslehre). Gegenstand der Bewegungsanalyse sind die Bewegungseigenschaften (↑Bewegungsmerkmal), die ↑Bewegungsstrukturen, die ↑Bewegungsformen, die ↑Bewegungsphasen und die Funktionen von Bewegung. Erkenntnisziel einer Bewegungsanalyse können (nach Göhner) sein: die Inhaltsanalyse einer Bewegung (Analyse des Bewegungsablaufs), die Optimierungsanalyse

(Analyse der optimalen Bewegung und der sie bedingenden Faktoren), die Ordnungsanalyse (Analyse der Anordnung von Bewegungsfertigkeiten) und die Aufgabenanalyse (Analyse der lernbedeutsamen Eigenschaften einer Bewegung). Die Fähigkeit, eine Bewegungsanalyse durchzuführen, ist unabdingbare Voraussetzung, und die Durchführung selbst eine zentrale Aufgabe des Sportlehrers und Trainers im sportspezifischen Lehr- und Lernprozeß.

Bewegungsapparat: Sammelbez. für die Körperstrukturen, die direkt an der Bewegung mitwirken, also ↑Knochen und ihre ↑Gelenke, der sie verbindende ↑Bandapparat sowie die Skelettmuskeln (↑Skelettmuskulatur) und ihre ↑Sehnen.

Bewegungsaufgabe: im Sportunterricht bzw. im Training gestellte Aufgabe, einen bestimmten Bewegungsablauf zu lernen bzw. selbständig durchzuführen. Man unterscheidet *freie Bewegungsaufgabe* (der Lernende kann die Bewegungsaufgabe selbst lösen) und *gebundene Bewegungsaufgabe* (der Lernende muß die Bewegungsaufgabe innerhalb eines vorgegebenen Rahmens lösen). Die Bewegungsaufgabe ist Bestandteil einer induktiven Lehrmethode (z. B. Arbeitsschulmethode), da hier der Lernende Schritt für Schritt an das Erlernen einer Bewegung herangeführt wird.

Bewegungsbegleitung: Maßnahme zur Unterstützung der Bewegungsausführung durch auditive Hilfsmittel wie Sprache, Taktbegleitung (z. B. Tamburin) oder Musik. Die Verbindung von Musik und Bewegung unterstützt wesentlich eine freudvolle und dynamische Aneignung von Bewegungen, z. B. bei ↑Aerobic.

Bewegungsbeschreibung (Bewegungsanweisung, Bewegungserklärung, Bewegungsvorschrift): Darstellung eines Bewegungsablaufs in mündlicher oder schriftlicher Form (Lehrprogramm) unter besonderer Berücksichtigung von zeitlichen, räumlichen und funktionalen Aspekten. Im sensomotorischen Lernprozeß (↑Sensomotorik) kommt der verbalen neben der visuellen Information (↑Vormachen, ↑Vorzeigen) zentrale Bedeutung zu. Dabei sollte die Sprache einfach, genau und der jeweiligen Lerngruppe (bzw. ihrer Lebenswelt) angepaßt sein.

Bewegungsdrang (Bewegungstrieb): Trieb des Menschen, sich zu bewegen, Bewegung (Motorik) zu erzeugen. Zunächst relativ ungerichtet, ist der Bewegungsdrang mit zunehmendem Erlernen einer Bewegung auf ein Ziel hin orientiert. Wenn der Bewegungsdrang nicht oder nur schwach ausgebildet ist, kann man daraus auf Störungen im Entwicklungsverlauf schließen. Neben dem Spieltrieb gilt der Bewegungsdrang als Primärmotiv für sportliche Betätigung, das im Rahmen des Sportunterrichts pädagogisch und systematisch berücksichtigt wird.

Bewegungseigenschaft ↑Bewegungsmerkmal.

Bewegungselastizität [↑Elastizität]: dynamisches Merkmal einer Bewegung, bei der durch Federung (Abfedern) v. a. die nach außen ansetzenden Kräfte gedämpft werden (z. B. bei einem Sprung von oben auf den Boden).

Bewegungsentwurf: im sensomotorischen System angelegte Form der Ausführung sportmotorischer Fertigkeiten. Der Bewegungsentwurf wird durch die Verarbeitung verbaler, visueller und taktiler Informationen gebildet. Dabei werden Zeichen und Superzeichen mit bereits gespeicherten Fertigkeiten verbunden. Je nach Standort wird der Bewegungsentwurf unterschiedlich gekennzeichnet: in der Anthropologie/Phänomenologie als Bewegungsidee bzw. Bewegungsphantasie, in der Psychomotorik und Sensomotorik als Bewegungsvorstellung, im Behaviorismus als Bewegungsplan.

Bewegungserfahrung: durch Rückmeldung über gelungene oder mißlungene Ausführung von Bewegungen gefestigte Kenntnis von sportmotorischen Fertigkeiten. Zur

Bildung von Bewegungserfahrungen werden auditive, visuelle, taktile und kinästhetische Informationen gesammelt und gedanklich verarbeitet. Je nach dem bewegungstheoretischen Ansatz werden das Zustandekommen und der Stellenwert von Bewegungserfahrung unterschiedlich beurteilt.

Bewegungserklärung ↑Bewegungsbeschreibung.

Bewegungserziehung: Bez. für „Erziehung zur Bewegung" und „Erziehung durch Bewegung". Bewegungserziehung ermöglicht Bewegungsbildung, d. h. ↑Bewegungsschulung und deren Ergebnis. Der Begriff der Bewegungserziehung wird v. a. auch international verwendet („movement education") für Begriffe wie Körpererziehung, Sporterziehung, Leibeserziehung. Der in jüngster Zeit eingeführte Begriff der psychomotorischen Erziehung **(Motopädagogik)** greift Elemente der Bewegungserziehung auf, versucht jedoch deutlich zu machen, daß psychische und motorische Komponenten bei der Erziehung in und durch Bewegung in Zusammenhang zu sehen sind (↑auch Bewegungsverhalten).

Bewegungsfluß: Kennzeichnung der Verlaufsform einer Bewegung, wobei die räumlich-zeitliche Abfolge von ↑Bewegungsphasen harmonisch und aufgaben- bzw. zieladäquat ist. Bewegungsfluß ist v. a. dann gegeben, wenn eine ↑Antizipation von Bewegungskomponenten erfolgt, d. h. wenn während der Ausführung einer bestimmten Bewegungsphase die nächste bereits gedanklich (neurophysiologisch) vorbereitet wird.

Bewegungsform (Bewegungsgestalt): Bez. für die Ausführung (bzw. die Gestalt) einer Bewegung unter räumlich-zeitlichen sowie dynamisch-zeitlichen Gesichtspunkten (Meinel). Die zentrale zeitliche Struktur wird durch den ↑Bewegungsrhythmus gekennzeichnet. Je nach dem theoretischen Bezugsrahmen der Bewegungsanalyse ist die Bewegungsform durch sensomotorische Sequenzen (↑Sensomotorik) oder durch ↑Bewegungsstruktur (Gestaltpsychologie) geprägt.

Bewegungsforschung: Bez. für den grundlegenden Forschungsbereich der Sportwissenschaft, der allerdings interdisziplinäre Zusammenarbeit erfordert, um Erkenntnisse aus verschiedenen Theoriefeldern der Sportwissenschaft zum Thema „Bewegung" zu integrieren (aus Sportmedizin, Sportkinesiologie, Sportpsychologie, Sportpädagogik, Sportsoziologie, Sportgeschichte, Sportphilosophie u. a.). Sammlung und Darstellung der Ergebnisse der Bewegungsforschung, verbunden mit Aspekten der praktischen Umsetzung, bilden den Inhalt der ↑Bewegungslehre.

Bewegungsgedächtnis: Bez. für gespeicherte Informationen (Lang- zeit- oder Kurzzeitspeicherung) zur Ausführung von Bewegungen. Eine wiederholte Ausführung von Bewegungen erfolgt im Zusammenspiel mehrerer Faktoren: Erkennen vergleichbarer Situationen, sensorische Eindrücke, deren semantischer Zusammenhang deutlich ist, und gespeicherte ↑Bewegungsvorstellungen. Am Beispiel des Bewegungsgedächtnisses wird deutlich, daß Bewegung als Handlung ein komplexer Vorgang ist, bei dem physische, psychische und kognitive Elemente zusammenwirken.

Bewegungsgefühl: Wahrnehmung der räumlichen und zeitlichen sowie der Spannungsdimension einer Bewegung. Die Analysatoren (Propriorezeptoren) zur Entwicklung des Bewegungsgefühls liegen im Bewegungsapparat des Menschen (Muskeln, Sehnen, Bänder, Gelenke) sowie im Vestibularapparat. Das Bewegungsgefühl steht in unmittelbarem Zusammenhang mit der Wahrnehmungsfähigkeit ↑Kinästhesie. Im Rahmen neuerer Ansätze zum Sportunterricht wird verstärkt auf die Entwicklung des Bewegungsgefühls Bezug genommen, d. h. von Körper- und Bewegungsempfindung (Körpererfahrung).

Bewegungsgenauigkeit (Bewegungspräzision): nach Meinel der Grad der Übereinstimmung von Ergebnissen motorischer Akte mit vorgegebenen konkreten Zielen. Maß ist der Unterschied zwischen Soll- und Ist-Wert. Man unterscheidet produktorientierte, d.h. Zielgenauigkeit, und verlaufsorientierte Bewegungsgenauigkeit, d.h. die Ausführungsgenauigkeit. Eine weitere Unterscheidung berücksichtigt die Art des Soll-Werts, d.h. ob die Bewegungsgenauigkeit selbst gewählt (intern) oder fremdbestimmt (extern) ist. Zur Entwicklung der Bewegungsgenauigkeit ist es notwendig, daß der Lernende eine entsprechende Rückmeldung erhält, die um so genauer und differenzierter sein muß, je höher das sportmotorisch-technische Fertigkeitsniveau ist.

Bewegungsgestalt ↑ Bewegungsform.

Bewegungsgestaltung ↑ Bewegungsverbindung.

Bewegungshandlung: Bewegung als Handlung, d.h. als Äußerung von Freiheit und Komplexität menschlichen Lebens. Handlungstheoretische Bewegungskonzepte können aus ganzheitspsychologischer, gestalttheoretischer und behavioristischer Sicht entwickelt werden. Generell wird die Bewegungshandlung als Einheit sensorischer, kognitiver, psychischer und motorischer Vorgänge verstanden. Gegebene Situation, ausgeführte Handlung und Folgen der Handlung spielen hier eine Rolle. Strukturelemente einer (sportlichen) Bewegungshandlung sind demnach Orientierung, Entwurf (Antrieb) und Entscheidung. Physiologisch-physikalische Grundlagen der Bewegung und psychische Regulation müssen bei der Betrachtung der Bewegungshandlung als Einheit gesehen werden.

Bewegungsharmonie: Merkmal einer Bewegung, in der ↑ Bewegungsphasen und Teile einer Bewegung harmonisch ineinander wirken (↑ Bewegungsmerkmal), so daß die Bewegung gestaltet, also ästhetisch ist.

Bewegungskombination: die Verbindung mehrerer [a]zyklischer Bewegungen zu einer Übung, und zwar durch eine Verschmelzung verschiedener Bewegungsphasen, z.B. mit der Vorbereitungsphase der zweiten. Das Gelingen einer Bewegungskombination hängt von dieser Phasenverschmelzung ab, wozu es u.a. notwendig ist, den nachfolgenden Teil der Bewegungskombination während der Ausführung des vorausgehenden zu antizipieren (↑ Antizipation).

Bewegungskopplung: wichtiger Vorgang bei der Koordination von Teilbewegungen zu einer Gesamtbewegung. Nach Grosser werden drei Merkmale der Bewegungskopplung unterschieden: 1. die Übertragung eines Bewegungsimpulses **(Bewegungsübertragung)** vom Rumpf auf benachbarte Körperteile, z.B. der Armeinsatz beim Hochsprung (Satz von der Bewegungserhaltung); 2. die Formen des Rumpfeinsatzes, d.h. der Impulsübertragung vom Rumpf auf die Extremitäten. Der Rumpf stellt das wichtigste Übertragungsglied in der Gliederkette des Körpers dar. Man kann verschiedene Formen des Rumpfeinsatzes unterscheiden, die bei sportlichen Bewegungen auch kombiniert auftreten: Bogenspannung (z.B. beim Speerwurf), Bewegungsrotation (z.B. beim Diskuswurf), Verwringung (z.B. beim Schwung im Skilauf) und geradliniger Rumpfeinsatz (horizontal und vertikal); 3. die Steuerfunktion des Kopfes, insbesondere für die Bewegungen des Rumpfes (z.B. die Bestimmung der Schwimmlage durch den Kopf).

Bewegungskorrektur: die Verbesserung fehlerhafter Bewegungen; eine zentrale Aufgabe von Personen, die Lehr- und Lernprozesse im Sport planen, durchführen und auswerten, d.h. von Sportlehrern und Trainern. Die Fehlerkorrektur erfolgt durch verbale, visuelle oder taktile Informationen, z.T. auch unter Einsatz von Gegenständen (z.B. einer schiefen Ebene) als Lernhilfen. Eine solche Information (Rückmeldung) kann unter zeitlicher Perspektive als Simultan- (während der Bewegung), Sofort- (nach etwa 10 Sekunden) oder Spätinformation (nach einer Pause) gegeben werden. Der Erfolg einer Bewegungskorrektur ist um so wahrscheinlicher, je kürzer das Zeitintervall zwischen Bewegungsausführung und -korrektur gewählt wird.

Bewegungslehre: systematische Sammlung wissenschaftlicher Erkenntnisse über Bewegung im Sport sowie über deren Aufbereitung hinsichtlich ihrer praktischen Umsetzbarkeit und Anwendbarkeit. Bewegungslehre ist also Lehre vom Bewegungshandeln in sportbezogenen Situationen, und zwar auf der Grundlage der ↑Bewegungsforschung. Sportliche Bewegung kann unter verschiedenen Gesichtspunkten analysiert werden: *sportbiomechanisch* (mit den Mitteln der ↑Kinematographie und der ↑Dynamometrie), *funktional* (Gliederung der Bewegung in Funktionsphasen), *sensomotorisch* (Verbindung von sensorischem Input und motorischem Output), *morphologisch-phänographisch* (die Beschreibung der Bewegung mit dem Ziel der Anleitung und Korrektur von Bewegungsausführungen) und *empirisch-analytisch* (Beschreibung der Bewegungsleistung anhand interner Prozesse und Funktionen als Eigenschaften, Fertigkeiten). Göhner unterscheidet drei grundsätzliche Konzeptionen der Bewegungslehre: 1. die *pädagogisch-normative* (Herausarbeitung der Bewegungsmerkmale und Bewegungsprinzipien, die für motorisches Lernen gültig sind), 2. die *kybernetisch-systematische* (Bewegung als System des Informationsaustausches) und 3. die *integrativ-funktionale* (Zusammenhang von Bewegung als Prozeß, d. h. als ↑Bewegungshandlung, und als Produkt bzw. Bewegungsfertigkeit beim motorischen Lernen). Gelegentlich wird auch von ↑Bewegungswissenschaft gesprochen, deren Ergebnisse dann die Grundlage für eine Bewegungslehre des Sports bilden. Neben der ↑Trainingslehre ist die Bewegungslehre einer der am fundiertesten ausgearbeiteten Bereiche der Sportwissenschaft.

Bewegungslernen ↑motorisches Lernen.

Bewegungsmangel: das Fehlen motorischer Tätigkeit, die unter dem Aspekt der Erhaltung der Gesundheit notwendig ist. Bewegungsmangel ist somit Ursache von Erkrankungen *(Bewegungsmangelkrankheiten),* die v.a. das Herz- und Kreislaufsystem betreffen. Neben anderen Zivilisationserscheinungen wie Rauchen, falsche Ernährung und Streß ist Bewegungsmangel einer der zentralen Risikofaktoren für den Herzinfarkt. Der Ausgleich eines (v. a. beruflich bedingten) Bewegungsmangels durch sinnvolles Sporttreiben (v. a. auch im Rahmen des Breiten- und Freizeitsports) ist deshalb eine unverzichtbare Voraussetzung zur Erhaltung bzw. Wiederherstellung der Gesundheit.

Bewegungsmerkmal: besondere Qualität **(Bewegungsqualität)** bzw. die Eigenschaft **(Bewegungseigenschaft)** einer Bewegung, die sich aus der Analyse von Struktur und/oder Funktion einer Bewegung ergibt (↑auch Bewegungsanalyse). Durch ein Bewegungsmerkmal wird eine Bewegung nach qualitativen Maßstäben klassifiziert. Eine weithin akzeptierte Systematik von Bewegungsmerkmalen hat Meinel entwikkelt. Sie führt folgende Bewegungsmerkmale auf: Phasenstruktur, Bewegungsrhythmus, Bewegungskopplung, Bewegungsfluß, Bewegungspräzision, Bewegungskonstanz, Bewegungsumfang, Bewegungstempo und Bewegungsstärke. Wenn diese Bewegungsmerkmale in Harmonie miteinander sind, spricht man von ↑Bewegungsharmonie.

Bewegungsphase: Kennzeichnung von Teilen einer Bewegung mit spezieller Funktion im gesamten Bewegungsablauf sowie deren Verknüpfungen **(Phasenstruktur).** Bei vielen sportlichen Bewegungen (v. a.

bei Ganzkörperbewegungen) wird eine Dreiphasengliederung zugrunde gelegt: *Vorbereitungsphase* (z. B. Ausholen [Ausholbewegung] beim Werfen, Anlaufen beim Springen, Anschwingen beim Geräteturnen), *Hauptphase* (Lösung der Bewegung, d. h. die Erteilung des Impulses an den eigenen Körper [Lokomotionsbewegung] bzw. an ein Gerät, einen Gegner oder Partner) und *Endphase* (Bewegungsausklang bis zur Wiedererlangung eines statischen oder dynamischen Gleichgewichtszustands). Nach Meinel/Schnabel können folgende Zusammenhänge zwischen den Phasen einer Bewegung unterschieden werden: 1. *Ergebnisbeziehung:* Jede Bewegung ist abhängig vom Ergebnis der vorhergehenden; 2. *Kausalbeziehung:* Die Endphase ist kausal abhängig von der Hauptphase. Eine Vorbereitungsphase dagegen kann abgebrochen werden, ohne daß eine Hauptphase folgt; 3. *Zweckbeziehung:* Das Ergebnis einer Phase beeinflußt die nachfolgende direkt oder indirekt, was für den ↑Bewegungsentwurf bzw. die ↑Bewegungssteuerung wichtig ist. Die Dreiphasenstruktur ist typisch für azyklische Bewegungen (↑Bewegung, ↑Bewegungskombination). Bei zyklischen Bewegungen kommt es aufgrund des sich wiederholenden Grundzyklus zur Phasenverschmelzung, d. h. jede End- und Vorbereitungsphase wird zu einer Zwischenphase verbunden. In der Vorbereitungsphase sind sportartspezifische Varianten möglich. So kommt es beim Beginn einer Bewegung aus der Ruhestellung oft zu einer zwei- oder mehrfachen Ausholbewegung (z. B. beim Felgumschwung im Geräteturnen). Der Ausholbewegung kann auch noch eine Gegenbewegung (Auftakt) vorausgehen, z. B. zur Verstärkung des Schwungholens beim Werfen. Häufig wird aus taktischen Gründen versucht, die Ausholbewegung knapp zu halten, um dem Gegner (v. a. im Zweikampf oder Spiel) nur eine geringe Chance zur ↑Antizipation von Bewegungen einzuräumen und somit seine Reaktionszeit zu verlängern.

Bewegungspräzision ↑Bewegungsgenauigkeit.

Bewegungsqualität ↑Bewegungsmerkmal.

Bewegungsrhythmus: ein ↑Bewegungsmerkmal, das v. a. die harmonische Wechselbeziehung der zeitlichen, räumlichen und krafteinsatzorientierten Komponenten der Bewegung kennzeichnet. Beschleunigung und Verlangsamung (Zeit; Indikator ist der Takt), weite und enge Formen (Raum), Anzahl der Impulse (Kraft) sowie der Wechsel von Spannung und Entspannung sind Pole eines Kontinuums, das für den Bewegungsrhythmus charakteristisch ist. Da der Bewegungsrhythmus einen entscheidenden Faktor im motorischen Lernen darstellt, wendet die sogenannte rhythmische Lehrweise zur Unterstützung des Lernprozesses Klangrhythmen an, nach denen eine Bewegung umgesetzt werden soll.

Bewegungsschnelligkeit ↑Schnelligkeit.

Bewegungsschulung: Form der Verbesserung von Bewegungsleistungen, die sich auf die Entwicklung von motorischen Eigenschaften, Fertigkeiten und Fähigkeiten bezieht. Das gezielte Üben in geplanten Trainingsprogrammen steht dabei im Vordergrund.

Bewegungsspiel: Spiel mit dem vorrangigen Ziel, Bewegungsleistungen im sozialen Miteinander, im Partner- oder Mannschaftsspiel, zu erbringen. Das Bewegungsspiel ist zentraler Inhalt der ↑Leibeserziehung und der ↑Spielerziehung. Konkrete Formen sind: ↑kleine Spiele, ↑große Spiele, d. h. Sportspiele, und das tänzerische Bewegungsspiel. Die Verbindung von Bewegung und Spiel, d. h. von zwei Grundkategorien menschlicher Aktivität, in sportspezifischer Konkretisierung bildet einen Kern in dem Dreiklang Bewegung, Spiel und Sport.

Bewegungssteuerung: innere Lenkung eines Bewegungsablaufs durch ein Bewegungsprogramm, d. h. durch eine Steuereinheit, die durch permanenten Soll-Ist-Wert-Vergleich den Prozeß des Erlernens bzw. der Ausführung von Bewegung reguliert und so zu einem Bewegungsentwurf führt („Innensicht der Bewegung"). Damit eine Bewegungssteuerung möglich ist, müssen drei Voraussetzungen gegeben sein: Vorerfahrung (motorisches Gedächtnis, das sich an ähnliche Bewegungen erinnert), Situation (Erfordernis aktuell sinnvoller Bewegungen) und Antizipation (Erwartung künftiger Ereignisse). Die Bewegungssteuerung wird getragen von der Motivation, den Bewegungsablauf so optimal wie möglich zu gestalten. Der Grad der willentlichen Bewegungssteuerung ist abhängig davon, ob es sich um Reflexbewegungen, automatisierte Willkürbewegungen oder um bislang unbekannte und deshalb noch zu erlernende Bewegungen handelt.

Bewegungsstil ↑ Stil.

Bewegungsstörung: Bez. für eine krankhafte Erscheinung bei Bewegungen, die sich in Fehlfunktionen des Bewegungssystems ausdrückt. Man unterscheidet quantitativ reduzierte (z. B. die Seitendifferenz) und qualitativ veränderte Bewegungen (z. B. Koordinationsstörungen). Bewegungsstörungen können den ganzen Körper betreffen (z. B. das Gehen) oder einzelne Körperteile wie die Mundmotorik (z. B. das Sprechen), die Handmotorik (z. B. das Greifen) oder die Augenmotorik (z. B. das Lesen). Bewegungsstörungen lassen sich v. a. im frühen Alter durch entsprechende Bewegungstrainingsprogramme reduzieren bzw. beheben. Entscheidend für die Behandlung einer Bewegungsstörung sind auch deren Ursachen, die in Hirnschädigungen oder Ermüdung liegen, aber auch toxische und psychische Gründe haben können. Die Behebung einer Bewegungsstörung spielt v. a. auch im ↑ Sportförderunterricht und an Sonderschulen eine zentrale Rolle.

Bewegungsstruktur: Bez. für den sich nach außen („Außensicht der Bewegung") in Phasen (**Phasenstruktur:** ↑ Bewegungsphase) darstellenden Ablauf einer sportlichen Gesamtbewegung. Die Bewegungsstruktur ist Gegenstand der ↑ Bewegungsanalyse. Zur besseren Erfassung einer Bewegungsstruktur ist es sinnvoll, die drei Bewegungsphasen (Vorbereitungs-, Haupt- und Endphase) in funktionell verschiedene Teilbewegungen bzw. Teilphasen zu zergliedern, so daß die Feinstruktur (↑ auch Feinform, ↑ Feinstform) deutlich erkennbar wird. Wichtig ist hier ferner der Vorgang der ↑ Bewegungskopplung.

Bewegungstheorie ↑ Bewegungswissenschaft.

Bewegungstherapie: Behandlung von Erkrankungen mittels aktiven und kontrollierten Bewegungstrainings. Bewegungstherapie wird v. a. nach längerer erzwungener Bewegungspause und meist im Zusammenhang mit der ↑ Rehabilitation angewandt (↑ auch Behindertensport) und zielt insbesondere auf den physischen, aber auch auf den kognitiven und affektiven Bereich menschlichen Verhaltens. Mit Kiphard kann man die folgenden Formen der Bewegungstherapie unterscheiden: 1. Sporttherapie (Heilmaßnahme unter ärztlicher Betreuung), 2. aktive Bewegungsübungen (z. B. Chirogymnastik, Kurgymnastik, Krankengymnastik, Jogatherapie), 3. Physiotherapie (passive neuromotorische Trainingsformen), 4. sensomotorische Übungstherapie (Verbesserung der Integration von Wahrnehmung und Bewegung), 5. psychomotorische Therapie (konzentrierte kommunikative und rhythmisch-musikalische Bewegungstherapie), 6. Bewegungspsychotherapie (Tanztherapie, Psychogymnastik, integrative Bewegungstherapie), 7. psychotherapeutisch orientierte Bewegungstherapie (körperdynamische, relaxierende, meditative und konzentrative Techniken der Psychoregulation, v. a. bei Leistungssportlern). Die Bewegungstherapie erlaubt ein variables und damit auf die vorliegenden Bedürfnisse abstimmbares Vorgehen bei der Behandlung von Erkrankungen.

Bewegungstrieb ↑Bewegungsdrang.

Bewegungsübertragung ↑Bewegungskopplung.

Bewegungsumfang: Bez. für das Ausmaß der Beweglichkeit bzw. ↑Gelenkigkeit, feststellbar durch die Messung der Winkelveränderungen an den Gelenken bei einer Bewegung. Die Messung des Bewegungsumfangs erfolgt in der Regel anhand der Testübung Rumpfbeuge vorwärts im Stehen oder Sitzen. Je stärker der Winkel zwischen dem Rumpf und den gestreckten Beinen gegen 0° oder darunter geht, um so größer ist der Bewegungsumfang. Die Differenzstrecke zwischen den Meßpunkten an Finger- und Fußebene wird oberhalb dieser in negativen, unterhalb in positiven Zentimeterangaben notiert.

Bewegungsverbindung: die Gestaltung von Bewegungen durch harmonische Verbindung einzelner sportmotorisch-technischer Fertigkeiten zu einem Bewegungsganzen (↑auch Bewegungsform). Man spricht dann von **Bewegungsgestaltung,** v.a. in den Sportarten, deren Bewegungen nicht (wie etwa beim Kugelstoßen) eng normativ vorgegeben sind, sondern einen Freiraum zum gestalterischen Umgang mit Bewegungen zulassen (z.B. Geräteturnen, Eiskunstlauf, Rollkunstlauf, rhythmische Sportgymnastik). Sportarten, die unter dem Einfluß der Natur äußere Kräfte mit einbeziehen (z.B. Windsurfen), haben ebenfalls einen relativ großen Spielraum bei der Bewegungsverbindung. Art und Weise der Bewegungsverbindung spielen bei Wettkämpfen in den Kunstsportarten eine wichtige Rolle bei der Bewertung.

Bewegungsverhalten: Bez. für die Art und Weise der motorischen Reaktion in einer bestimmten Situation. Das Bewegungsverhalten zählt neben dem Denk-, Sprach- und Gefühlsverhalten zu den grundlegenden Verhaltensweisen des Menschen. Darin liegt die anthropologische Begründung für die Notwendigkeit der Einbeziehung der Bewegung in das erzieherische Bemühen um den Menschen (↑auch Bewegungserziehung) und für die generelle Bedeutung von Bewegung, Spiel und Sport.

Bewegungsverwandtschaft: Bez. für das Vorliegen ähnlicher Bewegungsstrukturen bei verschiedenen Gesamtbewegungen. Zur besseren Erfassung von Bewegungsverwandtschaften werden Bewegungen in Gruppen zusammengestellt, die nach ihrem Erscheinungsbild und nach biomechanischen Gesichtspunkten starke Ähnlichkeiten in einzelnen Bewegungselementen und im Bewegungsablauf zeigen (z.B. Rollen und Kippen im Geräteturnen, Umsteigeschwünge im Skilauf, Ballführen in Mannschaftsspielen). Darüber hinaus betonen handlungstheoretische Ansätze, daß bei einer Bewegungsverwandtschaft nicht nur motorische, sondern auch Ähnlichkeiten auf der kognitiv-affektiven Ebene vorliegen müssen. Die Bewegungsverwandtschaft spielt in der Sportmethodik eine wichtige Rolle bei der Zusammenstellung von Übungsreihen zum Erlernen einer sportmotorisch-technischen Fertigkeit.

Bewegungsvorschrift ↑Bewegungsbeschreibung.

Bewegungsvorstellung (eigenmotorische Anschauung): Bez. für das (reflektierte oder unreflektierte) Wissen bzw. die Anschauung von Bewegungsabläufen (↑auch Bewegungsgedächtnis). Die Bewegungsvorstellung ist vor (↑Antizipation), während und nach der Ausführung der Bewegung abrufbar. Neben visueller, auditiver und taktiler Wahrnehmung trägt auch die kinästhetische Wahrnehmung (↑Kinästhesie) bzw. Information zur Herausbildung einer Bewegungsvorstellung bei. Stimmt die Bewegungsvorstellung mit dem Soll-Wert einer Bewegung überein, dann liegt ein guter Trainings- und Leistungsstand vor. Durch mentales und observatives Training kann die Bewegungsvorstellung entwickelt werden. In dem Kreislauf des motorischen Lehr- und Lernprozesses (Bewegungsvorstellung, Ausführung der Bewegung, Rückmeldung über den Soll-Ist-Wert-Vergleich) nimmt die Bewegungsvorstellung, v. a. beim Entwurf einer neuen Bewegung, eine wichtige Stelle ein.

Bewegungswissenschaft: Bez. für den Bereich der Wissenschaft, der sich mit der Theorie der Bewegung auseinandersetzt. Bewegungswissenschaft ist interdisziplinär und umfaßt die Theoriefelder der Sportwissenschaft (Sportmedizin, Sportkinesiologie, Sportpsychologie, Sportpädagogik, Sportsoziologie, Sportgeschichte, Sportphilosophie), die jeweils mittels ihrer eigenen Fragestellungen und Methoden Beiträge leisten. Die Forschungsergebnisse der Bewegungswissenschaft bilden die Grundlage der ↑ Bewegungslehre.

Bewertung ↑ Wertung.

Biathlon [lateinisch bi- „zwei; beidseitig; zweifach, doppelt" und griechisch āthlon „Kampf"]: wintersportlicher Wettbewerb für Damen und Herren, eine Kombination aus Skilanglauf und Gewehrschießen.

Sportstätte ist eine doppelt gespurte Langlaufstrecke mit mindestens einem Schießstand und (in dessen Nähe) einer runden bzw. ovalen Doppelspur von 150 m Länge zum Absolvieren von Strafrunden (Handikaprunden).

Das **Sportgerät** besteht aus Langlaufskiern und Kleinkalibergewehr (5,6 mm) mit offenem Visier (ohne optische Vergrößerungsgeräte) und ohne Ladeautomatik, das vom Biathleten während des Laufs ebenso wie die erforderliche Munition mitgeführt werden muß.

Regeln (Auswahl): Bei allen Wettbewerben des Biathlons wird einheitlich auf eine Distanz von 50 m geschossen. Das Zielschwarze der Schießscheiben hat für das Stehendschießen einen Durchmesser von 11,0 cm, für das Liegendschießen von 4,0 cm. Es werden folgende Wettbewerbe ausgetragen: *Herren: 20-km-Einzellauf* mit vier Schießübungen in der Reihenfolge liegend-stehend-liegend-stehend zwischen den Kilometern 4 und 18; bei jeder Schießübung müssen 5 Schuß auf 5 Scheiben abgegeben werden, jeder Fehlschuß ergibt eine Strafminute; *10-km-Einzellauf* (Sprint) mit zwei Schießübungen (liegend bei 2,5 km, stehend bei 8,0 km; je 5 Schuß); für jeden Fehlschuß muß eine Strafrunde gelaufen werden; *4 × 7,5-km-Staffel* mit je zwei Schießübungen für jeden Läufer (liegend bei 2,5 km, stehend bei 5 km; je 5 Schuß zuzüglich 3 Reservepatronen für jede Schießübung); für jeden Fehlschuß muß eine Strafrunde gelaufen werden. – *Damen: 10-km-Einzellauf, 5-km-Einzellauf, 3 × 5-km-Staffel.* Hier gelten ähnliche Bestimmungen wie bei den Herren: über 10 km drei Schießübungen (5 Schuß) liegend-stehend-liegend; Strafminuten bei Fehlschüssen; über 5 km und bei der Staffel je zwei Schießübungen (5 Schuß) liegend-stehend; Strafrunden für Fehlschüsse. Gewertet wird die Gesamtzeit aus Lauf, Schießen, Strafminuten, Strafrunden.

Die **Technik** des Biathlons entspricht sowohl der des Skilanglaufs als auch der des Schießsports. Die besondere Schwierigkeit des Biathlons liegt in der Vielseitigkeit der Beanspruchung, wobei es v. a. darauf ankommt, die durch den Lauf (noch erschwert durch das Tragen des Gewehrs) erhöhte Pulsfrequenz vor dem Schießen so weit zu beruhigen, daß ein konzentriertes und genaues Zielen und ein ruhiger sicherer Schuß möglich sind.

Geschichte: Die Anfänge des Biathlons gehen zurück auf die Skijagd in Skandinavien. Als „Militärpatrouillenlauf" wurde der Sport bei den Olympischen Spielen 1924, 1928, 1936 und 1948 durchgeführt, dann aber wegen seines militärischen Cha-

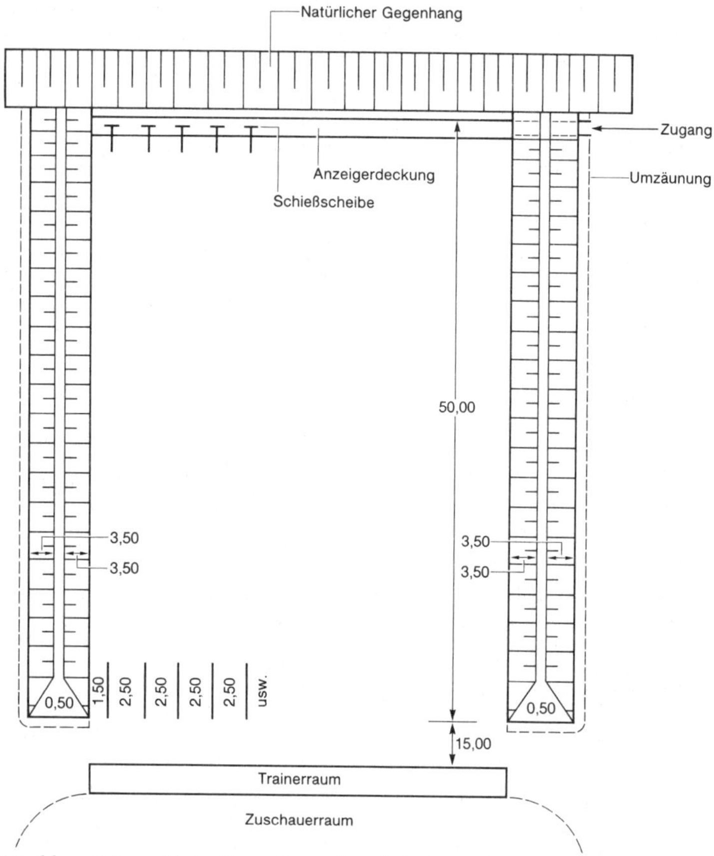

Biathlon. Schematische Darstellung eines Schießstands

rakters vom Programm gestrichen. Weltmeisterschaften gibt es seit 1958. 1960 wurde der Sport (für Herren) erneut und unter seiner heutigen Bezeichnung in das Programm der Olympischen Winterspiele aufgenommen, 1965 auch der Staffellauf. Das Biathlon für Damen ist nicht olympisch. In der Bundesrepublik Deutschland werden die Biathleten vom *Deutschen Skiverband* (↑Skisport) betreut, international von der *Union Internationale de Pentathlon Moderne et Biathlon* (UIPMB; gegründet 1948, Sitz Stockholm).

Billard ['bıljart; französisch, ursprünglich „krummer Stab"; beeinflußt von französisch bille „Kugel"]: in verschiedenen Varianten auf einem viereckigen Tisch ausgetragenes Kugelspiel, bei dem mit Hilfe eines Spielstocks Kugeln in Bewegung gesetzt werden. Anzahl der Kugeln, Verlauf und Ziel ihrer Bewegung variieren je nach Spielart. Die wichtigsten Spielarten sind Karambolagebillard, ↑Poolbillard und Kegelspiel (↑Kegel-Carambol). Als internationaler Turniersport wird nur das **Karambolagebillard** (Billard-Carambol) betrieben, und zwar mit drei Kugeln. Der **Spielgedanke** des Billard besteht darin, möglichst viele Karambolagen der Kugeln den Regeln entsprechend herbeizuführen.

Das **Spielfeld** ist der Billardtisch *(Billard)* mit den folgenden Maßen: 2,845 × 1,4225 m (großes Billard) bzw. 2,10 × 1,05 m (kleines Billard) bzw. 2,30 × 1,15 m (Halbmatchbillard). Turniere können auf allen drei Billardgrößen ausgetragen werden. Die Höhe des Tisches (einschließlich der Banden) beträgt 79–80 cm. Die Tischplatte besteht aus einer 50 mm starken plangeschliffenen Schieferplatte, die mit einem grünen Spezialtuch (meist Kammgarn) straff bespannt ist. Die Spielfläche ist begrenzt durch eine umlaufende, ebenfalls stoffbespannte *Bande* aus Gummi (Höhe 3,6–3,7 cm), die in einen Holzrahmen eingelassen ist. Alle erforderlichen, je nach Spielart variierenden Spielfeldlinien werden mit feinen Kreidestrichen markiert.

Als **Spielgerät** dienen drei *Billardkugeln* (auch *Bälle* genannt) aus Elfenbein oder aus Kunststoff mit einem Durchmesser von 62 mm. Eine Kugel ist rot, die beiden anderen sind weiß, allerdings ist eine von diesen zur besseren Unterscheidung mit einem schwarzen Punkt markiert. Gestoßen werden die Kugeln mit einem Spielstock, dem *Queue,* von einer Länge zwischen 138 und 150 cm und einem Gewicht von 460–520 g. An seiner Spitze (Durchmesser 10–13 mm) befindet sich ein kleiner, abgerundeter Elfenbeinaufsatz *(Piston),* über den ein Lederplättchen *(Stoßleder)* gezogen ist, das während des Spiels immer wieder mit *Queuekreide* bestrichen werden muß, um bei Stößen neben die Kugelmittelachse ein Abgleiten zu verhindern. Von der Stärke des Stoßes, dessen Richtung und Ausführungsart hängen Lauf, Richtungsänderungen und Anhalten der Kugeln ab. Besonders wichtig ist der Drehimpuls, der zusätzlich zur Vorwärtsbewegung durch nichtzentralen Stoß der Kugel erteilt werden kann.

An einem Billardtisch spielen immer abwechselnd zwei **Spieler,** deren schwarze Kleidung (Pullover) mit weißem Hemd einheitlich vorgeschrieben ist.

Es gibt keine feste **Spielzeit.** Das Spiel (die *Partie*) endet bei Erreichen

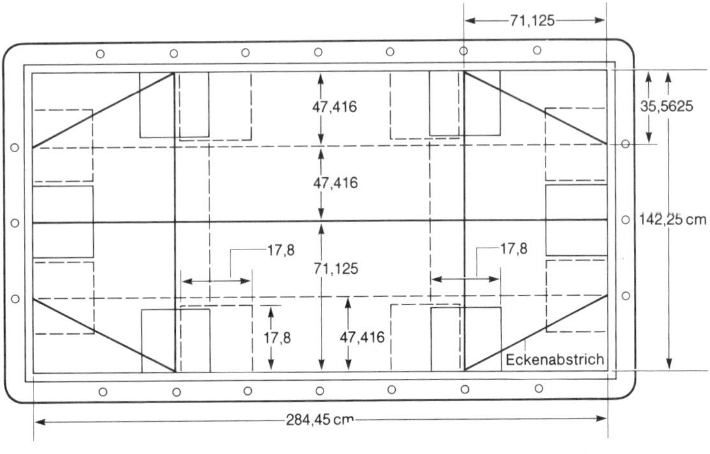

Billard. Spieltisch. Gestrichelte Markierungen: Kleinkader; durchgezogene Markierungen: Großkader; nur Eckenabstrich: freie Partie; ohne Markierungen: Einband und Dreiband

einer vorher festgelegten Punktzahl durch einen der Spieler.
Spielregeln (Auswahl): Jedem Spieler ist eine der weißen Kugeln für die gesamte Partie zugeordnet, mit der er versucht, möglichst oft die weiße Kugel des Gegners und die rote Kugel zu treffen (Reihenfolge beliebig), d.h. eine *Karambolage* zu erzielen. Jede erfolgreiche Karambolage bringt einen *Point* (Punkt). Ein Spieler darf so lange spielen, bis ihm eine Karambolage mißlingt. Eine Karambolage gilt als gemacht, wenn alle Kugeln regelgerecht getroffen und wieder zur Ruhe gekommen sind. Der Wechsel des Spiels zu dem anderen Spieler heißt ebenso wie der Spielbeginn (der *Anstoß*) *Aufnahme*. Normalerweise ist es jedem Spieler überlassen, ob er seine Aufnahme mit der Kugelposition beginnt, wie sie sein Gegner hinterlassen hat, oder ob er die Kugeln in die Ausgangsstellung des Anstoßes bringen läßt. Jeder Spieler hat die gleiche Anzahl von Aufnahmen. Erreicht der beginnende Spieler zuerst die vorgeschriebenen Points, dann hat der Gegner das Recht auf den sogenannten *Nachstoß*, um die Anzahl der Aufnahmen zu egalisieren. Beim Nachstoß werden die Kugeln in der Anfangsposition aufgestellt. Die **Wertung** einer Partie erfolgt nach *Punkten:* gewonnene Partie 2, unentschiedene 1, verlorene 0 Punkte. Als Fehler zählen u.a. das Herausspringen einer oder mehrerer Kugeln aus dem Spielfeld, das Spielen mit dem Ball des Gegners, das Berühren des Balles, ein Durchstoß, d.h. das Führen des Stoßballs an einen Spielball mit dem Queue, und wenn beim Stoß nicht mindestens ein Fuß des Spielers den Boden berührt. Auch die Rahmenbedingungen zur Durchführung eines Wettkampfs sind streng geregelt; so gilt z.B. während der gesamten Partie für beide Spieler absolutes Alkohol- und Rauchverbot. Das Spiel wird von einem *Schiedsrichter* geleitet, unterstützt von einem *Protokollanten*.
Beim Karambolagebillard unterscheidet man folgende Spielarten *(Disziplinen):* 1. *freie Partie:* Bei der freien Partie wird an allen vier Ecken auf dem Billard der sogenannte *Ekkenabstrich* aufgezeichnet, ein Dreieck mit der Schenkellänge von 35,5625 cm an den Schmalseiten und von 71,125 cm an den Längsseiten des Billards. Während auf der übrigen Spielfläche Karambolagen überall möglich sind, muß einer der beiden Spielbälle den Eckenabstrich spätestens mit der zweiten Karambolage verlassen. 2. *Kaderpartie* (Cadre-Partie): Die Spielfläche wird in sechs (Großkader) oder neun (Kleinkader) Felder *(Kader)* eingeteilt. Dabei werden beim Großkader von beiden Breitseiten des Billards aus zwei Quadrate mit einer Seitenlänge von 71,125 cm, beim Kleinkader drei Quadrate mit der Seitenlänge von 47,416 cm aufgezeichnet. Alle Seitenlinien der Kader halbieren dort, wo sie auf die Banden stoßen, jeweils ein Quadrat *(Anker)* mit der Seitenlänge von 17,8 cm, dessen eine Seite jeweils mit der Bande identisch ist. Bei den Kaderspielen wird zur Unterscheidung der Disziplinen neben der Seitenlänge der Kader auch angegeben, ob einer der Spielbälle bereits mit dem ersten Stoß oder spätestens beim zweiten Stoß aus einem Kader (auch aus einem Anker) herausgespielt werden muß. So unterscheidet man also Kader (Cadre) 47/1, 47/2, 71/1 und 71/2. 3. *Einband:* Der Stoßball muß wenigstens eine Bandenberührung gehabt haben, bevor die Karambolage erfolgt. 4. *Dreiband:* Der Stoßball muß vor der Karambolage wenigstens dreimal eine oder verschiedene Banden berührt haben. Bei Einband und Dreiband weist das Billard keinerlei Feldaufzeichnungen auf. 5. *Fünfkampf:* Der Fünfkampf besteht aus folgenden Disziplinen: freie Partie, Kader 47/2, Kader 71/2, Einband und Dreiband. Alle Disziplinen gehen über die volle Turnierdistanz, d.h. über 500, 300, 300, 200 und 60 Points. 6. *Kunststoßbillard:* Das sehr kompliziert geregelte Kunststoßbil-

lard schreibt das Spielen von 76 genau festgelegten Figuren nach einer bestimmten Art vor. Beim Kunststoßbillard müssen Elfenbeinkugeln verwendet werden. – Alle Disziplinen können als Einzel- und als Mannschaftswettbewerbe ausgetragen werden.

Die **Technik** des Billards beruht vorrangig auf der genauen Kenntnis der physikalischen Gesetzmäßigkeiten, nach denen der Bewegungsverlauf der Kugeln erfolgt. Exaktes Treffen des Stoßballes mit dem ruhig und locker geführten Queue sind Voraussetzungen für das Erzielen eines gewünschten Laufs der Kugeln. Bedingungen hierfür sind ein gut trainiertes Bewegungsgefühl, richtige und ruhige Körperhaltung zur Kugel sowie hohe Konzentration und gute Kondition (ein Turnier kann bis zu sechs Stunden dauern).

Geschichte: Vorläufer des Billards war ein Rasenspiel mit Schlägern und Kegeln, das bereits im Spätmittelalter zu einem Tischspiel weiterentwickelt wurde, v. a. in Frankreich (heutige Fachsprache ist französisch) und England, das in vielen Varianten v. a. an den europäischen Fürstenhöfen gespielt wurde (in der „Encyclopädie der Spiele" von Ludwig von Alvensleben [Leipzig 1853] werden 35 Varianten genannt). Weitere Kreise der Bevölkerung erfaßte das Billard erst zu Beginn des 19. Jahrhunderts. In Deutschland wurde 1707 in Berlin der erste öffentliche Billardsaal eröffnet. – Auf nationaler Ebene wird Billard vom *Deutschen Billard-Bund* (DBB; gegründet 1909, Sitz Köln) betreut. Die europäischen Nationalverbände sind in der *Confédération Européenne de Billard* (CEB; gegründet 1926, Sitz Nizza) zusammengeschlossen. Der Weltbund für Billard ist die *Union Mondiale de Billard* (UMB; gegründet 1959, Sitz Ixelles-Bruxelles [Belgien]).

Bindegewebe: aus verschiedenen Zellarten bestehendes, sehr wandlungsfähiges Gewebe, das am Aufbau aller Organe sowie am Stützgewebe (Knorpel und Knochen) beteiligt ist. Je nach Zellart hat es unterschiedliche Konsistenz, entsprechend der verschiedenen Funktionen, die es erfüllen soll. Es umhüllt Organe, verbindet sie miteinander oder lagert sich zur Trennung zwischen ihnen ein. Mit ihm gelangen auch Gefäße und Nerven in die entsprechenden Organe. Darüber hinaus dient es dem ↑Stoffwechsel, dem Wasserhaushalt und der Abwehr. Fettgewebe ist z. B. Teil des Bindegewebes, ebenso die ↑Sehne, der ↑Bandapparat und die Nähte der Schädelknochen. Im sogenannten Bindegewebsspalt des ↑Knochens ist noch ein Wachstum durch weitere Gewebeumwandlung zu Knochengewebe möglich. In manchen Fällen verknöchert der Bindegewebsspalt nach Abschluß des Wachstums.

Binden (Bindung): beim Fechten das Fixieren und Beiseitedrücken

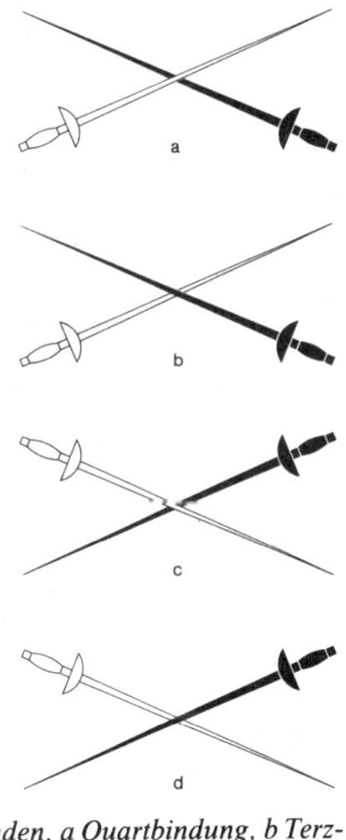

Binden. a Quartbindung, b Terzbindung, c Cerclebindung, d Secondbindung

der Klinge des Gegners mit dem Ziel, durch die Beherrschung der gegnerischen Klinge die Blöße für einen möglichen Treffer zu vergrößern. Man unterscheidet verschiedene Formen des Bindens: *Quartbindung* (Hand tief, Spitze hoch, eigene Klinge rechts von der des Gegners), *Terzbindung* (Hand tief, Spitze hoch, eigene Klinge links), *Cerclebindung* (Hand hoch, Spitze tief, eigene Klinge rechts) und *Secondbindung* (Hand hoch, Spitze tief, eigene Klinge links). Aus dem Binden heraus kann ein Angriff *(Bindungsangriff)* erfolgen. Der Bindungsangriff kann aber auch nur fintiert werden, um eine Parade auszulösen, die unter Umständen Gelegenheit zu einem Angriff bietet.

Bindung: 1. im *Skisport* eine Vorrichtung zur Befestigung des Skischuhs auf dem Ski. Man unterscheidet Bindungen für den alpinen und den nordischen Skisport. Im alpinen Skilauf wird heute die **Sicherheitsbindung** verwendet. Sie besteht aus dem „Kopf" (an der Schuhspitze), einer Fersenautomatik und einer Skibremse, die beim Öffnen der Bindung ein Weiterfahren des gelösten Skis verhindert. Außerdem weist die Sicherheitsbindung eine Längs-, Höhen- und Seitenelastizität auf. Bei Frontalstürzen öffnen die Fersenautomatik, bei Drehstürzen „Kopf" und Fersenautomatik, so daß die Verletzungsgefahr durch starres Fixieren des Fußes am Ski weitgehend verringert wird. Bei Tourenskiern sind zusätzlich Backen (Steckbakken) zur Führung angebracht und die Möglichkeit zum Abheben der Ferse gegeben. – Im nordischen Skisport sind zwei Varianten zu unterscheiden, die Bindung für Langlauf und für Skispringen. Die Bindung des Langlaufskis hält den Schuh vorn und gibt die Ferse frei, um die Langlauftechnik optimal laufen zu können. Beim Skispringen wird eine Kabelzugbindung mit Backen verwendet, die Seitenstabilität verleiht, aber auch die Ferse bei der Körpervorlage freigibt. – Die ersten Skibindungen bestanden lediglich aus einem Peddigrohrbügel. Verstellbare Backen (Huitfeld-Backenbindung) kamen Mitte des 19. Jahrhunderts auf. Erste Stahlbindungen konstruierten vor dem 1. Weltkrieg der Schweizer Georg Bilgeri (* 1873, † 1934) u. a. (Bilgeri-Bindung). In den 30er Jahren folgte eine von dem Schweizer G. Reuge entwickelte Bindung, die aus einem Stahlkabel und einer Feder bestand (Federzugbindung). 1950 konstruierte der Norweger H. Hjam in den USA die erste Sicherheitsbindung, die seitdem zahlreiche Weiterentwicklungen und Verbesserungen erfahren hat; – 2. beim *Wasserskisport* ist Bindung die verstellbare, pantoffelförmige Halterung aus Gummi, die Halt beim Laufen gibt, aber auch den Ski bei einem Sturz vom Fuß freigibt; – 3. beim *Fechten* ↑ Binden.

Biofeedback-Methode [...'fi:dbæk...; zu griechisch bíos „Leben", englisch feedback, eigentlich „Rückfütterung, Rückkopplung" und griechisch méthodos, eigentlich „das Nachgehen, der Weg zu etwas hin"]: Methode zur Behandlung und Behebung von psychosomatischen (seelisch-körperlichen) Störungen (z. B. Anfälligkeit für Streß). Mittels technischer Geräte (Biofeedbackgeräte) werden physiologische Funktionen (z. B. Pulsfrequenz, Blutdruck, Körpertemperatur) gemessen und durch Signale deutlich gemacht. Dadurch können diese Funktionen bewußt verändert werden, wodurch sich bessere Bedingungen für sportliche Leistungen in Training und Wettkampf erzielen lassen (↑ auch psychoregulatives Training).

Biologie ↑ Sportbiologie.

Biomechanik ↑ Sportbiomechanik.

Biorhythmus (Biorhythmik) [zu griechisch bíos „Leben" und ↑ Rhythmus]: die Erscheinung, daß bei Organismen (auch beim Menschen) manche Lebensvorgänge in einem bestimmten tages- oder/und jahreszeitlichen Rhythmus ablaufen. Man unterscheidet den *exogenen* Biorhythmus, der von äußeren (u. a.

klimatischen) Faktoren bestimmt wird (z. B. der Winterschlaf bei Tieren), und den *endogenen* Biorhythmus, der von inneren (z. B. hormonalen) Mechanismen gesteuert wird (z. B. Eisprung, Schlaf-Wach-Rhythmus). V. a. der endogene Biorhythmus (z. B. die Menstruation der Frau) beeinflußt nicht unerheblich die Leistungsfähigkeit des Menschen, so daß auch im Zusammenhang mit dem Erbringen sportlicher Leistungen der Biorhythmus mit seinen positiven und negativen Auswirkungen zu berücksichtigen ist (z. B. bei der Erstellung eines Trainingsplans).

BISp: Abk. für: ↑**B**undes**i**nstitut für **Sp**ortwissenschaft.

Block: 1. beim *Volleyball* eine Abwehrformation der Netzspieler zur Abwehr von gegnerischen Schmetterbällen. Der Block wird meist von zwei (Doppel- oder Zweierblock), seltener von drei (Dreierblock) oder einem Spieler (Einerblock) ausgeführt. Wichtig ist ein zeitlich richtiges Ansetzen des Blocks (Absprung der den Block bildenden Spieler kurz nach dem Angreifer). Der Block erfolgt etwa in Reichweite vom Netz mit kräftigem Absprung, gestreckten Armen und gespreizten Fingern. Ein weiterer Spieler dient als **Blocksicherung** (Nahblock), d. h. er deckt den durch die Blockspieler frei gewordenen Raum und versucht, die kurz über den Block gespielten (↑auch Lob) bzw. die vom Block ins eigene Feld springenden Bälle zu erreichen; – 2. beim *Basketball* das Absichern eines Mitspielers vor gegnerischer Beeinträchtigung zur Ermöglichung eines ungestörten Korbwurfs oder Passes; – 3. im *Tischtennis* eine Spielart, die als aktiver oder passiver (Stoppblock) gegen Topspin eingesetzt wird. Beim aktiven Block wird der Schläger gegen den Ball geführt, beim passiven Block wird er zurückgeführt bzw. bleibt am Ball, um so das Spiel zu verlangsamen; – 4. im *Segelsport* ein Gehäuse mit Rollen zum Führen einer Schot; – 5. beim *Boxen* eine Abwehrbewegung mit geöffneter Hand (oder beiden Händen) gegen den Stoß des Gegners, um diesen abzufangen und abzulenken.

Blöße: beim Fechten Bez. für den Teil der Trefffläche, der durch die eigene Waffe kaum oder nicht abgedeckt ist. Der Unterscheidung der verschiedenen Arten von Blöße liegen Hilfslinien zugrunde: der Unterscheidung von *oberer* und *unterer* Blöße eine gedachte horizontale Linie, die die Trefffläche etwa halbiert, der Unterscheidung von *äußerer* (Außenblöße) und *innerer* (Innenblöße) Blöße die Klinge des Fechters, wobei außen die (in Blickrichtung) rechts von der Klinge liegende Trefffläche (einschließlich Rücken) ist. So entstehen vier Blößen: obere äußere, obere innere, untere äußere und untere innere Blöße. Wird durch freiwilliges Bieten einer Blöße ein gegnerischer Angriff provoziert, spricht man von **Einladung.**

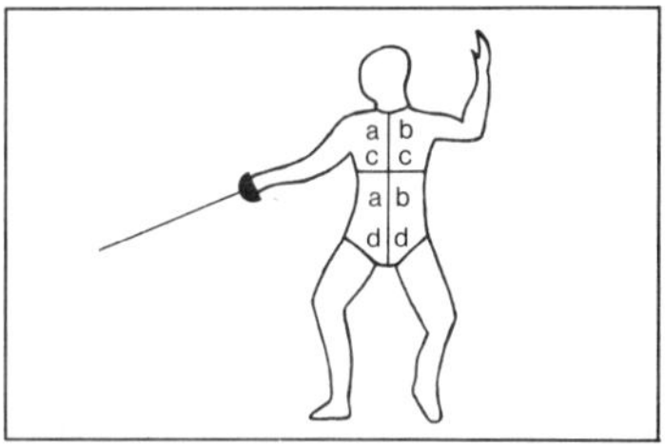

Blöße. a äußere, b innere, c obere, d untere Blöße

Blut: rote Flüssigkeit in Herz und Blutgefäßen aller höheren Lebewesen. Der menschliche Körper verfügt über etwa 4–6 l Blut, das folgende Aufgaben zu erfüllen hat: Transport von Sauerstoff aus den Lungen zu den verschiedenen Geweben und Kohlendioxid-Abtransport aus dem Gewebe, Transport von Nährstoffen und körpereigenen Wirkstoffen (Enzyme, Hormone, Vitamine), Verteilung der im Stoffwechsel gebildeten Wärme, schneller Verschluß von verletzten Blutgefäßen durch die im Blut gelösten Bestandteile (Blutplättchen und Gerinnungsfaktoren).

Beim gesunden Menschen kommt eine Blutung nach etwa 1–3 Minuten zum Stillstand. Darüber hinaus hat Blut die Fähigkeit, eingedrungene Krankheitserreger unschädlich zu machen, hat also Abwehrfunktion. Die weißen Blutkörperchen (↑Leukozyten) sind für die Infektabwehr zuständig, die roten (↑Erythrozyten) für den Sauerstofftransport. Ansonsten beinhaltet Blut neben Wasser positiv und negativ geladene Teilchen zur Aufrechterhaltung des ↑Membranpotentials und spezifische Merkmale zur Blutgruppenbestimmung (Blutgruppenantigene).

Blutdruck: der Druck, unter dem das Blut in den Blutgefäßen steht. Das Herz pumpt durch seine Anspannung (↑Austreibungszeit) das Blut in die Arterien; diese Druckwelle setzt sich in der Flüssigkeit schneller als die Strömung fort. Bei der üblichen unblutigen Blutdruckmessung drückt man durch die aufgepumpte Manschette die Arterien zusammen und bestimmt den Druck, bei dem die Druckwelle das Gefäß trotzdem öffnen kann *(systolischer Wert).* Da auch zwischen den Herzaktionen ein Druck aufrecht erhalten wird (↑Aorta), erhält man einen zweiten, den *diastolischen Wert.* Bei körperlicher (sportlicher) Belastung pumpt das Herz kräftiger. Der erhöhte Blutdruck sorgt dann dafür, daß das Blut – und damit Sauerstoff – besser in die arbeitende Muskulatur gelangt, und verhindert so, daß bei Anspannung der Muskel seine eigenen Blutgefäße zusammendrückt. Normalwerte für junge Menschen in Ruhe: unter 140/90 mm Hg, bei Belastung bis über 240 mm Hg systolisch, diastolisch nur gering ansteigend. – ↑auch Hypertonie, ↑Hypotonie.

Bluterguß (Hämatom): Ansammlung von Blut im Gewebe außerhalb der Blutbahn infolge von Stoß, Schlag oder anderer Gewalteinwirkungen mit Blutgefäßverletzung. An der Hautoberfläche macht sich ein Bluterguß durch eine Beule bemerkbar. Die blaurote, später grüngelbe Farbe hängt mit dem Platzen der roten Blutkörperchen (↑Erythrozyten) und dem Zerfall des Blutfarbstoffs (↑Hämoglobin) zusammen. Der Körper resorbiert die ausgetretenen Bestandteile, so daß die „Blutbeule“ allmählich wieder verschwindet.

B-Note ↑Note.

Bobsport [englisch; Bob, Kurzform von ursprünglich bobsleigh „Rennschlitten“, letztlich zu to bob „ruckartig bewegen“]: nur von Männern ausgeübter Geschwindigkeitswettkampf mit Spezialschlitten (Bob) auf speziell angelegten Bahnen. Es werden Rennen für Besatzungen von zwei (Zweierbob) und vier (Viererbob) Mann ausgetragen.

Der **Bob** ist ein windschlüpfrig (mit einer Kunststoffhaube) verkleideter Stahlsportschlitten, bestehend aus zwei durch einen Rahmen verbundenen, hintereinander angeordneten Kufenpaaren (Spurweite 67 cm), von denen das vordere zur Lenkung (meist Seilsteuerung, aber auch Radsteuerung möglich) seitlich drehbar ist. Die Mindestbreite der Kufen beträgt beim Zweierbob 3,5 mm, beim Viererbob 4 mm. Die Oberkante der Haube muß einen Mindestabstand von 65 cm zum Schlittenboden haben. Der Bob verfügt über eine Handbremse (Rechenbremse, deren Zähne ins Eis gedrückt werden) und Schubbügel zum Anschieben beim Start. Die Gesamtlänge des Bobs darf beim Zweierbob 270 cm, beim Viererbob 335 cm nicht überschreiten. Das Gesamtgewicht (einschließlich Besatzung) beträgt beim Zweierbob maximal 390 kg, beim Viererbob 630 kg.

Für die Fahrer sind windschlüpfrige Kleidung mit Ellbogenschutz und Vollsturzhelm vorgeschrieben. Spezialschuhe mit bürstenartigen Stahlspitzen (als Starterleichterung) sind erlaubt.

Zum Sommertraining wird ein **Rollbob** (die Kufen sitzen auf Rollen) verwendet.

Sportstätte des Bobsports ist die **Bobbahn,** eine rinnenförmige Gefällstrecke (durchschnittliches Gefälle

8%, maximal 15%) aus geglättetem Schneematsch, der durch wiederholtes Aufspritzen von Wasser hart gefriert und spiegelglatt wird. Die Mindestlänge der Bobbahn beträgt bei Kunsteisbahnen 1200 m, bei Natureisbahnen 1500 m. Die Bobbahn muß neben Streckengeraden (Fahrspur höchstens 1,40 m breit, senkrechte Seitenbanden mindestens 50 cm hoch) wenigstens fünf Kurven (Mindestradius 25 m, Überhöhung der konkav ausgebauten Außenwände bis zu 5 m) aufweisen. Aus Sicherheitsgründen müssen die Kurven so berechnet sein, daß die Fliehkraft eines Bobs bei einer Durchfahrzeit von drei Sekunden das Vierfache der Erdbeschleunigung (4 *g*) nicht überschreiten kann. Die Startspur der Bobbahn muß mindestens 15 m lang sein und darf ein Gefälle von maximal 2% aufweisen.

Regeln (Auswahl): Die für Zweier- und Viererbobs getrennt durchgeführten Wettbewerbe werden in jeweils vier Läufen (Durchgängen) entschieden. Sieger ist der Bob (die Mannschaft) mit der niedrigsten Gesamtzeit. Die Bobs starten in Einzelstarts, die als fliegende Starts erfolgen, d.h. die Besatzung schiebt den Bob, neben ihm her laufend, an den Schubbügeln an und springt auf Kommando des Steuermanns (vorderster Fahrer) auf. Der Bremser (hinterster Fahrer) betätigt die Bremse nur in Notfällen und nach Durchfahren des Ziels. In den Kurven ist das Bremsen verboten. Das Erwärmen der Kufen vor dem Start (um eine bessere Gleitfähigkeit zu erzielen) ist verboten.

Technik: Um die vorgeschriebene Strecke in möglichst kurzer Zeit zu bewältigen, ist es erforderlich, bereits beim Start eine möglichst hohe Anfangsgeschwindigkeit zu erreichen. Darüber hinaus hängt der Erfolg wesentlich vom Können des Steuermanns ab, der bestrebt ist, die Bahn auf der Ideallinie zu durchfahren. Dies ist nur zu erreichen, wenn die Steilkurven optimal angefahren, Kurskorrekturen durch Nachsteuern oder Anbandeln (Anstoßen an die Seitenwände) vermieden werden, da dies bei Geschwindigkeiten von über 100 km/h bereits erhebliche Zeitverluste bedeutet.

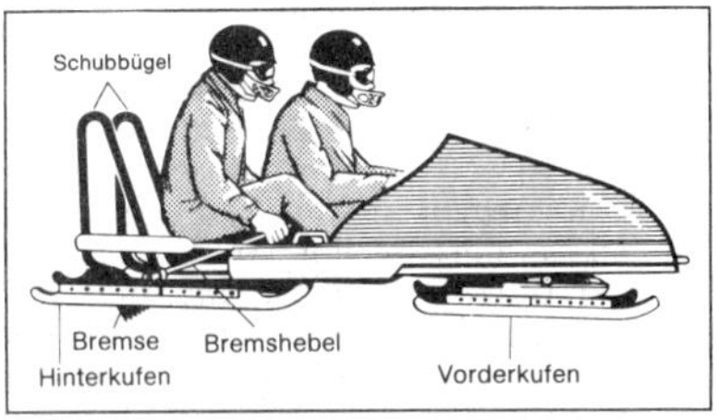

Bobsport. Zweierbob

Wegen des hohen Geräte- und Sportstättenaufwands ist das Betreiben des Bobsports nur relativ wenigen Sportlern möglich.

Geschichte: Den ersten Bob baute der Engländer W. Smith 1889/90 in Sankt Moritz (Schweiz), indem er zwei Schlitten durch ein Sitzbrett miteinander verband und den vorderen zum Lenken benutzte. Den ersten Rennschlitten aus Holz mit stahlbeschlagenen Kufen konstruierte 1890 der Schweizer C. Mathis. Das erste Bobrennen fand 1892 in Sankt Moritz statt, wo 1903 auch die erste Bobbahn errichtet wurde. Der Bobsport ist seit 1924 (Viererbob) und seit 1932 (Zweierbob) olympische Disziplin (1928 auch für Fünferbobs, in denen jeweils zwei Damen mitfuhren). Weltmeisterschaften gibt es für Zweierbobs seit 1924, für Viererbobs seit 1929. Der Bobsport wird in der Bundesrepublik Deutschland vom *Deutschen Bob- und Schlittensportverband* (DBSV; gegründet 1911, Sitz Berchtesgaden) betreut, international von der *Fédération Internationale de Bobsleigh et de Tobogganing* (FIBT; gegründet 1923, Sitz Mailand).

Boccia [italienisch 'bɔtʃa „Kugel"]: Kugelspiel auf einem in der Regel im Freien angelegten *Spielfeld* (24 × 3 m), das von einer 10–20 cm hohen Bande begrenzt ist. Gespielt wird mit einer kleinen *Setzkugel*

(Pallino) mit einem Durchmesser von 3–5 cm und mit *Spielkugeln* aus Kunststein oder Metall (Durchmesser 9–11 cm, Gewicht 900–1 000 g). Die Setzkugel wird bei Spielbeginn von einer der Parteien so ins Spielfeld geworfen, daß sie in einem Mindestabstand von 6 m von der Abwurflinie (eine der Schmalseiten) und von 50 cm von den Seitenlinien zum Liegen kommt. Ziel des Spiels ist es, die Spielkugeln (pro Partei vier) möglichst nahe an die Setzkugel heranzuwerfen oder zu rollen. Dabei können sowohl die eigenen als auch die gegnerischen Kugeln und die Setzkugel geprellt, d. h. aus ihrer Position gebracht werden. Jede Kugel einer Partei, die näher an der Setzkugel liegt als eine der gegnerischen Partei, zählt einen Punkt. Ein Satz ist zu Ende, wenn eine Partei mindestens 15 Punkte erzielt hat. Es wird auf zwei Gewinnsätze gespielt.
Die Wettbewerbe werden als Einzel- und Doppel-(Zweier-)wettkämpfe ausgetragen. Eine Mannschaft besteht aus vier Spielern, die jeweils ein Doppel und zwei Einzel spielen. Nach jedem Spiel werden die Abwurflinien (Seiten) gewechselt.
Boccia hat sich zu einer typischen Lifetime- und Feriensportart entwikkelt. Es wurde wahrscheinlich schon um 500 v. Chr. in Sparta gespielt, von wo aus es nach Etrurien kam. Im Mittelalter wurde es v. a. in Italien, aber auch in Frankreich, Spanien, England und Deutschland gespielt. Zu einer sportlichen Disziplin wurde Boccia Ende des 19. Jahrhunderts in Italien, wo es heute, ebenso wie in Südfrankreich und Nordspanien, ein Volksspiel ist. – In der Bundesrepublik Deutschland wird Boccia vom *Deutschen Boccia-Verband* (DBV; gegründet 1970, Sitz Augsburg) betreut, international von der *Federazione Boccistica Internazionale* (FBI; gegründet 1943, Sitz Chiasso, Schweiz).

Bodenkampf: in bestimmten Zweikampfsportarten ein in Bodenlage ausgeführter Kampf. Der Bodenkampf wird vom Mattenrichter abgebrochen, wenn sich kein Erfolg für einen der Kämpfer einzustellen scheint. Im *Judo* versuchen die Kämpfer, den Gegner durch Halte-, Würge- oder Hebeltechniken, d. h. Bodentechniken (Ne-Wasa), zu bezwingen. Im *Ringen* wird der Bodenkampf im Liegen oder Knien ausgeführt, sobald ein Kämpfer auf der Matte zu Fall gekommen ist.

Bodenturnen: Disziplin des Geräteturnens für Frauen und Männer, die am **Boden** (der Boden gilt als Gerät) geturnt wird. Das Bodenturnen von Mädchen und Frauen wird mit Musikbegleitung ausgeführt. Die Bodenmatte mißt 12 × 12 m. Sie wird seit 1964 auf einem von Rudolf Spieth (* 1909) und Richard Reuther (* 1909) entwickelten Doppelschwingboden (Spieth-Boden, Reuther-Boden) verlegt. Dies ermöglichte die Einbeziehung von immer schwierigeren Bewegungsfertigkeiten (z. B. Dreifachsalto) in das Programm des Bodenturnens. Die Komposition der Übungen soll möglichst die gesamte Mattenfläche ausnutzen, wobei es v. a. auf eine harmonische und rhythmische Verbindung der einzelnen Bodenturnelemente ankommt. Die grundlegenden Bewegungsfertigkeiten für das Bodenturnen lassen sich in die beiden Gruppen Rollen und Überschläge, verbunden durch Schrittkombinationen, gliedern. Diese Übungen sind dadurch gekennzeichnet, daß sie aus einem Anlauf heraus erfolgen und eine Drehung um die Breiten- und/oder Längsachse des Körpers mit Stütz- bzw. Auflagehilfe der Hände oder frei ausgeführt wird. Im einzelnen zählen folgende Bewegungsfertigkeiten zum Bodenturnen: *Rollen:* Rolle vorwärts, Flugrolle, Salto (Luftrolle) vorwärts, Rolle rückwärts, Salto rückwärts; *Überschläge:* Rad, Radwende, Handstandüberschlag, Nackenüberschlag, Kopfüberschlag, Hechtüberschlag, Überschlag rückwärts (Flickflack). Zum Bodenturnen zählen aber auch stärker statisch orientierte Übungen wie ↑Brücke, ↑Kopfstand, ↑Kerze,

↑Handstand, ↑Waage. Die Bewegungsformen im Bodenturnen haben Gemeinsamkeiten mit denen der ↑rhythmischen Sportgymnastik, v. a. hinsichtlich der Verbindung von Einzelelementen in der Bewegungsgestaltung. Das Bodenturnen ist vom Geräteaufwand her relativ einfach und nicht nur an die Halle gebunden. Bodenturnen erfreut sich großer Beliebtheit, da es vielgestaltig und dynamisch ist, Musik und Bewegung verbindet, große Entfaltungsmöglichkeiten in der Bewegungsgestaltung bietet sowie eine gute allgemeine Körperbildung ermöglicht. Es muß allerdings berücksichtigt werden, daß Überlastung in Training und Wettkampf v. a. bei jungen Sportlern (Sportlerinnen!) zu bleibenden Sportschäden (z. B. Kyphose) führen kann. Das Bodenturnen, in vernünftigem Maß betrieben, eignet sich v. a. auch für den Schulsport. Es kann koedukativ unterrichtet werden. – Seit 1932 (Männer) bzw. 1952 (Frauen) ist das Bodenturnen als Disziplin des Kunstturnens olympische Disziplin. Es gehört zum olympischen Acht- (Frauen) bzw. Zwölfkampf (Männer). – Zur Wertung des Bodenturnens ↑Kunstturnen.

Bodybuilding [englisch ˈbɔdɪˌbɪldɪŋ „Körperbauen, Körpergestaltung"]: Trainingsform zur Stärkung der Muskulatur und Verbesserung der Körpergestalt unter Verwendung von meist eigens für diesen Zweck konstruierten Geräten, wobei weniger eine sportliche Leistungssteigerung als vielmehr ein Schönheitsideal angestrebt wird. Im Bodybuilding – organisiert in der *International Federation of Body Builders* – werden nationale, Europa- und Weltmeisterschaften in mehreren Gewichtsklassen mit Pflicht und Kür durchgeführt. Die Punktevergabe erfolgt für Muskeln, Körperstruktur und Pose. Das heute von Männern und Frauen betriebene Bodybuilding ist in seinem sportlichen Wert umstritten, einmal wegen seines Schaucharakters, zum anderen wegen seiner z. T. unphysiologischen, weil zu statischen Belastung des Körpers.

Bodycheck [englisch ˈbɔdɪtʃɛk, zu body „Körper" und to check „aufhalten"]: im Eishockey das erlaubte Rempeln (Stoß mit angelegten Armen unter Einsatz von Schulter, Brust und Hüfte, nicht aber des Schlägers) des den Puck führenden Gegners. Der Bodycheck ist im gesamten Spielfeld erlaubt, es dürfen allerdings vorher nur zwei kurze Anlaufschritte gefahren werden.

Bogen: 1. Gerät (Sportbogen) beim ↑Bogenschießen; – 2. im *Eis-* und *Rollkunstlauf* eine Pflichtfigur, ein auf dem Standbein gelaufener Kreis, Halbkreis oder Achter; – 3. im *Geräteturnen* Übung auf dem Schwebebalken und Bodenübung, bei der der (gebogene) Körper von Händen und Füßen abgestützt wird. Beim langsamen Handstandüberschlag (Bogengang) ist der Bogen ein Halteteil.

Bogenball ↑Bogenwurf.

Bogenpaß ↑Bogenwurf.

Bogenschießen: von Frauen und Männern ausgeführtes sportliches Schießen mit Pfeil und Bogen auf eine Zielscheibe.

Als **Sportstätte** (Schießplatz) kann jede ebene, hinreichend große Wiese (aber auch eine Halle) dienen, die möglichst windgeschützt liegen sollte und mit ausreichenden Sicherheitsvorrichtungen ausgestattet sein muß.

Sportgeräte des Bogenschießens sind Bogen, Pfeile, Köcher, Schießscheiben, Arm- und Fingerschutz, zugelassen sind auch Sehnenspanner und Feldstecher. Der *Bogen* (Sportbogen) kann gerade oder geschwungen (Reflexbogen) sein. Er besteht aus Holz, Glasfiber, Stahl oder aus einer Kombination dieser Materialien. Seine Länge beträgt etwa 1,70 m. In der Bogenmitte befindet sich eine Wicklung aus Kork oder Leder zu einem Handgriff, dessen oberer Teil gleichzeitig der Pfeilführung dient. An den Bogenenden sind Kerben zur Aufnahme der Sehnenösen angebracht. An der Innenseite des Bogens über dem Handgriff befinden sich Zielmarken oder metallene Visierschieber, die je nach Schußdistanz eingestellt werden können. Ferner müssen an der Innenseite angegeben sein die Zugkraft (Auszugsgewicht) des Bogens, gemessen in englischen Pfund (lb; 1 lb = 453,6 g), sowie die Pfeillänge, gemessen in Inches (in; 1 in = 25,4 mm). Beide Maßzahlen sind individuell auf den Schützen abgestimmt. Die *Sehne* des Bogens besteht aus Flachs- oder Hanfgarn, Seide oder Kunststoff. Ihre Enden sind zu Ösen ausgebildet. Die Sehnenmitte ist umwickelt (Pfeilbett). Die *Pfeile* sind aus Holz, Kunststoff oder Metall (Stahl, Aluminium) gefertigt. Ihre Länge (65–72 cm) und ihr Gewicht (20–28 g) richten sich nach der Armspannweite des jeweiligen Schützen und nach der Bogengröße. Die Pfeilspitze besteht immer aus Metall. Am Pfeilende dienen eine Kerbe der Aufnahme der Sehne und drei Federn der Flugstabilisierung. Zum Schutz gegen den Rückschlag der Sehne tragen die Schützen an der Innenseite des den Bogen haltenden Arms einen ledernen *Armschutz* und um die Finger, die die Sehne spannen, einen ledernen *Fingerschutz*. – Die runden *Schießscheiben* aus festem Papier sind auf Binsen-, Stroh- oder Stramitplatten befestigt, die auf einem dreibeinigen Gestell so aufgestellt sind, daß ihr Mittelpunkt 1,30 m über dem Boden liegt und ihr Neigungswinkel 15° beträgt. Ihr Durchmesser beträgt für die langen Schießdistanzen 1,22 m, für die kurzen 80 cm (in der Halle 60 cm bei 25 m Distanz, 40 cm bei 18 m). Auf der Scheibe sind zehn konzentrische Ringe (Breite 3 cm, bei der 80-cm-Scheibe 2 cm) aufgedruckt. Je zwei Ringe bilden eine Farbzone, und zwar (von außen nach innen) die Ringe 1 und 2 weiß, 3 und 4 schwarz, 5 und 6 hellblau, 7 und 8 rot, 9 und 10 goldgelb.

Regeln (Auswahl): Geschossen wird im allgemeinen in Süd–Nord-Richtung, um eine Blendung der Schützen durch die Sonne zu vermeiden. Es werden Einzel- und Mannschaftswettbewerbe ausgetragen (als olympische Disziplin nur Einzelwettkämpfe). Die Schießdistanzen sind eingeteilt in *lange Distanzen* (90, 70 und 60 m) und *kurze Distanzen* (50, 40 und 30 m). Die Wettbewerbe im Freien werden in der Regel als Vierkampf ausgetragen, und zwar mit je 36 Pfeilen, für Herren über 90, 70, 50 und 30 m, für Damen über 70, 60, 50 und 30 m. In der Halle wird mit je 30 oder 60 Pfeilen über 25 und 18 m geschossen. Jeweils drei Schuß müssen innerhalb von 2,5 Minuten abgegeben werden. Nach jeweils sechs Pfeilen werden die Treffer festgestellt. Zur Wertung werden die getroffenen Ringe addiert, gewertet wird ein Treffer, wenn im Ringfeld der Scheibe entweder der Pfeil steckenbleibt oder seine Aufschlagstelle eindeutig zu erkennen ist.

Technik: Nach der Bespannung des Bogens mit der Sehne (hierzu dürfen mechanische Hilfsmittel, Sehnenspanner, verwendet werden) nimmt der Schütze die Schießstellung ein, wobei eine Körperseite (bei Rechtshändern die linke) dem Ziel zugewandt ist und je ein Fuß auf jeder Seite der Schußlinie steht. Nun wird der Pfeil an Sehne und Bogen angelegt. Das Spannen des Bogens geschieht nur mit der Kraft des Arms, meist als Dreifingerzug, und zwar so, daß die Sehne die Nasenspitze und die Lippen des Schützen berührt. Beim Anvisieren und Zielen wird der Bogen vertikal so gehalten, daß die gespannte Sehne sowohl den Pfeil der Länge nach als auch die Zielscheibe in einer gedachten Linie halbiert und die am Bogen angebrachten Zielmarken (Visierschieber) mit dem Zentrum der Scheibe übereinstimmen. Beim Schießen muß die Sehne ohne Erschütterung und ohne seitliche Abweichung von den Fingerspitzen gleiten, um Fehlschüsse durch eine instabile Flugbahn des Pfeils zu vermeiden.

Das Bogenschießen verlangt ein hohes Maß an Aufmerksamkeit, Konzentration, Körperbeherrschung und Kraft. Das Abzugsgewicht (der Zugwiderstand) eines Bogens erfordert einen Kraftaufwand, gemessen in Newton (N; 1 N = 1 kgm/s^2), von bis zu 196 N (das entspricht der Kraft, die aufgewendet werden muß, um etwa 20 kg im Gleichgewicht zu halten).

Geschichte: Die schon sehr alte Sportart des Bogenschießens entwickelte sich aus dem Bogenschießen bei der Jagd und im Krieg. Nach sportlichen Regeln wird es seit Anfang des 20. Jahrhunderts betrieben. Zum olympischen Programm zählt es (mit Unterbrechungen) seit 1900. Seit 1932 gibt es Weltmeisterschaften (alle zwei Jahre). Betreut wird die Sportart in der Bundesrepublik Deutschland vom *Deutschen Schützenbund* (↑Schießsport), international von der *Fédération Internationale de Tir à l'Arc* (FITA; gegründet 1931, Sitz Wakefield, Großbritannien).

Bogenwurf: 1. im *Handball (Bogenball, Bogenpaß)* Wurf oder Paß mit hoher bogenförmiger Flugkurve; scherzhaft auch als „Bogenlampe" bezeichnet. Der Bogenwurf wird v. a. angewandt, wenn ein Angriffsspieler allein auf den herauslaufenden Torwart zuläuft bzw. der Torwart beim 7-m-Wurf zu weit vor seinem Tor steht; – 2. im *Bowling* ein *Gleitwurf* mit vier Anlaufschritten und flachem, weichem Aufsetzen der Kugel; – 3. im *Wasserball* ein leichter Wurf auf das Tor über den Torwart hinweg.

Boje [niederdeutsch]: Schwimmkörper aus Stahlblech, Kunststoff, Holz oder Kork, der mit einer Kette an einem Grundgewicht (meist Betonklotz) verankert ist. Zu den Bojen zählen u. a. **Tonnen** (große Bojen), Bakentonnen (kleine Bojen), Leuchttonnen, Heultonnen (bei Nebel). Bojen werden bei verschiedenen Wassersportarten zur Markierung (z. B. als Wendemarken beim Segeln) ausgelegt. Der richtige Umgang mit Bojen ist Teil der Ausbildung und Prüfung für Lizenzen in manchen Wassersportarten.

Bolzen: 1. umgangssprachliche Bez. für ein „Drauflosspielen" im Fußball, das ohne System bzw. Überlegung erfolgt. Bolzen ist für Mannschaften kennzeichnend, die nur über geringe technische Fertigkeiten und taktische Fähigkeiten verfügen; – 2. ↑Armbrustschießen.

Bootsklassen: in den mit Booten ausgetragenen Wassersportarten die Einteilung (Klassifizierung) der Boote in bestimmte Gattungen. – ↑Kanusport, ↑Motorbootsport, ↑Rudersport, ↑Segelsport.

Boßeln [niederdeutsch]: vorwiegend im Winter gespieltes, dem ↑Klootschießen verwandtes Kugelspiel, bei dem eine Kugel (die *Boßel*) aus Hartgummi oder Hartholz (Durchmesser 12,5 cm) so geworfen wird, daß sie entweder ein Ziel trifft oder eine möglichst weite Strecke zurücklegt (beim *Straßenboßeln* über 8–10 km werden Würfe bis zu 350 m erzielt). – Das schon sehr alte (erste Erwähnung 1557) Spiel stammt vermutlich aus den Niederlanden. Es wird heute hauptsächlich in Niedersachsen (v. a. Ostfriesland), den Niederlanden und Irland gespielt.

Boule [französisch bu:l „Kugel"]: Sammelbez. für verschiedene, dem ↑Boccia ähnliche und nur geringfügig voneinander abweichende Kugelspiele (Boule de fort, Boules Lyonnaises, Jeu provençal). Gespielt wird wie beim Boccia mit einer Setzkugel dem *Cochonnet* (französisch, eigentlich „Schweinchen") und Spielkugeln, die beim Boules Lyonnaises länglich sind und eine dezentralisierte Achse haben. Es treten Zweier- und Vierermannschaften gegeneinander an. In der Bundesrepublik Deutschland sind die Boulespieler im *Deutschen Boccia-Verband* organisiert, international in der *Fédération Internationale des Boules* (FIB; gegründet 1983, Sitz Turin).

Bowling ['bo:lɪŋ, englisch 'bəʊlɪŋ; zu englisch to bowl „rollen (lassen), schieben"]: aus den USA stammende Variante des Kegelns (↑Kegelsport).

Bowls [englisch bəʊlz; zu to bowl

„rollen (lassen), schieben"]: englisches Kugelspiel, das in Spielgedanke (Treffen einer Zielkugel mit Spielkugeln) und Wertung dem ↑Boccia und ↑Boule verwandt ist. Bowls wird in zwei Varianten gespielt: 1. als *Flachrasenspiel* auf einer ebenen, meist quadratischen Rasenfläche mit einer Seitenlänge von 40–44 Yards, die in Längsbahnen (Rinks) eingeteilt ist; die Zielkugel (Jack) hat einen Durchmesser von 6,5 cm, die Spielkugeln von höchstens 13,3 cm (Gewicht 1,37–1,58 kg); 2. beim *Crown Green Bowls* ist das Spielfeld (30–60 m Seitenlänge) nicht in Bahnen eingeteilt, jedoch zur Mitte hin leicht erhöht (bis zu 30 cm); die Zielkugel (Puck) hat ein Gewicht von 567–652 g, die Maße der Spielkugeln sind nicht geregelt; es kann in jeder Richtung auf dem Spielfeld gespielt werden. Das Charakteristische bei beiden Spielarten ist, daß die Spielkugeln (beim Crown Green Bowls auch die Zielkugel) eine exzentrische Masseverteilung und somit immer einen gekrümmten Bahnverlauf haben. – Bowls wird in Mannschaften von einem bis vier Spielern gespielt.

Bowls war bereits im 13. Jahrhundert in England verbreitet. Die weitgehend noch heute geltenden Regeln stammen aus der Mitte des 19. Jahrhunderts. Bowls wird heute, organisiert im *International Bowling Board* (IBB; gegründet 1905), v. a. in Großbritannien, Australien, Neuseeland, Südafrika und den USA gespielt.

Boxen [zu englisch box „Schlag (mit der Hand)"]: nur von Männern nach festen Regeln mit den Fäusten (Faustkampf) meist in der Halle ausgetragene Zweikampfsportart.

Sportstätte ist der sogenannte *Ring* (Boxring), ein Quadrat mit einer Seitenlänge von 4,90–6,10 m. Die zum Schutz vor Verletzungen gepolsterten Eckpfähle sind in einer Höhe von 40, 80 und 130 cm mit elastischen Seilen miteinander verbunden. Der Ringboden besteht aus elastischem Material, das mit einer Plane straff ausgelegt ist. Der Ring befindet sich meist auf einem 1 m hohen Podest.

Sportgerät ist die Ausrüstung des Boxers. Die fingerlosen *Boxhandschuhe* (seit 1981 z. T. auch daumenlos) bestehen aus Leder, das mit Seegras oder Roßhaar ausgepolstert ist. Ihr Gewicht wird in Unzen (oz; 1 oz = 28,5 g) angegeben und beträgt bei Amateurboxern 8, bei Berufsboxern meist 6 Unzen. Je größer das Gewicht der Handschuhe, desto geringer ist die Schlagwirkung und damit die Verletzungsgefahr. Die Knöchelpartien der Hände sind bandagiert. Die Kleidung des Boxers besteht aus leichten Schuhen, kurzer Hose, unter der ein *Tiefschutz* getragen werden muß, und ärmellosem Trikot (nur bei Amateurboxern; Berufsboxer boxen mit bloßem Oberkörper). Das Tragen eines *Zahnschutzes* (Mundschutz) ist erlaubt.

Regeln (Auswahl): Zur Gewährleistung gleicher Gewinnchancen sind die Boxer in ↑Gewichtsklassen eingeteilt. Die Kampfdauer beträgt bei Amateuren 3 Runden zu je 3 Minuten, bei Berufsboxern 4–15 Runden zu je 3 Minuten. Zwischen den ein-

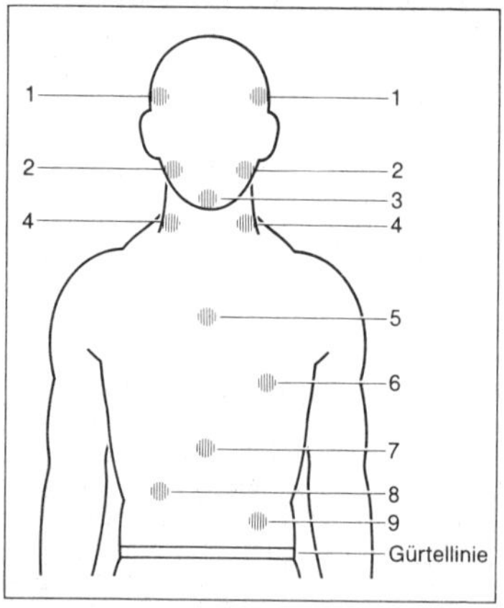

Boxen. Die empfindlichsten Körperstellen: 1 Schläfen, 2 Kinnwinkel, 3 Kinnspitze, 4 Schlagadern, 5 Aorta, 6 Herzspitze, 7 Solarplexus (Magengrube), 8 Leber, 9 Magen

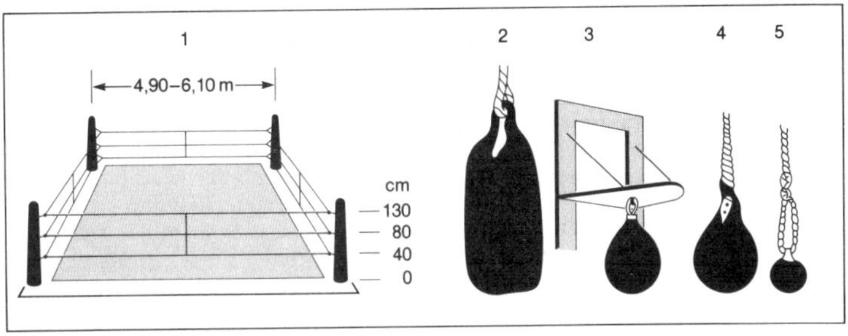

Boxen. 1 Ring, 2–5 Trainingsgeräte (2 Sandsack, 3 Plattformball, 4 Maisbirne, 5 Punktball)

zelnen Runden liegt jeweils eine Pause von einer Minute. Der Kampf wird von einem Ringrichter im Ring geleitet, der das regelgerechte Verhalten und Boxen der Gegner überwacht, Ermahnungen, Verwarnungen und Disqualifikationen ausspricht und dessen Anordnungen die Boxer Folge leisten müssen. Die Beurteilung eines Kampfs erfolgt durch 2–5 Punktrichter, und zwar durch Mehrheitsentscheid. Eine Kampfentscheidung kann auf verschiedene Arten herbeigeführt werden: Sieg durch Niederschlag (K.o.), wenn ein Boxer mindestens 10 Sekunden kampfunfähig ist (↑Auszählen), durch Aufgabe (angezeigt durch das Werfen des Handtuchs durch den Sekundanten), durch Abbruch wegen Kampf-, Verteidigungsunfähigkeit oder sportlicher Unterlegenheit **(technischer K.o.),** durch einen Punktsieg (bzw. nach Punkten unentschieden), durch Disqualifikation eines Gegners oder Abbruch ohne Entscheidung. Regelgerechte Treffer können nur erzielt werden, wenn sie mit der vorgeschriebenen Schlagfläche der Handschuhe – diese entspricht bei der unbehandschuhten Faust der von den Knöcheln und den Ansatzgliedern der vier Finger gebildeten Fläche (bei Amateuren sind die Schlagflächen der Handschuhe seit 1971 weiß) – geschlagen werden und wenn sie in der erlaubten Trefffläche (Vorderseite des Kopfes bis zum Scheitel und des Oberkörpers oberhalb der Gürtellinie) gelandet werden. Alle anderen Schläge oder Stöße sowie Festhalten des Gegners, Abducken bis unter die Gürtellinie u.a. sind verboten. Bei jedem Boxkampf muß ein Ringarzt anwesend sein, der einen k.o. geschlagenen Boxer sofort untersuchen muß und auf Anordnung des Ringrichters die Kampffähigkeit eines angeschlagenen Boxers feststellt. Für einmal bzw. mehrmals k.o. geschlagene Amateurboxer gibt es automatische Schutzsperren von vier Wochen bis zu einem Jahr. Nach Vollendung des 35. Lebensjahres dürfen Amateurboxer nicht mehr an Wettkämpfen teilnehmen.

Die **Technik** des Boxens umfaßt eine gute Beinarbeit sowie das Beherrschen der verschiedenen Schlagarten. Die wichtigsten Schläge sind: *Gerade* (aus der Schulter mit gestrecktem Arm), *Haken* (Seitwärts- oder Aufwärtshaken, letzterer v.a. beim Kontern), *Stoppstoß* (Konter bei einem Abwehrstoß) und *Schwinger* (pendelartiger Schlag mit gestrecktem Arm). Mehrere nacheinander angebrachte Schläge werden Schlagfolge genannt. Der Boxkampf wird entweder als Distanzkampf (unter Ausnutzung der eigenen Reichweite), als Nahkampf (Infight, bei dem jedes Halten verboten ist) oder in der Halbdistanz (etwa halbe Reichweite) ausgetragen. Unterschiede in der Kampfführung ergeben sich auch aus der Verschiedenartigkeit der Links- oder Rechtsauslage (↑ Auslage). **Taktisches Ziel** des Boxens ist nicht nur, den Gegner durch gezielte Schläge auf die empfindlichsten Körperstellen (Schläfen, Kinnspitze und -winkel, Halsschlagader, Aorta, Herzspitze, Magengrube, Solarplexus, Leber und Magen) kampfunfähig zu machen, sondern auch durch geschickte Verteidigungsmanöver (↑ Block, Dekken, Parieren, Pendeln mit dem Rumpf, Ausweichen durch schnelle Seitwärts- oder Rückwärtsschritte, ↑ Ducken) gegnerische Treffer zu verhindern oder ihnen die Schlagkraft zu nehmen. Das Training der verschiedenen technischen Fertigkeiten erfolgt meist mit eigens dafür entwickelten Geräten, z. B. mit Sandsack und Maisbirne (spezielle Ausdauer), Punktball (Treffgenauigkeit), Doppelendball und Plattformball (Schlagschnelligkeit).

Gesundheitliche Schäden sind beim Boxen nicht auszuschließen. Die schwerste bleibende Folge ist die traumatische Boxerenzephalopathie *(Boxersyndrom),* eine nach wenigen schweren bzw. häufig wiederholten mittelschweren Kopftreffern v. a. bei Berufsboxern beobachtbare Hirnschädigung mit den Stadien leichter, deutlicher bis schwerer psychischer Veränderungen. Der „Tod im Ring" kann durch eine Gehirnblutung oder (v. a. nach mißbräuchlichem Doping) auch durch Herz- oder Kreislaufversagen eintreten.

Geschichte: Hinweise auf den Faustkampf (als kultische Handlung) gibt es in zahlreichen Hochkulturen. Im antiken Griechenland – schon Homer beschreibt Faustkämpfe vor Troja in seiner „Ilias" – wurde er 688 v. Chr. in das Programm der Olympischen Spiele aufgenommen. Die Technik bestand zunächst darin, den Schlägen des Gegners möglichst geschickt auszuweichen. Mit dem Aufkommen der Berufsathletik nahm der Faustkampf dann brutale Formen an. V. a. im antiken Rom wurde statt der ursprünglich weichen Lederriemenbandage der Hände der aus harten Kernlederstücken bestehende „caestus" mit eingearbeiteten Metallstücken (z. T. mit Haken) verwendet. Der Kampf wurde stets bis zur völligen Kampfunfähigkeit oder zur Aufgabe eines Gegners ausgetragen. Im Mittelalter war das Boxen weitgehend vom Fechten und Ringen verdrängt. Erst im 18. Jahrhundert begann die Entwicklung des Boxens in seiner modernen Form. Als sein „Vater" gilt der englische Fechtlehrer James Figg (* um 1695, † 1734), der 1719 die erste Boxschule gründete. 1743 stellte der englische Boxer Jack Broughton (* 1704, † 1789) erste Regeln auf, die 1867 von John Sholto Douglas Marquess of Queensberry (* 1844, † 1900) verbessert wurden. Dieses Regelwerk, die Queensberry-Rules, ist bis heute die Grundlage der internationalen Boxregeln. Seit 1866 wird mit gepolsterten Handschuhen geboxt. – Weltmeisterschaften gibt es seit 1892, zum olympischen Programm gehört Boxen seit 1904. In Deutschland fanden Boxkämpfe erstmals um die Jahrhundertwende statt, allerdings noch hinter verschlossenen Türen, da Boxverbot bestand. 1912 wurde der *Deutsche Boxsportverband* gegründet. Die heutigen Organisationen des Boxsports sind getrennt für Amateure und Berufsboxer. Die wichtigsten Amateurverbände sind der *Deutsche Amateur-Box-Verband* (DABV; gegründet 1920 als *Deutscher Reichsverband für Amateur-Boxen,* wiedergegründet 1949, Sitz Essen) und die *Association Internationale de Boxe Amateure* (AIBA; gegründet 1920, Sitz London), für die Berufsboxer der *Bund Deutscher Berufsboxer* (BDB; gegründet 1957, Sitz Köln) und die beiden Weltverbände *World Boxing Council* (WBC; Sitz Mexico-City) sowie die *World Boxing Association* (WBA; Sitz New York).

Break [bre:k, englisch brɛɪk „das Brechen, der Durchbruch"]: 1. beim *Tennis* das Gewinnen des gegnerischen Aufschlagspiels *(Durchbruch);* – 2. beim *Eishockey* das plötzliche, kraftvolle Durchbrechen der gegnerischen Verteidigungsreihe; – 3. beim *Boxen* das Trennkommando des Ringrichters bei Umklammerung des Gegners.

Breitensport: um 1950 aufgekommene Bez. für den ↑Freizeitsport, die allerdings den Akzent auf die Sport Ausübenden setzt und damit auf jene sportliche Betätigungen, die von der „breiten Bevölkerung" wahrgenommen werden, und zwar ohne Wettkampfdruck, ohne Differenzierung in Alters-, Geschlechts- oder Leistungsklassen. Der Breitensport hat seine Berechtigung und seinen Wert in sich selbst, dient also nicht als Zubringer für den ↑Spitzensport. Bevorzugt werden im Breitensport leicht erlernbare und einfach zu organisierende Sportarten, die auch als ↑Lifetimesport betrieben werden können.

Brenztraubensäure (Pyruvat): wichtiges Zwischenprodukt im Kohlenhydratstoffwechsel. Die Umwandlung von Fetten und einigen Eiweißen zu Kohlenhydraten verläuft über die Brenztraubensäure. Ebenso können Kohlenhydrate über dieses Zwischenprodukt zu Fetten und Eiweißen aufgebaut werden. Die Brenztraubensäure ist am ↑Zitronensäurezyklus beteiligt und wird im Zellstoffwechsel zu ↑Milchsäure abgebaut.

Brett: Sportgerät in verschiedenen Sportarten: 1. beim *Basketball* das Spielbrett hinter dem Korb; – 2. beim *Wasserspringen* das Sprungbrett; – 3. beim *Geräteturnen* das Federbrett als Absprunghilfe.

Bronzemedaille ['brõ:səmedaljə] ↑Medaille.

Brücke: 1. im *Rudersport* der Holzteil der Luftkastenabdeckung zwischen Mannschaftsraum und Bespannung; – 2. in der *Gymnastik* eine Übung zur Dehnung der Rücken- und Nackenmuskulatur, ausgeführt als Handstand-, Kopfstand- oder Unterarmbrücke, je nachdem, welche Körperteile außer den Füßen den nach rückwärts gebeugten Körper stützen; – 3. im *Bodenturnen* ein Halteteil, bei dem der nach rückwärts gebeugte Körper nur von Händen und Füßen gestützt wird.

Brustschwimmen: Schwimm[sport]art, bei der der Schwimmer möglichst flach mit zur Wasseroberfläche parallelen Schultern im Wasser liegt. Folgende Elemente kennzeichnen die Schwimmtechnik des Brustschwimmens: 1. Armbewegung: In der kurzen Gleitphase liegen die Arme gestreckt vorn. Die Zugphase beginnt mit beiden Händen gleichzeitig und symmetrisch nach außen-unten, sobald der Vortrieb nachläßt. In der folgenden Druckphase dürfen Oberarme und

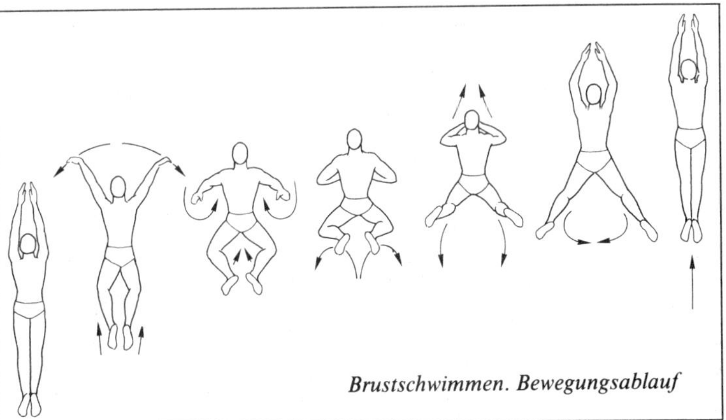

Brustschwimmen. Bewegungsablauf

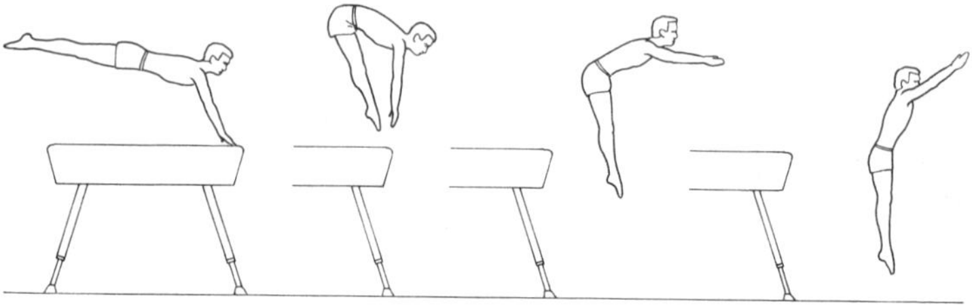

Bücke. Bewegungsablauf

Ellbogen nur bis zur Schulterachse zurückgenommen werden. Die Arme werden dann nach vorn gestreckt. – 2. Beinbewegung: Anziehen der Füße, Beugen und Öffnen der Knie, halbkreisförmiges Schlagen der Unterschenkel, Zusammenführung und Streckung der Beine. – 3. Atmung: Die Einatmung erfolgt während der Druckphase der Arme, die Ausatmung durch Mund und Nase im Wasser, während die Arme nach vorn gebracht werden. – 4. Koordination der Gesamtbewegung: Zugphase der Arme, Druckphase der Arme und Anziehen der Beine, Beinschlag und Vorwärtsbewegung der Arme, kurze Gleitlage. – 5. Start: Nach dem Startsprung vom Startblock (↑Schwimmstart) sind unter Wasser nur je ein Armzug und ein Beinschlag erlaubt (↑Tauchzug). – 6. Wende: Der Anschlag bei der Wende wird mit beiden Händen bei waagerechter Schulterachse ausgeführt. Nach der Drehung (hohe oder tiefe Wende) folgt ein kräftiger Abstoß, der in einen Tauchzug übergeht. Zu Beginn des zweiten Armzugs muß ein Teil des Kopfes wieder an der Wasseroberfläche sein. – Das Brustschwimmen ist wegen des gut dosierbaren Krafteinsatzes die am weitesten verbreitete Schwimmart. Brustschwimmen ist zwar die älteste, jedoch auch die langsamste der vier heutigen Wettkampfschwimmarten (↑Schwimmwettbewerbe).

B-Schein ↑Schein.

B-Teil ↑Teil.

Bücke: im Geräteturnen Bez. für die „gebückte" Ausführung von Bewegungsfertigkeiten, wobei der Oberkörper bei geschlossenen Beinen rasch gebeugt und gestreckt wird. Die Bücke ist der ↑Hocke verwandt. Sie wird v. a. im Sprung und Schwung an verschiedenen Geräten bis hin zum Abgang geturnt. In gebückter Haltung ist das Drehmoment größer. Das rechtzeitge Öffnen (Strecken) des Körpers ist für das Gelingen des Bewegungsablaufs wichtig. Bekannte Bewegungsformen sind der Bücksalto und der Bücküberschlag (auch Jamaschita-Sprung). Zur Erhöhung der Schwierigkeit kann die Bücke mit Schraube und Salto als Drehbewegung um die Längs- und Breitenachse des Körpers verbunden werden.

Budosport [japanisch bu „Ritter" und do „Weg, Grundsatz"]: Oberbegriff für alle japanischen Kriegs- bzw. Kampfkünste mit wertbildenden geistigen und erzieherischen Inhalten. Dazu zählen ↑Aikido, ↑Judo, ↑Jujutsu, ↑Karate, ↑Kendo, ↑Kiudo, auch das koreanische ↑Taekwondo. Gemeinsame Kennzeichen aller Budosportarten sind nach außen die japanische Wettkampfsprache (außer beim Taekwondo [koreanisch]), die Kleidung der Wettkämpfer sowie die Gürtelfarbe des Meister- (↑Dan) und des Schülergrads (↑Kiu). Wichtiger aber ist die gemeinsame ethisch-philosophische Grundlage im „do" der Zenphilosophie, dem Weg zur körperlichen und geistigen Beherrschung des eigenen Selbst. Dieser Weg soll in den Budokampfkünsten erlernt werden, um den Kämpfer zur geistigen Reife zu führen.

Bug: Bez. für den vordersten, spitz zulaufenden Teil eines Schiffs. Beim Segeln spricht man von Backbordbug und Steuerbordbug, je nachdem, ob das Großsegel nach Backbord (links) oder Steuerbord gestellt ist.

Bully [englisch „Abschlag"]: in den Hockeyspielarten (Feldhockey, Hallenhockey, Eishockey, Rollhockey) das [Wieder]insspielbringen des Spielgeräts (Ball, Puck) durch den Schiedsrichter (Einwurf). Ein Spieler jeder Mannschaft steht beim Schiedsrichter; alle übrigen müssen mindestens 3 bzw. 4,55 m vom Ball (Puck) entfernt sein. Die beiden einander gegenüberstehenden Spieler müssen (nicht beim Eishockey) dreimal abwechselnd den Boden und den Schläger des Gegners berühren, ehe sie versuchen, das Spielgerät zugunsten der eigenen Mannschaft ins Feld zu spielen.

Bumerang [auch: 'bʊ...; zu australisch woomera „Wurfkeule"]: gewinkeltes oder leicht gebogenes Wurfgerät, das bei richtem Wurf wieder zum Werfenden zurückkehrt, wenn das Ziel verfehlt wurde. Der Bumerang war die Wurfwaffe der australischen Urbevölkerung. Heute ist der Bumerang ein Sportgerät, mit dem Wettbewerbe im Weitwurf, genauen Fangen und hinsichtlich der Zahl der Fänge in unmittelbarer Reihenfolge ausgetragen werden. Die Flugeigenschaften des Bumerangs (aus Holz, Plastik oder Glasfiber), in dessen Arme auch stabilisierende Bleigewichte eingearbeitet sein können, beruhen v. a. auf seinem plankonvexen oder asymmetrisch bikonvexen Querschnitt und auf der leichten Verdrehung der beiden Arme gegeneinander. Mit dem Bumerang werden Geschwindigkeiten bis zu 160 km/h und Weiten bis 100 m erreicht.

Bund Deutscher Fußball-Lehrer: 1957 gegründeter Interessenverband der deutschen Fußballtrainer und Inhaber der Lehrscheine A (Sitz Wiesbaden).

Bundesausschuß Leistungssport (BA-L): Organ des *Deutschen Sportbundes* mit der Aufgabe, mit den Mitgliedsorganisationen erforderliche gemeinsame Maßnahmen zur Förderung des Leistungssports zu beraten und zu koordinieren. Aus der Arbeit des BA-L ist eine Reihe vom *Deutschen Sportbund* verabschiedeter Grundsatzdokumente hervorgegangen: „Kooperatives Modell für den Spitzensport" (1974), „Grundsatzerklärung für den Spitzensport" (1977), „Förderungskonzept" (Strukturpläne und Jahresplanung der Spitzenverbände; 1977) sowie „Rahmenrichtlinien zur Bekämpfung des Dopings" (1977). Der BA-L arbeitet auch bei der Aus- und Weiterbildung der Bundestrainer mit (↑Trainerakademie), begutachtet die Errichtung von Stützpunkten und Landes- bzw. Bundesleistungszentren, wirkt mit bei der Aufnahme von Spitzensportlern in die Fördergruppen der Bundeswehr, der Polizei und des Bundesgrenzschutzes und berät das *Nationale Olympische Komitee* bei der Aufstellung der Olympiamannschaft sowie die *Stiftung Deutsche Sporthilfe* bei ihren Fördermaßnahmen. Der BA-L hat mit diesen Funktionen die zentrale Verantwortung für die Entwicklung des Leistungssports, insbesondere des Hochleistungssports.

Bundesinstitut für Sportwissenschaft (BISp): 1970 in Köln als nicht rechtsfähige Bundesanstalt des Bundesministers des Inneren errichtetes Institut, das sich in vier Fachbereiche gliedert: 1. Verwaltung, 2. wissenschaftliche Forschung (Planung, Koordinierung, Veranlassung und Auswertung sportwissenschaftlicher Forschung), 3. Sport- und Freizeitanlagen (Forschung und Weiterentwicklung von Sportanlagen und Sportgeräten), 4. Dokumentation und Information (Literatur- und Datendokumentation). Das BISp wird von einem Direktor geleitet; ein ehrenamtliches Direktorium und drei Fachbeiräte unterstützen die Arbeit. Das BISp gibt die „Schriftenreihe des Bundesinstituts für Sportwissenschaft" heraus, ist Mitherausgeber der Zeitschrift „Sportwissenschaft" und veröffentlicht „Zwei-Jahres-Berichte“ über seine Arbeit sowie Schwerpunktprogramme für die Forschungsförderung. Das BISp hat sich seit 1970 zu einer für die Weiterentwicklung der Sportwissenschaft wertvollen und weltweit anerkannten Institution entwickelt.

Bundesjugendspiele: von Schulen, Sport- und Jugendverbänden seit 1951 durchgeführte Sportwettkämpfe zum Leistungsvergleich für Jugendliche (8.–20. Lebensjahr). Seit 1979 bestehen die Bundesjugendspiele aus einem Dreikampf nach Wahl im Geräteturnen, in der Leichtathletik oder im Schwimmen. Die Wertung erfolgt nach Jahrgangsstufen in Punkten (Ehrenurkunden des Bundespräsidenten und Siegerurkunden).

Bundesleistungszentrum ↑Leistungszentren.

Bundesliga: in der Bundesrepublik Deutschland in zahlreichen Sportarten bestehende höchste Spiel- oder Leistungsklasse für Vereinsmannschaften. In der Bundesliga wird in der Regel der deutsche Meister ermittelt. Gibt es in einer Sportart zwei gleichrangige Bundesligen, wird ein Endkampf zwischen den jeweiligen Siegern ausgetragen. Als erste Sportart hat Eishockey 1958 eine Bundesliga eingeführt. In manchen Sportarten (z. B. Fußball, Handball, Eishokkey) gibt es auch eine zweite Bundesliga (meist in zwei regional [Nord und Süd] getrennten Gruppen).

Bundestrainer [...trɛ:...]: in der Bundesrepublik Deutschland beim *Deutschen Sportbund* und seinen Spitzenfachverbänden angestellte Trainer von Nationalmannschaften sowie von Nachwuchs- und Spitzensportlern. Sie haben ihre Ausbildung häufig an der ↑Trainerakademie des *Deutschen Sportbundes* erhalten. Für die Bundestrainer zuständiges Organ des *Deutschen Sportbundes* ist der ↑Bundesausschuß Leistungssport.

Butterfly [englisch 'bʌtəflaɪ „Schmetterling“]: 1. im *Bodenturnen, Roll-* und *Eiskunstlauf* Bez. für einen Spreizsprung mit vorangehender Armbewegung, bei dem der Oberkörper waagerecht in der Luft liegt. Der Butterfly ist eine Art horizontales Radschlagen in der Luft; – 2. ↑Schmetterlingsschwimmen.

C

Caissonkrankheit [kɛ'sõ:; französisch] ↑Dekompressionsphase.

Camping ['kɛmpɪŋ, 'kampɪŋ; englisch, zu lateinisch campus „Feld“]: das Leben im Freien als Freizeit- und Urlaubsgestaltung mit Zelt, Wohnwagen oder Wohnmobil (Caravaning) als Übernachtungsmöglichkeiten. Camping ist heute ein weit verbreiteter Urlaubssport, der das ganze Jahr über, auch im Winter (Wintercamping) betrieben wird. Seit 1948 gibt es als Dachverband den *Deutschen Camping-Club* (DCC; Sitz München).

Canadier ↑Kanadier.

Caravaning [englisch kærə'vænɪŋ, zu caravan „Wohnwagen“]: Sonderform des ↑Camping.

Carl-Diem-Institut: nach Carl Diem (* 1882, † 1962), dem ersten Rektor der *Deutschen Sporthochschule Köln,* benannte wissenschaftliche Einrichtung (seit 1964) an der *Deutschen Sporthochschule Köln* zur Erforschung des Olympismus (↑olympische Bewegung).

Carl-Diem-Preis: nach Carl Diem (* 1882, † 1962) benannte Auszeichnung (Plakette) für hervorragende sportwissenschaftliche Leistungen, die seit 1953 alle zwei Jahre vom *Deutschen Sportbund* verliehen wird, um dadurch die Verdienste von Carl

Diem als dem Begründer der Sportwissenschaft in der Bundesrepublik Deutschland zu würdigen.

Carpenter-Effekt [englisch 'ka:pıntə]: die 1873 von dem britischen Physiologen William Benjamin Carpenter (* 1813, † 1885) festgestellte Erscheinung, daß bei Wahrnehmung oder Vorstellung von Bewegungen Tonusverlagerungen in der Muskulatur des wahrnehmenden oder vorstellenden Individuums ausgelöst werden, die zum ansatzweisen Mitvollzug der Bewegungen führen, und zwar ohne Zutun des bewußten Wollens (ideomotorische Handlung; ↑ Ideomotorik).

Casting [englisch 'ka:stıŋ, von to cast „werfen"] ↑ Sportfischen.

Catchen ['kætʃən; zu englisch catch „greifen, fangen"]: seit etwa 1900 v. a. in England und den USA aus dem *Catch-as-catch-can* (englisch „greifen, wie man nur greifen kann") entstandene und von Berufsringern (Catchern) ausgeübte Art des Freistilringens (Zweikampf), wobei fast alle Griffe erlaubt sind. Catchen gilt deshalb nicht als Sport und stellt heute in Form von Schaukämpfen ein Beispiel für entartete Formen des [Berufs]sports dar.

Catenaccio [italienisch kate'nattʃo „Sperrvorrichtung, Riegel"] (Riegelsystem): Defensivtaktik im Fußball, die Mitte der 1960er Jahre in Italien aufkam und darin besteht, den eigenen Strafraum durch Abwehrspieler so abzuriegeln, daß der Gegner keine Möglichkeit zum Torschuß hat.

Center [englisch 'sɛntə]: 1. (Pivot) im *Basketball* der zentrale Spieler in der taktischen Aufstellung der Angriffsspieler. Meist spielt auf der Position des Centers ein Spieler, der sich durch Körpergröße, Durchsetzungsvermögen und Treffsicherheit auszeichnet; – 2. ↑ Football.

Center Court [englisch 'sɛntə,kɔ:t]: Bez. für den Hauptplatz großer Tennisanlagen (z. B. in ↑ Wimbledon).

C-G-S-System: Art der Leistungsfeststellung in Sportarten, in denen die sportliche Leistung mit den Maßeinheiten Länge (cm *[C]*), Gewicht (Gramm *[G]*) oder Zeit (Sekunden *[S]*) relativ objektiv gemessen werden kann.

Cha-Cha ['tʃa'tʃa] (Cha-Cha-Cha): lateinamerikanischer Tanz, der auf volkstümlichen Tanzmotiven aus Kuba aufbaut und als stationärer Tanz im 4/4-Takt mit Tempo 32–34 (d. h. 32–34 Takte pro Minute) getanzt wird. Der Grundrhythmus ist 4 und 1,2,3 (Grundschritt auf 4 und 1). Jeder Schritt muß einzeln und auf dem Ballen angesetzt werden (Ferse vom Boden gelöst). – ↑ auch Tanzsport.

Champion [englisch 'tʃæmpjən; galloromanisch; zu lateinisch campus „(Schlacht)feld"]: Bez. für den Meister in einer Sportart.

Charging [englisch 'tʃa:dʒıŋ]: in einigen Mannschaftsspielen (z. B. Eishockey, Basketball) regelwidrige körperliche Attacke (Rempelei).

Charta des deutschen Sports [k...] ↑ Deutscher Sportbund.

Check [englisch 'tʃɛk „hemmen, aufhalten, hindern"]: im Eishockey unerlaubter körperlicher Einsatz, um den Gegner zu stören. Man unterscheidet: *Check gegen Banden* (der Gegner wird gegen die Bande geworfen), *Crosscheck* (Check mit hoch und quer gehaltenem Stock, ↑ hoher Stock) und *Stockcheck* (Körperangriff mit beidhändig gehaltenem Stock); erlaubt ist der ↑ Bodycheck.

Cholesterin [ço...; auch ko... zu griechisch cholē „Galle" und stereós „hart, fest"]: besondere Form von ↑ Fett, kommt in allen tierischen und menschlichen Zellen vor, in der Zellmembran, ebenso im Blut und in vielen Organen. Durch Nahrung zusätzlich aufgenommen, sammelt es sich besonders in Gehirn und Nerven an. Es wird für die Entstehung der Gefäßverkalkung (↑ Arteriosklerose) mitverantwortlich gemacht. Darum werden pflanzliche Fette empfohlen, die cholesterinfrei sind. Da der Körper selbst in der Lage ist, Cholesterin zu bilden, muß es nicht von außen zugeführt werden. Auch streng vegetarisch lebende Menschen leiden nicht an Cholesterinmangel.

Choreographie [ko...; zu griechisch choreía „Reigen" und gráphein „schreiben"]: Tanzschrift aus Buchstaben oder eigens entwickelten Zeichen, mit denen Stellung, Haltung und Bewegungsabläufe für Tänzer fixiert werden; auch Bez. für die Ausführung von Bewegungsabläufen selbst. In dieser Bedeutung spielt die Choreographie auch im Sport, v.a. in den ↑Kunstsportarten, insbesondere im ↑Tanzsport, eine wichtige Rolle. Die Choreographie ist nicht nur Ausdruck für das kreative Moment im Bereich der Bewegungsgestaltung, sondern auch Gegenstand der sportlich-künstlerischen Leistungsbewertung, wobei v.a. der Gesamtaufbau einer Bewegungsfolge sowie deren Schwierigkeitsgrad berücksichtigt werden.

CIO: Abk. für: **C**omité **I**nternational **O**lympique, ↑Internationales Olympisches Komitee.

Circuittraining [englisch 'sə:kɪt,trɛɪnɪŋ; zu circuit „Kreis, Umlauf"] (Kreistraining): moderne Trainingsform zur Schulung von motorischen Eigenschaften bzw. Fertigkeiten. Ein Übungsprogramm wird an einer Anzahl von Stationen (durchschnittlich 8–10) in bestimmter Reihenfolge (Kreislauf, Circuit) ausgeführt. Entscheidend ist dabei die von Station zu Station wechselnde Belastung. Das Circuittraining wird entweder nach dem Prinzip der Häufigkeit der Übung oder der Verweildauer pro Station durchgeführt. Zur individuellen Dosierung der Belastung ist es sinnvoll, zuvor einen Maximaltest durchzuführen, um danach die optimale submaximale Übungsdosierung festzulegen. Die Dosierung kann durch Frequenz- bzw. Zeitregulierung sowie durch die Anzahl der Circuits (Kreisläufe) bestimmt werden. Der Erfolg des Circuittrainings hängt entscheidend von einer aktiven Pausengestaltung ab, d.h. der Trainierende soll in den Pausen nicht zur vollkommenen Ruhe kommen, sondern Bewegungen zur Lockerung und Entspannung durchführen. Das Circuittraining ist heute eine der beliebtesten Trainingsmethoden im Schul- und Vereinssport, da mit ihm, v.a. aufgrund der Möglichkeit individueller Gestaltung, sehr gute Trainingsergebnisse erzielt werden können.

Circus [lateinisch]: römische Sonderform des griechischen Hippodroms (schmales Rechteck von etwa 500–600 m Länge mit gerundeten Schmalseiten) für Wagen- und Pferderennen (über sieben Runden), Gladiatorenkämpfe und Volksbelustigungen. Der bekannteste Circus war der *Circus maximus* in Rom, der zwischen 140000 und 385000 Zuschauer gefaßt haben soll.

citius, altius, fortius [lateinisch „schneller, höher, stärker"]: Wahlspruch der Olympischen Spiele der Neuzeit. In übersteigerter Form enthält dieses Motiv eine Tendenz zu maßlosem sportlichem Leistungsstreben, das v.a. aus pädagogischen und medizinischen Gründen abzulehnen ist.

Citratzyklus ↑Zitronensäurezyklus.

Clear [englisch 'klɪə „klar"]: Schlagtechnik im Badminton, die das Ziel verfolgt, den Ball möglichst im Grundlinienbereich des Gegners zu Boden kommen zu lassen. Man unterscheidet den *normalen Clear* (ein hoch in den Grundlinienbereich geschlagener Ball), den *Angriffsclear* (nur knapp über die Reichweite des Gegners geschlagen) und den *Verteidigungsclear* (sehr hoch geschlagener Ball, der möglichst senkrecht an der Grundlinie auftreffen soll). Der Clear kann als Vorhand- und Rückhandschlag ausgeführt werden.

Club [klʊp; englisch]: englische Bez. allgemein für einen Verein, im deutschen Sprachraum oft v.a. für einen Sportverein.

Coach [ko:tʃ, englisch koʊtʃ]: Bez. 1. für ↑Trainer und Betreuer eines Sportlers oder einer Sportmannschaft; – 2. im Pferdesport für einen hohen, geschlossenen Wagen, der von vier Pferden gezogen wird.

Cockpit [englisch, eigentlich „Hahnengrube"]: in mehreren Sportarten

Bez. für den Platz des Steuermanns (Fahrers), z. B. im Flug-, Segel-, Kanu- und Automobilsport.

Code de pointage [französisch ko:ddəpwɛ̃'ta:ʒ, etwa „Verzeichnis der Punktgebung"]: Kampfrichterbuch zur Vereinheitlichung der Wertung im Kunstturnen, herausgegeben vom *Internationalen Turnerbund* (seit 1954 für Kunstturner, seit 1970 für Kunstturnerinnen). Der Code de pointage stellt v. a. die sogenannten A-, B- und C-Teile (↑Teil) dar und legt ihre Wertung fest. Da eine Leistungsbewertung (in Punkten) durch Schätzung einen großen subjektiven Spielraum läßt, sind klare Kriterien für die Vergabe von Punkten als Leitlinie für die Kampfrichter unerläßlich.

Comeback [kam'bɛk, englisch 'kʌmbæk „Zurückkommen"]: Bez. für die Rückkehr eines Sportlers nach einer längeren Pause in den Bereich des Wettkampfsports, und zwar mit einer sportlichen [Mindest]leistung, die früher bereits erbracht war.

Comité International Olympique [französisch kɔmiteɛ̃tɛrnasjɔnalolɛ̃'pik] ↑Internationales Olympisches Komitee.

Commonwealth-Spiele [englisch 'kɔmənwɛlθ] (bis 1966 Empire-Spiele): seit 1930 alle vier Jahre (zwischen den Olympischen Spielen) stattfindende Sportspiele der Länder des britischen Commonwealth mit einem ähnlich breiten Programm und Zeremoniell wie die Olympischen Spiele.

Cooper-Test [englisch 'ku:pə]: nach dem Amerikaner K. Cooper, dem „Vater" der Aerobic-Fitneß-Bewegung in den USA, benannter, weltweit verwendeter Test zur Messung der Ausdauerleistungsfähigkeit. Bei einem Lauf von 12 Minuten Dauer wird die bewältigte Strecke ermittelt und nach einem Gütemaßstab eingestuft. So gilt z. B. als „gute" Ausdauerleistung eine Strecke von 2400 m für Männer und von 2150 m für Frauen (jeweils bis zum Alter von 30 Jahren). Die Messung der Ausdauerleistungsfähigkeit, z. B. mit dem Cooper-Test, sollte Bestandteil eines jeden Fitneßtests sein, der die allgemeine Fitneß überprüft.

CO_2-Partialdruck ↑Kohlendioxid.

Corner [englisch 'kɔ:nə] ↑Ecke.

Coronarinsuffizienz ↑Koronarinsuffizienz.

Crack [englisch kræk]: ursprünglich bestes Pferd eines Rennstalls, dann besonders hervorragender Sportler.

Cricket [englisch 'krɪkɪt] ↑Kricket.

Croquet [englisch 'kroʊkɛɪ] ↑Krokket.

Cross [englisch krɔs „quer"]: im Sport Bez. für eine Bewegung in diagonaler Richtung, z. B. beim *Boxen* ein Schlag über den abwehrenden Arm des Gegners auf dessen entgegengesetzte Körper- bzw. Gesichtshälfte, beim *Tennis, Tischtennis* und *Badminton* ein Schlag quer über die Spielfläche.

Crosslauf [zu englisch cross „quer"]: Bez. für einen Querfeldeinwettbewerb (Cross-Country), z. B. in der Leichtathletik, im Motor-, Rad- und Pferdesport, der sich immer stärkerer Beliebtheit erfreut, v. a. wegen seines abwechslungsreichen Ablaufs. – ↑auch Moto-Cross.

C-Teil ↑Teil.

Cup [englisch kʌp] ↑Pokal.

Curling ['kø:rlɪŋ, 'kœr...; englisch]: aus Schottland stammende, dem Eisstockschießen ähnliche Sportart für Damen und Herren. Zwei Mannschaften mit je vier Spielern versuchen, einen 16–20 kg schweren, polierten, mit einem Griff versehenen und an der Lauffläche abgeflachten Granitstein (**Curlingstein;** Umfang 0,80–1,10 m) so über das Eis gleiten zu lassen, daß er dem Mittelpunkt (Tee) des Zielkreises (Durchmesser 3,66 m), von dem die Abwurflinie (Footlinie) 38,388 m (42 Yards) entfernt ist, möglichst nahe kommt. Die Spielfläche einer Bahn ist 4,75 m breit und 40,50 m lang. Um dem Curlingstein ein besseres Gleiten zu ermöglichen, darf das Eis unmittelbar vor ihm mit einem Besen spiegelglatt gefegt werden, wodurch das Eis

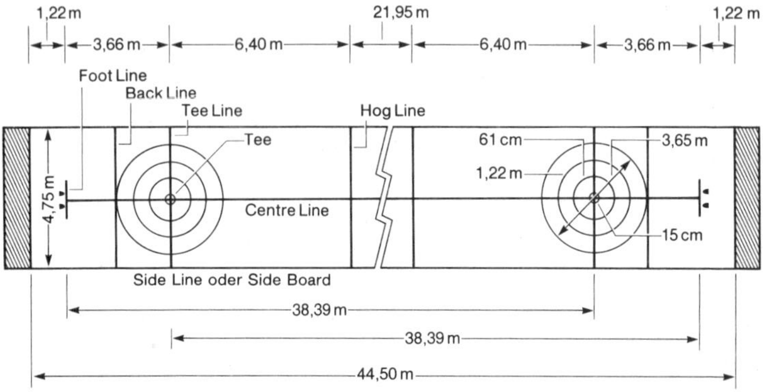

Curling. Spielbahn

kurzfristig erwärmt wird, jedoch sofort wieder friert, so daß sich der Gleitwiderstand für den Stein verringert. – Jeder Spieler hat in jedem Durchgang zwei Steine, die einzeln im Wechsel zwischen beiden Mannschaften gespielt werden. Sind alle Steine gespielt, ist ein Durchgang beendet. Ein Spiel hat neun Durchgänge. Gewertet wird nach einer relativen Punktwertung, d. h. für jeden Stein, der näher zum Tee liegt als ein Stein der gegnerischen Mannschaft, erhält die Mannschaft einen Punkt. – Curling wird in der Bundesrepublik Deutschland vom *Deutschen Curling-Verband* (DCV) innerhalb des *Deutschen Eissportverbands* (↑Eissport) betreut, international von der *International Curling Federation* (ICF; gegründet 1966, Sitz Edinburgh). – Seit 1959 werden für Herren, seit 1979 für Damen Weltmeisterschaften, seit 1975 Europameisterschaften für Damen und Herren ausgetragen.

Cut [englisch 'kʌt „der Schnitt, das Schneiden"]: 1. beim *Boxen* eine schnittartige Kopfverletzung (meist im Augenbrauenbereich); – 2. beim *Pferdepolo* ein vom Pferd weg geschlagener Ball; – 3. beim *Tennis* ein geschnittener Ball.

CVJM: Abk. für: **C**hristlicher **V**erein **J**unger **M**änner, ↑Eichenkreuz.

D

Damenfußball ↑Fußball.

Dan [japanisch „Stufe, Grad"]: im ↑Budosport Bez. für die zehn Rangstufen der Meister in den Budokünsten, die zum Tragen bestimmter farbiger Gürtel berechtigt sind. Es tragen (bei der niedrigsten Meisterstufe beginnend) einen *schwarzen* Gürtel (Kuro-Obi) der 1.–5. Dan (1. Scho-Dan oder Itschi-Dan, 2. Ni-Dan, 3. San-Dan, 4. Schi-Dan, 5. Go-Dan), einen *rotweißen* Gürtel (Schima-Obi) 6.–9. Dan (6. Roku-Dan, 7. Sitschi-Dan, 8. Hatschi-Dan, 9. Ku-Dan), einen *rosaroten* oder *schwarzen* Gürtel (Aka-Obi) der 10. Dan (Ju-Dan). In der Regel werden die Dangrade im Anschluß an die Schülergrade (↑Kiu) durch Prüfungen erworben, es sei denn, es liegen sehr gute Kampferfolge oder Verdienste um die Entwicklung der Budokünste vor. Der 8., 9. und 10. Dan sind in der Regel den Japanern vorbehalten. Die Danträger der Bundesrepublik Deutschland sind im *Deutschen Dan Kollegium* (DDK; gegründet 1952, Sitz Frankfurt am Main) organisiert, das auch für das Prüfungs- und Trainingswesen verantwortlich ist.

Darts [englisch dɑ:tz „Wurfpfeile"]: englisches Wurfpfeilspiel, bei dem Pfeile aus Metall (bis zu 15 cm lang) mit Flügeln am Ende (Plastik oder Federn) auf eine runde Scheibe (2 cm dick, 40–45 cm Durchmesser) geworfen werden. Jede Scheibe ist in 20 verschiedene Kreissegmente eingeteilt, denen unterschiedliche Punktzahlen zugeordnet sind. Die bei einem Wurf erzielte Punktzahl wird von einer vor dem Spiel festgelegten Punktzahl abgezogen. Sieger ist der Spieler, der als erster die Punktzahl 0 erreicht.

Darts. Scheibe

Dauerkontraktion: bleibende Muskelanspannung (↑Kontraktion) durch schnell aufeinanderfolgende Muskelerregungen. Der Gesamtmuskel kann durch rasch wechselnde Erregung einzelner Muskelfasern angespannt bleiben, obwohl ein Teil der Fasern sich zwischendurch erholt. Bei zu starker Kraftentwicklung drückt der Muskel seine eigene Durchblutung ab; er ermüdet durch Sauerstoffmangel.

Dauerlauf ↑Dauermethode.

Dauerleistungsgrenze: individuelle und trainingsabhängige Grenze zwischen leichter und schwerer körperlicher Belastung. Kann eine körperliche Tätigkeit über einen längeren Zeitraum (etwa acht Stunden) ohne Unterbrechung ausgeübt werden, liegt sie unterhalb der Dauerleistungsgrenze. Eine körperliche Belastung, die zu vorzeitiger Ermüdung mit Rückstufung der Leistung und gegebenenfalls Beendigung der Arbeit führt, liegt oberhalb der Dauerleistungsgrenze. Bei solchen Tätigkeiten kann der Körper keinen Ausgleich zwischen Energieaufbau aus der aeroben Energiegewinnung und dem Energieverbrauch herstellen. Durch Anhäufung von Milchsäure aus der anaeroben Energiegewinnung ermüdet der Muskel zwangsläufig.

Dauermethode (Dauertraining, Dauerlauf): Trainingsmethode zur Entwicklung der Ausdauer im Grundlagen- und Langzeitbereich mit aerober Belastung (↑aerob). Als Richtwert kann eine Belastungsdauer von mindestens zehn Minuten ohne Pausen angesehen werden. In der Trainingslehre werden drei Formen der Dauermethode unterschieden: das ↑Fahrtspiel (spielerische Anpassung des Tempos an das Gelände), die Tempowechselmethode (planmäßige Variation der Geschwindigkeit) und die kontinuierliche Dauermethode, bei der ein gleichmäßiges Tempo beibehalten wird. – ↑auch Ausdauertraining.

Dauerwettkampf: in verschiedenen Sportarten übliche Form eines Wettkampfs über große Maßeinheiten (Zeit, Strecke). Sportler, die vorwiegend Dauerwettkämpfe bestreiten, nennt man Dauerleister. Ein Dauerwettkampf bedarf sehr gezielter Trainingsvorbereitung unter ärztlicher Kontrolle. Dauerwettkämpfe sind bekannt in Sportarten wie Leichtathletik (Marathonlauf), Ruder-, Schwimm-, Pferde- und Motorsport, Skilanglauf, Triathlon.

Davis-Pokal [englisch 'deɪvɪs] (Davis-Cup): 1900 aus Anlaß eines Tenniskampfs zwischen den USA und Großbritannien von dem amerikanischen Diplomaten und Tennisspieler Dwight Filley Davis (* 1879, † 1945) gestifteter Wanderpokal aus Silber. Der heute jährlich ausgetragene Wettbewerb um den Davis-Pokal gilt als der bedeutendste internationale Mannschaftswettbewerb für Herren (bis 1904 nahmen nur die USA und Großbritannien teil) im Tennis (Damenmannschaften spielen um den ↑Federation Cup). Es werden jeweils vier Einzelspiele und ein Doppel gespielt. Jede Mannschaft besteht aus mindestens zwei, höchstens vier Spielern. Seit 1981 wird der Gewinner des Davis-Pokals aus einer Liga von 16 Mannschaften nach dem K.-o.-System ermittelt. In jedem Jahr gibt es vier Ab- und vier Aufsteiger. Die Absteiger spielen dann in ihrer zuständigen Regionalzone, die Regionalzonensieger steigen auf. Amerika und Asien bilden jeweils eine, Europa zwei Zonen.

Deckung (Decken): Abwehrmaßnahme in verschiedenen Sportarten. In Mannschaftsspielen ist die Dekkung Aufgabe der Verteidigung, in Kampfsportarten eine Maßnahme zum Schutz des eigenen Körpers vor Treffern des Gegners. In den Mannschaftssportarten unterscheidet man *Manndeckung* (im Basketball: Preßdeckung, Pressing), bei der jeder Vertreidiger einen (konkreten) Gegenspieler abdeckt, und *Raumdekkung* (im Basketball: Zonenverteidigung), bei der jeder Verteidiger für einen bestimmten Raumabschnitt, nicht für einen bestimmten Gegner zuständig ist. Der Abwehrspieler muß den jeweils in „seinem" Raum spielenden Gegner „beschatten".

deduktive Methode ↑Sportmethodik.

Defensivtaktik ↑Taktik.

Degeneration [zu lateinisch degenerare „aus der Art schlagen, entarten"]: allgemein svw. Abnutzung, Rückentwicklung; in der Medizin gebräuchliche Bez. für Veränderungen an Teilen des Skeletts, der Knorpel oder Gelenke, die durch Verschleiß oder Alterserscheinungen entstehen. Sie zeigt sich meist durch Abbau des normalen Gewebes mit Formveränderungen oder Defekten. Wenn Gelenke betroffen sind, führt dies oft zu Schmerzen und Funktionseinschränkungen (↑Arthrose).

Degenfechten ↑Fechten.

DeHofL: Abk. für: ↑**D**eutscher **Ho**chschulausschuß **f**ür **L**eibesübungen.

Dekompressionsphase [zu lateinisch de-, Vorsilbe mit der Bedeutung „weg, ent-, von – weg, ab, herab", comprimere, compressum „zuammendrücken" und griechisch phásis „Erscheinung"]: für Taucher wichtiger Zeitraum des Druckabfalls beim Auftauchen, das langsam erfolgen muß. Unter Wasser besteht ein erhöhter Druck auf den gesamten Körper, der mit zunehmender Tiefe steigt. Dieser Druck führt bei den Gasen, die sich in der Lunge, den Blutgefäßen und anderen Hohlorganen befinden, zu einer Verringerung des Volumens. Bei Dekompression dehnen sich diese Gase wieder aus, was zu gefährlichen Krankheiten führen kann: zu Lungenriß infolge des Überdrucks, zu Trommelfellriß, wenn die Luft nicht aus dem Mittelohr entweichen kann, und zur **Caissonkrankheit:** Die im Blut physikalisch gelösten Gase werden zu größeren Bläschen (z. B. Stickstoff) und führen zu Hautjucken, Gelenkschmerzen, Atemnot, Nervenstörungen bis zur Querschnittslähmung. Bei Tauchtiefen bis 10 m ist keine Dekompressionsphase nötig.

Delphinschwimmen ↑Schmetterlingsschwimmen.

Delphinsprünge: Gruppe von Sprüngen im Wasserspringen, die aus dem Stand rücklings-vorwärts ausgeführt werden. Da sich der Körper nach dem Absprung wieder in Richtung Turm oder Brett dreht, werden die Delphinsprünge auch *Sprünge gegen das Brett* genannt. Der Absprung muß exakt erfolgen, so daß genügend Raum zwischen Brett bzw. Plattform des Turms und Springer liegt, um die Bewegung (z. B. Schraube, Salto) ohne Gefahr der Berührung mit der Absprungfläche ausführen zu können.

Deltasegeln ↑Drachenfliegen.

Demonstrationsprogramm [lateinisch; griechisch]: Rahmenwettbewerbe bei den Olympischen Spielen mit Sportarten, die noch nicht olympisch, aber typisch sind für das Land, in dem die Spiele ausgetragen werden.

Derby ['dɛrbi, englisch 'dɑ:bɪ]: nach dem 12. Earl of Derby, dem Veranstalter des ersten Rennens (1780) benanntes Flachrennen für dreijährige Pferde in Epsom and Ewell; ursprünglich über 1 800 m, seit 1784 über 2 400 m; später wurden Rennen für Dreijährige auch in anderen Ländern Derby genannt, z. B. in Deutschland (seit 1869 in Hamburg-Horn). Der Begriff Derby wurde auch für andere pferdesportliche Wettkämpfe übernommen (Traberderby, Fahrderby, Dressurderby, Springderby), übertragen auch für Wettkämpfe anderer Sportarten von besonderem Interesse (z. B. **Lokalderby,** bei dem zwei Mannschaften aus dem gleichen Ort, der gleichen Region, gegeneinander antreten).

Desensibilisierung [lateinisch]: psychologische Methode der Verhaltensbehandlung, die v. a. zum Abbau von Angstzuständen eingesetzt wird, da manche Sportarten (z. B. Ski- und Motorsport, Kampfsportarten) z. T. auch durch Angstverhalten geprägt sind. Ferner wird die Desensibilisierung angewandt, um den Vorwettkampfzustand des Sportlers möglichst angstfrei zu gestalten. Desensibilisierung wird in Verbindung mit dem ↑autogenen Training und dem ↑mentalen Training eingesetzt.

Dessauer Pentathlon ↑Philanthropen.

Deuce [englisch dju:s] ↑Tennis.

Deutsche Arbeiter-Turn- und Sportbewegung ↑Arbeitersport.

Deutsche Hochschule für Körperkultur (DHfK): 1950 gegründete zentrale Lehr- und Forschungsstätte der Deutschen Demokratischen Republik für Sportlehrer, Trainer und Sportwissenschaftler. Die DHfK untersteht direkt dem Staatssekretariat für Körperkultur und Sport. Sie besitzt das Recht zur Vergabe von Promotionen und Habilitationen; Sitz Leipzig.

Deutsche Hochschule für Leibesübungen (DHfL): 1920 in Berlin gegründetes Institut für Lehre und Forschung auf dem Gebiet der Leibesübungen (ab 1935 unter dem Namen *Deutsche Reichsakademie für Leibesübungen).* Träger war der *Deutsche Reichsausschuß für Leibesübungen.* Titel der Absolventen: Diplomturnlehrer und Diplomsportlehrer. Rektoren waren: 1920–32 August Bier (* 1861, † 1949; ↑auch August-Bier-Plakette) und 1932–35 Ferdinand Sauerbruch (* 1875, † 1951). Die Nachfolgeinstitution der DHfL ist seit 1947 die von Carl Diem (* 1882, † 1962; ↑auch Carl-Diem-Preis, ↑Carl-Diem-Institut) gegründete ↑Deutsche Sporthochschule Köln.

Deutsche Jugendkraft (DJK): 1920 in Würzburg gegründeter katholischer Sportverband (Sitz Düsseldorf) mit den Zielen: Förderung und Organisation des Sports in katholischen Vereinen, Entwicklung gesamtmenschlicher Entfaltung nach der Botschaft Christi sowie Vertretung der Anliegen des Sports in Kirche und Gesellschaft. Die Mitgliedschaft steht allen Menschen (auch Andersgläubigen) offen. Der Verband pflegt enge Beziehungen zum ↑Eichenkreuz, dem evangelischen Sportverband. Beide Verbände tragen wesentlich zur konstruktiven Gestaltung des Verhältnisses von Kirche und Sport bei.

Deutsche Lebens-Rettungs-Gesellschaft e.V. (DLRG): oberste Organisation der Rettungsschwimmer in der Bundesrepublik Deutschland, Spitzenverband im *Deutschen Sportbund* (als außerordentliches Mitglied), gegründet 1913 in Leipzig (Vorläufer war ein Wasserrettungsdienst schon vor 1900), Sitz Bonn. Die DLRG ist eine gemeinnützige Einrichtung, die mit freiwilligen Helfern arbeitet. Ihre Aufgaben sind die Schaffung und

Deutsche Lebens-Rettungs-Gesellschaft e. V. (DLRG)

Förderung aller Möglichkeiten, die der Bekämpfung des Ertrinkungstodes dienen: Förderung des Schulschwimmunterrichts, Ausbildung von Rettungsschwimmern, Organisation des Rettungswachdienstes, Entwicklung und Prüfung von Rettungsgeräten und Rettungseinrichtungen u. a. Die in 14 Landesverbände gegliederte DLRG ist Mitglied des internationalen Fachverbands *Fédération Internationale de Sauvetage et de Sécourisme* (FIS; gegründet 1910, Sitz Paris). Das Übungsgut der DLRG empfiehlt sich zur Aufnahme in den Sportunterricht an Schulen im Rahmen der Schwimmausbildung, da es hier auch um erzieherische Aspekte, v. a. aber um den Einsatz für andere Menschen geht. – ↑auch Rettungsschwimmen.

deutsche Meisterschaft: sportlicher Wettbewerb, dessen Sieger den höchsten nationalen sportlichen Titel **(deutscher Meister)** in der Bundesrepublik Deutschland erwirbt. Der deutsche Meister wird in speziellen Wettkämpfen (z. B. in der Leichtathletik) oder in den jährlichen Spielrunden (z. B. Fußball) ermittelt. Die erste deutsche Meisterschaft fand 1882 im Rudersport statt.

Deutsche Olympische Gesellschaft (DOG): 1951 gegründete gemeinnützige Vereinigung von Freunden und Förderern des Sports, insbesondere der olympischen Idee und des Fair play (Sitz Frankfurt am Main). Die DOG fördert sowohl den Spitzensport als auch den Breiten- und Schulsport. Ihre zentrale Leistung war die Erstellung und Durchführung des „Goldenen Plans für Gesundheit, Spiel und Erholung“ (1961) zur Förderung von Spiel-, Sport- und Freizeitanlagen im kommunalen Bereich. Die DOG hat 1956, 1967 und 1976 Richtlinien zum Sportstättenbau herausgegeben, die mit der kommunalen, der Landes- und der Bundesebene auf seiten der öffentlichen Sportverwaltung sowie mit dem *Deutschen Sportbund* auf seiten der Sportselbstverwaltung abgestimmt wurden. Seit 1978 trägt der *Deutsche Sportbund* die Verantwortung für die Weiterentwicklung eines „qualifizierten Goldenen Plans“. Die DOG arbeitet eng mit dem ↑Nationalen Olympischen Komitee zusammen (gemeinsame Zeitschrift „Olympisches Feuer“).

deutscher Achtkampf ↑Achtkampf.

deutscher Dreisprung ↑Dreisprung.

Deutscher Hochschulausschuß für Leibesübungen (DeHofL): 1921 gegründetes und nach Auflösung 1932 im Jahre 1951 wiedergegründetes Gremium zur Entwicklung von Sport, Sporterziehung und Sportwissenschaft an Hochschulen, v. a. durch Zusammenarbeit mit dem für den Sport zuständigen Bundesinnenministerium bzw. den Landesministerien, dem *Wissenschaftsrat,* der *Westdeutschen Rektorenkonferenz,* der *Deutschen Forschungsgemeinschaft,* der *Stiftung Volkswagenwerk* u. a. Jährlich findet ein Sport- und Spiellehrgang zur Koordinierung entsprechender Maßnahmen statt.

Deutscher Reichsausschuß für Leibesübungen (DRL): 1917 als Nachfolgeorganisation des *Deutschen Reichsausschusses für Olympische Spiele* gegründete Dachorganisation für die meisten Turn- und Sportverbände bis 1925; auch zuständig für die Olympischen Spiele; 1934–38 neugebildet als *Deutscher Reichsbund für Leibesübungen,* 1938–45 als *NS Reichsbund für Leibesübungen* im Nationalsozialismus gleichgeschaltet. 1950 wurde der ↑Deutsche Sportbund die Nachfolgeorganisation für die Bundesrepublik Deutschland und der ↑Deutsche Turn- und Sportbund für die Deutsche Demokratische Republik.

Deutscher Sportbund (DSB): 1950 in Hannover als Nachfolgeorganisation des ↑Deutschen Reichsausschusses für Leibesübungen und der *Arbeitsgemeinschaft Deutscher Sport* (ADS, gegründet 1948) gegründete Dachorganisation, eine

„Gemeinschaft freier Turn- und Sportverbände der Bundesrepublik Deutschland einschließlich Berlin (West)“; Sitz Berlin (Hauptverwaltung in Frankfurt am Main).

Deutscher Sportbund (DSB)

Der DSB setzte sich folgende **Ziele:** Einheit in der Vielfalt des Sports in der Bundesrepublik Deutschland, Selbständigkeit der fachlichen, organisatorischen und finanziellen Kompetenzen der Mitgliedsorganisationen, Idee des Amateursports, Ehrenamtlichkeit und Hauptamtlichkeit als Verwaltungsprinzipien, Freiwilligkeit der Sportausübung, parteipolitische, rassische und religiöse Unabhängigkeit, internationale Zusammenarbeit zur Schaffung von Verständigung und Frieden unter den Völkern (z. B. Verträge mit der Deutschen Demokratischen Republik und anderen osteuropäischen Staaten sowie Engagement in sportspezifischer Entwicklungshilfe). – *Mitgliedsgruppen* des DSB sind: die 11 Landessportverbände (Landessportbünde) der einzelnen Bundesländer, 52 Spitzenverbände (z. B. *Deutscher Skiverband, Deutscher Volleyball-Verband*), 11 Sportverbände mit besonderer Aufgabenstellung (z. B. ↑Allgemeiner Deutscher Hochschulsportverband), 6 Verbände für Wissenschaft und Bildung (z. B. ↑Deutscher Sportlehrerverband) sowie ein Förderverband, die ↑Deutsche Olympische Gesellschaft.

Die **Organe** des DSB sind: Bundestag (die alle zwei Jahre tagende Mitgliederversammlung), Hauptausschuß (tagt mindestens zweimal jährlich) und Präsidium. Das Präsidium setzt sich zusammen aus dem Geschäftsführenden Präsidium (bestehend aus dem Präsidenten, drei Vizepräsidenten, dem Schatzmeister, dem Generalsekretär, dem Präsidenten des *Nationalen Olympischen Komitees* und dem Vorsitzenden der *Stiftung Deutsche Sporthilfe*), dem Ehrenpräsidenten, 7 weiteren Präsidialmitgliedern, die die Bundesausschüsse mit zentralen Aufgaben (Ausbildung, Breitensport, Frauensport, Wissenschaft und Bildung, Rechts-, Sozial- und Steuerfragen, Leistungssport und *Deutsche Sportjugend*) leiten, sowie 9 Ehrenmitgliedern. Ein unabhängiger wissenschaftlicher Beirat berät den DSB in Grundsatzfragen des Sports, der Sporterziehung und -wissenschaft.

Das Grundlagendokument für Funktion und Aufgaben des DSB ist die „Charta des Deutschen Sports“ von 1966, die vier Aufgabenbereiche besonders herausstellt: schulische Leibeserziehung, Breitensport, Leistungssport sowie Sport und Wissenschaft. Die gesamte Arbeit soll im Sinne eines „Programms der Partnerschaft“ geleistet werden.

Im Hinblick auf die schulische Leibeserziehung hat der DSB (mit anderen Partnern) 1956 „Empfehlungen“, 1965 ein „Memorandum“ und 1972 das ↑Aktionsprogramm für den Schulsport erarbeitet. – Der Breitensport hat v. a. durch folgende Maßnahmen seine Gestaltung erfahren: ↑Zweiter Weg des Sports (1959), ↑Trimmaktion (1970) und die Arbeit an einem „qualifizierten Goldenen Plan“ (seit 1978). – Der Leistungssport (mit Bundestrainern, Leistungszentren, Stützpunkten usw.) wird in der „Grundsatzerklärung für den Spitzensport“ (1977) konzeptionell dargestellt. – Der DSB ist Mitträger der 1974 gegründeten *Trainerakademie Köln e. V.* und unterhält seit 1980 die ↑Führungs- und Verwaltungsakademie Berlin des Deutschen Sportbundes zur Aus-, Fort- und Weiterbildung seiner ehrenamtlichen und hauptamtlichen Mitarbeiter.

Deutscher Sportlehrerverband (DSLV): 1949 in Hamburg gegründete, mehrfach umbenannte, seit 1973 jedoch unter diesem Namen arbeitende Interessengemeinschaft von rund 16000 Mitgliedern, die alle Sportlehrer (mit staatlicher oder staatlich anerkannter Prüfung) sowie in Ausbildung befindliche Sportlehrer des schulischen und außerschulischen Bereichs umfaßt. Der DSLV gliedert sich in 11 Landesverbände und Fachverbände (z. B. *Deutscher Skilehrerverband*). Seine Organe sind der Vorstand (Präsident, 6 Vizepräsidenten mit den Ressorts Schulsport, Sport in Lehre und Forschung, Fachverbände und Sportlehrer im außerschulischen Bereich, Lehrerfortbildung, Haushalt und Finanzen sowie Publikationen und Öffentlichkeitsarbeit), der Hauptvorstand und die Bundesversammlung; Sitz Frankfurt am Main (Geschäftsstelle in Wetzlar). Das offizielle Verbandsorgan ist die Monatsschrift „sportunterricht“). – Wesentliche Aufgaben des DSLV sind konzeptionelle Arbeit zur Entwicklung von Sport, Sporterziehung und Sportwissenschaft, Förderung des Schulsports, Verwirklichung sportpädagogischer Aspekte auch im außerschulischen Sport, Aus-, Fort- und Weiterbildung der Mitglieder, Interessenvertretung in beruflicher und sozialer Hinsicht, Sicherstellung einer an der Berufspraxis des Sportlehrers orientierten sportwissenschaftlichen Forschung und Lehre sowie Zusammenarbeit mit den entsprechenden Gremien und Organisationen des Sports, der Sporterziehung und der Sportwissenschaft. Der DSLV ist einer der beiden Trägerverbände des ↑Ausschusses Deutscher Leibeserzieher.

Deutscher Turn- und Sportbund (DTSB): 1957 gegründete Dachorganisation für den Sport in der Deutschen Demokratischen Republik mit dem Ziel, durch Förderung von Sport und Körperkultur die sozialistische Gesellschaftsordnung verwirklichen zu helfen (Entwicklung einer Volksbewegung, von sportlichen Höchstleistungen und einer sozialistischen Erziehung). Der DTSB arbeitet eng mit dem Staatssekretariat für Körperkultur und Sport des Ministerrats der Deutschen Demokratischen Republik zusammen. Er ist zentral aufgebaut und gelenkt (Präsidium und Bundesvorstand). Die Arbeit des DTSB ist in den Grundeinheiten Betriebs- und Dorfsportgemeinschaften sowie Hochschul- und Fachschulsportgemeinschaften organisiert. Der DTSB hat Kontakt zum *Deutschen Sportbund* (z. B. Festlegung des Veranstaltungskalenders für Sportwettbewerbe zwischen Mannschaften aus der Deutschen Demokratischen Republik und der Bundesrepublik Deutschland).

Deutsches Jugendsportabzeichen: seit 1925 (für Jungen) bzw. 1927 (für Mädchen) – heute vom *Deutschen Sportbund* – verliehene Auszeichnung für das erfolgreiche Bestehen einer sportlichen Vielseitigkeitsprüfung, bei der aus fünf Gruppen sportlicher Übungen innerhalb eines Kalenderjahres je eine Bedingung erfüllt werden muß. Die fünf Gruppen sind: Gruppe I: 200-m-Schwimmen; Gruppe II: Hoch- bzw. Weitsprung; Gruppe III: 75- bzw. 100-m-Lauf; Gruppe IV: Kugelstoß, Schlagball-, Wurfball-, Vollball-, Schleuderballweitwurf, 100-m-Schwimmen; Gruppe V: 1000-, 1500-, 2000-, 3000-m-Lauf, Radfahren über 20 km, 400- bzw. 600-m-Schwimmen, 5-, 8- oder 10-km-Skilanglauf. Darüber hinaus gibt es Wahlangebote für die einzelnen Gruppen. Das Deutsche Jugendsportabzeichen wird in vier Klassen vergeben: Bronze (13–14 Jahre), Bronze mit Silberkranz (15–16 Jahre), Silber (17 Jahre), Gold (wenn die Abzeichen aller Klassen erworben sind und mindestens zwei erfolgreiche Wiederholungen vorliegen; ↑auch Europa-Sportabzeichen). – Behinderte Jugendliche können das Deutsche Jugendsportabzeichen unter Behindertenbedingungen erwerben.

Deutsche Sporthilfe ↑Stiftung Deutsche Sporthilfe.

Deutsche Sporthochschule Köln (DSH): 1947 als „Sporthochschule Köln“ von Carl Diem (* 1882,

† 1962) in Köln gegründete Nachfolgeinstitution der ↑ Deutschen Hochschule für Leibesübungen. 1970 erhielt die DSH den Status einer sportwissenschaftlichen Hochschule des Landes Nordrhein-Westfalen mit Promotions- (Dr. Sportwiss.) und Habilitationsrecht. Die DSH bildet v.a. Diplomsportlehrer und Lehramtskandidaten für das Fach Sport aus, darüber hinaus gibt es eine Reihe von Sonderausbildungen (z.B. Fußballehrerausbildung des *Deutschen Fußball-Bundes*). Die DSH ist die größte sportwissenschaftliche Hochschuleinrichtung der Bundesrepublik Deutschland mit modernen Sportstätten und Einrichtungen für die sportwissenchaftliche Lehre und Forschung, die auch im Ausland hohes Ansehen genießt (Studierende aus 55 Nationen). Zusammen mit dem ↑ Bundesinstitut für Sportwissenschaft, der ↑ Trainerakademie und dem (ebenfalls für Köln) geplanten *Deutschen Sportmuseum* bildet die DSH ein Zentrum für Lehre und Forschung im Sport. Die vergleichbare Institution in der Deutschen Demokratischen Republik ist die ↑ Deutsche Hochschule für Körperkultur.

Deutsche Sportjugend (DSJ): Jugendorganisation des *Deutschen Sportbundes* (seit 1950). Sie vertritt auf Bundesebene rund 7 Millionen Kinder und Jugendliche, die von Sportvereinen der im *Deutschen Sportbund* zusammengeschlossenen Mitgliedsorganisationen betreut werden. Die DSJ ist heute die größte Jugendorganisation in der Bundesrepublik Deutschland.

In der „Jugendordnung des DSJ" von 1974 sind die Ziele der DSJ festgelegt: Beitrag zur Persönlichkeitsbildung, Förderung des sozialen Verhaltens, Anregung zu gesellschaftlichem Engagement, Weckung der Bereitschaft zur internationalen Verständigung. Die DSJ versteht die Jugendarbeit im Sport als grundsätzlich allen Kindern und Jugendlichen offenstehende Bildungsarbeit.

Die DSJ ist auf Kreis-, Landes- und Bundesebene organisiert. Sie koordiniert und vertritt v.a. die Interessen der sporttreibenden Jugend gegenüber anderen Jugendorganisationen und den zuständigen Behörden. Sie wirkt mit bei der Entwicklung zeitgemäßer jugend- und bildungspolitischer Konzepte und bemüht sich dabei auf allen Ebenen um partnerschaftliche Zusammenarbeit mit anderen gesellschaftlichen Gruppen, Trägern der Jugendhilfe, gesetzgebenden Organen und politischen Parteien. – Auf Bundesebene bestehen folgende Ressorts: internationale Jugendarbeit, Lehrarbeit, allgemeine Jugendarbeit, Jugendpolitik und Öffentlichkeitsarbeit. Die Organe der DSJ werden auf Bundesebene von den Delegierten der 71 Mitgliedsorganisationen gewählt. Der Vorsitzende der DSJ ist Mitglied im Präsidium des Deutschen *Sportbundes*.

Deutsche Sportkonferenz (DSK): 1970 gegründetes Gremium zur Koordination von Fördermaßnahmen auf staatlicher (Bund, Länder, Gemeinden) und sportlicher Ebene anhand von Empfehlungen. Seit 1978 hat die DSK folgende Mitglieder: Bund (1), Länder (4), kommunale Spitzenverbände (3), Parteien des Deutschen Bundestags (4), Sport (12). Die Geschäftsführung liegt beim *Deutschen Sportbund*. Ein Lenkungsausschuß bereitet die mindestens einmal jährlich stattfindenden Sitzungen vor. Einige Bundesländer haben analog zur DSK sogenannte Landessportkonferenzen gebildet.

Deutsches Schülersportabzeichen: seit 1969 vom *Deutschen Sportbund* verliehene Auszeichnung für vielseitige sportliche Leistungen von Schülern im Alter von 8 bis 12 Jahren. Aus fünf Übungsgruppen (I: 50-m-Schwimmen; II: Hoch- oder Weitsprung; III. 50- oder 75-m-Lauf; IV: Schlagball- oder Wurfballweitwurf; V: 600-m-, 800-m- oder 4-km-Skilanglauf) ist (mit Ausnahme des Schwimmens) jeweils eine Übung zu wählen. Darüber hinaus gibt es zusätzliche Wahlangebote aus dem Geräteturnen. Das Deutsche Schülersportabzeichen wird in den drei Klassen Bronze (8–10 Jahre), Silber (11–12 Jahre) und Gold (nach Erwerb von Bronze und Silber und Bestehen einer weiteren Wiederholungsprüfung) vergeben.

Deutsches Sportabzeichen: 1912 von Carl Diem (* 1882, † 1962) nach schwedischem Vorbild eingeführte (1921 auch für Frauen), heute vom *Deutschen Sportbund* verliehene Auszeichnung für eine Vielseitigkeitsprüfung im Sport, die seit 1958 auch als staatliches Ehrenzeichen anerkannt ist. Innerhalb eines Kalenderjahres ist aus fünf für Männer und Frauen verschieden zusammengestellten Gruppen sportlicher Übungen je eine Bedingung zu erfüllen. Darüber hinaus bestehen zusätzliche Wahlangebote. Die Vergabe des Deutschen Sportabzeichens erfolgt in drei Klassen: Bronze (Herren 18–31, Damen 18–27 Jahre), Silber (Herren 32–39, Damen 28–34 Jahre) und Gold (Herren ab 40, Damen ab 35 Jahren). Wiederholungen in fünf aufeinanderfolgenden Kalenderjahren werden mit besonderem Goldabzeichen geehrt. Das Deutsche Sportabzeichen kann auch unter Behindertenbedingungen erworben werden.

Deutsches Sportabzeichen

Deutsches Turnfest ↑ Turnfeste.

Deutsche Turnschule: 1959 gegründete Einrichtung des *Deutschen Turner-Bundes* (Sitz Frankfurt am Main) mit folgenden Funktionen: Ausbildungslehrgänge für verschiedene Bereiche des Turnens, einjährige Lehrgänge zur Ausbildung als staatlich geprüfter Turn- und Sportlehrer im freien Beruf sowie Schulung der Leistungskader in Zusammenarbeit mit einem angeschlossenen Bundesleistungszentrum.

Deutsche Vereinigung für Sportwissenschaft (DVS): 1976 gegründete Organisation zur Förderung der Sportwissenschaft in der Bundesrepublik Deutschland mit folgenden Aufgaben: Forschung, Informationsvermittlung, Abgabe von Stellungnahmen, Entwicklung sportwissenschaftlicher Hochschuleinrichtungen, Nachwuchsförderung, Schaffung einer angemessenen Personalstruktur sowie Vertretung im nationalen und internationalen Bereich. Die DVS ist zusammen mit dem *Deutschen Sportlehrerverband* Trägerin des Ausschusses Deutscher Leibeserzieher. Zentrale Veranstaltung der DVS sind die in der Regel jährlich stattfindenden sportwissenschaftlichen Hochschultage.

Deviation [zu lateinisch deviare „vom Weg abgehen"] (Ablenkung): Abweichung der Magnetnadel eines Magnetkompasses von der magnetischen Nordrichtung, verursacht durch bordeigene magnetische Störfelder. Die Deviation ist abhängig vom Kurs und vom geographischen Ort eines Schiffes und ändert sich mit der Zeit. Sie wird gemessen als Winkel zwischen mißweisend Nord und Kompaßnord und muß anhand von für jedes Schiff (meist für ein Jahr) individuell erstellten Deviationstabellen kompensiert werden.

DFB-Vereinspokal (DFB-Pokal): 1935–43 und seit 1953 vom *Deutschen Fußball-Bund* an den Sieger einer nach dem K.-o.-System durchgeführten Ausscheidungsrunde, an der Fußballvereine aus allen Ligen teilnehmen, vergebener Pokal. Die Spielpaarungen werden für jede Runde neu ausgelost. Der Gewinner des DFB-Vereinspokals ist dann auch der Vertreter der Bundesrepublik Deutschland im Europapokal der Pokalsieger (↑ Fußball), es sei denn, er ist gleichzeitig Gewinner der deutschen Meisterschaft. In diesem Fall nimmt der Zweite teil.

DHfK: Abk. für: ↑**D**eutsche **H**ochschule **f**ür **K**örperkultur.

DHfL: Abk. für: ↑**D**eutsche **H**ochschule **f**ür **L**eibesübungen.

Diastole [griechisch „das Auseinanderziehen, das Ausdehnen"]: Entspannungsphase des Herzens, während der sich die Herzkammern wieder erweitern und Blut in sich aufnehmen. Vor und nach jeder Diastole findet eine ↑Systole statt, in der Blut ausgepumpt wird. In der Diastole läuft Blut aus den Körper- bzw. Lungenvenen und aus den Vorhöfen des Herzens in die Kammern und dehnt diese, bis die nächste Anspannung des Herzmuskels die ventilartigen Klappen zu den Vorhöfen wieder schließt.

Diätetik [zu griechisch díaita „Lebensweise; Diät"]: die Lehre von der vernünftigen körperlichen und seelisch-geistigen Lebensweise, die bereits im antiken Griechenland ein Teilbereich der Medizin war, der sich allerdings nicht unmittelbar mit der Therapie bestimmter Krankheiten befaßte, sondern – darin vergleichbar der heutigen Präventivmedizin – allgemeine Empfehlungen für eine gesunde Lebensweise gab, z. B. hinsichtlich der Ernährung, des Wach- und Schlafrhythmus, der Körperpflege und Gymnastik. Heute wird Diätetik im engeren Sinn als Lehre von der richtigen Ernährung, v. a. bei Krankheiten, verstanden.

Diplomsportlehrer (Diplomsportlehrerin): Berufsbezeichnung – im Unterschied zum Sportlehrer an Schulen, der in mindestens einem weiteren Schulfach die Lehrqualifikation erwerben muß – für Absolventen eines sechs- bis achtsemestrigen Studiums an der *Deutschen Sporthochschule Köln,* im Fachbereich Sport der Universität Mainz, der Technischen Universität München oder der Universität des Saarlands. Seit 1969 vertritt die *Vereinigung der Diplomsportlehrer e. V.* (Sitz Essen) als Berufsorganisation die Interessen der Diplomsportlehrer. Diplomsportlehrer sind vorwiegend im außerschulischen Bereich tätig. In jüngster Zeit werden an zahlreichen sportwissenschaftlichen Hochschuleinrichtungen neue außerschulische, sportspezifische Berufsausbildungen konzipiert, die z. T. auch die Bezeichnung Diplomstudiengang tragen und als Berufsbezeichnung bislang große Unterschiede zeigen, so z. B. Diplomsportwissenschaftler, Diplomsportologe, Diplomsportwirt u. a. Ziel dieser Konzeption ist eine Ausweitung des Berufsbilds des Diplomsportlehrers auf den nicht lehrbezogenen außerschulischen Bereich (z. B. Verwaltung, Wirtschaft, Massenmedien).

Direktspiel: in Ballspielen das unmittelbare Weiterleiten des Balles mit Fuß, Kopf, Hand, Körper oder Schläger, ohne ihn zuvor anzuhalten.

Diskuswurf (Diskuswerfen) [griechisch dískos „Scheibe"]: Disziplin der Leichtathletik, bei der im Schleuderwurf eine Scheibe (der Diskus) aus einem Wurfkreis heraus geworfen wird.

Das **Gerät,** der *Diskus,* ist eine im

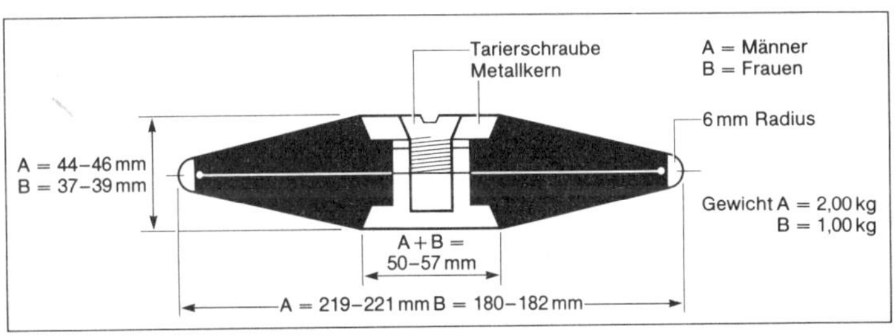

Diskuswurf. Aufbau und Maße des Diskus

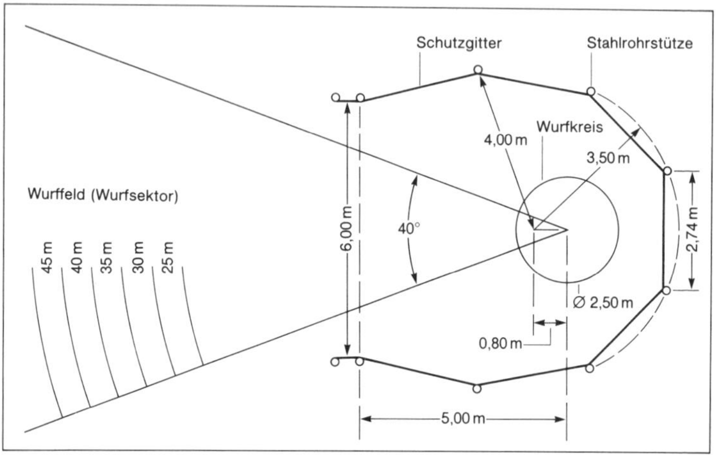

Diskuswurf. Wurfanlage

Querschnitt etwa linsenförmige Holzscheibe mit einem Metallkern, die mit einem Metallreifen (Radius der Reifenstärke 6 mm) eingefaßt ist. Im Mittelpunkt des Metallkerns (Metallplatten mit einem Durchmesser von 50–57 mm) befindet sich eine Schraube, mit deren Hilfe das Gewicht des Diskus austariert werden kann. Querschnitt und Metallkern verleihen dem Diskus aerodynamische Eigenschaften, so daß Aufwind und (für den Diskuswurf günstig!) Gegenwind optimal genutzt werden können. Der Diskus für Männer hat einen Durchmesser von 22 cm (für Frauen 18 cm), ein Gewicht von 2 kg (für Frauen 1 kg) und eine Dicke im Mittelpunkt von 44–46 mm (für Frauen 37–39 mm).

Die **Sportstätte** besteht aus einem Wurfkreis mit Schutzgitter und einem Wurffeld. Der *Wurfkreis* hat einen Durchmesser von 2,50 m und ist von einem 70–80 mm breiten und 6 mm dicken Metallring (Kreisring) eingefaßt, der so in den Boden eingelassen ist, daß seine Oberkante mit dem Boden außerhalb des Rings bündig abschließt. Die Kreisfläche ist 20 mm tief in den Boden eingelassen und mit Beton, Asphalt oder einem ähnlich griffigen Material ausgegossen. Ein 4 m hohes, in Wurfrichtung 6 m weit offenes *Schutzgitter* umgibt aus Sicherheitsgründen den Wurfkreis. Das *Wurffeld* (Wurfsektor) ist ein Kreissektor, der sich vom Mittelpunkt des Wurfkreises aus in einem Winkel von 40° in

Diskuswurf. Bewegungsablauf

Wurfrichtung öffnet. Zwischen den Sektorenlinien sind auf dem Wurffeld in einem Abstand von 5 m Kreisbögen markiert.
Regeln (Auswahl): Bei einem Wettkampf hat ein Diskuswerfer in der Regel drei Versuche. Die in einem gültigen Versuch erzielte größte Weite wird gewertet. Als ungültiger bzw. Fehlversuch gelten: Berühren der Kreisringoberkante bzw. des Bodens außerhalb des Wurfkreises mit irgendeinem Körperteil, Fallenlassen des Diskus, regelwidriges Verlassen des Wurfkreises (der Kreis darf nur aus sicherem Stand gegen die Wurfrichtung verlassen werden, nachdem der Diskus auf dem Wurffeld aufgetroffen ist), Diskus landet außerhalb des Wurffelds. Die Weitenmessung eines Wurfs erfolgt von der hinteren Einschlagstelle des Diskus (Nullpunkt) auf der Radiallinie bis zur Kreisringinnenkante (Ablesepunkt der erzielten Weite). Die Weite wird auf gerade Zentimeter abgerundet.
Technik: Der Diskuswurf zählt zu den technisch schwierigsten Disziplinen der Leichtathletik. Voraussetzungen zur Beherrschung der Technik sind gründliche Kenntnisse der physikalischen Gesetzmäßigkeiten des Diskusflugs (z. B. Berücksichtigung von Anstell- und Abflugwinkel in Abhängigkeit von den jeweils herrschenden Windverhältnissen) sowie die Fähigkeit zur Koordination von Sprung-, Dreh- und Wurfbewegungen zu einem optimalen Gesamtbewegungsablauf. Die heute übliche Sprungwurftechnik verläuft in vier Phasen: 1. *Anschwung:* Der Werfer steht mit leicht gegrätschten Beinen und mit dem Rücken zum Wurffeld am hinteren Rand des Kreisrings. Der Diskus liegt so im Handteller der Wurfhand, daß nur die vordersten Fingerglieder auf dem Diskusrand liegen und der Schwerpunkt des Diskus sich zwischen Zeige- und Mittelfinger befindet. Der Anschwung ist ein mehrmaliges pendelartiges Führen des Diskus nach vorn oben und hinten unten, das als Ausholbewegung für die anschließende Drehbewegung dient. 2. *Drehung:* Die Drehung ist eine sprungartige 1¾fache Körperdrehung um die Kreismitte in Wurfrichtung, die der Wurfbeschleunigung dient. 3. *Abwurf:* Der Diskus verläßt in Schulterhöhe in günstigem Anstell- und Abflugwinkel mit höchster Abwurfgeschwindigkeit die Wurfhand so, daß er ruhig und ohne zu flattern fliegt. 4. *Abfangen:* Durch ein sprunghaftes Umsetzen der Füße wird die Körperbewegung aufgefangen, um ein Übertreten des Wurfkreises zu vermeiden.
Geschichte: Diskuswerfen wird schon von Homer in „Ilias" und „Odyssee" erwähnt. Als Disziplin des Fünfkampfs (Pentathlon) wurde es 708 v. Chr. in die antiken Olympischen Spiele aufgenommen. Seit Bestehen der modernen Olympischen Spiele (1896) gehört der Diskuswurf zum olympischen Programm. Noch 1896 wurde der Diskus im griechischen Stil, d. h. aus dem Stand geworfen. Nach 1896 entwickelte der Tschechoslowake F. Janda den Wurf aus einer 1½fachen Drehung („Janda-Spirale"). Die Entwicklung im Diskuswurf verdeutlicht ein Vergleich der Weltrekorde: *Männer:* 1. offizieller Weltrekord (1912): 47,58 m, heute gültiger Weltrekord (1986): 74,08 m; *Frauen:* 1. offizieller Weltrekord (1936): 48,31 m, heute gültiger Weltrekord (1984): 74,56 m. – Das Diskuswerfen ist im Rahmen der Leichtathletikverbände (↑ Leichtathletik) organisiert.

Disqualifikation [französisch; von lateinisch dis- „auseinander; fort-, weg-, un-" und mittellateinisch qualificatio „Befähigung"]: Sanktionsmaßnahmen gegen einzelne Sportler oder eine Mannschaft vor, während oder nach einem Wettkampf in Form von *Nichtzulassung* zu einem Wettbewerb wegen eines Verstoßes gegen Wettkampfbestimmungen (z. B. falsches Körpergewicht beim Gewichtheben), *Herausnahme* (Ausschluß) aus einem laufenden Wettkampf wegen grob regelwidrigen oder unsportlichen Verhaltens (z. B. Feldverweis im Fußball, angezeigt durch eine rote ↑ Karte, Matchstrafe im Eishockey) oder *Aberkennung* einer Leistung nach dem Wettkampf wegen eines nachträglich festgestellten Fehlers im Wettkampfverlauf (z. B. Torfehler im alpinen Skilauf) oder wegen Dopings.

Distanz [zu lateinisch distare „auseinander stehen"]: 1. *allgemein* der räumliche oder leistungsmäßige („den Gegner distanzieren") Abstand zwischen Konkurrenten; – 2. bei *Lauf-* und *Rennwettbewerben* die zurückzulegende Strecke; – 3. beim *Boxen* a) der durch die Reichweite der Arme bestimmte Abstand zwischen den Boxern, b) die Gesamtzeit der für einen Kampf angesetzten Runden („über die volle Distanz gehen"); – 4. im *Schießsport* die Entfernung zwischen Schußlinie (Standort des Schützen) und Ziel.

Distorsion [lateinisch]: Verdrehung, Verrenkung, Verstauchung. Wird ein Gelenk durch äußere Gewalteinwirkung über seine natürlichen Bewegungsmöglichkeiten hinaus beansprucht, führt dies zu einer Dehnung (Zerrung) der Bänder (↑ Bandapparat) oder sogar zu deren ↑ Riß. Betroffen sind bei Sporttreibenden häufig die Sprunggelenke der Füße (z. B. bei Fußballspielern) oder der Knie (z. B. bei Skiläufern).

Disziplin [lateinisch „Schule, Wissenschaft; schulische Zucht"]: 1. Bez. für einen Teilbereich einer Sportart (z. B. Hochsprung als Disziplin der Leichtathletik); – 2. die Einhaltung der Regeln einer Sportart und der sportlichen Fairneß.

Disziplinarverfahren [zu ↑ Disziplin]: Verhandlung nach Ausschluß eines Sportlers aus einem Wettbewerb vor dem Sportgericht des zuständigen Fachverbands, um über eine weitere Bestrafung des Sportlers zu befinden (z. B. Verhängung einer ↑ Sperre).

DJK: Abk. für: ↑ **D**eutsche **J**ugend**k**raft.

DLRG: Abk. für: ↑ **D**eutsche **L**ebens-**R**ettungs-**G**esellschaft e. V.

DOG: Abk. für: ↑ **D**eutsche **O**lympische **G**esellschaft.

Dokumentation und Information des Sports: systematische Sammlung und Weitergabe von Daten einschließlich ihrer Erschließung, Aufbereitung, Systematisierung, Klassifizierung und Referierung aus dem Bereich des Sports, z. B. Sportliteratur, audiovisuelle Medien, Forschungsobjekte und Daten von Spitzensportlern (↑ Sportinformatik).

Dolle [niederdeutsch]: Kunststoff- oder Metallgabel an der Bordwand eines Ruderboots zur Aufnahme und Führung von Skulls oder Riemen. Die Dolle ist durch den Dollenstift drehbar mit dem ↑ Ausleger verbunden (Drehdolle).

Doping ['dɔ..., 'do:...; englisch, zu dope „zähe Flüssigkeit, Narkotikum" (über niederländisch doop „Soße" letztlich zu dem Zuluwort doop, das einen bei Kulthandlungen verwendeten, stark stimulierenden Schnaps bezeichnet)] (Dopen): der das Gleichheitsprinzip verletzende und daher unfaire, oft auch gesundheitsschädliche Versuch, die sportliche Leistung mit stofflichen Mitteln, die dem Organismus normalerweise nicht zugeführt werden (Dopingmittel), zu steigern. Erste Dopingfälle sind bereits in der 2. Hälfte des 19. Jahrhunderts, v. a. im Radsport bekannt. 1886 gab es den ersten Todesfall eines gedopten Radfahrers, dem bis in die 1960er Jahre hinein weitere folgten. Dies führte zu staatlichen Maßnahmen gegen das Doping, zu sogenannten **Antidopinggesetzen,** in einigen Ländern (1962 Österreich, 1965 Frankreich und Belgien), zu Initiativen internationaler Organisationen (z. B. durch den Europarat 1963, das *Internationale Olympische Komitee* 1968 und zahlreiche internationale Fachverbände) sowie von nationalen Dachorganisationen (z. B. *Deutscher Sportbund* 1977). Automatische Dopingkontrollen werden bei internationalen Sportveranstaltungen seit 1966 regelmäßig durchgeführt, seit 1968 auch bei Olympi-

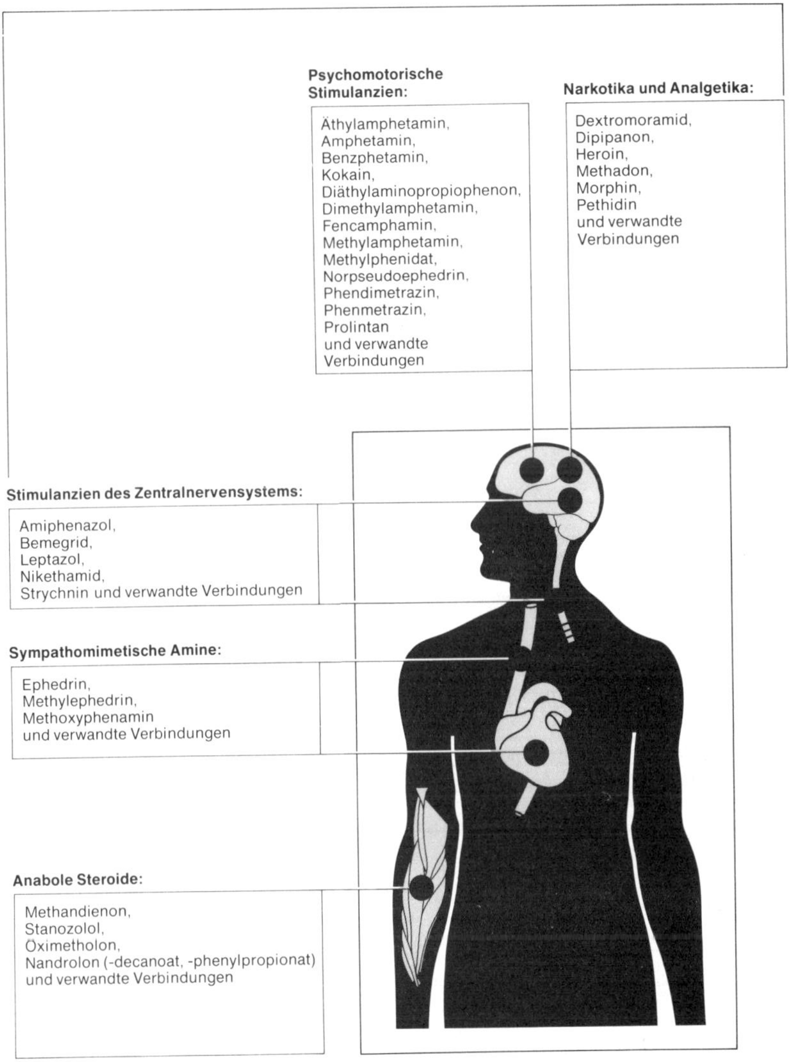

Doping. Dopingmittel und ihre Hauptangriffspunkte im Körper (diese Liste der Dopingmittel wurde von der Medizinischen Kommission des Internationalen Olympischen Komitees für die Olympischen Spiele in Montreal 1976 erstellt)

schen Spielen. Richtungweisend für die Kontrollmethoden (Untersuchung hauptsächlich von Harnproben mit den Mitteln der Gas- und Dünnschichtchromatographie und der Massenspektrometrie) sind heute die Vorschriften der *Medizinischen Komission* des *Internationalen Olympischen Komitees,* die erstmals 1972 bei den Olympischen Spielen in München angewandt wurden. Die internationalen Fachverbände, das *Internationale Olympische Komitee* und der *Deutsche Sportbund* führen laufend aktualisierte verbindliche Verbotslisten aller *Dopingmittel.* Diese sind in fünf Gruppen (Stoffklassen) eingeteilt: 1. *psychomotorische Stimulanzien* (Wirkung u.a.: gesteigerte Erregbarkeit und Aktivität des Sympathikus, v.a. im Herz-Kreislauf-System, psychovegetative Enthemmung, Euphorie, Überspielung des Müdigkeitsgefühls; Gefahren u.a.: Abbau von natürlichen Schutzbarrieren gegen Überlastung, dadurch Überlastungsschäden mit plötzlichem Leistungsabfall, gegebenenfalls mit Kollaps und tödlichen Folgen), 2. *sympathomimetische Amine* (Wirkung u.a.: zentral stimulierend, Herzerregung, Gefäßverengung; Gefahren u.a.: Blutdruckanstieg, Herzrhythmusstörungen), 3. *Stimulanzien des Zentralnervensystems* (Wirkung u.a.: Verbesserung von Kraft und Schnelligkeit; Gefahren u.a.: Muskelzuckungen und Krämpfe der Skelettmuskulatur), 4. *narkotische Analgetika* (Wirkung u.a.: auf Zentralnervensystem und Zwischenhirn, Linderung von Schmerzzuständen, Euphorie; Gefahren u.a.: bei bereits leicht vorgeschädigtem Bewegungsapparat ernste Wettkampfschäden [Muskel-, Sehnenrisse, Knochenbrüche] durch Fortfall der bewegungsfeindlichen Schmerzhemmung), 5. *anabole Steroide* (↑ Anabolika). In einigen Sportarten (z.B. Schießsport, moderner Fünfkampf) gelten auch *Alkohol* und *Sedativa* (Beruhigungsmittel) als Dopingmittel, seit 1984 generell auch *Koffein.* Zur Aufnahme eines Stoffes in die Dopingliste müssen bestimmte Bedingungen erfüllt sein: Die leistungssteigernde Eigenschaft des Stoffes muß nachgewiesen sein, es muß die Wahrscheinlichkeit bestehen, daß er sich zur Verfälschung von Wettkampfergebnissen eignet, er muß toxische Wirkung haben, er muß nachweisbar sein, u.a. Nicht nur an der Schwierigkeit, das Vorliegen solcher Voraussetzungen zweifelsfrei nachzuweisen, wird die schwierige medizinische Problematik der Dopingfrage deutlich. Darüber hinaus gibt es einen Grenzbereich, wenn z.B. eine notwendige und ärztlich verantwortete medikamentöse Therapie mit indizierten Mitteln erfolgt, ohne daß eine wettkampfverfälschende Leistungssteigerung angezielt ist. Ferner kann auch einer Sportlerin die Einnahme der Antibabypille schlechterdings nicht verboten werden, auch wenn diese eine die Schnellkraft steigernde Wirkung haben kann. Das sogenannte **Blutdoping,** die Infusion von 1 l körpereigenen Bluts vor dem Wettkampf, das dem Sportler zuvor entnommen und konserviert wurde, zählt nicht als Doping. Umstritten sind auch leistungssteigernde psychologische Maßnahmen (Versuche haben gezeigt, daß mit der Verabreichung von Placebos [unwirksame Scheinpräparate] ähnliche Erfolge erzielt werden können wie mit echten Dopingmitteln).

Zu verwerfen sind Dopingmaßnahmen jedoch nicht nur aus medizinischen Gründen, sondern nicht zuletzt auch wegen der *Mißachtung* jeglicher *sportethischer Prinzipien.* Dies zeigen bereits die Motive, die zur Einnahme (durch den Sportler selbst) bzw. zur Verabreichung (durch Betreuer, Arzt, Trainer, Masseur u.a.) von Dopingsubstanzen führen: übertriebener Ehrgeiz, Überschätzung des Siegesruhms, Erwartung eines unverhältnismäßig hohen sozialen und kommerziellen Lohns für sportlichen Erfolg, der Wunsch, diese Ziele möglichst bequem, d.h. unter Vermeidung des im heutigen

Hochleistungssport unerläßlichen immensen Trainingsaufwands, Prestigestreben von Sponsoren, Firmen, Verbänden, Nationen und Gesellschaftssystemen u. a., sowie auch die leichtfertige Manipulation am Menschen. Gerade aus solchen sportethischen Überlegungen heraus sollten die Probleme des Dopings auch im schulischen Sportunterricht nachdrücklich thematisiert werden. Auch im *Pferdesport* ist die Verabreichung von leistungsbeeinflussenden Mitteln an die Tiere verboten.

Doppel: in den Rückschlagspielen (z. B. Badminton, Tennis, Tischtennis) eine Mannschaft, die aus zwei Spielern besteht. Es gibt drei Formen: Herrendoppel, Damendoppel und gemischtes Doppel (**Mixed:** ein Herr, eine Dame).

Doppelfehler: 1. im *Volleyball* gleichzeitige Fehler zweier Gegner (die Aufgabe wird wiederholt); – 2. im *Tennis* zweiter fehlerhafter Aufschlag (Punkt für den Gegner).

Doppelpaß: Angriffskombination im Fußball, zweimaliger, unmittelbar hintereinander erfolgender Ballwechsel zwischen denselben Spielern, meist im gegnerischen Strafraum oder in dessen Nähe, mit dem Ziel, die gegnerische Verteidigung auszuspielen und so die Chance für einen Torerfolg zu erhöhen.

Doppelrunde: Wettkampfsystem in den Ballspielen, bei dem sich zur Ermittlung der Meisterschaft jede Mannschaft in einem Heim- und einem Auswärtsspiel mit jeder Mannschaft mißt.

Doppelschlag: 1. Fehler im *Volleyball,* wenn derselbe Spieler den Ball zweimal hintereinander berührt; – 2. im *Boxen* das Ausführen zweier Schläge mit derselben Hand unmittelbar nacheinander (Doublette).

Doppelsieger: 1. ein Sportler (ein Team), der in einer Sportveranstaltung zwei Siege (z. B. im 100-m- und 200-m-Kraulschwimmen) erringt; – 2. Ehrentitel bei den antiken Olympischen Spielen für den Athleten, der an einem Tag sowohl das Ringen als auch den Allkampf (Pankration) gewann.

Doppelzugatmung: Atemtechnik beim Schwimmen, bei der jeweils nur nach jedem zweiten Armzug eingeatmet wird. Zwischendurch bleibt der Kopf in einer möglichst strömungsgünstigen Position im Wasser (↑ auch Dreierzugatmung).

Drachenfliegen (Deltasegeln, Hängegleiten): um 1960 in den USA entwickelte Flugsportart, bei der man mit einem Fluggerät gleitend durch die Luft schwebt. Das Fluggerät *(Hängegleiter, Deltasegler, Drachen)* wurde 1948 konstruiert mit der ursprünglichen Absicht, Raumflugkörper sicher zur Erde zu bringen. Es besteht aus einem deltaförmigen, von einem Aluminiumgerüst gehaltenen Tragsegel (Fläche: 16–24 m^2) und einem durch Stahlseile mit den Enden des Quer- und Längsholms verbundenen Steuertrapez. Der in Gurten hängende (liegende, sitzende) Pilot kann durch Bewegen des Trapezes Anstellwinkel und Seitenlagen des ungefähr 18–20 kg schweren Fluggeräts variieren, bei manchen Geräten aber auch mit Höhen-, Seiten- und Querruder steuern. Gestartet wird von Bergkanten oder Abhängen. Aufgrund zahlreicher (z. T. tödlicher) Abstürze muß bei

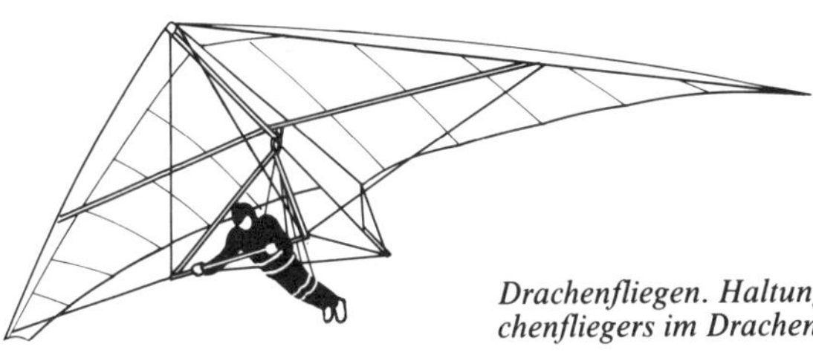

Drachenfliegen. Haltung des Drachenfliegers im Drachen

mehr als 100 m Höhenunterschied zwischen Start und Ziel ein Fallschirm getragen werden. Außerdem schreiben die 1978 erlassenen Richtlinien des Bundesverkehrsministeriums einen Befähigungsnachweis für Piloten vor, der von den Verbänden des *Deutschen Aero Clubs* ausgestellt wird, sowie eine technische Prüfung der Flugdrachen und eine Haftpflichtversicherung. Drachenflieger (Mindestalter 16 Jahre) dürfen darüber hinaus nur auf einem zugelassenen Gelände starten und die Flughöhe von 150 m nicht überschreiten. – Wettbewerbe werden in den beiden Klassen FAI-Klasse 1 (Steuerung nur durch Gewichtsverlagerung) und FAI-Klasse 2 (Steuerung durch Gewichtsverlagerung und Höhen-, Seiten- und Querruder) als Streckenflug, Dreiecksflug, Zielrückkehrflug, Zeitflug mit Ziellandung und Zielflug mit Umrundung von Wendepunkten ausgetragen. Gewertet wird in Punkten. Weltmeisterschaften werden seit 1975, deutsche Meisterschaften seit 1976 ausgetragen. – Das Drachenfliegen untersteht den nationalen Aeroclubs mit speziellen Hängegleiterorganisationen. In der Bundesrepublik Deutschland gibt es außerdem den *Deutschen Hängegleiter-Verband* (Sitz Gmund [am Tegernsee]). Internationaler Fachverband ist die *Commission Internationale de Vol Libre* (CIVL) der *Fédération Aéronautique Internationale* (FAI; ↑Flugsport).

Drag Racing [englisch 'dræg 'rɛɪsɪŋ; zu amerikanisch (Slang) dragster „frisiertes Auto" und englisch race „rennen"]: im Motorsport ein Autorennen mit formelfreien, hochgezüchteten Spezialwagen *(Dragster)*. Die Wagen sind meist unverkleidet, haben vorn kleine Räder und hinten breite glatte Reifen. Auf einer glatten Asphaltbahn ist aus stehendem Start eine Viertelmeile (402 m) zurückzulegen, wobei Geschwindigkeiten von rund 400 km/h erreicht werden. Bremsfallschirme bringen die Wagen hinter dem Ziel zum Stehen. Im Wettkampf fahren in der Regel jeweils zwei Wagen, von denen der Verlierer ausscheidet. – Drag Racing gibt es auch für besonders gebaute Motorräder und für Motorboote mit starken Motoren auf geraden Strekken.

Drehfallwurf ↑Fallwurf.

Drehschuß: Technik des Schießens im Fußball, bei der im Augenblick des Abschusses eine Körperdrehung ausgeführt wird. Unter Drehschuß versteht man auch, wenn ein Ball mit besonderem Drall (↑Effet) geschossen wird, so daß er für den Torhüter der gegnerischen Mannschaft schwer zu berechnen ist.

Drehung (Rotation): allgemeine Bez. für jede Art sportlicher Bewegung, die um die Längs- oder Querachse des Körpers ausgeführt wird. Drehungen kommen in vielen Sportarten und in zahlreichen Variationen vor, u. a. in der Gymnastik, im Geräteturnen, Wasserskisport und Trickskifahren, beim Wasserspringen und in der Leichtathletik. Drehungen können auch mit anderen Bewegungsarten kombiniert werden, z. B. mit einer Sprungbewegung wie bei der Drehsprungtechnik des Diskuswerfens oder mit einer Wurfbewegung wie beim Drehwurf im Handball. Man spricht also auch dann von Drehung, wenn bei der Drehung die Drehachse selbst in horizontaler oder vertikaler Bewegung ist. Eine Drehung, die nacheinander um jede der Drehachsen erfolgt, heißt ↑Schraube. – Für die Drehung gilt der physikalische Satz von der Erhaltung des **Drehimpulses:** Das Produkt aus dem Trägheitsmoment eines Körpers (das von der Massenverteilung bezüglich der Drehachse abhängt) und der Drehgeschwindigkeit (Winkelgeschwindigkeit) bleibt nach Größe und Richtung unverändert, wenn keine äußeren Kräfte einwirken. Diese Tatsache wird bei vielen Sportarten ausgenutzt. Vergrößert ein Eiskunstläufer z. B. bei der Pirouette durch seitliches Ausstrecken der Arme oder des freien Beins sein Trägheitsmoment bezüglich der Drehachse, so verringert sich die

Drehgeschwindigkeit (und umgekehrt), das Produkt aus Trägheitsmoment und Drehgeschwindigkeit bleibt konstant.

Dreieckskurs: der bei Segelregatten normalerweise gefahrene Kurs. Er wird durch drei Bahnmarken gekennzeichnet und enthält Kreuzkurse (↑Kreuz), Halbwind- bis Raumschotkurse und Kurse vor dem Wind (↑Kurse zum Wind). Die Kreuzkurse werden nach dem Start und beim Anfahren des Ziels gesegelt.

Dreier: 1. im *Eis-* und *Rollkunstlauf* grundlegende Pflichtfigur mit je einer Wendung an den Außenpunkten eines Achters; – 2. im *Golfsport* Spielvariante, in der ein Spieler gegen zwei andere spielt; – 3. im *Rudersport* Übungs- und Wanderboot mit drei Ruderanlagen.

Dreierkombination: früher ein Wettkampf im alpinen Skilauf, bestehend aus Abfahrtslauf, Riesenslalom und Slalom, bei dem die nach Zeitabständen errechneten Punkte aus den Einzelrennen addiert wurden. Daneben gab es auch eine **Zweierkombination** aus zweien der drei Disziplinen.

Dreierzugatmung: Atemtechnik im Kraulschwimmen, bei der jeweils nur nach dem dritten Armzug eingeatmet wird. Dabei wird nicht im Rhythmus der Armzüge geatmet, sondern mit Verzögerung. Zwischendurch bleibt der Kopf in einer möglichst strömungsgünstigen Position im Wasser (↑auch Doppelzugatmung).

Dreifachsprünge: im Eis- und Rollkunstlauf Bez. für Sprünge mit dreifacher Drehung um die Körperlängsachse. So können z. B. Lutz, Salchow und Rittberger dreifach gesprungen werden. Dreifachsprünge gehören heute zu jedem anspruchsvollen Kürprogramm.

Dreikampf: sportlicher Wettkampf, bei dem ein Wettbewerb in drei Disziplinen stattfindet, z. B. in der Leichtathletik (100-m-Lauf, Weitsprung, Kugelstoß); auch das ↑Triathlon ist ein Dreikampf. Von 1928 bis 1972 wurde auch das Gewichtheben als Dreikampf (Drükken, Reißen, Stoßen) ausgetragen, heute nur noch als Zweikampf (Reißen, Stoßen).

Dreipunktelinie ↑Basketball.

Dreischrittregel ↑Handball.

Dreisekundenregel ↑Basketball, ↑Handball.

Dreisprung: Disziplin der Leichtathletik (nur für Männer), in der drei Weitsprünge unmittelbar aufeinanderfolgen. Die international geläufige englische Terminologie verdeutlicht die drei Sprungphasen des Dreisprungs *(triple jump)* als *hop* (Hüpfer), *step* (Schritt) und *jump*

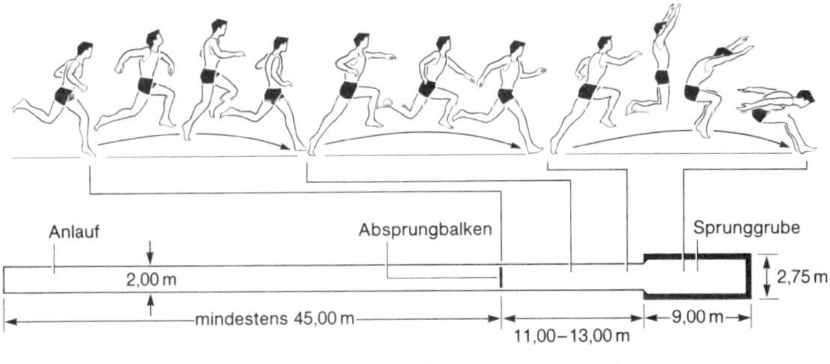

Dreisprung. Bewegungsablauf der drei Sprungphasen in Zuordnung zur Sprunganlage: Bei der ersten Phase (hop) darf der Absprungbalken nicht übertreten werden. Hop und step (zweite Phase) werden mit demselben Bein ausgeführt, der jump (dritte Phase) mit dem anderen Bein

(Sprung). Wohl hervorgegangen aus Mehrfachsprüngen keltischen Ursprungs, haben sich seit dem ausgehenden 19. Jahrhundert drei Formen des Dreisprungs herausgebildet: der **irische Dreisprung** (drei Absprünge mit demselben Bein), der **deutsche Dreisprung** (zweifacher Wechsel des Sprungbeins: links – rechts – links bzw. rechts – links – rechts) und der **englisch-amerikanische Dreisprung** (einmaliger Wechsel des Sprungbeins vor der letzten Sprungphase: rechts – rechts – links bzw. links – links – rechts). Ausschließlich diese Form ist heute bei Wettkämpfen zugelassen und seit 1896 auch olympische Disziplin.

Sportstätte: Der Dreisprung wird auf einer modifizierten Weitsprunganlage (Mindestlänge 45 m, Breite 2 m) ausgeführt. Der Abstand vom Absprungbalken zum Beginn der Sprunggrube beträgt mindestens 11 m, bei internationalen Wettbewerben 13 m. Die Sprunggrube hat eine Mindestbreite von 2,75 m und eine Länge von 9 m. Sie muß mit der Anlaufbahn und dem Absprungbalken auf einer Ebene liegen.

Regeln (Auswahl): Der Springer muß den ersten und zweiten Absprung mit demselben Fuß ausführen. Zum dritten Absprung landet er mit dem anderen Fuß und führt mit diesem den dritten Sprung aus. Beim ersten Sprung vom Absprungbalken darf nicht übergetreten werden. Jeder Springer hat drei Versuche, die er jeweils innerhalb von zwei Minuten beginnen muß. Ein Verstoß gegen diese Zeitvorschrift gilt als Fehlversuch. Nach zwei Verstößen dieser Art erfolgt die Disqualifikation. Die Weite wird senkrecht vom vorderen Rand des Absprungbalkens bis zum hintersten Abdruck in der Sprunggrube (Nullpunkt) gemessen.

Technik: Beim Dreisprung werden aus einem schnellen und kräftigen Anlauf heraus nacheinander ein Hüpfer *(hop),* ein Schritt *(step)* und ein Sprung *(jump)* ausgeführt. Je nachdem, ob der Abflugwinkel beim Hüpfer flach oder steil ist, spricht man von Flach- bzw. Steilsprung. Beim *hop* schert das Sprungbein vor das Schwungbein, um beim *step* ein zweites Mal als Absprungbein zu dienen. Das Schwungbein wird nach dem zweiten Absprung mit Armunterstützung nach vorn gebracht, um als Sprungbein für den dritten Absprung *(jump)* zu dienen. Die Arme unterstützen die letzte Flugphase zu einem möglichst weiten Sprung, wobei zur Landung die Beine durch Beugen in der Hüfte weit nach vorn gebracht werden. Die Verteilung des Krafteinsatzes auf die drei Sprungphasen gilt als optimal im Verhältnis 25:30:45.

Dreisprung ist (neben Hammerwerfen) im Rahmen der Leichtathletik die am wenigsten populäre Disziplin und wird auch im Schulsport kaum betrieben. Dreispringen bedarf eines guten Trainingszustands, da sonst die Verletzungsgefahr bei den verschiedenen Sprüngen relativ groß ist. – *Leistungsentwicklung* im Dreisprung: erster offizieller Weltrekord (1911) 15,52 m, heute gültiger Weltrekord (1985) 17,97 m.

Dreißigsekundenregel ↑Basketball.

Dressurreiten [zu französisch dresser „aufrichten; abrichten“]: innerhalb des Pferdesports Teildisziplin des Reitsports. Die *Dressur* ist die gymnastische Durchbildung und sorgsame Erziehung des Pferdes, um seine natürlichen Anlagen zu entwikkeln und willigen Gehorsam zu erreichen. Sie bildet die Grundlage für alle Disziplinen des Reitsports und zeigt sich vollendet in der Hohen Schule.

Sportstätte ist das *Dressurviereck,* ein Rechteck mit elastischem Boden (Torf, Sand, Hobelspäne, Rasen) von 20 × 40 m (leichtere Klassen) bzw. 20 × 60 m (schwerere Klassen und internationale Turniere), das von einer Bande, Lattengestellen oder anderen Markierungen begrenzt ist. *Bahnpunkte* im Viereck kennzeichnen die Stellen, an denen die jeweils vorgeschriebenen Aufgaben (bei der Kür können diese frei gestaltet werden)

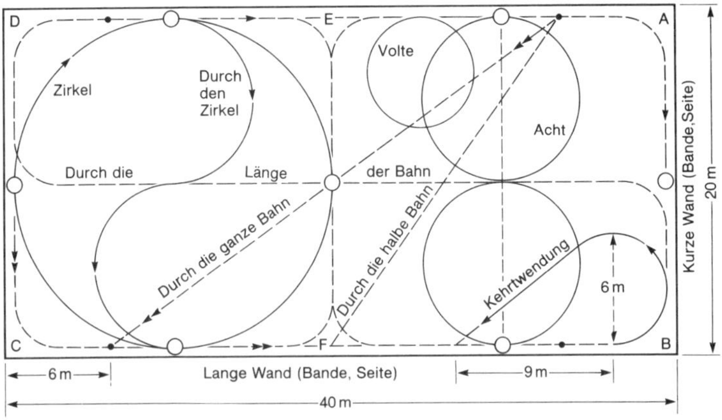

Dressurreiten. Dressurviereck mit Hufschlagfiguren

auszuführen sind. Geprüft und bewertet werden die Gangarten (Schritt, Trab, Galopp), die Übergänge zwischen Gangarten und Tempi, Wendungen, **Rückwärtsrichten** (mehrere Schritte in diagonaler Fußfolge in gerader Richtung), [fliegende] Galoppwechsel (Wechsel der Fußfolge), **Seitengänge** (Seitwärtsvorwärts-Bewegung des Pferdes als **Schulterherein** [das Pferd bewegt sich nach der seiner Kopfstellung entgegengesetzten Seite], **Travers** [das Pferd ist in Bewegungsrichtung gestellt und soweit um den inneren Reiterschenkel gebogen, daß die Vorhand auf dem Hufschlag geht und die Hinterhand einen halben Schritt vom Hufschlag des äußeren Vorderbeins entfernt trifft] und als **Renvers** [das Pferd ist in Bewegungsrichtung mit Außenstellung und -biegung mit der Hinterhand auf den Hufschlag gestellt, während die Vorhand einen halben Schritt vom Hufschlag des inneren Hinterfußes entfernt trifft]), bestimmte **Hufschlagfiguren,** d. h. vorgeschriebene Wege im Viereck (z. B. Volte, Zirkel, Traversale durch die halbe Bahn, Acht, Kehrtwendung), sowie in den schwereren Klassen die Kriterien der „Schule auf der Erde“ aus den Prüfungen der Hohen Schule: **Piaffe** (eine trabartige Bewegung auf der Stelle, bei der das Pferd die diagonalen Beinpaare federnd vom Boden abschwingt und wieder aufsetzt), **Passage** (die erhobenen diagonalen Beinpaare bleiben länger in der Schwebe als im Trab) und **Pirouette** (Wendung auf der Hinterhand, um die sich die Vorhand in mehreren Sprüngen bewegt). Ferner gehen in die Bewertung ein der Ausbildungszustand und die Vorstellung des Pferdes sowie Sitz und Einwirkung des Reiters. Gewertet werden die Gesamtaufgabe oder die einzelnen Übungen, und zwar mit den Noten 10 (ausgezeichnet) bis 0 (nicht ausgeführt).

Dressurreiten ist (für Damen und Herren gemeinsam) seit 1912 olympische Disziplin als Einzel- und als Mannschaftswettbewerb. – Zur Einteilung der Leistungsklassen und zu Geschichte und Organisation ↑Reitsport.

Dribbeln (Dribbling) [von englisch to dribble „tröpfeln (lassen)“]: Bez. für eine sportmotorisch-technische Fertigkeit, die in mehreren Mannschaftsballspielen zum grundlegenden Technikbestand zählt: 1. im *Basketball* das kontinuierliche einhändige Auftippen des Balles im Stand oder im Lauf, das beendet ist, sobald der Ball mit beiden Händen berührt wird; eine Wiederholung des Dribbelns (Doppeldribbel) ist verboten; – 2. im *Fußball* das Führen des Balles dicht am Fuß durch kurze Stöße; – 3. im *Handball* das wiederholte Prellen des Balles im Lauf mit einer Hand oder beiden Händen; – 4. im *Hockey* das Führen des Balles mit Vorhand und Rückhand um den Gegner herum; – 5. im *Wasserball* der Alleingang eines Spielers, der den Ball im Kraulschwimmen vor sich her treibt; – 6. im *Rugby* das Fortbewegen des Balles mit der Innenseite der Füße oder mit den Schienbeinen. – Wird das Dribbeln perfekt beherrscht, spricht man (v. a. im Fußball) von einem *Dribbelkünstler*.

Drill [zu niederdeutsch drillen „drehen"]: feste Folge von Übungen, um eine sportmotorisch-technische Fertigkeit möglichst schnell und optimal zu erlernen.

Drittel: in einigen Mannschaftsspielen 1. Teil des in drei Abschnitte aufgeteilten Spielfelds (Eishockey, Korfball), 2. Zeitabschnitt der effektiven Spielzeit (Eishockey).

Drive [draɪf, englisch draɪv; eigentlich „das Treiben, Antreiben"]: in mehreren Sportarten verwendete Bez. für eine bestimmte Schlagart: 1. im *Golf* ein weiter Schlag, Treibschlag; – 2. im *Pferdepolo* ein Schlag längs des Pferdes; – 3. im *Tennis* ein Schlag, der den Ball flach und schnell an die gegnerische Grundlinie bringt; – 4. im *Badminton* ein scharf und flach über dem Netz geschlagener Ball in die gegnerische Feldmitte oder den Grundlinienbereich.

DRL: Abk. für: ↑**D**eutscher **R**eichsausschuß für **L**eibesübungen.

Drop [englisch „Tropfen"] ↑Stoppball.

Dropkick [englisch „Tropfenschuß"]: 1. im *Fußball* ein Schuß, bei dem der Ball in dem Augenblick mit dem Fuß geschlagen wird, in dem er den Boden berührt; der Dropkick verleiht dem Ball eine hohe Geschwindigkeit; – 2. im *Rugby* ein Tritt *(Sprungtritt)*, bei dem der aus den Händen fallen gelassene Ball mit sprungähnlichem Ansatz getreten wird.

Dropout [englisch 'drɔpaʊt „Ausfall"]: Bez. für das Phänomen, daß ein Sportler vor Erreichen seines Leistungshöhepunkts mit dem Wettkampfsport aufhört. Gründe hierfür können u. a. sein: zu schnelle, nicht stabilisierte Leistungsentwicklung, Unvereinbarkeit von Training und Wettkampf mit beruflichen und/oder privaten Interessen, zu starker Druck durch Eltern, Trainer, Funktionäre, Zustand des „Ausgebranntseins" durch zu viel Training und Wettkampf.

Dropshot [englisch 'drɔpʃɔt „Tropfenschuß"]: 1. im *Squash* ein Schlag, mit dem der Ball so an die Frontwand geschlagen wird, daß er auf den Boden „tropft" und damit für den Gegner unerreichbar ist; – 2. im *Tischtennis* ↑Stoppball.

Drücken: 1. im *Gewichtheben* bis 1972 neben Reißen und Stoßen Teil des olympischen Dreikampfs; beim Drücken wird die Hantel auf Höhe der Brust umgesetzt und dann allein durch Armstreckung ohne Unterstützung durch Beine oder Rumpf über Kopfhöhe gebracht; – 2. im *Kanusport* das Steuern des Kanus durch Wegdrücken des Paddels vom Bootskörper.

Druck, hydrostatischer ↑hydrostatischer Druck.

Druckpaß ↑beidhändiger Brustpaß.

Druckwurf: 1. im *Basketball* und *Handball* Technik des schnellen Zuspiels über kurze Distanz; der Ball wird mit beiden Händen aus dem Gelenk heraus geworfen; – 2. im *Wasserball* ein Einhandwurf, der bis zur Streckung des Arms knapp über dem Wasser geführt wird.

DSB: Abk. für: ↑**D**eutscher **S**port**b**und.

DSH: Abk. für: 1. ↑Stiftung **D**eutsche **S**port**h**ilfe, 2. ↑**D**eutsche **S**port**h**ochschule Köln.

DSJ: Abk. für: ↑**D**eutsche **S**port**j**ugend.

DSK: Abk. für: ↑Deutsche Sportkonferenz.

DSLV: Abk. für: ↑Deutscher Sportlehrerverband.

DTSB: Abk. für: ↑Deutscher Turn- und Sportbund.

Dualsportarten [zu lateinisch duo „zwei"]: Bez. für die Sportarten, die mit nur einem Partner (Gegner) ausgeführt werden können, z. B. alle Zweikampfsportarten (z. B. Ringen, Fechten, Judo, Boxen u. a.) und die Rückschlagspiele (Tennis, Tischtennis, Badminton u. a.). Im Rahmen des Schulsports spielen die Dualsportarten dann eine Rolle, wenn das Pflichtprogramm in den Einzel- und Mannschaftssportarten bewältigt ist, aber auch unter dem Aspekt einer allgemeinen Erziehung zu partnerschaftlichem, sozialen Verhalten.

Ducken: 1. im *Rudersport* die Vertikalbewegung der Bootsenden, hervorgerufen durch die Rollbewegung; – 2. im *Boxen* das Ausweichen vor einem Schlag des Gegners durch Beugen von Kopf und Oberkörper seitlich nach unten; das Ducken bis unterhalb der Gürtellinie ist verboten.

Dunking [englisch 'dʌnkɪŋ „Eintunken"]: fast als artistisch zu kennzeichnende Technik des Korbwurfs im Basketball. Dabei springt der Angriffsspieler aus dem Anlauf so hoch, daß er den Ball aus beiden Händen von oben durch den Metallring in den Korb werfen kann.

Durchblutung: Stärke bzw. Größe der Blutmenge, die ein Organ oder einen Körperteil durchströmt. Sie ist nötig für den Antransport von Gasen (v. a. von Sauerstoff), von Funktions-, Ernährungs- und Aufbaustoffen sowie den Abtransport von Kohlendioxid und Abbauprodukten bzw. neu gebildeten Substanzen. Da die Durchblutung eine stark wechselnde Größe ist, ist sie meist nur als relative Angabe wichtig, d. h. als „schwächer" oder „stärker" bzw. „ausreichend" oder „nicht ausreichend". So braucht ein Organ (z. B. Gehirn, Leber, Muskel) bei starker Arbeit mehr Durchblutung als sonst; eine nicht ausreichende Durchblutung vermindert die Leistung und kann dem Organ und dem ganzen Organismus schaden. Die verfügbare Blutmenge (↑Herzminutenvolumen) wird durch Eng- bzw. Weitstellung der Blutgefäße automatisch den Anforderungen entsprechend im Körper verteilt, sofern die Gefäßgröße ausreicht (↑aerob, ↑anaerob). Wird also z. B. die Muskulatur mehr durchblutet, „stiehlt" sie das Blut einem anderen Organ.

Durchbruch: 1. in *Mannschaftsspielen* das Vordringen von Angriffsspielern durch die Deckung des Gegners; – 2. in *Zweikampfsportarten* (Boxen, Fechten u. a.) das Aufbrechen, Durchbrechen der gegnerischen Deckung; – 3. im *Tennis* ↑Break.

Durchgang: 1. bei Wettkämpfen in *Einzelsportarten,* bei denen mehrere Versuche in derselben Disziplin zugelassen sind, Bez. für den einzelnen Versuch; – 2. in *Mannschaftsspielen* Bez. für einen der im Regelwerk festgesetzten Spielabschnitte (z. B. Inning im ↑Baseball).

DVS: Abk. für: ↑Deutsche Vereinigung für Sportwissenschaft.

Dynamik [zu griechisch dýnamis „Kraft"]: Teilgebiet der Mechanik, in dem der Zusammenhang zwischen Kräften und den durch sie verursachten Bewegungszuständen von Körpern untersucht wird. Ihre Grundlage ist das *Dynamische Grundgesetz:* Kraft ist gleich Masse mal Beschleunigung bzw. Kraft ist gleich der zeitlichen Änderung der Bewegungsgröße bzw. des Impulses. Zusammen mit der ↑Kinematik, der ↑Kinetik und der ↑Statik ist die Dynamik für Erkenntnis, Analyse und Beschreibung auch sportlicher Bewegungen unentbehrlich.

dynamische Arbeit [zu griechisch dýnamis „Kraft"]: in der Sportmedizin Bez. für die Form der Muskelbeanspruchung (Muskelarbeit) im Wechsel von Anspannung und Entspannung der Muskulatur. Die dynamische Arbeit ist die bei sportlichen Bewegungen häufigste Arbeitsweise des Muskels. – ↑ auch statische Arbeit.

Dynamometrie [griechisch]: Sammelbez. für alle Verfahren zur Messung dynamischer Größen wie [Muskel]kraft bzw. Reaktionskraft (Leistungsverhalten). Die Dynamometrie wird mit Hilfe eines **Dynamometers** durchgeführt, eines Geräts, dessen elastische Verformung zur Kraftmessung herangezogen werden kann (Zug- oder Druckfedern, Torsionsstäbe, Kraftmeßbügel u. a.). Soll gleichzeitig der Kraft-Zeit-Verlauf aufgezeichnet werden, so ist ein **Dynamograph,** ein registrierendes Dynamometer, erforderlich.

Dystonie [zu griechisch dys-, Vorsilbe mit der Bedeutung „un-, miß-, schwierig, erschwert, fehlerhaft" und tónos „das Spannen, die Anspannung"]: fehlerhafte Anspannung von Muskeln und Gefäßen. Der Muskeltonus untersteht einem vom Gehirn aus gesteuerten Regelkreis. Fällt innerhalb dieses Kreises ein Glied aus, so hat das abnorme Reaktionen der Bewegungsabläufe zur Folge. Einzelne Muskeln oder Muskelgruppen führen mehr oder weniger lang anhaltende, unwillkürliche Kontraktionen aus. Das natürliche Wechselspiel zwischen Anspannung und Erschlaffung der ↑ Antagonisten ist gestört. Bewegungsabläufe erscheinen krampfartig gequält, als ob zwei Kräfte gegeneinander kämpften, bis die eine die andere überwindet. Bei Überbeanspruchung einzelner Muskelgruppen im Sport kommt es manchmal zu dystonieartigen Symptomen wie Wadenkrampf, Zehenkrampf, Fingerkrampf.

E

Echokardiographie [zu griechisch ēchṓ „Ton, Schall; Widerhall", kardía „Herz" und gráphein „einritzen, schreiben, aufzeichnen"]: technische Methode zur Untersuchung des Herzens. Ein kleiner, auf die Haut aufgesetzter Schallkopf sendet Ultraschallwellen aus und registriert die – zeitverzögert – im Körper reflektierten Wellen. Da verschieden dichte Strukturen mehr oder weniger starke Echos geben, gelingt auf einem Bildschirm die Darstellung der Herzwände bzw. der Hohlräume und auch der Herzklappen. Durch Ausmessen und Beobachtung der Beweglichkeit der Teile des Herzens können krankhafte Veränderungen festgestellt werden, die eventuell die Ausübung von Sport verbieten (↑ sportärztliche Untersuchung). Im Gegensatz zu anderen Untersuchungen (z. B. Röntgen) kann zwischen Erweiterung der Hohlräume und Verdickung der Muskelmasse unterschieden werden. Das Sportherz zeichnet sich durch eine wohlproportionierte Vergrößerung beider Meßwerte aus.

Ecke (Eckball, Eckstoß, Eckwurf, Corner): in einigen Mannschaftsspielen die Wiederaufnahme des Spiels durch Schuß, Schlag oder Wurf eines angreifenden Spielers vom Schnittpunkt der Toraus- und der Seitenlinie aus (im Wasserball von der 2-m-Linie aus), wenn ein Spieler der verteidigenden Mannschaft den Ball über die eigene Torauslinie gespielt und damit das Spiel unterbrochen hat. Aus einer Ecke kann im Fußball und Korbball ein Tor direkt erzielt werden, nicht aber im Hockey, Handball und Wasserball.

effektive Spielzeit: beim Basketball und Eishockey, auch beim Wasserball die reine Spielzeit. Bei jeder Spielunterbrechung wird die Uhr angehalten und erst mit dem Pfiff des

Schiedsrichters wieder in Gang gesetzt. Durch die Regel der effektiven Spielzeit werden viele unfaire Spielhandlungen (z. B. Spielverzögerungen) vermieden.

efferente Bahnen (Efferenzen) [zu lateinisch efferre „herausbringen; fortführen"]: Nervenfasern, die eine Information vom Zentralnervensystem an ihr Zielorgan leiten. Die Efferenzen ermöglichen dadurch die Verwirklichung der von höheren Nervenzentren gesteuerten Lebensabläufe wie z. B. eine Muskelbewegung, eine Wandspannungsänderung von Blutgefäßen oder das Arbeiten von Drüsen. – ↑auch afferente Bahnen.

Effet [ɛ'fe:; französisch]: in den Ballsportarten durch besondere Technik des Schießens (Drehschuß), Stoßens, Werfens oder Schlagens des Balles („Schneiden, Anschneiden") erreichte Drehung (Drall) des Balles, so daß dessen Flugkurve eine Ablenkung aus der normalen Flugkurve erfährt („geschnittener Ball", ↑auch Schnitt). Der Effet wird angewandt, um dem Gegner das Zurückspielen des Balles zu erschweren bzw. unmöglich zu machen. – Eine besondere Rolle als Technikelement spielt der Effet (Linkseffet/Rechtseffet) beim Billard.

Ehrenamt: öffentliche, unentgeltlich – nur eine Aufwandsentschädigung ist üblich – ausgeübte Funktion in Sportvereinen und -verbänden im Rahmen der Sportselbstverwaltung. Die Tendenz zur Bürokratisierung auch im Bereich des Sports macht es jedoch erforderlich, daß neben dem Ehrenamt auch die bezahlte Tätigkeit stärker in das Sportverwaltungswesen integriert wird. Dennoch sollte das Ehrenamt im Sport als „suspensive Freizeitbeschäftigung" (Habermas) erhalten bleiben, da daraus das gesellschaftliche System Sport Kraft, Ideen und Dynamik schöpft.

Ehrentor ↑Tor.

Eichenkreuz: 1921 im Rahmen der evangelischen Jugendarbeit gegründete Vereinigung zur besonderen Förderung des Breiten- und Wettkampfsports. Wie bei der ↑Deutschen Jugendkraft arbeiten auch hier Kirche und Sportselbstverwaltung eng zusammen. 1933 durch die nationalsozialistische Regierung verboten, wurde das Eichenkreuz 1947 wiedergegründet (Sitz Kassel). Das Eichenkreuz ist Teil des *Christlichen Vereins Junger Männer* (CVJM) und von daher auch eng verbunden mit dem Weltverband der christlichen Jugend (*Young Men's Christian Association* [YMCA] und *Young Women's Christian Association* [YWCA]), der, ausgehend vom Springfield College in Springfield (Massachusetts), viel für die Einbeziehung des Sports in die kirchliche Jugendarbeit geleistet hat. Im Eichenkreuz werden in den einzelnen Sportarten eigene Meisterschaften auf verschiedenen Ebenen ausgetragen.

Eichung: vorgeschriebene [offizielle] Kontrolle von Sportgeräten auf Übereinstimmung mit den festgelegten Normen für Maße, Gewichte, Form u. a. durch den Hersteller.

Eidgenössische Turn- und Sportschule (ETS): 1945 gegründetes, für die Schweiz zentrales Institut für Sport, Sporterziehung und Sportwissenschaft in Magglingen (Kanton Bern); weltweit eines der bekanntesten Zentren dieser Art.

eigenmotorische Anschauung ↑Bewegungsvorstellung.

Eigenreflex: unwillkürliche Reaktion eines Muskels oder einer Muskelgruppe, ausgelöst durch einen Reiz (z. B. rasche Dehnung) auf den gleichen Muskel, der sich daraufhin anspannt. Typisches Beispiel ist der Patellarsehnenreflex: Bei Schlag auf die Sehne der beinstreckenden Muskeln reagieren diese, weil der Schlag kurzzeitig ihre Verlängerung auslöst. – ↑auch Reflex, ↑Fremdreflex, ↑Reflexbewegung.

Eigentor ↑Tor.

Eignungsprüfung im Sport: 1. Verfahren zur Überprüfung sportlicher Voraussetzungen (motorische Eigenschaften, sportmotorische Fertigkeiten) vor Aufnahme eines Sportstudiums bzw. eines sportlichen Trainings. Für die Eignungsprüfung im Sport sind spezielle Tests entwickelt worden, die relativ verläßliche Aussagen zumindest im diagnostischen, z.T. aber auch im prognostischen Bereich erlauben. – 2. Im Pferdesport wird die Beurteilung des Pferdes nach Ausbildung und Beschaffenheit *Eignungsprüfung* genannt.

Einarmlauf ↑Hürdenlauf.

Einfädeln: im alpinen Skilauf Bez. für einen Fehler des Rennläufers, wenn dieser mit einem der Skier beim Passieren eines Tores nicht um die Torstange herumkommt, diese meist niederreißt und somit nicht regelgerecht die Linie zwischen den Torstangen mit beiden Skiern überfährt. Das Einfädeln führt in den meisten Fällen zu einem Sturz.

einhändiger Standwurf: Wurftechnik im Basketball, v.a. als Freiwurf oder als Wurf aus der Mitteldistanz (etwa 5–6 m) auf den Korb. Aus der Schrittstellung (Fuß der Seite des Wurfarms vorne) wird der Ball auf den Korb geworfen (vorzugsweise ohne Spielbrettberührung).

Einladung ↑Blöße.

Einlauf: Rangfolge der Wettkampfteilnehmer nach Überschreiten der Ziellinie (Laufen, Reiten, Fahren). – ↑auch elektronische Zeitmessung.

Einlaufen ↑Aufwärmen.

Einläuten: akustisches Zeichen (Glockenton) zu Beginn der letzten Runde eines Rennens (Leichtathletik, Pferdesport), im Radsport auch zur Ankündigung spezieller Wertungen, z.B. einer Prämienrunde.

Einsatz: 1. die engagierte Anstrengung in einem Wettkampf; – 2. Teilnahme an einem Wettkampf („zum Einsatz kommen"); – 3. die vor Teilnahme an einem Wettkampf zu entrichtende Gebühr; – 4. der Geldbetrag, der beim Wetten im Pferdesport gesetzt wird (Wetteinsatz); – 5. beim Rudern das Einsetzen der Ruderblätter in der Vorlage.

Einstand ↑Tennis.

Einstichkasten ↑Stabhochsprung.

Einwurf: Art des Wiederbeginns eines Spiels bei manchen Ballspielen, nachdem der Ball über die Seitenauslinie gespielt wurde. Das Recht des Einwurfs wird immer der Mannschaft zugesprochen, die den Ball nicht zuletzt berührt hat. Die Art der Ausführung ist durch spezielle Regeln in den einzelnen Ballsportarten vorgeschrieben.

Einzel: Spielform bei den Rückschlagspielen (Badminton, Ringtennis, Squash, Tennis, Tischtennis), bei der auf jeder Seite nur ein Spieler spielt (Einzelspiel; Damen- oder Herreneinzel). – Gegensatz: ↑Doppel.

Einzellauf: 1. sportlicher Wettbewerb, bei dem die Sportler jeweils einzeln gegeneinander antreten (im Unterschied zum ↑Staffellauf); – 2. im Eis- und Rollkunstlauf die Darbietung eines einzelnen Läufers bzw. einer Läuferin im Unterschied zum Paarlauf.

Einzelstart ↑Start.

Eisbahn: Sportstätte mit je nach Eissportart unterschiedlichen Abmessungen. Man unterscheidet Natur- und Kunsteisbahnen und (nach der Höhenlage) Hochgebirgs- oder Flachlandeisbahnen; im Bob- und Rennschlittensport Gefällstrecke mit Kurven und Geraden.

Eisenbahnersport: Form des Sporttreibens von Arbeitern und Angestellten der Eisenbahn auf nationaler (z.T. eigene Vereine) und internationaler Ebene. Organisationen: *Verband Deutscher Eisenbahnersportvereine* (VDES; gegründet 1926) für die Bundesrepublik Deutschland (Sitz Frankfurt am Main) und (seit 1946) auf internationaler Ebene *Union Sportive Internationale des Cheminats* (USIC; Sitz Wien).

Eisenring: ein von Otto Hanebuth (* 1911) eingeführtes Handgerät (Durchmesser 19,5 cm, Gewicht 1–2 kg) für die Gymnastik der Männer; wird auch in der rhythmischen Gymnastik verwendet.

Eishockey: auf Schlittschuhen gespieltes schnelles Mannschaftsspiel

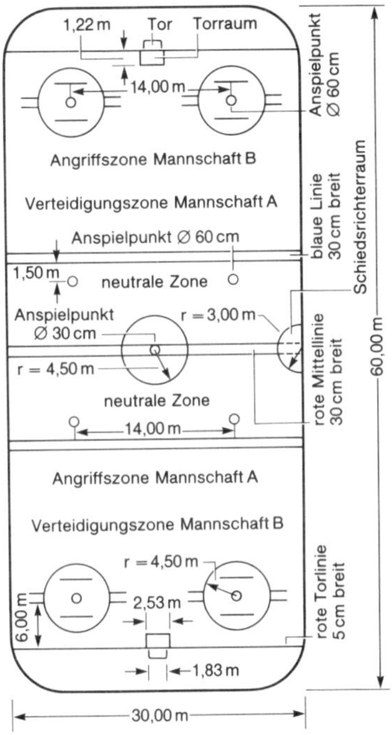

Eishockey. Spielfeld

(hauptsächlich für Männer, neuerdings zunehmend aber auch von Frauen gespielt), bei dem es gilt, eine Hartgummischeibe mit einem Schläger möglichst oft in das gegnerische Tor zu schlagen und gegnerische Torerfolge zu verhindern.

Das **Spielfeld** ist eine rechteckige Eisbahn (in der Regel aus Kunsteis), die zwischen 56 und 61 m lang und zwischen 26 und 31 m breit ist. Für internationale und Meisterschaftsspiele ist das Idealmaß 60 × 30 m. Die Ecken des Spielfelds sind abgerundet. Das gesamte Spielfeld ist von Banden (aus Holz oder Kunststoff) mit einer Höhe von 1,15–1,22 m umgeben. Zum Schutz der Zuschauer müssen hinter den Querbanden Fangnetze und können auf den Banden Acrylglasaufsätze (80–100 cm hoch, hinter den Toren 160–200 cm) angebracht sein. Das Spielfeld ist parallel zu den Schmalseiten durch zwei blaue Linien (30 cm breit) in drei Zonen (Drittel) eingeteilt: Die mittlere Zone ist die *neutrale Zone,* die beiden äußeren Zonen sind die *Verteidigungszonen* bzw. (für den Gegner) die *Angriffszonen.* Eine rote 30 cm breite Mittellinie halbiert parallel zu den blauen Linien das Spielfeld. Im Abstand von 4 m von den Querbanden und parallel zu ihnen sind die Torlinien gezogen, auf deren Mitte sich jeweils ein *Tor* befindet (Breite zwischen den Torpfosten 1,83 m, lichte Höhe 1,22 m, Tiefe 0,60–1,00 m), dessen Rückseite ein Netz ist, das den Puck auffangen kann. Vor beiden Toren befindet sich je ein rechteckiger Torraum (2,53 × 1,22 m), in dem der Torwart nicht angegriffen werden darf und innerhalb dessen kein gültiges Tor erzielt werden kann. Auf dem Spielfeld sind neun *Anspielpunkte* markiert, von denen aus nach Regelverstößen das Spiel wieder aufgenommen wird (↑ Bully): fünf in der neutralen Zone, je zwei in den Verteidigungs- bzw. Angriffszonen (Endanspielpunkte). Einer der Anspielpunkte der neutralen Zone ist gleichzeitig der Mittelpunkt (Durchmesser 30 cm) des Spielfelds, von dem aus das Spiel zu Beginn eines jeden Drittels und nach einem Tor begonnen wird. Alle anderen Anspielpunkte haben einen Durchmesser von 60 cm. Die vier Endanspielpunkte und der Mittelpunkt sind jeweils von einem Kreis mit einem Radius von 4,50 m umgeben, der von den Spielern, die nicht am Bully beteiligt sind, nicht betreten werden darf. Die Endanspielpunkte haben jeweils einen Abstand von 7 m zu einer gedachten, das Spielfeld in Längsrichtung halbierenden Linie und von 6 m von der Torlinie. Die vier übrigen Anspielpunkte der neutralen Zone haben von den blauen Linien einen Abstand von je 1,50 m und von ebenfalls 7 m von der gedachten Mittellinie. Am Schnittpunkt der Mittellinie mit einer Längsbande befindet sich der Schiedsrichterraum, ein Halb-

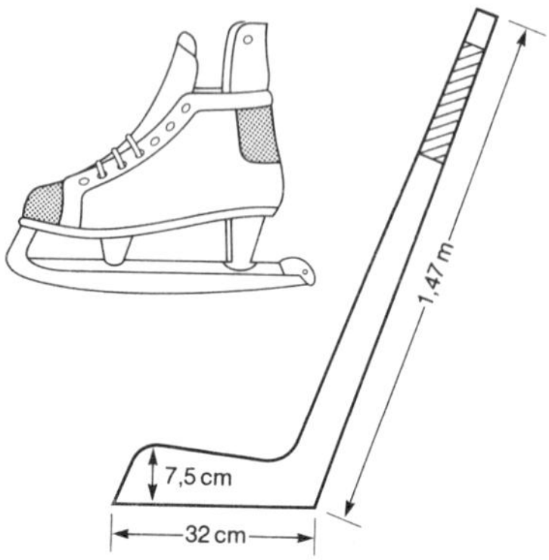

Eishockey. Eishockeyschläger (rechts) und Eishockeyschlittschuh

kreis mit einem Radius von 3 m. Diesem gegenüber außerhalb der Bande befindet sich die Bank des Punktrichters, die zwischen den Strafbänken steht. Auf der gegenüberliegenden Seite des Spielfelds stehen außerhalb der Bande die Spielerbänke für die Spieler, die sich nicht auf dem Eis befinden.
Zum **Spielgerät** zählen Puck, Schläger und Ausrüstung der Spieler. Der *Puck* ist eine Hartgummischeibe von 7,62 cm Durchmesser und 2,54 cm Dicke und einem Gewicht von 156–170 g. Er kann auf dem Eis Geschwindigkeiten bis zu 120 km/h erreichen. Der *Eishockeyschläger,* der *Stock,* ist aus Holz, Kunststoff, Aluminium o. ä. gefertigt und besteht aus Schaft und (in stumpfem Winkel angebrachter) Schaufel. Der Schaft darf eine Länge von 147 cm nicht überschreiten. Die leicht gekrümmte Schaufel des Spielerstocks ist höchstens 32 cm lang und 5–7,5 cm breit. Die Schaufel des Torhüterstocks kann bis zu 39 cm lang und 9 cm breit sein, ferner darf der Schaft bis zu einer Höhe von 71 cm von der Schaufel aus ebenfalls 9 cm breit sein. Die *Schlittschuhe* sind mit den gepolsterten Eishockeystiefeln fest verschraubt oder vernietet. Um der Verletzungsgefahr zu begegnen, tragen alle Spieler einen Helm (Vorschrift), gepolsterte Handschuhe und Schutzkleidung. Der Torhüter trägt zusätzlich noch Beinschienen (Höchstbreite 25 cm) und eine Gesichtsmaske.
Spieler: Eine Mannschaft besteht aus maximal 20 Spielern, einschließlich zwei Torhütern. Jeweils sechs Spieler einer Mannschaft dürfen sich gleichzeitig auf dem Eis befinden (ein Torhüter, zwei Verteidiger, drei Stürmer). Die Spieler können beliebig oft, sowohl einzeln als auch in geschlossenen Formationen (z. B. 1. Sturm, 2. Sturm usw.) ausgewechselt werden.
Die effektive **Spielzeit** beträgt 60 Minuten, gespielt in drei Dritteln von je 20 Minuten. Nach dem ersten und zweiten Drittel werden die Seiten gewechselt.
Regeln (Auswahl): Das Eishockeyspiel wird von einem Schiedsrichter und zwei Linienrichtern (international und in den Bundesligen immer) oder von zwei Schiedsrichtern geleitet. Zum Kampfgericht gehören ferner ein Spielzeitnehmer, ein Strafzeitnehmer, ein offizieller Punktrichter und zwei Torrichter. Kennzeichnend für das Eishockeyspiel ist, daß nahezu jedes Foul (grober Regelverstoß) mit einer Zeitstrafe geahndet wird. Je nach Schwere des Vergehens werden folgende Strafen unterschieden (die Dauer bezieht sich immer auf die effektive Spielzeit): *kleine Strafe* (zwei Minuten Bank für den Spieler, der den Regelverstoß beging), *kleine Bankstrafe* (zwei Minuten Bank für einen beliebigen Spieler, der sich auf dem Eis befindet, der Mannschaft, die das Foul beging), *große Strafe* (fünf Minuten Bank), *Disziplinarstrafe* (zehn Minuten Bank), *Spieldauerdisziplinarstrafe* (Ausschluß für den Rest des Spiels), *Matchstrafe* (Ausschluß für den Rest des Spiels, der Spieler muß in die Garderobe, kann aber nach fünf Minuten ersetzt werden), *Strafschuß* (Penalty shot [↑ Penalty]). Alle gegen den Torwart verhängten Zeitstrafen werden ersatzweise von einem der auf dem Eis befindlichen

Spieler abgesessen). Die wichtigsten Regelverstöße und Fouls neben Tätlichkeiten gegenüber Offiziellen oder gegnerischen Spielern sind: ↑abseits, unerlaubter Weitschuß (↑Befreiungsschlag), Festhalten der Scheibe durch den Torwart, Verschieben des Tors, ↑Check, ↑hoher Stock, ↑Stockfehler. Das durch einen Regelverstoß unterbrochene Spiel wird durch Bully wieder aufgenommen.

Technik: Wichtigste technische Voraussetzung für das Eishockeyspiel ist die perfekte Beherrschung des *Schlittschuhlaufens:* schneller Start aus dem Stand, hohe Laufgeschwindigkeit, weite und enge Kurven, plötzliches Stoppen und Richtungsänderung, Überspringen von Hindernissen, Rückwärtslaufen u.a. Hinzu kommt die *Stocktechnik,* v.a. sicheres Führen des Pucks, exaktes Zuspielen, Annahme der Scheibe, ohne daß sie von der Stockschaufel unkontrolliert abprallt, sowie das Schießen aufs Tor. Hier spielen v.a. zwei *Schußtechniken* eine Rolle, das Schlenzen (die Scheibe wird von der Stockschaufel so geführt, daß sie beim Abschuß in eine Drehbewegung gerät) und der Schlagschuß, der meist hart und kurz aus dem Handgelenk heraus erfolgt.

Geschichte: Erste eishockeyähnliche Schlagspiele auf dem Eis sind bei den Indianern aus dem nördlichen Nordamerika überliefert, so daß heute Kanada als das Mutterland des Eishockeys gilt. Das erste Eishockeyspiel mit einem Puck fand 1860 in Kingston Harbour (Ontario, Kanada) statt; nach festen Regeln wird seit 1879 gespielt. In Europa fand das erste Spiel 1894 in Paris, in Deutschland 1897 in Berlin statt. Deutsche Meisterschaften werden seit 1912, Weltmeisterschaften seit 1920 ausgetragen. Olympische Disziplin ist Eishockey seit 1920. Betreut wird Eishockey in der Bundesrepublik Deutschland vom *Deutschen Eishockey-Bund* (DEB) innerhalb des *Deutschen Eissport-Verbands* (↑Eissport), international von der *International Ice Hockey Federation* (IIHF; gegründet 1908, Sitz Wien).

Eiskegeln: dem ↑Eisstockschießen ähnliche Wintersportart, bei der versucht wird, mit dem Griff des Eisstocks aus einem Gestell nach unten herausragende Kegel zu Fall zu bringen. Die Anordnung der Kegel und die Wertung entsprechen jenen des ↑Kegelsports.

Eiskunstlauf: sportlich-künstlerische Form des Eislaufs, die wettkampfmäßig als Einzellauf (Damen und Herren), als Paarlauf (eine Dame, ein Herr) und als Eistanz (eine Dame, ein Herr) ausgetragen wird.

Sportstätte ist eine Eisbahn von 60×30 m, meist aus Kunsteis. Sie muß für Meisterschaftswettbewerbe wetterunabhängig (überdacht) angelegt und mit den erforderlichen technischen Geräten zur Wiedergabe von Musik, zur Zeitnahme u.a. ausgestattet sein.

Sportgerät ist der spezielle *Eiskunstlaufschlittschuh* aus poliertem und verchromtem Edelstahl. Die Laufschiene (Kufe) ist 3–4 mm breit, vorn aufgebogen und mit sägeartigen Zähnen zum Abstoß bei Sprüngen u.a. versehen. Die Kufe ist hohlgeschliffen und verjüngt sich leicht nach hinten. Die Lauffläche weist zur Mitte hin eine leichte Wölbung nach oben auf, so daß sie nie mit ihrer ganzen Länge auf dem Eis aufliegt. Der Kufenschliff variiert leicht, je nachdem, ob der Schlittschuh für die Pflichtfiguren, die Kür oder den Eistanz verwendet wird. Die Schlittschuhe sind fest mit dem wadenhohen, geschnürten Eislaufstiefel verschraubt.

Regeln (Auswahl): Die *Bewertung* der Läufer in allen Disziplinen erfolgt durch Preisrichter, die in stets ungerader Zahl (mindestens drei, höchstens neun) das Preisgericht bilden. Der Bewertung liegt eine Notenskala (↑auch Note) von 0 bis 6 mit der Differenzierungsmöglichkeit nach Zehntelpunkten zugrunde: 0 = nicht gelaufen, 1 = sehr schlecht, 2 = schlecht, 3 = mittelmäßig, 4 =

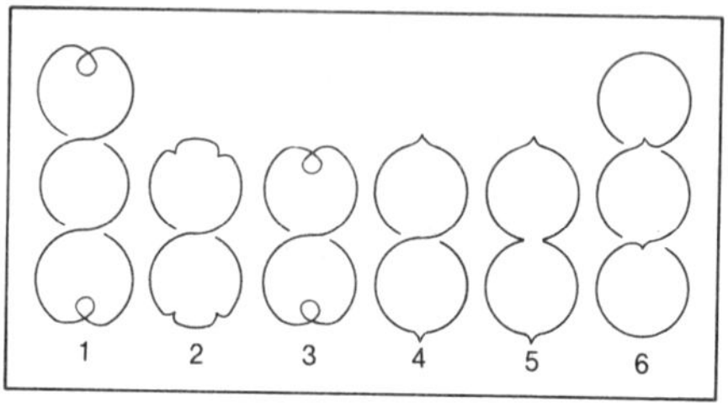

Eiskunstlauf. Eiskunstlaufschlittschuh (links) und Pflichtfiguren (1 Schlangenbogenschlinge, 2 Doppeldreierparagraph, 3 Schlingenparagraph, 4 Gegendreierparagraph, 5 Gegendreier, 6 Gegenwende)

gut, 5 = sehr gut, 6 = vollkommen und fehlerfrei. Die Ermittlung der Rangfolge der Läufer, ihrer endgültigen Plazierung, erfolgt auf der Grundlage der Summe der in den einzelnen Teildisziplinen erreichten und nach festgelegtem Rechenverfahren ermittelten Punkten und nach dem sogenannten *Majoritätsprinzip* – der Läufer (das Paar) erhält den Platz, für den die Mehrheit der Punktrichter votiert. Auch zur Feststellung der Mehrheit gelten bestimmte Vorschriften. Dieses komplizierte Verfahren hat zum Ziel, krasse Über- oder Unterbewertungen einzelner Läufer (Paare) durch einzelne Preisrichter wirkungslos zu machen.

1. **Einzellauf:** Der Einzellauf setzt sich aus drei Teilen zusammen, deren Wertigkeit zueinander für das Gesamtergebnis durch Faktoren bestimmt ist: Pflichtfiguren (Pflicht) 30% (Faktor 0,6), Kurzprogramm 20% (Faktor 0,4), Kür 50% (Faktor 1,0). Das Grundelement jeder *Pflichtfigur* ist der Kreis. Die einzelnen Figuren bestehen aus zwei oder drei sich einander am Übergang berührenden Kreisen. Auf den Kreisen bzw. an deren Übergängen werden Drehungen und Wendungen ausgeführt wie Dreier, Gegendreier und Schlingen, bzw. Wenden und Gegenwenden. Bei den Pflichtfiguren gibt es einfache und Paragraphenfiguren; sie können mit dem linken oder rechten Fuß, vorwärts oder rückwärts sowie auf der Außen- oder Innenkante begonnen werden, so daß die 17 verschiedenen Pflichtfiguren mit diesen Varianten insgesamt 82 Ausführungsmöglichkeiten ergeben. Die Pflichtfiguren, die wettkampfmäßig gelaufen werden, sind entsprechend den Leistungsklassen in Gruppen zu je drei Figuren eingeteilt. Die drei Figuren einer dieser Gruppen, die am Tag vor dem Wettkampf ausgelost wird, sind beim Wettkampf von den Läufern einzeln vorzuführen und werden von den Preisrichtern jeweils mit einer Note bewertet. – Die vorgeschriebenen sieben Elemente des *Kurzprogramms* (zwei Doppelsprünge, eine Sprungkombination, bestehend aus einem vorgeschriebenen Doppelsprung und einem frei zu wählenden Doppel- oder Dreifachsprung, zwei Pirouetten, eine Pirouettenkombination sowie eine Schrittfolge) werden von jedem Teilnehmer nach selbst gewählter Musik und mit Verbindungsschritten nach eigener Wahl in einem Zeitraum von maximal zwei Minuten vorgetragen. Die Regeln enthalten vier Gruppen mit je sieben Elementen; eine Gruppe hiervon wird im voraus für ein Jahr festgelegt und ist dann bei allen Wettbewerben zu laufen. Die Bewertung erfolgt durch die Preisrichter mit zwei Noten. Die erste Note (A-Note) erfaßt die technische Ausführung aller und den Wert der freigestellten Elemente, die zweite Note (B-Note) bezieht sich auf die Darbietung, d.h. die künstlerischen Aspekte. Für die

bei den vorgeschriebenen Elementen möglichen Fehler gibt es eine Abzugsskala, die von den Preisrichtern angewendet werden muß. Die Differenz in den beiden Noten kann also beträchtlich sein. – Die *Kür* soll ein gut ausgewogenes Programm, bestehend aus Sprüngen, Pirouetten, Schritten und anderen Verbindungselementen sein und in Übereinstimmung mit der gewählten Musik vorgetragen werden. Die Wahl der Elemente wie auch der Musik ist jedem Läufer freigestellt. Die Zeitdauer der Kür beträgt vier Minuten bei den Damen und viereinhalb Minuten bei den Herren (Meisterklasse). Die Sprünge können einfach, zweifach oder dreifach gesprungen werden; der vierfach gedrehte Sprung wird von einigen Läufern im Training bereits versucht. Viele der Sprünge sind nach ihren Erfindern benannt, z. B. Axel, Salchow, Rittberger, Thorén. Die Bewertung erfolgt mit zwei Noten: A-Note für den technischen Wert (Schwierigkeit, Mannigfaltigkeit, Reinheit, Sicherheit), B-Note für den künstlerischen Eindruck (Harmonie, Anpassung an die Musik, Übereinstimmung mit der Musik, Raumaufteilung, Fluß der Bewegungen, Körperhaltung, Einfallsreichtum). Es gibt eine Abzugsskala für mögliche Fehler bei vorgeschriebenen Elementen.

2. **Paarlauf:** Der Paarlauf setzt sich wettkampfmäßig aus zwei Teilen zusammen, deren Wertigkeit zueinander für das Gesamtergebnis durch Faktoren bestimmt ist: Kurzprogramm 28,6% (Faktor 0,4), Kür 71,4% (Faktor 1,0). Das *Kurzprogramm* besteht aus sieben Elementen (ein Doppelsprung für beide Partner, zwei Hebefiguren, eine Paarlaufpirouette, eine Einzelpirouette für beide Partner, eine Todesspirale, eine Schrittfolge), Verbindungsschritte und Musik sind freigestellt, die Vortragszeit beträgt zwei und eine viertel Minute. Die Regeln enthalten vier Gruppen mit je sieben Elementen; eine Gruppe hiervon wird im voraus für ein Jahr festgelegt und ist wie im Einzellauf dann bei allen Wettbewerben zu laufen. Die Bewertung erfolgt wie beim Einzellauf (zusätzliches Kriterium: Harmonie der Partner). – Eine gute *Kür* besteht aus Bewegungen des Einzellaufs, entweder symmetrisch (Spiegelbildlaufen) oder parallel (Schattenbildlaufen) ausgeführt, und aus speziellen Paarlaufelementen wie Hebefiguren, Paarlaufpirouetten, Spiralen, vom Partner unterstützte Sprünge, gemeinsam ausgeführte Sprünge usw., harmonisch verbunden durch Schritte sowie andere Bewegungen und in Übereinstimmung mit der gewählten Musik vorgetragen. Die Wahl der Elemente wie auch der Musik ist jedem Paar freigestellt. Die Regeln sehen hierzu allerdings gewisse Mindestforderungen und auch Einschränkungen vor. Die Zeitdauer der Kür beträgt viereinhalb Minuten (Meisterklasse). Die Bewertung erfolgt wie beim Einzellauf.

3. **Eistanz:** Der Eistanz ist die jüngste Disziplin des Eiskunstlaufs (seit 1950). Er setzt sich wettkampfmäßig aus drei Teilen zusammen, deren Wertigkeit zueinander für das Gesamtergebnis durch Faktoren bestimmt ist: Pflichttänze 30% (Faktor 0,6), freier Spurenbildtanz 20% (Faktor 0,4), Kürtanz 50% (Faktor 1,0). Es gibt insgesamt 18 *Pflichttänze.* Die Spurenbilder und die einzelnen Schritte für diese Tänze sind genau vorgeschrieben. Die Pflichttänze, die wettkampfmäßig gelaufen werden, sind entsprechend den Leistungsklassen in vier Gruppen zu je drei Tänzen eingeteilt; jede Gruppe enthält einen Walzer, einen langsamen und einen schnellen Tanz. Die drei Tänze einer dieser Gruppen, die am Tag vor dem Wettkampf ausgelost wird, sind beim Wettkampf von den Paaren einzeln vorzuführen und von den Preisrichtern jeweils mit einer Note zu bewerten. Wertungskriterien sind dabei die genaue Ausführung der Schritte im korrekten Zeitmaß, gute Haltung, Sicherheit und Schwung. – Für den *freien Spurenbildtanz* werden alljährlich für zwei

	Einzellauf Herren	Einzellauf Damen	Paarlauf	Eistanz
deutsche Meisterschaften	1891	1911	1907	1950
Europameisterschaften	1891	1930	1930	1954
Weltmeisterschaften	1896	1906	1908	1952
olympische Disziplin	1924	1924	1924	1976

Jahre im voraus der Rhythmus, die Tempolimits sowie die Anzahl der Schrittfolgen festgelegt. Die Zusammenstellung des Tanzes, der strikten Regeln unterliegt, und die Wahl der Musik ist den Paaren freigestellt. Er darf kein Kürtanz sein und muß ein wiederholbares Spurenbild haben. Die Bewertung erfolgt mit zwei Noten: A-Note für die Zusammenstellung, B-Note für die Vorführung des Tanzes. – Der *Kürtanz* soll aus wiederholungsfreien Kombinationen von Tanzbewegungen bestehen, die zu einem Programm zusammengestellt werden. Erlaubt sind alle Schritte, Drehungen, Haltungsänderungen und Kürlaufbewegungen, die dem Rhythmus, der Musik und dem Charakter des Tanzes entsprechen. Um den Eistanz deutlich vom Paarlauf zu unterscheiden, ist die Höhe von Hebungen limitiert (↑Hebefiguren); Sprünge, die mehr als eine halbe Drehung aufweisen, sind nicht erlaubt. Die Zeitdauer des Kürtanzes beträgt vier Minuten (Meisterklasse). Die Bewertung erfolgt mit zwei Noten: A-Note für den technischen Wert, B-Note für den künstlerischen Eindruck. Beim Eistanzen haben die Schritte tänzerischen Charakter; die Partner dürfen nur kurze Zeit und nicht weiter als zwei Armlängen voneinander getrennt sein.

Technik: Die bekanntesten Technikelemente des Eiskunstlaufs sind die Sprünge und Figuren wie ↑Axel, ↑Butterfly, ↑Dreier, ↑Flip, ↑Lasso, ↑Lutz, ↑Mond, ↑Pirouette, ↑Rittberger, ↑Salchow, Spirale, ↑Thorén, ↑Toe-loop sowie Schrittwechsel, wobei im Paarlauf z. B. noch Hebefiguren und Schleudersprünge hinzukommen. Eiskunstlauf ist eine Sportart, die viel Training (Beinkraft, Gleichgewichtssinn, Koordination) erfordert, und ein beliebter Zuschauersport, was auch das Entstehen professioneller Showteams erklärt.

Geschichte: Die ursprüngliche Geschichte des Eiskunstlaufs ist eng verknüpft mit der Geschichte des Schlittschuhs. Gleitkufen aus Knochen sind bereits aus frühgeschichtlicher Zeit bekannt. Ein Holzschlittschuh mit Eisenkufen ist um 1300 in den Niederlanden nachzuweisen, wo auch im 17. Jahrhundert das Eislaufen als (sportliche) Freizeitbeschäftigung betrieben wurde. 1742 wurde in Edinburgh der erste Eissportverein gegründet, der erste deutsche 1861 in Frankfurt am Main. Entscheidend für die Entwicklung des modernen Eiskunstlaufs waren (gerätetechnisch) die Konstruktion eines fest mit dem Stiefel verbundenen Stahlschlittschuhs durch den amerikanischen Tänzer und Eiskunstläufer Jackson Haines (* 1840, † 1879) und (lauftechnisch) die Entwicklung neuer Sprünge und Sprungtechniken durch einzelne Eiskunstläufer, die nach 1900 einsetzte. V. a. Läufer aus den USA, aus Kanada und der Sowjetunion hatten starken Einfluß auf die Entwicklung der Technik (Doppel- und Dreifach-, sogar Vierfachsprünge). 1888 entstand der *Deutsche Eisläuferverband,* aus dem 1964 die *Deutsche Eislauf-Union* (DEU) innerhalb des *Deutschen Eissport-Verbands* (↑Eissport) hervorging. Internationaler Dachverband ist die *International Skating Union* (ISU; gegründet 1892, Sitz Davos, Schweiz).

Eislauf: Sammelbez. für alle Sportarten, die mit Schlittschuhen auf Natur- oder Kunsteisbahnen ausgeführt werden: Eishockey, Eiskunstlauf, Eisschnellauf. Eislauf ist Teil des ↑Eissports.

Eisschießen ↑Eisstockschießen.

Eisschnellauf: wintersportlicher Geschwindigkeitswettbewerb für Damen und Herren, bei dem Eisstrecken unterschiedlicher Längen möglichst schnell auf Schlittschuhen durchlaufen werden.

Sportstätte ist eine Rundbahn aus Natur- oder Kunsteis von insgesamt 400 m Länge mit zwei jeweils etwa 100 m langen Geraden. Die nicht überhöhte Rundbahn ist in zwei Bahnen von jeweils 4–5 m Breite geteilt. Gegenüber der Startgeraden liegt die Wechselgerade, auf der die Läufer nach jeder Runde die Bahnen wechseln (der Läufer der Außenbahn hat dabei die Vorfahrt).

Sportgerät ist der von Norwegern erfundene *Schnellaufschlittschuh,* ein leichter Lederschuh, der durch zwei sogenannte Trichter mit einer röhrenförmigen Stahlschiene verbunden ist, in die eine Schneide (die eigentliche Laufschiene) eingenietet und eingelötet ist (Breite 0,9–1,3mm). Eisschnelläufer tragen enganliegende durchgehende Anzüge (Pantalons) und eine Teufelskappe.

Regeln (Auswahl): Der Start erfolgt immer paarweise, die Paare sowie

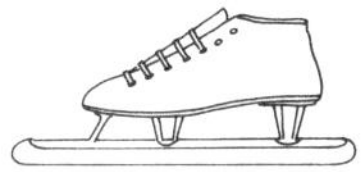

Eisschnellauf. Eisschnellaufschlittschuh

die Startbahnen werden ausgelost. Olympische Laufstrecken sind für Männer: 500 m, 1 500 m, 5 000 m und 10 000 m, für Frauen: 500 m, 1 000 m, 1 500 m und 3 000 m. In anderen Wettbewerben wird auch über Distanzen von 1 000 m und 3 000 m (Männer) und über 5 000 m (Frauen) gelaufen. Es werden in der Regel Mehrkämpfe (Vierkämpfe) über verschiedene Distanzen ausgetragen, olympisch sind nur Einzelstreckenwettbewerbe. Bei Einzelwettbewerben siegt der Läufer mit der schnellsten Zeit, bei Mehrkämpfen der Läufer, der drei der vier Strecken gewonnen hat. Ist dies keinem Läufer geglückt, wird nach Punkten gewertet, wobei die durchschnittliche 500-m-Laufzeit der jeweiligen Strecke in Sekunden die Anzahl der Punkte ergibt. Der Läufer mit der niedrigsten

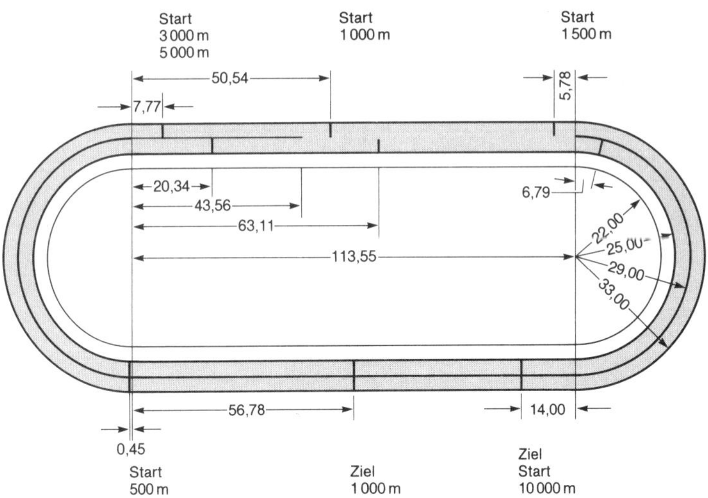

Eisschnellauf. Eisschnellaufbahn (Maßangaben in m)

Punktzahl ist Sieger. Das Kampfgericht besteht aus einem Schiedsrichter, einem Starter, einem Zielrichter, vier Zeitnehmern, einem Rundenzähler, mindestens drei Bahnrichtern und einem Kreuzungsrichter.
Die **Technik** des Eisschnellaufs besteht im wesentlichen aus zwei Elementen, der Starttechnik und der Lauftechnik. Mit der *Starttechnik* will der Läufer möglichst schnell die optimale Laufgeschwindigkeit erreichen. Man startet deshalb meist im sogenannten Tretstart, bei dem die nach außen gestellten Füße nach dichter Führung über das Eis so aufgesetzt werden, daß der Körperschwerpunkt über der Ferse liegt. Die *Lauftechnik* ist abhängig von der Streckenlänge und davon, ob Kurven oder Geraden gelaufen werden. Über die Kurzstrecken (Sprint; bis 1 000 m) wird meist mit Armeinsatz gelaufen, über die Langstrecken (mit Ausnahme des Endspurts) ohne Armeinsatz. In der Gleitphase des Laufs wird das gesamte Körpergewicht nur von dem jeweiligen Standbein getragen, d. h. es wird eigentlich immer nur auf einem Schlittschuh gelaufen. Das Kurvenfahren geschieht mit Hilfe des Umsetzens, d. h. das äußere Bein wird vor dem Standbein nach innen gesetzt.
Eisschnellauf als Wettkampfsport ist aufgrund nur begrenzt verfügbarer Bahnen nur einem relativ kleinen Personenkreis möglich.
Geschichte: Schon um 2000 v. Chr. sind Knochenschlittschuhe als schnelle Fortbewegungsmittel bekannt. Der Eisschnellauf verbreitete sich zunächst v. a. in Großbritannien (im 18. Jahrhundert), dann über Skandinavien und die Niederlande auch auf dem europäischen Festland. 1891 wurden die ersten deutschen Meisterschaften ausgetragen. In der Bundesrepublik Deutschland betreut die *Deutsche Eisschnellauf-Gemeinschaft* (DESG) innerhalb des *Deutschen Eislauf-Verbands* den Eisschnellauf, international die *International Skating Union* (↑ Eiskunstlauf). Eisschnellauf ist seit 1924 (Männer) bzw. 1960 (Frauen) olympische Disziplin.
Eissegeln: Wintersportart, die mit segelbootartigen Gestellen, die auf Metallkufen befestigt sind, auf Eis-

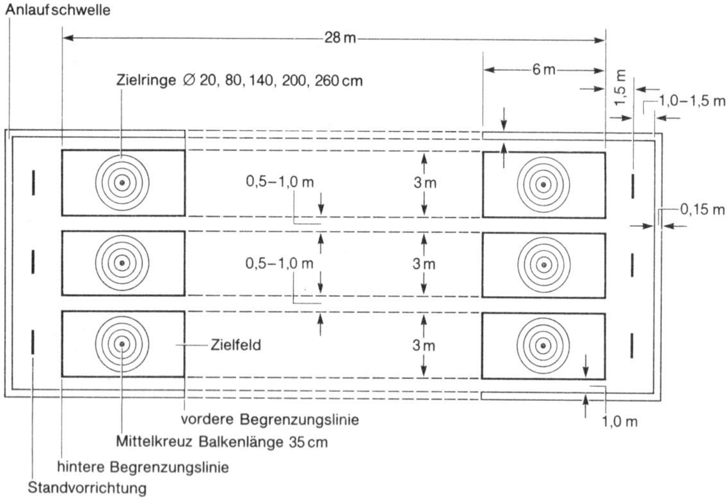

Eisstockschießen. Stockschießbahn

flächen ausgetragen wird. Das Eissegeln entstand in den Niederlanden und wird seit 1929 als Wettkampfsport in Form von Regatten betrieben (gleichseitiger Dreieckskurs [5 km Seitenlänge] oder Luv-Lee-Kurs [1–5 km Länge]). Eissporen an den Schuhen der Segler helfen beim Start und beim Abbremsen. Beim Eissegeln können mit Eisjachten Geschwindigkeiten bis etwa 100 km/h erzielt werden.

Eisspeedway [...spi:dweɪ; englisch] ↑Speedwayrennen.

Eissport: Sammelbezeichnung für alle Sportarten und Spiele, die auf einer Eisfläche ausgeführt werden: die Sportarten des Eislaufs sowie ↑Curling, ↑Eissegeln, Eisspeedway (↑Speedwayrennen), ↑Eisstockschießen und Eissurfen (↑Surfen). Der Dachverband für den Eissport in der Bundesrepublik Deutschland ist der 1890 in Berlin gegründete *Deutsche Eissport-Verband* (DEV; 1948 in Mannheim wiedergegründet, Sitz München), dem die Verbände der einzelnen Sportarten angehören.

Eisstockschießen (Eisschießen): wintersportliches Wurf- und Zielspiel für Damen und Herren auf dem Eis (im Sommer wird mit gleichem Reglement auch auf Asphalt-, Beton-, Holz- oder Terrazzobahnen gespielt), bei dem ein Eisstock (ähnlich wie beim ↑Curling) so zu schießen ist, daß er möglichst nahe an einem Ziel zum Stehen kommt oder dieses trifft.

Sportstätte sind die Stockschießbahn und die Weitschießbahn. Die *Stockschießbahnen* werden heute meist auf einem Eishockeyspielfeld angelegt, und zwar in Querrichtung bis zu 14 Bahnen nebeneinander. Die einzelne Bahn ist ein Rechteck von 28 × 3 m. In einem Abstand von 0,5 bis 1 m (abhängig von der Größe des Feldes) von den Schmalseiten, den hinteren Begrenzungslinien, befindet sich je eine Standvorrichtung, die dem Schützen beim Abschuß sicheren Stand verleiht. In einem Abstand von je 6 m von den hinteren Begrenzungslinien sind die vorderen Be-

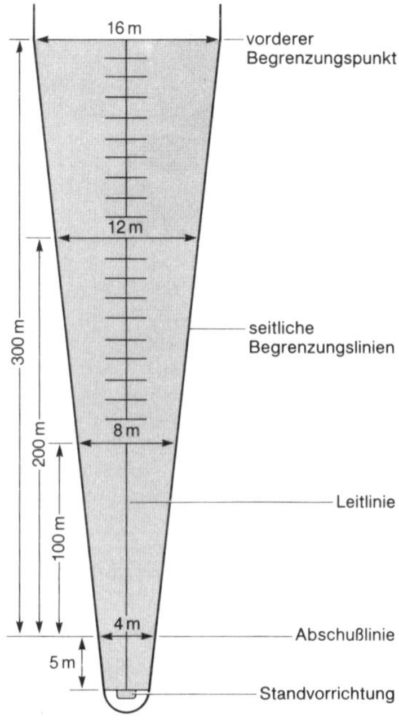

Eisstockschießen. Weitschießbahn

grenzungslinien gezogen, so daß auf jeder Seite der Bahn ein Rechteck von 6 × 3 m, das *Zielfeld,* entsteht, in dessen Mittelpunkt ein *Mittelkreuz* (Balkenlänge 35 cm) aufgezeichnet ist. Um das Mittelkreuz sind fünf konzentrische Kreise *(Zielringe)* mit den Durchmessern 20, 80, 140, 200 und 260 cm, die von innen nach außen mit 10, 8, 6, 4 und 2 Punkten bewertet werden. – Die *Weitschießbahn* wird immer im Freien angelegt, entweder auf zugefrorenen Seen (Natureis) oder auf einem künstlich beregneten ebenen Feld (Kunsteis). Von der 4 m langen Abschußlinie, hinter der sich ebenfalls eine Standvorrichtung befindet, öffnet sich die Bahn konusförmig in Schußrichtung so, daß der Abstand der seitlichen Begrenzungslinie von der Leitlinie (Mittelsenkrechte auf der Abschußlinie) bei 100 m jeweils 4 m, bei 200 m jeweils 6 m, bei 300 m jeweils 8 m

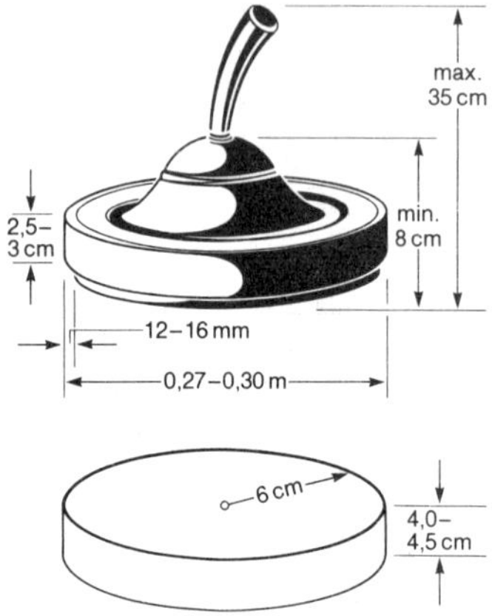

Eisstockschießen. Eisstock (oben) und Daube

usw. beträgt. Die Entfernungen von der Abschußlinie sind ab 100 m in 10-m-Abständen auf der Leitlinie markiert.

Zum **Sportgerät** zählen der Eisstock und die Dauben. Der *Eisstock* ist ein pilzförmiges Wurfgerät, bestehend aus der Laufsohle, Platte und leicht gekrümmtem Griff, der im Mittelpunkt des Stocks auf der Oberseite angebracht ist. Der heute im Wettkampf verwendete Eisstock besteht aus Kunststoff, seine Platte ist von einem Stahlring so umgeben, daß dieser keine Berührung mit dem Eis hat. Der Durchmesser des Stocks beträgt 27–30 cm, sein Gewicht 5–5,5 kg, seine Höhe (einschließlich Griff) maximal 35 cm. Die *Daube* ist eine Hartgummischeibe von 12 cm Durchmesser, einer Höhe von 4–4,5 cm und einem Gewicht von 430 g. Sie hat eine mit Rillen, Noppen o. ä. profilierte Gleitseite (für das Spiel auf Asphalt- oder anderen Bahnen ist die Gleitseite glatt).

Regeln (Auswahl): Im Eisstockschießen werden Einzel- und Mannschaftswettbewerbe ausgetragen. Eine Mannschaft (Moarschaft [Moar = bayrisch „Meier"]) besteht aus vier Spielern. Es gibt folgende Wettbewerbe: 1. Das *kombinierte Ring- und Stockschießen* besteht aus drei Teilwettbewerben mit insgesamt vier Durchgängen: Ringschießen (1. und 3. Durchgang), Stockschießen (2. Durchgang) und Kombinieren (4. Durchgang). Beim *Ringschießen* werden sechs Schüsse auf die Zielringe abgegeben. Beim *Stockschießen* wird versucht, mit sechs Schüssen vier in einem Abstand von je 1 m von den Begrenzungslinien an den Seitenlinien im Zielfeld aufgestellte Dauben so aus dem Zielfeld zu schießen, daß der Eisstock selbst im Zielfeld bleibt. Beim *Kombinieren* wird versucht, mit je zwei Schüssen Dauben, die im Zielfeld außerhalb der Zielringe aufgestellt sind, in die Zielringe oder Dauben, die in den Zielringen aufgestellt sind, aus den Zielringen zu schießen. In beiden Fällen soll der Eisstock in den Zielringen bleiben. – 2. Beim *Mannschaftsschießen* kämpfen zwei Mannschaften um die Positionen der Eisstöcke zur Daube auf dem Mittelkreuz. Haben beide Mannschaften ihre Eisstöcke geschossen, ist ein Spielabschnitt *(Kehre)* beendet und wird die Schußrichtung gewechselt. Es wird über sechs Kehren gespielt. Die Zahl der Stockpunkte (Position der Eisstöcke in den Zielringen) entscheidet über den Sieg. – 3. Beim *Weitschießen,* das nur von Männern betrieben wird, wird versucht, den Eisstock so weit wie möglich zu schießen. Verläßt ein Eisstock seitlich die Bahn, gilt als erzielte Weite der Punkt, an dem der Eisstock die seitliche Bahnbegrenzung schneidet. Der derzeitige Weltrekord im Weitschießen (1984) liegt bei 456,92 m.

Geschichte: Dem Eisstockschießen ähnliche Volksspiele sind seit dem 13. Jahrhundert in Skandinavien und seit dem 16. Jahrhundert in Mitteleuropa bekannt. In der Mitte der 1920er Jahre entstanden die ersten Vereine im deutschsprachigen Alpenraum, wo das Eisstockschießen noch heute am verbreitetsten ist. 1926 wurden zum erstenmal deutsche Meisterschaften, 1951 Europameisterschaften und 1983 Weltmeisterschaften ausgetragen. Das Eisstockschießen wird in der Bundesrepublik Deutschland von der *Deutschen Eisschützen-Vereinigung* (DESV; gegründet 1964) innerhalb des *Deutschen Eissport-Verbands* (↑Eissport) betreut, international von der *Internationalen Föderation für Eisstockschießen* (IFE; gegründet 1948, Sitz Frankfurt am Main).

Eissurfen [...sə:fən, englisch] ↑Surfen.

Eistanz ↑Eiskunstlauf.

Eiweiß (Protein): mengenmäßig wichtigster Baustein lebender Substanzen, zumindest beim Menschen und den höheren Tieren. Leber-, Nieren- und Muskelgewebe bestehen zu etwa 80% aus Eiweiß. Der Sauerstoffträger im Blut, das Hämoglobin, die zahlreichen Enzyme sowie Haut, Haare und Nägel haben einen hohen Eiweißanteil; letztere dienen mechanischen Aufgaben. Eiweißhaltige Nahrungsmittel sind Fisch, Fleisch, Eier, Soja und Nüsse. Der Eiweißanteil unserer Gesamtkalorien wird mit durchschnittlich 15% angegeben, wobei Kinder und Jugendliche im Wachstum sowie Sportler und körperlich schwer arbeitende Menschen einen erhöhten Eiweißbedarf haben. – ↑auch Aktomyosin.

EKG: Abk. für: ↑**Elektrokardiogramm**.

Elastizität [zu griechisch elastós (elatós) „getrieben; dehnbar, biegbar"]: Fähigkeit eines Körpers oder Stoffs, eine durch äußere Einwirkung hervorgerufene Form- oder Volumenänderung nach Beendigung der Krafteinwirkung aus eigener Kraft wieder rückgängig zu machen. Im Sport bezieht sich der Begriff v.a. auf Muskeln, Sehnen und Bänder, die bei sportlicher Betätigung ständig den unterschiedlichsten Krafteinwirkungen ausgesetzt sind und deshalb durch spezielles Training (v.a. Gymnastik) im Wechsel von Spannung und Entspannung und unter Berücksichtigung ihrer Dehnungsfähigkeit geschult, d.h. geschmeidig und beweglich gehalten werden müssen. Von der Eigenschaft der Elastizität hängt wesentlich die Möglichkeit der Kraftschulung in verschienenen Variationen ab.

elektrische Trefferanzeige ↑Fechten.

Elektrokardiogramm (EKG) [zu griechisch élektron „Bernstein" (Bestimmungswort in Zusammensetzungen mit der Bedeutung „auf Elektrizität beruhend"), kardía „Herz" und grámma „Geschriebenes, Zeichen"]: technische Methode zur Aufzeichnung der elektrischen Ströme, die im Herzmuskel während seiner Aktionen ablaufen. Da jede Muskelerregung – auch die des Herzens – auf Stromfluß nach Nervenreiz beruht (↑Aktionspotential), ist dieser durch empfindliche Meßmethoden nachweisbar. Dazu werden Elektroden auf die Haut gelegt, die die fortgeleiteten Aktionsströme in ihrem zeitlichen Ablauf erfassen und an ein Aufzeichnungsgerät weiterleiten. Verwendet man mehrere Elektroden, ist es möglich, die Stromausbreitung räumlich einzuordnen und Schlagfolgeunregelmäßigkeiten oder Erregungsstörungen (z.B. durch Gewebeveränderungen) zu beurteilen.

Elektromyographie [zu griechisch élektron „Bernstein" (Bestimmungswort in Zusammensetzungen mit der Bedeutung „auf Elektrizität beruhend"), mȳs, myós „Maus; Muskel" und gráphein „einritzen; schreiben, aufzeichnen"]: technische Aufzeichnung der in einer motorischen Einheit ablaufenden ↑Aktionspotentiale mittels feinster Nadeln, die eine Elektrode enthalten und in den Muskel gesteckt werden. Somit ist die Elektromyographie ein Hilfsmittel zur Erkennung von Muskelfunktion und Muskelerkrankungen. Außerdem können künstlich an Nerven ausgelöste einzelne Impulse zur Bestimmung der Nervenleitgeschwindigkeit verwendet werden, da das *Elektromyogramm* angibt, wann diese Impulse den Muskel erreichen.

elektronische Zeitmessung: gegenüber der Zeitmessung von Hand (mit mechanischer Stoppuhr) verfei-

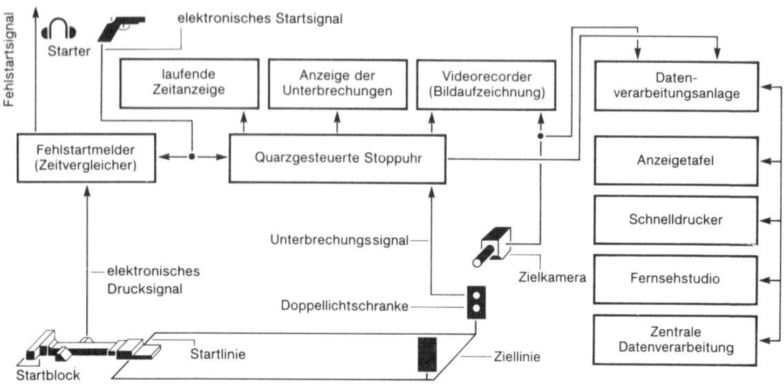

Elektronische Zeitmessung. Schematische Darstellung

nerte und exakte Zeitmessung mit Hilfe elektronischer bzw. elektrischer Meßgeräte v.a. bei Lauf-, Renn- und Schwimmwettbewerben. Sowohl beim Start (durch Druckplattenkontakt, Verbindung der Startpistole mit dem Meßgerät u.a.) als auch bei der Überquerung der Ziellinie (Einlauf) bzw. beim Anschlag wird mit Hilfe elektrischer Impulse (Fotozellen, Zielkameras u.a.) die Zeitmessung bis auf 1/100 Sekunde genau vorgenommen. Die elektronische Zeitmessung wurde 1972 bei den Olympischen Spielen in München zum erstenmal offiziell angewandt und ist seit 1977 zur Ermittlung von Rekorden in den leichtathletischen Laufwettbewerben bis 400 m allein gültig. Beim Schwimmen und im Wintersport (Skilauf, Bobsport u.a.) wird die Zeit auf Tausendstelsekunden genau gemessen.

Elementarbewegung [zu lateinisch elementum „Grundstoff, Element, Urgrund, Grundlage"]: Bez. für eine im Rahmen des gesamten menschlichen Bewegungsrepertoires grundlegende Bewegungsform. Als Elementarbewegungen bzw. Grundformen der Bewegung gelten z.B. Greifen, Krabbeln, Sichaufrichten, Stehen, Gehen, Steigen, Schieben, Ziehen, Klettern, Niederspringen, Tragen, Werfen, Laufen, Springen, Fangen. Diese Elementarbewegungen sind sehr stark alltagsbezogen. Da das Bewegungsverhalten als eine grundlegende Verhaltensweise des Menschen angesehen werden kann, spielen Elementarbewegungen auch als Grundlage sportlicher Bewegungen eine zentrale Rolle. Sportspezifisch kennt man in der Gymnastik fünf Elementarbewegungen: Federn, Gehen, Laufen, Springen und Schwingen. Werden diese Elementarbewegungen im Rahmen des Sportunterrichts bzw. Trainings geschult, so hat dies wiederum positive Rückwirkungen auf die Entwicklung der Alltags- und Arbeitsmotorik.

Elfmeter (Elfer): umgangssprachliche Bez. für den Strafstoß im Fußball, der durch eine solche Regelverletzung im Strafraum von einem Spieler der verteidigenden Mannschaft verursacht wird, die außerhalb des Strafraums zu einem direkten Freistoß geführt hätte. Er wird vom Elfmeterpunkt (11 m Entfernung von der Torlinie) ausgeführt (↑auch Elfmeterschießen).

Elfmeterschießen: im Fußball ein Verfahren (eine Art „Stechen") bei Pokalwettbewerben, um bei unentschiedenem Spielausgang (trotz Verlängerung) eine endgültige Entscheidung herbeizuführen. Es wird auf das vom Schiedsrichter zu bestimmende Tor geschossen. Beide Mannschaften haben je fünf Torschüsse (durch verschiedene Spieler) alternierend auszuführen. Das Elfmeterschießen wird abgebrochen, sobald eine Mannschaft so viele Tore erzielt hat, daß der Gegner nicht mehr aufholen kann. Falls nach je fünf Torschüssen immer noch Gleichstand besteht, wird das Elfmeterschießen in derselben Reihenfolge so lange fortgesetzt, bis eine Mannschaft bei gleicher Anzahl von Schüssen ein Tor mehr als die andere erzielt hat.

Elitesport [französisch élite „Auslese“]: Sport herausragender Sportler. Der Wettkampfsport auf nationaler und internationaler Ebene kann in der Regel als Elitesport angesehen werden. Verschiedene Sportarten kennen eigene Elitewettbewerbe (z. B. Ruder- und Pferdesport).

Ellgriff ↑ Hauptgriffarten.

Emblem [ɛmˈbleːm, ãˈbleːm; französisch; zu griechisch émblēma „Eingesetztes“]: im Sport Zeichen für nationale Herkunft oder Zugehörigkeit zu einer Mannschaft. Die Frage des Emblems wird im Rahmen der ↑ Sportpolitk häufig zum Streitpunkt. Auch bei der Diskussion um die Gestaltung der Olympischen Spiele spielt sie eine entscheidende Rolle.

Empire-Spiele [englisch ˈɛmpaɪə] ↑ Commonwealth-Spiele.

Endkampf (Finale): letzter und entscheidender Kampf bei sportlichen Wettbewerben, die bei entsprechend großer Teilnehmerzahl Vor- und Zwischenkämpfe erforderlich machen, z. B. der Endlauf in leichtathletischen Laufwettbewerben, im Rudern oder Schwimmen. In anderen Sportarten, z. B. Mannschaftssportarten, Partnersportarten und Kampfsportarten spricht man nach vorangegangenen Vor- und Zwischenrunden von *Endspiel* und *Endrunde*. – ↑ auch Runde.

Endlauf ↑ Lauf, ↑ Endkampf.

Endokarditis [zu griechisch éndon „innen, drinnen, inwendig“ und kardía „Herz“]: Entzündung der inneren Schicht des Herzens. Ausgelöst durch im Blut kreisende Erreger oder verzögert nach einer Halsentzündung, kommt es gelegentlich zu einem Befall der inneren Herzhaut. Oft ist Endokarditis mit Gelenkentzündungen kombiniert, die auffallendere Beschwerden machen. Bei Beteiligung der Herzklappen besteht die Gefahr einer bleibenden Schädigung. Behandlung durch (strenge) Bettruhe für einige Wochen und durch Medikamente. Danach ist weiterhin lange Schonung nötig, d. h. es sollte kein Sport getrieben werden.

Endplatte, motorische ↑ motorische Endplatte.

Endrunde ↑ Runde, ↑ Endkampf.

Endspiel ↑ Endkampf.

Endspurt (Finish): letzte Phase eines sportlichen Wettkampfs, in der der Wettkämpfer durch Erhöhung von Kraft, Schnelligkeit, Konzentration u. a. versucht, den Wettkampf zu seinen Gunsten zu entscheiden.

Energiestoffwechsel [zu griechisch enérgeia „Wirksamkeit“]: Nutzbarmachung der in der Nahrung enthaltenen Energie. Im Ablauf der Verstoffwechslung der Nahrung (↑ Zitronensäurezyklus) werden energiereiche Verbindungen (↑ Adenosin-

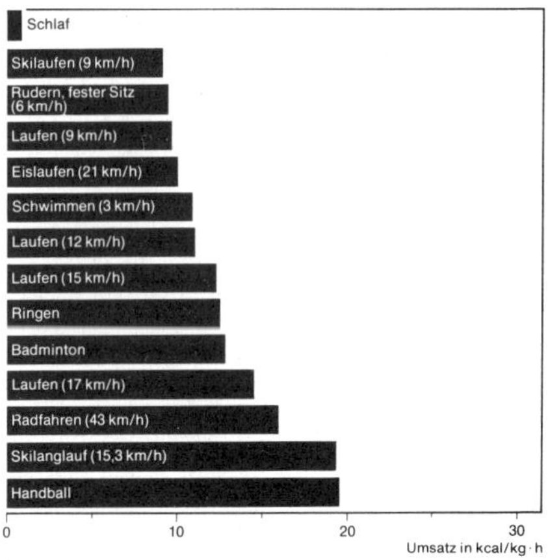

Energiestoffwechsel. Der Energieumsatz bei verschiedenen sportlichen Tätigkeiten im Vergleich zu den Ruhewerten (Kurzleistungen auf 1 Stunde umgerechnet; nach Prokop)

triphosphat) hergestellt. Die Hälfte der Energie wird sofort als Wärme frei, während die andere Hälfte für verschiedene Stoffwechselleistungen zur Verfügung steht. Wird die gespeicherte Energie z. B. zur Muskelbewegung verbraucht, entsteht wiederum Wärme. Die Wärmeentwicklung ist somit ein Maß für den Energieumsatz oder den Energiestoffwechsel.

englisch-amerikanischer Dreisprung ↑ Dreisprung.

englische Laufstrecken: heute noch in den USA übliche Laufstrecken über Distanzen, die von den metrischen Strecken abweichen. Seit 1969 setzten sich die metrischen Streckenmaße mehr und mehr durch. In englischen Maßen werden noch folgende Strecken gelaufen: 100 yards (91,44 m), 120 yards (109,78 m; Hürden), 440 yards (402,32 m; flach und Hürden), 880 yards (804,45 m; flach), 1 Meile (1 609,30 m), 3 Meilen (4 827,90 m), 6 Meilen (9 655,80 m). Von diesen Strecken ist heute v. a. noch die sogenannte *englische Meile* in den englischsprachigen Ländern sehr verbreitet.

Entspannung: im engeren, physiologischen Sinn Vorgang zur Lösung der kontrahierten Muskulatur des Körpers als Bedingung für neue Kraftentfaltung. Übungen zur Lockerung und Dehnung von Muskeln, Sehnen und Bändern spielen hier eine zentrale Rolle. Im weiteren Sinn ist Entspannung ein psychophysischer Prozeß, der sich auf den ganzen Menschen bezieht, sowie dessen Ergebnis, ein Zustand gedämpfter Reaktionsbereitschaft während des Wachseins mit Verlangsamung der Atmung, Absinken der Herzschlagfrequenz und der Muskelspannung. Übungen für neuromuskuläre Erholung (Relaxation), Joga und autogenes Training können zur Entspannung in diesem umfassenden Sinn beitragen. Die Lebensweise des heutigen Menschen mit den Anforderungen in Berufs-, Alltags- und Freizeitwelt erfordert Entspannung in größerem Umfang. Anregungen der fernöstlichen Körperkultur und Meditation können dabei helfen, Komponenten der Entspannung wie Gelöstheit, Lockerheit, Ausgeglichenheit und Fähigkeit zur Konzentration auf sich selbst zu entwickeln.

Entwicklungshilfe im Sport: die Gesamtheit sportlicher Beziehungen zu den Ländern der sogenannten Dritten Welt. Zu unterscheiden sind technische, personelle, organisatorische und materielle Hilfen. Die Entwicklungshilfe im Sport ist eine Gemeinschaftsaufgabe von Sportselbstverwaltung (*Deutscher Sportbund, Nationales Olympisches Komitee,* Fachverbände, sportwissenschaftliche Hochschuleinrichtungen u. a.) und öffentlicher Sportverwaltung (*Interministerieller Ausschuß der Ministerien für Auswärtiges, Inneres und wirtschaftliche Zusammenarbeit*). Seit 1985 gibt es auch beim *Bundesinstitut für Sportwissenschaft* in Köln eine Kommission für Fragen der Entwicklungshilfe im Sport. Die Realisierung von Hilfsmaßnahmen der öffentlichen Sportverwaltung obliegt in der Regel der *Gesellschaft für Technische Zusammenarbeit* (GTZ), während die Sportselbstverwaltung das sportfachliche Wissen zur Verfügung stellt. Der Maßnahmenkatalog betrifft den gesamten Bereich des Sports, z. B. Schaffung von Organisationsstrukturen des Sports, Aufbau von Schulsport, Breitensport und Spitzensport, Ausbildung von Sportlehrern, Trainern, Übungsleitern, Sportwissenschaftlern, Sportärzten, Kampfrichtern usw., Errichtung von Sport- und Übungsstätten, Hilfe bei der Sportgeräteentwicklung u. a. Die Maßnahmen erfolgen entweder im Geberland (Lehrgänge, Studium u. a.) oder durch Entsendung von Experten in das Empfängerland bzw. durch beides. Die Übernahme von Patenschaften für einzelne Projekte soll eine Langzeitwirkung der Maßnahmen sicherstellen. Auf internationaler Ebene arbeitet das *Internationale Olympische Komitee* im Rahmen der „olympischen Solidarität“

für die Entwicklungshilfe im Sport. Eine sachgerechte, den soziokulturellen Bedingungen der jeweiligen Länder gerecht werdende Konzeption der Entwicklungshilfe im Sport ist entscheidend für eine optimale Weiterentwicklung von Sport, Sporterziehung und Sportwissenschaft auf internationaler Ebene.

Enzym [zu griechisch en „in, in – hinein, innerhalb" und zýmē „Sauerteig"]: in tierischen und pflanzlichen Zellen gebildeter Eiweißkörper. Enzyme (auch **Fermente** genannt) sind Katalysatoren der Stoffwechselreaktionen im Körper. Sie ermöglichen und steuern deren Geschwindigkeit. Kommt es zum Ausfall oder einer Veränderung eines spezifischen Enzyms, so resultiert daraus eine Funktionsstörung von unterschiedlichem Schweregrad.

Erbmotorik [↑Motorik]: Sammelbez. für Bewegungsmuster, die in Struktur und Funktion genetisch bestimmt sind. Die Umformung dieser Bewegungsmuster im Reifungsprozeß hängt v. a. von der Ausgestaltung der Struktur des Zentralnervensystems ab. Die Summe aller Bewegungsmuster, die der Mensch in Auseinandersetzung mit seiner soziokulturellen Umwelt (↑auch motorische Entwicklung, ↑motorisches Lernen) erlernt, wird als **Erwerbsmotorik** bezeichnet. Die Erwerbsmotorik kann beim Menschen bedeutend stärker entwickelt werden als seine Erbmotorik. Mit ihrer Hilfe ist der Mensch in der Lage, sich durch Bewegung seiner Umwelt mitzuteilen.

Erfolg: Bez. für das Ergebnis einer Handlung, sofern es mit den selbstgesetzten Erwartungen (dem Anspruchsniveau) übereinstimmt. Der Erfolg sportlicher Betätigung kann mit bestimmten Meß- und/oder Schätzverfahren festgestellt werden. Handeln im Sport ist immer erfolgsorientiert, und zwar entweder relativ auf die eigene Person oder absolut auf Sieg, Rekord, Meisterschaft u. a. gerichtet. Im Zusammenhang mit der Theorie der Leistungsmotivation wird unterschieden zwischen Menschen, die mehr durch Hoffnung auf Erfolg, und solchen, die eher durch Furcht vor Mißerfolg geleitet sind. Erfolg im Sport ist also – abgesehen vom sportlichen Können – abhängig von Art und Ausprägungsgrad der Leistungsmotivation und vom jeweiligen Anspruchsniveau.

Ergänzungssport: sportliche Betätigung, bei der einseitiges Sporttreiben sinnvoll ergänzt bzw. bestimmte Defizite durch gezielte Ergänzungsübungen ausgeglichen werden (↑auch Ausgleichssport).

Ergometrie [zu griechisch érgon „Werk, Arbeit" und métron „Maß"]: Prüfung von Körperreaktionen auf Belastung zur Bestimmung der körperlichen Leistungsfähigkeit. Um meßbare Testbedingungen zu schaffen, wird die Belastung z. B. an einem Fahrradergometer (Standfahrrad mit einstellbarem Widerstand) vorgegeben. Während stufenweiser Steigerung bis zur individuellen Belastungsgrenze können Anpassungsreaktionen des Körpers gemessen werden. Aufzeichnen kann man je nach Fragestellung z. B. Blutdruck, Puls, Herzströme, Atemfrequenz, Sauerstoffverbrauch, Körpertemperatur, Schweißabsonderung, Energieverbrauch usw. Daneben ist die erreichbare Leistungsgrenze wichtig, sei es zur Beurteilung der Belastbarkeit in Arbeit oder Sport, sei es als Verlaufskontrolle nach medizinischer Behandlung oder sportlichem Training. Auch die Geschwindigkeit der Erholung nach Belastungsende gibt Hinweise auf die Anpassungsfähigkeit. – ↑auch Spiroergometrie.

Erholung: Wiederherstellung der körperlichen, geistigen und seelischen Leistungsfähigkeit nach Beanspruchung. Erholung kann systematisch erreicht, und Erholungsfähigkeit nach sportlicher Tätigkeit durch entsprechende Techniken trainiert werden. Nach Hahn sind zwei Formen solcher Techniken zu unterscheiden: *aktive* Erholungstechniken (aktive Bewegung in den Pausen beim Training durch Traben, Lockerungsgymnastik, Atemübungen

u. a.) und *passive* Erholungstechniken (Massage, Sauna, Physiotherapie, psychohygienische Maßnahmen u. a.). Erholung und Erholungsmaßnahmen sind wesentlicher Bestandteil von Training und Wettkampf, sowohl im einzelnen als auch hinsichtlich der gesamten Jahresplanung. Der Grad der Erholungsfähigkeit ist ein Indikator für den Zustand der körperlichen Leistungsfähigkeit. Techniken der neuromuskulären Erholung und der ↑Entspannung finden v. a. unter dem Einfluß fernöstlicher Bewegungskultur auch im Bereich von Sport und Spiel westlicher Prägung immer größere Beachtung.

Erholungssport: Form sportlicher Betätigung, durch die die körperliche und seelisch-geistige Leistungsfähigkeit wiederhergestellt wird. Die Motivation zum Erholungssport liegt also (ähnlich wie beim Ausgleichs- und Freizeitsport) in dem Wunsch, eine gewisse Ermüdung, bisweilen auch Erschöpfung zu überwinden und dadurch generell zu regenerieren, und nicht im Streben nach bestimmten sportlichen Leistungen. Erholungssport im engeren Sinn ist die Anwendung der aktiven und (nur sehr bedingt auch der) passiven Techniken der ↑Erholung. Erholungssport im weitesten Sinn hat gerade angesichts der heutigen, oft durch Anspannung und Streß gekennzeichneten Lebensweise des Menschen eine wichtige Funktion.

Ermahnung: das Hinweisen auf (leichtes) regelwidriges Verhalten eines Sportlers durch den Kampf- bzw. Schiedsrichter. Die Ermahnung ist die leichteste Form der Sanktionen, der bei wiederholten Regelwidrigkeiten die ↑Verwarnung bzw. die ↑Strafe (Disziplinarstrafe) folgt.

Ermüdung: Abnahme der Leistungsfähigkeit durch Überbeanspruchung. Körperliche Belastung (Arbeit, Sport), die oberhalb der ↑Dauerleistungsgrenze liegt, führt zu Veränderungen im Körper, die zur Beendigung oder zum Zurückstufen der Belastung führen. Grenzen sind sowohl durch die Herz-, Kreislauf- und Atemtätigkeit gesetzt als auch durch das Verbrauchen der Energiereserven im Muskel bzw. im ganzen Körper (↑anaerob, ↑Durchblutung). Ein gezieltes Ausdauertraining kann wesentlich dazu beitragen, die Belastbarkeit zu steigern und somit das Auftreten von Ermüdungserscheinungen zu verhindern. Auch seelische und geistige Überbeanspruchung führt zu Ermüdung, die sich dann meist in verlangsamten Reaktionen und verminderter Leistungsbereitschaft äußert. Die psychische Ermüdung wird auch **Erschöpfung** genannt.

Ermüdungsbruch ↑Fraktur.

Ernährung: Zufuhr von Nahrungsmitteln zur Aufrechterhaltung der Körperfunktionen. Je nach Qualität und Menge der zugeführten Nahrung kann es zur Unterversorgung des Körpers mit wichtigen Nähr- und Aufbaustoffen kommen. Eine solche Fehlernährung kann Mangelerscheinungen unterschiedlichen Ausmaßes bedingen wie Knochenerkrankungen, Sehschwäche u. a. Mangel- und Unterernährung rükken in unserer Gesellschaft in den Hintergrund, während das Problem der Überernährung mit den daraus entstehenden Krankheiten wie Zukkerkrankheit, Bluthochdruck, Herzinfarkt u. a. immer mehr in den Vordergrund rückt. Eine ausgewogene Mischkost mit frischem Obst und Gemüse und möglichst naturbelassenen Kohlenhydraten hilft, leistungsfähig zu bleiben und Krankheiten vorzubeugen. – ↑auch Stoffwechsel.

Ersatzwettkämpfer (Reservespieler): in einzelnen Sportarten Wettkämpfer, die gegen andere Wettkampfteilnehmer bei deren Verletzung oder Leistungstief oder auch aus taktischen Gründen eingewechselt werden können. – ↑auch Auswechseln.

Erschöpfung ↑Ermüdung.

Erste Hilfe: an einem Verletzten oder akut gesundheitsgeschädigten Menschen durchgeführte Erstversorgung. Ziel ist das Vermeiden einer Zustandsverschlechterung, manchmal auch das Einleiten einer Behandlung, bis fachkundige Hilfe eintrifft. Wichtigste Fähigkeiten bei der Ersten Hilfe sind: Erkennen von drohenden Gefahren, Versorgung von Blutungen, Wiederbelebungsmaßnahmen ohne Hilfsmittel (Atemspende, Herzmassage), stabile Seitenlagerung, sachgerechter Umgang mit Knochenverletzten. Von der richtigen und schnellen Ersten Hilfe ist oft das weitere Schicksal des Betroffenen abhängig. Deshalb sollte jeder, v. a. wenn er viel mit anderen zusammen ist, die in erhöhter Verletzungsgefahr sind (z. B. Autofahrer, Sportler), in der Lage sein, Erste Hilfe zu leisten.

Erwachsenensport: Sammelbez. für alle Formen sportlicher Betätigung, die außerhalb des Hochleistungs- und Spitzensports, also im Rahmen von Ausgleichs-, Breiten-, Erholungs-, Urlaubssport u. a., aber auch (allerdings mit Einschränkungen) des Leistungssports von Erwachsenen betrieben werden. Das Erwachsenenalter in diesem sportlichen Bezugsrahmen beginnt mit dem Ende des Jugendalters (↑Jugendsport) und endet mit dem Beginn des Seniorenalters (↑Alterssport), es umfaßt also die Zeit zwischen dem 18. und 60. Lebensjahr. Konzeptionen zu einer gezielten Ausgestaltung des Erwachsenensports auszuarbeiten, ist Aufgabe der Sportandragogik. Programme zum Erwachsenensport bieten die Sportvereine, andere gemeinnützige Verbände (z. B. Bildungswochen der Landessportverbände, Volkshochschulen) und kommerzielle Anbieter (z. B. Fitneßstudios, Trainingszentren) an. Der Erwachsenensport ist ein wichtiges Element des ↑Lifetimesports.

Erwerbsmotorik ↑Erbmotorik.

Erythrozyten [zu griechisch erythrós „rot“ und kýtos „Höhlung; Wölbung; Zelle“]: rote Blutkörperchen, deren wichtigster Bestandteil der eisenhaltige rote Blutfarbstoff, das ↑Hämoglobin, ist. Erythrozyten übernehmen den Sauerstofftransport im Blut. Sie werden im Knochenmark, in der Milz und der Leber gebildet, leben etwa 120 Tage, werden dann aus dem Blutstrom entlassen und in der Milz abgebaut. Männer verfügen über etwa 5 Millionen, Frauen über etwa 4,5 Millionen Erythrozyten.

Eskimorolle (Eskimotieren) [nach einer zuerst von den Eskimos angewandten Technik] ↑Kenterrolle.

ETS: Abk. für: ↑Eidgenössische Turn- und Sportschule.

Eurhythmie [zu griechisch eũ „gut“ und rhythmós „Rhythmus“]: allgemein in der (tänzerischen) Gymnastik und Heilgymnastik die Ausgeglichenheit, Harmonie der Bewegung; im engeren Sinne in der von Rudolf Steiner (* 1861, † 1925) entwickelten Anthroposophie eine Bewegungskunst (von Steiner „Eurythmie“ geschrieben) mit der Aufgabe, geistige Inhalte durch die „Sprache“ der Bewegung darzustellen; hier spielen v. a. Arme und Hände als Elemente der Eurhythmie eine zentrale Rolle, während den Beinen nur unterstützende Funktion zukommt. Eurhythmie ist v. a. Bestandteil des Unterrichts an den Waldorfschulen, die in ihrer Erziehungskonzeption von einer Ganzheit des Menschen ausgehen, in der motorische, kognitive und affektive Verhaltenselemente integriert sind.

Europameisterschaft: ein Wettkampf auf europäischer Ebene zur Ermittlung des Meisters in Europa. Dies geschieht in unterschiedlichen Formen (z. B. Europaliga, Europaturnier, **Europapokal** mit Hin- und Rückkämpfen [K.-o.-System] je nach Sportart). Europameisterschaften gibt es für Vereinsmannschaften (hier oft auch Europa-Cup genannt; am bekanntesten sind im Fußball der Europa-Cup der Landesmeister [seit 1955/56] und der Pokalsieger [seit 1960]) und Ländermannschaften (im Fußball z. B. seit 1967 alle vier Jahre), aber auch in den Individualsportarten (z. B. in Leichtathletik und Schwimmsport). – Die Idee des sportlichen Vergleichs in Europa und von Europa mit anderen Erdteilen wird weiter gefördert durch: Europaauswahl (die besten Wettkämpfer einer Sportart in Europa), europäische Juniorenmeisterschaften, europäische Sportfachverbände, Europarekorde, Eurovisionssportsendungen, Europa-Sportabzeichen.

Europa-Sportabzeichen (Europäisches Jugendsportabzeichen): 1963 vom Europarat eingeführte Auszeichnung für vielseitige sportliche Leistungen von Jugendlichen (16–18 Jahre). Inhaber des ↑Deutschen Jugendsportabzeichens in Silber können auf Antrag das Europa-Sportabzeichen erhalten.

Evaluation [zu französisch évaluer „abschätzen, berechnen“]: Auswertung von Voraussetzungen, Prozessen und Ergebnissen sportlicher Handlungen. Der Evaluation geht eine Leistungsfeststellung voraus, die sowohl formell (z. B. als Test meßbarer bzw. schätzbarer Leistungen) als auch informell (z. B. im Gespräch) getroffen wird. Anhand der so ermittelten Daten (z. B. Fitneßdaten aus einem Fitneßtest) erfolgt eine Beurteilung (z. B. Vergleich mit Prozentrangnormen für die entsprechende Bezugsgruppe), deren Ergebnis den an dem Vorgang beteiligten und gegebenenfalls auch anderen Personen (durch Testkarte oder ↑Sportnote) mitgeteilt wird. Evaluation bezieht sich im Sport v. a. auf motorische Vorgänge, aber auch auf kognitive und affektive Verhaltensmerkmale. Sie setzt bei allen Beteiligten eine offene und selbstkritische Haltung voraus.

Exekuitivkomitee [lateinisch; englisch-französisch]: ausführendes Organ von Sportverbänden und Sportorganisationen, das in der Zeit zwischen Haupt- bzw. Generalversammlungen die Geschäfte führt; besonders bekannt ist das Exekutivkomitee des ↑Internationalen Olympischen Komitees.

Expander [englisch; zu lateinisch expandere „ausdehnen“]: Übungsgerät zur Stärkung der Muskulatur (v. a. Arme und Rumpf), das aus Stahlspiralen oder Gummisträngen besteht, die an zwei Handgriffen auseinandergezogen werden. Der Expander kann zum dynamischen oder statischen Muskelkrafttraining eingesetzt werden.

expiratorisches Reservevolumen [lateinisch]: Luftmenge, die nach normaler Ausatmung (Expiration) zusätzlich maximal ausgeatmet werden kann (etwa 1,5 l). – Abb. S. 464.

extrapyramidales System [zu lateinisch extra „außen, äußerlich“, griechisch pyramís „Pyramide“ und griechisch sýstēma „ein aus mehreren Teilen zusammengesetztes Ganzes“]: zentrale Anteile des Gehirns, in denen Informationen verschaltet und an andere Teile des ↑Zentralnervensystems weitergeleitet werden. Sie sorgen für die Koordination bei [halb]automatischen Bewegungsabläufen und wirken auf die Gleichmäßigkeit sowie Angemessenheit der Muskeltätigkeit. Gerade zur sportlichen Leistungssteigerung ist eine Automatisierung von Bewegungsabläufen wichtig, wofür das extrapyramidale System – wesentlich unterstützt durch Übung – das Konzept ausarbeitet.

Extrasystole [zu lateinisch extra „außen, äußerlich“ und ↑Systole]: vorzeitig erfolgte Herzaktion. Früher als nach dem übrigen Herzrhythmus zu erwarten, erfolgt eine Anspannung des Herzens (↑Systole), der Puls „stolpert“. Seltene Extrasystolen treten unbemerkt bei vielen Menschen als Variante auf, häufigere Extrasystolen sind Ausdruck von Erkrankungen und können lebensgefährlich sein. Ihr Nachweis erfolgt mittels des Elektrokardiogramms.

F

Fachlehrer für Sport: ein an einer sportwissenschaftlichen Hochschuleinrichtung in einem sechs- bis achtsemestrigen Studium ausgebildeter Sportlehrer (mit mindestens einem weiteren Fach) zur Tätigkeit an Grund-, Haupt-, Sonder-, Real-, Berufs- und höheren Schulen.

Fachsportlehrer: [meist freiberuflicher] Sportlehrer, der in einem Sportfachgebiet besonders ausgebildet ist (mit staatlich anerkannter Prüfung), z. B. Skilehrer, Tennislehrer, Eislauflehrer, Fußballehrer u. a. Das Ressort „Fachsportlehrer und Sportlehrer im außerschulischen Bereich" des *Deutschen Sportlehrerverbandes* vertritt die Fachsportlehrer. In Zukunft wird diese Form sportspezifischer Berufsausbildung noch stärker an Bedeutung gewinnen, da in immer mehr Sportarten spezielle Ausbildungen zum Fachsportlehrer eingerichtet werden.

Fachverband: Zusammenschluß regionaler Verbände und Vereine einer Sportart auf nationaler Ebene (auch: Spitzenfachverband). Dem *Deutschen Sportbund* gehören heute 51 Fachverbände an. Der Fachverband ist auf internationaler Ebene der Vertreter der Bundesrepublik Deutschland für die jeweilige Sportart und somit Mitglied des entsprechenden internationalen Fachverbandes.

Fähigkeiten, motorische ↑motorische Fähigkeiten.

Fahrsport: nichtolympischer Pferdesport, eine Prüfung für Pferdegespanne (Ein-, Zwei- oder Mehrspänner) hinsichtlich ihrer sportlichen Fahrleistung (Gebrauchsprüfung für Wagenpferde, Dressurprüfung oder Hindernis- bzw. Geschicklichkeitsfahren). Auf nationaler und internationaler Ebene werden verschiedene Wettbewerbe ausgetragen.

Fahrtspiel: Trainingselement im Rahmen der ↑Dauermethode zur Schulung der Ausdauer in Kraft und Schnelligkeit. Fahrtspiel ist eine vom einzelnen Sportler nach Tempo, Intensität und Situation zu variiernde Form des Ausdauertrainings, wobei das spielerische Moment in der Belastungsvariation von grundlegender Bedeutung ist. Das Fahrtspiel wurde als ein- bis zweistündiges Lauftraining von dem Schweden Gösse Holmer ab 1930 entwickelt. Es wird vorzugsweise auf weichem Waldboden durchgeführt, v. a. als Vorbereitungstraining für Sportarten wie Leichtathletik, Radfahren, Skilanglauf, Rudern, Schwimmen.

Fairneß ['fɛ:rnɛs; englisch]: allgemein ehrenhaftes, anständiges Verhalten, dann Bez. für die ethische Grundhaltung des Sportlers, die im einzelnen dazu führt, Sieg und Niederlage sachlich zu verarbeiten, nicht „um jeden Preis" gewinnen zu wollen, Spielregeln einzuhalten, im Partner nur den sportlichen Gegner, nicht einen Feind zu sehen sowie möglichst gleiche Chancen und Bedingungen für den sportlichen Wettkampf zu schaffen. Fairneß ist ein wesentliches Ziel des Sportunterrichts im sozialaffektiven Bereich (Gefühl, Einstellung). Ihre Konkretisierung findet sie in den verschiedenen Formen einer Fair-play-Bewegung (↑Fair play).

Fair play ['fɛə 'plɛɪ; englisch „anständiges Spiel"]: anstandiges Verhalten (Spielweise) im sportlichen Wettkampf unter Beachtung der Grundsätze der ↑Fairneß. In verschiedenen Sportarten können Fair-play-Pokale gewonnen werden (z. B. im Eishockey). Der *Verband Deutscher Sportpresse* vergibt jährlich den Fair-play-Pokal „Eugen Wagner" an Sportler, die sich durch hervorragende sportliche Fairneß ausgezeichnet haben. 1964 wurde von der UNESCO die „Fair-play-Trophäe Pierre de Coubertin" für ritterliches

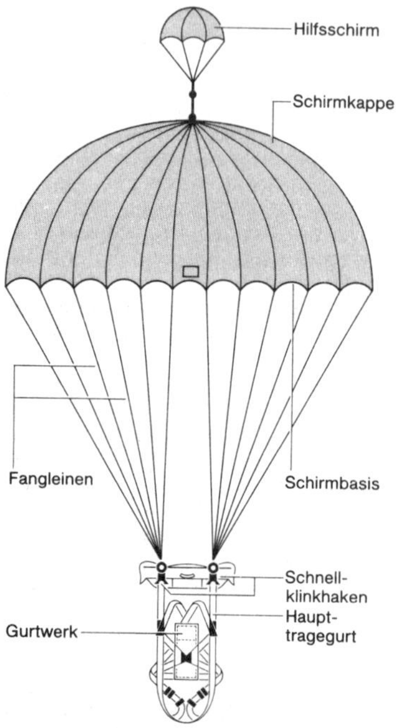

Fallschirmsport. Rundkappenfallschirm

und faires Verhalten im Sport gestiftet. Auch im Rahmen des Schulsports wurden Maßnahmen ergriffen, um dem Gedanken des Fair play zu größerer Wirksamkeit bei den Schülern zu verhelfen.

Fairway [englisch 'fɛ:rwɛɪ] ↑ Golf.

Fallinie: 1. beim *Bergsteigen* der kürzeste Weg nach oben („Direttissima"); – 2. beim *Skilaufen* bzw. bei Abfahrten ins Tal die kürzeste Strecke nach unten.

Fallrückzieher: beim Fußball das Weiterleiten des Balles direkt aus dem Flug nach rückwärts über den Kopf. Der Spieler beugt sich dabei tief nach hinten und fällt, nachdem der Ball den Fuß verlassen hat, rückwärts. Der Fallrückzieher gilt als besonders artistische Technik des Abspiels bzw. des Torschusses.

Fallschirmsegeln ↑ Skisegeln.

Fallschirmsport (Fallschirmspringen): zum Flugsport zählende Sportart.

Wichtigstes **Sportgerät** ist der *Fallschirm,* eine schirmartige Vorrichtung, mit deren Hilfe der Springer von einem Flugzeug aus mit relativ geringer Sinkgeschwindigkeit (etwa 3,5–6,5 m/s) zum Erdboden gebracht wird. Standardform ist der in geöffnetem Zustand nahezu halbkugelförmige *Rundkappenfallschirm (Kugelkappenfallschirm),* von dessen unterem Rand die Fangleinen zum Gurtzeug führen, in dem der Springer hängt. Zum Gurtzeug gehören der Sattel mit Beingurten, Brust- und Rückengurte (mit Packhülle). Eine Öffnung im höchsten Punkt des Fallschirms mildert den Entfaltungsstoß beim Öffnen des Schirms und verringert zugleich das Pendeln. Fangleinen und zusammengefaltete Kappe sind vor dem Absprung in einer Hülle verpackt, aus der sie (beim *automatischen Fallschirm*) durch eine am Flugzeug befestigte Aufziehleine oder (beim *manuellen Fallschirm*) mit Hilfe eines kleinen (vom Springer ausgelösten) Hilfsfallschirms herausgezogen und entfaltet werden. Bei der manuellen Öffnung kann der Springer den Öffnungszeitpunkt selbst bestimmen (er kann dann beim Absprung aus größeren Höhen größere Strecken frei durchfallen). Im Notfall kann ein einstellbarer Höhenauslöser unabhängig vom Fallschirmspringer die Öffnung des Fallschirms herbeiführen. Durch einseitiges Ziehen an den Fangleinen (wodurch ein unsymmetrischer Abfluß der sich unter dem Fallschirm stauenden Luft erreicht wird) oder an einer speziellen Zugvorrichtung, mit der Steuerschlitze oder -taschen betätigt werden, kann die Fallrichtung beeinflußt werden. Spezielle Fallschirmkonstruktionen mit tragflächenartiger Schirmkappe *(Gleitfallschirme, Gleitschirme)* ermöglichen (bei Sinkgeschwindigkeiten von 4–7 m/s) Horizontalgeschwindigkeiten von 13 m/s und mehr, d.h. über 45 km/h. Zum Gerät gehören außerdem

ein Springeranzug, Helm, Stiefel, Schutzbrille, Handschuhe, Höhenmesser, Dytter (ein akustisches Höhenwarngerät) und ein Reservefallschirm.
Im Fallschirmsport werden folgende **Wettbewerbe** ausgetragen: Beim *Zielspringen,* das in mehreren Durchgängen veranstaltet wird, erfolgt der Absprung aus Höhen zwischen 800 und 1 500 m. Die Springer sollen möglichst nahe dem Mittelpunkt (Nullscheibe, Durchmesser 5 cm) des Zielkreises (Durchmesser bis zu 30 m) landen. Beim *Stilspringen* sind aus 2 000 m Höhe im freien Fall bestimmte Übungen (Drehungen, Saltos) zu absolvieren, bevor der Fallschirm (in 900 bis 700 m Höhe) geöffnet wird. Beim *Relativspringen (Formationsspringen)* aus 2 500 bzw. 3 500 m Höhe bilden die Wettkämpfer (meist Vierer- und Achtergruppen) vor dem Öffnen des Fallschirms Formationen und zeigen bestimmte Figuren (z. B. „Sterne"), die mit Videogeräten aufgezeichnet werden. Im freien Fall werden Geschwindigkeiten bis zu 200 km/h erreicht.
Geschichte: Der älteste Entwurf eines Fallschirms (in Form einer unten offenen Pyramide aus „abgedichteter Leinwand") stammt von Leonardo da Vinci (um 1485). Mit Beginn der Ballonfahrt setzt die praktische Konstruktion von Fallschirmen ein. Den ersten Fallschirmabsprung aus größerer Höhe (rund 700 m) unternahm 1797 der Franzose J. Garnerin (* 1769, † 1823). Der moderne zusammenlegbare Fallschirm geht v. a. auf Konstruktionen von H. Lattemann (* 1852, † 1894), K. Paulus (* 1868, † 1935) und G. J. Kotelnikow (* 1872, † 1944) zurück, der Gleitfallschirm (ab 1964) auf D. Jalbert (* 1904). – Für das Ziel- und Stilspringen gibt es seit 1951 Welt-, seit 1975 Europameisterschaften, für das Relativspringen seit 1975 Weltmeisterschaften. – Der Fallschirmsport ist in den Organisationen des ↑ Flugsports zusammengefaßt.

Fallstart ↑ Start.

Fallwurf: Wurftechnik v. a. für die Nahdistanz im Handball, bei der der Abwurf des Balles in einer Fallbewegung erfolgt. Dadurch können die Torentfernung verringert, der Wurfwinkel zum Tor vergrößert und der Abwurf verzögert werden, so daß sich die Abwehrmöglichkeiten des Torwarts verringern. Es werden mehrere Varianten des Fallwurfs praktiziert: 1. **Drehfallwurf:** Wurf bei schneller Drehung des Körpers im Laufen bzw. Fallen in die Zielrichtung; 2. **Rückhandfallwurf:** Wurf aus der Stellung mit dem Rücken zum gegnerischen Tor bei gleichzeitiger Fall- und Drehbewegung; 3. **Seitfall-** bzw. **Knickwurf:** Wurf aus einer Fallbewegung mit zielgleicher und seitlicher Körperverdrehung; 4. **Sprungfallwurf:** Torwurf nach meist einbeinigem Absprung im Flug mit anschließender Fallbewegung (Abrollen), meist durch die Kreisläufer am 7-m-Kreis ausgeführt.

Faltboot: zerlegbares ↑ Kajak für eine oder zwei Personen, das aus einem Gerüst von Langstäben und Querspanten und der Faltboothaut (Gummistoffhülle mit Segeltuchdeck) zusammengebaut ist. Die Fortbewegung erfolgt wie beim Kajak mit dem Doppelpaddel (↑ Paddel). Das zusammengelegte Boot wird in einer Stabtasche bzw. in einem Seesack transportiert. Das Faltboot ist heute vom Kunststoffboot fast völlig verdrängt.

Familiensport: Freizeitsport, bei dem nicht Differenzierungen nach Alter, Geschlecht oder Leistung im Vordergrund stehen, sondern das Verbindende des Sports für die Mitglieder einer Familie. Vereine, Gemeinden und privatwirtschaftliche Unternehmen bieten in jüngster Zeit verstärkt Programme für Familiensport an, wobei v. a. Wassersport, Wintersport, Spiele und Gymnastik hervorgehoben werden.

Fan [englisch fæn; Kunstwort aus fanatic „Fanatiker"]: begeisterter Anhänger, überschwenglicher Verehrer einer Sportart, eines Sportlers oder eines Sportvereins. Die zunehmende Bildung von sogenannten Fanklubs zeigt eine deutliche Tendenz zur Institutionalisierung des durch Fans betriebenen Persönlichkeits- oder Vereinskults, mit z. T. negativen Auswirkungen.

Fangen: sportliche Grundtätigkeit, bei der ein fliegender Gegenstand (meist ein Ball) angenommen wird. In einzelnen Sportarten haben sich verschiedene Fangtechniken entwikkelt (z. B. einhändiges, beidhändiges Fangen).

Faszie ['fastsɪə; zu lateinisch fascia „Binde, Band"]: sehr stabile, dünne Bindegewebsschicht, die Muskeln und deren Sehnen umhüllt und in ihrer Form und Lage gegen andere Muskeln und Organe abgrenzt. Einige Faszien fassen auch Muskelgruppen zusammen.

Faustabwehr: im Fußball Abwehrtechnik des Torwarts, der innerhalb des Strafraums den Ball mit der Hand berühren, d. h. bei hohen Bällen (meist im Sprung) den Ball mit einer oder beiden Fäusten abwehren darf. Diese Abwehrform wird v. a. angewandt, wenn der Ball vom Torwart nicht sicher gefangen werden kann und möglichst schnell aus der Gefahrenzone entfernt werden soll.

Faustball: Rückschlagspiel zwischen zwei Mannschaften (Damen und Herren) zu je fünf Spielern (und zwei Auswechselspielern), das im Freien auf einem ebenen Rasenplatz und in der Halle gespielt wird.

Spielgedanke ist, durch ständigen Wechsel von Ballannahme, Zuspiel und Rückschlag den Ball so ins gegnerische Feld zu schlagen, daß der Gegner den Ball nicht regelgerecht zurückspielen kann.

Das **Spielfeld** im Freien ist 50 × 20 m (in der Halle 40 × 20 m) groß. Über einer die Längsseiten halbierenden Mittellinie ist in 2 m Höhe ein 4 cm breites Band zwischen zwei freistehenden Pfosten gespannt, über das der Ball gespielt werden muß. 3 m von der Mittellinie entfernt befinden sich beiderseits die Angabelinien.

Die **Spielzeit** beträgt 2 × 15 Minuten, bei Länderspielen 2 × 20 Minuten, mit einer Halbzeitpause von 2 Minuten. In der Halle beträgt die Spielzeit 2 × 10 Minuten (ohne Pause; in der Bundesrepublik Deutschland wird in der Halle auch nach zwei Gewinnsätzen bis zu je 15 Punkten gespielt).

Als **Spielgerät** dient ein Hohlball *(Faustball)* mit weicher Lederhülle (Gewicht: 320–380 g, Umfang: 62–68 cm).

Regeln (Auswahl): Der Ball darf nur mit geschlossener Faust oder mit dem Unterarm geschlagen werden. Ein Fehler einer Mannschaft ergibt einen Punkt (Gutball) für die andere. Die Mannschaft, die einen Fehler machte, schlägt auf. Fehler sind u. a., wenn der Ball mehr als einmal von demselben Spieler oder mehr als dreimal von derselben Mannschaft

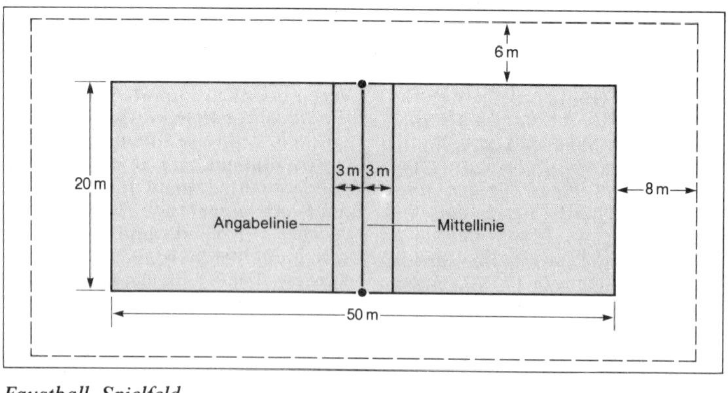

Faustball. Spielfeld

geschlagen wird, der Ball mehr als einmal vor jedem Schlag den Boden berührt, der Ball oder der schlagende Spieler das Band berühren, der Ball unter dem Band hindurch in das gegnerische Feld gelangt oder den Boden außerhalb des Spielfelds berührt.
Die **Technik** im Faustball ist v.a. durch verschiedene Schlagarten gekennzeichnet, die je nach Art des Aufspringens des Balles und nach Spielsituation eingesetzt werden. Die wichtigsten Schlagarten sind: Grundschlag (Schlag von unten nach oben mit der Unterarminnenseite oder der Faust), Flugschlag (Weitergabe des Balles in der Luft), Hammerschlag (Schlag mit der Außenseite der Faust von oben nach unten), Kreisschlag (bogenförmig ausgeführter Schlag), Prellschlag (in geringer Höhe angenommener und von oben weitergeleiteter Ball) und Schmetterschlag (Schlag von oben mit der unteren Stirnseite der geballten Faust; ↑auch Prellen, ↑Schmetterball).
Geschichte: Faustball ist bereits in der Antike erwähnt. Der Ursprung des modernen Spiels liegt in Italien, wo bereits im 16. Jahrhundert „Pallone", ein Spiel mit einem Hohlball gespielt wurde. Von dort wurde es auch als „Hohlball mit Prellen" nach Deutschland übernommen. 1893 wurden die ersten Regeln veröffentlicht. Seit 1913 gibt es deutsche, seit 1965 Europa- und seit 1968 Weltmeisterschaften. Seit den 60er Jahren hat Faustball in Europa wachsende Bedeutung erlangt. Er wird in der Bundesrepublik Deutschland vom *Deutschen Turner-Bund* (DTB; gegründet 1950, Sitz Frankfurt am Main), international vom *Internationalen Faustball-Verband* (IFV; gegründet 1960, Sitz Frankfurt am Main) betreut.
Faustkampf ↑Boxen.
Faustlage (Motion): im Fechten Bez. für die Position (Lage) der Faust, die durch die jeweilige Arm- und Klingenhaltung bedingt ist. Es gibt sechs Faustlagen, die durch Drehung des Arms mit der Waffe um die

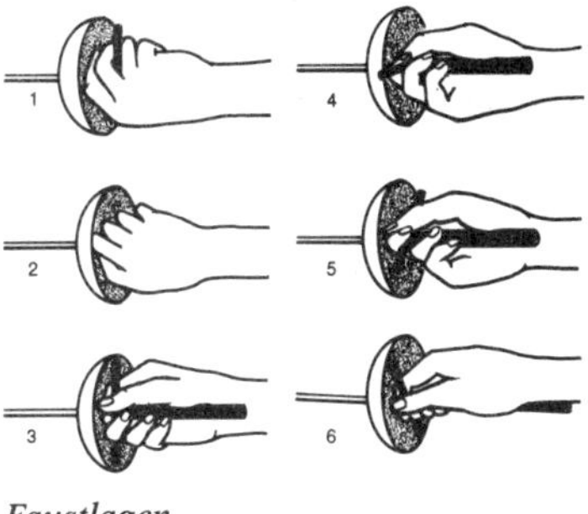

Faustlagen

Längsachse zustande kommen. Sie gelten für das Florett-, Degen- und Säbelfechten.
Favorit [lateinisch-französisch]: *allgemein* bevorzugter Günstling, Liebling; im Sport der aufgrund bisheriger sportlicher Leistungen als Sieger zu erwartende Teilnehmer (Einzelspieler, Mannschaft) eines sportlichen Wettkampfs.
Fechten: sportlicher Zweikampf mit Sportwaffen, deren Spitzen bzw. Schneiden abgestumpft sind und die Fechtkleidung bzw. -masken nicht durchdringen. Man unterscheidet je nach verwendeter Waffe Florett-, Degen-, und Säbelfechten.
Beim **Florettfechten** (für Damen und Herren) ist die Waffe das *Florett,* eine leichte Stoßwaffe mit vierkantiger Stahlklinge (Gesamtlänge maximal 110 cm, Gewicht 500 g), mit deren abgerundeter Spitze nur der Oberkörper ohne Kopf und Arme gültig getroffen werden kann. Beim **Degenfechten** (nur für Herren; seit 1985 probeweise auf zwei Jahre auch für Damen) ist die Waffe der *Degen,* eine leichte Stoßwaffe mit dreikantiger Stahlklinge (Gesamtlänge maximal 110 cm, Gewicht 770 g), mit deren durch einen festen Knopf abgesicherten Spitze der gesamte Körper von Kopf bis Fuß gültig getroffen werden kann. Beim **Säbelfechten** (nur für Herren) ist die Waffe der *Säbel,* eine leichte Hieb- und Stoßwaffe mit vierkantiger Stahlklinge (Gesamtlänge maximal 105 cm, Gewicht 500 g), mit der durch Stoß und

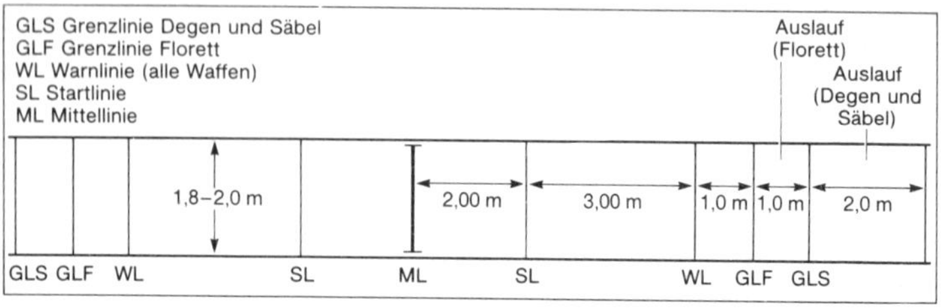

Fechten. Fechtbahn

Hieb der gesamte Oberkörper einschließlich Kopf und Arme gültig getroffen werden kann. Bei allen Waffen ist der Griff durch eine je nach Waffe unterschiedlich geformte „Glocke“ als Handschutz abgesichert. Die Fechtkleidung ist einheitlich weiß und besteht aus Fechtjacke (Damen tragen darunter einen Brustschutz), Kniebundhose, Kniestrümpfen und absatzlosen Fechtschuhen. Beim Florettfechten wird

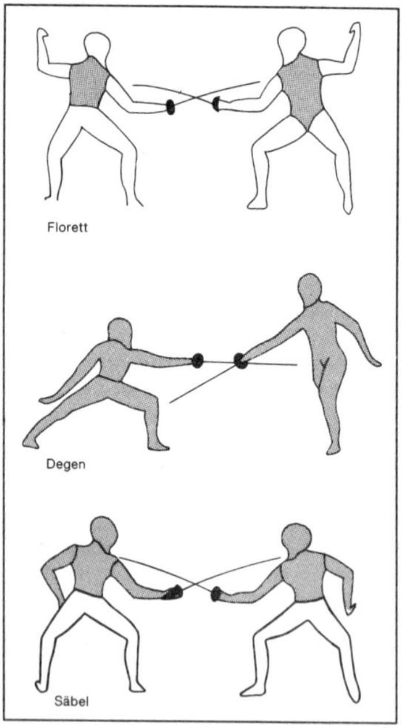

Fechten. Trefflächen

über der Fechtjacke eine elektrisch leitende Brokatweste getragen. Das Gesicht ist durch einen Kopfschutz (Drahtmaske) und die waffenführende Hand durch einen Handschuh gegen Verletzungen geschützt.

Sportstätte ist die *Fechtbahn* (französisch *Planche*), ein 1,80–2,00 m breiter Läufer aus Kunststoff o. ä. von 14 m (für Florettfechten) bzw. 18 m Länge (für Degen- und Säbelfechten). Die Fechtbahn ist durch eine Mittellinie halbiert. Beiderseits der Mittellinie befinden sich folgende Markierungen: im Abstand von 2 m die Startlinien (Ausgangsposition der Fechter bei Kampfbeginn und nach Treffer), nach weiteren 3 m die Warnlinien für alle Waffen (bei Übertreten der Warnlinie mit dem Standbein durch den Fechter erfolgt eine Warnung durch den Obmann), nach wiederum 1 m die Grenzlinien für Florettfechten, denen sich ein Auslauf von 1 m anschließt, bzw. nach 2 m die Grenzlinien für Degen- und Säbelfechten mit einem Auslauf von 2 m. – Für das Florett- und Degenfechten wird zur objektiven Trefferfeststellung mit einer **elektrischen Trefferanzeige** gearbeitet. Dazu müssen die Fechtbahn mit einer geerdeten (um die Anzeige von Bodentreffern zu vermeiden) Kupfergeflechtmatte bespannt und die an den Spitzen entsprechend ausgerüsteten Waffen über ein Körperkabel mit dem optisch (Aufleuchten einer Lampe) und akustisch registrierenden Anzeigegerät verbunden sein. Das Körperkabel führt über eine Laufrolle, die eine Behinderung des

Fechters durch das Kabel im Kampf ausschließt. Beim Florettfechten muß zusätzlich die Trefffläche des Körpers mit einem leitenden Material bedeckt sein, da hier die Trefferanzeige nach dem Ruhestromprinzip arbeitet, d.h. bei einem Treffer wird ein Ruhestromkreis unterbrochen und die Anzeige leuchtet bei dem getroffenen Fechter auf. Beim Degenfechten wird bei einem Treffer in der Degenspitze des treffenden Fechters ein Arbeitsstromkreis geschlossen, so daß hier die Anzeige auf seiten des treffenden Fechters erfolgt. Entscheidend für das Auslösen der Trefferanzeige ist die Kraft, mit der die Waffenspitze auftrifft: Beim Florettfechten öffnet der Kontakt in der Waffenspitze bei einer Minimalkraft von 500 g, beim Degenfechten schließt der Kontakt in der Waffenspitze bei einer Minimalkraft von 750 g. Das Problem der elektrischen Trefferanzeige für das Säbelfechten ist technisch noch nicht gelöst, da der Säbel nicht nur als Stoß-, sondern auch als Hiebwaffe gültig eingesetzt werden kann.

Regeln (Auswahl): Im Fechten werden Einzel- und Mannschaftswettbewerbe ausgetragen. Der einzelne Kampf heißt *Gefecht* bzw. *Gang*. Die Dauer eines Gefechts beträgt (effektiv) zwischen sechs und zehn Minuten, je nachdem, auf wie viele Treffer (fünf, acht oder zehn) das Gefecht angesetzt ist. Sieger ist, wer zuerst die erforderliche Trefferzahl erzielt hat. Regelverstöße (z.B. Einsatz der unbewaffneten Hand, Gewaltakte mit Körper oder Waffe) ergeben Straftreffer.

Technik: Technische Voraussetzungen für Angriff und Verteidigung sind Stoßtechniken (↑Stoß), Hiebtechniken (nur beim Säbelfechten; ↑Hieb), Paradetechnik (↑Parade) und Bindetechnik (↑Binden). Die Waffen werden mit Daumen und Zeigefinger geführt und mit den anderen Fingern gehalten. Die *Fechtstellung* bietet als Kampfstellung dem Gegner die kleinste Trefffläche und ermöglicht schnelle Bewegungen vorwärts und rückwärts. So wechselt der Abstand zwischen den Fechtenden (↑Mensur) ständig. Angriffstechniken sind z.B.: ↑Appell, ↑Aufhaltstoß, ↑Ausfall und Sprung, ↑Pfeilangriff, ↑Reprise, ↑Rimesse und ↑Riposte. Es werden drei Klingenlagen (↑Klinge) unterschieden: Einladung (↑Blöße), Bindung (Binden), Klinge in ↑Linie. Erfolgsentscheidend sind im Fechten v.a. gute Technik, ausgewogene Taktik, Schnellkraft, Reaktionsfähigkeit, günstiges Halten der Mensur, Wahl des richtigen Augenblicks zur Aktion, Mut und Durchsetzungsvermögen.

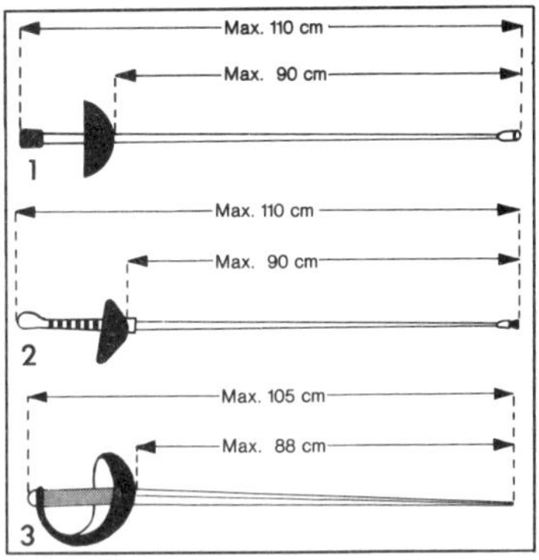

Fechten. Formen und Maße der Sportwaffen: 1 Florett, 2 Degen, 3 Säbel

Fechten ist als Degenfechten auch Disziplin des ↑modernen Fünfkampfs (hier auch für Damen).

Geschichte: Das sportliche Fechten entwickelte sich aus dem kriegerischen Fechten mit blanker Waffe (Schwert). Als solches ist es in den Heldensagen nahezu aller Kulturen bekannt. In der Antike gab es, v.a. in Rom, Fechtschulen zur Ausbildung jugendlicher Fechter für Schaukämpfe. Das im Mittelalter (bis ins 17. Jahrhundert hinein) vom Ritterstand betriebene Fechten mit schweren Waffen hat mit dem heutigen Sportfechten nichts gemein. Erst im 15./16. Jahrhundert entwickelte sich

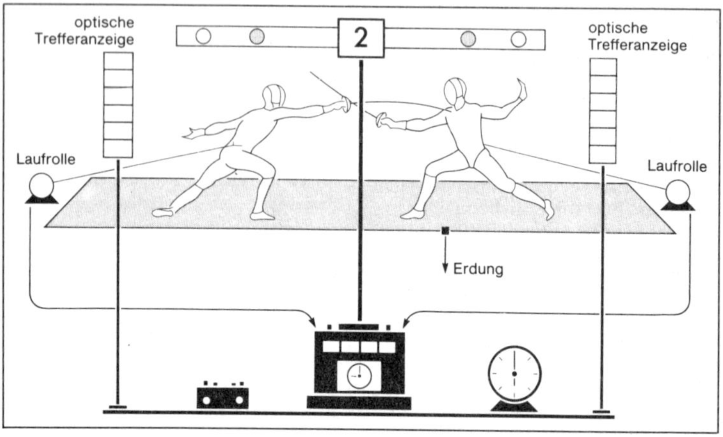

Fechten. Elektrische Trefferanzeige (schematische Darstellung)

in Italien und Frankreich, vermutlich auf spanischen Einflüssen basierend, ein schnelleres, eleganteres, v. a. auf den Stoß gerichtetes Fechten mit leichteren Waffen. Die Handhabung der Waffe wurde erstmals 1536 schriftlich dargestellt. Seither haben sich Grundbegriffe und Regeln des Fechtens nur geringfügig geändert. Das moderne Säbelfechten entwickelte sich Ende des 19. Jahrhunderts in Italien, wurde jedoch im ersten Drittel unseres Jahrhunderts von den Ungarn umgestaltet und zu einer geradezu artistischen Vollendung geführt. – 1862 wurde der erste deutsche Fechtklub gegründet. 1896 fanden die ersten deutschen Meisterschaften statt. Zum olympischen Programm zählt Fechten seit 1896, das Florettfechten der Damen seit 1924. In der Bundesrepublik Deutschland wird Fechten vom *Deutschen Fechterbund* (DFeB; gegründet 1911, Sitz Bonn) betreut, international von der *Fédération Internationale d'Escrime* (FIE; gegründet 1913, Sitz Paris).

Fechtmeister: Bez. für den Lehrer im Fechten. Seit 1927 legen Fechtmeister eine staatlich anerkannte Prüfung ab und sind dann Trainer für Fechten in den verschiedenen Bereichen. Sie sind in der *Akademie der Fechtkunst Deutschlands* (AdFD; gegründet 1954, Sitz Hamburg) vereinigt.

Federation Cup [englisch fɛdəˈrɛɪʃən kʌp]: internationaler Mannschaftswettbewerb für Damen im Tennis (als Entsprechung zum Davis-Pokal der Herren), ausgetragen als geschlossenes Turnier an einem Ort in zwei Einzel- und einem Doppelspiel (seit 1963).

Fédération Internationale d'Éducation Physique [französisch federɑsjõɛ̃tɛrnasjɔnaldedʏkasjõfiˈsik] (FIEP): internationaler Zusammenschluß der Sportlehrer (gegründet 1923, Sitz Cheltenham, Großbritannien). Die FIEP bemüht sich v. a., die praktische Arbeit von Sportlehrern und Trainern auf internationaler Ebene zu verbessern, um so den Stellenwert der Leibeserziehung weltweit zu heben.

Fédération Internationale du Sport Universitaire [französisch federɑsjõɛ̃tɛrnasjɔnaldʏspɔ:rʏnivɛrsiˈtɛ:r] (FISU): internationaler Zusammenschluß von Hochschul- bzw. Universitätssportabteilungen (gegründet 1948, Sitz Brüssel). Die FISU richtet alle zwei Jahre die FISU-Studentenweltmeisterschaften aus und veranstaltet in Verbindung damit auch sportwissenschaftliche Kongresse. Ziel ist die Förderung des internationalen Hochschulsports.

Federball ↑ Badminton.

Federn: Grundtätigkeit im Rahmen der Gymnastik: Der sich auf- und abbewegende Körper wird elastisch und rhythmisch in den Gelenken aufgefangen und wieder zur Streckung gebracht; die Fußspitzen verlassen dabei nicht völlig den Boden. Auch das elastische Auffangen einer Sprungbewegung nennt man Federn.

Fehler: Bez. für nicht regelgerechtes (oder unvollständiges) Ausführen einer sportartspezifischen Technik, z. B. Schrittfehler im Handball und Basketball, falscher Aufschlag in den Rückschlagspielen (Badminton, Tennis, Volleyball u. a.), Abwerfen eines Hindernisses beim Springreiten, Fangen des Balles mit beiden Händen beim Wasserball, Berühren des Balles mit der Hand beim Fußball, nicht den Vorschriften des Code de pointage entsprechende Ausführung einer Übung im Geräteturnen. Die Fehler und ihre jeweiligen Sanktionen sind in den einzelnen Regelwerken festgelegt.

Fehlsprung: begonnener, aber nicht den Regeln entsprechend bzw. erfolglos ausgeführter Sprung in der Leichtathletik (z. B. Reißen der Latte im Hoch- und Stabhochsprung, Übertreten des Absprungbalkens im Weit- und Dreisprung) und im Geräteturnen (begonnener, aber nicht ausgeführter Pferdsprung u. a.).

Fehlstart (Frühstart): in Lauf- und Rennwettbewerben wie auch im Schwimmsport das Verlassen der Startposition vor dem Startzeichen. Ein Fehlstart hat eine Verwarnung des verursachenden Wettkämpfers und im Wiederholungsfall dessen Disqualifikation zur Folge.

Fehlwurf: 1. in der *Leichtathletik* ein Fehlversuch in den Wurfdisziplinen (Diskus-, Hammer-, Speerwerfen); – 2. im *Kegelsport* ein Wurf, bei dem kein Kegel umgeworfen wird (volkstümlich als Pudel oder Ratte bezeichnet).

Feinform: Grad der Ausführung einer Bewegung, die gegenüber der ↑ Grobform ausgezeichnet ist durch Ausprägung, Genauigkeit, Rhythmus und Steuerung der Bewegung.

Feinkoordination ↑ Koordination.

Feinmotorik ↑ Motorik.

Feinstform: neben ↑ Grobform und ↑ Feinform dritte Stufe einer Bewegungsausführung, bei der die Struktur der Bewegung in Bewegungsumfang und Bewegungsgenauigkeit optimal gestaltet ist. Man spricht dann auch von automatisierter Bewegung (↑ Automatisierung).

Feld: Bez. 1. für Spiel- und Sportstätte, 2. für die Gesamtheit der Wettkampfteilnehmer, 3. für die zahlenmäßig größte (geschlossene) Gruppe von Wettkämpfern im Verlauf eines Wettkampfs (z. B. beim Laufen, Radfahren u. a.), 4. für die Aufstellung der Kegel in Form eines gleichseitigen Dreiecks im Kegelsport.

Feldhandball ↑ Handball.

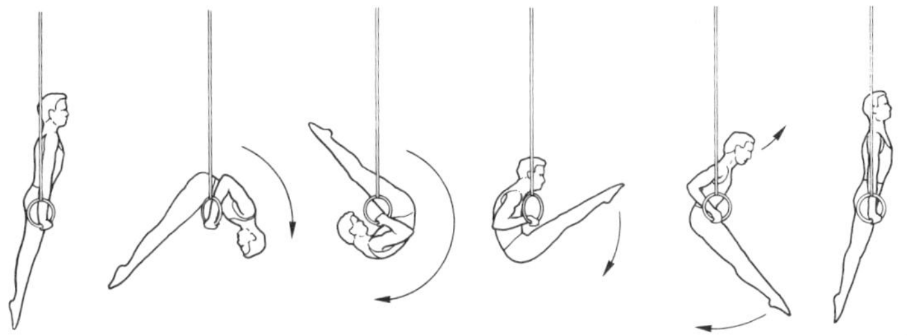

Felge. Geräteturnen: Felge rückwärts an den Ringen

Feldhockey ↑ Hockey.

Feldspieler: in einigen Mannschaftsspielen (Fußball, Handball, Hockey u.a.) Bez. für alle Spieler außer dem Torwart.

Feldverweis ↑ Hinausstellung.

Felge [Grundbedeutung wohl „die Gewendete, Gebogene"]: 1. im *Geräteturnen* Umschwung um die Breitenachse des Körpers aus dem Stand oder Stütz in den Stütz oder Handstand; der Körper wird aus der Streckung gebeugt und wieder gestreckt; es gibt Felgaufschwünge, -umschwünge und -abschwünge; – 2. im *Automobil-, Motorrad-* und *Radsport* das die Bereifung aufnehmende Teil des Rades.

Felle: Streifen aus Fell (Naturfell oder Kunstfell), die, der Skilänge und -breite angepaßt, unter die Sohle des Skis (meist Tourenski) geschnallt oder geklebt werden, um beim Aufstieg mit Skiern ein Rückwärtsrutschen zu verhindern. Für die Abfahrt werden die Felle wieder entfernt.

Fender [englisch, eigentlich „Abwehrer" (zu lateinisch defendere „abwehren")]: aus Tauen geflochtenes, tonnenförmiges Kissen oder luftgefüllte Polyäthylenkörper zum Auffangen von Stößen auf die Bordwand von Schiffen, z. B. beim Anlegen; häufig auch abgefahrene Autoreifen oder Rundhölzer.

Feriensport: Freizeitsport, bei dem im Rahmen sogenannter Aktivferien für die Situation der Ferien typische Sportarten (z. B. aus den Bereichen von Winter- und Wassersport, Tennisferien, Golfferien u. a.) betrieben werden, v. a. mit dem Ziel der Erhaltung bzw. Wiederherstellung der Gesundheit.

Ferment [lateinisch „Sauerteig"] ↑ Enzym.

Fernwettkämpfe: Sportveranstaltungen, bei denen die Teilnehmer den Wettkampf nicht am gleichen Ort austragen. Die Ergebnisse werden registriert und in Resultatlisten übermittelt (z. B. im Bogenschießen). Bekannt sind v. a. Fernschachwettkämpfe, die mittels auf dem Postweg versandter Fernschachkarten ausgetragen werden. Die Einbeziehung von Computern und elektronischer Datenverarbeitung eröffnet für die Fernwettkämpfe neue Möglichkeiten.

Fersenschub ↑ alpiner Skilauf.

Fett: eine vielfältige Stoffklasse, die überall im Tier- und Pflanzenreich vorkommt. Ihr gemeinsames chemisches Merkmal besteht darin, daß Fett sich in Lösungsmitteln wie Äther, Chloroform, Benzol und anderen organischen Verbindungen gut löst, in Wasser jedoch nicht. Im tierischen und menschlichen Organismus sind Fette und ↑ Eiweiße wesentliche Bestandteile der Zellmembran. Auffallend hoch ist der Fettanteil am Zentralnervensystem (40% des Trockengewichts). Manche Organe sind zum Schutz in einer Fettschicht, dem sogenannten Organfett eingebettet. Das Unterhautfettgewebe schützt den Körper vor mechanischen Reizen und wirkt dem Wärmeverlust entgegen. Da 1 g Fett beim Abbau 9,3 kcal entspricht, gegenüber nur 4,1 kcal/g bei Kohlenhydraten und Eiweiß, ist Fett ein vorteilhafter Kalorienspeicher für die „Reserve". Je nach Bedarf vermag der körpereigene ↑ Stoffwechsel ↑ Kohlenhydrate in Fette umzuwandeln und umgekehrt. Eine Ausnahme bilden die mehrfach ungesättigten, auch als essentielle Fettsäuren bezeichneten Verbindungen. Sie werden dem Körper von außen durch Pflanzen- und Fischöle zugeführt. Das Nichtzuführen dieser Fettsäuren führt möglicherweise zu Mangelerscheinungen wie Wachstumsstillstand, Beeinträchtigung in der Fortpflanzung sowie Nieren- und Hautkrankheiten. Eine wichtige Untergruppe der Fette stellen die sogenannten Steroide dar. Sie sind in der Grundstruktur des ↑ Cholesterins, vieler ↑ Hormone und der Gallensäuren enthalten.

FFFF: Abk. für: ↑ **frisch, fromm, fröhlich, frei.**

Fibrin [zu lateinisch fibra „Faser des Muskel-, Nerven- oder Epithelgewebes"]: wasserunlöslicher Faserstoff des Blutes. Er spielt bei der Blutgerinnung (z.B. bei Gewebezerstörung) eine Rolle. Die Menge des im Blut gelösten Fibrins gilt als ein Maß für die Funktionstüchtigkeit des Gerinnungssystems. Bei Mangel kommt es zu Störungen in diesem System, was zu unstillbaren Blutungen führen kann. Dem wirkt man u.a. durch Fibrinzusatz von außen entgegen.

FIEP: Abk. für: ↑Fédération Internationale d'Éducation Physique.

Fieren [niederländisch]: im Segelsport das langsame Nachlassen bzw. Nachgeben einer dichtgeholten Schot, das Herablassen eines Segels.

Figur [zu lateinisch fingere „formen, bilden"]: 1. Begriff zur Kennzeichnung eines in sich geschlossenen Bewegungsablaufs, z.B. im Eis- und Rollkunstlauf, im Tanzsport (Formationstanz), Pferdesport (Dressurreiten) und Schwimmsport (↑Kunstschwimmen). – 2. im Schach Bez. für den „figürlich" gestalteten Spielstein (Schachfiguren).

Finale [italienisch; zu lateinisch finalis „das Ende betreffend"]: Bez. für Schlußrunde, Endkampf, Endspiel sportlicher Wettkämpfe. Dem Finale gehen meist Vor- und Zwischenkämpfe voraus. In Mannschaftssportarten unterscheidet man in Finalrunden je nach der Zahl der noch im Wettbewerb stehenden Gegner: Finale (2 Gegner), Halbfinale (4), Viertelfinale (8), Achtelfinale (16).

Finish ['fɪnɪʃ; englisch]: ↑Endspurt.

Finte [italienisch; zu lateinisch fingere „ersinnen"]: Täuschungshandlung, die vorwiegend in den Spiel- und Kampfsportarten Anwendung findet. Dabei wird die Struktur einer Bewegung so verändert, daß in der Vorbereitungsphase eines Bewegungsablaufs eine Bewegung vorgetäuscht (fintiert) wird, die den Gegner eine Gestaltung der Hauptphase erwarten läßt, die dann aber nicht wie erwartet ausgeführt wird. Die Fähigkeit zur schnellen Informationsaufnahme und -verarbeitung entscheidet darüber, ob eine Finte erfolgreich angesetzt bzw. wirkungslos gemacht werden kann.

Firmensport ↑Betriebssport.

Fischerstechen: seit etwa 2400 v.Chr. in Ägypten, seit dem 16. Jahrhundert auch in Deutschland und Frankreich bekannter Wettkampf: Je ein mit Holzschild und langer Lanze ausgerüsteter Mann stehen im Heck eines Bootes, das auf das gegnerische Boot zufährt, und versuchen, den Gegner mit der Lanze ins Wasser zu stoßen.

FISU: Abk. für: ↑Fédération Internationale du Sport Universitaire.

Fitneß (Fitness) [englisch-amerikanisch]: Bez. für einen durch sportliches Training erreichten guten körperlichen (und geistigen) Gesamtzustand des Menschen. Fitneß hat physische, geistige, soziale und emotionale Komponenten, die nur sehr bedingt voneinander trennbar sind. Meist wird Fitneß im engeren Sinn als körperliche Fitneß verstanden. Diese basiert im wesentlichen auf günstigen anthropometrischen Voraussetzungen (z.B. Körperbaumaße, Hautfaltendicke des Unterhautfettgewebes), auf guten Wahrnehmungseigenschaften (visuell, auditiv, taktil, kinästhetisch), auf den konditionell (Kraft, Schnelligkeit, Ausdauer, Beweglichkeit) und den koordinativ (Gleichgewicht, Kombinationsfähigkeit, Geschicklichkeit) orientierten motorischen Eigenschaften. Unter den zahlreichen Fitneßmodellen hat sich das von E. Fleishman 1964 entwickelte weitgehend durchgesetzt, nach dem folgende Faktoren die körperliche Fitneß ausmachen: statische und dynamische Beweglichkeit, Explosivkraft, statische Kraft, Rumpfkraft, Gesamtkörperkoordination, Gleichgewicht und Ausdauer. Bisweilen wird zwischen körperlicher (als allgemeiner Grundlage) und motorischer Fitneß (als Fähigkeit zu deren Umsetzung in Bewegung) unterschieden. Körperliche Fitneß wird auch gleichgesetzt mit Begriffen wie Gesundheit, Wohlbefinden, Ausgeglichenheit u.a., so daß für das Streben nach Fitneß (nach D. Kayser) v.a. folgende Zielsetzungen zu finden sind: Vorbeugung gegen Krankheiten, Verlangsamung des Alterungsprozesses, Verbesserung der beruflichen Leistungen, Optimierung der Motorik, Vermittlung von Wohlbefinden, Selbstverwirklichung und Kontakt mit der Umgebung. Somit erweist sich die körperliche Fitneß als ein sehr komplexes Persönlichkeitsmerkmal, was die Entstehung (seit den 1950er Jahren) von sogenannten *Fitneßbewegungen* (↑auch Trimmaktion) erklärt, in deren Zusammenhang auch das Entstehen zahlreicher Wald-, Trimm- und Fitneßbahnen, das reiche Angebot an Programmen für Heimtraining (↑Heimtrainer), die Organisation von Fitläufen und -märschen, die Aerobicwelle sowie das Entstehen kommerzieller Fitneßstudios (Fitneßcenters) zu sehen ist. Im Zusammenhang mit dem Bemühen um eine sinnvolle Steuerung der Fitneßbewegungen wurden zahlreiche *Fitneßtests* (z. B. ↑Cooper-Test) entwickelt, an Hand derer der Fitneßzustand objektiv überprüft und auf denen aufbauend ein gezieltes, sinnvolles Fitneßtraining durchgeführt werden können.

Flachpaß: Technik des Passens im Fußball, wobei der Ball möglichst flach, schnell und genau zu einem Mitspieler gespielt wird (↑auch Doppelpaß). Der Flachpaß wird meist als ↑Innenseitstoß gespielt.

Flanke: 1. beim *Bergsteigen* die flachere Seite eines Berges; – 2. beim *Fechten* die Blöße außen unten, d. h. der nicht durch die eigene Waffe abgedeckte Raum; – 3. im *Fußball* ein hoher, in den Strafraum getretener Ball; – 4. ein Körperteil des Pferdes; – 5. im *Geräteturnen* das Überqueren eines Turngeräts im Sprung mit geschlossenen Beinen und unter Belassen des Oberkörpers in der bisherigen Richtung.

Flanke. Geräteturnen

Flatteraufgabe: Aufgabetechnik im Volleyball. Der Ball wird mit gestreckten Fingern durch eine nach vorne/oben gerichtete schlagartige Streckbewegung des Arms über das Netz gespielt, wodurch er eine flatternde Flugbewegung erhält und so für den Gegner schwer zu berechnen ist.

Flaute: in der Seemannssprache sehr geringe Luftbewegung, Windstille. Als *Flautenläufer* bezeichnet man ein Segelboot, das selbst bei geringer Windstärke noch fährt. Scherzhaft wird der Außenbordmotor bei Segelbooten *Flautenschieber* genannt.

Flexibilität [zu lateinisch flexibilis „biegsam"] ↑Gelenkigkeit.

Flickflack [französisch flic flac „klipp, klapp"] ↑Überschlag.

Fliegen: das Sich-frei-im-Luftraum-Bewegen, wobei in bestimmten Sportarten besondere Körper- und Bewegungserfahrungen gemacht werden. Dies betrifft nicht nur den Flugsport (z. B. Fallschirmspringen), sondern auch Wasserspringen, Skispringen, Geräteturnen und Trampolinturnen. Dem Flugerlebnis kann in einer relativ erfahrungsarmen Lebensweise besondere Bedeutung zugeschrieben werden.

fliegender Start ↑Start.

fliegender Wechsel: Austausch von Spielern ohne Spielunterbrechung, vornehmlich während eines Angriffs der eigenen Mannschaft (z. B. im Handball und Eishockey). Der Auswechselspieler darf das Spielfeld erst betreten, nachdem ein anderer Spieler seiner Mannschaft es verlassen hat.

Fliegerrennen: im Pferde- und Radsport ein Rennen über kurze Distanz, wobei es v. a. auf Schnelligkeit im Antritt ankommt. Im Pferdesport geht das Fliegerrennen über eine Distanz von 1400 m, im Radsport **(Sprinterrennen)** von 1600 m.

Flip [gekürzt aus englisch flip jump (zu englisch to flip „schnellen")]: Sprung im Eis- und Rollkunstlauf mit folgendem Bewegungsablauf: nach dem Anlauf Dreier von vorwärts-auswärts auf rückwärts-einwärts, dann für den Absprung einstechen mit der Spielfußspitze, nach einer vollen Drehung in der Luft Landung auf dem einstechenden Bein, Auslauf in einem Bogen rückwärts-auswärts. Der Flip wird zwei- und dreifach gesprungen (Doppel-, Dreierflip).

Florettfechten [aus italienisch fioretto „kleine Blume"] ↑ Fechten.

Flosse ↑ Schwimmflosse.

Flossenschwimmen ↑ Tauchsport.

Flügelspiel: Variante der Angriffstaktik in Mannschaftsspielen, bei der der freie Raum am Rand des Spielfelds genutzt wird, um so die gegnerische Verteidigung zu öffnen. Das Flügelspiel ist v.a. Aufgabe von sogenannten (laufstarken) *Flügelspielern.*

Flugmodellsport ↑ Modellflugsport.

Flugphase: Abschnitt einer Bewegungsausführung, der durch freien Flug gekennzeichnet ist (↑ auch Fliegen). Die Gestaltung der Flugphase ist bei Sportarten mit Punktwertung entscheidend für die Höhe der erreichten Punktzahl.

Flugsport (Luftsport): Bez. für alle Formen des Sporttreibens mit Fluggeräten (↑ Drachenfliegen, ↑ Fallschirmsport, ↑ Freiballonsport ↑ Modellflugsport, ↑ Kunstflugsport, ↑ Segelflugsport). Die Belange des Flugsports (z. B. Abnahme von Flugprüfungen, Führen von Flugrekorden) werden in der Bundesrepublik Deutschland vom *Deutschen Aero Club* (DAeC; gegründet 1902, Sitz Gersfeld) wahrgenommen, international von der *Fédération Aéronautique Internationale* (FAI; gegründet 1905, Sitz Paris). Weiterhin wichtig für den Flugsport ist die *Deutsche Forschungs- und Versuchsanstalt für Luft- und Raumfahrt e. V.* (DFVLR; 1968 hervorgegangen aus der *Deutschen Gesellschaft für Flugwissenschaften* [gegründet 1959] und der *Deutschen Forschungsanstalt für Luft- und Raumfahrt* [gegründet 1936], Sitz Porz am Rhein) zur Förderung der angewandten Forschung im Flugwesen und als Prüfstelle für Luftfahrtgeräte. Da der Flugsport mit großen Risiken verbunden ist, sind umfangreiche Regelungen notwendig, um die Organisation zu bewältigen.

Folkloretanz ['fɔlklo:r, fɔlk'lo:rə; zu englisch folk „Volk" und lore „(überliefertes) Wissen"]: Volkstanz; meist Tanzformen einer in ihren Ausdrucksformen, ihrer Musik und Kleidung landschaftlich geprägten Volksgruppe; beliebter Bestandteil des Rahmenprogramms bei internationalen Sportveranstaltungen.

Football [englisch 'fʊtbɔ:l] (American Football): Kampfspiel zwischen zwei Mannschaften von je bis zu 45 Spielern, von denen jeweils 11 auf dem Spielfeld sind. Die Spieler können beliebig ausgewechselt werden.

Spielgedanke des Footballs ist, Raumgewinn zu erzielen, und zwar entweder durch Tragen des Balles oder durch einen Paß möglichst über die gegnerische Torlinie, bzw. den Gegner daran zu hindern.

Spielfeld (die amerikanischen Maßangaben in Yards [yd] werden in der Bundesrepublik Deutschland nicht umgerechnet, sondern es gilt: yd = m): Das Spielfeld ist ein auf einem ebenen [Kunst]rasenplatz angelegtes Rechteck mit einer Länge zwischen den Torlinien von 100 m und einer Breite von 50 m. Hinter den Torlinien befindet sich eine Endzone von 10 m Breite. Um den Raumgewinn erkennbar zu machen, ist das Spielfeld parallel zu den Torlinien durch Linien im Abstand von je 5 m markiert (Yardlines). Im parallelen Abstand von 15 m zu den Seitenlinien kennzeichnen gestrichelte Linien das Innenfeld, innerhalb dessen jeder Spielzug beginnt. Das *Tor* besteht aus zwei senkrechten, im Abstand

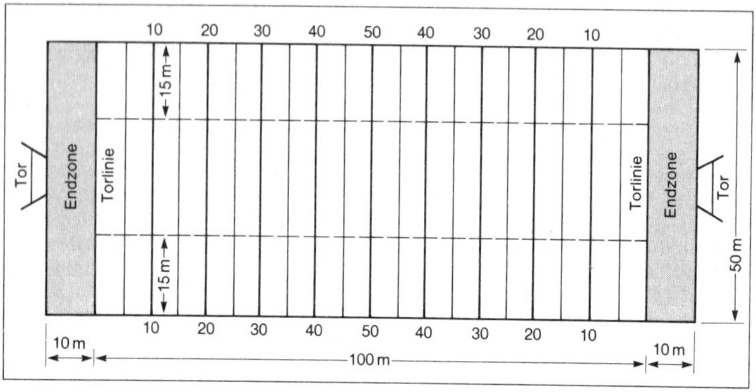

Football. Spielfeld

von 7,10 m (23 ft 4 in) aufgestellten Pfosten mit einer Höhe von 6,10 m (20 ft) und einer in 3,05 m (10 ft) Höhe angebrachten Querlatte. Die Tore stehen beim College-Football auf der Mitte der Endlinien, beim Professional-Football der Torlinien.
Zum **Spielgerät** zählen v. a. der Ball und die Ausrüstung der Spieler. Der *Football* ist ein eiförmiger Lederhohlball (Gewicht 395–425 g, Durchmesser der Längsachse 28,58 cm, der Querachse 17,94 cm). Zur vorgeschriebenen *Spielerausrüstung* gehören Schutzhelm mit Gesichtsmaske und unter der Spielkleidung getragene Schulter- und Brustpolster, Rippen- und Nierenschutz, Unterleibsschutz, Oberschenkel- und Schienbeinschützer sowie leichte Schuhe. – Die effektive **Spielzeit** beträgt 4 × 15 Minuten mit einer 20minütigen Pause in der Halbzeit und von je 1 Minute zwischen den übrigen Viertelzeiten. Jede Mannschaft hat das Recht auf sechs ↑Auszeiten zu je zwei Minuten.
Regeln (Auswahl): Ein Footballspiel wird von vier bzw. fünf Schiedsrichtern geleitet. Das Spiel beginnt mit einem Schuß des Balles (*Kickoff;* der Ball liegt dabei auf einem ↑Tee) durch den Center (Mittelstürmer) der (ausgelosten) verteidigenden Mannschaft in den gegnerischen Bereich. Die angreifende Mannschaft fängt den Ball und versucht, durch Laufen mit dem Ball oder Passen einen möglichst großen Raumgewinn zu erzielen. Die verteidigende Mannschaft ist bestrebt, einen solchen Vorstoß so früh wie möglich zu stoppen. An der Stelle, wo ihr dies gelingt, erfolgt der erste Versuch *(Down)* der angreifenden Mannschaft, weiteren Raum zu gewinnen. Sie hat vier Versuche, um mindestens 10 m weiter zu kommen. Gelingt ihr dies, stehen ihr weitere vier Versuche zu, gelingt es nicht, gelangt der Gegner in Ballbesitz und erhält dadurch

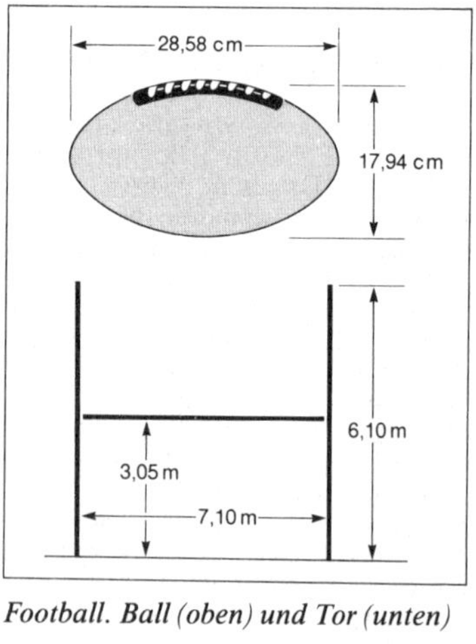

Football. Ball (oben) und Tor (unten)

die Möglichkeit, anzugreifen. Bei einem Down bilden beide Mannschaften ein *Scrimmage (Gedränge):* Sieben Linemen (Stürmer) der angreifenden stehen der in Linie (Defense Tackles) und gestaffelt (Defense Backs) formierten Verteidigungsmannschaft an einer Yardlinie (dann Scrimmage line [Gedrängelinie] genannt) so gegenüber, daß ihre Hände den Boden berühren. Ragt einer der Angreifer mit einem Körperteil über die Gedrängelinie (in die „neutrale Zone"), gilt dies als Abseits und wird mit einem Raumverlust von 5 m geahndet. Nur der anspielende Center darf zum Ball übergreifen. Er muß den Ball in einer nicht unterbrochenen Bewegung durch seine Beine hindurch dem unmittelbar hinter ihm stehenden Quarterback zuspielen (werfen oder übergeben), der ihn dann entweder selbst weiterträgt oder einem der drei anderen Backs (Hinterspieler) zuwirft, der nun versucht, durch ein Durchbrechen oder Umlaufen der gegnerischen Verteidigungsreihe oder durch einen Paß zu einem inzwischen gestarteten Mitspieler Raum zu gewinnen. Die verteidigende Mannschaft versucht, durch *Tackling* (Festhalten oder Zubodenwerfen des ballführenden Spielers) und durch *Blocken* (Behinderung der nicht ballführenden Gegner durch Körpereinsatz) dies zu verhindern. Aber auch die Angreifer dürfen durch Blocken dem Ballführenden Laufwege eröffnen. Gelingt es den Angreifern, den Ball hinter die Tor- bzw. Endlinie zu tragen oder einem dort stehenden Mitspieler zuzupassen, haben sie einen *Touchdown* erzielt, der mit sechs Punkten bewertet wird und die Möglichkeit zu einem zusätzlichen Punkt *(Extra Point)* durch einen Schuß (Kick) des Balles über die Torquerlatte bietet. Macht die Spielsituation einen Touchdown unwahrscheinlich, kann der Ball im Sprungtritt über die Querlatte des Tors geschossen und ein *Field Goal* (drei Punkte) erzielt werden. Die einzige Möglichkeit für die verteidigende Mannschaft, Punkte zu machen, ist der *Safety* (zwei Punkte), d.h. das Zurückdrängen der Angreifer mit dem Ball über die eigene Tor- bzw. Endlinie. – Das harte Footballspiel erfordert eine sehr detaillierte Reglementierung des Erlaubten und Nichterlaubten – das komplexe Regelwerk kennt etwa 60 verschiedene Strafen für Regelwidrigkeiten –, so daß das Spiel nicht nur durch neue Downs und Auszeiten sehr oft unterbrochen wird.

Die **Technik** des Footballs ist durch den pausenlosen harten Kampf um Bodengewinn gekennzeichnet. Exaktes Passen und sicheres Fangen des Balls sind ebenso spielentscheidend wie eine ausgefeilte Technik des Laufens mit dem Ball. Ferner müssen das Tackling und Blocken beherrscht werden. Rasche Einschätzung der jeweiligen Spielsituation, Mut und Durchsetzungsvermögen sind unverzichtbare Voraussetzungen. Die **taktisch** bedingten zahlreichen Angriffs- und Verteidigungsvarianten machen ein intensives Training erforderlich, wobei jeder Spieler zu einem Spezialisten für bestimmte Aufgaben geschult wird.

Geschichte: Football hat sich um 1870 in den USA aus dem englischen Rugby entwickelt und erhielt 1880 eigene Regeln, die jedoch 1905 geändert werden mußten, da zahlreiche Todesopfer zu beklagen waren. Es wird heute (mit z.T. stark differierenden Regeln) als American Football (College- bzw. Professional-Football), Canadian und Australian Football gespielt. American Football hat seine großen Wettbewerbe *(Bowls)* in den USA: Orange Bowl, Rosesun Bowl und Sugar Bowl (College-Football) sowie Super Bowl (Professional-Football). – In der Bundesrepublik Deutschland wird (American) Football seit 1978 gespielt (deutsche Meisterschaften seit 1979), betreut vom *American Football Bund Deutschland e.V.* (AFBD; gegründet 1979, Sitz Düsseldorf).

Fördergruppe: im Sport eine leistungshomogen zusammengestellte

Gruppe. Fördergruppen gibt es sowohl für Hochbegabte (↑Talent) als auch für Menschen mit körperlichen und/oder seelischen Schäden (↑Sportförderunterricht). Mit Hilfe einer Fördergruppe kann also verschiedenen Randgruppen geholfen werden, ein ihnen angemessenes Sportangebot wahrzunehmen.

Form [lateinisch „äußere Gestalt, Umriß"] (sportliche Form): tatsächlicher Leistungsstand eines sporttreibenden Menschen bzw. einer Mannschaft. Ist die Form ausgezeichnet, spricht man von *Topform. Papierform* kennzeichnet die aufgrund früherer sportlicher Leistungen für einen Wettkampf zu erwartende Form. Die Form unterliegt auch Veränderungen *(Formschwankungen),* sie kann nachlassen *(Formkrise)* oder zunehmen *(Formanstieg).*

Formationstanz [lateinisch formatio „Gestaltung, Anordnung"]: Mannschaftswettbewerb im ↑Tanzsport, bei dem acht Paare jeder Mannschaft in festgelegten Zeiten die Tänze der Disziplinen Standard- und lateinamerikanische Tänze als Gruppentanz vorführen. Sieben Wertungsrichter vergeben Platzziffern nach folgenden vier Kriterien: 1. Takt und rhythmische Gestaltung, 2. Ausführung der Choreographie, 3. tänzerische Leistung, 4. Durchgängigkeit der tänzerischen Bewegung. – Seit 1967 werden Europa- und seit 1973 Weltmeisterschaften ausgetragen.

Formel [lateinisch formula „kleine Form; Norm, Maßstab"]: 1. im *Segelsport* Bez. für die Bauformel (starre Vorschrift für den Bootsbau), die Konstruktionsformel (legt nur Breite, Länge und Segelfläche fest) und die Vermessungsformel (seit 1969 „International Offshore Racing-Formel" für Länge, Tiefgang, Segelfläche, um ungleiche Boote gleich bewerten zu können); – 2. im *Motorsport* ↑Rennformel.

Fosbury-Flop [englisch 'fɔzbərɪ,flɔp] ↑Hochsprung.

Foul [englisch faʊl, eigentlich „schmutzig, häßlich"]: regelwidriges Verhalten im Sport. Die Regelwerke der einzelnen Sportarten bestimmen, was als Foul zu gelten hat, sowie die entsprechenden Strafen. Dabei wird gelegentlich zwischen *persönlichem* Foul und *technischem* Foul unterschieden (z. B. im Basketball). Da die Entscheidung, ob ein Foul begangen wurde oder nicht, eine sogenannte ↑Tatsachenentscheidung ist, müssen die Schiedsrichter gut ausgebildet sein, um Fehlentscheidungen möglichst zu vermeiden.

Fraktur [zu lateinisch frangere, fractum „brechen, zerbrechen"]: Knochenbruch in zwei oder mehr Fragmente; die Knochenteile verbleiben entweder in Normalposition oder sind gegeneinander verschoben, verdreht oder verkantet. Ursache ist meist äußere Gewalteinwirkung (z. B. Stürze beim Skilauf, direkte Stöße besonders bei Kampfsportarten, typisch der Tritt gegen das Wadenbein beim Fußballspiel). – Eine Sonderform der Fraktur ist die **Abrißfraktur:** 1. Knochenbruch durch extremen, kurzzeitigen Muskelzug, eventuell bei gleichzeitig wirkender äußerer Gewalt, 2. Bruch durch ständigen Muskelzug, der zur Abnutzung des Knochens führt (**Ermüdungsbruch** z. B. bei Dauerleistungssportlern).

Frankfurter Wechsel ↑Staffellauf.

Frauensport ↑Mädchen- und Frauensport.

Freiballonsport [...balɔŋ...]: älteste Form des Flugsports.

Sportgerät ist der *Freiballon.* Der Ballon ist eine aus beschichteten Geweben oder folienartigen Materialien hergestellte, mit einem Gas (meist Wasserstoff oder Helium), das leichter als Luft ist (Gasballon), oder mit Heißluft (Heißluftballon) gefüllte, meist kugel- oder birnenförmige Hülle. Aufgrund des Dichteunterschieds zur umgebenden Luft steigt der Ballon auf und wird mit der Luftströmung fortgetragen. Beim *Gasballon* (durchschnittliches Volumen 1 000 m^3) hängt der die Ballonfahrer aufnehmende Ballonkorb mit einem Leinensystem an einem den Ballon umhüllenden Seilnetz. Durch Abwerfen von Ballast (Entleeren mitgeführter Sandsäcke) kann die Mannschaft den Ballon während der Fahrt stärker steigen und durch Ablassen von Füllgas aus einem besonderen Ablaßventil sinken lassen. Kurz vor der Landung wird das Schlepptau ausgeworfen, wodurch die Sinkgeschwindigkeit und die Fahrtgeschwindigkeit verringert werden. – Beim *Heißluftballon* (durchschnittliches Volumen 2000 m^3) wird durch einen Füllansatz die Luftfüllung je nach Bedarf mit Hilfe eines Propangasbrenners mehr oder weniger stark erhitzt (durchschnittlich 60–120 °C), so daß sich der Auftrieb regeln läßt. Das Hüllenmaterial ist heute ein nicht brennbarer, schwer schmelzender leichter Kunststoff. Zur schnellen Entleerung aller Ballons bei der Landung wird mit Hilfe der Reißleine die sogenannte Reißbahn geöffnet, die einen langen Schlitz im Ballon freigibt. Technische Steuerungsvorrichtungen gibt es nicht, gesteuert werden kann nur durch Ausnutzung der verschiedenen Luftströmungen in unterschiedlichen Höhen.

Als **Wettbewerbe** werden Zielwettfahrten ausgetragen, bei denen derjenige siegt, der dem Ziel am nächsten landet. Rekorde werden in Weiten-, Höhen- und Dauerfahrten geführt. Für Gasballons gibt es seit 1972 Europa- und seit 1976 Weltmeisterschaften, für Heißluftballons Europa- und Weltmeisterschaften seit 1973.

Geschichte: Den ersten Heißluftballon ließen die Brüder Étienne Jacques (* 1745, 1799) und Michel Joseph (* 1740, † 1810) de Montgolfier 1783 aufsteigen (Montgolfiere). 1785 gelang Jean-Pierre Blanchard (* 1750, † 1809) die Überquerung des Kanals von Dover nach Calais. Der Höhenrekord für bemannte Ballons liegt bei 34668 m (1961). 1978 gelang die erste Überquerung des Atlantiks, 1981 des Pazifiks. Der Freiballonsport in der Bundesrepublik

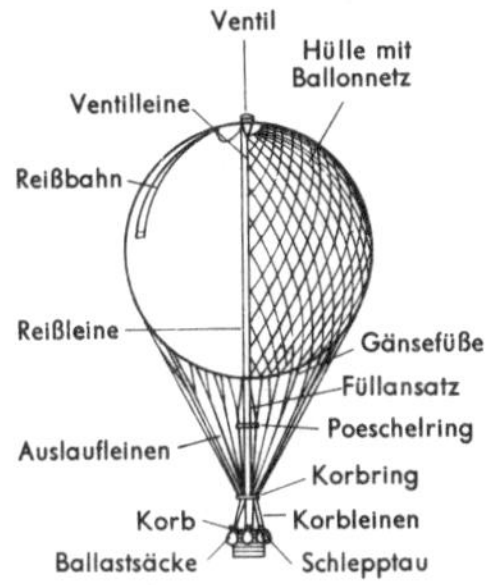

Freiballonsport. Freiballon

Deutschland wird vom *Deutschen Freiballonsport-Verband* im *Deutschen Aero Club* betreut, international von der Commission *Internationale d'Aérostation de Fédération Aéronautique Internationale* († Flugsport).

freier Ball: in manchen Ballspielen der Wiederbeginn des durch einen Regelverstoß (meist Foul) unterbrochenen Spiels, ausgeführt von einem Spieler der Mannschaft, die den Regelverstoß nicht begangen hat. Im Eishockey, Rollhockey und Hockey spricht man von **Freischlag,** im Fußball von **Freistoß** (der als *direkter* Freistoß unmittelbar zum Torerfolg führen kann, als *indirekter* Freistoß erst nach einer weiteren Berührung des Balles durch einen anderen Spieler), im Basketball, Handball, Korbball und Wasserball von **Freiwurf.** Die Gründe für einen freien Ball und dessen genaue Ausführungsbestimmungen sind in den Regelwerken der jeweiligen Sportart festgelegt.

Freilaufen: taktische Maßnahme in Mannschaftsspielen: Ein Spieler löst sich von seinem Gegenspieler und bietet sich dadurch für ein Zuspiel an (gelegentlich auch als *Freistellen* bezeichnet). Das Freilaufen gilt als Kernstück vieler Mannschaftsspiele, da eine Grundmaxime lautet: Wer sich freiläuft, bestimmt den Fortgang des Spiels.

Freilos: durch Los herbeigeführte Entscheidung, daß ein Sportler (eine

Mannschaft) kampflos die nächste Runde eines Wettkampfs erreicht hat.

Freistellung vom Sportunterricht (Befreiung vom Sportunterricht): von den Kultusministerien der Bundesländer im einzelnen geregelte Möglichkeit für einen Schüler (eine Schülerin), vorübergehend oder dauernd von der Ausführung bestimmter sportlicher Übungen und Belastungsformen oder von jeder sportlichen Betätigung befreit zu werden. Gründe hierfür können Krankheit oder Verletzung und Menstruation sein. Je nach Dauer der Freistellung entscheiden hierüber der Sportlehrer oder der Schulleiter, in der Regel auf der Grundlage eines spezifizierten ärztlichen Attests. Eine generelle Freistellung vom Sportunterricht gibt es nicht.

Freistil: freie, d. h. nicht durch Regeln eingeschränkte Lösung einer Bewegungsaufgabe im Sport (z. B. Freistilringen, Freistilschwimmen). In den meisten Sporttechniken sind die Bewegungsmuster genau bestimmt, so daß Freistil nur selten vorkommt.

Freistilringen ↑Ringen.

Freistilschwimmen ↑Kraulschwimmen.

Freistoß ↑freier Ball.

Freiübungen: sportliche Bewegungen, die ohne Gerät von einzelnen oder mehreren gemeinsam ausgeführt werden. Sie werden eingeteilt nach Körperteilen (Arme, Beine, Rumpf) und Grundtätigkeiten des Menschen (Stehen, Gehen, Hüpfen, Springen, Laufen, Drehen). Ziel ist heute die Körper- und Bewegungsformung in freier und ungezwungener Form, nachdem Freiübungen historisch gesehen oft in Form von ↑Ordnungsübungen (Unterordnung des Körpers unter den Geist) durchgeführt wurden. Im Rahmen des Schulsports dienen Freiübungen häufig der Erwärmung zu Beginn einer Sportstunde.

Freiwurf ↑freier Ball.

Freizeitsport: Formen sportlicher Aktivität in der Freizeit. Freizeitsport umfaßt den Sport am Feierabend, am Wochenende und im Urlaub. Auch andere Bezeichnungen sind üblich, z. B.: ↑Ausgleichssport, ↑Breitensport, ↑Erholungssport, ↑Jedermannsport, ↑Lifetimesport, ↑Familiensport. Die Bedeutung des Freizeitsports nimmt mit der Verkürzung der Wochenarbeitszeit (1900: 70 Stunden, 1986: 40 bzw. 38,5 Stunden) und der Verringerung der Lebensarbeitszeit ständig zu. Deshalb darf der Freizeitsport nicht nur unter dem Aspekt des Ausgleichs und der Wiederherstellung der Arbeitskraft gesehen werden, er hat vielmehr auch ein Eigenrecht als Möglichkeit zur Gewinnung von Lebenserfüllung. Der Freizeitsport hat andere Gesetzmäßigkeiten als der ↑Spitzensport. Selbsttätigkeit, Kreativität, Kooperation und Kommunikation sind wesentliche Merkmale des oft auch in alters-, geschlechts- und leistungsheterogenen Gruppen betriebenen Freizeitsports. – Sportvereine, Gemeinden und private Träger bieten heute ein breites Spektrum an Möglichkeiten zum Freizeitsport an. Der *Deutsche Sportbund* bemüht sich v. a. mit der Abteilung Breitensport, den Freizeitsport zu fördern (↑auch Trimmaktion). Dem Freizeitsport wird trotz seiner Anerkennung als bildungs- und gesundheitspolitische Maßnahme eine vergleichsweise geringere öffentliche Unterstützung zuteil als dem Spitzensport. – Im Rahmen des Schulsports ist eine wesentliche Zielsetzung die Hinführung der Schüler zum Freizeitsport, und zwar in und außerhalb der Schule, sowie die Motivierung zum lebenslangen Sporttreiben.

Fremdbewegung ↑Selbstbewegung.

Fremdreflex: auf einen Reiz hin unwillkürlich folgende körperliche – im weiteren Sinn auch seelische – Reaktion. Der auslösende Reiz wird an einer Stelle des Körpers wahrgenommen, im Nervenzentrum verarbeitet und in eine meist sinnvolle Reaktion einer anderen (fremden) Stelle umgesetzt, z. B. die Verengung der Pupille, wenn die Netzhaut des Auges zu viel Licht auffängt; die Beschleunigung des Herzschlags bei Schreck. – ↑auch Reflex, ↑Eigenreflex, ↑Reflexbewegung.

Frequenz [lateinisch „zahlreiches Vorhandensein, Vorkommen"]: in verschiedenen sportlichen Zusammenhängen verwendeter Begriff zur Angabe der Quantität (Häufigkeit) bestimmter Bewegungsausführungen. So unterscheidet man z. B. im ↑Circuittraining das Üben nach der Frequenz und nach Zeiteinheiten. In der Leichtathletik spricht man bei den Laufdisziplinen von Schrittfrequenz pro Zeiteinheit. Die Angabe der Frequenz ist v. a. bei zyklischen, sich ständig wiederholenden Bewegungsabläufen (z. B. Schlagfrequenz der Beine bei der Brustkraultechnik im Schwimmen) sinnvoll.

Freundschaftswettkampf (Freundschaftsspiel): sportlicher Wettkampf zweier Mannschaften außerhalb vorgeschriebener Meisterschaftsrunden, vorwiegend vor oder nach der Meisterschaftssaison, auch gerne mit Mannschaften aus dem Ausland. Der Freundschaftswettkampf ist eine gute Möglichkeit, die dem Sport zugeschriebenen Werte der Kooperation, der Freundschaft und Verständigung zu verwirklichen und einem übersteigerten sportlichen Leistungsstreben entgegenzuwirken.

Friedrich-Wildung-Plakette: seit 1980 vom *Deutschen Sportbund* für beispielhafte Leistungen von Sportvereinen verliehene Auszeichnung, zum ehrenden Gedenken an den Arbeitersportführer Friedrich Wildung (* 1872, † 1954), der 1923–33 die *Zentralkommission für Arbeitersport und Körperpflege Deutschlands* leitete und sich nach 1945 für die Schaffung einer gemeinsamen, auch den Arbeitersport umfassenden Sportorganisation einsetzte, wie sie dann im *Deutschen Sportbund* realisiert wurde.

Friesenkampf: nach Karl Friedrich Friesen (* 1784, † 1814), einem Mitbegründer des deutschen Turnens, benannter Mehrkampf (Fünfkampf), der seit 1956 aus folgenden Disziplinen besteht: Laufen (Herren: 1 000 m, Damen: 100 m), Kugelstoßen, Schwimmen (Brust- oder Kraulschwimmen über 100 m), Schießen (Luftgewehr) und Fechten (Florett). Seit 1970 gibt es eigene deutsche Friesenkampfmeisterschaften, seit 1979 auch für die Schülerklasse.

Frisbee [englisch 'frısbi:; Warenzeichen]: Wurfscheibe aus Kunststoff mit zur Unterseite gebogenem Rand, wodurch die Scheibe gute Flugeigenschaften erhält. Dieses sehr beliebte Freizeitsportgerät wird informell zum Werfen und Fangen zwischen zwei oder mehreren Partnern verwendet, wobei sich eine ganze Reihe sehr kunstvoller Wurf- und Fangtechniken herausgebildet hat (z.B. Bumerangwürfe, Fangen mit Nachfassen). Es besteht auch die Möglichkeit, Mannschaftsspiele auszutragen, z. B. volleyballähnlich, als eine Art Treibballspiel oder vergleichbar dem Hallenhandball (ohne Torwart, Werfen nicht aus dem Lauf). Frisbee ist ein gutes Beispiel für die Entwicklung eines relativ preiswerten Sportgerätes, das eine große und neue Bewegungsvielfalt zuläßt.

frisch, fromm, fröhlich, frei (FFFF): Wahlspruch der *Deutschen Turnerschaft* (1860–1934) und des *Deutschen Turner-Bundes* (seit 1950), der auch im „Turnerkreuz" bildlich mit den vier „F" verankert ist.

Frisch, fromm, fröhlich, frei. Turnerkreuz

Frontalaufgabe [zu lateinisch frons „Stirn"]: häufigste Form der Aufgabe im Volleyball. Die Handstellung ist entweder offen mit angelegtem Daumen (vergleichbar der Handhaltung beim Wasserschöpfen mit einer Hand) oder zur Faust geballt. Die *untere Frontalaufgabe* erfolgt aus der Schrittstellung, die *obere Frontalaufgabe* gleicht dem Aufschlag im Tennis.

Frühsport: Sammelbez. für alle Formen des Sporttreibens am frühen Morgen, um den Körper nach der Nachtruhe zu aktivieren und die körperliche Leistungsfähigkeit zu steigern. Meist wird der Frühsport als *Frühgymnastik (Morgengymnastik)* mit gymnastischen Übungen bei geöffnetem Fenster betrieben, aber auch Waldlauf, Schwimmen u. a. sind sehr beliebt. Der Frühsport muß aufgrund der vorangegangenen Ruhelage des Körpers entsprechend dosiert werden.

Frühstart ↑Fehlstart.

Führerschein: Berechtigungsnachweis zur Teilnahme an Sportarten, für die ein Fahrgerät erforderlich ist (z. B. Motorboot-, Segel- und Motorsport).

Führungs- und Verwaltungsakademie Berlin des Deutschen Sportbundes: Aus- und Weiterbildungsstätte für ehren-, neben- und hauptamtliche Mitarbeiter (Funktionäre) des *Deutschen Sportbundes,* seiner Mitgliedsverbände und Sportvereine. Seit 1980 werden dort v. a. Lehrgänge, Seminare und Tagungen abgehalten zu Themen der Organisationslehre, Führungstechnik, Öffentlichkeitsarbeit, Wirtschaftsführung, Statistik und Sportpolitik. Die Akademie wird von einem Vorstand geführt, der von einem Kuratorium beraten wird. Die Akademie versucht, auf die in den „Rahmenrichtlinien zur Ausbildung im Bereich des Deutschen Sportbundes" enthaltenen Tätigkeitsbereiche durch entsprechende Angebote zur Fort- und Weiterbildung vorzubereiten und somit den sportspezifischen ehren-, neben- und hauptamtlichen Tätigkeiten zu angemessenem sozialen Ansehen zu verhelfen.

Fünfkampf: schon in der Antike (Pentathlon) bekannter Wettkampf mit fünf Übungen. Fünfkampf ist heute Bestandteil verschiedener Sportarten, wobei Art und Reihenfolge der Übungen auch historischen Veränderungen unterliegen, z. B.: moderner Fünfkampf, Billard, Leichtathletik, Schießsport (Fünfwaffenkampf), Friesenkampf. In der Antike gab es auch den Fünfkampf der Musen (olympische Kunstwettbewerbe).

Fünfschrittrhythmus ↑Speerwurf.

Fünfsekundenregel ↑Basketball.

Funktionär [französisch; zu lateinisch functio „Verrichtung"]: ehrenamtlich, neben- oder hauptberuflich Beauftragter in Sportvereinen und -verbänden. Ein Funktionär übt überwiegend Betreuungs- und/oder Verwaltungsfunktionen aus. Zu seiner Fort- und Weiterbildung wurde die ↑Führungs- und Verwaltungsakademie Berlin des Deutschen Sportbundes eingerichtet. Beim *Deutschen Sportbund* kann eine spezielle Lizenz als Organisations- und als Jugendleiter erworben werden.

funktionelle Gymnastik: ↑Gymnastik, die von den anatomischen und physiologischen Bedingungen des Organismus abgeleitet wird und v. a. der Wiederherstellung und Erhaltung der Gesundheit dient. In diesem Zusammenhang spricht man auch von Haltungs-, Körper- und Organschulung. Übungen der funktionellen Gymnastik finden v. a. im Rahmen des ↑Sportförderunterrichts sowie der ↑Krankengymnastik Anwendung. – ↑auch pflegerische Gymnastik.

Funktionskreis, sensomotorischer ↑Sensomotorik.

Funktionsphase: Bez. für die zeitliche Einheit eines Bewegungsablaufs, die durch ein spezifisches Ziel, die Erfüllung einer bestimmten Funktion, gekennzeichnet ist. Ein Bewegungsablauf kann, strukturell gesehen, in Auftakt, Hauptfunktionsphase und Ausklang gegliedert werden; Auftakt und Ausklang werden dann meist als Hilfsfunktionsphasen bezeichnet. Die Phasenstruktur einer Bewegung (↑Bewegungsphase) ermöglicht eine genauere Analyse der Bewegung im Rahmen sportspezifischer Lehr- und Lernprozesse.

Fußabwehr: Abwehrtechnik des Torwarts mit dem Fuß bzw. Unterschenkel in Mannschaftsspielen wie Eishockey, Fußball, Handball, Hokkey.

Fußarbeit: Bewegung der Füße in den Kampfsportarten Boxen, Fechten, Judo und Ringen. Im Tanzsport wird die Fußarbeit besonders gewertet. Auch in Kunstsportarten wie Geräteturnen, rhythmischer Sportgymnastik und Wasserspringen ist die korrekte Fußarbeit ein Kriterium bei der Wertung.

Fußball: ein zwischen zwei Mannschaften mit einem Ball auszutragendes Kampfspiel.

Der **Spielgedanke** ist, zu versuchen, einen Ball so oft wie möglich regelgerecht ins gegnerische Tor zu bringen bzw. dies beim Gegner zu verhindern. Sieger ist die Mannschaft, die mindestens ein Tor mehr erzielt hat als der Gegner.

Spieler: Jede Mannschaft besteht aus 11 Spielern (10 Feldspieler und ein Torwart). In der Regel kann jede Mannschaft zwei (bei Freundschaftsspielen maximal fünf) Auswechselspieler einbringen. Die Zahl der möglichen Auswechselspieler wird vor dem Wettkampf vereinbart.

Spielfeld: Fußball wird im Freien auf einem ebenen rechteckigen Feld mit den Maßen 90–120 × 45–90 m gespielt. Als internationales Normalmaß hat sich eine Länge (Seitenlinien) von 105 m und eine Breite (Torlinien) von 68–70 m durchgesetzt. Parallel zu den Torlinien halbiert eine Mittellinie das Spielfeld, um deren Mittelpunkt ein Kreis *(Mittelkreis)* mit einem Radius von 9,15 m geschlagen ist. Auf der Mitte jeder Torlinie bilden zwei senkrechte Pfosten (Innenabstand 7,32 m) und eine Querlatte („Latte“, lichte Höhe 2,44 m) das *Tor,* das normalerweise außerhalb des Spielfelds durch ein Netz so geschlossen ist, daß dieses weder den Ball durchläßt noch den Torwart behindert. Pfosten und Querlatte sollen in Breite und Tiefe nicht stärker als 12 cm sein. In einem jeweiligen Abstand von 5,50 m von

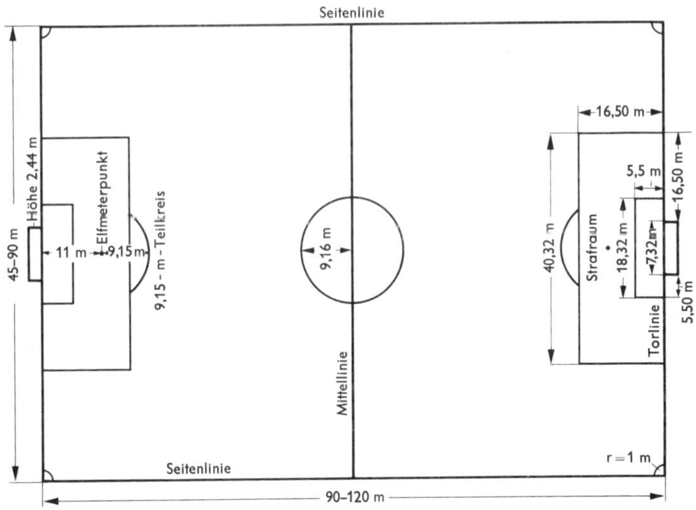

Fußball. Spielfeld

den Pfosteninnenkanten sind außerhalb des Tors senkrecht auf der Torlinie stehende Linien 5,50 m weit ins Spielfeld gezogen, deren Enden miteinander verbunden sind. Die so umgrenzte Fläche ist der *Torraum*. Ähnlich ist in einem Abstand von 16,50 m von den Torpfosten und ebenfalls 16,50 m weit ins Feld ragend der *Strafraum* gekennzeichnet. Auf der gedachten Mittelsenkrechten der Torlinien ist in einem Abstand von 11 m zur Torlinie die *Strafstoßmarke* (Elfmeterpunkt) markiert (Durchmesser 22 cm), um die ein Kreis von 9,15 m Radius geschlagen ist, von dem jedoch nur das außerhalb des Strafraums liegende Segment zu sehen ist, um den einzuhaltenden Mindestabstand der Spieler vom Elfmeterpunkt bei einem Strafstoß (↑Elfmeter) zu kennzeichnen. Die Schnittpunkte der Seiten- mit den Torlinien sind durch Eckfahnen (Mindesthöhe 1,50 m) markiert, um die im Spielfeld ein Viertelkreis (Radius 1 m) gezogen ist, innerhalb dessen die Eckstöße ausgeführt werden. Alle Linien zählen in voller Breite zu den Räumen, die sie umgrenzen.

Spielgerät ist der *Fußball,* ein Lederhohlball mit einem Umfang von 68–71 cm und einem Gewicht von 396–453 g. Das Material muß so beschaffen und verarbeitet sein, daß eine Verletzungsgefahr für die Spieler ausgeschlossen ist. Ferner zählen zum Spielgerät die Spielerkleidung: in der Regel Trikot, kurze Hose, Kniestrümpfe und die *Fußballschuhe,* deren Sohlen mit festen Leisten oder (austauschbaren) Stollen (Mindestdurchmesser 12 mm, maximale Länge 19 mm) versehen sind. Der Gebrauch von Fußballschuhen (oder von Schuhen überhaupt) ist nicht generell vorgeschrieben.

Die **Spielzeit** eines Fußballspiels beträgt 2 × 45 Minuten mit einer Halbzeit von mindestens fünf Minuten. In Spielen, bei denen ein Sieger ermittelt werden muß, wird bei Torgleichstand nach Ablauf der regulären Spielzeit die Spielzeit um 2 × 15 Minuten (mit Seitenwechsel ohne Pause nach den ersten 15 Minuten) verlängert. Steht es auch nach Verlängerung noch unentschieden, wird der Sieger durch ↑Elfmeterschießen ermittelt. Durch Spielunterbrechungen (gleich welcher Ursache) verlorene Spielzeit soll der Schiedsrichter nach jeder Halbzeit angemessen nachspielen lassen.

Regeln (Auswahl): Ein Fußballspiel wird von einem Schiedsrichter geleitet, dessen Entscheidungen unwiderruflich sind (↑Tatsachenentscheidung), unterstützt von zwei Linienrichtern, die jedoch keine Entscheidungsbefugnis haben. Das Spiel und jede Halbzeit (auch die Abschnitte einer Verlängerung) beginnen durch einen ↑Anstoß, wobei das Anstoßrecht zwischen den Mannschaften alterniert. Auch nach einem Torerfolg wird das Spiel durch Anstoß wieder aufgenommen, und zwar von der Mannschaft, die nicht das Tor erzielt hat. Der Ball ist so lange im Spiel, bis er eine der Seiten- oder Torlinien in vollem Umfang überquert bzw. der Schiedsrichter das Spiel unterbrochen hat. Geht der Ball über eine Seitenlinie ins ↑Aus, erhält die Mannschaft, die nicht zuletzt den Ball berührt hat, einen ↑Einwurf. Wird der Ball über die gegnerische Torlinie ins Aus gespielt, wird er vom Gegner durch ↑Abstoß wieder ins Spiel gebracht, wird er über die eigene Torlinie ins Aus gespielt, wird er vom Gegner durch Eckstoß (↑Ecke) wieder ins Spiel gebracht. Wurde das Spiel durch den Schiedsrichter unterbrochen, wird es entweder (bei Vorliegen eines Regelverstoßes als Unterbrechungsgrund) durch einen Freistoß (↑freier Ball), ausgeführt von der Mannschaft, die den Regelverstoß nicht begangen hat, oder durch *Schiedsrichterball* (der Schiedsrichter läßt den Ball am Ort der Spielunterbrechung fallen, wo er bei Bodenberührung sofort von beiden Mannschaften gespielt werden kann) wieder aufgenommen. Zentrale Bedeutung für Angriffs- und Verteidigungstaktik hat die Abseitsregel

(↑abseits). Der Ball darf mit dem ganzen Körper, außer mit der Hand (als „Hand" gilt jeweils der ganze Arm bis zur Schulter), gespielt werden. Lediglich der Torwart darf innerhalb seines Strafraums den Ball mit den Händen berühren (fangen, abwehren, fausten, werfen) und mit ihm in der Hand (höchstens) vier Schritte machen. Das Handspiel (auch des Torwarts außerhalb seines Strafraums) wird wie Treten des Gegners, Beinstellen, Anspringen, gefährliches Rempeln, Schlagen, Halten, Stoßen u. a. mit einem direkten Freistoß geahndet. Mit einem indirekten Freistoß werden Verstöße wie gefährliches Spiel, Sperren des Gegners ohne Ball, Rempeln des Torwarts innerhalb des Torraums, Abseitsstellung u. a. geahndet. Wird ein Regelverstoß, der normalerweise mit einem direkten Freistoß bestraft wird, im eigenen Strafraum begangen, erhält der Gegner einen Strafstoß zugesprochen. Bei der Ausführung eines Freistoßes (auch eines Strafstoßes) müssen die Spieler der Mannschaft, die den Freistoß (Strafstoß) nicht ausführt, mindestens 9,15 m vom Ball entfernt sein. Bei wiederholten groben Regelverstößen kann der Schiedsrichter eine Verwarnung (Zeigen der gelben Karte) aussprechen oder den Spieler des Feldes verweisen (Zeigen der roten Karte; ↑auch Hinausstellung, ↑Karte). – Ein Tor ist erzielt, wenn der Ball mit seinem vollen Umfang die gesamte Breite der Torlinie zwischen den Torpfosten und unterhalb der Querlatte überquert hat, unabhängig davon, ob der Ball von einem gegnerischen oder einem Spieler der eigenen Mannschaft (Eigentor) ins Tor befördert wurde.

Technik: Neben der ↑Ballbehandlung im Stand und im Lauf (↑auch Dribbeln, ↑Stoppen) bestimmen v. a. die Schuß- oder Stoßarten (↑Außenseitstoß, ↑Innenseitstoß, ↑Spannstoß, ↑Spitzenstoß, ↑Kopfball), die zum Torschuß wie zum Abspielen (Paß) eingesetzt werden, die Technik des Fußballspielens. Hinzu kommen spezielle Torwarttechniken (Fangen, Fausten, Werfen, Hechten, Fußabwehr u. a.) sowie Körpertäuschungen (Finten) u. ä. Wichtige Voraussetzungen (v. a. für Feldspieler) sind Kraft, Ausdauer und Schnelligkeit.

Die **Taktik** des Fußballspiels kann in Vortaktik (z. B. ↑Freilaufen, ↑Spiel ohne Ball), Angriffs- (z. B. ↑Kick-and-rush) und Abwehrtaktik (z. B. ↑Catenaccio, Mann- und Raumdeckung [↑Deckung]) mit jeweils zahlreichen und sich ständig ändernden Varianten gegliedert werden. Lange Zeit wurde das Fußballspiel vorwiegend offensiv gespielt, was sich schon in der Aufstellung der Feldspieler zeigte: fünf Angriffsspieler (Stürmer), drei Mittelfeldspieler (Läufer) und zwei Verteidiger. Seit etwa zwei Jahrzehnten wandelte sich die Taktik jedoch und damit auch die Aufstellung der Feldspieler zugunsten einer stärkeren Deckung des eigenen Tors und der Abwehr gegnerischer Angriffe. Gut eingeführt hat sich dabei das aus Südamerika übernommene *2-4-4-System* (zwei Angriffsspieler [„Spitzen"] vorn, vier Mittelfeldspieler und vier Abwehrspieler [mit offensiven Außenverteidigern]). Eine besondere Rolle im modernen Fußball spielt der ↑Libero. Die Bezeichnung Läufer und Stürmer ist heute fast völlig verschwunden. – ↑auch WM-System.

Die **Wertung** der Fußballspiele im Wettbewerbssystem erfolgt nach Punkten. Der Sieger erhält zwei, der Verlierer null Punkte, bei unentschiedenem Spielausgang jede Mannschaft einen Punkt. Die Punkte werden für jede Mannschaft sowohl positiv als auch negativ verbucht: Sieger 2:0, Verlierer 0:2, unentschieden 1:1 Punkte. Entscheidend für die Plazierung in der Tabelle ist die Höhe der positiven Punkte. Bei Punktgleichstand ist die bessere Differenz der geschossenen zu den erhaltenen Toren ausschlaggebend. Ist auch diese gleich, wird die Mannschaft besser plaziert, die die größere Anzahl geschossener Tore aufweist.

Fußball wird auf verkleinertem

Spielfeld, mit verkürzter Spielzeit und modifizierten Regeln auch in der Halle gespielt. Kürzere Spielzeiten gelten auch für Jugend- und Schülerspiele. – Seit 1970 wird Fußball wettkampfmäßig auch zwischen Damenmannschaften betrieben **(Damenfußball).** Die Spielzeit beträgt 2 × 30 Minuten (für Mädchen bis zu 14 Jahren 2 × 20 Minuten), und der Ball soll ein Gewicht von 340–390 g und einen Umfang von 62–69 cm haben.

Geschichte: Für das Spielen eines Balles mit Fuß, Knie und Oberschenkel gibt es in fast allen Kulturen Zeugnisse, die wohl ältesten aus dem 3. Jahrtausend v. Chr. aus China. Im europäischen Mittelalter sind treibballähnliche Volksspiele v. a. in Italien und Frankreich bekannt, bei denen ein Ball durch Straßen und Stadttore u. a. geschlagen und gestoßen wurde, aber auch getragen werden konnte. Aus diesen volkstümlichen Kampfspielen entstanden die Anfänge des modernen Fußballs, gefördert v. a. durch Schulen und Colleges in Großbritannien. Bei dem Bestreben, diesen Spielen feste Regeln zu verleihen, schieden sich die Anhänger an der Frage, ob der Ball auch mit den Händen getragen werden dürfe, in zwei Lager. So entstanden 1863 die *English Football-Association* der Gegner der Handspielmöglichkeit und 1871 die *Rugby Football Union* der Befürworter (↑auch Rugby). Der „Association Football“ (kurz: „Soccer“) kam bald darauf über die Niederlande und Frankreich auch nach Deutschland, wo 1878 in Hannover der erste deutsche Fußballverein gegründet wurde. 1900 wurde der *Deutsche Fußball-Bund* (DFB; Sitz heute Frankfurt am Main) gegründet, und 1904 entstand als Weltverband die *Fédération Internationale de Football Association* (FIFA; Sitz Zürich). Seit 1903 gibt es deutsche, seit 1930 Weltmeisterschaften. Auf europäischer Ebene werden unter der Federführung der *Union Européenne de Football Association* (UEFA; gegründet 1954, Sitz Bern) folgende Wettbewerbe ausgetragen: der *Europapokal der Landesmeister* (seit 1955 jährlich) für die jeweiligen nationalen Meister, der *Europapokal der Pokalsieger* (seit 1960 jährlich) für die Vereinspokalsieger der nationalen Verbände, die *Europameisterschaften* (seit 1967 alle vier Jahre) für Nationalmannschaften und der *UEFA-Pokal* (seit 1971 jährlich) für Spitzenvereinsmannschaften, die sich nicht zur Teilnahme am Europapokal qualifizieren konnten. In der Bundesrepublik Deutschland wurde 1963 als oberste Spielklasse im Berufsfußball die *Bundesliga* gegründet, die die früheren fünf regionalen Oberligen ablöste und innerhalb derer jährlich der deutsche Meister ermittelt wird. – Im *Damenfußball* werden deutsche Meisterschaften seit 1973, Europameisterschaften seit 1984 und ab 1987 auch Weltmeisterschaften ausgetragen. – Zum olympischen Programm gehört Fußball (nur für Herren) offiziell seit 1908.

Fußballtennis: fußballähnliches kleines Sportspiel, bei dem ein Ball mit Fuß, Oberschenkel, Kopf oder Brust über ein Netz oder eine Bank (Höhe etwa 1–1,5 m), die das 10 × 20 m große Spielfeld halbieren, gespielt wird. Zahl der Spieler, Häufigkeit der Ballkontakte pro Mannschaft und der Bodenberührungen des Balles können variiert werden. Kann ein Ball nicht in das Feld des Gegners zurückgespielt werden, erhält dieser einen Punkt. Gespielt wird bis zu 15 Punkten.

Fußfehler: in verschiedenen Sportarten Bez. für ein regelwidriges Verhalten. Z. B. darf im Basketball, Handball und Hockey der Ball nicht mit dem Fuß berührt werden. Im Tennis gilt das Übertreten der Grundlinie beim Aufschlag als Fußfehler.

Fußsprünge: Gruppe von Sprüngen im Wasserspringen, die aus dem Stand (vorlings oder rücklings) bzw. aus dem Anlauf (vorlings) gesprungen werden. Das Eintauchen erfolgt zuerst mit den Füßen. Dabei ist der

Körper vollkommen gestreckt. Zwischen Abspringen und Eintauchen können verschiedene Bewegungen ausgeführt werden wie Hocken, Grätschen, Bücken, Drehungen u.a. Die Fußsprünge dienen v.a. als Übungssprünge, sind aber auch Teil des „volkstümlichen" Wasserspringens, bei dem es vorwiegend um spielerisches, ideenreiches und nicht genormtes Springen vom Sprungbrett geht.

G

Galopprennen (Galoppsport) [italienisch und französisch, von (nicht belegtem) fränkisch wala hlaupan „gut springen"]: innerhalb des Pferdesports Teildisziplin (Geschwindigkeitsrennen) des Reitsports, benannt nach der schnellsten ↑Gangart des Pferdes, dem *Galopp.* Galopprennen werden in aller Regel von Vollblutpferden, der am höchsten gezüchteten, edelsten und schnellsten Pferderasse (der Blutanteil am Gewicht des Pferdes ist höher als bei anderen Pferden), gelaufen mit dem Ziel, Aufschlüsse für die Verwendbarkeit des Pferdes für die Zucht zu gewinnen. Infolgedessen dürfen nur Hengste und Stuten, jedoch keine Wallache (kastrierte Hengste) an den Start gehen. Geritten werden die Pferde von Berufs- und Amateurrennreitern *(Jockeys),* die meist, um das vom Pferd zu tragende Gesamtgewicht gering zu halten, von kleiner und leichter Statur sind. Beim Galopprennen werden *Flachrennen* (über ebene, hindernisfreie Strecken), die je nach Distanz über *Flieger-* (1000 bis 1400 m), *Mittel-* (1600–2000 m) oder *Steherstrecken* (bis 4800 m) gehen, ausgetragen und *Hindernisrennen,* die entweder als *Hürdenrennen* (über versetzbare Hindernisse) oder als *Jagdrennen* (über feste Hindernisse) über Distanzen zwischen 2800 und 6800 m ausgeschrieben werden. Das jeweils geringste vom Pferd zu tragende Gewicht (Reiter plus Sattelzeug) beträgt bei Flachrennen 47 kg, bei Hindernisrennen 57 kg.

Austragungsstätte für Galopprennen ist die *Galopprennbahn,* eine „ovale" Rennbahn von 1600–2000 m Länge mit zwei gegenüberliegenden Geraden (Ziel- und Gegengerade), deren Boden (das „Geläuf") aus Rasen oder (seltener) Sand besteht.

Sportgerät sind Sattelzeug, Zaum und Rennkleidung des Jockeys. Der spezielle *Rennsattel* ist besonders leicht (400–4000 g), und seine Bügel sind sehr kurz geschnallt, so daß der Jockey in ihnen vornübergebeugt und auf den Pferdehals gestützt leicht stehen kann, um so Hinterhand und hintere Rückenpartie des Pferdes zu entlasten. Peitschen dürfen mitgeführt werden, Sporen sind verboten. Die *Rennkleidung* des Jokkeys besteht aus weißer Rennhose, Bluse („Dress") und Sturzhelm in den Farben des Besitzers des Pferdes sowie leichten Reitstiefeln.

Wettbewerbe werden ausgeschrieben als *Altersgewichtsrennen* (*Aufgewichtsrennen;* die Pferde laufen entsprechend ihrem Alter mit verschieden hohem Gewicht), als *Ausgleichsrennen* (in denen das zu tragende Gewicht zum Ausgleich der Siegchancen von einem „Ausgleicher" jeweils festgesetzt wird [↑Handikap]), als *Amateurrennen* (Berufsreiter sind ausgeschlossen), als *Nachwuchsrennen* (nur für auszubildende und junge Berufsjockeys mit weniger als zehn Siegritten), als *Verkaufsrennen* (die gestarteten Pferde können nach dem Rennen ersteigert werden) und als *Rennen der Klasse B* (für Pferde, die in den letzten Jahren nur geringe Geldgewinne erzielt haben). Der eventuell erforderliche Gewichtsausgleich erfolgt durch ent-

sprechende Bleigewichte, die in Taschen der Satteldecke oder in der Reitkleidung des Reiters untergebracht werden.
Geschichte: Pferderennen lassen sich bis ins 3. Jahrtausend v. Chr. zurückverfolgen, als in Vorderasien und Ägypten Wagen- und Pferderennen stattfanden. Ebenso wurden bei den Griechen zu den antiken Festspielen Rennen auf Hengsten, Maultieren und Stuten ausgetragen. Der moderne Galopprennsport hat seinen Ursprung in England, wo im 17. Jahrhundert das erste derartige Rennen gestartet wurde. In Deutschland fand das erste Galopprennen 1810 auf der Theresienwiese in München statt, die erste Rennbahn wurde 1822 in Bad Doberan (heute zum Bezirk Rostock, DDR) angelegt. Dachverband für den Galopprennsport ist in der Bundesrepublik Deutschland das *Direktorium für Vollblutzucht und Rennen e. V.* (gegründet 1950, Sitz Köln).

Galoppsprung [zu Galopp (↑Galopprennen)]: Sprung in Gymnastik und Geräteturnen der Damen (Schwebebalken) mit folgendem Verlauf: Absprung von einem Bein, weiter Sprung, Anwinkeln der Beine nacheinander an die Brust im Flug, Landung auf dem Schwungbein. Der Galoppsprung wird auch als „Pferdchensprung" bezeichnet.

Gang: 1. im Motor- und Radsport das durch Schaltung wählbare Übersetzungsverhältnis zwischen Motor- bzw. Tretkurbel- und Raddrehzahl; – 2. in einigen Sportarten Bez. für einen Wettkampfabschnitt (z. B. beim Fechten, Eisstockschießen).

Gangart: 1. im *Pferdesport* Bez. für die Fortbewegung des Pferdes. Man unterscheidet drei natürliche Grundgangarten des Pferdes: Schritt, Trab und Galopp, die jeweils durch die Qualifizierung als Arbeits-, Mittel- und starker Schritt, Trab und Galopp nach der Schnelligkeit der Trittfolge und nach der Weite der Tritte noch einmal unterschieden werden. Beim **Schritt** hebt das Pferd die Beine gleichseitig, aber nacheinander ab und setzt sie wieder auf. Beim **Trab** setzen jeweils die diagonalen Beinpaare gleichzeitig auf den Boden auf, wodurch die Gangart schwunghaft wird. Beim **Galopp,** der schnellsten Gangart, erfolgt der Schub aus der Hinterhand (den Hinterbeinen) des Pferdes. Der Galopp ist eine Folge aneinandergereihter Sprünge. Alle drei Gangarten können außerdem durch die Beifügung „versammelt" charakterisiert werden, wenn die Trittfolgen bei stärker gesenkter Hinterhand, d. h. aus einer Rückwärtsverlagerung des Schwerpunkts des Pferdes, und mit geringerer Trittweite ausgeführt werden, wodurch der Eindruck größerer Erhabenheit des Bewegungsablaufs entsteht; – 2. ↑Schach.

Ganzheitsmethode: Lehr- und Lernmethode im Sport, bei der von Bewegungsganzheiten ausgegangen, die Bewegung also nicht wie bei der analytisch-synthetischen Methode in Einzelteile zerlegt wird.

Ganzkörperbewegung: Bez. für eine sportliche Handlung, bei der der ganze Körper (im Gegensatz zur ↑Teilkörperbewegung) beansprucht wird, z. B. beim Geräteturnen, Judo, Rudern, Schwimmen, Skilanglauf u. a. Solchen Sportarten kommt deshalb im Rahmen der Entwicklung einer allgemeinen ↑Fitneß besondere Bedeutung zu, v. a. auch unter dem Aspekt einer allseitigen und harmonischen Entwicklung sportlicher Leistungsfähigkeit.

Gasse: 1. in einigen *Mannschaftsballsportarten* (z. B. Fußball) Bez. für eine Lücke, einen „freien Raum", in den Reihen des Gegners, in die der Ball durch einen ↑Paß gespielt werden kann, so daß ein Mitspieler, der sich von seinem Gegenspieler gelöst hat, ihn erhalten kann; – 2. im *Kegelsport* Bez. für den Zwischenraum (15 cm) zwischen den Kegeln 1 und 2 auf der linken (linke Gasse) und 1 und 3 auf der rechten Seite (rechte Gasse).

Gebrauchsmotorik ↑Arbeitsmotorik/Alltagsmotorik.

gefährliches Spiel: Regelwidrigkeit in Mannschaftsspielen mit Körperkontakt, bei der ein Spieler durch seine Handlungsweise Gegenspieler einer Verletzungsgefahr aussetzt, z. B. ↑gestrecktes Bein im Fußball.

Gegenbewegung: bei einer motorischen Aktion die zur Hauptbewegung *(Aktionsbewegung)* gegensinnig verlaufende Bewegung *(Reaktionsbewegung)*. So werden z. B. beim Gehen und Laufen rechtes Bein und linker Arm gleichzeitig nach vorn genommen (und umgekehrt) oder beim Springen das Schwungbein gehoben, während das Sprungbein nach unten weist. Die Gegenbewegung beruht auf dem auch in der Biomechanik geltenden 3. Grundgesetz der Mechanik (Newton-Wechselwirkungsgesetz), daß die Wirkung (actio) einer Bewegung in ihrem Betrag stets gleich ihrer Gegenwirkung (reactio), aber entgegengesetzter Richtung ist.

gegengleich: Bez. für die beidseitige Ausführung von Bewegungen im Sinne einer harmonischen Körperbildung, v. a. in Leichtathletik (z. B. Würfe mit dem rechten und dem linken Arm) und Geräteturnen (z. B. die Ausführung der Scheren am Seitpferd nach links und nach rechts [heute noch Pflicht]). Bewegungen gegengleich auszuführen, schult die Koordination und vermeidet Einseitigkeiten.

Gegenstoß ↑Kontern.

Gegentor ↑Tor.

Gehen: 1. grundlegende Fortbewegungsart, eine motorische Alltagshandlung des Menschen, ein einfaches Abrollen des Fußes von der Ferse zur Fußspitze, die als solches und als doppeltes Abrollen (Aufsetzen auf dem Fußballen, Senken auf die Sohle, Abrollen über die Fußspitze) auch in Gymnastik und Ballett eine wichtige Rolle spielt; – 2. als Disziplin der Leichtathletik ein Geschwindigkeitswettbewerb, der von Frauen und Männern auf Bahnen oder/und Straßen ausgetragen wird. Die **Regeln** schreiben vor, daß beim sportlichen Gehen stets Bodenkontakt bestehen muß, d. h. daß das vorschwingende Bein bereits mit der Ferse aufgesetzt sein muß, bevor der

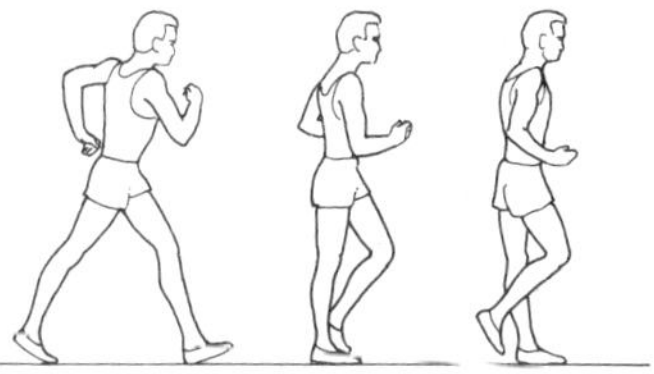

Gehen. Technik

hintere Fuß vom Boden abgehoben werden darf. Dabei müssen vom Aufsetzen bis zum Abheben des Fußes das Bein durchgestreckt und der Körper ständig aufgerichtet sein. Mit dieser Vorschrift ist bereits auch ein Teil der **Technik** des Gehens beschrieben. Hinzu kommen ein ständiges Pendeln der gewinkelten Arme und ein gegensinniger Becken-Schulter-Ausgleich in der Rumpfhaltung (↑auch Gegenbewegung), die sowohl dem Schwungholen als auch der Erhaltung der Balance dienen. Dadurch entsteht das oft belächelte typische Bewegungsbild des Gehers (wackelnde Hüften, durchgedrückte Knie, spitz gewinkelte Arme). Bei einem Verstoß gegen die Gehvorschrift erfolgt eine Verwarnung (Zeigen einer weißen Flagge), bei Wiederholung die sofort wirksame Disqualifikation (Zeigen einer roten Flagge) des Gehers durch einen Gehrichter. Zur Erleichterung des Bewegungsablaufs und zur Schonung von Bändern und Gelenken der Füße werden Spezialschuhe *(Geherschuhe)* getragen, die eine starke und zum abgeschrägten Absatz hin keilförmig erhöhte Sohle haben.

Die **Wettbewerbe** im Gehen werden für Männer (auch als olympische Disziplin) über Streckenlängen von 20 km und 50 km meist auf der Straße ausgetragen, für Frauen (nicht olympisch) über 5 km und 10 km auf Bahnen. Für die Teilnahme an Wettbewerben über 50 km muß eine ärztliche Unbedenklichkeitsbescheinigung vorgelegt werden, die nicht älter als 30 Tage sein darf. Bei Strecken über 20 km sind Verpflegungsstationen für die Geher vorgeschrieben, die erste 10 km nach dem Start, dann in Abständen von je 5 km.

Geschichte: Ursprungsland des sportlichen Gehens ist Großbritannien, wo 1867 erste Meisterschaften stattfanden. In Deutschland ist Gehen seit 1890 verbreitet, die erste deutsche Gehermeisterschaft wurde 1906 über 100 km ausgetragen. Aber bereits 1893 hatte ein weltweit beachteter Fernmarsch von Wien nach Berlin (578 km) stattgefunden. Die Richtlinien für das stilreine sportliche Gehen stammen aus dem Jahr 1905. Olympische Disziplin ist Gehen (nur für Männer) seit 1908 (über 3 500 m und über 10 englische Meilen [16,09 km]) und in der heutigen Form über 20 km und 50 km seit 1956. Die erste Weltmeisterschaft wurde 1976 für Männer (über 50 km) und 1983 für Frauen (über 10 km) veranstaltet. Das Gehen wird von den nationalen und internationalen Verbänden der ↑Leichtathletik betreut. – Gehen ist keine sehr populäre Disziplin der Leichtathletik und spielt auch im Jugend- und Schulsportbereich nur eine untergeordnete Rolle.

Gehörlosensport: innerhalb des Behindertensports jener Sport, der von gehörlosen Menschen in eigenen Vereinen (der erste wurde 1888 in Berlin gegründet) und Verbänden betrieben wird. Bedingungen und Regeln der ausgeübten Sportarten (v. a. Leichtathletik, Schwimmen, Fußball, Handball, Basketball, Volleyball, Wasserball, Radsport, Schießsport, Tennis, Tischtennis) sind der Behinderung angepaßt. Der Gehörlosensport dient neben der körperlichen Ertüchtigung v. a. der sozialen Eingliederung der Gehörlosen. Seit 1924 werden Weltspiele der Gehörlosen ausgetragen, seit 1949 gibt es auch Winterspiele für Gehörlose (alpiner und nordischer Skilauf). Der Gehörlosensport in der Bundesrepublik Deutschland ist im *Deutschen Gehörlosen-Sportverband* (DGS; gegründet 1910, Sitz Essen) organisiert, international im *Comité International des Sports Silencieux* (CISS; gegründet 1924, Sitz Hvidovre, Dänemark).

Geländesport: *im weitesten Sinn* Sammelbez. für alle Formen sportlicher Betätigung, die ausschließlich in freiem Gelände ausgeübt werden, z. B. Skilauf, Automobilsport, Straßenrennen im Radsport u. a.; *im engeren Sinn* Bez. für solche Sportarten oder Disziplinen einzelner Sportarten, die dadurch, daß sie im (natürlichen) Gelände ausgeübt werden, einen zusätzlichen Schwierigkeitsgrad erhalten, z. B. Crossläufe in Leichtathletik, Motor-, Rad- und Pferdesport. – Die zunehmende Bedeutung des Geländesports allgemein im Zusammenhang der Breitensportbewegung führt heute zu der Notwendigkeit, den Geländesport mit den Erfordernissen des Umweltschutzes in Einklang zu bringen.

gelbe Karte ↑Karte.

Gelenk: bewegliche Verbindung von Knochen. Durch aufgewachsenen Knorpel werden die Knochenenden gegeneinander gepolstert und die Gleitfähigkeit der Oberflächen erhöht. Die Gelenke werden durch Bänder (↑Bandapparat), die das Abweichen der Knochen von den Gelenkflächen verhindern, stabilisiert. Die Bewegung des Gelenks erfolgt durch gelenkübergreifenden Muskelzug oder als indirekte Folge von Körperformveränderungen, z. B. des Brustkorbs bei der Atmung. Jedes Gelenk hat in seinem Bewegungsspielraum Grenzen, deren Überschreiten zu Verletzungen führt. Durch sportliches Training kann die Beweglichkeit (Gelenkigkeit) gesteigert werden, wobei gleichzeitig die Muskulatur gekräftigt werden muß, die das Einhalten dieser Grenzen durch Gegenregulation gewährleistet. – Zu Abnutzungserscheinungen von Gelenken ↑Arthrose.

Gelenkigkeit (Beweglichkeit, Flexibilität, Geschmeidigkeit): eine der motorischen Grundeigenschaften. Gelenkigkeit ist v. a. eine Funktion des Bandapparats und der ↑Gelenke. Ihr Grad wird gemessen am möglichen Bewegungsausschlag (Schwingungsweite, Bewegungsamplitude) in den Gelenken (↑Bewegungsumfang). Eingeschränkt wird die Gelenkigkeit – abgesehen vom Gelenkbauplan – durch die Elastizität der gelenkfixierenden und gelenküberspannenden Bänder sowie der Muskulatur. Ferner sind für die Gelenkigkeit folgende Einflußgrößen bedeutsam: Alter (die Gelenkigkeit ist am größten bis zu einem Alter von etwa 13 Jahren), psychischer Zustand (z. B. Streß), Umweltfaktoren (z. B. Temperatur) und körperlicher Leistungsstand (Trainingszustand). Je nach dem Erkenntnisziel, das man beim Messen der Gelenkigkeit verfolgt, kann man diese differenzieren in *statische* (ohne Schwung erreichter und kurze Zeit in Ruhe gehaltener Bewegungsausschlag), *dynamische* (mit Schwung nur kurzfristig erreichter Ausschlag), *allgemeine* (grundsätzlich zur Verfügung stehender, „normaler", Bewegungsausschlag), *besondere* (überdurchschnittliche Schwingungsweite einzelner Gelenke), *aktive* (durch die eigene Muskelkraft) und *passive* (durch Einwirkung äußerer Kräfte erreichte Schwingungsweite) Gelenkigkeit.

Gemeinschaft: ein sozialer Zustand instinktiver, gewohnheitsbedingter bzw. ideenbezogener Gemeinsamkeit, der v. a. auf Neigung, Liebe und „innerer" Verbundenheit beruht. Im Sport wird diese Gemeinschaft v. a. im Sportverein gesucht und vermittelt, wo sie – gerade auch im Hinblick auf die zunehmende Tendenz zum bürokratisierten und kommerzialisierten Großverein – zum Sporttreiben in kleinen und überschaubaren Gruppen, mit denen der einzelne sich identifizieren kann, erheblich motiviert.

gemischtes Doppel (Mixed): Spielart in den Rückschlagspielen Badminton, Ringtennis, Squash, Tennis und Tischtennis, bei der jeweils eine Dame und ein Herr gemeinsam eine Spielpartei bilden.

Gentlemansport [englisch 'dʒɛntlmən, ursprünglich „der zur Gentry (niederer Adel) gehörende Adlige", dann „jemand, der durch Bildung, Stellung, Reichtum und/oder Herkunft Zugang zur Gesellschaft hat"]: in Großbritannien entstandener Begriff zur Kennzeichnung solcher Sportarten, die dem Erziehungsideal des Gentlemans gerecht wurden (z. B. Jagen, Schießen, Reiten, dann auch Kricket, Rudern, Boxen, Laufen u. a.). Der Begriff hat heute nur noch sporthistorische Bedeutung.

Gerade: 1. *allgemein* die kurvenlosen Streckenabschnitte einer Laufbahn (z. B. in der Leichtathletik, Eis- und Rollschnellauf) oder eines Rennkurses (z. B. im Motor- und Pferderennsport); – 2. im *Boxen* ein Angriffsstoß, der auf kürzestem (geraden) Weg den Gegner sucht und dessen Schlagkraft durch Mitschwingen der Schulter erhöht wird.

Gerät ↑Sportgerät.

Gerätebahn ↑Hindernisturnen.

Gerätehilfe ↑Geräteturnen.

Gerätekunde: die Lehre von den Sportgeräten jeglicher Art. Die Fortschritte in der Gerätekunde und der technischen Entwicklung haben zu einer ständigen Verfeinerung der Sportgeräte geführt und damit wesentlich zu dem großen Leistungsaufschwung der letzten Jahrzehnte beigetragen. Die Gerätekunde wird heute v. a. von der Grundlagenforschung im Fachbereich „Sport- und Freizeitanlagen" des *Bundesinstituts für Sportwissenschaft* gefördert.

Geräteturnen: Sammelbez. für alle Formen der Leibesübungen für Frauen (Mädchen) und Männer (Jungen), die an oder mit Geräten ausgeführt werden. Dazu zählen neben den Disziplinen des wettkampfmäßigen Geräteturnens, des Kunstturnens (↑Bodenturnen, ↑Barrenturnen, ↑Reckturnen, ↑Ringeturnen, ↑Langpferdturnen, ↑Seitpferdturnen, ↑Schwebebalkenturnen, ↑Stufenbarrenturnen), z. B. auch das ↑Rhönradturnen, ↑Trampolinturnen, ↑Hindernisturnen, ↑Klettern, Turnen an Bock, Kasten, Bank,

Sprossenwand u. a. sowie die ↑Turnspiele. Das Geräteturnen gehört neben der Leichtathletik, Gymnastik und einigen Mannschaftsballspielen zum Grundbestand der Leibesübungen und -erziehung in Schule und Verein, aber auch in speziellen Gruppen wie Kinderturnen, Mutter- und Kindturnen u. a. – Das Geräteturnen umfaßt ein umfangreiches und vielfältiges Übungsgut, so daß auch die Techniken sehr vielgestaltig sind. Man unterscheidet folgende Strukturgruppen (grundlegende Bewegungsformen) des Geräteturnens: ↑Felge, ↑Flanke, ↑Hang, ↑Kehre, ↑Kippe, ↑Kreisen, ↑Rolle ↑Schwingen, ↑Stemme, ↑Stütz, ↑Überschlag. Alle diese Bewegungsformen können sowohl miteinander kombiniert als auch in verschiedenen Variationen ausgeführt werden: gestreckt (↑Streckung), gehockt (↑Hocke), gebückt (↑Bücke), gegrätscht (↑Grätsche), geschert (↑Schere), geschraubt (↑Schraube). Eine weitere Variationsmöglichkeit bietet die Anwendung verschiedener Griffarten, mit denen der Turner das Gerät faßt (↑Hauptgriffarten). Um das Erlernen des Geräteturnens zu erleichtern, werden vielfach Hilfsgeräte **(Gerätehilfe)** eingesetzt wie Sprungbrett, Minitrampolin, Kastendeckel als schiefe Ebene, Schnitzelgrube zur Erleichterung des Aufsprungs u. a. – Zur Geschichte des Geräteturnens ↑Turnen.

Gesamtmotorik ↑Motorik.

Geschicklichkeit: *allgemein* die Fähigkeit, bestimmte körperliche oder geistige Aufgaben bestmöglich, d. h. so „geschickt" zu lösen, daß die vorhandene Begabung am zweckmäßigsten zum Zuge kommt. In *sportlichen* Zusammenhängen ist Geschicklichkeit eine grundlegende motorische Eigenschaft aus dem koordinativen Bereich, die sich v. a. äußert in flüssiger (fein- und großmotorischer) Bewegungskoordination, Körperbalance, Rumpfbeweglichkeit, motorischer Anpassung an Geräte bzw. Gegenstände und rhythmischer Anpassung an Musik, Bewegungen anderer u. ä. Geschicklichkeit ist v. a. in solchen Sportarten unverzichtbar, deren ↑Bewegungsaufgaben stärker situationsbedingt und damit weniger gebunden sind (z. B. in Mannschaftsspielen). Rasches Erkennen der Situation sowie unmittelbare Wahl und Durchführung der dieser Situation optimal angepaßten motorischen Reaktion sind hier Kriterien der Geschicklichkeit. Wegen ihrer starken Abhängigkeit von der sensomotorischen Intelligenz (↑motorische Intelligenz) ist Geschicklichkeit nur bedingt lernbar bzw. trainierbar, zumal die Lernfähigkeit für Koordination und Geschicklichkeit relativ früh erlischt. Um so dringlicher stellt sich die Forderung, das Erlernen komplexer Bewegungsmuster bereits im Entwicklungsalter (Kinder-, Jugend- und Schulsport) nachdrücklich zu fördern.

Geschmeidigkeit ↑Gelenkigkeit.

Geschwindigkeit: physikalische Größe (Formelzeichen v), bei gleichförmiger Bewegung, d. h. bei einer Bewegung, bei der in gleichen Zeitabschnitten gleich lange Wege zurückgelegt werden, der konstante Quotient aus dem zurückgelegten Weg s und der dazu benötigten Zeit t: $v = s/t$. Bei ungleichförmigen, also auch bei den meisten sportlichen Bewegungen (v. a. bei *Geschwindigkeitswettbewerben* wie bei leichtathletischen Läufen, Skilauf, Rennen im Motor- und Pferdesport u. a.) gibt dieser Quotient die Durchschnittsgeschwindigkeit an. Die Geschwindigkeit wird in der SI-Einheit m/s (Meter pro Sekunde) oder anderen gesetzlichen Einheiten (cm/s, m/min, km/h usw.) angegeben, bei nautischen Geschwindigkeitswettbewerben in ↑Knoten. Im Sport angewandte Verfahren zur Messung der Geschwindigkeit sind (bei Bewegungsanalysen) die ↑Kinematographie und (bei Geschwindigkeitswettbewerben) die Zeitnahme mit Stoppuhr von Hand bzw. die ↑elektronische Zeitmessung.

Gesellschaftstanz: Bez. für die Tanzarten, die im Unterschied zu

Volks-, Sakral- und Bühnentänzen im wesentlichen der Geselligkeit und Unterhaltung dienen. Sie waren ursprünglich den höfisch-aristokratischen Kreisen vorbehalten, sind aber als Folge fortschreitender Verbürgerlichung spätestens seit Ende des 19. Jahrhunderts allen Bevölkerungsschichten zugänglich. Die Tänze des Gesellschaftstanzes, der im 15. Jahrhundert an italienischen Fürstenhöfen aufkam, sind in ihren Grundschritten festgelegt (standardisiert), die an Tanzschulen unterrichtet werden, und werden von einem oder mehreren Paaren getanzt. Aus dem Gesellschaftstanz entwikkelte sich der ↑Tanzsport.

Gesichtsmaske: in verschiedenen Sportarten vorgeschriebene Schutzvorrichtung des Gesichts, z. B. des Torwarts in Hockey und Eishockey, des Fechters, der Footballspieler. Ihre Beschaffenheit richtet sich nach den Erfordernissen der jeweiligen Sportart: engmaschiges Drahtgeflecht beim Fechten, grobmaschiges oder durchsichtiger Kunststoff beim [Eis]hockey, gepolsterte Metall- oder Kunststoffbügel beim Football. Die Gesichtsmaske ist Bestandteil des ↑Kopfschutzes.

Gespann: 1. im *Motorsport* eine Zweiermannschaft (z. B. bei Seitenwagenrennen im Motorradrennsport); – 2. im *Fahrsport* ein vierrädriger Wagen mit vorgespannten Pferden, nach deren Anzahl Ein-, Zwei- usw. oder Mehrspänner unterschieden werden.

Gestagene [zu lateinisch gestare „tragen" und dem Wortbildungselement -gen (aus griechisch -genḗs) „erzeugend, bildend, hervorbringend"]: Gruppe weiblicher Sexualhormone, deren bedeutendster Vertreter das **Progesteron** (Gelbkörperhormon) ist. Im Hormonzyklus der Frau stehen sie in Wechselbeziehung zu den ↑Östrogenen, mit denen gemeinsam sie die Umwandlung der Gebärmutterschleimhaut bis zu deren Abstoßung, der Monatsblutung (↑Menstruation), regulieren. Damit beginnt der nächste Zyklus. Kommt es jedoch zur Befruchtung, so bereiten die Gestagene die Gebärmutter auf die Einnistung des Eis vor und regulieren einige Vorgänge in der Schwangerschaft.

Gestaltung: 1. Bildungsprozeß einer Bewegungsgestalt (↑Bewegungsform); – 2. (ästhetische) Ausführung einer freien oder gebundenen Bewegungsaufgabe v. a. in den Kunstsportarten.

Gestaltwandel: aus der (nicht unumstrittenen) entwicklungspsychologischen Stufen- oder Phasenlehre stammender Begriff für die schubweise erfolgenden Veränderungen der körperlichen Proportionen und psychischen Funktionen des Menschen beim Übergang vom Kleinkind- zum Schulkindalter (1. Gestaltwandel) und in der Pubertät (2. Gestaltwandel). Der Gestaltwandel beeinflußt die motorischen Möglichkeiten.

gestrecktes Bein: regelwidrige Spielweise im Fußball, wobei ein Spieler einen Gegner mit durchgedrücktem Bein attackiert; wird als gefährliches Spiel mit direktem Freistoß geahndet.

Gesundheit: das „normale" (bzw. nicht „krankhafte") Befinden, Aussehen und Verhalten sowie das Fehlen von der Norm abweichender ärztlicher und laboratoriumsmedizinischer Befunde. Nach dem Postulat der Weltgesundheitsorganisation ist Gesundheit ein „Zustand vollkommenen körperlichen, geistigen und sozialen Wohlbefindens und nicht allein das Fehlen von Krankheiten und Gebrechen". Dem Sport werden unbestrittene positive Wirkungen im Hinblick auf Gesundheit zugeschrieben, sofern man darunter nicht nur den extremen Hochleistungssport versteht. Der Beitrag des Sports zur Erlangung und Erhaltung der (v. a. physischen) Gesundheit kann sehr vielfältig sein (↑auch ↑Prävention, ↑Therapie, ↑Rehabilitation).

Gesundheitserziehung: pädagogische Maßnahmen zur Vermittlung von Wissen, Haltungen und Handlungsweisen, die zu einer gesundheitsbewußten Lebensführung in allen Lebensbereichen hinführen sollen. Infolge der generellen gesundheitsrelevanten Bedeutung des Sports erfüllt somit die Erziehung in und durch Bewegung, Spiel und Sport eine zentrale Aufgabe im Rahmen der allgemeinen Gesundheitserziehung.

Gesundheitssport: Bez. für jede Art sportlicher Betätigung, bei der als Ziel die Wiederherstellung, Erhaltung oder Verbesserung der Gesundheit im Mittelpunkt stehen. Medizinisch gesehen ist der Gesundheitssport ein wichtiges Instrument in ↑Prävention, ↑Therapie und ↑Rehabilitation. Häufiger Anlaß zum Gesundheitssport sind konkrete Bewegungsmangelkrankheiten und der Wunsch, die Hauptrisikofaktoren für Herzinfarkt (Bewegungsmangel, falsche Ernährung, Streß, Rauchen) zu beheben. In diesem Zusammenhang spricht man auch von Gesundheitstraining und ↑Gesundheitserziehung.

Gewandtheit: motorische Eigenschaft, gekennzeichnet v.a. durch Koordination und Beweglichkeit. Obwohl Gewandtheit in der Umgangssprache oft mit ↑Geschicklichkeit gleichgesetzt wird, besteht sportspezifisch ein Unterschied zwischen beiden insofern, als Gewandtheit sich unabhängig von einer bestimmten Situation nur auf den Bewegungsablauf selbst bezieht.

Gewehrschießen ↑Schießsport.

Gewichtheben: Sportart aus der Gruppe der Schwerathletik, bei der ein Gewicht ein- oder beidarmig vom Boden zur Hochstrecke gebracht werden muß. – Gewichtheben wird in der Regel in der Halle ausgetragen auf einer harten Holzunterlage von 4 × 4 m Seitenlänge *(Heberboden),* die auch zu einem Podest leicht erhöht sein kann. Zur Kampfplatzausstattung gehören ferner drei akustische und/oder optische Anzeigegeräte (auch verschiedenfarbige Flaggen sind möglich), mit deren Hilfe die drei Kampfrichter signalisieren, ob ein Versuch gültig war oder nicht, sowie ein Zeitnahmegerät.

Sportgerät ist die *Scheibenhantel* (Hantel), bestehend aus einer Metallstange (Länge 2,20 m, Durchmesser 28 mm, Gewicht 20 kg) und zwei Feststellvorrichtungen (Gewicht je 2,5 kg), mit denen mehrere verschieden schwere Scheiben (größter Durchmesser 45 cm, höchstes Einzelgewicht 50 kg, niedrigstes Einzelgewicht 1,25 kg [bei Rekordversuchen 0,25 kg]) auf der Stange befestigt werden können. Die größeren Scheiben (50, 25, 20 kg) sind mit einem Hartgummiring ummantelt, um ein weiches Absetzen der Hantel zu ermöglichen. Die Gewichtheberkleidung besteht aus einem Trikot und festen Schuhen (Heberschuhe) mit einer Sohlenstärke bis zu 4 cm. Zusätzlich können ein bis zu 10 cm breiter Gürtel und Bandagen u.ä. um Hand- und Kniegelenke getragen werden.

Regeln (Auswahl): Gewichtheben wird heute wettkampfmäßig nur als

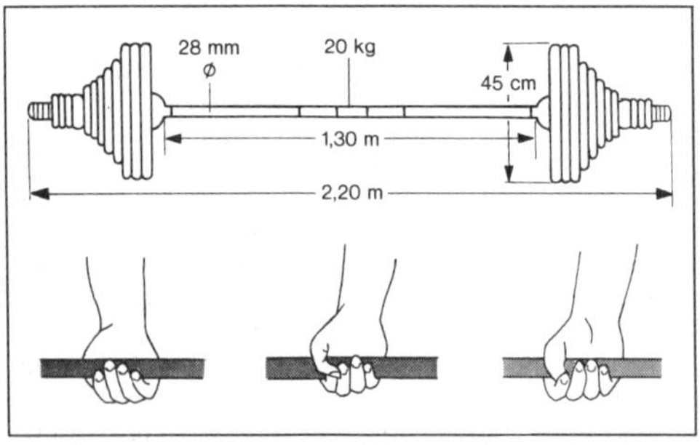

Gewichtheben: Scheibenhantel (oben) und Griffarten (unten): links: offener Griff, Mitte: einfacher Griff, rechts: Klammergriff

Gewichtheben. Reißen mit Ausfall (oben) und Stoßen mit Hocke (unten)

beidarmiges Gewichtheben betrieben, und zwar seit 1973 als **olympischer Zweikampf,** bestehend aus den Disziplinen Reißen und Stoßen (von 1928 bis 1972 gab es den **olympischen Dreikampf,** der zusätzlich das ↑Drücken enthielt). Es werden Einzel- und Mannschaftswertungen ausgetragen. Um die Chancengleichheit im Gewichtheben zu gewährleisten, sind die Heber in ↑Gewichtsklassen eingeteilt. Jeder Heber hat in jeder der beiden Disziplinen drei Versuche (bei Rekordversuchen vier, wobei die beim Rekordversuch erzielte Leistung nicht in die Zweikampfwertung eingeht). Im Zweikampf werden die gehobenen Gewichte zu einer Gesamtleistung addiert. Als Fehlversuch gilt, wenn der Heber das Gewicht nicht oder nicht regelgerecht zur Hochstrecke bringt, d. h. wenn er mit Knie oder Gesäß den Boden berührt, die Zeitgrenze (es stehen ihm drei Minuten vom Aufruf bis zum Abschluß des Versuchs zur Verfügung) überschreitet oder das Gewicht nicht in der Hochstrecke bei festem Stand auf beiden Füßen stabilisieren kann.

Technik: In beiden Disziplinen können zum Fassen der Hantel verschiedene Griffarten verwendet werden: *offener Griff* (Daumen und Finger einer Hand befinden sich auf derselben Seite der Stange), *einfacher Griff* (der Daumen liegt auf der den Fingern gegenüberliegenden Seite) und *Klammergriff* (Haltung wie beim einfachen Griff, jedoch wird der Daumen von Zeige- und Mittelfinger gegen die Stange geklemmt), der die größte Haltekraft der Hände besitzt. Beim **Reißen** muß die Hantel in einem Zug vom Boden über den Kopf gebracht werden: Der Heber faßt die Hantel in etwas mehr als Schulterbreite und bringt sie durch Strecken der Beine und des Oberkörpers in die Höhe. Hat die Aufwärtsbewegung der Hantel ihre maximale Geschwindigkeit erreicht, bringt der Heber seinen Körperschwerpunkt durch einen Ausfallschritt oder durch Hocksitz unter die Hantel, wobei er gleichzeitig die Arme streckt, und richtet sich dann zur Hochstrecke auf. Der Bewegungsfluß beim Reißen darf nicht unterbrochen werden. – Beim **Stoßen** verläuft die Bewegung in zwei Phasen: Der Griff an der Stange ist etwa schulterbreit, und das Gewicht wird, unterstützt durch Ausfallschritt oder Hocksitz, bis in Brust- oder Schulterhöhe gebracht. Dort erfolgt das *Umsetzen* des Gewichts, d. h. der Heber bringt das dort ruhende Gewicht in einer zweiten Bewegungsphase, der eigentlichen Stoßbewegung, durch die Kraft seiner Arme und unterstützt durch einen Ausfallschritt zur Hochstrecke. Beim Stoßen können, bedingt durch den engeren Hantelgriff und den günstigeren Arbeitsweg grundsätzlich höhere Gewichte gehoben werden als beim Reißen.

Geschichte: Das moderne Gewichtheben beginnt mit dem Auftreten berufsmäßiger „Kraftmenschen" im 18. Jahrhundert (v. a. in Großbritannien). Erste Gewichtheberverbände entstanden ab 1890. Seit 1893 werden deutsche, seit 1896 Europa- und seit 1905 offizielle Weltmeisterschaften ausgetragen. 1910 wurde die Scheibenhantel erfunden, zuvor gab es nur starre Hanteln unterschiedlichen Gewichts. Olympische Disziplin ist Gewichtheben seit 1928. In der Bundesrepublik Deutschland wird das Gewichtheben vom *Bundesverband Deutscher Gewichtheber* (BVDG; gegründet 1969, Sitz Saarbrücken) betreut, international von der *International Weightlifting Federation* (IWF; gegründet 1920, Sitz London).

Gewichtsklassen: Einteilung der Wettkämpfer nach dem Körpergewicht, um in Sportarten, in denen die Leistung wesentlich von der Höhe des Körpergewichts abhängt, Chancengleichheit unter den Wettkämpfern zu gewährleisten. Solche Sportarten sind v. a. Boxen, Gewichtheben, der Budo- und Rasenkraftsport, Ringen und Rudern (hier nur als Festlegung des Mannschaftshöchstgewichts bei Leichtgewichtsrennen).

Gewichtsklassen (Gewichte in kg)

Herren	Boxen Amateure	Boxen EBU	Boxen WBA	Ringen	Gewichtheben	Rasenkraftsport	Judo	Taekwondo
Nadel	bis							48
Papier	bis			48				
Junior-Fliegen	bis		47,049					
Halbfliegen	bis 48	48,988						
Fliegen	bis 51	50,802	50,802	52	52			52
Superfliegen	bis	52,095						
Bantam	bis 54	53,525	53,524	57	56			56
Superbantam	bis	55,338						
Junior-Feder	bis		55,338					
Feder	bis 57	57,152	57,152	62	60	65		60
Superfeder	bis	58,967						
Superleicht	bis						60	
Junior-Leicht	bis		59,020					
Halbleicht	bis						65	
Leicht	bis 60	61,237	61,235	68	67,5	70	71	64
Junior-Welter	bis		63,560					
Halbwelter	bis 63,5	63,500						
Welter	bis 67	66,678	66,678	74				68
Superwelter	bis	69,850						
Junior-Mittel	bis		69,816					
Halbmittel	bis 71						78	73
Mittel	bis 75	72,574	72,574	82	75	75	86	78
Halbschwer	bis 81	79,378	79,378	90			95	84
Leichtschwer	bis		86,128		82,5	82,5		
Mittelschwer	bis				90	90		
Cruiser	bis	88,450						
Schwer	bis 91	über 88,450	über 86,128	100		über 90	über 95	über 84
1. Schwer	bis				100			
2. Schwer	bis				110			
Superschwer	über 91			100	110			

Die Gewichtsklassen sind international nicht einheitlich festgelegt.

Gewichtstraining [...trɛ:...]: Trainingsform, bei der zur Kraftschulung von Armen, Beinen und Rumpf belastende Gewichte eingesetzt werden. Das Gewichtstraining erfolgt mit oder an einzelnen Geräten (Hanteln, Medizinbälle u.a.) oder an Stationen sogenannter Fitneßmaschinen. Diese sind heute verletzungssicher konstruiert und gestatten spezifische Belastungsformen und gezielte Gewichtsdosierung.

Gewichtsweste: 1. für das *Konditionstraining* (↑auch Overloadtraining) entwickelte Weste, mit der durch auswechselbare Gewichtseinlagen die Trainingsbelastung variiert werden kann; – 2. im *Segelsport* regelwidrige Gewichtserhöhung.

Gig [englisch]: Bootstyp im Rudersport, der für den Übungsbetrieb, für Wanderfahrten und als Renngig bei Ruderregatten eingesetzt wird. Die Gigboote sind stabiler und schwerer als die ↑Rennboote, mit Auslegern und Rollsitzen versehen und können mit Riemen oder Skulls gefahren werden. Zur Zeit der Segelschiffahrt war die Gig das aufgrund seiner Bauform schnelle Beiboot des Kapitäns, das gerudert und gesegelt werden konnte.

Glasfiberstab ↑Stabhochsprung.

Gleichgewicht: *allgemein* der Zustand eines ruhenden oder bewegten (auch sich bewegenden) Körpers, bei dem alle auf den Körper einwirkenden Kräfte einander aufheben, ihre Summe gleich Null ist. Das *motorische Gleichgewicht* des Menschen wird von einem speziellen Gleichgewichtsorgan, dem ↑Vestibularapparat, gesteuert, die erforderlichen Balancier- bzw. Ausgleichsbewegungen werden von den Gelenken ausgeführt, die der jeweiligen Stützfläche des Körpers am nächsten liegen. Man unterscheidet im Sport drei Arten des motorischen Gleichgewichts, das statische (z.B. Handstand, Kopfstand), das dynamische (z.B. beim Laufen, Windsurfen u.a.) und das Gleichgewicht, in dem man einen Gegenstand hält (z.B. Balancieren eines Stabs auf der Handfläche). Die Fähigkeit, motorische Gleichgewichtszustände zu schaffen bzw. zu erhalten, ist trainierbar und für viele Sportarten (z.B. Radfahren, Eis- und Rollkunstlauf) unabdingbare Voraussetzung.

Gleiten: 1. Fortbewegungsart im Wasser, bei der sich der gestreckte Körper in horizontaler Brust- oder Rückenlage befindet **(Gleitbootlage).** Nach der Art des Vortriebs unterscheidet man *aktives* (der Schwimmer stößt sich von der Beckenwand ab; **Hechtschießen**) und *passives* Gleiten (der Schwimmer wird von einem Partner gezogen). Beim Gleiten befindet sich der Kopf unter Wasser und wird nur zum Einatmen kurz angehoben, das Ausatmen erfolgt unter Wasser. Das Beherrschen des Gleitens ist beim Erlernen des Schwimmens ein wichtiger Schritt im Übergang vom Nichtschwimmer zum Schwimmer; – 2. Fortbewegungsart von Segelflugzeugen in der Luft unter Ausnutzung der Luftströmungen (Aufwinde).

Glima [isländisch]: ringkampfähnliche Sportart, die im 14. Jahrhundert in Island aufkam (gilt heute als isländischer Nationalsport) und mit den in der Schweiz („Schwingen"), in Österreich, Japan, Polynesien und Persien bekannten Formen des *Kleiderringens* verwandt ist. In Island trägt man beim Glima kurze Hosen mit Gürtel. Nur an diesem Gürtel darf der Gegner gefaßt werden, um ihn zu Boden zu werfen (durch Rukken, Heben, Ziehen, Beinstellen, Schleudern). In der Ausgangsstellung faßt die rechte Hand über der linken Hüfte des Gegners den Gürtel und die linke Hand unter der rechten Hüfte das Hosenbein. Verloren hat, wer mit einem anderen Körperteil als Unterschenkel und Unterarm den Boden berührt. Glima wird wettkampfmäßig in Gewichtsklassen ausgetragen.

Glücksspirale: seit 1970 bestehende Fernsehlotterie, deren Erlös jeweils zur Hälfte den freien Wohlfahrtsverbänden und dem Sport zufließt. Der Anteil des Sports kommt zu 40% den Landessportverbänden, zu 30% dem *Deutschen Sportbund,* zu 25% der *Stiftung Deutsche Sporthilfe* und zu 5% dem *Nationalen Olympischen Komitee für Deutschland* zugute. Inhaltlich wird aus diesen Mitteln v.a. der Breitensport, z.T. aber auch der Spitzensport gefördert.

Glukose [zu griechisch glykýs „süß"] (Glucose, Traubenzucker): entscheidender Energieträger für unseren Körper. Glukose ist in Nahrungsmitteln wie Getreide, Obst, Gemüse und Milchprodukten enthalten. In der reinen Form aufgenommen, kann Glukose direkt in die Blutbahn gelangen und so z.B. Erschöpfungszustände sofort bessern. Ansonsten liegt Glukose mit anderen Zuckern bzw. ↑Kohlenhydraten verknüpft vor. Auch der normale Haushaltszucker ist eine Verbindung aus zwei verschiedenen Zuckern, der Glukose und der Fruktose (Fruchtzucker). Im Getreide liegt die Glukose in langkettigen Verbindungen als Stärke vor, die erst durch Aufspaltung in Speichel, Magen und Darm in ihre Einzelbausteine zerlegt werden muß, bis sie dem Körper als Energiequelle dienen kann.

Glykogen [zu griechisch glykýs „süß" und dem Wortbildungselement -gen (aus griechisch -genḗs) „erzeugend, bildend, hervorbringend"]: ein aus Traubenzucker (Glukose) aufgebauter Mehrfachzucker, der im Organismus hauptsächlich in der Leber und in der Muskulatur gespeichert wird. Je nach Stoffwechsellage kann es sehr gezielt entweder zu Glukose abgebaut oder weiter, d.h. zu noch längeren Zuckerketten aufgebaut werden. Dadurch wird eine Konstanthaltung des Blutzuckers ermöglicht. Um den Anforderungen bei körperlicher Arbeit oder im Sport gerecht zu werden, wird sofort Energie aus den Glykogenspeichern von Muskulatur und Leber mobilisiert. Diese Speicher werden in Ruhe wieder aufgefüllt.

Go-Kart [englisch 'goʊkɑ:t] ↑Kartsport.

Goldener Plan ↑Deutsche Olympische Gesellschaft.

Goldmedaille [...daljə] ↑Medaille.

Golf [englisch; weitere Herkunft unsicher, vielleicht aus schottisch gouf (goof) „Schlag"]: Rasenballspiel, das allein, mit Partner oder in einer größeren Gruppe von Damen und Herren im Freien gespielt wird.

Spielgedanke ist, einen Ball mit einem Schläger und mit möglichst wenig Schlägen über verschieden beschaffene Spielbahnen in ein Loch zu treiben *(Einlochen).*

Sportstätte ist der *Golfplatz,* ein etwa 20 bis 50 ha großes Gelände, auf dem 9 bzw. 18 *Spielbahnen* unter Einbeziehung natürlicher (Seen, Bäche, Hecken, Bäume u.a.) und künstlicher Hindernisse (Sandhindernisse [Bunker]) angelegt sind. Die Spielbahnen sind zwischen 100 und 500 m lang und zwischen 20 und 50 m breit. Die Spielbahngesamtlänge eines Golfplatzes liegt zwischen 4500 und 7000 m. Jede Spielbahn besteht aus drei Abschnitten, dem *Abschlag (Tee),* von dem aus der auf einem Aufsatz (↑Tee) liegende Ball ins Spiel gebracht wird, der eigentlichen *Spielbahn (Fairway)* mit kurzgeschnittenem Rasen, umgeben von hochgeschnittenem Gras (Rough, Rauhes), und dem *Grün (Green)* am Ende des Fairways, dessen Rasen besonders gepflegt und kurzgeschnitten (3–7 mm) ist und in das ein *Loch (Hole)* von 10,8 cm Durchmesser (markiert durch eine Richtungsflagge, die vor dem Einlochen entfernt wird) geschnitten ist.

Spielgerät sind der Golfball und der Golfschläger. Der *Golfball* besteht aus einem mit Hartgummi ummantelten weichen Gummikern (Mindestdurchmesser 41 mm, Höchstgewicht 46 g). Er kann nach einem Schlag Anfangsgeschwindigkeiten von bis zu 200 km/h und Weiten über 300 m erreichen. Der *Golfschläger (Club)* besteht aus Griff, Schaft und Kopf. Ein Spieler darf bis zu 14 (durchnumerierte) Schläger benut-

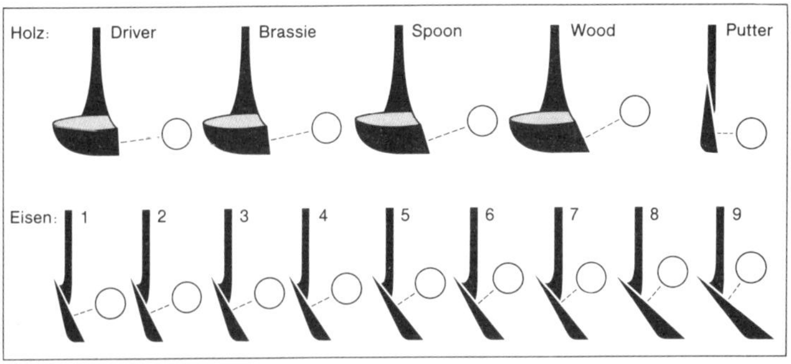

Golf. Golfschläger

zen, die sich in Material und Neigungswinkel der Schlagflächen des Kopfes unterscheiden, je nach beabsichtigtem Schlag. Der etwa 1,10 m lange Schaft ist aus dünnem Stahl und am Griff mit Gummi oder Leder umwickelt. Der Kopf ist aus Holz (Wood) für weite oder aus Metall (Iron) für kurze Schläge. Besondere Schläger sind der Sand-Wedge für Schläge aus dem Bunker und der Putter zum Einlochen. Der Schlägersatz kann in einer Köchertasche getragen oder auf einem zweirädrigen Wagen gezogen werden. Dies kann ein Helfer *(Caddie)* besorgen, der auch Ratschläge erteilen darf.

Regeln (Auswahl): Der Ball muß grundsätzlich von der Stelle aus gespielt werden, an der er nach einem Schlag liegen geblieben ist, auch wenn er außerhalb der Spielbahn oder in einem Hindernis gelandet ist. Ausnahme ist der Abschlag vom Tee. Nur in (genau geregelten) Fällen, in denen der Ball mit dem Schläger nicht mehr spielbar ist, darf er mit den Händen berührt und durch Fallenlassen über die Schulter nach hinten in eine spielbare Position gebracht werden, und zwar möglichst nahe seiner ursprünglichen Lage und nicht näher zum Loch. Für jede Spielbahn ist eine bestimmte Anzahl von Schlägen, das sogenannte *Par,* festgesetzt, mit der es einem guten Spieler möglich ist, den Ball vom Tee ins Loch zu schlagen (weniger gute Spieler erhalten eine Schlagvorgabe [Handikap]): bei Spielbahnen bis 228 m drei, zwischen 229 und 434 m vier, über 434 m fünf Schläge. Aus der Gesamtlänge der 18 Spielbahnen ergibt sich ein *Platzstandard* zwischen 63 und 74 Schlägen (die mit der jeweiligen Schlagzahl zu bewältigenden Spielbahnlängen sind für Damen um rund 12% gekürzt). Man unterscheidet *Lochwettspiele,* bei denen jedes Loch, das mit weniger Schlägen, als der oder die Gegner benötigten, erzielt wird, mit einem Punkt gewertet wird, und *Zählwettspiele,* bei denen die niedrigste Gesamtzahl der für eine Runde (über 18, 36, 54 oder 72 Löcher) benötigten Schläge den Sieger bestimmt.

Wichtigste **Technik** des Golfspiels ist die Schlagtechnik. Der Schlag, mit dem große Weiten überwunden werden sollen, um den Ball günstig zum Loch zu plazieren, ist eine fließende, kräftige und schwungvolle Bewegung, die in drei Phasen gegliedert werden kann: *Rückschwung* (der mit beiden Händen gehaltene Schläger wird hinter die Schulter geführt), *Abschwung* (der Schläger wird am Körper vorbei nach vorne geschwungen und trifft im tiefsten Punkt seiner Kurve den Ball) und *Durchschwung* (der Schläger schwingt nach dem Treffen des Balles über die andere Schulter aus). Neben dieser Schlagtechnik sind für einen gelungenen Schlag gute Einschätzung von Ge-

lände, Windverhältnissen, Entfernung und Richtung zum Loch wichtig sowie – abhängig davon – die Wahl des richtigen Schlägers.
Geschichte: Obwohl dem Golf ähnliche Treibballspiele in vielen Ländern schon früh bekannt sind, gilt als Ursprungsland des modernen Golfs Schottland, wo das Spiel in seiner heutigen Form 1457 in Parlamentsakten erwähnt wird. Zu Beginn des 17. Jahrhunderts entstanden die ersten Zusammenschlüsse von Golfspielern, 1895 der erste Golfklub in Deutschland. Seit 1911 werden in Deutschland offene Meisterschaften für Amateure und Profis, seit 1953 Weltmeisterschaften für Berufsspieler und seit 1958 für Amateure (alle zwei Jahre) ausgetragen. In der Bundesrepublik Deutschland wird Golf vom *Deutschen Golf-Verband* (DGV; gegründet 1907, Sitz Wiesbaden) betreut, auf europäischer Ebene von der *Association Européenne de Golf* (AEG; gegründet 1937, Sitz Paris) und (Amateure) international von dem *World Amateur Golf Council* (WAGC; gegründet 1937, Sitz New York). Maßgebend in allen Regelfragen ist der 1754 gegründete *Royal and Ancient Golf Club of Saint Andrews* (Schottland).

GP: Abk. für: **G**rand **P**rix bzw. ↑**G**roßer **P**reis.

Graduierung [zu lateinisch gradus „Schritt, Grad, Abstufung, Rang“]: im Budosport die Einstufung der Budokämpfer in die einzelnen Kiu- oder Dangrade (Verleihung des Rechts zum Tragen der entsprechenden Gürtel) nach vorangegangenen Gürtelprüfungen. Die Graduierung liegt in der Zuständigkeit von Graduierungskommissionen, die von den einzelnen Budosportverbänden (in der Bundesrepublik Deutschland vom *Deutschen Dan-Kollegium*) beauftragt sind.

Grand Prix [französisch grã'pri] ↑Großer Preis.

Grand Slam [englisch grænd slæm „großer Schlemm“ (eigentlich das Einheimsen aller Stiche beim Bridge)]: im Golf- und Tennissport Bez. für den Sieg eines Spielers in vier wichtigen Turnieren innerhalb eines Jahres; im Golfsport: Masters-Turnier, offene Meisterschaften der USA und von Großbritannien und Turnier der *Professional Golf Association;* im Tennissport: offene Meisterschaften von England (Wimbledon), der USA (Flushing Meadow), von Australien (Melbourne) und von Frankreich (Paris).

Grasskisport [...ʃi:...]: Sommersportart, bei der Wettbewerbsformen des alpinen Skilaufs auf grasbestandenen Hängen (in Mittelgebirgslagen) ausgetragen werden. – Sportgerät ist der **Grasski (Rollka),** ein etwa 60–80 cm langer Metall„ski“. Eine etwa schuhgroße, mit Bindungsvorrichtungen versehene Metallplatte ist tunnelartig über einer Laufschiene in der Form eines engen Ovals befestigt, um die rollengelagerte „Blöcke“ (Breite etwa 6 cm, Stärke etwa 4 cm) laufen, die durch ein durchgehendes Kunststoffband in Abständen von etwa 7 cm miteinander verbunden sind. Die Fortbewegung erfolgt im Gegensatz zu der beim Winterski nicht durch Gleiten, sondern nach dem Gleisketten- oder Panzerkettenprinzip, d. h. die Blöcke befinden sich beim Laufen relativ zum Boden stets in Ruhe. Es werden auch Skistöcke benutzt. – Seit 1973 werden ein Europapokal im Slalom und Riesenslalom, seit 1976 deutsche und seit 1979 Weltmeisterschaften ausgetragen. Der Grasskisport ist in den Verbänden des ↑Skisports organisiert.

Grätsche: im Geräteturnen ein Sprung über ein Gerät oder von einem Gerät herunter, wobei beide Beine gleichzeitig in entgegengesetzter Richtung seitlich von der Längsachse des Körpers weggestreckt werden. Im Geräteturnen gibt es zahlreiche sportmotorische Fertigkeiten, die in Grätschhaltung der Beine (gegrätscht) ausgeführt werden, z. B. Grätschaufschwünge, -abschwünge, -umschwünge, -sprünge, -sitze, -stände, -stütze, -hänge.

Grenzkraft: die Kraft, die trotz

weiteren Trainings nicht mehr gesteigert werden kann.

griechische Gymnastik: Bez. für die Gesamtheit aller körperlichen Übungen in der griechischen Antike, die ursprünglich allgemein das Ziel einer Erziehung und Bildung zu Gesundheit und Wohlbefinden verfolgten, sich dann aber, je nach dem Aspekt, unter dem sie vorrangig betrieben wurden, differenzierten in (berufliche) ↑ Athletik (Betonung der sportlichen Leistung) und ↑ Diätetik (Betonung der Gesundheit).

griechisch-römischer Ringkampf ↑ Ringen.

Griff: 1. der Teil eines Sportgeräts, an dem es mit der Hand (den Händen) gehalten und geführt wird (z. B. der Halteteil der Schläger in den Rückschlagspielen Badminton, Tennis, Tischtennis u. a., des Golfschlägers, der Fechtwaffen u. a.); – 2. die Art und Weise (ein Technikelement), wie ein Gerät mit der Hand (den Händen) gehalten wird, um es sportartspezifisch optimal einsetzen (z. B. die ↑ Griffarten im Tennis und im ↑ Gewichtheben, das Halten des Speers beim Speerwerfen, des Stabs beim Stabhochsprung u. a.) bzw. sich selbst an dem Gerät optimal bewegen zu können (z. B. die ↑ Hauptgriffarten im Geräteturnen); infolge der sich im Gesamtablauf einer Übung (z. B. beim Geräteturnen) häufig ändernden Bewegungsaufgabe sind auch Änderungen der Griffarten *(Griffwechsel)* erforderlich; – 3. die Art und Weise (Technikelement), wie in manchen Kampfsportarten (z. B. Ringen, Judo, Glima u. a.) der Gegner gefaßt wird, um ihn regelgerecht zu bezwingen; – 4. ↑ Befreiungsgriffe.

Griffarten: im Tennis die verschiedenen Möglichkeiten, den Schläger mit der Hand zu halten: *Easterngriff* für den Vorhandschlag (die wie zum Händeschütteln gehaltene Hand faßt den mit der Schlagfläche senkrecht gehaltenen Schläger von hinten oben), *Kontinental-* oder *Hammergriff* für Vor- und Rückhandschläge (der Schläger wird wie der Stil eines Hammers gefaßt), *Westerngriff* für den hohen Rückhandschlag (das Handgelenk befindet sich z. T. auf und z. T. vor dem Handstück). Unter *Wechselgriff* versteht man die (umstrittene) Möglichkeit, den Schläger während des Spiels von einer Hand in die andere zu wechseln. – Zum Geräteturnen ↑ Hauptgriffarten.

Griffhöhe ↑ Stabhochsprung.

Grobform: im Rahmen des motorischen Lernprozesses Bez. für die Stufe der Bewegungsbeherrschung, die zwar die Struktur der zu lernenden Bewegung in „groben Zügen" erkennen läßt, aber noch nicht zur ↑ Feinform oder gar ↑ Feinstform ausgereift ist.

Grobkoordination ↑ Koordination.

Großer Preis (Grand Prix, GP): im Automobilsport Bez. für einen Formel-1-Wertungslauf zur Fahrerweltmeisterschaft. Die Zahl der jährlich veranstalteten GP-Rennen kann variieren. Es gibt u. a. Große Preise von Südafrika, Spanien, Monaco, Frankreich, Großbritannien, den Niederlanden, Italien und Deutschland. – Daneben gibt es Große Preise im Motorrad- und Motorbootsport so-

Grätsche. Bewegungsablauf

wie im Schieß- und Pferdesport. Auch in einigen weiteren Sportarten (z. B. Rudern, Ringen, Tennis) werden die Bezeichnungen Großer Preis bzw. Grand Prix für international bedeutsame Wettbewerbe verwendet. Die Idee des Großen Preises steht auch hinter den verschiedenen Austragungen eines „Worldcups".

große Spiele: im Unterschied zu den ↑kleinen Spielen durch stärkere Regelfixierung, straffere Organisation sowie Einbindung in ein lokales, regionales, nationales und internationales Wettkampfsystem gekennzeichnete Sportspiele, z. B. Basketball, Handball, Hockey, Fußball, Volleyball. Oft dienen die kleinen Spiele als Vorbereitung zum Erlernen der großen Spiele, gelegentlich auch über die Zwischenform der *Minisportspiele,* anhand derer es v. a. für Kinder leichter ist, die großen Spiele nach und nach zu erlernen.

Große Vielseitigkeitsprüfung ↑Vielseitigkeitsreiten.

Großfeldhandball: bis 1965 offizielle Wettkampfform des Handballsports in der Bundesrepublik Deutschland. Spielgedanke und Regelwerk entsprachen im wesentlichen denen des heutigen Hallenhandballs (↑Handball). Außenmaße und Tore des im Freien angelegten Spielfelds entsprachen jenen des Fußballs, der Torkreis hatte einen Radius von 13 m, die Freiwurflinie von 19 m, und die Strafwurfmarke war 14 m vor dem Tor.

Großmotorik ↑Motorik.

Grundeigenschaften, motorische ↑motorische Eigenschaften.

Grundkurs Sport: Pflichtkurs der gymnasialen Oberstufe im Fach Sport mit in der Regel drei Wochenstunden, der im Unterschied zum ↑Leistungskurs Sport in orientierender Lehrmethode das schulische Grundwissen des Fachs vermitteln soll. Deshalb ist die Sporttheorie generell Unterrichtsinhalt (Anteil an der Benotung: 1/3), während die Einbeziehung einzelner Sportarten (Anteil der sportmotorischen Leistung an der Benotung: 2/3) in die Grundkurse je nach Bundesland verschieden ist. Die Grundkurse Sport können auch zur Prüfung im Abitur führen (3. oder 4. Prüfungsfach).

Grundlagentraining [...trɛ:...]: erste Phase eines langjährigen Trainingsaufbaus, in der es darum geht, eine allgemeine Grundlage der Leistungsfähigkeit und -bereitschaft zu schaffen sowie die Anfänge spezieller Technik und Taktik zu entwikkeln. Ein Grundlagentraining dauert in der Regel 2–6 Jahre.

Grundschlag: in verschiedenen Sportarten Bez. für eine grundlegende sportmotorisch-technische Fertigkeit, z. B. Gerade und Haken im Boxen, Aufschlag, Vorhand- und Rückhandschlag in Tennis, Badminton und Tischtennis, Aufschlag, Baggern und Pritschen im Volleyball.

Grundstellung: 1. *allgemein* die ruhige, konzentrierte und meist aufrechte Körperhaltung **(Bereitschaftsstellung)** vor Beginn einer Übung bzw. Aktion in verschiedenen Sportarten, z. B. lockere Körperhaltung, leicht gebeugte Knie und stabile Gleichgewichtsverteilung im Basketball, Ausgangsstellung mit geschlossenen Füßen im Geräteturnen, aufrechtes Stehen auf der Brettspitze im Wasserspringen; – 2. ↑Schach.

Grundumsatz: die Energiemenge, die der Körper in Ruhe benötigt, um seine Stoffwechselfunktionen aufrechtzuerhalten. Bestimmend für die Höhe des Grundumsatzes sind Körpergröße, Alter und Geschlecht sowie Körpertemperatur und Klima. Im körperlichen Wachstum und bei erhöhter Körpertemperatur (Fieber) verbrennt der Körper mehr ↑Joule, so daß der Grundumsatz erhöht ist. Männer haben einen (um etwa 10%) höheren Grundumsatz als Frauen. Mit zunehmendem Alter verlangsamen sich die Stoffwechselvorgänge im Körper, so daß auch der Energiebedarf abnimmt. Der durchschnittliche Grundumsatz für Erwachsene mit einem durchschnittlichen Körpergewicht von 70 kg beträgt bei Frauen rund 6 300 kJ/Tag, bei Männern rund 7 100 kJ/Tag.

Gruppengymnastik: von mehreren Teilnehmern gemeinsam betriebene Gymnastik. Die Teilnehmer stehen in Reihen neben- und hintereinander (auch versetzt) und führen in größtmöglicher raumzeitlicher Übereinstimmung dieselben Übungen aus (Gruppenrhythmus). Gruppengymnastik ist Teil der ↑rhythmischen Sportgymnastik und wird als Massenübung bei Gymnaestraden (↑Gymnaestrada) und anderen Sportfesten (v. a. in Staaten des Ostblocks) aufgeführt. Seit 1984 gibt es Weltmeisterschaften in der Gruppengymnastik.

Gürtel (Obi): in den Budosportarten ein Stoffband, das die Jacke in der Taille zusammenhält und durch seine Farbe je nach ↑Dan oder ↑Kiu über das Können des Trägers Auskunft gibt. Die Länge des Gürtels soll so bemessen sein, daß nach zweimaligem Umschlingen des Körpers und nach dem Knoten die Enden noch je 15 cm lang sind.

Gürtellinie: Trennlinie am Körper (oberer Rand der Sporthose), unterhalb derer weder Schläge (beim Boxen) treffen noch Griffe (beim griechisch-römischen Ringkampf) angesetzt werden dürfen.

Gymkhana [angloindisch]: ursprünglich ein nach indischem Vorbild von britischen Truppen veranstalteter sportlicher Wettkampf, heute allgemeine Bez. für einen Geschicklichkeitswettbewerb (als Einzel- und Staffelwettkampf), bei dem Hindernisse zu überwinden oder besondere Schwierigkeiten zu bewältigen sind. Gymkhanas werden v. a. im Ski-, Wasser-, Eis-, Rad-, Flug- und Motorsport veranstaltet, in letzterem v. a. als Prüfung des fahrerischen Könnens in einem Geschicklichkeitsparcours, in dem möglichst viele Situationen aus der Welt des realistischen Motorsports simuliert werden (gewertet werden Fehler und benötigte Zeit).

Gymnaestrada [gymnɛs...; 1951 von dem niederländischen Initiator J. H. F. Sommer zu Gymnastik und spanisch estrada „Straße“ gebildet; der zweite Wortbestandteil spielt auf die „breite Heerstraße“ des Turnens an, die der Öffentlichkeit bewußt gemacht werden sollte]: vom *Internationalen Turnverband* alle vier Jahre veranstaltetes Weltfest der Gymnastik ohne Wettkämpfe, das mit Schau- und Lehrvorführungen einen richtunggebenden Einfluß auf die Entwicklung der Gymnastik ausübt. Die erste Gymnaestrada fand 1953 in Rotterdam statt.

Gymnasion (Gymnasium) [griechisch „Ort, an dem nackt Leibesübungen stattfinden“]: im antiken Griechenland eine Schule, an der neben wissenschaftlichen Disziplinen auch Gymnastik unterrichtet wurde. Das Gymnasion verfolgte das Erziehungsziel einer ganzheitlichen und harmonischen Ausbildung von Geist und Körper. – Der Begriff Gymnasion wurde in latinisierter Form als „Gymnasium“ im 16. Jahrhundert Bez. für die Klerikerschulen, später allgemein für höhere Schulen.

Gymnastik [zu griechisch gymnázesthai „nackt Leibesübungen machen“]: systematisch betriebene Bewegungsschulung, die im Stehen oder in den verschiedenen Formen des Laufens (Gehens) ausgeführt wird, und zwar ohne festes Gerät (nur ↑Handgeräte wie Ball, Band, Keule, Reifen, Sprungseil werden benutzt). Darüber hinaus kann unter Gymnastik als Beweglichkeits- und Haltungsschulung auch jedes körperliche Training ohne festes Gerät (wobei Übungen, die im engeren Sinn zum Bodenturnen gehören, einbezogen werden) oder auch mit bestimmten Großgeräten wie Langbank, Sprossenwand und Schwebebalken verstanden werden.

Aus der Vielfalt möglicher Zielsetzungen der Gymnastik haben sich drei herausgebildet, unter denen man heute die Gymnastik grob gliedert. Als **funktionelle Gymnastik** dient die Gymnastik vorwiegend der Erhaltung oder der Erneuerung der körperlichen Funktionen (z. B. Säuglings-, Schwangerschafts-, Krankengymnastik, orthopädische Gymna-

Gymnastik. Grundhaltungen (nach Baumann/Zieschang)

stik bei fortgeschrittenen Schäden oder nach chirurgischen Eingriffen). In diesen Bereich gehört auch die als Fitneßtraining allgemein auf Kondition ausgerichtete Gymnastik (Ausgleichsgymnastik), da sie ebenfalls auf funktionellen Gesichtspunkten aufbaut, besonders im Hinblick auf Haltungsfehler, einen labilen Kreislauf, muskuläre Verspannung oder Schwäche und Bandscheibenbeschwerden, auch unter Berücksichtigung spezieller Funktionen wie Fuß-, Rumpf-, Arm-, Atemgymnastik u.a. Ein wesentliches Element solcher Gymnastik ist immer die Freude an der Bewegung als psychisch und physisch wirksamer Faktor.

Als **Zweckgymnastik** bezeichnet man Gymnastik dann, wenn gymnastische Bewegungsabläufe und Übungen als Trainingsgrundlage für andere Sportarten zur allgemeinen Schulung von Kraft, Ausdauer, Schnelligkeit usw., aber auch bestimmter sportartspezifischer Fertigkeiten dienen (z. B. Skigymnastik).

Die **rhythmische Gymnastik** ist die Gymnastik im engeren Sinn. Sie ist Erziehung zur fließenden, durch den Rhythmus geformten Bewegung. Ihre Grundbewegungen (Gehen, Laufen, Drehen, Hüpfen, Springen, Schwingen u.a.) werden sowohl durch die Bewegung mit Handgeräten als auch durch Musik und Takt unterstützt. Am Ende dieser Bewegungsschulung stehen einerseits die Gestaltung (Körperbewegung als Ausdruck, ↑Ausdrucksgymnastik) und andererseits der Tanz in seinen unterschiedlichsten Konzeptionen wie ↑Ausdruckstanz, ↑Folkloretanz, ↑Jazztanz, Modern Dance, ↑Tanzsport. Aus der rhythmischen Gymnastik hat sich die ↑rhythmische Sportgymnastik entwickelt, die seit

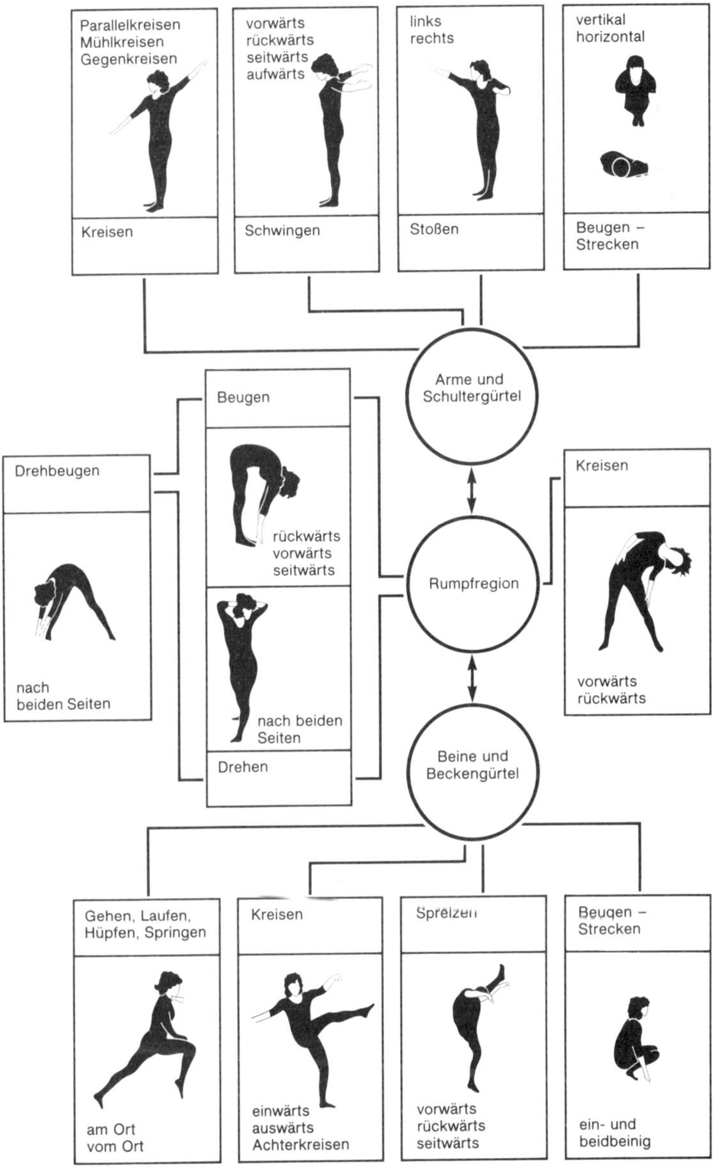

Gymnastik. Grundformen gymnastischer Bewegungen und die Körperregionen, auf die sie hauptsächlich wirken (nach Baumann/Zieschang)

1958 wettkampfmäßig betrieben wird.
Neben und innerhalb dieser groben Gliederung der Gymnastik sind noch zahlreiche andere Ordnungskriterien möglich, z. B. nach den Teilnehmern (Kinder-, Frauen-, Männergymnastik u. a.), nach den vorwiegend beanspruchten Körperteilen (Rumpf-, Fuß-, Finger-, Wirbelsäulen-, Organgymnastik u. a.), nach der Übungszeit (z. B. Morgen-, Pausen-, Minutengymnastik), nach dem Übungsort (z. B. Boden-, Arbeitsplatz-, Unterwassergymnastik), nach dem verwendeten Gerät (Ball-, Band-, Keulen-, Seil-, Reifen-, Stabgymnastik), nach dem Übungsziel (z. B. Ausgleichs-, Konditions-, Wettkampf-, Ausdrucksgymnastik), nach der nationalen Herkunft bestimmter Gymnastiksysteme (z. B. schwedische, deutsche Gymnastik) sowie nach dem Schöpfer eines Systems (z. B. Linggymnastik [nach Pe(h)r Henrik Ling, * 1776, † 1839], Mensendieckgymnastik [nach Bess Mensendieck, * 1864, † 1957 oder 1958], Bodegymnastik [nach Rudolf Bode, * 1881, † 1971], Medaugymnastik [nach Hinrich Medau, * 1890, † 1974]), nach Organisationsformen (z. B. Vereins-, Schul-, Gruppengymnastik) u. a.
Ähnlich vielfältig wie ihre Systematisierungsmöglichkeiten sind die **Bewegungsformen** der Gymnastik, z. B.: Anfersen, Balancieren, Beugen, Bükken, Drehen, Fangen, Federn, Gehen, Grätschen, Hängen, Heben, Hocken, Hüpfen, Knien, Kreisen, Laufen, Rollen, Schaukeln, Scheren, Schieben, Schießen, Schlagen, Schließen, Schneppern, Schwingen, Senken, Spreizen, Springen, Stellen, Stoßen, Strecken, Stützen, Stützeln, Tragen, Treten, Werfen, Winkeln, Wippen, Ziehen. Alle diese Bewegungsformen lassen sich jedoch unter einige **Grundformen** gymnastischer Bewegungen unterordnen: ↑ Beugen, Drehen (↑ Drehung), ↑ Gehen, ↑ Hüpfen, ↑ Kreisen, ↑ Laufen, ↑ Schwingen, ↑ Spreizen, ↑ Springen und ↑ Stoßen. Erhöht wird der Bewegungsreichtum der Gymnastik noch durch die Möglichkeit, ihre Grundformen und Einzelbewegungen miteinander zu neuen Bewegungsformen zu verbinden. Wesentlich für die Ausführung gymnastischer Übungen sind (nach R. Bode) folgende **Bewegungsprinzipien:** die *Bewegungsvariation* (Veränderung der Bewegung nach Zeit, Raum, Kraft und Form), die *Bewegungskombination* (Verbindung mindestens zweier Grundformen), die *Bewegungsimprovisation* (freie ↑ Bewegungsaufgabe zur Entwicklung spontaner Kreativität in Gymnastik mit Partner [Gruppe] und Gerät) und die *Bewegungsgestaltung* (Choreographie der Bewegungsabläufe unter Einbeziehung rhythmischer und musikalischer Elemente). Diese Bewegungsprinzipien kommen in der Einzelgymnastik ebenso zum Tragen wie in der Partner- und Gruppengymnastik. Heute werden zudem die gymnastischen Bewegungsgrundformen systematisiert nach den *Körperzonen,* in (mit) denen sie ausgeführt bzw. an denen sie wirksam werden: Arme und Schultergürtel, Rumpfregion, Beine und Beckengürtel. Eine weitere Ordnungsmöglichkeit für gymnastische Bewegungen bietet die *Haltung (Stellung),* in der sie stattfinden, Stand, Sitz, Lage, Stütz, Armhaltung, die in der Gruppengymnastik – wie die gymnastischen Bewegungsformen überhaupt – noch einmal nach den verschiedenen *Aufstellungsformen* der Teilnehmer variiert werden können: offene Aufstellung, Blockaufstellung, Aufstellung in Linie, Reihe, Gasse, als Innenstirnkreis (Blick zum Kreismittelpunkt), Außenstirnkreis (Rücken zum Kreismittelpunkt) und Flankenkreis (seitlich zum Kreismittelpunkt).
Der generelle Wert jeder Gymnastik liegt v. a. in den Bereichen der Gesundheit, der rhythmischen und kreativen Bewegungsgestaltung und der sportlichen Leistung. Unter sportspezifischen Gesichtspunkten schult die Gymnastik v. a. die Wahrnehmungseigenschaften, Körperge-

fühl und Körperbewußtsein sowie die motorisch-konditionellen (Kraft, Ausdauer, Schnelligkeit, Gelenkigkeit) und motorisch-koordinativen Eigenschaften (Gleichgewichts- und motorische Kombinationsfähigkeit, Geschicklichkeit) und weist damit auf ihre zentrale Bedeutung für den Freizeit- und v. a. Schulsport hin.
Geschichte: Gymnastik war im griechischen Verständnis die Wissenschaft (Kunst) von der Leibespflege, die v. a. als Leichtathletik betrieben wurde. Vom Mittelalter bis ins 18. Jahrhundert wurden v. a. Ballspiele gepflegt. Die Philanthropen verstanden unter Gymnastik die verschiedensten Sportarten, darunter auch Turn- und gymnastische Übungen im heutigen Sinn. Johann Christoph Friedrich GutsMuths (* 1759, † 1839) schuf mit seiner „Gymnastik für die Jugend" (1793) das erste, auch für die heutige Gymnastik grundlegende System und beeinflußte neben Friedrich Ludwig Jahn (* 1778, † 1852) insbesondere skandinavische Turn- und Gymnastikpädagogen, die v. a. die Körperbildung und Haltungsformung betonten. Der Schweizer Phokion Heinrich Clias (* 1782, † 1854) erklärte in seinem Werk „Kallisthenie, oder Übungen zur Schönheit und Kraft für Mädchen" (1829) die Gymnastik zu der der weiblichen Eigenart am meisten entsprechenden Form der Leibesübungen. Der deutsche Turnlehrer Johann Adolf Ludwig Werner (* 1794, † 1866) trennte funktionelle und emotionelle Gymnastik. Die seit etwa 1900 in Deutschland entstandene **Gymnastikbewegung** richtete sich unter dem Einfluß der ↑Reformpädagogik gegen das formale und starre Turnen. Dieser, sich v. a. musisch und rhythmisch verstehenden Bewegung verdanken viele noch heute bestehende Gymnastiksysteme ihre Entstehung, z. B. ↑funktionelle Gymnastik, ↑pflegerische Gymnastik, Ausdrucks- und ↑tänzerische Gymnastik.

Gymnastiklehrer (Gymnastiklehrerin): Lehrkraft im freien Beruf mit zwei- bis dreijähriger Ausbildung (Zulassungsalter 17.–30. Lebensjahr) an meist privaten, staatlich anerkannten Berufsfachschulen **(Gymnastikschulen).** Der Gymnastiklehrer (bzw. die Gymnastiklehrerin) ist beschäftigt in Volkshochschulen, Freizeit- und Kureinrichtungen, Vereinen und im Privatschulwesen; er kann auch eine eigene Gymnastikschule betreiben. Die Gymnastiklehrer sind im *Fachverband Deutscher Gymnastikbund* innerhalb des ↑Deutschen Sportlehrerverbandes organisiert, die Gymnastikschulen im *Verband Deutscher Sport- und Gymnastikschulen* (VDSG; gegründet 1955, Sitz München) zusammengeschlossen.

Gymnastiksystem: Bez. für eine die gymnastischen Bewegungen (Übungen) unter einer bestimmten Zielvorstellung systematisierende Form der ↑Gymnastik.

Gymnologie [zu griechisch gymnós „nackt" und lógos „Wort, Lehre"]: in Anlehnung an den antiken Sprachgebrauch geprägte, jedoch nur selten verwendete Bez. für ↑Sportwissenschaft.

H

Hackentrick: ein Technikelement beim Fußball. Der Ball wird – meist um den Gegner zu täuschen – mit der Hacke (Ferse) einem Mitspieler zugespielt.

Hahnenkampf ↑Hink.

Hakenaufgabe: Aufgabetechnik beim Volleyball. Der aufschlagende Spieler steht seitlich zum Netz und schwingt den netzabgewandten Arm von unten nach oben, um den vor dem Kopf hochgeworfenen Ball mit

Hakenaufgabe beim Volleyball

einer leichten Kippbewegung aus dem Handgelenk aufzuschlagen. Durch die Hakenaufgabe erhält der Ball einen starken Effet.

Hakenball (Hook): besondere Form der Balltechnik in verschiedenen Sportarten: 1. beim *Bowling* eine Wurftechnik, die der Kugel einen zunächst geraden Lauf verleiht, der dann aber kurvenförmig von der Geraden abweicht; – 2. im *Golf* ein Schlag, der in die der Schlaghand entgegengesetzte Richtung führt; – 3. im *Basketball* ↑ Hakenwurf.

Hakenwurf (Hookshot): besondere Wurftechnik (Hakenball) im Basketball, bei der der Spieler im einbeinigen Absprung dem Korb eine Körperseite zuwendet und versucht, mit der korbabgewandten Hand den Ball in einem Bogenwurf über den Kopf in den Korb zu werfen.

Halbfinale ↑ Finale.

Halbschlittschuhschritt ↑ Schlittschuhschritt.

Halbzeit: in Sportspielen mit festgesetzter Spielzeit sowohl die Hälfte der Spielzeit als auch die Pause zwischen den beiden Spielabschnitten. Spielzeit und Pausendauer sind in den jeweiligen Regelwerken festgelegt. Oft wird bei der Notierung des Spielendergebnisses auch das *Halbzeitergebnis (Halbzeitstand)* mitnotiert.

Hallenhandball ↑ Handball.

Hallenhockey ↑ Hockey.

Halse [von „Hals", seemännisch für die vordere untere Ecke eines Schratsegels oder eine untere Ecke von Rahsegeln]: Segelmanöver, bei dem das Segel vor dem raumen (d. h. von schräg hinten einfallenden) Wind weggedreht wird: Das Heck wird durch entsprechendes Ruderlegen durch den Wind gedreht, die Segel werden gleichzeitig auf die andere Seite genommen. Wird eine Halse ungeplant gefahren, spricht man von *Patenthalse* (Verletzungsgefahr durch den überkommenden Großbaum).

Halteapparat: Sammelbezeichnung für Körperstrukturen, die die Stellung der Körperteile zueinander erhalten. Dazu zählen Knorpel und ↑ Knochen sowie der ↑ Bandapparat, der die ↑ Gelenke stabilisiert, und Muskeln, die aktiv durch ihren Anspannungsgrad eine Haltung fixieren können. Typische Haltemuskulatur sind die Nacken- und Rückenmuskeln, die auf Dauerleistung angelegt sind und die Wirbelsäule aufrecht und gerade ziehen (↑ auch Bewegungsapparat).

Halteball: Ursache einer Spielunterbrechung beim Basketball, wenn der Ball entweder von zwei Gegenspielern gleichzeitig mit beiden Händen festgehalten wird (Wiederaufnahme des Spiels durch ↑ Sprungball) oder vom ballführenden Spieler infolge offensiver Deckung durch den Gegner nicht innerhalb von fünf Sekunden durch Passen, Dribbeln oder Korbwurf weitergespielt werden kann (Wiederaufnahme des Spiels durch Einwurf seitens des Gegners).

Haltung: in sportspezifischen Zusammenhängen 1. die isometrische Kontraktion der Haltemuskulatur zur Stabilisierung der Körperstellung sowie die Vorbereitung und Stütze der Bewegung; – 2. Bewertungskriterium (in Punkten angegeben) von Bewegungsleistungen in den sogenannten Kunstsportarten (z. B. Geräteturnen, Eiskunstlauf, Skispringen, Tanzsport, Wasserspringen); – 3. als „sportliche Haltung" charakterliche Grundeigenschaft, die durch Fairneß, Hilfsbereitschaft usw. gekennzeichnet ist.

Haltungserziehung: pädagogisches Bemühen, durch Bewegung, Sport und Spiel die körperliche Haltung zu verbessern bzw. ↑Haltungsschwächen zu beheben. Haltungserziehung wird v. a. im Rahmen der funktionellen und der Ausgleichsgymnastik sowie im Sportförderunterricht der Schule betrieben. Aufklärungsarbeit, Expertenschulung u. a. im Sinne der Haltungserziehung leistet die *Bundesarbeitsgemeinschaft zur Erziehung haltungsgefährdeter Jugendlicher.*

Haltungsschaden: vorwiegend auf krankhafte Veränderungen des knöchernen Skeletts zurückzuführender Grad einer ↑Haltungsschwäche, die nicht mehr zu kompensieren bzw. muskulär auszugleichen ist.

Haltungsschwäche (Haltungsfehler): meist im Schul- oder Adoleszentenalter auftretende Abweichung der Wirbelsäule in sagittaler (Lordose, Kyphose) oder frontaler (Skoliose) Richtung, nicht selten Folge einer schlechten Gewohnheitskörperhaltung durch verlorengegangenes Haltungsgefühl (z. B. Sitzschäden des Schulkindes) und/oder einer angeborenen oder auch erworbenen Schwäche des Stütz- und Muskelgewebes (z. B. bei Licht-, Luft- und Bewegungsmangel von Schulkindern). Haltungsschwächen lassen sich – im Gegensatz zu den ↑Haltungsschäden – bei rechtzeitigem Eingreifen gewöhnlich (v. a. durch gymnastische Übungen) völlig korrigieren.

Hämatom [griechisch] ↑Bluterguß.

Hammer: 1. Teil des Poloslocks beim ↑Radpolo; – 2. Gerät beim ↑Hammerwurf; – 3. umgangssprachliche Bez. für einen kraftvollen, scharfen Schuß auf das Tor beim Fußball (v. a. bei einem Freistoß).

Hammerwurf (Hammerwerfen): Disziplin der Leichtathletik für Männer (auch Jugendliche und Schüler), bei der ein Wurfhammer mit einer Drehbewegung aus einem Kreis möglichst weit geschleudert wird.

Das **Gerät,** der *Hammer,* besteht aus einem dreieckförmigen Griff, der mit einem Verbindungsdraht aus Stahl (Mindeststärke 3 mm) mit dem Hammerkopf, einer Kugel aus Eisen oder anderem festen Metall (Durchmesser 11,0–13,0 cm) über ein Kugellager verbunden ist. Der Schwerpunkt des Hammerkopfs darf nicht mehr als 6 mm vom Zentrum des Kopfs abweichen. Die Gesamtlänge des Geräts beträgt 117,5–121,5 cm. Mindestgesamtgewicht des Hammers ist für Männer 7,260 kg, für die Jugend A 6,25 kg, für die Jugend B und Schüler 5,00 kg. Der Werfer trägt einen Handschutz, der die Fingerspitzen frei läßt.

Die **Sportstätte** besteht aus einem *Wurfkreis* (Durchmesser 2,135 m) mit *Schutzgitter* (Mindesthöhe 5,00 m) und einem *Wurffeld.* Die Wurfanlage entspricht jener beim ↑Diskuswurf.

Die **Regeln** des Hammerwurfs entsprechen den Regeln des Diskuswurfs. Die erzielte Weite eines gültigen Versuchs wird auf gerade Zentimeter abgerundet.

Technik: Der Hammerwurf ist ein technisch schwieriger und sehr komplexer Bewegungsablauf, der neben Schnellkraft ein hohes Maß an Gelenkigkeit und Gewandtheit sowie ein gutes Balancegefühl erfordert.

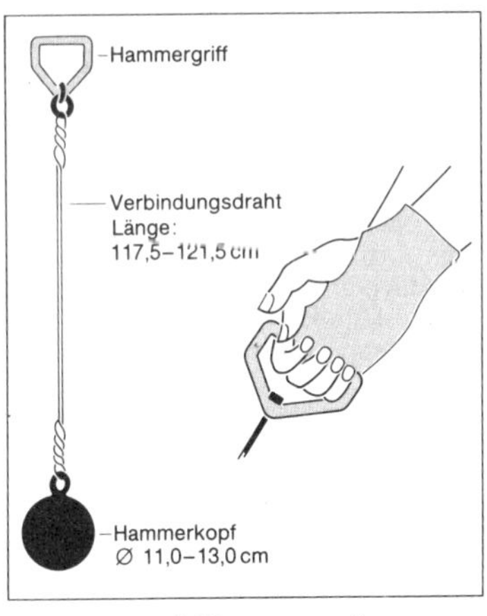

Hammerwurf. Hammer und Griffhaltung

Durch mehrfache Drehungen um die Körperlängsachse und ein paralleles Mitschwingen des Hammers wird dieser in möglichst günstigem Abflugwinkel und mit möglichst hoher Abfluggeschwindigkeit weggeschleudert. Der Bewegungsablauf erfolgt im einzelnen folgendermaßen: Der Werfer steht in leicht gegrätschter Ausgangsstellung mit dem Rükken zur Wurfrichtung, seine Wurfhand liegt über der anderen Hand am Griff. Dem *Anschwingen* des Hammers von der Wurfhandseite unten zur anderen Seiten oben (Pendeln) folgt ein *Schwingen* des Hammers im Kreis um die Körperlängsachse. Beim zweiten Umschwung beginnt der Werfer, wenn der Hammerkopf den tiefsten Punkt des Umschwungs erreicht, sich in leichter Rücklage mitzudrehen. Die *Drehung* ist eine Fersen-Ballen-Drehung, d. h. auf Ferse und Ballen des Drehfußes wird jeweils eine Drehung von 180° ausgeführt, wobei der Umlauffuß stets außen bleibt. Die drei oder vier Drehungen verleihen zusammen mit dem Schwingen dem Hammer eine hohe Dreh- und Abfluggeschwindigkeit, Voraussetzung für einen weiten Wurf. Der *Abwurf* beginnt mit einem Strecken des Rumpfes (in starke Rücklage) und der Beine. Nach dem Abwurf muß die Drehbewegung des Körpers durch Umsetzen der Füße abgefangen werden, um ein Übertreten des Wurfkreises zu vermeiden. Der Hammerwurf wird nur von wenigen Spezialisten betrieben, da gute und sichere Wurfanlagen nur begrenzt zur Verfügung stehen.

Geschichte: Das Hammerwerfen geht auf Volksbräuche in Irland und Schottland zurück, bei denen an Stielen befestigte Gewichte (Steine) von starken Männern (Schmieden) geschleudert wurden. Zur heutigen sportlichen Form hat sich der Hammerwurf Ende des 19. Jahrhunderts in den USA entwickelt. Er ist seit 1900 olympische Disziplin. Einen wesentlichen Beitrag zur Erzielung größerer Weiten leisteten die Entwicklung der erstmals 1927 gezeigten Fersen-Ballen-Drehung und die Verfeinerung insbesondere des Krafttrainings nach dem 2. Weltkrieg: erster offizieller Weltrekord (1913): 57,77 m, heute gültiger Weltrekord (1986): 86,74 m. – Der Hammerwurf ist in den Verbänden der ↑ Leichtathletik organisiert.

Hämoglobin [zu griechisch haĩma „Blut“ und lateinisch globus „Kugel“]: eisenhaltiger roter Blutfarbstoff der ↑ Erythrozyten, der den Sauerstoff bindet und ihn im Organismus überträgt, indem er ihn in der Lunge bindet und im Gewebe abgibt. Aus dem Gewebe transportiert das Hämoglobin dann ↑ Kohlendioxid ab. Dieses wird, wieder über die Lunge, gegen Sauerstoff ausgetauscht (↑ Atmung, ↑ Kreislauf).

Hampelmann: Bez. für eine Abwehrreaktion des Torwarts beim Handball. Der Torwart streckt beide Arme hoch und spreizt im Sprung in die Richtung des erwarteten Balles beide Beine, um so die Fläche seines Tors optimal abzuschirmen.

Handball (Hallenhandball): Mannschaftsballspiel mit Körperkontakt für Damen und Herren, das ursprünglich nur im Freien **(Feldhandball, Großfeldhandball)** stattfand, heute jedoch fast ausschließlich in der Halle, selten als **Kleinfeldhandball** im Freien, gespielt wird.

Der **Spielgedanke** ist, einen Ball möglichst oft in das gegnerische Tor zu werfen und dies beim Gegner zu verhindern.

Das **Spielfeld** ist ein Rechteck, dessen Längsseiten *(Seitenlinien)* 40 m und dessen Schmalseiten *(Torlinien, Torauslinien)* 20 m lang sind. In den Landesverbänden sind Abweichungen zwischen 38–44 × 18–22 m möglich. Das Spielfeld wird durch eine zu den Torlinien parallele *Mittellinie* halbiert. Auf der Mitte jeder Torlinie steht das *Tor,* das von zwei senkrechten Torpfosten und einer Querlatte gebildet wird und eine lichte Höhe von 2 m und eine lichte Breite von 3 m hat. Das Tor ist außerhalb des Spielfelds durch ein Netz geschlossen, das so beschaffen sein

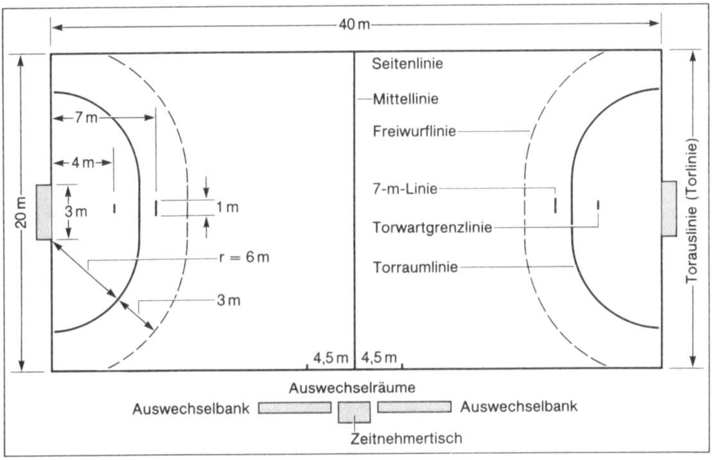

Handball. Spielfeld

soll, daß ein Ball nach einem Torwurf nicht unmittelbar wieder aus dem Tor gelangen kann. Torpfosten und Latte haben einen quadratischen Querschnitt von 8 cm Seitenlänge und sind zweifarbig gestrichen. Im parallelen Abstand von 6 m von der Torlinie ist eine Linie in Torbreite (3 m) gezogen, die auf beiden Seiten durch einen Viertelkreisbogen (Radius 6 m von der hinteren Torpfosteninnenkante aus) bis zur Torlinie ausgezogen ist (*Torraumlinie;* auch: Schußkreis). Der so gebildete *Torraum* darf nur vom Torwart betreten werden. Im parallelen Abstand von 3 m zur Torraumlinie befindet sich die gestrichelte *Freiwurflinie* (9-m-Linie). 7 m vor der Mitte des Tors befindet sich die 1 m lange *7-m-Linie,* von der aus die Strafwürfe (Siebenmeterwürfe) erfolgen. Die *Torwartgrenzlinie* (4-m-Linie; paralleler Abstand von der Torlinie 4 m) kennzeichnet die Grenze, die der Torwart beim Abwehrversuch eines Siebenmeterwurfs nicht in Richtung Spielfeld überschreiten darf. An einer der Seitenlinien sind im Abstand von 4,50 m von der Mittellinie in jeder Spielfeldhälfte mit einer 15 cm langen Linie senkrecht auf der Seitenlinie die *Auswechselräume* markiert, innerhalb deren allein ein Auswechseln der Spieler erfolgen darf. Auf der Seite der Auswechselräume befinden sich außerhalb des Spielfelds die Plätze für die Auswechselspieler und Offiziellen jeder Mannschaft, dazwischen für den Zeitnehmer.

Sportgerät ist der *Handball,* ein einfarbiger, nicht glänzender Leder- oder Kunststoffhohlball mit einem Umfang von 58–60 cm und einem Gewicht von 450 g. Die Oberfläche des Balles soll griffig sein.

Die effektive **Spielzeit** beträgt 2 × 30 Minuten mit einer Halbzeitpause von 10 Minuten. Es sind zwei Verlängerungen von jeweils 2 × 5 Minuten (ohne Halbzeitpausen) möglich.

Spieler: Eine Mannschaft besteht aus 12 Spielern (10 Feldspieler, 2 Torwarte), von denen immer nur höchstens 7 (6 Feldspieler, 1 Torwart) gleichzeitig auf dem Spielfeld sein dürfen. Die Spieler können beliebig oft und jeder Zeit ausgewechselt werden, sofern der zu ersetzende Spieler zuvor das Feld verlassen hat.

Regeln (Auswahl): Das Handballspiel wird von zwei gleichberechtigten Schiedsrichtern geleitet, die von einem Zeitnehmer und (bei wichtigen Spielen) einem Sekretär unterstützt werden. Das Spiel beginnt nach einem Schiedsrichterpfiff durch Anwurf von der Mittellinie aus. Das Anwurfrecht wird von den Mannschaften ausgelost und alterniert von Halbzeit zu Halbzeit (auch bei Verlängerungen). Der Ball darf mit allen Körperteilen außer Unterschenkel und Fuß gespielt werden. Diese Einschränkung gilt nicht für den Torwart innerhalb seines Torraums, außerhalb gilt er als Feldspieler. Ein Tor ist erzielt, wenn der Ball mit seinem vollen Umfang die Torlinie zwischen den Torpfosten und unterhalb der Latte überquert hat, sofern nicht vorher eine Regelwidrigkeit begangen wurde, die zur Nichtanerkennung des Torerfolgs führt. Der Gegner darf mit dem Körper gesperrt (↑Sperren) werden, allerdings dürfen die Hände und Arme dabei nur benutzt werden, um in Ballbesitz zu gelangen, und nicht um den Gegner festzuhalten, zu schlagen, stoßen usw. Ein Spieler darf mit dem Ball in der Hand höchstens drei Schritte machen **(Dreischrittregel)** – ein Schritt ist gemacht, wenn ein Fuß vom Boden abgehoben und wieder aufgesetzt bzw. am Boden von einer Stelle auf eine andere bewegt wird – und den Ball nicht länger als drei Sekunden in der Hand bzw. auf dem Boden festhalten **(Dreisekundenregel).** Eine absichtliche Spielverzögerung wird als passives Spiel (↑passiv) mit einem Freiwurf durch den Gegner geahndet. Nach Spielunterbrechungen wird das Spiel je nach vorhergegangener Spielsituation durch ↑Schiedsrichterball, ↑Einwurf, Freiwurf (↑freier Ball) oder ↑Abwurf wieder aufgenommen. Regelverstöße und unsportliches Verhalten werden je nach Schwere durch einen Freiwurf, einen **Siebenmeterwurf** (ungehinderter Wurf von der 7-m-Linie aus, den nur der gegnerische Torwart abzuwehren versuchen darf), durch Hinausstellung für zwei Minuten (der hinausgestellte Spieler darf nicht ersetzt werden), durch Disqualifikation (Hinausstellung für den Rest der Spielzeit; der disqualifizierte Spieler darf nach zwei Minuten ersetzt werden) oder Ausschluß (Hinausstellung für den Rest der Spielzeit; der ausgeschlossene Spieler darf nicht ersetzt werden) geahndet.

Voraussetzungen zur Beherrschung der handballspezifischen **Technik** sind Schnelligkeit, Sprung- und Wurfkraft, Zielgenauigkeit, Geschicklichkeit und Gelenkigkeit. Wichtig sind v. a. sicheres ↑Fangen, präzises Zuspiel des Balles an Mitspieler, wobei verschiedene Wurftechniken angewendet werden wie z. B. ↑Druckwurf, ↑Rückhandwurf, ↑Hüftschwungwurf, ↑Schleuderwurf, ↑Schockwurf, ↑Sprungwurf sowie der Torwurf (als Schlag-, Sprung- oder ↑Fallwurf) und die Ballbehandlung beim ↑Dribbeln (↑auch Prellen). Hinzu kommen spezielle Torwarttechniken (z. B. ↑Hampelmann).

Die **Taktik** des Handballspiels ist geprägt von der Schnelligkeit des Spiels – der Raum zwischen den gegnerischen Torräumen wird sehr schnell überspielt, so daß ein eigentliches Mittelfeldspiel (wie etwa beim Fußball) kaum stattfindet –, so daß die Taktik im wesentlichen Angriffs- und Abwehrtaktik ist. Bei beiden kann man zwischen individuellen und kollektiven Maßnahmen unterscheiden (z. B. Mann- und Raumdekkung). Es gibt verschiedene Abwehr- und Angriffssysteme, die je nach der Position der einzelnen Abwehr- bzw. Angriffsspieler durch ein Zahlenverhältnis ausgedrückt werden. So bedeutet z. B. das Abwehrsystem 5:1, daß fünf Abwehrspieler die Nahzone (an der Torraumlinie) und einer die Freiwurf- oder Fernzone abschirmt. Entsprechendes gilt für die Abwehrsysteme 6:0, 4:2, 3:3 und die Angriffssysteme 3:3, 2:4 usw. Auch Kombinationen zwischen individuellen und kollektiven Maßnahmen sind möglich. Wesentlich für einen erfolgreichen Spielverlauf sind das ↑Spiel ohne Ball und Maßnahmen der Vortaktik, bei der v. a. Techniken wie ↑Doppelpaß, ↑Kreuzen, Sperren und ↑Wechsel zum Einsatz kommen. Wegen seiner relativ einfachen Technik, seines überschaubaren Regelwerks und eines geringen Materialaufwands eignet sich das Handballspiel sehr gut als Schulsport. Es kann ferner durch viele ↑kleine Spiele (z. B. Treibball, Tigerball, Jägerball) so vorbereitet werden, daß es bereits für Kinder ab dem 10. Lebensjahr erlernbar ist.

Geschichte: Das Handballspiel ist trotz einiger ähnlicher Vorläufer (z. B. Torball in Deutschland, Haandbold in Dänemark, Házená in der Tschechoslowakei) eine sehr junge Sportart. Als Ursprungsland gilt Deutschland, wo 1917 die ersten Regeln für Feldhandball formuliert wurden. Die deutschen Regeln wurden 1927 international übernommen. 1928 entstand die *International Amateur Handball Federation,* seit 1946 *International Handball Federation* (IHF; Sitz Basel), 1949 der *Deutsche Handball-Bund* (Sitz Dortmund). Zunächst dominierte (auch für Frauen) Großfeldhandball, das aber ab 1965 mehr und mehr vom Kleinfeld- bzw. Hallenhandball abgelöst wurde, das heute alleinige Wettkampfform des Handballs ist. Weltmeisterschaften finden seit 1938 (für Herren) bzw. seit 1957 (für Damen) statt. Olympische Disziplin ist Hallenhandball seit 1972 (für Herren) bzw. seit 1976 (für Damen). Das einzige olympische Feldhandballturnier fand 1936 für Herren statt.

Handgeräte: in der ↑Gymnastik und der ↑rhythmischen Sportgymnastik verwendete tragbare Übungs- bzw. Sportgeräte, die sowohl den Reichtum der Bewegungsformen als auch die Intensität der Bewegungsausführung steigern. In der rhythmischen Sportgymnastik werden folgende Handgeräte als Sportgeräte verwendet: 1. **Band** (meist farbiger, bis 7 m langer und 4–6 cm breiter, an einem 50–60 cm langen Stab befestigter Stoffstreifen), 2. **Ball** (farbiger Gummihohlball mit einem Gewicht von 400–500 g und einem Umfang von 51–82 cm), 3. **Keule** (flaschenförmiges Holz in zwei Varianten: Kurzform [36 cm lang, 280–320 g schwer] und Langform [45 cm lang und 360–400 g schwer]), 4. **Reifen** (Ring aus Holz oder Leichtmetall mit flachem oder rundem Querschnitt und einem Durchmesser von 80–90 cm), 5. **Seil** (griffloses Hanfseil von etwa 2,80 m Länge [abhängig von der Körpergröße der Sportlerin]). Weitere Handgeräte, die vorwiegend als Übungsgeräte eingesetzt werden, sind: ↑Medizinball, Schwungseil (Länge bis zu 10 m), Stab (Länge etwa 1 m, Stärke 2,6 cm), ↑Eisenring, Tamburin, ↑Schleuderball, ↑Hantel u. a.

Handikap [englisch 'hɛndıkɛp]: in einigen Sportarten Bez. für die Punkt- (z. B. beim Golf), Gewichts- (z. B. beim Pferdesport), Zeit- (z. B. beim Pferdesport) und Distanzvorgabe (z. B. beim Radsport, Pferdesport) für einen leistungsschwächeren Wettkampfteilnehmer, um dessen Gewinnchancen mit denen der leistungsstärkeren (z. B. im Golf zwischen Amateur und Profi) auszugleichen. Bei der Gewichtsvorgabe im Pferdesport wird der stärkere Teilnehmer mit höherem Gewicht belastet (z. B. in Ausgleichsrennen [↑Galopprennen]).

Handstand: Bez. für eine Übung, bei der der Körper mit dem Kopf nach unten, bei ausgestreckten Armen auf die Hände gestützt, längere Zeit im Gleichgewicht gehalten wird. Der Handstand ist Übungsbestandteil im Geräteturnen (an Boden, Barren und Ringen), in der Gymnastik,

Handstand

beim Kunstradfahren und Wasserspringen (Turmspringen: ↑Handstandsprünge). Der Handstand kann ein- oder beidarmig ausgeführt werden. – Durch die Umkehrung der normalen Körperhaltung beim Handstand (wie auch beim Kopf- und Schulterstand) bewirkt die Schwerkraft, daß die unteren Extremitäten (Füße, Beine) schwächer, die oberen (Hände, Arme) und der Kopf (v. a. das Gehirn) stärker durchblutet werden, so daß dem Handstand, sinnvoll angewandt, auch eine gesundheitsfördernde Wirkung zukommt.

Handstandsprünge: Gruppe von Sprüngen im Wasserspringen (nur beim Turmspringen), die aus dem Handstand von der Plattformvorderkante aus erfolgen.

Hang: 1. Haltung beim Geräteturnen (an Reck, Ringen, Barren und Stufenbarren), bei der der Körper frei am Gerät hängend über dem Boden gehalten wird. Der Hang wird in zahlreichen Varianten geturnt, z. B. als *Streckhang* (der Körper hängt mit gestreckten Armen am Gerät), *Beugehang* (Hängen mit gebeugten Armen), *Kniehang* (Hängen in der Kniekehle), *Oberarmhang* (Hängen mit aufliegenden Oberarmen im Barren), *Hangwaage* (der Körper wird hängend waagerecht gehalten),

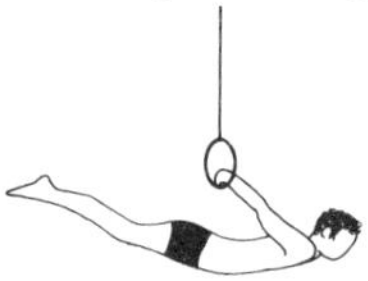

Hang. Hangwaage an den Ringen

Hangkehre (Hang mit halber Drehung um die Körperlängsachse); – 2. im ↑Rhönradturnen Körperhaltung (Hangbrücke, Hangstütz) des Turners im Gerät; – 3. Technik (Hangtechnik, Hangsprung) beim ↑Weitsprung.

Hängegleiten ↑Drachenfliegen.

Hangeln: Form der Fortbewegung an einem Gerät (Gegenstand), wobei der frei hängende Körper nur durch die Hände gehalten wird, die wechselweise in der Bewegungsrichtung nachgesetzt werden („Hand über Hand"), z. B. als Seitwärtsbewegung beim Bergsteigen am Fels (Felsklettern) oder an einem waagerecht gespannten Tau bzw. einer Stange sowie als Aufwärtsbewegung am Tau (Tauklettern). Als Tauklettern war das Hangeln 1896, 1904, 1924 und 1932 olympische Disziplin.

Hangtechnik (Hangsprung) ↑Weitsprung.

Hantel: 1. Handgerät, das aus zwei durch einen Griff oder eine Stange miteinander verbundenen Gewichten besteht und als Übungs- oder Trainingsgerät v. a. im Kraft- und Konditionstraining eingesetzt wird. Man unterscheidet Hanteln für den einarmigen und zweiarmigen Gebrauch; – 2. als Scheibenhantel Sportgerät beim ↑Gewichtheben.

Harpunenangriff: Bez. für einen Schnellangriff im Handball: Der Torwart wirft einen weiten Paß über alle Gegenspieler hinweg zu einem nach vorne gelaufenen Mitspieler, der einen Alleingang auf das gegnerische Tor startet.

Hasenheide: Gelände in Berlin (heute Volkspark im Stadtteil Neukölln), auf dem Friedrich Ludwig Jahn (* 1778, † 1852) 1811 den ersten Turnplatz einrichtete, indem er Lauf- und Sprungbahnen anlegte und (z. T. von ihm selbst konstruierte) Turngeräte (Recks, Barren, Klettergerüste, Schwebebäume, Wippen u. a.) aufbaute. Die Hasenheide gilt sowohl sachlich als auch politisch als Ausgangspunkt der deutschen ↑Turnbewegung.

Hattrick (Hat-Trick) [englisch 'hættrık, eigentlich „Huttrick" (nach einem früher beim Kricket geübten Brauch, dem Werfer, dem es gelungen war, das Wicket [Tor] dreimal umzuwerfen, einen Hut zu schenken)]: v. a. im Fußball Bez. für den dreimaligen Torerfolg hintereinander innerhalb einer Halbzeit durch denselben Spieler, ohne daß ein Spieler der eigenen oder gegnerischen Mannschaft zwischendurch ein Tor erzielte, auch Bez. für drei Siege einer Mannschaft in Folge. In dieser Bedeutung wird Hattrick auch im Motorsport verwendet (drei Siege hintereinander in einem Land). – Der Gedanke des Hattricks ist auch bei manchen Pokalwettbewerben zu erkennen, wenn ein Wanderpokal nach dreimaligem Erfolg hintereinander in den Besitz des Siegers übergeht.

Hauptfunktionsphase: Teil einer Bewegungsstruktur, der unmittelbar mit dem Ziel der Bewegung und deren Rahmenbedingungen zu tun hat.

Hauptgriffarten: im Geräteturnen Bez. für die Griffe, mit denen die Hände das Gerät fassen. Sie sind nach der Haltung der Hände bzw. der Unterarme benannt: **Ellgriff** (die Elle des Unterarmknochens liegt oben, die Handrücken sind einander zugewandt), **Kammgriff** (die Handteller zeigen nach oben, die kleinen Finger sind einander zugewandt), **Kreuzgriff** (die Arme sind gekreuzt), **Ristgriff** (die Handrücken zeigen nach oben, die Daumen sind einander zugewandt), **Speichgriff** (die Speiche des Unterarmknochens liegt oben, die Handteller sind einander zugewandt). Die Griffart, mit der eine Übung geturnt wird, hat Einfluß auf deren Schwierigkeitsgrad. Voraussetzung für das Erlernen dieser sportmotorisch-technischen Fertigkeiten ist eine allgemeine Schulung der Griffestigkeit der Hände.

Hautfaltendicke: in Millimetern angegebene Maßeinheit für die Dicke (Stärke) des unmittelbar unter der Haut liegenden Unterhautfettgewebes. Das Ausmaß der Hautfaltendicke ist umgekehrt proportional zur fettfreien Körpermasse und damit ein Indikator sowohl für den gesundheitlichen Allgemeinzustand als auch für den Trainings- bzw. Fitneßzustand eines Sportlers. Gemessen wird die Hautfaltendicke mit einem *Calipermeter* (Caliper), einer Art Greifzange, die mit einem Meßzeiger die Dicke des gemessenen Unterhautfettgewebes anzeigt. Meßpunkte sind der Trizeps und eine Stelle etwa 1 cm unterhalb des Schulterblatts (jeweils auf der rechten Körperseite). Jede Messung sollte dreimal vorgenommen werden; der mittlere der drei Werte wird als Indikator verwendet. Bei Achtzehnjährigen z. B. gilt eine Hautfaltendicke von 9 mm (bei Jungen) bzw. 15 mm (bei Mädchen) als sehr gut, von 38 mm (bei Jungen) bzw. 58 mm (bei Mädchen) als ungenügend. Die Messung der Hautfaltendicke ist heute bereits Bestandteil mancher Fitneßtests.

Hebefigur: Bestandteil des Kür- und Kurzprogramms im Paarlauf beim Eis- und Rollkunstlauf sowie beim Eistanz, wobei die Partnerin von ihrem Partner ein- oder beidarmig in die Höhe gehoben wird, so daß sie keine Berührung mehr mit der Lauffläche hat. Beim Eistanz

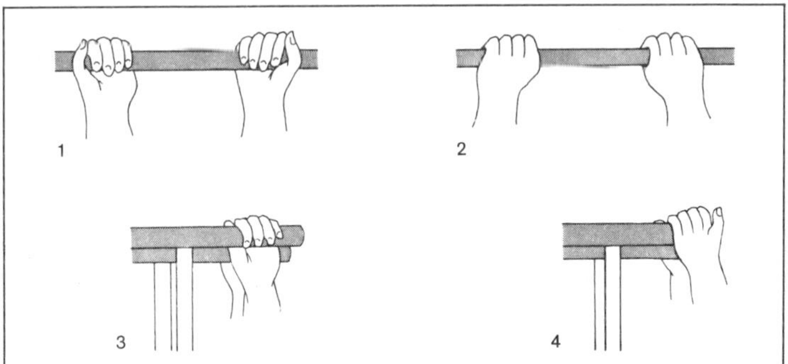

Hauptgriffarten. 1 Kammgriff, 2 Ristgriff, 3 Ellgriff, 4 Speichgriff

sind Hebefiguren nur bis in Hüfthöhe (sonst auch über den Kopf) und mit höchstens eineinhalb Umdrehungen erlaubt.

Heben: 1. in Gymnastik, Eis- und Rollkunstlauf sowie Eistanz Bez. für eine Partnerübung, bei der der Partner in die Höhe gehoben wird (↑ auch Hebefigur); – 2. im Geräteturnen ein Kraftakt zur Veränderung der Körperlage nur durch die Muskelkraft der Arme (z. B. Drücken in den Handstand an Boden, Barren oder Ringen); – 3. Kurzbez. für ↑ Gewichtheben.

Hecht. Hechtsprung

Hecht: Übersprung („gehechteter" Sprung) beim Geräteturnen, bei dem man den Oberkörper von den Händen weg nach oben drückt, dabei gleichzeitig die Füße nach hinten überstreckt und damit eine Körperspannung erreicht. Der Hecht ist Element verschiedener Bewegungsfertigkeiten, z. B. in Hechtabschwung, -flanke, -grätsche, -kehre, -rolle, -salto, -sprung, -überschlag, -wiege.

Hechtbagger ↑ Baggern.

Hechtschießen ↑ Gleiten.

Hechtsprung: Sprungform in verschiedenen Sportarten, bei der eine Streckung des Körpers im Flug erfolgt: 1. im *Fußball* bei Kopfballspiel und als Flugparade des Torwarts zur Abwehr des Balles; – 2. im *Schwimmsport* Form des Startsprungs; – 3. im *Geräteturnen* ein hoher Ansprung am Langpferd (nach beidbeinigem Absprung), wobei die Hände das Gerät berühren (↑ auch Hecht). – Beim Hechtsprung muß die Körperspannung rechtzeitig aufgelöst werden, da sonst schwere Verletzungen, v. a. an der Nackenwirbelsäule, drohen.

Heck [niederdeutsch, eigentlich „Umzäunung" (als Bez. für ein früher übliches Gitter auf dem Hinterschiff zum Schutz des Steuermanns gegen Sturzseen)]: der hintere Teil eines Schiffs (Gegenteil: ↑ Bug). Die hinter dem Schiff entstehende, sich seitlich ausbreitende Welle heißt *Heckwelle.*

Heilgymnastik ↑ Krankengymnastik.

Heimspiel: Spiel, das im Rahmen einer Spielrunde oder eines Pokalwettbewerbs mit Hin- und Rückrunde auf dem eigenen Platz einer Mannschaft ausgetragen wird (↑ auch Auswärtsspiel). Der Mannschaft, die Heimspiel (den *Heimvorteil*) hat, werden im allgemeinen (stärkere Zuschauerunterstützung) größere Gewinnchancen eingeräumt. Bei Pokalspielen ist es deshalb günstiger, wenn zuerst das Auswärtsspiel bestritten werden kann, so daß beim Heimspiel eher der Gesamtsieg aus Hin- und Rückspiel angestrebt werden kann.

Heimtrainer [...trɛ:...]: 1. der Trainer eines Sportlers im Verein, der – bei entsprechender Leistungsstufe – noch andere Trainer für den Einsatz auf Bezirks-, Landes-, Bundes- oder internationaler Ebene hat. Bei der unverzichtbaren Abstimmung aller Trainer, die denselben Sportler betreuen, hinsichtlich der Trainingsmethoden, Anforderungen sollte ihm wegen der für die Leistungsentwicklung des Sportlers positiven Bindung an den Heimatort besonderes Gewicht eingeräumt werden; – 2. **(Hometrainer)** Bez. für Geräte, die zu Hause ein gezieltes Fitneßtraining erlauben. Das heutige Angebot an Hometrainern reicht – in zahlreichen Varianten – vom Standfahrrad (Ergometer [↑ Ergometrie]) bis zur Kraftmaschine. Diesen kommt bei der Erledigung eines notwendigen Minimaltrainings mit dem Ziel eines sinnvollen motorischen Alltagsverhaltens zunehmende Bedeutung auch für den Jedermannsport zu.

Helfen und Sichern: Sammelbez. für alle Maßnahmen, den motorischen Lernprozeß helfend zu unterstützen und so zu sichern, daß keine Verletzungen auftreten bzw. ein Unfallrisiko möglichst ausgeschaltet wird. Die Notwendigkeit solcher Maßnahmen (Sicherheitsvorkehrungen) ist grundsätzlich bei jeder Sportart gegeben, vermehrt jedoch bei stark von wechselnden Umweltbedingungen abhängigen Sportarten. *Sichern* heißt, aufgrund genauer Kenntnis der Gefahrenpunkte bei Bewegungsabläufen (↑auch Sportverletzung) zur Hilfe bereit zu sein, z. B. im Geräteturnen durch Einnehmen einer reaktionsbereiten Stellung am Gerät. *Helfen* **(Hilfestellung)** bezieht sich im Geräteturnen auf die Übung unterstützende bzw. einleitende Griffe, die möglichst nahe am Körperschwerpunkt (Oberschenkel, Oberarme, Rumpf) angesetzt werden, z. B. Stützgriff, Drehgriff oder Zangengriff. – Das Erlernen von Helfen und Sichern ist in den Lehrplänen als Lernziel für den Sportunterricht vorgegeben, da man u. a. auch davon ausgeht, daß beim Helfen und Sichern Kinder und Jugendliche ein entsprechendes Sozialverhalten lernen können.

Hermann-Altrock-Stipendium: zum Gedenken an den Sportpädagogen und Mitbegründer der *Deutschen Hochschule für Leibesübungen,* Hermann Altrock (* 1887, † 1980), vom *Deutschen Sportbund* verliehenes Stipendium für Studenten bzw. Doktoranden der Sportwissenschaft. Es soll v. a. dazu dienen, nach bestandener sportpraktischer Prüfung das Studium im Ausland fortzusetzen bzw. eine thematisch wichtige sportwissenschaftliche Dissertation anzufertigen. Voraussetzung sind Bewährung bei der Leitung von Jugendgruppen und/oder die Mitwirkung in Sportvereinen, Studienleistungen.

Herz: zentrales Hohlorgan des Kreislaufs, das das Blut in die Lunge und den übrigen Körper pumpt. Es erhält das Blut aus den Venen, leitet es durch die Vorhöfe in die Herzkammern und wirft es von dort in die Arterien aus. Seine Funktion kann es durch die komplizierte Verbindung von Muskelgewebe (Myokard), Bindegewebe und Nervenzellen erfüllen. Der Reiz für die geordnete Anspannung von Vorhöfen und Kammern (↑Systole) stammt aus einem Nervenknoten (Sinusknoten), der dem ↑vegetativen Nervensystem untergeordnet ist. Die nachfolgende Erweiterung der Hohlräume (↑Diastole) erfolgt passiv. – Zu Aufbau und Funktion des Herzens ↑Alles-oder-nichts-Gesetz, ↑Aorta, ↑Austreibungszeit, ↑Elektrokardiogramm, ↑Herzfrequenz, ↑Herzminutenvolumen, ↑Herzschlagvolumen, ↑hyperkinetisches Herzsyndrom, ↑kardiopulmonales System, ↑Myokard, ↑Tauchbradykardie. – Zu Erkrankungen des Herzens ↑Endokarditis, ↑Extrasystole, ↑Herzinfarkt, ↑Herzinsuffizienz, ↑Koronarinsuffizienz, ↑Sportherz.

Herzfrequenz: Anzahl der Herzschläge pro Minute, in Ruhe etwa 60–80, bei Aufregung und/oder körperlicher Belastung ansteigend, bei sportlicher Höchstbeanspruchung bis etwa 180 Schläge, manchmal sogar darüber (↑auch Betarezeptorenblockade).

Herzinfarkt: Absterben von Herzmuskelgewebe aufgrund einer Mangelversorgung mit sauerstoffreichem Blut. Ursache hierfür ist plötzlicher Verschluß der Herzkranzgefäße oder deren relativ unzureichende Durchlässigkeit bei starker Belastung des Herzmuskels, z. B. bei hoher körperlicher Anstrengung (↑Koronarinsuffizienz, ↑Arteriosklerose). Ein Herzinfarkt führt oft zum Tod. Durch regelmäßiges, an Alter und Gesamtzustand des Menschen orientiertes Aufbautraining, das die Sauerstoffversorgung des Herzens steigert, kann der Entstehung eines Herzinfarkts vorgebeugt werden. Auch nach einem Herzinfarkt kann die Leistungsfähigkeit durch gezieltes, medizinisch kontrolliertes Training gesteigert werden (↑therapeutischer Sport).

Herzinsuffizienz: unzureichende Pumpleistung des Herzens. Die Ursachen sind vielfältig, u.a. kann sie sich aus einem ↑Sportherz entwikkeln. Folge ist im wesentlichen ein Blutstau vor dem Herzen, z.T. auch eine Mangelversorgung des Körpers mit sauerstoffreichem Blut. Der Stau vor der linken Herzkammer bewirkt eine Flüssigkeitsansammlung in der Lunge, die sich als Atemnot – anfangs nur bei körperlicher Belastung – bemerkbar macht. Das vor dem rechten Herzen gestaute Blut führt zuerst zu dicken Beinen, d.h. zum Austritt von Blutwasser in das Gewebe, da dort der hydrostatische Druck am größten ist. Durch Medikamente kann die Leistung des Herzens gebessert werden. Besteht eine Herzinsuffizienz, ist körperlich anstrengende Tätigkeit, also auch Sporttreiben nur noch eingeschränkt möglich.

Herzminutenvolumen: Menge des in einer Minute vom Herzen in den Körperkreislauf gepumpten Bluts. Es ergibt sich aus der Herzfrequenz und dem Herzschlagvolumen und beträgt in Ruhe etwa 5 l, bei starker Muskelleistung von trainierten Sportlern kann es auf etwa 35 l ansteigen. Da für eine Muskelleistung die Versorgung mit Blutsauerstoff wichtig ist (↑aerob), stellt die Steigerung des maximalen Herzminutenvolumens ein wichtiges Ziel für Dauerleistungssportler dar (↑auch Sportherz).

Herzschlagvolumen: die bei einer einzelnen Herzaktion ausgeworfene Blutmenge. Das Blut aus der rechten Herzkammer wird in die Lunge gepumpt. Das Blut aus der linken Kammer gelangt in die Aorta, somit in den Körperkreislauf. Jede Kammer wirft etwa 70 ml aus. Bei Untrainierten verbleibt etwa die gleiche Menge im Herzen, bei trainierten Sportlern ist das Herz in seiner Entspannungsphase größer und mit jedem Schlag können bis zu 200 ml in den Körper gepumpt werden, das Restvolumen bleibt gleich (↑auch Herzminutenvolumen).

Herzsyndrom, hyperkinetisches ↑hyperkinetisches Herzsyndrom.

Hieb: Schlag beim Säbelfechten (↑Fechten). Hiebe dürfen nur oberhalb der Gürtellinie treffen. Man unterscheidet hohe (an Kopf, Gesichtsmaske) und tiefe Hiebe (in die Flanke, an Brust oder Bauch) sowie gerade und geschwungene Hiebe. Hiebe werden aus bestimten Positionen heraus ausgeführt (Prim, Sekond, Terz, Quart, Quint, Sixt, Septim, Oktav).

Hilfsfunktionsphase: Teil einer Bewegungsstruktur, der nur mittelbar mit dem Ziel der Bewegung und deren Rahmenbedingungen zu tun hat. Man unterscheidet eine einleitende, unterstützende und aussteuernde Hilfsfunktionsphase.

Hinausstellung: Strafmaßnahme in Mannschaftsspielen wegen grober (oder wiederholter) Regelwidrigkeit oder unsportlichen Verhaltens, durch die ein Spieler entweder für eine bestimmte Zeit (Eishockey, Handball) oder für den gesamten Rest der Spielzeit (z.B. Feldverweis, Platzverweis beim Fußball) von der Teilnahme am Spiel ausgeschlossen wird. Die Hinausstellung wird meist durch das Zeigen einer roten ↑Karte durch den Schiedsrichter signalisiert. Gelegentlich (z.B. beim Basketball, beim Eishockey bei Disziplinarstrafen) darf bei einer Hinausstellung ein anderer Spieler die Mannschaft (z.T. erst nach einer bestimmten Zeit) wieder vervollständigen, meist jedoch nicht. Die Hinausstellung (Gründe, Dauer, Verfahren) ist in den Regelwerken der einzelnen Sportarten genau geregelt, sie geschieht v.a. aus pädagogischen Gründen. Deshalb wird v.a. bei Schüler- und Jugendmannschaften eine Hinausstellung auf Zeit auch dann empfohlen, wenn sie im Regelwerk des Fachverbands nicht vorgesehen ist. Auch im Breitensport empfiehlt sich aus diesen Gründen ein flexibler Umgang mit den Regeln.

Hindernis: Bez. für einen Gegenstand, ein Gerät oder eine natürliche oder künstlich geschaffene Geländebeschaffenheit, deren Überwindung bewußt zur Erschwerung des Ablaufs einer Sportart (v.a. bei Lauf- und Renndisziplinen) eingeplant ist, z. B. Aufbauten, die umspielt werden müssen im Bahnengolf, Sandbunker beim Golf, Wassergraben beim Golf und Hindernislauf der Leichtathletik, bewegliche Hindernisse (Hürden) beim ↑Hürdenlauf und ↑Hindernislauf der Leichtathletik und beim Springreiten, feste Hindernisse beim Jagdreiten (↑auch Galopprennen), Geräte beim ↑Hindernisturnen im Geräteturnen. Beschaffenheit, Größe und Bauweise der Hindernisse sind nach Sportarten geregelt.

Hindernislauf: Laufdisziplin der Leichtathletik für Männer, bei der auf einer Strecke von 3000 m eine bestimmte Anzahl von Hindernissen zu überwinden ist. Dies ist eine der härtesten Herausforderungen im Sport, da Sprungkraft, Ausdauer und Sprintschnelligkeit gleichermaßen verlangt werden.

Sportstätte ist die Laufbahn der Leichtathletik, die mit sieben Hürden und einem Wassergraben (Hindernissen) versehen ist *(Hindernisbahn)*. Die *Hürden* bestehen aus einem Unterbau (zwei am Boden miteinander verbundene Füße) und einem Querbalken. Ihre Höhe beträgt 91,1–91,7 cm, der Querbalken ist insgesamt 3,96 m lang und hat eine Kantenlänge von jeweils 12,7 cm. Das Gesamtgewicht der Hürde liegt zwischen 80 und 100 kg. Der von einer Hürde aus zu überwindende *Wassergraben* hat eine Gesamtlänge (einschließlich der Hürde) von 3,66 m und eine Tiefe an der Hürde von 76 cm, die bis zum Ende des Wassergrabens kontinuierlich auf 0 cm abnimmt. Der Boden des Wassergrabens ist mit einer weichen, 2,5 cm dicken Matte ausgelegt, um die Härte des Aufsprungs zu mildern. Der Abstand zwischen den Hindernissen beträgt etwa 76 m, je nach Lage des Wassergrabens (in der Innen- oder Außenkurve der Laufbahn).

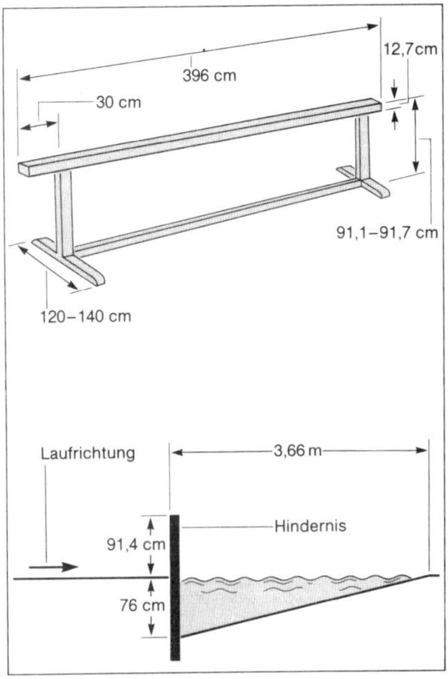

Hindernislauf. Hindernis (oben) und Längsschnitt durch den Wassergraben (unten)

Regeln (Auswahl): Ein 3000-m-Rennen erfordert 28 Hürdensprünge und 7 Sprünge am Wassergraben. Der Start erfolgt in der Nähe der 200-m-Startlinie. Bis zur Ziellinie wird kein Hindernis übersprungen, dann aber sind sieben komplett besetzte Hindernisrunden zu laufen, d.h. vier Hürden und ein Wassergraben pro Runde. Die Hindernisse dürfen nicht umlaufen werden, jedoch kann sich der Läufer beim Überqueren mit den Händen oder Füßen aufstützen. Der Wassergraben muß nicht vollständig übersprungen werden. – Für Junioren- und Jugendwettbewerbe betragen die Distanzen 2000 bzw. 1500 m.

Technik: Die Hindernisse werden in der Hürdentechnik (↑Hürdenlauf) überlaufen oder übersprungen. Den Wassergraben überwindet man durch Aufsetzen eines Fußes auf

dem Hindernisbalken und einen Absprung möglichst über den Wassergraben.
Der Hindernislauf wird wegen der komplizierten Geräteanordnung und der harten Anforderungen nur von einer kleinen Zahl von Leichtathleten betrieben.
Geschichte: Der Hindernislauf entstand nach dem Vorbild von Hindernisrennen im Pferdesport. Der erste Hindernislauf fand 1850 in Oxford (über zwei Meilen) statt. Erste deutsche Meisterschaften wurden 1910 ausgetragen. Olympische Disziplin ist der Hindernislauf seit 1900, zunächst über zwei Meilen, seit 1920 über 3000 m. Die Anzahl der Hindernisse blieb unterschiedlich. Erst 1954 nahm der *Internationale Leichtathletikverband* den Hindernislauf in die offizielle Weltrekordliste auf: erster offizieller Weltrekord (1954): 8:49,6 Minuten, heute gültiger Weltrekord (1978): 8:05,4 Minuten. – Der Hindernislauf wird in den Verbänden der ↑Leichtathletik betreut.

Hindernisturnen: Form des natürlichen Turnens, bei der nicht die Ausführung einer Übung an einem Gerät zählt, sondern dessen Überwindung auf möglichst ökonomische und schnelle Weise. Hindernisturnen hat einen stark spielerischen Charakter. Gelegentlich wird das Durchlaufen eines Hindernisparcours **(Gerätebahn)** als Test zur Feststellung der allgemeinen Fitneß eingesetzt. Beim Hindernisturnen spielt der ↑Aufforderungscharakter der Geräte eine große Rolle. Durch Auswahl und Reihenfolge der Aufstellung der Geräte kann die Übungsintensität variiert werden.

Hink (Hahnenkampf): sportlich-spielerisches Kämpfen zweier Partner, die – auf einem Bein hüpfend und mit vor der Brust verschränkten Armen – versuchen, den Gegner so anzurempeln, daß er mit dem frei gehaltenen Fuß den Boden berühren muß.

Hinspiel ↑Rückspiel.

Hinterspieler: in Mannschaftsspielen Bez. für die Spieler, die vorwiegend in der Verteidigung (z. B. beim Fußball) bzw. bei festen Platzpositionen (z. B. Volleyball, Faustball) im rückwärtigen Spielfeldteil spielen. Dem Hinterspieler kommt v. a. für Spielaufbau und Spielgestaltung eine wichtige Rolle zu (↑auch Vorderspieler).

Hirnrindenbereiche, motorische ↑motorische Hirnrindenbereiche.

Hitch-Kick ↑Weitsprung.

Hitzschlag: Krankheit infolge übermäßiger Erhöhung der Körpertemperatur. Wärmebedingte Schädigung des Zentralnervensystems macht sich durch Bewußtseinstrübungen bis zur Atemlähmung bemerkbar, der Kreislauf und das Herz arbeiten nicht mehr sinnvoll (↑Kollaps) und können versagen. Hohe Körpertemperaturen entstehen u. a. bei extremen Ausdauersportarten, v. a. bei gleichzeitiger feuchter Wärme von außen.

Hochentlastungsschwung: Art der Richtungsänderung im alpinen Skilauf, die auf dem Schwungprinzip der Hochentlastung beruht. Dabei wird der Ski entlastet und kann somit leichter von einer in die andere Fahrtrichtung gedreht werden. Der typische Bewegungsablauf ist: Anfahren in der Schrägfahrt, Stockeinsatz talwärts, Tiefgehen, Abstoßen von einem oder beiden Skiern, Streckung des Körpers, Umkanten, dosiertes Tiefgehen mit leichter Gegenverwindung, Aussteuern des Schwungs mit stärkerer Belastung des Talskis. Der „klassische“ Hochentlastungsschwung ist der *Parallelhochschwung,* für den es zahlreiche Varianten gibt (z. B. mit großem oder kleinem [Wedeln] Radius, Jetten, Antizipieren).

Hochleistungssport ↑Spitzensport.

Hochleistungstraining [...trɛː...]: *im weitesten Sinn* jedes Training im Rahmen des Spitzensports, *im engeren Sinn* die dritte und letzte Trainingsphase (nach Grundlagen- und Aufbautraining), in der das Erbringen der Höchstleistung angestrebt wird. Das Hochleistungstraining erfordert wissenschaftliche Fundierung und ärztliche Überwachung.

Hochschulsport: Sammelbez. für alle Arten des Sports, die in organisierter Form von Mitgliedern einer Hochschule (Lehrkörper, Studenten, Angestellte u. a.) als Breiten- oder Spitzensport betrieben werden. Die Organisation obliegt den sportwissenschaftlichen Hochschuleinrichtungen. In der Bundesrepublik Deutschland wird der Hochschulsport vom ↑Allgemeinen Deutschen Hochschulsportverband betreut, international von der ↑Fédération Internationale du Sport Universitaire.

Hochsprung: Sprungdisziplin der Leichtathletik für Damen und Herren, bei der eine Sprunglatte nach einem Anlauf in möglichst großer Höhe zu überspringen ist.

Sportstätte und **Gerät:** Die *Hochsprunganlage* besteht aus Anlaufbahn und den Geräten Sprungständer mit Sprunglatte und Sprungkissen. Die halbkreisförmige *Anlaufbahn* (Radius mindestens 18 m) soll einen Anlauf von 20–25 m ermöglichen. In der Mitte der Halbkreissehne stehen die beiden *Sprungständer* in einem Abstand von 3,66–4,02 m voneinander. Sie müssen so hoch sein, daß sie die äußerste Lattenhöhe um 10 cm überragen. An ihren einander zugewandten Seiten befindet sich jeweils eine höhenverstellbare Auflegeplatte (60 × 40 mm) für die *Sprunglatte.* Diese besteht

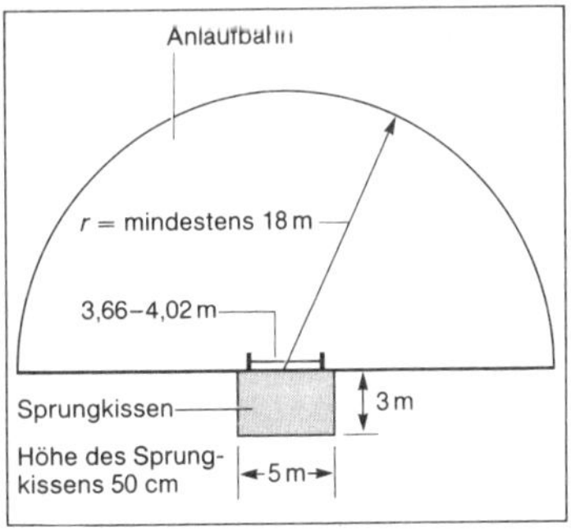

Hochsprung. Sprunganlage

aus Holz, Metall o. ä. Ihre Länge beträgt 3,98–4,02 m, ihr Gewicht höchstens 2 kg; ihr kreisrunder Querschnitt hat einen Durchmesser von 25–30 mm. An den Enden ist die Latte zur Auflage auf den Auflegeplatten abgeflacht. Die Sprunglatte muß in auffallender Farbe gestrichen sein. In Sprungrichtung hinter den Ständern liegt in einem Mindestabstand von 10 cm das *Sprungkissen* (5 × 3 m groß, 50 cm hoch), um den landenden Springer federnd aufzunehmen.

Regeln (Auswahl): Einzige Vorschrift zur Bewegungsausführung ist, daß der Hochspringer mit einem Fuß abspringen muß. Die Wertung geschieht folgendermaßen: Der Springer hat für jede Sprunghöhe drei Versuche. Er kann bei jeder beliebigen Höhe über der Mindesthöhe beginnen. Bei einem Fehlsprung kann er auf einen zweiten und/oder dritten Sprung über die nicht erreichte Höhe verzichten und bei einer größeren Höhe seine Versuche wieder aufnehmen. Nach drei Fehlversuchen scheidet der Springer aus dem Wettbewerb aus. Als seine Sprunghöhe zählt die zuletzt übersprungene Höhe. Bei gleicher Höhe von mehreren Springern gewinnt der Springer mit der geringsten Anzahl von Versuchen. Als Fehlversuch gilt, wenn die Latte abgeworfen wird (Berühren der Latte ist erlaubt) und wenn der Springer Boden oder Sprungkissen jenseits der Sprungständer berührt, ohne die Latte übersprungen zu haben.

Technik: Von den zahlreichen Technikvarianten im Hochsprung werden heute v. a. der Straddle und der Fosbury-Flop gesprungen. Bei der **Straddletechnik** erfolgt aus dem Anlauf schräg zur Sprunglatte der Absprung mit dem lattennahen Bein aus einer Rücklage. Das gestreckte Schwungbein und ein Doppelarmschwung verstärken den Absprung. Der Springer „taucht“ mit dem Kopf zuerst über die Latte. Er führt dann eine halbe Längsdrehung mit dem ganzen Körper um die Latte zum

Hochsprung. Fosbury-Flop (Bewegungsablauf)

abrollenden Landen aus. Beim **Fosbury-Flop** erfolgt der Anlauf aus einem Halbkreisbogen und leitet zum Absprung mit dem lattenfernen Bein über. Der Körper wird mit einer leicht seitlichen Drehung rückwärts zur Latte nach oben geschnellt. Kopf und Schulter überqueren zuerst die Latte. Die Landung erfolgt mit gekrümmtem Rücken auf dem Sprungkissen.

Hochspringen ist als Bewegungsfertigkeit auch in vielen anderen Sportarten enthalten. Schnellkraft sowie gutes Koordinationsvermögen sind hier entscheidend. Hochsprung spielt auch im Kinder- und Jugendsport eine zentrale Rolle.

Geschichte: Der Hochsprung ist bereits in germanisch-nordischen Sagen als „Königssprung über sechs Pferde" erwähnt. Als sportlicher Wettbewerb entstand er in Schottland (1800 im Programm der „Highland Games") und Irland. Die Entwicklung der Hochsprungtechnik zeigt einen äußerst interessanten Verlauf. Bis um 1900 war die *Schersprungtechnik* üblich: Die Beine wurden bei aufrechtem Oberkörper nacheinander scherenartig über die Latte gebracht. Um 1890 entwickelte M. Sweeney daraus den *Kehrschersprung* („Sweeney-" oder „Eastern-Technik"), bei dem der Körper bei einem Schersprung seitwärts geneigt wurde, wodurch der Körperschwerpunkt beim Überqueren der Latte tiefer lag. 1912 sprang G. Horine mit einer *Rollsprungtechnik* („Western-" oder „Parallel-Rücken-Roller") als erster über 2,00 m. Aus dieser Technik entwickelte 1924 Harold Osborne (* 1899, † 1975) den *Tauchroller* („Osborne-Roller"), bei dem der Springer mit der unteren Schulter und einem Teil des Rückens zuerst über die Latte „rollt". Ab 1950 wurde der *Parallel-* oder *Bauchwälzer* gesprungen, ein paralleles Überwälzen der Latte in Bauchlage. Nach Untersuchungen über die mögliche Höhe des Körperschwerpunkts wurde 1957 als Variante des Tauchrollers der *Straddle* erfunden, da der Doppelarmeinsatz und der gestreckte Schwungbeinsatz beim Absprung den Schwerpunkt des Körpers um 3,6 cm anheben. In jenen Jahren wurde auch mit dem sogenannten *Katapultschuh* (mit besonders dicker Sohle zur Erhöhung der Federwirkung beim Absprung) gesprungen, der jedoch 1958 vom *Internationalen Leichtathletikverband* verboten wurde, der die erlaubte Sohlenstärke auf maximal 1,27 cm festlegte. 1967 setzte Richard Fosbury (* 1947) mit der Entwicklung des nach ihm benannten *Fosbury-Flops* einen vorläufigen Endpunkt in der Entwicklung der Hochsprungtechnik. Diese Technik wird heute weltweit gesprungen. – Hochsprung ist seit 1896 (für Männer) bzw. seit 1928 (für Frauen) olympische Disziplin. Die Leistungsentwicklung im Hochsprung zeigt sich in der Steigerung der Weltrekorde: erster offizieller Weltrekord für *Männer* (1912): 2,01 m, heute gültiger Weltrekord (1985): 2,41 m; für *Frauen* (1932): 1,65 m und (1986) 2,08 m. – Der Hochsprung wird in den Verbänden der ↑ Leichtathletik betreut.

Hochstart ↑ Start.

Hochtouristik [...tu...] ↑ Touristik.

Hocke: Körperstellung bzw. Körperhaltung, bei der die Knie so gebeugt sind, daß sich der Körper in einer eng geschlossenen Stellung befindet. Die Hocke ist Übungs- bzw. Technikelement in verschiedenen Sportarten, z. B. im *Geräteturnen*

Hocke. Geräteturnen

(Haltung mit geschlossenen Beinen, gebeugten Knien und leichter Rükkenkrümmung), im *Wasserspringen* (Sprünge [„gehockt"] mit geschlossener Hockstellung), beim *Gewichtheben* (tiefe Kniebeuge beim Umsetzen der Hantel, um den Körper unter das Gewicht zu bringen), in der *Gymnastik* als Hockstellung (der Körper geht nach unten) oder Anhocken (die Knie gehen an die Brust), beim *Ringen* (Freistilangriff in der Kniebeuge und Ausgangsposition zum Ausheben eines Gegners), beim *Skilauf* (gehockte Abfahrtshaltung, bekannt als Arlberghocke).

Hockey ['hɔke, 'hɔki; englisch, aus altfranzösisch hoquet „Schäferstock"]: Mannschaftsstockballspiel für Damen und Herren, das als **Feldhockey** im Freien und – mit geringfügigen Regeländerungen – als **Hallenhockey** in der Halle gespielt wird.

Spielgedanke: Jede der beiden Mannschaften versucht, einen Ball mit Hilfe eines Schlägers möglichst oft in das gegnerische Tor zu schlagen und dies beim Gegner zu verhindern.

Das **Spielfeld** im *Feldhockey* ist ein rechteckiger ebener Platz (Rasen, Kunstrasen o. ä.) mit einer Länge *(Seitenlinien)* von 91,40 m und einer Breite *(Torlinien)* von 50–55 m (internationale Norm 55 m). Das Spielfeld ist parallel zu den Torlinien in vier Zonen geteilt: Eine durchgezogene *Mittellinie* bildet zwei Spielfeldhälften, die jeweils durch eine gestrichelte *Viertellinie* (Abstand von der Torlinie 22,90 m) unterteilt sind. Parallel zu den Seitenlinien sind in einem Abstand von 4,55 m 2 m lange, von den Viertellinien und der Mittellinie halbierte Linien gezogen, die den bei Einschiebebällen von allen Spielern einzuhaltenden Mindestabstand vom Ball markieren. Von den Torlinien aus ragt diese Linie 1 m ins

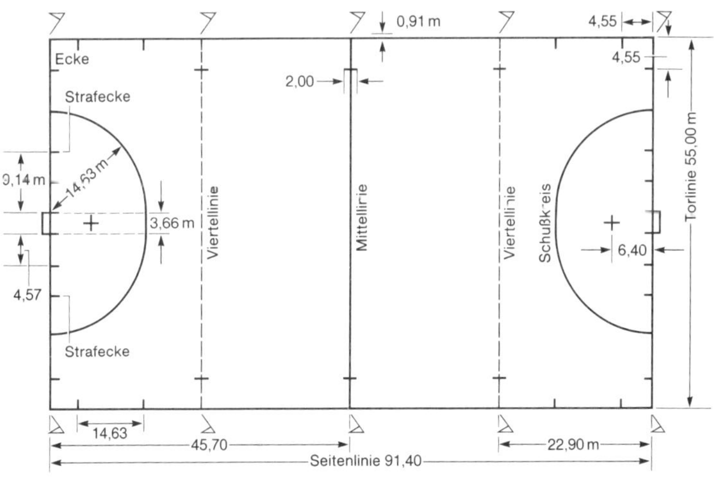

Hockey. Feldhockeyspielfeld

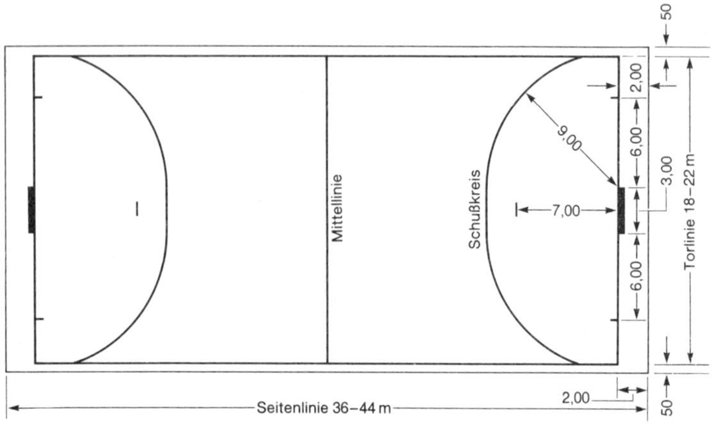

Hockey. Hallenhockeyspielfeld

Spielfeld, von hier aus werden Eckschläge ausgeführt. Auf der Mitte der Torlinie steht das von zwei senkrechten Torpfosten und einer Querlatte gebildete *Tor* (lichte Weite 3,66 m, lichte Höhe 2,14 m; Querschnitt der Pfosten 7,5 × 5,08 cm, der Latte 5,08 × 5,08 cm), das außerhalb des Spielfelds durch ein Netz geschlossen ist. Der innere Torraum muß innerhalb des Netzes durch Torbretter mit einer Bodenhöhe von 46 cm abgeschlossen sein. Im parallelen Abstand von 14,63 m zur Torlinie befindet sich vor dem Tor eine 3,66 m lange Linie, die nach beiden Seiten in Viertelkreisbögen (Radius 14,63 m) um die Torpfosten zur Torlinie ausgezogen ist *(Schußkreis)*. Vor der Tormitte ist im Abstand von 6,40 m der Markierungspunkt für Strafschläge (7-m-Bälle). Auf den Torlinien sind in einem Abstand von den Torpfosten von jeweils 4,55 m und 9,14 m 30 cm lange Markierungen angebracht, von denen aus die Strafeckenschläge ausgeführt werden. In einem Abstand von jeweils 14,63 m von den Torlinien befinden sich an beiden Seitenlinien 30 cm lange Markierungen, die den Mindestabstand von der Torlinie festlegen, der bei Freischlägen der verteidigenden Mannschaft nach Seitenaus einzuhalten ist.

Für *Hallenhockey* ist das Spielfeld 36–44 × 18–22 m groß. Die Seitenlinien sind 10 cm hohe Banden. Das Tor hat die Innenmaße von 3 × 2 m, der Schußkreis einen Torabstand bzw. einen Viertelkreisradius von 9 m. Die Viertellinien und die Markierungen für Einschiebebälle entfallen, ebenso die Freischlagmarkierungen. Der 7-m-Punkt befindet sich exakt 7 m vor der Tormitte. Auf jeder Seite des Tores ist nur eine Markierung (Abstand vom jeweiligen Torpfosten 6 m) für die Strafecken angebracht.

Zum **Spielgerät** zählen Ball, Schläger und Ausrüstung der Spieler. Ball und Schläger sind für Feld- und Hallenhockey identisch. Der *Hockeyball* besteht aus lederumhülltem Kork und Garngeflecht; er wiegt 156–163 g und hat einen Umfang von 22,4–23,5 cm. – Der *Hockeyschläger (Stock)* besteht aus Schaft mit Griff und angeleimter gekrümmter Keule. Die Länge des Stocks (bis etwa 95 cm) ist nicht genormt, sie richtet sich nach der Körpergröße des Spielers. Der Stock hat ein Mindestgewicht von 340 g und ein Höchstgewicht von 794 g für Herren bzw. von 652 g für Damen. Der gebogene Teil des Stocks, die Keule, muß aus Holz bestehen. Die linke Seite des Stocks (Vorderseite) ist flach, die gegenüberliegende Seite abgerundet. Nur mit der flachen Seite der Keule darf der Ball gespielt werden. Der Querschnitt des Stocks muß so bemessen sein, daß er an jeder Stelle (einschließlich der Griffwicklung) durch einen Ring von 5,1 cm Innendurchmesser paßt. – Die *Kleidung* der Spieler besteht aus Trikot, kurzen Hosen (Damen tragen kurze Röcke) und (verletzungssicheren) Stollenschuhen (beim Hallenhockey dürfen nur Schuhe mit glatter Sohle und ohne Absatz getragen werden). Der Torwart trägt Gesichtsmaske, Handschuhe, Brust- bzw. Tiefschutz, Beinschienen und (feste) Kickschuhe.

Die **Spielzeit** beträgt für Damen und Herren im *Feldhockey* 2 × 35 Minuten, im *Hallenhockey* 2 × 20 Minuten, jeweils mit einer Halbzeitpause von bis zu 10 Minuten. Bei Hallenhockeyturnieren kann die Spielzeit verkürzt werden (Mindestspielzeit: 2 × 15 Minuten).

Spieler: Im *Feldhockey* besteht eine Mannschaft aus 11 Spielern (10 Feldspieler, ein Torwart). Dazu kommen zwei Auswechselspieler (ein Feldspieler, ein Torwart). Ausgewechselte Spieler dürfen nicht wieder ins Spiel zurückkehren. Beim *Hallenhockey* besteht eine Mannschaft aus sechs Spielern (fünf Feldspieler, ein Torwart) und bis zu sechs Auswechselspielern (darunter ein Torwart), die beliebig oft – bei Spielunterbrechungen – eingewechselt werden können.

Regeln (Auswahl): *Feldhockey:* Das Hockeyspiel wird von zwei gleichberechtigten Schiedsrichtern geleitet, die allerdings nur für jeweils eine Spielfeldhälfte zuständig sind. Die Schiedsrichter bleiben auch nach dem Seitenwechsel der Mannschaften in ihren ursprünglichen Hälften. Sie können von Zeitnehmern unterstützt werden. Das Spiel wird zu Beginn, nach dem Seitenwechsel und nach jedem Torerfolg durch einen *Rückpaß* eröffnet, wobei sich alle Spieler (außer dem ausführenden) in ihren jeweiligen Spielfeldhälften und mindestens 4,55 m vom Ball entfernt aufhalten müssen. Das Anspielrecht alterniert von Halbzeit zu Halbzeit, nach einem Torerfolg liegt es immer bei der Mannschaft, die das Tor nicht erzielt hat. Der Ball darf nur mit dem Stock bewegt werden. Mit der Hand darf er nur in der Luft und am Boden angehalten, aber nicht fortbewegt werden. Wird er in der Luft angehalten, muß er sofort senkrecht fallen gelassen werden und darf erst bei Bodenberührung weitergespielt werden. Nur der Torwart darf den Ball auch mit dem Fuß anhalten und weiterspielen (kicken). Schläge, bei denen der Stock über Schulterhöhe geführt wird, gelten als ↑Stockfehler. Überschreitet der Ball die Seitenlinie, so wird er von einem Spieler der Gegenpartei eingeschoben. Wird er von einem Spieler der angreifenden Partei über die gegnerische Torlinie getrieben, gibt es *Abschlag* für die verteidigende Mannschaft. Hat diese den Ball vor dem Überschreiten der eigenen Torlinie zuletzt berührt, wird eine *Ecke* (lange Ecke) verhängt. Liegt ein absichtliches Ausspiel über die eigene Torlinie vor, folgt eine *Strafecke* (kurze Ecke). Strafecke wird auch bei Verstößen der verteidigenden Partei im eigenen Schußkreis bzw. bei bewußtem Foulspiel innerhalb der eigenen Viertellinie verhängt. Regelverstöße im Mittelfeld werden mit einem *Freischlag* für den Gegner geahndet. Die Abseitsregel wurde 1973 der des Fußballs angeglichen (↑abseits). Bewußt grobe Regelverstöße (z. B. gefährliches Spiel) im eigenen Schußkreis haben einen *Strafschlag* (Siebenmeter) zur Folge, bei dem der Ball nur geschlenzt oder geschoben und nur vom Torwart abgewehrt werden darf. Es können auch Zeitstrafen (Hinausstellung für mindestens fünf Minuten) und Ausschluß für den Rest der Spielzeit verhängt werden. ↑Sperren des Gegners

ist nicht erlaubt. Ein Tor ist erzielt, wenn der Ball mit vollem Umfang die Torlinie zwischen den Torpfosten und unterhalb der Querlatte überquert hat und zuvor von einem Spieler der angreifenden Mannschaft gespielt wurde. Wurde das Spiel aus Gründen unterbrochen, die nicht zu Einschieben, Freischlag, Abschlag u. a. führen, wird es durch ↑ Bully wieder aufgenommen.
Hallenhockey: Die Regeln des Hallenhockeys entsprechen weitgehend jenen im Feldhockey. Sie sind v. a. dem verkleinerten Spielfeld angepaßt. So sind die Mindestabstände, die die Spieler bei Bully, Abschlag, Ecke usw. einhalten müssen, 3 m vom Ball. Der Ball darf nur flach gespielt (geschoben, geschlenzt) werden, mit Ausnahme beim Torschuß. Es gibt keine Abseitsregel. Die Zeitstrafe beträgt zwei Minuten.
Technik: Der Hockeyspieler muß alle Aktionen mit dem Schläger im Stand und im Lauf sicher beherrschen. Dazu gehören das ↑ Anhalten des Balles, die Ballführung, wechselnd zwischen Vorhand- und Rückhandführung (Drehgriff) sowie die Ballannahme (Stoppen) und die Schlagtechniken wie ↑ Schiebeball, ↑ Schlenzen und Torschuß (↑ Schlagschuß). Im Hallenhockey kommt noch die Einbeziehung der Seitenbanden hinzu.
Taktik: Für den taktischen Spielaufbau sowohl der Angriffs- als auch der Abwehrformationen sind v. a. die Abseitsregel und die Vorschrift ausschlaggebend, daß ein Tor nur von innerhalb des Schußkreises aus erzielt werden kann. Der Ball muß somit zuerst in den gegnerischen Schußkreis getrieben werden – unter Einsatz aller technischen und taktischen Mittel –, ehe überhaupt eine günstige Torsituation entstehen kann. Die Abwehrmaßnahmen sind darauf eingestellt, indem die verteidigende Mannschaft sofort nach Ballverlust versucht, ein Vordringen des Gegners in den eigenen Schußkreis zu vereiteln. Dies geschieht bereits im Mittelfeld. – Da im Hallenhockey die Abseitsregel entfällt und die Räume enger sind, ist die Distanz zwischen den Schußkreisen schneller überwunden, das Spiel im Mittelfeld verliert an Bedeutung und die taktischen Maßnahmen konzentrieren sich stärker auf die Schußkreise. Für den Schulsport wird Hockey (das zunächst v. a. an Internaten gespielt wurde) als Hallenhockey zunehmend attraktiver, zumal Gerätevarianten (leichtere Schläger, weichere Bälle) und schülerangepaßte Regeländerungen möglich sind.
Geschichte: Die Vorläufer des Hokkeyspiels reichen bis zum Jahr 2800 v. Chr. (China) zurück. Stockballspiele sind auch u. a. in Persien (550 v. Chr.) und Griechenland (510 v. Chr.) überliefert, später das Hurling in Irland (100–1600 n. Chr.) und ähnliche Spiele im Mittelalter v. a. in Frankreich und den Niederlanden. Das moderne Hockeyspiel kommt aus Großbritannien, wo 1852 erste Regelungsversuche unternommen und 1874 ein erstes umfangreiches Regelwerk erstellt wurden. In Deutschland wird Hockey seit 1896 gespielt. Olympische Disziplin ist Feldhockey seit 1908 für Herren und seit 1980 für Damen. Deutsche Meisterschaften werden im Feldhockey für Herren seit 1936, für Damen seit 1939 ausgetragen, im Hallenhockey für Damen und Herren seit 1961. Weltmeisterschaften im Feldhockey gibt es für Herren seit 1971, für Damen seit 1974. – Hockey wird in der Bundesrepublik Deutschland betreut vom *Deutschen Hockey-Bund* (DHB; gegründet 1909, Sitz Köln), international von der *Fédération Internationale de Hockey* (FIH; gegründet 1924, Sitz Brüssel).

Hocksprung: Sprung, bei dem beide in den Knien angewinkelte Beine an die Brust gezogen sind. Hocksprünge kommen in verschiedenen Sportarten vor, z. B. in der Leichtathletik (als einfachste Form des Hochsprungs, mit der allerdings nur geringe Höhen übersprungen werden können), in Gymnastik und Geräteturnen (Bodenturnen, Schwebebalken) und rhythmischer Sportgymnastik sowie im Wasserspringen.

Hoffnungslauf: v.a. in Lauf- und Rennwettbewerben ein zusätzlicher Lauf (Rennen) für die Verlierer der Zwischenläufe mit einer letzten Chance, sich für den weiteren Wettbewerb zu qualifizieren. – Eine **Hoffnungsrunde** ist eine zusätzliche Spielrunde für vorher nicht qualifizierte Teilnehmer eines sportlichen Wettkampfs.

Höhenanpassung: Gegenregulationen des Körpers aufgrund der veränderten Bedingungen in der Höhe. In Höhen über 2000 m ü. d. M. macht sich insbesondere der niedrigere Sauerstoffpartialdruck (↑Sauerstoff) bei abnehmendem Luftdruck bemerkbar. Deshalb wird zunächst die Atmung verstärkt. Im Verlauf von Tagen bilden sich zusätzlich vermehrt rote Blutkörperchen (Erythrozyten), die für den Sauerstofftransport im Blut wesentlich sind. Unzureichende Höhenanpassung führt zur Leistungsverminderung von Muskeln und Gehirn (↑Höhenleistungsfähigkeit) und zur ↑Höhenkrankheit. Vor Leistungen in Höhenlagen (z. B. Bergsteigen, Ballonfahren, Wettkämpfe auf hochgelegenen Sportanlagen) sollte sich ein Sportler in ausreichender Zeit ohne große Belastung an die veränderten Bedingungen gewöhnen und dem Körper Zeit für die Umstellung geben.

Höhenkrankheit: gesundheitliche Gefahren infolge des in Höhen ab 2000 m ü. d. M. spürbar verminderten Sauerstoffpartialdrucks (↑Sauerstoff). Der Sauerstoff vermindert die körperliche und geistige Leistungsfähigkeit und Ausdauer (↑Höhenleistungsfähigkeit). Als Krankheitserscheinungen treten bei unangepaßten Personen Kopfschmerzen, Übelkeit, Atemnot, Pulsbeschleunigung sowie psychische Veränderungen bis zum Bewußtseinsverlust auf. Auffällig sind in Höhenlagen die Leistungsverluste bei Sportlern und bei Bergsteigern ohne Atemgerät. Zur Vermeidung ist eine ↑Höhenanpassung erforderlich.

Höhenleistungsfähigkeit: die körperliche und geistige Belastbarkeit in großen Höhen, die bei Höhen von über 2000 m ü. d. M. aufgrund des geringeren Sauerstoffpartialdrucks (↑Sauerstoff) deutlich abnimmt. Durch ↑Höhenanpassung kann der Körper sich zwar den neuen Bedingungen anpassen, die Leistungsfähigkeit aber nimmt trotzdem mit steigender Höhe ab (↑auch Höhenkrankheit).

Höhentraining [...trɛ:...]: sportliches Training in Höhen von 2000 bis 3000 m, das sowohl der ↑Höhenanpassung dienen kann als auch der kurzfristigen Leistungssteigerung im Flachland. Ursache für die insgesamt positive Wirkung des Höhentrainings ist eine Erhöhung der Aktivität der aerob wirksamen Enzyme, des Myoglobins (sauerstoffaufnehmender und -abgebender Muskelfarbstoff), der Kapillarisierung und des Glykogendepots.

hoher Stock: 1. im *Eishockey* als ↑gefährliches Spiel gewertete Regelwidrigkeit, bei der ein Spieler den Schläger über Schulterhöhe hält (Crosscheck). Das Spiel wird mit einem Bully wiederaufgenommen; – 2. im *Hockey* ebenfalls der über Schulterhöhe geführte Stock, eine Regelwidrigkeit, die mit einem Freischlag des Gegners geahndet wird.

Hohlball: ein mit Luft gefüllter (aufpumpbarer) Gummiball, der von einer Hülle aus Leder, Kunststoff o. a. umgeben ist, Spielgerät in zahlreichen Mannschaftsspielen, aber auch Sportgerät in der Gymnastik. Die Regelwerke der einzelnen Sportarten legen Material, Größe, Gewicht usw. im einzelnen fest.

Holz: 1. im *Fußball* umgangssprachlich für einen Treffer auf den Torrahmen; – 2. im *Golf* ein Schläger mit einem Kopf aus Holz; – 3. im *Kegelsport* die gefallenen Kegel in der Wertung; – 4. im *Badminton* und *Tennis* umgangssprachlich für den Schlägerrahmen.

Holzbrett-Tennis (Speckbrett-Tennis): beliebtes Freizeitspiel mit Holzschlägern (z. B. Speckbrettchen,

Frühstücksbrettchen) und einem Tennisball auf einem durch eine Schnur geteilten Spielfeld. Dabei können die Tennisregeln frei angepaßt werden. In dieser Form kann vorbereitend in das Tennisspiel eingeführt werden. Eine Variante ist Paddletennis (mit Kunststoffschläger und Weichball), das auf kleinerem Raum gespielt werden kann.

Holzen: im Fußball umgangssprachliche Bez. für unbeholfenes, hartes, unfaires Spiel.

Hometrainer [englisch 'hoʊm,trɛɪnə] ↑ Heimtrainer.

Homologation [englisch, zu griechisch homologeĩn „dieselbe Sprache reden, übereinstimmen"]: 1. im *Automobil-* und *Motorradsport* von den internationalen Fachverbänden festgelegtes Reglement, wonach ein Fahrzeugmodell für sportliche Wettbewerbszwecke in bestimmter Stückzahl gebaut sein muß, um als Serien-, Serienspezialfahrzeug u. ä. eingestuft zu werden. Die Fahrzeuge müssen der gleichen Fabrikationsserie angehören, gleiche Bauweise, mechanische Ausrüstung und das gleiche Fahrgestell aufweisen. Jedes homologierte Fahrzeug erhält ein Testblatt *(Homologationsblatt),* das die Bestimmung jedes Modells ermöglicht; – 2. im *Skisport* die Anerkennung einer Piste für offizielle Wettkämpfe im Slalom, [Super]riesenslalom und Abfahrtslauf durch den internationalen Fachverband.

Hook [englisch hʊk „Haken"] ↑ Hakenball.

Hookshot [englisch 'hʊkʃɔt „Hakenschuß"] ↑ Hakenwurf.

Hopserlauf: beliebte Form der Vorwärtsbewegung, die Laufen und Springen verbindet. Dabei wird das Schwungbein leicht angehoben, das Sprungbein setzt zuerst wieder auf dem Boden auf. Der Arm auf der Seite des Sprungbeins schwingt stark nach vorne oben.

Hop – Step – Jump [englisch hɔp, stɛp, dʒamp]: Sprungrhythmus beim ↑ Dreisprung.

Hormone [zu griechisch hormãn „in Bewegung setzen, antreiben"]: körpereigene Wirkstoffe, die in Drüsen und anderen Körperzellen gebildet und ins Blut ausgeschüttet werden. Hormone sind – ähnlich wie Nerven – Informationsüberträger, die den Stoffwechsel regulieren, z. B. Blutzucker, Wachstum und Sexualfunktionen. Zu jedem Hormon gibt es einen Gegenmechanismus, so daß Organfunktion und Stoffwechsel nicht aus dem Gleichgewicht geraten. Mit Hilfe der jeweils ausgeschütteten Hormonmenge und/oder ihrer ↑ Antagonisten können Organfunktionen gezielt verändert werden, z. B.: Die Bauchspeicheldrüse produziert die Hormone ↑ Insulin und Glukagon. Bei hohem Blutzuckerspiegel wird vermehrt Insulin ausgeschüttet, um den Zuckerspiegel zu senken, bei niedrigem Spiegel wird vermehrt Glukagon ausgeschüttet, um den Blutzuckerspiegel wieder anzuheben.

Hufschlagfiguren ↑ Dressurreiten.

Hüftschwung: Form der Rumpfbewegung, die in verschiedenen Sportarten vorkommt, z. B.: im *Ringen* und *Judo* eine Griffart mit Zug- und Schwungaktion aus der Hüfte heraus (Hüftwurf), im *Geräteturnen* ein starkes Vor- und Rückschwingen der Beine im Streckhang.

Hüftschwungwurf: Wurftechnik im Handball: Annahme des Balles mit beiden Händen, schnelle Rumpfdrehung um die Körperlängsachse, Abspiel des Balles mit beiden Händen.

Hundeln: Schwimmtechnik, bei der (ähnlich der Schwimmart eines Hundes) die Arme wechselweise im Wasser hin- und herbewegt werden und die Beine eine ebenfalls wechselnde Stoßbewegung nach hinten unten ausführen.

Hundertpunktewertung ↑ Zehnkampf.

Hüpfen: eine der Bewegungsgrundformen der Gymnastik. Beim Hüpfen landet man nach dem Absprung wieder auf dem Sprungbein, bevor man mit dem anderen Bein abspringt. Dabei werden die Arme kräftig mitgeschwungen.

Hürdenlauf: Laufdisziplin der Leichtathletik für Frauen und Männer, bei der in regelmäßigen Abständen aufgestellte Hürden überlaufen werden müssen. Die heutigen Standardstrecken gehen über Distanzen von 110 und 400 m für Männer und von 100 und 400 m für Frauen.

Sportstätte ist die Laufbahnanlage der Leichtathletik, auf der in Einzelbahnen gelaufen wird, so daß jede einzelne Bahn mit den entsprechenden Hürden auszustatten ist.

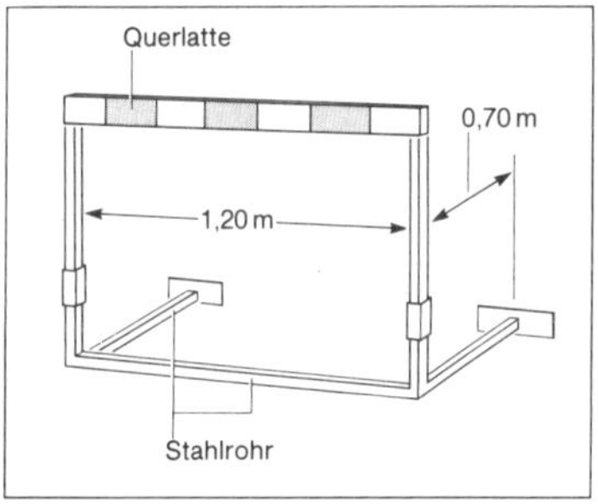

Hürdenlauf. Hürde („Olympiahürde")

Sportgerät ist die *Hürde* („Olympiahürde"), die heute meist aus einem Untergestell aus Rohrstahl und einer auswechselbaren Querlatte aus Holz oder Metall besteht. Die an den senkrechten und am Boden durch eine Querverstrebung miteinander verbundenen Hürdenpfosten im rechten Winkel angebrachten Füße haben eine Länge von höchstens 70 cm. Die Gesamtbreite der Hürde beträgt maximal 1,20 m. Die Querlatte (Querschnitt 7 × 1–2,5 cm) ist schwarzweiß gestreift. Die Höhe der Querlatte vom Boden ist an den Pfosten einstellbar von 0,76–1,07 m. Die mit den Füßen gegen die Laufrichtung aufgestellte Hürde ist an den Füßen mit verschiebbaren Gewichten versehen, die bei wechselnder Hürdenhöhe so eingestellt werden müssen, daß an der Lattenmitte immer eine Kraft von mindestens 3,6 kg und höchstens 4 kg wirken muß, um die Hürde umzuwerfen.

Regeln (Auswahl): Bei allen Distanzen des Hürdenlaufs müssen zehn Hürden überlaufen werden, deren Höhe und Abstände zueinander jedoch variieren (siehe unten).

Die Hürde muß überquert werden, sie kann dabei mit Fuß oder Bein (nicht mit der Hand) berührt und auch umgestoßen werden. Wird ein Bein neben der Hürde vorbeigeführt, wird der Läufer disqualifiziert.

Technik: Die optimale Technik zielt auf ein Überlaufen, nicht ein Überspringen der Hürden. Um dies zu erreichen, ist ein guter Lauf- bzw. *Schrittrhythmus* Voraussetzung. Die Anzahl der Schritte zwischen Start und erster Hürde (z. B. 8 oder 7 über 110 m Hürden) und zwischen den einzelnen Hürden (z. B. 3 über 110 m Hürden) variiert entsprechend den Laufstrecken. Bereits im Anlauf bis zur ersten Hürde soll die optimale Laufgeschwindigkeit erreicht werden, die zwischen den Hürden kaum, allenfalls in einem Endspurt im Auslauf nach der letzten Hürde gesteigert werden kann. Beim Start, der über alle Distanzen als Tiefstart ausgeführt wird, ist das Sprungbein (Nachziehbein) vorne, das Schwungbein hinten (bei Läufern, die bis zur ersten Hürde eine gerade Zahl von Schritten benötigen). Um die Hürden mit möglichst tief liegendem Körperschwerpunkt überlaufen zu können (ein hohes Überqueren bedeutet Raum- und damit Zeitverlust), muß der Angehwinkel mög-

Laufstrecke	Hürdenhöhe	Anlauf	Hürdenabstand	Auslauf
110 m (Männer)	1,067 m	13,72 m	9,14 m	14,02 m
100 m (Frauen)	0,840 m	13,00 m	8,50 m	10,50 m
400 m (Männer)	0,914 m	45,00 m	35,00 m	40,00 m
400 m (Frauen)	0,762 m	45,00 m	35,00 m	40,00 m

Hürdenlauf. Überlaufen der Hürde

lichst flach gehalten werden, d.h. das Sprungbein muß bereits etwa 2 m vor der Hürde aufgesetzt werden. Das Schwungbein (Führungsbein) sticht fast waagerecht über die Querlatte, der Oberkörper nimmt – zur Erhaltung des Gleichgewichts – eine weite Vorlage ein und das Sprungbein wird seitlich halbkreisförmig schnell nachgezogen. Wichtig für eine gute Hürdentechnik ist auch die Armarbeit. Ursprünglich wurde mit einer Einarmtechnik **(Einarmlauf)** gelaufen, bei der die Arme eine ↑Gegenbewegung zu den Beinen ausführten. Seit 1916 wird vorwiegend mit einer *Doppelarmtechnik* gelaufen, wobei der Läufer beim Hürdenschritt beide Arme gleichzeitig nach vorne bringt, allerdings den Arm der dem Schwungbein entgegengesetzten Körperseite weiter (bis fast an den Schwungbeinfuß) als den anderen, der in Höhe des Oberkörpers leicht angewinkelt ist. Entscheidend für eine gute Armarbeit ist, daß die Schulterachse stets quer zur Laufrichtung gehalten wird. – Der Hürdenlauf erfordert v.a. Gelenkigkeit, Schnellkraft, Kurzzeitausdauer, Koordination und Rhythmusgefühl.

Geschichte: Das Hürdenlaufen entwickelte sich um die Mitte des 19. Jahrhunderts in Großbritannien, zunächst über eine Distanz von 120 yd bei einer Hürdenhöhe von 1,06 m. Ein erster Meisterschaftswettbewerb über 400 m Hürden fand 1893 in Frankreich statt, erste deutsche Meisterschaften wurden 1903 für Männer und 1929 für Frauen ausgetragen. Olympische Disziplin ist der Hürdenlauf seit 1896 (für Männer) bzw. seit 1932 (für Frauen). Allerdings änderten sich die Streckenlängen im Lauf der Zeit. Die Übernahme der heutigen Standardstrecken ins olympische Programm sowie die Leistungsentwicklung im Hürdenlauf zeigt die untenstehende tabellarische Übersicht. Zur Organisation ↑Leichtathletik.

hydrostatischer Druck: durch die Erdanziehung ausgelöster Druck, den eine Gas- oder Flüssigkeitssäule auf ihre Umgebung ausübt, für die Betrachtung des menschlichen Körpers wichtig, da auch das in den Gefäßen befindliche Blut der Schwerkraft unterliegt. Daher drückt das Blut an den höhergelegenen Körperteilen weniger als in den abhängigen Partien (einen blutenden Finger soll man deshalb hoch halten). Besonders in den Beinvenen kann aufgrund der weichen Wände das Blut „versacken". Dieses Volumen fehlt dann dem übrigen Kreislauf – v.a. dem Gehirn –, was zu einem Kollaps führen kann. Gerade am Ende einer sportlichen Belastung besteht diese Gefahr, da plötzlich die Muskelpumpe fehlt, d.h. die Venen nicht durch Anspannung der sie umgebenden Skelettmuskeln zusammengedrückt werden. Eine schrittweise Zurücknahme der körperlichen Belastung kann diese Gefahr mindern.

Hygiene ↑Sporthygiene.

hyperkinetisches Herzsyndrom: aufgrund nervöser Fehlregulation beschleunigte Herzschlag-

Laufstrecke	olympisch seit	1. offizieller Weltrekord	heute gültiger Weltrekord
110 m (Männer)	1900	15,00 s (1908)	12,93 s (1981)
100 m (Frauen)	1972	13,40 s (1968)	12,26 s (1986)
400 m (Männer)	1900	55,00 s (1908)	47,02 s (1983)
400 m (Frauen)	1984	56,50 s (1974)	52,94 s (1986)

folge. Dabei wird die ausgeworfene Blutmenge über den Blutbedarf der Gewebe hinaus gesteigert und das Herz leistet unnötige Arbeit. Ein Organfehler besteht nicht. Die Ursache liegt im seelischen Bereich, in der Persönlichkeitsstruktur oder in Umweltreizen. Betroffen sind meist junge Menschen. Die Ausübung von körperlich anstrengendem Sport ist ohne Bedenken möglich, kann sogar das Allgemeinbefinden und damit das hyperkinetische Herzsyndrom bessern.

Hyperlordose ↑ Lordose.

Hypermotorik [zu griechisch hypér „über, über – hinaus“ und lateinisch motor „Beweger“]: Sammelbez. für unwillkürliche und zwecklose Extrabewegungen. Zeigt eine Person motorische Unruhe, spricht man von Hypermotilität. Wenn bei Zielbewegungen mangelnde Koordination auftritt bzw. ein Bewegungsübermaß deutlich wird, liegt Hypermetrie vor. Hypermotorik kann sich auch in gesteigerter Impulsivität äußern (Hyperdynamik). Eine vorliegende Hypermobilität, d. h. eine übersteigerte Beweglichkeit, kann Hypermotorik fördern. Insgesamt werden zwölf verschiedene Arten der Hypermotorik unterschieden. Ihre Ursachen sind psychogener Art, pubertätsbedingt oder ungeplante Erregungsfreisetzung und Schäden an der Hirnrinde.

Hypertonie [zu griechisch hypér „über, über – hinaus“ und tónos „das Spannen, die Anspannung“]: erhöhter Druck, meist bezogen auf die Erhöhung des Blutdrucks. Ab Meßwerten über 140/90 mm Hg in Ruhe muß eine Hypertonie angenommen und möglicherweise medikamentös behandelt werden. Allerdings sind in höherem Alter auch Werte bis 160/95 mm Hg noch im Bereich des Normalen. Ursachen für eine Hypertonie sind Nierenleiden, Blutgefäßverkalkung, Stoffwechselstörungen und Übergewicht. Während des körperlichen Trainings sind Werte über 200 mm Hg systolisch keine Seltenheit und ohne Krankheitswert, denn sie normalisieren sich beim Gesunden in der Erholungsphase wieder bis auf den Ausgangswert. – ↑ auch Hypotonie.

Hypertrophie [zu griechisch hypér „über, über – hinaus“ und trophḗ „Ernährung“]: Vergrößerung von Geweben, die auf einer Volumenzunahme der einzelnen Zellen beruht, wobei die Anzahl der Zellen gleich bleibt; meist eine Reaktion auf verstärkte Beanspruchung (Training). Die Muskulatur einschließlich des Herzmuskels (↑ Sportherz) gewinnt dabei an Kraft, da sich die verkürzungsfähigen Einheiten (↑ Aktomyosin) in jeder Zelle vermehren. – Gegensatz: ↑ Atrophie.

Hyperventilation [zu griechisch hypér „über, über – hinaus“ und lateinisch ventilare „schwingen, lüften“]: Atmung, die stärker (schneller und/oder tiefer) ist, als es dem gesunden Bedarf des Körpers entspricht, meist willentlich oder durch seelische Affekte (z. B. Angst, Aufregung, Ärger) ausgelöst. Starke Hyperventilation führt zu Konzentrationsveränderungen der Blutgase und löst Krämpfe (Hyperventilationstetanie) aus. – ↑ auch Atmung, ↑ Atemfrequenz.

Hypotonie [zu griechisch hypó „unten, unterhalb“ und tónos „das Spannen, die Anspannung“]: erniedrigter Druck, meist bezogen auf den Blutdruck, mit Werten unter 105/60 mm Hg. Ihr liegen häufig Kreislaufstörungen, hormonelle oder psychische Störungen zugrunde. Nur sehr selten hat sie Krankheitswert und bedarf einer Behandlung. Gut trainierte Menschen zählen oft zu den Hypotonikern. In Ruhe befindet sich ihr Kreislauf in einer Schonstellung (↑ Parasympathikus). – ↑ auch Hypertonie.

I

IAKS: Abk. für: ↑ **I**nternationaler **A**rbeits**k**reis **S**port- und Freizeiteinrichtungen.

IANCS: Abk. für: ↑ **I**nternational **A**ssembly of **N**ational **C**onfederations of **S**port.

IAPESGW: Abk. für: ↑ **I**nternational **A**ssociation of **P**hysical **E**ducation and **S**ports for **G**irls and **W**omen.

ICHPER: Abk. für: ↑ **I**nternational **C**ouncil on **H**ealth, **P**hysical **E**ducation and **R**ecreation.

ICSSPE: Abk. für: ↑ **I**nternational **C**ouncil of **S**port **S**cience and **P**hysical **E**ducation.

Idealgewicht: das Gewicht, bei dem statistisch die höchste Lebenserwartung besteht, errechnet nach folgender Faustregel: Körpergröße (in cm) minus 100 minus 10% (bei Männern) bzw. 15% (bei Frauen), z. B.: Das Idealgewicht eines 180 cm großen Mannes beträgt demnach: 180 – 100 – 8 = 72 kg, einer 160 cm großen Frau entsprechend: 160 – 100 – 9 = 51 kg. – ↑ auch Normalgewicht.

Ideallinie [lateinisch]: Bez. für die Lauf- bzw. Rennlinie, die bei Rennwettbewerben (z. B. Abfahrtslauf, Bobsport, Motorsport) optimal geeignet ist, die Strecke mit der höchst möglichen Geschwindigkeit zu bewältigen. Entscheidend für das Einhalten bzw. Finden der Ideallinie ist die Kurventechnik.

Ideomotorik [zu griechisch idéa „Erscheinung, Gestalt, Beschaffenheit, Form" und lateinisch motor „Beweger"]: Bez. für Bewegungen und Handlungen, die nicht absichtlich, sondern unwillkürlich (z. B. aufgrund emotional- oder affektgetönter Vorstellungen) zustande kommen. – ↑ auch Carpenter-Effekt.

Impuls [von lateinisch impellere, impulsum „stoßend in Bewegung setzen"]: allgemein die kurzzeitige Wirkung einer physikalischen Größe bzw. ihre kurzzeitige Abweichung von einem Normal- oder Grundwert; speziell die kurzzeitige Wirkung einer Kraft (Kraftstoß), definiert als das Produkt aus der konstanten Kraft und der Dauer ihres Wirkens. Wird auf einen Körper ein Kraftstoß ausgeübt, so ändert sich seine *Bewegungsgröße* (das Produkt aus Masse *m* und Geschwindigkeit *v*). – Im Sport spielt der Impuls in vielen Bewegungszusammenhängen eine Rolle (z. B. ↑ Drehung).

Indiaca Ⓦz: Flugballrückschlagspiel, bei dem ein Federball mit der flachen Hand über ein Netz gespielt wird. Indiaca kann im Freien und in der Halle gespielt werden. – Das **Sportgerät,** die *Indiaca,* ist insgesamt 23–25 cm hoch und besteht aus einem birnenförmigen Ballkörper (Durchmesser an der breitesten Stelle 6–8 cm) aus Leder, in dessen Oberteil vier Stabilisierungsgewichte zur Anpassung des Geräts an die jeweiligen Windverhältnisse sowie

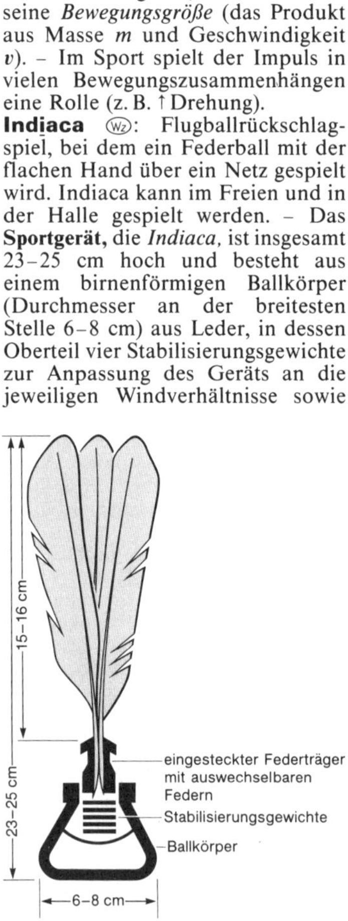

Indiaca

drei etwa 15–16 cm lange Führungsfedern eingelassen, die wie die Gewichte auswechselbar sind. Das Gesamtgewicht liegt zwischen 40–75 g. – **Spielfeld** ist ein ebener rechteckiger Platz, der durch ein Netz (Bodenhöhe je nach Spielerzahl 1,85 m oder 2,45 m) in zwei Hälften geteilt ist. Die Spielfeldgröße richtet sich ebenfalls nach der Spielerzahl und variiert zwischen 10 × 4,50 m und 18 × 9 m. Indiaca kann als Einzel, Doppel und von Mannschaften mit einer Stärke von bis zu sechs Spielern gespielt werden. Die **Spielregeln** entsprechen weitgehend denen des Volleyballs, beim Einzel aber darf die Indiaca auf jeder Seite des Netzes nur einmal berührt werden, sonst wie beim Volleyball bis zu dreimal. – Indiaca ist südamerikanischen Ursprungs und hat sich aus dem Petekaspiel der Indianer Brasiliens entwickelt. Das Spiel kam um 1930 nach Mitteleuropa und wird heute vorwiegend als Sportspiel im Schulsport und als Freizeitsport betrieben. Es gibt keine offiziellen Meisterschaften.

Individualsportarten [zu lateinisch individuus „ungeteilt"]: Bez. für alle Sportarten, in denen die Leistung von dem einzelnen Sportler allein (ohne Partner- oder Mannschaftsunterstützung) zu erbringen ist. Typische Beispiele für Individualsportarten sind die meisten Disziplinen der Leichtathletik, des Schwimmens und Geräteturnens, Gewichthebens u. a. Einziger leistungsbeeinflussender Faktor außerhalb des individuellen Leistungswillens und Könnens kann die Wettkampfsituation sein (z. B. bei den leichtathletischen Laufdisziplinen). Heute ist allerdings vielfach – v. a. in den Mittel- und Langstreckenläufen der Leichtathletik – der individualsportliche Charakter durch den Einsatz von Tempo- oder Schrittmachern (in Analogie zum Windhundrennen auch „Hasen" genannt) für einzelne Läufer oder auch für das ganze Feld in Frage gestellt, die, da diese nicht über die volle Distanz gehen, ein schnelleres Tempo vorlegen können und dadurch die Leistung der eigentlichen Wettkampfteilnehmer „partnerschaftlich" beeinflussen. Wichtigste Voraussetzungen für das Betreiben einer Individualsportart sind das individuelle Durchhaltevermögen des Sportlers sowie die alleinige Verantwortung seines sportlichen Handelns. Auch aus diesem Grund nehmen Individualsportarten im Schulsport einen breiten Raum ein.

induktive Methode ↑Sportmethodik.

Infantilismus, motorischer ↑motorischer Infantilismus.

Informatik ↑Sportinformatik.

Innenseitstoß: Schußtechnik im Fußball: Der Ball wird mit der Innenseite des Fußes oder der angezogenen Fußspitze gespielt, wodurch genaue Pässe über kurze oder mittlere Entfernungen möglich werden.

Innenwechsel ↑Staffellauf.

Innervation [zu lateinisch in „in, hinein" und nervus „Sehne, Flechse, Band; Muskelband"]: die Versorgung von Körperstrukturen durch zugehörige Nervenfasern. Sie kann „sensibel" sein, d. h. Wahrnehmungen empfangen und weiterleiten (↑afferente Bahnen), und/oder „motorisch", d. h. eine Muskelfaser anspannen (↑efferente Bahnen). Außerdem gibt es für viele Organe eine ihre Aktivität regelnde Innervation.

Inning [englisch „das Am-Spiel-Sein"] (Durchgang): Spielabschnitt im ↑Baseball und ↑Kricket.

inspiratorisches Reservevolumen: Luftmenge, die nach der Einatmung (Inspiration) bei normaler Ruheatmung noch zusätzlich eingeatmet werden kann (etwa 2,5 l). – Abb. S. 464.

Institute für Sportwissenschaft ↑sportwissenschaftliche Institute.

Insulin [zu lateinisch insula „Insel" (mit Bezug auf die Langerhans-Inselzellen)]: Hormon der Bauchspeicheldrüse mit der hauptsächlichen Funktion, den Blutzuckerspiegel zu regulieren, indem es den Zellen Zukker zur Energiegewinnung zuführt. Die mit der Nahrung aufgenommenen Kohlenhydrate und Eiweiße können zu Glukose verstoffwechselt werden. Wird in der Bauchspeicheldrüse zu wenig oder kein Insulin gebildet, kann die Glukose nicht mehr in die Zellen gelangen und es kommt zum Blutzuckeranstieg, der **Zuckerkrankheit** (Diabetes mellitus), einer schwerwiegenden Erkrankung, die nicht geheilt werden kann und dauerhaft vom Arzt behandelt werden muß.

integrative Bewegungstherapie: besondere Form der ↑Bewegungstherapie im Rahmen der Bewegungspsychotherapie, die sich v. a. psychotherapeutischer und physiotherapeutischer Methoden bedient (z. B. Entspannungsübungen, Atemschulung, Bewegungsgestaltung, Pantomime u. a.). In der Bundesrepublik Deutschland werden Bewegungstherapeuten in integrativer Bewegungstherapie im *Fritz-Perls-Institut* (Würzburg) ausgebildet.

Intelligenz, motorische ↑motorische Intelligenz.

Interaktion [aus lateinisch inter „zwischen" und actio „Handlung"]: Begriff soziologischer Theorien für das aufeinander bezogene Handeln zweier oder mehrerer Personen. Dabei orientieren die Handelnden ihr Handeln wechselseitig an einander komplementären Erwartungen (Rollenvorstellungen, Situationsdefinitionen), oder das Handeln einer Person (Reiz) löst dasjenige der anderen (Reaktion) aus. Im Sport ist Interaktion konstitutiv für alle Dual- und Mannschaftssportarten (Spiele).

International Assembly of National Confederations of Sport [englisch ıntə'næʃənəl ə'sɛmblı əv 'næʃənəl kənfɛdə'rɛıʃənz əv 'spɔ:t] (IANCS): 1981 in Melbourne gegründete Versammlung der nationalen Dachorganisationen des Sports, mit dem Ziel der Förderung des Sportstättenbaus und Breitensports (Freizeitsports) sowie der sportlichen Entwicklungshilfe (Sitz Monte Carlo).

International Association of Physical Education and Sports for Girls and Women [englisch ıntə'næʃənəl əsoʊsı'ɛıʃən əv 'fızıkəl edjʊ'kɛıʃən ənd 'spɔ:tz fə 'gə:lz ənd 'wımın] (IAPESGW): 1949 in Kopenhagen gegründete Organisation zur weltweiten Förderung des Mädchen- und Frauensports, v. a. in den Ländern, deren gesellschaftspolitischen Bedingungen einer eigenständigen Entwicklung des Frauensports entgegenstehen (Sitz Wien).

International Council on Health, Physical Education and Recreation [englisch ıntə'næʃənəl 'kaʊnsl əv 'hɛlθ 'fızıkəl edjʊ'kɛıʃən ənd rıkrı'ɛıʃən] (ICHPER): 1958 gegründeter internationaler Sportlehrerverband zur Wahrnehmung der Interessen des Sportunterrichts an Schulen und der Sportlehrer, v. a. durch Kongresse und Publikation von Fachliteratur (Sitz Washington).

International Council of Sport Science and Physical Education [englisch ıntə'næʃənəl 'kaʊnsl əv 'spɔ:t 'saıəns ənd 'fızıkəl edjʊ'kɛıʃən] (ICSSPE): 1958 in Rom gegründeter „Weltrat für Sportwissenschaft und Leibeserziehung", die internationale Dachorganisation der Verbände für Wissenschaft und Bildung im Sport. Mitglieder sind Organisationen der öffentlichen und der Sportselbstverwaltung. Die zentralen Aufgaben sind: Veranstaltung von Seminaren und Tagungen, Herausgabe von Literatur und sportpolitische Aktivitäten zur Förderung von Wissenschaft und Bildung im Sport.

Internationale Olympische Akademie ↑Olympische Akademie.

Internationaler Arbeitskreis Sport- und Freizeiteinrichtungen (IAKS): 1965 gegründete gemeinnützige Vereinigung zur Planung und ökonomischen und sportgerechten Neugestaltung von Sport- und Freizeiteinrichtungen. Der IAKS veranstaltet Tagungen und Fortbildungsseminare und publiziert die Fachzeitschrift „Sportstättenbau und Bäderanlagen" (Sitz Köln).

Internationale Schulsport Föderation (ISF): 1972 gegründeter Verband (Sitz Wien) mit dem Ziel der Organisation und Betreuung des internationalen Wettkampfwesens im Schulsport. Es geht dabei v. a. um die Erstellung von Wettkampfprogrammen für Schulmannschaften und um die Ausrichtung der sogenannten *Gymnasiade,* eines Sportfests für Einzelwettkämpfe für Schüler. Wegen der nicht unerheblichen Gefahren, die sich aus einer Trainings- und Wettkampfüberlastung für Kinder und Jugendliche ergeben, wird die Arbeit der ISF aus pädagogischen Gründen mit großer Skepsis beobachtet.

Internationales Olympisches Komitee (IOK; französisch Comité International Olympique [CIO], englisch International Olympic Commitee [IOC]): 1894 von Pierre Baron de Coubertin (* 1863, † 1937) in Paris gegründete oberste Instanz der olympischen Bewegung (Sitz Lausanne). Die Organe des IOK sind: der Präsident (seit 1980 Juan Antonio Samaranch [* 1920]), das Exekutivkomitee (Präsident, drei Vizepräsidenten, fünf Mitglieder) und die Vollversammlung (Session; tagt in der Regel jährlich). Das IOK hat folgende Aufgaben: Aufstellung der olympischen Regeln, Wahl seiner Mitglieder, Anerkennung der *Nationalen Olympischen Komitees* und der internationalen olympischen Sportföderationen, Vergabe der Olympischen Spiele an Austragungsorte, Zulassung zu den Olympischen Spielen, Entscheidung über Ehrungen, Protokoll und Programm der Olympischen Spiele, Überwachung der Einhaltung der Amateurregeln. Das IOK versteht sich ausdrücklich als politisch, religiös und rassisch neutrale Institution.

Intervalltraining [...trɛ:...; zu lateinisch intervallum „Zwischenraum, Zwischenzeit, Pause" und ↑Training]: Trainingsmethode zur Entwicklung und Verbesserung der Ausdauer; charakteristisch ist ein systematischer Wechsel von Trainingsbelastung und unvollständiger Erholung (d. h. die Belastung wird bereits wieder aufgenommen, wenn die Pulsfrequenz erst auf 120–130 Schläge/Minute gesunken ist: lohnende Pause). Je nach Belastungsdauer werden drei Formen des Intervalltrainings unterschieden: die *Kurzzeitintervallmethode* (Belastungsdauer 15 Sekunden bis 1 Minute), die *Mittelzeitintervallmethode* (Belastungsdauer 1–8 Minuten) und die *Langzeitintervallmethode* (Belastungsdauer 8–15 Minuten). Normalerweise ist die Belastungsintensität um so höher, je kürzer die Belastungsphase ist. – Gegensatz: ↑Dauermethode.

Invalidensport ↑Behindertensport.

IOC [englisch 'aɪ-oʊ'si:]: Abk. für: **I**nternational **O**lympic **C**ommitee, ↑Internationales Olympisches Komitee.

IOK: Abk. für: ↑**I**nternationales **O**lympisches **K**omitee.

Ippon [japanisch „Punkt"]: im Budosport Bez. für einen ganzen Punkt. Erreicht ein Wettkämpfer einen Ippon, ist der Kampf siegreich beendet; der Sieger heißt *Ippon-Gatschi.* Man erreicht einen Ippon dadurch, daß man den Gegner mit Schwung auf den Rücken wirft, den auf dem Rücken liegenden Gegner bis in Höhe der eigenen Schultern hebt, ihn zur Aufgabe zwingt, ihn 30 Sekunden nach Ansagen von *Osae-Komi* (ein Haltegriff, mit dem der Gegner auf der Matte unter Kontrolle gehalten wird) hält oder daß man eine Würgetechnik oder einen Hebel erfolgreich durchführt.

irischer Dreisprung ↑Dreisprung.

Irradiation [zu lateinisch irradiare „strahlen, bestrahlen"]: in der Nervenphysiologie und Medizin die Ausbreitung bzw. Ausstrahlung einer Nervenerregung oder von Schmerzen über den normalen Bereich hinaus. Analog hierzu bezeichnet der Begriff im Zusammenhang des motorischen Lernens nach der Trial-and-error-Methode (Methode von Versuch und Irrtum) die Beobachtung, daß bei beliebigen Lösungsversuchen von Bewegungsaufgaben, deren korrekter Bewegungsablauf dem Lernenden unbekannt ist, reflektorische Reaktionen auf nicht beteiligte motorische Regionen übergreifen. Durch Steigerung der Koordination, die zur Stabilisierung der Bewegung führt, kann die Irradiation abgebaut werden.

ISF: Abk. für: ↑Internationale Schulsport Föderation.

isometrisches Training [...trɛ:...; zu griechisch ísos „gleich", métron „Maß" und ↑Training]: durch statische Muskelarbeit gekennzeichnetes Krafttraining, bei dem nur isometrische Muskelkontraktionen, d. h. Muskelanspannungen ohne Veränderung der Muskelfaserlänge, stattfinden, also immer nur die Spannung, der Druck des Muskels verändert wird. – Gegensatz: ↑isotonisches Training.

isotonisches Training [...trɛ:...; zu griechisch ísos „gleich", tónos „das Spannen, die Anspannung" und ↑Training]: durch dynamische Muskelarbeit gekennzeichnetes Krafttraining, bei dem nur isotonische Muskelkontraktionen, d. h. gleichbleibende Muskelanspannungen (Kraft), stattfinden, also nur die Muskelfaserlänge verändert wird. Die isotonische Kontraktion ist die Hauptform muskulöser Beanspruchung. – Gegensatz: ↑isometrisches Training.

Isthmische Spiele ↑antike Festspiele.

Ist-Wert: allgemein der unter vorgegebenen Bedingungen tatsächlich auftretende Wert einer Größe. Im Rahmen der Sensomotorik repräsentieren die vom Lernenden ausgeführten sensomotorischen Sequenzen den Ist-Wert des sensomotorischen Lernprozesses. – ↑auch Soll-Wert.

J

Jacht [Kurzform von Jachtschiff (zum Verb jagen gebildet)] (Yacht): ursprünglich Bez. für ein schnelles Handelssegelschiff bzw. für ein Segelschiff, das der Verfolgung von Schmugglerschiffen diente, heute für ein elegantes, schnelles, für Sport- und Erholungszwecke verwendetes größeres Boot mit Kajüte, auch für ein kleineres Luxusschiff. Je nach Antrieb unterscheidet man zwischen *Motorjachten,* die durch einen Dieselmotor angetrieben werden, und *Segeljachten,* große, seetüchtige Segelboote, die für Übersee- und Küstenfahrten (Hochsee[segel]jachten) sowie für Segelregatten verwendet werden. Die Segeljacht hat einen eingedeckten Rumpf, vorstrebenden Bug, überwasserausladendes Heck und eine große Segelfläche. Nach Art des Unterbaus unterscheidet man noch einmal zwischen *Kieljacht* (mit festem Ballastkiel), *Schwertjacht* (mit beweglichem Schwert) und *Kielschwertjacht* (mit Ballastkiel und beweglichem Schwert).

Jagdreiten: Disziplin des Pferdesports, die aus der (in Deutschland seit 1936 verbotenen) Parforcejagd auf lebendes Wild hervorgegangen ist und heute als Veranstaltung der Reitklubs im Herbst durchgeführt wird. Ausgetragen wird das Jagdreiten auf einer vorbereiteten Strecke von 8–25 km Länge mit 12–15 festen, etwa 90 cm hohen Hindernissen. Das Jagdreiten kennt zwei Varianten: die *Fuchsjagd* (ein Reiter, der einen Fuchsschwanz an der Schulter trägt, stellt das Wild dar und wird von den anderen Teilnehmern verfolgt) und die *Schleppjagd* (ein Reiter [auch Fuchs genannt] legt mit Wildlosung eine Spur für die Hundemeute, der die Jagdteilnehmer folgen). Jeder Reiter muß so geradlinig reiten, daß kein anderer gefährdet wird. Die Jagd endet meist nach einem Schlußgalopp entweder mit dem Abreißen des Fuchsschwanzes oder am Ende der gelegten Spur. – Das Jagdreiten geht bis auf die Gazellenjagd der Pharaonen im alten Ägypten zurück. In Europa erlebte es seinen Höhepunkt in der Zeit des Barocks. In Großbritannien, Frankreich und Irland wird noch heute auf lebendes Wild geritten. – Das Jagdreiten ist in den Verbänden des ↑ Reitsports organisiert.

Jahnkampf: 1950 vom *Deutschen Turner-Bund* zur Erinnerung an Friedrich Ludwig Jahn (* 1778, † 1852), den Begründer des deutschen Turnens, eingeführter Vielseitigkeitswettkampf, der aus je drei Übungen aus dem Geräteturnen (oder der Gymnastik), der Leichtathletik und des Schwimmens (oder Wasserspringens) besteht. Jugendliche führen einen *Jahnsechskampf* mit je zwei Übungen aus drei Sportarten durch.

Jahresbestleistung: beste Leistung, die innerhalb eines laufenden Jahres in einer Disziplin erzielt wurde, in der die Leistungsfeststellung nach dem ↑ C-G-S-System möglich ist. Die Jahresbestleistungen werden auf nationaler und internationaler Ebene (Jahresweltbestleistung) festgestellt und in *Jahresbestenlisten* registriert.

Jahresplan ↑ Trainingsplanung.

Jahrgangsmeisterschaften: in einigen Sportarten (z. B. Schwimmen, Rudern) veranstaltete Meisterschaften für Kinder und Jugendliche, die nach Jahrgängen in Wettkampfklassen eingeteilt sind, um eine Chancengleichheit zu gewährleisten. Dies ist notwendig, da gerade im Kindes- und Jugendalter biologisches und kalendarisches Alter oft divergieren (↑ auch Akzeleration, ↑ Retardation).

japanische Rolle ↑ Baggern.

Jazzgymnastik ['dʒæz...; englisch]: Gymnastik, die stark von Elementen des ↑ Jazztanzes und der an Musik (hier am Jazz) orientierten rhythmischen Gymnastik beeinflußt ist. Der Bewegungsspielraum ist gegenüber der Gymnastik erweitert, und die Bewegungsausführung ist dynamischer und temporeicher.

Jazztanz ['dʒæz...; englisch]: Tanzart, die sich unter afroamerikanischen und afrikanischen Einflüssen entwickelt hat. Im Unterschied zu dem eher geschlossenen Bewegungscharakter der Tänze europäischer Prägung ist der Jazztanz durch freie (isolierte) Bewegungen der einzelnen Körperteile gekennzeichnet. Zentrales Merkmal ist die starke Bewegung im Rumpf- und Beckenbereich. Der Jazztanz wirkte auch auf Ballett und andere Tanzformen.

Jedermannsport: nach der Zielgruppe geprägte Bez. für die Formen sportlicher Betätigung, die „jedermann" offen stehen (↑ auch Freizeitsport, ↑ Breitensport, ↑ Zweiter Weg des Sports).

Jetschwung [englisch dʒɛt, eigentlich „Düse, (Gas)strahl"] ↑ alpiner Skilauf.

Jiu-Jitsu ['dʒi:u'dʒɪtsu, 'ji:u'jɪtsu; japanisch] ↑ Jujutsu.

Jive [englisch dʒaɪv]: zur Gruppe der lateinamerikanischen Tänze des ↑ Tanzsports zählender Tanz im Viervierteltakt, der in den USA aus dem Boogie-Woogie entstand, später auch zu Rock'n'Roll-Musik getanzt wurde, im Gegensatz zum Rock'n'-Roll aber keine Wurffiguren enthält.

Joga (Yoga) [Sanskrit „Joch" (in das der Körper gleichsam eingespannt wird)]: religiös-philosophisches Meditationssystem Indiens mit dem Ziel, die Seele von der Materie zu trennen, um sie in einen Zustand der Bewußtlosigkeit jenseits der Welt zu führen. Dazu dienen die sogenannten acht Glieder des Joga: 1. „jama" (Zügelung), Einhaltung bestimmter Gebote wie z. B. Keuschheit, 2. „nijama" (Observanz), Beachtung von Reinheitsvorschriften, 3. „asana" (Sitz), richtige Körperhaltung, 4. „pranajama" (Beherrschung des Atems), 5. „pratjahara" (Zurückziehung der Sinnesorgane von ihren

Objekten), 6. „dharana" (Festhalten), Konzentration, 7. „dhjana" (Meditation), 8. „samadhi" (Versenkung). Das Grundwerk des Joga ist das „Jogasutra" des Patandschali (vielleicht aus dem 2. Jahrhundert v. Chr.), kommentiert von Wjasa (7. Jahrhundert n. Chr.) und von Watschaspatimischra (9. Jahrhundert). Etwa im 15. Jahrhundert entstand eine Sonderform des Joga, der *Hathajoga* (Anstrengungsjoga), der v. a. für die Körperhaltung und die Ernährung sehr genaue Vorschriften enthält. Joga wird heute insbesondere im Bereich der Relaxation, des autogenen und psychoregulativen Trainings sowie als Pausengymnastik angewandt. Seine Übungen sind v. a. durch extreme Körperkontrolle gekennzeichnet. Bekannte Übungen des Joga sind z. B. der Jogakopfstand und der Schneidersitz (Lotussitz).

Jogging [englisch 'dʒɔgɪŋ, zu to jog „trotten"]: ursprünglich in den USA Bez. für die dort entstandene Laufbewegung, die das Ziel verfolgt, fit zu werden bzw. zu bleiben; heute auch eine Trainingsform im Ausdauerbereich, bei der man völlig gelöst und bewußt locker in mäßigem Tempo läuft. Ein Jogger läuft wöchentlich regelmäßig 4- bis 7mal über selbst festgesetzte Distanzen (empfohlenes tägliches Minimum 1600 m) bis hin zur Marathondistanz. Ziel ist, während des Laufs den Puls auf etwa 75 % der Maximalrate zu bringen und zu halten. Dabei wird der gesamte Organismus (von der Muskulatur bis zum Gehirn) mit einem Optimum an Sauerstoff versorgt. Modische Übersteigerungen beim Jogging zeigen jedoch, daß auch hier sinnvolles Training erforderlich ist, v. a. um durch unsachgemäße Belastung der Gelenke mögliche orthopädische Schädigungen zu vermeiden.

Jolle [niederdeutsch]: offenes kleines, teilweise gedecktes, einmastiges Sportsegelboot mit Schwert, das im Unterschied zum Kielboot ballastlos und kenterbar (aber unsinkbar) ist und deshalb vorwiegend auf Binnengewässern gesegelt wird. Die Stabilität wird durch ↑Ausreiten der Besatzung erhöht. Da die Jollen viel Auftrieb besitzen, können sie nach einer Kenterung aufgerichtet und weitergesegelt werden. Nach der Segelfläche unterscheidet man verschiedene Klassen (u. a. Finn-Dingi, Flying Dutchman, H-Jolle, Korsar, Olympiajolle, Optimist, Pirat, Jollenkreuzer), die z. T. für nationale und internationale Regatten typisiert sind. Olympische Jollenklassen sind: Finn-Dingi (Einmannjolle), Flying Dutchman und Viersiebziger (Zweimannjollen).

Joule [nach DIN: dʒu:l, sonst auch: dʒaʊl; nach dem britischen Physiker James Prescott Joule (* 1818, † 1889)]: Einheitenzeichen J, gesetzliche SI-Einheit der Arbeit, Energie und Wärmemenge, auch der Energie, die dem Körper in Form von Nahrungsmitteln angeboten wird, die er verbrennt, um damit die Körperfunktionen aufrechtzuerhalten. Je mehr der Körper gefordert wird (z. B. bei sportlicher Betätigung), um so mehr Energie benötigt er. Die in der Nahrung enthaltene Energie wird in Joule bzw. Kilojoule (kJ; früher in Kalorien [cal] bzw. Kilokalorien [kcal]: 1 kcal = 4,1855 kJ, 1 kJ = 0,239 kcal) gemessen und ist abhängig von den jeweiligen Nahrungsbestandteilen. So können 10 g eines Nahrungsmittels sehr unterschiedlichen Nährwert haben: 10 g Fett ≙ 37 kJ, 10 g Eiweiß ≙ 17 kJ, 10 g Kohlenhydrate ≙ 17 kJ.

Judo [japanisch ju „ausweichen, sanft nachgeben" und do „Weg, Grundsatz"]: Sportart aus dem Bereich des ↑Budosports, ein Zweikampfsport mit Selbstverteidigungscharakter, bei dem der Gegner ohne Waffen kampfunfähig gemacht werden soll.

Sportstätte ist eine Kampffläche von 9 × 9 m (höchstens 10 × 10 m) aus festen, jedoch federnden Reisstrohmatten *(Tatami)*, umgeben von einer 1 m breiten Gefahrenzone.

Sportgerät ist die Kampfkleidung *(Judogi)*, eine reißfeste Kleidung in weißer Farbe, bestehend aus Jacke *(Kimono),* dreiviertellanger Hose *(Subon)* und ↑Gürtel *(Obi),* dessen Farbe den Rang (Leistungsstand, Grad, ↑Dan, ↑Kiu) des Kämpfers *(Judoka)* kennzeichnet.

Regeln (Auswahl): Die Wettkampfsprache ist japanisch. Der Wettkampf wird von einem Mattenrichter und zwei Außenrichtern geleitet. Die Wettkampfdauer beträgt (seit 1983) maximal drei Minuten. Die Wettkämpfer sind in Alters- und ↑Gewichtsklassen eingeteilt. Vor Kampfbeginn erfolgt die Begrüßung des Mattenrichters durch Verbeugen *(Rei).* Dann berühren sich die Gegner mit einem vorgeschriebenen Griff an den Jacken *(Kumi-Kata).* Der Kampf ist beendet, wenn ein Wettkämpfer einen ↑Ippon (Anzeige: 10 Punkte) erzielt oder nach Ablauf der Kampfzeit. Dann entscheidet die höhere Punktzahl über den Sieg. Als Punkte werden vergeben: halbe Punkte (*Wasa-Ari;* Anzeige: 7 Punkte), Vorteil (*Juko;* Anzeige: 5 Punkte) und kleiner Vorteil (*Koka;* Anzeige: 3 Punkte). Ein Kampf kann auch unentschieden ausgehen *(Hikiwake).* Nach mehreren Verwarnungen eines Kämpfers wegen Anwendung verbotener Techniken, Stößen und Tritten sowie absichtlichen Verlassens der Kampffläche kann eine Disqualifikation erfolgen.

Technik: Mit der Judotechnik soll durch Zug oder Druck (auch durch „Scheintechniken") das Gleichgewicht des Gegners gebrochen werden, um ihn überraschend auf die Matte zu werfen, entweder durch aktiven Angriff oder in der Verteidigung durch Weiterführen der Angriffsbewegungen des Gegners bis zu dessen Gleichgewichtsbrechung. Als Kampftechniken (mit zahlreichen Varianten) werden v.a. unterschieden: Wurftechnik (Nage-Wasa), Grifftechnik (Katame-Wasa), Standtechnik (Tatschi-Wasa) und Bodentechnik (Ne-Wasa).

Der Judosport ist gekennzeichnet durch einen ständigen und raschen

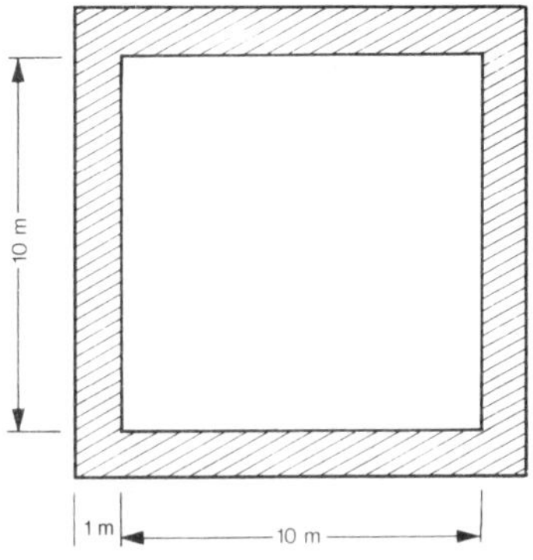

Judo. Kampffläche

Wechsel zwischen Angriff und Verteidigung. Die Abwehrmaßnahmen richten sich nach der jeweiligen Angriffstechnik des Gegners.

Judo ist nicht nur eine Sportart, sondern muß auch als ein philosophisches und ethisches System verstanden werden. Es zielt auf Harmonie durch völlige Selbstbeherrschung, äußerste Konzentration und blitzschnelles Reagieren. Die im Hintergrund stehende Philosophie des Zen gibt vor, daß die körperliche und geistige Reife in Übereinstimmung mit den natürlichen Gesetzmäßigkeiten zu bringen ist. Somit ist Judo auch eine Sportart, in der es zu einer Integration motorischer, kognitiver und affektiver Elemente kommt.

Geschichte: Judo stammt aus dem altjapanischen Schwertadel der Samurai und der Disziplin des ↑Jujutsu. Die heutige Form des Judo wurde Ende des 19. Jahrhunderts von Dschigoro Kano (* 1860, † 1938) entwickelt. 1906 wurde Judo erstmals von Japanern in Deutschland vorgeführt. Als Kampfsportart war es jedoch zunächst nur als Jiu-Jitsu in Deutschland offiziell eingeführt. 1945–48 wurde es von den Besatzungsmächten verboten. Nach der erstmaligen Aufnahme ins olympische Programm (1964; seit 1972 ständig) hat sich Judo schnell verbreitet und wird heute auch von Damen betrieben. Seit 1956 gibt es Welt-, und seit 1959 Europameisterschaften. – Judo wird in der Bundesrepublik Deutschland vom *Deutschen Judo-Bund* (DJB; gegründet 1956; Sitz Frankfurt am Main) betreut, international von der *International Judo Federation* (IJF; gegründet 1954; Sitz Tokio).

Jugendabteilung: Untergruppe in Sportvereinen, die den Sport der Jugendlichen bis zu 18 Jahren betreut. Die Jugendabteilungen sind meist nach Sportarten getrennt und werden von einem ausgebildeten ↑Jugendwart geleitet.

Jugendklassen ↑Altersklassen.

Jugendleiter ↑Jugendwart.

Jugendmeisterschaften: sportliche Meisterschaftswettbewerbe für Jugendliche von 14–18 Jahren, die entweder in Jugendklassen (z. B. B-Jugend: 15–16 Jahre, A-Jugend: 17–18 Jahre) oder in Jahrgangsklassen (↑Jahrgangsmeisterschaften) eingeteilt sind.

Jugendsport: nach der Altersgruppe der Ausübenden benannter Sportbereich, der viele Sportarten einschließt. In den verschiedenen Periodisierungsversuchen des Jugendalters werden im allgemeinen unter Berücksichtigung körperlicher, seelischer und sozialer Reifevorgänge das 15. Lebensjahr als untere und das 24./25. Lebensjahr als obere Grenze angesehen. Aufgrund der Wettkampfbestimmungen der Sportverbände „endet" im Sport die Jugend mit dem vollendeten 18. Lebensjahr, es folgt dann das Alter der **Junioren** (18.–21. Lebensjahr). – Der Jugendsport wird in der Bundesrepublik Deutschland von der ↑Deutschen Sportjugend betreut.

Jugend trainiert für Olympia [...trɛ:...]: 1969 eingeführter sportlicher Wettbewerb für Schulmannschaften in der Bundesrepublik Deutschland. In elf Sportarten finden Ausscheidungen auf regionaler und Landesebene in 3–4 Wettkampfklassen statt. Die Landessieger nehmen am Finale im Frühjahr und Herbst in Berlin teil. Das Finale im Winter findet abwechselnd in Baden-Württemberg, Bayern und Niedersachsen statt.

Jugendwart (Jugendleiter): Sportfunktionär im Bereich der Jugendbildung in Sportvereinen und -verbänden, der die ↑Jugendabteilungen leitet; er wird durch die dem *Deutschen Sportbund* angeschlossenen Verbände ausgebildet. Der Jugendwart hat neben dem ↑Übungsleiter, dem Vereinssportlehrer und dem ↑Trainer eine wesentliche Funktion in Sportverein und -verband. Er soll nach Möglichkeit von den Jugendlichen gewählt werden.

Jujutsu (Ju-Jutsu) [japanisch ju „sanft nachgeben, ausweichen" und jutsu „Kunst, Kunstgriff"]: japanische Form der Selbstverteidigung, Grundlage aller Arten des ↑Budosports. Seine Entstehung reicht bis in das antike China zurück. V. a. aber die japanischen Ritter (Samurai) wurden in dieser Kriegskunst unterwiesen, deren Ziel es war, den Gegner durch Würfe, Hebel, Würgegriffe, Schläge, Stöße und Tritte kampfunfähig zu machen oder zu töten. In Europa wurde Jujutsu zunächst als **Jiu-Jitsu** bekannt. 1968 wurde es in seiner alten Form vom *Deutschen Judo-Bund* zu einer modernen Selbstverteidigungsform reformiert, wobei Elemente aus ↑Aikido, ↑Judo und ↑Karate zusammengefaßt wurden. Der Name lautet deshalb bisweilen auch *Jukaraido.* Man unterscheidet für die Notwehr „harte" und „weiche" Techniken. „Harte" Techniken sind u. a.: Schläge, Stöße und Tritte gegen schmerzempfindliche Körperstellen sowie Wurftechniken, „weiche" Techniken sind: Block-, Sperr-, Hebel- und Würgetechniken sowie Festlege- und Transportgriffe. Diese Techniken sollen möglichst ohne Einsatz von Kraft und Gewalt angewandt werden, ihre Güte steht im Vordergrund. Die Übenden *(Jujutsuko)* tragen spezielle Kleidung *(Jujutsugi).* Die Rangstufen sind die der anderen Budosportarten. – Jujutsu spielt bei der Ausbildung in Militär und Polizei eine Rolle. Es wird von den nationalen Judoverbänden in eigenen Sektionen betreut. Es gibt keine internationalen Wettkämpfe.

Junioren [lateinisch „die Jüngeren"] ↑Jugendsport, ↑Altersklassen.

Jury [ʒyˈriː, ˈʒyri, englisch ˈdʒʊərɪ] ↑Schiedsgericht.

K

Kaatsen [niederländisch, aus pikardisch cache „Jagd"]: volkstümliches Ballspiel in den Niederlanden (Friesland) und in Belgien, entstanden aus dem pikardischen Cache, der Urform des Tennis im 13. Jahrhundert. Kaatsen wird heute als *friesisches* und *belgisches* Kaatsen mit geringfügigen Unterschieden im Regelwerk gespielt. – *Spielgedanke* ist, einen Ball von der Größe eines Tischtennisballs (Gewicht 22 g) mit der Handfläche so aufzuschlagen, daß es der Rückschlagpartei schwer fällt, den Ball entweder volley oder nach einmaligem Aufspringen zurückzuschlagen. Gewertet wird wie im Tennis. Kaatsen wird von (auch gemischten) Dreiermannschaften (friesisch) auf einer 60 × 32 m großen Rasenfläche gespielt oder von Fünfermannschaften (belgisch) auf einem 72 m langen Spielfeld, dessen durch eine Mittellinie getrennte Spielfeldhälften jeweils ein Trapez bilden. – Dem Kaatsen verwandte Spiele sind das schwedische Perkspelet (auf Gotland) und das baskische Rebote.

Kader [französisch cadre, von italienisch quadro, eigentlich „Rahmen, Einfassung" (zu lateinisch quadrus „viereckig, Viereck")]: 1. Bez. für die Zusammenfassung von Sportlern v. a. nach ihrer sportlichen Leistung (Leistungskader). Die Einteilung in Kader erfolgt auf verschiedenen Ebenen (Bund, Land, Kreis) und in entsprechenden Leistungsabstufungen (A-, B-, C-, D-Kader). – „Kader" wird v. a. in den mittel- und osteuropäischen Volksdemokratien sehr oft verwendet (Kaderausbildung); – 2. Teil des Spielfelds beim Karambolagebillard (↑Billard).

Kajak [eskimoisch]: ursprünglich ein geschlossenes, zur Jagd verwendetes Boot der Eskimos; heute ein Bootstyp im ↑Kanusport, der in zwei Klassen eingeteilt ist: *Rennkajak* (aus Holz, mit Flossen- oder Hecksteuer, in je nach Besatzungsstärke unterschiedlichen Abmessungen) und *Slalom-* und *Wildwasserkajak*

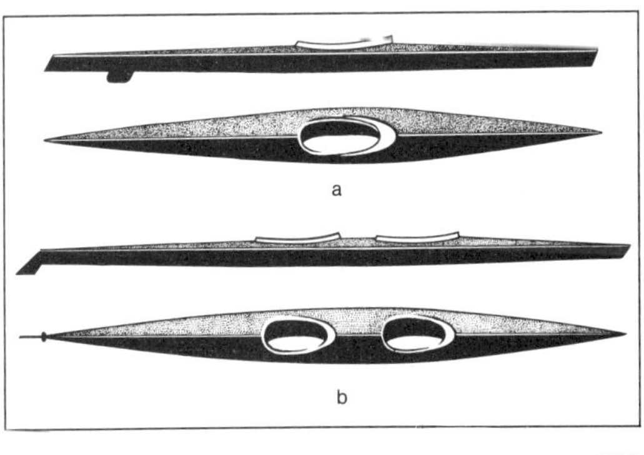

Kajak. a Einerkajak, b Zweierkajak

(aus Kunststoff, ohne Steuer, unsinkbar, mit Halteschlaufen und Spritzdecke, ohne Gewichtsbegrenzung, unterschiedliche Maße für Slalom- und für Wildwasserkajak). Nach der Besatzungsstärke unterscheidet man Einerkajak (K1), Zweierkajak (K2), Dreierkajak (K3) und Viererkajak (K4). Slalom- und Wildwasserkajaks sind immer Einerkajaks.

Kalenderkongreß [lateinisch]: Tagung (Kongreß) der internationalen Sportfachverbände zur reibungslosen Abstimmung der Termine für nationale und internationale Sportveranstaltungen.

Kaliber [französisch calibre, von arabisch qālib „Modell, Form", eigentlich „Schusterleisten"]: 1. im *Pferdesport* das Körpermaß bei Pferden; – 2. im *Schießsport* der Innendurchmesser des Laufs eines Gewehres oder einer Pistole sowie der Außendurchmesser eines Geschosses, meist angegeben in mm oder Zoll. Waffen mit einem Kaliber bis .22 (0,22 Zoll = 5,6 mm) werden als *Kleinkaliberwaffen* (KK-Waffen) bezeichnet.

Kalium [arabisch]: chemisches Symbol K, lebenswichtiges Mineral, das sowohl in Getreide, Obst, Gemüse, Fisch und Fleisch als auch in Milchprodukten enthalten ist und bei Mischkost dem Körper in ausreichendem Maß zugeführt wird. Es wird aus dem Dünndarm resorbiert und in die Blutbahn aufgenommen. Ein Kaliumüberschuß kann über Darm und Nieren ausgeschieden werden, um den Kaliumspiegel im Blut konstant zu halten. Kalium ist wichtig für das Leben der Zelle und reguliert die Durchlässigkeit ihrer Wand.

Kalokagathia [griechisch, aus kalós „schön", kaí „und" und agathós „gut, edel"]: Bildungsideal der Einheit von leiblicher Schönheit und geistig-sittlicher Vollkommenheit, „Gutheit" (v.a. des Mannes) in der griechischen Antike, Leitvorstellung der griechischen Gymnastik, bis diese in die berufsmäßige ↑Athletik und die ausschließlich gesundheitsorientierte ↑Diätetik zerfiel.

Kalzium [zu lateinisch calx, calcis „Kalkstein, Kalk"] (Calcium): chemisches Symbol Ca, chemisches Element aus der Reihe der Erdalkalien. Es hat Bedeutung für den Stoffwechsel des menschlichen Organismus. Maßgeblich beteiligt ist Kalzium bei der Membranstabilisierung und bei der Muskelkontraktion (↑Kontraktion). Es ist wesentlicher Bestandteil des Knochens und wird dem Körper durch verschiedene Nahrungsmittel, z. B. Milch und Käse, zugeführt. Bei Kalziummangel wird zunächst auf die Depots im Knochen zurückgegriffen, wodurch eine Überbrückung möglich ist. Bei längerem Mangel jedoch wird der Knochen „weich" und läuft Gefahr zu brechen. Auch bei Rachitis, einer Knochenerkrankung, kann Kalziummangel eine Rolle spielen.

Kammgriff ↑Hauptgriffarten.

Kampf [wohl von lateinisch campus „Feld, Schlachtfeld"]: *allgemein* jede Auseinandersetzung zweier oder mehrerer (feindlicher) Parteien; im *Sport* integraler Bestandteil eines jeden Wettbewerbs (Wettkampfs), der immer nach von den Sportverbänden aufgestellten Regeln abläuft, so daß die Parteien zwar stets Gegner, nie aber Feinde sind. Der kämpferische Charakter des Sports wird jedoch besonders deutlich in den sogenannten ↑Kampfsportarten und in den *Kampfspielen,* d.h. Mannschaftsspielen, in denen Körperkontakt stattfindet (z.B. Fußball, Handball, Hockey, Eishockey, Rugby). Das Kämpfen ist neben dem Üben, Leisten, Trainieren, Spielen, Gestalten eine grundlegende Auspägungsform von Leibesübungen und Sport. Die Kampfführung als die Gestaltung des Wettkampfs (↑Taktik) spielt eine zentrale Rolle für die erfolgreiche Beendigung eines Wettbewerbs.

Kampfrichter: Person, die bei sportlichen Wettkämpfen die Einhaltung der entsprechenden Wettkampfbestimmungen überwacht und (v.a. in den Individualsportarten) die erbrachte Leistung feststellt (z. B. in der Leichtathletik) oder durch Punktevergabe (z. B. im Geräteturnen) bewertet († auch Punktrichter). Der Kampfrichter ist meist Mitglied eines Kampfgerichts († Schiedsgericht). In den Sportspielen heißt der Kampfrichter † Schiedsrichter.

Kampfsportarten: Bez. für eine Gruppe von Sportarten, die hauptsächlich durch den unmittelbaren Kampf „Mann gegen Mann", meist mit Körperkontakt, gekennzeichnet sind. Dazu zählen die *Kampfspiele* († Kampf), die *Partnersportarten,* in denen Partner gegen Partner antritt (z. B. Tennis), v. a. aber die *Zweikampfsportarten* (z. B. Boxen, Ringen, Fechten und alle Disziplinen des † Budosports).

Kanadier (Canadier): ursprünglich ein Boot mit hoch gerundetem Steven, das von den nordamerikanischen (kanadischen) Indianern benutzt wurde; heute eine Kategorie von Booten im † Kanusport, die kein Steuersystem haben und in kniender Stellung mit Stechpaddeln gefahren werden. Man unterscheidet folgende Typen: Einerkanadier (C1), Zweierkanadier (C2), gemischte Zweierkanadier (C2-Mix), Siebenerkanadier (C7, 6 Fahrer, 1 Steuermann) und Achterkanadier (C8, nur national). Diese Bootstypen sind in drei Gruppen eingeteilt: *Rennkanadier* (nur teilweise bedeckt, vorgeschriebene Höchstlänge, Mindestbreite und -gewicht für die einzelnen Typen), *Slalom-* und *Wildwasserkanadier* (durch geschlossenes Oberdeck unsinkbar; Halteschlaufen, vorgeschriebene Mindest- und Höchstlänge und Mindestbreite, keine Gewichtsbeschränkung) und *Wanderkanadier* (für bis zu 10 Fahrer). Bei Wanderfahrten werden auch Kanadier mit Motoren (Motorkanus) gefahren.

Kante: Teil von in manchen Wintersportarten verwendeten Sportgeräten: 1. im *alpinen Skilauf* die an den Außenseiten der Laufflächen der Ski angebrachten Stahlwinkel; für die Fahrtechnik kommt hier der Innenkante des Talskis und der Außenkante des Bergskis besondere Bedeutung zu, da deren situationsgerechter Einsatz entscheidend für das Kurvenfahren ist; – 2. im *Rennrodelsport* die schräggestellte, verstellbare, einige mm breite Lauffläche (Laufkante) des Schlittens; – 3. im *Eiskunstlauf, Eistanz* und *Eisschnellauf* die durch Hohlschliff der Kufen entstandenen Laufkanten der Schlittschuhe; Belastung der Innenkante ergibt einen Einwärtsbogen, der Außenkante einen Auswärtsbogen; der saubere Einsatz der Kanten (Kantenreinheit) ist entscheidend für eine klare Figurenzeichnung beim Laufen v. a. der Pflichtfiguren.

Kantersieg [englisch canter „leichter Galopp"]: 1. im *Pferdesport* der mühelose Sieg eines Pferdes; – 2. *übertragen* der mühelose, hohe Sieg in einem Sportspiel.

Kanu [karibisch-englisch]: ursprünglich ein leichtes, kielloses Boot der nord- und mittelamerikanischen Indianer (von Christoph Kolumbus [* 1451, † 1506] als „Canoa" aufgezeichnet), aus ausgehöhlten Baumstämmen oder aus Baumrinden oder Tierhäuten, die über einen Holzrahmen gespannt wurden; aus dem Kanu haben sich Kajak, Kanadier und Faltboot entwickelt. – † Kanusport.

Kanusport (umgangssprachlich auch: Paddeln, Paddelsport): in Kanus († Kajak, † Kanadier, † Faltboot) betriebener Wassersport in verschiedenen Formen:

1. **Wanderfahrten** im Rahmen des Freizeit- und Breitensports mit dem Faltboot (heute meist Kunststoffboot) ohne Wettkampfcharakter (auch als Motorkanusport). – 2. **Kanuslalom:** Geschwindigkeitswettbewerb für Kajak oder Kanadier über eine bis 800 m lange Slalomstrecke, die Wildwassercharakter haben und mit natürlichen oder künstlichen Hindernissen (25–30 Tore mit einer Breite von 1,20–3,50 m) bestückt sein muß, die vorwärts, aufwärts (gegen die Strömung) und rückwärts (mit dem Heck zuerst) durchfahren wer-

den müssen. Unkorrektes Passieren der Hindernisse ergibt Strafpunkte. Beim Kanuslalom ist das Tragen von Kopfschutz und Schwimmweste vorgeschrieben. Kanuslalom wird im Einerkajak (Damen und Herren), im Einer- und Zweierkanadier (Herren) und im gemischten Zweierkanadier ausgetragen. Es gibt Einzel- und Mannschaftswertungen. – 3. **Kanurennsport:** Auf einer Regattastrecke sind verschiedene Distanzen (500–10000 m) mit Kajak oder Kanadier (einfach oder mehrfach besetzt) möglichst schnell zu durchfahren. – 4. **Kanusegeln:** mit einem, vom Kanu abstammenden, starren Kleinsegelboot, das von einem Fahrer gesteuert wird, gefahrenes Geschwindigkeitsrennen über unterschiedliche Distanzen. Das beim Kanusegeln gefahrene Boot gilt als schnellstes Einhandsegelboot; es erreicht Geschwindigkeiten bis zu 26 Knoten (48 km/h). – 5. **Kanupolo:** Zwei Mannschaften zu je sechs Spielern (und drei Auswechselspieler) versuchen, vom Boot aus mit Paddel, Händen oder Boot einen Plastik- oder Gummihohlball (Gewicht 350–450 g, Umfang 65–67 cm) in das gegnerische Tor zu treiben. Der Ball darf höchstens drei Sekunden gehalten werden. Das Spielfeld ist eine abgegrenzte Wasserfläche zwischen 70–90 × 40–50 m; das Tor ist 4 m breit und 1,50 m hoch. Beim Kanupolo werden nur Einheitsboote aus Kunststoff verwendet (Länge 3,50 m, Breite 70 cm, Mindestgewicht 12 kg). – 6. ↑Wildwasserrennen.

Die **Technik** des Kanusports zielt v. a. auf das Gewinnen eines möglichst schnellen Vortriebs durch Schläge mit dem ↑Paddel sowie auf Steuerungsmanöver mit dem Boot und das Verhalten beim Kentern (↑auch Kenterrolle).

Geschichte: Erste Paddelbootformen sind aus Polynesien, Asien und Ägypten sowie bei den Indianern Nord- und Mittelamerikas bekannt. In Deutschland wurden um 1850 erstmals Kanus zum Flußwandern benutzt. Ab 1885 entstanden die ersten deutschen Kanuklubs. Wettkampfmäßig wird der Kanusport seit Anfang des 20. Jahrhunderts betrieben: Erste deutsche Meisterschaften im Kanusport fanden 1919, erste Weltmeisterschaften 1938 (im Kanurennsport) statt. Kanurennsport ist seit 1936, Kanuslalom seit 1972 olympische Disziplin. – Der Kanusport wird in der Bundesrepublik Deutschland vom *Deutschen Kanu-Verband* (DKV; gegründet 1914, Sitz Kassel) betreut, international von der *Fédération Internationale de Canoe* (FIC; gegründet 1946, Sitz Belgrad).

Kapazität, aerobe ↑aerobe Kapazität.

Kapazität, anaerobe ↑anaerobe Kapazität.

Kapillarisierung [zu lateinisch capillus „Haupthaar“]: Versorgung eines Gewebes mit feinsten Blutgefäßen (Kapillaren), in denen der Gasaustausch zwischen Blut und Gewebe stattfindet. Der Grad der Kapillarisierung wird durch erhöhte Beanspruchung des Organs auf Dauer vermehrt, die Versorgung (z. B. von Muskeln) mit Blutsauerstoff kann also durch gezieltes Training verbessert werden. Von Natur aus ist die Gefäßversorgung verschiedener Organe oder Muskeln unterschiedlich ausgeprägt.

Kapitolien ↑antike Festspiele.

Kappe: 1. in verschiedenen Sportarten vorgeschriebene Kopfbedekkung, die entweder dem Schutz (Sturzkappe), z. B. im Radsport oder beim Trabrennen, oder der Mannschaftsunterscheidung (z. B. im Wasserball) dient oder einfach Bestandteil der traditionellen Kleidung ist (z. B. im Pferdesport); – 2. Bez. für den eigentlichen Fallschirm (ohne Fangleinen und Gurtzeug) im ↑Fallschirmsport.

Karate [japanisch, eigentlich „leere Hand“]: zum ↑Budosport zählende moderne waffenlose Zweikampfsportart sowie ein Selbstverteidigungssystem auf der Basis von verschiedenen Schlag-, Stoß- und Tritttechniken.

Sportstätte ist eine Matte von 8 × 8 m (höchstens 10 × 10 m).
Regeln (Auswahl): Ein Wettkampf wird von einem Kampfrichter und 2–4 Außenrichtern geleitet und bewertet. Die Kampfzeit beträgt 2–3 Minuten. Die Kampfsprache ist japanisch. Die Kämpfer *(Karateka)* tragen reißfeste Kleidung *(Karategi)*, bestehend aus Hose, Jacke, Tiefschutz und Gürtel. Alle Angriffe werden mit optimaler Kraftkonzentration gegen vitale Körperstellen geführt. Man unterscheidet drei verschiedene Stilrichtungen: *traditionelles Karate* (alle Angriffe werden kurz vor dem Ziel gestoppt), *Leichtkontaktkarate* (kontrollierte Treffer sind möglich) und *Vollkontaktkarate* (die Angriffe dürfen voll ausgeführt werden; hier ist das Anbringen von Schutzvorrichtungen vorgeschrieben). Ein *Tschimei* (ein im Ernstfall unter Umständen tödlicher Stoß oder Tritt) beendet den Kampf, bei dem jede Verletzung des Gegners durch Disqualifikation bestraft wird. Abwehrtechniken *(Uke-Wasa)* werden nicht bewertet.
Technik: Grundlage der Technik sind schnelle und konzentriert ausgeführte Bewegungen als Schläge/Stöße mit Hand, Faust, Handkante oder Ellbogen und Tritte mit Fuß oder Knie. In den einzelnen Ausführungsarten gibt es zahlreiche Varianten. – Das spektakuläre Zertrümmern von Gegenständen *(Tamaschiwari)* dient nur zur Kontrolle der Schlag- bzw. Trittkraft.
Geschichte: Karate hat seinen Ursprung etwa um 500 v. Chr. in China und entwickelte sich ab etwa 1600 auf der Insel Okinawa weiter. Das moderne Karate wurde von Gitschin Funa Koschi (* 1869, † 1957) begründet und in Europa eingeführt. In der Bundesrepublik Deutschland wird Karate seit 1957 als Sport betrieben (seit 1966 deutsche Meisterschaften), das vom *Deutschen Karate-Verband* (DKV; gegründet 1976, Sitz Staufen im Breisgau) betreut wird, international von der *World Union of Karatedo Organisations* (WUKO; gegründet 1970, Sitz Tokio) und von der *International Amateur Karate Federation* (IAKF; gegründet 1974, Sitz Los Angeles). Weltmeisterschaften werden seit 1970 ausgetragen.

kardiopulmonales System: Funktionseinheit von Herz (griechisch kardía) und Lunge (lateinisch pulmo). Gemeinsame Aufgabe ist der Gasaustausch der Gewebe. Die Lunge reichert das Blut mit Sauerstoff (O_2) an und atmet das Kohlendioxid (CO_2) ab; das Herz pumpt das mit O_2 angereicherte Blut zu den Geweben, wo bei der Energiegewinnung O_2 verbraucht wird und CO_2 entsteht, das im Blut gebunden wird und in den Venen zum Herzen zurückfließt, von wo es in die Lunge gepumpt wird.

Karte: in verschiedenen Sportarten (z. B. Fußball, Handball) verwendetes Mittel, schwerwiegende Regelverstöße deutlich (auch für die Zuschauer erkennbar) anzuzeigen: 1. **gelbe Karte:** Verwarnung; 2. **rote Karte:** Hinausstellung für den Rest der Spielzeit; die rote Karte wird gezeigt, wenn (nach Sportart verschieden) bereits eine oder mehrere Verwarnungen durch eine gelbe Karte angezeigt wurden oder bei sehr schweren Regelverstößen ohne vorangegangene Verwarnung. Die Regelwerke der einzelnen Sportarten legen fest, ob und für wie lange ein Spieler, der mehrere gelbe oder eine rote Karte erhalten hat, für weitere Wettkämpfe gesperrt wird.

Kartsport ['ka:t...; englisch, zu cart „Karren, Wägelchen"] (Go-Kart): motorsportlicher Rennwettbewerb mit Kleinstrennwagen („Auf-und-davon-Fahrzeugen"; Hubraum: 100, 125, 135, 200, 250 cm^3; Länge maximal 182 cm, Breite 101–127 cm, Luftreifen ohne Profil mit 22–24 cm Durchmesser). Die Kraftübertragung erfolgt ohne Differential nur auf die Hinterräder. Die Bahnen (aus Beton oder aus Asphalt) sind 400–1 200 m lang und 6–10 m breit. Es werden Geschwindigkeiten bis zu 264 km/h (Weltrekord) erreicht. Entstanden ist der Kartsport durch eine

Konstruktion des amerikanischen Rennfahrers A. Ingels, der 1957 für seinen Sohn auf ein Flachfahrgestell den Motor eines Rasenmähers und einen alten Autositz aufbaute. Heute gibt es bereits Europa- und Weltmeisterschaften. Fahrerlizenzen werden von den Motorsportverbänden vergeben. Der Kartsport wird in der Bundesrepublik Deutschland vom *Kart-Club von Deutschland* (KCD; gegründet 1960, Sitz Frankfurt am Main) betreut, international von der *Commission Internationale de Karting* (CIK, gegründet 1964, Sitz Paris).

Kasten: Turngerät, das Pe[h]r Henrik Ling (* 1776, † 1839) in die schwedische Gymnastik einführte und von Hugo Rothstein (* 1810, † 1865) in Deutschland bekannt gemacht wurde. Der Kasten besteht aus mehreren Rahmenelementen, die ineinandergesteckt werden und so die Höhe variieren können. Das oberste Element ist ledergepolstert. Der Kasten ist heute im Schul- und Vereinsturnen sehr verbreitet. Er dient sowohl als Vorstufe zum Springen am Längspferd als auch v.a. der Sprungkraftschulung. Aufgrund seiner Bauweise ist der Kasten im Sportunterricht auch in seinen Einzelteilen vielseitig verwendbar (z. B. bei der Ausrüstung einer Hindernisbahn).

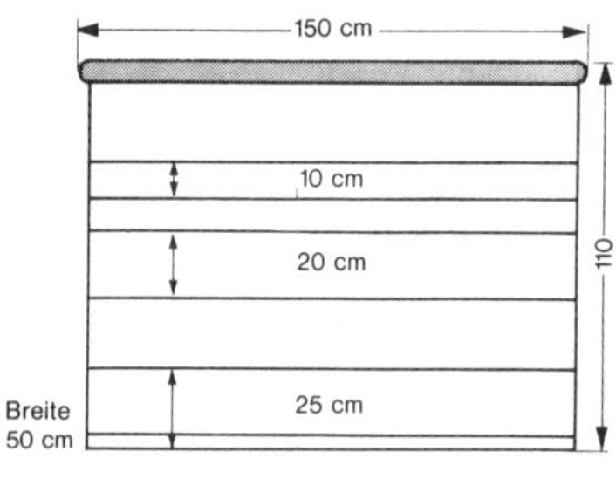

Kasten

Katamaran [tamilisch-englisch]: Zweirumpfsegelboot, bei dem die Rümpfe durch Querstreben und Mitteldeck miteinander verbunden sind. Bereits bei den Polynesiern sind Doppelkanus bekannt. 1876 wurden die ersten Katamarane in den USA gebaut. Populärer wurde der Bootstyp ab etwa 1960 (1976 erstmals olympische Segelklasse). Der Katamaran zeichnet sich durch hohe Stabilität aus und erreicht große Geschwindigkeiten. Man unterscheidet: *Internationaler A-Katamaran* (Einmannboot) und *Tornado-Katamaran* (Zweimannboot). – Es gibt auch vergleichbare Boote mit drei Schwimmkörpern (Trimaran).

Katholischer Internationaler Sportverband (französisch Fédération Internationale Catholique d'Education Physique et Sport [FICEP]): 1911 gegründeter Zusammenschluß nationaler katholischer Sportverbände (Sitz Paris). Die FICEP organisiert internationale Meisterschaften in verschiedenen Sportarten.

Kegel-Carambol [französisch carambole „Billardkugel"] (Kegelspiel): Mischform aus Kegeln und ↑Billard, die v.a. in Skandinavien und in der DDR gespielt wird. – Auf einem Billardtisch (90 × 180 cm) werden in der Mitte fünf Kegel (Höhe 10,5 cm, Durchmesser am Fuß 13 mm) auf Markierungspunkte aufgesetzt, die das Bild der „Fünf" eines Spielwürfels darstellen (wenn Punkte dieses Bilds im Verlauf des Spiels durch Bälle besetzt sind, werden bestimmte Ersatzbilder gestellt). Es gilt, diese Kegel durch indirekte Stöße mit den Bällen umzuwerfen. Ein Spiel wird auf 50 oder 100 Stoß angesetzt. Jeder gefallene Kegel zählt einen Punkt, der allein gefallene Mittelkegel zwei Punkte. Sieger ist, wer die meisten Punkte erzielt hat, d. h. die meisten Kegel (die nach jedem Stoß wieder auf ihre [Ersatz]markierungen gesetzt werden) umgeworfen hat. – Seit 1970 werden Europameisterschaften im Kegel-Carambol ausgetragen.

Kegelsport (Kegeln): als Ausgleichs- und Wettkampfsport von Damen und Herren betriebenes Kugelspiel, bei dem es gilt, eine Kugel

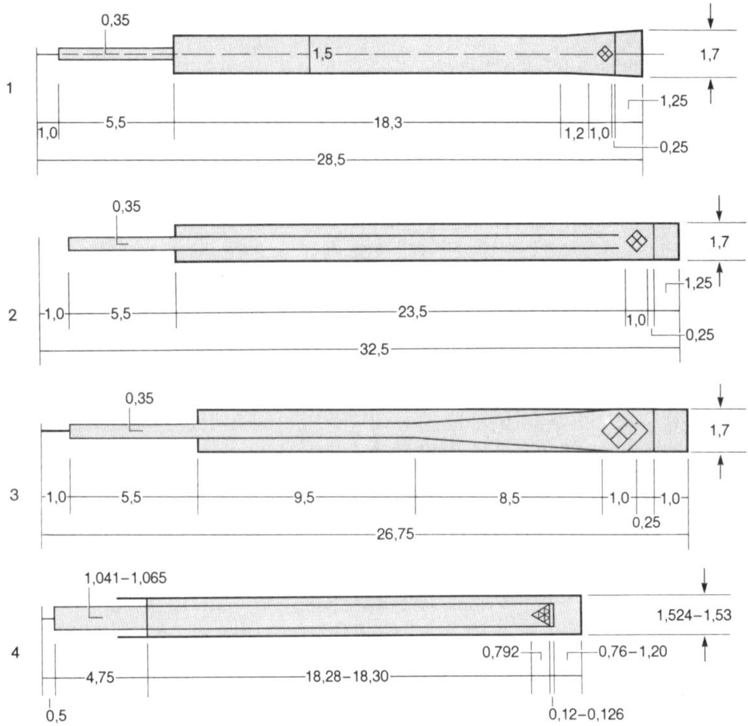

Kegelsport. 1 Asphaltbahn, 2 Bohlenbahn, 3 Scherenbahn, 4 Bowlingbahn

mit gezieltem Schwung so zu werfen, daß sie über die vorgeschriebene Bahn rollt und möglichst viele der am Ende der Bahn aufgestellten Kegel umwirft.

Der Kegelsport wird je nach Konstruktion der **Sportstätte**, der *Kegelbahn,* in vier Varianten betrieben. Alle Bahnen bestehen aus Anlauf (kann fehlen), Aufsatzbohle (Aufsatzfläche), Lauffläche, Kegelstand und Kugelfanggrube mit Prellpolster. Dazu kommen ein Kugelrücklauf (mit Auffangkasten), eine heute meist vollautomatische Kegelaufstellvorrichtung und eine elektrische Bildanzeige, die nach jedem Wurf das Kegelbild darstellt.

1. **Asphaltbahn:** Die Gesamtlänge der Anlage (einschließlich Anlauf) beträgt 28,50 m. Die Aufsatzbohle ist 5,50 m lang und 35 cm breit und mit Linoleum belegt. Die völlig ebene Lauffläche besteht aus Asphalt oder Kunststoff, ist bis zum vorderen Kegel 19,50 m lang und bis 1,20 m vor dem Kegelstand 1,50 m breit, verbreitert sich dann nach beiden Seiten auf eine Gesamtbreite von 1,70 m. Auf die Lauffläche ist eine Mittelfluchtlinie gezeichnet. Die Kugelfanggrube ist 1,25 m lang, 1,70 m breit und bis 24 cm tief. Der Kegelstand (Vierpaß) ist ein, in Laufrichtung gesehen, auf der Spitze stehendes Quadrat, dessen Diagonalen 1 m lang sind, und endet 25 cm vor der Grube. Die neun Kegel stehen auf den Ecken des Quadrats, auf den Schnittpunkten der Seitenhalbieren-

den mit den Seiten und auf dem Mittelpunkt.
2. **Bohlenbahn:** Gesamtlänge der Bahn: 32,50 m; Aufsatzbohle und Kegelstand wie bei der Asphaltbahn. Die Lauffläche bis zum Kegelstand ist 23,50 m lang und 35 cm breit, hat eine Steigung von 10 cm und ist bis zu 4,5 mm tief gekehlt.
3. **Scherenbahn:** Gesamtlänge der Bahn: 26,75 m; Aufsatzbohle und Kegelstand wie bei der Asphaltbahn. Die Lauffläche bis zum Kegelstand ist 18,50 m lang, bis zur Länge von 9,50 m 35 cm breit und verbreitert sich dann nach beiden Seiten auf 1,25 m. Sie weist eine Steigung von 10 cm auf und ist bis zu 3,5 mm tief gekehlt. – Die Aufsatzbohlen der Bohlen- und Scherenbahn bestehen aus unpoliertem, die Laufflächen aus poliertem Parkett. Alle Bahnen sind durch Banden begrenzt. Ihre Gesamtbreite beträgt 1,70 m.
4. **Bowlingbahn:** Die Gesamtlänge der Bahn beträgt 25,00–25,50 m. Die Aufsatzfläche ist mindestens 4,57 m

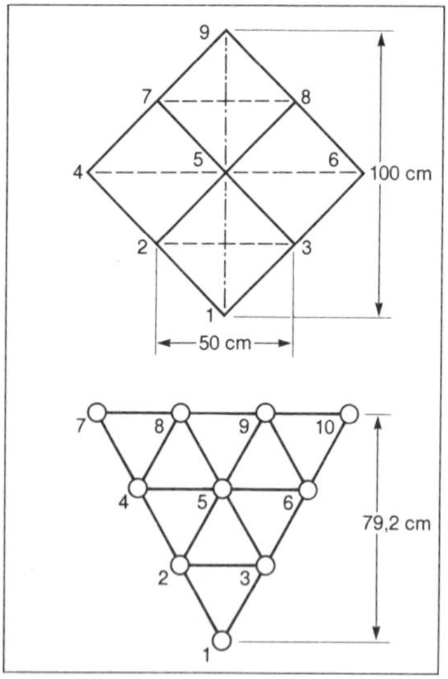

Kegelsport. Kegelstand (oben: Asphalt-, Bohlen-, Scherenbahn; unten: Bowlingbahn)

lang und 1,53 m breit. Sie besteht aus unpoliertem Parkett. Die Lauffläche aus poliertem Parkett ist bis zur Kugelfanggrube etwa 18,30 m lang und 1,041–1,065 m breit. Sie ist völlig eben und auf beiden Seiten mit einer Ablaufrinne (Breite 23 cm, Gefälle 4,5 cm) versehen, die fehlgeworfene Kugeln in die Fanggrube führt. Der Kegelstand bildet ein gleichseitiges Dreieck (Höhe 79,2 cm), dessen Spitze gegen die Laufrichtung zeigt. Auf den Schnittpunkten der in einem Abstand von 26,4 und 52,8 cm zu jeder Dreiecksseite gezogenen Parallelen, auf deren Schnittpunkten mit den Seiten und auf den Spitzen des Dreiecks stehen die insgesamt zehn Kegel. Der Abstand zwischen Kegelstand und der Fanggrube beträgt 12,0–12,6 cm. – Bei allen vier Bahnen sind die Kegel, beginnend mit dem auf der dem Kegler zugewandten Spitze des Kegelstands stehenden, dann jeweils von links nach rechts durchnumeriert.

Sportgerät sind Kegel und Kugel. Die *Kegel* für die *Asphalt-, Bohlen-* und *Scherenbahn* sind 40 cm (der Mittelkegel 43 cm) hoch, haben einen maximalen Durchmesser von 10 cm in Auftreffhöhe der Kugel, der sich dann flaschenhalsartig auf 5 cm verjüngt und dann wieder auf 8,6 cm vergrößert. Der kugelförmige, abgeplattete Kegelkopf hat einen Durchmesser von 4,5 cm, die Standfläche des Kegels von 6,5 cm. Im Mittelpunkt der Standfläche ist eine abgefederte Stahlkugel eingelassen, die in eine entsprechende Höhlung auf dem Kegelstand paßt, um ein exaktes Aufstellen der Kegel zu gewährleisten. Das Gewicht der Kegel beträgt 1750–1800 g, der Mittelkegel (König) darf bis zu 50 g schwerer sein. – Der Kegel beim *Bowling,* hier *Pin* genannt, ist 38,1 cm hoch und hat die Form einer bauchigen Flasche (größter Durchmesser 12,1 cm, Halsdurchmesser 4,2 cm, Durchmesser des halbkugelförmigen Kopfs 6,4 cm). Das Gewicht des Pins beträgt 1450–1530 g. Die Standfläche (Durchmesser 5,7 cm) hat eine zentrische Bohrung zur Aufnahme eines entsprechenden Stifts auf dem Kegelstand. – Die Kegel aller Spielarten bestehen aus Hartholz, die Pins beim Bowling sind mit Kunststoff ummantelt. – Die *Kugeln* aller Spielarten sind aus Kunststoff gefertigt (früher Pockholz). Für die Asphalt- und Scherenbahn haben sie einen Durchmesser von 16,0 cm und ein Gewicht von 2 800 bis 2 900 g; für die Bohlenbahn beträgt der Durchmesser der Kugel 16,5 cm, das Gewicht 3 050–3 150 g. Die Kugel (Ball) beim Bowling hat drei Grifflöcher (für Daumen, Mittel- und Ringfinger), einen Durchmesser von 21,8 cm und ein Höchstgewicht von 7 257 g.

Regeln (Auswahl): Der Kegelsport wird als Einzel-, Partner- und Mannschaftswettbewerb ausgeführt. Der Kegler darf die durch eine Linie (beim Bowling „Foullinie") gekennzeichnete Grenze zwischen Aufsatzbohle bzw. -fläche und Lauffläche beim Wurf nicht übertreten, da der Wurf sonst (nach Verwarnung) als Fehlwurf gewertet wird. Ein Fehlwurf ist ferner, wenn die Kugel während ihres Laufs die Lauffläche seitlich verläßt, auch wenn sie Kegel umwirft. Es gibt in der Hauptsache zwei Spielsysteme (mit vielen Varianten): den *Wurf in die Vollen* (alle Kegel stehen im Kegelstand) und das *Abräumen* (Würfe auf die nach einem Wurf stehengebliebenen Kegel). Auf der Asphalt- und Scherenbahn werden beide Systeme als *gemischtes Spiel* gespielt, wobei jeweils die Hälfte der festgesetzten Würfe auf die Vollen bzw. auf Abräumen geworfen wird. Auf der Bohlenbahn wird nur in die Vollen gespielt, allerdings mit der Auflage (die auch auf der Scherenbahn besteht) des *Gassenwechsels*, d.h. die Kugel muß durch die linke bzw. rechte *Gasse* (der Zwischenraum zwischen dem vordersten Kegel und seinem nächsten linken bzw. rechten Nachbarn) gespielt werden. Beim Bowling hat jeder Spieler zehn Durchgänge mit je zwei Versuchen, das Kegelbild abzuräumen (der erste Wurf geht in die

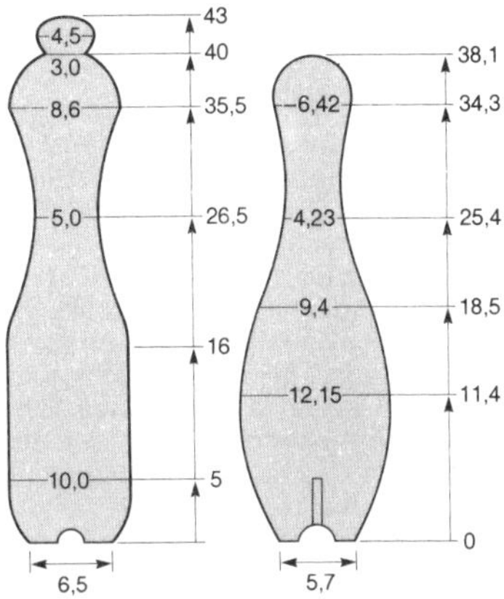

Kegelsport. Maße des Mittelkegels (links) und des Bowlingpins (rechts)

Vollen). – Gewertet wird in allen Disziplinen nach Punkten, d.h. nach der Zahl der gefallenen Kegel und der Fehl- und Nullwürfe (gültiger Wurf, bei dem kein Kegel fällt). Beim Bowling kommen folgende Wertungen hinzu: Werden beim ersten Versuch alle zehn Pins abgeräumt, hat der Spieler einen Strike (10 Punkte) erzielt und erhält einen zusätzlichen Wurf, der voll gewertet wird; werden die 10 Pins mit zwei Würfen abgeräumt (Spare), zählt das auch 10 Punkte, aber ohne zusätzlichen Wurf. – Die Kegler sind in Altersklassen eingeteilt.

Technik: Die Grundtechnik besteht aus einem Dreischrittanlauf (beim Bowling Vierschrittanlauf), der in einem kräftigen Armschwung endet, mit dem die Kugel geworfen wird. Auf der Asphaltbahn wird so geworfen, daß die Kugel einen geradlinigen Lauf erhält. Auf der Bohlen- und Scherenbahn muß bei der Wurftechnik die Kehlung der Bahn berücksichtigt werden, da die Kugel mindestens einmal von einer auf die andere Seite der Laufbahn wechselt. Auch auf der ebenen Bowlingbahn werden Wurftechniken angewandt, die der Kugel einen nicht geradlinigen Lauf verleiht.

Geschichte: Bereits im alten Ägypten dürfte, wie Grabfunde aus der Zeit um 3200 v. Chr. nahelegen, eine Spielart des Kegelns bestanden haben. 1157 wird das Kegelspiel in einer Rothenburger Chronik erstmals erwähnt. Es diente im Mittelalter in Fürstenhäusern und Klöstern als (elitärer) Zeitvertreib. Da das Kegeln oft mit Wetten verknüpft war, wurde es wiederholt verboten. So entstand im 19. Jahrhundert in den USA, wohin das Kegeln mit deutschen Einwanderern gekommen war, aus der Umgehung des wegen Wettunwesens erlassenen Verbots des Spiels auf die neun Kegel das Spiel auf zehn Kegel, das heutige Bowling. Die erste, heutigen Maßstäben entsprechende Kegelbahn wurde 1874 in Wien gebaut. Erste (offizielle) Weltmeisterschaften wurden 1934 (Bowling) und 1953 (Asphaltbahn) ausgetragen. In der Bundesrepublik Deutschland wird der Kegelsport vom *Deutschen Keglerbund* (DKB; gegründet 1885, Sitz Berlin) betreut, international von der *Fédération Internationale des Quilleurs* (FIQ; gegründet 1952, Sitz Helsinki; hervorgegangen aus der *International Bowling Association* [gegründet 1926]), die den Kegelsport seit 1973 in zwei Sektionen organisiert, in der *Nine-Pin-Association* (NPA, für Asphalt-, Bohlen- und Scherenbahn) und der *Ten-Pin-Division* (TPD, für Bowling).

Kehre: Bez. für einen Bewegungsablauf, der in mehreren Sportarten eine Rolle spielt, z. B.: 1. im *Geräteturnen* eine 1816 von Friedrich Ludwig Jahn (* 1778, † 1852) eingeführte, heute in vielen Varianten geturnte Übung, bei der ein Gerät mit ihm zugewandtem Rücken und vor-hoch geschwungenen Beinen überquert wird, und zwar durch Springen (am Pferd) oder Schwingen (an Barren und Reck); – 2. im *Skisport* ein Umsprung um 180°; – 3. in der *Leichtathletik* Technikelement des Kehrschersprungs beim ↑Hochsprung; – 4. im *Radsport* Technikelement des Kehrseitsitzes und Kehrseitstands beim Kunstradsport; – 5. im *Eisstockschießen* der Wechsel von Start- und Zielfeld nach jedem Durchgang.

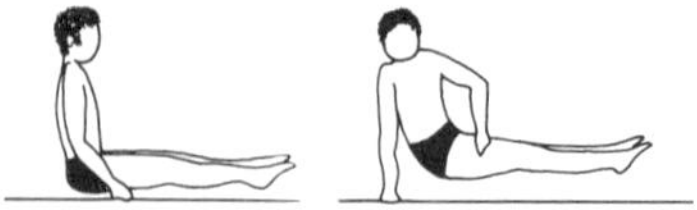

Kehre. Geräteturnen

Kendo [japanisch „Weg des Schwerts"]: zum ↑Budosport zählende Zweikampfsportart. Kendo wird auf einer 11 × 11 m großen glatten Kampffläche ausgetragen und von vier Kampfrichtern geleitet. Sportgerät ist ein Schlagstock *(Schinai)*, der aus vier, bis zu 1,18 m langen Bambusstäben (Gewicht über 485 g) besteht. Die Kleidung des Kämpfers *(Kendoka)* besteht aus Hosenrock *(Hakama)* und Baumwolljacke *(Keigoki)* sowie zum Schutz vor schweren Verletzungen aus Hüftschutz *(Tare)*, Brustpanzer *(Do)*, Kopfschutz *(Men)* und Lederhandschuhen *(Kote)*. – In den Zweikämpfen mit dem Gegner *(Schiai)* erlauben die Regeln nur Schläge und Stöße nach den geschützten Körperstellen, die allerdings voll ausgeführt werden. Die sieben festgelegten Schläge werden oft mit einem Kampfschrei *(Kiai)* begleitet. Ein Kampf dauert in der Regel fünf Minuten, falls nicht vorher ein Kämpfer zwei Punkte erzielt hat (ein Punkt = erfolgreicher Schlag).

Kendo ist die älteste und traditionsreichste Budokunst, die v. a. in den höheren Gesellschaftsschichten verbreitet war. Ursprünglich war das Töten des Gegners mit einem beidhändig geführten Schwert das Ziel. Erste Kämpfe mit Bambusstöcken und Rüstung sind aus dem 18. Jahrhundert bekannt. Nach Deutschland kam Kendo 1966. Seit 1969 werden Europa-, und seit 1970 deutsche und Weltmeisterschaften ausgetragen. In der Bundesrepublik Deutschland wird Kendo von einer Sektion des *Deutschen Judo-Bundes* (↑Judo) betreut, international von der *International Kendo Federation* (IKF; Sitz Tokio).

Kentern [niederdeutsch]: das seitliche Umkippen (Umschlagen) von Booten oder Schiffen infolge zu starker Neigung (Krängung); auch das Umschlagen der Richtung von Gezeitenströmen oder der Windrichtung.

Kenterrolle (Eskimorolle, Eskimotieren): von den Eskimos übernommene Technik im Kajak- und Faltbootfahren, um das Boot nach dem Durchkentern wieder aufzurichten, ohne es verlassen zu müssen. Die Kenterrolle ist heute zu einer Schraubentechnik weiterentwickelt, deren Bewegungsfolge folgende Schlagkombination darstellt: Ansatz zum Rundschlag vorwärts, weite Körpervorlage, Rundschlag vorwärts bis zum Erreichen der Wasseroberfläche, Beginn des parallelen Zugschlags, Zugschlag (eventuell unterstützt durch Zickzackschlag), völliges Aufrichten in der Endphase. Entscheidend ist, daß die Spritzdecke geschlossen bleibt und daß in der ungewohnten Konterlage (Kopf nach unten) die Orientierung gelingt.

Kernwurf: Wurftechnik im Handball **(Schlagwurf)** und beim Speerwurf: Das Gerät wird aus einer starken und weiten Ausholbewegung kräftig am Kopf vorbei abgeworfen.

Kerze: 1. im *Geräteturnen* der Nackenstand, bei dem der Körper auf dem Nacken ruht (wobei er von den Händen gestützt werden kann) und senkrecht in die Höhe weist; die Kerze hat einen ähnlichen Durchblutungseffekt wie der ↑Handstand; – 2. in manchen *Ballspielen* (z. B. Fußball, Baseball, Schlagball) umgangssprachliche Bez. für einen hoch und fast senkrecht in die Luft gespielten Ball.

Keule: 1. in Gymnastik und rhythmischer Sportgymnastik verwendetes ↑Handgerät; – 2. Bez. für den Schläger, besonders dessen gekrümmten Teil, beim ↑Hockey.

Kick-and-rush [englisch kıkənd-'rʌʃ „tritt und eile!"]: Offensivtaktik im Fußball, wobei der Ball auf direktem, meist hohem Weg in Richtung des gegnerischen Strafraums gespielt wird, um durch Schnelligkeit und Überraschungsmomente zum Torerfolg zu kommen. Rascher Szenenwechsel und Dynamik kennzeichnen diese Taktik.

Kiel: unterer, mittschiffs verlaufender Längsverband eines Bootes; beim *Ruderboot* die tiefstliegende Längsleiste des Bootes, die bei der *Gig* außerhalb, beim *Rennboot* innerhalb des Bootes verläuft; beim *Segelboot* der Balken als unterster Teil des Schiffs. Man spricht deshalb von einem *Kielboot* (mit tiefliegendem Kiel und darunter einem zusätzlichen Ballastkiel). Da der Schwerpunkt tief liegt, ist die Abtrift geringer, das Segeltragvermögen größer, das Boot unkenterbar. Bei einem *Kielschwertboot* liegt der Ballastkiel höher als beim Kielboot und das Schwert ist ausfahrbar, wodurch eine seitliche Abtrift verhindert wird.

Kinanthropometrie ↑Anthropometrie.

Kinästhesie [zu griechisch kineīn „bewegen" und aísthēsis „Empfindung"] (Körpergefühl): die Fähigkeit des Menschen, die Lage, Bewegungsrichtung und Spannungsverhältnisse von Körperteilen zueinander und in bezug zur Umwelt unbewußt-reflektorisch zu kontrollieren und zu steuern. Die für die Kinästhesie verantwortlichen Analysatoren (Propriorezeptoren) sind im Vestibularapparat, den Muskeln, Sehnen, Bändern und Gelenken angesiedelt. Die Kinästhesie ist auch verantwortlich für das Erlernen komplizierter Bewegungsabläufe, die v. a. ein hohes Maß an Bewegungskoordination erfordern. Sie kann durch Übung verbessert werden und trägt damit zu einer besseren ↑Bewegungsvorstellung bei. – ↑auch Bewegungsgefühl.

Kinderspiel: für Kinder typische Verhaltensweise, das Tun des An-sich-nicht-Notwendigen, das alle Formen des Spielens, also auch die sportlich orientierten Spiele umfaßt. Das Kinderspiel kann sinnvoll eingesetzt werden, bestimmte Lernziele auf spielerische Art und Weise zu erreichen. Deshalb ist auch der Sportunterricht für Kinder vorwiegend spielerisch zu gestalten, zumal dabei die im Kindesalter günstigen Voraussetzungen für das motorische Lernen gezielt genutzt werden können. – ↑auch Sport.

Kindersport: nach der Altersgruppe der Ausübenden benannter Sportbereich. Der Kindersport wird aus Gründen fairer Vergleichschancen wettkampfmäßig in verschiedenen Klassen durchgeführt: Schülerklasse C (bis 10 Jahre), B (11./12. Lebensjahr) und A (13./14. Lebensjahr). Mit dem 15. Lebensjahr beginnt der ↑Jugendsport. Die Sportverbände haben speziell für den Wettkampfsport von Kindern Richtlinien und Regeln erlassen, wobei aber v. a. Sportarten, in denen schon oder gerade Kinder sportliche Höchstleistungen erbringen können (z. B. Schwimmen, Geräteturnen, Eiskunstlauf) sich zunehmend öffentlicher Kritik ausgesetzt sehen, da die Einbindung von Kindern in den Hochleistungssport medizinisch, psychologisch und pädagogisch äußerst problematisch ist. Der *Deutsche Sportbund* hat deshalb in seiner Stellungnahme „Kinder im Höchstleistungssport“ (1984) die Auswüchse deutlich verurteilt und Hilfen zu einer vernünftigen Gestaltung des Wettkampfsports für Kinder angeboten. Andererseits ist der Kindersport v. a. aufgrund der günstigen Voraussetzungen zum motorischen Lernen im Schul- und Vereinssport sowie in nicht institutionalisierten Formen des Sports (Familie, Urlaub) von größter Bedeutung für eine positive Gesamtentwicklung der Kinder.

Kindertraining [...trɛ:...]: gezielte Förderung von Lernprozessen zur optimalen Leistungsentwicklung im Sport bei Kindern (6–14 Jahre). Ziel, Inhalt und Methode des Kindertrainings müssen sich von dem für Jugendliche und Erwachsene unterscheiden. Die pädagogische Führung durch Eltern, Trainer, Lehrer und Vereinsfunktionäre ist hier besonders wichtig. Die familiären und schulischen Verhältnisse sind mit dem Kindertraining in Einklang zu bringen. In jüngster Zeit hat das Kindertraining v. a. in den Sportarten Schwimmen, Geräteturnen und Eiskunstlauf scharfe Kritik hervorgerufen. Wie der *Deutsche Sportbund* hat auch die Kommission Sportpädagogik der *Deutschen Gesellschaft für Erziehungswissenschaft* deutlich gemacht, daß beim Leistungssport von Kindern pädagogische Gesichtspunkte vordringlich berücksichtigt werden müssen. – ↑auch Kindersport.

Kinder- und Jugenspartakiade: Wettkampfsystem der Deutschen Demokratischen Republik zur möglichst frühzeitigen Erfassung von Sporttalenten (10–18 Jahre). Die Veranstaltungen finden seit 1965 alle zwei Jahre auf Kreis-, Bezirks- und Landesebene statt. – ↑auch Spartakiade.

Kinder- und Jugendsportschule (KJS): in der Deutschen Demokratischen Republik seit 1952 (auch in anderen osteuropäischen Staaten, z. B. in der Sowjetunion seit 1934) bestehender Schultyp zur speziellen Förderung von sportlich begabten Kindern und Jugendlichen. Diese Schulen sind häufig mit Internaten verbunden und versuchen, schulische Arbeit, Training und Wettkampf miteinander zu verbinden. Auch in der Bundesrepublik Deutschland gibt es vereinzelt Versuche mit solchen sportartspezifisch orientierten Internatsschulen, den sogenannten „Sportgymnasien“.

Kinematik [zu griechisch kínēma „Bewegung“]: die Lehre von den ebenen und räumlichen Bewegungen starrer Körper und Mechanismen (auch im Sport) und ihren Gesetzmäßigkeiten, wobei (im Gegensatz zur ↑Kinetik) die die Bewegungen verursachenden Kräfte unberücksichtigt bleiben. Um sportliche Bewegungen unter raumzeitlichen Gesichtspunkten zu beschreiben, werden die kinematischen Größen Weg (Länge, Winkel) und Zeit (Geschwindigkeit, Beschleunigung) verwendet, auf deren Grundlage dann Bewegungsgesetze formuliert werden können.

Kinematographie [französisch, zu griechisch kínēma „Bewegung" und gráphein „aufzeichnen, schreiben"]: Technik der Datenerhebung im Rahmen der Kinematik zum Festhalten von (auch sportlichen) Bewegungen in zeitlichen Phasen und räumlich getrennten Einzelbildern *(Bildfolgeverfahren).* Dies geschieht mit Hilfe eines *Kinegramms,* d.h. einer bildlichen Darstellung eines Bewegungsablaufs entweder durch Umrißzeichnungen oder durch das Festhalten wichtiger Punkte (z. B. Schultergelenk). Die Kinematographie ist neben der ↑ Dynamometrie eine der wesentlichsten Techniken der Datenerhebung in der Biomechanik (↑ Sportbiomechanik). Mit ihrer Hilfe können Bewegungsabläufe ohne äußere Störung und in solchen Zeiteinheiten registriert werden, die das menschliche Auge nicht mehr auflösen kann. Aus den erfaßten Größen (Weg, Zeit) können andere (z. B. Geschwindigkeit) abgeleitet werden.

Kinemetrie [zu griechisch kineĩn „bewegen" und métron „Maß"]: Summe der (mechanischen, elektrischen, optischen) Verfahren zur Messung kinematischer Größen. Im Hinblick auf die Sportbiomechanik ist hier die ↑ Kinematographie besonders wichtig.

Kinesiologie [zu griechisch kínēsis „Bewegung" und lógos „Wort, Lehre"]: Bez. für einen aus verschiedenen Teilansätzen (z. B. der Anatomie, Physiologie, Biomechanik, Psychologie) bestehenden Wissenschaftsbereich, der sich mit der Bewegung als einer zentralen Möglichkeit menschlichen Verhaltens (einschließlich ihrer Grenzen) befaßt. Die Umsetzungsstrategien und -modelle der Kinesiologie werden als ↑ Bewegungslehre zusammengefaßt.

Kinetik [zu griechisch kineĩn „bewegen"]: Bez. für den Teilbereich der Dynamik, der sich mit der Bewegung von Körpern unter Krafteinfluß befaßt, auch mit den Alltags-, Arbeits- und sportlichen Bewegungen des Menschen (↑ auch Sportbiomechanik).

Kippe: Übung im Geräteturnen, bei der man die Hüften stark winkelt und aus dieser Lage die Beine aus dem Hüftgelenk heraus schräg nach oben stößt, woraus eine Aufwärtsbewegung entsteht, aus der heraus die Hände in den Stütz drücken und die Hüften sich mit dem Senken der Beine wieder strecken. Die Kippe ist Element vieler Bewegungsfertigkeiten, z. B. in Kipphang, -lage, -rolle, -stoß.

Kiu (Kyu) [japanisch]: in den Budosportarten (↑ Budosport) die „Schülergrade", die einzelnen Rangstufen der Schüler, die an der Farbe des Gürtels zu erkennen sind. Es gibt insgesamt sechs Kiu-Grade, von denen im Judo und Jujutsu nur fünf vergeben werden. Die einzelnen Stufen sind (in absteigender Reihenfolge): 1. Kiu (Ik-Kiu): Gürtelfarbe braun, 2. Kiu (Ni-Kiu): blau, 3. Kiu (San-Kiu): grün, 4. Kiu (Schi-Kiu): orange, 5. Kiu (Go-Kiu): gelb, 6. Kiu (Roku-Kiu): weiß. Kiu 1–5 werden durch Prüfung (manchmal auch durch Kampferfolge), Kiu 6 ohne Prüfung erworben. Die Wartezeit zwischen den Prüfungen beträgt in der Regel sechs Monate. In der Prüfung müssen Fall-, Stand- und Bodentechniken gezeigt werden. Im Judo (ab 3. Kiu) und Karate (ab 4. Kiu) müssen diese Techniken auch im Kampf mit einem Gegner aus dem Kreis der Prüfungsteilnehmer vorgeführt werden. – An die Kiu-Grade schließen sich die Meistergrade (↑ Dan) an.

Kiudo (Kyudo) [japanisch „Weg des Bogens"]: zu den Budosportarten zählende japanische Form des Bogenschießens, die aus der philosophisch orientierten Kunst der Selbstversenkung (Kiujutsu) entstanden ist. Sportgerät ist ein asymmetrisch gegriffener Reflexbogen (Länge 2,21 m). Die Bambuspfeile tragen an den Enden drei den Flug stabilisierende Federn. Die Zielscheibe hat einen Durchmesser von 36 cm bei einer Distanz von 28 m bzw. von 79 m beim Weitschießen (Enteki) auf eine Distanz von 60 m. Die Kampfkleidung besteht aus Hosenrock und Hemd oder Kimono. – Kiudo ist in der Regel in den nationalen Judoverbänden (↑ Judo) organisiert.

KJS: Abk. für: ↑ **Kinder- und Jugendsportschule.**

Klammergriff: 1. besondere Form des Zugreifens bei der Hilfestellung im Geräteturnen, bei der die eine Hand den Oberarm des Übenden von oben, die andere von unten faßt; – 2. Hantelgriff beim ↑ Gewichtheben.

Klasse [von lateinisch classis „Abteilung"]: Einteilungskategorie für Sportler nach verschiedenen Kriterien zur Gewährleistung von Chancengleichheit im Wettkampf. Diese Kriterien sind: 1. *Alter* (↑ Altersklassen), 2. *Gewicht* (↑ Gewichtsklassen), 3. *Leistung* (↑ Leistungsklassen), 4. *Sportgeräte* (z. B. Bootsklassen im Wassersport, Fahrzeugkategorien im Automobilsport, u. a.). Die Klasseneinteilung ist in den Regelwerken der jeweiligen Sportarten festgelegt. – Von **offener Klasse** spricht man, wenn für die Wettkampfteilnahme keinerlei Beschränkungen bestehen **(offene Wettbewerbe).**

Kleiderschwimmen ↑ Rettungsschwimmen.

kleine Spiele: inhaltlich nicht begrenzte Gruppe von Bewegungsspielen, die im Unterschied zu den ↑ großen Spielen gekennzeichnet sind durch einfache und leicht veränderbare Regeln, kleines Spielfeld, einfache Bewegungsabläufe, variable Teilnehmerzahl, spannende und gesellige Spielidee, die v. a. der Vorstellungswelt von Kindern und Jugendlichen entgegenkommt. Oft werden kleine Spiele als Vorstufe zum Erlernen der großen Mannschaftsspiele eingesetzt. Als Fang-, Gewandtheits-, Lauf-, Sing-, Ball- und Versteckspiele haben sie jedoch v. a. einen eigenständigen Stellenwert im Sportunterricht innerhalb und außerhalb der Schule.

Kleinfeldhandball: Variante des Handballspiels, die auf gleich großem Spielfeld und nach den gleichen Regeln wie Hallenhandball gespielt wird, allerdings im Freien auf einem Rasen- oder Hartplatz. – ↑ Handball.

Klettern: aufwärtsgerichtete Art der Fortbewegung, bei der infolge der Steilheit des zu bewältigenden Geländes (↑ Bergsteigen) oder eines Geräts die Hände zu Hilfe genommen werden müssen. Das Klettern zählt zu den Ganzkörperbewegungen und dient v. a. im Sportunterricht an Klettertauen und Kletterstangen als Übung zur Kräftigung des gesamten Körpers. Hände und Füße (Beine) werden dabei wechselweise vom Gerät gelöst, um nach einer Höhengewinnung wieder eine eng geschlossene Haltung am bzw. um das Gerät *(Kletterschluß)* einzunehmen. Die einfachste Form des Kletterns an Geräten ist das Klettern an Leiter oder Sprossenwand, die schwierigste Form das ↑ Hangeln.

Klinge: im Fechten Bez. für den Schlagteil der Waffe oberhalb des Griffs. Je nach der Stellung der Klinge im Gefecht unterscheidet man verschiedene *Klingenlagen:* Einladung (↑ Blöße), Bindung (↑ Binden) und ↑ Linie.

Klootschießen [niederdeutsch klot, eigentlich „Kloß"]: v. a. in Irland (als An Bol), Nord-, Ost- und Westfriesland betriebenes Kugelspiel. Die Kugeln, **Klooten,** waren früher gebrannte Lehmkugeln, heute bestehen sie aus Hartholz, das innen mit Blei ausgegossen ist, haben ein Gewicht von 475 g und einen Durchmesser von 5,8 cm. Klootschießen wird heute in zwei Varianten ausgetragen: 1. als *Standspiel* (Einzelwettkampf) auf einem Sportplatz; jeder Werfer hat vier Würfe, deren Weite addiert wird und den Sieger ermittelt; 2. als *Feldspiel* in freiem Gelände (meist im Winter). Das Feldspiel ist ein Mannschaftswettbewerb, bei dem jede Mannschaft aus sieben Werfern besteht, die jeweils vier Würfe haben, die auch Hindernisse überwinden müssen. Der Werfer beginnt seinen Wurf dort, wo die Kugel seines Mannschaftskameraden, der vorher geworfen hat, ausgerollt ist. Sieger ist die Mannschaft, die am Schluß gegenüber den anderen Mannschaften einen Weitenvorsprung hat. – Der Wurf beim Klootschießen erfolgt aus einem kurzen und schnellen Anlauf, der in einem Sprung endet, wobei die Kugel aus einer kreisenden Armbewegung geschleudert wird. – Klootschießen ist bereits bei dem römischen Geschichtsschreiber Tacitus (* um 55, † nach 115) erwähnt, urkundlich erstmals 1510. Es wird – zusammen mit ↑Boßeln – vom *Klootschießer-Verband* (gegründet 1902, Sitz Wittmund) betreut.

Klub ↑Sportverein.

Knickwurf ↑Fallwurf.

Kniegelenk: größtes und äußerst kompliziert gebautes Gelenk des menschlichen Körpers. Oberschenkelknochen (Femur) und Schienbein (Tibia) werden durch einen Bandapparat (u.a. Seiten- und Kreuzbänder) sowie Muskeln und deren Sehnen zusammengehalten; ihre Enden sind durch Knorpel gepolstert. Die Gelenkflächen gleiten auf dem inneren und äußeren ↑Meniskus, die die Aufgabe haben, die Auflagefläche der verschieden geformten Gelenkteile zu vergrößern. Die Kniescheibe schützt die empfindlichen Gelenkteile und leitet die Muskelkräfte der Beinstrecker vor dem Gelenk entlang. Verletzungen des Kniegelenks erfolgen meist durch Drehkräfte (z.B. beim Fußball, Skilauf) oder durch Abnutzung.

Knochen: aus Bindegewebe entstandenes Gerüst des Körpers (↑Skelett). Neben den Zähnen ist das Knochengewebe der festeste Körperbestandteil. Jeder Knochen ist von einer Faserschicht, der Knochenhaut (Periost) bedeckt. In ihr sind Zellen enthalten, die in der Lage sind, Knochengewebe neu zu bilden, z.B. nach Knochenbrüchen (↑Fraktur). Diese Knochenzellen (Osteozyten) stellen eine faserartig verwobene Substanz dar, in die Kalzium und Phosphat als Kristalle eingelagert werden, was dem Knochen seine Festigkeit verleiht. Der kompakte Knochen besteht aus zylinderförmigen Schichten, die von Kanälchen durchzogen sind, in denen Nerven und Blutgefäße verlaufen. Eine Zwischenstufe, nämlich biegsames Knochengewebe, stellt der Knorpel dar. Er ist halbdurchsichtig und elastisch. Man findet ihn in der Nase, der Ohrmuschel, im Kehlkopf, in den Atemwegen, als Überzug von Gelenkflächen sowie an den Knochenenden. Die Verbindung der Knochen untereinander kann starr, elastisch oder durch Gelenke beweglich sein. Ein weiterer wesentlicher Bestandteil ist das Knochenmark. Man unterscheidet rotes, blutbildendes von gelbem, fetthaltigem Knochenmark. Bei der Geburt ist nur rotes Mark für die Blutbildung vorhanden, das im Lauf der Jahre durch gelbes weitgehend verdrängt wird. Rotes Mark bleibt nur in wenigen Knochen erhalten (z.B. Rippen, Brustbein, Wirbelkörper, Hand- und Fußwurzelknochen). Es dient der Bildung von ↑Erythrozyten, ↑Leukozyten und Blutplättchen. Bei einigen Stoffwechselstörungen (z.B. Vitamin-D-Mangel, Hormonstörungen) wird dem Knochen Kalzium entzogen, so daß er an Festigkeit verliert. In der Folge kann es zu Knochenbrüchen ohne äußere Gewalteinwirkung kommen.

Knockout [englisch 'nɔkaʊt] (K.o.) ↑Sieg.

Knoten: 1. Verschlingung von Seilen (Tauen) oder Schnüren, die durch Reibung um so fester wird, je stärker sie belastet wird, sich aber bei Entlastung leicht verschieben oder wieder lösen läßt. Die Beherrschung des Knotens in zahlreichen Varianten ist wichtig im Wassersport und Bergsteigen (Abb. S. 244); – 2. nautische Geschwindigkeitseinheit, Einheitenzeichen kn: 1 kn = 1 Seemeile/Stunde = 1,852 km/h.

K.o. ['ka:'o:]: Abk. für englisch: Knockout, ↑Sieg.

Koedukation [ko-e...; zu lateinisch con- „zusammen, mit" und educare „erziehen"]: gemeinsame Erziehung beider Geschlechter (im Unterschied

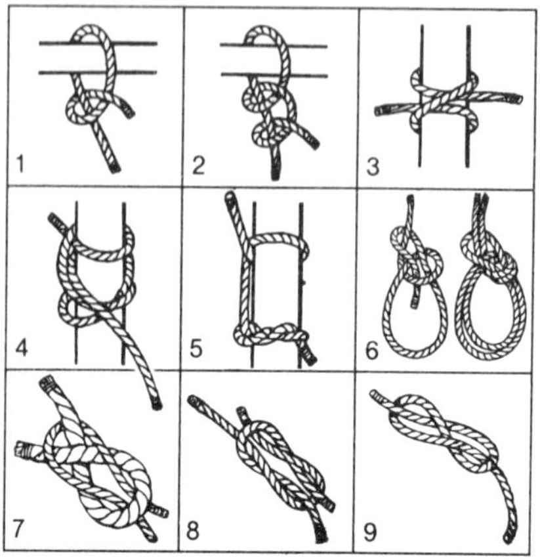

Knoten. Seemännische Knoten: 1 halber Schlag, 2 zwei halbe Schläge, 3 Webeleinstek, 4 Stopperstek, 5 Zimmermanstek, 6 Palsteks, 7 Schotstek, 8 Kreuzknoten, 9 Achtknoten

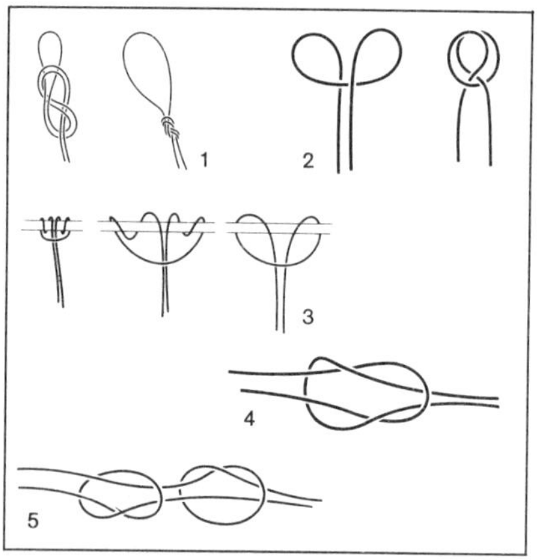

Knoten. Bergsteigerknoten: 1 Achterknoten, 2 Mastwurf, 3 Prusikknoten, 4 Spierenstich, 5 Kreuzknoten

zu Koinstruktion, der nur gemeinsamen Unterrichtung). Im Schulsport wird die Koedukation nur noch für den Altersbereich der Klassen 5–10 kontrovers diskutiert, da sie in Vor- und Grundschule wie auch in der Sekundarstufe II (Klassen 11–13) bereits selbstverständlich ist. Als Argumente für die Koedukation auch in dem fraglichen Bereich werden genannt: Förderung des sozialen Lernens, Abbau künstlicher Barrieren zwischen den Geschlechtern, Schaffung einer natürlichen, auch im sonstigen Leben gegebenen Atmosphäre; Gegenargumente: unterschiedliche Interessenlagen, geschlechtsspezifische Leistungsunterschiede, daher kein Erreichen des Leistungsoptimums. Bei der Entscheidung über das Für und Wider der Koedukation sollten Sachkriterien und Situationsgegebenheiten wie Unterrichtsgegenstand, Organisationsform des Schulsports, Fähigkeit der Sportlehrkraft, Zielsetzung des Sportunterrichts u. a. den Ausschlag geben, nicht aber ideologische Präjudizien.

Kohlendioxid: chemisches Symbol CO_2, Gas, das in der atmosphärischen Luft mit etwa 0,03–0,04 Vol.-% enthalten ist. Bei mittlerer Luftfeuchtigkeit und mittlerem Luftdruck entspricht das einem CO_2-Partialdruck von etwa 0,2 mm Hg. Da im Körper bei der Energiegewinnung als Abbauprodukt CO_2 entsteht, ist der Partialdruck in der Ausatemluft auf etwa 40 mm Hg erhöht. Das entspricht bei körperlicher Ruhe einer Abgabe von 200–250 ml/min; bei Anstrengung steigt das Volumen entsprechend dem ↑Atemminutenvolumen. Da die CO_2-Konzentration im Blut wesentlich dessen ↑pH-Wert bestimmt, ist der Anstieg des Blut-CO_2 ein wesentlicher Atemantrieb.

Kohlenhydrat [zu griechisch hýdōr „Wasser“]: Stoff, der sowohl in tierischen als auch in pflanzlichen Produkten enthalten ist. Kohlenhydrate sind für den menschlichen Organismus leicht aufzuspalten und haben einen wesentlichen Anteil an unserer Nahrung. Der bedeutendste Energielieferant der Kohlenhydrate ist die ↑Glukose, die dem Körper mittels Brot, Obst, Gemüse und Milchprodukten zugeführt wird. Darüber hinaus können Kohlenhydrate auch zur Bildung von nicht kohlenhydrathaltigen Verbindungen wie Fett und Eiweiß herangezogen werden. 55–70% des menschlichen Gesamtkalorienbedarfs werden durch Kohlenhydrate gedeckt.

Kollaps [mittellateinisch „Zusammenbruch"]: Zusammenbruch aufgrund mangelnder Gehirndurchblutung durch auf das Gehirn oder auf den gesamten Körper ausgedehnte Kreislaufschwäche. Ist der Kreislauf nicht in der Lage, das verfügbare Blutvolumen entgegen der Schwerkraft in ausreichender Menge in den Kopf zu pumpen, wenn also das Blut in den Beinen versackt, spricht man von einem **orthostatischen Kollaps,** der häufig z. B. bei plötzlichem Aufstehen oder nach abrupter Beendigung eines längeren Laufens (durch Fortfall der ↑ Muskelpumpe) auftritt. Der **Hitzekollaps** (der Hitzschlag) kommt dadurch zustande, daß dem Gehirn durch die bei Wärme im gesamten Körper extrem erweiterten Blutgefäße das Blut entzogen wird.

Kombination [spätlateinisch „Verbindung", zu combinare, eigentlich „je zwei zusammenbringen"]: im Sport 1. die Verbindung zweier oder mehrerer Übungen zu einer Gesamtübung, z. B. im Geräteturnen und Flugsport (Verbindung von Flugfiguren); – 2. die Anordnung zweier oder mehrerer Hindernisse zu einem als Einzelhindernis gewerteten Hindernis im Pferdesport, z. B. Zweier-, Dreierkombination beim Springreiten; – 3. die Addition der Wertungen aus mehreren Disziplinen einer Sportart zu einer Gesamtwertung, z. B. in der nordischen Kombination im Skilauf, im Tanzsport die Gesamtwertung aus Standard- und lateinamerikanischen Tänzen, im Wasserskilauf aus Slalom, Figurenlauf (Trickski) und Springen, im Wasserspringen aus Turm- und Brettspringen; – 4. in den Mannschaftsspielen das Zusammenspiel der einzelnen Mannschaftsmitglieder; – 5. ↑ Bewegungskombination (↑ auch Kombinationsfähigkeit).

Kombinationsfähigkeit [↑ Kombination]: koordinativ orientierte motorische Eigenschaft, die es ermöglicht, Bewegungen entweder gleichzeitig (simultan), z. B. Armkreisen vorwärts beider Arme, oder nacheinander (sukzessiv), z. B. Mühlkreisen der Arme vorwärts nacheinander, auszuführen. Kombinationsfähigkeit ist Voraussetzung für jeden Bewegungsablauf, v. a. jedoch für sportliche Bewegungsabläufe.

Kommerzialisierung [französisch, zu lateinisch commercium „Handel und Verkehr"]: meist abschätzig gebrauchte Bez. für die Unterordnung von ideellen, v. a. kulturellen Werten (hier des Sports) unter wirtschaftliche Interessen, wobei diese Unterordnung als verbunden mit einer inhaltlichen Verflachung zum Zweck der besseren Verwertbarkeit gedacht wird. Die Problematik der Kommerzialisierung im Sport zeigt sich in verschiedener Hinsicht, zum einen in dem sportinternen Spannungsverhältnis zwischen reinem Freizeitsport (Breitensport) und Berufssport bzw. Leistungssport (hier noch verschärft durch die Ideologie des ↑ Amateurismus), zum anderen in dem Einsatz des Sports als Mittel zum wirtschaftlichen Erfolg eigentlich sportfremder Industriezweige, entweder mittelbar durch Werbung (Bandenwerbung, Trikotwerbung, namhafte Sportler als Produktrepräsentanten u. a.) oder unmittelbar durch Zurverfügungstellung von Sportgeräten (z. B. Bootsverleih) oder Sportstätten (z. B. Tennisplätze, Squashhallen) gegen Entgelt sowie in der ↑ Touristik. Bei einer (wertenden) Beurteilung der Kommerzialisierung des Sports bzw. im Sportbereich sollte berücksichtigt werden, daß nicht nur die Sportindustrie (z. B. Anlagen- und Gerätebaufirmen), sondern auch der Sport selbst bedeutende marktwirtschaftliche Faktoren darstellen, die zwangsläufig auch marktwirtschaftlichen Gesetzmäßigkeiten und damit der Kommerzialisierung unterliegen.

Kommunikation [lateinisch „Mitteilung, Unterredung“]: allgemein der Informationsaustausch als eine grundlegende Notwendigkeit des menschlichen Lebens, der meist über ein Kommunikationsmedium, d. h. über Zeichen aus einem dem Informationssender und -empfänger gemeinsamen Zeichenvorrat (z. B. Sprache) abläuft. Die Kommunikation im Sport (v. a. in dessen Vollzug) ist in der Hauptsache eine averbale, motorische Kommunikation, d. h. Kommunikationsmedium und -inhalt (Information) ist die sportliche Bewegung selbst. Durch sie kommuniziert der Sportler sowohl mit seiner Umwelt als auch v. a. mit seinem Partner, Gegner oder Mannschaftskameraden, die seine Bewegung verstehen und ihr eigenes motorisches Reagieren darauf abstimmen. Neben der motorischen Kommunikation gibt es im Sport jedoch auch alle anderen Arten der Kommunikation, die verbale (Verständigung durch Sprache), visuelle (Verständigung über genormte Zeichen, z. B. Schiedsrichterzeichen), die interpersonale (Gespräch) sowie die Gruppenkommunikation (z. B. im Vereinsleben).

kompensatorischer Sportunterricht: andere Bez. für: ↑Sportförderunterricht.

Komplexeigenschaft [lateinisch complex „das Umfassen, die Verknüpfung“]: die Verbindung zweier grundlegender konditioneller motorischer Eigenschaften zu einer neuen konditionell-motorischen Eigenschaft: ↑Kraftausdauer (aus Kraft und Ausdauer), ↑Schnellkraft (aus Schnelligkeit und Kraft), ↑Schnelligkeitsausdauer (aus Schnelligkeit und Ausdauer). Da die meisten sportlichen Bewegungsabläufe verschiedene motorische Eigenschaften als Grundlage benötigen, entsprechen die Komplexeigenschaften am ehesten den Anforderungen des Sports. Sie können mit Hilfe der grundlegenden Trainingsmethoden (z. B. Intervalltraining, Dauermethode) geschult werden.

Komplexübungen [lateinisch complex „das Umfassen, die Verknüpfung“]: Übungen v. a. in den Sportspielen, die verschiedenartige technische und taktische Elemente enthalten und deshalb der wirklichen Spielsituation sehr nahe kommen.

Kondition [lateinisch „Bedingung, Beschaffenheit“]: die v. a. körperliche Leistungsfähigkeit als Grundvoraussetzung für sportliche Leistungen, gekennzeichnet durch die motorischen Eigenschaften ↑Ausdauer, Beweglichkeit (↑Gelenkigkeit), ↑Kraft und ↑Schnelligkeit. Man unterscheidet *allgemeine* (hinsichtlich einer generellen sportlichen Leistungsfähigkeit) und *spezielle* Kondition (sportartspezifische Leistungsfähigkeit). Kondition wird im ↑Konditionstraining gezielt ausgebildet. Die spezielle Kondition gehört neben Technik und Taktik zu den erfolgsbestimmenden Faktoren jeder Sportart. In Verbindung mit den an der ↑Koordination orientierten motorischen Eigenschaften bildet die Kondition die Grundlage einer allgemeinen ↑Fitneß.

Konditionstraining [...trɛ:...; ↑Kondition, ↑Training]: gezielt auf die Verbesserung der allgemeinen oder speziellen ↑Kondition sowie der ↑Komplexeigenschaften ausgerichtete Trainingsmethode. Das Training der allgemeinen Kondition dient (außer der Fitneß) v. a. im Rahmen des Wettkampftrainings als Ausgleich in der Übergangsperiode zwischen Training und Wettkampf. Das Training der speziellen Kondition ist an den Erfordernissen der jeweiligen Sportart orientiert und erfolgt deshalb in speziellen Übungen und in den Wettkampfübungen selbst. Mangelndes Konditionstraining ist häufig die Ursache für das Scheitern beim Erlernen sportlicher Bewegungsabläufe.

Konferenzreportage [...aʒə] ↑Sportpublizistik.

Konkurrenz [zu lateinisch concurrere „zusammenlaufen“]: 1. der sportliche Wettkampf, die Disziplin; – 2. die Gegnerschaft im Wettkampf.

Konstitution [lateinisch, eigentlich „Hinstellung, Einrichtung"]: das Gesamterscheinungsbild (der Habitus) eines Menschen, bei dem körperlich-seelische und seelisch-geistige Merkmale miteinander korrelieren, entscheidend geprägt durch Erbanlagen und Umweltfaktoren. Auch im Sport wird meist als zentrales Merkmal einer bestimmten Konstitution der Körperbau (↑Körperbautypen) angesehen, wobei allerdings zu berücksichtigen bleibt, daß Sport nicht nur (körperbauabhängige) motorische Züge aufweist, sondern auch kognitive und affektive, so daß auch die konstitutionsbeeinflussenden Faktoren wie Konzentrationsfähigkeit, geistige Spannkraft, Willensstärke, Ausdauer, Fleiß u. a. nicht vernachlässigt werden dürfen.

Kontern [englisch, von lateinisch contra „gegen"]: 1. das Abfangen eines gegnerischen Angriffs durch einen Gegenangriff (v. a. beim Boxen); – 2. schneller Gegenangriff (Gegenstoß) in Mannschaftsspielen (z. B. Fußball, Eishockey); – 3. das Sichentgegenlehnen gegen den Zug des Hammers, der durch das Drehen beim Hammerwurf entsteht.

Kontraktion [zu lateinisch contrahere, contractum „zusammenziehen"]: Zusammenziehen, Anspannung, Verkürzung von Muskulatur. Auf Nervenreiz hin oder als Reaktion auf eine Dehnung spannt sich ein Muskel oder ein Teil seiner Fasern an. Dabei wird Energie in Form von ↑Adenosintriphosphat verbraucht, die es der kleinsten verkürzungsfähigen Einheit des Muskels, dem ↑Aktomyosin, ermöglicht, sich zu kontrahieren. Diese Anspannung führt nicht zwangsläufig zu einer Bewegung, sondern macht sich gegebenenfalls nur durch eine Kraftsteigerung ohne Längenänderung des Muskels bemerkbar (↑isometrisches Training).

Konzentration [lateinisch-französisch, eigentlich „Vereinigung in einem Punkt bzw. Mittelpunkt"]: psychologischer Begriff, die Zentrierung seelischen Geschehens, speziell die bewußte Steigerung der Aufmerksamkeit und ihre Bindung an ein vorgegebenes Ziel. V. a. im Leistungssport kommt der Fähigkeit zur Konzentration sowohl vor dem Wettkampf (↑Vorstartzustand) als auch während des Wettkampfs große Bedeutung zu. Sie kann durch ↑mentales Training geübt werden. Erhöhte Konzentrationsfähigkeit ermöglicht eine bessere ↑Antizipation von Bewegungshandlungen. Voraussetzung ist ein guter psychophysischer Zustand. Fehlende Konzentration geht meist auf mangelndes Training, Nervosität und Angst zurück und hat eine Leistungsminderung zur Folge. Andererseits können auch Überkonzentration und zu starre Konzentration auf einen Aspekt (z. B. Fehler) zur sportlichen Leistungsminderung führen. – In der von Stolze auf der Grundlage psychosensorischer Erfahrungswerte entwickelten **konzentrativen Bewegungstherapie** werden dem Patienten durch motorische Erfahrungen, die er allein und/oder mit anderen macht, Selbst- und Fremdwahrnehmung vermittelt.

Kooperation [kirchenlateinisch „Mitwirkung"]: das Zusammenwirken zweier oder mehrerer Personen mit der Absicht, ein Ziel gemeinsam zu erreichen. Kooperation ist v. a. in Mannschaftssportarten notwendig, sowohl in den Sportspielen als auch in Sportarten, in denen die Leistung mehrerer Mannschaftsmitglieder addiert wird. Die Grenzen möglicher Kooperation sind in den Regelwerken der einzelnen Sportarten festgelegt. – Im weiteren sportlichen Zusammenhang ist Kooperation auch unter den Personen erforderlich, die am Zustandekommen sportlicher Leistungen beteiligt sind (Sportler, Trainer, Betreuer, Funktionäre). Sie ist ferner zentrales Lernziel im Rahmen des sozialen Lernens im Sport.

Koordination [zu lateinisch con- „zusammen, mit" und ordinare „ordnen"]: *allgemein* das Miteinanderabstimmen verschiedener Dinge oder Vorgänge; *im engeren, physiologischen Sinn* das Zusammenspiel von Zentralnervensystem und Muskulatur bei einem Bewegungsablauf, als *intramuskuläre* Koordination das Zusammenspiel von Nerven und Muskulatur in einem Muskel, als *intermuskuläre* Koordination das Zusammenspiel verschiedener Muskeln (↑auch Antagonisten). Beim motorischen Lernen geht es zunächst darum, eine **Grobkoordination** im Bewegungsablauf (d. h. einen Koordinationsgrad, der den angezielten Bewegungsablauf in groben Umrissen erkennen läßt) zu erreichen, die dann zur **Feinkoordination** fortentwickelt wird, die durch Bewegungsmerkmale wie Bewegungsrhythmus, -fluß und -genauigkeit gekennzeichnet ist. Die Koordination ist mit motorischen Tests meßbar. – *Im weiteren Sinn* ist Koordination ein Sammelbegriff für jene motorischen Eigenschaften, die der Zusammenordnung verschiedener Bewegungsvorgänge dienen (↑Gleichgewicht, ↑Kombinationsfähigkeit und ↑Geschicklichkeit). Die Störung der sensomotorischen Koordination ist ein Indikator dafür, daß das Zusammenspiel von Muskeln, Nerven und Sinnen nicht oder nur eingeschränkt funktioniert. Solche Störungen werden durch Schädigungen am Kleinhirn und Stammhirn, durch Drogen und Alkohol sowie durch psychische Faktoren hervorgerufen. Um ihre Behebung bemühen sich v. a. die ↑Bewegungserziehung und die ↑Psychomotorik ebenso wie um Möglichkeiten, die Leistungen der visuellen sensorischen Erregungsleitung (z. B. Hand-Auge-Koordination), des Lage- und Gleichgewichtsempfindens (Vestibularapparat) und der kinästhetischen Empfindung (Muskel- und Bewegungssinn) zu steigern. – Koordination ist neben der ↑Kondition Grundlage der allgemeinen ↑Fitneß.

Kopfball (Kopfstoß): Technik beim Fußballspiel, um den Ball aus dem Stand oder Sprung mit der Vorderseite des Kopfs (Stirn) bei angespannter Nackenmuskulatur zu stoßen. Der Bewegungsimpuls kommt dabei aus einer Bogenspannung des Körpers.

Kopfschutz: in verschiedenen Sportarten (z. B. Amateurboxen, Eishockey, Fechten, Motorsport, Abfahrtslauf, Skispringen, Wasserski) vorgeschriebener oder zugelassener Helm oder gepolsterte Kappe zum Schutz des Kopfs bei Stürzen oder vor Schlägen und Stößen. Gelegentlich gehört zum Kopfschutz zusätzlich eine ↑Gesichtsmaske (z. B. beim Fechten).

Kopfstand: Übung im Geräteturnen (Bodenturnen), bei der der Körper mit den Füßen nach oben auf dem Kopf und den Händen (oder Unterarmen) stehend im Gleichgewicht gehalten wird. Der Durchblutungseffekt des Kopfstands entspricht dem des ↑Handstands.

Korb: im ↑Basketball, ↑Korbball und ↑Korfball 1. ein Sportgerät, 2. ein Wurf, der im Korb landet und einen Punkt (oder mehrere Punkte) erzielt.

Korbball: dem Basketball ähnliches Mannschaftsballspiel, das vorwiegend von Mädchen und Frauen sowohl im Freien als auch in der Halle gespielt wird.

Der **Spielgedanke** ist wie beim Basketball, einen Ball möglichst oft in den gegnerischen Korb zu werfen bzw. dies beim Gegner zu verhindern.

Das **Spielfeld** im Freien ist 50 × 25 m (in der Halle 30 × 15 m) groß und durch eine Mittellinie in zwei Hälften geteilt. 7 m vor der Mitte der

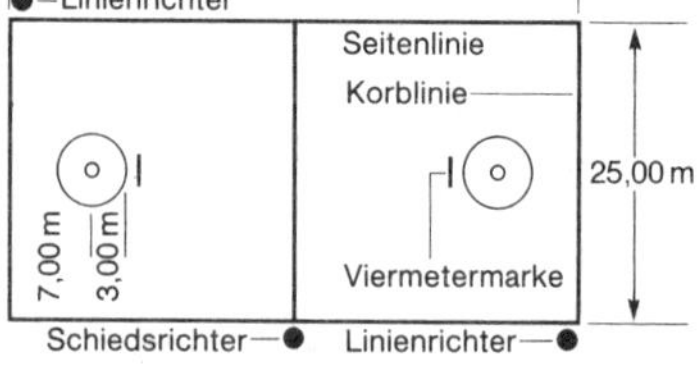

Korbball. Spielfeld

Grundlinien *(Korblinien)* ist jeweils ein Kreis mit einem Radius von 3 m gezogen, der den *Korbraum* bildet, in dessen Mittelpunkt der 2,50 m hohe Korbständer steht. Dieser endet oben in einer Gabel, in der an einem Ring (Durchmesser 55 cm) der *Korb,* ein unten geschlossenes Netz hängt. 4 m vor jedem Korb befindet sich eine Strafwurfmarkierung, die *Viermetermarke.* In der Halle stehen die Körbe jeweils 1 m vor den Korblinien.

Spielgerät ist ein Hohlball mit einem Umfang von 56–60 cm und einem Gewicht von 400–500 g.

Die **Spielzeit** beträgt 2 × 15 Minuten mit einer Halbzeitpause von 5 Minuten (in der Halle 2 × 10 Minuten ohne Pause).

Jeweils sieben **Spieler** (6 Feldspieler, 1 Korbwächter) und ein Auswechselspieler bilden eine Mannschaft (in der Halle 4 Feldspieler, 1 Korbwächter, 1 Auswechselspieler).

Regeln (Auswahl): Mit dem Ball dürfen nur drei Schritte gelaufen, er darf nur drei Sekunden gehalten und im Stand nur einmal aufgetippt werden. Der Korbraum darf nur vom jeweiligen Korbwächter betreten, und ein Ball im Korbraum nur von diesem abgewehrt werden. Zurückspielen des Balles durch einen Feldspieler und Hereinholen des Balles in den eigenen Korbraum durch den Korbwächter werden mit einem *Viermeterwurf* geahndet. Leichtere Regelverstöße werden mit Freiwürfen bestraft. Bei Ausbällen gibt es Einwürfe und Eckwürfe bzw. Abwürfe aus dem Korbraum. Freiwürfe, Einwürfe und Eckwürfe können unmittelbar einen Korb erzielen. Sperren des Gegners mit angelegtem Arm ist erlaubt, verboten sind Festhalten, Umklammern und Rempeln des Gegners und ihm den Ball aus der Hand zu schlagen.

Die **Technik** des Korbballs besteht im wesentlichen aus den Grundtechniken des Fangens und Werfens aus dem Stand, Sprung oder Lauf.

Geschichte: Ende des 19. Jahrhunderts wurde das Korbballspiel aus Süd- und Mittelamerika in Deutschland eingeführt, wo es seit 1936 deutsche Meisterschaften gibt. Obwohl Korbball als Wettkampfsport heute weitgehend vom Basketball verdrängt ist, wird es in Schule und Sportvereinen noch gerne gespielt.

Korbleger: Korbwurftechnik im Basketball: Ausgehend von einer Ballannahme aus dem Lauf oder von einem Dribbling wird der Ball aus einem dynamischen Absprung mit Hilfe des Schwungbeins (nach kurzem Stemmschritt) aus kurzer Distanz indirekt, d. h. über ein Anspielen des Spielbretts, in den Korb geworfen.

Kọrfball [niederländisch korfbal „Korbball“]: dem Basketball und Korbball verwandtes gemischtes Mannschaftsspiel, das vorwiegend im Freien gespielt wird.

Spielgedanke ist wie beim Korbball, einen Ball möglichst oft in den gegnerischen Korb zu werfen bzw. dies beim Gegner zu verhindern.

Das **Spielfeld** mißt zwischen 80 × 32 m und 90 × 40 m und ist in drei gleich große Zonen (A, B, C) eingeteilt, in denen sich von jeder Mannschaft je zwei weibliche und zwei männliche Spieler aufhalten, die ihre Zonen im Verlauf eines Spielabschnitts nicht verlassen dürfen. Jeweils 3,30–4,40 m (1/9 der Spielfeldbreite) vor der Mitte der schmalen Grenzlinien stehen die Korbständer (Höhe 3,50 m), an deren oberem Ende zur Spielfeldmitte weisend jeweils der *Korb,* ein Zylinder aus Flechtmaterial (Höhe 25 cm, Durchmesser 38–42 cm) angebracht ist. 4 m vor den Körben sind *Strafwurflinien* markiert. Um den Mittelpunkt des Spielfelds ist ein *Mittelkreis* (Radius 3,50 m) gezogen.

Spielgerät ist ein Hohlball mit einem Umfang von 68–71 cm und einem Gewicht von 425–475 g.

Eine Mannschaft besteht aus 12 **Spielern** (6 weibliche und 6 männliche).

Die **Spielzeit** beträgt 2 × 45 Minuten mit einer Halbzeitpause von etwa 15 Minuten.

Regeln (Auswahl): Das Spiel beginnt mit einem Anwurf aus dem Mittelkreis. Das Anwurfrecht wechselt zwischen den Mannschaften von Halbzeit zu Halbzeit. Nach einem erzielten Korb hat stets die Mannschaft den Anwurf, gegen die der Treffer erzielt wurde. Mit dem Ball darf nicht gelaufen, er muß aus dem Stand zugeworfen (nicht übergeben) und darf nicht aus der Mittelzone unmittelbar in den Korb geworfen werden. Korfball ist ein körperloses Spiel. Deshalb ist jedes Festhalten, Rempeln u. a. des Gegners verboten. Bei dem Versuch, einen Angriff abzuwehren, dürfen nur gleichgeschlechtliche Gegner gegeneinander kämpfen. Bei groben Regelverstößen gibt es einen Strafwurf von der Strafwurflinie aus, sonst einen Freiwurf von der Stelle aus, an der das Foul begangen wurde. Nach jeweils zwei Treffern rücken die Spieler beider Mannschaften um je eine Zone weiter: von A nach B, von B nach C, von C nach A. Sieger ist die Mannschaft, die die meisten Treffer erzielt hat.
Sicheres Fangen und Werfen aus dem Stand sowie geschicktes Stellungsspiel innerhalb der Zonen kennzeichnen **Technik** und **Taktik** des Korfballspiels.
Geschichte: Korfball geht auf das schwedische „Händball" zurück und wurde 1902 von dem Amsterdamer Lehrer Nico Broekhuyzen in den Niederlanden bekannt gemacht. 1907 erhielt das Spiel seine ersten Regeln. Es wird heute v.a. in den Niederlanden und in Belgien, aber auch in der Bundesrepublik Deutschland (hier betreut vom *Deutschen Turner-Bund*) gespielt. 1934 wurde die *International Korfball Federation* (IKF; Sitz Amsterdam) gegründet. – Es gibt heute eine Variante für das Spiel auf einem Kleinfeld in der Halle *(Microkorfball).*

Koronarinsuffizienz (Coronarinsuffizienz) [zu lateinisch corona „Kranz, Krone" und insufficientia „Unzulänglichkeit"]: mangelhafte Versorgung des Herzmuskels mit Sauerstoff (O_2) aufgrund zu geringer Durchblutung der Herzkranzgefäße. Der Herzmuskel wird durch eigene Blutgefäße, die Herzkranzarterien (Koronarien), ernährt und nicht direkt durch das in ihm gepumpte Blut. Wie jedes andere Gewebe braucht das Herz bei der Arbeit O_2, das ihm aus dem Blut zur Verfügung gestellt werden muß. Wird das Angebot an O_2 geringer als der Verbrauch, spricht man von Insuffizienz (unzureichender Leistung) der Koronarien. Sie entsteht durch mangelnde Dehnbarkeit (meist infolge Verkalkung) und Einengung der sonst sehr anpassungsfähigen Gefäße. Leichte Koronarinsuffizienz macht sich erst bei starker Belastung (hoher O_2-Verbrauch) als Angina pectoris (Herzschmerzen) bemerkbar; schwere Formen führen zum Untergang der betroffenen Herzmuskelzellen, also bis zum ↑Herzinfarkt.

Koronarsport [zu lateinisch corona „(Herz)kranz"]: gezielte Bewegungstherapie für Herzinfarktpatienten in eigenen Koronarsportgruppen, die (im Rahmen von Sportvereinen) von speziell ausgebildeten Übungsleitern geleitet werden.

Körperbautypen (Konstitutionstypen): äußere, durch anatomische, physiologische und psychologische Merkmale geprägte Erscheinungsformen des menschlichen Organismus (↑auch Konstitution). Die mehr als 50 Körperbautypologien kommen letztlich immer zu drei verschiedenen Grundtypen, dem schlanken, **leptosomen** (nach Ernst Kretschmer, * 1888, † 1964) bzw. **leptomorphen** Typ (Klaus Conrad, * 1905, † 1961) und dem rundlichen, **pyknischen** bzw. **pyknomorphen** Typ. Kretschmer hat daneben noch den **athletischen** (Athletiker) unterschieden, der u.a. durch Breitschultrigkeit, kräftige Entwicklung des Skeletts und der Muskulatur gekennzeichnet sein soll. Diesen Körperbautypen entsprechen gewisse Verhaltensmuster bzw. Temperamenteigentümlichkeiten. Zu einer ähnlichen Typologie kam William Herbert Sheldon (* 1899). Er unterscheidet einen endomorphen, einen mesomorphen und einen ektomorphen Typ, die sich auch durch unterschiedliche Verhaltensmuster voneinander absetzen. Endo- und ektomorpher Typ entsprechen dabei (physisch und psychisch) dem Pykniker bzw. Leptosomen von Kretschmer. Der mesomorphe Typ ist eine ausgewogene Mittelform zwischen beiden. Nach Conrad soll der Pyknomorphe in vielen Merkmalen dem Kleinkind näher stehen als der Leptomorphe. Die Ursache soll ein unterschiedliches Entwicklungstempo beider Wuchsformtendenzen sein. Sie sind gewissermaßen Pole einer Variationsreihe (Primärvarianten), in die sich alle Individuen einordnen lassen. Kaum eines entspricht diesem Idealtyp, tendiert aber doch mehr oder weniger deutlich zu einem dieser Pole. Diesen Primärvarianten werden als Sekundärvarianten der **asthenische** (Astheniker; dünner, schmächtiger, muskelschwacher und dünnknochiger Körperbautyp) und **athletische** Typ gegenübergestellt, ebenfalls als die Pole einer Variationsreihe. – Da die Körperbautypen in der Realität in reiner Form kaum vorkommen, werden durch komplizierte anthropometrische Meß- und Berechnungsverfahren ermittelte Werte miteinander zu sogenannten Indizes in Beziehung gesetzt, so daß sich eine Vielzahl von Mischformen der Grundtypen ergibt. Dieses differenzierte System von Körperbautypen gibt der Sportanthropologie die Möglichkeit, bestimmte konstitutionelle und anthropometrische Gegebenheiten mit der Eignung bzw. Nichteignung für bestimmte Sportarten im Leistungssport zu korrelieren. So ist z. B. ein Sportler mit überdurchschnittlich langen Beinen für den Hochsprung eher geeignet als für das Geräteturnen. Allerdings können solche Korrelationen nicht in jedem Fall (für jeden Sportler und jede Sportart) unbedingte Gültigkeit beanspruchen (die notwendige intellektuelle Komponente des Sports z. B. bleibt dabei völlig unbeachtet) und sind infolgedessen auch nach wie vor umstritten.

Körperbehinderung: Beeinträchtigung der körperlichen Leistungsfähigkeit infolge angeborener oder durch Krankheit, Unfall u. a. erworbener Schädigungen. Körperbehinderte, aber auch geistig oder psychisch behinderte Personen können im Rahmen des ↑ Behindertensports ihrer jeweiligen Behinderung angepaßte Möglichkeiten sportlicher Betätigung finden. – ↑ auch Rehabilitation.

Körperbewußtsein: das aus vielfältigen Eigenerfahrungen mit Bewegung in Raum und Zeit entstandene Bild vom eigenen Körper. Die Entwicklung des Körperbewußtseins hängt weitgehend von der Qualität der Wahrnehmungseigenschaften hinsichtlich des eigenen Bewegungsverhaltens ab. Das Körperbewußtsein ist durch Übung des Körpers beeinflußbar, seine Ausbildung spielt deshalb im sportpädagogischen Bemühen eine große Rolle. In enger Beziehung zum Körperbewußtsein stehen Körpergefühl (↑ Kinästhesie) und ↑ Körpererfahrung.

Körperbildung (Körperschule): pädagogisches Bemühen zur Entwicklung und Verbesserung der grundlegenden körperlichen Funktionen. Bei der Körperbildung werden die motorischen Grundlagen zur Ausführung komplexer sportlicher Bewegungen gelegt. Sie geschieht mit Hilfe sogenannter körperbildender Übungen, die sich gezielt auf die motorischen Eigenschaften konditioneller und koordinativer Art richten. Mangelnde Körperbildung führt oft zu Mißerfolgserlebnissen bei dem Bemühen um sportmotorisch-technische Fertigkeiten. Sie muß v. a. auch aufgrund sportmedizinischer Erkenntnisse bei jedem Menschen in ausreichendem Maß vorhanden sein.

Körpererfahrung: das Produkt aller, wie auch immer gearteter Erfahrungen mit dem eigenen Körper. Wesentliche Teilaspekte der Körpererfahrung sind Körperschema und Körperbild. **Körperschema** („body scheme“) ist der neurophysiologische Teilbereich der Körpererfahrung und umfaßt alle perzeptiv-kognitiven Leistungen des Individuums bezüglich seines eigenen Körpers. **Körperbild** („body image“) ist der psychologisch-phänomenologische Teilbereich der Körpererfahrung und umfaßt alle emotional-affektiven Leistungen des Individuums bezüglich des eigenen Körpers. Die Tatsache, daß über den Körper und mit dem Körper Erfahrungen gesammelt werden können, ist eine wichtige Grundlage für die Gestaltung von Bewegung, Sport und Spiel auch im Sportunterricht.

Körpererziehung: ursprünglich (in der Reformpädagogik) die vom Körper ausgehende Gesamterziehung; heute v.a. in den sozialistischen Ländern Bez. für die pädagogische Ausbildung der motorischen Eigenschaften, Fertigkeiten und Fähigkeiten in der ↑Körperkultur.

Körpergefühl ↑Kinästhesie.

Körpergewicht: das von Geschlecht, Alter, Ernährungszustand und Körperlänge abhängige Gewicht des nackten Körpers eines Individuums. Es setzt sich zusammen aus dem Gewicht von Knochen, Muskulatur, Haut und Bindegewebe, Organen, Fett und Wasser. Den größten Anteil am Körpergewicht hat Wasser mit 55–60% (Knochen etwa 17,5%). – ↑auch Idealgewicht, ↑Normalgewicht.

Körperkontakt [zu lateinisch contingere, contactum „berühren“]: in manchen Sportarten mögliche (oder notwendige) gegenseitige körperliche Berührung der Gegner beim Wettkampf. Dies gilt v.a. für die Kampfsportarten (Ausnahme ist das Fechten, bei dem der Kontakt mittelbar über das Gerät erfolgt) und einige Mannschaftsspiele, bei denen man oft von einem *Körperspiel* spricht, z.B. der Bodycheck im Eishockey, das (erlaubte) Rempeln im Fußball, der mit dem Körper gespielte Ball beim Rollhockey, das Berühren des Gegenspielers beim Schwimmen im Wasserball.

Körperkontrolle: die Regelung der Körperlage in Raum und Zeit durch die Wahrnehmungseigenschaften und das Gleichgewichtsorgan (Vestibularapparat), v.a. erforderlich im Bereich der Alltags- und Arbeitsmotorik. Die Notwendigkeit der Körperkontrolle nimmt im motorischen Lernen mit dem Grad der Bewegungsform von der Grobform über die Feinform bis zur stabilisierten Bewegung stetig zu. Auch in fernöstlich orientierten Sportarten (z.B. des Budosports) und Techniken (z.B. autogenes Training) spielt die Körperkontrolle eine entscheidende Rolle.

Körperkultur: ursprünglich Bez. für die Zielvorstellung der Lebensreformbewegung um die Jahrhundertwende in Deutschland, das Bemühen um eine ganzheitliche Pflege und Verbesserung von Gesundheit und Leistungsfähigkeit des Körpers und damit des ganzen Menschen (so noch enthalten in der Bez. Nackt- oder Freikörperkultur). Als Bestandteil der sozialistischen Arbeitskultur wurde der Begriff dann von der *Arbeiter-Turn- und Sportbewegung* (↑Arbeitersport) aufgegriffen und ist – daran anknüpfend – heute der umfassendste Begriff für Sport und Leibesübungen und Teil der Nationalkultur in den sozialistischen Staaten, v.a. in der Deutschen Demokratischen Republik.

Körperlage: ein wichtiger Faktor beim Erlernen der verschiedenen Schwimmarten. Grundsätzlich soll der Körper möglichst flach und gestreckt im Wasser liegen (Gleitbootlage, ↑Gleiten). Eine falsche (verdrehte, gebeugte) Körperlage erschwert das Erlernen der richtigen Atemtechnik sowie der ↑Beinbewegung und ↑Armbewegung.

körperloses Spiel: Charakteristikum des Basketballspiels, die im Regelwerk vorgeschriebene Vermeidung der körperlichen Berührung der Gegner. Dadurch sind beim Basketball weniger die Durchsetzungseigenschaften Härte, Kraft u.a. spielentscheidend als vielmehr gute motorische Eigenschaften, technische Fertigkeiten und taktische Fähigkeiten und damit letztlich auch die Fairneß.

Körperschaden: Defizit im Erscheinungsbild des Körpers, das im Unterschied zur ↑Körperschwäche nicht oder nur medizinisch behoben oder gemildert werden kann. Maßnahmen der ↑Therapie und ↑Rehabilitation durch Sport haben hier nur unterstützende Funktion (↑auch Behindertensport).

Körperschema ↑Körpererfahrung.

Körperschule ↑Körperbildung.

Körperschwäche: Defizit im Erscheinungsbild des Körpers, das im Unterschied zum ↑Körperschaden jedoch durch gezielte Körperübungen wie ↑pflegerische Gymnastik, ↑Sportförderunterricht, ↑funktionelle Gymnastik behoben werden kann. Körperschwächen können Organleistungs-, Haltungs- und Koordinationsschwächen sein. Die Erforschung von Möglichkeiten zu ihrer Behebung ist Gegenstand von ↑Psychomotorik und ↑Bewegungserziehung.

Körperschwerpunkt: Massenmittelpunkt des (menschlichen) Körpers, der Angriffspunkt der Schwerkraft, der sich nach den Gesetzen der Mechanik so bewegt, als sei die gesamte Masse des Körpers in ihm vereinigt. Nur äußere Kräfte können den Bewegungszustand des Körperschwerpunkts verändern, innere Kräfte verändern lediglich die Lage der einzelnen Körperteile zueinander und zum Schwerpunkt. Die Bestimmung des Körperschwerpunkts durch die Sportbiomechanik ist wichtig, um Aufschlüsse über die Gesetzmäßigkeiten der im Sport vorkommenden Lageveränderungen des Körpers zu erhalten.

Körperspiel ↑Körperkontakt.

Körperübungen (körperliche Übungen): Übungen, bei denen der Körper durch Bewegung geschult wird. Sie dienen der Ausbildung der ↑motorischen Eigenschaften, der ↑sportmotorisch-technischen Fertigkeiten und der ↑motorischen Fähigkeiten. Gezielt eingesetzte Körperübungen, v.a. mit gesundheitlicher Zielsetzung, sind meist dem Grundlagenbereich der Motorik entnommen, d.h. sie sind nicht sportartspezifisch (↑auch Gymnastik, ↑Körperbildung).

K.-o.-System: nach dem K.-o.-Sieg beim Boxen (↑Sieg) benannter Austragungsmodus eines Wettkampfs, an dem mehrere Mannschaften oder Spieler teilnehmen, bei dem der Verlierer einer Begegnung aus dem weiteren Wettbewerb ausscheidet (z.B. bei Pokalspielen in den Mannschaftssportarten). Meistens findet jeweils nur ein Wettkampf zwischen denselben Teilnehmern statt, es gibt aber auch das K.-o.-System mit Hin- und Rückkampf. Beim K.-o.-System ist das ↑Setzen starker Wettkampfteilnehmer wichtig, um zu vermeiden, daß diese schon in den ersten Runden aufeinandertreffen und durch das frühe Ausscheiden eines dieser Gegner der Wettkampf verzerrt wird. Die im K.-o.-System Ausgeschiedenen haben gelegentlich in einer ↑Trostrunde noch eine Chance zur weiteren Teilnahme am Wettbewerb.

Kraft: grundlegender Begriff der Physik, eine gerichtete (vektorielle) physikalische Größe, die die Ursache von Bewegungsänderungen (Beschleunigungen) oder Formänderungen (Deformation) eines Körpers ist. Kraft ist definiert als Produkt aus Masse und Beschleunigung. – Im Sport zählt die Kraft (neben ↑Ausdauer und ↑Schnelligkeit) zu den motorischen Eigenschaften konditioneller Art. Sie ist Voraussetzung zur Bewegung unterschiedlicher Massen mit unterschiedlichen Geschwindigkeiten, zur Bewegung des eigenen Körpers (z.B. beim Hochsprung), eines Gegners (z.B. beim Judo) oder eines Geräts (z.B. beim Diskuswurf). Immer ist Kraft die Fähigkeit, eine Masse gegen Widerstand zu bewegen. Ihr Ausmaß ist sportartspezifisch abhängig von äußeren Widerständen, Wettkampfdauer, Bewegungsgeschwindigkeit, Arbeitswinkel, Bewegungsrhythmus, Umfang, Arbeitsweise und Zustand der eingesetzten Muskulatur. Die höchstmögliche Kraft, die bei willkürlicher Muskelkontraktion erzeugt werden kann, ist die **Maximalkraft,** die nach der Art der Beanspruchung in *statische* (Kraftaufwand gegen einen unbeweglichen Gegenstand) und *dynamische* (Kraftaufwand gegen einen beweglichen Gegenstand) Maximalkraft unterschieden werden kann. Die dynamische Maximalkraft ist positiv-dynamisch, wenn ein Widerstand überwunden, und negativdynamisch, wenn nachgebende Arbeit geleistet wird. Die Maximalkraft spielt v. a. als Grundlage der Sprint-, Sprung-, Stoß- und Wurfkraft eine Rolle. Sie kann auf zweierlei Art entwickelt werden, durch Training zur Dickenzunahme der Muskulatur durch maximale Anspannung und lange Spannungsdauer (Hypertrophie) und durch Verbesserung der intramuskulären (Zusammenwirken der Muskelfasern eines Muskels) und der intermuskulären (Zusammenspiel der an einer sportlichen Bewegung beteiligten Muskulatur) ↑Koordination (↑auch Krafttraining). Die Maximalkraft ist v. a. wichtig bei unterem und mittlerem Leistungsniveau. – Als **relative Kraft** bezeichnet man die Kraft in Abhängigkeit vom Körpergewicht (Maximalkraft durch Körpergewicht). Sie ist v. a. bei Übungen entscheidend, bei denen der eigene Körper zu bewegen ist (z. B. beim Laufen). Steigerung der Maximalkraft oder Abnahme des Körpergewichts erbringen eine Erhöhung der relativen Kraft. – Die Kraft bildet in Verbindung mit den beiden anderen konditionellen motorischen Eigenschaften Ausdauer und Schnelligkeit die ↑Komplexeigenschaften ↑Kraftausdauer und ↑Schnellkraft.

Kraftausdauer: neben Schnellkraft und Schnelligkeitsausdauer die dritte Komplexeigenschaft im Bereich der motorisch-konditionellen Eigenschaften, die sich aus den Komponenten ↑Kraft und ↑Ausdauer zusammensetzt und bewirkt, daß der Krafteinsatz während der Wettkampfdauer aufrecht erhalten und die Ermüdungswirkung (Abbau von Energie und Nachlassen der neuromuskulären Übertragungsmechanismen) gering gehalten werden können. Die Kraftausdauer kommt in der Sportpraxis in vielen Sportarten als *dynamische* (z. B. beim Langstreckenlauf), *statische* (z. B. beim Halten der Hantel über Kopf im Gewichtheben) oder *Schnellkraftausdauer* (z. B. beim Kurzstreckenlauf) vor. Vom Umfang der beteiligten Muskulatur her unterscheidet man *lokale* (Beteiligung bis 1/3 der Muskulatur), *regionale* (1/3–2/3) und *globale* (mehr als 2/3) *Kraftausdauer.* Globale Kraftausdauer bezieht sich v. a. auf Bewegungen großmotorischer Art und kommt deshalb in sehr vielen Sportarten vor. Entscheidend für die Kraftausdauer ist auch die Dauer der Kraftbelastung. Man unterscheidet hier *Kurzzeitbelastung* (Belastung bis 2 Minuten), *Mittelzeitbelastung* (2–8 Minuten) und *Langzeitbelastung* (über 8 Minuten). Die Kraftausdauer wird vorwiegend ↑anaerob erbracht, da hohe Widerstände zu überwinden sind bzw. schnelle Bewegungen erfolgen. – Maximalkraft, Schnellkraft und Kraftausdauer stehen in wechselseitigem Abhängigkeitsverhältnis zueinander: Die Maximalkraft ist um so entscheidender für die Kraftausdauer, je größer die zu überwindenden Widerstände sind. Je schneller und häufiger Krafteinsätze im Wettkampf erfolgen müssen, um so entscheidender wird die Schnellkraft. – Die Messung der Kraftausdauer kann auf zweierlei Art geschehen: durch Feststellung einmal der durchschnittlichen Leistung bei Wiederholungen (z. B. 5, 10, 15 Läufe über 100 m), zum anderen des Kraftverlusts aufgrund der Ermüdung (ermittelt durch die Differenz z. B. zwischen bestem und schlechtestem 100-m-Lauf). – Kraftausdauer wird im ↑Krafttraining entwickelt.

Kraftdreikampf (Powerlifting): Mehrkampf mit Gewichten für Damen und Herren (nach Gewichtsklassen). Der aus dem Bodybuilding entstandene Kraftdreikampf besteht aus Kniebeuge mit Hantel auf der Schulter (belastete Kniebeuge), Gewichtdrücken in horizontaler Ruhelage auf einer Bank (Bankdrücken) und Hantelheben aus dem Kreuz bis über Kniehöhe (Kreuzheben).

Kraftmaschine: Gerät zum Training der allgemeinen Fitneß, das mit verschiedenen Stationen so ausgestattet ist, daß bei einem Rundgang unterschiedliche Beanspruchungsformen vorkommen. An den einzelnen Stationen ist eine progressive Belastung möglich. Die Geräte sind so gesichert, daß bei Nichtbewältigung einer Übung keine Verletzungsgefahr (z. B. durch herunterfallende Gewichte) besteht. Ein Nachteil ist, daß das Fitneßtraining dadurch einen stark mechanischen Arbeitscharakter erhält.

Kraftsport ↑Schwerathletik.

Krafttraining [...trɛ:...]: im Rahmen des Konditionstrainings das Training der drei Krafteigenschaften Maximalkraft, Kraftausdauer und Schnellkraft mit verschiedenen Methoden. – 1. **Maximalkrafttraining:** Auf der Grundlage von Tests werden die maximale Leistungsfähigkeit (= 100%) erfaßt und danach für das Training die entsprechenden Belastungshöhen in % angegeben. Vorherrschende Methode ist die **Wiederholungsmethode** mit hoher Belastungsintensität, geringer Anzahl von Wiederholungen und langen Pausen (2–5 Minuten). Die Wiederholungsmethode kann (in Anlehnung an die sowjetische Trainingslehre) in vier Varianten eingesetzt werden: a) wiederholte Krafteinsätze bei mehrfachem Hantelheben mit 50–60% der maximalen Last, wodurch eine Hypertrophie der Muskulatur erreicht wird; dann Erhöhung der Last und Wiederholungszahl entsprechend dem Trainingsfortschritt; b) maximale Krafteinsätze mit fast maximaler Intensität (80–100%) und wenig Wiederholungen (1–5) pro Serie; eignet sich zum Aufbautraining und zielt auf die Verbesserung der intramuskulären Koordination, d. h. auf die Schulung der Explosivkraft; c) ansteigende Widerstände durch Erhöhung der Zusatzlast und Abnahme der Wiederholungszahl (↑Pyramidentraining); d) isometrische Anspannung, d. h. Verbesserung der statischen Maximalkraft, eingesetzt v. a. nach Krankheit und Verletzung zum Aufbau der Kraft der Muskulatur (↑auch isometrisches Training); *Vorteile:* zielgerichtetes Arbeiten, einfache Übungen, kurze Trainingszeit, gute Zuwachsrate; *Nachteile:* Ermüdung des Zentralnervensystems, Schädigung von Herz und Kreislauf, Abnahme der Koordinationsfähigkeit, Verschlechterung der Muskelelastizität, monotones Training, mangelnde Kapillarisierung der Muskulatur, Preßatmung. – 2. **Schnellkrafttraining:** Gegenüber dem Maximalkrafttraining werden die Intensität niedriger (40–70% der Maximalwerte), die Wiederholungszahl höher (6–10) und die Pausen kürzer, so daß eine vollständige Erholung gewährleistet ist. Es gibt drei Organisationsformen für das Schnellkrafttraining: durch *Standardbelastung* (gleiche Reizintensität), durch *wellenförmige Belastung* (Erhöhung und Senkung der Reizintensität) und durch *progressiv-regressive Belastung* (Belastung wie bei halben Pyramiden, z. B. 40 – 50 – 60 – 60 – 50 – 40%). – 3. **Kraftausdauertraining:** Im allgemeinen und speziellen (sportartspezifischen) Kraftausdauertraining wird der Trainingsumfang erweitert, und zwar nach der extensiven Intervallmethode. Durch hohen Trainingsumfang, viele Wiederholungen und geringe Erholungsintervalle ist dies ein Training unter Ermüdungsbedingungen. Die Vorgehensweise bedient sich des ↑Overloadtrainings und des ↑Circuittrainings (extensive und intensive Intervallmethode).

Krampf (Muskelkrampf): kräftige, unwillkürliche Muskelanspannung, die mit Schmerzen verbunden ist und verschieden lange anhalten kann. Ausgelöst durch örtliche oder den gesamten Körper betreffende Stoffwechselentgleisungen (Elektrolytverschiebungen) oder starke Nervenentladungen (z. B. im Krampfanfall). Durch Massage der durch sportliche Belastung verkrampften Muskulatur kann der Muskel gedehnt werden. – ↑auch Tetanus, ↑Tetanie.

Krankengymnastik (Heilgymnastik): auf den akut oder chronisch Kranken abgestimmte, planmäßig durchgeführte Bewegungstherapie zur Erhaltung und/oder Erneuerung der körperlichen Funktionen (↑auch funktionelle Gymnastik, ↑Rehabilitation, ↑Therapie). Medizinische Indikationen für Krankengymnastik können sein: aus dem Bereich der Chirurgie und Orthopädie: Knochenbrüche, Wirbelsäulenschäden, Haltungsverfall, Gelenkfunktionsstörungen; aus der inneren Medizin: Kreislauf- und Lungenfunktionsstörungen, Tonusschwäche im Bauchbereich; aus der Nervenheilkunde: Neuralgien und Lähmungen; aus der Kinderheilkunde: spastische Leiden durch Hirnschädigung; aus der Frauenheilkunde: Menstruationsstörungen, Schwangerschaft, Wochenbett. Inhalt der Übungen sind v. a. Schwungbewegungen, Widerstandsübungen (durch ↑isometrisches Training), Gleichgewichtsübungen und Geschicklichkeitsschulung, z. T. unter Verwendung spezieller Geräte (z. B. Aufhängevorrichtungen) und Einsatz von Unterwassermassage. Die Krankengymnastik wird aufgrund ärztlicher Diagnose und in ärztlicher Verantwortung unter Anleitung und manueller Führung einer Krankengymnastin bzw. eines Krankengymnasten (zweijährige Fachschulausbildung und einjähriges Anerkennungsjahr) durchgeführt, die in dem Berufsverband *Zentralverband Krankengymnastik e. V.* zusammengeschlossen sind. – ↑auch pflegerische Gymnastik.

Kraulschwimmen: Schwimmart und ein sportlicher Wettkampfschwimmstil, die schnellste Fortbewegungsart im Wasser, bei der der Körper möglichst flach im Wasser liegt. Die Technik des sportlichen Kraulschwimmens ist durch folgende Elemente gekennzeichnet: 1. *Start:* Der Start erfolgt durch einen möglichst kräftigen Absprung mit flachem Eintauchen, wobei die Beinbewegung sofort unter Wasser einsetzt und der Schwimmer sich mit einem Armzug an die Wasseroberfläche zieht. – 2. *Armbewegung:* In der Schwungphase wird der Arm locker und mit hohem Ellbogen über Wasser nach vorn zum Eintauchen geführt. Unter Wasser unterscheidet man eine Zugphase und eine Druckphase. – 3. *Beinbewegung:* Die Beine werden mit einem Bewegungsimpuls aus der Hüfte kontinuierlich auf und ab (Knie gestreckt) geschlagen. Die vertikalen Wechselschläge sollen nicht tiefer als 45 cm unter Wasser gehen. – 4. *Atmung:* Die Atmung erfolgt schnell, d. h. seitlich mit jedem zweiten Armzug (Doppelzugatmung) oder mit jedem dritten Armzug (Dreierzugatmung). Ausgeatmet wird durch Nase und Mund im Wasser. – 5. *Gesamtbewegung:* Das übliche Verhältnis von Armarbeit zu Beinarbeit ist 2:6. Etwa 95 % des Vortriebs erfolgen durch die Armbewegungen; die Beine dienen vorwiegend zur Stabilisierung der Körperlage. – 6. *Wende:* Beim Kraulschwimmen muß lediglich mit einem Körperteil angeschlagen werden. Bei den Wendetechniken haben sich deshalb mehrere Varianten ent-

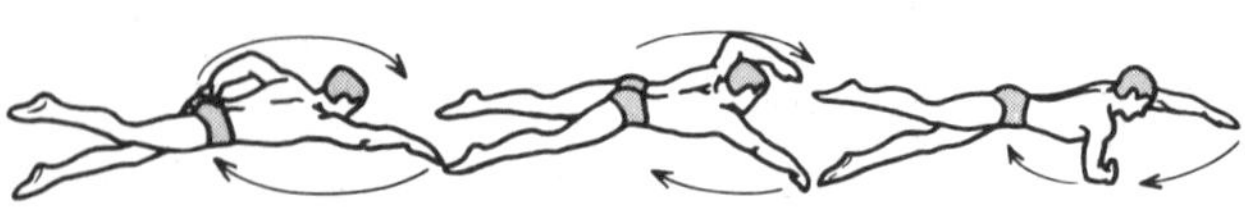

Kraulschwimmen. Bewegungsablauf

wickelt (z. B. Drehen, Rollen, Kippen). – Beim Kraulschwimmen hat der Schwimmer eine große Variationsbreite, um eine möglichst hohe Geschwindigkeit zu erreichen. Wegen dieser Gestaltungsvielfalt wird das Kraulschwimmen als Kurz-, Mittel- und Langstreckenschwimmart eingesetzt. Kraulschwimmen ist seit 1906 in Europa als Wettkampfschwimmstil bekannt. Auch in Schwimmwettbewerben, in denen keine bestimmte Schwimmart vorgeschrieben ist **(Freistilschwimmen)**, wird meist das Kraulschwimmen als schnellste Schwimmart bevorzugt. – Zu den Wettkämpfen im Kraulschwimmen ↑Schwimmwettbewerbe.

Kreatinphosphat [zu griechisch kréas, kréatos „Fleisch", phõs „Licht" und phorós „tragend, bringend"]: energiereiche Phosphatverbindung, die im Muskel als schnell verfügbare Energiereserve bereitsteht. Kreatinphosphat ist neben ↑Adenosintriphosphat die wichtigste Speicherform chemischer Energie. Die Aufspaltung von Kreatinphosphat bewirkt einen erneuten Aufbau von Adenosintriphosphat, wenn dieses durch Muskelarbeit verbraucht worden ist.

Kreativität [englisch; zu lateinisch creare „erschaffen"]: die Fähigkeit, produktiv zu denken und die Ergebnisse dieses Denkens (v. a. eine originelle Verarbeitung existierender Informationen) zu verwirklichen. Der kreative Mensch zeichnet sich durch weitgehende Selbständigkeit und Weltoffenheit aus sowie durch geistige Flexibilität, unkonventionellen Denkstil und hohe Frustrationstoleranz. Wenngleich die nahezu lückenlose Reglementierung des gesamten Wettkampfsports der Entwicklung von Kreativität entgegensteht, ist diese dennoch ein unverzichtbares Ziel des Sportunterrichts, der mit Hilfe der ↑Bewegungsaufgabe und der induktiven Methode Möglichkeiten zu ihrer Schulung bereitstellt. Wichtig ist hier die Verbindung von Bewegung und Musik (z. B. in Gymnastik und Tanzsport).

Krebs: im Rudersport Bez. für ein fehlerhaftes Einsetzen der Riemen oder Skulls und die damit verbundene Störung des Schlagrhythmus, die dadurch verursacht wird, daß das Ruderblatt im Wasser zu weit schräg nach unten bewegt wird („Krebsfangen"), so daß kein Durchziehen mehr möglich ist.

Kreisen: in Gymnastik und Geräteturnen die Ausführung kreisförmiger Bewegungen durch einzelne Körperteile oder den gesamten Körper: Kreisen der Hände und Arme (Parallelkreisen, Mühlkreisen, Gegenkreisen) mit und ohne Handgerät, als Frontal- und Flankenkreisen; Kreisen des Rumpfs (vorwärts, rückwärts); Kreisen der Füße und Beine (einwärts, auswärts, Achterkreisen). – Das Kreisen schult v. a. die Gelenkigkeit, das Gleichgewichtsgefühl und die Koordination.

Kreislauf (Blutkreislauf): der Umlauf des Blutes im menschlichen Körper in einem geschlossenen Blutgefäßsystem. Das aus der linken Herzkammer ausgeworfene Blut verteilt sich mittels der ↑Aorta in den Körper, wo es seine Ernährungs- und Transportfunktionen erfüllt. Dann fließt es durch den rechten Vorhof in die rechte Herzkammer zurück, wird in die Lunge gepumpt, dort mit Sauerstoff angereichert und kehrt dann in die linke Kammer zurück. Die Leistungsfähigkeit des Kreislaufs wird durch viele Regulationen des Körpers aufrechterhalten, z. B. durch Änderung der ↑Herzfrequenz, der Gefäßweite, der Blutmenge (u. a. durch den Wasserhaushalt) oder der Blutverteilung auf die Organe. Die Anpassung des Kreislaufs an die Anforderungen kann durch sportliches Training verbessert und beschleunigt werden.

Kreisläufer (Kreisspieler): Angriffsspieler im Handball, der sich nahe an der Torraumlinie (Schußkreis) aufhält und durch schnellen Positionswechsel und Täuschungen (Stellungsspiel) vom Gegenspieler zu lösen versucht, um ein Anspiel von Mitspielern zum Torschuß zu erhalten oder für die anderen Angriffsspieler Lücken für einen Torschuß zu schaffen.

Kreistraining [...trɛ:...] ↑Circuittraining.

Kreuz: im Segelsport ein Zickzackkurs, der als eine Folge von ↑Wenden gefahren wird, um ein in Windrichtung liegendes Ziel zu erreichen. Die Strecke zwischen den Wenden heißt ↑Schlag.

Kreuzen: 1. in *Lauf-* und *Rennwettbewerben* die Behinderung eines Wettkampfteilnehmers, indem beim Überholen dessen Laufbahn zu früh geschnitten wird; wird z. T. mit Disqualifikation geahndet; – 2. im *Basketball* das Abblocken des Gegners mit zwei Spielern, die dessen Laufrichtung schneiden; – 3. im *Eis-* und *Rollkunstlauf* ↑Kreuzschritt; – 4. im *Eisschnellauf* der Wechsel der Laufbahn auf der Wechselgeraden; – 5. in *Mannschaftsspielen* (z. B. Handball) der Platzwechsel zweier Spieler derart, daß einer von beiden angespielt und zum Torschuß kommen kann; – 6. im *Segelsport* ↑Kreuz.

Kreuzgriff ↑Hauptgriffarten.

Kreuzschritt: 1. im *Eis-* und *Rollkunstlauf* das Übersetzen (Kreuzen) des Spielbeins über das Sprungbein beim Kurvenfahren, als Anlauf zu Sprüngen (oft rückwärts); – 2. in der *Leichtathletik* ein Schritt beim Anlauf zum Speerwurf, bei dem die Beine gekreuzt werden, um eine günstige Wurfstellung zu erhalten.

Kricket (Cricket) [englisch; vielleicht aus flämisch crick „Krücke"]: Schlagballspiel (Fang- und Rückschlagspiel) zwischen zwei Mannschaften, das im Freien von Damen und Herren gespielt wird.

Der **Spielgedanke** ist, daß sich nur zwei Spieler der verteidigenden Schlagmannschaft ein Duell mit der gesamten angreifenden Feld- oder Fangmannschaft (11 Spieler) liefern. Das **Spielfeld** ist ein ovaler Rasenplatz von etwa 182 m Länge und etwa 137 m Breite. In der Mitte des Felds befindet sich das eigentliche Aktionsfeld des Spiels, die Wurfbahn *(Pitch)*, gebildet von der Fläche zwischen zwei Linien (*Wurflinien, Bowling Creases;* 2,68 m lang), deren Enden in einer Länge von 1,22 m nach hinten rechtwinklig abgewinkelt sind *(Return Creases)*. Auf der Mitte der Wurflinien stehen die *Tore (Wickets)*, drei etwa 2 cm dicke Stäbe (Stumps), die in einem Abstand von 11,1 cm voneinander in den Boden gesteckt und durch ein aufgelegtes Querhölzchen (Bail) miteinander verbunden sind (Gesamthöhe 71,1 cm). Der Abstand zwischen den beiden Toren beträgt 20,12 m. Vor den Wurflinien befinden sich in einem parallelen Abstand von 1,22 m die *Schlaglinien (Popping Creases)*.

Spielgerät sind Ball und Schlagkeule. Der *Ball* besteht aus einem mit Garn umwickelten Korkkern in einer Lederhülle; sein Umfang beträgt 22,38 bis 22,86 cm, sein Gewicht 156–163 g. Die *Schlagkeule (Bat)* ist paddelförmig und aus Weidenholz. Sie ist bis zu 96,52 cm lang, 1 020–1 077 g schwer und an der Schlagfläche höchstens 10,8 cm breit. – Die Spieler tragen weiße Kleidung und Schuhe mit Spikes, Schlagmänner und Torwächter zu-

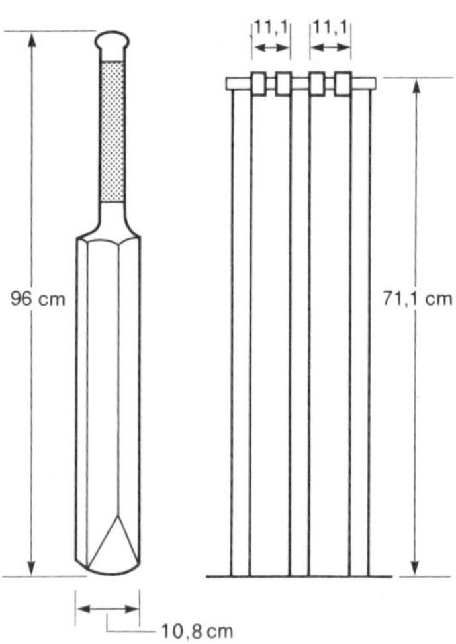

Kricket. Schläger (links) und Tor (rechts)

sätzlich Beinschienen und Handschuhe.
Spielverlauf: Zwei Schlagmänner (Batsmen) der verteidigenden Mannschaft stehen zwischen dem Wicket und der Schlaglinie. Hinter einem Tor steht der Torwächter (Wicket Keeper), hinter dem anderen der Werfer (Bowler) der gegnerischen Mannschaft, der den Ball von der Wurflinie aus auf das gegenüberliegende Tor wirft. Der dort stehende Schlagmann versucht, den Ball möglichst weit wegzuschlagen. Nach einem gelungenen Schlag laufen die beiden Schlagmänner zum jeweils gegenüberliegenden Schlagraum und berühren dort mit dem Schlagholz den Boden (Run). Jeder Run zählt einen Punkt, so daß das Ziel der Schlagmänner ist, den Ball so zu schlagen, daß sie möglichst oft ihre Positionen wechseln können. Landet ein geschlagener Ball außerhalb des Spielfelds, zählt dies vier Punkte, geschieht dies ohne vorherige Bodenberührung des Balles, sechs Punkte. Die anderen angreifenden Feldspieler der Fangmannschaft sind über das Spielfeld verteilt, um den geschlagenen Ball abzufangen und die Schlagmänner „aus" (out) zu machen, so daß sie keine Punkte (Runs) erzielen können. Ein Schlagmann kann „aus" gemacht werden durch: Treffen des Tores durch den geworfenen Ball (bowled), Fangen des geschlagenen Balls ohne vorherige Bodenberührung (caught), Zerstören des Tores mit dem Ball, bevor der Schlagmann das Schlagfeld erreicht hat (run out), Zerstören des Tores mit dem gefangenen Ball durch den Torwächter, wenn sich der Schlagmann zu weit hinauswagt (stumped), Abwehr des Balles durch den Schlagmann mit Hilfe des Beinschutzes (leg before wicket). Nach sechs Würfen durch den Werfer werden die Wurfrichtung und damit das Zieltor gewechselt. Ein ausgeschiedener Schlagmann wird durch einen anderen ersetzt. Sind zehn Schlagmänner „aus", ist ein Durchgang (Innings) beendet und die Schlagmannschaft wird zur Feldmannschaft und umgekehrt. Punkte können nur von der Schlagmannschaft erzielt werden. Ein Spiel hat zwei oder vier Durchgänge und dauert oft mehrere Tage.
Geschichte: Kricketähnliche Spiele sind bereits aus dem 15. Jahrhundert im Südosten Englands überliefert. Ein erster Grafschaftswettbewerb (zwischen London und Kent) fand 1719 statt. 1727 erhielt das Spiel erste Regeln, die in ihrer Fassung von 1835 noch heute gültig sind. Der erste Kricketklub wurde 1760 gegründet. Kricket gilt als sommerliches Nationalspiel in Großbritannien und in den Ländern des britischen Commonwealth.

kritischer Punkt ↑Sprungschanze.

kritische Sporttheorie: sporttheoretische Position, die sich in Intention und Methode an die philosophische wissenschafts- und gesellschaftstheoretische kritische Theorie der sogenannten Frankfurter Schule anlehnt. Deren Gegenstand ist der – wie auch immer geartete – Kapitalismus, ihre Intention die Offenlegung und Kritik seiner Ursachen und Folgen. Im Zusammenhang damit stehen neben der Wissenschaftskritik die Analyse und Kritik der Funktionen der Massenkultur („Kulturindustrie"), wozu im weitesten Sinn auch der Sport v. a. in seinen modernen Ausprägungsformen als Wettkampf- und Hochleistungssport zählt, die dem emanzipatorischen Interesse des Menschen zuwiderlaufen, so daß das Subsystem Sport die Züge existierender politischer und wirtschaftlicher Systeme, d. h. des (privaten wie staatlichen) Kapitalismus, angenommen hat. Deswegen richtet sich die Kritik der kritischen Sporttheorie am Sport v. a. gegen seine arbeitskonforme Rationalisierung, sein repressives Leistungsprinzip, seinen Warencharakter und gegen den Charakter von Schulsport und Sport als Instrument der Systemstabilisierung.

Krocket (Croquet) [englisch]: Kugeltreibspiel, bei dem Kugeln mit Schlaghämmern mit möglichst wenigen Schlägen durch eine bestimmte Anzahl Tore getrieben werden sollen. – Das **Spielfeld** ist eine ebene Rasen- oder Sandfläche von 20 × 30 m, auf der mit zehn (im Freizeitsport auch bis zu 20) *Toren* (Drahtbügel, 20 cm hoch, 15 cm breit) ein bestimmter (variabler) Kurs abgesteckt ist. Start und Ziel ist durch einen *Zielpfosten* markiert, nach dem fünften Tor ist ein *Wendepfosten* gesteckt. – **Spielgerät** sind Schläger und Kugeln. Der hölzerne hammerförmige *Schläger* ist 1,20 m lang, sein zylinderförmiger Hammerkopf 18–22 cm (Durchmesser 5–7 cm). Die unterscheidbar markierten *Kugeln* bestehen aus Kunststoff, haben einen Durchmesser von 8–10 cm und ein Gewicht von 300–400 g. – **Regeln** (Auswahl): Wettkampfmäßig wird Krocket als Einzel-, Doppel- oder Vierermannschaftsspiel gespielt. Jeder Spieler hat jeweils eine eigene Kugel. Die Kugel muß in dem festgelegten Kurs durch die Tore gespielt werden, den Start- und Zielpfosten zweimal und den Wendepfosten einmal berühren. Die Spieler schlagen abwechselnd. Beim Passieren eines Tores gibt es einen Freischlag. Die Kugel darf fremde Kugeln berühren und auch deren Lage verändern. Bleibt eine Kugel in Kontakt mit einer anderen liegen, darf der Spieler **krockieren,** d. h. seine eigene Kugel mit dem Fuß festhalten und durch einen Schlag gegen sie die fremde Kugel in eine ungünstige Position treiben. Bei richtigem Krockieren erhält der Spieler einen Freischlag, bei falschem darf der Gegner krockieren. Ein Spiel ist beendet, wenn die Kugel den Kurs durchlaufen hat. Sieger ist der Spieler bzw. die Mannschaft, die zuerst den Kurs passiert hat. – Krocket ist ein, v. a. auch im Rahmen des Seniorensports, beliebter Freizeit- und Urlaubssport. Es wird in der Bundesrepublik Deutschland vom *Deutschen Boccia-Verband* (↑Boccia) betreut.

Kugel: in mehreren Sportarten zum Stoßen (z. B. ↑Kugelstoß), Werfen (z. B. ↑Klootschießen), Rollen (z. B. ↑Boccia, ↑Kegelsport) und Treiben mit Hilfe eines Schlag- oder Stoßgeräts (z. B. ↑Billard, ↑Krocket) sowie als Zielgerät (z. B. Boccia) verwendetes kugelförmiges Sportgerät, das aus Vollmaterial (Metall, Holz, Kunststoff, Gummi u. a.) besteht und in der Regel einen zentrischen Schwerpunkt hat. Gelegentlich werden auch Kugeln mit exzentrischer Masseverteilung benutzt (z. B. ↑Bowls). Material, Größe und Gewicht der Kugel sind in den Regelwerken der jeweiligen Sportart festgelegt.

Kugelstoß (Kugelstoßen): Disziplin der Leichtathletik für Damen und Herren, bei der eine Metallkugel möglichst weit gestoßen werden soll. Die **Sportstätte,** bestehend aus *Stoßkreis* und *Stoßsektor,* entspricht in ihrer Anlage jener beim ↑Diskuswurf, allerdings hat der Stoßkreis einen Durchmesser von 2,135 m und ist in Stoßrichtung durch einen bogenförmigen Stoßbalken (Länge 1,22 m, Querschnitt 8 × 11,4 cm) begrenzt, der außerhalb des Kreises fest im Boden verankert ist. Der Stoßsektor ist mit Weitenmarkierungen im Abstand von jeweils 1 m versehen.

Sportgerät ist die *Kugel* aus Metall, das nicht weicher als Messing sein darf. Sie hat für Herren ein Gewicht von 7,265–7,285 kg und einen Durchmesser von 11,0–13,0 cm, für Damen ein Gewicht zwischen 4,005 und 4,025 kg und einen Durchmesser von 9,5–11,0 cm.

Regeln (Auswahl): Die Kugel muß mit einer Hand von der Schulter aus gestoßen werden und innerhalb des Stoßsektors landen. Beim Stoßen darf der Stoßkreis nicht übertreten werden. Er muß nach der Landung der Kugel nach hinten verlassen werden. Der weiteste der gültigen Versuche wird gewertet.

Technik: Grundelemente der Technik des Kugelstoßens sind: Auslage, Angleiten bzw. Drehen, Abstoß, Abfangen der Stoßbewegung nach dem Stoß. Entscheidend für die Weite

sind Abflugwinkel und Abfluggeschwindigkeit. Heute sind zwei Techniken gebräuchlich: Bei der *O'Brien-Technik* (nach dem amerikanischen Kugelstoßer Parry O'Brien, * 1932) steht der Stoßer zu Beginn mit dem Rücken zur Stoßrichtung und stößt aus einer Verwringung des Körpers. Dadurch wird eine Konterbewegung durch Umsetzen der Füße vermieden. Mit dieser (heute gebräuchlichsten) Technik kam es in den 60er Jahren zu einer großen Leistungssteigerung. – Bei der *Drehstoßtechnik,* einer Kombination aus der O'Brien-Technik und der Technik des Diskuswurfs, erfolgt der Stoß nach eineinhalb Körperdrehungen und nicht aus dem Angleiten. Vorteil dieser Technik ist die größere Schnelligkeit beim Abstoß, ihr Nachteil, daß häufig der günstigste Abstoßwinkel verfehlt wird.
Der Kugelstoß ist von den klassischen Stoß- und Wurfdisziplinen die bekannteste und wird im Leichtathletikunterricht in Schule und Verein stark berücksichtigt.
Geschichte: Das Kugelstoßen entwickelte sich, v.a. in Großbritannien, aus Stoßwettkämpfen mit Steinen (Steinstoßen, ↑Rasenkraftsport) oder Metallstücken. Es ist seit 1896 olympische Disziplin für Herren, seit 1948 für Damen. Die Kugel wurde ursprünglich aus einem kurzen Ansprung heraus gestoßen. Erst 1949 entwickelte der Amerikaner James Fuchs (* 1927) diese Technik weiter, indem er durch ein tiefes Beugen des Oberkörpers beim Angleiten sowohl den Masseschwerpunkt tiefer lagerte als auch den Beschleunigungsweg verlängerte. Die Leistungsentwicklung im Kugelstoßen: *Herren:* erster offizieller Weltrekord (1909) 15,56 m, heute gültiger Weltrekord (1986) 22,64 m; *Damen:* erster offizieller Weltrekord (1934) 14,38 m, heutiger Weltrekord (1984) 22,53 m.

Kung-Fu [chinesisch „sorgfältig studieren, hart arbeiten"]: eine karateähnliche Selbstverteidigungssportart. Ihre Ursprünge sollen auf einen indischen Hand- und Fußkampf und auf chinesische Atemübungen zurückgehen. Es gibt zwei Stilarten des Kung-Fu, das *harte Kung-Fu* (wai chia), v.a. Krafttechniken der Füße und Handabhärtung, und das *weiche Kung-Fu* (nei chia), v.a. Geschwindigkeits- und Handtechniken, deren Zielpunkte die empfindlichen Körperstellen sind. Vom Kung-Fu sind mehr als 400 Varianten bekannt. *Schulungsinhalt* beim Kung-Fu sind v.a. innere Ruhe, Aufmerksamkeit, Kraft, Koordination, Konzentration und Verinnerlichung aller Aktionen auf einen Brennpunkt. An *Techniken* werden Tritte, Fuß-, Faust- und Handstöße verwendet. Als Wettkampfsport wird Kung-Fu in drei Formen ausgetragen: 1. *Nichtkontakt-Kung-Fu,* bei dem keine Schläge gegen den Kopf geführt werden dürfen. – 2. *Halbkontakt-Kung-Fu* (die bekannteste Form), das auf einer 8 × 8 m großen Kampffläche ausgetragen wird. Die Kämpfer tragen Hand- und Fußpolster und einen Tiefschlagschutz. Angriffe dürfen nur auf Gesicht und vordere Körperpartie (nicht auf Augen, Kehlkopf oder Unterleib) erfolgen. Die Kampfdauer beträgt in der Vorrunde zwei Minuten, in der Endrunde drei Minuten. Zwei Seiten- und ein Hauptkampfrichter entscheiden über den Sieger nach Punkten. Als

Kugelstoß. Bewegungsablauf

Punkte zählen: Sprungtritt zum Kopf (3 Punkte), Fußstoß aus dem Stand (2 Punkte), Schlag oder Tritt zum Körper (1 Punkt). Stöße mit Kopf, Ellbogen und Knie sind verboten. – 3. *Vollkontakt-Kung-Fu*, bei dem der Gegner kampfunfähig gemacht werden soll.

Kunstfahren ↑Kunstradsport.

Kunstflugsport (Kunstfliegen): Disziplin des Flugsports, bei der schwierige, vom Normalflug abweichende Flugbewegungen, -beschleunigungen und -figuren geflogen werden. Entscheidend sind die Ausführungsgenauigkeit der vorgeschriebenen Figuren und die Einhaltung des Raumes. Nach dem Schwierigkeitsgrad der Figuren unterscheidet man den einfachen und den höheren Kunstflug. Bei Meisterschaftswettbewerben im *Motorflugsport* gibt es eine Qualifikation mit einer bekannten und einer unbekannten Pflicht (je 7 Minuten) und einer Kür (9 Minuten). Das Finale besteht aus einer Kür von 4 Minuten. Geflogen wird mit speziellen Kunstflugmaschinen (meist Einsitzer mit guter Rundumsicht) in zwei Klassen: 1. *Vollakrobatik* mit voll kunstflugtauglichen Maschinen (wichtig ist hier v. a. ein auch in Rückenlage der Maschine funktionierendes Kraftstoff- und Ölversorgungssystem) und 2. *Halbakrobatik* mit beschränkt kunstflugtauglichen Maschinen. Die bekanntesten Figuren im Kunstflugsport sind: Rückenflug, Trudeln, Überschlag (Looping) nach oben und nach unten, Faßrolle (ungesteuert), Rolle (gesteuert), Verbindung aus halbem Überschlag und halber Rolle, Turn, Fächerturn und Männchen. – Zum Kunstflugsport zählen auch Kunstflüge mit Segelflugzeugen (↑Segelflugsport) und die Formationsflüge der militärischen Flugstaffeln mit Düsenflugzeugen. – Erster Kunstflieger war der Franzose Adolphe Pégoud (* 1889, † 1915). Seit 1928 werden deutsche, seit 1934 (offiziell seit 1960) Welt- und seit 1975 Europameisterschaften ausgetragen. Der Kunstflugsport ist in den Verbänden des ↑Flugsports organisiert.

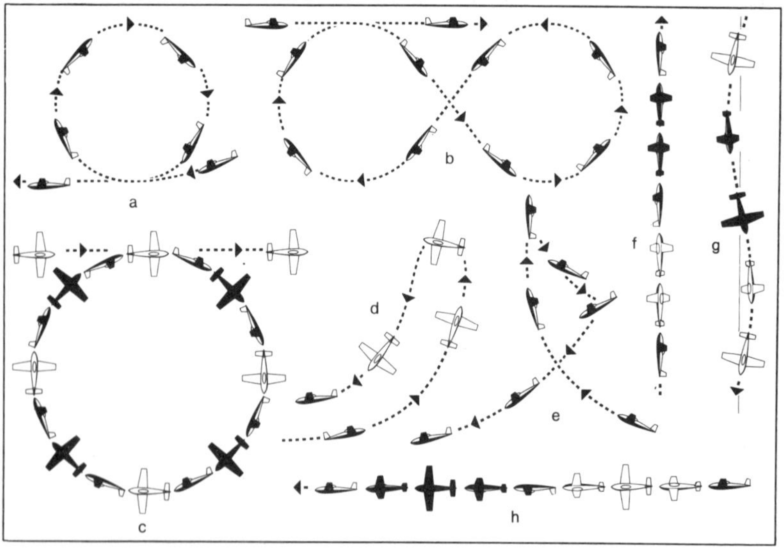

Kunstflugsport. Flugfiguren: a Looping, b Loopingacht, c Rollenkreis, d Turn, e Männchen, f Schraube, g Trudeln, h Rolle

Kunstkraftsport ↑ Sportakrobatik.

künstlerische Gymnastik: im Zusammenhang mit der Reformpädagogik zu Beginn des 20. Jahrhunderts entstandene Richtung der Gymnastik, die Elemente der bildenden Kunst und Musik mit (individueller) Bewegung in Verbindung brachte. Ab der Mitte des Jahrhunderts wurde das Programm durch Übernahme von Bewegungsformen aus Akrobatik, Ballett, Bodenturnen, rhythmischer Sportgymnastik und Tanzsport erweitert, da auch deren Ziel die künstlerische Bewegungsgestaltung durch grundlegende Bewegungsformen sowie die Verbindung von Musik und Bewegung ist. Um die Weiterentwicklung dieses Programms bemüht sich die 1952 gegründete *Internationale Liga für Moderne Gymnastik.*

künstliche Beatmung: Atemspende für einen Menschen, der nicht mehr in der Lage ist, selbst genügend Luft ein- und auszuatmen. Die Ursachen hierfür sind vielfältig, z. B. Vergiftungen, Hirnverletzungen, Muskellähmungen, Verletzungen der Atemwege oder des Brustkorbs, Bewußtseinsstörungen u. a. Die künstliche Beatmung kann ausgeführt werden: ohne Hilfsmittel von Mund zu Mund bzw. Mund zu Nase, mittels Gesichtsmaske bzw. in die Luftröhre eingebrachtem Schlauch, wobei die Luft aus einem Beatmungsbeutel oder einem Pumpgerät zugeführt wird. Ausreichend sind 10 Atemzüge/Minute oder mehr, das entspricht etwa 7–10 l Luft/Minute. – ↑ auch Atmung, ↑ Atemminutenvolumen.

Kunstradsport (Kunstfahren): Disziplin des Radsports für Damen und Herren, ein artistischer Wettbewerb, bei dem dem Turnen verwandte Übungen auf einem Fahrrad ausgeführt werden. Es werden Wettkämpfe als Einer-, Zweier-, Viererund Sechserkunstfahren ausgetragen. Der Kunstradsport wird wegen der notwendigen Konstanz der äußeren Wettkampfbedingungen nur in der Halle auf einer rechteckigen *Fahrfläche* (9–11 × 12–14 m) betrieben, um deren Mittelpunkt zwei konzentrische Kreise mit den Durchmessern 4 und 8 m gezogen sind. Sportgerät ist das spezielle *Kunstfahrrad,* ein leicht gebautes Fahrrad mit senkrechter Vorderradgabel, weit nach hinten versetztem Sattel, besonderen Maßen für Räder und Rahmen und (für das Einer- und Zweierfahren) Auftritten an den Achsen. Das Übersetzungsverhältnis von Tretlagerkurbel zu Hinterradachse ist 1:1. – Das *Fahrprogramm* enthält v. a. folgende Übungen: Einer: Sattellenkerhandstand, Sattelstand; Zweier: Sattelkopfstand/Lenkerhandstand, Kehrstandsteiger für Zweier; Vierer: zweifache Dreiermühle, Ringe; Sechser: Sterne, Übungen mit Schleifen. – Der Fahrer bestimmt Kombination und Schwierigkeitsgrad der in ihrer Anzahl vorgeschriebenen Übungen, die er in einer Gesamtzeit von sechs Minuten vorführen muß. Ausführung und Schwierigkeitsgrad werden von je zwei Kampfrichtern bewertet. Ein korrekt gefahrenes Programm ergibt 200 Punkte. Fehler, Stürze, Abbruch von Übungen, unsaubere Ausführung u. a. haben bestimmte Punktabzüge zur Folge. – Bereits 1895 gab es eine Europameisterschaft im Kunstradfahren, allerdings noch auf dem Hochrad, das um 1900 vom Niederrad ersetzt wurde. Deutsche Meisterschaften gibt es seit 1921, Weltmeisterschaften seit 1957 für Herren und seit 1970 für Damen. – Zu den Organisationen des Kunstradsports ↑ Radsport.

Kunstschwimmen: in zwei Disziplinen nur von Mädchen und Frauen betriebene Wettkampfform des Schwimmsports. 1. Beim **Synchronschwimmen,** das als Solo, Duett und in der Gruppe (4–8 Schwimmerinnen) ausgetragen wird, kommt es v. a. auf die Harmonie zwischen Bewegungsrhythmus und Rhythmus der Musik an. Es müssen eine Pflicht (vorgeschriebene Figuren, die bei jeder Schwimmerin gesondert bewertet werden) und eine Kür (freie Figuren) vorgeführt werden. – 2. Beim **Kunstreigenschwimmen** werden von einer Gruppe von 8 oder 12 Schwimmerinnen acht Bilder im Wasser „gelegt" und acht Kunstschwimmübungen (auch Elemente aus dem Synchronschwimmen) jeweils nach freier Wahl und mit Musik ausgeführt. Bewertet wird der Gesamteindruck einschließlich des An- und Abgangs an Land. – Gelegentlich wird bei Wettkämpfen als Showeinlage ein *Flossenballett* (mit Schwimmflossen und Kostümen) geschwommen.

Kunstsportarten: Sammelbez. für die Sportarten, deren Hauptziel die künstlerische Gestaltung des Bewegungsvollzugs (z. T. in Verbindung von Bewegung und Musik) ist, z. B. Geräteturnen, Eis- und Rollkunstlauf, Gymnastik. Die Leistungsfeststellung erfolgt durch Schätzen (Schätzsportarten), ihre Bewertung durch Vergabe von Punkten.

Kunstspringen ↑ Wasserspringen.

Kunstturnen: Sammelbez. für die nationalen und internationalen Wettkampfformen des Geräteturnens für Damen und Herren: ↑ Barrenturnen, ↑ Bodenturnen, ↑ Langpferdturnen, ↑ Reckturnen, ↑ Ringeturnen, ↑ Schwebebalkenturnen, ↑ Seitpferdturnen, ↑ Stufenbarrenturnen. Das Kunstturnen wird in der Regel ausgeführt: 1. von *Herren* als *olympischer Zwölfkampf* (seit 1936), bestehend aus je einer Pflicht- und einer Kürübung im Barren-, Boden-, Langpferd-, Reck-, Ringe- und Seitpferdturnen; 2. von *Damen* als *olympischer Achtkampf* (seit 1950), bestehend aus je einer Pflicht- und einer Kürübung im Boden-, Langpferd-, Schwebebalken- und Stufenbarrenturnen. Die Übungen im Langpferdturnen werden normalerweise als **Pferdsprung** bezeichnet, wobei die Herren über das längs, die Damen über das quer zur Laufrichtung gestellte Langpferd springen. – Das internationale Kunstturnen wird in folgender Form durchgeführt: Hauptwettkampf ist der Mannschaftskampf *(Wettkampf 1),* den jeweils sechs Turner (Turnerinnen) eines Landes bestreiten. Bei Weltmeisterschaften sind alle Mitgliedsverbände startberechtigt, bei Olympischen Spielen jedoch nur die zwölf erstplazierten Mannschaften der vorausgegangenen Weltmeisterschaften. Zusätzlich zu den zwölf Mannschaften treten in einem *Wettkampf 2* jeweils zwölf Einzelturner bzw. -turnerinnen gegeneinander an, die nach den letzten Weltmeisterschaftsergebnissen ausgewählt werden. Sieger in den Einzelmehrkämpfen ist, wer in einem zweiten Kürkampf zusammen mit der Hälfte der Noten aus dem Mannschaftskampf die höchste Punktzahl erreicht. Zugelassen zu diesem Wettkampf 2 sind die 36 Punktbesten aus dem Wettkampf 1. Im Wettkampf 2 dürfen nur drei Teilnehmer pro Land an den Start gehen. In einem Finale *(Wettkampf 3)* wird aus acht zugelassenen Teilnehmern (zwei pro Land) die endgültige Rangfolge der Sieger ermittelt.

Die *Wertung* im Kunstturnen, dessen Leistungen nicht nach dem ↑ C-G-S-System objektiv festgestellt werden können, erfolgt nach Punkten. Bewertet werden: Ausführung der Übung (Sicherheit, Bewegungsfluß, Haltung) und Schwierigkeitsgrad der Übung. Jede Übung enthält Elemente verschiedener Schwierigkeit, die nach A-, B-, C- und D-Teilen (↑ Teil) eingestuft sind. Ausgangspunkt ist die (nicht überschreitbare) Idealnote von 10 Punkten. Die endgültige Punktzahl (abgestuft in Zehntelpunkten) ist die Summe aller positiven Punkte, abzüglich der für fehlerhafte Ausführung, fehlende Schwierigkeit u. a. zugesprochenen negativen Punkte. Zuständig für die Wertung sind in jeder Einzeldisziplin jeweils vier besonders geschulte Kampfrichter (Kampfrichterinnen), die bei den Pflichtübungen die Richtigkeit, technische Perfektion und Rhythmik, bei den Kürübungen Schwierigkeit, Aufbau und Durchführung bewerten. Von den vier abgegebenen Wertungen werden jeweils die niedrigste und die höchste Wertung gestrichen, berücksichtigt werden also nur die beiden Mittelnoten. Um Ungerechtigkeiten bei der Bewertung im Kunstturnen möglichst zu vermeiden, gelten sowohl für die positive Bewertung als auch für die Punktabzüge strenge Kriterien, die im ↑Code de pointage des *Internationalen Turnerbundes* genormt sind.

Kür: Übungsfolge eines sportlichen Wettkampfs, die der Wettkampfteilnehmer selbst zusammenstellt (bei der Pflichtkür mit Einschränkungen). Die Kür wird von Kampfrichtern mit Punkten nach Kriterien wie Schwierigkeitsgrad, Ausführung der Einzelübung, Komposition und Rhythmus der Bewegungsfolgen, gegebenenfalls Harmonie mit der Musik bewertet. Kürübungen sind Bestandteil mehrerer Sportarten (v.a. Kunstsportarten), z.B. ↑Eiskunstlauf, ↑Kunstturnen (Kürturnen als zweiter Teil des olympischen Zwölfkampfs der Männer und des Achtkampfs der Frauen), 4 Dressurreiten, ↑rhythmische Sportgymnastik, ↑Rollkunstlauf, ↑Kunstschwimmen. Die Regelwerke der einzelnen Sportarten enthalten die detaillierten Bestimmungen für die Kür, v.a. auch zu ihrem Wertungsgewicht im Verhältnis zur ↑Pflicht.

Kurgymnastik: im Zusammenhang von Kur und Erholung ausgeführte Leibesübungen, die der Prävention, Therapie und Rehabilitation dienen sollen. Neben der Wiederherstellung der Gesundheit durch ein Bewegungstrainingsprogramm ist v.a. auch die Motivierung zu kontinuierlichem und lebenslangem Sporttreiben Ziel der Kurgymnastik.

Kurs [aus lateinisch cursus „Umlauf, Verlauf, Reihenfolge“]: gekennzeichnete Streckenführung in sportlichen Lauf- und Renndisziplinen, z.B. im Motorsport, Skisport, Radsport, Pferdesport (Parcours beim Springreiten). Im Segelsport ist Kurs die Fahrtrichtung in Kompaßgraden.

Kürsechskampf ↑Sechskampf.

Kurse zum Wind: im Segelsport Bez. für das je verschiedene Verhältnis von Windrichtung und Fahrtrichtung. Man unterscheidet: *Amwindkurs* (der Wind fällt mehr oder weniger stark von schräg vorne ein), *Halbwindkurs* (der Wind fällt querab ein), *Raumschotkurs* (der Wind fällt von schräg hinten ein) und *Vorwindkurs* (der Wind fällt genau von hinten ein).

Kursstabilität: Fähigkeit eines Bootes, unabhängig von Wind und Wellen sowie ohne Ruderhilfe den eingeschlagenen Kurs beizubehalten. Die Abweichung vom Kurs nennt man *Gieren,* hervorgerufen durch falsches Trimmen, Seegang und/oder Wind.

Kurssystem Sport: den Sport betreffendes Unterrichtssystem der gymnasialen Oberstufe (↑Grundkurs Sport, ↑Leistungskurs Sport).

Kurventechnik [aus lateinisch curva (linea) „gekrümmte Linie“ und ↑Technik]: in sportlichen Lauf- und Renndisziplinen besondere Technik zur Bewältigung von Kurven mit möglichst hoher Geschwindigkeit, z.B. bei den Kurzstreckenläufen der Leichtathletik durch eine leichte Innenlage des Körpers, beim Eisschnellauf durch ↑Übersetzen, beim Skilauf durch Außenskibelastung, Schwungauslösung und Schwungsteuerung.

Kurzski (Miniski): ein im Vergleich zum Normalski um etwa ein Drittel kürzerer Ski, der v.a. im Skiunterricht *(Kurzskimethode)* bei Kindern und Anfängern eingesetzt wird, da mit ihm Kurven, Schwünge, Drehungen u.a. leichter auszuführen sind. Die Skilänge wird dann schrittweise bis zum Normalski vergrößert.

Kurzstreckenlauf (Sprint): Sammelbez. für die leichtathletischen Laufdisziplinen über die Distanzen von 100, 200 und 400 m für Damen und Herren. – **Sportstätte** ist heute die 400-m-Rundbahn der leichtathletischen Sportanlagen (für den 100-m-Lauf wird eine verlängerte Zielgerade benutzt). Die Kurzstreckenläufer (Sprinter) tragen ↑Rennschuhe. –

	erster offizieller Weltrekord (in Sekunden)	heute gültiger Weltrekord (in Sekunden)
100 m Herren	10,6 (1912)	9,93 (1983)
100 m Damen	11,7 (1934)	10,76 (1984)
200 m Herren	21,2 (1914)	19,72 (1979)
200 m Damen	23,6 (1935)	21,71 (1986)
400 m Herren	48,2 (1912)	43,86 (1968)
400 m Damen	55,2 (1957)	47,60 (1985)

Die **Wettkampfregeln** bestimmen, daß die Kurzstreckenläufe auf Einzelbahnen stattfinden. Verlassen der Bahn sowie zweimaliges Verursachen eines Fehlstarts (Frühstarts) führen zur Disqualifizierung.
Die **Technik** des Kurzstreckenlaufs gliedert sich in vier Phasen: 1. Reaktionsphase (Zeit zwischen Startsignal und Abdruck vom ↑Startblock), 2. Beschleunigungsphase (Zeit zwischen Abdruck vom Startblock und Erreichen der optimalen Laufgeschwindigkeit), 3. Phase der gleichbleibenden höchstmöglichen Geschwindigkeit (Einhaltedauer der optimalen Geschwindigkeit) und 4. Phase der absinkenden Geschwindigkeit (sollte durch entsprechendes Training möglichst weit hinausgeschoben oder vermieden werden). Entscheidende, die Leistung bestimmende Faktoren sind Schrittlänge und Schrittfrequenz, Voraussetzungen für einen guten Kurzstreckenlauf Reaktionsschnelligkeit, Sprintbeschleunigung, Grund- und Sprintschnelligkeit sowie Sprintausdauer. Neben der Lauftechnik und den sie bedingenden Faktoren ist die Technik des Tiefstarts (↑Start) ein weiteres wichtiges Element.
Die Fähigkeit zum Kurzstreckenlaufen ist auch Vorbedingung für den Erfolg in einigen anderen Sportarten (z. B. Fußball, Handball), so daß die Schulung der Sprinttechnik oft auch Grundbestandteil eines Trainingsplans solcher Sportarten und des Sportunterrichts ist.
Geschichte: Bereits bei den antiken Olympischen Spielen war der Kurzstreckenlauf als *Stadionlauf* Teil des Programms (in Olympia über 192,25 m, in Delphi über 178 m). Kurzstreckenläufe von Berufsläufern wurden 1860 erstmals in Großbritannien ausgetragen. 1862 konnte die Zeitmessung durch die Patentierung der Stoppuhr auf eine Genauigkeit von einer Tausendstelsekunde verbessert werden (heute ↑elektronische Zeitmessung). Dornenbewehrte Rennschuhe (Spikes) sind seit 1868, der Tiefstart seit 1888 bekannt. 1929 wurde erstmals der verstellbare Startblock verwendet (1938 offiziell anerkannt). Ursprünglich wurden auch die 200 und 400 m auf geraden Bahnen gelaufen. Zur Leistungsentwicklung siehe obige Tabelle.
Olympische Disziplin ist der Kurzstreckenlauf seit 1896 (100 m und 400 m Männer), 1900 (200 m Männer), 1928 (100 m Frauen), 1948 (200 m Frauen) und 1964 (400 m Frauen).

Kurzzeitausdauer ↑Ausdauer.

Kyphose [zu griechisch kyphós „gebückt, gekrümmt"]: Bez. für die nach hinten ausladende Krümmung der Wirbelsäule, wie sie in der Regel im Bereich der Brustwirbelsäule zu sehen ist. Eine übermäßige Verstärkung dieses normalen geschwungenen Verlaufs nennt man **Hyperkyphose.** Sie kann durch Krankheiten (↑Scheuermann-Krankheit), Fehlhaltungen und Überlastungen der Wirbelkörper entstehen, wie sie z. B. bei Turnern beobachtet werden. Durch gezieltes Training kann aber auch die Fehlentwicklung vermieden werden, wenn die Muskulatur die Wirbelsäule stabilisiert. – ↑auch Lordose.

Kyu ↑Kiu.

Kyudo ↑Kiudo.

L

Lacrosse [englisch lə'krɔs, französisch la'krɔs; eigentlich „Krummstab, gekrümmter Holzschläger"]: hockeyähnliches Mannschaftsballspiel für Damen und Herren, dessen **Spielgedanke** es ist, einen Ball mit einem Schläger möglichst oft ins gegnerische Tor zu schlagen. – Das **Spielfeld** hat die Maße 100 × 64 m für Herren und 110 × 73 m für Damen. Es ist durch eine Mittellinie in zwei Hälften geteilt. Vom Mittelpunkt der Mittellinie (beim Damenfeld ein Mittelkreis) wird zu Beginn jedes Spielabschnitts und nach Torerfolg das Spiel aufgenommen. 14 m (Damen 9 m) vor der Mitte der Endlinien stehen die Tore, deren quadratische Öffnung eine Seitenlänge von 1,83 m hat und die nach hinten dreieckig zulaufen und durch ein Netz geschlossen sind. Sie stehen in einem kreisförmigen Torraum von 5,50 m Durchmesser, der nur vom Torhüter und nur zur Abwehr eines Balles betreten werden darf. – **Spielgeräte** sind Schläger und Ball. Der Schläger (Racket, Crosse) ist ein bis 91,4 cm langer Holzstab, der an seinem vorderen Ende ein Dreieck bildet, das von einem Fangnetz geschlossen ist. Der Ball ist aus Gummi, mit Schwamm gefüllt, und hat einen Umfang von etwa 20 cm und ein Gewicht von 142–170 g. Die Spieler tragen Helm mit Gesichtsschutz, Arm- und Handschutz, Torhüter zusätzlich Brustschutz (Torhüterinnen Körper- und Beinschutz). – Die Herrenmannschaft zählt zehn **Spieler,** die Damenmannschaft 12 Spielerinnen. – Die **Spielzeit** beträgt für Herren 4 × 15 Minuten, für Damen 2 × 25 Minuten. – Die **Regeln** ähneln denen beim Hockey und Eishockey. Jeweils drei Angriffsspieler müssen sich stets in der gegnerischen Spielfeldhälfte aufhalten. Der Ball darf mit dem ganzen Körper, ausgenommen mit den Händen, gespielt werden. Nur der Torwart darf den Ball bei der Abwehr mit der Hand berühren. Bei den Herren ist das Wegdrücken eines Gegners mit dem Körper erlaubt, bei den Damen ist jeder Körperkontakt verboten. Fouls werden mit Zeitstrafen (1–3 Minuten) geahndet. Bei Spielunterbrechungen, die keinen Einwurf zur Folge haben, wird das Spiel (auch nach Seitenwechsel und Torerfolg) durch das bullyähnliche *Face* (Herren) oder *Draw* (Damen) wieder aufgenommen. Beim Face liegt der Ball auf dem Boden zwischen den Schlägern zweier Gegner und wird auf ein Zeichen des Schiedsrichters gespielt, beim Draw wird er vom Schiedsrichter zwischen zwei in Hüfthöhe gehaltene gegnerische Schläger gelegt und auf sein Zeichen hin gespielt. Sieger ist die Mannschaft, die die meisten Tore erzielt hat.

Geschichte: Der Ursprung des Lacrosse ist nicht genau festzustellen. Es ist im 14. Jahrhundert in Frankreich bekannt, aber auch bei den Indianern Nordamerikas (als Baggataway, Shinney, Takwari) schon vor dem Eintreffen der Europäer gespielt worden. 1904 und 1908 war Lacrosse olympische Disziplin. Es wird heute v. a. in den USA, in Kanada und Großbritannien gespielt. Internationale Organisation ist die *International Federation of Amateur Lacrosse* (IFAL; gegründet 1928, Sitz Bexleyheath, Großbritannien).

Lagenschwimmen: Einzel- sowie Mannschaftswettbewerb im Schwimmen, bei dem vier verschiedene Schwimmarten geschwommen werden. Beim *Einzelwettbewerb* werden über 200 m und 400 m in der Reihenfolge Schmetterlings-, Rücken-, Brust- und Kraulschwimmen jeweils gleichlange Teilstrecken geschwommen. Beim *Mannschaftswettbewerb,* der *Lagenstaffel* über 4 × 100 m, schwimmen die Staffelmitglieder in der Reihenfolge Rücken-, Brust-, Schmetterlings- und Kraulschwimmen jeweils eine Teilstrecke. Für beide Wettbewerbe gilt bei der Wende die Anschlagvorschrift der zuletzt geschwommenen Schwimmtechnik.

Laktat [aus lateinisch lac, lactis „Milch“]: Salz der ↑Milchsäure.

Länderkampf: Vergleichswettkampf zwischen zwei oder mehreren Ländermannschaften (Nationalmannschaften; Auswahl der besten Sportler einer Sportart innerhalb eines Landes) in Mannschafts-, Partner- und Individualsportarten, begleitet von feierlichem Zeremoniell (z. B. Nationalhymnen, einheitliche Mannschaftskleidung). Die Wertung bei Länderkämpfen richtet sich nach den Sportarten: Bei Mannschaftsspielen (Länderspielen) zählt der Sieg im Spiel, bei Partnersportarten die Zahl der Siege einer Mannschaft, bei Individualsportarten werden Punkte vergeben (z. B. in der Leichtathletik 5, 3, 2 und 1 Punkt für die Plätze 1–4). Länderkämpfe können Freundschaftswettkämpfe sein oder Qualifikationswettkämpfe für die Teilnahme an Erdteil- oder Weltmeisterschaften oder an Olympischen Spielen.

Landessportbund (LSB): Zusammenschluß der Fachverbände und überfachlichen regionalen Sportverbände eines Bundeslandes. Jedes Bundesland kann nur durch einen LSB im *Deutschen Sportbund* vertreten sein. Die Landessportbünde (in Klammern das Gründungsjahr) sind: *Landessportverband Baden-Württemberg* (1973), *Bayrischer Landes-Sportverband* (1945), *LSB Berlin* (1949), *LSB Bremen* (1946), *Hamburger Sportbund* (1945), *LSB Hessen* (1946), *LSB Niedersachsen* (1946), *LSB Nordrhein-Westfalen* (1946), *LSB Rheinland-Pfalz* (1950), *LSB für das Saarland* (1949), *Landessportverband Schleswig-Holstein* (1947). Ihre Aufgaben sind u. a.: Vertretung der Interessen der Sportvereine auf Landesebene, Förderung der Ausbildung und die Honorierung von Übungs- und Jugendleitern, Führungskräften, Übungsstättenbau, kulturelle Betreuung.

Landessportkonferenz ↑Deutsche Sportkonferenz.

Landesverband: Sportfachverband einer Sportart auf Länderebene. Die einzelnen Landesverbände bilden auf nationaler Ebene einen Bundesverband. Eine Sportart kann in den Landessportbünden und im *Deutschen Sportbund* jeweils nur durch einen ↑Fachverband vertreten sein.

Landung: letzte Phase der sportmotorisch-technischen Fertigkeiten Springen und Fliegen, das Wiederaufsetzen auf dem Boden, dem je nach Sportart unterschiedliche Bedeutung zukommt. So wird z. B. in der Leichtathletik beim Weit- und Dreisprung versucht, die Landung (den ersten Abdruck in der Sprunggrube) möglichst lange zu verzögern, während die (auf dem weichen Aufsprungkissen ungefährliche) Landung beim Hoch- und Stabhochsprung keinen Einfluß auf die Leistung hat. Im Flugsport ist die Landung (das Landemanöver) eine der kritischsten Phasen; im Ski- (Telemarkaufsprung) und Wasserskispringen geht es bei der Landung um ein federndes Abfangen der Druckbelastung.

Langbahnrennen (früher: Sandbahnrennen): Motorradrennen auf Rundbahnen zwischen 700–2 000 m Länge, deren Belag aus fein gewalzter Schlacke besteht. Die Vorderräder der Motorräder sind gummigefedert, die Motoren hochkomprimiert (14:1); die Fahrer tragen links einen speziellen Beinschutz, da in der Kurve Bodenberührung erfolgt. Seit 1971 werden Weltmeisterschaften ausgetragen.

Langbank ↑Bank.

Langlauf ↑Skilanglauf.

Langpferdturnen (Pferdsprung): Sprungdisziplin des Geräteturnens für Männer und Frauen; Männer springen über das längs, Frauen über das quer zur Anlaufrichtung gestellte Gerät.

Sportgeräte sind Langpferd und Sprungbrett. Das *Langpferd* (Sprungpferd) besteht aus Rumpf und vier Beinen. Der Rumpf besteht aus massivem Holz, das mit einer festliegenden Mehrschichtpolsterung bedeckt und von einer Lederhülle umgeben ist. Die schrägstehend unter den Rumpf geschraubten Beine sind aus Hartholz und Metall gefertigt und in der Höhe (in Stufen von 5 cm) verstellbar. Das Pferd wird mittels einer zwischen Rumpfunterseite und Boden angebrachten Spannkette bzw. eines Spannseils zur Erhöhung der Standfestigkeit festgezurrt. Auch Pferde mit zwei Mittelbeinen sind zugelassen, wenn ihre Standsicherheit der des vierbeinigen Pferds entspricht. Seit 1952 sind die Maße des Pferds genormt: Länge des Pferderückens 1,60 m, Breite des Rumpfs 35 cm, Höhe des Pferderückens vom Boden 1,35 m für Herren, 1,20 m für Damen. International ist die Verwendung eines ↑Sprungbretts vorgeschrieben.

Alle Übungen am Langpferd sind *Stützsprünge,* d. h. Sprünge, bei denen man sich mit den Händen am Gerät aufstützt (↑Stütz) und die aus einem kräftigen Anlauf mit beidbeinigem Absprung vom Sprungbrett erfolgen. Wichtig für das Gelingen eines guten Sprungs sind Anlauf, Einsprung auf das Sprungbrett und Absprung (von dem Sprungbrett). Hohe Anlaufgeschwindigkeit und langer Anlaufweg bedingen eine flache Flugbahn, geringe Anlaufgeschwindigkeit und kurzer Anlaufweg eine steile Flugbahn. Ist der Einsprung auf das Sprungbrett zu kurz, ergibt sich eine zu starke Körpervorlage, ist er zu lang, wird die Flugbahn verkürzt, ist er zu hoch, ist die Absprungdauer zu lang. Der Stützsprung verläuft in sechs Phasen: Anlauf, Absprung (auf das Brett und vom Brett), erste Flugphase, Abdruck, zweite Flugphase, Landung. Beim Absprung sind Fluggeschwindigkeit und Abflugwinkel entscheidend: Der Winkel zwischen Körper und Gerät soll am Ende der ersten Flugphase mehr als 20° betragen. Beim Abdruck liegt der Körperschwerpunkt hinter der Stützfläche, nach dem Abdruck steigt er weiter nach oben. Die Landung soll möglichst weich auf beiden Beinen erfolgen.

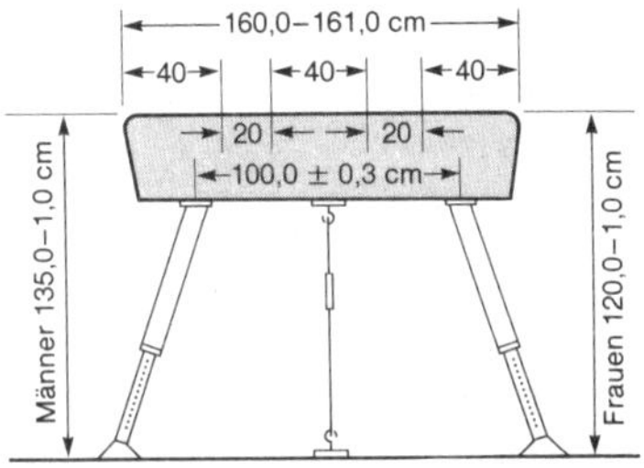

Langpferdturnen. Form und Maße des Langpferds

Der Stützsprung kann in mehreren Varianten gesprungen werden: gehockt (↑Hocke), gegrätscht (↑Grätsche), gebückt (↑Bücke), gestreckt (↑Streckung), als Überschlag (kräftiger Abdruck von den Händen, in der Steigerung mit einer halben oder einer ganzen ↑Schraube, als Yamashitasprung (Handstandüberschlag mit Beugen und Strecken im Hüftgelenk), als ↑Hecht und mit Schwingen der Arme nach hinten oben, so daß die Beine über dem Gerät nach vorne kommen können.

Dieses Übungsgut kann auch in Schule und Verein zur Schulung der turnerischen Bewegungsfertigkeiten sowie von Mut und Risikobereitschaft eingesetzt werden, wobei allerdings auf eine sachgerechte Hilfe- und Sicherheitsstellung (↑auch Helfen und Sichern) zu achten ist. Zu Übungszwecken können die Sprünge auch am ↑Kasten und mit einem ↑Minitrampolin (statt Sprungbrett) ausgeführt werden. – Zur Wertung des Langpferdturnens ↑Kunstturnen.

langsamer Walzer (English-Waltz): Standardtanz des ↑Tanzsports im 3/4-Takt, der um 1915 in den USA aus dem „Boston“ entstand. Charakteristisch sind eine schwingende Pendelbewegung mit Kreiseldrehungen nach links und rechts, geschlossene und offene Promenaden, Flug- und Kreuzschritte, Chassées und Telemarks, wobei Heben und Senken der Partner abwechseln.

Langstreckenlauf: Sammelbez. für alle leichtathletischen Laufstrekken zwischen 3 000 m (Damen) bzw. 5 000 m (Herren) und dem ↑Marathonlauf, der gewöhnlich eigens aufgeführt wird. Die olympischen Langstrecken sind für Männer 5 000 und 10 000 m (und Marathonlauf), für Damen 3 000 m (und Marathonlauf), ab 1988 auch 10 000 m. Daneben gibt es Langstreckenläufe für Herren über 15 000, 20 000, Halbmarathon (21,1 km), 25 000 und 30 000 m, für Damen über 5 000, 10 000, 15 000, 20 000, Halbmarathon, 25 000 und 30 000 m sowie für Damen und Herren 1-Stunden-Rennen und Mehrstundenrennen (z. B. das 100-km-Rennen von Biel in der Schweiz), die (ab 15 000 m) wie der Marathonlauf auf der Straße stattfinden. – **Sportstätte** für die olympischen Langstrekkenläufe ist die 400-m-Rundbahn der leichtathletischen Sportanlagen, auf der die Läufe mit freier Bahnwahl (meist auf den beiden inneren Bahnen) stattfinden. Die Läufer tragen in der Regel Rennschuhe, können aber auch anderes Schuhwerk benutzen oder barfuß laufen. Der Start erfolgt als Hochstart (Fallstart) ohne Startblöcke. Entscheidend für den Langstreckenlauf sind gleichmäßiges Lauftempo und Langzeitausdauer (↑Ausdauer). Im Unterschied zum Kurzstreckenlauf spielt beim Langstreckenlauf die *Taktik* (Einteilung der individuellen Ausdauer, z. B. frühes hohes Tempo oder zunächst mäßiges Tempo mit starkem Endspurt) eine wichtige Rolle.

Geschichte: Die geschichtliche Entwicklung des Langstreckenlaufs (Dauerlaufs) ist entscheidend geprägt von einzelnen Läuferpersönlichkeiten wie dem Finnen Paavo Johannes Nurmi (* 1897, † 1973), dem Schweden Gunder Hägg (* 1918), dem Tschechoslowaken Emil Zatopek (* 1922), der ein Verfechter der Intervallmethode für das Leichtathletiktraining war, und dem Australier Ron Clarke (* 1937), der mit dem Dauerlauftraining erhebliche Verbesserungen der Laufleistung erzielte. Olympische Disziplin ist der Langstreckenlauf seit 1912 (5 000 und 10 000 m Männer) und seit 1984 (3 000 m Frauen) und ab 1988 (10 000 m Frauen). Zur Leistungsentwicklung siehe untenstehende Tabelle.

Langstreckenrudern ↑Rudersport.

Langzeitausdauer ↑Ausdauer.

Lasso [englisch, von spanisch (südamerikanisch) lazo, zu lateinisch laqueus „Strick als Schlinge“]: Paarlauffigur im Eis- und Rollkunstlauf. Der Herr hebt die Partnerin während des Laufs Hand auf Hand über den Kopf und dreht sich mit ihr um die Körperachse. Dabei ist ein- oder beidarmige Haltung möglich.

lateinamerikanische Tänze ↑Tanzsport.

Latenzzeit [zu lateinisch latere „verborgen sein“]: Zeitspanne, die zwischen der elektrischen Erregung (↑Aktionspotential) und dem Beginn der Kontraktion einer Muskelzelle vergeht. Die Latenzzeit ist abhängig von der Temperatur im entsprechenden Körpergebiet (Aufwärmphase) und beträgt wenige Millisekunden, in denen der elektrische Reiz die mechanische Energie freisetzt.

	erster offizieller Weltrekord	heute gültiger Weltrekord
5 000 m Herren	14:36,6 min (1912)	13:00,41 min (1982)
10 000 m Herren	30:38,8 min (1911)	27:13,81 min (1984)
3 000 m Damen	8:53,0 min (1972)	8:22,26 min (1984)

Lateralität [zu lateinisch latus, lateris „Seite"] (Seitendifferenz, Seitigkeit): funktionelle Dominanz einer Extremität oder Körperhälfte (z. B. Rechts-, Linkshändigkeit), beruhend auf der weitgehenden Vorherrschaft der jeweils gegenüberliegenden Großhirnhemisphäre. Die Disposition für eine Seitendominanz ist angeboren und wird durch Anpassungsvorgänge an die Umwelt differenziert. Im Sport wird die Lateralität in bestimmten Bereichen bewußt gefördert, z. B. beim Training der Kraft des Wurfarms oder des Sprungbeins. Dadurch kann es jedoch zur Ausbildung von morphologischen Asymmetrien kommen bis hin zu pathologischen Erscheinungsformen wie etwa beim Tennisarm. Die Lateralität hat auch Bedeutung für die motorische Lernfähigkeit, da es bilaterale Transfereffekte gibt, d. h. aufgrund neurophysiologischer Steuerung der motorischen Funktionen kann eine Körperseite durch das Training der anderen verbessert werden, und zwar hinsichtlich der motorischen Eigenschaften wie auch hinsichtlich der sportmotorisch-technischen Fertigkeiten.

Latte: 1. in den *Torballspielen* der Querbalken (Querlatte) des Tors; – 2. in der *Leichtathletik* (Hoch- und Stabhochsprung) die zu überspringende Sprunglatte.

Lauf: 1. *allgemein* ↑Laufen; – 2. in der *Leichtathletik* eine Geschwindigkeitsdisziplin (Kurz-, Mittel-, Langstreckenlauf, Marathon-, Hürden- und Hindernislauf) und auch der ↑Anlauf; – 3. im *Wettkampfbereich* (z. B. in der Leichtathletik, im Schwimmen, Rad- und Rudersport) ein Qualifikationsdurchgang; die Plazierung in den **Vor-** und (gegebenenfalls) **Zwischenläufen** entscheidet über die Teilnahme am **Endlauf;** – 4. in den *Malspielen* Baseball und Kricket (Run) sowie beim Schlagball die regelgerechte und erfolgreiche Bewältigung der Strecken zwischen den Malen nach einem gültigen Schlag; – 5. beim *Golf* die Strecke, die der Golfball nach dem Aufkommen auf dem Boden zurücklegt; – 6. im *Motorsport* das Einzelrennen (Einzellauf), das zusammen mit den anderen Rennen (Läufen) einer Meisterschaft gewertet wird; – 7. im *Eisschnellauf* die röhrenförmige Leichtmetallschiene am Schlittschuh, in die die Schneide eingelötet ist.

Laufen: im Unterschied zum ↑Gehen diejenige Fortbewegungsart, bei der nie beide Füße zugleich den Boden berühren; in der Gymnastik eine der fünf Bewegungsgrundformen, eine schnelle, federnde und schwingende Schrittbewegung, bei der die Arme rhythmisch mitgeschwungen werden und die Füße auf den Fußspitzen aufsetzen und vom Ballen über die Ferse abrollen. Als Wettkampfsport steht Laufen im Mittelpunkt der Leichtathletik (Kurz-, Mittel-, Langstreckenlauf, Hindernis-, Hürden-, Marathon- und Staffellauf). Laufen gehört als wichtigstes natürliches Hilfsmittel der allgemeinen Organschulung (Steigerung der physischen Belastungsfähigkeit von Bewegungsapparat, Herz, Kreislauf und Atmungssystem) zur wirksamsten Übung sowohl im Training als auch im Ausgleichssport (↑auch Jogging), um Ausdauer, Schnelligkeit, Kraft und Gewandtheit zu entwikkeln.

Läufer: 1. *allgemein* Teilnehmer an einem Laufwettbewerb; – 2. in einigen *Mannschaftsballspielen* (z. B. Hockey, Fußball [hier kaum noch verwendet]) Spieler im Mittelfeld, die in den verschiedenen taktischen Spielsystemen zwischen Abwehr und Angriff vermitteln; – 3. beim *Baseball* und *Schlagball* der Spieler, der nach gültigem Schlag einen gesamten Lauf beendet und dadurch seiner Mannschaft einen Punkt erzielt; – 4. im *Schach* eine Figur, die sich nur diagonal entweder auf den weißen oder den schwarzen Feldern bewegen kann.

Laufspiel: 1. im Rahmen der *kleinen Spiele* ein Spiel, bei dem um die Wette gelaufen wird (z. B. Staffeln, Plätze suchen, Hasch- und Fangspiele); – 2. im *Handball* ein ständiger Positionswechsel der angreifenden Mannschaft mit oder ohne Spielen des Balls, um die Abwehrspieler des Gegners zu irritieren und eine günstige Wurfposition herauszuspielen.

Lauftraining [...trɛ:...]: Laufübungen zur Auflockerung des Trainings, zur Steigerung der Kondition, Verbesserung des Laufstils, Erhöhung der Laufgeschwindigkeit. Hierzu zählen: Startübungen, Sprints (über 20–50 m), Steigerungsläufe (über 50–100 m), Tempoläufe (über 200 und 400 m), Dauerläufe (Waldläufe, Crossläufe) und ↑Fahrtspiel. Die Entwicklung von Schnelligkeit, Schnelligkeitsausdauer und Ausdauer durch Lauftraining dient nicht nur der Wettkampfvorbereitung im Leistungssport, sondern auch der allgemeinen Fitneß im Rahmen des „Sports für alle".

Lawine [ladinisch lavina, von mittellateinisch labina, zu lateinisch labi „gleiten, schlüpfen"]: plötzlich niedergehende Schnee- und Eismassen (auch Gesteinsmassen) im Hochgebirge. Eine Lawine löst sich unter dem Einfluß der Schwerkraft durch Gefügebruch und gleitet, fließt oder fällt mit großer Wucht ins Tal. Die Strecke vom Abbruchort bis zum Ablagerungsbereich ist die Lawinenbahn. Man unterscheidet drei Grundformen der Lawine: 1. *Eislawine* (vom Gletscherkörper schollenförmig gelöste Eismasse), 2. *Festschneelawine* (zusammenhängende Masse von Schnee, der quer zur Falllinie abbricht und aus trockenem bis nassem Schnee besteht), 3. *Lockerschneelawine* (von einem Punkt aus abbrechende und durch eine Kettenreaktion anschwellende kohäsionsarme Schneemasse, z. B. die *Staublawine* aus vorwiegend feinkörnigem Lockerschnee). Diese Grundformen der Lawine können als Oberlawine (eine bis mehrere Oberschichten erfassend) oder als Bodenlawine (die gesamte Schneedecke bis zum Boden erfassend) niedergehen. Nach der Art des Abgehens der Lawine unterscheidet man Gleit-, Stieb- und Sturzlawine. Besondere Lawinengefahr besteht an kahlen und steilen Berghängen, bei starken Schneefällen, Tauwetter, Erwärmung der Schneedecke und bei Sturmböen. Zur *Verhütung* von Lawinenunfällen gibt es einen Lawinenwarndienst, Lawinenkarten, einen Lawinenzonenplan und Sicherheitsgeräte wie Lawinenschnur (etwa 20 m lang, rot, 2 mm Durchmesser, Markierungszeichen in Abständen von 3 m) sowie elektronische Sender mit Funksignalen als Ortungshilfe. Wichtige *Lawinensuchgeräte* zur Suche nach Verschütteten sind Lawinensonden (meist 3 m lange, zusammensteckbare Metallstäbe). Daneben werden Lawinen[such]hunde, besonders abgerichtete große Haushunde (heute v. a. Schäferhunde) eingesetzt. Die *Lawinenkunde* befaßt sich mit Erforschung und Lehre von Ursachen und Ablauf der Lawinenabgänge sowie mit den notwendigen Gegenmaßnahmen.

Lee [niederdeutsch, eigentlich „warme, milde Stelle"]: die dem Wind abgewandte Seite eines Schiffs, d. h. die Seite, auf der beim Segelboot das Großsegel gefahren wird (Gegenseite ↑Luv).

Leib: individuelle Daseinsweise des Menschen **(Leiblichkeit),** in der er als ganzer Mensch „ist", so daß „Leib" stellvertretend für „Mensch" gebraucht werden kann. Der Mensch „ist" Leib und kommuniziert als solcher durch Bewegungshandeln (Gestik, Mimik u. a.) wechselweise mit seiner Umwelt. Der Mensch aber „ist" nicht nur Leib, sondern er „hat" auch Leib (in diesem Sinn spricht man meist von „Körper"), den er (in Grenzen) „objektiv" erfährt (z. B. bei Ermüdung, Krankheit, Leistungsversagen) und den er – ebenfalls „objektiv" – als Mittel zum Erreichen bestimmter Zwecke und Zielsetzungen einsetzen kann, z. B. im Training ganzheitlicher körperlicher Eigenschaften wie Kraft, Ausdauer, Schnelligkeit und bestimmter körperlicher Funktionen wie der Kraft des Wurfarms, des

Sprungbeins u. a. Da es im Sport wesentlich um ↑Bewegung, ↑Bewegungshandlung und ↑Bewegungsverhalten des Menschen als Leib geht, ist der Leib der zentrale Ansatzpunkt des Sports überhaupt. – ↑auch Leibeserziehung und ↑Leibesübungen, ↑Leib-Seele-Problem, ↑Körpererfahrung.

Leibeserziehung: früher amtssprachliche Bez. für den Sportunterricht an Schulen. Der Begriff entstammt der ↑Reformpädagogik, die auf der Grundlage der Leiblichkeit des Menschen (↑Leib) durch Bewegung, Spiel und Sport einen Beitrag zur Gesamterziehung des Menschen leisten wollte, als deren integrierenden Bestandteil sie die Leibeserziehung sah (so erstmals 1893 von dem deutschen Arzt und Turnpädagogen Ferdinand August Schmidt, * 1852, † 1929, verwendet). In der Zeit des Nationalsozialismus wurde die Leibeserziehung politisiert und damit ihres ursprünglichen Sinns beraubt. Nach 1945 knüpfte man erneut an die Reformpädagogik an und versteht nun die Leibeserziehung als eine ganzheitliche Erziehung, die den Grundsätzen der Natur- und Kindgemäßheit, der Lebensnähe, Spontaneität, Ganzheit, Gemeinschaftsgebundenheit, Wertgerichtetheit, Volkstümlichkeit und Strukturgemäßheit folgt. So ist Leibeserziehung heute ↑Bewegungserziehung, ↑Körpererziehung, ↑Gesundheitserziehung, ↑Spielerziehung und Erziehung zur sinnvollen Nutzung der Freizeit (Freizeiterziehung). Der Begriff „Leibeserziehung" vermeidet eher als etwa der der „Körpererziehung" die Gefahr einer materialistisch einseitigen Deutung von Leib als Körper. – Im Rahmen der Sportwissenschaft wird die Theorie der Leibeserziehung als ↑Sportpädagogik bezeichnet.

Leibesübungen: Gesamtheit aller Bewegungsaktivitäten, die im motorischen Lernen, Üben (Trainieren) und im sportlichen Wettkampf realisiert werden. Wohl ausgehend von einem Wissen um die zentrale Bedeutung des Leibes im Leben des Menschen sowie von einem ursprünglichen Spiel- und Leistungstrieb des Menschen sind Leibesübungen seit den frühesten Entwicklungsstufen des Menschen bekannt, und zwar als Nutz-, Arbeits- und Kampfbewegungen wie Gehen, Laufen, Springen, Hüpfen, Tragen, Schieben, Ziehen, Hängen, Stützen, Schaukeln, Rollen, Werfen, Fangen, Stoßen, Balancieren u. a. Sicherung des Lebens und der Gesundheit (z. B. ↑Diätetik), Lebensdeutung im Kult (z. B. in der griechischen Antike; Anklänge hieran sind noch heute im olympischen Zeremoniell zu erkennen) und Verwirklichung eines bestimmten Bildungsideals (z. B. bei den ↑Philanthropen) waren und sind die Hauptfunktionen der Leibesübungen. – Der Begriff „Leibesübungen" taucht im deutschen Sprachraum erstmals bei dem schweizerischen Reformator Ulrich Zwingli (* 1484, † 1531) auf und ist seither aus der Sportgeschichte nicht mehr wegzudenken. Der deutsche Pädagoge Gerhard Ulrich Anton Vieth (* 1763, † 1830) setzte den Begriff, unter starker Betonung seiner sittlichen und spielerisch-erzieherischen Werte, in bewußten Gegensatz zu dem etwa von dem deutschen Turnlehrer Johann Christoph Friedrich GutsMuths (* 1759, † 1839) verwendeten „Gymnastik". Unabhängig jedoch vom jeweiligen Sprachgebrauch sind die Leibesübungen zentraler Inhalt aller sportgeschichtlichen Bewegungen (Gymnastik-, Turn-, Spiel- und Sportbewegung) und verfolgen Ziele aus den Bereichen Gesundheit, Freizeit, Leistung, Persönlichkeitsbildung u. a. Während der Begriff „Leibesübungen" im Sprachgebrauch der sozialistischen Staaten durch „Körperübungen" („Körpererziehung", „Körperkultur" u. a.) ersetzt wurde und dadurch die Gefahr besteht, daß auch die Sache einseitig materialistisch eingeengt wird, wird er im westlichen Raum (etwa seit den 70er Jahren) mehr und mehr von dem des

„Sports“ verdrängt, wodurch ebenfalls die Gefahr einer Begriffseinschränkung gegeben ist, nämlich auf den [Hoch]leistungs- und Wettkampfcharakter. Lediglich im Rahmen der Pädagogik spricht man nach wie vor noch von ↑ Leibeserziehung.

Leiblichkeit ↑ Leib.

Leib-Seele-Problem: seit der Antike bekanntes, in der Neuzeit durch die auf René Descartes (* 1596, † 1650) zurückgehende Auffassung von einem dualistischen Aufbau der Wirklichkeit verschärftes Problem, wie in der im Menschen bestehenden Verbindung von Leib (Körper) und Seele (Geist, Bewußtsein) das Verhältnis von Leib und Seele zu denken ist. Es lassen sich v. a. dualistische und monistische Lösungsversuche unterscheiden. Die *dualistischen* Lösungsversuche fassen (wie Descartes) Leib und Seele als zwei verschiedene Substanzen („denkende Substanz“ [Res cogitans] und „ausgedehnte Substanz“ [Res extensa]), die entweder organisch vermittelt über die Hypophyse miteinander in Wechselwirkung stehen *(Interaktionismus),* oder sie erklären das Problem einer physischen Verbindung und kausalen Wechselwirkung zwischen körperlicher und seelisch-geistiger Substanz durch „gelegentliche“ göttliche Eingriffe *(Okkasionalismus)* bzw. eine durch Gott bewirkte ständige Korrespondenz beider Substanzen. Dualistisch ist auch die Lösung Baruch Spinozas (* 1632, † 1677), der Leib und Seele als Attribute einer göttlichen Substanz deutet: Jeder Zustand dieser Substanz hat einen parallelen körperlichen und geistigen Ausdruck, ohne daß zwischen beiden eine kausale Beziehung bestünde *(psychophysischer Parallelismus).* – Den *monistischen* Erklärungen ist gemeinsam, daß sie das Leib-Seele-Problem entschärfen, indem sie es auf einen der beiden Pole hin reduzieren. Eine *idealistische Reduktion* ist z. B. der *Immaterialismus,* der die Materialität der Außenwelt (einschließlich des menschlichen Körpers) generell leugnet und so das Problem zum Verschwinden bringt. *Materialistische* bzw. *physikalistische Reduktionen* sind z. B. der *Behaviorismus,* für den nur das beobachtbare und meßbare Verhalten des Menschen gilt, und die *Identitätstheorie,* nach der Bewußtseinsphänomene mit Gehirnprozessen identisch sind. – Auch für die Sportwissenschaft ist das Leib-Seele-Problem relevant, da das jeweilige Lösungsmodell das Verständnis von ↑ Leib prägt und somit weitreichende Auswirkungen hat auf jedes leibbezogene pädagogische Bemühen und wissenschaftliche Forschen. In der Sportwissenschaft wird heute in der Regel von einer Ganzheit von Leib und Seele ausgegangen, und entsprechend werden alle Verhaltensäußerungen des Menschen (Denken, Fühlen, Bewegen) jeweils als Äußerungen des ganzen Menschen angesehen und behandelt, so daß hier auch eine Begründung gegeben wird für den hohen Stellenwert der ↑ Leibeserziehung im Rahmen eines umfassenden Bildungsprogramms, die den Menschen zwar über seine Motorik, doch immer auch zugleich als denkendes und fühlendes Wesen anspricht (↑ auch Lernziele).

Leichtathletik: Sammelbez. für die Disziplinen, die sich aus den natürlichen Bewegungsformen des Menschen (Laufen, Gehen, Springen, Werfen und Stoßen) entwickelt haben. In diesen Disziplinen werden heute Einzel-, Mannschafts- und Mehrkämpfe für Frauen und Männer vorwiegend im Freien (↑ Stadion), aber auch in der Halle ausgetragen. Die Leichtathletik stellt in der Vielzahl ihrer Einzeldisziplinen vielfältige Bewegungsanforderungen und ist deshalb nicht nur eine Grundsportart der Leibeserziehung innerhalb und außerhalb der Schule, sondern auch Grundlage der Leistungsentwicklung in vielen anderen Sportarten. Seit Leibesübungen betrieben werden, gehören leichtathletische Bewegungsformen und Disziplinen dazu, so z. B. bereits in den antiken Olympischen Spielen. Der Ursprung der modernen Leichtathletik liegt in Großbritannien, wo ab der Mitte des 19. Jahrhunderts leichtathletische Wettkämpfe zwischen Universitätsmannschaften (erstmals 1864 zwischen Oxford und Cambridge) ausgetragen wurden. 1866 folgten erste englische Meisterschaften in London, 1876 Meisterschaften in den USA in New York, und seit den ersten Olympischen Spielen der Neuzeit 1896 in Athen bildet die Leichtathletik einen Hauptteil des olympischen Programms, zunächst nur für Männer, seit 1928 (Amsterdam) auch für Frauen. Zahl und Art der einzelnen Disziplinen standen und stehen in einem permanenten Entwicklungsprozeß. In der Zeit zwischen den beiden Weltkriegen gab es einen Auf-

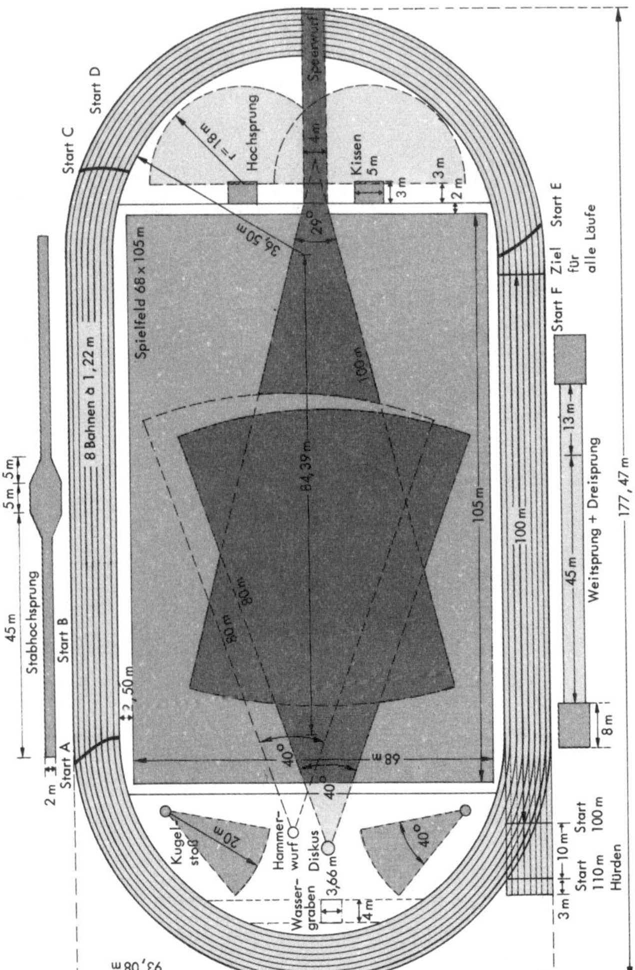

Leichtathletik. Leichtathletische Kampfbahn

Art der Wettbewerbe	Disziplinen für Männer		Disziplinen für Frauen	
	olympisch	nichtolympisch	olympisch	nichtolympisch
1. Laufwettbewerbe				
a) Kurzstreckenläufe	100 m, 200 m, 400 m		100 m, 200 m, 400 m	
b) Mittelstreckenläufe	800 m, 1 500 m	1 000 m, 2 000 m, 1 Meile, 3 000 m	800 m, 1 500 m	1 000 m, 1 Meile
c) Langstreckenläufe	5 000 m, 10 000 m, Marathonlauf	20 km, Halbmarathon, 25 km, 30 km, Stundenlauf	3 000 m, 10 000 m (ab 1988), Marathonlauf,	5 000 m, 20 km, Halbmarathon
d) Hürden- und Hindernisläufe	110 m, 400 m Hürden, 3 000 m Hindernis	200 m Hürden	100 m, 400 m Hürden	
e) Staffelläufe	4 × 100 m, 4 × 400 m	4 × 200 m, 4 × 800 m, 4 × 1 500 m; in einigen Nationalverbänden auch: 10 × 100 m, 3 × 1 000 m	4 × 100 m, 4 × 400 m	4 × 200 m, 3 × 800 m, 4 × 800 m
2. Sprungwettbewerbe	Hoch-, Stabhoch-, Weit-, Dreisprung		Hoch-, Weitsprung	
3. Wurf- und Stoßwettbewerbe	Kugelstoß, Diskus-, Hammer-, Speerwurf	Steinschleudern, Schleuderball-, Schlagball-, Gewichtwurf	Kugelstoß, Diskus-, Speerwurf	
4. Gehwettbewerbe	20 km, 50 km	30 km, 2 Stunden	5 km, 20 km, Bahnengehen	
5. Mehrkämpfe	Zehnkampf: 100 m, Weitsprung, Kugelstoß, Hochsprung, 400 m, 110 m Hürden, Diskuswurf, Stabhochsprung, Speerwurf, 1 500 m	internationaler Fünfkampf (nur vom Deutschen Leichtathletik-Verband durchgeführt): Weitsprung, Speerwurf, 200 m, Diskuswurf, 1 500 m	Siebenkampf: 100 m Hürden, Hochsprung, Kugelstoß, 200 m, Weitsprung, Speerwurf, 800 m	Dreikampf: 100 m, Weitsprung, Kugelstoß oder Schlagballweitwurf

schwung in der Entwicklung der Leichtathletik v.a. in den Industrienationen, dem nach 1945 ein ebenso starker Aufschwung in den sozialistischen Staaten folgte. Länder der Dritten Welt traten erstmals 1960 in die internationale Leichtathletik (v.a. in Langlaufdisziplinen) ein. – Betreut wird die Leichtathletik mit allen ihren Disziplinen in der Bundesrepublik Deutschland vom *Deutschen Leichtathletik-Verband* (DLV; gegründet 1898 als *Deutsche Sportbehörde für Leichtathletik,* Sitz Darmstadt), in Europa von der *European Athletic Association* (EAA; gegründet 1970, Sitz Paris) und international von der *International Amateur Athletic Federation* (IAAF; gegründet 1913, Sitz London), die seit 1977 einen Weltpokalwettbewerb und seit 1983 Weltmeisterschaften veranstaltet. – Zu den einzelnen olympischen Disziplinen der Leichtathletik (Geschichte, Technik, Taktik, Regelwerk, Sportstätte und -gerät, Leistungsentwicklung) ↑Diskuswurf, ↑Dreisprung, ↑Gehen, ↑Hammerwurf, ↑Hindernislauf, ↑Hochsprung, ↑Hürdenlauf, ↑Kugelstoß, ↑Kurzstreckenlauf, ↑Langstreckenlauf, ↑Marathonlauf, ↑Mittelstreckenlauf, ↑Speerwurf, ↑Stabhochsprung, ↑Weitsprung; zu den olympischen Mehrkämpfen ↑Siebenkampf (für Frauen) und ↑Zehnkampf (für Männer). – Gegenwärtig werden in den auf der gegenüberliegenden Seite zusammengestellten Disziplinen Wettbewerbe ausgetragen.

Leistung: integraler Bestandteil des Sports, sowohl als Vorgang (Prozeß) als auch als (meßbares, schätzbares) Ergebnis (Produkt) sportlicher Handlungen. Darüber hinaus wird Leistung auch normativ gesehen und ist dann die optimale Bewältigung einer Bewegungsaufgabe. Leistung ist hinsichtlich ihrer vielfältigen Bedingungsfaktoren ein sehr komplexes Phänomen, das deshalb in den einzelnen Theoriefeldern der Sportwissenschaft unterschiedlich behandelt und in seinem Verhältnis zum Sport unterschiedlich dargestellt wird, ohne daß dabei die Ganzheit des Phänomens aus den Augen verloren wird. – 1. **Sportmedizin:** In der Sportmedizin ist Leistung das Maß für die Bewältigung einer Belastung in einer Zeiteinheit, angegeben in mkp/s oder in Watt. Die organische Leistungsfähigkeit (von Herz, Kreislauf, Atmung, Stoffwechsel) wird an der maximalen Sauerstoffaufnahme pro Minute oder an der Pulsfrequenz gemessen. Neben diesen leistungsphysiologischen spielen auch orthopädische Gesichtspunkte eine Rolle, da die sportliche Leistung immer auch von einem optimalen Zustand der Gelenke, Sehnen und Bänder abhängt. – 2. **Sportbiomechanik:** Die Sportbiomechanik sieht die sportliche Leistung als physikalische Größe: Die Leistung P ist das Maß für die Geschwindigkeit t, mit der mechanische Arbeit W verrichtet wird, dargestellt als der Quotient $P = W/t$. Die Momentanleistung P ist gleich dem Produkt aus der Kraft $\boldsymbol{F}$ und der Geschwindigkeit $\boldsymbol{v}$ zu einem bestimmten Zeitpunkt: $P = \boldsymbol{F} \cdot \boldsymbol{v}$. – 3. **Sportpsychologie:** Aus psychologischer Sicht ist die sportliche Leistung abhängig von Anlagen und Begabung sowie von durchlaufenen Lernprozessen. Eine Lernleistung im Sport liegt vor, wenn eine überdauernde Verhaltensänderung nach erfolgtem motorischen Lernen eingetreten ist (z.B. das Beherrschen des Parallelschwungs im Skilauf statt des zuvor praktizierten Pflugbogens). – 4. **Sportpädagogik:** Unter pädagogischen Gesichtspunkten wird die sportliche Leistung (v.a. als Produkt) vorwiegend als relative Leistung gesehen, d.h. die jeweils objektiv erbrachte Leistung wird in Abhängigkeit vom sie erbringenden Individuum beurteilt, da Schwierigkeitsgrad der Aufgabe, individuelle Leistungsfähigkeit, Leistungsbereitschaft und Leistungswissen des Sporttreibenden für das Erlernen sportlicher Bewegungen von entscheidender Bedeutung sind. – 5. **Sportsoziologie:** Die Soziologie sieht die sportliche Leistung in Abhängigkeit von den allgemeinen soziokulturellen Bedingungen, von den besonderen Beziehungen innerhalb einer sporttreibenden Gruppe und von den in einer Gesellschaft herrschenden Normen zur Beurteilung sportlichen Handelns. – 6. **Sportgeschichte:** Historisch ist das Erbringen sportlicher Leistung bis zu den bekannten Anfängen der Leibesübungen zurückzuverfolgen, wobei man feststellen kann, daß sich die Leistungsentwicklung in einer (mehr oder weniger gleich gebliebenen) Sportart in der Regel als Leistungssteigerung darstellt (z. B. Weltrekord im Weitsprung 1901: 7,61 m, heute [1968]: 8,90 m). Damit stellt sich gleichzeitig die (auch von den anderen Theoriefeldern zu bedenkende) Frage nach den Grenzen sportlicher Leistung und Leistungsfähigkeit. Durch das ständige Entstehen neuer Sportarten im Lauf der Geschichte entstehen allerdings stets auch neue Formen sportlicher Leistung. – 7. **Sportphilosophie:** In philosophisch-anthropologischer Sicht ist das Streben nach Leistung im Wesen des Menschen grundgelegt, der sich in freier Entscheidung für Leistung im Sport entscheiden und seine individuellen Leistungsgrenzen selbst festlegen kann. – Obwohl also Sport ohne Leistung nicht denkbar ist, wird diese in der Gegenwart dennoch oft und z. T. heftig kritisiert (↑ Leistungsprinzip, ↑ kritische Sporttheorie). Dabei wird allerdings meist Leistung auf Höchstleistung (↑ Leistungssport) reduziert und übersehen, daß vernünftige Leistungsanforderungen und Leistungsverwertung im Sport durchaus sinnvoll und positiv sind. – Zur Feststellung bzw. Bewertung sportlicher Leistung ↑ Leistungsdiagnose, ↑ Wertung.

Leistungsabzeichen: vom *Deutschen Sportbund,* den Sportfachverbänden, Bundesländern, Gebietskörperschaften (z. B. Städte) u. a. verliehene abgestufte Auszeichnungen für in ihren Mindestanforderungen meist festgelegte besondere sportliche Leistungen (z. B. Deutsches Sportabzeichen, Silbernes Lorbeerblatt, Sportler des Jahres).

Leistungsbeobachtung ↑ Leistungsdiagnose.

Leistungsbereitschaft (Leistungsmotivation): wesentlicher psychischer Faktor, der neben der physischen ↑ Leistungsfähigkeit für das Zustandekommen sportlicher Leistungen verantwortlich ist. Die Leistungsbereitschaft ist von mehreren Faktoren abhängig, einerseits von den individuellen kognitiven (Intelligenz) und affektiven (Zuneigung, Interesse, Angst u. a.) Persönlichkeitsmerkmalen, andererseits von der jeweiligen Situation bei der Ausübung eines Sports (Vorstartzustand, Zuschauer, Witterung u. a.). Die Motivierung zum Erbringen sportlicher Leistung schon im Schulsport kann nicht nur zum Leistungssport, sondern auch zu einem freiwilligen, lebenslangen Sporttreiben führen.

Leistungsbewertung ↑ Leistungsdiagnose, ↑ auch Wertung.

Leistungsdiagnose [von griechisch diágnosis „unterscheidende Beurteilung, Erkenntnis"]: Feststellung und Bestimmung einer sportlichen ↑ Leistung (bzw. ihrer Einzelelemente), die zu einem bestimmten Zeitpunkt erbracht wird. Eine differenzierte und möglichst genaue Leistungsdiagnose ist integraler Bestandteil von Lern-, Übungs- und Trainingsprozessen. Zu Beginn solcher Prozesse erhebt die Leistungsdiagnose durch **Leistungsbeobachtung** Planungsdaten, im weiteren Verlauf Daten für die **Leistungskontrolle.** Am Ende des Prozesses bietet die Leistungsdiagnose die Möglichkeit zur genauen Rückmeldung über Erfolg oder Mißerfolg der gesetzten Ziele. Die Leistungsdiagnose kann informell und mittels formeller Verfahren wie Meß- (z. B. Tests) oder Schätzvorgängen (z. B. Beobachtungsverfahren) und Kontrollwettkämpfen erfolgen. Sie ist unverzichtbare Voraussetzung für einen optimalen Aufbau sportlicher Leistung in Training und Wettkampf. Auf ihrer Grundlage kann eine **Leistungs-**

bewertung vorgenommen werden, d.h. das Qualifizieren ihrer Ergebnisse durch Werturteile (z.B. gut, zufriedenstellend, verbesserungsbedürftig).

Leistungsfähigkeit: das Vermögen des Menschen, ↑Leistung zu erbringen. Die sportliche Leistungsfähigkeit hängt ab von der Qualität der physischen Leistungsgrundlagen (motorische Eigenschaften), dem sportartspezifischen sportmotorisch-technischen Fertigkeitsniveau sowie von der sporttaktischen Fähigkeit. Zusammen mit der ↑Leistungsbereitschaft bildet sie die Grundlage jeder sportlichen Leistung. Ihre allgemeine und sportartspezifische Entwicklung ist Ziel aller Lehr- und Lernprozesse im Sport, v.a. in Training und Wettkampf. Hierbei kann Leistungsfähigkeit auch bedeuten, eine bestimmte körperliche Leistung auch im Ermüdungszustand erbringen zu können.

Leistungsförderung ↑Talent.

Leistungsgruppe: auf der Grundlage eines relativ gleich hohen sportlichen Leistungsniveaus zusammengestellte Übungs- bzw. Trainingsgruppe (leistungshomogene Gruppe) im Sportunterricht, die eine Intensivierung der motorischen Lernprozesse ermöglicht, wie sie in leistungsheterogenen Gruppen (↑Neigungsgruppe) nicht ohne weiteres möglich ist. Leistungsgruppen können sowohl innerhalb des Schulsportunterrichts (im Rahmen des Pflichtunterrichts spricht man dann meist von **Niveaugruppen**) als auch im außerunterrichtlichen Schulsport und im Vereinssport zur Talentförderung und zum Training für Schulmannschaften gebildet werden.

Leistungsklasse: von nationalen und internationalen Sportfachverbänden vorgenommene Einteilung von Wettkampfteilnehmern nach ihrer (bisherigen) sportlichen Leistung. Bei Erfolg in einer Wettkampfsaison steigt der Sportler in eine höhere Leistungsklasse auf. Leistungsklassen gibt es z.B. im alpinen und nordischen Skilauf, im Eis- und Rollkunstlauf, im Kanusport und Tanzsport. In manchen Sportarten entscheidet die Zugehörigkeit zu einer Leistungsklasse über die Startreihenfolge.

Leistungskontrolle ↑Leistungsdiagnose.

Leistungskurs Sport: Form des Wahlpflichtunterrichts in der reformierten gymnasialen Oberstufe in dem gewählten Fach Sport mit 5–6 Unterrichtsstunden pro Woche. Die Einrichtung von Leistungskursen im Sport ist abhängig z.B. von der Ausstattung der Schule mit Sportstätten und Sportlehrkräften. Im allgemeinen (Modifizierungen in den einzelnen Bundesländern sind möglich) erstreckt sich der Leistungskurs Sport über vier Halbjahreskurse, in denen eine Integration sportpraktischer (Schwerpunkt- und Ergänzungssportarten) und sportwissenschaftlicher Unterrichtsanteile (Wissenschaftspropädeutik) erfolgen soll; es müssen praktische und theoretische Prüfungen (Klausuren und Abiturprüfung) abgelegt werden. Die Einrichtung von Leistungskursen im Sport (seit 1972) hatte die Erstellung einer Vielzahl spezieller Lehr- und Lernmittel zur Folge. – ↑auch Grundkurs Sport.

Leistungsmessung ↑C-G-S-System, ↑Wertung, ↑auch Leistungsdiagnose.

Leistungsmotivation [zu lateinisch movere, motum „bewegen"]: ↑Leistungsbereitschaft.

Leistungsprinzip: die grundlegende Orientierung menschlichen Handelns an zu erbringender Leistung, im Sport die ↑Leistung als Leitidee sportlichen Handelns, und zwar sowohl relativ (bezogen auf die handelnde Person) als auch absolut (bezogen auf die angestrebte Leistung). Wie im gesellschaftspolitischen Bereich wird auch im Sport die Problematik des Leistungsprinzips kontrovers diskutiert. Einerseits sind Sport und Leistung untrennbar miteinander verbunden, so daß der Verzicht auf jegliches Leistungsprinzip auch den Sport zum Verschwinden brächte, andererseits würde eine zu starke und einseitige Bewertung des Sports (und des Sportlers!) nach der jeweils erbrachten Leistung das dem Sport wesentlich zugrundeliegende ganzheitliche Menschenbild verfälschen. – ↑auch kritische Sporttheorie.

Leistungssport: die im Wettkampfsport vorherrschende Form des Sporttreibens mit dem Ziel der Erbringung persönlicher Hochleistungen. Leistungssport *im engeren Sinn* (Leistung verstanden als absolute Leistung) ist ↑Spitzensport (Hochleistungssport), der ein Höchstmaß an technischem Aufwand und persönlichem Einsatz erfordert, um den vorgegebenen absoluten Normen (z. B. Rekord, Meisterschaft) möglichst nahe zu kommen oder derartige Normen selbst neu setzen zu können. Hierzu ist eine planmäßige Leistungsförderung, wie sie im Rahmen der Talentförderung in Leistungszentren betrieben wird, ebenso notwendig wie eine Spezialisierung und systematisches Training (↑auch Hochleistungstraining) für die Teilnahme am Wettkampfsport. – Leistungssport *im weitesten Sinn* (Leistung verstanden als relative Leistung) ist jedes Sporttreiben, da Sport und Leistung nicht zu trennen sind. Entscheidend ist hier, daß der Sporttreibende das Anspruchsniveau seines Leistungssports selbst bestimmt. – Ebenso wie die Leistung und das ↑Leistungsprinzip (und in Abhängigkeit davon) ist auch der Leistungssport (im engeren Sinn) in Sport- und Gesellschaftswissenschaft nicht unumstritten (↑auch kritische Sporttheorie). Um den unbestreitbar mit dem Leistungssport verbundenen Gefahren (körperliche Schäden durch zu frühes intensives Spezialtraining, Entwertung des Sports zu einem Stabilisierungsfaktor gesellschaftlicher und/oder wirtschaftlicher Systeme u. a.) wirksam begegnen zu können, gehört der Leistungssport zu den thematischen Schwerpunktbereichen sowohl der gesamten Sportwissenschaft als auch einzelner Forschungsinstitute (z. B. *Bundesinstitut für Sportwissenschaft*) und Fachausschüsse (z. B. *Bundesausschuß Leistungssport*).

Leistungstest ↑Test, ↑Leistungsdiagnose.

Leistungstraining [...trɛ:...] ↑Hochleistungstraining.

Leistungsvermögen ↑Leistungsfähigkeit.

Leistungszentren: optimal ausgerüstete Sportfördereinrichtungen, an denen Sportler nach modernen sportwissenschaftlichen und -praktischen Erkenntnissen trainiert und auf die Wettkampfteilnahme im nationalen und internationalen Bereich vorbereitet werden (↑auch Talent). Die Leistungszentren sind z. T. an Sportschulen oder Sporthochschulen angeschlossen (gelegentlich auch mit Internaten). Man unterscheidet vier Arten: 1. **Bundesleistungszentren** (24 [1983]): Schulung von Nationalmannschaften und Nachwuchskader; Lehrgänge für Trainer und für international tätige Schieds- und Kampfrichter; 2. **Landesleistungszentren** (56 [1983]): Spitzensportmaßnahmen der Landes- und Bundesverbände in einzelnen Sportarten; Lehrgänge für Schieds- und Kampfrichter; 3. **Bundesstützpunkte** (211 [1979]): Trainingsschwerpunkte der Spitzenfachverbände; 4. **Landesstützpunkte** (319 [1979]): Trainingsschwerpunkte der Landesfachverbände. – Leistungszentren werden aus öffentlichen Mitteln gefördert. Ihre Arbeitsgrundlage sind Strukturpläne der Spitzen- und Landesfachverbände für die Entwicklung des Spitzensports in den einzelnen Sportarten.

leptosom [zu griechisch leptós „dünn, fein, zart" und sõma „Körper"] (leptomorph) ↑Körperbautypen.

Lernen, motorisches ↑motorisches Lernen.

Lernerfolgskontrolle ↑Sportnote.

Lernziele: das Wissen und Können, dessen Beherrschung nach Ablauf eines Lernprozesses beabsichtigt ist. Im schulischen Lernen unterscheidet man fachübergreifende (z. B. Kommunikations- und Kooperationsfähigkeit) und fachspezifische Lernziele (im Sportunterricht z. B. die allgemeine Fitneß). Lernziele können ferner nach Schularten (Grund-, Haupt-, Sonder-, Real-, Berufs-, höhere Schule) oder Schulstufen (Elementar-, Primarstufe, Sekundarstufe I und II) unterschieden werden. Wie der Sport überhaupt zielen auch die sportlichen Lernprozesse auf die drei grundlegenden Bereiche Bewegung, Gesundheit und Freizeit. Kenntnisse und Können werden im wesentlichen in drei Lernarten vermittelt: durch kognitives Lernen (Erlernen von Begriffsbildung, Ordnungen, Regeln und Systemen, Problemlösungen aus dem Bereich der Theorie der motorischen Grundlagen, der Sportarten und des gesamtgesellschaftlichen Phänomens Sport), durch affektives Lernen (Förderung personaler Eigenschaften und des Sozialverhaltens) und durch ↑motorisches Lernen. – Entsprechend dem vom *Deutschen Sportbund* und der Kultusministerkonferenz gemeinsam erarbeiteten ↑Aktionsprogramm für den Schulsport können folgende allgemeine Zielperspektiven sportlichen Lernens (und Lehrens) festgehalten werden: Schaffung von Situationen, in denen individuelle und soziale Erfahrungen als Grundlage von Selbstgestaltung, Urteilsbildung und Eigenverantwortung möglich sind, altersgemäßes Aufbauen und Erhalten des Leistungsvermögens, des Wohlbefindens und der Gesundheit, Ermöglichung unmittelbarer Erfahrungen persönlichen Könnens und individueller Leistung, Vermittlung von Erfahrungen des Raumes und der Zeit in natürlicher und gestalteter Umwelt, Schaffung sozialer Kontakte, die zur Einübung gemeinsamen Handelns und von Hilfsbereitschaft und Solidarität führen. Diese allgemeinen Zielvorstellungen werden in Richtlinien und Lehrplänen schultypisch und altersgemäß in Einzelziele differenziert.

Leukozyten [zu griechisch leukós „hell, glänzend, weiß" und kýtos „Höhlung, Wölbung"]: Sammelbez. für die weißen Blutzellen, deren Aufgabe die Infektabwehr im Körper ist, indem sie die in den Körper eingedrungenen Erreger unschädlich machen. Sie kommen v. a. in Blutbahn, Knochenmark, lymphatischem Gewebe und Entzündungsherden vor. Zum Anstieg der Zahl der Leukozyten kommt es bei entzündlichen Erkrankungen, um gegen diese angehen zu können. Doch auch krankhafte Leukozytenvermehrungen (Leukämie) und -verminderungen kommen vor.

Libero [italienisch „freier (Mann)"]: im Fußball ein frei, d. h. ohne direkten Gegenspieler agierender Abwehr- und Mittelfeldspieler, der vorwiegend defensive Aufgaben hat (früher Doppelstopper als Unterstützung für den Mittelläufer), sich jedoch auch, wenn es die Situation erlaubt, in das Angriffsgeschehen einschalten kann.

Liegestütz: gymnastische Übung zur Schulung v. a. der Armkraft: Der gestreckte Körper wird von den Armen gestützt, die sich im Wechsel beugen und strecken. Der Liegestütz wird vorlings (Blick zum Boden) und (seltener) rücklings (Blick vom Boden weg) ausgeführt. Ein dem Liegestütz vergleichbarer Bewegungsablauf kann auch gegen eine Wand oder auf einer für das Aufstützen der Arme erhöhten Unterlage ausgeführt werden.

Liegestütz

Lifetimesport [englisch 'laɪftaɪm „auf Lebenszeit"]: im Bereich des Freizeit-, Breiten- und Erwachsenensports Bez. für die Formen des Sports bzw. solche Sportarten, die sich zur Ausübung „während des ganzen Lebens" eignen und die v. a. auch der Rekreation dienen. Sie werden in zunehmendem Maß (entsprechend der zunehmenden Freizeit) von Vereinen angeboten, aber auch in nichtinstitutionalisierter Form betrieben. Für den Lifetimesport geeignete Sportarten sind v.a. Badminton, Bergsteigen, Wandern, Bogenschießen, Eislaufen, Faustball, Kanusport, Prellball, Reitsport, Rudern, Schwimmen, Segeln, Skilaufen, Tanzen, Tennis, Tischtennis, Volleyball. Bereits im Sportunterricht der Schule sollte die Motivation zu einem lebenslangen Sporttreiben grundgelegt werden.

Liga [spanisch „Bund, Bündnis", zu lateinisch ligare „(fest)binden"]: in Mannschaftssportarten und Sportarten, in denen aus Einzelsportlern Mannschaften gebildet werden (z.B. im Geräteturnen), die Spiel- oder Wettkampfklasse, in der Vereinsmannschaften eines Gebiets, die sich qualifiziert haben, zusammengefaßt sind. In der Bundesrepublik Deutschland gibt es folgende Ligen: Kreis-, Bezirks-, Landes-, Ober-, Regional-, 1. und 2. Bundesliga. Eine Bundesliga als oberste Klasse gibt es (1983) in 31 Sportarten.

Limit [französisch-englisch, von lateinisch limes, limitis „Grenzweg, Grenze"]: 1. die Mindestleistung (Norm), die in verschiedenen Sportarten gefordert wird, um an Olympischen Spielen, Europa-, Welt- oder nationalen Meisterschaften teilnehmen zu können; – 2. in Sportarten mit ↑Gewichtsklassen die oberste Grenze einer Gewichtsklasse.

Linie. Fechten: Klinge in Linie

Linie [lateinisch, eigentlich „leinene Schnur" (zu linum „Lein, Flachs")]: 1. *allgemein* Sportstätten- und Spielfeldmarkierung; – 2. im *Fechten* die Klingenlage, bei der die Klingenspitze mit gestrecktem Arm auf die gültige Trefffläche des Gegners gerichtet ist („Klinge in Linie"); – 3. im *Schach* die senkrechte Richtung der Schachbrettfelder.

Linienrichter [↑Linie]: Assistenten des Schiedsrichters in mehreren Sportarten, z.B. Fußball, Tennis, Tischtennis, Volleyball, mit der Aufgabe, verschiedene Linien und Abseitsstellungen zu überwachen. Sie können den Schiedsrichter auch auf Regelverstöße aufmerksam machen, jedoch ist dieser in seinen Entscheidungen nicht daran gebunden.

Lizenz [aus lateinisch licentia „Freiheit, Erlaubnis, Ungebundenheit, Frechheit"]: die durch einen Verband erteilte Erlaubnis, eine Sportart (z.B. Boxen, Fußball, Motorsport) beruflich auszuüben (↑Berufssport) oder bei Wettkämpfen, Meisterschaften o.ä. als Kampf-, Schieds- oder Punktrichter zu fungieren. – Ein *Lizenzspieler* (im Motorsport: *Lizenzfahrer*) erhält als Angestellter seines Vereins feste monatliche Bezüge (neben Prämien, Tantiemen, Handgeldern und Ablösesummen bei Vereinswechsel).

Lob [englisch]: v.a. im Tennis (aber auch im Badminton und Volleyball) ein weich und hoch über den (am Netz angreifenden bzw. blockenden) Gegner ins Spielfeld geschlagener Ball. Der Lob kann offensiv, defensiv, überrissen und cross gespielt werden. Lobben ist eine Grundtechnik im Tennis, die v.a. taktisch eingesetzt wird.

Lockerungsübungen: spezielle Übungen, um Muskulatur, Sehnen und Bänder nach kräftigender Anspannung oder nach Beanspruchung wieder zu lockern. Dadurch werden die Durchblutung gefördert, Verkrampfungen abgebaut und der Erholungseffekt vergrößert. Lockerungsübungen sind wesentlicher Bestandteil von Sportunterricht und Training in jeder Sportart. Durch die Verbindung von Lockerungs-, Dehn- und Spannungsübungen kann ein Muskeltraining effektiv gestaltet werden.

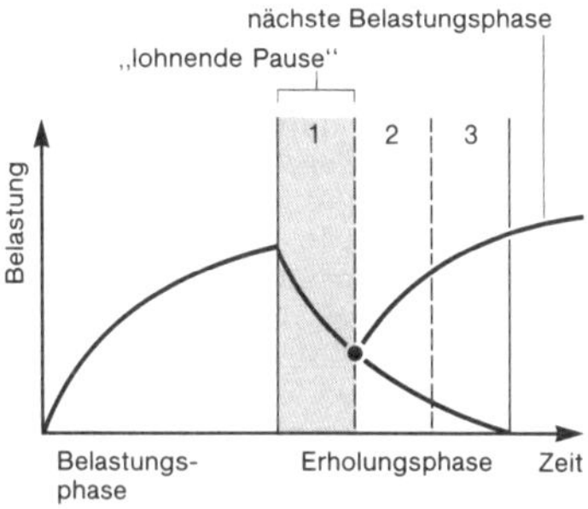

Lohnende Pause

lohnende Pause: im Rahmen des ↑Intervalltrainings Bez. für eine zwischen den einzelnen Belastungsphasen liegende Pause, die nicht zur vollständigen ↑Erholung führt. Nach der lohnenden Pause beginnt sofort die nächste Belastungsphase. Die lohnende Pause dauert etwa ein Drittel der zur vollständigen Erholung nötigen Zeit. Das Einlegen „nur“ lohnender Pausen hat den Effekt, daß die Widerstandsfähigkeit gegen Ermüdung steigt, da in der lohnenden Pause die Aktivität des Herz-Kreislauf-Systems noch hoch ist. Die reale Dauer der lohnenden Pause richtet sich danach, ob mit extensiver (viele Belastungswiederholungen bei 60–80% der maximalen Leistungsfähigkeit und kurzen Pausen) oder intensiver (weniger Belastungswiederholungen bei 80–90% der maximalen Leistungsfähigkeit und längeren Pausen) Intervallarbeit trainiert wird. – ↑auch Ausdauertraining.

Loipe [skandinavisch]: markierte und vorgespurte Skilanglaufstrecke (mit Stockspur). Meist werden zwei Loipen nebeneinander gelegt als eigentliche Laufspur und als Überholspur.

Lokalderby ↑Derby.

lokale Muskelausdauer: Fähigkeit der Muskulatur eines Körpergebietes oder der für bestimmte Bewegungen benötigten Muskeln, funktionsfähig zu bleiben, bis Ermüdung einsetzt. Die lokale Muskelausdauer ist einerseits abhängig von der Bereitstellung von Energie in Form von Zucker, Fetten und Sauerstoff, andererseits von der Fähigkeit der Muskelzellen, dieses Angebot gut zur Energiegewinnung auszunutzen. Besonders die Haltemuskulatur ist durch ihren Aufbau für Dauerleistung geeignet; durch Ausdauertraining verändert sich längerfristig aber auch die Bewegungsmuskulatur, so daß die Zeit bis zur Ermüdung steigt und dabei trotzdem eine höhere Kraftentwicklung möglich ist.

Lordose [zu griechisch lordós „vorwärts gekrümmt“]: Bez. für die nach vorne ausladenden Krümmungen der Wirbelsäule, wie sie im Bereich der Hals- und Lendenwirbelsäule zu sehen sind. Eine übermäßige Verstärkung dieser normalen Kurven nennt man **Hyperlordose.** Sie kann durch Fehlhaltungen, Krankheiten und Überlastungen der Wirbelkörper entstehen. Durch Sportarten, bei denen oft ein Hohlkreuz gemacht wird (z. B. Turnen), kommt es zu gehäuftem Auftreten krankhafter Veränderungen. Durch Training mit Kräftigung der Rücken- und Bauchmuskulatur kann Fehlentwicklungen entgegengewirkt werden.

Losentscheid: Festlegung von Startpositionen oder Gegnerpaarungen für Wettkämpfe, die Zuweisung einer Spielfeldhälfte bzw. des Anspielrechts in Mannschaftsspielen und die Ermittlung des Siegers eines Kampfs (Spiels) durch das Los. Die Siegerermittlung durch Los wird heute nur noch vorgenommen, wenn andere Maßnahmen (z. B. Wettkampfverlängerungen, Elfmeterschießen, Berücksichtigung der Tordifferenz oder der Zahl der Siege) keine Entscheidung herbeiführen konnten.

LSB: Abk. für: ↑Landessportbund.

Ludwig-Wolker-Plakette: nach Prälat Ludwig Wolker (* 1887, † 1955), dem langjährigen Verbandspräses der *Deutschen Jugendkraft* und Mitbegründer des *Deutschen Sportbunds* benannte und seit 1980 vom *Deutschen Sportbund* verliehene

Auszeichnung für Persönlichkeiten, die sich v. a. um die Erhaltung des Ethos im Sport verdient machten.

Luft: Gasgemisch, dessen wesentliche Bestandteile Stickstoff (78,10 Vol.-%), Sauerstoff (20,93 Vol.-%), Edelgase (0,93 Vol.-%), Kohlendioxid (0,03 Vol.-%) sowie Wasserstoff (0,01 Vol.-%) sind. In der Luft der Atmosphäre finden sich je nach Witterungsbedingungen wechselnde Mengen Wasserdampf, außerdem zunehmend Verunreinigungen. Durch Atmung von Luft bezieht der Körper Sauerstoff und gibt Kohlendioxid an sie ab. Leistungsfördernd wirkt dabei eine Lufttemperatur von etwa 18–24 °C, ein gleichbleibender Luftdruck um etwa 730 mm Hg (Torr; ↑auch Höhenkrankheit, ↑Höhenleistungsfähigkeit) sowie eine relative Luftfeuchtigkeit von etwa 30–60 %.

Luftsport ↑Flugsport.

Lunge: Organ für den Gasaustausch zwischen Körper und Umgebung, das hauptsächlich Sauerstoff aufnimmt und Kohlendioxid und Wasserdampf abgibt. Die Lunge besteht aus elastischem Gewebe, das durch das Zwerchfell und den Brustkorb gedehnt wird und sich bei der Ausatmung selbständig zusammenzieht. Der rechte Lungenflügel besteht aus drei getrennten Lappen, die Anschluß an die Luftröhre haben; der linke Flügel setzt sich aus zwei Lappen zusammen (seine Größe ist wegen des dort liegenden Herzens geringer). – ↑auch Atmung.

Lutz: nach dem österreichischen Eiskunstläufer Alois Lutz (* 1899, † 1918) benannter Kürsprung im Eis- und Rollkunstlauf: Beginn mit einem großen Bogen rückwärts-auswärts, dann Einschlagen der Spitze des Spielfußes in die Laufoberfläche, nach Absprung volle Drehung in der Luft gegen die im Anlauf eingeleitete Richtung, Landung auf dem einschlagenden Fuß in einem Bogen rückwärts-auswärts. Der mit zweifacher Drehung gesprungene Lutz heißt Doppellutz.

Luv [niederländisch, eigentlich „Ruder(seite)“; mit Bezug auf ein Hilfsruder, mit dem früher der Schiffssteven gegen den Wind gehalten wurde]: die dem Wind zugekehrte Seite eines Schiffs (Gegensatz: ↑Lee). *Anluven* bedeutet, den Bug zum Wind hin zu drehen, so daß zwischen Kurs und Windrichtung ein spitzer Winkel entsteht.

Luxation [lateinisch]: Verrenkung eines Gelenks, so daß die beteiligten Gelenkflächen nicht mehr regelrecht aneinander liegen. Eine Luxation ist fast immer eine Folge von Gewalteinwirkung, die den gelenkverstärkenden Apparat (Bänder, Sehnen, Muskeln) überfordert, und nur selten ein Fehler im Körperbau. Nach Wiedereinrichtung einer Luxation ist das Gelenk durch die Vordehnung der Bänder gefährdet, erneut zu luxieren, so daß vorübergehende körperliche Schonung nötig ist. – ↑auch Auskugelung.

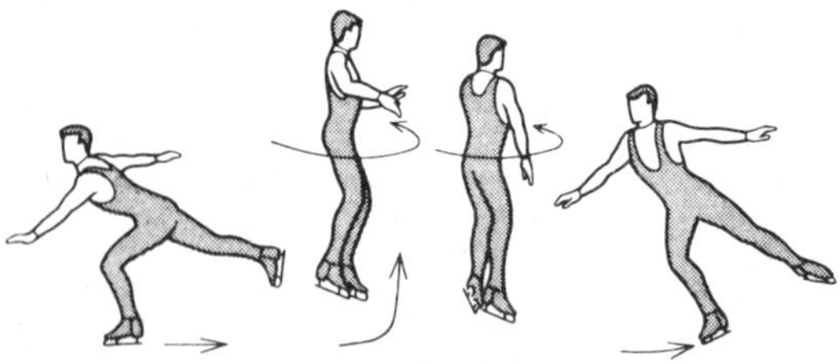

Lutz. Einfacher Lutz beim Eiskunstlauf

M

Mächtigkeitsspringen: im Springreiten eine Springprüfung der Klasse Sb (↑Reitsport), bei der es v.a. um das Springvermögen der Pferde geht. Der Parcours hat 6–8 Hindernisse, deren jeweilige Höhe (1,50–1,70 m) bei jedem Umlauf (Stechen) erhöht wird. Bei maximal vier Stechen gewinnt der Reiter mit den wenigsten Fehlerpunkten.

Mädchen- und Frauensport: im weiteren Sinn Sammelbegriff für alle von Mädchen und Frauen betriebenen Sportarten, deren Spektrum ab dem 20. Jahrhundert im Zuge der gesellschaftlichen Gleichstellung der Frau immer mehr zunahm. Wurden seit der Jahrhundertwende vereinzelt Wettkämpfe im Schwimmen, Tennis, Wasserspringen, Fechten und Eiskunstlauf ausgetragen, z.T. auch ins olympische Programm aufgenommen (leichtathletische Frauenwettbewerbe jedoch erst 1928), betreiben Mädchen und Frauen heute fast alle Sportarten bis hin zu Fußball, Eishockey und vereinzelt auch Boxen. Im engeren Sinn Bez. für die Art sportlicher Betätigung, die spezifische Belange und Situationen (Berufstätigkeit, Hausarbeit, Schwangerschaft, Kinder) inhaltlich, methodisch und organisatorisch berücksichtigt.

Makkabi [hebräisch]: in Anlehnung an den Beinamen des jüdischen Freiheitskämpfers Judas Makkabäus (1. Jahrhundert v. Chr.) gebildeter Name jüdischer Sportvereine in Israel und in anderen Ländern. In Deutschland wurde 1921 der *Makkabi. Jüdischer Turn- und Sportverband in Deutschland e. V.* gegründet (wiedergegründet 1965 als *Makkabi in Deutschland,* Sitz Berlin). Die jüdischen Sportvereine sind zusammengeschlossen in der *Maccabi World Union* (MWU; Sitz Tel Aviv). – ↑auch Makkabiade.

Makkabiade [hebräisch]: seit 1932 (Tel Aviv) in vierjährigem Zyklus (jeweils ein Jahr nach den Olympischen Spielen) stattfindende jüdische Sportveranstaltung mit olympischem Programm.

Makrozyklus [griechisch makrós „lang, groß" und kýklos „Kreis, Kreislauf"] ↑Trainingszyklus.

Mal: deutlich sichtbares Zeichen auf einem Spielfeld oder einer Sportanlage. Im Schlagball und Baseball müssen Male von einem Schlagmal aus umlaufen werden, um Punkte zu erzielen. Im Rugby entspricht das Mal dem Tor der Torspiele.

Malspiele: Gruppe von Spielen, bei denen ↑Male umlaufen oder durch Laufen erreicht werden müssen, um Punkte zu erzielen. Zu den Malspielen zählen u.a. Baseball, Kricket, Rugby und Schlagball.

Manager [englisch 'mænɪdʒə, zu italienisch maneggiare „handhaben, bewerkstelligen"]: im Berufssport diejenige Person, die für die wirtschaftlichen und organisatorischen Belange von Sportvereinen bzw. einzelner Abteilungen der Vereine (z.B. Fußballabteilungen der Vereine in der Bundesliga) verantwortlich ist, aber auch für den Betreuer einzelner Berufssportler.

Manndeckung ↑Deckung.

Mannschaft (Team, Equipe): Gruppe von Wettkämpfern eines lokalen Vereins oder anderer regionaler sportlicher Organisationsformen (bis hin zur Weltauswahl). Jede Mannschaft hat einen verantwortlichen Sprecher (↑Mannschaftsführer).

Mannschaftsführer (Spielführer, Mannschaftskapitän, Kapitän): in den Mannschaftssportarten der von den Mannschaftsmitgliedern gewählte oder vom Trainer bestimmte verantwortliche Sprecher der Mannschaft, der die Interessen der Mannschaft gegenüber Verein, Trainer und Schiedsrichter vertritt und (gegebenenfalls) an der Auslosung der Platzwahl und des Anspielrechts teilnimmt. Er ist meist durch ein besonderes äußeres Kennzeichen (z. B. Armbinde) von den anderen Mannschaftsmitgliedern abgehoben.

Mannschaftskampf (Mannschaftswettbewerb): Wettkampfform der Individual- und Dualsportarten, bei der aus Einzelsportlern gebildete Mannschaften gegeneinander antreten. Gewertet werden Mannschaftskämpfe je nach Sportart nach Plazierung der einzelnen Sportler, Zahl der Siege, Punkte u. a.

Mannschaftsspiele: nach Regeln ablaufende Wettkämpfe (Wettspiele) von Parteien (Mannschaften) mit jeweils mehr als drei Spielern. Dazu zählen: die *Torspiele* (z. B. Eishokkey, Fußball, Handball, Hockey, Radball, Wasserball), die *Malspiele* (z. B. Baseball, Schlagball, Kricket, Softball, Rugby), die *Korbspiele* (z. B. Basketball, Korbball, Korfball) und einige *Rückschlagspiele* (z. B. Faustball, Volleyball). Neben diesen **Mannschaftssportarten** (↑auch große Spiele, ↑Sportspiel) zählen hierzu im weiteren Sinn auch die zwischen Mannschaften ausgetragenen kleinen Spiele (z. B. Völkerball, Burgball). Mannschaftsspiele nehmen im Sportunterricht innerhalb und außerhalb der Schule einen breiten Raum ein, da sie zum Sporttreiben (auch als Lifetimesport) motivieren, Freude bereiten, hohe Bewegungsintensität aufweisen und soziales Handeln (z. T. auch durch Koedukation) einüben.

Manöver [französisch manœvre, eigentlich „Handhabung, Kunstgriff", zu vulgärlateinisch manuoperare „mit der Hand bewerkstelligen"]: 1. im *Segelsport* die Bewegungen, die der Steuermann (gegebenenfalls mit Hilfe seiner Mannschaft) mit dem Schiff ausführt, sowie das Setzen und Bergen der Segel; – 2. in den *Zweikampfsportarten* Aktionen, die den Gegner in eine schlechtere Kampfposition bringen sollen.

Marathonlauf: längster olympischer Langstreckenlauf für Herren (seit 1896) und Damen (seit 1984) über 42,195 km. – Der Marathonlauf geht auf einen in seiner Historizität umstrittenen Bericht des griechischen Geschichtsschreibers Plutarch (* um 46, † um 125) zurück, wonach im Jahre 490 v. Chr. ein Läufer Aristion oder Pheidippes nach einer Schlacht zwischen den Persern und Athenern die etwa 40 km lange Strecke zwischen Marathon (einem Ort nordöstlich von Athen) und Athen im Laufschritt zurückgelegt haben und bei dem Ausruf „Freut euch, wir haben gesiegt" tot auf dem Marktplatz von Athen zusammengebrochen sein soll. Auf Vorschlag des französischen Sprachwissenschaftlers Michel Bréal (* 1832, † 1915) wurde der Marathonlauf ins Programm der Olympischen Spiele der Neuzeit aufgenommen. Seit 1908 beträgt die offizielle Strecke 42,195 km (Bestzeiten heute etwa um 2:10 Stunden; ein Weltrekord wird wegen der jeweils unterschiedlichen Strecken nicht geführt). – Der Marathonlauf wird im wesentlichen auf der Straße ausgetragen, und zwar mit drei verschiedenen Streckenführungen: als Hin- und Rückweg über dieselbe Strecke um einen Wendepunkt nach halber Distanz, als Rundkurs (bei beiden liegen Start und Ziel, meist im Stadion, zusammen) und als Lauf in eine Richtung. Alle 5 km sind Verpflegungs- und Wasserstationen für die Läufer eingerichtet. – Der Marathonlauf findet immer größere Resonanz (auch als **Halbmarathon** über die halbe Distanz [21,1 km]), v. a. auch bei einigen berühmten Stadtmarathonläufen, z. B. in Berlin, Boston (seit 1897), Kaschau, Tschechoslowakei (seit 1924), Fukuoko, Japan (seit 1965), Karl-Marx-Stadt, London, Manchester, New York (seit 1908). Der Marathonlauf ist auch Teildisziplin einer Austragungsform des ↑Triathlons.

Markenweltmeisterschaft: im Motorrennsport zwischen Automobil- bzw. Motorradherstellern ausgetragene Weltmeisterschaft. Seit 1953 zählen bei der Markenweltmeisterschaft für Automobile Langstreckenläufe über mindestens 1000 km als Wertungsläufe. Eine Markenweltmeisterschaft für Motorräder wird seit 1949 in fünf (seit 1962 sechs) Hubraumklassen (50–500 cm^3) und mit Seitenwagen durchgeführt.

Markieren [zu germanisch-französisch Marke, eigentlich „Zeichen"]: 1. in *Rennsportarten* die Festlegung des Streckenverlaufs durch bestimmte Zeichen (Linien, Stäbe, Fahnen u. a.); – 2. in der *Leichtathletik* in einigen Disziplinen die Kennzeichnung technisch wichtiger Punkte durch den einzelnen Sportler (z. B. Ablaufpunkt beim Weitsprung); – 3. in *Mannschaftsspielen* umgangssprachlich das Decken eines Gegenspielers.

Maske [aus französisch masque, von italienisch maschera (mascara), wohl zu arabisch mashara „Verspottung, Possenreißerei"]: 1. ↑Gesichtsmaske; – 2. im Tauchsport ein dem Druckausgleich dienendes Gerät *(Druckausgleichsmaske)*, bestehend aus einer in Gummi eingefaßten Sichtscheibe aus Sicherheitsglas, das die obere Gesichtshälfte (Stirn bis einschließlich Nase) umschließt.

Massage [ma'saʒə; französisch] ↑Sportmassage.

Massensport: von sehr vielen Menschen (aktiv) betriebener (z. B. Volksläufe, -wanderungen, -radfahren, Trimmaktionen) oder (passiv) erlebter (z. B. bei Fußball-, Handball-, Tennisspielen) Sport. In den sozialistischen Ländern hat der aktive Massensport (z. B. ↑Spartakiade) die ideologische Funktion, die Errungenschaften sozialistischer [Körper]kultur zu demonstrieren.

Mast: aufrecht aus dem Deck ragender Teil eines Segelboots aus Stahl- oder Leichtmetallrohr oder Rundholz, an dem Segel, Instrumente und Lichtersignale angebracht werden. Der Mast muß der Zugkraft von Verstagung, Segeln, Fallen und Schoten sowie der Windkraft Widerstand leisten können.

Masters-Turnier [englisch 'ma:stəz] (Master Tournement): wichtige Turnierform im Golf- und Tennissport: im *Golf* das seit 1934 jährlich in Augusta (Georgia, USA) stattfindende Turnier für Berufsspieler; im *Tennis* die Finalrunde (Einzel und Doppel, seit 1970 für Herren, seit 1971 für Damen) der (seit 1982) zwölf (vorher acht) punktbesten Spieler in der Jahreswertung des Grand Prix.

Matchball [englisch mɛtʃ]: im Badminton, Tennis, Tischtennis, Volleyball u. a. der über den Sieg entscheidende Ball.

Matte: Bodenauflage mit Polsterfüllung, die beim Geräteturnen, in Leichtathletik und rhythmischer Sportgymnastik den Aufprall des Körpers nach Sprüngen abschwächen und beim Ringen und Judo gegen Verletzungen bei Stürzen und Würfen schützen soll. Bei Übungen, die große Niedersprünge enthalten, wird die *Weichbodenmatte* verwendet, die den Aufprall so abschwächt, daß keine Verletzungsgefahr besteht (z. B. beim Stabhochsprung, Abgang vom Reck).

Mattenflucht: regelwidriges, mit Verwarnung geahndetes Verlassen der Matte im Judo und Ringen, um dem Angriff des Gegners zu entgehen.

Mattenspringen ↑Skispringen.

Mauer: 1. in *Fußball* und *Handball* eine von dicht nebeneinander stehenden Spielern gebildete Kette, die bei Freistößen (Freiwürfen) wenigstens teilweise das Tor abschirmen soll; – 2. im *Pferdesport* ein aus aufeinandergelegten Holzkästen bestehendes Hindernis bei Springprüfungen.

Maximalkraft ↑Kraft.

Medaille [me'daljə; aus französisch médaille, von italienisch medaglia, eigentlich „metallische (Münze)"]: gegossene, geprägte oder getriebene Schaumünze, die bei sportlichen Meisterschaftswettbewerben und bei Olympischen Spielen den drei Erstplazierten einer Disziplin im Rahmen einer Siegerehrung verliehen wird: **Goldmedaille** für den Sieger, **Silbermedaille** für den Zweit- und **Bronzemedaille** für den Drittplazierten. – Bei Volkssportwettbewerben werden Medaillen an alle vergeben, die den Wettkampf – ungeachtet der Plazierung – beendet haben.

Medaillenspiegel [me'daljən...; ↑Medaille]: nach der Zahl der von den einzelnen Nationalmannschaften bei internationalen Wettbewerben gewonnenen Medaillen geordnete tabellarische Übersicht der insgesamt vergebenen Medaillen, wobei zunächst die Zahl der Gold-, dann der Silber- und zuletzt der Bronzemedaillen die Rangordnung der Nationalmannschaften bestimmt. Die v. a. von den Massenmedien erstellten Medaillenspiegel geben jedoch ein verzerrtes Bild des sportlichen Leistungsstands eines Landes wieder und sind deshalb z. B. vom *Internationalen Olympischen Komitee* nicht offiziell anerkannt. Um einen einigermaßen objektiven Vergleich der nationalen Leistungsniveaus anstellen zu können, sind Bestrebungen im Gange, den Medaillenspiegel durch ein differenzierteres Punktsystem zu ersetzen. Dabei sollen Punkte sowohl für die gewonnenen Medaillen als auch für das Erreichen der acht Finalplätze vergeben werden, und zwar unter zusätzlicher Berücksichtigung von Einwohnerzahl und Bruttosozialprodukt eines Landes sowie der Anzahl der in einer Disziplin startenden Sportler.

Medizinball: mit Tierhaaren gefüllter Vollball (mit Leder- oder Gummihülle) von unterschiedlicher Größe und unterschiedlichem Gewicht (bis 5 kg). Der Medizinball wurde in den USA als „Medizin für den Körper" entwickelt und dient heute insbesondere in der Gymnastik, bei körperlichen Übungen und im Fitneßtraining als Handgerät zur Schulung v. a. von Kraft, Schnellkraft und Kraftausdauer.

Mehrkampf: auf das klassische Vorbild des Fünfkampfs (Pentathlon) der antiken Olympischen Spiele zurückgehende Wettkampfform, bei der jeder Teilnehmer Übungen aus mehreren Disziplinen zu absolvieren hat. Die Ergebnisse der Einzelübungen werden in Punkten gewertet (im Kraftsport in geleisteten Kilogramm) und zu einem Gesamtergebnis addiert. Die wichtigsten Mehrkämpfe sind: ↑Zweikampf, ↑Dreikampf, ↑Triathlon, ↑Vierkampf, ↑Fünfkampf, ↑moderner Fünfkampf, ↑Sechskampf, ↑Siebenkampf, ↑Achtkampf, Neunkampf (↑Jahnkampf), ↑Zehnkampf und ↑Zwölfkampf. – Anforderungsvielfalt und abwechslungsreicheres Training führen dem Mehrkampf immer mehr Anhänger zu, so daß es auch zu Disziplinzusammenstellungen aus sehr unterschiedlichen Sportarten kommt (z. B. Schwimmen, Slalomlauf, Tennis, Surfen u. a.).

Meilenlauf: Mittelstreckenlauf der Leichtathletik über die Distanz von einer englischen Meile (1 609,3 m), der v. a. in den englischsprachigen Ländern eine lange Tradition hat. Das Ziel, die Meile in einer Zeit unter vier Minuten zu laufen („Traummeile"), wurde erstmals 1954 erreicht (heutiger Weltrekord [1985]: 3:46,31 Minuten). – Meilenläufe gibt es auch über 2, 3 und 6 Meilen als Entsprechungen zum 3 000-, 5 000- und 10 000-m-Lauf.

Meisterschaft: Bez. für einen Wettkampf oder eine Wettkampfserie (Spielrunde), die zur Ermittlung des Besten, des **Meisters** (Einzelsportler oder Mannschaft), einer Sportart bzw. Disziplin veranstaltet werden, auch Bez. für den Sieg in einem solchen Wettkampf. Meisterschaften werden in fast allen Sportarten ausgetragen, und zwar national meist jährlich als Vereins-, Verbands-, Kreis-, Bezirks-, Landes- und deutsche Meisterschaften, international in unterschiedlichem Turnus als Erdteil- (z. B. Europa-) und Weltmeisterschaften (z. B. Fußballweltmeisterschaft alle vier Jahre). Gelegentlich gelten auch in dem Jahr, in dem Olympische Spiele stattfinden, diese gleichzeitig als Weltmeisterschaft. Es werden auch

Meisterschaften für bestimmte Berufsgruppen (z. B. Studenten-, Polizei- und Militärmeisterschaften) ausgetragen.

Membranpotential [zu lateinisch membrana „zarte, dünne Haut" und potentia „Vermögen, Kraft"]: elektrische Spannung an Zellwänden, hervorgerufen durch ungleichmäßige Verteilung von geladenen chemischen Teilen (Ionen). Die Spannung zwischen Zellinnerem und Umgebung beträgt je nach Zellart etwa 30–90 mV. Findet an Nerven- oder Muskelzellen eine Entladung (↑Aktionspotential) statt, führt dies durch Konzentrationsänderung der Elektrolyte zur Informationsweiterleitung (bei Nerven) bzw. zur Muskelanspannung.

Meniskus [griechisch mēniskos „mondförmiger Körper"]: im ↑Kniegelenk zweifach vorkommende kräftige Faserknorpel. Der *Innenmeniskus* bildet einen etwa ringförmigen Halbkreis, der *Außenmeniskus* hat die Form eines fast geschlossenen Kreises und ist stärker. Die Menisken sind an der Gelenkkapsel, dem in der Mitte befindlichen Kniehökker und an den Kreuzbändern befestigt, jedoch nicht an den Gelenkflächen der Knochen. Sie vergrößern die Berührungsfläche von Oberschenkelknochen und Schienbein und verringern damit den Druck, passen die Gelenkflächen aneinander an und polstern sie elastisch. Verletzungen betreffen meist den inneren Meniskus, der durch Drehkräfte bei gebeugtem Knie besonders beansprucht wird. Eine typische Sportverletzung liegt vor, wenn der Körper z. B. auf dem von einem Stollenschuh oder Ski festgehaltenen Fuß gedreht wird. Bei Schädigung muß der Meniskus entweder ganz oder zu einem Teil entfernt werden. Selten kann man ihn durch Ruhigstellung (für etwa 4–5 Wochen) erhalten.

Menstruation [zu lateinisch menstruus „monatlich" bzw. menstruum „monatliche Regel, Monatsfluß"] (Monatsblutung, Regel[blutung], Periode, Menses): hormonell gesteuerte monatliche Blutung des Mädchens bzw. der Frau im geschlechtsreifen Alter. In regelmäßigen Abständen, meist in 28-Tage-Zyklen, reift ein Ei in den Eierstöcken heran, um über den Eileiter in die Gebärmutter zu gelangen. Wird das Ei nicht durch männlichen Samen befruchtet, wird es zusammen mit Gebärmutterschleimhaut ausgeschieden. Dies geschieht in einer fünf Tage anhaltenden Blutung aus der Scheide der Frau. Bei Einsetzen der Menstruation beginnen der nächste Zyklus, der Neuaufbau der Gebärmutterschleimhaut sowie die Heranreifung weiterer Eizellen. Kommt es jedoch zur Zeit des Eisprungs zur Befruchtung des Eis durch männlichen Samen, so nistet sich das Ei in der Gebärmutter zur Weiterentwicklung ein. Die Menstruation bleibt aus. Es besteht Schwangerschaft. – Mit dem Menstruationszyklus unterliegt die Frau einem hormonell gesteuerten Biorhythmus, der auch die sportliche Leistungsfähigkeit beeinflußt. So konnte ein signifikanter Leistungsabfall in der prämenstruellen Phase (Zeitraum von drei Tagen unmittelbar vor der Periode) und während der Menstruation festgestellt werden; dagegen war ein durch Follikelhormon bedingter Leistungsanstieg nach der Menstruation zu beobachten, so daß viele Sportlerinnen versuchen, durch Einnahme von Hormonpräparaten den Termin ihrer Menstruation so zu steuern, daß ihr Leistungsoptimum mit den Wettkampfterminen korrespondiert. Diese Praxis ist allerdings medizinisch nicht unbedenklich.

Mensur [lateinisch „das Messen, das Maß"]: im Fechten Bez. für den Abstand der Fechtenden. Die Mensur wechselt je nach Angriffs- oder Verteidigungstaktik. Bei *enger Mensur* ist die gegnerische Trefffläche durch Armstrecken, bei *mittlerer Mensur* durch ↑Ausfall, bei *weiter Mensur* durch einen oder mehrere Schritte oder durch Sprung vor dem Ausfall zu erreichen.

mentales Training [...trɛ:...; zu lateinisch mens, mentis „Geist, Vernunft" und ↑Training]: gedankliche Vorstellung und Einprägung eines Bewegungsablaufs mit dem Ziel, diesen durch eine solche „innere Verwirklichung" besser zu erlernen. Mentales Training gilt v. a. bei Bewegungen mit hohen koordinativen Elementen als gute Lernhilfe. Es wird insbesondere zur Verbesserung in der Grobform schon gekonnter sportmotorischer Fertigkeiten sowie in Ergänzung zum praktischen Training angewandt, das auf die Wettkampftätigkeit vorbereitet. Kurz vor dem Wettkampf dient es als Einstimmung auf die Wettkampfsituation.

Mesozyklus [aus griechisch mésos „Mitte" und kýklos „Kreis, Kreislauf"] ↑Trainingszyklus.

Meßbrief: im Auftrag des *Deutschen Segler-Verbands* von einem Vermesser ausgestellte Urkunde, aus der hervorgeht, daß die Segeljacht vermessen ist und den Klassenvorschriften entspricht (Angabe von Segelnummer und Rennwert bei Vorgabe der Klassen). Zur Teilnahme an Regatten muß ein gültiger Meßbrief vorgelegt werden.

Methodik ↑Sportmethodik.

methodische Reihe [zu griechisch méthodos, eigentlich „der Weg zu etwas hin"]: Übungsfolge, die „methodisch" aufgebaut ist, d. h. Schritt für Schritt (z. B. vom Bekannten zum Unbekannten, vom Leichten zum Schweren, von der Grobform zur Feinform) auf ein Lernziel hinführt. Die methodische Reihe wird zur **Spielreihe,** wenn ein Spiel, zur **Übungsreihe,** wenn eine Bewegungsfertigkeit das Lernziel ist. – ↑auch Sportmethodik.

Mikrozyklus [aus griechisch mikrós „klein" und kýklos „Kreis, Kreislauf"] ↑Trainingszyklus.

Milchsäure: ein Abbauprodukt des Kohlenhydratstoffwechsels (das Salz der Milchsäure heißt **Laktat**). Bei Muskelarbeit wird zur Energiegewinnung vermehrt Kohlenhydratabbau betrieben, was einen Milch- und Brenztraubensäureanstieg im Blut und in der Muskulatur zur Folge hat. Nimmt das Verhältnis von Milchsäure zu ↑Brenztraubensäure überschießend zu, so hat das seine Ursache im Sauerstoffmangel des Gewebes mit ↑anaerobem Stoffwechsel. Dies kann zu einer Übersäuerung (Azidose) einer Region oder des gesamten Körpers führen. In Ruhe, bei genügend Sauerstoff, wird Milchsäure weiter umgebaut, was gleichzeitig der Übersäuerung entgegenwirkt. Menschen, die sich nur unregelmäßig körperlich betätigen, leiden häufiger an ↑Muskelkater, weil es durch anaerobe Energiegewinnung zu übermäßiger Milchsäureansammlung in den Muskeln kommt.

Militärsport [französisch, von lateinisch militaris „den Kriegsdienst betreffend"]: im weiteren Sinn alle Sportarten, die in militärischen Verbänden betrieben werden; im engeren Sinn diejenigen Sportarten, die militärischen Charakter haben, z. B. militärischer Patrouillenlauf, Waffenläufe und -märsche, Militärskilauf (↑auch Biathlon), Mehrkämpfe der Waffengattungen, v. a. der **militärische Fünfkampf** (je 10 Schuß Präzisions- und Schnellschießen auf 200 m Entfernung, 500-m-Hindernislauf über 20 Hindernisse, Handgranatenweit- und -zielwurf, 50-m-Hindernisschwimmen, 8-km-Geländelauf). Allgemeine Zielsetzung des Militärsports ist die Förderung und Erhaltung der körperlichen Gesundheit und damit der Leistungs- und Verteidigungsbereitschaft. In der Bundeswehr gehört der Militärsport seit 1956 wesentlich zu ihrem Erziehungsauftrag, er ist bis zum 49. Lebensjahr Pflicht. Wehrpflichtige Spitzensportler werden an den Bundeswehrsportschulen Sonthofen (seit 1957) und Warendorf (seit 1977) in Sportlehrkompanien zusammengefaßt oder in Sportfördergruppen vorwiegend an Standorten von Bundesleistungszentren. Zeitsoldaten werden in Sportgruppen des Heeres in den Sportarten Biathlon, Fallschirmspringen, nordischer Skilauf, moderner Fünfkampf und Orientierungslauf ausgebildet. Seit 1964 findet jährlich ein Soldatensportwettkampf (Kurz- und Langstreckenlauf, Kugelstoß, Weitsprung) statt. Der internationale Militärwettkampfsport wird vom *Conseil International du Sport Militaire* (CISM; gegründet 1948, Sitz Brüssel) organisiert.

Military [englisch 'mılıtərı] ↑ Vielseitigkeitsreiten.

Mineralbedarf [zu mittellateinisch (aes) minerale „Grubenerz, Erzgestein"]: die zur Aufrechterhaltung der gesamten Stoffwechselreaktionen vom Organismus benötigten Mineralien (↑ Kalium, Natrium, ↑ Kalzium, Magnesium, Phosphor, Chlor u. a.). Über sehr lange Zeiträume und bei unterschiedlichsten Bedingungen wird die Konzentration der einzelnen Mineralien in den Körperflüssigkeiten konstant gehalten. Im Trinkwasser und durch die Nahrung werden sie dem Körper in ausreichender Menge zugeführt. Im Falle von Störungen, also von Konzentrationsverschiebungen im Mineralhaushalt (z. B. unzureichende Flüssigkeitszufuhr, erhöhter Salzwasserverlust durch Schwitzen), versucht die Niere, durch Änderung der Harnausscheidung die normale Körperkonzentration wiederherzustellen.

Minigolf ↑ Bahnengolf.

Miniski ↑ Kurzski.

Minisportspiele (Minispiele) [mini-, englische Kurzbildung zu miniature, in Zusammensetzungen mit der Bedeutung „sehr klein"]: für Kinder und/oder Anfänger geschaffene Varianten der Sportspiele mit vereinfachtem Regelwerk, kleinerem Spielfeld, kürzerer Spielzeit, kleinerem bzw. leichterem Gerät (Ball, Schläger u. a.), niedriger Korb- oder Netzhöhe u. a. Die bekanntesten Minisportspiele sind **Minibasketball, -hockey, -tennis** und **-volleyball.** Sie erleichtern das Erlernen von Spielablauf, Technik und Taktik. Mit zunehmenden Lernfortschritten können weitere Elemente des Regelwerks hinzugenommen werden bis zur Beherrschung des regelgerechten Spiels.

Minitrampolin: kleines Trampolin mit einer schrägen Absprungfläche (1,15 × 1,15 m, das Sprungtuch mißt 0,60 × 0,60 m), das als „Federbrett" zur Erleichterung des Absprungs bei Sprungbewegungen für das Kunstturnen und Trampolinturnen eingesetzt wird. Im Schulsport dient es als Absprunggerät für Sprünge, auch in Verbindung mit anderen Sprunggeräten. Eine Sicherheits- und Hilfestellung ist zur Verringerung des Gefahrenrisikos notwendig.

Minutenvolumen ↑ Atemminutenvolumen, ↑ Herzminutenvolumen.

Mitbewegung: 1. Erscheinung im Sinne des ↑ Carpenter-Effekts (↑ auch Ideomotorik); – 2. unwillkürliche, meist überflüssige Bewegung, die eine willkürliche Bewegung begleitet und diese in ihrer Qualität oft beeinträchtigt.

Mittelfeld: 1. bei Mannschaftsballspielen das Gebiet beiderseits der Mittellinie, in dem in der Regel die Koordination von Abwehr und Angriff stattfindet; – 2. bei tabellarisch registrierten Wettbewerbsplazierungen der mittlere Teil dieser Wertungstabelle.

Mittelkreis: in verschiedenen Mannschaftsballspielen ein um den Mittelpunkt der Mittellinie gezogener Kreis, in dem das Spiel bei Spielbeginn, nach Seitenwechsel und/oder Torerfolg aufgenommen wird (z. B. ↑ Basketball, ↑ Fußball).

Mittelspieler: taktische Position in Mannschaftsspielen: im Basketball der ↑ Center, im Fußball der ↑ Libero (früher: Mittelläufer), im Handball und Hockey der Spieler, der in der Mitte der Läuferreihe Aufgaben in Abwehr und Angriff wahrnimmt. Als **Mittelfeldspieler** bezeichnet man im Fußball alle Spieler, die die Verbindung zwischen Angriff und Verteidigung herstellen.

Mittelstreckenlauf: Sammelbez. für alle leichtathletischen Laufstrekken zwischen 800 und 1 500 m (für Damen) bzw. 3 000 m (für Herren), heute in der Regel über 800 und

	erster offizieller Weltrekord	heute gültiger Weltrekord
800 m Herren	1:51,9 min (1912)	1:41,73 min (1981)
800 m Damen	2:16,8 min (1928)	1:53,28 min (1983)
1 500 m Herren	3:55,8 min (1912)	3:29,46 min (1985)
1 500 m Damen	4:15,6 min (1967)	3:52,47 min (1980)

1 500 m. Der Mittelstreckenlauf wird im Gegensatz zum Kurzstreckenlauf nicht in Einzelbahnen gelaufen (Ausnahme: die ersten 100 m beim 800-m-Lauf). Wichtigste Voraussetzung für einen erfolgreichen Mittelstreckenlauf sind ein systematisches Ausdauer- und Schnelligkeitstraining (v. a. Mittelzeit- und Schnelligkeitsausdauer) sowie kluges taktisches Verhalten während des Laufs (Laufen auf der Innenbahn möglichst dicht am Führenden, kein Überholen in der Kurve oder Umschauen während des Laufs u. a.). Der Start erfolgt als Hochstart (Fallstart, ↑Start). – Die heutigen Streckenlängen stammen aus der Entwicklung der Leichtathletik im englischsprachigen Raum: 800 m ≙ 880 yd (= 804,65 m), 1 500 m ≙ 1 Meile (↑Meilenlauf). Der Mittelstreckenlauf für Herren (800 und 1 500 m) ist olympische Disziplin seit 1896, für Damen seit 1928 (800 m) und 1972 (1 500 m). Zur Leistungsentwicklung siehe obige Tabelle.

Mittelzeitausdauer ↑Ausdauer.

Mixed [englisch mıkst „gemischt"] ↑gemischtes Doppel.

Modellflugsport (Flugmodellsport) [italienisch, zu lateinisch modulus „Maß, Maßstab"]: Disziplin des Flugsports, das Fliegenlassen von (meist selbstgebauten) Fluggeräten, die unterschieden werden in **Flugzeugmodelle,** flugfähige, maßstabgetreue Flugzeugnachbildungen (gewertet werden hier die Qualität der Nachbildung und ein vorgeschriebenes Kunstflugprogramm), und **Flugmodelle,** meist nicht originalgetreue Fluggeräte. Die Flugmodelle sind eingeteilt in Segel- und Motorflugmodelle, die im freien Flug (Freiflugmodelle), mit Leinenlenkung (Fesselflugmodelle), mit Funkfernlenkung (Fernlenkflugmodelle) oder als sogenannte Saalflugmodelle geflogen werden. Segelflugmodelle (Kategorie F-1-A) werden an einer 50 m langen Leine gestartet; gewertet wird die Flugzeit zwischen Ausklinken der Leine und Landung. Die freifliegenden Modelle werden aus der Hand gestartet. Bei den Modellen mit Gummimotor (Kategorie F-1-B) ist die Laufzeit des Motors nicht vorgeschrieben, bei den Modellen mit Kolbenmotor (Kategorie F-1-C) darf der Motor maximal 7 Sekunden laufen. Bei den freifliegenden Modellen wird die Flugzeit zwischen Handstart und Landung gewertet, die mindestens 20 Sekunden betragen muß. Es werden Einzel- und Mannschaftswettkämpfe (mit Geschwindigkeitsmodellen) ausgetragen. – Der Modellflugsport ist im *Deutschen Aero Club, Sportfachgruppe Modellflug* (↑Flugsport) organisiert. Seit 1950 gibt es Weltmeisterschaften.

Modellsegeln [italienisch, zu lateinisch modulus „Maß, Maßstab"] (Schiffsmodellsport): Sportart, bei der freifahrende oder ferngesteuerte Modellsegeljachten (freie Konstruktionen oder Nachbauten der bestehenden Segelbootklassen) meist auf einem Dreieckskurs fahrengelassen werden. Das Modellsegeln ist in den Verbänden des ↑Segelsports organisiert. Maßgebend für das Wettkampfreglement sind die *International Model Yacht Racing Union* (IMYRU) und die *Weltorganisation für Schiffsmodellbau und Schiffsmodellsport* (NAVIGA).

moderner Fünfkampf [französisch moderne „neu, neuzeitlich, heutig"]: Mehrkampf für Damen und Herren, bei dem Übungen aus fünf verschiedenen Sportarten an

vier (Herren) oder fünf (Damen) aufeinanderfolgenden Tagen absolviert werden müssen.
1. Tag: **Reiten:** Springreiten auf einem Parcours von etwa 600 m Länge über 15–17 Hindernisse (größte Höhe 1 m, größte Tiefe 1 m; mindestens eine Kombination); geritten wird auf fremden Pferden, die eine Stunde vor dem Wettkampf ausgelost werden, in Einzelstarts in vierminütigem Abstand. – 2. Tag: **Fechten:** Degenfechten auf einen Siegtreffer (elektrische Trefferanzeige); maximale Kampfdauer drei Minuten; die Wettkämpfer müssen jeder gegen jeden antreten.– 3. Tag: **Schwimmen:** Freistilschwimmen über 300 m (Damen: 200 m). – 4. Tag erster (für Damen einziger) Wettbewerb: **Schießen:** 20 Schuß mit Sportpistole (Mehrladepistole oder Revolver) Kaliber 5,6 mm auf eine 25 m entfernte 1,60 m hohe Silhouettenscheibe mit 10-Ring-Einteilung; die Scheibe ist für jeden Schuß nur drei Sekunden sichtbar und verschwindet dann für sieben Sekunden; es wird auf Kommando geschossen. – 4. Tag zweiter Wettbewerb (für Damen: 5. Tag): **Laufen:** Geländelauf über 4 000 m (Damen: 2 000 m). – Die Wertung erfolgt seit 1954 auf der Basis einer 1000-Punkte-Grundnorm (beim Reiten 1 100 Punkte). Für jede von der Grundnorm nach oben oder unten abweichende Leistung gibt es (für die einzelnen Disziplinen gesondert) festgelegte Punktzuschläge oder -abzüge (beim Reiten darf zur Schonung der Pferde die Grundnorm nicht unterboten werden, so daß es hier nur Punktabzüge gibt). Sieger ist der Wettkämpfer mit der höchsten Gesamtpunktzahl.
Geschichte: Der moderne Fünfkampf wurde erstmals als Vielseitigkeitsprüfung im schwedischen Heer durchgeführt. Der Begründer der neuzeitlichen Olympischen Spiele, Pierre Baron de Coubertin (* 1863, † 1937), förderte den modernen Fünfkampf, da er in ihm eine Möglichkeit sah, entsprechend dem antiken Pentathlon, einer übertriebenen Spezialisierung im Sport entgegenzuwirken. Seit 1912 gehört der moderne Fünfkampf für Herren zum olympischen Programm. Weltmeisterschaften für Herren werden seit 1949, für Damen seit 1981 ausgetragen, deutsche Meisterschaften für Herren seit 1962 (deutsche Bestenkämpfe für Damen seit 1976). In der Bundesrepublik Deutschland wird der moderne Fünfkampf vom *Deutschen Verband für Modernen Fünfkampf* (DVfMF; gegründet 1961, Sitz Warendorf), international von der *Union Internationale du Pentathlon Moderne et Biathlon d'Hiver* (UIPMB; gegründet 1948, Sitz Stockholm) betreut.

Mond: Kürfigur im Eis- und Rollkunstlauf: Mit auswärts gespreizten Beinen wird (auf den Innen- oder Außenkanten bzw. -rollen) ein Halbmond gezeichnet.

Monoskifahren [griechisch mónos „allein, einzeln, einzig"]: 1. wintersportliches Skifahren auf nur einem, breiten Ski; beide Füße sind nebeneinander durch Spezialbindung fest mit dem Monoski verbunden; setzt hohes Fahrkönnen auf Normalskiern voraus und erfordert spezielle Fahrtechnik; – 2. Wasserskilaufen auf einem Ski, wobei die Bindungen für die Füße hintereinander angeordnet sind.

Morgengymnastik ↑ Frühsport.

Morphologie [zu griechisch morphḗ „Gestalt" und lógos „Wort, Lehre"]: Lehre von der äußeren Gestalt, dem Erscheinungsbild von Zellen, Körperstrukturen und Organen. Morphologische Veränderungen können Ausdruck von Anpassung und Erkrankung sein und geben Hinweise auf die entsprechende (auch sportliche) Leistungsfähigkeit.

Motilität [zu lateinisch movere, motum „bewegen"]: Gesamtheit der unwillkürlichen, vegetativ oder durch Rückenmarksreflexe gesteuerten Bewegungsvorgänge, die als Folge eines energetischen Potentials entstehen, z. B. bei der Hypermotilität aus Unruhe, Überschuß und Nervosität im Bewegungsverhalten. Ist ein Störungsgrad erreicht, spricht man von Motilitätsneurosen bzw. von Motilitätspsychosen (beim ungewöhnlichen Bewegungsverhalten geisteskranker Menschen). Motilität bedarf unter Beachtung der psychophysischen Zusammenhänge der psychomotorischen Behandlung.

Motion [französisch „Bewegung“] ↑ Faustlage.

Motoball [Moto, schweizerische Kurzform von Motorrad] (Motorradfußball): Mannschaftsballspiel, das auf Motorrädern nach modifizierten Fußballregeln gespielt wird, entstanden um 1920 in Frankreich. – Das **Spielfeld** ist ein Fußballfeld, bei dem der übliche Torraum durch einen Tormannschutzraum, einen um die Mitte der Torlinie geschlagenen Halbkreis (Radius 5,66 m), ersetzt ist, der nicht mit dem Motorrad durchfahren werden darf. Die **Sportgeräte** sind ein Lederhohlball (Gewicht 900–1 000 g, Durchmesser 38–40 cm) und Zweigangspezialmaschinen (maximaler Hubraum 250 cm^3) ohne hervorstehende Teile. Die Spieler tragen Helme, Handschuhe, Bein- und Knieschienen sowie Skistiefel. Eine Mannschaft besteht aus vier Feldspielern, drei Ersatzspielern und einem Torwart (ohne Motorrad). Die **Spielzeit** beträgt 4 × 20 Minuten mit jeweils 10 Minuten Pause. – **Regeln** (Auswahl): Das Spiel wird von zwei Schiedsrichtern geleitet. Der Ball darf nur mit dem Fuß oder Kopf gespielt bzw. mit dem Motorrad gepaßt werden. Die Spieler müssen dabei bei laufendem Motor im Sattel sitzen. Angriffe sind nur von der Seite aus erlaubt, auf der der Ball geführt wird. Ein Spieler, der den Ball führt, darf von einem Gegner nicht so geschnitten werden, daß er seine Fahrgeschwindigkeit zurücknehmen muß. – Es werden deutsche Meisterschaften und ein Europapokal ausgetragen. Motoball wird von den Verbänden des ↑ Motorradsports betreut.

Moto-Cross [Moto, schweizerische Kurzform von Motorrad, und englisch cross „quer, querfeldein“]: Schnelligkeitswettbewerb mit Geländemotorrädern. Die Geländerennbahn ist 1500–2 500 m lang und hat natürliche (auch künstliche) Hindernisse wie Rinnen, Steilhänge, Bodenwellen, Sand- und Schlammstrecken. Die Wettkampfdauer beträgt maximal 45 Minuten bei Geschwindigkeiten von etwa 60 km/h. Moto-Cross-Rennen werden in vier Kategorien gefahren: 125 cm^3, 250 cm^3, 500 cm^3 und Seitenwagen. Seit 1947 gibt es Weltmeisterschaften für Fahrer und Mannschaften, seit 1980 Hallen-Moto-Cross-Wettbewerbe. – Moto-Cross wird in den Verbänden des ↑ Motorradsports betreut.

Motographie [zu lateinisch motus „Bewegung“ und griechisch gráphein „schreiben, aufzeichnen“]: photographisches Verfahren (Lichtspurverfahren), mit dem Bewegungen so aufgezeichnet werden, daß ihre Einzelphasen erkennbar sind. Für die Motographie werden verschiedene Techniken angewandt, z. B. Infrarottechnik (Aufnahme ohne Störung der Aufgenommenen), Bandabsorptionsverfahren (gelbliche Beleuchtung trifft nicht den Aufzunehmenden), Sofortbildmotographie (Ergebnisse sind umgehend verfügbar), Chronophotographie (Zeitfolgeverfahren) u. a. Die Motographie wird v. a. bei Bewegungsanalysen eingesetzt; sie erlaubt ferner eine genaue Rückmeldung über einen ausgeführten Bewegungsablauf.

Motologie [zu lateinisch motus „Bewegung“ und griechisch lógos „Wort, Lehre“]: interdisziplinärer Forschungszweig mit dem Ziel, umfassende Kenntnisse der menschlichen Motorik und deren Anwendung in Erziehung und Therapie zu gewinnen. Schwerpunktthemen sind: Entwicklung der Bewegung (Motogenese), ↑ motorische Entwicklung, Bewegungsstörungen (↑ Motilität), Diagnostik der Bewegung, ↑ Bewegungstherapie. Die Motologie steht in enger Beziehung zum Ansatz der ↑ Psychomotorik.

Motopädagogik [lateinisch-griechisch] ↑ Bewegungserziehung.

Motorbootsport [lateinisch motor „Beweger"]: Disziplin des Motor- und Wassersports, Geschwindigkeitswettbewerb (Regatta) mit motorisierten Booten auf dem Wasser. Die Regattastrecke auf stehendem oder fließendem Gewässer wird gegen den Uhrzeigersinn um zwei Bojen gefahren. Es werden vier Bootsklassen unterschieden: Touristikboote, Außenbordsportboote, Außenbordrennboote und Rennboote mit Geschwindigkeitsbegrenzung. Nach der Bauart sind zu unterscheiden: Rundsportboot (veraltet), V-Boden-Boot (hohe Geschwindigkeit) und Dreipunktboot (wenig Reibungswiderstand durch entsprechende Gewichtsverteilung). – Pro Rennen werden mehrere Läufe gefahren, die nach Plätzen mit Punkten gewertet werden. Es werden Streckenrekorde (z. B. 2 Seemeilen) und Dauerrekorde (z. B. 24 Stunden) registriert. Wichtig sind Geschicklichkeit und Schnelligkeit v. a. beim Start, um auf möglichst glatter Wasseroberfläche fahren zu können. – Motorbootsport wird seit 1890 betrieben. Seit 1938 gibt es Welt-, seit 1957 deutsche Meisterschaften. Betreut wird der Motorbootsport in der Bundesrepublik Deutschland vom *Deutschen Motoryacht Verband* (DMYV; gegründet 1907, Sitz Berlin), international von der *Union Internationale Motonautique* (UIM; gegründet 1922, Sitz Gent).

Motorflugsport [lateinisch motor „Beweger"]: Teilbereich des Flugsports, in dem mit maschinell angetriebenen ein- und zweisitzigen Flugzeugen aus Holz, Kunststoff oder Leichtmetall (Leicht-, Sport- und Ultraleichtflugzeuge) Wettbewerbe als Wettflüge, Rundflüge, Sternflüge mit Navigationsaufgaben, Ziellandewettbewerbe sowie Geschwindigkeits- und Zuverlässigkeitsprüfungen geflogen werden. Hauptwettkampfform jedoch ist der Kunstflug (↑Kunstflugsport). – **Geschichte:** Entstehung und Entwicklung des Motorflugsports sind eng verknüpft mit der Entwicklungsgeschichte des Flugzeugs und des Fliegens überhaupt (↑Segelflugsport). Erste von einem Motor angetriebene Flüge gelangen den Brüdern Wilbur (* 1867, † 1912) und Orville Wright (* 1871, † 1948) 1903 mit einem Doppeldecker mit einem 12-PS-Benzinmotor. Bereits 1909 konnte in Reims der erste Weltflugtag veranstaltet werden. Es folgten Überland-, Distanz- und Höhenwettbewerbe. 1914 betrugen der Dauerweltrekord 24:12 Stunden, der Höhenweltrekord 7850 m und der Geschwindigkeitsrekord 203,85 km/h. Nach dem 1. Weltkrieg wurden Europarundflüge und weltweite Wettbewerbe (Polarflüge, Ozeanflüge) ausgetragen. Solche Wettbewerbe dienten zunächst noch vornehmlich technischen Forschungszwecken. Erst nach dem 2. Weltkrieg, nachdem die Flugzeug- und Luftfahrtindustrie einen gewissen technischen Stand erreicht hatte, verselbständigte sich der Motorflugsport mehr und mehr. – Zur Organisation ↑Flugsport.

Motorik [zu lateinisch motor „Beweger"]: Bez. sowohl für die Gesamtheit aller willkürlichen, d. h. vom Gehirn gesteuerten koordinierten Bewegungen des menschlichen Körpers (Gegensatz: ↑Motilität) – hierzu zählen (nach Fetz) auch Bereiche wie Bewegungsbegabung und -erfahrung, Bewegungsentwicklung und -ausführung sowie die motorischen Eigenschaften und Fähigkeiten –, als auch für die Lehre von den Bewegungsfunktionen. Die Gesamtheit der menschlichen Motorik kann gegliedert werden: nach ihrem Anforderungsbereich in Alltagsmotorik, Arbeitsmotorik (↑Arbeitsmotorik/Alltagsmotorik) und Sportmotorik, nach ihrem Bezugssystem in Sozio-, Psycho-, Neuromotorik und ↑Sensomotorik, nach ihrer vornehmlichen Herkunft in ↑Erbmotorik und ↑Erwerbsmotorik (↑auch motorische Entwicklung, ↑motorisches Lernen), nach der Größe der jeweils beteiligten Muskelgruppen in Großmotorik und Feinmotorik. Im Sport sind Groß- und Feinmotorik meist inein-

ander integriert. Man spricht hier auch von groben und feinen (Grobmotorik, Feinmotorik), von großräumigen und kleinräumigen, von Ganzkörper- (Gesamtmotorik) und Teilkörperbewegungen. Das Verhältnis von Motorik und Bewegung wird in Sportwissenschaft und Bewegungslehre unterschiedlich bestimmt. Vier Möglichkeiten des Bezugsverhältnisses zwischen Motorik und Bewegung lassen sich (nach Mechling) erkennen und mit den Mitteln der Mengenlehre darstellen:
1. Motorik und Bewegung sind identisch („motorische Bewegung", z. B. Meinel):

2. Bewegung ist eine Teilmenge der Motorik (z. B. Buytendijk, Fetz, Ballreich):

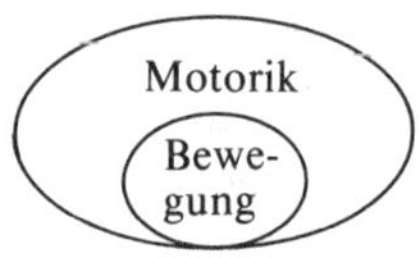

3. Motorik und Bewegung haben eine gemeinsame Schnittmenge (z. B. Schnabel):

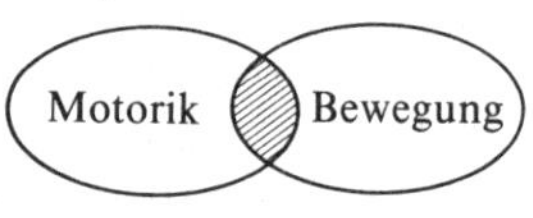

4. Motorik und Bewegung sind getrennte Mengen (z. B. Marhold, Gutewort, Pöhlmann):

Diese letztere Deutung des Bezugsverhältnisses von Motorik und Bewegung setzt sich heute immer mehr durch, d. h. man versteht unter Motorik die subjektiven, internen bewegungsrelevanten Abläufe (Steuerungs- und Funktionsprozesse) und unter Bewegung die nach außen sichtbare Veränderung des menschlichen Körpers im Koordinatensystem von Raum und Zeit. Insofern ist also [sport]motorische Leistung nicht unmittelbar sichtbar, während (sportliche) Bewegungsleistung der unmittelbaren Beobachtung zugänglich ist.

motorische Begabung [zu ↑Motorik]: Bez. für die Summe der angeborenen und entwicklungsfähigen Anlagen zu motorischen Leistungen, die bei günstigen Umweltbedingungen und subjektivem Interesse zu einem hohen sportlichen Leistungsniveau führen können. Motorische Begabung ist deshalb – neben Training – eine grundlegende Voraussetzung für sportliche Höchstleistungen.

motorische Eigenschaften (motorische Grundeigenschaften) [zu ↑Motorik]: die Bedingungsfaktoren einer jeden Bewegungsleistung des Menschen. Man unterscheidet *konditionelle* (↑Ausdauer, ↑Gelenkigkeit, ↑Kraft, ↑Schnelligkeit) und *koordinative* motorische Eigenschaften (Gleichgewichtsgefühl [↑Gleichgewicht], ↑Geschicklichkeit, ↑Gewandtheit, Reaktionsvermögen). Auf den motorischen Eigenschaften, die mit physikalischen, physiologischen und motorischen Testverfahren überprüft werden können, bauen die ↑sportmotorisch-technischen Fertigkeiten (z. B. Sprungwurf) auf, die dann zu bestimmten ↑motorischen Fähigkeiten (z. B. Handballspielen) führen.

motorische Einheit [zu ↑Motorik]: Bez. für den Funktionszusammenhang eines Neurons (Nervenzelle) des Rückenmarks mit den von ihm versorgten Muskelfasern. Je mehr Muskelfasern ein Neuron versorgt, desto größer ist die Zahl der motorischen Einheiten. Ein Muskel, der nur feine oder kleinräumige Bewegungen ausführt, hat wenig (z. B. 10), ein Muskel, der v. a. großmotorische und kräftige Bewegungen ausführt, viele (z. B. 1600) motorische Einheiten.

motorische Endplatte [zu ↑Motorik]: auf ↑Muskelfasern aufsitzende Verdickung am Ende von ↑efferenten Bahnen, die der Übermittlung von Nervenreizen auf Muskeln dient. Durch die auf Nervenreiz hin von der motorischen Endplatte freigesetzte Substanz (↑Acetylcholin) kommt es zu Veränderungen an der Muskeloberfläche, die die Anspannung des Muskels auslöst. Jede Endplatte ist nur für wenige Fasern eines Muskels zuständig.

motorische Entwicklung [zu ↑Motorik]: lebenslanger Prozeß der durch innere (endogene) und äußere (exogene) Faktoren bedingten Veränderung des Bewegungsverhaltens des Menschen, die sich – wie die Entwicklung des Menschen allgemein – in Vorgängen des Wachstums, der Differenzierung und Prägung, des Reifens und Lernens und der Sozialisation niederschlägt. Die motorische Entwicklung ist integraler Bestandteil der Gesamtentwicklung und steht somit in ständiger Wechselwirkung auch mit der kognitiven, sprachlichen und affektiven Entwicklung des Menschen. Sie verläuft in Entwicklungsphasen (Entwicklungsstufen), d.h. in bestimmten zeitlichen Abschnitten des Lebenslaufs, die miteinander verkettet sind und fließende Grenzen haben: Säuglingsalter (bis 1 Jahr), Kleinkindalter (1–2 Jahre), Vorschulalter (3–7), frühes Schulalter (6–10), spätes Schulalter (10–13), Pubertät (10–15), Adoleszenz (14–18), frühes Erwachsenenalter (18–30), mittleres Erwachsenenalter (30–45/50), spätes Erwachsenenalter (45/50–65), Seniorenalter (ab 65). Die motorische Entwicklung bezieht sich v.a. auf folgende Entwicklungsphänomene: (quantitative) Veränderung der Körpermerkmale (z.B. von Größe und Gewicht), Herausbildung der sensomotorischen Verbindung von Wahrnehmung und Bewegung, d.h. der Fähigkeit, Wahrnehmungsvorgänge in Bewegungsvorgänge umzusetzen (↑auch motorische Intelligenz), Reifung von motorischen Fertigkeiten (z.B. Gehen, Laufen), Entwicklung komplexer [sport]motorischer Fähigkeiten (z.B. Spannstoß im Fußball). – Entscheidende Entwicklungsvorgänge finden bereits im 1. Lebensjahr statt: Herausbildung der Objektbeziehung (ab 3. Monat), Übergang von der Bauch- in die Rückenlage, Sitz- und Stehversuche, Be„greifen“ der Umwelt (ab 4. Monat), Gehenlernen (ab 10. Monat). Körpergefühl, Grob- und Feinmechanik sowie die physische Leistungsfähigkeit entwickeln sich ab dem 1. Lebensjahr immer stärker, mit einem Höhepunkt im sogenannten „besten“ Lernalter für Motorik zwischen dem 10. und 12. Lebensjahr. Wichtige Einflußfaktoren für die motorische Entwicklung sind die sozialen Lebensbedingungen wie Zugehörigkeit zu einer sozialen Schicht, Einstellung der Eltern zum Bewegungsleben, Wohnverhältnisse, Verfügbarkeit von Sportangeboten (z.B. im Sportverein) u.a., die – neben anderen Faktoren – auch zu ↑Akzeleration und ↑Retardation sowie (bei ungünstigen Voraussetzungen) zu erheblichen Störungen im motorischen Bereich mit Auswirkungen auch auf die Intelligenz- und Sprachentwicklung führen können. Im Zusammenhang der allgemeinen motorischen Entwicklung und unter Berücksichtigung aller Bedingungsfaktoren gilt es, zur sinnvollen Förderung der sportmotorischen Entwicklung v.a. das beste Lernalter für die jeweiligen sportmotorischen Fertigkeiten zu finden, den Entwicklungsstufen entsprechende Lehr- und Lernmethoden zu erstellen, motorische Entwicklungsreize anzubieten sowie motorische Unter- und Überforderung zu vermeiden. – ↑auch motorisches Lernen, ↑Reformpädagogik.

motorische Fähigkeit [zu ↑Motorik]: das Vermögen, eine bestimmte Sportart qualifiziert betreiben zu können. Die motorischen Fähigkeiten beruhen auf den ererbten und trainierbaren ↑motorischen Eigenschaften und den erlernten ↑sportmotorisch-technischen Fertigkeiten. So erfordert z.B. die motorische Fähigkeit „Fußballspielen“ sowohl die konditionellen und koordinativen motorischen Eigenschaften wie Kraft, Ausdauer, Geschicklichkeit, Reaktionsvermögen u. a. als auch die sportmotorisch-technischen Fertigkeiten wie Dribbeln, Spannstoß, Kopfballtechnik u. a.

motorische Fertigkeiten ↑sportmotorisch-technische Fertigkeiten.

motorische Grundeigenschaften ↑motorische Eigenschaften.

motorische Hirnrindenbereiche [zu ↑Motorik]: Gebiete von Windungen des Großhirns, die Bewegungen verursachende Nervenimpulse auslösen. Eine Schädigung dieser Bereiche führt zu Lähmungen der zugehörigen Muskeln.

motorische Intelligenz [zu ↑Motorik und lateinisch intelligentia „Vorstellung, Einsicht, Verstand"]: Bez. für die menschliche Intelligenz (die Fähigkeit zu verstehen, zweckvoll zu handeln, vernünftig zu denken, sich erfolgreich mit seiner Umwelt auseinanderzusetzen), bezogen auf das motorische Leben, die Bewegung des Menschen. Motorische Intelligenz ist eine wichtige Voraussetzung zu sinnvollem und erfolgreichem Handeln im Sport. Sie äußert sich als *praktische Intelligenz* in der Vorausnahme fremder Bewegungen und von situationsabhängigen Umweltbedingungen (↑Antizipation), als *sensomotorische Intelligenz* in der raschen Erfassung von Spielsituationen und der Anpassung des eigenen taktischen Handelns (↑auch Geschicklichkeit, ↑Gewandtheit), also als Koordinations- und Kombinationsfähigkeit, und als die *motorische Begabung,* nicht nur im feinmotorischen, sondern auch im grob- und großmotorischen Bereich Bewegungsaufgaben in weitgehender Unabhängigkeit von der ↑Lateralität lösen zu können. Eine intensive Schulung, sportliche Übungen jeweils beidseitig auszuführen, kann die motorische Intelligenz verbessern.

motorischer Infantilismus [zu ↑Motorik und lateinisch infans, infantis „Kind"]: Bez. für die Hemmung, den Stillstand und die Retardation der Bewegungsentwicklung derart, daß auch über das 5. Lebensjahr hinaus infantile (kindliche) Bewegungsmuster beibehalten werden.

motorisches Lernen [zu ↑Motorik] (Bewegungslernen): Form des Lernens, die auf die Verbesserung bzw. den Neuerwerb von Bewegungsverhalten (motorische Fertigkeiten, koordinative und konditionelle Fähigkeiten), also der Erwerbsmotorik zum Zweck sportlicher Betätigung (als Spiel und Leistung) sowie auf die Einübung eines verantwortlichen Sozialverhaltens gerichtet ist. Motorisches Lernen ist als wichtiges Element der motorischen Entwicklung auch Teil der Gesamtentwicklung der menschlichen Persönlichkeit. Ein Indiz für die Qualität motorischen Lernens ist der Grad der jeweils erreichten Körperkontrolle. Die Bedingungsvariablen des

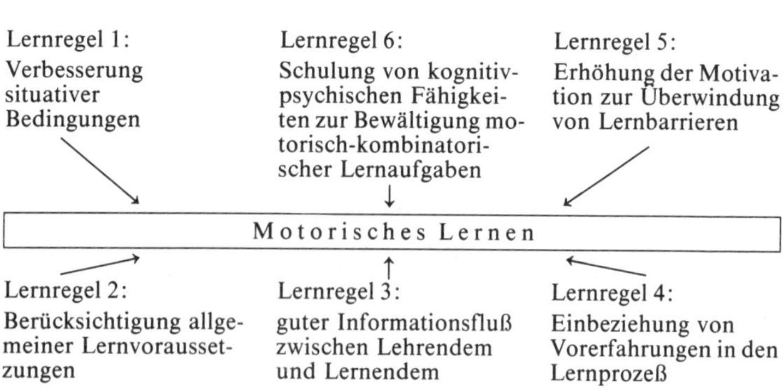

motorischen Lernens lassen sich (nach Rieder) in sechs Lernregeln darstellen (siehe Übersicht S. 298). Hilfreich für eine optimale Gestaltung des motorischen Lernens sind auch die Theorie der ↑Sensomotorik, v. a. im Hinblick auf die (verbale, visuelle und kinästhetische) Informationsvermittlung, sowie die Berücksichtigung des sogenannten motorischen Lernalters, d. h. der Zeit, in der Bewegungen am besten und leichtesten erlernt werden können (↑auch motorische Entwicklung).

Motorradsport [lateinisch motor „Beweger"]: Disziplin des Motorsports, in der Straßen-, Rundbahn-, Langstreckenrennen, Geländefahrten (↑Moto-Cross), ↑Speedwayrennen und Geschicklichkeitsprüfungen (↑Trialsport) auf Motorrädern über unterschiedlich lange Strecken gefahren werden. – Die Motorräder für Straßen-, Rundbahn- und Langstreckenrennen sind in folgende Klassen eingeteilt: Solomaschinen (einspurige Fahrzeuge mit zwei Rädern) bis 50, 75, 80, 100, 125, 175, 250, 350, 500, 750 und 1 000 cm^3 und Seiten- oder Beiwagen (zweispurige Fahrzeuge mit drei Rädern) bis 350, 500, 750 und 1 000 cm^3 Hubraum. Um den großen Verletzungsgefahren zu begegnen, sind für die Fahrer Lederanzug, Sturzhelm, Lederhandschuhe, Mundtuch und Rennbrille vorgeschrieben. – **Geschichte:** Das erste brauchbare Motorrad wurde – nach vorangegangenen Entwürfen von Gottlieb Wilhelm Daimler (* 1834, † 1900) und Wilhelm Maybach (* 1846, † 1929) – von den Franzosen Albert Marquis de Dion (* 1856, † 1946) und Georges Bouton 1897 entwickelt. Im gleichen Jahr fand das erste Motorradrennen auf der Strecke Paris–Dieppe statt. 1900 formulierte der Amerikaner James Gordon Bennett (* 1841, † 1918) erste technische Rennvorschriften. Seit 1925 finden Grand-Prix-Rennen in Deutschland, seit 1938 Europa- und seit 1949 Weltmeisterschaften statt. Organisiert ist der Motorradsport in der Bundesrepublik Deutschland in der *Obersten Motorrad-Kommission* (OMK; gegründet 1947, Sitz Frankfurt am Main) innerhalb des *Deutschen Motorsport-Verbands* (DMV; gegründet 1923, Sitz Frankfurt am Main), international in der *Fédération Internationale Motocycliste* (FIM; gegründet 1904, Sitz Genf).

Motorschlitten [lateinisch motor „Beweger"] (Schneemobil, Snowmobile): eine durch einen Verbrennungsmotor mit Luftschraube (hochgesetzter Schubpropeller zum Antrieb), Gleisketten oder Raupenband (hinten Raupenfahrwerk) angetriebener Schlitten. Beide Typen werden über zwei Vorderkufen gelenkt. Mit Motorschlitten werden v. a. in den USA, seit 1917 aber auch in Deutschland Wettkämpfe ausgetragen.

Motorsegler [lateinisch motor „Beweger"]: 1. im *Wassersport* ein Schiffstyp, der zwischen Segel- und Motorjacht liegt und der sowohl als Segelboot als auch als Motorboot gefahren werden kann; – 2. im *Flugsport* ein Segelflugzeug mit Hilfsmotor für Luftschraubenvortrieb, das aus eigener Kraft starten und für den anschließenden antriebslosen Flug geeignete Aufwindgebiete aufsuchen kann.

Motorsport [lateinisch motor „Beweger"]: Sammelbez. für alle Sportarten, die mit motorisierten Fahrzeugen zu Wasser oder zu Land ausgeführt werden: ↑Automobilsport, ↑Motorradsport, ↑Speedwayrennen, ↑Trialsport, ↑Kartsport, ↑Motorbootsport.

Mühle: 1. im *Ringen* das Abheben und Drehen des Gegners in der Luft, um zu einem Schulterwurf zu gelangen; – 2. im *Geräteturnen* (Mühlkreisen) ein Umschwung im Streckstütz mit quergegrätschten Beinen am Reck und Stufenbarren; – 3. im *Kunstradsport* eine Figur, bei der zwei oder mehrere Fahrer, die sich gegenseitig mit einer Hand und mit der anderen Hand das Vorderrad halten, kleine Schleifen fahren.

musische Erziehung [zu griechisch mousikḗ (téchnē), eigentlich „Musenkunst"]: wesentliches, v. a. in der Reformpädagogik betontes Gebiet der Gesamterziehung mit dem Ziel der Entwicklung von Kreativität, Kommunikations- und Ausdrucksfähigkeit. Die musische Erziehung im Rahmen der Leibeserziehung bezieht sich v. a. auf das freie Spiel und den Rhythmus, wie sie in Tanz und rhythmischer Gymnastik zum Ausdruck kommen.

Muskel ↑Muskulatur.

Muskelelastizität [zu ↑Muskulatur und griechisch elastós „dehnbar, biegbar"] (Muskeldehnung): die durch Dehnung der „Hälse" des Moleküls ↑Myosin – ermöglicht durch den Feinaufbau (↑Aktomyosin) einer Muskelzelle – bedingte Fähigkeit der passiven Längenänderung des Muskels bei gleichzeitiger Spannungsverstärkung.

Muskelfaser [↑Muskulatur]: Muskelzelle, die die Fähigkeit besitzt, sich anzuspannen und zu verkürzen, und deren wichtigster Bestandteil – neben den für das Leben einer Zelle notwendigen Strukturen – die Muskelfibrillen sind, die sich ihrerseits aus Muskelfilamenten (↑Aktin, ↑Myosin) zusammensetzen. Man unterscheidet (mikroskopisch): 1. glatte Muskulatur, die in den Hohlorganen (z. B. Darm, Harnblase, Arterien) vorkommt, 2. quergestreifte Herzmuskelzellen, die räumlich und netzartig aneinandergelagert sind, und 3. quergestreifte „weiße" Muskulatur, die durch einen hohen Anteil an Fibrillen zu schneller, kräftiger, aber leicht ermüdender Kontraktion befähigt ist, sowie quergestreifte „rote" Muskulatur mit weniger Fibrillen, aber mehr Ernährungselementen, die eine langsame, dauerhafte, kaum ermüdende Anspannung ermöglicht.

Muskelhärte [↑Muskulatur] (Myogelose, Hartspann): Bez. für eine durch dauerhafte Belastung, Verkrampfung oder Mangeldurchblutung des Muskels ausgelöste örtliche Verspannung des Muskels, die tastbar und sehr schmerzhaft ist und lange Zeit (Wochen) bestehen bleibt.

Muskelhernie [...ni-ə; zu ↑Muskulatur und lateinisch hernia „Bruch"] (Muskelbruch): Vorwölbung von Muskulatur durch die den Muskel umschließende und in seiner Form und Lage begrenzende Faszie. Voraussetzung für eine Muskelhernie ist eine Lücke oder ein Einriß in dieser Faszie. Entsprechend der Form- und Größenverhältnisse von Muskel und Defekt sowie der übrigen stabilisierenden oder schwächenden Umgebung bildet sich eine Hernie. Diese ist oft schmerzhaft und muß eventuell durch eine Operation behoben werden. Am häufigsten ist der Oberschenkel betroffen, der Einriß der Faszie ist dort durch die kräftigen Muskeln begünstigt, die im Sport oft plötzlich eingesetzt werden, wobei gleichzeitig von außen Kräfte (z. B. Gegenspieler oder Geräte) schädigend einwirken.

Muskelkater [↑Muskulatur]: Muskelschmerz, bedingt durch saure Stoffwechselprodukte, v. a. durch ↑Milchsäure im Muskelgewebe, ausgelöst durch eine anaerobe Stoffwechsellage (↑anaerob) aufgrund des Sauerstoffmangels im Gewebe. Diese tritt eher bei untrainierten Personen auf, und der Muskelkater ist dann eine schmerzhafte Reaktion auf die ungewohnte körperliche Betätigung. Durch sinnvolles Ausdauertraining kann dem Sauerstoffmangel im Gewebe entgegengewirkt werden.

Muskelkontraktion ↑Kontraktion.

Muskelkrampf ↑Krampf.

Muskelpumpe [↑Muskulatur]: eine Art Hilfsmotor des Kreislaufs: Durch die aktive Anspannung von Skelettmuskeln werden die Blutgefäße im Muskel bzw. zwischen den Muskelgruppen zusammengedrückt. Auf diese Weise wird in den Venen (besonders der Beine) der Blutrückstrom beschleunigt. Plötzlicher Ausfall der Muskelpumpe, z. B. nach einem Dauerlauf ohne ausreichenden Auslauf, bewirkt ein „Versacken" des Blutes in den Beinen, mit der möglichen Folge eines Zusammenbruchs (↑Kollaps). – ↑auch hydrostatischer Druck.

Muskelschwäche [↑Muskulatur]: herabgesetzte Kontraktionskraft von Muskeln, meist beruhend auf einer Entgleisung des Gleichgewichts der Elektrolyte im Körper (besonders bei Kaliummangel) oder aufgrund von Nervenerkrankungen. Ursache können Kaliumverlust (durch Erbrechen) oder einige seltene Krankheiten sein. Eine ärztliche Behandlung ist notwendig.

Muskelriß ↑Riß, ↑Anriß.

Muskeltraining [...trɛ:...; ↑Muskulatur, ↑Training]: körperliche Übungen zur Stärkung der Muskulatur hinsichtlich verschiedener Ausprägungen von Kraft, Ausdauer und Schnelligkeit sowie der jeweiligen Komplexeigenschaften. Das Muskeltraining geschieht v. a. durch isometrisches und Circuittraining unter Verwendung verschiedener Trainingsgeräte wie Gewichte, Kraftmaschine, Expander u. a.

Muskeltremor ↑Tremor.

Muskelverletzung [↑Muskulatur]: Überdehnung, ↑Anriß, ↑Riß oder Durchtrennung von Muskelgewebe, meist durch starke äußere Gewalteinwirkung (z. B. Unfall, Verletzung an Sportgeräten, durch Schuhstollen bei Fußballspielern) oder (seltener) durch extreme Belastung hervorgerufen. Eine Muskelverletzung ist sofort sehr schmerzhaft. Durchtrennte größere Muskelfasergruppen sollten durch eine operative Naht aneinandergelegt werden. Aufgrund der kräftigen Durchblutung haben Muskeln eine gute Heilungstendenz. Dennoch können die entstandenen Narben die Funktionstüchtigkeit behindern. Ruhigstellung und Schonung sind nötig, bis eine Abheilung eingetreten ist, dann jedoch sollte möglichst früh mit Bewegungsübungen begonnen werden.

Muskelzerrung ↑Zerrung.

Muskulatur [zu lateinisch musculus, eigentlich „Mäuschen“]: Sammelbegriff für mehrere Muskeln oder Muskelgruppen des Körpers, meist verwendet zur Zusammenfassung der zu einem Organsystem oder einer funktionellen Einheit gehörenden Muskeln, z. B. Rücken-, Bein-, Skelett-, Blutgefäß-, Verdauungs- oder Harnblasenmuskulatur. Der Aufbau verschiedener Muskeln ist deren Aufgabe entsprechend unterschiedlich. Die Haltemuskulatur, die Dauerarbeit leisten muß, ist z. B. stärker mit Blutgefäßen versorgt und hat mehr ↑Enzyme für die aerobe Energiegewinnung (↑aerob) als Muskeln, die kurzzeitig hohe Leistung erbringen sollen. Die Darm- und Blutgefäßmuskulatur spannt sich nicht nur auf Nervenreiz hin an, sondern reagiert auch automatisch auf Spannungsänderungen und Druck in ihrem Hohlraum. – ↑auch Muskelfaser, ↑Skelettmuskulatur.

Myokard [zu griechisch mỹs, myós „Maus, Muskel“ und kardía „Herz“]: muskulärer Anteil des Herzens, Herzmuskel. Im Unterschied zur übrigen Muskulatur ist das Myokard befähigt, eine Erregung von jeder Zelle auf den gesamten Muskel zu übertragen. Aufgrund der guten Sauerstoffversorgung durch ein eigenes Blutgefäßsystem (Koronararterien) ist es in der Lage, während der Erschlaffungsphase (↑Diastole) ausreichend O_2 aufzunehmen, obwohl während der kräftigen Anspannung (↑Systole) die Blutversorgung durch den Muskeldruck unterbrochen ist.

Myosin [zu griechisch mỹs, myós „Maus, Muskel“]: Muskeleiweißmolekül, das sich in Gruppen von einigen Hundert zu den sogenannten „dicken Filamenten“ der Muskelfibrillen zusammenlagert. Seitlich herausragende freie Enden dieser Moleküle, die „Köpfe“, können sich an ↑Aktin anlagern und damit die Voraussetzungen für Muskelbewegungen schaffen (↑Aktomyosin).

N

Nachspielen: bei Wettkampfspielen ohne ↑effektive Spielzeit (z. B. Fußball) die Verlängerung der Wettkampfdauer über die reguläre Spielzeit hinaus, bedingt durch vorangegangene Spielunterbrechungen (z. B. wegen schlechter Witterung, Verletzungen u. a.). Die Festsetzung der Dauer des Nachspielens liegt im Ermessen des Schiedsrichters.

Nahblock (Blocksicherung) ↑Block.

Nationales Olympisches Komitee (NOK): vom ↑Internationalen Olympischen Komitee anerkannte Organisation der einzelnen Staaten zur Förderung des olympischen Gedankens und zur Vorbereitung der Olympischen Spiele, eine unabhängige und selbständige Organisation der Sportselbstverwaltung. Um anerkannt zu werden, muß ein NOK die Mitgliedschaft von mindestens fünf Sportfachverbänden (darunter drei für olympische Sportarten) nachweisen. Organe eines NOK sind die Mitgliederversammlung, das Präsidium, Fachausschüsse und das Kuratorium für die Olympische Akademie. Jedes NOK hat die Aufgabe, für die Einhaltung der Olympischen Charta zu sorgen, die Olympiamannschaft zu nominieren und entsenden, die olympischen Zulassungsbestimmungen zu überwachen, an der olympischen Bewegung mitzuarbeiten, Maßnahmen in der sportspezifischen Entwicklungshilfe durchzuführen und Studenten und Dozenten zu den jährlichen Lehrgängen der *Internationalen Olympischen Akademie* zu entsenden. – Das **NOK für Deutschland** wurde 1949 in Bonn gegründet (Sitz München, Geschäftsstelle Frankfurt am Main). Es geht zurück auf das 1895 gegründete *Komitee für die Beteiligung Deutschlands an den Olympischen Spielen 1896 in Athen* und auf den *Deutschen Olympischen Ausschuß* (1925–45). Das *NOK für Deutschland* mußte zunächst mit dem **NOK der DDR** (gegründet 1951, Sitz Berlin [Ost]) eine gemeinsame Olympiamannschaft bilden, bis diese Vorschrift 1965 vom *Internationalen Olympischen Komitee* aufgehoben wurde. Derzeitiger Präsident des *NOK für Deutschland* ist seit 1961 Willi Daume (* 1913).

Nationalmannschaft [zu lateinisch natio, nationis „das Geborenwerden, das Volk"]: vom jeweiligen nationalen Fachverband zusammengestellte Gruppe von Wettkampfsportlern, die ihre Sportart und ihre Nation bei Länderkämpfen, Kontinental- und Weltmeisterschaften und bei Olympischen Spielen vertritt. Nationalhymne und Nationalfarben, verbunden mit den entsprechenden Emblemen, sind die äußeren Kennzeichen von Nationalmannschaften.

nationalsozialistische Leibeserziehung: die Ausrichtung der Leibeserziehung in der Zeit des Nationalsozialismus (1933–45) an dessen ideologischen Grundsätzen wie Rassenlehre (Antisemitismus), Sozialdarwinismus, Faschismus. Die Leibeserziehung hatte damit ihren eigenständigen Wert verloren und war hauptsächlich Mittel zur Erreichung politisch-ideologischer Ziele (Volksgesundheit im Dienst der Reinhaltung der Rasse, Kraft, Wehrtüchtigkeit, kämpferische Haltung, starke Orientierung an Gemeinschaft und Mannschaft). Dies äußerte sich v. a. in der rhythmischen Gymnastik (auch in Massenveranstaltungen), im Tanz und in den Kraftsportarten. Gepflegt wurde diese Art der Körperertüchtigung in vielen Organisationen wie *Hitlerjugend* (HJ), *Bund Deutscher Mädel*

(BDM), *Adolf-Hitler-Schulen* (AHS), *Nationalpolitische Erziehungsanstalten* (NPEA), *Ordensburgen, SA-Sport* und *Nationalsozialistische Gemeinschaft „Kraft durch Freude"* (KdF).

natürliches Turnen: Bez. für die Form des österreichischen Schulturnens, die unter reformpädagogischem Einfluß in den 20er Jahren als Reaktion auf das im 19. Jahrhundert übliche Turnen mit Ordnungs- und Freiübungen entstanden ist. Leitprinzip dieser Leibeserziehung ist die ↑Natürlichkeit.

Natürlichkeit: Bez. für das Verhalten des Menschen, das in seiner Natur begründet ist und sich an deren Gesetzlichkeiten orientiert. Bezogen auf das Bewegungsverhalten des Menschen ist Natürlichkeit die „urwüchsige" (Meinel), ungekünstelte, ohne planmäßige Schulung sich entwickelnde und ohne Einschränkungen durch einen Wettkampfkodex vollzogene Bewegung, wie sie besonders im Anschluß an die ↑Reformpädagogik als *natürliches Turnen* (v. a. auch in Verbindung mit Musik) propagiert wurde. Ihr Akzent liegt nicht auf der Leistung, sondern auf dem Ausdruck der Bewegung. In jüngster Zeit zeigt sich die Tendenz zu natürlicher, unreglementierter Bewegungsvielfalt in den ↑New Games.

Navigation [lateinisch „Schifffahrt"]: das Führen eines Wasser- oder Luftfahrzeugs (auch im Boots- und Flugsport) von einem Ausgangsort auf bestimmtem Weg zu einem Zielort, einschließlich der dazu erforderlichen Meß- und Rechenvorgänge zur Bestimmung des augenblicklichen Standorts (Ortung) und Kurses. Nach den Grundlagen bzw. meßtechnischen Hilfsmitteln der Orientierung unterscheidet man *terrestrische Navigation,* die die naturgegebenen Eigenschaften der Erde (z. B. das Erdmagnetfeld mittels eines Kompasses, Log, Lot, Sextant, Seekarten) bzw. die Sicht (Landmarken, Seezeichen u. a.) zur Positions- und Kursbestimmung ausnutzt, *astronomische Navigation* (durch Beobachtung der Gestirne und Berechnung ihrer Konstellation) und *Funknavigation* (Nutzung von elektromagnetischen Wellen; mit Hilfe eines Funkpeilers werden Spezialsender [Funkfeuer] angepeilt und dadurch die Richtung bestimmt, in der das Fahrzeug zum Sender steht).

Neigungsgruppe: am gemeinsamen Interesse für eine oder mehrere Sportarten orientierte Zusammenstellung einer Unterrichtsgruppe im Sportunterricht für ein Wahlpflichtfach (hier muß jeweils eine Individual-, eine Dual- und eine Mannschaftssportart gewählt werden) oder eine freiwillige Arbeitsgemeinschaft. Im Unterschied zur ↑Leistungsgruppe muß die Neigungsgruppe nicht leistungshomogen sein. Der Vorteil von Neigungsgruppen liegt im gemeinsamen Interesse der Schüler und damit in dem vorauszusetzenden eigenverantworteten Engagement, nachteilig kann sich auswirken, daß gegenüber der Spezialisierung eine vielseitige Grundausbildung eventuell zu kurz kommt.

Nemeische Spiele ↑antike Festspiele.

Nennung: die fristgerechte Anmeldung von Teilnehmern (im Pferdesport: der Pferde) für einen sportlichen Wettbewerb gemäß der Ausschreibung und unter Entrichtung des vorgeschriebenen Nenngeldes.

Nervensystem [zu lateinisch nervus „Sehne, Band, Muskelband" und griechisch sýstēma „aus mehreren Teilen zusammengesetztes Ganzes"]: Gesamtheit des Nervengewebes, das von seiner Aufgabe und seinem Aufbau her eine Einheit darstellt. Untereinheiten sind z. B. das ↑Zentralnervensystem, das ↑vegetative Nervensystem und das periphere Nervensystem (des übrigen Körpers). Leitungsbahnen für die Nervenreize setzen sich aus einzelnen Nervenzellen (↑Neuron) zusammen.

Netball [englisch net „Netz"]: basketballähnliches Korbspiel für Mädchen und Frauen, das als Hallen-

und Freiluftspiel v.a. im englischsprachigen Raum verbreitet ist. Das **Spielfeld** mißt 30,48 × 15,25 m und ist in fünf gleichgroße Abschnitte eingeteilt. Der Korb (Durchmesser 38,1 cm) hängt an einem 3,05 m hohen Pfosten, der auf der Mitte der Schmalseite des Spielfeldes steht. Um den Pfosten ist ein Halbkreis (Wurfkreis) von 9,76 m Durchmesser gezogen. Der Ball ist ein Hohlball mit einem Umfang von 68–71 cm und einem Gewicht von 397–454 g. Eine Mannschaft besteht aus sieben Spielerinnen. Die Spielzeit beträgt 4 × 15 Minuten mit Pausen von drei bis zehn Minuten. – **Regeln** (Auswahl): Jede Spielerin darf sich in höchstens drei der fünf Spielzonen bewegen. Der Ball, mit dem nicht gelaufen werden darf, darf nicht über eine ganze Spielzone geworfen werden. Jede Berührung mit dem Gegner ist verboten. Ein Treffer (Korb) kann nur aus dem Wurfkreis erzielt werden. – Netball ist organisiert in der *International Federation of Women's Basketball and Netball Associations* (gegründet 1960, Sitz Porirua, Neuseeland).

Netz: 1. aus Fäden, Schnüren u.a. geknüpftes Maschenwerk, das bei Rückschlagspielen (Tennis, Volleyball, Badminton u.a.) das Spielfeld halbiert und über das der Ball gespielt werden muß; – 2. das Berühren dieses Netzes durch Ball (Netzball) oder Spieler (gilt meist als Regelverstoß); – 3. Auffangvorrichtung für den Ball an Toren (z.B. Fußball, Handball, Hockey) oder Körben (z.B. Basketball, Netball).

Neuron [griechisch „Sehne, Flechse"] (Nervenzelle): für die besondere Aufgabe der Informationsaufnahme und -weiterleitung ausgebildete Zelle, deren Ausläufer (Nervenfasern) über 1 m lang sein können. Der von einem Reizempfänger (↑Rezeptor) oder einem angeschlossenen Neuron aufgenommene Impuls pflanzt sich im Neuron fort (↑Aktionspotential). Die Weitergabe erfolgt über Schaltstellen (↑Synapse, ↑motorische Endplatte) zu anderen Nervenzellen oder zum Erfolgsorgan. Überträgermedien sind ↑Acetylcholin, ↑Adrenalin, ↑Noradrenalin. – ↑auch afferente Bahnen, ↑efferente Bahnen.

New Games [englisch nju: 'gɛɪmz „neue Spiele"]: Bez. für eine um 1980 in den USA entstandene Spielbewegung, die gekennzeichnet ist durch starke Freizeitorientierung, Freude, Kommunikation, Mitgestaltung und Kreativität, Verwendung neuer, auch selbstgefertigter Geräte, einfache Regeln, Einbeziehung von Körperberührung, die Spielgemeinschaft auch über die Schranken des Alters, Geschlechts und der Leistung, Kooperation, Selbstbestimmung der Teilnehmer u.a. Die New Games haben v.a. im Rahmen von Spielfesten und Feiern eine weite Verbreitung gefunden. Sie sind im Bereich der Bewegungskultur Ausdruck für ein bestimmtes Lebens- und Bewegungsempfinden.

Niveaugruppe [ni'vo:; französisch, ursprünglich „Wasserwaage"] ↑Leistungsgruppe.

NOK: Abk. für: ↑**N**ationales **O**lympisches **K**omitee.

Noradrenalin [Kunstwort]: wie ↑Adrenalin (und Dopamin) ein Hormon, das im Nebennierenmark gebildet wird. Von dort erfolgt in Gefahren- und Streßsituationen seine Ausschüttung in die Blutbahn (zur Wirkung ↑Sympathikus). Außerdem ist Noradrenalin ein Informationsüberträger an Nervenenden des Sympathikus.

nordische Kombination: Mehrkampf der Herren im nordischen Skilauf (seit 1980 auch Mannschaftswettbewerb mit drei Sportlern je Mannschaft), der aus einem Kombinationssprunglauf auf der Normalschanze (↑Skispringen) und einem ↑Skilanglauf über 15 km (im Mannschaftswettbewerb: Staffel über 3 × 10 km) besteht. Im Sprunglauf werden von drei Sprüngen die beiden besten gewertet. Der weiteste Sprung erhält 60 Punkte, hinzu kommen die von drei Kampfrichtern vergebenen Haltungsnoten. Beim Langlauf wird die Zeit in Punkte umgerechnet (220 Punkte für die Bestzeit, 9 Punkte Abzug pro länger gelaufener Minute). Die Gesamtnote ergibt sich aus der Summe der im Sprung und Langlauf errechneten Punkte. Bei der nordischen Kombination wird in jüngster Zeit (v. a. in der Mannschaftswertung) auch die Gundersen-Methode angewandt: Die in Zeitdifferenzen umgerechneten Punktdifferenzen nach dem Kombinationsspringen bestimmen die zeitliche Startfolge der Läufer, so daß der erste Läufer, der durchs Ziel geht, den Kombinationswettkampf gewonnen hat. Die Startfolge kann auch ausgelost werden.

nordischer Skisport ↑Skilanglauf, ↑Skispringen, ↑nordische Kombination.

Norm [aus lateinisch norma „Winkelmaß, Richtschnur, Regel"]: die zur Teilnahme an bestimmten Sportwettkämpfen (nationale, Europa-, Weltmeisterschaften, Olympische Spiele [Olympianorm]) geforderte Mindestleistung eines Sportlers. Die Festsetzung solcher Normen sichert überschaubare Teilnehmerfelder und verhindert Verletzungen bei Athleten, deren Leistungs- und Trainingsstand nicht den Anforderungen eines solchen Wettkampfs entspricht.

Normalgewicht [zu ↑Norm]: das Körpergewicht, das als Richtwert angesehen wird, um voll leistungsfähig und beweglich zu sein (↑auch Idealgewicht). Es errechnet sich aus der Körpergröße in cm minus 100, angegeben in kg, z. B.: Für einen Mann von 180 cm Körpergröße beträgt das Normalgewicht 180 – 100 = 80 kg. Bei Frauen werden je nach Körperbau und Alter zusätzlich noch 5 – 10 % abgezogen. Wird das Normalgewicht durch übermäßige Nahrungsaufnahme überschritten, so kommt es vermehrt zu Gelenkerkrankungen, Gefäßverkalkung, Bluthochdruck und Zuckerkrankheit (↑auch Adipositas).

Note [lateinisch nota „Merkzeichen"]: in Sportarten, in denen die erbrachte Leistung nicht exakt gemessen werden kann (↑C-G-S-System), Bez. für die auf Schätzung beruhende und in Punkten differenzierte Leistungsbewertung (z. B. im Kunstturnen, Eis- und Rollkunstlauf, Eistanz, Dressurreiten, Wasserspringen). Die Regelwerke der einzelnen Sportarten legen die Mindest- und Höchstzahl der Punkte sowie deren mögliche Differenzierungen nach Zehntel-, Hundertstel-, halben usw. Punkten fest und binden die Punktvergabe an die Beachtung bestimmter Leistungskriterien. Dennoch sind Ungerechtigkeiten bei der Notenvergabe nie völlig auszuschließen. – Im Eis- und Rollkunstlauf sowie im Eistanz wird zwischen einer **A-Note** für den technischen, sportlichen Wert der Kür (z. B. Schwierigkeitsgrad, Mannigfaltigkeit und Sauberkeit der Durchführung von Figuren) und einer **B-Note** für den künstlerischen Wert der Kürdarbietung (z. B. rhythmische und fließende Bewegung in Übereinstimmung mit der Musik, harmonischer Aufbau, Raumaufteilung, Schwung und Haltung) unterschieden. Aus beiden Noten wird die Gesamtnote (Totalnote) errechnet. Im Skispringen setzt sich die Bewertung aus der exakt in Punkte umgerechneten gesprungenen Weite und einer von Kampfrichtern vergebenen Note für die Haltung zusammen.

O

oberes Zuspiel ↑Pritschen.

Obermann: 1. im *Ringen* der Ringer, der eine Position auf, neben oder hinter dem Gegner hat und diesen zu Boden drückt; – 2. in der *Sportakrobatik* (Haltemann) der auf oder über dem Partner arbeitende Artist.

Obmann: 1. Leiter eines sportlichen Kampfgerichts (z. B. im Fechten, Kunstturnen); – 2. Vereins- oder Verbandsfunktionär.

O'Brien-Technik [englisch oʊ'braɪən] ↑Kugelstoß.

observatives Training ['trɛ:...; zu lateinisch observare „beobachten" und ↑Training]: Einübung von Bewegungsabläufen auf der Grundlage beobachteter Bewegungen zur Verbesserung von sportmotorisch-technischen Fertigkeiten und Taktik. Im observativen Training werden [audio]visuelle Medien (↑Vorzeigen) eingesetzt, aber auch Bewegungsabläufe von Sportlehrern, Trainern oder anderen Sportlern vorgemacht (↑Vormachen). Das observative Training dient auch der Steigerung der Lerngeschwindigkeit.

offene Klasse ↑Klasse, ↑Allkategorie.

offene Wertung: öffentliche und gleichzeitige Bekanntgabe (meist auf einer Tafel oder durch Lautsprecher) der von den einzelnen Wertungsrichtern eines Kampfgerichts vergebenen Wertungspunkte (z. B. im Eiskunstlauf).

offene Wettbewerbe ↑Klasse.

Offensivtaktik [zu lateinisch offendere, offensum „anstoßen, verletzen"] ↑Taktik.

Olympia: heute Ruinenstätte und kleine Ortschaft mit archäologischem Museum und Sitz der ↑Olympischen Akademie in der Peloponnes, am Alpheios, Griechenland. Olympia diente seit der mykenischen Epoche als Kultort und war ab 776 v. Chr. Schauplatz der zu Ehren des Zeus veranstalteten Olympischen Spiele der Antike (↑antike Festspiele). – Die Ausgrabungen der antiken Kultstätten (ab 1875) waren für Pierre Baron de Coubertin (* 1863, † 1937) ein entscheidender Anstoß, die Olympischen Spiele der Neuzeit 1896 ins Leben zu rufen.

Olympiade [griechisch]: im antiken Griechenland Bez. für den Zeitraum von vier Jahren zwischen den Olympischen Spielen. Grundlage der Ära ist die Namensliste der Sieger (Olympioniken), die Hippias von Elis um 400 v. Chr. erstmals zusammenstellte, sie wurde dann weitergeführt und reicht von 776/775 bis 221/222; die Olympiaden selbst reichen bis 393 n. Chr. – Bereits in der Antike wurde Olympiade dann auch Bez. für die Olympischen Spiele selbst. Olympiade nennt man heute auch nichtolympische Sportveranstaltungen (z. B. Schach-, Behindertenolympiade) oder auch nichtsportliche Wettbewerbe (z. B. Physik-, Mathematikolympiade).

Olympiafanfare ↑olympisches Zeremoniell.

Olympionike [griechisch]: in der Antike der Sieger in einem Wettkampf bei den Olympischen Spielen, in der Neuzeit zunächst jeder Medaillengewinner, heute jeder Teilnehmer an Olympischen Spielen.

Olympische Akademie (Internationale Olympische Akademie): 1961 vom *Internationalen Olympischen Komitee* in ↑Olympia gegründete und etablierte Einrichtung mit dem Ziel, in jährlich in Olympia stattfindenden Sitzungen die geistigen und moralischen Kräfte der modernen Sportbewegung, den Hochleistungssport, die Olympischen Spiele und den Sport generell kritisch zu analysieren und zur Verbreitung und Verteidigung der Idee des Olympismus (↑olympische Bewegung) beizutragen. Ein Vorläufer der Olympischen Akademie war das von Carl Diem (* 1882, † 1962) 1937 gegründete *Olympische Institut.* Carl Diem förderte auch (mit anderen) nach 1945 maßgebend das Projekt einer Olympischen Akademie in Griechenland, was schließlich 1949 zum Gründungsbeschluß der Akademie durch das *Internationale Olympische Komitee* führte.

olympische Auszeichnungen: neben den drei ↑Medaillen und dem **Diplom** für die acht erstplazierten Teilnehmer eines Endkampfs werden bei Olympischen Spielen noch folgende Auszeichnungen vom *Internationalen Olympischen Komitee* verliehen: 1. **olympischer Orden** (seit 1974): Auszeichnung in den Stufen Gold, Silber und Bronze für Persönlichkeiten, die sich hervorragende sportliche Verdienste erworben oder die olympische Idee besonders gefördert haben; – 2. **olympischer Pokal** (1906 von Pierre Baron de Coubertin, *1863, † 1937, gestiftet): für Organisationen, Institutionen u. a., die die olympische Idee besonders gefördert haben; – 3. **olympisches Diplom** (seit 1905): für Persönlichkeiten, die für die olympische Bewegung gearbeitet haben.

olympische Bewegung (Olympismus, olympische Idee): Bez. für die Gesamtheit aller moralischen, humanitären und erzieherischen Werte, die als ideologische Grundlage der Olympischen Spiele und der olympischen Organisation angesehen werden können. Die 1894 von Pierre Baron de Coubertin (* 1863, † 1937) initiierte olympische Bewegung wird heute vom *Internationalen Olympischen Komitee* getragen. Ihre Kennzeichen sind (nach Hans Lenk, * 1935): kultisch-religiöse Prägung der Spiele (de Coubertin: „religio athletae"), künstlerische und geistige Gestaltung, Elitenidee und Chancengleichheit, Höchstleistung und Wettkampf, Sportlichkeit (Fair play, Ritterlichkeit), regelmäßige Wiederkehr der Spiele, Traditionsbindung, Waffenruhe während der Spiele, Internationalität und Nationalismus (Völkerverständigung und kulturelle Vielfalt), Gemeinschaft aller Sportarten, Amateurgedanke, olympische Unabhängigkeit, antikes Vorbild, neuzeitliche Form. Das Selbstverständnis der olympischen Bewegung wird v. a. auf den olympischen Kongressen und im Rahmen der Tagungen der *Olympischen Akademie* diskutiert und interpretiert. In der Bundesrepublik Deutschland sind das *Nationale Olympische Komitee* und die *Deutsche Olympische Gesellschaft* Träger und Förderer des Olympismus. – Sowohl die ursprünglich intendierte kultische Bedeutung des Olympismus als auch die Ansicht, er könne sich frei von politischen, wirtschaftlichen, ideologischen und sozialen Einflüssen darstellen, sind heute stark umstritten.

olympische Charta [...k...] ↑olympische Regeln.

olympische Disziplin ↑olympische Sportarten.

olympische Eröffnungsformel ↑olympisches Zeremoniell.

olympische Fahne ↑olympisches Zeremoniell.

olympische Flamme ↑olympisches Zeremoniell.

olympische Hymne ↑olympisches Zeremoniell.

olympische Idee ↑olympische Bewegung.

olympische Kommissionen: Fachausschüsse des *Internationalen Olympischen Komitees* für folgende Themenkreise (Stand 1984): *Olympische Akademie,* Zulassung, Athleten, Kultur, Finanzen, Medizin (Unterkommissionen: Antidoping, Sportmedizin und Orthopädie, Biomechanik und Physiologie), olympische Bewegung, Presse, Programme, olympische Solidarität, Fernsehen, Rat des olympischen Ordens, Breitensport. Ad-hoc-Kommissionen: Schutz der Olympischen Spiele, Sitz des *Internationalen Olympischen Komitees,* olympisches Museum.

olympische Kunstwettbewerbe: von 1912 bis 1948 bei den Olympischen Spielen durchgeführter Fünfkampf der Musen (schöne Künste) Musik, Architektur, Literatur, Malerei und Bildhauerei, für die auch Medaillen vergeben wurden. Die olympischen Kunstwettbewerbe sollten die Verbindung von Körper und Geist bei den Olympischen Spielen demonstrieren. Sie wurden 1949 in Kunstausstellungen umgewandelt.

olympische Medaille [me'daljə]: die bei den Olympischen Spielen an die drei Erstplazierten eines Wettkampfs verliehene ↑Medaille. Die Medaillen haben einen Mindestdurchmesser von 6 cm, eine Dicke von 3 mm und werden in einer Zeremonie (Siegerehrung) im Anschluß an den Wettkampf an einer Kette oder einem Band überreicht. – Zur Problematik des üblichen Nationenvergleichs an Hand der jeweils erworbenen Medaillen ↑Medaillenspiegel.

Olympische Medaille. Vorderseite der Medaille der Sommerspiele in Athen 1896 (links) und der Winterspiele in Innsbruck 1976 (rechts); Durchmesser 6 cm

olympischer Achtkampf ↑Achtkampf.

olympischer Dreikampf: früher Wettkampfform im ↑Gewichtheben.

olympische Regeln: Sammelbez. für alle in der **olympischen Charta** zusammengefaßten Prinzipien und Regeln des *Internationalen Olympischen Komitees.* – *Prinzipien* sind: Kontrolle der alle vier Jahre stattfindenden Olympischen Spiele durch das *Internationale Olympische Komitee,* Vergabe der Spiele durch das *Internationale Olympische Komitee* an eine Stadt, nicht an ein Land, Einhaltung des ↑olympischen Zeremoniells, die Spiele als Wettkampf zwischen Einzelpersonen bzw. Mannschaften, nicht zwischen Ländern. – *Regeln* sind: die Olympische Zulassungsregel (↑Amateur), keine Altersbegrenzung, Programm für die Sommerspiele mit mindestens 15 ↑olympischen Sportarten, Dopingverbot und -kontrolle, Meldung der Teilnehmerzahl und Sportarten acht Wochen, namentliche Nennung der Teilnehmer zehn Tage vor den Spielen, Bestimmung der Zahl der Begleiter nach der Zahl der Teilnehmer, Erstellung der Kampfrichter durch die internationalen Fachverbände, Dauer der Spiele 16 Tage, Einladung und Ermöglichung der Einreise für alle anerkannten *Nationalen Olympischen Komitees,* Ablauf der Spiele unter Beachtung des olympischen Zeremoniells.

olympischer Eid ↑olympisches Zeremoniell.

olympischer Fackellauf ↑olympisches Zeremoniell.

olympische Ringe ↑olympisches Zeremoniell.

olympischer Kongreß: Diskussionsforum des *Internationalen* und der *Nationalen Olympischen Komitees* sowie der internationalen Fachverbände zur Beratung aktueller Fragen des Weltsports. Der olympische Kongreß hat keine Beschlußkraft. Er wird seit 1894 (Paris) in unregelmäßigen Abständen einberufen. Der letzte (elfte) Kongreß fand 1981 in Baden-Baden statt.

olympischer Orden ↑olympische Auszeichnungen.

olympischer Pokal ↑olympische Auszeichnungen.

olympischer Wahlspruch ↑citius, altius, fortius.

olympischer Wissenschaftskongreß: seit den Olympischen Sommerspielen in München (1972) alle vier Jahre als offizieller Teil des Programms der Spiele (aber nicht zwingend am Austragungsort) stattfindende internationale sportwissenschaftliche Veranstaltung zur Präsentation von Forschungsergebnissen aus allen sportwissenschaftlichen Teildisziplinen und Theoriefeldern, die dann in Kongreßberichten veröffentlicht werden. Der Wissenschaftskongreß steht unter der Schirmherrschaft des *Internationalen Olympischen Komitees* und des *International Council of Sport Science and Physical Education*.

olympischer Zweikampf ↑Gewichtheben.

olympischer Zwölfkampf ↑Kunstturnen, ↑Zwölfkampf.

olympisches Diplom ↑olympische Auszeichnungen.

olympisches Feuer ↑olympisches Zeremoniell.

olympisches Gelöbnis ↑olympisches Zeremoniell.

olympisches Jugendlager: im Rahmen und im Zeitraum der Olympischen Spiele veranstaltetes Treffen von jungen Sportlern aus aller Welt, die nicht an den Wettkämpfen der offiziellen Spiele teilnehmen. Jugendlager wurden 1912, 1936 und 1952 und werden seit 1960 regelmäßig durchgeführt. Sie sollen einen Beitrag zur Völkerverständigung leisten.

Olympische Spiele, im Abstand von vier Jahren stattfindende Festspiele mit sportlichen Wettkämpfen; im *antiken Griechenland* aus mythischen Anfängen entstanden und ab 776 v. Chr. bezeugt. Die Spiele wurden damals in ↑Olympia veranstaltet und waren die wichtigsten unter einer größeren Zahl ähnlicher Spiele (↑antike Festspiele). Sie wurden ursprünglich von den Einwohnern der Landschaft um Olympia ausgerichtet; um 570 ging ihre Leitung an Elis über, dessen Vorherrschaft nur kurz durch die Arkader unterbrochen war (364). Die Teilnahme war freien Bürgern griechischer Staaten vorbehalten, zunächst nur den Bewohnern der Peloponnes, später nahmen Angehörige aller griechischen Stämme, auch aus den Kolonien, teil. Frauen waren weder als Teilnehmer noch als Zuschauer zugelassen. – Die Athleten mußten sich in Olympia 30 Tage vorbereiten. In der Anfangszeit fanden nur Kurzstreckenläufe statt; daraus wurde später ein Programm mit bis zu 13 Wettbewerben an fünf Tagen: Läufe über längere Strecken, Wurf- und Sprungübungen, Faust- und Ringkämpfe (Pankration), die in Mehrkämpfen (Pentathlon) kombiniert waren, sowie Pferde- und Wagenrennen. Ab 632 gab es auch Wettkämpfe für Jugendliche. – Vorträge von Philosophen, Dichtern und Sängern ergänzten die Wettkämpfe. Olympiasieger **(Olympioniken)** erhielten als Preis einen Kranz vom heiligen Ölbaum beim Zeustempel, später auch einen Palmzweig; sie konnten in ihrer Heimat dann mit hohen Ehrungen (Geschenke, Steuerfreiheit, Pensionen) rechnen. Abwechselnd vor und nach den Olympischen Spielen wurden in Olympia *Heräen* veranstaltet, bei denen ausschließlich Mädchen Laufwettbewerbe austrugen. – Wurden die Olympischen Spiele nach den Perserkriegen (448 v. Chr.) zum Symbol eines spezifisch griechischen Kultur- und Nationalbewußtseins, so dienten sie im Hellenismus v. a. als Schaubühne für die Propaganda rivalisierender Monarchen; nach einem letzten Höhepunkt im 2. Jahrhundert n. Chr. führte das politische Chaos des 3. Jahrhunderts zu ihrem Niedergang.

Die **Olympischen Spiele der Neuzeit** wurden von Pierre Baron de Coubertin (* 1863, † 1937) ins Leben gerufen, der auf einem internationalen Kongreß an der Sorbonne 1894 das ↑Internationale Olympische Komitee gründete und die Einführung der Spiele in Anlehnung an das antike Vorbild verkündete. Anlaß für de Coubertins Vorschlag waren ähnliche Vorstellungen in Griechenland und v. a. in Deutschland im Zusammenhang mit den Ausgrabungen in Olympia und der Wunsch, die Körpererziehung international zu fördern. Moderne Olympische Spiele

Olympische Spiele

Sommerspiele

Jahr	Ort	Teilnehmerstaaten	Sportler	Sportarten	Wettkämpfe	Bemerkungen
1896	Athen	13	295	9	42	–
1900	Paris	21	1077	14	97	–
1904	Saint Louis	21	554	17	102	–
1908	London	22	2034	24	109	auch Eiskunstlauf
1912	Stockholm	28	2504	16	106	5 Kunstwettbewerbe
1916	Berlin	–	–	–	–	ausgefallen (1. Weltkrieg)
1920	Antwerpen	29	2591	25	162	5 Kunstwettbewerbe
1924	Paris	44	3075	20	137	5 Kunstwettbewerbe
1928	Amsterdam	46	2971	17	120	13 Kunstwettbewerbe
1932	Los Angeles	38	3980	17	124	9 Kunstwettbewerbe
1936	Berlin	49	3980	22	142	15 Kunstwettbewerbe
1940	Helsinki/ Tokio	–	–	–	–	ausgefallen (2. Weltkrieg)
1944	London	–	–	–	–	ausgefallen (2. Weltkrieg)
1948	London	58	4067	19	138	13 Kunstwettbewerbe
1952	Helsinki	69	5867	19	149	–
1956	Melbourne/ Stockholm	67	3184	19	148	Reiterwettbewerbe in Stockholm
1960	Rom	84	5396	18	150	–
1964	Tokio	94	5586	20	163	–
1968	Mexiko	113	6626	19	152	–
1972	München/ Kiel	123	10088	22	195	sportwissenschaftlicher Kongreß, Segelwettbewerbe in Kiel; Attentat auf israelische Mannschaft
1976	Montreal	188	6189	22	198	sportwissenschaftlicher Kongreß (Quebec), Teilboykott
1980	Moskau	81	5872	22	203	sportwissenschaftlicher Kongreß (Tiflis), Teilboykott
1984	Los Angeles	140	6708	22	226	sportwissenschaftlicher Kongreß (Eugene), Teilboykott
1988	Seoul					vorgesehen

wurden erstmals 1896 in Athen ausgetragen. Obwohl seit 1924 auch Winterspiele veranstaltet werden, gelten den Regeln entsprechend nur die Sommerspiele als eigentliche Olympische Spiele und werden nach ↑Olympiaden gezählt (auch während der beiden Weltkriege, in denen keine Spiele stattfanden).

Das *Programm* der Olympischen Spiele war mannigfachen Änderungen unterworfen. Waren ursprünglich nur Männer zugelassen, so gibt es seit 1900 auch Frauenwettbewerbe; eine Altersbegrenzung besteht nicht. Die Entscheidung über das Programm trifft das *Internationale Olympische Komitee,* das auch

Olympische Spiele

Winterspiele

Jahr	Ort	Teilnehmerstaaten	Sportler	Sportarten	Wettkämpfe	Bemerkungen
1924	Chamonix	16	294	5	16	–
1928	Sankt Moritz	25	363	6	15	–
1932	Lake Placid	17	278	5	19	–
1936	Garmisch-Partenkirchen	28	756	5	21	–
1940	Garmisch-Partenkirchen	–	–	–	–	ausgefallen (2. Weltkrieg)
1944	Cortina d'Ampezzo	–	–	–	–	ausgefallen (2. Weltkrieg)
1948	Sankt Moriz	28	878	6	24	–
1952	Oslo	30	732	5	23	–
1956	Cortina d'Ampezzo	32	923	5	24	–
1960	Squaw Valley	30	648	5	27	–
1964	Innsbruck	36	933	7	35	–
1968	Grenoble	37	1 293	7	35	–
1972	Sapporo	35	1 128	7	36	–
1976	Innsbruck	37	1 368	7	38	–
1980	Lake Placid	37	1 283	7	38	–
1984	Sarajevo	49	1 437	7	39	–
1988	Calgary					vorgesehen

die Spiele an einen bestimmten Ort, der sich beworben hat, vergibt. Vom *Internationalen Olympischen Komitee* anerkannte ↑Nationale Olympische Komitees nehmen die Rechte für die einzelnen Länder war. Die Spiele werden nach den Bestimmungen der ↑olympischen Regeln und den Regeln der internationalen Sportverbände durchgeführt. Alle Teilnehmer müssen Bürger jener Länder sein, deren *Nationales Olympisches Komitee* sie meldet; sie müssen insbesondere der Olympischen Zulassungsregel (↑Amateur) genügen.
Olympische Spiele werden vom betreffenden *Nationalen Olympischen Komitee* organisiert, das sich dazu in der Regel eines eigenen Organisationskomitees bedient, zu dessen Pflichten u.a. die Unterbringung der Mannschaftsmitglieder in einem eigenen **olympischen Dorf** (seit 1932), die Betreuung von Presse und Besuchern, die Organisation sportlicher und kultureller Rahmenveranstaltungen gehört. Das Programm der Olympischen Spiele umfaßt die ↑olympischen Sportarten. – Die Olympischen Spiele dürfen (ab 1988) nicht länger als jeweils 16 Tage dauern (Sommer- und Winterspiele). In diesem Zeitraum wird das ↑olympische Zeremoniell beachtet. Von 1912 bis 1948 fanden ↑olympische Kunstwettbewerbe statt. Seit 1960 wird das ↑olympische Jugendlager abgehalten und seit 1972 tagt der ↑olympische Wissenschaftskongreß.
Kritische Stimmen sprechen den modernen Olympischen Spielen den reinen sportlich-wertfreien Demonstrationswert ab. Als Gründe werden u.a. angeführt: Leistungszwang, dem die Athleten v.a. in der Vorbereitungsphase ausgesetzt sind; (kostspielige) Selbstdarstellung des Gastgeberlandes, die oft zu Lasten der eigenen Bevölkerung geht; unterschwellige Hoffnung, bei bestehenden Systemauseinandersetzungen „wenigstens in sportlicher Hinsicht"

siegreich zu sein; Hineinwirken von politischen Gegensätzen und rassistischen Auseinandersetzungen in die Spiele selbst (z. B. die Problematik geteilter Länder, die Minderheitenprobleme, der Konflikt zwischen den arabischen Staaten und Israel, das Südafrikaproblem; in diese Richtung zielt auch ein *Boykott* der Olympischen Spiele als politisches Druckmittel: 1976 von mehreren afrikanischen Staaten; 1980 wegen des Einmarsches der Sowjetunion in Afghanistan von zahlreichen Staaten, darunter die Bundesrepublik Deutschland, unter Führung der USA; 1984 von der Sowjetunion).

olympische Sportarten: Bez. für alle Sportarten, die vom *Internationalen Olympischen Komitee* für die Olympischen Spiele zugelassen sind. Die Zulassung einer Sportart ist an bestimmte Bedingungen geknüpft. Für die Sommerspiele ist eine Verbreitung der Sportart in wenigstens 50 (für Herren) bzw. 35 (für Damen) Ländern und drei Kontinenten erforderlich, für die Winterspiele in wenigstens 25 Ländern und drei Kontinenten. Bei den Sommerspielen müssen mindestens 15 Sportarten vertreten sein, für die Winterspiele gibt es keine Einschränkung. Kriterium für die Kennzeichnung als olympische Sportart ist die Zugehörigkeit zu einem Fachverband, so daß zwischen olympischer Sportart (z. B. Leichtathletik) und **olympischer Disziplin** (z. B. Weitsprung) zu unterscheiden ist. – Olympische Sportarten sind (1984): 1. *Sommerspiele:* Basketball, Bogenschießen, Boxen, Fechten, Fußball, Gewichtheben, Handball, Hockey, Judo, Kanusport, Kunstturnen, Leichtathletik, moderner Fünfkampf, Radsport, Reitsport, Ringen, Rudersport, Schießsport, Schwimmsport, Segelsport, Wasserball, Wasserspringen, Volleyball; 2. *Winterspiele:* Biathlon, Bobsport, Eishokkey, Eiskunstlauf, Eisschnellauf, Schlittensport, Skisport.

Olympische Sportarten. Piktogramme für die Olympischen Spiele in München 1972, von O. Aicher: 1 Fußball, 2 Leichtathletik, 3 Schwimmsport, 4 moderner Fünfkampf

olympische Staffel: leichtathletischer Staffellauf für vier Läufer (keine olympische Disziplin) über 1600 m in der Reihenfolge: 400 m, 200 m, 200 m, 800 m oder 800 m, 200 m, 200 m, 400 m.

olympisches Zeremoniell: in Anlehnung an die antike Tradition entstandene Förmlichkeiten, die bei offiziellen Anlässen im Rahmen der Olympischen Spiele Anwendung finden und den festlich-feierlichen, z. T. auch religiös-kultischen Charakter der Spiele dokumentieren. Zum olympischen Zeremoniell zählen: 1. der **olympische Fackellauf:** 1936 nach einer Idee v. a. von Carl Diem (* 1882, † 1962) erstmals verwirklicht; im Tempelbezirk des antiken Olympia wird eine Fackel entzündet und das Feuer durch Fackelläufer zum Austragungsort der Spiele gebracht, wo es als **olympisches Feuer (olympische Flamme)** während der Dauer der Spiele in einer Schale brennt und bei der Schlußfeier gelöscht wird; – 2. die **olympische Eröffnungsformel,** die vom Staatsoberhaupt des Landes, zu dem die gastgebende Stadt gehört, zur Eröffnung der Spiele gesprochen wird; – 3. die **olympische Fahne:** eine von Pierre Baron de Coubertin (* 1863, † 1937) 1913 entworfene Flagge: fünf ineinander verschlungene Ringe **(olympi-**

sche Ringe) in den Farben blau, gelb, schwarz, grün und rot auf weißem Grund, die die in der olympischen Bewegung miteinander verbundenen fünf Kontinente symbolisieren; sie wird seit 1920 für die Dauer der Spiele gehißt; – 4. die **olympische Hymne:** seit 1896 bei offiziellen Anlässen gespielte Hymne; – 5. die **Olympiafanfare:** für die einzelnen Spiele speziell komponierte Erkennungsmelodie, die als Einleitung zu Festlichkeiten und Siegerehrungen und zur Ankündigung von Berichten in Funk und Fernsehen dient; – 6. der **olympische Wahlspruch** ↑citius, altius, fortius; – 7. das **olympische Gelöbnis (olympischer Eid):** Versprechen, das von einem Sportler des Gastgeberlandes bei der Eröffnungsfeier der Spiele im Namen aller teilnehmenden Wettkämpfer abgegeben wird, an den Spielen in „ritterlichem Geist" teilzunehmen und die Regeln zu achten. Seit 1968 gibt es ein ähnliches Versprechen auch der Kampfrichter.

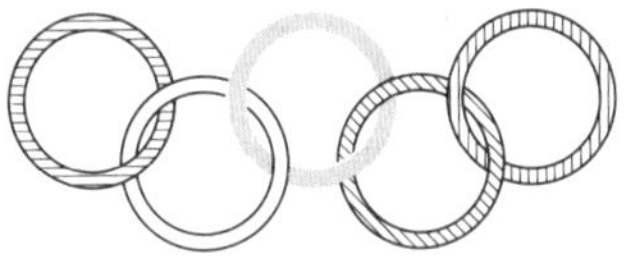

Olympisches Zeremoniell. Olympische Ringe

Olympische Zulassungsregel ↑Amateur.

Olympismus ↑olympische Bewegung.

O_2-Partialdruck ↑Sauerstoff.

Opposition [lateinisch „das Entgegensetzen"]: 1. im *Fechten* die Fauststellung zur Abwehr von gegnerischen Angriffen, die je nach Klingenlage des Gegners in hohe, tiefe, rechte oder linke Opposition unterschieden wird; – 2. im *Schach* die Position, bei der die Könige im Abstand von einem, drei oder mehreren Feldern (Nah-, Fernopposition) einander gegenüberstehen.

Optimierung [zu lateinisch optimus „bester"]: Verfahren zur Erzielung optimaler Ergebnisse bei geringstmöglichem personellem und sachlichem Aufwand und unter Ausschaltung möglicher Störfaktoren. Sportliches Lernen, Üben, Trainieren (v.a. im Spitzensport) ist ein ständiger Prozeß der Leistungsoptimierung.

Ordnungsübungen: Bez. für die v.a. im 19. Jahrhundert in geordneten Formen oder Formationen wie Linie, Reihe, Kreis oder als Ordnungsspiele (Bildung von Mannschaften mit verschiedenen Gruppenstärken) ausgeführten sportlichen (turnerischen) Übungen; auch Bez. für das Einüben solcher Ordnungen und damit für die Erziehung zur Einordnung überhaupt, die in bestimmten Sportarten unverzichtbar ist.

Organgymnastik [zu griechisch órganon „Organ", eigentlich „Werkzeug", und ↑Gymnastik]: Teilgebiet der ↑funktionellen Gymnastik, Übungen zur Beeinflussung des Atmungsvorgangs, die das Atmungs-, Kreislauf- und Verdauungssystem aktivieren. Organgymnastik wird zur Behebung von Organleistungsschwächen eingesetzt (↑auch Atemgymnastik).

Organschulung [zu griechisch órganon „Organ", eigentlich „Werkzeug"]: Übungen zur Verbesserung der Organleistung bzw. zur Behebung von Organleistungsschwächen (↑Atemgymnastik, ↑Organgymnastik).

Orientierungslauf: sportlicher Wettbewerb für Damen und Herren, bei dem die Teilnehmer im Gelände (zu Fuß oder auf Skiern) eine bestimmte Anzahl auf einer Karte markierter Kontrollpunkte (Posten) in kürzestmöglicher Zeit erreichen bzw. passieren müssen. Die zum Passieren aller Posten erforderliche Streckenlänge soll für Herren höchstens 16 km (Skilauf: 25 km), für Damen höchstens 9 km (Skilauf: 14 km) betragen. Die Posten sollen möglichst in bewaldetem und den Wettkampfteilnehmern vor dem Wettkampf unbekanntem Gelände aufgestellt werden. Die Läufer führen neben Karte und Kompaß eine Kontrollkarte mit, die an jedem Posten markiert werden muß. Es gibt Einzel- und Mannschaftswettbewerbe, Tages- und Nachtläufe, Mehrtage- und Staffelläufe sowie kombinierte Läufe. Orientierungsläufe können auch mit dem Fahrrad, Pferd, mit Motorfahrzeugen oder Booten durchgeführt werden. – Der Ursprung des Orientierungslaufs liegt in Skandinavien (1897 erster Skiorientierungslauf in Norwegen). Erste Regeln wurden um 1920 aufgestellt. Seit 1966 werden Weltmeisterschaften, seit 1975 auch im Skiorientierungslauf ausgetragen. In der Bundesrepublik Deutschland ist der Orientierungslauf im *Deutschen Turner-Bund* (DTB; gegründet 1950, Sitz Frankfurt am Main) organisiert, international in der *Internationalen Orientierungslauf-Föderation* (IOF; gegründet 1961, Sitz Doune, Schottland).

orthopädische Gymnastik [zu griechisch orthós „aufrecht, gerade, richtig", paideía „Übung, Erziehung" und ↑Gymnastik] (orthopädisches Turnen): System gymnastischer Übungen zur Behebung von Schwächen und Störungen im menschlichen Bewegungsapparat (Knochen, Gelenke, Muskeln). V.a. Fuß- und Rückenleiden werden mit orthopädischer Gymnastik behandelt.

orthostatischer Kollaps ↑Kollaps.

Östrogene [zu griechisch oĩstros „Leidenschaft" und -genés „hervorbringend, verursachend"]: weibliche Sexualhormone, die in den Eierstöcken gebildet werden. Sie stehen im Zyklus der Frau in Wechselwirkung mit den ↑Gestagenen und bereiten den Eisprung vor (↑auch Menstruation). Sie regen bei Mädchen das Wachstum der Genitalien (Scheide, Gebärmutter, Eileiter und Eierstöcke) an und fördern die Entwicklung von Unterhautfettgewebe und damit die Brust- und Hüftentwicklung, was dem weiblichen Körper seine typische Form verleiht.

Overloadtraining [ˈoʊvəloʊdˌtrɛːnɪŋ, englisch] (Überlastungstraining): sportartspezifische Trainingsmethode, bei der die Wettkampfübungen mit höherer Belastung als im Wettkampf erforderlich absolviert werden, z.B. Kugelstoß mit schwererer Kugel, längere Laufstrecken bei nicht reduziertem Tempo, Tragen einer ↑Gewichtsweste u.a. Das Overloadtraining dient der Leistungsoptimierung.

Oxygendepot [...depoː; griechisch-französisch]: Sauerstoffvorrat in Geweben. Muskelzellen können Sauerstoff in begrenzter Menge an ihren Farbstoff Myoglobin binden. Dadurch erhalten sie eine Reserve für plötzlich einsetzende Belastungen (z.B. bei Sprints), die kurzzeitig (für wenige Sekunden) zur Energiegewinnung genutzt werden kann, bis die Durchblutung sich dem Bedarf angepaßt hat (↑Sauerstoffschuld).

P

Paarlauf: Wettbewerb beim ↑Eiskunstlauf und ↑Rollkunstlauf.

Pacemacher [peːs, englisch peɪs „Schritt, Tempo"] ↑Schrittmacher.

Paddel [englisch]: zum Fortbewegen kleiner Wasserfahrzeuge (v.a. Kanus oder „Paddelboote") dienendes, mit beiden Händen frei (ohne Auflagerung) geführtes Gerät mit geradem oder schaufelförmigem Blatt an einem Ende (*Einblattpaddel;* mit Krückengriff beim *Stechpaddel,* z.B. für Kanadier) oder an beiden Enden des Schafts (*Doppelpaddel, Doppelblattpaddel;* für Kajaks). Die Kanten des Paddelblatts sind mit Kupfer umrandet, um ein Ausfransen zu verhindern.

Paddeln [englisch]: 1. das Vorantreiben eines Boots mit einem ↑Paddel; – 2. umgangssprachlich für das Betreiben des ↑Kanusports; – 3. im Synchronschwimmen ↑Tellern; – 4. im Schlittensport das kräftige Schwingen zum Anschieben des Schlittens, wobei man sich an den Startbügeln festhält (Pinguinstart).

Paddelsport [englisch]: umgangssprachlich für ↑Kanusport.

Panamerikanische Spiele: seit 1951 (Buenos Aires, Argentinien) alle vier Jahre (jeweils ein Jahr vor den Olympischen Spielen) ausgetragene Wettkämpfe mit olympischem Programm für Teilnehmer aus den amerikanischen Staaten.

Panasiatische Spiele ↑Asienspiele.

Panathenäen ↑antike Festspiele.

Panhellenische Spiele (Panhellenische Agone): Bez. für die bedeutendsten Veranstaltungen der ↑antiken Festspiele. In Anknüpfung an die antike Tradition wurden auch im modernen Griechenland in der 2. Hälfte des 19. Jahrhunderts einige nationale sportliche Veranstaltungen Panhellenische Spiele genannt.

Pankration [...tion; griechisch] ↑antike Festspiele.

Pantomimik [französisch, zu griechisch pantómimos „der alles Nachahmende"]: stummer Ausdruck von Handlungsabläufen und Gefühlen durch gesamtkörperliche Bewegungen (Gliederbewegungen einschließlich Gesten, Gebärden und Mienenspiel). Die **Pantomime** ist die künstlerische Darstellung einer Handlung oder Szene ausschließlich durch Mienen- und Gebärdenspiel und tänzerische Bewegung. Sie war bereits 400 v.Chr. in Griechenland bekannt, wo sie sich aus dem kultischen und gymnastischen Tanz und aus dem griechischen Drama entwikkelte. Eine Pantomime wird meist von einem einzelnen Darsteller mit Maske gespielt. Die moderne Form der Pantomime wurde durch Étienne Decroux (* 1898) geprägt, der eine Systematik der körperlichen Ausdrucksmöglichkeiten und eine Technik des reinen Gebärdenspiels entwickelte.

Papierform ↑Form.

Parade (Parieren) [französisch]: 1. im *Sport allgemein* die Abwehr eines gegnerischen Angriffs, v.a. in Mannschaftsballspielen die Abwehr eines Torschusses durch den Torwart; – 2. im *Fechten* das Abdecken der angegriffenen Blöße durch *Klingenparade,* die die gegnerische Klinge abdrängt, oder *Körperparade,* das Zurückweichen oder Ausweichen nach der Seite oder nach unten. Man unterscheidet *Begleitparaden* (Reaktion auf Finten des Gegners) und *Wirkungsparaden* (Abwehr des Angriffs), die nach der Vielzahl aller möglichen Klingenbewegungen noch weiter differenziert werden; – 3. im *Pferdesport* das Anhalten (ganze Parade) oder Versammeln (halbe Parade) des Pferds oder Gespanns; – 4. im *Schach* die Abwehr eines Angriffs, v.a. eines Schachgebots durch Schlagen des Angreifers, Wegziehen des Königs oder Dazwischenstellen einer eigenen anderen Figur.

Parakinesie (Parakinese) [zu griechisch pará „von – seiten; bei; neben" und kínēsis „Bewegung"]: in der Sportmedizin Bez. für eine Störung der Muskelkoordination, die zu irregulär-unharmonischen Bewegungsabläufen führt.

Parallelschwung [griechisch parállēlos „nebeneinander stehend, gleichlaufend"]: auf einem der Schwungprinzipien des ↑alpinen Skilaufs beruhender Schwung, dessen Auslösung durch Abdruck von den geschlossenen und parallel geführten Skiern erfolgt (Gegensatz: ↑Umsteigeschwung). Die Funktionsphasen des Parallelschwungs sind: Stockeinsatz und Abstoß (Beine strecken), Hochentlastung, Skidrehung, Skisteuern mit verstärkter Außenlage und Gegendrehen, Körperspannung lösen mit dosiertem Tiefgang am Ende des Schwungs.

Parallelslalom [aus griechisch parállēlos „nebeneinander stehend, gleichlaufend" und ↑Slalom]: Skiwettbewerb, ein Slalomlauf, bei dem zwei Läufer gleichzeitig auf dicht nebeneinander ausgeflaggten Strecken mit gleichen Torabständen gegeneinander antreten. Entweder fährt jeder gegen jeden, oder die Entscheidung erfolgt nach dem K.-o.-System.

Parasailing [...sɛı...; zu para, Kurzbez. für französisch parachutiste „Fallschirmspringer", und englisch sailing „das Segeln"]: um 1970 entstandene Sportart, bei der ein von einem Motorboot gezogener Sportler mit einem fallschirmartigen Segel über dem Wasser schwebt. Durch Veränderung der Geschwindigkeit des Motorboots kann die Flughöhe reguliert werden.

Paraskisport [...ʃiː...; para, Kurzbez. für französisch parachutiste „Fallschirmspringer"]: Mehrkampf des alpinen Skisports, bestehend aus einem Fallschirmzielspringen und einem Riesenslalom, gewertet nach Punkten. Es finden nationale Wettkämpfe und Weltmeisterschaften statt.

Parasympathikus [zu griechisch pará „von – seiten; bei; neben" und ↑Sympathikus]: Teil des ↑vegetativen Nervensystems, das die automatische Anpassung des Körpers an die Beanspruchung reguliert. Überträgersubstanz dieser Nerven, deren Hauptanteil der Vagus ausmacht, ist das ↑Acetylcholin. Der Parasympathikus hat zu fast allen inneren Organen Kontakt und wirkt auf sie ein: Die Durchblutung und Tätigkeit des Darms werden angeregt, die aufgenommenen Nährstoffe zu Energiereserven aufgebaut und gespeichert und gleichzeitig die Arbeitsleistungen verringert, z. B. sinken Herz- und Atemfrequenz. Gegenspieler (↑Antagonisten) ist der ↑Sympathikus.

Paratonie [zu griechisch pará „von – seiten; bei; neben" und tónos „das Spannen, die Anspannung"]: Zustand, in dem die angespannte Muskulatur nicht mehr willkürlich entspannt werden kann. Der Tonus ist übersteigert, so daß Bewegungen eckig und steif wirken. Gleichzeitig ist das eigene kinästhetische Vermögen gestört, so daß sowohl in Ruhe als auch in Bewegung eine neuromuskuläre Entspannung der Muskulatur erschwert ist.

Parcours [parˈkuːr; französisch, von lateinisch percursus „das Durchlaufen"]: im *weitesten Sinn* jede Rennstrecke, die bei Geschwindigkeitswettbewerben zu bewältigen ist, v. a. wenn sie mit Hindernissen oder anderen Schwierigkeiten ausgestattet ist; im *engeren Sinn* die Rennstrecke bei motorsportlichen Geschicklichkeitsprüfungen und die Hindernisbahn beim ↑Springreiten.

Parieren ↑Parade.

Partei [französisch partie, zu lateinisch pars, partis „Teil, Anteil"]: in den Mannschaftssportarten eine Mannschaft während des Wettkampfs.

Partie [französisch]: in vielen Sportarten, v. a. im Billard und Schach, Bez. für einen Wettkampf, Wettbewerb.

Partnersportarten ↑Dualsportarten.

Partnerübungen: gebräuchliche Form des grundlegenden Übens und Trainierens, bei der zwei Partner zusammenarbeiten (mit oder ohne Gerät). Den Partnerübungen wird ein hoher Motivationsgrad zugeschrieben, so daß mit ihnen ein sehr intensives Training v. a. im Bereich der motorischen Grundeigenschaften, aber auch der sportmotorisch-technischen Fertigkeiten betrieben werden kann.

Paso doble [spanisch „Doppelschritt"]: aus einem spanischen Paartanz hervorgegangener, in seinen Figuren an den Stierkampf angelehnter Gesellschaftstanz in lebhaftem 2/4- oder 3/4-Takt mit den Rhythmen quick-quick, slow, quick-and-quick, slow-and. Gegenüberstellungen der Partner mit Körperkontakt, Promenadepositionen und Trennungen mit Körperneigungen nach rechts und links wechseln einander ab. Der Paso doble zählt zu den lateinamerikanischen Tänzen des ↑Tanzsports und ist auch Pflichttanz im Eis- und Rolltanz.

Paß [durch Vermittlung von englisch pass zu französisch pas (von lateinisch passus) „Schritt"]: in Mannschaftsballspielen das gezielte Zuspielen, die gezielte Ballabgabe (mit Hand, Fuß oder Schläger) an einen Spieler der eigenen Mannschaft. Man unterscheidet nach der Flugrichtung des Balles relativ zum Spielfeld Steil-, Schräg-, Quer- und Rückpaß. Ein Paß kann flach, halbhoch und hoch gespielt werden.

Paßgang: Bewegungsform in der Vorwärtsbewegung, bei der im Unterschied zur normalen Gegengleichbewegung (rechtes Bein – linker Arm und umgekehrt) jeweils die rechte Körperseite (rechtes Bein und rechter Arm) sowie die linke Körperseite (linkes Bein und linker Arm) nach vorn geführt werden. Dadurch kommt es zu einer schaukelnden Bewegung des Körpers, die zudem ein instabiles Gleichgewicht zeigt. Beim Erlernen des Skilanglaufs kann es ebenfalls zum Paßgangbewegungsmuster kommen, bei dem die seitengleiche Armbewegung die nach vorwärts gerichtete Bewegung eher hindert als unterstützt. Paßgang ist Ausdruck mangelnder Koordinationsfähigkeit.

Passage [pa'sa:ʒə; französisch „Durchgang"] ↑ Dressurreiten.

passiv [lateinisch „duldend"]: 1. allgemein die Qualifizierung eines *Sportinteressierten,* der den Sport jedoch nicht selbst (↑ aktiv) betreibt (z. B. Zuschauer, „passives" Mitglied im Sportverein); – 2. in den *Kampfsportarten* (z. B. Judo, Ringen) eine Kampfweise, die nur auf Verteidigung, nicht auf Angriff eingestellt ist; gilt als Regelverstoß **(Passivität);** – 3. in den *Mannschaftsballspielen* (z. B. Fußball, Handball) das Halten des Balles in den eigenen Reihen ohne Torversuch (Spielverzögerung); wird in einigen Sportarten (z. B. Handball) als Regelverstoß **(passives Spiel)** geahndet.

Pauschenpferd ↑ Seitpferdturnen.

Pausengymnastik: gymnastische Übungen während der Arbeitspausen am Arbeitsplatz mit vorwiegend regenerativer Funktion. Die Pausengymnastik kann individuell (Jogaübungen, autogenes Training) oder als gemeinschaftlicher ↑ Pausensport betrieben werden.

Pausensport: außerunterrichtliche sportliche Betätigung während der Unterrichtspausen an Schulen, z. T. in eigens zu diesem Zweck mit verschiedenen Geräten ausgestatteten Pausenhöfen; wegen gesetzlicher Bedenken hinsichtlich einer erhöhten Verletzungsgefahr und ungenügender Aufsicht ist die Verwirklichung oft erschwert. – Als Pausensport wird auch das gemeinschaftliche Sporttreiben (als Mannschaftssport, gemeinsame Gymnastik u. a.) während der Arbeitszeitpausen am Arbeitsplatz bezeichnet.

Pazifik-Spiele: erstmals 1969 in Tokio veranstaltete leichtathletische Wettkämpfe für Teilnehmer aus dem Bereich der Pazifikstaaten (Japan, Australien, Neuseeland, USA, Kanada).

Pelota [spanisch, zu lateinisch pila „Ball"]: tennisähnliches Rückschlagspiel im Freien oder in der Halle, bei dem ein gegen eine Mauer geschlagener und von ihr zurückspringender Ball wieder gegen die Mauer zurückgeschlagen wird. – Das **Spielfeld** mißt 60 × 16 m und ist an einer Stirnseite durch eine 18 m breite und 9 m hohe Mauer *(Fronton)* begrenzt, auf der in 80 cm Höhe über dem Boden eine *Aufschlaglinie* markiert ist. Im Abstand von 16 m von der Mauer begrenzt eine Linie das *Aufschlagfeld.* – **Spielgeräte** sind ein *Ball* (kautschukumwickelter Wollkern, Durchmesser 6,5 cm) und der

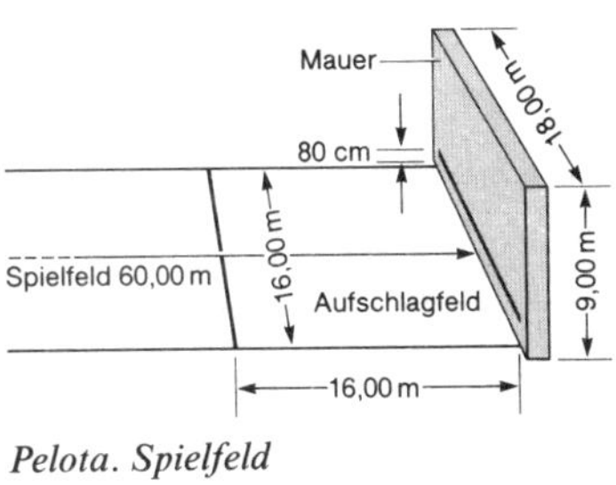

Pelota. Spielfeld

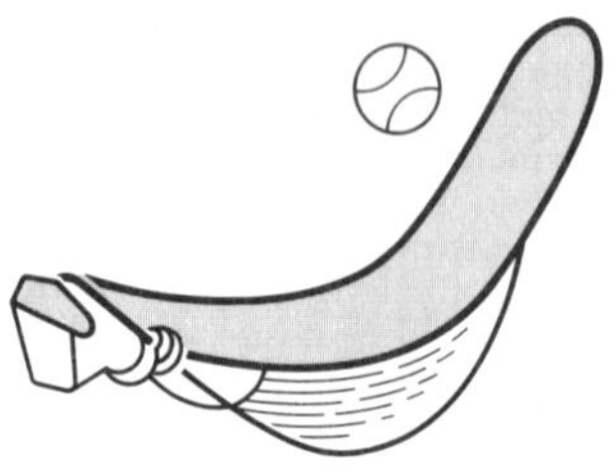

Pelota. Chistera mit Ball

Fangschläger (Chistera) aus Korbgeflecht, der nach einem Ende hin löffelförmig verbreitert, vertieft und gekrümmt ist und dann in einem kurzen geraden Stück (Schlagfläche) endet. – **Regeln** (Auswahl): Pelota wird als Einzel-, meist jedoch als Doppel- oder Mannschaftsspiel (bis zu 10 Spieler) gespielt. Zu Beginn des Spiels wirft der Anspielende den Ball aus dem Aufschlagfeld gegen die Mauer. Nachdem der zurückspringende Ball den Boden einmal berührt hat, muß er (jeweils vom Gegner) mit der Chistera wieder zurückgeschlagen werden (der Ball kann Geschwindigkeiten von über 120 km/h erreichen). Der Ball darf nicht aus der Luft (ohne vorherige Bodenberührung) gefangen werden, den Boden nicht mehr als einmal, die Mauer nicht unterhalb der Aufschlaglinie berühren oder die Mauer ganz verfehlen. Fehler zählen als Punkte für den Gegner. Die Wertung erfolgt wie beim Tennis nach Spielen und Sätzen oder nach den in einer bestimmten Zeit erzielten Punkten. – **Geschichte:** Pelota ist in Spanien aus einem alten baskischen Volksspiel entstanden und wird heute v. a. in Spanien, Lateinamerika und auf den Philippinen (z. T. auch als Berufssport) gespielt. Seit 1952 werden alle vier Jahre Welt- und Europameisterschaften ausgetragen. Organisiert ist Pelota in der *Federación Internacional de Pelota Vasca* (FIPV; gegründet 1929, Sitz San Sebastian, Spanien).

Penalty [englisch 'pɛnəltɪ „Strafe, Buße" (zu lateinisch poena „Strafe")]: in verschiedenen Sportarten Bez. für einen ungehinderten, nur vom Torwart abzuwehrenden Strafstoß, -wurf oder -schlag, z. B. Elfmeter im *Fußball,* Siebenmeterwurf im *Handball,* Strafecke im *Hokkey,* Straftritt im *Rugby* und Penalty shot im *Eishockey,* der sowohl als Direktschuß von der blauen Linie aus als auch durch Umspielen des Torwarts vollzogen werden kann. Ein Penalty wird verhängt, wenn von der verteidigenden Mannschaft durch einen groben Regelverstoß ein sicheres Tor verhindert wurde.

Pendeln [aus mittellateinisch pendulum „Schwinggewicht", zu lateinisch pendulus „herabhängend"]: Bewegungsgrundform: 1. im *Boxen* das wechselnde Neigen des Körpers zur Seite, um den Schlägen des Gegners auszuweichen; – 2. im *Eisschnellauf* das Ausgleichen der Fliehkraft durch entsprechende Körperbewegungen; – 3. im *Geräteturnen* das Vor- und Zurückschwingen der Beine, dem eine entgegengesetzte Bewegung des Oberkörpers entspricht.

Pendelstaffel ↑Staffellauf.

Penholdergriff [englisch 'pɛnhoʊldə „Federhalter"]: im Tischtennis eine Haltung des Schlägers, bei der der zwischen Daumen und Zeigefinger liegende Griff nach oben zeigt; wird v. a. von asiatischen Spielern bevorzugt.

Pentathlon [griechisch]: Fünfkampf, ↑antike Festspiele.

Periodisierung ↑Trainingsperiodisierung.

Periodonike [griechisch] ↑antike Festspiele.

peripheres Nervensystem ↑Nervensystem.

Persenning [niederländisch]: passend zum Bootskörper zugeschnittenes, starkes geteertes Segeltuch zum Abdecken von Öffnungen oder zum Schutz des ganzen Boots gegen Wind, Wasser und Verschmutzung.

Pfeilangriff: im Fechten ein Sturzangriff (französisch: flèche), nach dem der Fechter an seinem Gegner vorbeiläuft.

Pferdepolo (Polo) [von tibetisch pulu „Ball"]: Reitertreibball- und Torspiel. – Der **Spielgedanke** ist, daß zwei Mannschaften zu je vier Spielern, die die Nummern 1 bis 4 tragen (1 und 2 Angriff, 3 und 4 Abwehr),

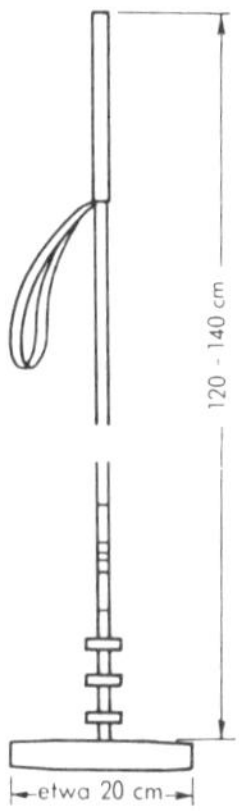

Pferdepolo. Schläger

auf einem Pferd sitzend versuchen, einen Ball mit Schlägern ins gegnerische Tor zu schlagen. – Das **Spielfeld** ist ein 274 × 182 m großer und von einer Mittellinie halbierter Rasenplatz. An beiden Schmalseiten stehen im Abstand von 7,30 m voneinander zwei 3 m hohe Stangen, die die nach oben offenen Tore bilden. – Die **Spielzeit** beträgt 4–8 *Chukkers* (Spielabschnitte) mit je 7,5 Minuten effektiver Spielzeit, drei Minuten Pause zwischen den Abschnitten und fünf Minuten bei Halbzeit. – **Spielgeräte** sind die hammerartigen *Schläger* aus Weidenholz oder Bambus (1,20 1,40 m lang), die mit einer Schlaufe um das Handgelenk gehalten und mit der Breitseite des Kopfes geschlagen werden, und der *Ball*, ein Hartball aus gepreßtem Bambusholz (Durchmesser 8,25 cm, Gewicht 120–135 g). Die Spieler tragen einen Kunststoffhelm mit Gesichtsschutz, kurzärmeliges Polohemd, Bandagen an Körper und Beinen, Stiefel und Handschuhe. Im Pferdepolo werden Halb- oder Vollblutponys von höchstens 1,50 m Stockmaß geritten. Die Pferde werden wegen der hohen Belastung in höchstens zwei Spielabschnitten, jedoch nicht hintereinander eingesetzt. – **Regeln** (Auswahl): Ein Oberschiedsrichter am Spielfeldrand und zwei berittene Schiedsrichter leiten das Spiel. Je nach Leistungsstand erhalten die Spieler ein Handikap von 1 bis 10 Punkten. Je besser der Spieler, um so höher die Zahl seiner Handikappunkte. Bei Handikapturnieren erhalten die schwächeren Mannschaften eine Torvorgabe, die sich aus der Differenz der Handikappunkte der gegeneinander antretenden Mannschaften errechnet. Das Spiel beginnt durch Einwurf des Schiedsrichters an der Mittellinie, wo beide Mannschaften aufgereiht stehen. Der Poloschläger darf nur in der rechten Hand gehalten werden. Die wichtigsten Schlagarten sind *Pull* (zum Pferd hin), *Drive* (längs des Pferdes) und *Cut* (vom Pferd weg). Beim Sturz eines Pferdes wird das Spiel unterbrochen. Abdrängen durch paralleles Heranreiten ist erlaubt, jedoch ist stets das **Wegerecht** zu beachten: Der Spieler, der der Flugbahn des Balles folgt

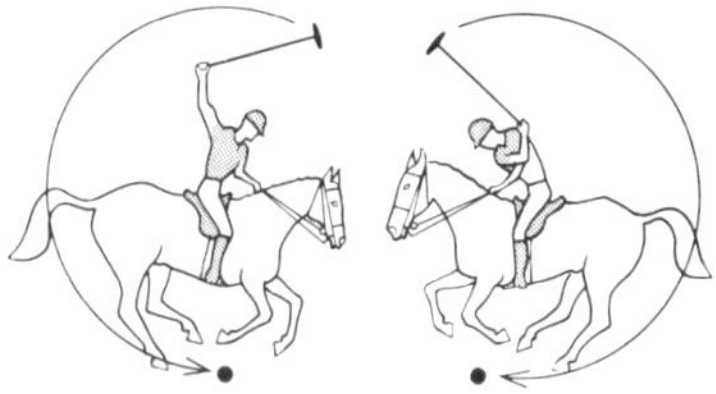

Pferdepolo. Drive (links: Vorhanddrive vorwärts, rechts: Rückhanddrive vorwärts)

und den kleinsten Winkel zu ihr hat, hat Vorrecht. Die Lauflinie des Balles darf nicht gequert werden. Die wichtigsten Strafen sind Straftore (nach gefährlichem Fehler, der ein Tor verhinderte) und Freischläge aus einer Entfernung von 27, 36 oder 54 m vom gegnerischen Tor oder von der Stelle des Regelverstoßes. – **Geschichte:** Erste Berichte über Pferdepolo stammen aus der Zeit des Perserkönigs Darius I., des Großen

(† 486 v. Chr.), doch ist anzunehmen, daß es schon früher als kriegerisches Übungsspiel bei den zentralasiatischen Reitervölkern bekannt war. Es verbreitete sich über ganz Asien und entwickelte sich zu einem mit Musik und Zeremoniell begleiteten höfischen Spiel. Über Indien gelangte es im 19. Jahrhundert nach Großbritannien, wo 1871 das erste Polospiel stattfand (seit 1896 auch in Deutschland). Pferdepolo gehörte 1908, 1920, 1924 und 1936 zum olympischen Programm. Es gilt noch heute als ein Spiel der Reichen und wird vorwiegend in Großbritannien, Italien, Mexiko, Argentinien und den USA gespielt. In der Bundesrepublik Deutschland sind die einzelnen Poloklubs der *Deutschen Reiterlichen Vereinigung* (↑ Reitsport) angeschlossen.

Pferderennsport ↑ Galopprennen, ↑ Trabrennen.

Pferdesport: Sammelbez. für alle mit Pferden betriebene Sportarten. Man unterscheidet Reiterspiele (reglementierte Spiele zu Pferd, z. B. ↑ Pferdepolo), den organisierten Wettkampfsport der Pferderennen (↑ Galopprennen, ↑ Trabrennen), des ↑ Reitsports und ↑ Fahrsports und ↑ Voltigieren.

Pferdestärke: Einheitenzeichen PS, in der Bundesrepublik Deutschland im amtlichen und geschäftlichen Verkehr nicht mehr zulässige Einheit der Leistung; durch Watt (W) bzw. Kilowatt (kW) ersetzt. 1 PS wird aufgebracht, wenn die Masse 75 kg in 1 s mit konstanter Geschwindigkeit 1 m hoch gehoben wird; 1 PS = 735,5 W. In PS wurde v. a. die Motorleistung (auch im Motorsport) gemessen.

Pferdsprung ↑ Langpferdturnen, ↑ Seitpferdturnen.

pflegerische Gymnastik: Gymnastik, die sich v. a. der Vorbeugung und Wiederherstellung der Gesundheit widmet. Ausgehend von der ↑ funktionellen Gymnastik wird sie konkretisiert in der ↑ orthopädischen Gymnastik, der ↑ Atemgymnastik und ↑ Krankengymnastik.

Pflicht (Pflichtfigur, Pflichtübung): vorgeschriebene Übungen eines Wettkampfs, deren Bewertung zusammen mit jener der freigewählten Übungen (↑ Kür) das Gesamtergebnis der Wettkampfübung bildet. Eine Pflicht gibt es im ↑ Eiskunstlauf und im ↑ Rollkunstlauf, ↑ Kunstturnen, ↑ Trampolinturnen, ↑ Wasserspringen und Synchronschwimmen (↑ Kunstschwimmen), ↑ Kunstflugsport und in der ↑ rhythmischen Sportgymnastik.

Pflichtkür ↑ Kür.

Pflichttraining [...trɛ:...]: in Sportarten, die mit hohem Risiko verbunden sind, vorgeschriebenes Training vor dem Wettkampf, dessen erfolgreiche Durchführung z. T. Bedingung für die Zulassung zum Wettkampf ist bzw. über die Startreihenfolge entscheidet (z. B. im Motorsport und Abfahrtslauf).

Pflugbogen ↑ alpiner Skilauf.

Phänographie der Bewegung [zu griechisch phaínesthai „erscheinen" und gráphein „schreiben, aufzeichnen"]: die Beschreibung eines realen Bewegungsablaufs anhand der unmittelbar gegebenen Anschauung mit dem Ziel der Analyse der ↑ Bewegungsstruktur und der Feststellung der ↑ Bewegungsmerkmale. Die Objektivierung der Phänographie der Bewegung, v. a. für den motorischen Lehr- und Lernprozeß, geschieht mit Hilfe der ↑ Kinematographie.

Phasenstruktur [zu griechisch phásis „Erscheinung" und lateinisch structura „Zusammenfügung, Ordnung, Bau"] ↑ Bewegungsphase, ↑ Bewegungsstruktur.

Philanthropen [griechisch „Menschenfreunde"]: Vertreter einer gegen Ende des 18. Jahrhunderts entstandenen pädagogischen Reformbewegung, die die Leibesübungen als wesentlichen Bestandteil der Erziehung ansah und somit als Wegbereiter der neuzeitlichen Leibeserziehung gelten kann. Hauptvertreter waren Johannes Bernhard Basedow (* 1724, † 1790), Johann Christoph Friedrich GutsMuths (* 1759,

† 1839), Christian Gotthilf Salzmann (* 1744, † 1811), Gerhard Ulrich Anton Vieth (* 1763, † 1830) und Peter Villaume (* 1747, † 1825). Nach ihrer Auffassung sollte der Körper umfassend gebildet sein und der dadurch vervollkommnete Mensch ein irdisches Glück erleben. Weitreichende Wirkung, z. B. bis in die heutige Theorie der Leibeserziehung, hatte das 1774 von Basedow geründete und nur bis 1793 bestehende *Philanthropin* in Dessau. Die Philanthropen förderten v. a. folgende Leibesübungen: Laufen, Springen, Klettern, Tragen, Balancieren **(Dessauer Pentathlon),** Schwimmen, Tanzen, Schlittschuhfahren, Voltigieren, Fechten, Reiten, Spiele und Wandern.

Philip-Noel-Baker-Preis [...-'noʊəl-'bɛɪkə...]: Auszeichnung für besondere Leistungen auf dem Gebiet der Sportwissenschaft, 1970 von dem britischen Politiker und Wissenschaftler Baron Philip John Noel-Baker (* 1889, † 1982) gestiftet. Noel-Baker war 1920 Olympiazweiter im 1 500-m-Lauf, 1959 Friedensnobelpreisträger und 1960–76 Präsident des *International Council of Sport Science and Physical Education.*

pH-Wert [pH, Abk. für lateinisch **p**otentia **h**ydrogenii „Stärke (Konzentration) des Wasserstoffs"]: Maßzahl für die in einer Lösung enthaltene Konzentration an Wasserstoffionen. Die Lebensvorgänge im Menschen hängen wesentlich von der Aufrechterhaltung eines bestimmten Blut- und Gewebe-pH-Werts ab. Verschiebungen bewirken z. B. eine Änderung der Sauerstoffbindung des Blutes, der Aktivität von ↑ Enzymen, der Energiegewinnung, eventuell eine Funktionsunfähigkeit von Organen und Muskeln (↑ Alkalireserve).

Piaffe [von französisch piaffer „stampfen" (vom Pferd gesagt)] ↑ Dressurreiten.

Pin [englisch „Kegel"]: beim Bowling Bez. für den Kegel, aber auch für den erzielten Punkt (↑ Kegelsport).

Pingpong [englisch]: scherzhafte, mitunter auch abwertende Bez. für Tischtennis bzw. das nicht regelgerechte Tischtennis.

Pinguinstart ↑ Paddeln.

Pinne: einarmiger Hebel zur Handbetätigung eines Bootsruders; auch der entsprechende Teil der Ruderanlage eines Schiffs.

Pirouette [piru'ɛtə, französisch]: 1. im *Eis-* und *Rollkunstlauf* Figur des Kür- und Kurzprogramms, eine schnelle Drehung um die eigene Achse auf dem Standbein. Pirouetten können in Laufrichtung auf dem Standbein eingelaufen, vom Standbein auf das Spielbein eingesprungen oder als Wechselpirouette während der Drehung auf das Spielbein umgesprungen werden. Je nach der Körperhaltung unterscheidet man Stand-, Sitz- und Waagepirouetten (Oberkörper und Spielbein bilden eine waagerechte Linie); – 2. im *Geräteturnen* eine ganze Drehung um die Längsachse des Körpers im Sprung oder Flug (ein-, zwei- oder dreifach); – 3. im *Kunstflugsport* Drehung der Maschine um die Längsachse im Steig- oder Sturzflug; – 4. im *Pferdesport* ↑ Dressurreiten.

Piste [französisch, von italienisch pista „gestampfter Weg, Spur"]: (meist abgesteckte) Übungsstätte in verschiedenen Sportarten, z. B. die Spielbahn im Bahnengolf, die Rennstrecke im Ski- und Motorsport, die Wettbewerbsstrecke (auch Start- und Landebahn) im Flugsport.

Pistolenschießen ↑ Schießsport.

Pivot [pi'vo:; französisch] ↑ Center.

Platz: 1. *allgemein* die sportliche Übungsstätte (Sportplatz, Spielfeld); – 2. in der *Wettkampfwertung* der erreichte Rang; – 3. in *Mannschaftsspielen* die Spielposition eines Spielers.

Platzverweis ↑ Hinausstellung.

Platzwechsel (Positionswechsel): in Mannschaftsspielen gebräuchliche Taktik zur Täuschung des Gegners, indem einzelne Spieler während des Wettkampfs (meist nach einem Spielabschnitt) ihre Spielposition (Plätze) tauschen (im Rahmen der im Regelwerk vorgegebenen Möglichkeiten).

Platzwertung: 1. Bewertungsmodus in der leichtathletischen Mannschaftswertung, bei der nicht die meßbare Leistung, sondern der erreichte Rang (Platz) ausschlaggebend ist, der mit einer bestimmten Punktzahl bewertet wird, z. B. bei vier Teilnehmern fünf Punkte für den ersten, drei für den zweiten, zwei für den dritten, ein Punkt für den vierten Platz. Die von den einzelnen Mannschaftsmitgliedern erreichten Punkte werden zu einem Gesamtergebnis addiert; – 2. in Sportarten mit nicht meßbarer Leistung (Kunstsportarten) die Vergabe von ↑Platzziffern an die einzelnen Wettkampfteilnehmer in ↑offener Wertung.

Platzziffer: Element der Platzwertung in den Kunstsportarten (mit nicht meßbarer Leistung), der von den Kampfrichtern jedem einzelnen Wettkampfteilnehmer zugeordnete Platz (Rang) sowie der daraus errechnete endgültige Platz. Im *Eiskunstlauf* entsprechen die für Pflicht, Kurzprogramm und Kür einzeln vergebenen Platzziffern festgesetzten Punktzahlen, deren Summe das Endergebnis bildet. Im *Tanzsport* wird für jedes Paar und jeden Tanz aufgrund der Noten eine Platzziffer ermittelt, aus deren Summe sich der Endstand ergibt.

Play-off [englisch 'plɛɪɔf]: Austragungssystem in Meisterschaftsendrunden verschiedener Spiele (z. B. Basketball, Eishockey), bei dem der Verlierer (nach Hin-, Rück- und eventuell Entscheidungsspielen) aus dem Turnier ausscheidet. An der sogenannten **Play-off-Runde,** die nach Abschluß der eigentlichen Meisterschaftsserie ausgetragen wird, nehmen die Spitzenmannschaften teil, um den Meister bzw. den Aufsteiger in die nächsthöhere Spielklasse zu ermitteln.

plazieren [französisch]: in den Rückschlag- und Mannschaftsballspielen einen Ball, beim Boxen einen Schlag so genau anbringen, daß er vom Gegner nicht abgewehrt werden kann.

Plazierung [französisch]: das Erreichen eines vorderen Platzes (Siegplatz) in einem sportlichen Wettbewerb.

Pokal [aus italienisch boccale, von griechisch baúkalis „enghalsiges Gefäß“] (Cup): ein Trink- bzw. Ziergefäß aus Gold, Silber u. a., Siegtrophäe in Sportwettbewerben, auch Bez. für den Wettbewerb um einen Pokal. Am bekanntesten sind die Pokalwettbewerbe im Fußball, die meist nach dem K.-o.-System (Pokalsystem) ausgetragen werden. Der Sieger kann auch aus Hin- und Rückspiel ermittelt werden, wobei die auswärts erzielten Tore doppelt zählen. Bei Gleichstand kann eine Siegentscheidung durch Spielzeitverlängerung, Wiederholungsspiel, ↑Elfmeterschießen oder Los herbeigeführt werden. – Der Pokal (die Trophäe) verbleibt entweder jeweils für ein Jahr im Besitz des Siegers **(Wanderpokal)** oder er geht (meist erst nach dreimaligem Gewinn) vollends in dessen Besitz über. Treffen Sieger verschiedener Pokalwettbewerbe aufeinander, spricht man von **Supercup.** – Zu den einzelnen Pokalwettbewerben im Fußball ↑DFB-Vereinspokal, ↑Europameisterschaft (Europapokal) und ↑Fußball.

politische Leibeserziehung: ganz oder überwiegend politisch-ideologischen Zielen untergeordnete Leibeserziehung unter Ausnutzung der Beliebtheit des Sports zu propagandistischen Zwecken (z. B. ↑nationalsozialistische Leibeserziehung.

Polizeisport: von Angehörigen der Polizei im Rahmen ihrer Aus- und Fortbildung betriebener Sport, organisiert im *Deutschen Polizeisportkuratorium,* Mitglied im *Deutschen Sportbund.* Vornehmlich betriebene Sportarten sind Laufen, Springen, Werfen, Schwimmen, Reiten, Schießen, Fechten und Judo.

Polo ↑Pferdepolo, ↑Radpolo.

Poolbillard ['pu:lbɪljart, englisch-französisch] (Pool, American Pool): besondere Form des Billards. Der

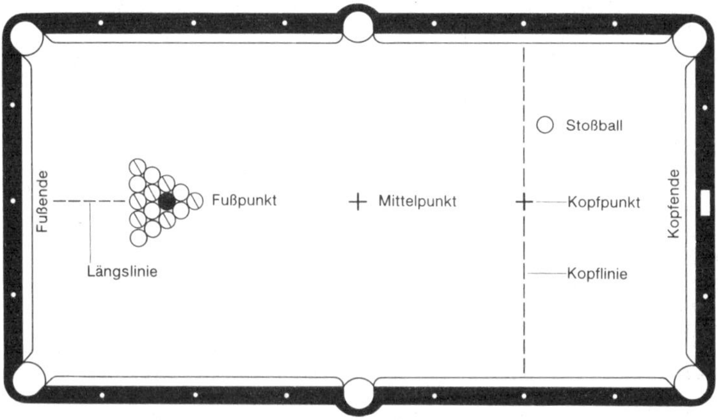

Poolbillard. Spieltisch mit Kugeldreieck

Spieltisch hat eine von Banden umgebene rechteckige Spielfläche von 1,12 × 2,24 m. An den vier Ecken und in der Mitte der Längsseiten befinden sich insgesamt sechs *Löcher* mit Auffangtaschen für die Kugeln. Die Spielfläche enthält folgende Markierungen: einen *Mittelpunkt,* eine *Kopflinie,* die parallel zu einer Schmalseite, dem Kopfende, ein Viertel der Spielfläche *(Kopffeld)* abtrennt und in ihrer Mitte den *Kopfpunkt* enthält, eine *Längslinie,* die senkrecht auf der Mitte der gegenüberliegenden Schmalseite *(Fußende)* steht und ein Viertel der Gesamtlänge der Spielfläche in diese hineinragt und deren Endpunkt im Spielfeld der *Fußpunkt* ist, der die Spitze des gleichseitigen *Kugeldreiecks* bildet. – Gespielt wird mit insgesamt 16 Kugeln von 57,2 mm Durchmesser (einem weißen Anstoßball und 15 durchnumerierten farbigen Kugeln). Die Spitze des Queues ist gefedert. – Es gibt drei **Spielvarianten:** 1. Eine Partei versenkt die Kugeln 1–7, die andere die Kugeln 9–15 in festgelegten Löchern. Die Kugel 8 kann die Partei versenken, die zuerst ihre Kugeln versenkt hat. 2. Spiel 14/1 endlos: Eine festgelegte farbige Kugel muß in ein angesagtes Loch versenkt werden; gelingt dies, erhält der Spieler einen Punkt, gelingt es nicht, wird ihm ein Punkt abgezogen. Auch für Fehler gibt es Punktabzüge. Das Spiel geht bis mindestens 50 Punkte. 3. Endlosspiel: Ein Spieler kann hintereinander 14 Kugeln versenken, die 15. Kugel bleibt im Feld, und die 14 versenkten Kugeln werden erneut zum Kugeldreieck aufgebaut. – Poolbillard ist in den USA entstanden. Es werden nationale Meisterschaften ausgetragen. Der *Deutsche Pool-Billard-Verband* gehört seit 1983 dem *Deutschen Billard-Bund* an (↑ Billard).

Pose [französisch]: 1. im *Tanzsport* zusätzliche Figuren, die in höheren Klassen getanzt werden; – 2. im *Angelsport* der Schwimmer; – 3. in der *Sportakrobatik* eine statische Übung; – 4. im *Bodybuilding* die Darstellung des Muskelaufbaus.

Position [lateinisch „Stellung, Lage“]: 1. der Platz, den ein Spieler aufgrund der Mannschaftsaufstellung einnimmt; – 2. der Rang, den eine Mannschaft oder ein einzelner Sportler im Gesamtklassement einnimmt; – 3. die Stellung eines Sportlers während des Wettkampfs im Vergleich zu seinen Konkurrenten (z. B. in leichtathletischen Laufdisziplinen); – 4. die Haltung des Fahrers auf dem Fahrrad im Radsport; – 5. die ↑Faustlage im Fechten.

Positionsangriff [↑Position]: in Mannschaftsballspielen (z. B. Handball, Basketball) der Angriff aus einer Grundaufstellung mit systematischem Platzwechsel der Spieler mit und ohne Ball, um die gegnerische Abwehr zu verwirren.

Positionswechsel [↑Position]: 1. ↑Platzwechsel; – 2. **(Rotation)** im Volleyball der im Regelwerk vorgeschriebene Platzwechsel der Spieler im Uhrzeigersinn (um jeweils einen Platz) bei Erhalt des Aufschlagrechts.

Postsport: Breiten- und Spitzensport, der von Angehörigen des Post- und Fernmeldewesens in eigenen Postsportvereinen betrieben wird. Es werden nationale und internationale Postsportmeisterschaften (z. B. im Gehen) ausgetragen. In der Bundesrepublik Deutschland betreut die *Arbeitsgemeinschaft der Postsportvereine* (APV; gegründet 1952, Sitz München) den Postsport, internationaler Dachverband ist die *Union Internationale Sportive des PTT* (UISPTT; gegründet 1952, Sitz Amsterdam).

Powerlifting [englisch 'paʊəlɪftɪŋ]: englische Bez. für ↑Kraftdreikampf.

Powerplay [englisch 'paʊəpleɪ „Kraftspiel"]: bei sportlichen Kampfspielen, v. a. beim Eishockey, ein überlegenes Spiel einer Mannschaft, das gemeinsame, pausenlose Anstürmen aller Feldspieler auf das gegnerische Tor.

Prävention [zu lateinisch praevenire, praeventum „zuvorkommen"] (Prophylaxe): vorbeugende Maßnahmen zur Verhütung oder Früherkennung von Krankheiten, mit denen bereits im Säuglingsalter begonnen werden sollte. Ausgewogene mineralstoffhaltige und vitaminreiche Kost kann ein gesundes körperlich-geistiges Wachstum erzielen. Verzichtet man auf gezuckerte Getränke und das Zusüßen mancher Speisen, so dient dies z. B. als Kariesprophylaxe. Auch Impfungen sind Maßnahmen der Prävention. Hohe präventive Bedeutung kommt auch dem Sport zu, wenn z. B. durch Dauerlauf, Schwimmen oder Radfahren Herz, Kreislauf und Muskulatur gut durchtrainiert und die Gelenke durch gymnastische Übungen beweglich gehalten werden. Bedingt durch den erhöhten Energiestoffwechsel, kann sich eine sportliche Betätigung positiv auf die Körpergewichtsregulation auswirken. Die genannten Präventivmaßnahmen beugen Krankheiten vor wie Bluthochdruck, Gefäßverkalkung, Herzinfarkt, Zuckerkrankheit u. a.

Preis: (meist) Sachprämie, die dem Sieger bzw. den Erstplazierten eines sportlichen Wettbewerbs verliehen wird. Im Berufssport (z. B. Tennis, Golf) werden Preisgelder ausgesetzt, die entsprechend der Plazierung im Wettkampf ausgezahlt werden. Auch Wettkämpfe, in denen ein Preis ausgesetzt ist, werden gelegentlich Preis genannt (z. B. Preis der Nationen im Springreiten). – ↑auch Großer Preis.

Prellball: zu den sogenannten Turnspielen zählendes, dem Faustball verwandtes Hallenmannschaftsspiel. Zwei Mannschaften zu je vier Spielern (auch Zweiermannschaften sind möglich: *Zweierprellball*) versuchen, einen Faustball mit der Faust in der eigenen Spielfeldhälfte so zu **prellen,** d. h. auf den Boden aufzuschlagen, daß er über den 35–40 cm hohen **Prellbock** (Balken, Bank, Leine u. a.), der auf der Mittellinie des 8 × 16 m großen Spielfelds steht, in das gegnerische Feld springt und dort nach Möglichkeit nicht regelgerecht angenommen werden kann. Ein Spiel dauert 2 × 10 Minuten. – Die **Regeln** ähneln denen des ↑Faustballs: Der Ball wird mit der Faust geschlagen und darf im eigenen Feld nur dreimal berührt werden. Zwischen den Prellschlägen muß der Ball den Boden berührt haben. Der Prellbock darf weder vom Ball noch von einem Spieler berührt werden. Jeder Fehler ergibt einen Punkt für den Gegner. – Prellball wird seit etwa 1920 in den Vereinen des *Deutschen Turner-Bunds* mit eigener Bundesliga und als Behindertensport gespielt.

Prellen: Technik der Ballbehandlung, bei der der Ball mit der offenen oder geschlossenen Hand auf dem Boden aufgetippt wird, z. B. im Basketball, Faustball, Handball, Prellball und in der rhythmischen Sportgymnastik.

Prellung: Schädigung von Körperstrukturen durch eine von außen kommende stumpfe Gewalteinwirkung, wobei die äußere Haut erhalten bleibt. Durch Zerreißen von kleinen Blutgefäßen entsteht ein Bluterguß (Hämatom). Prellungen von Haut, Muskulatur oder Knochen sind kurzfristig äußerst schmerzhaft, können auch mehrere Tage zur Beeinträchtigung des Sportlers führen. Die oberflächliche Prellung ist eine der häufigsten Sportverletzungen und erfordert sofortige Kühlung, eventuell einen Druckverband, je nach Schweregrad auch längere Unterbrechung sportlicher Betätigung. Durch Prellungen hervorgerufene Blutung in ein Gelenk oder gar Prellungen der inneren Organe erfordern schnelle ärztliche Hilfe.

Preßatmung: der Versuch der Ausatmung gegen erhöhten Widerstand. Dabei drückt die Bauchmuskulatur das Zwerchfell in den Brustkorb, dessen Muskulatur die Lunge zusammenzupressen versucht. Dies wird behindert durch Verschluß des Kehlkopfs, von Nase und Mund oder durch erhöhten Luftwiderstand (z. B. beim Tauchen). Der Vorteil der Preßatmung liegt in der Fixierung des Brustkorbs, die eine bessere Kraftleistung der Schultergürtelmuskulatur ermöglicht (v. a. wichtig beim Geräteturnen, Ringen, Gewichtheben), der Nachteil liegt in der verringerten Herz- und Atemleistung.

Pressing [englisch „das Drücken"]: 1. Preßdeckung (↑ Deckung); – 2. in Mannschaftsballspielen (z. B. Basketball, Fußball, Handball) eine betont offensive Spielweise, mit der der Gegner unter Druck gesetzt wird.

Primärerfahrung [französisch, von lateinisch primarius „einer der ersten"]: Bez. sowohl für Erfahrungen, die der Mensch zum ersten Mal macht, als auch (v. a. im Sport) für grundlegende, elementare Erfahrung eines Kommunikationsaustauschs zwischen Umwelt und Leib durch Bewegung, z. B. Auftrieb im Wasser, Flugerlebnis im Wasserspringen, Geschwindigkeit im Skilauf, physische Ermüdung bei Ausdauerleistungen. Die Vermittlung solcher Primärerfahrungen ist ein zentrales Ziel des Schulsports.

Pritschen (oberes Zuspiel): grundlegende Technik beim Volleyball zum genauen Passen des Balles nur mit den Fingerspitzen, v. a. im Rahmen des Angriffsaufbaus: Bei leichter Grätschstellung mit einem Bein vorn, gebeugten Knien und in Stirnhöhe gehobenen Armen zeigen die nach hinten abgewinkelten Hände mit gespreizten Fingern zueinander. Beim Spielen des Balles werden die Knie in Zuspielrichtung gestreckt. Der Ball wird etwa 15–20 cm über der Stirn berührt. Das Ausmaß der Armstreckung bestimmt Höhe und Weite des gespielten Balles.

Professionalisierung [zu englisch profession „Beruf"]: Ordnen und Zusammenfassen neuer Tätigkeiten zu gesellschaftlich anerkannten Berufen oder weitere Spezialisierung, Verwissenschaftlichung und ausbildungsmäßige Präzisierung von bereits bekannten Berufen. Auch im Bereich des Sports nimmt die Professionalisierung ständig zu, d. h. es entstehen neben den traditionellen Berufen wie Schulsportlehrer, Trainer, Berufssportler neue Berufsfelder, z. B. in der Sportverwaltung, im Bereich der Massenmedien (z. B. Sportjournalist), der Gesundheit und Freizeit. Professionalisierung darf nicht verwechselt werden mit Profitum und Professionalismus (↑ Berufssport).

Profisport ↑ Berufssport.

Progesteron ↑ Gestagene.

programmiertes Lernen: Lehrverfahren zur Ökonomisierung und

Optimierung von Lehr- und Lernprozessen. Besondere Kennzeichen sind: Selbsttätigkeit des Lernenden, konstante Lehrgüte, Individualisierung des Lernprozesses und das Prinzip der kleinen Schritte. Im Sport wird das programmierte Lernen zur optimalen Gestaltung von Lern- und Trainingsprozessen eingesetzt. Es hat enge Verbindung zum sensomotorischen Lernen. Programme liegen vor für die Sportarten Schwimmen, Leichtathletik, Tennis und alpiner Skilauf.

Promoter [englisch prə'moʊtə]: Veranstalter von Berufssportwettkämpfen (v. a. im Boxen, Motorsport, Radsport u. a.).

Prophylaxe ↑ Prävention.

Protein [...te-i...; zu griechisch prōtos „erster, vorderster; wichtigster" (nach der irrtümlichen Annahme, daß alle Eiweißkörper auf einer Grundsubstanz basieren)] ↑ Eiweiß.

Protest [italienisch, zu lateinisch protestari „öffentlich bezeugen"]: von einem Sportler oder einem Verein bei der zuständigen Instanz der Sportgerichtsbarkeit erhobener Einspruch gegen ein Wettkampfergebnis, eine Verletzung der Wettkampfbedingungen oder die Anfechtung einer Regelauslegung durch einen Schieds- bzw. Kampfrichter. Der Protest muß bestimmten Formvorschriften genügen und innerhalb einer festgelegten Einspruchsfrist unter Hinterlegung einer Einspruchsgebühr erfolgen. Gegen die Entscheidung der ersten Instanz besteht meist die Möglichkeit der Berufung. Sogenannte ↑ Tatsachenentscheidungen der Schieds- bzw. Kampfrichter können durch Protest nicht angefochten werden.

Protokollführer [von mittelgriechisch prōtókollon, eigentlich „(den amtlichen Papyrusrollen) vorgeleimtes (Blatt)"]: in mehreren Sportarten vom Regelwerk gefordertes Mitglied des Kampfgerichts bzw. der Turnierleitung mit der Aufgabe, über Tore, Punkte, Wertungen u. a. offiziell Buch zu führen und das Endergebnis verantwortlich festzuhalten.

Prototyp [von griechisch prōtótypos „ursprünglich"]: 1. *allgemein* ein Sportler, der als Inbegriff dessen gilt, was man für einen Sportler einer bestimmten Sportart als typisch erachtet; – 2. in der *Sportgeräteentwicklung* das vor der Serienproduktion gefertigte Probemodell; – 3. im *Automobilsport* ein Rennwagen einer bestimmten Kategorie bzw. Klasse oder Gruppe, der nur in Einzelstükken gefertigt wird.

Psychogramm des Sportlers [zu griechisch psyché „Seele" und grámma „Geschriebenes, Zeichen"]: graphische Darstellung, möglichst vollständige psychologische Beschreibung eines Sportlers und Erfassung seiner seelischen und geistigen Einzeldaten sowie seiner Eigenschaften, Fähigkeiten und Fertigkeiten aufgrund von Tests, Fragebogen, Interviews u. a. Das Psychogramm dient als Grundlage für Beratung und Betreuung des Sportlers.

Psychomotorik [zu griechisch psyché „Seele" und lateinisch motor „Beweger"]: zunächst Bez. für alle willkürlich gesteuerten Bewegungsabläufe (wie Gehen, Sprechen, Ausdrucksbewegungen, Koordinationsleistungen), dann auch für die sich damit befassende sportpsychologische Disziplin. Diese geht davon aus, daß menschliche Bewegung und Psyche (Erleben, Fühlen, Denken, Wahrnehmen) eine Funktionseinheit darstellen, in der diese Komponenten sich – positiv wie negativ – wechselseitig beeinflussen. Die Psychomotorik, entstanden v. a. aus der Arbeit mit Kindern, hat psychomotorische Therapien zur Behandlung psychomotorischer Instabilität und Störungen bei entwicklungsgestörten Kindern erarbeitet, die versuchen, mit analytisch-tiefenpsychologischen, elementar-motorischen oder rhythmisch-heilpädagogischen Mitteln und Methoden diesen Kindern zu einer psychomotorischen Gesamterfahrung (Sinnes-, Körper-, grob- und feinmotorische Erfahrungen) zu verhelfen. Im Rahmen der Sportwissenschaft hat sich – neben der Motologie – v. a. der *Arbeitskreis für Psychomotorik* die Aufgabe gestellt, durch Tagungen, Workshops, Materialentwicklung, Publikationen u. a. zur Förderung einer kindgemäßen Bewegungserziehung und -therapie unter gleichzeitiger Berücksichtigung der neurophysiologischen Grundlagen der Motorik (Neuromotorik), des Funktionszusammenhangs von Wahrnehmung und Bewegung (Sensomotorik) und von Bewegung und Kommunikation (Soziomotorik) beizutragen.

psychoregulatives Training [...trɛ:...; zu griechisch psychē „Seele", spätlateinisch regulare „ordnen, einrichten" und ↑Training]: gezielte Einübung psychophysischer Steuerungstechniken (z. B. Sensibilisierung, Desensibilisierung, Hypnose, autogenes Training, Joga, Biofeedback-Methode) zur Schulung leistungsfördernder und Ausschaltung leistungshemmender (psychischer) Faktoren. Ausgehend von einer theoretischen Kenntnis des Einflusses psychischer Faktoren auf die sportliche Leistung und einer Bedingungsanalyse hinsichtlich Person, Situation und Training des Sportlers, werden Informationen über die jeweiligen Belastungsbedingungen zusammengetragen, die die Entwicklung von Erholungs- bzw. Entspannungs-, Desensibilisierungs- und Motivationsstrategien und schließlich einer Bewältigungsstrategie ermöglichen.

Puck [englisch] ↑Eishockey.

Pull [englisch]: beim Pferdepolo ein zum Pferd hin geschlagener Ball.

Pulsfrequenz [lateinisch pulsus „das Stoßen, Schlagen" und frequens „häufig"]: Häufigkeit, mit der sich eine Druckwelle vom Herzen aus in den Arterien ausbreitet, die normalerweise mit der ↑Herzfrequenz übereinstimmende Zahl der Pulsschläge pro Minute (beim Erwachsenen 60–80). Bei erhöhtem Blutbedarf im Gewebe, besonders der Muskeln bei sportlichen Leistungen, steigt sie entsprechend an, bei Aufregung auch über die benötigte Höhe, was aber als Vorbereitung (Anpassung) auf weitere körperliche Anstrengung sinnvoll sein kann.

Punkt [lateinisch, eigentlich „das Gestochene" (Einstich des Griffels in eine Wachstafel)]: Wertungseinheit bei sportlichen Wettkämpfen (↑Punktwertung).

Punktabzug [↑Punkt]: Leistungsbewertungsmodus im Rahmen der ↑Punktwertung, bei dem von einer feststehenden Höchstpunktzahl für fehlerhafte Ausführung einer Übung (z. B. im Kunstturnen), Nichteinhalten einer vorgeschriebenen Leistungsnorm (z. B. im Wasserspringen), Verweigerung (z. B. im Springreiten), Sturz (z. B. beim Skispringen) oder Überschreiten der vorgeschriebenen Zeit für eine Übung (z. B. in der rhythmischen Sportgymnastik) nach bestimmten, im jeweiligen Regelwerk festgelegten Kriterien Punkte abgezogen werden.

Punktrichter [↑Punkt]: Mitglieder eines Kampfgerichts bei sportlichen Wettkämpfen, die die ↑Punktwertung vornehmen; sie sind besonders ausgebildet, da sie über eine genaue Kenntnis der Sportart sowie über die Fähigkeit zur Bewegungsanalyse verfügen müssen.

Punktsieg ↑Sieg.

Punktspiel [↑Punkt]: in Mannschaftssportarten ein Wettkampf in einer Meisterschaftsrunde, dessen Ergebnis mit Punkten bewertet wird (↑Punktwertung) im Unterschied zu Pokal-, Freundschafts- oder Privatspielen.

Punktverhältnis [↑Punkt]: in Mannschaftssportarten das aus den ausgetragenen ↑Punktspielen resultierende Verhältnis von gewonnenen zu verlorenen Punkten, das die Position einer Mannschaft im Gesamtklassement (Tabellenstand) bestimmt.

Punktwertung [↑Punkt]: zahlenmäßige Ergebnis- bzw. Leistungsbewertung sportlicher Wettkämpfe. Punktwertung gibt es v. a. in Sportarten, deren Leistung nicht nach dem ↑C-G-S-System objektiv gemessen werden kann, sondern von ↑Punktrichtern aufgrund verschiedener, sportartspezifisch festgeschriebener Kriterien (↑auch Note) geschätzt werden muß. Dies geschieht in der Regel nach dem Prinzip des ↑Punktabzugs. In einigen Sportarten (z. B. Football, Basketball, Rugby, Ringen, Boxen, Kegelsport) werden Treffer, Tore, erfolgreich angewandte Techniken je nach Qualität in Punkten ausgedrückt. In Mehrkämpfen (z. B. Siebenkampf, Zehnkampf), Mannschafts- und Vergleichskämpfen der Leichtathletik, auch in anderen Mehrkämpfen (z. B. moderner Fünfkampf, nordische Kombination, Sportfischen), werden gemessene Leistungen nach standardisierten Wertungstabellen in Punkte umgerechnet und diese dann zu einem Gesamtergebnis addiert. Bei vielen Mannschaftsspielen wird in ↑Punktspielen das Spielergebnis in Punkten notiert (z. B. zwei Punkte für den Sieg, ein Punkt für Unentschieden) und nach dem ↑Punktverhältnis der Tabellenstand ermittelt. Bei den Rückschlagspielen (z. B. Badminton, Tennis, Tischtennis, Volleyball) zählt nicht nur die eigene Leistung, sondern auch der Fehler des Gegners als Punkt. In einigen Sportarten (z. B. Springreiten) werden Punkte für die eigenen Fehler (Fehlerpunkte, Strafpunkte) vergeben, so daß hier die niedrigste Punktzahl über den Sieg entscheidet.

pyknisch [zu griechisch pyknós „dicht, fest"]: Bez. für einen der ↑Körperbautypen.

Pyramidentraining [...trɛ:...; griechisch-englisch]: Methode des ↑Krafttrainings mit spezieller Belastungsdosierung: Die Belastung wird innerhalb einer Übungsserie sukzessiv bis zur maximalen Leistungsfähigkeit gesteigert und fällt dann wieder ab. Dabei nimmt die Übungsfrequenz mit steigender Höhe der Belastung ab und umgekehrt. Wird die Betonung auf die Pyramidenspitze

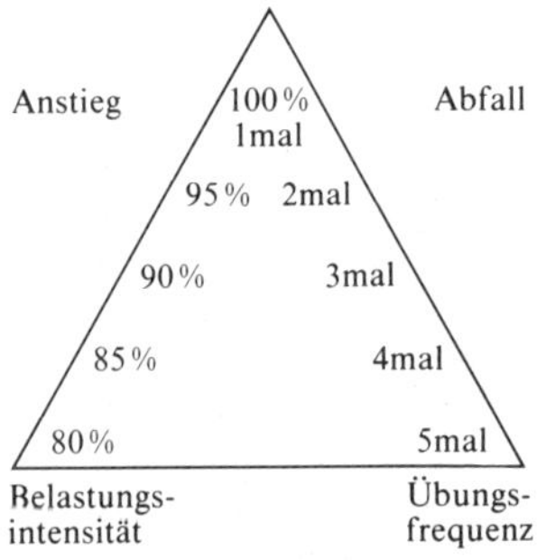

(100% Belastung) gelegt, wird die Maximalkraft geschult, bei Betonung der Pyramidenbasis die Schnellkraft.

Pyruvat [griechisch/lateinisch] ↑Brenztraubensäure.

Pythische Spiele ↑antike Festspiele.

Q

Qualifikation [französisch, von lateinisch qualificatio „Befähigung"]: Teilnahmeberechtigung für einen sportlichen Wettbewerb auf der nächst höheren Ebene entweder aufgrund einer bestimmten Plazierung in vorangegangenen Wettbewerben (z. B. Vorläufe in der Leichtathletik, Vorrunde, Qualifikationsspiel in den Mannschaftssportarten) oder durch Erfüllung einer ↑Norm (z. B. in den technischen Disziplinen der Leichtathletik).

Querfeldeinrennen: vorwiegend zwischen Oktober und März auf einem etwa 2 km langen Rundkurs ausgetragene Geländeprüfung im Radsport. 75% der Geländestrecke sind fahrtaugliche Wege, der Rest schwer zu bewältigendes Gelände mit Hindernissen. Das Rad kann gefahren, geschoben und getragen werden. Die Streckenlänge richtet sich nach den Kategorien der Wettkämpfer: Kategorie A (Profis, Eliteamateure) 22 km, Kategorie B (Amateure, Senioren, Junioren) 16 km, Kategorie C (Anfänger) bis zu 10 km. Die Querfeldeinrennen zählen zu den körperlich härtesten Prüfungen des Radsports. – Querfeldeinrennen werden auch im Skisport (auf alpinem Ski mit Langlaufbindung und Steighilfebelag), im Pferde- und Motorsport und in der Leichtathletik ausgetragen. – ↑auch Crosslauf, ↑Moto-Cross.

Quickstep [englisch 'kvɪkstɛp]: zu den Standardtänzen des ↑Tanzsports zählender Tanz im 4/4-Takt mit leicht synkopiertem Rhythmus. Der Quickstep ist eine schnellere Art des Slowfox. Er wird als Dreischritt (slow-quick-quick) und Vierschritt (slow-quick-quick-slow) getanzt. Schnelle Geh-, Wechsel- und Kreuzschritte, Zickzackbögen und Körperdrehungen wechseln einander ab. Der Oberkörper bleibt möglichst konstant in einer Ebene. – Der Quickstep ist Pflichttanz im Eis- und Rolltanz (56 Takte/Minute).

R

Racquetball [englisch 'rækɪt „Schläger"]: dem ↑Squash und dem ↑American Handball verwandtes Rückschlagspiel, das (von Damen und Herren) als Einzel, Doppel oder mit drei Spielern in der Halle gespielt wird. Sportstätte ist ein Raum von 12,20 × 6,10 × 6,10 m. Alle Seitenwände sowie Boden und Decke gehören zum Spielfeld. In der Mitte der Grundfläche ist eine 1,52 m breite Aufschlagzone markiert, aus der heraus ein Hartgummiball (Durchmesser 5,5 cm) mit einem 46–50 cm langen, an einer Halteschlaufe getragenen Schläger so an eine der Wände geschlagen wird, daß er vom Gegner nach Möglichkeit nicht mehr erreicht werden kann. Gewertet wird in Punkten. Punkte kann nur erzielen, wer aufschlägt. Ein Satz geht bis 21, ein Entscheidungssatz bis 15 Punkte, gespielt wird immer auf zwei Gewinnsätze.

Rad: 1. der rollenden Fortbewegung dienendes Maschinenelement bei Fahrzeugen; – 2. Sportgerät des Radsports (Fahrrad); – 3. Figur im Kunstschwimmen, die unter Wasser das Bild eines Rads beschreibt; – 4. Bewegungsform im Geräteturnen, als Radschlagen im Bodenturnen und am Schwebebalken ein Überschlag seitwärts, bei dem die Hände nacheinander in großem Abstand auf dem Gerät aufsetzen (in jeder Phase besteht Kontakt mit dem Gerät), und als Radüberschlag am Barren und Pferd.

Rad. Geräteturnen

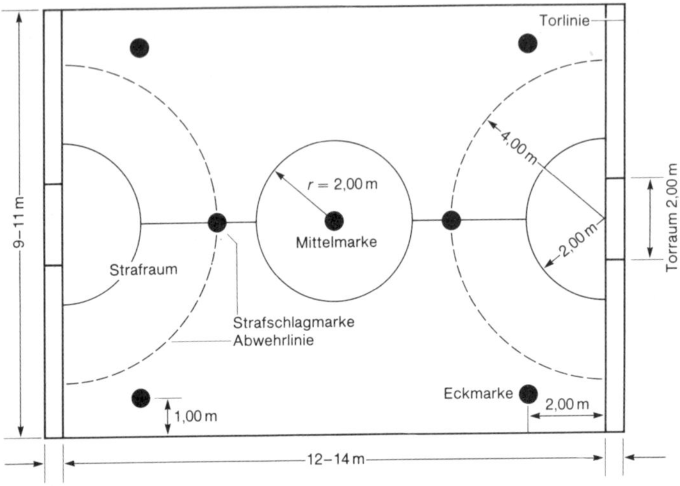

Radball. Spielfeld

Radball: Disziplin des Radsports, ein Torballspiel, das nur von Männern auf Fahrrädern gespielt wird, als *Hallenradball* von Zweiermannschaften, als *Rasenradball* von Sechsermannschaften.

Das **Spielfeld** mißt 9–11 × 12–14 m (im Rasenradball bis zu 40 × 60 m). Um die Mittelmarke des Spielfelds ist ein Kreis von 2 m Radius geschlagen. Die 2 m breiten und 2 m hohen, nach hinten durch ein Netz geschlossenen Tore stehen auf der Mitte der Schmalseiten (Torlinien). Um die Mitte der Torlinie markiert ein Halbkreis von 2 m Radius den Strafraum, und von 4 m Radius die Abwehrlinie.

Radball. Fahrrad

Senkrecht vor der Tormitte auf den Abwehrlinien befinden sich die Strafschlagmarken. Im Abstand von jeweils 1 m von den Seitenlinien und von 2 m von den Torlinien sind vier Eckmarken gezeichnet. Das ganze Spielfeld ist von einer schräg nach außen ansteigenden Einfassung umgeben. – Als **Spielgerät** dienen ein stabiles (Gewicht 13 kg) Fahrrad ohne Bremse, mit nach oben gebogenen Lenkstangengriffen, kleiner Übersetzung und gleich großen Rädern (mindestens 26 Zoll Durchmesser) und ein Stoffball mit einem Durchmesser von 16–18 cm und einem Gewicht von 500–600 g. – Die **Spielzeit** beträgt 2 × 7 Minuten (mit Seitenwechsel).

Regeln (Auswahl): Bei Spielbeginn (auch nach Seitenwechsel und einem Tor) liegt der Ball auf der Mittelmarke, und die Spieler stehen neben ihren Rädern hinter der Torlinie. Beim Anpfiff durch den Schiedsrichter dürfen sie aufsitzen, aber erst nach dem Anstoß durch die anstoßberechtigte Mannschaft ins Spiel eingreifen. Der Ball darf nur mit dem Rad oder dem Körper gespielt werden, wobei die Hände am Lenker und die Füße auf den Pedalen bleiben müssen. Nur der Verteidiger darf innerhalb seines Strafraums den Ball mit der Hand abwehren. Berührt ein Spieler den Boden, muß er über die eigene Torlinie neu ins Spiel fahren. Aus- und Eckbälle werden von den Eckmarken aus wieder ins Spiel gebracht. Regelverstöße werden durch Freischläge oder (bei Vergehen im Strafraum) durch Strafball (Viermeterball) geahndet. – Radball erfordert hohes Können (v.a. perfekte Radbeherrschung) und taktisches Geschick, aufbauend auf gutem Reaktionsvermögen und entsprechender Spielübersicht, sowie mannschaftliche Harmonie.

Radball entstand 1890 und wurde zunächst in Dreier- oder Fünfermannschaften gespielt. Seit 1921 gibt es deutsche Meisterschaften, seit 1929 auch Weltmeisterschaften. Radball wird national und international von den Verbänden des ↑Radsports betreut.

Radpolo [zu tibetisch pulu „Ball"]: Disziplin des Radsports, nur von Damen (in Zweiermannschaften) in der Halle gespieltes Torballspiel auf Fahrrädern. Spielfeld und Regeln entsprechen jenen des ↑Radballs. Gespielt wird mit einem filzüberzogenen Holzball (Durchmesser 10 cm), der mit dem Schlagpflock (Hammer) des Polostocks (Länge 0,70–1,00 m) geschlagen wird. Im Unterschied zum Radball darf der Ball mit den Rädern zwar angehalten, jedoch nicht weggeschlagen werden. Die Spielerinnen dürfen sich auf den Polostöcken abstützen. Die Spielzeit beträgt 2 × 5 Minuten.

Radsport: zusammenfassende Bez. für die in vier große Sparten aufgeteilten sportlichen Disziplinen, die wettkampfmäßig auf Fahrrädern im Freien, in der Halle oder im Saal ausgetragen werden: Straßenrennsport, Bahnrennsport, ↑Kunstradsport und Ballspiele auf dem Fahrrad (↑Radball, ↑Radpolo).

Sportgerät im Straßen und Bahnrennsport ist das Rennrad. Man unterscheidet: 1. *Straßenrennrad:* etwa 8 kg schwer, mit Felgenbremsen und Gangschaltung mit 10–18 Übersetzungen (Gängen), Reifengewicht 175–360 g; 2. *Bahnrennrad:* etwa 6 kg schwer, mit starrer Nabe, ohne Schaltung und Bremsen, Reifengewicht 90–175 g; 3. *Steherrennrad:* Bahnrennrad mit kleinerem Vorderrad. – Die Kleidung der Radrennfahrer besteht aus Rennschuhen, kurzer Hose, Trikot, fingerlosen Handschuhen und Rennmütze.

Disziplinen im Straßenrennsport sind: **Einerfahren:** Rennen auf offener Straße über meist 120–150 km. **Etappenfahrten:** Diese führen über verschiedene Einzelabschnitte und über mehrere Tage mit etappenweiser Wertung. Die bekanntesten Etappenfahrten sind die Tour de France und der Giro d'Italia. **Zeitfahren:** Straßenrennen mit Einzelstart gegen die Uhr. **Bergrennen:** Zeitfahren auf bergigen Straßen. **Kriterium:** Rundstreckenrennen über eine vorher festgelegte Rundenzahl. **Mannschaftsrennen:** Zeitfahren über meist 100 km. Von einer aus vier Fahrern bestehenden Mannschaft müssen drei Fahrer geschlossen das Ziel erreichen, wobei die Zeit des dritten

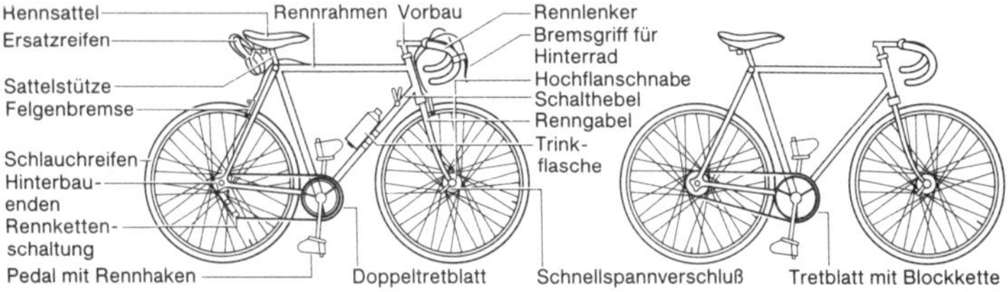

Radsport. Fahrrad (links: Straßenrad, rechts: Bahnrad)

Fahrers gewertet wird. ↑Querfeldeinrennen.
Bahnrennen finden auf meist nicht mehr als 250 m langen Pisten in überdachten Hallen (Winterbahnen) und im Freien auf meistens 333 m langen, mit Holz- oder Zementbelag versehenen Sommerbahnen (jeweils mit überhöhten Kurven) statt. **Disziplinen des Bahnrennsports** sind: **Sprint (Fliegerrennen):** Hierbei starten zwei Fahrer gemeinsam an der Startlinie über die Distanz von 1 000 m, wobei lediglich die Geschwindigkeit der letzten 200 m gestoppt wird. **Verfolgungsrennen:** Einzel- oder Vierermannschaftswettbewerb (bei Amateuren über 4 000 m, bei Berufsfahrern über 5 000 m). Die Gegner starten an zwei gegenüberliegenden Linien zum gleichen Zeitpunkt, wobei die kürzeste Fahrzeit über den Sieg entscheidet. Beim Mannschaftsrennen lösen sich die Fahrer in der Führung gleichmäßig ab. **Zeitfahren:** Wettbewerb über eine Distanz von 1 000 m für Einzelfahrer gegen die Uhr. **Tandemrennen:** Wettbewerb auf einem zweisitzigen Fahrrad; Wertung und Rennverlauf wie beim Sprint. **Steherrennen:** Einzelwettbewerb über 50 km oder eine Stunde hinter Schrittmachermaschinen (Motorräder). Der Schrittmacher gibt dem Fahrer (Steher) Windschatten, wodurch Geschwindigkeiten bis zu 80 km/h erreicht werden.
Wichtig für eine gute, kraftschonende **Trettechnik** im Radrennsport ist die Position, d. h. die Haltung des Fahrers auf dem Rad (Abstand zwischen Sattel und Lenker, Sattelhöhe). Durchstehvermögen und kluges **taktisches** Verhalten (z. B. Ausreißversuche in Straßenrennen, mannschaftsgerechtes Fahren, Übereinstimmung zwischen Steher und Schrittmacher, Beobachtung des Gegners in Sprinterrennen, um den günstigen Zeitpunkt zum Spurt zu erkennen) sind entscheidend für ein erfolgreiches Rennen.
Die **Geschichte** des Radsports ist eng mit der Entwicklungsgeschichte des Fahrrads verknüpft. Erste Rennen mit „Draisinen", den Laufmaschinen von Karl Freiherr von Drais von Sauerbronn (* 1785, † 1851) fanden 1819 statt; erste Straßenrennen (auf dem Hochrad) um 1860, erste Bahnrennen 1868, das erste Sechstagerennen 1891. Seit 1896 gehört der Radsport zum olympischen Programm. Nach der Erfindung der Torpedofreilaufnabe (1900) nahm der Radrennsport einen erheblichen Aufschwung (1903 erste Tour de France über 4 000 km). – In der Bundesrepublik Deutschland wird der Radsport vom *Bund Deutscher Radfahrer* (BDR; gegründet 1884, Sitz Frankfurt am Main) betreut, von dem sich 1969 der *Deutsche Berufsradrennfahrer-Verband* (DBRV; Sitz Köln) abtrennte, international von der *Union Cycliste Internationale* (UCI; gegründet 1900, Sitz Genf) als oberster Instanz, neben der es noch für Amateure die *Fédération Internationale Amateur de Cyclisme* (FIAC, gegründet 1965, Sitz Rom) und für Profis die *Fédération Internationale du Cyclisme Professionnel* (FICP; gegründet 1965, Sitz Leudelange, Luxemburg) gibt.

Rahmenwettbewerbe: v. a. bei großen Sportveranstaltungen ausgetragene sportliche Wettkämpfe, deren Ergebnisse nicht in die Wertung eingehen. Bekannt sind v. a. die Rahmenwettbewerbe bei Olympischen Spielen, die vom Austräger der Spiele vorgeschlagen werden. Dabei haben neue, bislang nicht olympische Sportarten die Chance, sich durchzusetzen.

Rallye ['rali, auch: 'rɛli; englisch und französisch, zu altfranzösisch rallier „wieder (ver)sammeln"]: Disziplin des Automobilsports. Die früher als **Sternfahrt** bezeichnete Rallye besteht heute hauptsächlich aus Sonderprüfungsabschnitten mit sogenannten Verbindungsstrecken. Die Sonderprüfungen (Wertungsprüfungen) werden auf abgesperrtem, schwierigem Gelände auf Bestzeit oder Soll-Zeit durchfahren. Für die Verbindungsstrecken, bei denen die Straßenverkehrsordnung gilt, ist die

Fahrzeit vorgeschrieben. Der Rallyesport wird ausschließlich mit serienmäßigen Fahrzeugen betrieben. Die Einteilung erfolgt nach den vom internationalen Dachverband (↑ Automobilsport) festgelegten Gruppen und Klassen. Jedes Fahrzeug ist mit zwei Personen besetzt. Der Beifahrer (Kopilot) führt das Bordbuch, in dem die Streckenführung eingetragen ist und die erreichten Zeiten bei den Sonderprüfungen eingetragen werden. – Bekannte Rallyes sind die Rallye Paris–Dakar (11 000 km) seit 1971 und die Rallye Monte Carlo (3 000–3 400 km) seit 1911 (seit 1927 mit Damenwertung). – Im *Kanu-* und *Radsport* bezeichnet man Wanderfahrten als Rallyes.

Rangliste: die Einstufung von Sportlern nach ihren Leistungen, die entweder von Vereinen, nationalen oder internationalen Verbänden vorgenommen (z. B. Boxen, Golf) oder in Ranglistenturnieren ausgespielt wird (z. B. Tennis, Tischtennis).

Rasenkraftsport: ein sportlicher Dreikampf für Herren und männliche Jugend im Freien, bestehend aus den Disziplinen Hammer- und Gewichtwerfen sowie Steinstoßen in sechs ↑ Gewichtsklassen, bzw. Zweikampf (Steinstoßen und Gewichtwerfen) für Damen in vier Gewichtsklassen. – **Sportgeräte** sind der *Hammer* (↑ Hammerwurf; Gesamtlänge 1,25 m, Gesamtgewicht 7,25 kg [Jugend 6,25 km]), das *Wurfgewicht,* eine Metallkugel mit angeschweißtem dreieckigem Griff (Gesamtlänge 0,50 m, Gesamtgewicht 12,5 kg [Jugend und Damen 7,5 kg]) und der quaderförmige *Stoßstein* (Abmessungen unterschiedlich, Gewicht 15,0 kg [Jugend und Damen 10,0 kg]). – Das Hammer- und Gewichtwerfen erfolgen aus dem Kugelstoßkreis (↑ Kugelstoß), das Steinstoßen auf einer Anlaufbahn (4 × 20 m) vor einem Abstoßbalken. Jeder Teilnehmer hat in jeder Disziplin vier Versuche, von denen der beste gewertet wird. Gewertet wird auf der Grundlage einer Idealpunktzahl von insgesamt 1 000 Punkten, die je nach Leistung vergrößert oder vermindert wird.

Rasensport: Sammelbez. für alle Sportarten, die – zumindest vorwiegend – auf Rasenplätzen betrieben werden (bestimmte Wettbewerbe der Leichtathletik, Rasenkraftsport und Spiele, u. a. Fußball, Hockey, Rugby, Golf, Kricket, Krocket, Pferdepolo).

Rasten: das kampflose Erreichen der zweiten Runde eines Turniers in den Rückschlagspielen (z. B. Badminton, Tennis, Tischtennis), weil die gemeldete Teilnehmerzahl niedriger als 64, 32, 16, 8 oder 4 ist, so daß die Paarungen nicht so ausgelost werden können, daß nach der ersten Runde eine Teilnehmerzahl übrigbleibt, die durch 4 teilbar ist. Von 14 Teilnehmern der ersten Runde z. B. rasten 2, so daß 12 Spieler gegeneinander antreten, von denen 6 ausscheiden. Die nicht ausgeschiedenen 6 Spieler und die 2 rastenden (= 8) bestreiten die nächste Runde. Zum Rasten kommen vorwiegend gesetzte (↑ Setzen) Spieler.

Raumdeckung ↑ Deckung.

Reaktionsschnelligkeit [zu lateinisch re „zurück, wieder, entgegen" und agere, actum „tun, handeln"] ↑ Schnelligkeit.

Reaktionszeit [zu lateinisch re „zurück, wieder, entgegen" und agere, actum „tun, handeln"]: die Zeitspanne zwischen dem Empfang eines Reizes durch die Sinnesorgane und dessen Beantwortung durch eine entsprechende Körperreaktion. Schnelle Reaktion ist entscheidend für Sprinter beim Start, in Zweikampfsportarten und bei hohen Geschwindigkeiten (z. B. Bobfahren). Training der Konzentration und eine gute Vorbereitung können die Reaktionszeit verkürzen. Obwohl auch schnelle Nervenerregung und -leitung sowie deren Übertragung auf den Muskel trainierbar sind, erfolgt hier zwangsläufig, abhängig von Umgebungsbedingungen (z. B. Temperatur) eine Verzögerung.

Reamateurisierung [zu lateinisch re „zurück, wieder" und ↑ Amateur]: die Zurückversetzung eines Berufssportlers in den Status des Amateurs, die auf Antrag und nach bestimmten Wartezeiten möglich ist. Allerdings wird ein reamateurisierter Berufssportler nicht mehr zu Olympischen Spielen zugelassen. Viele Berufssportler lassen sich nach Erreichen ihrer Leistungshöhe reamateurisieren, um im Amateursport noch Wettkampfsport betreiben zu können (oft als Spielertrainer).

Rebound [englisch rɪ'baʊnd]: das Zurückprallen des Basketballes vom Korbring oder Spielbrett nach einem Wurf. Man unterscheidet den *Angriffsrebound* (ein Angreifer sichert am Korb des Gegners, um den Ball abzufangen) und den *Verteidigungsrebound* (ein Verteidiger sichert am Korb). Beim Rebound versuchen Angreifer und Verteidiger, möglichst nahe an den Korb zu kommen. Dabei haben die Verteidiger den Vorteil der korbnäheren Position und den weiteren Vorteil, daß sie nicht wie die Angreifer nur drei Sekunden im Freiwurfraum bleiben dürfen.

Rebounder [englisch rɪ'baʊndə]: Spieler in Mannschaftsspielen (v.a. im Basketball), der besonders gut Abpraller abfangen kann, um aus diesen nach Möglichkeit Punkte bzw. Tore zu erzielen.

Reckturnen: Disziplin des Geräteturnens, Teil des olympischen Zwölfkampfs für Männer. – Turngerät ist das **Reck,** eine vorgespannte Stahlstange von 28 mm Durchmesser und 2,40 m Länge, die bis zu 2,75 m hoch parallel zum Boden an zwei Standsäulen befestigt und zusätzlich (wie der Stufenbarren) über eine Fläche von 5,50 × 4,00 m mit Stahlseilen verspannt ist. – Das Übungsgut am Reck umfaßt v.a. folgende Bewegungsfertigkeiten: Schwingen im Hang, Unterschwung, Felgauf- und Felgumschwung, Riesenfelgaufschwung, Riesenfelge vorwärts, Felge vorlings vorwärts, Kippe und Schwungstemme. Beim Reckturnen unterscheidet man verschiedene Höhen des Recks (z.B. brust-, kopf- und sprunghoch) mit unterschiedlichen Schwierigkeitsgraden der jeweils möglichen Übungen. – **Geschichte:** Das Reckturnen wurde von Friedrich Ludwig Jahn (* 1778, † 1852) 1812 auf der Hasenheide in Berlin eingeführt, allerdings mit sehr einfachen Auf-, Um- und Abschwüngen. Die Kippe turnt man seit etwa 1850. Die Entwicklung der Weichbodenmatte (↑ Matte) und der ↑ Schnitzelgrube verringerte das Risiko beim Reckturnen und trug damit wesentlich zur Steigerung der Schwierigkeit der Übungen bei. V.a. seit den Olympischen Spielen 1952 erlebte das Reckturnen durch Turner aus der Sowjetunion und aus Japan einen beachtlichen Aufschwung. Ein weiterer Entwicklungsschritt war das Turnen von Flügen über das Reck aus den Riesenschwüngen vorwärts und rückwärts mit Wiederfangen im Hang sowie der einarmigen Riesenfelge und des dreifachen Saltos rückwärts. – Zur Wertung des Reckturnens ↑ Kunstturnen.

Reflex [von lateinisch reflexus „das Zurückbeugen"]: auf einen ↑ Reiz hin automatisch erfolgende Reaktion, die allerdings unterdrückbar

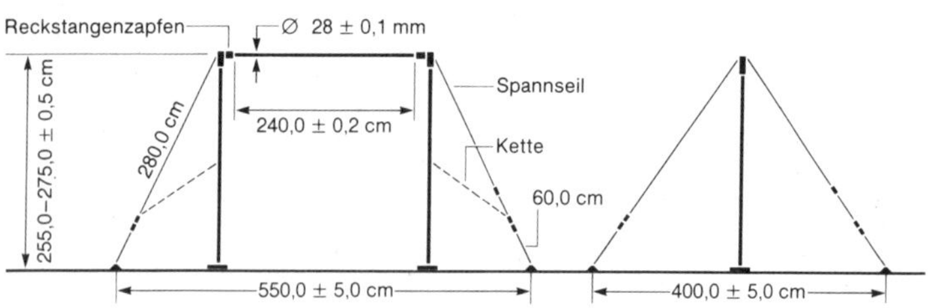

Reckturnen. Reck, Front- und Seitansicht

sein kann. Der Reiz wird in eine Nervenerregung umgewandelt, diese wird verarbeitet, und es erfolgt eine Reizantwort. Die Verarbeitung geschieht je nach Ort und Art des Reizes im Rückenmark, Hirnstamm, Kleinhirn oder Großhirn, entsprechend einfach oder kompliziert ist die Antwort, die aber auf jeden Fall schnell erfolgt. Erfolgsorgan können z. B. Skelettmuskeln, Blutgefäße, Drüsen, das Herz oder – weitergefaßt – auch das Gehirn sein. Meist sind die Reflexantworten sinnvoll für den Schutz des Körpers und die Aufrechterhaltung seiner Funktionen (z. B. Lidschluß bei Berührung der Augenhornhaut, Abwehrhaltung der Arme bei Sturz oder Angriff auf den Körper, z. B. beim Boxen). Eine besondere Gruppe sind die „bedingten Reflexe", die erlernbar und somit durch Training gezielt einsetzbar sind. Berühmt wurde der russisch-sowjetische Physiologe Iwan Petrowitsch Pawlow (* 1849, † 1936), der an Hunden aufzeigte, daß z. B. der Reflex „Nahrungsaufnahme führt zu Speichelvermehrung" durch einen immer mit der Nahrungsaufnahme gekoppelten Ton umzuwandeln ist und der Reflex „Ton führt zu Speichelvermehrung" entsteht. – ↑ auch Reflexbewegung, ↑ Eigenreflex, ↑ Fremdreflex.

Reflexbewegung [↑ Reflex]: unwillkürliche Bewegung von Muskeln als Reaktion auf die Auslösung eines ↑ Reflexes. Diese kann z. B. an Arm, Bein, Bauch oder Gesichtsmuskel sichtbar werden oder auch ein Lidschlag oder eine Schluckbewegung sein. Die Reflexbewegungen sind z. T. unterdrückbar. Durch ihre Schnelligkeit haben sie für den Sportler einen großen Vorteil gegenüber den geplanten und daher langsameren Reaktionen. – ↑ auch Eigenreflex, ↑ Fremdreflex.

Reformpädagogik: ab etwa 1900 in Deutschland entstandene, dann auch in anderen Ländern verbreitete pädagogische Bewegung mit v. a. drei Stoßrichtungen: Arbeitsschulbewegung, Kunsterziehungsbewegung und Pädagogik vom Kind aus. Die Reformpädagogik stellte auch die Leibesübungen als Leibeserziehung unter den pädagogischen Anspruch, einen wesentlichen Beitrag zur Gesamterziehung des Menschen leisten zu können, und reagierte damit auch kritisch auf das mechanische Schulturnen des 19. Jahrhunderts. V. a. in der Gymnastik, im Schwimmen und Turnen (↑ natürliches Turnen, ↑ Kreativität) sind diese reformpädagogischen Einflüsse wirksam geworden sowie in der Einrichtung obligatorischer Spielnachmittage, der Durchführung von Wandertagen und der Einbeziehung des Fachs „Turnen" in die Reifeprüfung.

Refraktärzeit [lateinisch refractarius „widerspenstig"]: Zeitspanne, in der ein Nerv oder Muskel nach einer vorhergegangenen Erregung nicht oder nur gering (relative Refraktärzeit) auf einen erneuten Reiz reagiert, da die Erregung noch nicht abgeklungen ist. Bei Körpernerven z. B. dauert die Refraktärzeit etwa 0,5 msec, bei Skelettmuskeln etwa 2–3 msec, beim Herzen etwa 300 bis 500 msec.

Regatta [italienisch]: Wettfahrt im Wassersport für Kanus, Ruder-, Segel- und Motorboote, die auf einer speziell markierten Regattastrecke ausgetragen wird (↑ Kanusport, ↑ Motorbootsport, ↑ Rudersport, ↑ Segelsport).

Regeln [letztlich von lateinisch regula „Richtholz, Richtschnur, Regel"]: sowohl die den Verlauf eines sportlichen Wettkampfs bzw. eines Spiels **(Spielregel)** und das soziale Verhalten der Sportler im Wettkampf normierenden Vorschriften als auch die Festlegung der bei einem Verstoß gegen diese Vorschriften **(Regelverstoß, Regelwidrigkeit)** zu verhängenden Sanktionen. Die Regeln der einzelnen Sportarten sind verbindlich in deren **Regelwerken** formuliert. Die Überwachung der Einhaltung der Regeln im Wettbewerb obliegt den Schieds- bzw. Kampfrichtern. Diese für eine Sportart (sportliche Disziplin) *konstitutiven Regeln* beziehen sich inhaltlich auf – während der Gültigkeitsdauer eines Regelwerks – unveränderliche Elemente der Sportart wie Inventar (z. B. Konstruktion, Maße, Beschaffenheit von Sport- und Spielgeräten), Personal (z. B. zahlenmäßige Mannschaftsstärke, Auswechselmodus), Raum (z. B. Spielfeldmaße, Funktion einzelner Spielfeldzonen), Zeit (z. B. Spielzeit, Verlängerungen, Auszeiten, Mindest- oder Höchstdauer einer Übung) und Handlungen, die ihrerseits wieder mit Inventar (z. B. Möglichkeiten der Ballberührung im Fußball oder Handball), Personal (Verhalten zu anderen Wettkampfteilnehmern, z. B. körperloses Spiel, Möglichkeiten des Rempelns), Raum (Möglichkeit bzw. Nichtmöglichkeit bestimmter Aktionen in bestimmten Spielfeldbereichen), Zeit (Aktionsmöglichkeiten innerhalb bestimmter Spielzeitabschnitte, z. B. Dreisekundenregel im Basketball) und den motorischen Verlauf selbst (z. B. Schrittregeln in Basketball und Handball) in Beziehung gesetzt werden. Die konstitutiven Regeln können geändert werden, um neuen Bedingungen (z. B. Verbesserungen im Sportgerätebau) gerecht zu werden. Regelfestsetzung und -änderung obliegt allein den nationalen und internationalen Fachverbänden. – Neben diesen eine Sportart konstituierenden Regeln gibt es noch sogenannte *strategische Regeln,* die sich zwar wie die konstitutiven auch auf Inventar, Personal, Raum, Zeit und Handlung beziehen, deren Nichtbeachtung jedoch keinerlei Sanktionen nach sich zieht. Strategische Regeln sind nicht in einem offiziellen Regelwerk normiert, sondern beziehen sich auf das, was unter Beachtung der konstitutiven Regeln und des Sinns bzw. Ziels einer Sportart sinnvollerweise zu tun oder zu unterlassen ist (z. B. alle taktischen Maßnahmen), sie fördern also die sportlich-spielerische Phantasie.

Regelung [zu ↑Regeln] ↑Sensomotorik.

Regeneration [französisch, zu lateinisch regenerare „von neuem hervorbringen“]: Wiederherstellung, Erholung, Heilung. Nach einer besonderen körperlichen oder geistigen Beanspruchung (Krankheit, Prüfungssituation, sportliche Leistung) verlangt der Körper nach einer Ruhepause, um sich zu regenerieren. Wird dem Verlangen des Körpers nicht nachgegeben, sondern wird ihm noch mehr abverlangt, bis die Reserven nahezu verbraucht sind, können daraus Krankheiten resultieren.

Regisseur [reʒiˈsøːr, französisch, zu lateinisch regere „herrschen“]: v. a. in den Mannschaftsspielen Bez. für den Spielmacher, d. h. für den Spieler, der während des Spiels die taktischen Maßnahmen bestimmt.

Rehabilitation [mittellateinisch „Wiedereingliederung, Wiederherstellung“]: Sammelbez. für alle Maßnahmen, die darauf abzielen, körperliche, geistige oder psychische Behinderungen oder soziale Isolierung bzw. deren Folgen zu beseitigen oder zu mindern und die Betroffenen möglichst dauerhaft in die Gesellschaft (wieder) einzugliedern. Nach der jeweiligen Zielsetzung unterscheidet man *medizinische* (z. B. ärztliche Behandlung und Versorgung, meist in stationärer Heilbehandlung [Kur]), *berufliche* (z. B. Arbeitserprobung, Umschulung) und *soziale* Rehabilitation (z. B. Gruppentherapie, Verhaltenstherapie, Übergangseinrichtungen). V. a. im Rahmen der medizinischen und sozialen Rehabilitation kann der Sport einen wichtigen Beitrag leisten.

Reifen: 1. der die Felge umgebende Teil eines Fahrzeugrads, z. B. zur Verringerung von Erschütterungen, Erhöhung der Bodenhaftung; – 2. ↑Handgerät der rhythmischen Sportgymnastik.

Reihe: v. a. in Mannschaftsspielen Bez. für bestimmte Spielerformationen (z. B. Angriffs-, Verteidigungsreihe). – ↑auch zweite Reihe.

Reißen: 1. eine der beiden Übungen im olympischen Zweikampf des

↑Gewichthebens; – 2. in der Leichtathletik Bez. für das Abwerfen der Latte im Hoch- und Stabhochsprung und das Umwerfen einer Hürde beim Hürdenlauf.

Reitsitz: 1. im *Reitsport* die Normalhaltung des Reiters auf dem Pferd, das gerade und lockere Sitzen in der Mitte des Sattels, wobei die Knie flach am Sattel anliegen und die Fußspitzen leicht vom Pferd wegweisen; – 2. im *Radball* und *Kunstfahren* der Normalsitz auf dem Fahrrad; – 3. beim *Barrenturnen* ein Stütz, bei dem ein auswärts gespreiztes Bein auf einem Holm aufliegt.

Reitsport: Teil des Pferdesports, der die Disziplinen Dressur-, Spring-, Jagd- und Vielseitigkeitsreiten und Galoppsport umfaßt. – Für den Turniersport gelten international die Bestimmungen der *Fédération Équestre Internationale* (FEI; gegründet 1921, Sitz Bern) und national die Leistungsprüfungsordnung (LPO) der *Deutschen Reiterlichen Vereinigung* (FN [= Fédération Nationale]; gegründet 1957, Sitz Warendorf). Die Leistungsprüfungsordnung kennt drei Kategorien von Turnieren und Leistungsprüfungen sowie fünf Anforderungsklassen: Kategorie C (lokal): Klassen E (Eingangsstufe) und A (Anfangsstufe), Kategorie B (regional): Klassen L (leicht) und M (mittelschwer) und Kategorie A (überregional): Klassen M (mittelschwer) und S (schwer). Die Klasse S ist beim Springreiten noch einmal differenziert in Sa und Sb (Mächtigkeitsspringen), wobei mit zunehmender Hindernishöhe in Sb die Zahl der Sprünge reduziert wird. – Die **Geschichte** des Reitsports reicht über zweitausend Jahre zurück. Theoretische Abhandlungen schrieb bereits Xenophon (* 430, † 354), der in dem Buch „Über die Reitkunst" Grundsätze über die Ausbildung von Pferden aufstellte, die erst während der Renaissance in Italien wieder aufgegriffen wurden. Reitsporttheoretiker im Barock waren der Deutsche G. E. von Löhneysen (um 1600), der Franzose A. de Pluvinel (* 1555, † 1620) und der Engländer W. Cavendish, seit 1664 Herzog von Newcastle (* 1592, † 1676). F. R. de Gueriniéres (* 1688, † 1751) „Reitschule" ist noch heute wissenschaftliche Grundlage der Dressur. Unter dem Einfluß von F. W. von Seydlitz (* 1721, † 1773) setzte sich in Deutschland immer mehr die Tendenz durch, Dressur-, Spring- und Geländereiten miteinander zu verbinden. Um die Wende zum 19. Jahrhundert zeigte L. Hünersdorf (* 1748, † 1813) neue Wege zur Ergänzung von Reitkunst und Gebrauchsreiterei. Seine „Anleitung zu der natürlichsten und besten Art, Pferde abzurichten" (1791) gilt als das erste klassische Werk über die deutsche Reitkunst. Bedeutend im 19. Jahrhundert waren u. a. L. Seeger (* 1798, † 1865), Inhaber der ersten Privatreitschule und Verfasser des Buchs „System der Reitkunst" (1844), und G. Steinbrecht (* 1808, † 1885), dessen „Gymnasium des Pferdes" (1884) das Standardwerk deutscher Dressurauffassung ist. – In Theorie und Praxis des Springreitens entwickelte F. Caprilli (1900–07 an der italienischen Kavallerieschule Pinerolo) ein System, das in den Grundzügen in der ganzen Welt übernommen wurde. – Das 20. Jahrhundert brachte durch den Turniersport einen bedeutenden Aufschwung des Reitsports. Die überragende Persönlichkeit beim organisatorischen Aufbau war G. Rau (* 1880, † 1954).

Reiz: chemischer, physikalischer – im weiteren Sinn auch seelischer – Zustand oder Vorgang, der auf einen Reizempfänger (↑Rezeptor) einwirkt. Er kann aus der Umwelt stammen (Geruch, Berührung, Geräusch, Licht u. a.) und mit den Sinnesorganen aufgenommen werden oder im Körper selbst entstehen (z. B. Muskeldehnungsreiz, Sauerstoffmangel, Hormone, Überträgerstoffe der Nervenenden). Die Aufnahme des Reizes hängt von seiner Stärke, der Dauer sowie dem momentanen Zustand des Rezeptors ab. Führt er zu dessen Erregung, ist er ein „überschwelliger“ Reiz; eine weitere Steigerung der Intensität ändert die Erregung nicht (↑Alles-oder-nichts-Gesetz). Die Erhöhung der Reizfrequenz kann zum ↑Tetanus führen. Bei vielfältigen Reizen dürfen nicht alle in das Bewußtsein eindringen, Hochleistungssportler müssen sich z. B. bei Wettkämpfen selbst gegen eine Reizüberflutung abschirmen können, um nur die wesentlichen Reize (z. B. Startschuß, Muskelanspannungsgrad) wahrzunehmen.

Rekord [englisch, eigentlich „Aufzeichnung, Urkunde“ (zu lateinisch recordari „sich vergegenwärtigen“)]: Höchstleistung in Sportarten, die eine objektive Leistungsmessung (↑C-G-S-System) zulassen. Voraussetzung ist die ständige Wiederholbarkeit des Rekordversuchs unter stets gleichen Bedingungen. Nur dann und nach Vorlage eines Rekordprotokolls wird ein Rekord von nationalen und internationalen Fachverbänden anerkannt. Je nach geographischer Bezugsgröße unterscheidet man Vereins-, Kreis-, Bezirks-, Landes- sowie nationale und internationale (z. B. Europa-, Welt-, olympische) Rekorde. – Im übertragenen Sinn spricht man auch in anderen Sportarten von Rekord, z. B. Rekordinternationaler im Fußball (= der Spieler mit den meisten Berufungen in die Nationalmannschaft).

Rekordversuch [↑Rekord]: in den meßbaren Sportarten mit dem ausschließlichen Ziel der Rekordverbesserung veranstalteter Wettkampf (z. B. im Schwimmen und Gewichtheben). Ein Rekordversuch muß beim zuständigen Fachverband angemeldet und durch ein Kampfgericht verfolgt werden. In der Leichtathletik sind solche Rekordversuche seit 1936 nicht mehr zulässig, ein Rekord wird nur anerkannt, wenn er im Rahmen eines „normalen“ Wettkampfs erzielt wurde.

Relaxation [lateinisch „Abspannung, Erholung“]: Abbau von Spannungen im physiologischen und psychologischen Bereich, die meist aufgrund von hohem Blutdruck, Nervosität, Unkonzentriertheit, Schlaflosigkeit, Streß u. a. entstehen. Mit verschiedenen **Relaxationsmethoden** versucht man, ein stabiles seelisches Gleichgewicht (v. a. bei psychosomatischen Erkrankungen) herzustellen, z. B. durch autogenes Training, Joga und Methoden der Meditation.

Remis [französisch rə'mi: „verlegt“]: unentschiedener Ausgang eines sportlichen Wettbewerbs, v. a. einer Schachpartie, wenn keine Partei mit den noch auf dem Brett befindlichen Figuren ein Matt erzielen kann. Remis ist auch dann gegeben, wenn zwar das Figurenmaterial, nicht jedoch die konkret erspielte Stellung eine zwingende Mattführung ermöglicht (positionelles Remis). Remis kann auch vereinbart werden, wenn die gleiche Stellung sich dreimal wiederholt hat.

Rempeln: körperlicher Angriff bzw. Behinderung eines Wettkampfteilnehmers, die in einigen Sportarten (z. B. Fußball, Eishockey) unter bestimmten Bedingungen erlaubt, in anderen jedoch (z. B. Basketball) grundsätzlich verboten sind, z. T. auch zur Disqualifikation führen (z. B. in den Laufdisziplinen der Leichtathletik, im Radsport).

Rennboote: speziell für Geschwindigkeitswettbewerbe konstruierte Boote (z. B. Kajak und Kanadier im Kanusport, Rennjacht im Segelsport). Das Rennboot im Rudersport hat im Vergleich zum Übungsboot (Gig) eine sehr dünne und glatte Außenhaut, geringe Eintauchtiefe, Kielflossen und ein relativ niedriges Gewicht.

Rennformel [↑Formel]: durch die *Fédération Internationale de l'Automobile* (↑Automobilsport) oder nationale Motorsportverbände festgelegte Normenkombination für Monoposto-Rennwagen der Kategorie B, Gruppe D **(Formelwagen).** Außerhalb der wichtigsten Rennformeln (siehe die Tabelle S. 339; Stand 1986) gibt es **formelfreie Rennwagen** (Kategorie B, Gruppe E), für die Beschränkungen entweder nicht beste-

	Mindest-gewicht	Hubraum	Zylinder	PS	wichtige Wettbewerbe
Formel 1	540 kg	3 000 cm^3	12	520–600	Fahrerweltmeisterschaft, Großer Preis
Formel 2	515 kg	2 000 cm^3	6	300–315	Fahrereuropameisterschaft
Formel 3	455 kg	2 000 cm^3	4	165–170	Fahrereuropameisterschaft, nationale Meisterschaft

hen oder von den nationalen Veranstaltern eines Wettbewerbs festgelegt werden, und verschiedene nationale Formeln.

Rennrodelsport ↑ Schlittensport.

Rennschuhe (Spikes): Schuhe mit (heute meist auswechselbaren) Dornen an der Sohle, die in der Leichtathletik verwendet werden, um eine bessere Kraftübertragung zu erzielen. Für die Laufdisziplinen haben die Schuhe maximal sechs, im Speerwurf sieben oder acht Dornen. Die Länge der Dornen hängt von der Bodenbeschaffenheit ab.

Rennsport: Gesamtheit der sportlichen Wettbewerbe, bei denen die Geschwindigkeit der Wettkämpfer bzw. der Pferde oder Fahrzeuge über den Sieg entscheidet (z. B. Bob- und Schlittensport, Eis- und Rollschnelllauf, Kanusport, leichtathletische Laufdisziplinen, Motorsport, Pferderennsport, Radsport, Rudersport, Skilaufen, Schwimm- und Segelsport).

Rennstall: 1. im *Pferdesport* der Stall, in dem die Rennpferde untergebracht sind; – 2. im *Motor-* und *Radsport* die Profimannschaft, die für eine bestimmte Firma bzw. unter dem Namen einer Sponsorfirma fährt.

Renvers [französisch rãˈvɛːr „entgegengewandt"] ↑ Dressurreiten.

Reportage [repɔrˈtaːʒə, französisch] ↑ Sportpublizistik.

Reprise [französisch, eigentlich „das Wiedernehmen"]: im Fechten ein Nachhieb oder Nachstoß, d. h. eine Angriffswiederholung gegen einen Gegner, der pariert hat, aber nicht zurückweicht.

Reservespieler [französisch, zu lateinisch reservare „aufbewahren, aufsparen"] ↑ Ersatzwettkämpfer.

Residualvolumen [zu lateinisch residuus „zurückgeblieben" und volumen „was gerollt, gewickelt wird"] ↑ Restluft.

respiratorischer Quotient [zu lateinisch respirare „ausatmen, Atemholen" und quotiens „wievielmal"] (RQ): das Verhältnis von Kohlendioxid-(CO_2-)abgabe zu Sauerstoff-(O_2-)aufnahme in der Lunge. Durch Messung des RQ kann berechnet werden, wie viel Zucker bzw. Fette der Körper zur Energiegewinnung verbraucht. Beim Abbau von Zukkern (↑ Kohlenhydrate) entsteht so viel CO_2, wie O_2 verbraucht wird (RQ = 1,0). Der Abbau von Fett braucht mehr O_2 und hat einen RQ von 0,7, der von Eiweiß von 0,81.

Restluft (Residualvolumen): die selbst nach stärkster Ausatmung noch in der Lunge verbleibende Luft (etwa 1 l; im Alter steigend). Sie kommt dadurch zustande, daß sich die Lunge nicht vollständig zusammenziehen kann. – Abb. S. 464.

Retardation [lateinisch-französisch]: Verlangsamung oder Hemmung der körperlichen Individualentwicklung, z. B. des Wachstums, der geistigen und geschlechtlichen Reifung, des psychischen und motorischen Verhaltens. Man unterscheidet *synchrone Retardation* (Verzögerung aller Entwicklungsvorgänge) und *asynchrone Retardation* (Verzögerung in Teilbereichen). – Gegensatz: ↑Akzeleration (↑auch Alter).

Rettungsschwimmen: sportliche Übungen im Schwimmen zum Zweck der Rettung von Menschen vor dem Ertrinken, z. B. Kleiderschwimmen, Streckentauchen, Tieftauchen, Befreiungs- und Transportgriffe, Transportschwimmen (d. h. Ziehen oder Schieben eines Verunglückten) und Wiederbelebungsmethoden. Dachorganisation des Rettungsschwimmens in der Bundesrepublik Deutschland ist die ↑Deutsche Lebens-Rettungs-Gesellschaft e. V.

Return [englisch rɪ'tə:n]: in den Rückschlagspielen der Rückschlag des vom Gegner aufgeschlagenen Balles.

Revanche [re'vãʃ, französisch „Vergeltung"]: der Versuch, eine zuvor gegen denselben Gegner erlittene sportliche Niederlage wettzumachen. – Im Hinblick auf sportliches Verhalten spricht man auch von einem Revanchefoul, wenn ein Spieler ein Foulspiel seines Gegners mit einem absichtlichen Foul seinerseits beantwortet.

Rezeptor [zu lateinisch recipere, receptum „aufnehmen"]: [Reiz]empfänger, z. B. ein sensibles Nervenende oder ein Oberflächenmolekül von Zellen, das durch Bindung eines chemischen Stoffes Informationen erhält und umsetzt. Ein Rezeptor braucht einen „adäquaten" ↑Reiz, z. B. Sehnerven das Licht bestimmter Wellenlänge. – ↑auch Betarezeptorenblockade.

Rhönradturnen [nach dem deutschen Mittelgebirge Rhön]: Turnübungen für Damen und Herren mit dem **Rhönrad,** einem 1925 von O. Feick aus Schönau (Rhön) entwickelten Sportgerät aus zwei Stahlrohrreifen, die in einem parallelen Abstand von 41–47 cm durch Querstangen verbunden sind und innen verschiedene Stand- und Griffmöglichkeiten aufweisen. Der Durchmesser der Reifen richtet sich nach der Größe des Sportlers (Körpergröße plus etwa 25 cm). – Für Herren gibt

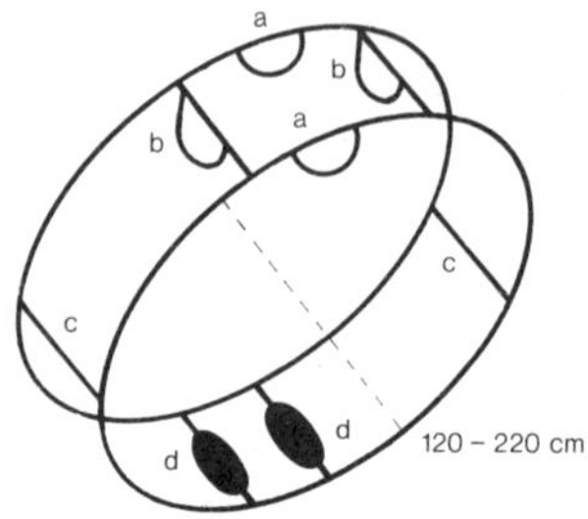

Rhönradturnen. Rhönrad: a Reifengriff, b Griffsprosse mit Sprossengriff, c Sprosse, d Fußbrett

es einen Sechskampf, bestehend aus je einer Pflicht- und Kürübung im Geraderollen, Spiralrollen und Sprung), für Damen einen Vierkampf (ohne Sprung). Die Wertung erfolgt wie im Kunstturnen mit zehn Punkten als Höchstzahl. Rhönradturnen wird auch synchron ausgeübt. – Seit 1960 gibt es deutsche Meisterschaften. Das Rhönradturnen wird in der Bundesrepublik Deutschland vom *Deutschen Turner-Bund* (↑Turnen) betreut und verbreitete sich als sportliche Disziplin auch international (z. B. in Japan und den USA).

Rhythmik [zu ↑Rhythmus]: in der Musik die Lehre vom ↑Rhythmus sowie die spezielle rhythmische Technik, Anordnung oder Stilkomponente einer Komposition. In der sportlichen Erziehung ist Rhythmik ein wichtiger Ansatzpunkt der **rhythmisch-musikalischen Erziehung** mit dem Ziel, die Wechselbeziehung zwischen Bewegung, Sprache und Musik zum Ausdruck zu bringen. – ↑auch rhythmische Gymnastik, ↑rhythmische Sportgymnastik.

rhythmische Gymnastik [↑Rhythmus, ↑Gymnastik]: von dem schweizerischen Musikpädagogen Émile Jaques-Dalcroze (* 1865, † 1950) begründete und von den deutschen Gymnastikpionieren Rudolf Bode (* 1881, † 1971) und Hinrich Medau (* 1890, † 1974) weiterentwickelte Form der Gymnastik, der es darum geht, in Verbindung mit Musik Bewegungsaufgaben zu lösen, so daß das eigene Bewegungsleben in rhythmischer Weise zum Ausdruck gebracht werden kann.

rhythmische Lehrweise [zu ↑Rhythmus]: Lehrmethode in Sportunterricht und Training, bei der mit Hilfe von Musikbegleitung (z. B. Klavier, Tamburin, Trommel) oder Sprechbegleitung versucht wird, den rhythmischen Ablauf von Bewegungen zu schulen, wodurch die Bewegung besser und schneller erlernbar ist. Die Entwicklung der Musikgeräte mit Kopfhörer erlaubt z. B. das Hören entsprechender Musik zur Schwungschulung im Skilauf. Vielen sportlichen Bewegungsabläufen liegt ein eigener ↑Rhythmus zugrunde, an den die rhythmische Lehrweise anknüpfen kann.

rhythmische Sportgymnastik [zu ↑Rhythmus und ↑Gymnastik]: wettkampfmäßig betriebene Form der Gymnastik für Mädchen und Frauen. Die Wettkämpfe werden auf einer 12 × 12 m großen Matte als Einzel-, Mehr- oder Mannschaftskämpfe ausgetragen (↑auch Gruppengymnastik). Der international übliche Vierkampf enthält vier Übungen aus den fünf Disziplinen mit den ↑Handgeräten Reifen, Keule, Seil, Ball und Band. An der Gruppengymnastik nehmen sechs Sportlerinnen teil, meist werden hier zwei Geräte festgelegt (z. B. drei Wettkämpferinnen mit Seil, drei mit Reifen). Die Eigengesetzlichkeit des verwendeten Geräts stellt jeweils neue Anforderungen an Koordination und Geschicklichkeit. Die mit Musikbegleitung vorgetragenen Kür- (60–90 Sekunden) und Pflichtübungen werden von Kampfrichtern mit Noten bis zu zehn Punkten (↑Teil) bewertet nach den Kriterien Komposition, Originalität, Übereinstimmung mit der Musik und Ausdruckskraft. Das Übungsgut wird entweder nach den fünf Grundformen der Bewegung (↑Federn, ↑Gehen, ↑Laufen, ↑Springen, ↑Schwingen) oder nach den sieben Elementengruppen (Schrittarten, Sprünge, Stände, Drehungen, Wellen, Schwünge, Bodenelemente) eingeteilt. – Erste Wettkämpfe der rhythmischen Sportgymnastik fanden 1948 in der Sowjetunion statt, 1958 wurde die rhythmische Sportgymnastik (damals: **Wettkampfgymnastik**) als Wettkampfsport des Frauenturnens vom *Internationalen Turnerbund* (↑Turnen) anerkannt. Seit 1967 gibt es deutsche, seit 1980 Europameisterschaften. Zum olympischen Programm zählt die rhythmische Sportgymnastik seit 1984.

Rhythmus [griechisch-lateinisch, eigentlich „das Fließen"]: allgemein das Gleichmaß, die gleichmäßig gegliederte Bewegung, der periodische Wechsel, die regelmäßige Wiederkehr natürlicher Vorgänge (z. B. von Spannung und Entspannung). Der Rhythmus umfaßt die Ordnung, Gliederung und sinnfällige Gestaltung des zeitlichen Verlaufs von Klangereignissen und deren Umsetzung in Bewegung. Rhythmus ist ein grundlegendes ↑Bewegungsmerkmal, das v. a. in den sogenannten Kunstsportarten und in der Verbindung von Bewegung und Musik eine besondere Rolle spielt. In der rhythmischen Sportgymnastik, im Tanzsport und in der rhythmischen Gymnastik kommt v. a. der Gruppenrhythmus zum Tragen, d. h. mehrere Personen bewegen sich nach einer rhythmischen Ordnung, ausgedrückt in raumzeitlich ähnlichen oder gleichen Bewegungsabläufen. – Im Tanzsport wird der Zeitwert des Rhythmus in ganzzahligen Proportionen ausgedrückt (z. B. 1/2, 3/4). Man unterscheidet hier drei Rhythmusarten (↑auch Takt): *einfacher Rhythmus* (Grundrhythmus), *gebrochener Rhythmus* (wechselnde Taktteile, z. B. 3/8, 1/8, 3/8, 1/8) und *synkopierter Rhythmus* (z. B. 1/4, 1/2, 1/4). Der Rhythmus ist ein Wertungskriterium bei der Beurteilung der Ausführung der Tänze.

Riege [niederdeutsch]: im Geräte- und Kunstturnen Bez. für eine hinsichtlich Geschlecht, Alter, Leistungsstand u. a. homogene Mannschaft. Die Riege hat v. a. im Turnen eine lange Tradition und dient noch heute in manchen Turnvereinen als Gliederungseinheit. Im Rahmen des Schulsports war das Geräteturnen lange durch starre Riegeneinteilungen charakterisiert. Moderne, offene Unterrichtskonzepte haben zu einem bewegungsintensiveren und damit auch freudvolleren Sportunterricht geführt.

Riegel: in verschiedenen Mannschaftsspielen eine Formation, v. a. Abwehrformation, von Spielern, z. B. im Fußball der ↑Catenaccio, im Handball die Aufstellung aller sechs Spieler am Kreis, im Volleyball die Grundaufstellung.

Riegelsystem ↑Catenaccio.

Riemen [Lehnwort aus lateinisch remus „Ruder"]: Bez. für die gemeinsprachlich als Ruder bezeichnete Vorrichtung, mit der ein Boot durch Pullen (Riemenrudern) vorwärts bewegt wird. Der Riemen ist ein Rundholz mit Griff und Blatt aus kanadischer Fichte, Kiefer oder Esche. Der lange Riemen wird vom Ruderer mit beiden Händen bewegt, während der kleine Riemen, das **Skull,** im Skullboot paarweise von einem Ruderer verwendet wird (auf der Backbord- und der Steuerbordseite). Riemen und Skulls bestehen aus folgenden Teilen: Griff, Innenhebel, Außenhebel und Blatt. Die Manschette (15 cm lang) mit Klemmring ist der Teil zwischen Innen- und Außenhebel, wo der Riemen bzw. das Skull in der ↑Dolle liegt. Riemen sind massiv (für Kutter, Beiboot) oder hohl. Die Länge von Riemen und Skull richtet sich nach der Breite des Boots und der Länge der Rollbahn (Bewegungsweg des Rollsitzes), sie beträgt für Riemen 3,60–3,90 m (Gewicht 4 kg), für Skulls 2,80–3,00 m (Gewicht 2 kg). Das Ruderblatt ist 80 cm lang und maximal 16 cm breit.

Riesenslalom [↑Slalom]: Disziplin des alpinen Skilaufs für Damen und Herren, bei der zwei verschiedene Strecken mit Kontrolltoren zu durchfahren sind. Die Tore bestehen aus jeweils zwei Stangenpaaren, die in einem Abstand von 4–8 m zueinander gesteckt sind. Jedes Stangenpaar ist durch ein 50 × 75 cm großes rotes oder blaues Tuch, das einen weißen Diagonalstreifen hat, verbunden. Der Abstand zwischen Schneedecke und Tuchunterkante beträgt mindestens 1 m. Die Riesenslalomstrecke, die mit mindestens 30 Toren (Mindestabstand 10 m) ausgesteckt sein muß, hat einen Höhenunterschied von 250–400 m für Herren bzw. von 250–350 m für Damen und eine Neigung zwischen 25–30°. – ↑auch Slalom, ↑Superriesenslalom.

Rigg [englisch]: die gesamte Takelung eines Schiffs: Wanten (Stahldrähte in Querschiffrichtung), Stagen (Stahldrähte in Längsschiffrichtung), Salinge u. a., die den Mast längs und quer zum Schiff abstützen. Die Fixierung des Masts durch das Rigg soll möglichst einfach und unkompliziert sein.

Rimesse (Rimessa) [italienisch „Wiederholung"]: im Fechten ein wiederholter Angriff, wenn nach pariertem ersten Angriff die Riposte ausbleibt oder verzögert durchgeführt wird.

Ring: 1. Spielgerät im ↑Ringtennis; – 2. Rennstrecke im Motorsport (z. B. Nürburgring, Hockenheimring); – 3. (Ringe) Sportgerät des ↑Ringeturnens; – 4. (Führring) im Pferdesport Platz auf der Rennbahn, auf dem die startenden Pferde bis zum Aufsitzen der Reiter dem Publikum vorgestellt werden; – 5. Kampfstätte des ↑Boxens.

Ringen: Zweikampfsportart für Männer, bei der ohne Hilfsmittel allein mit Körpergriffen Mann gegen Mann gekämpft wird. Man unterscheidet beim Ringen zwei olympische Stilrichtungen: den klassischen oder **griechisch-römischen Ringkampf,** bei dem nur Griffe oberhalb der Gürtellinie ohne Einsatz der Beine, und das **Freistilringen,** bei dem Griffe am ganzen Körper und der Einsatz der Beine erlaubt sind, und eine nichtolympische, ↑Sambo.

Die Ringkämpfe finden auf einer *Matte* statt, deren eigentliche Kampffläche, ein Kreis von 7 m Durchmesser, von einer 1 m breiten *Passivitätszone* umgeben ist, die bei der Abwehr nicht betreten werden darf und an die sich eine Sicherheitszone von 1,20–1,50 m Breite anschließt. Die Mitte der Kampffläche ist durch einen Kreis mit 1 m Durchmesser markiert. Die Ringer tragen weiche hohe Schuhe ohne Absätze,

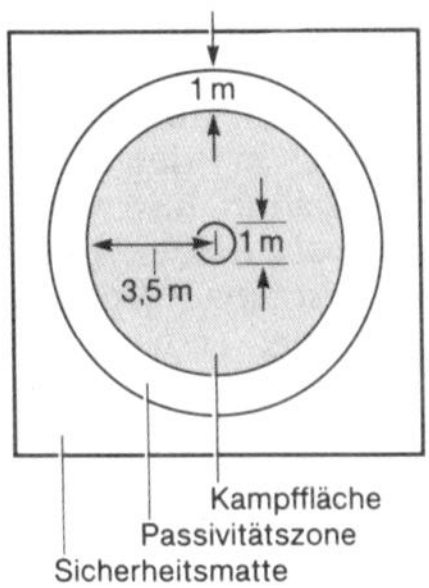

Ringen. Matte

eine Schutzhose und ein blaues oder rotes Trikot (die Farbe wird ausgelost). – Die **Kampfdauer** beträgt 2 × 3 Minuten mit einer Pause von einer Minute.

Regeln (Auswahl): Die Ringer sind in ↑Gewichtsklassen eingeteilt. Der Kampf beginnt im Stand. Es kommt zum Bodenkampf, wenn ein Ringkämpfer seinen Gegner zu Boden bringt oder ein Kämpfer sich in der Brückenstellung befindet. Der Bodenkampf beginnt mit der Bankstellung (↑Bank). Jeder Ringer versucht, seinen Gegner eine Sekunde lang auf beiden Schultern am Boden festzuhalten (Schultersieg). Das Kampfgericht besteht aus einem Mattenpräsidenten, einem Kampfrichter (auf der Matte) und einem Punktrichter. Die Wertung erfolgt offen mit Tafeln. Wird kein Schultersieg (= vier Punkte) erzielt, werden die angewandten Griffe mit technischen Punkten bewertet. Passivität wird mit Verwarnung geahndet (Punkte für den Gegner; ↑auch Mattenflucht). Das Endergebnis eines Kampfes wird in einem Punktverhältnis ausgedrückt, seit 1981 in Abhängigkeit von der Differenz der technischen Punkte. Bei einem Turnier werden die Ringer in zwei Gruppen ausgelost. Sie kämpfen dann innerhalb der Gruppe gegeneinander. Die beiden Sieger der Gruppen kämpfen dann um den ersten und zweiten, die Zweitplazierten um den dritten und vierten Platz usw.

Geschichte: Ringen zählt zu den ältesten Sportarten und ist in China bereits 3000 v. Chr. als Volkssport bezeugt. Im griechischen Fünfkampf war Ringen seit 708 v. Chr. der entscheidende Wettbewerb zur Ermittlung des endgültigen Siegers (↑antike Festspiele). – Im Mittelalter war Ringen eine der sieben „ritterlichen Behendigkeiten“. Das moderne Ringen ist ein Bodenkampf, der auf römisch-gallische Einflüsse zurückgeht. Das französische „Wälzringen“ verband sich mit dem deutschen Standringen zum griechisch-römischen Ringkampf. Das Freistilringen entwickelte sich nach antikem Vorbild in England. Seit 1896 (griechisch-römisch) und seit 1904 (Freistil) ist Ringen olympische Disziplin.

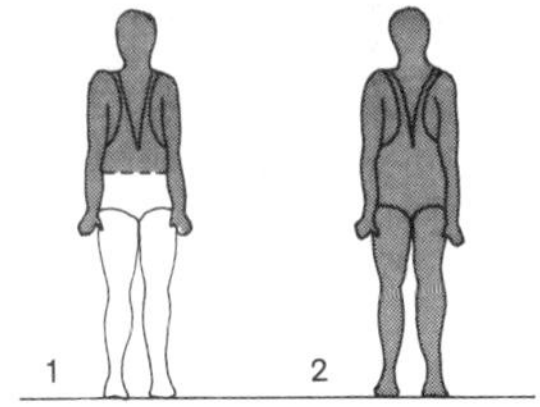

Ringen. Griffzonen: 1 griechisch-römischer Ringkampf, 2 Freistilringen

Nationale, Europa- (seit 1898) und Weltmeisterschaften (seit 1904) werden in Ausscheidungsturnieren ausgetragen. – Der *Deutsche Ringer-Bund* (DRB; gegründet 1969, Sitz Frankfurt am Main) betreut das Ringen in der Bundesrepublik Deutschland, international die *Fédération*

Internationale de Lutte Amateur (FILA; gegründet 1921, Sitz Lausanne).

Ringeturnen: Disziplin des Geräte- und Kunstturnens für Männer. – **Sportgerät** sind zwei *Ringe* (Stärke 28 mm, Durchmesser 18 cm) aus Schichtholz oder Kunststoff, die in einem 5,50 m hohen Gerät höhenverstellbar an Seilen befestigt sind. Das Gerüst ist ebenso verspannt wie das Reck. Die Ringe hängen in einem Abstand von 2,55–2,85 m über dem Boden. Das Gerät stammt aus der Zirkusakrobatik. Geturnt werden an den ruhig hängenden Ringen je eine Pflicht- und eine Kürübung. Die Kür muß einen Kraftteil (Dauer zwei Sekunden) und zwei Handstände (einen schwingenden und einen gedrückten) enthalten. Weitere Übungsteile sind u. a.: Schwingen, Schleudern (Überschlag rückwärts), Kugeln (Überschlag vorwärts), Schwungstemme vorwärts und rückwärts, Kippe vorwärts, Kreuzhang. – Zur Wettkampfwertung des Ringeturnens ↑Kunstturnen. – In Schule und Verein wird auch an Schaukelringen geturnt: Schwingen (vorwärts, rückwärts), Drehungen um die Längsachse, Niedersprung beim Rückschwung, Aufschwingen zum Sturzhang, Unterschwung aus dem Sturzhang zum Stand am Ende des Vorschwungs. – Das Turnen an den Ringen weist eine große Übungsvielfalt auf, die vom Kunstturnen an den ruhig hängenden Ringen über das Schaukelringeturnen bis zum informellen Turnen an Ringen auf Spielplätzen und an Fitneßbahnen reicht. Das Ringeturnen ist besonders geeignet, die Kraftentwicklung der oberen Extremitäten und des Rumpfs zu fördern. Seit 1896 ist das Ringeturnen olympische Disziplin und gehört seit 1936 zum olympischen Zwölfkampf des Kunstturnens. Das Schaukelringeturnen war bis 1950 offizieller Wettkampf im Geräteturnen der Damen.

Ringtennis: in der Spielanlage dem Tennis ähnliches, von Damen und Herren als Einzel, Doppel und Mixed ausgetragenes Spiel, bei dem ein **Tennisring,** ein mit festem Gummi umgebener Schaumgummiring (Stärke 3 cm, Innendurchmesser 11,8 cm, Gewicht 225 g) mit einer Hand so über ein Netz geworfen wird, daß er vom Gegner möglichst nicht erreicht (gefangen) werden kann. – Das **Spielfeld** mißt 12,20 × 3,70 m (Einzel) bzw. 12,20 × 5,50 m (Doppel). Es wird durch ein in 1,52 m Abstand vom Boden gespanntes Netz halbiert. Beidseits des Netzes markiert im Abstand von 90 cm eine Linie den Sperraum, der nicht betreten werden darf. – Die **Spielzeit** beträgt 2 × 8 Minuten

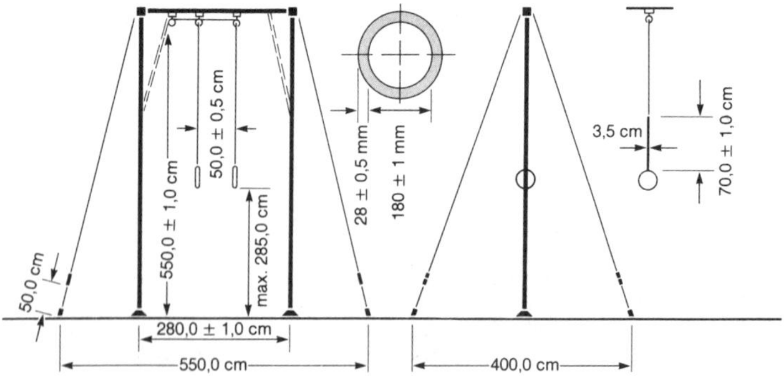

Ringeturnen. Abmessungen des Gerüsts (Front- und Seitansicht) und der Ringe

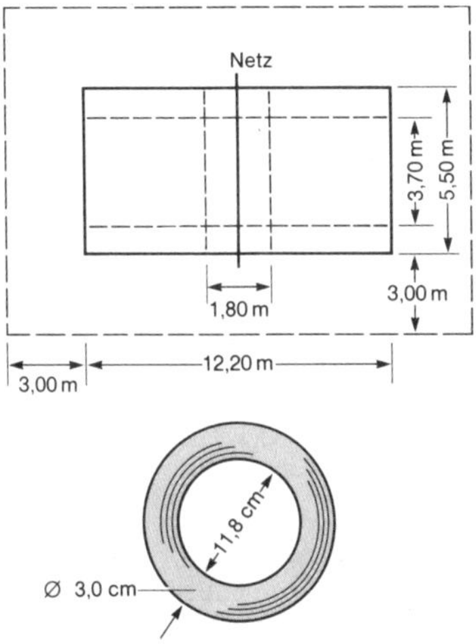

Ringtennis. Spielfeld und Tennisring

(Dameneinzel, Damendoppel, Mixed) und 2 × 12 Minuten (Herren). – **Regeln** (Auswahl): Der Ring wird von der rechten Ecke hinter der Grundlinie aus ins Spiel gebracht. Er muß so geworfen werden, daß er weder flattert noch sich im Flug überschlägt. Weitere Fehler sind: Täuschen des Gegners beim Wurf, Wurf ins Aus, in den Sperraum oder auf den Boden, Netzberührung des Rings, Betreten des Sperraums, Fangen des Rings mit beiden Händen, mehr als ein Schritt zwischen Fangen und Zurückwerfen des Rings, Halten des Rings länger als drei Sekunden nach dem Fangen. Bei jedem Fehler wechselt das Anwurfrecht. Sieger ist die Partei mit den meisten Pluspunkten. – Ringtennis entstand in den 20er Jahren in Deutschland und zählt zu den Turnspielen, innerhalb deren auch vom *Deutschen Turner-Bund* (↑Turnen) deutsche Meisterschaften veranstaltet werden. Das leicht erlernbare und organisierbare Freizeitspiel ist international kaum bekannt.

Rinkbandy [...bændı; englisch] ↑Bandy.

Riposte [italienisch, zu riporre (von lateinisch reponere) „dagegensetzen, -stellen"]: im Fechten Bez. für einen Gegenangriff, einen sofortigen Hieb oder Stoß nach einer parierten Parade. Es gibt auch fintierte Riposten. Eine Riposte nach einer parierten Riposte heißt Contrariposte.

Riß: vollständige Durchtrennung von Muskeln, Sehnen, Bändern oder Gelenkkapseln, eine typische Sportverletzung, bei der durch äußere Gewalteinwirkung eine direkte Verletzung oder durch Hebelkräfte eine Überlastung der Strukturen entsteht, der diese nicht standhalten (↑auch Anriß).

Ristgriff ↑Hauptgriffarten.

Rittberger: nach dem deutschen Eiskunstläufer Werner Rittberger (* 1891, † 1957) benannter Sprung im Eis- und Rollkunstlauf: Anlauf rechts-rückwärts-auswärts, nach einer, zwei oder drei Umdrehungen (doppelter, dreifacher Rittberger) Aufsprung rückwärts auf dem Absprungbein, Auslauf rückwärts-auswärts.

Rochieren [rɔ'xi:rən, auch: rɔ'ʃi:rən; französisch]: 1. im *Schach* das Ausführen einer **Rochade,** des einzig möglichen Doppelzugs (Stellungswechsel) von König und Turm, der als ein Zug gewertet wird; – 2. in den *Mannschaftsspielen* der taktische Austausch zweier Spielerpositionen.

Rittberger. Einfacher Rittberger beim Eiskunstlauf

Rolle. Geräteturnen

Rock 'n' Roll [englisch 'rɔkn'roʊl, amerikanisch „wiegen und rollen“]: Tanz im 4/4-Takt, der sich um 1950 aus dem Boogie-Woogie entwickelte und seit Ende der 50er Jahre in den USA und in Europa verbreitet ist. Der Rock 'n' Roll ist sowohl ein Pflichttanz im Eistanz als auch ein eigenständiger Tanz im Tanzsport, der von Einzelpaaren und in Formationen von vier Paaren getanzt wird. Im Wettkampf führen die Paare den Tanz in jeweils zwei Formen vor: als *Fuß- und Beintechnik* (Übungsdauer: eine Minute, 50–52 Takte/Minute; Tanzfiguren ohne Hebungen, v.a. Sprungschritte aus Kick-, Hop- und Slipbewegungen) und als *Akrobatik* (Übungsdauer: zwei Minuten, 48–50 Takte/Minute; Hebungen, Sprünge, Würfe, Überschläge). – Der Rock 'n' Roll weist eine große Bewegungsvielfalt auf und erfordert gute konditionelle Voraussetzungen. Er wird innerhalb des *Deutschen Tanzsportverbands* (↑Tanzsport) vom *Deutschen Rock 'n' Roll-Verband* (DRRV; gegründet 1983, Sitz München) als Fachverband betreut.

Rollball: zu den kleinen Spielen zählendes Mannschaftsspiel, bei dem jede Mannschaft versucht, einen Ball (z.B. einen kleinen Medizinball) durch Rollen über die Grundlinie der gegnerischen Mannschaft zu befördern.

Rolle: 1. Übung im *Geräteturnen* an Boden, Barren und Schwebebalken: eine ganze Drehung vorwärts oder rückwärts mit angehockten Beinen um die Querachse oder (im Bodenturnen) seitwärts um die Längsachse des Körpers; am Barren liegen die Oberarme auf den Holmen auf; – 2. im *Kunstflugsport* eine Flugfigur mit einer Anzahl von vollen Drehungen um die Flugzeuglängsachse.

Rollen: 1. im *Boxen* das kreisförmige Ausweichen vor gegnerischen Schlägen; – 2. in der *Gymnastik* das Bewegen der Handgeräte Ball und Reifen über den Boden, wobei das Gerät auch überspreizt oder übersprungen werden kann; – 3. im *Ringeturnen* das Ausschwingen und Schwingen in den Kipphang; – 4. beim *Rhönradturnen* das Geradeausfahren auf beiden Reifen; – 5. im *Segelsport* das Schlingern des Bootes bei Seegang.

Roller-skates [englisch 'roʊləskeɪts]: 1978 in den USA entwickelte Rollschuhe, die auf 5 cm breiten kugelgelagerten und auf einer beweglichen Achse sitzenden Kunststoffwalzen laufen. An der Vorderseite des Schuhs ist ein höhenverstellbarer Stopper zum Bremsen angebracht. Mit Roller-skates lassen sich wegen der festen Verbindung mit den Schuhen auch artistische Bewegungen ausführen.

Rollhockey [...hɔke, ...hɔkɪ; englisch; ↑Hockey]: dem Hockey und Eishockey verwandtes Mannschaftsballspiel, das auf Rollschuhen durchgeführt wird. Jede Mannschaft versucht, möglichst viele Tore zu erzielen und Tore des Gegners zu verhindern. – Das **Spielfeld** mißt 20 × 40 m und ist mit einer mindestens 20 cm hohen Bande umgeben. Sein Belag besteht aus Beton, Asphalt, Holz oder Kunststoff. Auf der Mitte der Schmalseiten stehen die 1,55 m breiten und 1,05 m hohen Tore, deren Rahmen aus Holz sein müssen. – Eine Mannschaft besteht aus fünf **Spielern** (vier Feldspieler, ein Torwart) sowie drei Auswechselspieler (davon ein Torwart), die beliebig oft ausgewechselt werden können. Die Feldspieler tragen Kniepolster und Handschuhe, der Torwart Beinschienen und Ellbogenschützer, Handschuhe und Kopfschutz mit Gesichtsmaske. – Die effektive **Spielzeit** beträgt 2 × 25 Minuten. – **Spielgerät** sind Rollschuhe mit Stoppern, der Rollhockeyball (Gewicht 155 g, Umfang 23 cm) und Rollhockeyschläger aus Holz (Gewicht bis 500 g, Länge 90–115 cm), dessen gekrümmte Schlagfläche beiderseits abgeflacht ist. – **Regeln** (Auswahl): Wie der Spielgedanke entsprechen auch die Regeln des Rollhockeys weitgehend denen von Hockey und Eishockey. Jeder Spielabschnitt wird mit einem Spielanschlag in der Mitte des Spielfelds begonnen (auch nach Torerfolg). Regelverstöße werden mit einem direkten oder indirekten Freischlag geahndet, besonders grobe Verstöße mit einem Strafschlag (Penalty) von einem Strafpunkt aus. – Rollhockey hat sich zu Beginn des 20. Jahrhunderts von Großbritannien aus auf dem europäischen Festland verbreitet. 1925 fand die erste Europameisterschaft statt. Seit 1963 werden deutsche und Weltmeisterschaften ausgetragen. In der Bundesrepublik Deutschland besteht seit 1967 eine Rollhockeybundesliga. Organisatorisch zuständig sind die Verbände des ↑Rollsports.

Rọllka [Kunstwort] ↑Grasski.

Rollkunstlauf: sportlich-künstlerische Form des Rollschuhlaufens für Damen und Herren (als Einzel- und Paarlauf und Rolltanz). – **Sportstätte** ist ein Rollschuhplatz mit einer Größe zwischen 20 × 40 m und 30 × 60 m. Die Lauffläche besteht aus Terrazzo, Holz, Kunststoff oder Hartbeton (fast ausschließlich in Hallen oder wenigstens überdacht). Der Platz ist mit einer Musikübertragungs- und Flutlichtanlage ausgestattet. – **Sportgerät** ist ein fest mit dem Stiefel verbundener Rollschuh mit vier Rollen aus Hartgummi oder Kunststoff mit jeweils zwei Präzisionskugellagern. Unter der Fußspitze hat der Rollschuh einen Stopper. – **Regeln,** Figuren, Zusammensetzung der Übungen aus Pflicht, Kurzprogramm (bzw. Spurenbildtanz) und Kür sowie die Wertung entsprechen dem ↑Eiskunstlauf. – In der **Technik** sind die Anforderungen beim Rollkunstlauf höher als beim Eiskunstlauf, da das Fahren auf Rollschuhen schwieriger ist als das auf Schlittschuhen. – Bereits 1807 ist eine Rollschuhbahn in Cincinnati (USA) bekannt. In Deutschland wurde die erste Bahn 1876 in Berlin gebaut. Erste deutsche Meisterschaften fanden 1911 statt. 1929 wurden die Pflichtfiguren aus dem Eiskunstlauf übernommen. Weltmeisterschaften gibt es seit 1936. – Zur Organisation ↑Rollsport.

Rollschnellauf: Geschwindigkeitswettbewerb auf Rollschuhen, der auf besonderen Bahnen, z.T. auch auf Straßen, von Damen und Herren durchgeführt wird. – **Sportstätte** ist ein Bahnoval mit einer Länge von 120–125 m und einer Mindestbreite von 5 m. Die Kurven können überhöht sein. Der Bahnbelag besteht aus Holz, Asphalt, Beton oder Terrazzo. – **Sportgerät** ist ein Rollschuh, der etwas niedriger ist als der des ↑Rollkunstlaufs und keinen Stopper hat. Die Läufer tragen einen Kopfschutz. – **Wettkampfstrecken** der Herren: 300, 500, 1 000, 5 000, 10 000, 20 000 m; der Damen: 300, 500, 3 000, 5 000 und 10 000 m. Gestartet wird im Gruppenstart (↑Start). – Grundformen der **Technik,** die weitgehend der des Eisschnellaufs entspricht, sind: Starttechnik (schnelle Arbeitsschritte mit kräftigem Abstoß), Lauftechnik (fließende Armbewegung, Abstoß mit allen Rollen) und Kurventechnik (Kurveneingang: wegen hoher Geschwindigkeit in der Hocke ohne Übersetzen der Füße; Kurvenausgang: Aufrichten und Übergang zum Übersetzen). – Im Rollschnellauf werden seit 1911 deutsche, seit 1936 Weltmeisterschaften ausgetragen. – Zur Organisation des Rollschnelllaufs ↑Rollsport.

Rollschuhe: 1790 in Paris patentiertes Sportgerät zur Fortbewegung auf Rollen. Jeder Rollschuh hat vier in Kugellagern geführte Räder aus Metall, Holz, Hartgummi oder Kunststoff. Straßenrollschuhe werden unter die Schuhe geschnallt. Rollschuhe für den Rollsport sind fest mit knöchelhohen Stiefeln verbunden. Zwischen den Vorderrädern befindet sich meist ein [Gummi]puffer zum Stoppen (Stopper).

Rollsitz: über Rollen auf einer Rollbahn beweglicher Sitz im Ruderboot, der – zusammen mit einer entsprechenden Beinarbeit – ein kräftiges und raumgreifendes Rudern ermöglicht.

Rollski: etwa 75 cm langer Ski, unter dem Rollen angebracht sind und der sich dadurch zum Laufen auch auf Straßen oder Wiesen eignet. Auf Asphalt werden Skistöcke ohne Spitzen verwendet. Der Rollski dient v. a. zum Training der Skilanglauftechnik außerhalb der Wintersaison.

Rollsport (Rollschuhsport): Sammelbez. für alle Sportarten, die mit Rollschuhen ausgetragen werden. Wettkampfdisziplinen sind: ↑Rollhockey, ↑Rollkunstlauf, ↑Rollschnellauf. Rollsport wird in Hallen oder (nur noch selten) auf Freiluftanlagen betrieben. – 1910 wurde in Leipzig der *Bund Deutscher Rollschuhvereine* gegründet. Heute wird der Rollsport in der Bundesrepublik Deutschland vom *Deutschen Rollsport-Bund e. V.* (DRB; gegründet 1949, Sitz Frankfurt am Main) betreut, international von der *Féderation Internationale de Roller Skating* (FIRS; gegründet 1924, Sitz Frankfurt am Main).

Rollstuhlsport: Sport der (meist querschnittgelähmten) Rollstuhlfahrer v. a. in Sportarten wie Fechten, Bogenschießen, Leichtathletik, Basketball u. a. Rollstuhlsport wird auch wettkampfmäßig betrieben, z. B. Europameisterschaften, ↑Stoke-Mandeville-Spiele. In der Bundesrepublik Deutschland betreut der *Deutsche Rollstuhl-Sportverband* (Sitz Wildbad) den Rollstuhlsport.

Rotation [lateinisch „kreisförmige Umdrehung"]: 1. *allgemein* ↑Drehung; – 2. im *Skilaufen* ↑Rotationsschwung; – 3. im *Volleyball* ↑Positionswechsel.

Rotationsschwung [↑Rotation]: auf einem der Schwungprinzipien des ↑alpinen Skilaufs beruhender Schwung, der durch Andrehen ausgelöst und in der Steuerphase durch Beinedrehen und/oder Mitdrehen im Schwungsinne beendet wird. Der Rotationsschwung ist durch Innenlage geprägt. Der Stockeinsatz dient v. a. als Drehhilfe. Damit die Rotation nicht zu einem Überdrehen des Körpers führt, wird in der Phase der Schwungsteuerung eine Gegendrehung ausgeführt, die die Drehbewegung stoppt; es entsteht ein Drehimpuls, der auf die Skier übertragen wird (Anrotieren mit Blockieren). Der Rotationsschwung spielt v. a. in der französischen Skitechnik eine Rolle, in der deutschen Skischule hat er nur geringen Stellenwert.

rote Karte ↑Karte.

Round robin [englisch 'raʊnd 'rɔbɪn, eigentlich „Petition, deren Unterschriften im Kreis um den Text geschrieben sind" (um ihre Reihenfolge zu verbergen)]: Turnierform bzw. Spielsystem, bei dem jeder gegen jeden antritt. Die Ergebnisse werden in einer Tabelle notiert.

RQ: Abk. für: ↑respiratorischer Quotient.

Rückengleichschlagschwimmen: Technik des Schwimmens in Rückenlage über längere Distanzen. Der Beinschlag ist ähnlich dem des Brustschwimmens. Beim Armzug werden beide Arme gleichzeitig über Wasser nach hinten geführt und durch das Wasser wieder nach vorne gezogen. Diese Technik wird auch im Rettungsschwimmen, z. B. beim Transportschwimmen, angewandt.

Rückenkraulschwimmen: eine Schwimmart, bei der der Körper möglichst gestreckt (keine „Sitzhaltung") im Wasser liegt (Becken nahe an der Wasseroberfläche). Folgende Technikelemente sind zu unterscheiden: 1. *Armbewegung:* Die Arme werden mit einem schaufelartigen Kreisen wechselweise durch das Wasser gezogen: Der eine Arm geht in der Schwungphase über Wasser, während der andere Arm in der Zug- und Druckphase unter Wasser geführt wird. Der Körper führt dabei eine Art Rollbewegung um die Körperlängsachse aus, wobei die Schulter der Schwungarmseite angehoben wird. – 2. *Beinbewegung:* Die Beine pendeln aus der Hüfte heraus in einem Pendelschlag, d.h. in Rückenlage, wobei der Hauptantrieb vom Aufwärtsschlag kommt. – 3. *Atmung:* Während eines Doppelarmzugs wird einmal eingeatmet (Schwungphase eines Arms) und ausgeatmet (Zug- und Druckphase desselben Arms). – 4. *Gesamtbewegung:* Das übliche Verhältnis von Armarbeit zu Beinarbeit ist 2:6 wie beim Kraulschwimmen. – 5. *Start:* Er erfolgt aus dem Wasser mit dem Gesicht zum Startblock. Die Hände fassen an die Wand, Stange oder Startgriffe; Beine und Füße müssen unter Wasser sein. Der Abstoß erfolgt mit gebeugten Beinen nach rückwärts in die Rükkenlage, die bis zum Anschlag (bei der Wende oder im Ziel) eingehalten werden muß. – 6. *Wende:* Bei der Wende muß eine Hand am Beckenrand anschlagen. Danach wendet der Körper (durch Rollen, Kippen oder Drehen). Beim Abstoß der Füße von der Wand muß die Rükkenlage wieder eingenommen sein. – Im Rückenkraulschwimmen können nicht die hohen Geschwindigkeiten des Kraulschwimmens erreicht werden, da die Schultern einen zu großen Widerstand bieten. Bis 1904 war als Armarbeit der Armgleichschlag (↑auch Rückengleichschlagschwimmen) wettkampfmäßig üblich.

Rückenlage: Position des Körpers, in der sportmotorisch-technische Fertigkeiten ausgeführt werden. Der Körper liegt mit dem Rücken auf dem Boden (z.B. bei Übungen der Gymnastik zur Stärkung der Rumpfkraft v.a. der Körpervorderseite), auf dem Gerät (z.B. beim Schlittensport) oder im Wasser (z.B. beim Rückengleichschlag- und Rückenkraulschwimmen).

Rückenwind: in die Bewegungsrichtung eines Sportlers oder Geräts strömender Wind, der deren Bewegungsgeschwindigkeit beeinflußt (z.B. in Lauf- und Wurfdisziplinen der Leichtathletik, im Motor-, Rad-, Ruder- und Segelsport, im Skispringen und -fliegen). Die Stärke des Rückenwinds (gemessen mit Windmessern) darf zur Erzielung regulärer Wettkampfergebnisse einen bestimmten Wert nicht überschreiten (z.B. 2 m/s beim Kurzstreckenlauf). – Der Rückenwind kann ein Ergebnis auch negativ beeinflussen (z.B. Speer- und Diskuswurf).

Rückgabe: in einigen Mannschaftsballspielen das Zurückspielen (Rückspiel) des Balles in Richtung auf das eigene Tor bzw. zum eigenen Torwart entweder, um eine gefährliche Situation zu bereinigen, oder, um das Spiel aus taktischen Gründen zu verzögern, was bei manchen Spielen jedoch nur bedingt möglich ist.

Rückhandfallwurf ↑Fallwurf.

Rückhandschlag: 1. (Rückhand, Backhand) sportmotorisch-technische Fertigkeit in den *Rückschlagspielen* (Badminton, Tennis, Tischtennis, Squash u.a.): Der Handrükken der Schlaghand sowie die Schulter und Körperschmalseite der Schlaghand werden in Schlagrichtung gehalten. Der Rückhandschlag ist im allgemeinen schwieriger als der Vorhandschlag (↑Vorhand), da die Handrückenfläche die Bewegung führt, wobei weniger Kraftentwicklung möglich ist; – 2. im *Hockey, Eis-* und *Rollhockey* bei Rechtshändern der auf der linken Körperseite (bei Linkshändern auf der rechten Seite) ausgeführte Schlag; – 3. im *Boxen* ein verbotener Schlag mit dem Handrücken.

Rückhandwurf: Wurftechnik im Handball, bei der der werfende Spieler mit dem Rücken zur Zielrichtung des Balles (meist zum Tor) steht. Als Torwurf kann er vom Torwart schlecht berechnet werden. Als Zuspiel ist schnelle Reaktion beim ballannehmenden Mitspieler erforderlich. Eine Variante des Rückhandwurfs ist der Rückhandfallwurf (↑Fallwurf).

Rückkopplung ↑Sensomotorik.

Rücklage: in verschiedenen Sportarten benötigte Körperhaltung, bei der der [Ober]körper über die Senkrechte hinaus nach hinten genommen wird, z.B. beim Rudern vor Beendigung des Duchzugs des Ruderblatts, im alpinen Skilauf (aber auch im Wasserskilauf) zur Belastung der hinteren Skienden (v. a. beim Fahren in Tiefschnee). Der Wechsel der Körperlage zwischen Rück-, Mittel- und ↑ Vorlage ist in vielen Sportarten (z. B. Skilauf) notwendig und erfordert ein hohes Koordinationsvermögen.

rücklings: Körperhaltung, bei der der Rücken dem Gerät zugewandt ist, sei es im Stand, Sitz oder Hang. Rücklings ausgeführte Übungen spielen v. a. im Geräteturnen und Wasserspringen eine Rolle. Häufig beginnen rücklings Bewegungen in Rückwärtsrichtung.

Rückrunde ↑ Runde.

Rückschlag: in den Rückschlagspielen der ↑ Return. Der nicht aufschlagende Spieler wird auch als **Rückschläger** bezeichnet.

Rückschlagspiele: Ballspiele, bei denen ein Ball zurückgespielt werden muß. Meist muß der Ball über ein Netz, eine Schnur, eine Bank oder als Abpraller von einer Wand zum Gegner gespielt werden. Ziel aller Rückschlagspiele ist es, den Ball so zu plazieren, daß er nicht regelgerecht zurückgespielt werden kann. Zu den Rückschlagspielen zählen u. a.: Badminton (und Federball), Faustball, Indiaca, Pelota, Prellball, Racquetball, Squash, Tennis, Tischtennis und Volleyball.

Rückspiel: 1. in einer Spielrunde das zweite Spiel gegen dieselbe Mannschaft; das erste Spiel heißt **Hinspiel**; – 2. ↑ Rückgabe.

Rückwärtsrichten ↑ Dressurreiten.

Rückwärtssprünge: Gruppe von Sprüngen im Wasserspringen, die aus dem Stand rücklings-rückwärts gesprungen werden. Dabei ist es wichtig, kräftig abzuspringen, wobei die Arme nach schräg-oben-hinten geführt werden, um zusammen mit der Steuerung durch den Kopf die Flugbahn optimal zu gestalten.

Ruder: 1. Steuereinrichtung an Schiffen oder Booten, eine hinter oder unter dem Achtersteven längsschiffs angebrachte (meist stromlinienförmige) Platte (Ruderblatt), die vom Wasser (bei Motorbooten im Propellerstrahl) gegen die Fahrtrichtung angeströmt wird und die so gelagert ist, daß sie über eine Pinne oder ein Steuerrad seitlich bewegt werden kann. Dadurch wird der Bug des Schiffs nach der Seite gewendet, in die das Ruder gedreht („gelegt") wird. Man unterscheidet nach Lage und Befestigung des Ruders angehängtes, durchgestecktes (bei Jachten), frei hängendes (Balanceruder) und mit dem Kiel (drehbar) verbundenes Ruder; – 2. gemeinsprachliche Bez. für ↑ Riemen.

Rudersport (Rudern): Wassersport, bei dem Boote durch Rudern mit Riemen oder Skulls vorangetrieben werden.

Beim **Sportgerät,** dem *Ruderboot,* unterscheidet man zwei Arten: die ↑ Gigs als Übungs-, Wander- oder Vergnügungsboote und die ↑ Rennboote für den sportlichen Wett-

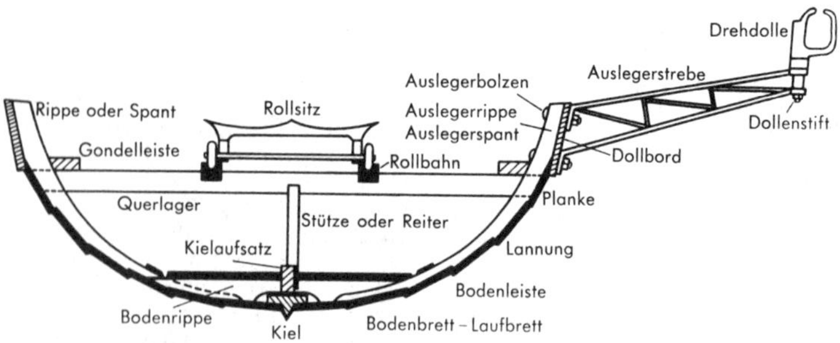

Rudersport. Querschnitt durch ein Rennboot

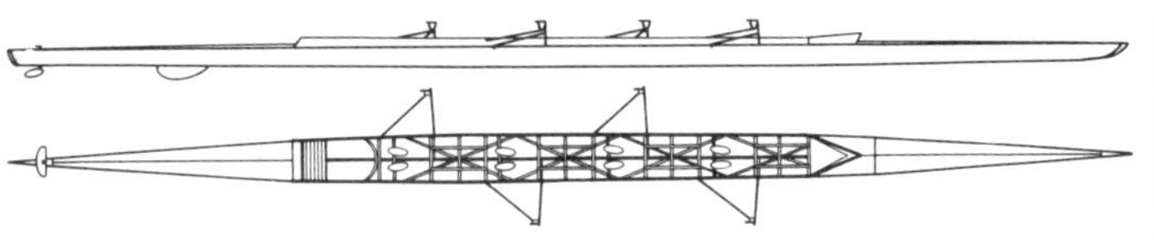

Rudersport. Rennboot. Seitenansicht (oben) und Draufsicht

kampf. Alle Boote haben seitlich auskragende ↑Ausleger, an deren Enden die drehbaren ↑Dollen angebracht sind, in denen die ↑Riemen (bzw. Skulls) liegen. Zur Verlängerung des Wegs, den das Ruderblatt im Wasser zurücklegt, und zur Erhöhung der Beinkraft des Ruderers sitzen die Ruderer auf ↑Rollsitzen. Ein Stemmbrett mit Hackenklappen gibt den Füßen Widerstand und gewährleistet einen optimalen Einsatz der Beinkraft. Die Steuerung der Boote erfolgt entweder durch einen ↑Steuermann, der die unter dem Heck angebrachte Ruderflosse bedient, oder – bei steuermannlosen Booten (Ausnahme: Einer, der nur durch einseitige Verstärkung des Armzugs gesteuert wird) – durch Fußsteuer mittels Seilzug, angebracht an einer (beweglichen) Hälfte des Stemmbretts des Schlagmanns. Spitzenmannschaften im Doppelzweier oder Doppelvierer verzichten gelegentlich (aus Gewichtsgründen) auf die Ruderflosse und steuern mit den Skulls. Maße und Gewicht der Boote sind nicht genormt. Das Boot wird durch ↑Trimmen optimal eingestellt. **Wettkampfstätte** ist die *Regattastrecke* auf möglichst strömungsfreiem und windgeschütztem Gewässer mit einer Mindesttiefe von 3,50 m (bei ungleichmäßigem Bodenprofil, sonst – bei künstlich angelegten Regattastrecken – 2,00 m), auf der sechs Bahnen mit einer Breite von 12,50–15,00 m durch Bojen (alle 50 m) markiert sind. Die Entfernungen 500, 1 000 und 1 500 m werden durch quer über die Bahnen gespannte Seile gekennzeichnet. Die Streckenlänge beträgt für Herren 2 000 m, für Damen 1 000 m. Hinzu kommen ein Auslauf (100 m) am Ziel und die Startanlage (Startnachen), aus der die Boote, mit der (abgerundeten) Bugspitze an der Startlinie ausgerichtet, in stehendem Start starten. Zur Orientierung für die Boote ohne Steuermann muß auf jeder Bahn hinter der Startlinie eine Peileinrichtung vorhanden sein, die auch aus 500 m Entfernung noch zu sehen ist. – Langstrecken- und Wanderrudern werden auf Flüssen betrieben. **Regeln** (Auswahl): Der Rudersport wird in verschiedenen *Wettkampfklassen* ausgeführt. Die Einteilung erfolgt nach den drei Kriterien: 1. Anzahl der Ruderer, 2. mit oder ohne Steuermann, 3. Bootsart (Riemen- oder Skullboot). Heute gehören folgende acht Wettkampfklassen für Herren und sechs für Damen zum olympischen Programm: *Herren:* 1. Einer (Skiff; Skullboot, immer ohne Steuermann), 2. Doppelzweier (Skullboot ohne Steuermann), 3. Zweier ohne Steuermann (Riemenboot), 4. Zweier mit Steuermann (Riemenboot), 5. Doppelvierer (Skullboot ohne Steuermann), 6. Vierer ohne Steuermann (Riemenboot), 7. Vierer mit Steuermann (Riemenboot), 8. Achter (Riemenboot, immer mit Steuermann); *Damen:* 1. Einer, 2. Doppelzweier (Skullboot ohne Steuerfrau), 3. Zweier ohne Steuerfrau (Riemenboot), 4. Doppelvierer (Skullboot mit Steuerfrau), 5. Vierer mit Steuerfrau (Riemenboot), 6. Achter (Riemenboot, immer mit Steuerfrau). Die Wettkämpfe für Herren gehen über eine Distanz von 2 000 m, für Damen von 1 000 m. Außerdem gibt es ein **Langstreckenrudern** (Dauerrudern) über mindestens 4 km (z.T. bis zu 60 km). – Ein Boot (Mannschaft) wird disqualifiziert, wenn es schuldhaft ein anderes behindert, einen Zusammenstoß außerhalb des eigenen Fahrwassers herbeiführt, zwei Fehlstarts verursacht oder wenn ihm taktische Anweisungen von außen gegeben werden. Sieger ist das Boot, das als erstes die Ziellinie passiert. – Neben den Streckenwettbewerben gibt es noch das **Stilrudern** (nur für Damen), bei dem nicht die Zeit gewertet wird, sondern die Rudertechnik (Körperhaltung, Wasserarbeit bei der Skullführung, Bewegungsfluß u.a.). Von einer Höchstzahl von 20 Punkten werden für Mängel in Stil und Technik bestimmte Punkte (durch drei Punktrichter) abgezogen.

Technik: Der Ruderer sitzt mit dem Rücken zur Fahrtrichtung, der Steuermann (meist im Heck des Boots) blickt in Fahrtrichtung. Die heute übliche Rudertechnik ist die *Fairbairn-Technik* (benannt nach dem australischen Rudertrainer Steve Fairbairn [* 1862, † 1938]), die durch einen natürlichen, dynamischen Bewegungsfluß, der nur der Wasserarbeit dient, gekennzeichnet ist, im Unterschied zu der früheren sogenannten *orthodoxen Technik* (Rudern mit durchgedrücktem Rücken und mit bis kurz vor Zugende gestreckten Armen). Entscheidend ist ein stets exakt übereinstimmender Schlagrhythmus, der – wie auch die ↑Schlagzahl (bis zu 48 Schläge pro Minute) – vom ↑Schlagmann bestimmt wird.

Geschichte: Wettrudern ist bereits im Altertum bekannt, dann v.a. bei den Indianern Nordamerikas, in Innerafrika und bei den Polynesiern. Erste Ruderwettkämpfe in Europa sind aus Venedig überliefert (auch für Damen). Die erste offizielle Ruderregatta fand 1775 in Großbritannien (auf der Themse) statt, in Deutschland 1844 in Hamburg. Zum olympischen Programm zählt der Rudersport (mit wechselnden Klassen) seit 1900 für Herren und seit 1976 für Damen. Weltmeisterschaften werden seit 1962 ausgetragen. In der Bundesrepublik Deutschland betreut der *Deutsche Ruderverband* (DRV; gegründet 1883, Sitz Hannover) den Rudersport, international die *Fédération Internationale des Sociétés d'Aviron* (FISA; gegründet 1892, Sitz Neuchâtel, Schweiz).

Rugby ['rakbi, englisch 'rʌgbɪ; nach der gleichnamigen englischen Stadt]: kampfbetontes Mannschaftsballspiel (Malspiel), das Elemente aus Fußball, Football und Handball in sich vereinigt.

Spielgedanke ist, durch Niederlegen eines Balles in einem Malfeld und durch Treten des Balles durch ein Mal möglichst viele Punkte zu erzielen.

Das **Spielfeld** *(Rugbyfeld)* ist auf einer Rasenfläche angelegt und besteht aus der eigentlichen *Spielfläche* (maximal 69 × 100 m) und den sich an deren Schmalseiten (Mallinien) anschließenden *Malfeldern* (Tiefe höchstens 22 m), begrenzt durch die Malfeldauslinien (parallel zu den Mallinien) und die Malfeldseitenauslinien, die Fortsetzung der Seitenauslinien (Längsseiten der Spielfläche). Die Spielfläche wird durch eine Mittellinie halbiert, auf deren beiden Seiten in einem Abstand von je 10 m die 10-m-Linien gezogen sind, die der Ball bei einem Antritt von der Mittellinie aus überqueren muß. Im Abstand von je 22 m von den Mallinien befinden sich die 22-m-Linien, die der Ball bei einem 22-m-Antritt der verteidigenden Mannschaft erreichen muß. Die parallel zu den Seitenauslinien (Abstand je 5 m) zwischen den Mallinien gezogenen gestrichelten Linien (5-m-Linien) markieren die Stellen, an denen bei einem Einwurf nach Seitenaus eine Gasse gebildet wird. Alle Querlinien der Spielfläche werden im Abstand von 15 m von den Seitenauslinien von 10 m langen Linien geschnitten (an den Mallinien ragen diese Linien 5 m in die Spielfläche) zur Kennzeichnung der Stellen, an denen bei bestimmten Regelverstößen ein Ge-

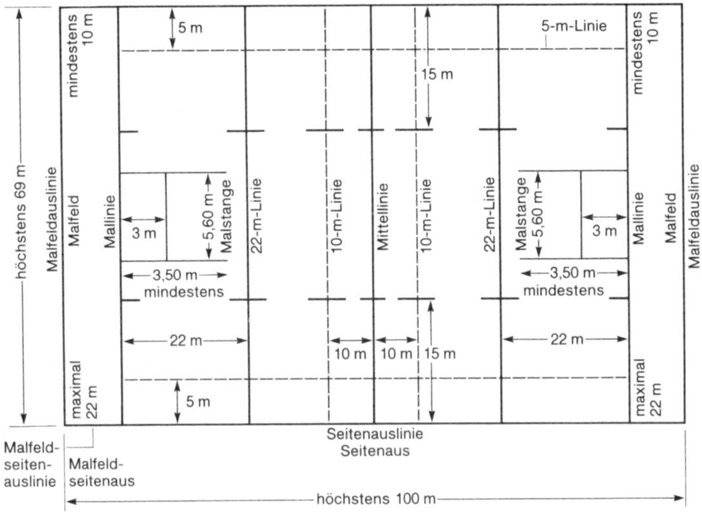

Rugby. Spielfeld

dränge stattfindet. Auf der Mitte der Mallinien stehen die *Male,* gebildet aus je zwei mindestens 3,50 m hohen Malstangen (Abstand voneinander 5,60 m) und einer in einer Höhe von 3 m diese verbindenden Querstange. Als **Spielgerät** dient der *Rugbyball,* ein eiförmiger Leder- oder Kunststoffhohlball mit Gummiblase, dessen Außenhaut aus nur vier Feldern bestehen darf. Maße des Rugbyballes: Länge 28–30 cm, Umfang der Länge 76–79 cm, Umfang der größten Breite 58–62 cm, Gewicht 400–440 g. – Die Kleidung der Spieler entspricht der beim Fußball (Trikot, kurze Hose, Stollenschuhe). – Jede Mannschaft besteht aus 15 **Spielern** (acht Stürmer, vier Dreiviertelspieler, zwei Halbspieler [Gedrängehalb und Verbinder] und ein Schlußmann). Auswechslungen sind möglich. – Die **Spielzeit** beträgt 2 × 40 Minuten mit einer Halbzeitpause von 5 Minuten. Spielunterbrechungen sollen in der Halbzeit nachgespielt werden, in der sie geschehen sind. Nach der Halbzeitpause werden die Seiten gewechselt.

Regeln (Auswahl): Das von einem Hauptschiedsrichter und zwei Seitenrichtern geleitete Rugbyspiel beginnt mit einem *Antritt* von der Mittellinie aus durch die ausgeloste Mannschaft. Danach darf der Ball geworfen, geschlagen, getreten, gefangen und getragen werden. Um zu verhindern, daß einem angreifenden Spieler ein *Versuch* gelingt (das Niederlegen des Balles im gegnerischen Malfeld bzw. das Berühren des bereits dort liegenden Balles mit der Hand), darf der ballführende Spieler *gefaßt* (gehalten), d. h. durch Umfassen von der Hüfte abwärts zu Fall gebracht werden. Der gefaßte Spieler muß den Ball sofort freigeben (fallenlassen), ohne ihn einem Mitspieler zuzuspielen. Der Ball darf durch Treten oder Tragen in jede Richtung gespielt werden, durch Werfen (Schlagen, Stoßen mit der Hand) jedoch nur nach hinten. Gerät der Ball

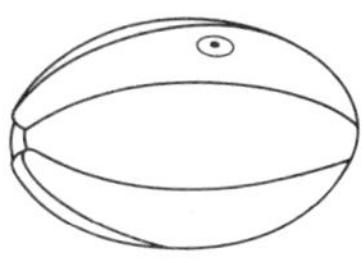

Rugby. Ball

über die Seitenauslinie, darf die Mannschaft, die dies nicht verursacht hat, einen Einwurf ausführen. Dazu wird eine *Gasse* gebildet (die Stürmer beider Mannschaften stehen sich von der 5-m-Linie aus rechtwinklig zu ihr in der Spielfläche gegenüber), in die der Ball eingeworfen wird. Bei Regelverstößen, z. B. unfaire Behinderung eines nicht den Ball führenden Spielers, Vorwerfen des Balles in Richtung auf das gegnerische Malfeld, Nichtfreigeben des Balles durch einen gefaßten Spieler, wird entweder ein Gedränge oder ein Straf- bzw. Freitritt angeordnet, um den Ball wieder ins Spiel zu bringen. Bei einem *Gedränge* umfassen sich meist acht Spieler jeder Mannschaft in der Aufstellung 3–2–3 oder 3–4–1 (die erste Reihe muß immer von drei Spielern gebildet sein) in gebückter Haltung und drängen gegeneinander, so daß zwischen ihnen ein Tunnel entsteht, in den der Ball geworfen werden kann oder in dem (bei einem offenen Gedränge) der Ball bereits liegt. Beide Mannschaften versuchen dann, den Ball zu ihren Gunsten (Ballbesitz) aus dem Tunnel mit den Füßen herauszuhakeln. Ein *Straf-* oder *Freitritt,* an der Stelle, an der das Foul begangen wurde, kann als *Sprungtritt* (der Ball wird aus den Händen fallen gelassen und bei seinem ersten Aufspringen auf dem Boden getreten), *Platztritt* (Treten des auf dem Boden aufgesetzten Balles) oder *Falltritt* (der aus der Hand fallen gelassene Ball wird getreten, bevor er den Boden berührt) ausgeführt werden. Begeht die angreifende Mannschaft im gegnerischen Malfeld ein Foul, erhält die verteidigende Mannschaft einen 22-m-Antritt, der immer als Sprungtritt ausgeführt wird. Ein 22-m-Antritt wird der verteidigenden Mannschaft ebenfalls zugesprochen, wenn ihr ein *Handauf,* d. h. das Niederlegen des Balles im eigenen Malfeld, um einen gegnerischen Versuch zu verhindern, gelingt. Im Rugby gilt eine strenge Abseitsregelung, nach der jeder angreifende Spieler im Abseits ist, der sich vor dem Ball befindet. – Das Rugbyspiel wird nach Punkten gewertet: Ein Versuch zählt vier Punkte, ein Erhöhungstritt (nach einem gelungenen Versuch hat die angreifende Mannschaft das Recht, an der Stelle, an der der Versuch gelang, einen Platz- oder Sprungtritt auf das Mal durchzuführen) zwei Punkte, ein Sprungtritt aus dem laufenden Spiel und ein Straf- oder Freitritt ergeben jeweils drei Punkte. Punkte aus Tritten können nur erzielt werden, wenn der Ball zwischen den Malstangen über die Querstange getreten wird.

Die **Technik** des Rugbys bezieht sich v. a. auf die Ausführung der verschiedenen Trittarten, das Dribbeln und Laufen mit dem eiförmigen Ball und auf die Gedränge- und Gassenbildung.

Die **Taktik** hat zum Ziel, die Spieler in eine möglichst günstige Position bei Gedränge und Gasse zu bringen, eine Abseitsstellung zu vermeiden und von den Alternativen Gedränge oder Annehmen des Balles (bei bestimmten Regelverstößen hat der Gegner hier die Wahl) das taktisch Beste zu wählen.

Geschichte: Nach antiken Vorläufern (China, Rom) entstand Rugby 1823 in der englischen Stadt Rugby als eine Kombination von Handball- und Fußballspiel („Fußball mit Aufnehmen des Balles"). 1871 wurde die englische *Rugby Football Union* gegründet. Rugby verbreitete sich fortan v. a. in den Commonwealth-Ländern, in Europa und Amerika. Als erster deutscher Sportverein nahm der *Heidelberger Flaggenklub* (heute *Heidelberger Ruderklub*) 1872 Rugby in sein Programm auf. In der Bundesrepublik Deutschland wird Rugby vom *Deutschen Rugby-Verband* (DRV; gegründet 1900, Sitz Hannover) betreut, international von der *Fédération Internationale de Rugby Amateur* (FIRA; gegründet 1935, Sitz Paris). – „Rugby" ist die Bez. für den Amateursport. Das berufsmäßige Rugbyspiel (betrieben v. a. in Großbritannien, Frankreich und Australien) heißt **Rugby League Football** und ist in dem internationalen Dachverband *International Rugby Football Board* (IRFB; gegründet 1886, Sitz London) organisiert.

Rumba [kubanisch]: aus afrokubanischen Tänzen ab 1914 in den USA und ab etwa 1930 in Europa entstandener Gesellschaftstanz, heute Tanz aus der Gruppe der lateinamerikanischen Tänze des Tanzsports. Die in mäßigem bis raschem geraden Takt (4/4-Takt) stehende Rumba mit einer mehrschichtigen, synkopenreichen Rhythmik wird als offener Paartanz mit ausgeprägten Hüftbewegungen ausgeführt. – Die Rumba ist auch Pflichttanz (4/4-Takt, 44 Takte/Minute) im Eis- und Rolltanz.

Runde: in Wettkämpfen Bez. für eine Zeiteinheit (z. B. beim Boxen) oder eine Längeneinheit (z. B. Mittel- und Langstreckenlauf der Leichtathletik, Rad- und Motorsport); ferner Bez. für den Verlauf eines Spiels in Sportarten mit mehreren Stationen (z. B. Bahnengolf, Golf) oder (v. a. in Mannschaftsspielen) eine abgeschlossene Spiel- oder Wettkampfserie, die sich aus in **Vor-** und **Rückrunden** ausgetragenen Spielen zusammensetzt, so daß jede Mannschaft gegen jede andere zweimal antreten muß. Bei Ausscheidungen oder Turnieren in Einzel- und Mannschaftssportarten (z. B. in der Leichtathletik, Pokalrunden im Fußball) werden die Sieger nach dem Durchlaufen der **Vor-, Zwischen-** und **Endrunden** ermittelt.

Rundenstaffel ↑ Staffellauf.

Rundgewicht: Gerät in verschiedenen Sportarten: im *Gewichtheben* ein kugelförmiges Eisengewicht mit Handgriff (bis 7,25 kg) für einarmiges Training, in der *Gymnastik* ein Handgerät (Eisenkugel von 2,5–7,25 kg) und in der *Sportakrobatik* ein Schwung- und Wurfgerät (10–12,5 kg).

Rundlauf: von dem schweizerischen Turnpionier Phokion Heinrich Clias (* 1782, † 1854) entwickeltes Turngerät: von einer drehbar aufgehängten Scheibe in kreisförmiger Anordnung herabhängende Stricke, die in einer kurzen Strickleiter enden, die der Turner faßt, um im Kreislauf Laufschritte, Sprünge und Schwünge mit und ohne Drehung im Hang auszuführen.

S

Säbelfechten ↑ Fechten.

Saison [zɛˈzõ:, auch zɛˈzɔŋ; französisch „(günstige) Jahreszeit"]: in den Mannschaftssportarten Bez. für die (kalendarische) Zeit, in der die Spiele in Vor- und Rückrunde ausgetragen werden (z. B. Fußball, Hokkey); in Sportarten, deren Ausübung an bestimmte Jahreszeiten gebunden ist, die Wettkampfperiode: *Sommersaison* (z. B. im Rudersport), *Wintersaison* (z. B. im Eis- und Skisport). – Die technische Weiterentwicklung von Übungsstätten erlaubt es heute, früher saisongebundene Sportarten das ganze Jahr über zu betreiben (z. B. Leichtathletik in der Halle). Die Saisonabhängigkeit einiger Sportarten beeinflußt deren Trainingsperiodisierung.

Salchow [...ço]: nach dem schwedischen Eiskunstläufer Ulrich Salchow (* 1877, † 1949) benannter Sprung im Eis- und Rollkunstlauf: Sprung mit Anlauf auf dem linken Bein rückwärts, Dreier, dann Absprung, Drehung (ein-, zwei-, dreifach) und Aufsetzen rückwärts auf dem rechten Fuß.

Salto [italienisch, von lateinisch saltus „Sprung"]: Luftsprung, bei dem der Körper mindestens eine volle

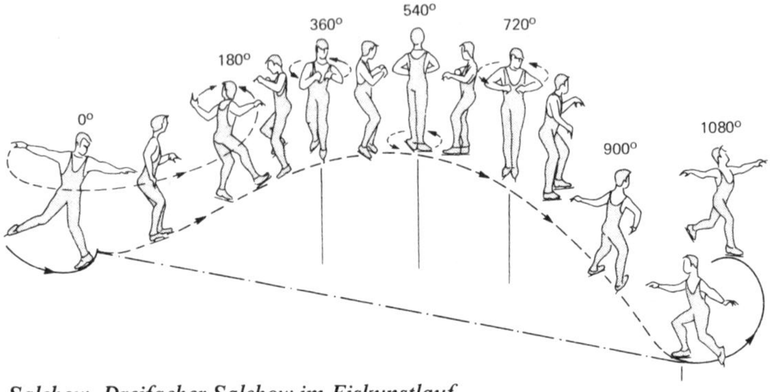

Salchow. Dreifacher Salchow im Eiskunstlauf

Umdrehung um die horizontale Achse ausführt (z. B. im Boden-, Barren-, Reck-, Ringe-, Stufenbarren- und Schwebebalkenturnen des Geräteturnens, im Trampolinturnen und Wasserspringen). Der Salto kann gehockt, gehechtet, gebückt und gestreckt sowie vor-, seit- und rückwärts und aus dem Stand oder Anlauf gesprungen werden. Nach der Zahl der Drehungen unterscheidet man ein-, zwei- und dreifache Salti. Im Wasserspringen sind auch halbe Drehungen möglich. Der (meist dreifache) artistische Salto in großer Höhe wird oft als **Salto mortale** („Todessprung") bezeichnet. Der Salto kann auch mit einer gleichzeitigen Drehung um die Körperlängsachse gesprungen werden (**Schraubensalto;** ↑Schraube). – Beim Schwimmen kann die Wende in Form eines Saltos **(Saltowende)** ausgeführt werden.

Samba [portugiesisch]: Tanz im 2/4-Takt mit 54 Takten/Minute aus der Gruppe der lateinamerikanischen Tänze des Tanzsports. Die durch verschiedene (einfache und gebrochene) Grundrhythmen gekennzeichnete Samba enthält Promenaden und Gegenpromenaden, „Sambawischer" (Senken durch Kniebeugen), Vor- und Rückwärtsbewegung des Beckens bei Slow-and-slow. – Samba ist ursprünglich eine formenreiche Gruppe brasilianischer Tänze in schnellem geradem Takt mit synkopiertem Rhythmus. Sie geht auf afrikanische Tänze zurück. Um 1917 wurde sie zum Haupttanz des Karnevals in Rio de Janeiro und um 1950 in geglätteter Form zum Mode- und Turniertanz.

Sambo [Abk. für russisch: **Samo**saschtschita **b**es **o**ruschija „Selbstverteidigung ohne Waffen"]: Zweikampfsportart als Selbstverteidigung

Salto. Salto vorwärts im Bodenturnen

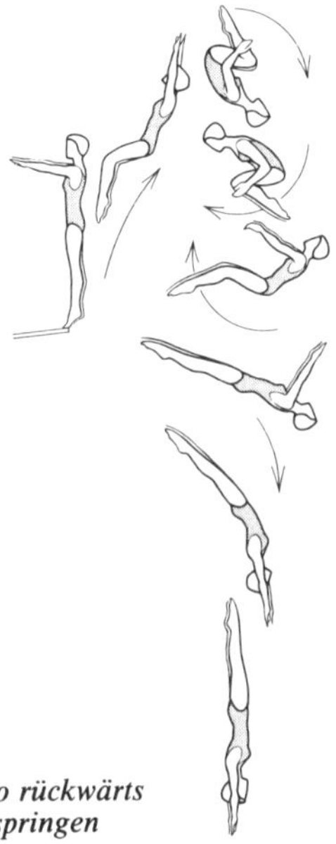

Salto. Salto rückwärts im Wasserspringen

ohne Waffen, eine Mischform aus Judo und verschiedenen Formen des Ringens. – Der **Kampfplatz** ist eine Matte mit einem Durchmesser von 9 m (Dicke 10 cm), umgeben von einer 1,20 m breiten Umrandung. – Die in den Gewichtsklassen des Ringens startenden **Kämpfer** tragen kurze Hosen, eine besondere Jacke mit Aufschlägen zum Anfassen durch den Gegner und einen roten oder blauen Stoffgürtel. – Die **Kampfzeit** beträgt sechs Minuten. – **Regeln** (Auswahl): Es gibt Würfe, Festhalte- und Hebelgriffe (einschließlich Beinhebel), jedoch keine Würgegriffe. Ziel des Kampfes ist, den Gegner auf den Rücken zu werfen. Der Kampf wird nach einem sehr differenzierten Punktsystem durch ein Kampfgericht (Mattenpräsident, Schiedsrichter, Punktzähler) bewertet. – **Geschichte:** Sambo wurde Mitte der 1930er Jahre in der Sowjetunion aus Elementen verschiedener Ringkampfarten entwickelt und erhielt 1936 erste Regeln. Der Name wurde erst 1946 eingeführt. 1966 wurde Sambo neben dem Freistilringen und dem griechisch-römischen Stil als dritte, aber nichtolympische Disziplin des Ringens vom internationalen Fachverband des ↑Ringens offiziell anerkannt. Seit 1972 werden Europa-, seit 1973 Weltmeisterschaften ausgetragen.

Sandbahnrennen: frühere Bez. für ↑Langbahnrennen.

Satz: Spielabschnitt in Rückschlagspielen, der nach der für das jeweilige Spiel vorgeschriebenen Anzahl der Punkte beendet ist. Z. B.: *Badminton:* 2 Gewinnsätze; Satz bis 11 bzw. 15 (21) Punkte; Seitenwechsel nach jedem Satz, im dritten Satz nach 6 bzw. 8 Punkten der führenden Mannschaft; *Faustball* (nur in der Halle): 2 Gewinnsätze; Satz bis 15 Punkte, bei 1 Punkt Vorsprung wird bis höchstens 20:19 gespielt; *Tennis:* 2 oder 3 Gewinnsätze; ein Satz geht über mindestens 6 Spiele, wobei ein Abstand von mindestens 2 gewonnenen Spielen zum Gegner bestehen muß (Ausnahme: der ↑Tie-Break); *Tischtennis:* 2 (international 3) Gewinnsätze; Satzgewinn mit 21 Punkten bei mindestens 2 Punkten Differenz, beim Stand von 20:20 wird solange weitergespielt, bis ein Zweipunkteabstand vorliegt; *Squash:* 3 Gewinnsätze; Satzgewinn mit 9 Punkten, beim Stand von 8:8 kann der Rückschläger bestimmen, ob bis 9 oder 10 Punkte weitergespielt wird; *Volleyball:* 3 Gewinnsätze; Satzgewinn bei 15 Punkten mit mindestens 2 Punkten Differenz, beim Stand von 14:14 wird solange weitergespielt, bis ein Zweipunkteabstand vorliegt. – In einigen Sportarten kann nur die Partei, die das Aufschlagrecht hat, Punkte erzielen (z. B. Volleyball, Squash). Der Ball[wechsel], mit dem der letzte zum Satzgewinn erforderliche Punkt erzielt wird, heißt **Satzball.** Der letzte Satzball eines Wettkampfs heißt ↑Matchball.

Sauerstoff: chemisches Symbol O_2, Gas, das in der atmosphärischen Luft mit etwa 20,9 Vol.-% vertreten ist, das entspricht etwa einem Partialdruck von 150 mm Hg. Die Sauerstoffaufnahme in den Körper erfolgt durch die Lunge (↑Atmung). Sauerstoff ist unerläßlich für die Energiegewinnung (↑aerob) und die Lebenserhaltung. Der Sauerstoffbedarf bei körperlicher Ruhe beträgt etwa 250 ml/min. Die Abgabe geschieht nach Einbau in ↑Kohlendioxid (↑respiratorischer Quotient). In Höhenlagen wird der erniedrigte O_2-Partialdruck durch vermehrte Atmung ausgeglichen. Ein erhöhter O_2-Anteil (Druckluft für Taucher) kann eine verringerte Lungenbelüftung ausgleichen (↑auch Oxygendepot).

Sauerstoffdepot [...depo:] ↑Oxygendepot.

Sauerstoffschuld: Verbrauch des im Körper gespeicherten Sauerstoffs, der nicht sofort wieder ausgeglichen wird. Bei Beginn einer Belastung wird auf diese Reserve zurückgegriffen, bis der Körper durch Anpassung (v. a. vermehrte Atmung) ein Gleichgewicht (↑Steady state) zwischen Verbrauch und Nachschub hergestellt hat. Die Reserve muß nach Ende der Anstrengung wieder aufgefüllt werden; solange besteht die Sauerstoffschuld.

Säuglingsgymnastik: Form der Gymnastik, die in entsprechend dosierter Weise mit Säuglingen durchgeführt wird. Sie dient der schrittweisen und entwicklungsangepaßten Formung des Bewegungsverhaltens, v. a. unter sensomotorischem Gesichtspunkt, was für die Intelligenz und die allgemeine Persönlichkeitsentwicklung von entscheidender Bedeutung ist. Wesentlich ist hier auch die Schulung der Sinne im Zusammenhang mit motorischen Äußerungen.

Sauna [finnisch „Schwitzstube“]: kombiniertes Heißluft-Dampf-Bad in einer mit Holz ausgekleideten Kabine, bei dem Perioden trockener Hitze (85–98 °C) und Dampfstöße (durch Wasseraufgießen auf die glühend heißen Ofensteine) miteinander abwechseln. Der hauptsächliche Effekt besteht in der starken Schweißabsonderung, die durch Klopfmassage (mit Birkenreisern) unterstützt werden kann. Nach 12–15 Minuten Badedauer erfolgt eine Abkühlung in der freien Luft, unter der temperierten Dusche oder in kaltem Wasser bzw. in Schnee. Saunagänge sollten nicht mehr als 3mal wiederholt werden. Saunabäder werden angewandt zur Steigerung des Wohlbefindens (Anregung von Kreislauf und Stoffwechsel), zur Abhärtung gegen sogenannte Erkältungskrankheiten, daneben medizinisch bei Störungen des vegetativen Nervensystems, zur Umstimmung von Körperfunktionen und bei rheumatischen Erkrankungen sowie als Wärmetherapie bei Sportverletzungen und Sportschäden. – Folgende Fehler sollten vermieden werden: zu kurzer Wechsel von Erhitzen und Abkühlen, mangelnde Abkühlung, Trinken während der Saunazeit, zu geringer Abstand zur letzten Mahlzeit (mindestens zwei Stunden) und übertriebene Saunabenutzung, die das Stoffwechselgleichgewicht beeinträchtigt und dadurch Reaktionsvermögen und Schnellkraft vermindert. Ferner sollten Saunagänge vermieden werden bei entzündlichen Erkrankungen, viralen oder bakteriellen Infekten, Herz-Kreislauf-Erkrankungen, hohem Blutdruck, Nierenleiden und infektiösen Hauterkrankungen.

Schach [zu persisch-arabisch šāh māta „der König ist tot“] (Schachspiel): als Turnierschach einziges dem Sport zugerechnetes Brettspiel. Es wird von zwei Personen auf einem quadratischen, aus 64 abwechselnd hellen (weißen) und dunklen (schwarzen), ebenfalls quadratischen Feldern bestehenden **Schachbrett** mit 16 **Schachfiguren** gespielt. Zur Verfügung stehen: 1 König (K), 1 Dame (D, Königin), 2 Türme (T), 2 Läufer (L), 2 Springer (S, Pferdchen), 8 Bauern (B). Jede dieser Figuren hat eine vorgeschriebene **Gangart:** Der König kann das unmittelbar angrenzende Feld seines jeweiligen Standorts betreten, sofern es nicht von Schach bedroht oder von einer Figur der eigenen Farbe besetzt ist. Bei der Rochade (↑Rochieren) ist ihm auch ein Zug über zwei Felder erlaubt. Als stärkster Figur kommt der Dame die Bewegungsmöglichkeit von Turm und Läufer zu. Der Turm kann (beliebig weit) waagerecht und senkrecht auf dem Schachbrett ziehen bzw. schlagen. Der Läufer darf nur diagonal (beliebig weit) ziehen und schlagen, allerdings immer gebunden an die Farbe seines Standfeldes in der Grundstellung. Der Springer zieht und schlägt im Rösselsprung (ein Feld nach der Seite, nach oben oder unten, dann ein Feld diagonal in der eingeschlagenen Richtung. Der Bauer zieht immer nur ein Feld weiter geradeaus (von der Grundstellung aus ausnahmsweise nach Belieben auch zwei Felder), niemals rückwärts; er schlägt dagegen ausschließlich diagonal auf das unmittelbar angrenzende Feld. – Die waagerecht aufeinanderfolgenden Felder des Schachbretts werden als **Reihen,** die senkrecht aufeinanderfolgenden als **Linien** und die schräg aufeinanderfolgenden als **Diagonalen** bezeichnet. Für die Notation einer Schachpartie werden die Reihen von unten nach oben mit den Ziffern 1 bis 8 und die Linien von links nach rechts mit den Buchstaben a bis h gekennzeichnet. – Jede **Schachpartie** (Partie) wird durch einen Zug von Weiß eingeleitet, dem ein Zug von Schwarz folgt. Beide Parteien ziehen weiterhin abwechselnd so lange, bis entweder die Partie durch ein **Matt** (der angegriffene König kann nicht mehr vor dem Geschlagenwerden bewahrt werden) oder durch Aufgabe des Gegners entschieden (gewonnen) ist oder bis eine Position erreicht wird, in der mit den noch auf dem Brett befindlichen Figuren ein Matt nicht mehr erzwungen werden kann: Kann ein Spieler nicht mehr ziehen, ohne daß sein noch nicht angegriffener König beim nächsten Zug vom Gegner geschlagen wird, ist das Spiel **Patt** (Unentschieden), kann keiner der Spieler den feindlichen König mattsetzen, ist das Spiel **Remis** (auch: Unentschieden). – Theoretisch gliedert sich eine Schachpartie in drei Phasen: *Eröffnung* (die einleitenden weißen und schwarzen Züge als Grundlage für einen vernünftigen positionellen Aufbau), *Mittelspiel* (taktische und strategische Manöver) und *Endspiel* (das Herbeiführen einer positionell als gewonnen geltenden Stellung). – Im Rahmen eines offiziellen Wettkampfs wird die gewonnene Partie für den Sieger mit 1 Punkt (Verlierer: 0 Punkte), das Remis für beide Gegner mit 1/2 Punkt gewertet. Die Bedenkzeit für eine Partie ist begrenzt (z. B. 2 1/2 Stunden für die ersten 40 Züge) und wird von der Schachuhr festgehalten, die zwei Zifferblätter besitzt, von denen jedes die Gesamtzeit mißt, die ein Spieler für die eigene Bedenkzeit und die Schachzüge benötigt. – Die Partner einer Schachpartie können Einzelpersonen sein oder auch Teams **(Beratungspartie);** sie können sich unmittelbar gegenübersitzen oder über größere Entfernungen mit Hilfe technischer Mittel miteinander korrespondieren **(Fernschach).** – Die Weltmeisterschaft gliedert sich in vier Schachturniere: das *Zonenturnier* mit Spielern bestimmter Länder und regionaler Be-

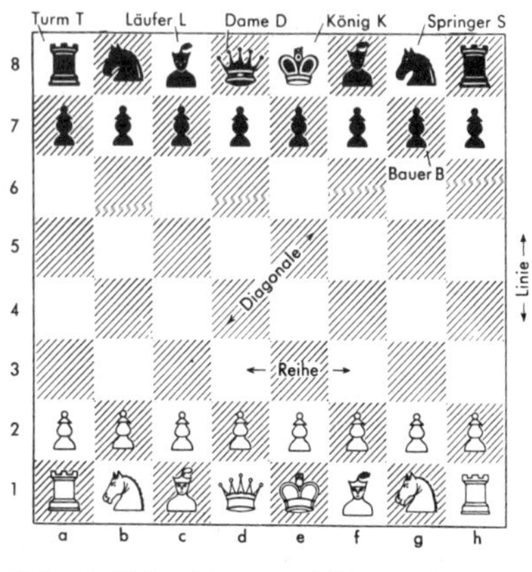

Schach. Schachbrett und Figuren in Grundstellung

reiche, das *Interzonenturnier* mit den 34 bestplazierten Spielern, das *Kandidatenturnier* mit den sechs besten Spielern und oft zwei bevorrechtigten Weltmeisterschaftskandidaten und der eigentliche *Weltmeisterschaftskampf* zwischen dem Titelinhaber und dem Sieger des Kandidatenturniers. Der Titel Schachweltmeister wird seit 1866 vergeben.
Geschichte: Noch andauernde Spekulationen über Alter und Ursprung des Schachs setzen dessen Existenz schon in vorchristlicher Zeit an. Das erste literarische Zeugnis für die Existenz des Schachspiels ist ein mittelpersischer Roman aus der Zeit um 600 n. Christus. Der Ursprung des Spiels liegt vermutlich in Indien, von wo aus es den Persern bekannt wurde. Mit der arabischen Eroberung Persiens gelangte es um 650 zu den Arabern, die es über Nordafrika, Spanien und Süditalien nach Europa brachten, wo es ohne Zweifel schon vor den Kreuzzügen bekannt war. Als ältester Beleg für das moderne Schach gilt die von dem Spanier Luis de Lucena 1497 herausgegebene Sammlung von 150 Schachaufgaben alter und neuer Art. – Das organisierte Schachspiel wird in der Bundesrepublik Deutschland vom *Deutschen Schachbund* (DSB; gegründet 1887, Sitz Berlin) betreut, international von der *Fédération Internationale des Échecs* (FIDE; gegründet 1924, Sitz Luzern). – Da beim Schachspiel außer den feinmotorischen Bewegungen beim Versetzen der Figuren keine körperliche Bewegung verlangt ist, ist seine Zugehörigkeit zum Sport umstritten. Einziges Kriterium scheint die Anerkennung des *Deutschen Schachbundes* durch den *Deutschen Sportbund* zu sein.

Schaufel: 1. der vordere, aufgebogene Teil des Skis; – 2. der gekrümmte Teil des Eishockeyschlägers, mit dem der Puck gespielt wird.

Schaufeln (Schöpfen): im Volleyball Technik zur Annahme und zum Weiterspielen des Balles in mittlerer bis niedriger Höhe (unteres Zuspiel, ↑Baggern).

Schaulaufen: Vorführung im Eis- und Rollkunstlauf, meist durch die drei Erstplazierten (im Einzel-, Paarlauf und Tanz) als Abschluß einer Meisterschaft. Da das Schaulaufen keinen Wettkampfcharakter hat, kommt es meist zu ungezwungenen und gelösten Darbietungen (Elemente aus der Kür, komische Schaueinlagen u. a.) von hohem technischem Niveau.

Schauturnen: eine nicht als Wettkampf, sondern nur zur Demonstration durchgeführte Veranstaltung im Kunstturnen, meist als Abschlußveranstaltung großer internationaler Wettkämpfe, bei der in der Regel die Bestplazierten der Meisterschaft auftreten. Das Schauturnen dient oft dazu, Kandidaten für Profiverträge auszusuchen.

Scheibe: [Kurz]bez. für verschiedene Sportgeräte: 1. das Ziel (Zielscheibe) im *Bogenschießen* und *Schießsport;* – 2. der Puck im *Eishokkey;* – 3. das immer paarweise auf die Scheibenhantel aufgesetzte Gewicht beim *Gewichtheben.*

Schein: nach einer Ausbildung und abschließenden Prüfung erworbener, von den einzelnen Fachverbänden ausgestellter Befähigungs- und Berechtigungsnachweis zur Ausübung bestimmter Sportarten (z. B. Führerscheine im Motor-, Flug- und Segelsport) bzw. zur Tätigkeit als Trainer (Trainerlizenz). Die Scheine sind meist nach bestimmten Leistungsklassen gestaffelt (z. B. **A-Schein** für die höchste, **B-Schein** für eine niedrigere Leistungsklasse). Daneben verleihen die Fachverbände und der *Deutsche Sportbund* Scheine, die zur Übernahme einer bestimmten organisatorischen Funktion (z. B. Übungs-, Organisations- und Jugendleiter) berechtigen. Zur Gewährleistung der Gleichwertigkeit der Ausbildungsgänge und Prüfungsanforderungen in den einzelnen Fachverbänden sowie zur gegenseitigen Anerkennung der Lizenzen hat der *Deutsche Sportbund* 1977 Rahmenrichtlinien für die Ausbildung erstellt.

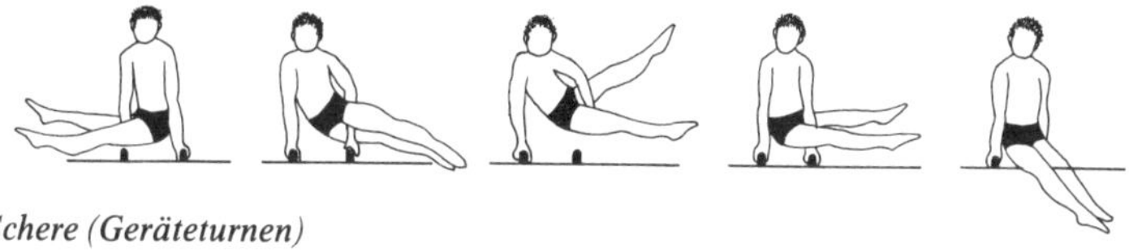

Schere (Geräteturnen)

Schere: 1. im *Geräteturnen* eine Übung am Seitpferd, bei der man im Stütz die quergegrätschten Beine seitwärts schwingt und im höchsten Punkt aneinander vorbeispreizt, so daß das Bein, das vor dem Pferd geschwungen wurde, rückwärts spreizt und nun hinter dem Pferd und das andere Bein vor dem Pferd ist; die Schere kann als Scheraufschwung und Scherkehre geturnt werden; – 2. (Scheren) in der *Gymnastik* das Kreuzen der gestreckten Beine in Bauch- oder Rückenlage; – 3. (Scheren) in der *Leichtathletik* beim *Hürdenlauf* die Bewegung der Beine beim Hürdenschritt, wobei das Schwungbein nach unten schlägt und das Nachziehbein nach vorn über die Hürde geschwungen wird, und beim *Hochsprung* (Schersprung, Scherkehrsprung) eine Sprungtechnik.

Scherenschlag: Technik im Fußball, deren Bewegungsablauf der Bewegung einer Schere gleicht: der Spieler springt vom Boden ab, schwingt das freie Bein hoch und versucht dennoch, den Ball mit dem Absprungbein zu spielen. Diese Technik dient einerseits der Täuschung des Gegners, andererseits der Anpassung an Flugkurve oder Sprunghöhe des Balles.

Scherensprung: sportmotorisch-technische Fertigkeit verschiedener Sportarten nach dem Bewegungsmuster einer Schere: im *Kunstradsport* der Wechsel vom Reit- in den Kehrlenkersitz, im *Geräteturnen* ein Hochsprung vorwärts oder rückwärts am Boden oder Schwebebalken, bei dem Schwungbein und Sprungbein in der Luft gekreuzt werden, in der *Leichtathletik* das Scheren (↑Schere).

Scherumsteigen: eine Grundtechnik im alpinen Skilauf; beim Schwingen wird entweder der Bergski (Scherumsteigen bergwärts, Schrittschwung) oder Talski (Scherumsteigen talwärts, Innenskischwung) geschert, d. h. an dem anderen Ski vorbeigeführt. Das Scherumsteigen erfordert gute Balancier- und Koordinationsfähigkeit.

Scheuermann-Krankheit [nach dem dänischen Orthopäden H. W. Scheuermann (* 1877, † 1960)]: im Jugendalter auftretende Erkrankung, die zur Verformung der einzelnen Wirbelkörper (↑Spondylose) bzw. der Wirbelsäule (↑Lordose, ↑Kyphose) führen kann. Mögliche Ursachen sind Veranlagung, Überlastung bei Arbeit und Sport. Therapeutischer Sport unter ärztlicher Aufsicht kann in manchen Phasen der Erkrankung sinnvoll sein.

Schiebeball: im Hockey eine Schußart, bei der der Ball aus einer schnellen, schiebenden Bewegung des Schlägers heraus flach über den Boden gespielt wird. Im Feldhockey wird nach einem Ausball das Spiel durch Schiebeball wieder aufgenommen.

Schieben: das Bewegen eines Sportgeräts (auch eines Gegners), ohne daß dieses den Bodenkontakt verliert: im *Hockey* (auch *Eis-* und *Rollhockey*) das Bewegen des Balles (Scheibe) unter ständigem Kontakt mit dem Schläger, beim *Boxen* und *Ringen* das Drücken des Gegners ohne beabsichtigte Angriffsaktion, im *Schlitten-* und *Bobsport* das Infahrtbringen des Geräts beim Start (Anschieben).

Schiedsgericht (Jury, Kampfgericht): von der zuständigen Sportbehörde bestelltes Gremium aus Kampf-, Punkt- und Schiedsrichtern, das bei Bewertungsdifferenzen angerufen wird oder, falls erforderlich, selbst beim Wettkampf eingreift und entscheidet.

Schiedsrichter: Mitglied des Kampfgerichts (↑Schiedsgericht) bei sportlichen Wettkämpfen, das v. a. in den Sportspielen allein oder mit einem weiteren Schiedsrichter (**Zweischiedsrichtersystem,** z. B. im Eishokkey [in unteren Klassen], Handball) die Entscheidungsbefugnis über das Spielgeschehen hat. Der Schiedsrichter wird oft von ↑Linienrichtern (auch Torlinienrichtern) unterstützt. In den Kampfsportarten hat der ↑Punktrichter eine vergleichbare Funktion. Da vom Schiedsrichter Objektivität verlangt wird, bezeichnet man ihn auch als **Unparteiischen,** der für die Einhaltung der Wettkampfregeln und für Disziplin zu sorgen hat. Die Entscheidungen des Schiedsrichters sind ↑Tatsachenentscheidungen und somit unanfechtbar.

Schiedsrichterball: in einigen Mannschaftsballspielen das Wiederinsspielbringen des Balles durch den Schiedsrichter nach einer Spielunterbrechung, deren Ursache nicht eine Regelwidrigkeit oder ein Ausball war. Der Schiedsrichterball wird meist durch **Niederwurf** (z. B. im Fußball) oder Fallenlassen des Balles aus Brusthöhe an der Stelle, an der der Ball zuletzt gespielt wurde, ausgeführt. Der Ball darf von den Parteien erst gespielt werden, wenn er den Boden berührt hat. Im Handball **(Schiedsrichterwurf)** müssen dabei alle Spieler mindestens 3 m vom ausführenden Schiedsrichter entfernt sein. Im Wasserball **(Schiedsrichtereinwurf)** wird der Ball an der Mittellinie vom Beckenrand eingeworfen (auch zu Beginn der Spielviertel).

Schießsport (Schießen): Sammelbez. für alle sportlichen Wettbewerbe für Damen und Herren mit Gewehr und Pistole (Kugelschießen), Flinte (Schrot), Armbrust (↑Armbrustschießen) und Bogen (↑Bogenschießen). – Im Mittelpunkt des sportlichen Schießens stehen (neben Armbrust- und Bogenschießen) die im olympischen Programm enthaltenen Wettbewerbe: 1. **Gewehrschießen:** Kleinkaliber-Liegendkampf 50 m (60 Schuß), Kleinkaliber-Dreistellungskampf 50 m (120 Schuß, davon je 40 im liegenden, knienden und stehenden Anschlag), laufende Scheibe (laufender Keiler) 50 m (60 Schuß); 2. **Pistolenschießen:** freie Pistole 50 m (60 Schuß), Schnellfeuerpistole 50 m (60 Schuß); 3. **Wurftaubenschießen** (die Ziele, „Tauben“, werden von Wurfmaschinen in die Luft geschleudert): a) **Trapschießen:** bis zwei Schuß mit angeschlagener Schrotflinte auf jede Taube (200 Tauben in 25 Serien), b) **Skeetschießen:** ein Schuß pro Taube (Schrotflinte), wobei das Gewehr erst nach Erkennen der Taube angeschlagen werden darf (200 Tauben in 25 Serien).

Wettkampfstätte ist der *Schießstand* im Freien oder in Hallen (geschlossener Schießstand). Er besteht in der Regel aus mehreren Schießbahnen. Für das Wurftaubenschießen müssen Wurfmaschinen vorhanden sein, die beim Skeetschießen auf zwei Türmen installiert sind. Die Ziele sind Ringscheiben (bei der laufenden Scheibe in Keilerform), Silhouettenscheiben (für Schnellfeuerpistole) oder „Tauben“, d. h. tellerförmige Scheiben aus Asphalterde oder Ton, für das Wurftaubenschießen. Die Anlage von Schießständen unterliegt strengen Sicherheitsvorschriften (Erdwälle, Blenden, Kugelfänge u. a.).

Als **Sportgerät** dienen Feuerwaffen (Gewehre, Flinten, Pistolen), bei denen der Schuß durch Zündung der Patrone ausgelöst wird. Im nichtolympischen Schießsport werden auch Luftdruckwaffen und Vorderlader verwendet. Die Waffen des olympischen Schießsports sind Kleinkaliberwaffen (Kaliber 5,6), deren Bauweise (Lauf- und Schaftlänge, Gewicht, Visiereinrichtung, Abzugsvorrichtung u. a.) bestimmten Vorschriften unterliegt. Für die freien Waffen (z. B. freie Pistole) be-

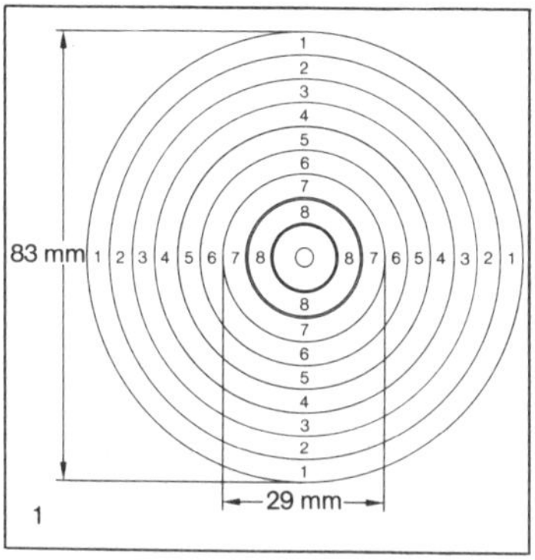

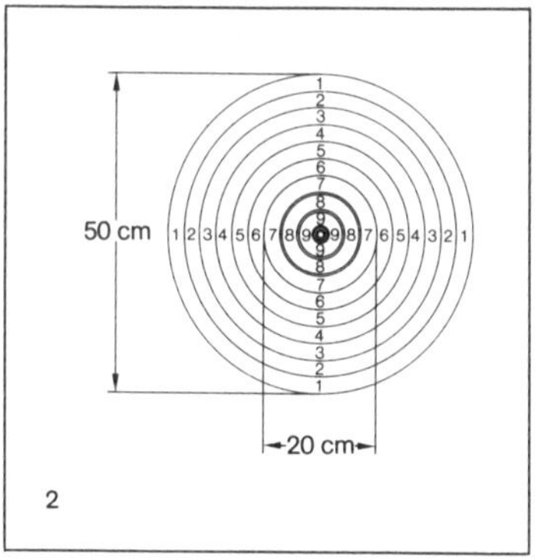

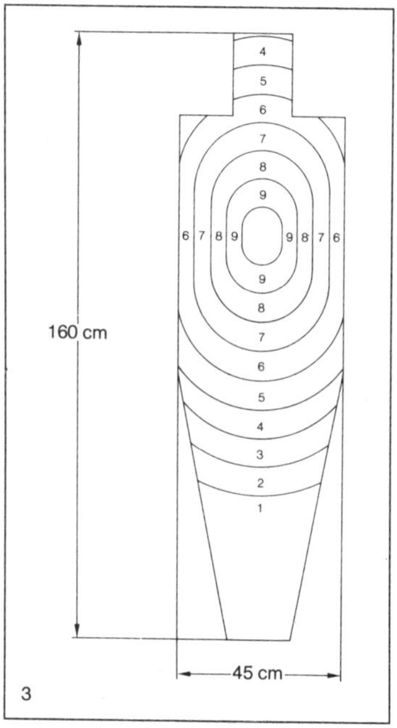

Schießsport. Größe und Gestaltung von Ringscheiben für Luftgewehr (1) und freie Pistole (2) sowie einer Silhouettenscheibe (3)

stehen nur geringfügige Beschränkungen. – Die Sportschützen tragen Schießjacke, Handschuhe, Schießbrille und meist auch Hörschutz.

Regeln (Auswahl): Die strengen Regeln des Schießsports beziehen sich auf die verwendeten Waffen, deren Munition, die Scheibenmaße, maximale Schießzeiten für den einzelnen Schützen und auf Zahl und Bewertung der Schüsse. Über die Plazierung im Wettkampf entscheidet die Summe der mit bestimmten Punktwerten versehenen getroffenen Ringe (Scheibenschießen) bzw. die Anzahl der getroffenen Tauben (Wurftaubenschießen).

Neben den olympischen Disziplinen gibt es im Schießsport das Schießen mit Großkalibergewehren (Kaliber über 5,6) auf eine Distanz von 300 m, das Schießen mit Luftgewehr und Luftpistole (Kaliber 4,5) auf 10 m und das Vorderladerschießen (Gewehr, Flinte und Pistole) auf verschiedene Distanzen.

Die **Geschichte** des Schießsports ist untrennbar mit der Entwicklung der Waffentechnik verknüpft. Ursprüngliche Formen sind deshalb das Bogen- und Armbrustschießen. Im 15. Jahrhundert entstanden die Kugelflinten (Vorderlader) und im 19. Jahrhundert die Hinterladewaffen. Ab etwa der Mitte des 19. Jahrhunderts verbreitete sich der Schießsport durch die Gründung zahlreicher Schützenvereine. Zum olympischen Programm zählt der Schießsport seit 1896. In der Bundesrepublik

Deutschland wird der Schießsport vom *Deutschen Schützenbund* (DSB; gegründet 1861, Sitz Wiesbaden) betreut, international von der *Union Internationale de Tir* (UIT; gegründet 1907, Sitz München). – Prüfungen aus dem Schießsport sind auch Bestandteil des ↑Biathlons und des ↑modernen Fünfkampfs.

Schiffsmodellsport ↑Modellsegeln.

Schlag: 1. in vielen Sportarten benötigte sportmotorisch-technische Fertigkeit, die v.a. eine gute Auge-Hand-Koordination erfordert: in einigen *Ballspielen* das in zahlreichen technischen Varianten mögliche Inbewegungsetzen des Balles durch Schlagen mit der Hand, dem Arm (z. B. Volleyball) oder der Faust (z. B. Faustball) bzw. mit einem ↑Schläger (z. B. Baseball, Golf, Kricket, Schlagball, Badminton, Tennis, Tischtennis, Squash); in einigen *Kampfsportarten* (z. B. Boxen, Karate) das Treffen des Gegners mit der Faust oder der Hand; – 2. beim *Schwimmen* der abgestimmte Rhythmus von Arm- und Beinarbeit; – 3. im *Rudersport* (Ruderschlag) der Bewegungsweg des Ruderblatts vom Einsatz ins Wasser bis zum nächsten Einsatz; – 4. im *Segelsport* die Strecke, die beim Kreuzen ohne Richtungsänderung zurückgelegt wird.

Schlagball (Schlagballspiel): dem Baseball ähnliches Mannschaftsballspiel (Malspiel) für Damen und Herren. – Der **Spielgedanke** ist, einen Ball mit einem Schläger möglichst weit ins Spielfeld zu schlagen, so daß es der gegnerischen Partei erschwert wird, den Ball zu fangen und mit ihm den zu einem Mal laufenden Schläger abzuwerfen. – Das **Spielfeld** besteht aus Lauffeld, Schlagmal mit Sperraum und Schrägraum. Das *Lauffeld* mißt 25 × 70 m. Vor der Mitte der hinteren Schmalseite und in einem Abstand zu ihr von 10 m steht das Laufmal (zwei 1,50 m senkrecht aus dem Boden ragende Stangen [Ticks], 4 m Abstand zueinander). Ein 10 m tiefer Raum vor der vorderen Schmalseite (Schlagmal-

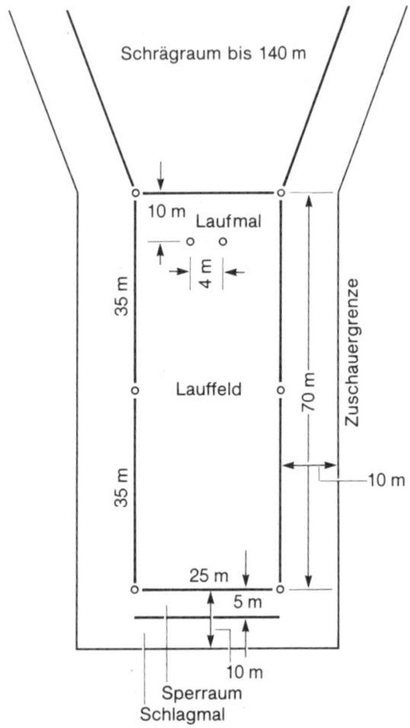

Schlagball. Spielfeld

linie) des Lauffeldes bildet das *Schlagmal,* aus dem heraus der Schläger den Ball schlägt. Das Schlagmal ist durch eine Linie parallel zur Schlagmallinie in zwei Hälften geteilt, deren an das Lauffeld angrenzende den *Sperraum* bildet, in dem sich alle Spieler aufhalten müssen, die durch einen Schlag das Laufrecht erhalten haben. Der an die hintere Schmalseite anschließende *Schrägraum* verlängert das Gesamtspielfeld auf bis zu 140 m. Die seitlichen Begrenzungslinien des Schrägraums sind die Fortsetzung der (gedachten) Lauffelddiagonalen. An die seitlichen Linien des Gesamtfeldes schließt sich ein 10 m breiter Freiraum bis zur Zuschauergrenze an. – **Spielgerät** sind Schlagball und

Schlagball. Schläger und Ball

Schlagholz. Der *Schlagball* (der auch beim ↑Schlagballweitwurf benutzt wird) ist ein mit Haaren gefüllter Ledervollball mit Gummikern. Sein Umfang beträgt 19–21 cm, sein Gewicht 70–85 g. Das *Schlagholz* besteht aus Naturholz und hat einen kreisförmigen Querschnitt, dessen Durchmesser am unteren Schlagende nicht größer als 3 cm sein darf. Die Länge des Schlagholzes ist nicht vorgeschrieben. – Jede Mannschaft besteht aus 12 **Spielern** (mindestens 9; Auswechslungen sind nicht möglich). – Die **Spielzeit** beträgt 60 Minuten. – **Regeln** (Auswahl): Das Schlagballspiel wird von einem Schiedsrichter geleitet, unterstützt von drei Linienrichtern (einer am Schlagmal, je einer auf der Höhe des Laufmals an der Spielfeldgrenze). Die Mannschaften agieren wechselweise als Schlag- bzw. Läufer- und als Fangpartei. Ein Spieler der (für den Beginn ausgelosten) Schlagpartei wirft den Ball hoch und versucht dann, ihn mit dem Schlagholz möglichst weit zu schlagen, jedoch so, daß er innerhalb der seitlichen Lauffeld- und Schrägraumgrenzen verbleibt. Nach dem Schlag läuft er (ohne Schlagholz) zu dem Laufmal, berührt einen der Pfosten mit der Hand und läuft wieder ins Schlagmal zurück. Gelingt ihm dies, ohne abgeworfen zu werden, hat er einen Punkt erzielt. Die beliebig auf dem Lauffeld und im Schrägraum postierten Spieler der Fangpartei (Fänger) versuchen, den geschlagenen Ball mit einer Hand im Flug zu fangen (1 Punkt) und dann einen der Läufer abzuwerfen, solange dieser nicht mit beiden Füßen im Schlagmal steht (ebenfalls 1 Punkt). Der Fänger darf mit dem Ball nicht laufen, er darf den Ball aber einem anderen, günstiger zum Abwerfen stehenden Mitspieler zuwerfen. Als Abwerfen gilt auch, wenn ein Fänger den Läufer mit dem in der Hand gehaltenen Ball berührt. Ein Malwechsel, d. h. ein Wechsel von Fang- zur Schlagpartei, erfolgt nach Abwerfen eines Läufers, bei Überschreiten der Feldgrenzen durch einen Läufer, bei Berühren des im Spiel befindlichen Balles durch den Schläger, durch „Aushungern" der Schlagpartei, d. h. wenn es einem Fänger gelingt, den Ball ins Schlagmal zu schaffen, wenn dort kein schlagberechtigter Schläger mehr vorhanden ist, oder durch Strafwechsel (bei grobem Foul eines Schlägers). Sieger ist die Mannschaft mit den meisten Punkten nach Ablauf der Spielzeit. – **Geschichte:** Das heute zu den Turnspielen zählende Schlagballspiel ist ein Tempospiel, das bereits in nordischen Sagen erwähnt wird. Es war auch im Mittelalter bekannt und beeinflußte später die Entstehung des Baseballs. Besonders beliebt war es in Deutschland vor dem 2. Weltkrieg. Nach 1945 gehörte es zunächst zum Kanon der Sportlehrerausbildung und zum Schulsport, wird heute jedoch nur noch selten gespielt.

Schlagballweitwurf: leichtathletische Wurfdisziplin mit dem Schlagball, dem Spielgerät des Schlagballspiels (↑Schlagball). Er ist im Schulsport stark verbreitet und eine der Disziplinen zum Erwerb des Deutschen Jugendsportabzeichens.

Schlagen ↑Schlag, ↑Schläger.

Schläger: 1. *Sport-* oder *Spielgerät,* mit dem ein anderes Gerät (Ball, Kugel, Puck) in Bewegung versetzt wird (z. B. Badminton, Bahnengolf, Baseball, Golf, Hockeysportarten, Tischtennis, Tennis, Squash); – 2. in einigen Sportarten die *Spieler,* die einen Ball mit (z. B. der Batter im Baseball, der Batsman im Kricket, der einen Schlag ausführende und dann laufende Spieler im Schlagball) oder ohne Gerät (z. B. linker und rechter Vorderspieler im Faustball) schlagen.

Schlagmann: 1. im *Rudersport* der im Heck sitzende Ruderer, der Rhythmus und Tempo der Schläge (↑auch Schlagzahl) bestimmt; – 2. im *Faustball* ein Vorderspieler mit besonderer Schlagkraft.

Schlagschuß: Schußtechnik in den Hockeysportarten, bei der der Ball bzw. Puck mit großer Wucht und viel Schwung direkt aufs Tor geschossen wird; kommt für den Torwart meist überraschend.

Schlagwurf ↑Kernwurf.

Schlagzahl: Anzahl der Schläge, die beim Rudern innerhalb einer Minute durchgeführt werden; sie liegt bei Regatten zwischen 32 und 44 (Männer) bzw. 27 und 42 (Frauen). Die (meist vom Schlagmann bestimmte) Schlagzahl ist abhängig von Bootstyp und Rennklasse.

Schlange: 1. in der *rhythmischen Sportgymnastik* mit dem Band die schlangenlinienartige Bewegung des Bandes; – 2. im *Radsport* die Kolonne der im Windschutz hintereinander fahrenden Fahrer.

Schlangentechnik ↑alpiner Skilauf.

Schlenzen: Technik in den Hokkeysportarten, bei der der Ball bzw. Puck durch eine ruckartige, schiebende oder schaufelnde Bewegung (ohne Ausholbewegung) und aus unmittelbarem Kontakt mit dem Schläger gespielt wird **(Schlenzer, Schlenzschuß).** Ein geschlenzter Ball soll meist steigen. – Analog spricht man auch beim Fußball bei einem ansatzlosen Heben des Balles mit dem Fuß von Schlenzen.

Schleuderball (Schleuderballspiel): aus Norddeutschland stammendes, zu den Turnspielen zählendes, heute jedoch kaum noch gespieltes Treibballspiel zwischen zwei Mannschaften mit je 8 Spielern (mindestens 5). – Das **Spielfeld** ist ein Rechteck von 15 × 100 m, das durch zwei gestrichelte Linien *(Anwurflinien)* im Abstand von jeweils 20 m von einer nicht gekennzeichneten Mittellinie in drei Zonen geteilt ist. Die Schmalseiten des Spielfelds bilden die *Mal-* oder *Torlinien,* hinter die der Ball geschleudert oder geworfen werden muß, damit ein Punkt erzielt wird. – **Spielgerät** ist der *Schleuderball,* (dient auch als Handgerät der Gymnastik), ein mit Haaren gefüllter Ledervollball (Umfang 65–70 cm, Gewicht 1,5 kg; bei Frauen und Jugendlichen 55–60 cm und 1 kg) mit einer durch die Ballachse hindurchgeführten Schlaufe (28 cm lang, mindestens 1,5 cm breit) als Wurfgriff. – Die **Spielzeit** beträgt 2 × 15 Minuten mit einer Halbzeitpause von 5 Minuten (Verlängerung von 2 × 5 Minuten ist möglich). – **Regeln** (Auswahl): Das von einem Schiedsrichter und zwei Linienrichtern (alle außerhalb des Spielfelds) geleitete Spiel beginnt durch einen **Schleuderwurf** von der Anwurflinie aus, ausgeführt von einem Spieler der ausgelosten Mannschaft. Die Reihenfolge der schleudernden Spieler ist festgelegt. Der Schleuderwurf kann als *Drehwurf* (aus einer Drehung um die Körperlängsachse) oder als *friesischer Wurf* (ohne Körperdrehung, aus einer Schwingbewegung des Balles neben dem Körper) mit oder ohne Anlauf ausgeführt werden. Der Ball wird von der Stelle aus, an der er zur Ruhe kam, von einem Spieler der Gegenpartei zurückgeschleudert. Wird der Ball aus dem

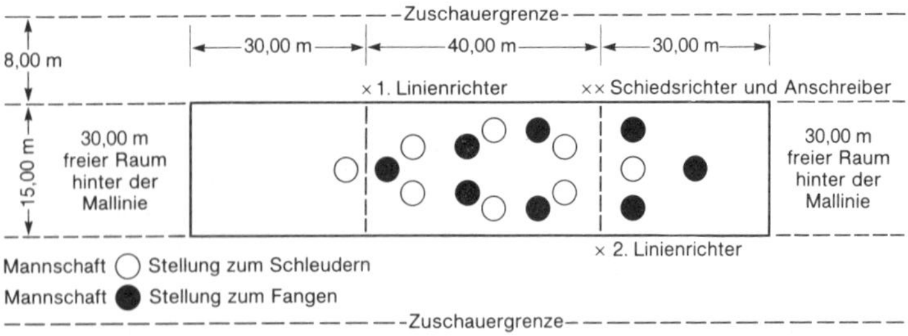

Schleuderball. Spielfeld mit Mannschaftsaufstellung

Flug gefangen (meist auf den Oberschenkeln oder auf der Brust), kann ihn der Fänger mit einem **Schockwurf** (der Ball wird aus dem Stand mit einer oder beiden Händen geworfen, wobei jedoch die Wurfschlaufe nicht benutzt werden darf) zurückspielen. Schleudern bzw. Werfen erfolgt in stetigem Wechsel zwischen den Mannschaften. Berührt der Ball hinter einer Mallinie (innerhalb der Seitenlinien) den Boden, so ist ein Punkt erzielt. Sieger ist die Mannschaft mit den meisten Punkten.

Schleuderwurf: 1. Wurftechnik zum Werfen eines Balles über große Distanz, bei der der Ball auf der abgeknickten Handfläche und dem Unterarm liegt und durch eine kräftige Schleuderbewegung des Wurfarms abgeworfen wird (im Handball als Zuspiel und Torwurf, im Fußball nur als Torabwurf durch den Torwart); – 2. ↑Schleuderball.

Schlittenhundesport: Geschwindigkeitswettbewerb, bei dem bootsförmige Schlitten (Pulka) aus Holz oder Kunststoff (Gewicht 10–20 kg) von Hunden aus der Gruppe der Nordlandhunde (Rassen: Alaskan Malamute, Grönlandhund, Samojede, Sibirischer Husky) gezogen werden, die von einem Schlittenführer (Musher) begleitet und durch Zuruf gelenkt werden. Bei Gespannen mit mehr als einem Hund steht der Musher auf den verlängerten Schlittenkufen, zieht nur ein Hund den Schlitten, begleitet er ihn laufend oder auf Skiern. – **Wettbewerbe** werden in folgenden Klassen ausgetragen: Klasse S (1 Hund, 8–12 km), Klasse C (2–3 Hunde, 5–8 km), Klasse B (3–5 Hunde, 8–12 km), Klasse A (5–7 Hunde, 10–16 km), offene Klasse (beliebig viele, mindestens 5 Hunde). Daneben werden auch Langstreckenrennen gelaufen, z. B. von Anchorage nach Nome in Alaska über etwa 1 000 km („Iditarod International Championship Sled Dog Race"). Es werden drei Anspannarten verwendet: Tandemgespann (Hunde hintereinander mit zwei Zugleinen), Fächergespann (eigene Zugleine für jeden Hund), Doppelgespann (Leithund an der Spitze, dann paarweise an einer Zentralzugleine). Zugelassen sind nur registrierte Hunde. Maulkörbe, Würgehalsbänder und Peitschen sind verboten. – Seit 1975 gibt es internationale deutsche Meisterschaften. – Der Schlittenhundesport in der Bundesrepublik Deutschland ist im *Deutschen Club für Nordische Hunde* (gegründet 1968, Sitz Stuttgart) organisiert, in Europa in der *European Sled Dog Racing Association* (ESDRA; gegründet 1983).

Schlittensport (Rennrodelsport, Rennrodeln): wintersportlicher Geschwindigkeitswettbewerb für Damen und Herren auf **Schlitten** (Rodeln), antriebslosen Kufenfahrzeugen zur Fortbewegung auf Schnee und Eis. – **Sportgerät** ist der *Rennschlitten (Rennrodel)* aus elastischem Holz mit schräggestellten, leicht gebogenen Stahlkufen (etwa 15 cm hoch, 55 cm breit, 1,24–1,35 m lang, maximal 45 cm Spurweite; Gewicht der Einsitzer 22 kg, der Doppelsitzer 24 kg). Der Rennschlitten besitzt weder eine aerodynamische Verkleidung noch Bremsen. Die Kufen dürfen seit 1964 zur Erhöhung der Gleitfähigkeit nicht künstlich erhitzt werden. – Die Wettkämpfer tragen meist einen einteiligen, windschlüpfrigen Anzug, Sturzhelm (Vorschrift), Lendengürtel sowie Ellbogen- und Knieschützer. – **Wettkampfstätte** ist die natürlich oder künstlich vereiste oder gekühlte *Schlitten-* oder *Rodelbahn* (oft identisch mit der Bobbahn) mit einem Gefälle von 8–11 % und mindestens fünf Kurven (Radius zwischen 9 und 15 m). Die Streckenlänge beträgt 1 000 m (Herreneinsitzer) bzw. 700 m (Herrendoppelsitzer,

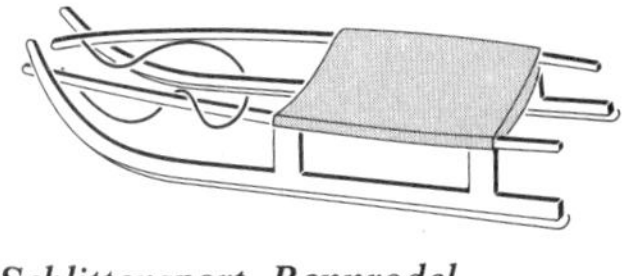

Schlittensport. Rennrodel

Dameneinsitzer, Junioren). Es werden Geschwindigkeiten bis zu 100 km/h erreicht. – Herren- und Dameneinsitzer fahren vier, Doppelsitzer zwei Läufe. Die Zeiten der einzelnen Läufe werden zu einer Gesamtzeit addiert. Gestartet wird im fliegenden Start. Die Wettkämpfer fahren in Rückenlage, gelenkt wird durch Fußlenkung (Druck der Beine auf die oberen Kufenenden), Gewichtsverlagerung und Zug am Gurt. Gebremst wird mit den Hacken und durch Zug am Gurt. – Erste Schlittenbahnen wurden 1879 in Davos angelegt. Seit 1914 werden Europa-, seit 1955 Weltmeisterschaften ausgetragen. Zum olympischen Programm zählt der Schlittensport (nur auf Kunsteisbahnen) seit 1964. In der Bundesrepublik Deutschland ist der Schlittensport im Verband des ↑ Bobsports organisiert, international in der *Fédération Internationale de Luge de Course* (FIL; gegründet 1957, Sitz Marseille). – Um die starke Wegentwicklung des spitzensportlichen Schlittensports von seiner Ursprungsform, dem freizeit- und breitensportlichen Rodeln oder Schlittenfahren aufzufangen, gehen heute immer mehr Wintersportorte dazu über, Rodelbahnen für jedermann anzulegen, die ein gefahrloses Schlittenfahren ermöglichen.

Schlittschuh: mindestens knöchelhoher Spezialstiefel, unter dessen Sohle eine schmale, scharfkantige Stahlkufe, die eine gleitende Fortbewegung auf dem Eis ermöglicht, befestigt. Der Schlittschuh ist Sportgerät im Eishockey, Eiskunstlauf und Eisschnellauf.

Schlittschuhschritt: aus der Technik des Schlittschuhlaufens für den Skilanglauf entwickelte Lauftechnik: Zwischen zwei Doppelstockschüben werden beim Schritt abwechselnd der rechte und der linke Ski angewinkelt bei gleichzeitiger Verlagerung des Körpergewichts auf den angewinkelten Ski und Heranführen des unbelasteten Skis. In jüngster Zeit hat sich daraus der **Halbschlittschuhschritt (Finnenschritt, Siitonenschritt** [nach seinem Erfinder, dem finnischen Skilangläufer P. Siitonen]) entwickelt, bei dem nur ein Ski ausschert, während der andere gleitet, da mit dieser Technik höhere Geschwindigkeiten gelaufen werden können. Allerdings erfordert diese Technik auch erheblich mehr Kraft und Ausdauer. – Auch im alpinen Skilauf wird der Schlittschuhschritt gefahren, und zwar v. a. als Übung zum Erlernen des Fahrens auf jeweils einem Ski, einer Grundvoraussetzung für den ↑ Umsteigeschwung.

Schlußmann: 1. im *Rugby* der Verteidiger des Malfelds; – 2. in *Staffelwettbewerben* der letzte Läufer der Staffel *(Schlußläufer);* – 3. in *Torspielen* der ↑ Torwart.

Schmetterball (Schmetterschlag, Smash): Schlagtechnik bei verschiedenen Ballspielen, v. a. Rückschlagspielen (z. B. Badminton, Faustball, Tennis, Volleyball): ein wuchtiger Überkopfschlag des Balls, der vom Gegner nur schwer zurückgespielt werden kann. Ein Schmetterschlag wird meist im Sprung ausgeführt, wobei der Ball im Scheitelpunkt des Sprungs geschlagen wird.

Schmetterlingsschwimmen (Butterfly, Delphinschwimmen): Sportschwimmart, bei der der Schwimmer flach mit parallel waagerechten Schultern im Wasser liegt und das Becken nahe der Wasseroberfläche ist. – 1. *Armbewegung:* Beide Arme werden gleichzeitig über Wasser nach vorn geführt (in der Schwungphase) und unter Wasser wieder nach hinten gezogen (in der Druckphase). – 2. *Beinbewegung:* Beine und Füße werden gleichzeitig auf- und abbewegt, ähnlich der Bewegung eines pendelnden Delphinschwanzes. Die Beinbewegung wird eingeleitet durch die Abwärtsbewegung des Beckens. Der Aufwärtsschlag (gestreckte Beine) erfolgt langsamer als der Abwärtsschlag. Der Hauptantrieb kommt vom Abwärtsschlag. – 3. *Atmung:* Von der Druck- bis zum Beginn der Schwungphase erfolgt die Ein-

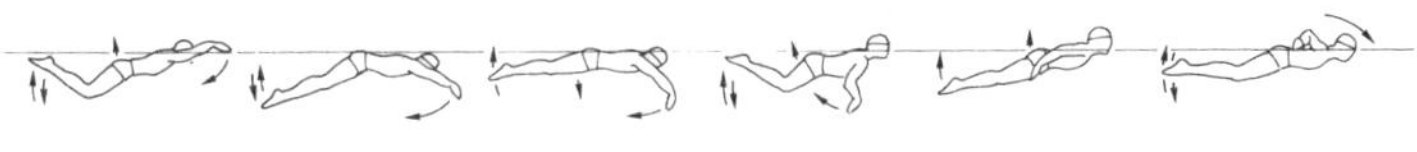

Schmetterlingsschwimmen. Bewegungsablauf

atmung, danach die Ausatmung durch Mund und Nase unter Wasser. Die Atmung kann nach einem, zwei oder drei Armzügen erfolgen. – 4. *Gesamtbewegung:* Während des Armzugs werden zwei Delphinbeinschläge ausgeführt. Der erste Beinschlag beginnt nach dem Eintauchen der Arme ins Wasser, der zweite während der Druckphase der Arme. – 5. *Start:* Nach dem Start kann der Schwimmer mehrere Beinschläge und einen Armzug unter der Wasseroberfläche ausführen. – 6. *Wende:* Bei der Wende und am Ende eines Rennens muß der Schwimmer mit beiden Händen und mit waagerechter Schulterlage am Beckenrand anschlagen. – Das Schmetterlingsschwimmen ist ab etwa 1935 aus dem Brustschwimmen hervorgegangen (gleicher Beinschlag). 1953 wurde die Technik des Schmetterlingsschwimmens offiziell von der des Brustschwimmens getrennt und ab 1960 zu der des **Delphinschwimmens** weiterentwickelt. Unter dieser Bez. wurde die Schwimmart bis 1978 betrieben, seitdem heißt sie wieder Schmetterlingsschwimmen.

Schneearten: verschiedene Ausprägungsformen des **Schnees,** eines festen atmosphärischen Niederschlags aus meist verzweigten kleinen Eiskristallen (Schneekristalle). Der Schnee fällt (in Gestalt von Schneeflocken) bei Temperaturen um oder unter 0 °C mit einer Fallgeschwindigkeit von 3–5 m/s und bleibt bei Temperaturen unter 0 °C auf dem Boden liegen. Seine Form ist abhängig von der Witterung. Man unterscheidet: *Naßschnee* (Eiskristalle mit geringem Porenvolumen), *Trockenschnee* (Eiskristalle mit großem Porenvolumen ohne Schmelzvorgänge), *Harsch* (durch mehrmaliges Schmelzen und Wiedergefrieren zusammengebackene Schneedecke, nicht immer tragfähig), *Firn* (durch wiederholtes Schmelzen und Gefrieren aus Sulzschnee entstandener Altschnee, der grobkörnig und von Eislamellen durchsetzt ist; nicht aufgetaute Firnhänge sind vereist, zu tief aufgetaute ohne Gefahr kaum zu befahren), *Pappschnee* (stark durchfeuchtete Schneemasse, die bei Temperaturen um 0 °C aus Pulver- oder Preßschnee entsteht), *Preßschnee* (durch Wind an Luvhängen abgelagerter Schnee bei Temperaturen bis zum Schmelzpunkt), *Pulverschnee* (trockene und lockere Ablagerung von Einzelkristallen bei tiefen Temperaturen und annähernder Windstille), *Sulzschnee* (wäßriger, tiefgründiger Schnee, der in seinen unteren Schichten nicht mehr gefriert; Einbruchgefahr). – Die verschiedenen Schneearten erfordern jeweils unterschiedliche Fahrtechniken und Skibehandlung (↑auch Wachsen) und sind bei der Beurteilung der Lawinengefahr zu berücksichtigen. Um den Skisport möglichst unabhängig von den Schneearten zu machen, versucht man, die Pisten durch Walzen mit Pistenraupen in einen optimalen Zustand zu bringen.

Schneekanone: Gerät zur künstlichen Produktion von Schnee zur Pflege von Skipisten und Sprungschanzen. Bei Temperaturen zwischen −2 und −4 °C wird Wasser mit Überdruck aus feinen Düsen durch die kalte Luft gesprüht und fällt als feiner Schnee zu Boden; bei Tauwetter wird Schneezement, eine Salzmischung (Natriumchlorid), die die schmelzende Schneedecke härtet (bis −15 °C), durch Druck aus einer Röhre geschleudert und auf die Piste gepreßt.

Schneiden: 1. Technikelement in einigen Ballsportarten (↑Effet, ↑anschneiden); – 2. unsportliches Verhalten in Lauf- oder Rennwettbewerben, wobei die Bahn eines Konkurrenten so gekreuzt („geschnitten") wird, daß dieser in seiner Bewegung behindert oder gefährdet wird; wird häufig mit Disqualifikation geahndet.

Schneidersitz (Türkensitz): Sitzübung mit gekreuzten Beinen, die in der *Gymnastik* zur Erhöhung der Beweglichkeit von Becken, Hüften und Beinen, im *Joga* (mit gerader, aufrechter Haltung des Oberkörpers) der Konzentration angewandt wird.

Schnellangriff: taktische Maßnahme in einigen Mannschaftsballspielen, ein rascher Gegenangriff aus der Verteidigung heraus nach einem abgefangenen gegnerischen Angriff, bevor die gegnerischen Abwehrspieler sich entsprechend formieren können (im Handball: **Tempogegenstoß,** im Fußball: **Konter,** im Basketball: **Schnelldurchbruch, Fast-Break**).

Schnelligkeit: eine der motorischen Eigenschaften, im *koordinativen* Bereich die **Reaktionsschnelligkeit** als das Vermögen, auf Signale (sensorisches Input) möglichst schnell zu reagieren, im *konditionellen* Bereich die **Bewegungsschnelligkeit** als das Vermögen, zyklische und/oder azyklische Bewegungen mit hoher ↑Geschwindigkeit auszuführen. Die Schnelligkeit wird angegeben als der Quotient aus Weg s durch Zeit t: s/t, aber auch als Bewegungsfrequenz, d.h. Bewegungseinheiten pro Zeiteinheit. Generell ist die (sportliche) Schnelligkeit abhängig von der ↑Kraft, der inter- und intramuskulären ↑Koordination, der Kontraktionsgeschwindigkeit der Muskulatur, der Viskosität (Zähigkeit) der Muskeln, von anthropometrischen Voraussetzungen, der ↑Gelenkigkeit, der Vordehnung der Muskulatur und von der zu bewegenden Masse.

1. Die *Reaktionsschnelligkeit* (Reaktionsgeschwindigkeit) ist eine grundlegende Voraussetzung v.a. für die Kampf- und Spielsportarten, da es hier insbesondere gilt, auf verschiedenartige Reize schnell zu reagieren: auf *optische* (z.B. die Wahrnehmung eines fliegenden Balls, einer gegnerischen Angriffsbewegung u.a. mit den Augen), *akustische* (z.B. der Startschuß bei Laufdisziplinen der Leichtathletik), *taktile* (z.B. das Spüren eines Geräts, etwa der Reckstange oder des Staffelholzes), *statisch-dynamische* (z.B. das Gleichgewichtsgefühl beim Wasserspringen zur Wahrnehmung der Höhe, in der man sich befindet), und *kinästhetische* Reize (z.B. das Bewegungsempfinden im Geräteturnen hinsichtlich der Spannung der Muskulatur und der Winkelstellung der Gelenke). All diese Reize werden aufgenommen und an das Zentralnervensystem überführt. Dort werden motorische Befehle gebildet, die als Signale in den Muskel eindringen und diesen zur Energiefreisetzung für eine Bewegung reizen. An die Reaktionsschnelligkeit werden je nach Art und Anzahl der Reize unterschiedliche Anforderungen gestellt. Sie kann *einfach* (Reaktion auf nur ein Signal) sein, und zwar *sensoriell* (z.B. Konzentration auf das Signal „Gelände" im Skilauf) oder *muskulär* (z.B. Konzentration auf die Bewegung beim Sprintstart), oder *komplex* (Reaktion auf verschiedene Signale oder mit unterschiedlichen Antworten auf ein Signal). Die komplexe Reaktionsschnelligkeit erfolgt meist in vier Phasen: Reizaufnahme, Reizunterscheidung und Einordnung, Entwurf eines Handlungsplans und motorische Antwort auf den Reiz. Diese Form der (komplexen) Reaktionsschnelligkeit ist zentraler Bestandteil vieler Sportarten und muß deshalb gezielt trainiert werden (↑Schnelligkeitstraining).

2. Die *Bewegungsschnelligkeit* ist die Ausführung von Bewegung in minimalen Zeiteinheiten, abhängig vom Zustand des Nerv-Muskel-Systems und von äußeren Widerständen. Die *azyklische* Bewegungsschnelligkeit bezieht sich auf Einzelbewegungen mit geringen äußeren Widerständen, die *zyklische* meist auf Formen der Fortbewegung; sie basiert auf einem optimalen Verhältnis von Bewe-

gungsamplitude (z. B. die Länge des Schlags beim Rudern) zu Bewegungsfrequenz (z. B. die Schlagzahl beim Rudern). Biomechanisch gesehen ist die Bewegungsschnelligkeit **v** das Produkt aus der Bewegungsfrequenz F und der Bewegungsamplitude A: **v** = A × F m/s. In diesem Zusammenhang spielen auch die raumzeitlichen (↑ Kinematik) und die Faktoren des Kraft-Zeit-Ablaufs (↑ Dynamik) eine wichtige Rolle. – Unter trainingswissenschaftlichen Gesichtspunkten sind für die Bewegungsschnelligkeit folgende Faktoren entscheidend, und zwar in unterschiedlichem Maß je nach der Länge der zurückzulegenden Strecke: Sprintkraft und Sprintschnelligkeit, Sprintausdauer und Reaktionsschnelligkeit. – Da Schnelligkeit neben Kraft und Ausdauer ein wesentliches Element der Kondition (Fitneß) ist, ist sie auch Gegenstand von Konditionstests. Ihre Verbesserung ist zentrales Anliegen des Muskeltrainings (z. B. Aerobic).

Schnelligkeitsausdauer: neben Schnellkraft und Kraftausdauer die dritte der Komplexeigenschaften im Bereich der motorischen Eigenschaften, die sich aus den Komponenten ↑ Schnelligkeit und ↑ Ausdauer zusammensetzt und bewirkt, daß die Schnelligkeit im Wettkampf erhalten bleibt und die Ermüdung (der Abbau von Energie und das Nachlassen der neuromuskulären Übertragungsmechanismen) gering gehalten werden. Bei zyklischen Bewegungen trägt die Schnelligkeitsausdauer dazu bei, die Bewegungsschnelligkeit, bei azyklischen Bewegungen eine hohe Kontraktionsgeschwindigkeit zu erhalten. Die Schnelligkeitsausdauer (z. B. beim Mittelstreckenlauf) erfordert eine Energiebereitstellung vorwiegend durch anaeroben Glukoseabbau im Unterschied zur weitgehend aeroben Energiegewinnung etwa beim Kurzstreckenlauf. Mit der Ausdauer gehört auch die Schnelligkeitsausdauer zu den Hauptzielen eines grundlegenden Fitneßtrainings (↑ Schnelligkeitstraining).

Schnelligkeitstraining [...trɛ:...]: gezielte Übungen zur Verbesserung der Schnelligkeit, und zwar sowohl indirekt durch Training der anderen motorischen Grundeigenschaften (v. a. Kraft, Ausdauer und Gelenkigkeit) als auch direkt durch Schnelligkeitsübungen. Das Schnelligkeitstraining folgt der Differenzierung der Schnelligkeit in Reaktions- und Bewegungsschnelligkeit.

1. *Training der Reaktionsschnelligkeit:* Hierbei versucht man, die motorischen Reaktionen zeitlich zu verkürzen und die Konzentrationsfähigkeit zu verbessern. Aufwärmarbeit vor der Belastung und Vorspannung der Muskulatur (z. B. die Haltung in Erwartung eines Tennisaufschlags) erhöhen die Reaktionsschnelligkeit. Infolge des engen Zusammenhangs der Reaktionsschnelligkeit mit anderen motorischen Eigenschaften ist es sinnvoll, sie zusammen mit diesen und mit den relevanten sportmotorisch-technischen Fertigkeiten zu trainieren. Zum anderen muß das Training der Reaktionsschnelligkeit, entsprechend der Komplexität der Reize und der Vielfalt der Reaktionen auf diese, variabel gehalten werden.

2. *Training der Bewegungsschnelligkeit:* Neben der grundlegenden Voraussetzung, daß der Sportler weder körperlich noch geistig müde sein darf, bereiten Aufwärmen sowie Dehnungs- und Lockerungsübungen das Ausführen schneller Bewegungen vor. Im Training der Bewegungsschnelligkeit selbst müssen die Pausen eine vollständige Erholung gewährleisten. Die durchschnittliche Reizdauer und die Wiederholungszahl der Serien richten sich nach dem Beginn der Ermüdung. Unter Berücksichtigung dieser Voraussetzungen ist zur Schulung der Bewegungsschnelligkeit die Wiederholungsmethode (↑ Ausdauertraining) die adäquate Methode. Die Reizhöhe (Belastungsintensität) liegt in der Regel bei über 95 %, und Überlastgrößen bis zu 20 % sind sinnvoll. Beim Training der Bewegungs-

schnelligkeit muß auch das Training der Reaktionsschnelligkeit berücksichtigt werden. Darüber hinaus sind v.a. drei Einflußgrößen der Bewegungsschnelligkeit gezielt zu trainieren: a) die *Sprintkraft:* Training des Sprints unter erschwerten Bedingungen nach der Wiederholungsmethode und unter Berücksichtigung des Zusammenhangs mit dem ↑Krafttraining, b) die *Sprintschnelligkeit:* Realisierung des Grundprinzips, daß Schnelligkeit letztlich nur durch Schnelligkeitstraining erreicht werden kann, wobei jedoch ein Zuviel an Training zu vermeiden ist, da sonst ein motorischer Stereotyp entsteht, c) die *Sprintausdauer:* Erhöhung der Widerstandsfähigkeit gegen Ermüdung, indirekt durch die ↑Dauermethode und die extensive und intensive Intervallmethode (v.a. im Grundlagen- und Aufbautraining; ↑Intervalltraining), direkt mit der Wiederholungsmethode (v.a. im Wettkampftraining). – Da aber das Schnelligkeitstraining gegenüber dem Kraft- und Ausdauertraining vielseitigere Anspannungen beinhaltet, sollte sinnvollerweise die Schnelligkeit erst nach einem grundlegenden Kraft- und Ausdauertraining gezielt trainiert werden.

Schnellkraft: neben Kraftausdauer und Schnelligkeitsausdauer eine der Komplexeigenschaften im Bereich der motorischen Eigenschaften, die sich aus den Komponenten ↑Schnelligkeit und ↑Kraft zusammensetzt und bewirkt, daß Bewegungen mit hoher Geschwindigkeit gegen große Widerstände ausgeführt werden können. Schnellkraft ist dann gefordert, wenn es sich um explosive, meist azyklische Bewegungen mit hohem, aber nur kurze Zeit andauerndem Krafteinsatz handelt (z.B. Sprintstart, Stoß, Wurf, Schlag, Sprung). Schnellkraft ist in vielen Sportarten erforderlich, so daß ein vielseitiges Schnellkrafttraining eine breite Trainingswirkung erzielt. Die Schnellkraft ist das leistungsbestimmende Element v.a. der **Sprungkraft,** deren sprung- bzw. sportartspezifischen Ausprägungsformen (z.B. Weit- und Hochsprung, ein- oder beidbeiniger Sprung, Sprung aus dem Stand oder einem Anlauf) die Gestaltung des Schnellkrafttrainings bestimmen (↑auch Krafttraining).

Schneppern: im Geräteturnen eine Bewegungsform, die im Rumpf ansetzt und aus einer Überstreckung, aus leichter Beugung und erneuter Überstreckung des Körpers im Hang (an Reck oder Stufenbarren) oder im Sprung bzw. Liegestütz (am Boden) erfolgt.

Schneppersprung: 1. in *Gymnastik* und *Geräteturnen* ein Standhochsprung mit starker Rückwärtsbeugung des Körpers bei gestreckten Beinen; – 2. in der *Leichtathletik* ein Hoch- oder Weitsprung, bei dem versucht wird, durch ruckartiges Schlagen der Beine beim Sprung Höhe oder Weite zu gewinnen; – 3. (Schnepper) im *Wasserspringen* die Streckung des Körpers aus der gehockten oder gehechteten Haltung innerhalb eines Saltos.

Schneppersprung (Gymnastik und Geräteturnen)

Schnitt: in Ballspielen, v.a. im Tennis und Tischtennis, der Drall (↑Effet), den der Ball durch ↑Anschneiden bekommt. Varianten sind v.a. der **Slice,** ein Schlag, bei dem sich Schlägerbahn und Schlagfläche in einem Winkel von weniger als 45° schneiden und der Schläger schnell nach unten gezogen wird. *(Unterschnitt),* wodurch der Ball nach oben steigt (auch der Aufschlag kann mit Slice gespielt werden), und der **Topspin,** bei dem der Schläger beim Treffen des Balls hochgerissen wird und so dem Ball eine Vorwärtsdrehung um seine horizontale Achse verleiht *(Überschnitt)*.

Schnitzelgrube: beim Kunstturnen verwendete bis zu 2m tiefe Grube, die mit Schaumstoffschnitzeln gefüllt ist, um Verletzungen beim Sturz von Geräten zu verhindern. Die Einrichtung von Schnitzelgruben hat zur Entwicklung schwieriger Flugteile am Reck, Stufenbarren und an den Ringen beigetragen. Der Übergang des Übens mit einer Schnitzelgrube zu dem mit der heute üblichen Weichbodenmatte, die ein höheres Verletzungsrisiko in sich birgt, ist nicht unproblematisch.

Schockwurf: 1. im *Handball* und *Basketball* eine Technik des, v.a. verdeckten, Zuspiels über kurze Distanz; der Ball liegt in beiden Händen und wird nach vorn, zur Seite, nach hinten oder über den Kopf abgespielt; – 2. ↑Schleuderball.

Schrägfahrt: Technik des alpinen Skilaufs zum Fahren quer zum Hang: Der Bergski ist etwa 1/2 Schuhlänge nach vorn genommen, die Stellung der Skier ist parallel und leicht geöffnet, die Knie sind vorwärtsbergwärts gedrückt und bewirken mit dem talwärts gebeugten Oberkörper ein Aufkanten der Skier, so daß ein Abrutschen verhindert wird. Die Schrägfahrtstellung ist Grundlage für Richtungsänderungen und für das Seitrutschen.

Schraube: eine ganze ↑Drehung um die Körperlängsachse, im Geräteturnen Bestandteil vieler Bewegungsfertigkeiten, z.B. Schraubensalto, Schraubenspreizen, Schraubenumschwung, Schraubenwelle.

Schraubensprünge: Gruppe von Sprüngen im Wasserspringen (vom Brett und Turm), bei denen zusätzlich zu Drehungen um die Körperbreitenachse noch Schrauben, d.h. Drehungen um die Längsachse ausgeführt werden. Schraubensprünge können somit auch als ↑Auerbachsprünge und ↑Delphinsprünge gesprungen werden.

Schritt: grundlegende motorische Fertigkeit, Technikelement verschiedener Sportarten: 1. im *Fechten* die Beinbewegung vorwärts oder rückwärts, um die ↑Mensur zu schließen oder zu öffnen; – 2. in der *Leichtathletik* Teil des ↑Dreisprungs; – 3. im *Pferdesport* langsame Gangart des Pferdes; – 4. im *Eis-* und *Rollkunstlauf* die auf dem Standbein gefahrene Strecke; – 5. im *Tanzsport* Grundform jeden Tanzes (z.B. Geh-, Wechsel-, Kreuz-, Flug-, Feder-, Vorwärts-, Rückwärts- und Seitschritt); – 6. in der *Gymnastik* (in vielen Formen) Teil körperbildender Übungen, wobei zwischen Belastung der Ferse und des Ballens beim Schritt unterschieden wird.

Schrittmacher (Pacemacher, Pacemaker): Wettkampfpartner bei Geschwindigkeitswettbewerben, der das Tempo bestimmt, um einen schnellen Wettkampf zu ermöglichen, z.B. im Pferdesport und bei Steherrennen im ↑Radsport. – Auch

Schraubensprung im Wasserspringen

bei Mittel- und Langstreckenläufen der Leichtathletik legt häufig ein Schrittmacher (der nicht über die volle Distanz läuft) ein relativ hohes Anfangstempo vor, um die Wettkämpfer zu einer schnellen Laufzeit zu führen (zur Kritik ↑Individualsportarten).

Schrittregel: Regel verschiedener Sportspiele, die festlegt, wie viele Schritte der ballführende Spieler ohne Auftippen des Balls machen darf, z. B. die Dreischrittregel im Basketball und Handball. Ein Verstoß gegen die Schrittregel **(Schrittfehler)** wird im Basketball durch Einwurf, im Handball durch Freiwurf geahndet.

Schulsonderturnen ↑Sportförderunterricht.

Schulsport: die Gesamtheit aller Formen schulischen Sporttreibens, und zwar an allen Schultypen (Grund-, Haupt-, Sonder-, Real-, Berufs-, höhere Schule) und in allen Schulstufen (Elementar-, Primar-, Sekundar-I- und Sekundar-II-Stufe), sowohl als obligatorischer oder unterrichtlicher als auch als freiwilliger oder außerunterrichtlicher Schulsport (z. B. Trainingsgruppen und Arbeitsgemeinschaften, Sportwettkämpfe und -feste). Die Richtlinien- und Lehrplankompetenz für den Schulsport liegt bei der *öffentlichen Sportverwaltung,* d. h. bei den Kultusministern der Länder, die in der Kultusministerkonferenz auf Bundesebene zusammenarbeiten. Daneben bemühen sich um Grundlagen, Methoden, Inhalte, ergänzende bzw. weiterführende und fördernde Maßnahmen auch die *Sportselbstverwaltung,* z. B. der *Deutsche Sportbund* (als Gesprächspartner der Kultusministerkonferenz; ↑auch Aktionsprogramm für den Schulsport) und seine Verbände für Wissenschaft und Bildung (z. B. *Deutscher Sportlehrerverband, Deutsche Olympische Gesellschaft),* v. a. auch mit den Mitteln außerschulischer Verbände und Interessengruppen auf Landes- und Bundesebene, sowie die *Sportwissenschaft,* hauptsächlich mit ihren Disziplinen ↑Sportdidaktik und ↑Sportpädagogik. – Die schulsportliche Realität wurde über lange Zeit hinweg als „Schulsportmisere" charakterisiert, eine Folge der einseitigen Akzentsetzung auf das Geistige, Theoretische im schulischen Unterricht überhaupt. Wenn auch gegenwärtig, namentlich im Bereich der Haupt- und höheren Schulen, eine positive Entwicklungstendenz in Richtung auf eine ganzheitliche Betrachtung des Sports und damit auch des Schulsports zu registrieren ist, bleibt dennoch eine tiefe Kluft zwischen Schulsport und außerschulischem Sport. – Zu Inhalt, Methodik, Weiterentwicklung des Schulsports ↑Sportunterricht, ↑Sportstunde, ↑Sportlehrplan, zu seiner Beurteilung bzw. Bewertung ↑Sportnote.

Schulsportverein: Personenvereinigung im Bereich der Schule zur Förderung von Idee und Praxis des Sporttreibens im außerunterrichtlichen (freiwilligen) Schulsport. Liegt der Schwerpunkt der Aktivitäten auf dem Freizeit- und Wettkampfsport, spricht man meist von **Schulsportgemeinschaft.** Die Zusammenarbeit von Schulsportvereinen und außerschulischen Sportvereinen und -verbänden regelt eine 1976 zwischen dem *Deutschen Sportbund* und der Kultusministerkonferenz getroffenen Vereinbarung, die in einem gewissen Konkurrenzverhältnis zu den Zielen der ↑Internationalen Schulsport Föderation steht. Die Schulsportvereine sind ein geeignetes Feld zur Talentsuche und -förderung (↑auch Jugend trainiert für Olympia). Allerdings sind – im Rahmen der vorwiegend anzutreffenden „Halbtagsschule" – dem Wirken von Schulsportvereinen und Schulsportgemeinschaften zeitliche Grenzen gesetzt.

Schulterstand: 1. im *Geräteturnen* eine Gleichgewichtsübung am Barren und Schwebebalken, bei der der Körper auf einer Schulter senkrecht (mit den Füßen nach oben) auf einem Barrenholm bzw. auf dem Schwebebalken ruht; – 2. im *Kunst-*

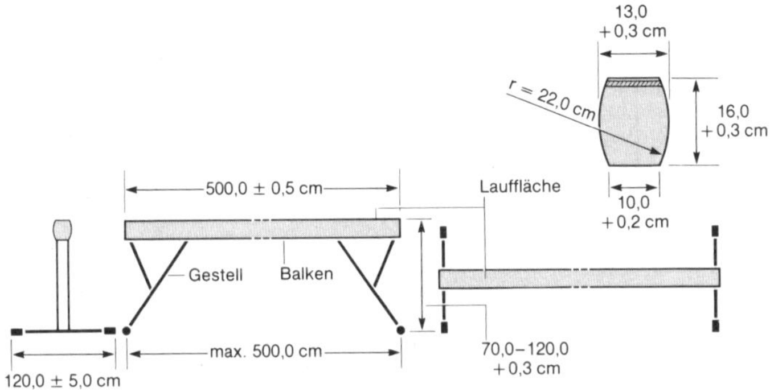

Schwebebalkenturnen. Schwebebalken (Konstruktion und Maße)

radsport beim Zweierkunstfahren eine Übung, bei der ein Partner auf den Schultern des im Reitsitz sitzenden Fahrers steht.

Schußkreis: Teil des Spielfelds im ↑Hockey und ↑Handball (Torraumlinie).

Schwebebalkenturnen: Disziplin des Geräteturnens für Mädchen und Frauen am **Schwebebalken,** einem 5 m langen Balken mit 10 cm breiter Lauffläche (meist kunststoffbeschichtet) in 1,20 m Höhe. – Das Schwebebalkenturnen besteht v. a. aus Gleichgewichtsübungen und Bewegungsformen, in denen die turnerische Gestaltungsfähigkeit zum Ausdruck kommen soll. Es werden Rollen, Salti (v. a. auch als Abgänge vom Gerät), Hand- und Schulterstand, Sprünge und Schrittkombinationen geturnt. Die Kürdarbietung soll 70–90 Sekunden dauern (zur Bewertung ↑Kunstturnen). – Das Übungsgut am Schwebebalken für das Geräteturnen in Schule und Verein leitet sich vorwiegend aus Bewegungsfertigkeiten des Bodenturnens ab, erschwert durch wichtige Elemente des Gleichgewichts, wodurch v. a. Koordination und Gleichgewichtsfähigkeit geschult werden. – Vorläufer des Schwebebalkens sind die Schwebe- und Balanciergeräte, die auf der ↑Hasenheide errichtet, sowie Querbaum, Bank und Schwebekante, wie sie im schwedischen Turnen verwendet wurden. Das Schwebebalkenturnen hat sich v. a. in den 1930er Jahren entwickelt. Es gehört seit 1936 zum olympischen Programm. Seit 1950 werden Welt-, seit 1953 deutsche und seit 1957 Europameisterschaften ausgetragen. – Das Schwebebalkenturnen hat sich von einer sehr einfachen Form des Turnens, kombiniert mit Balanceübungen, zu einer heute fast artistischen Form entwickelt, die z. T. Übungen von fragwürdigem gesundheitlichem Wert enthält (z. B. Überstreckung des Körpers, harte, ungefederte Aufsprünge auf dem Gerät, v. a. auch hinsichtlich des meist jugendlichen Alters der Turnerinnen).

Schwellstaffel: leichtathletischer Staffellauf, bei dem die Laufstrecken von Teilnehmer zu Teilnehmer wechseln oder zunehmen (z. B. die frühere „deutsche Staffel": 100 m, 200 m, 300 m, 400 m, 500 m).

Schwerathletik (Kraftsport): zusammenfassende Bez. für alle athletischen Sportarten wie Gewichtheben, Sportakrobatik, Rasenkraftsport, Ringen, Boxen, Tauziehen u. a. Bis 1972 waren die Fachverbände dieser Sportarten im *Deutschen Athleten-Bund* (DAB; gegründet 1891) organisiert, heute nur in eigenen Verbänden.

Schwierigkeitsgrad: 1. Einstufungs- bzw. Bewertungskategorie für die technische Schwierigkeit von

Übungen in solchen Sportarten, in denen die Leistung nicht gemessen werden kann, sondern geschätzt und nach einem Punktsystem bewertet werden muß, z. B. ↑Kunstturnen, ↑Sportakrobatik (↑auch Teil), ↑Eiskunstlauf, ↑Rollkunstlauf (↑auch Note), ↑Wasserspringen; – 2. im Alpinismus die Bewertung der klettertechnischen Schwierigkeit einer Route (↑Bergsteigen).

Schwimmabzeichen: Leistungsabzeichen für besondere Leistungen, v. a. von Kindern und Jugendlichen, im Schwimmen, das seit 1962 von verschiedenen Verbänden des Schwimmsports vergeben wird.

Schwimmflosse (Flosse): v. a. im Tauchsport, aber auch beim Flossenballett des Kunstschwimmens verwendetes Gerät, ein dem Gänsefuß ähnelnder Gummischuh, dessen vergrößerte Schlagfläche eine schnellere und geringeren Kraftaufwand erfordernde Fortbewegung im und unter Wasser ermöglicht.

Schwimmsport (Schwimmen): Sammelbez. für alle sportlichen Disziplinen, deren Grundvoraussetzung das **Schwimmen,** d. h. die Fähigkeit des Menschen ist, sich im oder unter Wasser mit Hilfe von Arm- und Beinbewegungen und ohne Berührung des Bodens bzw. Grunds oder fester (auch schwimmender) Körper aufzuhalten bzw. fortzubewegen (in manchen Sportarten ist die Benutzung von Geräten wie Tauchausrüstung, Schwimmflossen u. a. erlaubt). Zum Schwimmsport zählen v. a. die wettkampfmäßig betriebenen **Sportschwimmarten** ↑Brustschwimmen, ↑Kraulschwimmen, ↑Rückenkraulschwimmen und das ↑Schmetterlingsschwimmen sowie andere **Schwimmarten** (Schwimmstile, Schwimmtechniken) wie ↑Hundeln, ↑Rückengleichschlagschwimmen, ↑Seitenschwimmen u. a., aber auch andere sportliche Disziplinen wie ↑Kunstschwimmen, ↑Wasserball, ↑Wasserspringen, ↑Tauchsport sowie das ↑Rettungsschwimmen. – **Austragungsstätte** für die Sportschwimmarten ist ein *Schwimmbekken,* ein rechteckiges Bassin von 21 × 50 m (national sind auch kleinere Becken zugelassen) mit einer gleichmäßigen Wassertiefe von 1,80–2,50 m. Auf dem Beckenboden sind durch deutliche Farblinien die *Schwimmbahnen* (Breite 2,50 m) markiert, die jeweils 2 m vor den Stirnseiten an einer 1 m langen Querlinie enden, jedoch an beiden Stirnwänden vom Beckenboden bis zum Beckenrand fortgeführt werden. Auf der Wasseroberfläche sind die Schwimmbahnen durch Schwimmleinen (auf Leinen dicht an dicht aufgereihte schwimmende Kork- oder Kunststoffblöcke von 5–10 cm Durchmesser) kenntlich gemacht. Zur Orientierung für das Schwimmen in Rückenlage sind 5 m vor den Beckenenden in einer Höhe von

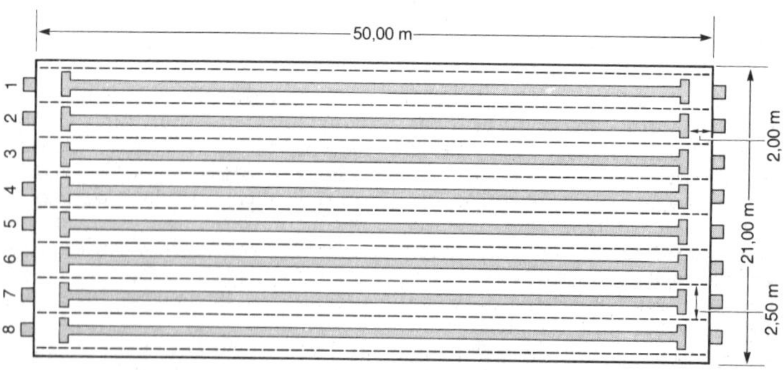

Schwimmsport. Schwimmbahnen

1,80 m über der Wasseroberfläche beflaggte Seile gespannt. 1,25 bis 1,35 m unter der Wasseroberfläche läuft eine Stehstufe (Raststufe) um das gesamte Becken. An der Zielwand sind (für jede Bahn gesondert) für die elektronische Zeitmessung Anschlagmatten mit einer Fläche von 2,45 × 1,10 m angebracht. Der Start erfolgt von *Startblöcken* (Höhe ab Wasseroberfläche 75 cm), deren rutschsichere Auftrittsfläche (etwa 50 × 50 cm) zum Becken hin eine Neigung von bis zu 10° aufweisen darf. Für den Rückenstart dienen Griffe 45 cm über dem Wasserspiegel. Die Startblöcke sind, in Startrichtung gesehen, von rechts nach links durchnumeriert. Startblöcke, Griffe, Anschlagmatten, Befestigungen der Schwimmleinen und andere Geräte (z. B. Ein- und Ausstiegsleitern) dürfen nicht in das Becken hineinragen. Die Wassertemperatur soll zwischen 24 und 28 °C betragen. – Die **Technik** des Schwimmens kann in jedem Alter erlernt werden. Bereits Säuglinge sind in der Lage, sich durch angeborene reflektorische Schwimmbewegungen über Wasser zu halten (↑ Anfängerschwimmen). Aufgrund der technischen Ausführung von Arm- und Beinarbeit bezeichnet man das Kraul- und Rückenkraulschwimmen als *Wechselschlagschwimmarten,* Brust- und Schmetterlingsschwimmen dagegen als *Gleichzugschwimmarten.* – **Geschichte:** Ein Wechselzugschwimmen ist in Ägypten bereits um 9 000 v. Chr., ein Knieabstoßschwimmen von Steinbildern der Assyrer und Babylonier her bekannt. Antike Philosophen und Geschichtsschreiber berichten vom Schwimmen in Griechenland und im Römischen Reich. Den Dichtungen „Beowulf" und „Edda" ist zu entnehmen, daß das Schwimmen auch bei den Germanen in hohem Ansehen stand. Der Wert des Schwimmens als sportlicher Übung wurde aber erst im 16. Jahrhundert erkannt (erstes Schwimmlehrbuch, „Columbetes", von dem deutschen Pädagogen Nycolaus Wynmann, 1538), der gesundheitliche und pädagogische Wert erneut in der 2. Hälfte des 18. Jahrhunderts. 1774 wurde die erste Badeanstalt in Frankfurt am Main eröffnet. 1818 veröffentlichte Johann Christoph Friedrich GutsMuths (* 1759, † 1839) sein „Kleines Lehrbuch der Schwimmkunst". – Seit 1896 gehört Schwimmen (für Männer) zum olympischen Programm, seit 1912 für Frauen. Seit 1893 werden deutsche, seit 1926 (Männer) und 1927 (Frauen) Europa- und seit 1973 (olympisches Programm) Weltmeisterschaften ausgetragen. In der Bundesrepublik Deutschland wird der Schwimmsport vom *Deutschen Schwimm-Verband* (DSV; gegründet 1886, Sitz München) betreut, international von der *Fédération Internationale de Natation Amateur* (FINA; gegründet 1908, Sitz Des Moines, Iowa, USA). – ↑ auch Schwimmwettbewerbe.

Schwimmstart: Starttechnik der Sportschwimmarten. Beim Brust-, Schmetterlings- und Kraulschwimmen wird mit einem flachen Hechtsprung **(Startsprung)** vom Startblock gestartet, beim Rückenkraulschwimmen **(Rückenstart)** im Wasser von der Beckenwand aus, wobei die Hände die Haltevorrichtung oberhalb des Wasserspiegels fassen und die Füße unterhalb der Wasseroberfläche von der Beckenwand abstoßen (↑ auch Schwimmsport). Beim Startsprung sind Varianten in der Absprunghaltung und in der Form des Eintauchens ins Wasser möglich.

Schwimmweste: Korkweste oder aufblasbare Gummiweste als Rettungsgerät, das in einigen Wassersportarten (z. B. Wasserskilaufen, Windsurfen, Motorboot- und Segelsport) verwendet wird (z. T. Pflichtausrüstung). Der Kragen der Schwimmweste muß so ausgebildet sein, daß der Kopf eines bewußtlosen Trägers über Wasser gehalten wird.

Schwimmwettbewerbe: wettkampfmäßige Austragungsformen der Sportschwimmarten für Damen und Herren. Zum olympischen und zum Weltmeisterschaftsprogramm zählen: *Einzelwettbewerbe:* Brustschwimmen über 100 und 200 m, Schmetterlingsschwimmen über 100 und 200 m, Kraulschwimmen über 100, 200, 400, 800 (nur Damen) und 1 500 m (nur Herren), Rückenkraulschwimmen über 100 und 200 m, Lagenschwimmen über 200 und 400 m; *Mannschaftswettbewerbe (Staffeln):* Kraulschwimmen über 4 × 100 und 4 × 200 m (nur Herren), Lagenschwimmen über 4 × 100 m.

Schwingen: 1. in der *Gymnastik* und *rhythmischen Sportgymnastik* eine der fünf Grundformen der Bewegung: das Pendeln der Arme bzw. des ganzen Körpers (in gebeugter Haltung) vorwärts, rückwärts, seitwärts, aufwärts mit und ohne Handgerät; – 2. im *Geräteturnen* Pendelbewegung des Körpers an feststehenden Geräten; – 3. im *alpinen Skilauf* Form der Richtungsänderung, z. B. der ↑Hochentlastungsschwung, das ↑Scherumsteigen und der ↑Umsteigeschwung.

Schwung: zur Ausführung vieler sportlicher Übungen (v. a. im Geräteturnen, in Gymnastik und Leichtathletik) erforderliche, die eigentliche Übung vorbereitende und einleitende Bewegungsphase. Der Schwung wird meist durch Ausholbewegungen der Körperextremitäten **(Schwungarm, -bein)** oder Anlauf, Sprung u. ä. erzeugt. Der Schwung kann auch Element der Hauptübung sein, z. B. die Schwungstemme (↑Stemme) im Geräteturnen.

Sechskampf: nichtolympischer Mehrkampf 1. im *Kunstturnen* der Männer **(Kürsechskampf):** je eine Kürübung im Bodenturnen, am Seitpferd, an den Ringen, am Langpferd, an Barren und Reck, 2. in der *Leichtathletik* für Männer in den Disziplinen 100-m-, 1 000-m-Lauf, Hoch- und Weitsprung, Kugelstoß und Schleuderballweitwurf (wird v. a. im *Deutschen Turner-Bund* gepflegt).

Sechstagerennen: Radrennen auf Hallenbahnen über sechs Tage und sechs Nächte, von Mannschaften aus zwei (gelegentlich auch drei) sich beliebig ablösenden Berufsfahrern ausgetragen. Während früher Tag und Nacht jeweils ein Fahrer jeder Mannschaft auf der Bahn war, ruht neuerdings während der sogenannten Neutralisation (6–12 Uhr) das Rennen; Sieg durch Rundengewinn oder bei Rundengleichheit nach Punkten. – Die eigentlichen Sechstagerennen entstanden im New Yorker Square Garden 1893 (auf dem Hochrad). Das erste europäische Sechstagerennen wurde 1909 in Berlin veranstaltet.

Segelflugsport (Segelfliegen): mit Segelflugzeugen ausgeführte Wettkampfform des Flugsports; ein antriebsloses Fliegen, bei dem aufsteigende Luftströmungen zum Höhengewinn ausgenutzt werden; dazu ist das Aufsuchen von Lufträumen mit geeigneten Aufwinden erforderlich. Nach Art der Aufwinde unterscheidet man: *Hangsegeln* im Aufwind an Berghängen und Küsten, *Thermik-*

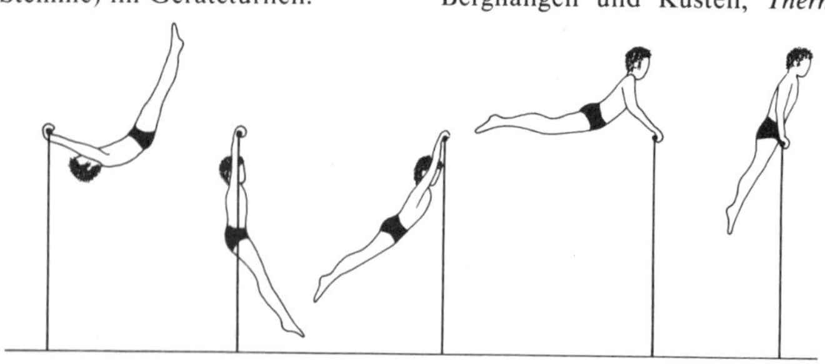

Schwung. Schwungstemme

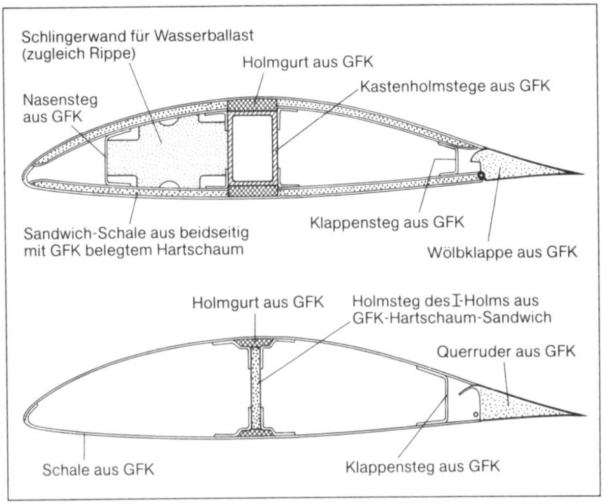

Segelflugsport. Querschnitt durch Innen- (oben) und Außenflügel eines modernen Segelflugzeugs

segeln in vertikalen Luftströmungen über Gebieten, die stärker durch Sonneneinstrahlung erwärmt werden, *Gewitter-* und *Frontsegeln* in Frontaufwinden vor Gewitter-, Kalt- und Warmfronten und *Wellensegeln* (Leewellensegeln) in den Aufwindgebieten (Steigzonen) vor Leewellen, im Lee eines Berges oder Gebirges sich in der Luft ausbildenden stehenden Wellen (Föhnwellen). – Der Start eines Segelflugzeugs erfolgt meist mit Hilfe einer Motorwinde *(Windenstart)* oder im Schlepp eines Motorflugzeugs *(Flugzeugschleppstart).*

Das **Segelflugzeug** ist ein Leichtflugzeug ohne eigene Antriebsmaschine. Um die für den Segelflug entscheidenden Hauptforderungen hinsichtlich der geringstmöglichen Sinkgeschwindigkeit und des besten (flachsten) Gleitwinkels bei größtmöglichem Auftrieb erfüllen zu können, muß das Segelflugzeug insbesondere eine vergleichsweise kleine Flächenbelastung und eine große Flügelstreckung, also auch große Spannweite haben. Segelflugzeuge werden meist als Ein- oder Doppelsitzer gebaut. Die früher übliche Gemischtbauweise (Fachwerkrumpf, Sperrholzbeplankung, Stoffbespannung) ist heute weitgehend durch die GFK- bzw. KFK-Bauweise (Abk. für **g**las**f**aser- bzw. **k**ohle**f**aserverstärkte **K**unststoffe) abgelöst.

Bei sportlichen **Wettbewerben** unterscheidet man folgende Klassen: *offene Klasse* (keinerlei konstruktive Beschränkungen), die *15-m-Klasse* (Spannweite maximal 15 m), *Standardklasse* (Spannweite maximal 15 m, keine auftriebsteigernde Flügelklappen) und (nur national) *Clubklasse* (definiert durch leistungsbezogene Indizes). – Wettbewerbe sind: *freier Streckenflug:* Startrichtung und Landeort sind nicht vorgegeben; *Zielstreckenflug:* Start- und Zielort sind festgelegt; *Zielflug mit Rückkehr* zum Startort: Vor der Rückkehr muß ein bestimmter Wendepunkt überflogen werden; *Dreiecksflug:* über zwei Wendepunkte Rückkehr zum Startort (die Wendepunkte müssen fotografiert werden); *Höhenflug:* Gemessen wird der reale Höhengewinn (Meereshöhe minus Starthöhe); *Geschwindigkeitsflug:* schnellstmögliches Abfliegen einer Geraden. Die zu fliegenden Distanzen sind: 100, 200, 300, 500, 750, 1 000 und 1 250 km. Daneben gibt es

Kunstflüge **(Segelkunstflug),** bei denen eine unbekannte und eine bekannte Pflicht sowie eine Kür geflogen werden (mit Flugzeugen mit kürzeren Flügeln). – Der Segelflieger muß einen Führerschein (Segelflugschein) besitzen.

Geschichte: Als Vorläufer des Segelflugs gilt Otto Lilienthal (* 1848, † 1896), dem ab 1891 Gleitflüge bis 300 m Länge glückten. 1911 gelang es den Brüdern Wilbur (* 1867, † 1912) und Orville Wright (* 1871, † 1948) mit einem motorlosen Doppeldekker, fast 10 Minuten in der Luft zu bleiben. Aus diesem Jahr datieren auch die Anfänge des Segelfliegens in Deutschland: Darmstädter Schüler und Studenten versuchten sich mit Gleitflügen auf der Wasserkuppe (Rhön), wo am 15. Juni 1920 das erste Segelfliegertreffen stattfand. Innerhalb weniger Jahre wurden verschiedene Rekorde beträchtlich verbessert. Der eigentliche Aufschwung des Segelflugsports begann jedoch erst nach dem 2. Weltkrieg. – Im Segelflugsport werden Europa- und Weltmeisterschaften ausgetragen. 1936 war die Sportart olympische Disziplin. Organisatorisch zuständig sind die Verbände des ↑ Flugsports.

Segelsport (Segeln): Wassersportart für Damen und Herren, das Befahren von Flüssen, Seen und Meeren unter sportlichen Gesichtspunkten mit besonders dazu hergerichteten Segelbooten.

Segelboote sind mit Mast und Segel ausgerüstete, durch Windkraft fortbewegte Boote, entweder als Kiel- (↑ Jacht) oder Schwertboot (↑ Jolle). Sie werden aus Holz, Leichtmetall, Stahl oder glasfaserverstärktem Kunststoff gefertigt. Segelboote werden nach nationalen (von den einzelnen Ländern anerkannten), internationalen (vom internationalen Dachverband anerkannten oder von den nationalen Verbänden für internationale Regatten zugelassenen) und olympischen (zu den Olympischen Spielen zugelassenen) Klassen unterschieden. Die wichtigsten **Bootsklassen** sind: 1. *olympische Klassen* (1984): Soling, 470er, Flying Dutchman, Finn-Dingi, Katamaran-Tornado, Star, Windglider; 2. *internationale Klassen:* Optimist-Dingi, Moth, Drachen, 420er, OK-Jolle, Vaurien, Star, Laser, A-Katamaran, 505, Flying Junior, Fireball, Contender, Europe, Dart-Katamaran; 3. *nationale Klassen:* z. B. Dyas, H-Jolle, Hansa-Jolle, Korsar, O-Jolle, Pirat, Trias, Conger, Jeton, Schwertzugvogel, Kielzugvogel, 15-m²-, 16-m²- und 20-m²-Jollenkreuzer; 4. *ausländische Klassen:* z. B. Folkeboot, IF-Boot, 420er Klasse, OK-Jolle, Moth-Jolle. Die Boote der *Einheitsklassen* sind alle nach demselben Bauplan und sehr enggefaßten Vorschriften gebaut; *Konstruktionsklassen* dürfen innerhalb von Grenzbestimmungen für Abmessungen und Formen konstruiert werden; *Formeljachten* sind nicht nach Klassenvorschriften mit Höchst- und Mindestmaßen gebaut, sondern nach einer Bauformel, in die die einzelnen Größen (Länge, Tiefgang, Gewicht u. a.) eingesetzt werden (↑ auch Formel).

Bei nationalen oder internationalen **Wettbewerben** (Regatten) gibt es Dreiecksregatten auf Binnenrevieren oder an den Küsten, die als Revierfahrten durchgeführt werden, wobei

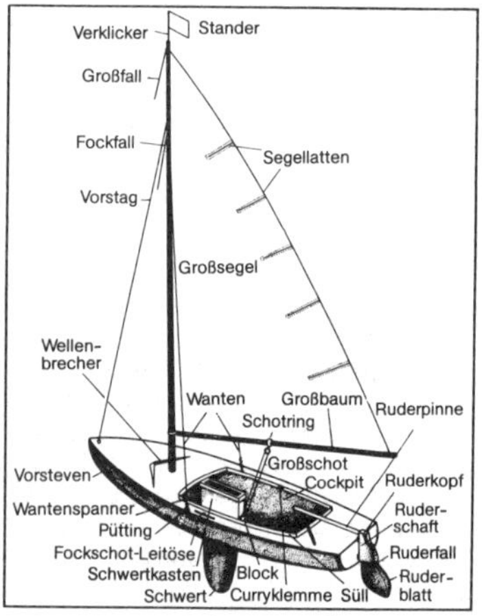

Segelsport. Segelboot

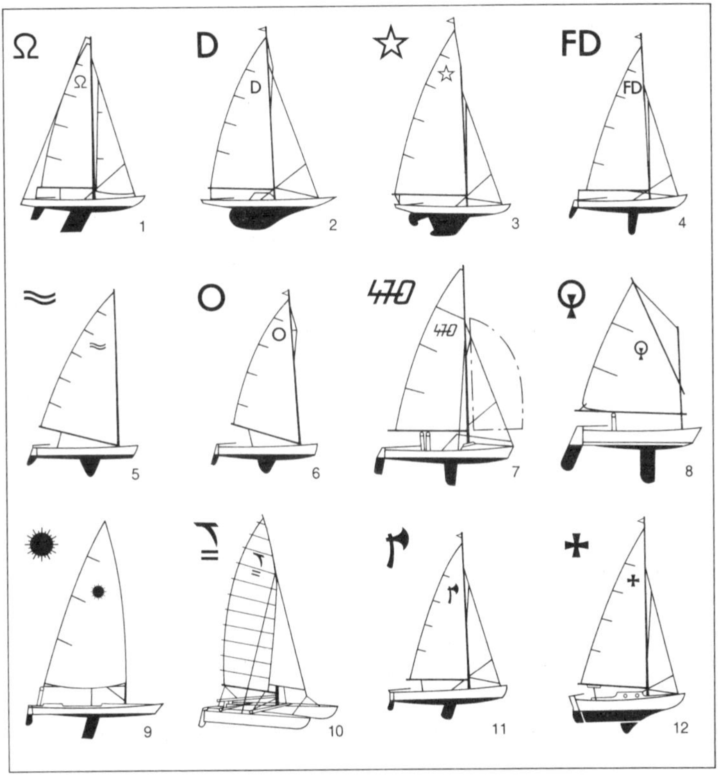

Segelsport. Bootsklassen mit Segelzeichen: 1 Soling, 2 Drachen, 3 Star, 4 Flying Dutchman, 5 Finn-Dingi, 6 O-Jolle, 7 470er, 8 Optimist, 9 Laser, 10 Katamaran-Tornado, 11 Pirat, 12 Hansa-Jolle

jeweils Boote derselben Bootsklasse gegeneinander fahren (↑auch Dreieckskurs). In der Regel orientiert sich der zu bewältigende Kurs an der olympischen Regattabahn: Auf einem Rundkurs von 2 Seemeilen Durchmesser sind in regelmäßigem Abstand acht Marken (Bojen) verteilt (bei Finn-Dingis beträgt der Durchmesser etwa 1,5 Seemeilen). Erst 10 Minuten vor dem Start werden jene Marken bekanntgegeben, die während des Rennens zu umsegeln sind. Die Sieger des Wettbewerbs werden durch mehrere Wettfahrten (2 bis 7) ermittelt; über die Plazierung im Wettbewerb entscheidet eine Punktwertung. Alle an einer Regatta teilnehmenden Boote müssen über einen ↑Meßbrief verfügen und in ihrem Großsegel eine Registriernummer, das Bootstypenzeichen und (gegebenenfalls) das Nationalitätszeichen führen. – Bei *Hochseerennen* (Inselumsegelungen, Regatten zwischen verschiedenen Seehäfen) segeln meist verschiedene Klassen gegeneinander. Der unterschiedliche „Rennwert" der einzelnen Boote wird mittels einer sogenannten Handikapformel auszugleichen versucht.

Die **Technik** des Segelsports ist das **Segeln,** das Voranbringen eines Segelboots unter möglichst geschickter Ausnutzung der Windkraft auf einem bestimmten Kurs. Dies kann entweder *vor dem Wind* (wahrer und scheinbarer Wind von hinten, in Fahrtrichtung wehend), mit *raumem Wind* (*raumschots;* Wind schräg von hinten), mit *halbem Wind* (Wind quer von der Seite) oder *am Wind* (Wind schräg von vorn) geschehen (↑auch Kurse zum Wind); dabei ist außer bei einem genau in Fahrtrichtung wehenden Wind jeweils der „scheinbare Wind" gemeint (die Resultierende aus dem wahren Wind und dem zur Fahrgeschwindigkeit entgegengesetzt gleichgroßen Fahrtwind). – Je nach Art der ↑Takelage kann man mehr oder weniger hart („noch") am Wind (gegen den Wind) segeln. Wird der Winkel zwischen der Vorausrichtung des Seglers und der Richtung, aus der der Wind kommt, kleiner als etwa 40°, so muß man kreuzen, d.h. sich dem Ziel durch zickzackförmigen Kurs auf abwechselnden Teilkursen hoch am Wind *(Kreuzschläge,* kurz: *Schläge)* nach jeweils einer ↑Halse oder ↑Wende über Steuerbord- oder Backbordbug nähern. Die Verkleinerung des Winkels zwischen Kurs und Windrichtung nennt man Anluven (↑Luv), das entgegengesetzte Segelmanöver ↑Abfallen.

Der Vortrieb erfolgt beim Segeln (außer beim Segeln vor dem Wind) dadurch, daß der Wind, an der gewölbten Segelfläche entlangstreifend, auf der Luvseite einen Über-, auf der Leeseite einen Unterdruck erzeugt. Der dadurch entstehende seitlich leewärts gerichtete Schub bzw. Sog, gedacht als eine rechtwinklig zum Segel im Segelschwerpunkt bzw. zur Gesamttakelage angreifende Kraft (sogenannter *Segelschub*), bewirkt den Vortrieb und die Abdrift. Dabei ist bei einem gut geschnittenen und getrimmten (↑Trimmen) Segel die Vortriebskraft etwa fünfmal so stark wie die Abdriftkomponente. Außerdem kann die Windkraft desto besser zum Vortrieb ausgenutzt werden, je größer der Lateralwiderstand (Widerstand gegen seitliches Vertreiben durch Rumpfgröße und -form, Kiel und Schwert) des Segelboots ist.

Geschichte: Das sportliche Segeln begann 1661 mit der ersten Regatta auf der Themse. In Deutschland fand die erste Regatta 1850 in Hamburg auf der Alster statt. Der Segelsport ist (mit wechselnden Bootsklassen) seit 1900 olympische Disziplin. Die bekanntesten Wettbewerbe sind: Kieler Woche, Travemünder Woche, Cowes Week (vor der britischen Kanalinsel Wight); im Hochseesegeln: ↑Admiral's Cup, ↑America's Cup, Atlantikregatta, Bermuda Race u.a. – In der Bundesrepublik wird der Segelsport vom *Deutschen Segler-Verband* (DSV; gegründet 1888, Sitz Berlin) betreut, international von der *International Yacht Racing Union* (IYRU; gegründet 1907, Sitz London). – Das Segeln ist heute (z.B. als Fahrtensegeln auf Binnenseen und Flüssen) ein beliebter Freizeit- und Feriensport. – ↑auch Eissegeln, ↑Strandsegeln.

Segelsurfen [...zørfən, ...zœrfən, englisch] ↑Surfen.

Sehne: bindegewebige, sehr stabile Verbindung zwischen Knochen und Muskeln. Auf der einen Seite ist die Sehne fest mit den Muskelfasern, am anderen Ende mit der Knochenoberfläche verwachsen, so daß sie die Kraft wechselseitig übertragen kann. Die Länge der Sehnen reicht von Millimetergröße bis zu etwa 40 cm. – ↑auch Achillessehne, ↑Apophysenabriß.

Seil: 1. ↑Handgerät der Gymnastik und der rhythmischen Sportgymnastik (↑auch Seilspringen); – 2. Ausrüstungsgegenstand beim ↑Bergsteigen; – 3. Ringbegrenzung beim ↑Boxen. – ↑auch Tau.

Seilspringen: Übung im Rahmen der Seilgymnastik, die v.a. der Organschulung und der Kräftigung der Beinmuskulatur (z.B. bei Boxern) dient: Man springt über ein mit beiden Händen kreisförmig vorwärts oder rückwärts über den Kopf und unter den Füßen durch geschwungenes Seil in dem Augenblick, in dem das Seil tangential den Boden berührt. Das Seilspringen mit dem (längeren) *Schwungseil* wird unter Mithilfe zweier Personen ausgeführt, die das Seil in eine kreisende Bewegung versetzen. – Seilspringen wird heute auch häufig als allgemeine Fitneßübung eingesetzt zur Vorbeugung gegen Bewegungsmangelkrankheiten (v. a. im Herz- und Kreislaufbereich).

Seitendifferenz [lateinisch differentia „Unterschied"] ↑ Lateralität.

Seitenschwimmen: Schwimmart, bei der der Körper im Wasser eine Seitlage einnimmt: Der Beinschlag erfolgt wie beim ↑ Brustschwimmen, der Armzug eines Arms wie beim ↑ Kraulschwimmen, während der andere Arm gestreckt im Wasser liegt und in Schwimmrichtung zeigt.

Seitengang ↑ Dressurreiten.

Seitenwahl: in Mannschaftsballspielen das Wählen der Spielfeldhälfte, in der eine Mannschaft zuerst spielen will. Das Recht der Seitenwahl wird durch Münzwurf des Schiedsrichters ausgelost und kommt dem gewinnenden Mannschaftsführer zu. Die andere Mannschaft hat dann das Anspiel.

Seitenwechsel: in Mannschaftsballspielen der Tausch der durch Seitenwahl zu Beginn des Spiels zugewiesenen Spielfeldhälften am Anfang der zweiten Halbzeit und (gegebenenfalls) bei Spielzeitverlängerungen. – Im Tennis werden nach jedem ungeraden Spiel die Seiten gewechselt.

Seitfallwurf ↑ Fallwurf.

Seitigkeit ↑ Lateralität.

seitlings: Körperstellung, bei der eine Körperschmalseite dem Gerät bzw. der Bewegungsrichtung (seitwärts) zugewandt ist.

Seitpferdturnen: Disziplin des Kunstturnens für Damen und Herren. – Gerät ist das **Seitpferd (Pauschenpferd),** das in Konstruktion und Abmessungen identisch ist mit dem Langpferd (↑ Langpferdturnen), jedoch zusätzlich zwei **Pauschen** (bügelartige Griffe) aus Holz oder Kunststoff erhalten kann (Höhe der Pauschen 12 cm, Länge 28 cm, Griffstärke 34 mm), die in der Mitte des Pferderückens in einem Abstand von 41–43 cm zueinander aufgeschraubt werden. – Im schulischen Geräteturnen und im olympischen Achtkampf dient das quer zur Anlaufrichtung gestellte Seitpferd ohne Pauschen als Sprunggerät **(Pferdsprung).** Mit Pauschen wird das Gerät nur beim Kunstturnen im Verein und im olympischen Zwölfkampf der Männer verwendet, wobei heute nur noch Schwungübungen im ↑ Stütz (z. B. Kreisen, Schere) geturnt werden. – Zur Wertung ↑ Kunstturnen.

Seitsitz: 1. in der *Gymnastik* Sitzhaltung, bei der die Beine angewin-

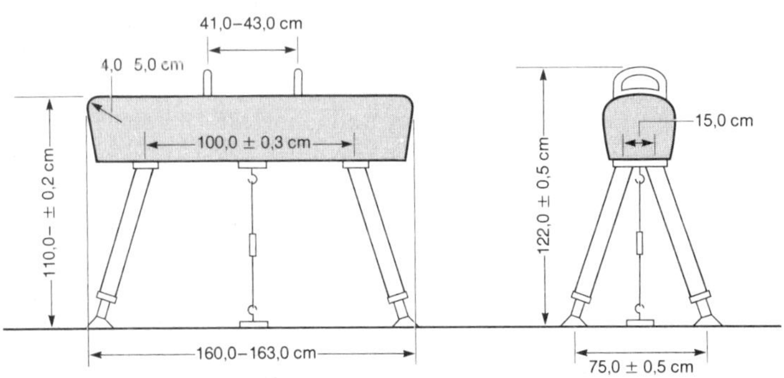

Seitpferdturnen. Seitpferd (Konstruktion und Maße)

kelt seitwärts vom Körper liegen; – 2. im *Geräteturnen* Sitz im rechten Winkel zu einem Gerät (z. B. auf dem Barrenholm, der Reckstange oder dem Schwebebalken); im *Kunstturnen* nur am Schwebebalken möglich; – 3. im *Pferdesport* der Reitsitz im Damensattel (beide Beine befinden sich auf der linken Seite des Pferdes).

Selbstbewegung: menschliche (sportliche) Bewegung, die (vorwiegend) aus eigenem Kraftantrieb erfolgt (z. B. Laufen), im Gegensatz zur **Fremdbewegung,** die (vorwiegend) durch äußere Kräfte hervorgerufen wird (z. B. Motorsport). Auch bei Sportarten mit Fremdbewegung ist Selbstbewegung, zumindest bei der Steuerung, unerläßlich. Selbstbewegung ist die Realisierung des im Menschen angelegten Bewegungstriebs. – Die Art der Selbst- bzw. Fremdbewegung bietet eine Möglichkeit zur Einteilung der Sportarten in solche, in denen 1. nur der eigene Körper (z. B. Laufen, Springen), 2. ein Gerät (z. B. Kugelstoß, Handball), 3. ein Gerät mittels eines anderen Geräts (z. B. Tennis, Golf), 4. der eigene Körper an einem Gerät (z. B. Geräteturnen) bewegt wird, und 5. die Bewegung durch äußere Krafteinwirkung erfolgt (z. B. Segeln, Skilauf, Bobsport).

Selbstregulation [zu lateinisch regulare „ordnen, einrichten“]: die Rückkehr in einen psychophysischen Gleichgewichtszustand, wenn dieser durch Störungen verlassen wurde. Sie wird durch Rückkopplung bewirkt, die die Störung kompensiert. Die Selbstregulation spielt v. a. im Leistungssport eine wichtige Rolle, wo sie auf einem Kontinuum von Verfahren zur Entspannung (z. B. Relaxation, Desensibilisierung) und zur Aktivierung (z. B. Antizipation, Konzentration, Sensibilisierung) abläuft und zur Leistungsoptimierung beiträgt. Die Selbstregulation wird v. a. durch ein ↑psychoregulatives Training beeinflußt. Außerdem kann sie durch Psychopharmaka, Hypnose, mentales Training u. a. gefördert werden, selbst naive Techniken wie Selbstbefehle, Selbstgespräche, Warming-up-Aktivitäten, Talisman, Maskottchen u. a. bleiben nicht ohne Wirkung.

Selbstverteidigung: jede Abwehr eines Angriffs auf die eigene Person, als waffenlose Verteidigung das Prinzip des Budosports.

Selbstvorlage: in einigen Mannschaftsballspielen ein Paß bzw. eine Vorlage, die sich ein Spieler selbst gibt, meist durch Um- oder Überspielen eines Gegenspielers. Die Selbstvorlage erfordert v. a. große Schnelligkeit.

Seniorengymnastik [zu lateinisch senior „älter“ und ↑Gymnastik]: im Rahmen des Alterssports gezielt auf ältere Menschen (ab etwa 60 Jahre) abgestimmte gymnastische Übungen, die v. a. darauf abzielen, feinmotorische Bewegungsabläufe sowie Reaktions- und Konzentrationsfähigkeit zu erhalten.

Seniorensport ↑Alterssport.

Sensibilisierung [zu lateinisch sensibilis „der Empfindung fähig“]: v. a. psychophysische Methode der Verhaltensbehandlung, um eine optimale Einstellung auf eine zu leistende (sportliche) Aufgabe zu erreichen (↑auch Selbstregulation). Die Aktivierung des psychophysischen Vermögens erfolgt v. a. durch Konzentrationsübungen, Antizipation, mentales und autogenes Training. Eine entsprechende Sensibilisierung ist besonders im Wettkampfsport notwendig, bei dem es darauf ankommt, zum richtigen Zeitpunkt optimal zu handeln. – ↑auch Desensibilisierung.

Sensomotorik [zu lateinisch sensus „Sinn“ und ↑Motorik]: die Gesamtheit der mit dem Zusammenspiel von Sinnesorganen (Rezeptoren) und Muskeln (Effektoren) zusammenhängenden Vorgänge, die durch ein komplexes System von Reafferenzen (die „Rückmeldungen“ über die effektorische Ausführung von Eigenbewegungen eines Organismus) gekennzeichnet sind. Im Sport ist Sensomotorik die Theorie der sensomotorischen Systeme und ein Teilaspekt einer Bewegungslehre. – Das sensomotrische System ist nach Ungerer/Daugs ein auf Steuerung und Regelung aufgebautes Kommunikationssystem, das es erlaubt, den sich bewegenden Menschen und seine Umwelt in Verbindung zu sehen. – **Steuerung** erfolgt über den Weg von Eingangsgrößen (sensorische Informationen, „Input") bis zu Ausgangsgrößen (motorische Antwort, „Output"). Sie betrifft auch die Einwirkung der Information auf das sensomotorische System. Mit Hilfe dieses Aspekts kann eine vertiefte Einsicht in Bewegungsprozesse erfolgen. – **Regelung** ist ein Prozeß zur Aufrechterhaltung der Stabilität eines Systems, d.h. gleichsam der Steuerfähigkeit des Systems. Nicht nur im Bereich der Technik, z.B. Thermostat, sondern auch im Menschen laufen Regelungsvorgänge ab (in einem *Regelkreis,* z.B. Körpertemperatur, Blutdruck). Auch zur Erklärung menschlichen Verhaltens, z.B. seines Bewegungsverhaltens, können regelungstheoretische Überlegungen angestellt werden. Dies trifft insbesondere zu, wenn Bewegung aus sensomotorischer, neurophysiologischer oder handlungspsychologischer Sicht erklärt wird. Im **sensomotorischen Funktionskreis** sind sensorische und motorische Systemanteile in einem Regelkreis verbunden. Dabei geht es um sensomotorisches Lernen (Neukonstruktion von Bewegungsentwürfen) und sensomotorisches Optimieren (Verbesserung der Ausführung). Die Regelungsvorgänge des Lernens laufen dabei v.a. über die Großhirnrinde, die des Optimierens über das Rükkenmark. Der Informationsvorgang beinhaltet die Reizaufnahme aus der Umwelt durch Analysatoren (↑auch Wahrnehmungseigenschaften), die interne Verarbeitung der Reize und die Antwort als eine sportmotorische Fertigkeit bzw. sportliche Handlung. Treten in dem System zwischen Soll- und Ist-Wert Differenzen auf, so greift der Regler (z.B. Sportlehrer) ein. Durch Fühler (Bewegungsseher) bekommt der Regler die Information zum entsprechenden Eingreifen. Eine sogenannte Führungsgröße gibt die Richtung im Regelkreis an, z.B. den Entwurf einer Bewegung, die erlernt werden soll. Dieses Prinzip der Regelung tritt in Kraft bei der Realisierung von sportmotorischen Fertigkeiten und Handlungen. Diese sind auch zu verstehen als Zusammenfassung mehrerer Zeichen, d.h. sensomotorischer Sequenzen. – Eine **sensomotorische Sequenz** ist die grundlegende Einheit eines Bewegungsablaufs, gesehen als Modell der Bewegungsanalyse, in der keine Änderung der Bewegungsart bzw. der Ausrichtung erfolgt, z.B.: Ausholphase beim Kernwurf im Handball, Landung beim Weitsprung, Durchzug der Arme beim Schmetterlingsschwimmen. Sensomotorische Sequenzen werden in einer Sequenzkopplung verbunden. Dies kann sukzessiv und/oder simultan erfolgen, je nach Art der Bewegungsleistung. Die sensomotorischen Sequenzen bilden eine wesentliche Einheit bei der Analyse von Fertigkeiten im Zusammenhang mit motorischem Lernen. Sie sind auch Bezugspunkte für die Erstellung von Basaltexten, falls programmiertes Lernen im Bereich des Bewegungslernens vorgesehen ist. Durch entsprechende Regelung ist also sichergestellt, daß motorisches Lernen immer wieder erneut erfolgen kann. – Grundlegend hierbei ist das wichtige Prinzip der **Rückkopplung** als Vorgang der Regelung, wobei das Output (Ausgang) auf das Input (Eingang) eines Regelkreises einwirkt. Die Rückkopplung (Rückmeldung) für den Lehrenden sind die erzielten Lernergebnisse, für den Lernenden die Bewertungen und Korrekturen des Lehrenden im Hinblick auf die Lernergebnisse. – Das für die Sensomotorik kennzeichnende sensomotorische System kann somit als offener, dynamischer und sich selbst regulierender sensomotorischer Funktionskreis angesehen werden, bei dem die Leistungen der

Sinnes- und der Vollzugsorgane durch Rückkopplungen miteinander verbunden sind, um motorisches Lernen zu realisieren.
Im sensomotorischen Funktionskreis sind die Sinnesorgane (sensorisches Input) und die Vollzugsorgane (motorisches Output) verbunden. Man unterscheidet innere (vestibularoptische) und äußere (audiomotorische, visiomotorische) Funktionskreise, die zusammen den sensomotorischen Funktionskreis bilden. Durch diesen werden der Leib-Seele-Dualismus und das Subjekt-Objekt-Denken in der Theorie der Leibeserziehung aufgehoben und der Umweltbezug bei der Analyse der Bewegung im Sport berücksichtigt. Sensomotorisches Lernen erfordert Strukturierung als Systemleistung, sensomotorische Optimierung, v.a. Adaption (Anpassung). Die Prozesse laufen auf allen Ebenen der sensomotorischen Systeme ab, bis hin zum Bewußtsein. Die Psychomotorik und die sogenannte *Sensumotorik* nehmen senso[u]motorische Prozesse nur auf einer unteren Ebene an. Der Ansatz der Sensomotorik hingegen erlaubt eine Erklärung des motorischen Lernens und Handelns bzw. der Bewegung, öffnet Wege der Lernzielbestimmung und bildet die Grundlage auch für programmierbares Lernen.

Serie [...ri-ə; lateinisch „Reihe, Reihenfolge“]: allgemein eine Aufeinanderfolge von Gegenständen, Ereignissen u.a. So spricht man auch im Sport in vielen Zusammenhängen von Serie, z.B. bei einer Spielrunde, bei einer Folge gelungener Hiebe, Stöße (Fechten) und Schläge (Boxen), bei einer abgeschlossenen Ballfolge (Billard), bei guten oder schlechten Aufschlagserien in Rückschlagspielen u.a.

Setzen: 1. die Tatsache, daß leistungsstarke Wettkämpfer oder Mannschaften teilweise oder ganz von einer Auslosung, die zur Ermittlung von Spielgruppe oder Wettkampfpaarungen vorgenommen wird, befreit werden und stattdessen einen bestimmten Platz zugewiesen erhalten. Durch das Setzen, das v.a. in Rückschlagspielen sowie Zweikampf- und Mannschaftssportarten praktiziert wird, soll verhindert werden, daß die stärksten Kontrahenten gleich zu Beginn des Wettbewerbs aufeinandertreffen und einer von ihnen frühzeitig ausscheidet; – 2. im Badminton die Verlängerung eines Satzes bei Gleichstand, und zwar um 5 Punkte bei einem Stand von 13:13 bzw. um 3 bei 14:14 bei Spielen bis 15 Punkte oder um 2 bei 10:10 bzw. um 3 bei 9:9 bei Spielen bis 11 Punkte.

Shakehandshaltung [englisch 'ʃɛɪkhænts „das Händeschütteln“]: v.a. im Tischtennis, aber auch im Tennis, ein Griff für den Vorhandschlag, bei dem die wie zum Händeschütteln gehaltene Hand den mit der Schlagfläche senkrecht gehaltenen Schläger von hinten oben faßt.

Shuffleboard [englisch 'ʃʌflbɔ:d, aus to shuffle „hin- und herschieben“ und board „Bord“]: Freizeitspiel, das sich aus dem Rasenkegeln entwickelt hat und ursprünglich v.a. von Passagieren auf Ozeanschiffen gespielt wurde. Das Spielfeld ist ein Rechteck von 10 × 2–3 m. Von einer Startlinie aus werden mit einem Holzstock, dessen Ende eine halbmondförmige Öffnung aufweist, Scheiben (Durchmesser 15 cm, Dicke 3 cm) möglichst genau in ein mit Punktziffern von –10 bis +10 versehenes Zielfeld geschoben. Dabei dürfen Scheiben eines Gegners mit der eigenen Scheibe beiseitegestoßen werden. Es spielen zwei Mannschaften mit jeweils bis zu sechs Spielern. Die im Zielfeld erreichten Punkte werden für jede Mannschaft nach jedem Spielabschnitt zusammengezählt. Für die höhere Punktzahl erhält man einen Wertungspunkt. Ein Spiel geht bis zu fünf oder zehn Wertungspunkten.

Sicherungsgriffe: von H. Ohnesorge (*1887, †1967) an der *Deutschen Turnschule* in Berlin eingeführte Griffe (Stütz- oder Drehgriffe) meist zweier Helfer, mit denen im

Geräteturnen der Übende beim Erlernen neuer Übungsteile gesichert wird. – ↑auch Helfen und Sichern.

Sichtblock: beim Volleyball der Versuch der aufgabeberechtigten Mannschaft, der gegnerischen Mannschaft die Sicht zum aufschlagenden Spieler zu verdecken; gilt als Aufschlagfehler.

sid: Abk. für: ↑Sport-Informations-Dienst.

Siebenkampf: in der Leichtathletik ein Mehrkampf für Damen, der 1981 den bis dahin üblichen Fünfkampf ablöste. Der Siebenkampf wird an zwei aufeinderfolgenden Tagen mit folgenden Disziplinen ausgetragen: 1. Tag: 100-m-Hürdenlauf, Hochsprung, Kugelstoß, 200-m-Lauf; 2. Tag: Weitsprung, Speerwurf, 800-m-Lauf. Gewertet wird nach der international gültigen Wertungstabelle der Tausendpunktewertung (↑Zehnkampf). Erster offizieller Weltrekord (1981) 6621 Punkte, heute gültiger Weltrekord (1986) 7158 Punkte.

Sieg: der für eine Partei erfolgreiche Abschluß eines sportlichen Wettkampfs, dem die **Niederlage** der anderen Partei korrespondiert. Der Sieg kann anhand der erreichten Punktzahl (**Punktsieg;** z. B. in Zweikampfsportarten), der erzielten Tore (z. B. Fußball, Eishockey), der gewonnenen Sätze (z. B. Volleyball) oder durch exakte Ergebnismessung (z. B. Leichtathletik) festgestellt werden. Vom **K.-o.-Sieg** (K. o. ist Abk. für englisch Knockout „vernichtende Niederlage") spricht man ursprünglich nur im Boxen, wenn der Gegner kampfunfähig geschlagen wird, im übertragenen Sinn wird der Begriff heute aber auch im Rahmen einer Wettkampfserie verwendet (↑K.-o.-System). Die Sieger eines Wettkampfs werden oft in einer Siegerehrung durch Überreichen von Urkunden, Medaillen oder Preisen geehrt.

Siitonenschritt ↑Schlittschuhschritt.

Silbermedaille [...medaljə] ↑Medaille.

Silbernes Lorbeerblatt: 1950 gestiftete höchste Auszeichnung für sportliche Leistungen in der Bundesrepublik Deutschland, verliehen auf Vorschlag des Präsidenten des *Deutschen Sportbunds* vom Bundespräsidenten an Einzelsportler, Mannschaften, Vereine oder Verbände.

Silberschild: 1907 von Armgard Freifrau von Bissing gestifteter Wanderpreis im Hockey zur Förderung überregionaler Begegnungen. Seit 1912/13 spielen Auswahlmannschaften der Regionalverbände um den Silberschild.

Silvesterlauf: leichtathletischer Straßenlauf über 8900 m in São Paulo (Brasilien), der jährlich am Silvesterabend (31. Dezember) gestartet wird und in den ersten Minuten des neuen Jahres endet. Der erste Silvesterlauf fand 1925 statt; seit 1949 mit internationaler Beteiligung, seit 1975 mit Frauen.

Simulatortraining [...trɛ:...; zu lateinisch simulare „vorspiegeln" und ↑Training]: Training unter künstlich geschaffenen („simulierten") Wettkampfbedingungen, um die Wettkampfbelastung des Sportlers exakt beobachten zu können; wird v. a. im Flug-, Motor-, Rad-, Schwimm- und Wassersport eingesetzt.

Sitzfußball: ein fußballähnliches Spiel, bei dem die Spieler sich in Sitzhaltung auf Händen und Füßen bewegen. Sitzfußball ist stark konditionsfördernd, v. a. für die Arm- und Rumpfmuskulatur, und wird deshalb gerne zu Trainingszwecken eingesetzt. Die Regeln sind variabel.

skandinavische Gymnastik: Bez. für die v. a. im 19. Jahrhundert von skandinavischen Turnpädagogen (z. B. Dänemark: F. Nachtegall, * 1777, † 1847, J. Lindhard, * 1870, † 1947; Schweden: P. H. Ling, * 1776, † 1839) begründeten Gymnastiksysteme, die v. a. das Ziel einer umfassenden Körperbildung und Haltungsschulung verfolgten; starke Einflüsse auf das deutsche Turnen und die Entwicklung der rhythmischen Sportgymnastik. – ↑auch Gymnastik.

Skateboard [englisch 'skeɪtbɔ:d „Rollbrett"]: aus den USA stammendes Sportgerät für Freizeit- und Wettkampfsport; ein 75–120 cm langes und 15–20 cm breites Brett aus Holz, Kunststoff oder Metall, an dessen Unterseite vier kugelgelagerte Räder federnd befestigt sind. Der Skateboardfahrer steht mit beiden Füßen seitlich zur Fahrtrichtung frei auf dem Brett, das er durch Verlagerung des Körpergewichts steuert. Beim Skateboardfahren müssen Sturzhelm, Knie- und Ellbogenschützer und Handschuhe getragen werden. Im Wettkampf (auf Strecken mit einem Gefälle von 4–6% oder in Hallen mit Startrampen) gibt es folgende Disziplinen: Trickfahren (Freestyle), Slalom, Parallelslalom, Riesenslalom, Abfahrt, Weitsprung (auch über Hindernisse), Hocksprung und Steilwandfahren, letzteres in einer „Halfpipe", einer halbrunden Metallrampe mit einer überhöhten Seite. – Das Skateboardfahren wird heute auch mit Segelvorrichtung, ähnlich dem Windsurfen, durchgeführt.

Skeetschießen [englisch 'ski:t] ↑Schießsport.

Skeletonfahren [griechisch-englisch, eigentlich „Skelett"]: wintersportlicher Geschwindigkeitswettbewerb, der auf dem **Skeleton,** einem niedrigen, für sehr hohe Geschwindigkeiten (über 100 km/h) eingerichteten schweren (30 kg) Rennschlitten (Länge 100 cm, Spurweite 38 cm, Höchstgewicht mit Fahrer 120 kg) auf einer Kunsteisbahn (Bobbahn) ausgetragen wird. Der Fahrer liegt bäuchlings auf dem Gerät, das er durch Verlagerung des Körpergewichts lenkt. Er trägt einen Rennanzug mit Knie- und Ellbogenschutz, Helm, Handschuhe und Sprintschuhe zum Starten. – Der genaue Ursprung des Skeletonfahrens ist nicht bekannt. Für die 1884 entwikkelten niedrigen Rennschlitten wurde 1886 in Sankt Moritz (Schweiz) die erste Wettkampfbahn errichtet. Dort ist auch heute noch das Zentrum dieses Sports. 1912 fanden die ersten deutschen Meisterschaften statt. 1928 und 1948 war Skeletonfahren olympische Disziplin. Bis 1959 wurden auch Weltmeisterschaften ausgetragen. Seit 1975 gibt es einen Europa-, seit 1978 einen Alpenländerpokal, Europameisterschaften seit 1981. – Skeletonfahren ist in den Verbänden des ↑Bobsports organisiert.

Skelett [aus griechisch skeletón (sõma) „ausgetrocknet(er Körper), Mumie"]: Gesamtheit der knöchernen Körperteile (Knochengerüst; ↑auch Knochen). Dazu gehören Schädel, Schultergürtel, Rumpfskelett, Becken, obere und untere Extremitäten. Das Skelett gibt den übrigen (weichen) Geweben Halt, Form und Schutz. Die Skelettentstehung und -entwicklung ist zwischen dem 14. und 20. Lebensjahr abgeschlossen. Sportliche Betätigung kann das Wachstum zwar verlangsamen, die letztlich erreichbare Körpergröße aber nicht wesentlich verändern. Muskelarbeit führt zu Dickenzunahme und Strukturverstärkung der Knochen. Leistungssport kann durch Überlastung des Skeletts, insbesondere einzelner Anteile, ungesunde Abnutzungs- und Ermüdungsveränderungen (z. B. ↑Arthrose, ↑Spondylose) bewirken. Gesundheitssport dagegen vermag Fehlentwicklungen (Haltungsfehlern) entgegenzuwirken.

Skelettmuskulatur [↑Skelett und ↑Muskulatur]: Bewegungs- und Haltemuskulatur, die am Skelett (z. T. auch Knorpel) ansetzt. Im Gegensatz z. B. zu Gefäß-, Darm- oder Herzmuskeln ist sie für die Erhaltung oder die Veränderung (Bewegung) der äußeren Körperform zuständig.

Ski [ʃi:; norwegisch, eigentlich „Scheit"] (Schi): Sportgerät für den wintersportlichen Freizeit- und Wettkampfsport des Skilaufens. Der Ski ist ein aus verschiedenen Materialien und in verschiedenen Bauweisen gefertigter brettförmiger Schnee[gleit]schuh mit Spezialbindung (↑Bindung) zur Befestigung am ↑Skischuh. Es gibt folgende Konstruktionsprinzipien: *Verbundkonstruktion* (tragende Verbindung verschiedener Werkstoffe), *Sandwichkonstruktion* (Ober- und Untergurte von besonderer Festigkeit umgeben den Kern) und *Kastenkonstruktion* (Gurte und Streben dienen als tragende Elemente). Nach den verwendeten Materialien unterscheidet man: *Holzski* (aus mehrfach verleimten Holzschichten, von relativ geringer Haltbarkeit), *Metallski* (normalerweise sind nur die beiden Deckplatten aus Metall, die Füllung, der Kern, besteht aus Holz und/oder Kunststoff) und *Kunststoffski* (aus verschiedenen Kunstharzen, die z. T. in Verbindung mit Holz verarbeitet werden). Die Lauffläche des Skis ist aus gleitfähigem Polyäthylen und weist je nach Verwendungszweck eine oder mehrere längs verlaufende Laufrillen (Führrillen) zur Verbesserung der Spursicherheit auf. Der Erhöhung der Griffigkeit (z. B. auf Eis) dienen ↑Kanten aus Stahl. Der Ski ist am vorderen, leicht aufgebogenen **(Schaufel)** und am hinteren Ende breiter als in der Mitte (Standplatte; Taillenform). Die Gleitfähigkeit des Polyäthylenbelags kann durch zusätzliches ↑Wachsen erhöht werden. Spitzen und Enden haben einen Schoner aus Aluminium. – Form und Länge des Skis hängen vom jeweiligen Verwendungszweck ab. Danach kann man unterscheiden:

1. **alpiner Ski:** Hier werden je nach technischem Können und Körpergröße des Fahrers die untenstehenden Typen unterschieden.

Die Taillenbreite variiert zwischen 65 und 72 mm. Die im Wettkampf gefahrenen Skier sind meist auf den einzelnen Fahrer abgestimmte Spezialanfertigungen. Generell jedoch ist der *Abfahrtsski* (bis zu 225 cm lang) nicht tailliert, während der kürzere und härtere *Slalomski* stark tailliert ist, wodurch kurze Schwünge leichter auszuführen sind. Der *Riesenslalomski* liegt zwischen Abfahrts- und Slalomski.

2. **Langlaufski:** Mindestens 50% der Oberfläche müssen 4,3 cm breit sein. Die Schaufel ist stark aufgebogen. Die Skilänge wird nach folgender Formel errechnet: Körpergröße über 180 cm + 35 cm, Körpergröße unter 180 cm + 30 cm. Man unterscheidet *Wachsski* (glatte Lauffläche, die durch Wachsen je nach Schneeart präpariert wird) und *Steighilfeski* (Lauffläche mit Fell- oder Kunststoffstreifen oder Mikroschuppen). Unter die Langlaufskier können als Aufstiegshilfe Felle montiert werden. Es gibt folgende Langlaufskitypen:

Typ	Verwendung	Taille (in mm)
A	Allroundski	45–48
L	Freizeitski	49–55
W	Wanderski	über 55
S	Sportski	38–44

Das Gewicht des Langlaufskis hängt von der Skilänge ab. Es ist bei dem im Wettkampf verwendeten Sportski mit etwa 800 g extrem leicht.

3. **Sprungski:** Er ist ein Metall- oder Kunststoffski, 2,20–2,50 m lang, bis zu 11 cm breit und 5–8 kg schwer. Zur Richtungsstabilisierung beim Anlauf hat die Lauffläche bis zu sechs Führrillen.

4. **Skityp I** (für Individualisten): Hierzu zählen der im Vergleich zum Abfahrtsski leichtere, kürzere und breitere *Tourenski* (für Skiwanderungen, Orientierungslauf mit Skiern) mit einer Bindung, die beim Aufstieg

Typ	Verwendung	Länge (in cm) Damen	Länge (in cm) Herren
L	Lern- oder Leichtschwungski für Anfänger	160	170
A	Allroundski für Fortgeschrittene	170–180	180–190
S	sportlicher Ski für technisch ausgereifte Fahrer	190	200

die Ferse freigibt, sowie der *Trickski* (↑Trickskifahren), der ↑Kurzski und der *Monoski* (↑Monoskifahren).
Geschichte: Die geschichtliche Entwicklung des Skis kann bis etwa 5 000 Jahre zurückverfolgt werden (Moorfunde in Schweden, Norwegen und Finnland sowie Darstellungen von Skiläufern, deren bekannteste von der Insel Rødøy [Norwegen] stammt). Skiähnliche Gebilde dienten ursprünglich zur Fortbewegung in schneereichen Gebieten und ermöglichten auch im Winter die lebensnotwendige Jagd. Aus ehemals runden oder länglichen Schneereifen (Trittlingen) entwickelten sich die heute bekannten Formen. Wahrscheinlich stammen die Vorgänger des heutigen Skis aus dem Gebiet zwischen Baikalsee und Altaigebirge, von wo sie über Skandinavien nach Mitteleuropa kamen. In die Alpenländer gelangte der Ski erst gegen Ende des 19. Jahrhunderts von Norwegen aus. Der österreichische Skikonstrukteur Matthias Zdarsky (* 1856, † 1940) baute 1896 einen Ski, der mit 1,80 m erheblich kürzer als der bis dahin aus Norwegen eingeführte Ski war. Seit dieser Zeit und ganz besonders nach dem 1. Weltkrieg wurde der Ski in immer stärkerem Maß zum heute üblichen Sportgerät weiterentwickelt.

Skibobsport ['ʃi:...]: wintersportlicher Geschwindigkeitswettbewerb auf dem **Skibob,** der aus einem fahrradähnlichen Stahlrohrrahmen besteht, der auf einen kurzen Ski (Gleitkufe) starr montiert ist, und aus einer teleskopgefederten Lenkvorrichtung mit Lenk- oder Leitkufe

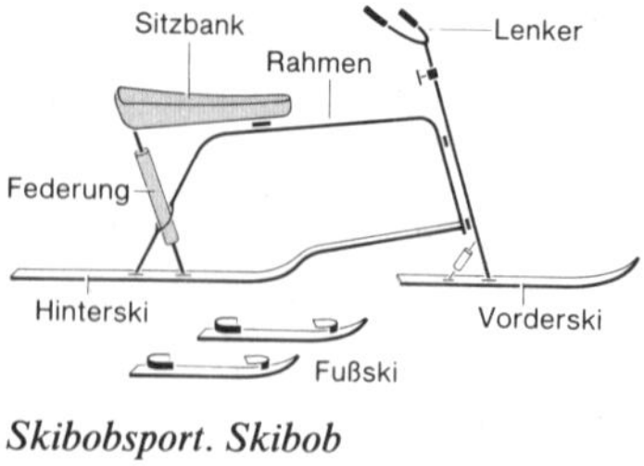

Skibobsport. Skibob

(-ski). Der Skibob ist 2,30–2,35 m lang und wiegt maximal 20 kg. Der Fahrer sitzt auf dem Skibob wie auf einem Fahrrad. An seinen Schuhen ist je ein kurzer (55 cm) Ski befestigt. – Es werden Wettbewerbe in den alpinen Disziplinen Abfahrt, Slalom, Parallelslalom, Riesenslalom (auch Kombinationswertung) nach deren Regeln ausgetragen. – Trotz ständiger Konstruktionsverbesserungen des Skibobs ist die starke Stoßbelastung der Wirbelsäule bedenklich. Um Unfälle zu vermeiden, werden bisweilen eigene Skibobstrecken ausgewiesen. – Der Skibob wurde 1892 von dem Amerikaner J. C. Stevens aus einem Fahrrad entwickelt. Seit 1963 gibt es Europa-, seit 1967 Weltmeisterschaften. In der Bundesrepublik Deutschland wird der Skibobsport vom *Deutschen Skibob-Verband* (DSBV; gegründet 1965, Sitz München) betreut, international von der *Fédération Internationale de Skibob* (FISB; gegründet 1961, Sitz Wien).

Skiff [englisch]: Einer im ↑Rudersport.

Skifliegen ['ʃi:...]: Skisportart (seit 1936), die aus dem ↑Skispringen hervorging und nach dessen Regeln auf besonderen *Flugschanzen* (kritischer Punkt z. T. über 120 m) ausgetragen wird. Beim Skifliegen werden Weiten bis knapp unter 200 m erzielt (Absprunggeschwindigkeit z. T. über 110 km/h). Im Unterschied zum Skispringen wird nur die gesprungene Weite (keine Haltungsnote) gewertet. Seit 1972 gibt es Weltmeisterschaften. Allen Wettbewerben geht ein Pflichttraining voraus. – Das Skifliegen ist in den Verbänden des ↑Skisports organisiert.

Skijöring ['ʃi:...; norwegisch „Skifahren"]: in zwei Varianten betriebene Wintersportart: 1. Ein Skifahrer wird von einem *Pferd* im Galopp über eine festgelegte Strecke gezogen; erstes Rennen 1906 zwischen Sankt Moritz und Champfér in der Schweiz, seither Tradition in Sankt Moritz auf einem zugefrorenen See. – 2. Ein Skifahrer wird von einem *Motorrad* (meist Geländemaschine) oder einem *Auto* (meist Rallyewagen) gezogen; wird in zahlreichen Orten betrieben.

Skilanglauf ['ʃi:...]: Teildisziplin des nordischen Skisports (↑ auch nordische Kombination, ↑ Biathlon) für Damen und Herren. – Zum **Sportgerät** ↑ Ski, ↑ Skischuh, ↑ Skistöcke. – Im Skilanglauf werden Einzel- und Staffelläufe ausgetragen, und zwar über folgende Strecken: Herren: 15, 30 und 50 km, Staffel über 4 × 10 km; Damen: 5, 10 und 20 km, Staffel über 4 × 5 km. – Die **Wettkampfstrecke** ist eine vorgespurte (↑ Loipe) Rundstrecke (Start und Ziel sind identisch) mit Steigungen, Gefäll- und ebenen Teilstrecken. Die Höhenunterschiede der Strecke dürfen einen maximalen Wert nicht überschreiten: Damen: 5 km: 100 m, 10 km: 150 m; Herren: 10 km (Staffel): 200 m; Strecken über 15 km (Damen und Herren): 250 m. Der höchste Punkt der Strecke soll nicht über 1650 m ü. d. M. liegen. Die Strecke ist ausgeflaggt, mit Kilometermarken versehen und mit Verpflegungsstationen ausgestattet. – Bei Einzelläufen wird im Einzelstart in Abständen von je 30 s gestartet, bei Staffelläufen im gemeinsamen Start. Die Skier werden vor dem Start gekennzeichnet, da sie während des Laufs nicht gewechselt werden dürfen (nur ein Ski darf bei Bruch ersetzt werden). Jeder Läufer muß einem überholenden nach Aufforderung die Spur freigeben. – Als **Lauftechnik** wird in der Regel der Diagonalschritt (normale Laufbewegung) mit Doppelstockeinsatz (Schub mit beiden Stöcken) verwendet, gelegentlich auch (mit Einschränkungen) der ↑ Schlittschuhschritt. – Der Skilanglauf hat sich in den letzten Jahren zu einem sehr beliebten Breiten- und Freizeitsport (Volksskilauf, ↑ auch Skimarathon) entwickelt, gefördert auch dadurch, daß heute die meisten Wintersportorte ein ausgedehntes Netz gespurter Loipen bereithalten. – Zu Wettbewerben und Organisation ↑ Skisport.

Skimarathon ['ʃi:...]: Bez. für den wettkampfmäßigen Skilanglauf der Herren über 50 km, v. a. aber für Volkswettbewerbe über Strecken zwischen 25 und 110 km, an denen Spitzen- und Breitensportler teilnehmen können. – Bekannte Veranstaltungen im Skimarathon sind: von Engerdal (Norwegen) nach Särna (Schweden): 110 km, der König-Ludwig-Lauf in Oberammergau: 90 km, der Wasalauf von Sälen nach Mora (Schweden): 89 km, die Transjurassienne von Lamoura nach Mouth (Frankreich): 76 km, das Finlandia Ski Race von Hameenlinna nach Lahti (Finnland): 75 km, der Koasalauf von Kitzbühel nach Sankt Johann (Österreich): 72 km, die Marcialonga di Fiemme e Fazza in Predazzo (Italien): 70 km, der Dolomitenlauf in Lienz (Österreich): 60 km, der Engadiner Skimarathon von Maloja nach Zuoz (Schweiz): 42,2 km.

Skipping [englisch „das Hüpfen, Hopsen"]: Lauftraining, bei dem mit hoher Schrittfrequenz, starkem Anheben der Knie und kräftigem Armeinsatz auf der Stelle, aber auch in leichter Vorwärtsbewegung gelaufen wird. Von *dynamischem Skipping* spricht man, wenn durch Verstärkung der Vorlage in das Laufen übergegangen wird.

Skischuh (Skistiefel) ['ʃi:...]: Spezialschuh für den Skisport, der zusammen mit dem ↑ Ski und der ↑ Bindung eine funktionelle Einheit bildet. – Man unterscheidet je nach Verwendungsart: 1. Skischuh für den **alpinen Skisport:** Er besteht aus einer Kunststoffschale und einem weichen Innenschuh (meist herausnehmbar und individuell ausschäumbar). Die Schale hat einen 20–30 cm hohen beweglichen Schaft, der die Möglichkeit zur Vorneigung bietet, und eine Rücklagenstütze (Spoiler). Der Schuh wird durch wenige Schnallen mit verstellbaren Einstellkerben geschlossen. – 2. Skischuh für den **Skilanglauf:** Die Sohle besteht aus Kunststoff, das Obermaterial aus Kunststoff oder (meist kunststoffbezogenem) weichem Leder. Für den

Breitensport haben die Schuhe einen höheren Schaft und sind gefüttert, für den Spitzensport sind sie besonders leicht (260–350 g). Die Schuhe sind durch Stifte, schnabelförmige Spitzen oder durch Bügel mit der Skibindung verbunden, die es erlaubt, die Ferse frei anzuheben. – 3. Skischuh für **Skifliegen** und **Skispringen:** Der Sprungstiefel besteht aus Kunststoff und hat meist glasfaserverstärkte Spoiler über den Knöcheln und an der Wade. Um eine weite Körpervorlage beim Springen zu ermöglichen, ist der Schuh am Sprunggelenk weit ausgeschnitten. Zur Verstärkung des Drucks beim Absprung kann der Absatz mit einer keilförmigen Einlage versehen werden. – Die technische Entwicklung der Skischuhe korrespondiert mit der des Skis und der Bindung.

Skisegeln ['ʃi:...] (Fallschirmsegeln): Skisportart, bei der ein Skifahrer mit Hilfe eines Spezialfallschirms (Fläche 56 m^2, mit Fang- und zwei Steuerleinen und Schlitzen zum Steuern) bergauf gezogen wird.

Skisport ['ʃi:...]: Sammelbez. für alle Freizeit- und Wettkampfsportarten, die auf Skiern ausgeübt werden. Hierzu zählen die Disziplinen des *alpinen Skilaufs* (↑Abfahrtslauf, ↑Slalom, ↑Riesenslalom, ↑Parallelslalom, ↑Superriesenslalom), des *nordischen Skilaufs* (↑Skilanglauf, ↑Skispringen und die ↑nordische Kombination) sowie ↑Biathlon, ↑Monoskifahren, ↑Paraskisport, ↑Skibobsport, ↑Skifliegen, ↑Skijöring, ↑Skimarathon, ↑Skisegeln, ↑Trickskifahren, ↑Skiwandern u. a.

Geschichte: Die ursprüngliche Form des Skisports ist der Skilanglauf, der bis ins frühe Mittelalter in Skandinavien zurückreicht. Erste Langlaufwettbewerbe sind um 1555 aus Norwegen bekannt, das als Heimatland des neuzeitlichen Skisports gelten kann. Bereits 1733 existierte hier eine Dienstvorschrift für Skikompanien des Heeres. 1843 wurde das erste öffentliche Skirennen in Tromsø ausgetragen. Um 1850 kannte man im südnorwegischen Telemark bereits Formen des Slaloms, der Abfahrt und des Sprunglaufs (Skispringen). 1875 kam es in Oslo zur Gründung des ersten Skiklubs; 1891 folgte die Gründung des ersten deutschen Skiklubs in Todtnau (Schwarzwald). Die alpine Richtung im Skisport bildete sich erst seit etwa 1890, v. a. durch die Bemühungen von M. Zdarsky (↑Ski) heraus, der 1905 einen Slalom mit 85 Toren absteckte (er wurde nur nach Stilnoten bewertet). – Im Skisport werden nationale und (seit 1937) internationale Meisterschaften und Pokalwettbewerbe ausgetragen. Der Skisport gehört (mit wechselnden Disziplinen) seit 1924 zum Programm der Olympischen Winterspiele. – In der Bundesrepublik Deutschland wird der Skisport vom *Deutschen Skiverband* (DSV; gegründet 1905, Sitz München) betreut, international von der *Fédération Internationale de Ski* (FIS; gegründet 1924, Sitz Gümlingen, Schweiz). Daneben gibt es für Berufsskifahrer seit 1969 die *International Professional Ski Runners Association* (IPSRA).

Skispringen ['ʃi:...] (Sprunglauf): Disziplin des nordischen Skisports nur für Männer. – Zu **Sportstätte** und **Sportgerät** ↑Sprungschanze bzw. ↑Ski und ↑Skischuh. Die Skispringer müssen einen Helm tragen. – Das Skispringen wird als Einzeldisziplin *(Spezialspringen, Spezialsprunglauf)* oder als Teil der ↑nordischen Kombination *(Kombinationssprunglauf),* beide Varianten auch als Mannschaftswettbewerbe ausgeübt. – **Regeln** (Auswahl): Beim Spezialsprunglauf hat jeder Springer zwei Sprünge. Zur Wertung wird die gesprungene Weite (gemessen in Metern) umgerechnet in Punkte, und zwar in Relation zum kritischen und zum Normpunkt der Sprungschanze. Ferner werden die Haltung, Kühnheit, Sicherheit u. a. des Springers bei Absprung, Flug und Landung von fünf Punktrichtern in einer Haltungsnote (zwischen 0 und 20 Punkte) bewertet. Haltungsfehler, z. B. unruhige Skihaltung beim Flug,

Abstützen oder Sturz bei der Landung, haben Punktabzüge zur Folge. Das Gesamtergebnis, die Totalnote, ist die Summe aller Punkte aus beiden Sprüngen. – Die **Technik** des Skispringens gliedert sich in vier Abschnitte. 1. *Anlauf* (in der Hocke mit angelegten Armen), 2. *Absprung* (auf dem Schanzentisch erfolgt ein Vor- und Hochschnellen des Körpers aus der Hocke mit kräftigem Abstoß), 3. *Flug* (der vorgelegte Körper liegt fast parallel zu den Skiern, die in einem Winkel von 30–35° zur Flugbahn gehalten werden; die Arme sind meist am Körper angelegt; ruhige Körper- und Skihaltung sind Voraussetzung für einen aerodynamisch günstigen Flug) und 4. *Landung* (im Augenblick der Landung erfolgt ein Ausstellschritt [Telemarkstellung; ↑Telemark], um den Druck beim Aufsprung abzufangen; danach Abschwingen im Auslauf). – Das Skispringen entwickelte sich in Norwegen, wo sich auch am Holmenkollen bei Oslo die älteste Sprungschanze befindet. – Im Sommer wird Skispringen gelegentlich zu Trainingszwecken, aber auch als Wettkampf, als **Mattenspringen** ausgetragen, bei dem die Sprungschanze (Mattenschanze) mit Kunststoffmatten belegt ist, die den Schnee ersetzen. – Zur Organisation ↑Skisport.

Skistöcke ['ʃi:...]: Sportgerät des alpinen und nordischen Skilaufs. Sie dienen der Erhaltung des Gleichgewichts, dem Vorschub und der Schwungauslösung sowie als Hilfe bei der Richtungsänderung. Die Skistöcke bestehen aus einer (heute meist leicht gekrümmten) Metall- oder Kunststoffstange, deren unteres Ende, um ein Einstechen in den Schnee zu ermöglichen, in eine Spitze ausläuft, die für den Langlauf hakenförmig ausgebildet ist, um besseren Halt im Schnee zu gewähren. Ein knapp über der Spitze angebrachter „Teller" (Durchmesser 10–12 cm) oder „Flügel" aus Gummi oder Kunststoff verhindern ein zu tiefes Einsinken im Schnee. Das obere Ende ist ein orthopädisch geformter Griff mit oder (beim Degengriff) ohne Schlaufe, in die die Hand von unten geführt wird. Als Formel für die Stocklänge gilt: Körpergröße mal 0,7 (alpin) bzw. Körpergröße mal 0,8 (nordisch). – Ursprünglich wurde nur ein Stock verwendet, der dem Abstoßen wie der Jagd diente. Auch der Skisport wurde zunächst mit nur einem Stock betrieben. Erst um die Jahrhundertwende (seit Georg Bilgeri, * 1873, † 1934) hat sich die Verwendung zweier Stöcke durchgesetzt.

Skiwandern ['ʃi:...]: Wandern mit Langlauf- oder Tourenskiern (↑Ski) in Loipen, auf gebahnten Skiwanderwegen oder auch im freien Gelände. Das Skiwandern hat als nicht wettkampforientierte Form des Skilanglaufs in den vergangenen Jahren als Freizeitsport (Lifetimesport) regen Anklang gefunden. Als Ganzkörpersportart zählt Skiwandern neben dem Schwimmen zu den Sportarten mit einem sehr hohen gesundheitsfördernden Wert, sowohl physiologisch als auch psychisch (Naturerlebnis).

Skiyachting ['ʃi:...; englisch, zu ↑Jacht]: Kombinationswettkampf aus Riesenslalom und Segelregatta, der in verschiedenen Gegenden, die die Voraussetzungen für beide Sportarten bieten (z. B. Mittelmeerküste, Engadin, oberitalienische Seen, Schwarzwald) meist gegen Ende des Winters ausgeübt wird.

Skoliose [zu griechisch skoliós „krumm"]: seitliche Verkrümmung der Wirbelsäule. Die richtig stehende Wirbelsäule weist keine Biegungen zu den Seiten auf. Skoliose entsteht z. B. zum Ausgleich eines Beckenschiefstands, der durch eine (geringe) Beinlängendifferenz (häufig z. B. nach Beinbrüchen) hervorgerufen wird. Durch gezieltes Training (z. B. therapeutischer Sport) der langen Rückenstreckermuskeln und Vermeidung ungünstiger Bewegungen kann die Statik verbessert und so durch sportliche Betätigung ein Fortschreiten der Krankheit verhindert werden.

Slalom [norwegisch, eigentlich „geneigte Skistrecke"]: Bez. für eine S-förmige Vorwärtsbewegung in verschiedenen Sportarten: 1. im **alpinen Skilauf (Torlauf)** eine Disziplin für Damen und Herren, bei der in zwei Durchgängen (auf verschiedenen Pisten) eine bestimmte Anzahl von Toren zu durchfahren ist. Der Höhenunterschied der Strecken beträgt für Herren 180–220 m, für Damen 130–180 m. Der Hang soll für Weltmeisterschaften und Olympische Spiele eine Neigung von 20–27° aufweisen. Die Tore sind mit (abwechselnd blauen und roten) Slalomstangen (Durchmesser 3–5 cm) gesteckt, die 1,80 m aus dem Schnee ragen müssen. Man verwendet heute Kippstangen, die bei Berührung federn. Sie sind mit gleichfarbigen Fähnchen versehen. Die Breite der Tore beträgt 4–6 m, der Abstand zwischen den Toren mindestens 0,75 m; Anzahl der Tore für Damen: 45–60, für Herren: 55–75 (↑auch Torkombination). Die Linie zwischen den Torstangen muß mit beiden Füßen passiert werden; das Auslassen eines Tores (Torfehler) führt zur Disqualifikation des Läufers. – Zum Gerät ↑Ski, ↑Skischuh, ↑Skistöcke. – Die Zeiten aus beiden Läufen werden zu einer Gesamtzeit addiert, die über die Plazierung entscheidet. – Früher unterschied man begrifflich zwischen Slalom als dem im Rahmen der alpinen Kombination gefahrenen Torlauf und **Spezialslalom** als dem Einzelwettbewerb. Für die heutigen Kombinationswettbewerbe wird die Slalomstrecke eigens abgesteckt. – Zu Geschichte und Organisation ↑Skisport; – 2. Disziplin des ↑Wasserskilaufens; – 3. im ↑Kanusport und Motorsport (↑Gymkhana) Wettbewerb über slalomartig geführte Strecken; – 4. (Slalomdribbeln) in verschiedenen Ballsportarten (z. B. Basketball, Fußball) Übungsform zum Erlernen des Ballführens.

Slice [englisch slaıs, eigentlich „Scheibe, Schnitte"] ↑Schnitt.

Sliding-tackling [englisch 'slaıdıŋ 'tæklıŋ, eigentlich „Rutschangriff"] (Tackling): Abwehrtechnik im Fußball, bei der ein Spieler (meist seitlich) vor die Beine seines Gegners grätscht (rutscht), um ihn vom Ball zu trennen. Diese harte und mit hohem Verletzungsrisiko verbundene Technik ist nur erlaubt, solange sie allein dem Zweck dient, in Ballbesitz zu kommen.

Slowfox [englisch 'sloʊfɔks] (langsamer Foxtrott): zur Gruppe der Standardtänze des Tanzsports zählender Tanz im 4/4-Takt mit 30 Takten pro Minute. Den Slowfox kennzeichnet eine elegant-fließende Tanzbewegung im Slow-quick-quick-Rhythmus, bei der die Füße den Boden nur sanft berühren. Kurze und lange, Geh-, Feder- und Dreierschritte werden im Wechsel und unter Änderung der Bewegungsrichtung getanzt.

Smash [englisch smæʃ „zerschlagen, zerschmettern"] ↑Schmetterball.

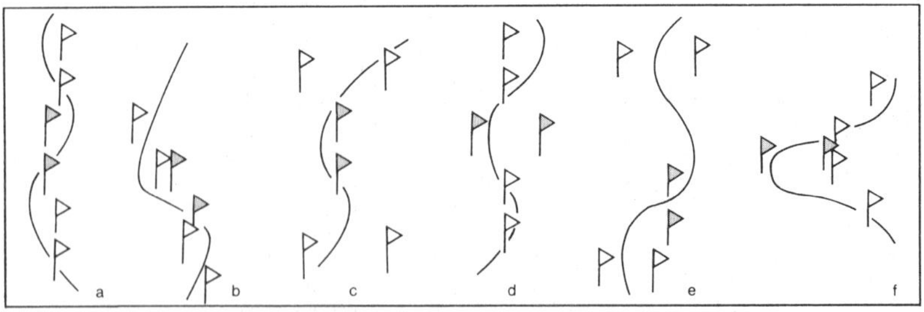

Slalom. Torkombinationen: a Vertikale, b versetzte Vertikale, c Seelos, d verkehrtes Seelos, e versetztes Seelos, f Dreitorhaarnadel

Softball [englisch „weicher Ball“]: aus dem 1887 in Chicago eingeführten Hallenbaseball hervorgegangene Variante des ↑Baseballs mit geringfügigen Regelabänderungen. – Das Malquadrat des **Spielfelds** hat eine Seitenlänge von 18,30 m, der Abstand zwischen Wurf- und Schlagmal beträgt für Herren 14 m, für Damen 12 m. Der **Ball** (Vollball) hat einen Umfang von 30 cm und ein Gewicht von 180 g. – Ein Spiel geht über sieben Durchgänge mit einer durchschnittlichen Gesamtdauer von einer Stunde. Eine Mannschaft besteht aus neun Spielern. Softball ist defensiver als Baseball und mit weniger Aufwand zu betreiben. – Es werden Welt- und Europameisterschaften ausgetragen. Internationaler Dachverband ist die *International Softball Federation* (ISF; gegründet 1953, Sitz Oklahoma City, USA).

Sokolbewegung [tschechisch 'sɔkɔl „Falke“]: nach dem Namen (Sokol) der 1862 gegründeten tschechischen Turnerschaft, die ein Gegengewicht zur deutschen Turnerschaft in Böhmen darstellen sollte, obwohl sie wie diese die Idee der Gleichheit, Freiheit, Brüderlichkeit propagierte, benannte Turnbewegung in der Tschechoslowakei. Die Bewegung wurde 1939 von den Nationalsozialisten aufgelöst, jedoch 1945 wiedergegründet. Sie hat heute auch Sektionen im Ausland, die in besonderen Kostümen und Turntrachten auftreten.

Solarplexus [auch: – –'– –; lateinisch „Sonnengeflecht“]: stärkstes Nervengeflecht (Verschaltung vieler Nervenfasern) des Sympathikus, das die Funktion der Bauchorgane kontrolliert. Es liegt hinter dem Magen beidseits der Wirbelsäule. Durch einen Schlag in die Magengrube (z. B. beim Boxen) kommt es zu plötzlicher Steigerung der Durchblutung im Bauchraum, daher zu Mangeldurchblutung des Gehirns, was zur Bewußtlosigkeit und zum K. o. führen kann.

Solidarität [französisch, zu lateinisch solidus „fest“]: 1896 in Offenbach am Main gegründete und 1945 dort wiedergegründete breitensportliche Radsportorganisation (Rad- und Kraftfahrerbund). Sie gehört seit 1978 als Mitgliedsorganisation mit besonderer Aufgabenstellung (Integration am Breitensport orientierter Verbände) dem *Deutschen Sportbund* an. Seit 1977 werden mit dem *Bund Deutscher Radfahrer* (↑Radsport) gemeinsame Meisterschaften ausgetragen.

Soll-Wert: allgemein der unter vorgegebenen Bedingungen erwartete bzw. gewünschte Wert einer Größe. Im Rahmen der Sensomotorik repräsentieren die vom Lehrer erwarteten sensomotorischen Sequenzen den Soll-Wert des sensomotorischen Lernprozesses. – ↑auch Ist-Wert.

Solo [italienisch, von lateinisch solus „allein“]: Einzeldarbietung in Sportarten, die sonst vorwiegend in Gruppen ausgeübt werden (z. B. Synchronschwimmen); übertragen auch für die Einzelleistung eines Spielers in Sportspielen (z. B. Fußball), dem es gelingt, mehrere Gegenspieler (im „Alleingang“) zu umspielen.

Sommerskilauf [...ʃi:...]: das Betreiben skisportlicher Disziplinen (meist aus dem alpinen Skilauf) während des Sommers in Höhen ab etwa 3 000 m (auf Gletschern).

Sommertraining [...trɛ:...]: Vorbereitungs- bzw. Überbrückungstraining (v. a. Kraft, Ausdauer, Kondition u. a.) in den Wintersportarten während der meist wettkampffreien Sommersaison. – ↑auch Wintertraining.

Sorgfalts- und Aufsichtspflicht: Verpflichtung der Sportlehrer, den Sportunterricht pädagogisch zu verantworten und die Ausführung sportpraktischer Übungen durch die Schüler zu überwachen, damit die Schüler keine ihren Entwicklungsstand überfordernde Übungen ausführen und die Verletzungsgefahr (Unfälle) möglichst ausgeschaltet ist. In diesen Rahmen gehören z. B.: alters- und leistungsgemäße Aufgabenstellung, Gewährleistung der Betriebssicherheit von Sportgeräten und -anlagen, Hilfestellung (↑auch Helfen und Sichern), Förderung und Überwachung des hygienischen Verhaltens der Schüler u.a. – Die Sorgfalts- und Aufsichtspflicht wird von den Kultusministerien der Bundesländer entweder in den Lehrplänen oder in besonderen Richtlinien geregelt.

Spagat [aus italienisch spaccata, von spaccara „spalten"]: Körperhaltung, bei der die Beine durch Quer- oder Seitgrätschen so weit gespreizt werden, daß sie eine Linie bilden. Der Spagat ist Übungselement im Ballett, Eis- und Rollkunstlauf, in Gymnastik und Sportakrobatik und im Kunstturnen (am Boden und Schwebebalken).

Spagat. Geräteturnen: Grätschsitz mit quergegrätschten (oben) und seitgegrätschten (unten) Beinen

Spannstoß: Technik im Fußball, bei der der Ball mit dem **Spann** (Oberseite des Fußes) gespielt wird. Dabei wird der Fuß des Spielbeins in der Ausholphase und beim Stoßen des Balles nach unten gestreckt und fixiert. Man unterscheidet: *gerader Spannstoß* (Vollspann) als Torschuß, *Außenspannstoß* als Zuspiel und Torschuß und *Innenspannstoß* zum Spielen weiter Pässe und Flanken sowie zum Schlagen von Freistößen und Eckbällen. Gerader Spannstoß und Außenspannstoß erfolgen aus einem geraden, der Innenspannstoß aus einem bogenförmigen Anlauf.

Spartakiade [nach dem römischen Sklaven Spartacus, † um 71 v. Chr., dem Anführer eines Sklavenaufstands]: Bez. für große Sportveranstaltungen in sozialistischen Staaten (erstmals 1921 in der Tschechoslowakei). Ziel der Spartakiade ist, den Breitensport zu fördern, zum Wettkampfsport anzuregen und sportliche Talente zu entdecken. Spartakiaden sollen ein Fest zur Förderung von Frieden und Völkerverständigung sein. Sie sind meist verbunden mit Demonstrationen der politischen Macht. – ↑auch Kinder- und Jugendspartakiade.

Speedwayrennen [englisch 'spi:dwɛɪ, eigentlich „Schnellweg"]: Motorradrennen auf einem 400-m-Aschen- oder Eisbahnrundkurs **(Eisspeedway).** – Die Speedwaymaschinen sind Spezialanfertigungen mit hochverdichtetem Motor, ohne Wechselgetriebe und ohne Bremsanlagen. Die Antriebskraft wird direkt auf das Hinterrad übertragen. Es werden Geschwindigkeiten bis zu 100 km/h erreicht. Der Fahrer trägt stets einen Stahlschuh am linken Fuß, der zum Bremsen auf den Boden gehalten wird. – Bei Wettkämpfen starten 16 Fahrer in 20 Läufen mit jeweils 4 Konkurrenten, so daß jeder Fahrer 5 Läufe gegen jeweils andere Konkurrenten bestreitet. Der Sieger eines Laufs erhält 3, der Zweite 2, der Dritte 1 Punkt (auch in Mannschaftswettbewerben). – Die Speedwayrennen entstanden in Australien. In Europa fand das erste Rennen 1928 statt. Seit 1936 werden Welt-, seit 1959 Europameisterschaften ausgetragen. In der Bundesrepublik Deutschland besteht seit 1973 eine eigene Bundesliga.

Speerwurf (Speerwerfen): Wurfdisziplin der Leichtathletik für Damen und Herren, bei der ein Speer aus einem Anlauf heraus möglichst weit geworfen wird.

Sportstätte ist die *Speerwurfanlage* leichtathletischer Sportanlagen. Sie besteht aus einem 30–36,5 m langen und 4 m breiten *Anlauf,* der von einem Kreisbogen (in den Boden plan eingelassener Holz- oder Metallring, Radius 8 m) abgeschlossen wird, und dem sich daran anschließenden

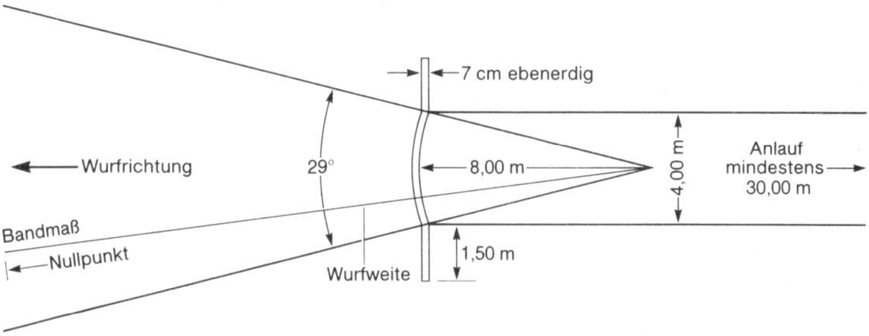

Speerwurf. Wurfanlage

Wurfsektor (29°), dessen Schenkel durch den Mittelpunkt des Kreisbogens gehen. Die Weiten sind in Abständen von 10 m markiert.
Sportgerät ist der *Speer*, ein sich zu beiden Enden hin verjüngender Rundstab aus Holz oder Metall mit einer Metallspitze (Länge der Spitze: 25–33 cm). Er ist 2,60–2,70 m lang, 800 g schwer und 25–30 mm stark (Damen: 2,20–2,30 m lang, 600 g schwer, 20–25 mm stark). Der Schwerpunkt hat einen Abstand von 90–106 cm (Damen: 80–95 cm) von der Spitze und ist auf 15–16 cm (Damen: 14–15 cm) mit Kordel umwikkelt (Griffstelle), die den Durchmesser um höchstens 8 mm vergrößern darf (diese Maße gelten seit 1986).
Regeln (Auswahl): Jeder Werfer hat drei Versuche, von denen der beste gültige gewertet wird. Ein Wurf ist nur gültig, wenn er hinter dem Kreisbogen des Anlaufs und ohne diesen zu übertreten abgeworfen wird, wenn er nicht aus einer Drehbewegung geworfen wird und wenn er innerhalb des Wurfsektors, und zwar mit der Spitze zuerst landet (er muß nicht im Boden stecken bleiben). Bei der Weitenmessung wird das Meßband mit dem Nullpunkt an der Auftreffstelle angelegt und durch den Mittelpunkt des Sektors geführt. Die Weite wird an der Innenkante des Kreisbogens abgelesen und auf gerade Zentimeter abgerundet.
Die **Technik** des Speerwerfens gliedert sich in folgende Phasen: *Halten des Speers* (Griff mit Mittelfinger und Daumen am Wicklungsende, der Zeigefinger liegt locker am Speer), *Anlauf* (dynamischer Steigerungslauf mit korrekter Speerführung etwas über Augenhöhe und annähernd parallel zum Boden), *Speerabnahme* (die Abwurfvorbereitung geschieht in einem Fünfschrittrhythmus: Beim 2. und 3. Schritt erfolgt

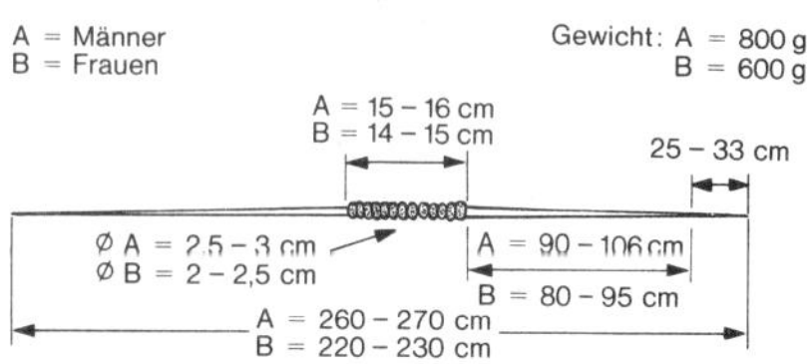

Speerwurf. Speer

Speerwurf. Bewegungsablauf

die Speerabnahme [das Führen des Wurfarms mit dem Speer nach hinten-unten] ohne Beeinträchtigung des Laufrhythmus), *Impulsschritt* (der 4. Schritt des Rhythmus, der Körper geht von der Vorlage in die Rücklage zur Wurfauslage, der Winkel zwischen Speer und Körper beträgt etwa 90°), *Wurfauslage* (Körperrücklage und hoch gehaltener Wurfarm), *Abwurfphase* (Streckung des Beins der Wurfarmseite, Bogenspannung von Hüfte, Schulter und Wurfhand,' Abwurf durch Zug und Schlag von Unterarm und Hand bei einem Abwurfwinkel von 32–36°), *Abfangen* (das Bein der Wurfarmseite kommt nach vorn, um den Schwung auf möglichst kurzem Raum abzufangen). Die Technik des Speerwurfs erfordert durch den kraftvollen Anlauf und Abwurf aus der Bogenspannung Kraft, Schnelligkeit, Gewandtheit, Beweglichkeit und gutes Koordinationsvermögen.

Geschichte: Speerwerfen war bereits in der Vorzeit und im Altertum eine bei vielen Völkern gebräuchliche Übung (Brauchform für die Jagd). Speerwurfwettbewerbe im sportlichen Sinn sind seit Ende des 18. Jahrhunderts (zunächst aus Schweden) bekannt. Als Begründer der modernen Speerwurftechnik gilt der schwedische Speerwerfer E. Lemming, der den Mittelgriff entwickelte und mit dieser Technik den ersten offiziellen Weltrekord erzielte. Neue Speermodelle (Metallspeer) führten zu einer weiteren Leistungssteigerung. Die Leistungsentwicklung im Speerwurf der *Herren* (bis 1985): erster offizieller Weltrekord 62,32 m, letzter gültiger Weltrekord 104,80 m (1984). Neuer und bisher einziger Weltrekord der Herren mit dem neuen Speer: 85,74 m (1986); der *Damen:* erster offizieller Weltrekord 46,74 m (1932), heute gültiger Weltrekord 77,44 m (1986).

Der Speerwurf ist seit 1908 (für Damen seit 1932) olympische Disziplin.

Sperre: von einem Sportverband oder einem Sportverein verhängte Strafe (Disziplinarmaßnahme) für einen Einzelsportler, eine Mannschaft oder einen Verein in Form des Wettkampfausschlusses für eine bestimmte Zeit. Die Sperre kann als Folge einer Unsportlichkeit, bei Dopingvergehen oder bei Vereinswechsel bzw. Übersiedeln in ein anderes Land nach den Vorgaben der zuständigen Sportverbände ausgesprochen werden. Nach Dopingvergehen kann die Sperre auch lebenslang verhängt werden.

Sperren: 1. im *Handball* eine erlaubte taktische Maßnahme beim Angriff: Ein Angriffsspieler versucht, unter Einsatz nur des Rumpfes, nicht von Armen, Händen und Beinen, die Bewegungsfreiheit eines Defensivspielers so einzuschränken, daß dieser das Freilaufen und damit die Anspielbarkeit eines weiteren Angriffsspielers nicht verhindern kann; – 2. im *Fußball* als *Sperren ohne Ball* eine regelwidrige, mit Freistoß für den Gegner geahndete Abwehrmaßnahme, bei der ein Spieler unter Körpereinsatz einem Gegenspieler den Weg zum Ball versperrt; ist der Gegner bereits in Ballbesitz, gilt das Sperren als erlaubtes Abschirmen; – 3. im *Hockey* die regelwidrige Behinderung eines Gegners bei dessen Versuch, in Ballbesitz zu kommen; wird mit Freischlag geahndet.

Spezialslalom [lateinisch specialis „besonders, eigentümlich"] ↑Slalom.

Spiel: Tätigkeit, die ohne bewußten Zweck, aus Vergnügen an der Tätigkeit als solcher bzw. an ihrem Gelingen vollzogen wird und stets mit Lustempfindungen verbunden ist. Spiel ist eine grundlegende menschliche Verhaltens- und Lebenskategorie. Im spielerischen Handeln kann der Mensch schöpferisch gestaltend auf dem Hintergrund einer Spielidee, einer Art Handlungsanweisung für Spielende, tätig sein. An den für das Spiel[en] charakteristischen Bewegungsabläufen lassen sich (nach H. Scheuerl) sechs Grundmerkmale ausmachen. 1. Das Moment der *Freiheit* von Ziel- und Zwecksetzungen, die außerhalb des Spiels selbst liegen: Spielen ist autotelisch, d.h. es hat seinen Zweck in sich selbst. 2. das Moment der *Scheinhaftigkeit* oder „Quasi-Realität" (H. Heckhausen): Das Spielen erreicht seine besondere Qualität auf einer von der sonstigen Realität abgehobenen, diese (symbolisch) abbildenden und auch nachschaffenden scheinhaften Ebene. Zum Spielen gehört das Wissen um den Als-Ob-Charakter des Spiels. 3. Das Moment der relativen *Geschlossenheit:* Damit Spielen überhaupt möglich wird, bedarf es der Grenzsetzungen wie z.B. durch die Spielregeln, das Spielfeld und die Spielkonstellation (z.B. die gleich starken Mannschaften beim Fußball), die gewählte Fiktion (z.B. beim Kaufmannspiel der Kinder). 4. Das Moment der *Ambivalenz:* Zum Spielen gehört es, daß sich Kräfte begegnen, die einander gewachsen sind, so daß die Offenheit des Ausgangs und damit Spannung und Freude am Spiel erhalten bleiben, auch wenn jeder der Beteiligten versucht, das Spiel für sich zu entscheiden. Ist die Spielsituation eindeutig, etwa durch die unüberwindbare Überlegenheit einer Partei, so wird meist nicht weitergespielt oder das Spiel kommt gar nicht erst zustande. 5. Das Moment der *inneren Unendlichkeit:* Während die Zeitstruktur unserer meisten Handlungen linear ist, ist das Spiel seiner Struktur nach zirkulär; da es im Vollzug des Spielens schon seinen Zweck erreicht, Spannung nicht beseitigen, sondern erhalten will, strebt es nach Ausdehnung in der Zeit bzw. ständiger Selbstwiederholung. 6. Das Moment der *zeitentrückten Gegenwärtigkeit:* Der Spielende ist für die Dauer des Spiels aus dem normalen Zeitablauf quasi herausgelöst und, da er mit seinen Aktivitäten in jedem Moment die offene ambivalente Spannung des Spiels selbst herstellt, ganz der Gegenwart verhaftet. – Es wird heute allgemein davon ausgegangen, daß das Spiel ein in jeder Lebensperiode unentbehrliches menschliches Grundverhalten ist, das zur Entwicklung kreativen Verhaltens, größerer Flexibilität, gesteigerter Selbständigkeit und zu größerem Selbstvertrauen beiträgt. Zu den Voraussetzungen des Spiels gehören Geborgenheit und das Zurücktreten äußerer Zwänge. – Die Vielzahl der Aspekte, unter denen man das Spiel betrachten und auch betreiben kann, bedingen eine ebenso reiche Vielfalt, Spiele zu gruppieren: Kinderspiele, Erwachsenenspiele, Tanzspiele, religiöse Spiele, Funktionsspiele, Einzelspiele, Partnerspiele, Gruppenspiele, Mannschaftsspiele, Glücksspiele, Regelspiele, Rollenspiele, Fiktionsspiele, Verkleidungsspiele u.a., die aber meist auch untereinander kombiniert werden können. Die dem Sport zuzurechnenden Spiele zählen zur Gruppe der Wettbewerbs- oder Wettkampfspiele und sind damit stets auch Partner-, Gruppen- oder Mannschaftsspiele und stets auch Regelspiele (↑auch Regeln). Nach dem Grad der Verbindlichkeit von Regeln können die Sportspiele differenziert werden in ↑kleine Spiele (große Variabilität der Regelgestaltung und -auslegung) und ↑große Spiele (starre Regelwerke). Die von Gruppen oder Mannschaften betriebenen Sportspiele sind darüber hinaus immer auch Rollenspiele, da nur durch die Wahrnehmung bestimmter Funktionen und Aufgaben im Spiel dieses sinnvoll gestaltet werden kann. Sie sind somit nur in geordneter sozialer Interaktion spielbar.

Zur (meist psychologischen bzw. kulturpsychologischen) Erklärung der Wurzeln und Funktionen des Spiels bzw. des Spielens wurden v.a. seit der Aufklärung zahlreiche **Spieltheorien** entwickelt. J. C. F. Guts-Muths formuliert seine Spieltheorie bereits im Titel seines 1796 erschienenen Werkes „Spiele zur Übung und Erholung des Körpers und Geistes, für die Jugend, ihre Erzieher und alle Freunde unschuldiger Jugendfreuden". Unter dem Einfluß von Klassik und Romantik beschreibt F. Schiller in seinen „Briefen zur ästhetischen Erziehung des Menschen" (1793/94) das Spiel als eine lebendige Gestalt, als Vereinigung oder Versöhnung des sinnlichen Triebs (Leben, Veränderung) und des Formtriebs (Einheit, Beharrlichkeit). Ab etwa der Mitte des 19. Jahrhunderts bilden sich unter dem Einfluß verschiedener Einzelwissenschaften (z. B. Biologie, Psychologie, Pädagogik, philosophische Anthropologie) klassische Spieltheorien aus. So verstehen z. B. H. Spencer, später auch E. C. Tolman, Spiel als Ausfluß eines Energieüberschusses, K. Groos als Ein- und Vorübung wichtiger Anlagen und Instinkte, S. Hall als Rekapitulation der kulturellen Entwicklung des Menschen, M. Lazarus als Erholung und Entlastung, S. Freud als Abfuhr von Affekten und Triebregungen, J. Huizinga als einen Grundbaustein und -bestandteil von Kultur. – Zu den heute bekanntesten Spieltheorien, die zur Erklärung des vielschichtigen Begriffs aufgestellt wurden, gehören: 1. die *phänomenologische Spieltheorie,* nach der das Spiel einem bestimmten Ziel untergeordnet ist und mit bestimmten Spielmitteln ausgeführt wird, von einer bes. Situation abhängt und einen dynamischen Bezug der Spieler zur Umwelt aufweist (u. a. F. J. J. Buytendijk, H. Scheuerl, J. Château); 2. die *entwicklungspsychologische* und *kognitive Spieltheorie,* die davon ausgeht, daß ein enger Zusammenhang zwischen der Entwicklung des Spiels, der kognitiven Entwicklung des Individuums und der Entwicklung seiner Lernfähigkeit besteht (u. a. D. B. Elkonin, J. Piaget); 3. die *psychoanalytische Spieltheorie,* die die grundlegenden Motive und Antriebe der Spieltätigkeit analysiert (u. a. E. H. Erikson, K. Hartmann); 4. die *sozialpsychologische Spieltheorie,* die sich mit dem Rollen- und Regelspiel befaßt (u. a. B. Kochan, B. Damblebsky, S. Smilansky).

Gegenwärtig sind im Rahmen der immer stärker zunehmenden Verbreitung des Spielens zwei gegenläufige Tendenzen erkennbar: Einerseits breiten sich die regelgeleiteten, wettkampforientierten und von Sportverbänden verwalteten und organisierten Spiele stark aus, andererseits, ausgehend von dem „New Games Movement" in den USA (↑ New Games), aber auch der Drang nach offener, kreativer, spielerisch-freier Betätigung (z. B. in Spielfesten und Spieltreffs), die in erster Linie „Glück" vermitteln soll. – ↑ auch Spielerziehung.

Spielball: 1. in *Ballspielen* das Gerät, das während des Spiels verwendet wird, im Unterschied zum Trainingsball; – 2. in den *Rückschlagspielen* (z. B. Tennis) der zum Gewinn eines Spiels notwendige Punkt; – 3. im *Billard* der Ball, der durch das Queue direkt bewegt werden darf.

Spielbein: das Bein, das aufgrund des Stehens (z. B. beim Fußball) oder Fahrens (z. B. beim Eis- und Rollkunstlauf) auf dem ↑ Standbein frei für Bewegungen ist. Das Spielbein bewegt entweder einen Ball (Fußball) oder es dient durch seine Bewegungen der Erhaltung des Gleichgewichts oder zur Einleitung bzw. zum Ausklingen von Bewegungen (z. B. Geräteturnen, Gymnastik).

Spielbeobachtung: Verfahren, um durch visuelle Eindrücke Aufschluß über den Verlauf eines Spiels und die von einzelnen Spielern eingebrachte Spielleistung zu erhalten. Das Punkt- oder Torergebnis ist lediglich ein grober Indikator für den Ablauf eines Spiels. Die Spielbeobachtung ermöglicht genauere Einblicke im Sinne einer Analyse, die z. B. für die Gestaltung des Trainings von zentraler Bedeutung sind. Spielbeobachtung kann informellen und formellen Charakter haben. *Informell* ist die subjektive Beobachtung des Spiels durch eine Person (z. B. Trainer), der daraus seine Beurteilung des Spiels ableitet. *Formell* ist die Verwendung von Testverfahren, d. h. standardisierten Spielbeobachtungsbogen, durch die Sachverhalte aus dem Spielverlauf durch beobachtende Schätzvorgänge meist quantitativ festgehalten werden (z. B. Zahl der Eckbälle, Häufigkeit der Abseitsstellung, Anzahl der erfolgreichen Dribblings eines Spielers u. a.). Mit Hilfe der Spielbeobachtung können jedoch nur Teilaspekte erfaßt werden. Die differenzierte Rückmeldung über Spielbeobachtungsbogen kann jedoch zu einer Verbesserung von Lehr- und Lernprozessen im Spiel beitragen.

Spielberechtigung: das Recht eines Spielers, in einer Mannschaft an Wettkämpfen teilzunehmen. Der zuständige Sportfachverband stellt einen Spielerausweis **(Spielerpaß)** aus, der vom Schiedsrichter jeweils vor Spielbeginn kontrolliert wird. Der Spielerausweis wird nur bei einer ordnungsgemäßen Vereinsmitgliedschaft ausgestellt. Bei einer ↑Sperre werden die Spielberechtigung unterbrochen und der Spielerausweis zeitweilig eingezogen.

Spielbewegung: sportgeschichtliche Bestrebungen seit etwa der Mitte des 19. Jahrhunderts, dem Spiel im Rahmen der Leibesübungen einen größeren Raum zu verschaffen: 1872 wurde an einem Gymnasium in Braunschweig erstmals ein Spielnachmittag eingeführt, 1882 erschien der „Spielerlaß" des preußischen Unterrichtsministers, der bewußt dem erstarrten Hallenturnen das Spielen im Freien gegenüberstellte, und 1891 wurde der *Zentralausschuß zur Förderung der Jugend- und Volksspiele in Deutschland* gegründet, dessen Hauptaufgabe es war, das Spiel durch den Bau von Übungsstätten, die Beschaffung von Geräten, Veranstaltung von Lehrgängen und Herausgabe schriftlichen Materials zu fördern. Die seit J. C. F. GutsMuths (* 1759, † 1839) und F. L. Jahn (* 1778, † 1852) bekannten Turnspiele wurden v. a. um die mit der „Sportbewegung" aus Großbritannien bekannt gewordenen Sportspiele (Fußball, Tennis u. a.) erweitert. Heute ist das Spiel zentraler Bestandteil der Leibesübungen innerhalb und außerhalb der Schule. Eine neue Variante ist die „New-Games-Bewegung" (↑New Games). – ↑auch Spielerziehung.

Spieler: im weitesten Sinn jeder, der an irgendeinem Spiel teilnimmt, im engeren Sinn jemand, der aktiv ein Sportspiel betreibt.

Spielerbank: in Ballspielen eine Bank an einer Längsseite des Spielfeldes, auf der die Reservespieler, der Trainer und die Betreuer einer Mannschaft Platz nehmen. Bei Seitenwechsel tauschen meist die beiden Mannschaften auch die Bänke. Zwischen den beiden Bänken sitzt oft das Kampfgericht.

Spielertrainer [...trɛ:...]: Mitglied einer Mannschaft, das gleichzeitig das Training leitet. Spielertrainer sind häufig Spielerpersönlichkeiten, die den Wettkampfsport in einer hohen Spielklasse (z. B. Bundesliga) beendet haben und weiterhin nach der sogenannten Reamateurisierung in einer niedrigeren Klasse aktiv spielen und dort auch das Training leiten.

Spielerwechsel: ein nach den Wettkampfbestimmungen der einzelnen Sportarten erfolgender Austausch von Spielern während des Wettkampfs. Man unterscheidet den sogenannten **fliegenden Wechsel,** d. h. den Spielerwechsel ohne Spielunterbrechung (z. B. Eishockey) und den Spielerwechsel bei Spielunterbrechung (z. B. Fußball). – ↑auch Auswechseln.

Spielerziehung: pädagogisches Bemühen, das Spielen unter Berücksichtigung all seiner psychischen, kulturellen, sozialen und sportlichen Komponenten (↑Spiel) zu lehren sowie durch das Spiel („spielend") andere Erziehungsziele zu realisieren. Spielerziehung in beiderlei Hinsicht ist infolge der generellen anthropologischen Relevanz des Spiels nicht einzuschränken auf Kinder bzw. Schüler. Sie sollte vielmehr ein ganzes Leben lang andauern (↑auch Lifetimesport). Das unbefangene, „zwecklose" und selbstvergessene Spielen an sich (ohne Planung durch Eltern oder Sportlehrer, Lehrpläne,

Richtlinien, Stundenpläne u.a.) hat bereits einen erzieherischen Wert in sich, da es von selbst zur Übernahme bestimmter Funktionen und Rollen (Rollenspiel, Gruppen-, Mannschaftsspiel) und damit zu einem sozialen Verhalten führt. Spielerziehung durch Sportspiele (Bewegungsspiele) greift die Neigung des Menschen auf, vorwiegend das zu tun, was er kann. Eine neu erworbene Handlungskompetenz im Sportspiel ist der beste Garant für eine dauerhafte Teilnahme am Sportspiel. Unter der Voraussetzung, daß Spielerziehung im und durch Sportspiel sinnvoll ist, ergibt sich die Frage, ob das Spielenlernen oder das Erlernen eines Spiels das Ziel sein soll. Beim ersten Ziel stehen stärker der Prozeßcharakter, die Entscheidungsoffenheit und Verhaltensflexibilität, beim zweiten Ziel v.a. die Erfolgsorientierung, der Fertigkeitserwerb und die Verhaltensstabilität im Vordergrund. – Die Bandbreite möglicher Spiele im Rahmen der Spielerziehung ist allerdings sehr groß und reicht von den relativ unverbindlichen ↑kleinen Spielen zu den fest reglementierten ↑großen Spielen und – neuerdings – zu den wiederum unverbindlichen ↑New Games. Im Spiel, v.a. im Sportspiel, können die Persönlichkeit durch Anwendung von Erlerntem und Entdeckung von Neuem gebildet werden (Schaller, Polzin), ein vielfältiges Wahrnehmungs-, Bewegungs- und Verhaltensrepertoire aufgebaut werden (Flitner), über Erlebnisse des Könnens solche des Selbstwerts vermittelt und die soziale Kompetenz (Aufbau von Partner- und Gruppenbeziehungen) gefördert werden (Grupe). Die Möglichkeiten der Spielerziehung im Sportspiel können (nach Schaller) antithetisch verdeutlicht werden: 1. *Intraspielhafte Konzepte* verfolgen Absichten und Ziele, die im Spiel selbst liegen (z.B. Erziehung zum geordneten Spielen, Verbesserung der sportlichen Spielwirklichkeit durch Sportspiele, Entwicklung einer Spielfähigkeit); 2. *extraspielhafte Konzepte* sehen im Spiel ein Mittel, solche Erziehungsziele zu erreichen, die außerhalb des Spiels liegen („Instrumentalisierung des Spiels"; z.B. Ziele der Sozial- und Friedenserziehung). – ↑auch Bewegungsspiel, ↑Leibeserziehung.

Spielfeld: Wettkampfstätte für Spielsportarten im Freien oder/und in einer Halle. Im Schul- und Breitensport erfolgt die Nutzung von Hallen- oder Freiflächen für mehrere Spiele (Großspielfelder, Kleinspielfelder).

Spielfest: Veranstaltung zu verschiedenen Anlässen im Sinne des „Sports für alle" oder des „Jedermannsports", um möglichst viele Menschen an Spiel, Fest und Feier teilnehmen zu lassen. Der Inhalt der Spielfeste ist stark informell, d.h. Spiele nach Art der ↑New Games sowie andere nicht alltägliche Bewegungsformen stehen im Vordergrund. Spielfeste basieren sehr stark auf dem Aufforderungscharakter des Spielangebots für jedermann.

Spielform: 1. Art des Vollzugs eines Spiels aufgrund einer Spielidee; – 2. Typ des kindlichen Spielverhaltens (z.B. Nachahmungsspiel); – 3. Inhalt der Leibeserziehung; – 4. spielerische Darbietung eines Übungsstoffs beim Lehren und Lernen im Sport zur Vorbereitung auf Übungs- und Wettkampfformen.

Spielführer ↑Mannschaftsführer.

Spielhalle ↑Sport-, Spiel- und Freizeitanlagen.

Spielidee [griechisch idéa, eigentlich „Erscheinung, Form"]: der den verschiedenen Spielen zugrundeliegende Handlungsplan, im wesentlichen formuliert im jeweiligen Regelwerk (↑Regeln).

Spiel ohne Ball (Stellungsspiel): in einigen Mannschaftsspielen (z.B. Basketball, Fußball, Handball) Bez. für das taktische Verhalten aller Spieler, die nicht in Ballbesitz sind, mit dem Ziel, durch ihre Positionswechsel auf dem Spielfeld Zuspiel- und Angriffsmöglichkeiten zu eröffnen, gegnerische Spieler an sich zu binden und Räume so abzuschirmen, daß der Gegner nur schwer zu einem Angriff kommen kann.

Spielpause: 1. Forderung an die Gestaltung des Schulalltags, Kindern und Jugendlichen aus tageshygienischen Gründen die notwendigen Bewegungspausen zu verschaffen. Die tägliche Bewegungszeit wird v. a. für Grundschulen gefordert, wenigstens an Tagen, an denen keine Sportstunde stattfindet (↑auch Pausensport); – 2. Spielunterbrechung v. a. in Spielsportarten, die in mehreren zeitlichen Spielabschnitten ausgetragen werden (z. B. Halbzeitpause); – 3. Unterbrechung einer Wettkampfserie in Mannschaftsspielen, die in Hin- und Rückrunden ausgetragen werden, nach Abschluß der Hinrunde.

Spielplatz, im engeren Sinn der für Kinder zum Spielen geeignete und besonders ausgestaltete Platz im Freien, im weiteren Sinn jeder von Kindern genutzte Raum. Seit 1960 (Deutsche Musterbauordnung) wird die Einrichtung von Spielplätzen für Kinder bis zu 6 Jahren für jedes größere Wohnungsbauvorhaben gefordert, um das Spielen dem Bereich des Straßenverkehrs zu entziehen. Außer der unzureichenden Anzahl von Spielplätzen, deren oft mangelhafter Ausstattung und deren teilweise beängstigender Verschmutzung, wird zunehmend das Fehlen von Spiel- und Sportgelände für ältere Kinder und Jugendliche kritisiert. Neben den herkömmlichen Spielplätzen mit Rutschbahnen, Klettergerüsten, Schaukeln, Wippen, Sandkästen werden in jüngster Zeit (nicht selten durch Elterninitiativen) Ballspielplätze, Spielstraßen (Rollschuhbahnen und Asphaltflächen), Kleinkinderspielplätze (möglichst in Wohnungsnähe), mobile Spielbusse, Spielhöfe (Hinterhöfe, Pausen- und Schulhöfe) sowie Abenteuerspielplätze, Indianer- und Bauspielplätze mit veränderbaren Materialien, wie Geräten, Brettern, Balken, Steinen, eingerichtet, die den Kindern wirkliche Spiel- und Gestaltungsmöglichkeiten bieten.

Spielprotokoll [mittellateinisch, eigentlich „(den amtlichen Papyrusrollen) vorgeleimtes (Blatt)"; zu griechisch prōtos „erster" und kólla „Leim"]: Schriftstück, auf dem die Mannschaftsaufstellung, Schiedsrichter, Kampfgericht, Ergebnis, besondere Vorkommnisse (z. B. Hinausstellungen) und z. T. der Spielverlauf festgehalten werden. Das Spielprotokoll (der *Spielbogen*) geht nach Beendigung des Wettkampfs an den zuständigen Verband.

Spielregel ↑Regeln.

Spielreihe ↑methodische Reihe.

Spielsportarten: Kategorie von Sportarten, die v. a. spielerische Grundmerkmale haben. Man unterscheidet ↑kleine Spiele und ↑große Spiele. In den Spielsportarten wird der Erfolg durch Tore bzw. Punkte festgestellt. Näherer Aufschluß über die Leistung im Spiel kann aber auch durch die ↑Spielbeobachtung bzw. durch sportmotorische Tests zur Überprüfung der technischen Fertigkeiten gewonnen werden. Die Spielsportarten unterscheiden sich in ihrer Struktur und Form von den Kampf- und Einzelsportarten. Sie sind durch ein Regelwerk (↑Regeln) gekennzeichnet.

Spielsystem [griechisch sýstēma, eigentlich „Zusammenstellung"]: taktischer Plan, der vom Trainer mit der Mannschaft bzw. einzelnen Spielern vor dem Spiel abgesprochen wird (z. B. Berücksichtigung des speziellen Gegners, Heim- oder Auswärtsspiel).

Spieltheorie ↑Spiel.

Spieltrieb: auf die Befriedigung des Spielbedürfnisses gerichteter Sekundärtrieb des Menschen. Nach der Triebtheorie ist das Spielenmüssen ein ererbtes Schema. – ↑auch Bewegungsdrang, ↑Spiel.

Spielzeit: die im Regelwerk der einzelnen Mannschaftsballspiele festgelegte Dauer eines Spiels, die sowohl eine *absolute (reine) Spielzeit* (↑effektive Spielzeit) als auch eine *laufende Spielzeit* sein kann, bei der nur in Ausnahmefällen (z. B. Verletzungen) die Uhr angehalten wird, eine Spielunterbrechung, die nach Ermessen des Schiedsrichters nachgespielt werden kann. Eine **Spielzeitverlängerung** tritt ein, wenn wegen der vorangegangenen Spielunterbrechungen nachgespielt werden muß, v.a. aber wenn nach Ablauf der regulären Spielzeit das Spiel unentschieden steht, eine Entscheidung jedoch auf jeden Fall herbeigeführt werden muß (auch diese Spielverlängerungen sind im Regelwerk festgeschrieben). – Die aus taktischen Gründen oft angewendete, jedoch regelwidrige **Spielverzögerung** (v.a. gegen Ende des Spiels von der führenden Mannschaft praktiziert) kann nachgespielt und vom Schiedsrichter geahndet werden.

Spikes [englisch spaıks „lange Nägel, Stacheln"] ↑Rennschuhe.

Spinnaker [englisch] (Ballon[segel]): ein leichtes, großflächiges Segel, das auf Sportsegelbooten als Vorsegel gesetzt wird, wenn sie vor dem Wind fahren.

Spirale [neulateinisch (linea) spiralis „schneckenförmig gewunden(e Linie)"]: 1. in der *rhythmischen Sportgymnastik* eine kontinuierliche Kreiswindung mit dem Band; – 2. im *Rhönradturnen* (Spiralerollen) das Rollen auf einem Reifen, wobei sich der Winkel zwischen Boden und Gerät stetig vergrößert; – 3. im *Synchronschwimmen* Figur, bei der der senkrecht im Wasser stehende Körper vier ganze Umdrehungen um die Körperlängsachse ausführt.

Spiroergometrie [zu lateinisch spirare „blasen, atmen" und ↑Ergometrie]: Messung der Atemfunktionswerte vor, bei und nach körperlicher Belastung durch ↑Ergometrie. Sie dient der objektiven Erfassung der Leistungsreserven und -grenzen sowie der Anpassungsreaktionen des Körpers. Bei definierter Belastung können u.a. O_2-Verbrauch, respiratorischer Quotient, Atemvolumen, Dauerleistungsgrenze (↑auch Steady state), Sauerstoffschuld sowie der zeitliche Ablauf der Anpassung gemessen werden. Geatmet wird durch das Spirometer, das die Gasmengen und -konzentrationen in der Atemluft mißt und z.B. durch Umstellung auf hochprozentige O_2-Atmung Atemstörungen aufdecken kann.

Spitzensport (Hochleistungssport): der ↑Leistungssport im engeren Sinn, der (im Gegensatz zum ↑Breitensport) ein Höchstmaß an technischem Aufwand und persönlichem Einsatz erfordert und deshalb nur von wenigen Sportlern, die mit ihren Leistungen zur nationalen oder internationalen Spitze gehören, betrieben werden kann. Kennzeichen des Spitzensports sind (nach Weichert) Rationalisierung (Training), Quantifizierung (Wettkampf) und Abstraktion (Rekord, Darstellung in den Medien) der Leistung. Der Spitzensport hat zunächst für den Athleten die interne Funktion der Selbstdarstellung. Darüber hinaus werden ihm jedoch auch externe Funktionen zugeschrieben und abverlangt, z.B.: Förderung des Breitensports, Integration von Menschen, Kompensation für nicht vorhandene Identifikationsmöglichkeiten, Unterhaltung (Schausport), berufliche Möglichkeiten (Berufssport), politische Relevanz u.a. Finanziert wird der aufwendige Spitzensport indirekt vom Bundesinnenministerium (über zentrale Maßnahmen wie Bundesleistungszentren, Stützpunkttraining, Trainingslager, internationaler Wettkampfsport u.a.) sowie direkt (einzelne Sportler, Mannschaften) durch die ↑Stiftung Deutsche Sporthilfe und durch ↑Sponsoren, so daß der Spitzensport faktisch dem Berufssport zuzurechnen ist. An diese Tatsache und an die weitgehende Fremdbestimmung (externe Funktionen) der Spitzensportler sowie auch an den ständig geforderten, gesundheitlich jedoch oft nicht mehr verantwortbaren Grenzleistungen knüpft die heutige Kritik am Spitzensport an (↑kritische Sporttheorie). Die Berechtigung solcher Kritik erkennend und sie aufgreifend, hat der *Deutsche Sportbund* in jüngster Zeit eine Reihe von Grundsatzdokumenten zum Spitzensport erarbeitet (z.B.

„Grundsatzerklärung für den Spitzensport", 1977, „Für einen humanen Spitzensport", 1983, „Kinder im Leistungssport", 1983, „Leitlinien für den Spitzensport", 1985), die zu einer gefahrlosen und konstruktiven Weiterentwicklung des Spitzensports führen wollen. Darüber hinaus könnten eine sachliche Analyse des Spitzensports, seine Anerkennung als Berufssport mit allen Konsequenzen sowie verantwortungsbewußte Trainer und Sportfunktionäre zu einer nichtideologischen bzw. -dogmatischen Einschätzung des Spitzensports und damit auch zu einer Einbindung in ethisch-moralische, humane Kategorien beitragen und den Spitzensport so zu einem positiven Beitrag zur Bewegungskultur des Menschen werden lassen.

Spitzenstoß: Technik im Fußball, bei der der Ball genau mit der Fußspitze getroffen und (bei korrekter Ausführung) sehr weit geschlagen werden kann. Geschieht dies nur über eine kurze Distanz, spricht man von „Spitzeln".

Spondylose [zu griechisch spóndylos „runder Wirbelknochen"]: Abnutzungserscheinungen an den Knochen der Wirbelsäule und deren Gelenken, die der ↑ Arthrose an anderen Gelenken entsprechen.

Sponsor [lateinisch-englisch, eigentlich „Bürge"]: Person oder Firma, die eine Sportart kontinuierlich oder eine einzelne Sportveranstaltung finanziell unterstützt und dafür das Recht hat, damit bzw. dabei Werbung zu betreiben. Der Berufs- und Spitzensport ist heute ohne Sponsoren nicht mehr denkbar. Aber auch andere Bereiche des Sports (einschließlich der Sportwissenschaft) kooperieren immer stärker mit Sponsoren, die v.a. aus den Branchen Sportartikel, Krankenkassen und Versicherungen sowie aus der Pharma- und Nahrungsmittelindustrie kommen.

Sport [englisch, ursprünglich „Zeitvertreib, Spiel"; Kurzform von englisch disport „Vergnügen" (zu altfranzösisch desport, von vulgärlateinisch deportare „sich vergnügen")]: Sammelbez. für alle als Bewegungs-, Spiel- oder Wettkampfformen geprägten körperlichen Aktivitäten des Menschen. Im Sport einer Epoche zeigt sich ein spezifisch menschliches, gesellschaftlich vermitteltes Einlassen und Auseinandersetzen mit den eigenen physischen Kräften, das sich zwischen selbsttätiger Präsentation *(aktiver Sport)* und der zuschauenden Teilnahme *(passiver Sport)* bewegt. Sport beinhaltet immer eine auch äußerlich beobachtbare Anstrengung (↑ Leistung) oder [Kunst]bewegung, die einem persönlichen Können zurechenbar ist und (durch Training) gezielt gesteigert werden kann. Aufgrund der leichten Überprüfbarkeit, teilweise zur Meßbarkeit objektiviert (Registrierung der Bestleistung als Rekord), fungiert Sport sowohl als Möglichkeit zur persönlichen Bestätigung als auch als Mittel zur sozialen Konkurrenz (Sportwettkampf). Einem *allgemeinen Sportbegriff,* wonach sportliche Leistung in unlösbarer Verknüpfung mit der Spontaneität des Sporttreibenden auf der selbstgeschaffenen Realitätsebene des ↑ Spiels als einer fiktiven Welt vollzogen wird, steht ein *absuluter Sportbegriff* gegenüber, der die sportliche Leistung als Werk und objektiv quantifizierte Rekordmarke von der Person abgelöst sieht.

Die Deutung des Sports als einer sich selbst genügenden menschlichen Tätigkeit (Amateursport, Breiten-, Freizeit-, Urlaubssport u.a.) wird durch gesundheitliche und sozialpädagogische Rechtfertigung für Sporttreiben und -pflege (Ausgleichssport, Pausengymnastik u.a.) ergänzt. Solche Begründungen gelten für die ↑ Sporterziehung allgemein, insbesondere aber für den ↑ Schulsport oder sonstige staatliche Sportförderung. Daneben gibt es Erklärungsversuche im Rückgriff auf kultische Ursprünge, Bewegungstrieb, Aggressionstrieb, Schaubedürfnis, Nationalismus. Sozialwissenschaftliche Deutung sieht den modernen Sport als ein mit der Industriegesellschaft synchron anwachsendes Phänomen, das deren Grundzüge wie Leistungs-, Konkurrenz- und Gleichheitsprinzip besonders deutlich zeige; zugleich aber bewirke das Prinzip der Ausklammerung der alltäglichen Welt der Zukunftssorge ein Eintauchen in die spielhafte Welt glückvoller Gegenwärtigkeit. Andererseits markiert man in der Ausgestaltung insbesondere des Spitzensportbetriebs jene Mittel, die den neuzeitlichen Rationalisierungsprozeß kennzeichnen: Verwissenschaftlichung, Quantifizierung, Zerlegung, Spezialisierung, Systematisierung, Regulierung, Professionalisierung, Internationalisierung, auch Bürokratisierung und Zentralisierung (z. T. auch Pervertierung).

Ebenso vielfältig und komplex, wie sich das Gesamtphänomen Sport darbietet, sind die Möglichkeiten, den Sport systematisch zu kategorisieren. Neben der Ausdifferenzierung des Sports in die konkreten einzelnen ↑Sportarten kann der (aktive) Sport (mit nahezu allen seinen Sportarten) v. a. unter folgenden erkenntnisleitenden Interessen gruppiert werden:

1. **Begründung für das Sporttreiben:** Freude an Bewegung und Spiel (Freizeit-, Breiten-, Urlaubssport, kleine Spiele), Streben nach persönlicher Leistung und Erkennen ihrer Grenzen (Leistungs- bzw. Spitzensport), Gegengewicht zum Alltags- und Berufsleben (Freizeitsport, Ausgleichssport), Streben nach Leistungsvergleich (Wettkampfsport), Erhaltung bzw. Wiederherstellung des körperlichen und (seelisch-geistigen) Wohlbefindens (Gesundheitssport, Ausgleichssport, Rehabilitation, Krankengymnastik u. a.), Streben nach Selbsterfahrung durch und in sozialen Kontakten (große Spiele, Vereinsleben), Existenzsicherung (Berufssport), Prestigestreben (Spitzensport).

2. **Akteure des Sports:** Einteilung nach Alterskategorien (Kinder-, Jugend-, Erwachsenen-, Seniorensport), nach Geschlecht (Jungen- und Männersport, Mädchen- und Frauensport), beruflichen Kriterien (Schüler-, Studenten-, Betriebs-, Berufssport) oder auch nach anderen Gruppenmerkmalen (z. B. Behindertensport) vorgenommen werden.

3. **Zeit des Sporttreibens:** Frühsport (Morgengymnastik), Pausensport, Feierabendsport, Wochenendsport, Urlaubs- und Freizeitsport, Berufssport.

4. **Organisationsform des Sporttreibens:** Schul-, Vereins-, Hochschul-, Betriebs-, Polizeisport, Sport in kommunalen und kirchlichen Gruppen und nicht institutionalisierte Formen.

Sport beinhaltet jedoch nicht nur das aktive Sporttreiben, sondern auch die vielfältigen Möglichkeiten anderer Beschäftigung mit dem Phänomen Sport (passiver Sport), z. B. Teilnahme (als Zuschauer) an Sportveranstaltungen, das gesamte haupt- und ehrenamtliche Tätigsein in Sportverein und -verband sowie den gesamten Bereich der Sportwissenschaft und der Sportpublizistik.

Sportabzeichen ↑Deutsches Jugendsportabzeichen und ↑Deutsches Sportabzeichen, ↑Europa-Sportabzeichen. – ↑auch Leistungsabzeichen.

Sportakrobatik [zu griechisch akrobateīn „auf den Zehenspitzen gehen“] (Akrobatik, früher: Kunstkraftsport): Sportart für Damen und Herren, die sich seit Ende des 19. Jahrhunderts aus der professionellen Zirkusakrobatik **(Artistik)** und dem Bodenturnen unter Einbeziehung schwerathletischer Kraftelemente, künstlerischer Gymnastik, Tanz und mutbetonter Übungen entwickelt hat. – In der Sportakrobatik gibt es zwei **Disziplinen:** 1. *Springen* (akrobatisches Springen; **Tumbling**) für Damen und Herren, ausgeführt auf einer *Springerbahn,* bestehend aus Anlaufbahn (10 m), Arbeitsstrecke (25 m; aus Holzfederlamellen, die Sprunghöhen bis zu 4 m ermöglichen) und Landezone (5 m). Das Springen setzt sich aus zwei Kürwettkämpfen (für die allerdings bestimmte Elemente und Schwierigkeitsgrade vorgeschrieben sind) zusammen: a) *Saltoübungen* mit Drehungen bis 180° sowie (gebeugte und gestreckte) Mehrfachdrehungen, b) *kombinierte Übung* aus Salti mit und ohne Drehungen. – 2. *Gruppenübungen* für Herren (Paar, Vierergruppe), Damen (Paar, Dreiergruppe) und als Mixed, die auf einer Matte oder Plattform (12 × 12 m) ausgeführt werden. Die Gruppenübungen bestehen aus einem statischen Teil (Kraft-, Hebe-, Balanceteil; die Elemente, z. B. Pyramide im Handstand, müssen mindestens zwei Sekunden gehalten werden) und einem Tempoteil (Schwung-, Wurf- und Sprungübungen, z. B. Überschlagsalto, Würfe in die Drehung, für die bestimmte choreographische Elemente vorgeschrieben sind). Wie beim Kunstturnen sind die Übungselemente der Sportakrobatik nach ihrem Schwierigkeitsgrad in A-, B- und C-Teile (↑Teil) gegliedert, für deren Grundschwierigkeit jeweils eine bestimmte Punktzahl festgelegt ist. Die **Wertung** wird (bei internationalen Vergleichen) von sieben Kampfrichtern vorgenommen, die für Schwierigkeit, Choreographie, Ausführung, allgemeinen Eindruck bis zu 10 Punkte zusprechen können. Bei den Gruppenübungen wird auch die Zeit (z. B. die Dauer eines statischen Elements) in die Wertung einbezogen. Von den Wertungspunkten werden jeweils die beiden niedrigsten und höchsten Punktzahlen gestrichen; die Endnote ist das Mittel der restlichen Punkte. – Ein Wettkampfprogramm enthält drei Wettkämpfe: Vorkampf mit zwei Kürübungen, kombinierte Übung und Finale mit der ersten und zweiten Kürübung. Ein Wettkampf dauert drei Minuten; er wird (mit Ausnahme des Springens und der ersten Übung der Herrengruppe) mit Musikbegleitung ausgeführt. – Seit 1925 werden deutsche, seit 1974 Welt- und seit 1979 Europameisterschaften ausgetragen sowie seit 1975 auch ein Weltpokal. Die Sportakrobatik wird in der Bundesrepublik Deutschland vom *Deutschen Sportakrobatik-Bund* (DSAB; gegründet 1971 als *Deutscher Kunstkraftsport-Verband*, heutiger Name seit 1975, Sitz Illingen, Saarland) betreut, international von der *International Federation of Sport Acrobatics* (IFSA; gegründet 1973, Sitz Sofia).

Sportamt: Institution der öffentlichen Sportverwaltung, Teil der Kommunalverwaltung mit den Aufgaben: Sportstättenbau, Vergabe von Sportstätten an Schulen und Vereine, Austragung von Sportveranstaltungen, Koordination von Schul- und Vereinssport u. a. Die Sportämter sind auf Bundesebene seit 1959 in der *Arbeitsgemeinschaft der Sportämter* (ADS) zusammengeschlossen.

Sportanlagen ↑Sport-, Spiel- und Freizeitanlagen.

Sportanthropologie [zu griechisch ánthrōpos „Mensch" und logos „Lehre"]: Teildisziplin der Sportwissenschaft, die Wissenschaft und Lehre vom Menschen als einem im Sport handelnden Menschen. Ihre Zielsetzungen sind – analog zu ihren Mutterdisziplinen, der biologischen und der philosophischen Anthropologie – (nach Kenntner) die Analyse und Erforschung von: 1. *biologisch-konstitutionstheoretischen* Fragestellungen (Genetik des Menschen, Formenkunde [↑auch Körperbautypen], Umwelt und Selektion, Entwicklung, Funktions- und Leistungsgefüge des Menschen), 2. *philosophischen* Problemen (Körperlichkeit bzw. Leiblichkeit des Menschen [↑auch Leib-Seele-Problem], Spiel, Leistung), 3. *kulturanthropologischen* Zusammenhängen (der sporttreibende Mensch in seiner Individualität und in seiner Abhängigkeit von sozialen, kulturellen und gesellschaftspolitischen Faktoren), 4. *psychischen* Einflußgrößen (handlungstheoretische Erklärung sportlichen Handelns als funktionale Einheit von motivationsabhängigen, kognitiven, willentlichen und motorischen Vorgängen).

Sportart: im *weitesten Sinn* jede „Art und Weise" des individuellen und des gemeinschaftlichen freien Sporttreibens und der Realisierung sportlicher Bewegungsmöglichkeiten (z. B. ↑ New Games); im *engeren Sinn* Bez. für jede einzelne, durch bestimmte Regeln und Wettkampfbedingungen institutionalisierte und in Vereinen, v. a. aber in einem Sportfachverband organisierte konkrete Ausprägungsform des ↑ Sports, die z. T. wiederum in einzelne Disziplinen (z. B. Hochsprung als Disziplin der Sportart Leichtathletik) differenziert werden kann. Jede Sportart grenzt sich durch ihr Regelwerk, ihre Bewegungsstrukturen, die verwendeten Geräte, die Umweltbedingungen (z. B. Sportstätten) von den anderen Sportarten ab.

Eine Einteilung der Sportarten kann u. a. nach folgenden Kriterien vorgenommen werden: 1. nach den *sozialen Komponenten:* a) Einzelsportarten (↑ Individualsportarten), b) Partnersportarten (↑ Dualsportarten) und c) Mannschaftssportarten (↑ Mannschaftsspiele); – 2. nach den *Umweltbedingungen:* a) Sportreiben im Innenbereich, in Hallen (Innensportarten; z. B. Kunstturnen), b) Sporttreiben im Außenbereich, im Freien (Außensportarten; z. B. Fußball, Skisport), c) Sporttreiben in oder auf dem Wasser (Wassersportarten; z. B. Kanu-, Ruder-, Segelsport im Außenbereich, Schwimmsport und Wasserspringen meist im Innenbereich), d) Sporttreiben auf Schnee oder Eis (Wintersportarten; z. B. Ski- und Bobsport im Außenbereich, Eiskunstlauf im Innenbereich), e) Sporttreiben in der Luft (Luftsportarten; z. B. Kunst- und Segelflugsport, Freiballon- und Fallschirmsport). Viele Sportarten können (gegebenenfalls leicht modifiziert) im Innen- und Außenbereich ausgeübt werden (z. B. Leichtathletik, Fußball, Hockey); – 3. nach den *Methoden der Leistungs- bzw. der Ergebnisermittlung:* a) Meßsportarten (z. B. Leichtathletik, Gewichtheben), in denen die Leistung nach dem ↑ C-G-S-System objektiv festgestellt wird, b) Schätzsportarten (wie z. B. Kunstturnen, Eiskunstlauf, Wasserspringen), in denen die Leistung von einem Kampfgericht geschätzt und mit Punkten bewertet wird (auch Kombinationen von Messen und Schätzen sind möglich, z. B. beim Skispringen), c) Zählsportarten (z. B. Eishockey, Handball, Baseball, Basketball), in denen das Wettkampfergebnis nach der Zahl der erzielten Treffer (Tore, Körbe, Läufe u. a.) festgestellt wird; – 4. nach der *Bewegungsstruktur* und *speziellen Bewegungserfahrung:* a) Bewegung des eigenen Körpers (z. B. 5 000-m-Lauf), b) Bewegung eines Geräts (z. B. Werfen des Handballs, Kugelstoß), c) Bewegung eines Geräts unter Einschaltung eines Zwischenmediums (z. B. Spielen des Balles mit einem Schläger in Tennis und Tischtennis), d) Bewegung an einem Gerät (z. B. Übungen im Geräteturnen), e) Bewegung durch äußere Kräfte (z. B. Surfen mit Hilfe der Windkraft), f) Bewegung, unterstützt durch ein Gerät (z. B. Automobil- und Radsport, Eis- und Skilauf); – 5. nach der *Präsenz bei Olympischen Spielen:* a) olympische, b) nichtolympische Sportarten. Die meisten Sportarten entwickeln zudem – abhängig von der Dauer ihres Bestehens und damit vom Grad ihres „Etabliertseins“ – eine spezifische Theorie, die sich mit ihrer geschichtlichen Entwicklung, ihrer sozialen Struktur und Funktion, mit gesundheitlichen und bewegungstheoretischen Aspekten, den Methoden des Lehrens und Lernens sowie des Trainings auseinandersetzt.

Sportarzt: approbierter Arzt, der durch eigene sportliche Betätigung und Teilnahme an einem Sportärztekurs Spezialkenntnisse über Sportarten und Sportverletzungen erworben hat. Die Anerkennung zum Sportarzt erfolgt durch den *Deutschen Sportärztebund* (DSÄB; gegründet 1950, Sitz Heidelberg). Der Sportarzt beurteilt die Sporttauglichkeit (↑ auch sportärztliche Untersuchung) vor sportlicher Betätigung und betreut, berät und behandelt den Sportler auf medizinischem Gebiet.

sportärztliche Untersuchung: medizinische Untersuchung eines Sportlers durch einen Arzt, die im allgemeinen der Feststellung der **Sporttauglichkeit** dient, die dann gegeben ist, wenn Erkrankungen, die eine sportliche Aktivität verbieten (z. B. Herzfehler, Herzrhythmusstörungen, Entzündungen, Hypertonie, Schilddrüsenüberfunktion sowie Organschäden an Lunge, Nieren, Leber) ausgeschlossen werden können. Für bestimmte Sportarten (z. B. Tauch- und Fallschirmsport) und im Hochleistungssport sind gezielte und intensive Untersuchungen durchzuführen, um die Leistungsfähigkeit beurteilen zu können (z. B. mittels Ergometrie und Spiroergometrie).

Sport, außerschulischer ↑außerschulischer Sport.

Sport, außerunterrichtlicher ↑Schulsport.

Sportbekleidung: die beim Sporttreiben getragene Kleidung, die den Erfordernissen der jeweiligen Sportart angepaßt ist und deshalb von Sportart zu Sportart variiert. Einige Sportarten haben strenge Bekleidungsvorschriften, z. T. aus traditionellen Gründen (z. B. Billard, Golf, Reitsport), z. T. weil die Kleidung eine wichtige Schutzfunktion hat (z. B. Eishockey, Football, Fechten). Gelegentlich hat die Kleidung einen nicht unerheblichen Einfluß auf die Leistung, wie z. B. windschlüpfrige Rennanzüge im Ski- und Eisschnelllauf, Schlitten- und Bobsport).

Sportberichterstattung ↑Sportpublizistik.

Sportbewegung: neben der Gymnastikbewegung (↑Gymnastik), der ↑Turnbewegung und der ↑Spielbewegung eine der großen Bewegungen in der Geschichte der Leibesübungen. Sie entstand fast parallel mit der Spielbewegung im letzten Viertel des 19. Jahrhunderts, als einerseits v. a. aus Großbritannien und den USA neue Sportarten (z. B. Fußball, Basketball, Tennis, Golf) übernommen wurden, andererseits sich aber auch die Art der Ausführung von Leibesübungen stark veränderte, und zwar zugunsten eines systematischen Leistungsaufbaus (Training), von Leistungsstreben (Rekord) und Leistungsvergleich (Wettkampf). Industrialisierung und das damit verbundene starke Kompensationsbedürfnis des Menschen werden als Motor für die rasche Entwicklung der Sportbewegung angesehen. Bis zur „Gleichschaltung" im Nationalsozialismus stand die Sportbewegung in starkem Gegensatz zur v. a. in Deutschland gewachsenen Turnbewegung. Ihren organisatorischen Unterbau bildeten die seit Ende des 19. Jahrhunderts in großer Zahl entstandenen ↑Sportvereine sowie die für jeweils eine Sportart verantwortlichen Sportfachverbände (↑Fachverband). Den ersten nationalen Zusammenschluß stellte der *Deutsche Reichsausschuß für Olympische Spiele* (1904) dar, der 1917 in *Deutscher Reichsausschuß für Leibesübungen* (DRA), 1934 in *Deutscher Reichsbund für Leibesübungen* (DRL) und 1938 in *Nationalsozialistischer Reichsbund für Leibesübungen* (NSRL) umbenannt wurde. Ihren Abschluß fand die v. a. auch von Carl Diem (* 1882, † 1962) geförderte Sportbewegung in der Gründung (1950) des ↑Deutschen Sportbunds.

Sportbiologie [zu griechisch bíos „Leben" und lógos „Lehre"]: Teildisziplin der Sportwissenschaft, näherhin der Sportmedizin, die sich mit den biologischen (anatomischen, morphologischen, ökologischen und ethologischen) Bedingungen und Auswirkungen sportlicher Betätigung des Menschen befaßt. Ihre Forschungsgegenstände sind: Gewebelehre, Bewegungs- und Halteapparat, Muskulatur, Herz- und Gefäßsystem, Blut, Atmung, Verdauung, Ausscheidung, Stoffwechsel, Ernährung, Drüsen, Nervensystem, Sinnesorgane, Haut, Hygiene, Sportschäden und -verletzungen, Erste Hilfe u. a., v. a. auch unter Berücksichtigung besonderer Gruppen von Sporttreibenden (z. B. Kinder, Jugendliche, Mädchen und Frauen, Senioren).

Sportbiomechanik [zu griechisch bíos „Leben" und mēchanikḗ (téchnē) „(Kunst), Maschinen zu bauen"]: sportwissenschaftliches Theoriefeld, das sich als spezielle und angewandte Biomechanik mit der ↑Bewegung als einer Verhaltensdimension des Menschen auseinandersetzt (↑auch Kinetik, ↑Kinesiologie, ↑Bewegungsforschung), und zwar v. a. mit den dabei wirksamen inneren und äußeren Kräften in den verschiedenen Sportarten und dem Zusammenspiel von Bewegungsapparat, mechanischen Kräften und Körperbewegung. Sportliche Bewegungsformen und Bewegungsabläufe werden mit Hilfe differenzierter Techniken der Datenerhebung untersucht, und deren Ergebnisse für die Entwicklung optimaler Lösungsverfahren für Bewegungstechnik im Sport nutzbar gemacht. Dabei wird mit Hilfe *biokinematischer* Untersuchungen die quantitativ-metrische Erfassung von Parametern einer Bewegung angestrebt (Weg, Zeit, Winkel, Geschwindigkeit, Beschleunigung). *Biodynamische* Untersuchungen (biokinetischer und biostatischer Art) ermöglichen die Registrierung aller die Bewegung eines Sportlers verursachenden inneren und äußeren Kräfte (↑ auch Dynamometrie, ↑ Kinemetrie, ↑ Kinematographie), v. a. auch unter dem Aspekt der Belastung. – Folgende Schwerpunktbereiche der Biomechanik sind für eine interdisziplinäre ↑ Bewegungslehre, v. a. hinsichtlich der Ergebnisumsetzung in die Praxis, bedeutsam: Analyse der Vorgänge bei der Erfassung, Steuerung bzw. Regulierung und Realisierung von Bewegungen durch das Zusammenwirken von Sinnesorganen und Gehirn (Zentralnervensystem und Bewegungsapparat), Beschreibung sportlicher Bewegungsabläufe und der beteiligten Kräfte, Analyse sportlicher Techniken und deren Optimierung, Gewichtung biomechanischer Einflußgrößen, Erarbeitung biomechanischer Normwerte, Gesetze und Prinzipien sowie Einbringung von Beiträgen zur interdisziplinären Bewegungsforschung.

Sportcurriculum [englisch, aus mittellateinisch curriculum „Ablauf des Jahres, Weg"] ↑ Sportlehrplan.

Sportdidaktik [zu griechisch didáskein „lehren"]: ein [wissenschafts]theoretischer Teilbereich der Sportpädagogik, der alle Theorien des Sportunterrichts in seinen beiden Dimensionen (Inhalt und soziale Beziehung) umfaßt; im weiteren Sinn Bez. für die Theorie der Verfahrensweisen in der Unterrichtung des Sports (Unterrichtsmethodik; ↑ Sportmethodik). Neben einigen Didaktikmodellen, die sich vornehmlich auf Teilfaktoren des Lehr- und Lernprozesses beziehen, z. B. das bildungstheoretische Didaktikmodell (auf Ziele und Inhalte des Sportunterrichts), das informationstheoretische Didaktikmodell (auf Methodik und Medien), hat sich heute v. a. das 1965 von Heimann, Otto und Schulz entwickelte lerntheoretische Didaktikmodell durchgesetzt (↑ Sportpädagogik). Die theoretischen Ergebnisse der Sportdidaktik werden über den ↑ Sportlehrplan für die konkrete Durchführung des Sportunterrichts umgesetzt.

Sportdokumentation [zu lateinisch documentum „Lehre, Beweis, Muster"] ↑ Sportinformatik.

Sporterziehung Sammelbez. für alle funktionalen (beiläufig ablaufende) und intentionalen (beabsichtigte, geplante) Prozesse sowohl der Erziehung zu einem lebenslangen Sporttreiben als auch der Realisierung allgemeiner Erziehungsziele (z. B. soziale Integration, Kooperation, Fairneß, Gesundheitsbewußtsein) durch den Sport und im Sport. Sporterziehung ist zentraler Auftrag des ↑ Schulsports und staatlicher Sportförderung, findet aber auch im außerschulischen Bereich als lebenslanger Prozeß in Sportverein, Volkshochschule, Fitneßzentren u. a. statt.

Sportfernsehen: wichtiger Teilbereich der ↑ Sportpublizistik, der über die journalistisch vermittelte unterhaltende und informierende Bedeutung für den passiven Sportler auch für den aktiven Sporttreibenden eine wichtige Funktion ausübt. So werden über das Medium Sportfernsehen Sportereignisse dokumentarisch festgehalten (↑ auch Sportinformatik) und – v. a. mittels der Videoaufzeichnung – Bewegungsabläufe, Spielzüge u. a. gespeichert, die für den sportlichen Lehr- und Lernprozeß und – im Wettkampfsport – zum Studium des Gegners und damit zu einem gezielten technischen Training und einer taktischen Wettkampfvorbereitung nutzbar gemacht werden können.

Sportfilm: ein Film, in dessen Mittelpunkt Themen des Sports stehen. Sportfilme können unterschieden werden in: Spielfilme (Unterhaltungsfilme mit sportlichen Elementen), Sportfilme mit Spielfilmelementen, Dokumentarfilme (Reportagen), Lehr- und Unterrichtsfilme, sportwissenschaftliche Filme u. a. sowie unter technischen Aspekten (z. B. Format, Aufnahme, Laufzeit) und nach Ziel und Inhalt (Informations-, Erlebnis-, Erziehungsfilm).

Der Lehrfilm wird im Sportunterricht verwendet, um Kondition, Technik und Training in den einzelnen Sportarten zu verbessern.

Sportfischen (Casting, Turnierwerfen): aus dem Angelsport hervorgegangene Wettkampfform für Damen und Herren, bei der mit Angelgeräten nicht in Gewässern Fische gefangen, sondern an Land Weit- und Zielwürfe ausgeführt werden. **Wurfplatz** ist für Fliegewettbewerbe ein Podest (1,50 × 1,20 m, Höhe 0,50 m), für alle anderen Würfe ein Startbrett. Für die Zielwürfe sind Zielscheiben in bestimmtem Abstand von dem Podest angeordnet, Weitwürfe müssen innerhalb eines Wurfsektors verbleiben. **Wettbewerbe** werden in drei Geräteklassen und insgesamt elf Disziplinen ausgetragen: **Gebrauchsgeräteklasse** (für Damen und Herren) in den Disziplinen 1 (Fliege Skish): fünf Zielringe (Innendurchmesser 76 cm) in einer Entfernung von 8–13 m sind mit verschiedenen Wurfarten innerhalb von sechs Minuten zu treffen, 2 (Fliege Kombination): Weitwurf (Fliege Distanz) mit 3 m langer Rute und 15 m (Herren) bzw. 13,5 m (Damen) langer Flugschnur und Zielwürfe (Fliege Präzision) mit gleichem Gerät auf drei Ringscheiben (Durchmesser 1,80 m) in den Entfernungen 11, 13, 15 m (Herren) bzw. 8, 10 und 12 m (Damen), 3 (Gewicht Arenberg): zwei verschiedene Würfe mit einem Kunststoffgewicht von 7,5 g müssen auf die Arenbergscheibe (Durchmesser 3,15 m, Innenring 75 cm, vier Außenringe mit einem um jeweils 60 cm größeren Durchmesser) innerhalb von fünf Minuten ausgeführt werden (Entfernung: 10–18 m), 4 (Gewicht Skish): Würfe eines Gewichts von 7,5 g mit der Einhandrute (Länge 1,37 bis 2,50 m) auf fünf Scheiben (Durchmesser 76 cm) in 10–18 m Entfernung, 5 (Gewicht Distanz): Weitwurf mit einem 18 g schweren Aluminiumgewicht; **Turniergeräteklasse** (nur Herren) in den Disziplinen 6 (Fliege Distanz einhändig), 7 (Fliege Distanz zweihändig), 8 (Gewicht Distanz zweihändig); **Multiplikatorklasse** (Damen und Herren), bei der die Multirolle, eine Angelrute mit Übersetzung und rotierender Trommel benutzt wird, in den Disziplinen 9 (Multiplikator Skish): je zwei Zielwürfe mit einem 18 g schweren Kunststoffgewicht auf 10 Scheiben in 10–24 m Entfernung innerhalb von 10 Minuten, und 11 (Multiplikator Distanz zweihändig): Weitwürfe. – Es werden Einzel- und Mehrkämpfe als Einzel- und Mannschaftswettbewerbe ausgetragen. Gewertet wird nach Punkten, abhängig von der Wurfgenauigkeit und -weite. – Das Sportfischen ist in der Bundesrepublik Deutschland im *Verband Deutscher Sportfischer* (↑ Angelsport) organisiert, international in der *International Casting Federation* (ICF; gegründet 1956, Sitz Islington, Ontario).

Sportförderunterricht (kompensatorischer Sportunterricht; früher: Schulsonderturnen): gezieltes und zusätzlich zum regulären Sportunterricht vorhandenes Sportangebot, um v. a. Kindern und Jugendlichen mit motorischen und/oder psychophysischen Leistungsschwächen zu helfen. Der Sportförderunterricht darf nur von dazu ausgebildeten Lehrkräften erteilt werden und erfolgt in der Regel in Zusammenarbeit mit Sportärzten. Im Sportförderunterricht sollen v. a. Organ-, Muskel- und Koordinationsschwächen sowie psychisch abweichendes Verhalten ausgeglichen und die Teilnehmer zum Sporttreiben motiviert werden.

Sportfotografie: 1. Teil der ↑ Sportpublizistik; – 2. als Reihenbildaufnahme von sportlichen Bewegungsabläufen die Vermittlung visueller Vorstellungen von technisch richtigen und damit idealtypischen Bewegungsabläufen. Solche Reihenbilder dienen als Anschauungsmaterial in Lehrbüchern, aber auch als Grundlage für Bildtafeln, die im Sportunterricht direkt zur Unterstützung des Lehr- und Lernprozesses eingesetzt werden können.

Sportfunk: wichtiger Teilbereich der Sportpublizistik, in dem durch Berichterstattung, Kommentierung, Interviews u. a. über Sport informiert wird. Darüber hinaus aber bietet der Sportfunk auch Anregungen zum eigenen sportlichen Tun (z. B. Frühgymnastik). – In Deutschland gibt es den Sportfunk seit 1924.

Sport für alle: Bez. für alle Initiativen zur Förderung des Breitensports (z. B. ↑Zweiter Weg des Sports, ↑Trimmaktion).

Sportgerät: Gattungsbez. für alle in den einzelnen Sportarten verwendeten Geräte, die zusammen mit der ↑Sportbekleidung und den ↑Sportschuhen unter dem Oberbegriff ↑Ausrüstung zusammengefaßt werden können. Für den Wettkampfsport müssen die Geräte in Form und Abmessungen den für die einzelnen Sportarten gültigen Wettkampfbestimmungen entsprechen. Einteilungsmöglichkeiten für Sportgeräte sind u. a.: Kleingeräte und Großgeräte, Geräte, die bewegt werden (z. B. Ball, Speer, Florett), Geräte, an denen man sich bewegt (z. B. Reck), Geräte, die den Menschen bewegen (z. B. Segelboot, Ski), Geräte für den Innen- und Außenbereich. Die technische Sportgeräteentwicklung beeinflußt wesentlich auch die Leistung in der entsprechenden Disziplin (z. B. der Glasfiberstab im Stabhochsprung) und so auch die Entwicklung der sportartspezifischen Techniken und trägt zudem zur Ausbildung neuer Sportarten bei (z. B. Frisbeescheibe, Surfbrett). – Zuständig für Sportgeräte ist der Fachbereich „Sport- und Freizeitanlagen" des *Bundesinstituts für Sportwissenschaft.*

Sportgericht: im Unterschied zum ↑Sportrecht eine Einrichtung der Sportselbstverwaltung zur Entscheidung verbandsinterner Rechtsstreitigkeiten, über Verstöße gegen Regeln und Wettkampfbestimmungen sowie zur Verhängung von Verbandsstrafen (↑auch Strafe). Ein Sportgericht ist immer an einen bestimmten Fachverband gebunden, also nur für eine bestimmte Sportart zuständig. Die Sportgerichtsbarkeit kennt z. T. auch mehrere Instanzen und das Berufungsrecht. Die Sportgerichte zur Beilegung von Ehrenstreitigkeiten heißen *Ehrengerichte.*

Sportgeschichte: Theoriefeld der Sportwissenschaft, das sich der Erforschung und Darstellung der Entwicklung des Sports, d. h. der Leibesübungen und Leibeserziehung im weitesten Sinn widmet. Sportgeschichtliche Forschung dient v. a. der Erhellung von Wirkungszusammenhängen aus der Vergangenheit auf die jeweilige sportliche Gegenwartssituation, erklärt und interpretiert diese und ermöglicht Prognosen zur weiteren Entwicklung des Sports.

Sportgruppe: Zusammenschluß mindestens zweier Menschen mit dem Ziel, gemeinsam Sport zu treiben. Man kann Sportgruppen charakterisieren 1. nach ihrer *Größe:* Großgruppe (z. B. Teilnehmer an einem Volkslauf), Kleingruppe (z. B. Mannschaft), 2. nach dem Stand der sportlichen *Leistung* (z. B. ↑Leistungsgruppe, Talentgruppe, Trainingsgruppe), 3. nach der Art der *Neigung* bzw. des *Interesses* am Sport (z. B. die ↑Neigungsgruppe), 4. nach dem *Ort* des sportlichen Handelns (z. B. Vereinsgruppe, Betriebssportgruppe), 5. nach dem Grad der *Formalität* des Zusammenschlusses: informelle (z. B. Lauftreff) und formelle (z. B. Wettkampfmannschaft) Gruppe. – Die Erforschung spezieller Funktionen und Gesetzmäßigkeiten der Sportgruppe ist Gegenstand der Sportsoziologie.

Sportgymnasium ↑Sportinternat.

Sporthalle ↑Sport-, Spiel- und Freizeitanlagen.

Sportherz (Sportlerherz): Herzvergrößerung, die durch Anpassung des Herzens an lange andauernde Belastung entsteht. Um die erwünschte Blutförderleistung (↑Herzminutenvolumen) zu erbringen, kommt es zur Hypertrophie der Herzmuskelzellen, d. h. jede Zelle wird dicker und länger, die Kraft steigt. Dabei vergrößert sich das Herz, und die Kammern können mehr Blut aufnehmen (↑Herzschlagvolumen). Ein normales Herz wiegt etwa 300 g, bei Dauerleistungssportlern (z. B. Radrennfahrer, Marathonläufer) kann es bis zu 500 g wiegen. Dies ist die „kritische Grenze", da die Blutversorgung der Herzmuskelzellen nicht mehr gesteigert werden kann. Einige Wochen nach Belastungsende kann es zur Rückbildung des Sportherzens kommen.

Sporthochschule: sportwissenschaftliche Hochschuleinrichtung, die im Unterschied zu den ↑sportwissenschaftlichen Instituten eine selbständige, in sich geschlossene Einrichtung des tertiären Bildungsbereichs darstellt. Sie ist in drei Fachbereiche gegliedert: I: Erziehungs-, Geistes- und Sozialwissenschaften, II: Medizin und Naturwissenschaften, III: Sportdidaktik und -methodik. Sie hat Promotions- und Habilitationsrecht. – Die erste Sporthochschule in Deutschland war die ↑Deutsche Hochschule für Leibesübungen, die 1936 von der *Deutschen Reichsakademie für Leibesübungen* abgelöst und 1947 in der ↑Deutschen Sporthochschule Köln weitergeführt wurde, der in der Deutschen Demokratischen Republik die ↑Deutsche Hochschule für Köperkultur entspricht.

Sporthygiene [...i-e...; zu griechisch hygieinós „gesund, der Gesundheit zuträglich, heilsam"]: Fachgebiet der Sportmedizin; die Lehre von der Gesundheit, einschließlich der Gesundheitspflege und Gesundheitsfürsorge sowie der dafür getroffenen Maßnahmen, die sich mit den Wechselbeziehungen zwischen dem sporttreibenden Menschen und seiner belebten und unbelebten Umwelt befaßt.

Sportinformatik [zu lateinisch informatio „Bildung, Belehrung"]: hilfswissenschaftlicher, aber wichtiger Teilbereich der Sportwissenschaft; Lehre und Praxis sportspezifischer Information **(Sportinformation)** und Dokumentation **(Sportdokumentation)**, die aktive und passive Darbietung und Vermittlung der durch einen Dokumentationsprozeß direkt oder indirekt erfaßten, erschlossenen und gespeicherten Daten. Die Informationsleistungen lassen sich gliedern in *indirekte Information,* die entweder die Dokumente selbst oder deren bibliographische Daten für die Beschaffung dem Informationsnachfrager zur Verfügung stellt, und *direkte Information,* die die aus den Dokumenten gewonnenen Daten und Fakten zu einem jeweiligen Thema unmittelbar zur Verfügung stellt. Das Dokumentieren und Erstellen von Informationsleistungen erfolgt im Verlauf des sogenannten Informations- und Dokumentationsprozesses mit den drei Hauptfaktoren: *Informationsermittlung* (Überwachung des Angebots, Auswahl und Beschaffung der Informationsquelle u. a.), *Auswertung* (formale Erfassung, d. h. Aufnahme der bibliographischen Angaben des Dokuments, und inhaltliche Erschließung, d. h. Inhaltsangaben, z. B. Auszug, Zusammenfassung, Rezension, Literaturbericht u. a., die den Informationsnutzer direkt über Sachaussagen des Dokuments informieren; eine Inhaltskennzeichnung dient dem Wiederauffinden des Dokuments im Dokumentationsprozeß) und *Informationsvermittlung* (sowohl die Form, wie das Dokument dem Benutzer zugänglich gemacht wird z. B. über Bildschirm, Papierkopien u. a., als auch vom Benutzer her die Art des Zugriffs zu den gespeicherten Informationen, z. B. Archive, Findbücher, EDV-Listen). – Im deutschsprachigen Raum wird die Sportinformatik in erster Linie vom Fachbereich „Dokumentation und Information" des ↑Bundesinstituts für Sportwissenschaft, dem *Zentrum für Wissenschaftsinformation Körperkultur und Sport* (Leipzig), dem *Österreichischen Dokumentations- und Informationszentrum Sport* (Wien) und der *Bibliothek der Eidgenössischen Turn- und Sportschule* (Magglingen, Schweiz) geleistet, international von der *International*

Association for Sports Information (IASI; Sitz Den Haag), hervorgegangen aus dem 1960 in Rom gegründeten *Internationalen Büro für Dokumentation und Information des Sports* (IBDI).

Sport-Informations-Dienst (sid): 1945 gegründete Sportnachrichtenagentur (Sitz Düsseldorf).

Sportinternat [zu lateinisch internus „inwendig"]: mit einer Schule verbundenes Schülerheim für am Spitzensport interessierte und dazu begabte Jugendliche, das das pädagogische Ziel verfolgt, die Belange der Schule, des sportlichen Trainings und des alltäglichen Schülerlebens miteinander zu verbinden, so daß alle Bereiche in gleicher Weise gefördert werden. Man unterscheidet Vollzeit- und Teilzeitinternate (die Schule ist extern). – Vom Sportinternat zu unterscheiden ist das **Sportgymnasium,** eine höhere Schule mit dem Schwerpunkt der Förderung des Leistungssports in einer bestimmten Sportart (z. B. Skigymnasium). – ↑auch Kinder- und Jugendsportschule.

Sportjournalismus [...ʒʊr...; französisch, zu lateinisch (acta) diurna „Tagesbericht"] ↑Sportpublizistik.

Sportjugend ↑Deutsche Sportjugend.

Sportkurs [zu lateinisch cursus „Lauf"]: *im engeren Sinn* die Organisationsform für Lehr- und Lernangebote im Schulsport als ↑Grundkurs Sport und ↑Leistungskurs Sport; *im weiteren Sinn* Veranstaltungen von Sportvereinen, Volkshochschulen, Gymnastik- und Sportschulen, kommerzialisierten Betrieben wie Fitneßzentren, Ski-, Tennis- und Surfschulen u. a., die in der Regel das Ziel verfolgen, eine bestimmte Sportart zu lehren bzw. die Kompetenz in einer Sportart zu verbessern. Im Kurssystem kann aufgrund der normalerweise stattfindenden Leistungsdifferenzierung sehr gezielt geübt und trainiert werden, v. a. bei Sportkursen von Wettkampfmannschaften im Trainingslager bzw. zur Vorbereitung auf eine Wettkampfsaison.

Sportlehrer (Sportlehrerin): allgemeine Bez. für eine Lehrkraft für Sport sowohl im staatlichen Erziehungs- und Bildungswesen als auch im freien Beruf, deren Ausbildungsgang und -dauer je nach angestrebtem Betätigungsfeld variiert (↑Fachsportlehrer, ↑Fachlehrer für Sport, ↑Diplomsportlehrer). – Neben den sportwissenschaftlichen Instituten der Hochschulen sind im deutschsprachigen Raum die ↑Deutsche Sporthochschule Köln und die ↑Deutsche Hochschule für Körperkultur die wichtigsten und größten Ausbildungsstätten für Sportlehrer.

Sportlehrplan: ministerielle Rahmenrichtlinien, in denen die Ziele und Aufgaben sowie Hinweise für die didaktisch-methodische Gestaltung des Unterrichtsfachs Sport enthalten sind. Sportlehrpläne werden entweder *schulartspezifisch* (für Grund-, Haupt-, Sonder-, Berufs-, Real- und höhere Schulen) oder *schulstufenspezifisch* (Primarstufe, Sekundarstufe I und II) entwickelt. Ihre (theoretische) Grundlage sind die in ↑Sportpädagogik und ↑Sportdidaktik gewonnenen Erkenntnisse sowie (hinsichtlich der Lernziele und -inhalte) das ↑Aktionsprogramm für den Schulsport. Ein Sportlehrplan ist heute in der Regel ein ausgearbeitetes Lehrprogramm für den Sport **(Sportcurriculum),** das mit Hilfe psychologischer Methoden entwickelt wird, um mit bestimmten Unterrichtsmethoden festgelegte Lernziele zu erreichen, deren Realisierung anhand von Tests überprüft werden kann. Zu einem vollständigen Sportcurriculum gehören auch die erforderlichen Materialien (Lehr- und Lernmittel).

Sportler (Sportlerin): jemand, der aktiv Sport betreibt. Eine Differenzierung kann entweder nach den einzelnen Sportarten (z. B. Boxer, Fußballspieler, Leichtathlet) oder analog zu den verschiedenen anderen Einteilungsmöglichkeiten des Sports selbst (z. B. Freizeitsportler, Feierabendsportler, Berufssportler) vorgenommen werden.

Sportler des Jahres: in mehreren Ländern jährlich einem einzelnen Sportler, einer Sportlerin und einer Mannschaft zugesprochener Ehrentitel für besondere Leistungen im Sport. In der Bundesrepublik Deutschland (auch in den einzelnen Bundesländern) wird der Sportler des Jahres seit 1947 von den deutschen Sportjournalisten (durch Umfrage) gewählt.

sportliche Eignung: die Befähigung, eine sportliche Tätigkeit auszuüben. Sie reicht von stark eingeschränkter Eignung (z. B. bei Behinderten) bis zum Talent für sportliche Höchstleistung. Neben der Feststellung einer generellen Sporttauglichkeit (↑sportärztliche Untersuchung) dienen besondere *Eignungstests* (↑Test) der Ermittlung einer sportartspezifischen Fitneß und bestimmter technischer Begabungen.

Sportliteratur [zu lateinisch litteratura „Buchstabenschrift, Sprachkunst"]: Bez. für jede Form schriftlicher Aufzeichnung zum Thema Sport. Dazu zählen Schriften der Sportunterhaltungsliteratur (Erzählungen, Romane, Gedichte u. a. zum und aus dem Umfeld des Sports), v. a. aber die Gebrauchstexte zum Sport (Sportfachliteratur): *wissenschaftliche Gebrauchstexte* (Nachschlagewerke, Traktate, Abhandlungen, Aufsätze, Monographien, Biographien, Rezensionen, Kommentare, Protokolle u. a.), *didaktische Gebrauchstexte* (Reden, Vorlesungen, Vorträge, Referate, Schulbücher, Sachbücher u. a.) und *publizistische Gebrauchstexte* (Nachrichten, Bulletins, Chroniken, Berichte, Reportagen, Interviews, Leitartikel, Glossen, Zeitungen, Zeitschriften u. a.). Die Sportfachliteratur wird vom Fachbereich „Dokumentation und Information" des ↑Bundesinstituts für Sportwissenschaft in der ↑Sportinformatik erfaßt, ausgewertet und für den Benutzer erschlossen.

Sportmassage [masaʒə, französisch, wohl zu arabisch massa „berühren, betasten"]: mechanische Einwirkung auf die Haut und die unter ihr liegenden Gewebe (Muskel, Bindegewebe, Weichteile) unter Anwendung verschiedener Handgriffe wie Streichen, Kneten, Klopfen, Klatschen, Reiben u. a. Neben der Steigerung der Durchblutung und örtlichen Freisetzung von körpereigenen Wirkstoffen wird zusätzlich auf reflektorischem Weg eine Tonisierung des Gefäßsystems und der Organe erreicht. In der Sportmassage unterscheidet man je nach Zeitpunkt der Anwendung: Trainings-, Vorbereitungs- oder Wettkampfmassage (15–20 Minuten vor einem Wettkampf), Zwischenwettkampfmassage (zur Aufwärmung, Lockerung und bei Ermüdung in Wettkampfpausen) und Wiederherstellungsmassage (nach Wettkämpfen).

Sportmedizin [zu lateinisch (ars) medicina „Heilkunst"]: Spezialgebiet der (speziellen und angewandten) Medizin und Theoriefeld der Sportwissenschaft, in dem mit klinischen und physiologischen Methoden die Auswirkungen sportlicher Betätigung (Bewegung) auf den menschlichen Organismus erforscht und geprüft werden. Die Sportmedizin befaßt sich außer mit der Trainingsüberwachung und der Versorgung von Sportverletzungen und bei Sportunfällen mit der Erforschung und Praxis präventiver, therapeutischer und rehabilitativer Maßnahmen.

Sportmethodik [zu griechisch méthodos, eigentlich „das Nachgehen, der Weg zu etwas hin"]: innerhalb der Sportpädagogik Teilbereich der Unterrichtstheorie des Sports (Sportdidaktik), die Lehre von den (wissenschaftlichen) Methoden (Lehrverfahren), die im Sport eingesetzt werden. Lehrverfahren oder Methode ist ein planmäßiges Verfahren zur Erreichung eines bestimmten praktischen Ziels. In der Sportmethodik unterscheidet man eine *allgemeine Sportmethodik* als Lehre von der Handhabung der Unterrichtsverfahren, die für jeglichen Unterricht im Sport gelten, und eine *spezielle Sportmethodik* als Lehre von den

Sportmedizin		
↓		
Gesundheit		
↓		
sportmedizinische Praxis		
↓		
Prävention	Therapie	Rehabilitation
1. durch sportärztliche Untersuchung Vorsorgeuntersuchung, Untersuchung von Leistungssportlern 2. durch sportmedizinische Beratung 3. durch Sportunfallverhütung 4. gegen Doping 5. durch Sportmassage	1. funktioneller und organischer Herz-Kreislauf-Störungen 2. von Atemschäden 3. von Verdauungs- und Stoffwechselstörungen 4. von Haltungsschäden 5. von Bandscheibenschäden 6. von Sportverletzungen und Sportschäden 7. durch Sportmassage	1. von organisch Herzgeschädigten 2. nach Herzoperationen 3. nach Infarkterkrankungen 4. nach Verletzungen und Erkrankungen 5. durch Sportmassage

Unterrichtsmethoden, die in einem speziellen Übungsbereich des Sports gelten, d. h. in einer Sportart oder einem ihrer Teilbereiche (z. B. spezielle Methodik der Leichtathletik oder des Hochsprungs). Die Lehrmethoden stehen auf der Grundlage pädagogischer Prinzipien, z. B. der Bewegung, der Freude, der optimalen Belastung, der Zielstrebigkeit, der Geschlossenheit und Ordnung, der Situationsgemäßheit. – Bei den Methoden der Gestaltung des Sportunterrichts lassen sich folgende Gegensatzpaare unterscheiden: 1. **natürliche Methode** (bezogen auf die „Natur“ des Lernenden, seiner Umwelt und des Lernprozesses) und **Drillmethode** (gezieltes Üben einer bestimmten Sache), 2. **Arbeitsschulmethode** (Aktivität, Spontaneität, Selbsttätigkeit) und **Lernschulmethode** (Erklären, Vorschrift, direkter Weg), 3. **Ganzheitsmethode** (Ganzheit der Bewegung) und **analytisch-synthetische Methode** (Zergliederung in Teilbewegungen). Alle methodologischen Ansätze des Sportunterrichts lassen sich in induktiven und deduktiven Verfahren realisieren: 1. **induktive Methode:** Stellen einer Bewegungsaufgabe, Erproben und Suchen einer Lösung, Herausstellen der brauchbarsten Lösung, Nachgestalten, Anleitung und Korrektur, Üben und Einüben, Formen und Ausprägen, Anwenden, Gestalten; – 2. **deduktive Methode:** Vormachen und Erklären der Zielübung, Bewegungsanweisungen, Versuche und Bewegungsanweisungen, Versuche und Bewegungskorrektur, Üben und Einüben, Anwenden, Festigen, Formen, Gestalten. Bei beiden Methoden geht es nicht um ein ausschließendes Entweder-Oder, sondern um ein Sowohl-als-Auch (je nach Notwendigkeit und Möglichkeit der gegebenen Lernsituation). Jedes methodische Vorgehen im Sportunterricht verwendet schließlich auch methodische Maßnahmen wie Unterrichtsgespräch, Übungsreihe, Geländehilfe, Zusatzaufgabe, Gruppenarbeit u.a.

Sportmotorik ↑Motorik.

sportmotorischer Test [↑Motorik, ↑Test]: spezielle Form des Tests, angewandt bei Sportlern zur Erkenntnisgewinnung über deren motorische Eigenschaften konditioneller und koordinativer Art sowie über die sportmotorisch-technischen Fertigkeiten. Sportmotorische Tests können *formell,* d.h. mit nachgewiesenen Hauptgütekriterien der Objektivität, Zuverlässigkeit und Gültigkeit, oder *informell,* d.h. ohne den Anspruch statistisch abgesicherter Testentwicklung, sein. Sportmotorische Tests sind in zwei grundlegenden Formen verfügbar: als *Elementartests,* d.h. Einzeltests bzw. Testitems (z.B. Weitsprung aus dem Stand), und als *Testsysteme,* d.h. mehrere Testitems. Hierbei gibt es wiederum zwei Varianten: das *Testprofil,* eine Kombination mehrerer Einzeltests unter Beibehaltung eines Höchstmaßes von deren Eigenständigkeit, und die *Testbatterie,* eine Kombination mehrerer Einzeltests, die jedoch an einem gemeinsamen Ziel orientiert sind. – Bei der Anwendung sportmotorischer Tests ist zu beachten, daß durch diese zwar die Datenbasis zur Analyse sportmotorischer Leistung erweitert und objektiviert wird, daß andererseits aber nicht alle Aspekte der Motorik durch Tests erfaßt werden können (z.B. die Ästhetik einer Bewegung).

sportmotorisch-technische Fertigkeiten [↑Motorik, ↑Technik]: in der motorischen Entwicklung nach den Körperbauvoraussetzungen, den Wahrnehmungseigenschaften, der Körpererfahrung und den motorischen Eigenschaften die letzte erreichbare, erlernbare Stufe, das eine konkrete Sportart technisch konstituierende Strukturelement, das zusammen mit den anderen Faktoren die ↑motorische Fähigkeit (z.B. das Volleyballspielenkönnen) erst ermöglicht. Sportmotorisch-technische Fertigkeiten können mit ↑sportmotorischen Tests festgestellt werden. (Beobachtete) sportmotorisch-technische Fertigkeiten können ein wichtiges Motiv zum Erlernen einer bestimmten Sportart sein.

Sportnote: schulamtliches Mittel zur Mitteilung von Schülerleistungen **(Lernerfolgskontrolle)** im Sport. Bei der Vergabe von Sportnoten sollen drei Faktoren berücksichtigt werden: 1. die Leistung als Ergebnis von Handlungen im Sport. Diese Leistung bezieht sich im Sport zwar vorwiegend auf die Sportmotorik, doch fließen auch kognitive Lernleistungen in die Sportnote ein (↑auch Grundkurs Sport, ↑Leistungskurs Sport); 2. der Leistungswille als das Bestreben, die eigene Leistungsfähigkeit in bestmöglicher Form in v.a. sportmotorische Leistung umzusetzen und dabei auch auftretende Widerstände zu überwinden. In diesem Zusammenhang werden auch affektive Lernleistungen angesprochen; 3. konstitutionelle Voraussetzungen des Schülers (die angeborenen oder erworbenen körperlichen Erscheinungsweisen des Individuums, wie sie zu einem bestimmten Zeitpunkt vorliegen und somit motorisches Lernen im Sinne anthropogener Voraussetzungen bestimmen). – Die Mitteilung der Leistung durch das Instrument der Sportnote erfolgt meist als *Ziffernote,* d.h. anhand einer Schätzskala von 1 bis 6 (oder 1–15), in der die Note einen Rangplatzcharakter hat (Ordinalskalenniveau). Ähnliche Aussagekraft auf dem Rangplatzniveau haben auch Skalen mit Buchstaben A bis F. Teilweise (vornehmlich in der Grundschule) wird die *Wortnote* verwendet, d.h. eine Beurteilung der Leistung des Schülers in Sätzen, wodurch der Mitteilungscharakter der Sportnote im Sinne einer gezielten Rückmeldung deutlicher wird. Schließlich gibt es Ansätze, ein sogenanntes *Diagnoseheft* zur Mitteilung der Ergebnisse von Leistungsfeststellung zu verwenden, wobei keine wertende Aussage getroffen wird, sondern nur Daten detailliert mitgeteilt werden, damit daraus Konsequenzen für die weitere Gestaltung des Sportunterrichts, v. a. auch im Sinne der Kontinuität, gezogen werden können.

Sportökologie [zu griechisch oĩkos „Haus, Haushalt" und lógos „Lehre"]: Bereich der Humanökologie, der die Wechselbeziehungen zwischen dem sporttreibenden Menschen und seiner Umwelt untersucht, die sich vielgestaltig darstellen: Sport führt den Menschen in die Natur – da ein Großteil des Sports in der Natur stattfindet –, bedroht die Natur aber auch, z. B. durch expansive Baumaßnahmen, Schaffung entsprechender Infrastrukturen u. a., und ist selbst durch Umweltbedingungen beeinträchtigt. Die ökologischen Zusammenhänge zwischen Sport und Umwelt sind Thema der „Umweltpolitischen Grundsätze des Deutschen Sportbundes" von 1984, in denen sich der *Deutsche Sportbund* um eine sportökologische Bewußtseinsbildung bemüht. Im einzelnen nimmt er dabei Stellung u. a. zu folgenden Problemkreisen: positiver Beitrag des Sports zur Umweltgestaltung durch Förderung der humanen Funktion des Sports und der Erhaltung der Lebensfreundlichkeit der Umwelt, Gewährleistung umweltverträglicher Sportausübung durch sinnvolle Raumordnung und Raumplanung, Sicherstellung von Bewegungs- und Spielraum für alle ohne Zerstörung oder Gefährdung der Umwelt, Mitverantwortung der Sportorganisationen für die Erhaltung und Gestaltung der Umwelt, Sport- und Umweltverträglichkeit der Sportinfrastruktur, schonende sportliche Nutzung von Natur und Landschaft, Ermöglichung des Sports in gesunder Umwelt als Gemeinschaftsaufgabe von Sportlern, Bürgern, Umweltschutzorganisationen sowie von Bund, Ländern und Gemeinden.

Sportökonomie [lateinisch oeconomia „gehörige Einteilung", von griechisch oikonomía „Haushaltung, Verwaltung"]: Arbeitsbereich v. a. der Wirtschaftswissenschaften, der die Zusammenhänge von Sport und Wirtschaft untersucht. Die ständig zunehmende Kommerzialisierung und Professionalisierung des Sports zeigt sich sowohl hinsichtlich sachbezogener Leistungen der Wirtschaft (z. B. Ausstattung von Sportlern mit besonderer Bekleidung, Schuhen, Geräten, Sportstättenbau) als auch personengebundener Dienstleistungen (in Fitneßzentren, Sportvereinen, Tourismus u. a.).

Sportorganisaton [französisch, zu griechisch órganon, eigentlich „Werkzeug"]: sowohl der Prozeß des Organisierens (Planung, Durchführung, Mittelbereitstellung u. a.) als auch der Zusammenschluß (auch das Zusammenschließen) von Menschen in einem sozialen Gebilde zur Durchsetzung bestimmter Ziele, zur zielgerichteten Ordnung und Regelung von Aufgaben (Funktionen) und Tätigkeiten (Arbeitsvorgängen) im sportlichen Bereich in der Weise, daß alle Elemente der Organisation und alle daraus gebildeten Organisationseinheiten in das Gefüge des Sozialgebildes eingegliedert sind. Der formale Ausdruck der geschaffenen Ordnung ist eine bestimmte, zweckmäßige und integrative Struktur. Typische Formen der Sportorganisationen sind die öffentliche Sportverwaltung und die Sportselbstverwaltung (↑Sportverwaltung), innerhalb der letzteren v. a. der ↑Sportverein und der ↑Fachverband, aber auch die Formen des Sportangebots an Volkshochschulen, Schulen und Hochschulen sowie von Betrieben und kommerziellen Sportunternehmen.

Sportpädagogik [zu griechisch paidagōgeĩn „erziehen"] (Theorie der Leibeserziehung): sportwissenschaftliches Theoriefeld, das sich als spezielle und angewandte Pädagogik sowie als Teildisziplin der Sportwissenschaft insbesondere mit den funktionalen und intentionalen Möglichkeiten und Grenzen der Erziehung und Bildung im und durch den Sport befaßt. Forschungsmethodologisch geht die Sportpädagogik

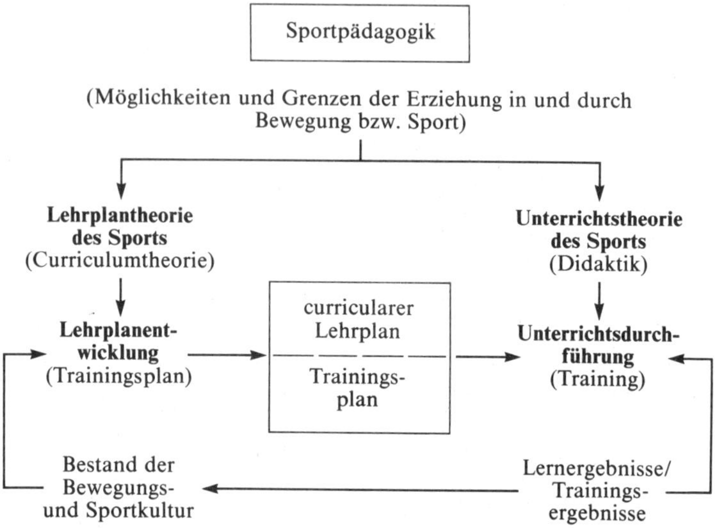

historisch, beschreibend und experimentell vor. Thematisch beschäftigt sie sich mit einer normativ-ethischen Begründung sportpädagogischen Handelns (Sportpädagogik als Normwissenschaft), der Erfahrungskontrolle und Technologie (Sportpädagogik als Realwissenschaft) sowie mit Gesellschaftskritik und Emanzipation (Sportpädagogik als Konflikttheorie, ↑auch Sportwissenschaft). Der Gegenstandsbereich der Sportpädagogik kann unter Zuhilfenahme des lerntheoretischen Didaktikmodells (nach Heimann, Otto und Schulz) mit folgenden Themen, die sowohl für die sportspezifische Curriculumtheorie (↑auch Sportlehrplan) als auch für die Unterrichtstheorie des Sports gleichermaßen konstitutiv sind, näher umschrieben werden: anthropogene Voraussetzungen (Lehrende, Lernende), soziokulturelle Bedingungen (Individuum, Gruppe, Institution, Zeit), Zielsetzungen, Inhalte, Methoden und Medien. Bezogen auf diese Faktoren, entwickelt die Sportpädagogik 1. eine Curriculumtheorie des Sports (Theorie der Lehrplanentwicklung): Inputauswertung, Konstruktion, praktische Anwendung, Outputauswertung, Überarbeitung, Revision und 2. eine Unterrichtstheorie des Sports (Theorie der Unterrichtsdurchführung): Voraussetzungsanalyse, Planung, Realisierung und Auswertung von Lehr- und Lernprozessen im Sport (Leibeserziehung).

Sportphilosophie [zu griechisch phílos „Freund“ und sophía „Weisheit“]: (noch junges) sportwissenschaftliches Theoriefeld, das sich als spezielle Philosophie und als Teildisziplin der Sportwissenschaft insbesondere mit der Erforschung der philosophischen Voraussetzungen und Deutungen des Sports in seinen verschiedenen Ausprägungsformen befaßt. Dies bedeutet v. a. eine philosophische Betrachtung des ↑Leib-Seele-Problems, der menschlichen Bewegung, der sportlichen ↑Leistung, des ↑Spiels sowie des Verhältnisses von Sport und Ethos. – Methodisch wie hinsichtlich ihrer Untersuchungsthematik steht die Sportphilosophie in enger Beziehung zur Sportanthropologie, -psychologie, -soziologie und anderen Disziplinen der Sportwissenschaft, zu deren wissenschaftstheoretischen Grundlegung sie ebenso beiträgt wie zur philosophischen Analyse sportlicher Einzelphänomene und -probleme. Frühere philosophische Ansätze, das Wesen des Sports, der Bewegung, des Spiels u.a. zu eruieren und zu deuten, sind heute entweder aufgegeben oder doch durch v.a. sozial- und kulturphilosophische Fragestellungen pluralistisch weitergeführt, so daß sich als Hauptthemen sportphilosophischen Fragens (mit H. Lenk) anführen lassen: Sport als Medium der Selbst- und Existenzvollendung, als Kraftüberschuß und Wurzel schöpferischen Lebens, als Spiel, als ästhetisches Phänomen, als ethisches Training, als Modell der Leistungsgesellschaft, als eine Ausgleichs- und Anpassungsreaktion auf Lebensbedingungen der industriellen Arbeitswelt, als Zeichenwelt, als Aggressionsventil, arterhaltende Instinktreaktion und Appetenzentladung, als Mittel der Produktionssteigerung, des Klassenkampfes und zur Aufhebung der Entfremdung sowie als symbolische Ersatzbefriedigung.

Sportphysiologie [zu griechisch phýsis „Natur" und lógos „Lehre"]: Lehre von den Funktionen und Regulierungen der Lebensvorgänge unter besonderer Berücksichtigung der durch sportliche Betätigung bedingten Veränderungen. Ausgehend von der Anatomie und der Physiologie erforscht sie die Auswirkungen der verschiedenen Sportarten (und der Intensität ihrer Ausübung) auf die einzelnen Körperorgane und -funktionen sowie auf den Menschen als körperlich-seelische Einheit. Sie bildet somit die Basis eines angemessenen, sinnvollen und unschädlichen Trainings. Hauptgebiete sind: 1. die akute Anpassung der biologischen Funktionen an die bei Anstrengung auftretenden veränderten Bedingungen (z.B. Atmung, Durchblutung, Herzfrequenz), 2. die Langzeitfolgen von regelmäßig ausgeübtem Sport (Arthrose, Hypertrophie; ↑auch Sportherz, ↑auch therapeutischer Sport), 3. die Erforschung der besonderen Bedingungen und der Leistungsfähigkeit bei ausgefallenen Belastungen (z.B. Tauchen, Fliegen, Sport in Höhenlagen) und Auswirkungen von Hilfsmitteln (Skier, Anzüge, Atemgeräte, Tennisschläger u.a.), 4. die Erarbeitung von Ratschlägen für richtigen Aufbau und richtige Dosierung des Trainings mit besonderer Beachtung des Alters und Zustands des Sporttreibenden und den besonderen Bedingungen und Anforderungen einer Sportart.

Sportphysiotherapie [zu griechisch phýsis „Natur" und therapeúein „(einen Kranken) pflegen"]: Behandlung mit den aus der Natur bereitstehenden Mitteln. Dazu gehören z.B. Wasser (verschiedener Temperaturen, Eis, Dampf, eventuell mit Zusätzen), Schlamm und Moor (als Bad oder Packungen), Pflanzenaufbereitungen, Luft (Höhen-, Meer-, Heißluft), Licht- und Wärmestrahlung. Eine erweiterte Form ist z.B. die physikalische Therapie mit aktiven und passiven Bewegungsübungen und Massage. Der Einsatz physiotherapeutischer Mittel ist schonend und wirkungsvoll, besonders bei Sportverletzungen und Bewegungsstörungen.

Sportplakette des Bundespräsidenten: 1984 vom Bundespräsidenten der Bundesrepublik Deutschland gestiftete Auszeichnung, die Sportvereinen und Sportverbänden, die 100 Jahre und älter sind, verliehen wird als Anerkennung ihres ehrenamtlichen Engagements für das Gemeinwesen.

Sportpolitik [französisch, von griechisch politikḗ (téchnē) „Kunst der Staatsverwaltung"]: 1. Sammelbez. für jedes öffentlichkeitsrelevante sportbezogene Handeln sowohl von Einzelpersonen als auch von Institutionen. Sportliches Handeln ereignet sich stets in dem Spannungsfeld zwischen dem Sport als einem gesellschaftlichen Phänomen (mit relativer Eigengesetzlichkeit) einerseits und dem Staat als der das öffentliche Leben verbindlich gestaltenden Institution andererseits. Gelegentlich werden die beiden Pole verabsolutiert und damit der Sport sportpolitisch als „politikfreier Raum" bzw. als „Mittel der Politik" deklariert, womit jedoch die große Variationsbreite sportpolitischen Handelns zwischen diesen Extrempositionen vernachlässigt wird. Inhaltlich betrifft Sportpolitik das innen- und außenpolitische Handeln im Bereich des Sports, das in der Bundesrepublik Deutschland partnerschaftlich in dem dualen System der öffentlichen Sportveranstaltung und der Sportselbstverwaltung, auf allen Ebenen (Gemeinde, Land, Bund, internationale Ebene) geschieht (↑Sportverwaltung). Eine Gefährdung dieser handlungsorientierten Sportpolitik liegt einerseits im Mißbrauch des Sports durch die Politik (z. B. Olympiaboykott aus rein politischen Motiven, Sport als Mittel nationalistischer Präsentation, Streit um Embleme bei internationalen Sportveranstaltungen), andererseits aber auch im Mißbrauch der Politik durch den Sport (z. B. unverhältnismäßige Forderungen des Sports an den Staat etwa beim Bau von Großsportanlagen für Berufssportler aus Steuermitteln, Nichtbeachtung umweltpolitischer Gesichtspunkte beim Sporttreiben); – 2. Bez. für die theoretische Auseinandersetzung mit sportpolitischen Problemen, die als **Sportpolitologie** in der Sportwissenschaft in engem Zusammenhang mit der ↑Sportsoziologie geschieht.

Sportpraxis [zu griechisch prắttein „handeln"]: 1. der konkrete Vollzug sportlicher Bewegungen *(motorische Praxis)*. Motorische Praxis hat eine energetische und – darauf aufbauend – eine technische Komponente. Sie geht der Sporterziehung und Sportwissenschaft zwar voraus, steht aber gleichwohl in einem Wechselverhältnis zur ↑Sporttheorie (theoriegeleitete Praxis und praxisgeleitete Theorie). Die sportmedizinische Forschung empfiehlt als minimale Sportpraxis entweder ein tägliches Training von 10 Minuten Dauer oder dreimal wöchentlich ein Training von 20–30 Minuten, wobei jeweils eine Pulsfrequenz von 180 minus Lebensalter Schlägen pro Minute erreicht werden soll; – 2. die berufliche Tätigkeit im Sport, z. B. die Lehrpraxis des Sportlehrers, die Trainingspraxis des Trainers; – 3. die tätige Auseinandersetzung mit der Wirklichkeit Sport im Unterschied zur Theorie; – 4. die Summe der Gesamtwirklichkeit Sport als Gegenstand sportwissenschaftlicher Forschung.

Sportpresse ↑Sportpublizistik.

Sportpsychologie [zu griechisch psychḗ „Seele" und lógos „Lehre"]: sportwissenschaftliches Theoriefeld, das sich als angewandte bzw. spezielle Psychologie und als Teildisziplin der Sportwissenschaft mit den verschiedenen Dimensionen des menschlichen Verhaltens im Rahmen des Handelns im Sport befaßt. Dies betrifft Ursachen und Voraussetzungen, Verlaufsstrukturen, Erlebnisvollzüge sowie Auswirkungen und gesellschaftliche Implikationszusammenhänge des Bewegungsverhaltens im Sport. – Bezugnehmend auf Singer u. a. können folgende Themenbereiche als Forschungsschwerpunkte der Sportpsychologie gesehen werden: Handlungspsychologie und Sport, Training und Wettkampf im Sport, sportpsychologische Aspekte der Sportarten, Talent im Sport, Sport und Persönlichkeit, motorische Entwicklung, motorisches Lernen, soziales Lernen, Bewegungstherapie und Bewegungserziehung, Motivationspsychologie, Sozialpsychologie, Gruppendynamik im Sport, Diagnostik der sportlichen Leistung. Diese Vielfalt der „Psychologien" kann man unter verschiedenen Kriterien systematisieren: Zum einen gibt es Psychologien der einzelnen Sportarten (z. B. des Schwimmens), zum anderen dienen grundlegende Verhaltensweisen im Sport als Kriterien, z. B. Wettkampfpsychologie, Trainingspsychologie, Spielpsychologie.

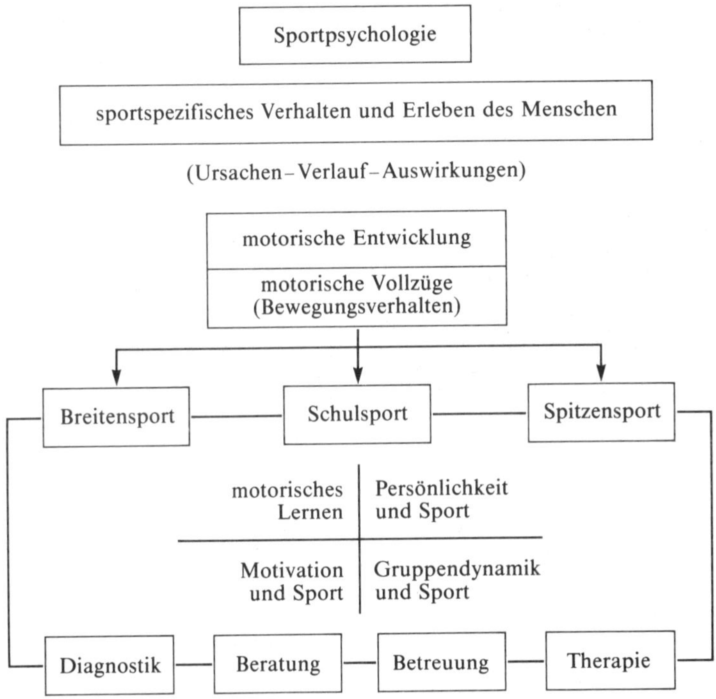

Sportpublizistik [zu lateinisch publicare „veröffentlichen"] (Sportjournalismus): Bez. für die Gesamtheit der am öffentlichen Informations- und Meinungsbildungsprozeß zum Sport beteiligten Massenmedien. Dazu zählen im einzelnen: 1. **Sportzeitungen:** periodisch (täglich, wöchentlich, mehrmals wöchentlich) erscheinende Zeitungen, die über den gesamten Sport (faktenorientiert) berichten und einzelne Erscheinungen oder Ereignisse kommentieren (auch durch Interviews mit Sportlern, Trainern u. a.); zu den Sportzeitungen zählen auch die *Sportteile* allgemeiner Zeitungen; – 2. **Sportzeitschriften:** in bestimmten (im Vergleich zu den Sportzeitungen größeren) Zeitintervallen erscheinende Veröffentlichungen zum Sport. Die Sportzeitschriften kann man unterscheiden in *Sportfachzeitschriften* (die zur ↑Sportliteratur zu rechnen sind) und *Sportmagazine* (populäre Publikationen, die vorwiegend im „Modebereich" des Sports, z. B. Fitneß, Aerobic, Bodybuilding, erscheinen). Unter wirtschaftlichem Aspekt kann man unterscheiden zwischen Verlagspublikationen und (offiziellen) Verbandszeitschriften, deren Pflichtbezug meist im Mitgliedsbeitrag enthalten ist (Sportzeitungen und -zeitschriften können auch unter dem Begriff **Sportpresse** zusammengefaßt werden); – 3. ↑Sportfernsehen; – 4. ↑Sportfilm; – 5. ↑Sportfunk; – 6. **Sportfotografie** (meist als Bestandteil anderer visueller Medien auf Postern, in Kalendern, Büchern, Fernsehen).

Wichtigste Aufgabe der Sportpublizistik ist die **Sportberichterstattung,** die als **Sportreportage** (in der Presse in schriftlicher Form, im Hörfunk mündlich und im Fernsehen mündlich und visuell, in beiden auch oft in Form der **Konferenzreportage,** bei der die Berichterstatter mehrerer gleichzeitig stattfindender Sportereignisse über die Sendezentrale miteinander verbunden sind, die - je nach Aktualität - bestimmt, welcher Bericht gesendet wird) v. a. über aktuelle Sportereignisse berichtet, aber auch der reflektierten Bewältigung des Zusammenhangs von Sport und Politik, Bildung, Kultur, Wirtschaft dient. - Der Begriff Sportpublizistik dient darüber hinaus auch als Bez. für die Wissenschaft und Lehre von der Medienkommunikation im Bereich des Sports. Aufgabenbereiche dieser Sportpublizistik sind die Untersuchung des Zusammenhangs zwischen Empfänger und Sender, der Publikumsstruktur, sozialpsychologischer Wirkungen sportlicher Kommunikationsmedien, der Sportsprache u. a., aber auch die Ausbildung von Sportjournalisten.

Sportrecht: im Unterschied zu der Sportgerichtsbarkeit (Sportverbandsrecht, Sportvereinsrecht) der Sportselbstverwaltung (↑Sportgericht) die Summe der staatlichen Rechtsnormen (Gesetze), die speziell auf den Sport anwendbar sind. Dazu zählen v. a. alle rechtlichen Regelungen zu Sportarten, deren Ausübung öffentliche Hoheitsbereiche berührt, z. B. das Luftverkehrsgesetz (Flugsport), das Schiffahrtsrecht (Wassersport), das Schulrecht (Schulsport) sowie das Sporthaftungsrecht, das die rechtliche Verantwortung zwischen Sportverein und Mitgliedern, Arbeitgebern und Arbeitnehmern im Betriebssport, Sportveranstaltern und Sportlern, aber auch zwischen Sportveranstaltern und Besuchern der Veranstaltung u. a. regelt.

Sportreportage [...aʒə; französisch „Berichterstattung"] ↑Sportpublizistik.

Sportschäden: im Unterschied zu den plötzlich auftretenden ↑Sportverletzungen langsam und unbemerkt, meist auf der Grundlage schleichender Gewebsveränderungen, durch ständig wiederholte Über- und Fehlbeanspruchung im Grenzbereich der Widerstandsfähigkeit empfindlicher Gewebe entstehende gesundheitliche Schäden. Diese *primären Sportschäden* treten überwiegend am Bewegungsapparat (Sehnen, Knochenhaut, Knochen, besonders häufig am Gelenkknorpel) auf, verursacht v. a. durch eine unphysiologische (unnatürliche) Zunahme der Gelenkknorpelbelastung, z. B. bei häufigen unnatürlichen Bewegungsabläufen, bei Verminderung der Auflagefläche der Gelenkknorpel in extremer Gelenkstellung (z. B. maximale Kniebeugung mit Hantelgewichtsbelastung). Als Folge der ständig zunehmenden Trainingsbelastung rechnen neuere Schätzungen bei der Hälfte aller Spitzensportler bereits im dritten Lebensjahrzehnt mit degenerativen Gelenkleiden. - Unter *sekundären Sportschäden* versteht man Schäden, die als Sportunfallspätfolgen im Zusammenhang mit einem oder mehreren Traumen verschiedener Intensität entstehen.

Sportschuhe: das bei der Sportausübung getragene Schuhwerk, das mit der Sportkleidung und dem Sportgerät zur Ausrüstung zählt. Sportschuhe sollen sowohl den speziellen Erfordernissen der einzelnen Sportarten bzw. Disziplinen als auch den individuellen orthopädischen Anforderungen der Sportler entsprechen. Die von den Sportverbänden erlassenen Wettkampfbestimmungen enthalten auch Vorschriften zum Schuhwerk.

Sportschule: Lehr- und Übungsinstitution einzelner (oder mehrerer) Sportverbände oder staatlicher Behörden für den Breiten- und Spitzensport, die v. a. der Aus- und Weiterbildung von Übungsleitern sowie der Schulung und Wettkampfvorbereitung von Sportlern verschiedener Sportarten und Disziplinen dienen.

Sportselbstverwaltung ↑Sportverwaltung.

Sportsoziologie [zu lateinisch socialis „gesellschaftlich, gesellig" und griechisch lógos „Lehre"]: sportwissenschaftliches Theoriefeld, das als angewandte und spezielle Soziologie und als Teildisziplin der Sportwissenschaft darum bemüht ist, mit Hilfe der (auch modifizierten) Anwendung bekannter oder der Entwicklung neuer soziologischer Theorien das Handlungsfeld Sport im Hinblick auf dessen innere Struktur und Stellung innerhalb der Gesellschaft zu untersuchen. Bezugnehmend auf Rittner können folgende Themenbereiche als Forschungsschwerpunkte der Sportsoziologie angesehen werden: Sport und Gesellschaft, Sport und Arbeit, Sport und Leistung, schicht- und geschlechtsspezifische Aspekte des Sports, Sport und Kultur, Sport und Schule, Sozialisation und Sport, Gruppen im Sport, Wahrnehmung von Sport, Organisationen und Institutionen im Sport, Sport und sportfremde Institutionen, Sport und Freizeit, soziale Probleme und Sport, Sport und Politik, Sport und Medien (Zuschauer), soziologische Aspekte der Sportarten, Sport und Frau, Sport und Professionalisierung.

Sportspiel: soziales menschliches Bewegungsverhalten, das Komponenten des Sports (Regeln, Ordnung, Wettkampf u. a.) und des Spiels (Zufall, Überraschung, freies Handeln u. a.) in sich vereint. Vorformen des regelgeleiteten, leistungs- und wettkampforientierten Sportspiels sind informelle Spiele, ↑kleine Spiele und ↑Minisportspiele. Der Grad der Komplexität, Regelgebundenheit und Organisation in Wettkampfformen nimmt bis zu den Sportspielen ständig zu. Die Sportspiele können nach ihrer Sozialstruktur in zwei Gruppen eingeteilt werden: 1. *Partnerspiele* (↑auch Dualsportarten): Diese werden auch Rückschlagspiele genannt (z. B. Badminton, Squash, Tennis, Tischtennis) und können als Einzel- und Doppelspiele

Sportsoziologie

↓

innere Struktur und äußerer Bezugsrahmen des Handlungsfeldes Sport

↓

handlungstheoretische Voraussetzungen des Sports	soziale Strukturen im Sport und in Sportgruppen	Sport und Gesellschaft
– Ausdrucksverhalten in Sport und Spiel – Motivationsstrukturen, Einstellungen bei Schülern, Freizeit-, Spitzensportlern u. a. – Sozialfigur des Sportlers, Sportlehrers u. a.	– Wert, Normen, Konflikte, Beziehungen in Sportgruppen – Alters-, Geschlechts-, Regional- und Sozialdifferenzierung in Sportgruppen, -vereinen, -verbänden u. a. – soziale Prozesse im Sport (Sozialisation, abweichendes Verhalten u. a.) – formale Organisationsstrukturen im Sport – Professionalisierung	– Verhältnis des Sports zu anderen gesellschaftlichen Bereichen (Familie, Kirche, Politik, Arbeitswelt u. a.) – Funktionen des Sports – Sport und soziale Probleme (Freizeit, Randgruppen, Resozialisierung u. a.) – interkulturelle Vergleiche von Sport und Spiel

Sportsoziologie. Struktur der Sportsoziologie (nach Heinemann)

durchgeführt werden. Da der Rückschlag des Balles mit der jeweils ersten Ballberührung erfolgen muß, kommt es zu schnellen Ballwechseln, die hohe Anforderungen an Schnelligkeit und Reaktionsvermögen stellen. – 2. *Mannschaftsspiele:* Hier lassen sich wiederum zwei Formen unterscheiden: a) Spiele mit frei zugänglichen Spielfeldzonen (z. B. Basketball, Fußball) und b) Spiele, deren Spielfeldhälften zwar das Zielgebiet der jeweiligen Gegenpartei sind, aber von dieser nicht betreten werden dürfen (z. B. Faustball, Indiaca, Volleyball). Das Sportspiel ist immer durch Regeln gekennzeichnet.

Sport-, Spiel- und Freizeitanlagen: die Gesamtheit aller Einrichtungen, die der Sportausübung und der sportorientierten Freizeitgestaltung dienen: Sportplätze, Stadien, ↑Spielplätze, Sporthallen (Turnhallen) und Spielhallen, Schwimmbäder (Frei- und Hallenbäder), Leistungszentren sowie alle sportartspezifischen Anlagen wie Tennisanlagen, Golfplätze, Skipisten, Sprunganlagen, Kunsteisbahnen, Radrennbahnen, Kegelbahnen, Rennstrecken für den Motorsport, Galopprennbahnen einschließlich aller jeweils erforderlichen technischen und Sportgeräteausstattung sowie aller zusätzlichen Räumlichkeiten (sanitäre Anlagen, Büros, Aufenthaltsräume für Sportler, Kampfrichter, Betreuer) und Nebengebäude (Gerätemagazine, Werkstätten, Pferdeställe u. a.). Die etwa bis Anfang der 1970er Jahre übliche vorrangige Planung und Nutzung solcher Anlagen für Schul- und organisierten Sport ist heute zugunsten einer gleichrangigen Planungskonzeption im Sinne des „Sports für alle“ und des organisierten Sports aufgegeben.

Zur Beratung beim Sportstättenbau stehen der Fachbereich „Sport- und Freizeitanlagen“ des ↑Bundesinstituts für Sportwissenschaft sowie der ↑Internationale Arbeitskreis Sport- und Freizeiteinrichtungen zur Verfügung. – Bereits in der Antike gab es spezielle Sportstätten und -anlagen, z. B. das *Gymnasion* (im 6. Jahrhundert v. Chr. noch ein einfacher rechteckiger Übungsplatz, später ein Komplex von Vorbereitungs-, Trainings-, Geräte-, Aufenthalts- und Unterrichtsräumen und von Wettkampfstätten, der das Zentrum von Körpererziehung und geistiger Bildung war), die *Palästra* (einfache Sportstätte ohne Außenanlagen), das ↑Stadion, das *Hippodrom* (Anlage für Pferde- und Wagenrennen), den ↑Circus und das *Amphitheater* (elliptischer Bau mit Innenraum [Arena] und Zuschauerrängen, v. a. für Gladiatoren- und Tierkämpfe).

Sportsprache: den gesamten Bereich des Sports (Sportpraxis, Sportwissenschaft, Sportorganisation, Sport als gesellschaftliches Phänomen u. a.) umfassende Sonder- bzw. Fachsprache, einschließlich des Sportjargons (Sonderwortschatz, jedoch ohne eigene Gesetze des Satz- und Formenbaus), die sich in einem ständigen Entwicklungsprozeß befindet (Sportarten, und damit ihre speziellen Termini, verschwinden, neue entstehen). Die sportartspezifische und sportwissenschaftliche Sprache (Fachterminologie) zu standardisieren und zu ordnen, ist Aufgabe des ↑Sportthesaurus.

Sportstudium [lateinisch studium „eifriges Streben, wissenschaftliche Betätigung“]: fachorientierte Hochschulausbildung in Theorie und Praxis des Sports an einem der ↑sportwissenschaftlichen Institute bzw. an der ↑Deutschen Sporthochschule Köln mit dem Ziel eines akademischen Abschlusses auf sportpädagogischem oder sportwissenschaftlichem Gebiet. Ausbildungsziele sind im einzelnen: 1. die Befähigung für das Lehramt für Sport, 2. Abschluß als ↑Diplomsportlehrer, 3. Magister, Promotion und Habilitation für eine wissenschaftliche Laufbahn.

Sportstunde: kleinste Planungseinheit für den Sportunterricht an Schulen oder im Training mit folgendem idealtypischem Aufbau: 1. *Einleitung:* physiologisches Aktivieren, Einstimmen, Vorbereiten, Hinführen, Erläutern des Ziels (Themas) der Stunde bei gleichzeitiger Schulung der Wahrnehmungseigenschaften und der motorischen Eigenschaften. – 2. *Hauptteil:* Realisierung des thematischen Schwerpunkts in Aktionsformen wie Üben, Spielen, Gestalten, Leisten, Wettkämpfen; hier können neben motorischen auch kognitive und affektive Zielsetzungen richtungweisend sein; auch mehrere Schwerpunkte sind möglich. – 3. *Ausklang:* Beruhigung im physiologisch und psychologisch orientierten Verhalten der Schüler sowie abschließendes Gespräch.

Sporttauglichkeit ↑sportärztliche Untersuchung.

Sporttheorie [zu griechisch théa „das Anschauen, das Angeschaute" und horáein „sehen"]: auf den Sport als ganzen bezogenes System von (wissenschaftlichen) Aussagen über eine (hypothetische) gesetzmäßige Ordnung und über einzelne empirische Befunde eines bestimmten (realen oder postulierten) Erkenntnis- bzw. Objektbereichs. Neben der Funktion der Explikation und Prognose dient die Sporttheorie auch zur Überprüfung ihres eigenen Wahrheits- und Gültigkeitsanspruches, ihres Anwendungs- und Geltungsbereichs, zur Kritik anderer Theorien, zur Projektion neuer Forschungsrichtungen und zur Erstellung neuer Theorien. Grundsätzlich ist zwischen der *Objekttheorie,* die einen bestimmten Bereich der Objekte (z. B. Training) untersucht, und *Netztheorie,* die die Konstruktion der Theorie untersucht und gegebenenfalls kritisiert, zu unterscheiden. Nach dem Grad ihrer jeweiligen Aussagekraft und Gültigkeit unterscheidet man Sporttheorien kurzer, mittlerer und größerer Reichweite. – Sporttheorie ist Bestandteil der ↑Sportwissenschaft (und damit auch der sportspezifischen Ausbildungsgänge). Sie wird sowohl in *wissenschaftssystematischer* Gliederung (z. B. als Sportmedizin, -biomechanik, -psychologie, -pädagogik, -soziologie, -geschichte, -philosophie) als auch *themenorientiert* (z. B. als Bewegungs-, Trainings-, Gesundheits-, Unterrichts-, Organisations-, Wettkampf-, Verletzungslehre) betrieben. Sporttheorie ist auch – in enger Verbindung zur motorischen Praxis (↑Sportpraxis) – Bestandteil des Sportunterrichts in der gymnasialen Oberstufe (↑auch Grundkurs Sport, ↑Leistungskurs Sport). Sporttheorie als *Instrument* des Bewegungslernens und der kritischen Analyse des gesellschaftlichen Subsystems Sport kann differenziert werden in *sportartspezifische* (Gewinnung handlungsrelevanter Kenntnisse über die speziellen Bewegungsvollzüge einer Sportart) und *allgemeine* Sporttheorie (Erklärung sportspezifischer Bewegungen aus übergeordneter Sicht, kritische Betrachtung des gesellschaftlichen Phänomens Sport).

Sportthesaurus [zu griechisch thēsaurós „Schatz, Schatzhaus"]: alphabetisch und systematisch geordnete Sammlung aller sprachlichen und sonstigen Bezeichnungen des Bereichs Sport (z. B. Sportfachterminologie, Sportjargon) nach ihren semantischen Beziehungen. Der Sportthesaurus ist als Funktionsträger im Rahmen des Sportdokumentationssystems das grundlegende Hilfsmittel zur Wiederauffindung und inhaltlichen Erschließung von Dokumenten und zur Wiedergewinnung von Informationen über jedes gewünschte Element des Sportbereichs. – ↑auch Sportinformatik.

Sportunfälle: plötzliche, unabwendbare und von äußerer Gewalteinwirkung begleitete Ereignisse bei der Ausübung von Sport, die sehr verschieden ausgeprägte Folgen für den Körper (↑Sportverletzungen) haben können. Sportunfälle ergeben sich sowohl durch Geräte und Ausrüstung als auch aus dem Zusammenwirken mit anderen Sportlern und mit der Umgebung, insbesondere dem Boden. Die Unfallhäufigkeit ist beim Fußball am höchsten, Ursache sind Zusammenstöße mit dem Gegner oder dem Torpfosten, Stürze, Balleinwirkungen. Beim Geräteturnen ist meist der Sportler selbst Auslöser seines Unfalls durch Sturz vom oder Karambolage mit dem Gerät, Ursache sind oft Leistungen im Grenzbereich der individuellen Fähigkeiten sowie Ermüdung. Durch hohe Geschwindigkeiten ergeben sich besondere Gefahren (innere und Schädelverletzungen) z. B. beim Bobfahren, Skilauf, Radfahren, Motorsport. Der Sportler selbst kann Unfälle vermeiden durch gute Vorbereitung und Technik, Erkennen der Leistungsgrenzen und Ermüdungserscheinungen, Einhalten der Regeln und angemessene Schutzkleidung (↑ auch Sportschäden, ↑ Sportarzt).

Sportunterricht: Teil des ↑ Schulsports, der vom außerunterrichtlichen Schulsport unterschieden wird. Der Sportunterricht an der Schule kann Pflicht- und Wahlpflichtcharakter haben. Ziel, Inhalt und Durchführung des Sportunterrichts werden entweder nach Schulstufen oder nach Schularten differenziert. Der Sportunterricht ist von ↑ Lernzielen bestimmt, seine Inhalte sind die *Motorik* (Bewegungstrieb, Wahrnehmungseigenschaften, motorische Eigenschaften und sportmotorisch-technische Fertigkeiten, Taktik), *theoretische Aspekte* (Theorie der motorischen Grundlagen, der Sportarten, allgemeine Sporttheorie) und *affektive Aspekte* (individual-, partnerschafts- und gruppenorientiertes Verhalten, z. B. Fairneß). Die Durchführung ist bestimmt von den in der ↑ Sportmethodik erarbeiteten Methoden und von bestimmten Medien. Die wissenschaftliche Fundierung des Sportunterrichts leisten v. a. ↑ Sportpädagogik und ↑ Sportdidaktik (↑ auch Sportlehrplan).

Sportverband: innerhalb der Sportselbstverwaltung Zusammenschluß von Teilgliederungen (z. B. von Sportvereinen) zu einer Organisation, die durch Satzung und Geschäftsordnung ihre Struktur und Arbeit regelt. Der Sportverband hat die Aufgabe, Sport zu ermöglichen und zu fördern, die eigenen Interessen gegenüber anderen gesellschaftlichen Kräften zu vertreten und international zu repräsentieren. In der Bundesrepublik Deutschland gehören die Sportverbände dem ↑ Deutschen Sportbund als Mitgliedsorganisationen an. Sie sind in fünf Gruppen gegliedert: 1. ↑ Landessportbünde, 2. Spitzenverbände (↑ Fachverband), 3. Sportverbände mit besonderer Aufgabenstellung (z. B. ↑ Eichenkreuz, ↑ Deutsche Jugendkraft, ↑ Makkabi), 4. Verbände für Wissenschaft und Bildung (z. B. ↑ Deutscher Sportlehrerverband, ↑ Deutsche Vereinigung für Sportwissenschaft, *Deutscher Sportärztebund*) und 5. Förderverbände (z. B. ↑ Deutsche Olympische Gesellschaft).

Sportverein (auch: Club, Klub): innerhalb der Sportselbstverwaltung ein freiwilliger Zusammenschluß von Menschen zum Zweck des Sporttreibens. In der Regel hat der Sportverein den vereinsrechtlichen Status eines eingetragenen Vereins (e. V.). Nach der Mitgliederzahl werden unterschieden: Kleinvereine (bis zu 200 Mitglieder), Mittelvereine (200–1 000) und Großvereine (über 1 000), nach der Zwecksetzung des Vereins: Einzweckvereine (eine Hauptsportart), Mehrzweckvereine (2–6 Hauptsportarten) und Vielzweckvereine (über 7 Hauptsportarten). Die Sportvereine sind auf verschiedenen regionalen Ebenen zu ↑ Sportverbänden zusammengeschlossen. Historisch wie aktuell ist der Sportverein (Turnverein) ein tragendes Element der Turn-, Spiel-, Gymnastik- und Sportbewegung. – ↑ auch Vereinssport.

Sportverletzung: bei sportlicher Betätigung erfolgende Verletzung durch äußere Gewalteinwirkung oder aufgrund plötzlicher stärkster Belastung von Körperteilen (↑ Anriß, ↑ Apophysenabriß, ↑ Bandscheibe, ↑ Distorsion, ↑ Fraktur, ↑ Gelenk, ↑ Luxation, ↑ Meniskus, ↑ Riß, ↑ Zerrung). Jede Sportart birgt neben den ↑ Sportunfällen typische Verletzungsgefahren an besonders belaste-

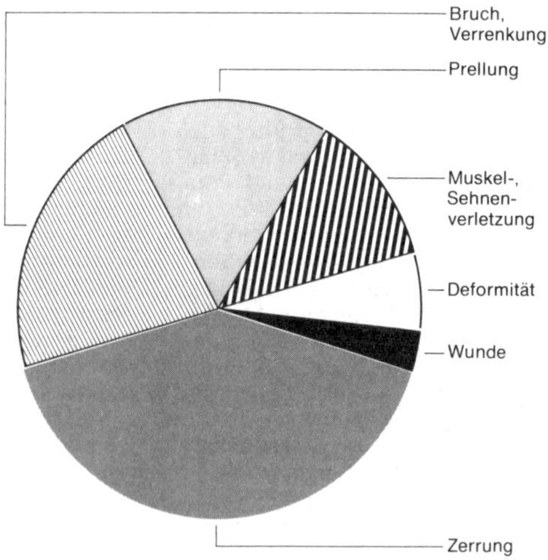

Sportverletzung. Die Häufigkeit der verschiedenen Sportverletzungen (nach Cotta)

ten Körperteilen in sich, z. B. beim Springen und Sprinten an Sprunggelenk und Achillessehne, beim Fußball und Skilauf an Kniegelenken und Beinmuskeln, beim Geräteturnen und Gewichtheben an Wirbelsäule und Schulter-Arm-Muskulatur. Als Erstmaßnahme ist fast immer sinnvoll: Kühlen, Verbinden (bzw. Zusammendrücken durch Kompressionsverband), Hochlagern, Ruhigstellen; ↑ auch Sportarzt). Geeignete Kleidung und Schutzvorrichtungen (z. B. beim Eishockey), auch Maßnahmen des Helfens und Sicherns sowie das jeweilige Reglement der Sportarten können viele Sportverletzungen verhüten oder abschwächen.

Sportverwaltung: die institutionelle und organisatorische (↑ auch Sportorganisation) Ordnung und Ausgestaltung des Sports. Die Sportverwaltung in der Bundesrepublik Deutschland geschieht in dem partnerschaftlich-dualen System von Sportselbstverwaltung und öffentlicher Sportverwaltung. Beide Bereiche sind regional strukturiert, erstrecken sich aber auch auf die internationale Ebene. – Zur **Sportselbstverwaltung** zählen: ↑ Sportverein, ↑ Sportverband und ↑ Fachverband, ↑ Landessportbund und ↑ Deutscher Sportbund, ↑ Nationales Olympisches Komitee und ↑ Internationales Olympisches Komitee; zur **öffentlichen Sportverwaltung:** ↑ Sportamt, Sportressorts in Länderministerien, Bundesministerien (v. a. Bundesministerium des Innern), ↑ Bundesinstitut für Sportwissenschaft, Europarat, UNESCO u. a. Institutionen, die personell paritätisch aus beiden Bereichen der Sportverwaltung besetzt sind, sind die Landesportkonferenzen und die ↑ Deutsche Sportkonferenz.

Sportwaffen, Sportgeräte, die 1. in einigen Kampfsportarten dem Angriff und der Verteidigung (z. B. Florett, Degen und Säbel im ↑ Fechten, Schinai im ↑ Kendo), 2. im Schießsport dem Treffen eines Zieles über unterschiedliche Distanzen dienen (z. B. Pfeil und Bogen beim ↑ Bogenschießen; Gewehr, Pistole u. a. im ↑ Schießsport; Gewehr im ↑ Biathlon; Bolzen und Armbrust im ↑ Armbrustschießen). Aus Gründen der Sicherheit und der Wahrung gleicher Wettkampfchancen unterliegen Abmessungen, Bauweise und Ausstattung mit Zusatzeineinrichtungen (z. B. optische Visierhilfen) strengen Vorschriften.

Sportwissenschaft (früher auch: Gymnologie): System wissenschaftlicher Forschung, Lehre und Praxis des Sports, in das Erkenntnisse aus anderen Disziplinen integriert werden. – *Sinn* und *Funktion* der Sportwissenschaft ist es, Fragen nachzugehen, die als Probleme oder Defizite entdeckt wurden, im Rahmen des wissenschaftlichen Begründungszusammenhangs gefundene Lösungen zu verwerten, d. h. der Praxis zuzuführen, diese zu erklären, zu kontrollieren und gegebenenfalls zu verändern. – Der *Gegenstandsbereich* der Sportwissenschaft kann gegliedert werden: 1. nach Organisationsbereichen (O. Gruppe), z. B. Leibeserziehung, Schulsport, Jugendsport; Breitensport, Freizeitsport, Sport für alle; Leistungssport, Wettkampfsport; Hochleistungssport, Spitzensport; 2. nach thematischen Fragestellungen, z. B. Analyse der menschlichen Bewegung, motorische Entwicklung und motorisches Lernen, Motivation im Sport, Sozialisation im Sport, Leistung, Gesundheit im Sport, Struktur und Funktion des Sports in der Gesellschaft u. a.; 3. wissenschaftssystematisch nach den sieben Theoriefeldern der Sportwissenschaft: medizinisch-mechanische Grundlagen (Sportmedizin, Sportbiomechanik), sozial- und verhaltenswissenschaftliche Grundlagen (Sportpsychologie, Sportpädagogik, Sportsoziologie), historisch-philosophische Grundlagen (Sportgeschichte, Sportphilosophie). – Hinsichtlich ihrer *Methodologie* arbeitet die Sportwissenschaft mit den allgemeinen wissenschaftlich-theoretischen (z. B. hermeneutische, phänomenologische, historische, deskriptive Methode) und empirischen (z. B. Techniken der Datenerhebung [Tests, Befragung, Beobachtung] und Datenbearbeitung [numerische, statistische und nichtnumerische Verfahren]) Methoden. – Die Sportwissenschaft wird an den sportwissenschaftlichen Instituten der Universitäten und Hochschulen sowie an der *Deutschen Sporthochschule Köln* betrieben und gelehrt.

sportwissenschaftliche Institute (Institute für Sportwissenschaft, sportwissenschaftliche Hochschuleinrichtungen): Hochschuleinrichtungen, deren Gegenstand in Forschung und Lehre der Sport ist. Die sportwissenschaftlichen Institute gehen in der Regel auf Hochschuleinrichtungen zurück, die den praktischen Sport für Hochschulangehörige ermöglichten und organisierten. Seit Ende der 1920er Jahre wurde diesen Instituten die akademische Sportlehrerausbildung übertragen (↑auch Sportstudium), seit den 70er Jahren treten Forschung, Lehre (auch hinsichtlich außerschulischer Berufsfelder) und Organisation des Hochschulsports gleichermaßen in den Vordergrund. – Einen Sonderfall stellt nach Größe, Ausdifferenzierung und Rechtsform die ↑Deutsche Sporthochschule Köln dar.

Sportzeitschrift ↑Sportpublizistik.

Sportzeitung ↑Sportpublizistik.

Spreizen: in Gymnastik und Geräteturnen die Vor-, Rück- oder Seitwärtsbewegung der Beine in verschiedenen Positionen des Körpers oder im Flug (Sprung) über ein Gerät hinweg. Eine ausgeprägte Form des Spreizens ist der ↑Spagat.

Springen: eine der Grundformen menschlicher Bewegung, bei der eine im Vergleich zum Gehen und Laufen größere Strecke ohne Bodenberührung überwunden wird. Das Springen beginnt mit dem Absprung auf einem oder beiden Beinen und endet mit der Landung auf dem Sprung- oder Schwungbein bzw. auf beiden Beinen. Springen zählt zum Bewegungsrepertoire sehr vieler Sportarten, ist aber v. a. eine der fünf Bewegungsgrundformen der Gymnastik. – Zum Springen als Bewegungsfertigkeit der einzelnen Sportarten ↑Sprung.

Springreiten (früher auch: Jagdspringen): Teildisziplin des Pferdesports für Damen und Herren (in gemeinsamer Wertung), bei dem ein mit (meist) künstlichen Hindernissen bestückter Kurs (Parcours) in einer bestimmten Zeit zu durchreiten ist. – Der **Parcours** kann im Freien oder in der Halle angelegt werden. Die maximale Gesamtlänge des Parcours wird nach folgender Formel ermittelt: Anzahl der Hindernisse × 60 (in Metern; gemessen über die Mitte der Hindernisse und über die Wendungen, die von Pferd und Reiter normalerweise geritten werden). Die Hindernisse werden in der Regel für jeden Wettbewerb zu einem neuen Parcours zusammengestellt. An Hindernissen unterscheidet man u.a. *Gatter* (senkrechter Lattenverschlag), *Mauer* (aufeinandergelegte Holzkästen), *Oxer* (Buschwerk oder Hecke zwischen zwei waagerechten Stangen für einen Hochweitsprung), *Rick* (waagerecht mit Zwischenraum übereinander angeordnete Stangen), *Wall* (Naturhindernis mit einem oder mehreren Aufsprüngen und einem Absprung), *Wassergraben* (mit Wasser gefülltes 10–20 cm tiefes Becken). Es können auch zwei oder mehrere Hindernisse zu einer (zwei- oder mehrfachen) Kombination zusammengestellt werden. Die Kombination gilt als ein Hindernis, so daß z.B. bei einer Verweigerung beim dritten Sprung die gesamte Kombination neu gesprungen werden muß. Die Maße der Hindernisse (Sprunghöhe, -weite und Hindernisbreite) wechseln je nach dem Schwierigkeitsgrad der Springprüfung. – Die *Springpferde* sind meist muskulöse, springfreudige Warmblüter mit einer sehr kraftvollen Hinterhand und schwungvollen Gängen. Wegen der großen Belastungen beim Springen ist für jede Leistungsklasse ein Mindestalter vorgeschrieben. Sie sind mit einem speziellen Springsattel gesattelt. Die Kleidung der Reiter (helle Stiefelhose, einfacher Rock, Sturzkappe) ist traditionell vorgeschrieben. Angehörige von Polizei und Militär reiten in Uniform. Gerten (bis 80 cm) und stumpfe Sporen sind zugelassen.

Regeln (Auswahl): Die Springprüfungen sind in ihren Anforderungen (Zahl und Schwierigkeit der Hindernisse) den jeweiligen Leistungsklassen angepaßt. Für den Parcours im Freien gilt eine Mindestzeit, d.h. die Zeit, die beim Durchreiten des Parcours möglichst nicht überschritten werden sollte, von 350 m/min, in der Halle und im ersten Umlauf bei **Mächtigkeitsspringen** (Springen der Leistungsklasse Sb) von 300 m/min. Bei dem üblichen Wertungsverfahren (Richtverfahren) werden Fehlerpunkte zugesprochen: für Überschreiten der Mindestzeit (1/4 Fehlerpunkt pro angebrochene Sekunde), Ungehorsam des Pferdes, d.h. Verweigerung eines Sprungs (3), Abwurf (4), zweiter Ungehorsam (6), Sturz von Pferd und/oder Reiter (8). Ein dritter Ungehorsam, Einschlagen einer falschen Bahn (Verreiten) oder Auslassen eines Hindernisses führen zum Ausschluß. Bei gleicher Anzahl von Fehlerpunkten bei mehreren Wettkampfteilnehmern werden ein oder zwei (beim Mächtigkeitsspringen bis zu vier) ↑Stechen ausgetragen.

Für die **Technik** des Springens ist eine weitgehende Entlastung des Pferderückens wichtig, die dadurch erreicht wird, daß der Reiter entsprechend der Hindernishöhe seinen Oberkörper nach vorne verlagert. Drehpunkte dieser Gewichtsverlagerung sind die ans Sattelblatt gepreßten Knie. Entscheidend für ein gutes Durchreiten des Parcours ist auch eine exakte Einteilung der Distanzen zwischen den einzelnen Sprüngen („Taxieren"). – Springreiten ist auch eine Teildisziplin des ↑modernen Fünfkampfs. – Zu Leistungsklassen, Geschichte und Organisation ↑Reitsport.

Sprint [zu englisch to sprint „sehr schnell laufen, rennen"]: in verschiedenen Sportarten Bez. für eine Disziplin, bei der eine kurze Strecke mit größtmöglicher Geschwindigkeit absolviert wird, z. B. die ↑Kurzstreckenläufe der Leichtathletik, im ↑Eisschnellauf die Strecken bis 1 000 m, die ↑Fliegerrennen im Radsport, im Ruder- und Kanurennsport die Regattastrecken (Sprintregatta) über 500 m. Entscheidende Voraussetzung für den Sprint ist die motorische Grundeigenschaft ↑Schnelligkeit, und zwar als Reaktions- und als Beschleunigungsschnelligkeit (die sogenannte Sprintschnelligkeit).

Sprinterrennen ↑Fliegerrennen.

Sprossenwand: aus dem schwedischen Turnen übernommenes Gerät; eine maximal 2,60 m hohe Gitterwand aus Holz, deren Sprossen mit ellipsoidem Querschnitt in einem parallelen Abstand von etwa 10 cm voneinander in seitliche Wangen eingesetzt sind. Die Sprossenwand kann feststehend oder einschwenkbar an einer Wand befestigt sein, so daß sie auch mit anderen Geräten in eine Gerätebahn beim Hindernisturnen integriert werden kann. Die Sprossenwand dient v. a. der Schulung von Kraft und Gelenkigkeit und – bei Übungen in hängender Haltung – der Entlastung der Wirbelsäule. Sie ist bei Einzel- und Partnerübungen einsetzbar.

Sprung: Bez. für Vorgang und Ergebnis des ↑Springens; eine Bewegungsfertigkeit, die Bestandteil vieler Sportarten ist: in der Leichtathletik in den Sprungdisziplinen ↑Dreisprung, ↑Hochsprung, ↑Stabhochsprung, ↑Weitsprung; im Pferdesport beim ↑Springreiten und Hindernisrennen; im Skisport beim ↑Skispringen; im ↑Wasserspringen; im ↑Trampolinturnen; in der ↑Sportakrobatik. V. a. im Geräteturnen (Boden- und Schwebebalkenturnen, Pferdsprung), in Gymnastik und rhythmischer Sportgymnastik hat sich eine große Bandbreite von Sprüngen entwickelt, z. B.: Anschlagsprung (Füße berühren sich in der Luft), Grätschwinkelsprung (Grätsche und Beugung in der Hüfte), Drehsprung (Drehung), Hochsprung (Anhocken der Beine), Schrittsprung (Schrittbewegung), Spreizsprung (Spreizbewegung), Strecksprung (Körperstreckung). – Der Sprung kann auch mit zahlreichen anderen Bewegungsfertigkeiten kombiniert werden, z. B. in Handball und Basketball mit dem Wurf zu einem ↑Sprungwurf. Im Sprung werden die wichtigen Bewegungselemente Beugen und Strecken realisiert. Zum Sprung als Bewegungsvollzug bedarf es der Sprungkraft (↑Schnellkraft).

Sprungball: im Basketball Form der Eröffnung des Spiels am Mittelkreis: Der Schiedsrichter wirft den Ball senkrecht zwischen zwei Spielern hoch. Nachdem der Ball den höchsten Punkt erreicht hat, versuchen die Spieler, ihn einem ihrer Mitspieler zuzutippen, die sich außerhalb des Mittelkreises beliebig aufstellen können. – Sprungball wird auch bei ↑Halteball gegeben.

Sprungbein: Bez. für das Bein, mit dem vorzugsweise abgesprungen wird. Das Sprungbein besitzt in der Regel eine erhöhte Sprungkraft. Das andere Bein dient dann jeweils als **Schwungbein** zum Schwungholen und zur Stabilisierung des Gleichgewichts.

Sprungbrett: 1. Hilfsgerät im Geräteturnen beim Aufgang auf ein Gerät; das heute übliche Sprungbrett ist das sogenannte **Reutherbrett** (nach seinem Erfinder Richard Reuther, * 1909), das ganz aus Holz gefertigt ist und seine Federkraft aus dem Material und der Vorspannung bezieht; es ist 1,20 m lang, 60 cm breit und an der Kopfseite 15 cm hoch; seine Aufsprungfläche ist griffig, die Bodenfläche rutschfest; – 2. Absprungvorrichtung im ↑Wasserspringen.

Sprunggelenk: bewegliche Verbindung zwischen den Knochen des Unterschenkels und mehreren Fußknochen. Man unterscheidet: **oberes Sprunggelenk,** die Verbindung zwischen den Unterschenkelknochen (Schienbein und Wadenbein) und einem Fußknochen (Sprungbein), die

die Beuge- und Streckbewegungen des Fußes ermöglicht, und **unteres Sprunggelenk,** die Verbindung von Sprungbein, Fersenbein und Kahnbein, die vorwiegend das Heben von innerem und äußerem Fußrand ermöglicht. Die beteiligten Knochen sind durch viele Bänder (an der Innenseite zum „Deltaband" zusammengefaßt) stabil miteinander verbunden. – ↑auch Gelenk.

Sprunggeräte: Sammelbez. für alle Geräte, die im Kunst- und Geräteturnen bei Stützsprüngen verwendet werden: das Langpferd (längs oder quer) für Herren, das Seitpferd für Damen, Bock, ↑Kasten, Tisch, ↑Minitrampolin und ↑Sprungbrett.

Sprunggruppe: im Wasserspringen in einer Tabelle **(Sprungtabelle)** die nach bestimmten Kennzeichen zusammengefaßten Sprünge. Die Sprungtabelle enthält sechs Sprunggruppen: 1. Vorwärts-, 2. Rückwärts-, 3. Auerbach-, 4. Delphin-, 5. Schrauben-, 6. Handstandsprünge (letztere nur beim Turmspringen). Die Sprünge der Sprunggruppen sind nach Ausführungsart und Schwierigkeitsgrad differenziert.

Sprungkraft ↑Schnellkraft.

Sprunglauf ↑Skispringen.

Sprungschanze: 1. im Skispringen Bez. für die gesamte Sprunganlage, bestehend aus *Anlaufbahn* mit verschiedenen Absprungluken (zur Veränderung der Anlauflänge; heute meist ersetzt durch einen quer über der Anlaufbahn in Sitzhöhe angebrachten und stufenlos verstellbaren Balken, von dem die Springer starten), *Schanzentisch* (Absprungfläche am Ende der Anlaufbahn, Neigung 5–10°), *Aufsprungbahn* und *Auslauf.* Die Neigung der Anlaufbahn beträgt 30–35°. Ein Übergangsbogen (Neigung 5–8°) verbindet Anlaufbahn und Schanzentisch. Anlaufbahn und Schanzentisch sind (meist) künstlich errichtet (Schanzenturm), Aufsprungbahn und Auslauf sind natürliches Gelände. Eine quer über die Aufsprungbahn gezogene blaue Linie markiert den sogenannten **Normpunkt,** d. h. die Weite, die unter normalen Bedingungen gefahrlos ge-

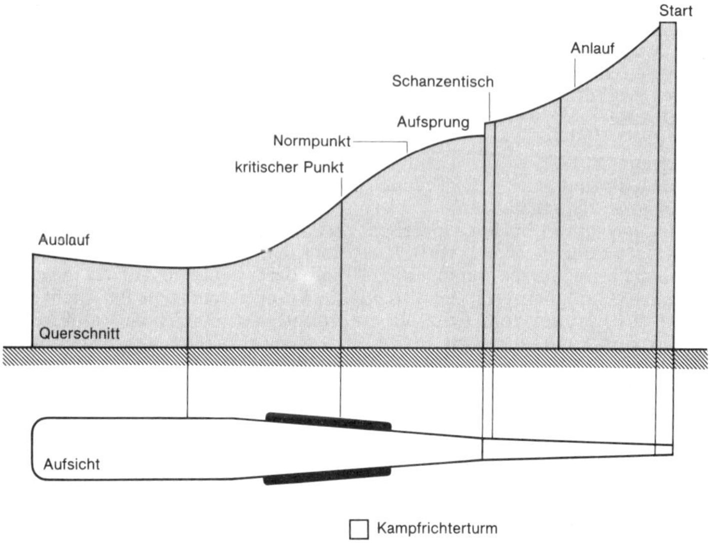

Sprungschanze. Schnitt und Aufsicht einer Sprungschanze

sprungen werden kann, und eine rote Linie den sogenannten **kritischen Punkt,** d. h. das Ende der Aufsprungbahn und den Beginn des Auslaufs. Eine Landung jenseits des kritischen Punkts ist mit einem erhöhten Risiko verbunden. Die Strecke zwischen Normpunkt und kritischem Punkt ist die Sicherheitsstrecke. Wird der kritische Punkt um 12% überschritten, kann der Wettbewerb mit verkürztem Anlauf neu begonnen werden. Die Lage des Norm- und des kritischen Punkts ist abhängig von der Schanzenkonstruktion. Man unterscheidet nach der Lage des Normpunkts, also nach den sicher zu springenden Weiten: **Normalschanze** (70-m-Schanze; Normpunkt nicht über 70 m), **Großschanze** (erlaubt Sprünge bis etwa 120 m) und **Flugschanze** (Riesenschanze, Mammutschanze; Normpunkt zwischen 90,5 und 120 m und darüber); – 2. ↑ Wasserskilaufen.

Sprungwurf: 1. Technik des Zuspiels und Torwurfs im *Handball,* bei der durch einen Sprung der Wurfwinkel verändert, die Torentfernung verkürzt oder eine Steigerung der Wurfstärke erreicht wird. Der Sprungwurf kann auf Höhe (Überwerfen der Deckung) oder Weite (Verkürzung der Torentfernung) ausgeführt werden. Der Abwurf des Balles erfolgt im höchsten Punkt des Sprunges, die Landung auf dem Sprungbein; – 2. Technik des Korbwurfs im *Basketball:* Der Spieler springt mit beiden – parallel gehaltenen Füßen – ab und wirft den Ball nach einer kurzen Verzögerung („hängen“) möglichst im höchsten Punkt des Sprungs zum Korb. Der Sprungwurf kann aus dem Stand, aus einem Dribbling oder nach Zuspiel ausgeführt werden.

Spurenbildtanz: Pflichttanz im Eistanz (↑ Eiskunstlauf).

Spurt [englisch, eigentlich „Ruck, plötzliche Anstrengung“]: bei Rennen und Läufen die plötzliche Steigerung der Geschwindigkeit innerhalb **(Zwischenspurt)** oder am Ende des Rennens **(Endspurt).**

Squash [englisch skwɔʃ, zu to squash „(zu Brei) zerdrücken, zerquetschen“]: Rückschlagspiel für zwei Personen (Damen und Herren), bei dem ein *Weichgummiball* (Gewicht 24 g, Durchmesser 4 cm) mit einem *Schläger* (Tennisschläger mit kleinerer Schlagfläche) gegen eine

Squash. Schläger und Ball

Wand gespielt wird. – **Sportstätte** ist der *Squashcourt,* ein Raum mit einer Grundfläche von 9,75 × 6,40 m und einer Mindesthöhe von 4,60 m. Auf der Grundfläche ist im Abstand von 5,50 m durch eine Linie das Aufschlagfeld abgetrennt, das durch eine senkrechte Linie in zwei gleich große Aufschlagfelder geteilt ist. In jedem Aufschlagfeld sind an den Schnittpunkten der zur Vorderwand parallelen Markierung mit den Seitenwänden die Angaberäume (Quadrate von 1,60 m Seitenlänge) eingezeichnet. An der Vorderwand kennzeichnet die Aufschlaglinie (1,83 m über dem Boden) die Grenze, unterhalb derer der beim Aufschlag gegen die Wand geschlagene Ball nicht auftreffen darf. Die Vorderwand ist bis zu einer Höhe von 48 cm mit Blech verkleidet (Tin, Playboard, Dämpfer) zur akustischen Fehleranzeige.

Regeln (Auswahl): Der Ball darf alle Wände und den Boden in den Aufschlagräumen berühren, die Vorderwand nur oberhalb des Playboards, die Rückwand bis zu einer Höhe von 2,13 m. Der Aufschlag erfolgt aus dem jeweiligen Angaberaum gegen die Vorderwand oberhalb der Auf-

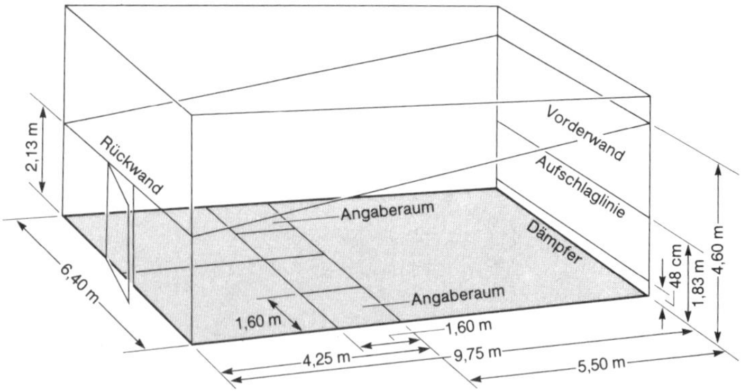

Squash. Spielhalle

schlaglinie und muß entweder unmittelbar oder nach Berühren einer oder mehrerer Wände im Aufschlagfeld des Gegners aufkommen. Der zurückprallende Ball darf direkt oder nach einer Bodenberührung vom Gegner zurückgeschlagen werden. Nur der aufschlagende Spieler kann Punkte machen. Als Punkte zählen nicht oder fehlerhaft zurückgeschlagene Bälle des Gegners. Bei einem Fehler des aufschlagenden Spielers wechselt das Aufschlagrecht. Der erste fehlerhafte Aufschlag kann wiederholt werden. Ein Satz geht über neun Punkte, gespielt wird auf drei Gewinnsätze.
Squash entstand wohl aus dem Pelota (verwandt auch mit American Handball und Raquetball) und erhielt um 1850 in Großbritannien unter der Bez. „Rackets" seine noch heute gültigen Regeln. In den USA ist Squash als „Squash Tennis" sehr verbreitet. – Seit 1967 werden Weltmeisterschaften ausgetragen. Als „Rackets" war Squash 1908 olympische Disziplin. – In der Bundesrepublik Deutschland wird Squash vom *Deutschen Squash Rackets Verband* (DSRV; gegründet 1973, Sitz Hamburg) betreut, international von der *International Squash Rackets Federation* (ISRF; gegründet 1967, Sitz London).

Staatsamateur [...tør] ↑ Amateur.

Stab: 1. in der *Gymnastik* ein ↑ Handgerät; – 2. in der *Leichtathletik* sowohl der Staffelstab beim ↑ Staffellauf als auch das Gerät des ↑ Stabhochsprungs. – Der Stab als Handgerät des Turnens wurde v. a. im 19. Jahrhundert bei Frei- und Ordnungsübungen mit dem Ziel der Körperbildung eingesetzt.

Stabhochsprung: Disziplin der Leichtathletik nur für Männer, bei der mit Hilfe eines Sprungstabs versucht wird, eine Latte in möglichst großer Höhe zu überspringen.
Sportstätte ist die leichtathletische *Stabhochsprunganlage,* bestehend aus Anlauf, Sprungständern mit Sprunglatte, Einstichkasten und Aufsprunghügel (Sprungkissen). Die völlig ebene Anlaufbahn kann beliebige Länge haben, soll aber einen Anlauf von mindestens 45 m ermöglichen. Am Ende des Anlaufs stehen die beiden höhenverstellbaren Sprungständer, die heute meist mit einem etwa 55 cm langen Ausleger zur Aufnahme der Sprunglatte versehen sind. Ihr Abstand voneinander bzw. der Abstand zwischen den Auslegern beträgt 4,48–4,52 m. Die Auflageflächen der Ausleger dürfen weder geriffelt noch mit Reibung verursachenden Belägen versehen sein. Die Sprunglatte (Länge 4,48–4,52 m, Gewicht 2,25 kg) besteht aus Kunststoff oder Holz und hat einen kreis-

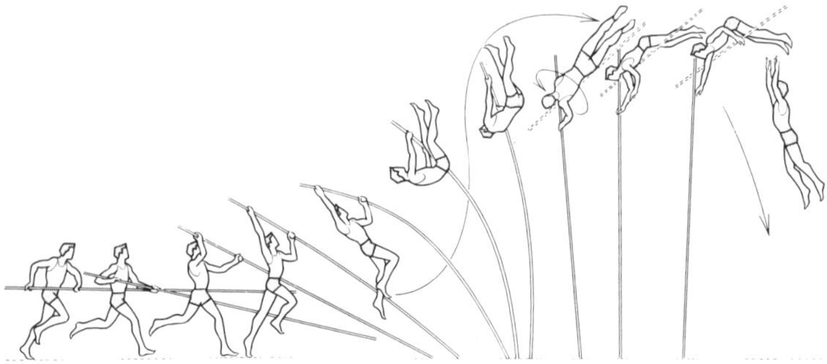

Stabhochsprung. Bewegungsablauf

runden Querschnitt (Durchmesser 25–30 mm). Ihre Enden sind an einer Seite zur Auflage auf den Auslegern abgeflacht. Zwischen den Sprungständern und unter der Sprunglatte ist der *Einstichkasten* in den Boden eingelassen, der dem Stab beim Sprung Widerstand leistet. Er besteht aus Holz, Metall oder anderem harten Material. Seine Länge (gemessen am Innenboden) beträgt 1 m, die Breite am Anlaufende 60 cm, die sich bis zum Abschlußbrett auf 15 cm verjüngt. Die Tiefe des Einstichkastens beträgt am Abschlußbrett 20 cm. Am vorderen Ende schließt der Innenboden plan mit der Anlaufebene ab, so daß der Winkel zwischen Boden des Einstichkastens und dem nach hinten geneigten Abschlußbrett 105° beträgt. Die beidseitige Verlängerung der oberen Innenkante des Abschlußbrettes bis zu den Sprungständern bildet die sogenannte 0-Linie, die auch auf dem Sprungkissen aufzuzeichnen ist. Allerdings hat jeder Springer das Recht, die Sprungständer im Verhältnis zur 0-Linie verschieben zu lassen, zum Anlauf hin bis zu 40 cm, zum Sprungkissen hin bis zu 80 cm. Das Sprungkissen ist ein mindestens 80 cm (meist jedoch 1,20–1,30 m) dickes Schaumstoffkissen, das auf einem Lattenrost ruht. Die Oberfläche ist eine einteilige Spritzschutzmatte. Die Fläche des Sprungkissens beträgt 5 × 5 m. Hinzu kommt zum Anlauf hin ein meist schräg abfallendes Vorkissen (5 × 1,50 m), aus dem der Raum für den Einstichkasten ausgespart ist.

Sportgerät ist die *Stabhochsprungstange (Stab),* deren Material und Länge nicht vorgeschrieben sind. Heute verwendet man meist einen Glasfiberstab. Die Oberfläche muß glatt sein und darf mit maximal zwei Lagen Klebeband umwickelt sein.

	Bambus	Metall	Glasfiber
1912	4,02 m		
1942	4,77 m		
1957		4,78 m	
1960		4,80 m	
1961			4,83 m
1986			6,01 m

Regeln (Auswahl): Jeder Springer hat drei Versuche über jede aufgelegte Höhe. Er kann allerdings Sprünge auslassen und erst bei größeren Höhen den Wettkampf fortführen. Nach drei Fehlversuchen scheidet er aus dem Wettbewerb aus. Die bis dahin gültig übersprungene größte Höhe geht in die Wettkampfwertung ein. Als Fehlversuche gelten: Abwurf der Sprunglatte durch Springer oder Stab, das Berühren des Bodens oder Sprungkissens jenseits der 0-Linie, ohne daß zuvor die Sprunglatte regelgerecht übersprungen wurde. Die Länge des Anlaufs bestimmt der Springer selbst, er darf

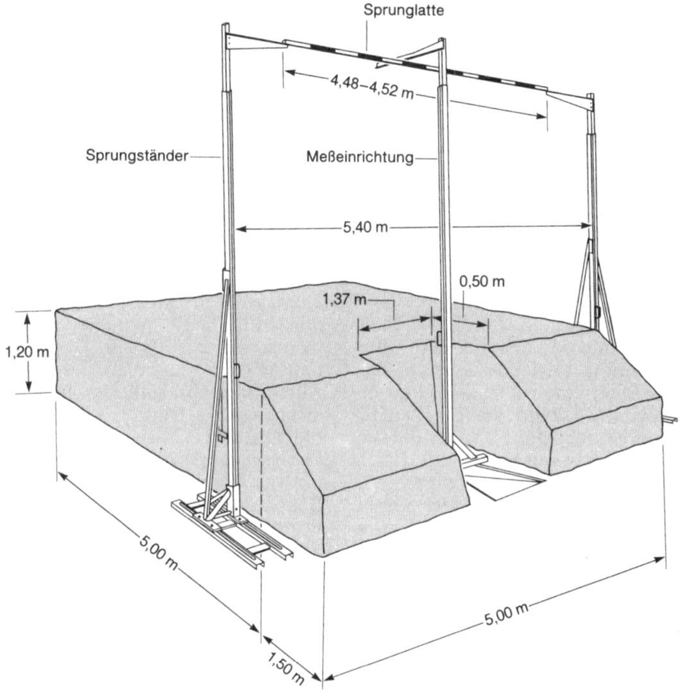

Stabhochsprung. Sprunganlage (Sprungständer, Sprungkissen und Meßeinrichtung)

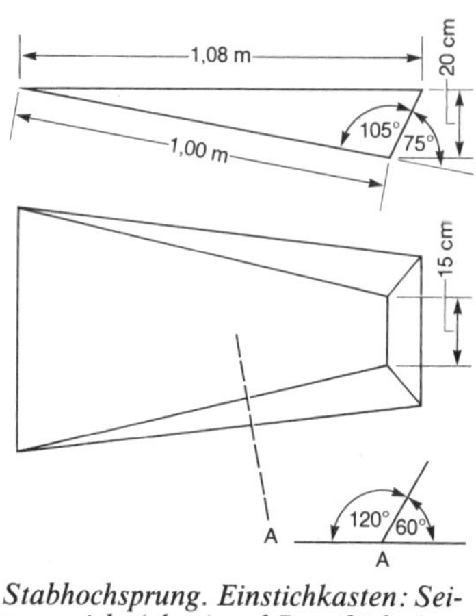

Stabhochsprung. Einstichkasten: Seitenansicht (oben) und Draufsicht (unten)

den Anlauf auch mit Markierungen (für den Absprung z. B.) versehen. Zu einem gültigen Sprung gehört, daß der Springer beim Sprung nicht die untere Hand an dem Stab über die obere setzt oder mit der oberen Hand höher greift. Bricht der Stab, zählt dies nicht als Fehlversuch. Die Reihenfolge der Springer wird ausgelost. Bei der Wertung werden nach der *Fehlversuchsregel* zunächst die Fehlversuche bei der letzten Höhe, dann die Fehlversuche des gesamten Wettbewerbs gezählt. Die übersprungene Höhe ist die Senkrechte von der Lattenoberkante zum Boden, gemessen in der Mitte der Latte mit einer geeichten Meßeinrichtung, angegeben in nach unten abgerundeten ganzen Zentimetern.

Technik: Der Sprung erfolgt aus

einem schwungvollen Anlauf, unterstützt durch den Sprungstab. Entscheidend sind ein möglichst weiter und hoher Griff beider Hände am Stab und eine hohe Anlaufgeschwindigkeit. Nach dem Einstechen des Stabs in den Einstichkasten schwingt das Knie des Schwungbeins hoch und nach vorn, der Körper hängt in Bogenspannung am Stab. Beim Aufschwung steigen die Hüften über die Höhe der Schultern. Mit einem Armzug und einer Drehung wird der Körper zum Handstand am Stab durchgedrückt und durch die Katapultwirkung des sich aus seiner Biegespannung aufrichtenden Stabs mit den Füßen voran über die Latte geschleudert. Sobald der Stab aufgerichtet ist, läßt der Springer ihn los. Beim Überspringen der Latte ist die Körperfront der Latte zugewandt. Der Springer landet meist mit Gesäß und Rücken auf dem Sprungkissen. Der Stabhochsprung gilt als die schwierigste Disziplin der Leichtathletik und wird deshalb kaum im Schulsport praktiziert. Er ist Teildisziplin des Zehnkampfs.

Geschichte: Schon bei den Germanen diente ein Stab (Ger) dazu, sich auf das Pferd oder über ein Hindernis (z. B. Graben) hinwegzuschwingen. Das sportliche Springen mit einem Stab stammt wohl aus Großbritannien, wo 1866 eine Höhe von 3,05 m übersprungen wurde. Bis 1890 sprang man mit Nachfassen der Hände. Entscheidenden Einfluß auf Sprunghöhe und Technik hat die Beschaffenheit des Stabs. Während ursprünglich mit einem starren Holzstab gesprungen wurde, verwendete man ab 1900 den elastischen Bambusstab, Mitte der 50er Jahre einen Metallstab und seit 1961 fast ausschließlich den Glasfiberstab, der eine hohe Elastizität und Bruchfestigkeit aufweist. Den Einfluß des jeweiligen Stabs auf die Weltrekordentwicklung zeigt die Tabelle S. 436.

Stadion [griechisch]: 1. altgriechisches Längenmaß mit zeitlich und örtlich unterschiedlicher Größe, meist zwischen 179 m und 213 m (in Olympia z. B. 192,25 m); – 2. Wettkampf-, v. a. Laufstätte bei den ↑antiken Festspielen in der Form eines langgestreckten (Länge: 1 Stadion) Rechtecks, später mit halbkreisförmigem Abschluß; – 3. heute Bez. für eine große Wettkampfanlage; meist ein Rasenplatz (geeignet für Fußballspiele), umgeben von einer 400-m-Bahn für Laufwettbewerbe und ausgestattet mit allen für die Leichtathletik erforderlichen Sportanlagen. Die gesamte Sportanlage ist umgeben von erhöhten Zuschauerplätzen und -tribünen (Fassungsvermögen bis zu 100 000 Zuschauer). Ferner gehört zu einem Stadion die Ausstattung mit sanitären und technischen Anlagen sowie mit Zusatzräumen (Werkstätten, Aufenthaltsräumen für Sportler, Kampfrichter u. a.). – Abb. S. 275.

Stadionlauf [griechisch] ↑antike Festspiele.

Staffellauf: Disziplin der Leichtathletik für Damen und Herren, bei der mehrere (meist vier) Läufer einer Mannschaft jeweils einen Abschnitt einer bestimmten Strecke (entweder gleich groß oder von verschiedener Länge) zu durchlaufen haben. – **Sportstätte** ist die 400-m-Rundbahn, auf der zusätzlich zu den Bahn-, Start- und Zielmarkierungen *Wechselräume* markiert sind, innerhalb derer der Stabwechsel zwischen den Läufern erfolgen muß. Der Wechselraum hat eine Länge von 20 m, beginnend 10 m vor Ende der vollen Teilstreckenlänge, und endet 10 m danach. – **Sportgerät** ist der Staffelstab (Stab), eine Holz- oder Metallröhre von 28–30 cm Länge (Gewicht mindestens 50 g, Umfang mindestens 12 cm). – **Regeln** (Auswahl): Der Stabwechsel muß innerhalb des Wechselraums erfolgen. Bei den Sprintstaffeln (4 × 100 m) stehen dem übernehmenden Läufer weitere 10 m vor dem Wechselraum als Anlauf zur Verfügung. Verliert ein Läufer den Stab *(Stabverlust),* darf nur der betreffende Läufer ihn wieder aufnehmen. – Die **Technik** des Staffellaufs entspricht der Technik der

Disziplin	erster offizieller Weltrekord	heute gültiger Weltrekord
4 × 100 m Herren	42,3 s (1912)	37,83 s (1984)
4 × 100 m Damen	46,4 s (1936)	41,37 s (1985)
4 × 400 m Herren	3:18,2 min (1911)	2:56,16 min (1968)
4 × 400 m Damen	3:30,8 min (1969)	3:15,92 min (1984)

entsprechenden Einzelläufe. Hinzu kommt die Technik des Stabwechsels. Hier unterscheidet man: *Außenwechsel* (die linke Hand des ankommenden Läufers übergibt den Stab in die rechte Hand des übernehmenden Läufers), *Innenwechsel* oder *Frankfurter Wechsel* (umgekehrt wie beim Außenwechsel) und *gemischter Wechsel* (abwechselnd links und rechts übergeben). – Neben den olympischen Staffelläufen für Damen und Herren (4 × 100 m und 4 × 400 m) gibt es folgende Staffelläufe, in denen offizielle Europa- und Weltrekorde geführt werden: *Herren:* 4 × 200 m, 4 × 800 m, 4 × 1 500 m, 4 × 1 Meile; *Damen:* 4 × 200 m, 3 × 800 m und 4 × 800 m. Staffelläufe mit unterschiedlichen Teilstrecken sind die *Schwedenstaffel* (400, 300, 200, 100 m oder 100, 200, 300, 400 m) und die *olympische Staffel* (400, 200, 200, 800 m oder 800, 200, 200, 400 m, keine olympische Disziplin) für Herren. In der Bundesrepublik Deutschland wird von Herren auch eine Staffel über 3 × 1 000 m gelaufen.
Erste Versuche eines Staffellaufs mit einem Stab fanden 1893 in den USA statt. 1912 zählten Staffelläufe erstmals zum olympischen Programm. Der zusätzliche Ablauf für die Sprintstaffeln vor dem Wechselraum wurde 1962 eingeführt. Die Leistungsentwicklung zeigt die oben stehende Übersicht.
Je nach der Streckenführung unterscheidet man **Rundenstaffel** (der Rundbahn folgend), **Pendelstaffel,** bei der die Läufer die Teilstrecken jeweils in entgegengesetzter Richtung durchlaufen, und **Umkehrstaffel,** bei der der Läufer nach Passieren eine Wendemarke wieder zum Start zurückläuft und dort das Staffelholz übergibt.

Staffelwettbewerbe: Sammelbez. für alle Geschwindigkeitswettbewerbe, bei denen eine bestimmte Gesamtstrecke in Teilstrecken von mehreren Wettkampfteilnehmern absolviert werden muß. Staffelwettbewerbe gibt es in der Leichtathletik (↑Staffellauf), im Schwimmsport (↑Schwimmwettbewerbe), im ↑Skilanglauf und im ↑Biathlon.

Stand: 1. grundlegende Körperhaltung bei verschiedenen Sportarten bzw. Disziplinen: das Stehen mit den Füßen auf dem Boden. Man unterscheidet Übungen aus dem Stand und aus dem Anlauf. Im Kunstturnen kommt es darauf an, den Abgang vom Gerät in sicherem Stand zu beenden. Darüber hinaus ist der Stand ein Übungsteil (Gleichgewichtsübung) im Boden- und Schwebebalkenturnen; – 2. Bez. für die Registrierung eines Wettkampfergebnisses zu einem bestimmten Zeitpunkt (z. B. Zwischen-, Halbzeit-, End-, Tabellenstand).

Standardtänze ↑Tanzsport.

Standbein: das bei sportlichen Übungen die Hauptlast des Körpers tragende Bein, im Gegensatz zum ↑Spielbein (oft auch Schwungbein). Eine harmonische Körperbildung zielt darauf ab, die individuelle ↑Lateralität möglichst zu überwinden, so daß beide Beine sowohl Stand- als auch Spielbein sein können.

Standkampf: in einigen Kampfsportarten Bez. für einen im Stehen durchgeführten Kampf. Beim Karate wird der gesamte Wettkampf als Standkampf geführt, im Judo und Aikido nur zu Beginn des Wettkampfs als Überleitung zu den Wurftechniken. Auch im Ringen spricht man von Standkampf im Unterschied zum ↑Bodenkampf.

Star [englisch, eigentlich „Stern"]: 1. durch hervorragende Leistung innerhalb einer Mannschaft oder eines Wettkampfs herausragender Sportler, oft Gegenstand eines *Starkults* in Werbung, Massenmedien und Fanklubs; – 2. (Starboot) seit 1911 eine olympische Segelbootklasse, ein Zweimannkielboot: 6,92 m lang, 1,73 m breit, 1,02 m Tiefgang und 27,93 m^2 Segelfläche; Segelzeichen: fünfzackiger Stern.

Start [englisch, eigentlich „sich auf den Weg machen, aufbrechen"]: der Beginn eines sportlichen [Geschwindigkeits]wettbewerbs (durch Ablauf, Absprung, Abfahrt, Abflug u. a.), der meist durch ein visuelles (Flagge, Handzeichen) oder akustisches Zeichen (Schuß, Pfeifsignal, Ruf u. a.), in der Regel nach einer verbalen Aufforderung des **Starters,** die Startposition einzunehmen (z. B. „auf die Plätze", „fertig") ausgelöst wird **(Startkommando).** Startet ein Wettkampfteilnehmer vor Beendigung des Startkommandos, verursacht er einen **Frühstart** (↑Fehlstart). Man unterscheidet folgende **Startarten:** 1. nach der *Anzahl* der gleichzeitig startenden Wettkampfteilnehmer: a) **Einzelstart** (jeder Wettkämpfer startet allein, er hat keinen direkten Wettkampfgegner, sondern kämpft „gegen die Uhr", z. B. bei den meisten Wettbewerben im Skisport), b) **Gruppenstart** (mehrere Wettkampfteilnehmer überqueren gleichzeitig die Startlinie, z. B. bei Rundstreckenrennen im Motorradsport, bei den Kurzstreckenläufen der Leichtathletik), c) **Massenstart** (eine große Zahl von Wettkämpfern startet gleichzeitig, wobei nicht jeder unmittelbar von der Startlinie aus startet, sondern (oft weit) dahinter, z. B. Marathonlauf, Volksläufe, Volksskiläufe); 2. nach der beim Start eingenommenen *Haltung:* a) **Tiefstart** (Start aus kniender Haltung, z. B. bei den Kurzstreckenläufen der Leichtathletik), b) **Hoch-** oder **Fallstart** (Start aus stehender Haltung, z. B. bei den Mittel- und Langstreckenläufen der Leichtathletik), c) **Sprungstart** (Sprung von einem Bootssteg im Wasserskilaufen, Startsprung als ↑Schwimmstart), d) **Sitzstart** (Start aus dem Sitz auf einem Bootssteg beim Wasserskilaufen), e) **Wasserstart** (Start aus einer liegenden Positon auf der Wasseroberfläche beim Wasserskilaufen, Rückenstart beim Rückenkraulschwimmen); 3. je nachdem, ob sich der Teilnehmer bereits vor dem Überqueren der Startlinie in *Bewegung* befindet oder nicht: a) **stehender Start** (Start aus dem Stand, z. B. bei Langstreckenläufen der Leichtathletik, bei einigen Wettbewerben im Motorsport), b) **fliegender Start** (der Startende befindet sich schon vor Überqueren der Startlinie in Bewegung, z. B. bei den Staffelläufen der Leichtathletik alle Läufer außer dem Startläufer, im Motorsport u. a.). In einigen Sportarten werden Hilfsgeräte beim Start verwendet, z. B. ↑Startblock in der Leichtathletik, Startboxen (Boxenstart) im Pferdesport, Schleppwinde oder -flugzeug im Segelflugsport. Die verschiedenen Startarten können z. T. miteinander kombiniert werden. Die Startart ist in den Wettkampfbestimmungen der jeweiligen Sportarten bzw. Disziplinen geregelt. – Zur Teilnahme an einem offiziellen Wettbewerb erteilt der zuständige Fachverband eine **Startberechtigung,** dokumentiert in einem **Startpaß.** Die Startberechtigung kann ruhen oder entzogen werden (grober Regelverstoß, Vereinswechsel). Sie kann auch eingeschränkt werden (z. B. zum Schutz Jugendlicher vor Überbeanspruchung, Bindung an Mindestleistungen, Wettkampf auf Einladungsbasis). Der Wettkampfteilnehmer erhält die Startberechtigung nur nach Entrichtung eines **Startgeldes** (Meldegeld), das in der Regel von seinem Verein getragen wird. Er muß beim Wettkampf stets eine **Startnummer** tragen (die heute meist einen bestimmten Werbeträger kenntlich macht).

Startblock: v. a. in der Leichtathletik beim Tiefstart in den Kurzstreckenläufen verwendetes Hilfsgerät, das sowohl einen schnellen Start erlaubt als auch die Laufbahn schont.

Startblöcke sind Leisten aus festem Material, an denen beiderseits verstellbare Abstoßvorrichtungen für die Füße angebracht sind. Sie werden durch in die Leisten eingelassene Stifte (Nägel) am Boden stabilisiert.

Startsprung ↑Schwimmstart.

Statik [griechisch statikḗ (téchnē) „die Kunst des Wägens"]: Teilgebiet der Mechanik; die Lehre vom ↑Gleichgewicht der an einem ruhenden Körper angreifenden Kräfte und den dabei zu erfüllenden Gleichgewichtsbedingungen. Die Statik stellt einen Spezialfall der Dynamik dar (Grenzfall ruhender Körper). – ↑auch statische Arbeit.

Stationsbetrieb [spätmittelhochdeutsch station „das Verweilen", aus lateinisch statio „das Stehen, Stillstehen, der Aufenthaltsort"]: Organisationsform des Sportunterrichts, die nach dem Kreis- oder Circuitprinzip (↑Circuittraining) abläuft. Es wird dabei an verschiedenen Stationen (Geräten und Gerätekombinationen) von einer oder mehreren Personen geübt. Der Wechsel der Stationen erfolgt in einer Art Kreisform (Kreisbetrieb). Der Stationsbetrieb eignet sich v. a. zum Festigen von schon Erlerntem. Es gibt drei Möglichkeiten: gleiche Übungen an unterschiedlichen Stationen, unterschiedliche Übungen an gleichen Stationen und unterschiedliche Übungen an unterschiedlichen Stationen.

statische Arbeit [zu ↑Statik]: in der Sportmedizin im Unterschied zur ↑dynamischen Arbeit Bez. für jene Muskelarbeit, die lediglich der Vergrößerung der Muskelspannung dient (↑auch isometrisches Training). Auf statischer Arbeit beruhen alle sportliche Übungen, die der Erhaltung des eigenen Gleichgewichts in Ruhe (statisches Gleichgewicht) dienen, z. B. die Halteübungen in Kunstturnen und Sportakrobatik.

Stauchung ↑Distorsion.

Steady state [englisch 'stɛdɪ 'steɪt „fester, unbeweglicher Zustand"]: Zustand gleichmäßigen Funktionierens der Körpersysteme bei vollständig erfolgter Anpassung an die Bedingungen bzw. sofortiger Gegenregulation bei Änderungen. Es ist Ausdruck eines Fließgleichgewichts, d. h. Verbrauch bzw. Verlust werden in gleichem Maße durch Nachschub ausgeglichen; z. B.: Bei Muskelarbeit verbrauchte Energie wird durch ausreichende Neubildung von energiereichen Verbindungen sowie den Transport der dafür benötigten Stoffe in die arbeitende Zelle vollständig ersetzt. Dazu ist die Anpassung von Atmung, Kreislauf, Stoffwechsel und Durchblutung nötig. Bei Beginn einer Belastung besteht kein Steady state, da die Anpassung Zeit braucht, bei zu hoher Leistung kann keine ausreichende Umstellung erfolgen. Dies führt zu Ermüdung, d. h. das Steady state wird erst durch Verminderung der Leistung wieder erreicht. Ausdauerleistungen sind also nur bei einem (eventuell zeitlich begrenzten) Steady state möglich.

Stechen: zusätzlicher Wettbewerb **(Stichkampf)**, um einen unentschieden ausgegangenen Wettkampf zur Entscheidung zu bringen (u. a. im Fechten, Kegelsport [Bowling], Schießsport). Im Reitsport wird beim Springreiten zwischen (nach Fehlerpunkten) gleichplazierten Reitern ein Stechen geritten über einen verkürzten Parcours mit weniger, aber höheren und breiteren Hindernissen.

Steherrennen: seit Ende des 19. Jahrhunderts Disziplin des ↑Radsports.

Stehvermögen: Bez. für die Fähigkeit, im Ausdauerleistungsbereich trotz Ermüdung eine hohe Durchschnittsleistung aufrechtzuerhalten. Dies betrifft v. a. Langstreckenwettbewerbe der Leichtathletik, im Ruder- und Schwimmsport und den Skilanglauf.

Steigerungslauf: Laufform, bei der die Geschwindigkeit Schritt für Schritt bis zu einem Maximum erhöht, und nicht wie beim Tempolauf mit gleichbleibender, z. B. mittlerer Geschwindigkeit gelaufen wird. Der Steigerungslauf wird v. a. im Training angewandt. Man kann ihn auch umgekehrt laufen, d.h. die Geschwindigkeit wird von einem Maximum Schritt für Schritt reduziert.

Steinstoßen: nur in der Bundesrepublik Deutschland betriebene Disziplin des ↑Rasenkraftsports.

Stellen: Zuspiel im Volleyball, um einen Angriffsschlag vorzubereiten. Ein Spieler (Stellspieler, Steller) bringt („stellt") den Ball in eine für seinen angreifenden Mitspieler günstige Schlagposition dicht ans Netz und über die Netzoberkante.

Stellung: Position bzw. Haltung des Körpers – meist als Ausgangs- oder Endpunkt einer Bewegung. Man unterscheidet mehrere Stellungen: ↑Grundstellung, Schrittstellung, Grätschstellung oder Hockstellung; bezogen auf die Richtung zum Gerät, an dem eine Bewegung ausgeführt wird: ↑vorlings, ↑rücklings, ↑seitlings. Auch Brücke, Grätsche, Hocke und Streckung bei der Ausführung von Sprüngen sind Stellungen. Im Rahmen spezieller Bewegungsabläufe in einzelnen Sportarten gibt es jeweils besondere Stellungen (z.B. Startstellung beim Tiefstart, Stand nach Beendigung einer Übung im Kunstturnen).

Stellungsspiel ↑Spiel ohne Ball.

Stemme: im Geräteturnen das Hochziehen des Körpers durch Beugen und Strecken der Arme aus dem Hang in den Stütz oder Handstand. Wird die Stemme mit Schwung geturnt, spricht man von *Schwungstemme.*

Stemmen: Grundform menschlicher Bewegung, bei der sich die Arme und/oder Beine gegen einen Widerstand aus der Beuge- in die Streckstellung bewegen (im Geräteturnen ↑Stemme). Im alpinen Skilauf ist das Stemmen eine Form der Schwungauslösung (früher: **Stemmbogen,** heute: **Stemmschwung** mit Tal- oder Bergstemme, je nachdem, welcher Ski ausgestemmt wird). In der Leichtathletik bedeutet Stemmen die Form der Übertragung von Anlaufgeschwindigkeit in Absprungkraft (Stemmschritt des Sprungbeins **[Stemmbein]** beim Springen und Werfen). – Früher war Stemmen Bez. für Gewichtheben. – Stemmbewegungen im körperlichen Grundlagentraining (Gymnastik) dienen der Entwicklung der Arm- und Beinkraft.

Stereotyp [zu griechisch stereós „starr, hart, fest" und týpos „Form, Gestalt, Muster"]: fixierte, starre und kaum veränderbare Verhaltensweise, die auch im motorischen Verhaltensbereich in starren, festgefahrenen Bewegungsmustern auftritt, die fast automatisch ablaufen, im Extremfall ohne Beziehung zu Reizen von außen.

Sternschritt: im Basketball Bez. für eine Schrittfolge (in alle Richtungen), bei der der sich in Ballbesitz befindende Spieler mit dem Standfuß **(Pivotfuß)** fest auf dem Boden bleibt **(pivotiert).** Ein Sternschritt wird v.a. angewandt, um die Gegenspieler zu täuschen (Lösung vom Deckungsspieler), die günstigste Abspielmöglichkeit ausfindig zu machen oder die Dribbelrichtung zu finden. Man unterscheidet einen hinteren, vorderen und Rückwärtssternschritt.

Steuerbord [wegen des ursprünglich an der rechten Schiffsseite angebrachten Steuerriemens]: Bez. für die in Fahrtrichtung gesehen rechte Seite bei Wasserfahrzeugen (Gegensatz: ↑Backbord). Kennfarbe ist grün.

Steuermann (Steuerfrau): im Motorboot-, Ruder- und Segelsport derjenige, der das Boot steuert und die Kommandos für erforderliche Manöver erteilt.

Steuerung ↑Sensomotorik.

Stichkampf ↑Stechen.

Stiftung Deutsche Sporthilfe (DSH): 1967 vom *Deutschen Sportbund* und der *Deutschen Olympischen Gesellschaft* als Stiftung gegründete gemeinnützige Organisation mit dem Hauptziel, Spitzensportler ideell und materiell (entsprechend der Zugehörigkeit zu verschiedenen Leistungskadern) zu unterstützen bei ihrem Einsatz in Training und Wettbewerb zur Vertretung der Bundesrepublik

Deutschland auf internationaler Ebene. Die erforderlichen Mittel kommen u.a. aus folgenden Quellen: Spenden der Wirtschaft, Zuschlag bei Sonderbriefmarken „Für den Sport“, Anteil an der Lotterie „Glücksspirale“ sowie eigene Maßnahmen (z.B. „Ball des Sports“). Die DSH ist einer der Träger des Bundeswettbewerbs der Schulen „Jugend trainiert für Olympia“ und führt die Geschäfte für diesen Wettbewerb.

Stil [aus lateinisch stilus „Stiel, Griffel; Schreibart“] (Bewegungsstil): persönlich geprägte Form von Bewegungsabläufen, nicht identisch mit der technisch optimalen Form einer sportlichen Bewegung. Bewegungsstil ist nur beschränkt veränderbar. V.a. in den sogenannten Kunstsportarten besteht für die persönliche Ausprägung von Bewegungsleistungen ein großer Spielraum, insbesondere auch durch die Einbeziehung von Musik in die Bewegungsgestaltung (↑Bewegungsverbindung).

Stockfehler: in Hockey und Eishockey Bez. für die fehlerhafte bzw. den Gegner gefährdende Handhabung des Schlägers (Stocks), z.B.: ↑hoher Stock, Stockcheck (↑Check), Schlagen mit dem Stock, Stechen oder Stoßen des Gegners mit dem Stockende (Stockendstoß), Stechen oder Stoßen des Gegners mit der Schaufelspitze (Stockstich). Stockfehler werden entsprechend ihrer Schwere geahndet.

Stoffwechsel: zusammenfassende Bez. für die im Körper ablaufenden biochemischen Prozesse, die Stoffe aus den zugeführten Nahrungsmitteln aufbauen und zur Energiefreisetzung wieder abbauen. Der Stoffwechsel umfaßt Verdauung, Einbau der verdauten Substanzen in die verschiedenen Gewebe sowie ihre Freisetzung und ihren Abbau zu Wasser und Kohlendioxid unter Abgabe von Energie. Da zum Ablauf der verschiedenen Funktionen Kalorien (↑Joule) erforderlich sind, braucht der Körper diesen Abbauprozeß. Ihm dienen ↑Fett, ↑Eiweiß und ↑Kohlenhydrate. Die durch die Verstoffwechselung gewonnene Energie wird einerseits in „energiereichen“ Substanzen wie dem ↑Adenosintriphosphat gespeichert und andererseits direkt in Form von Wärme dem Körper wieder entzogen.

Stoke-Mandeville-Spiele [englisch 'stoʊk 'mændəvɪl]: jährlich stattfindende internationale Wettspiele für Querschnittsgelähmte (Paraplegiker), die sich heute zur Behinderten-Olympiade entwickelt haben. Diese Spiele wurden 1948 von Sir L. Guttmann (* 1899, † 1981) ins Leben gerufen und nach dem britischen Rehabilitationszentrum in Stoke Mandeville (Buckinghamshire) benannt. Sie werden heute im Jahr der Olympischen Spiele möglichst im Land der Veranstalterstadt der Sommerspiele durchgeführt. Die Wettkämpfe in den einzelnen Sportarten (Basketball, Billard, Bogenschießen, Fechten, Leichtathletik, Rollstuhlfahren, Schwimmen und Tischtennis) werden nach verschiedenen Schadensklassen eingeteilt.

Stoppball (Drop): Schlagtechnik in Rückschlagspielen, bei der der Ball durch Nachgeben bei der Ballannahme mit schräg gestelltem Schläger so zurückgespielt wird, daß sich die Ballgeschwindigkeit stark verlangsamt und der Ball knapp hinter dem Netz ins gegnerische Spielfeld fällt, so daß er vom Gegenspieler, der sich meist an der Grundlinie befindet, nur schwer erreicht werden kann, z.B. im Badminton, Tennis (Stop), Tischtennis (Dropshot).

Stoppen: Technik im Fußball, um den vom Mitspieler oder Gegner kommenden Ball möglichst schnell unter Kontrolle zu bringen, so daß eine neue Spielaktion eingeleitet werden kann. Je nach Weg (flach, halbhoch, hoch) oder Geschwindigkeit (weich, scharf) wird der Ball mit dem Fuß (Sohle, Innenseite, Spann, Außenseite), Oberschenkel, der Brust oder dem Kopf gestoppt. Dabei kommt es darauf an, den Ball weich anzunehmen. Wird der Ball nach dem Stoppen sofort in die geplante Laufrichtung mitgenommen, so spricht man von Ballannahme und -mitnahme.

Stoß: 1. im *Fechten* Bez. für die schnelle Vorwärtsbewegung der Waffe, um den Gegner mit der Waffenspitze zu treffen; man unterscheidet: direkter (in die Blöße bei der Einladung), indirekter (in die durch eine Parade geöffnete Blöße), innerer (auf die linke Brustseite), äußerer (auf die rechte Brustseite), oberer (über die gegnerische Waffe), unterer (unter die gegnerische Waffe) und gerader Stoß (an die Seite); – 2. im *Fußball* Sammelbez. für verschiedene Arten, den Ball zu treten, z. B. Spannstoß, Innenseitstoß; – 3. im *Boxen* das schnelle Vorstrecken der Faust ohne vorheriges Schwungholen; – 4. im *Rasenkraftsport* das Steinstoßen; – 5. in der Leichtathletik der Kugelstoß.

Stoßbein: 1. im *Eisschnellauf* und *Skilanglauf* Bez. für das Bein, das als Standbein durch Kraftentfaltung gegen die Vorwärtsbewegung den Vortrieb erzeugt; im Eisschnellauf übernimmt das Spielbein im Moment des Abstoßes die Rolle des Standbeins, im Skilanglauf stößt (beim Diagonalschritt) das hintere Bein den Körper ab, wobei die Stoßwirkung auf das *Gleitbein* übertragen wird; – 2. im *Fußball* das Spielbein, das den Stoß in seinen verschiedenen Varianten ausführt.

Stoßen: 1. *allgemein* der Bewegungsvorgang, dessen Ergebnis der ↑Stoß ist; – 2. in der *Gymnastik* eine Bewegungsgrundform, bei der die Arme und Beine nach links oder rechts gestoßen werden; – 3. Disziplin des ↑Gewichthebens.

Straddle [englisch strædl, eigentlich „rittlings spreizen, grätschen"] (Straddletechnik, Tauchwälzer): eine Sprungtechnik im ↑Hochsprung.

Strafbank: in Eishockey und Handball die Bank, auf der mit Zeitstrafen belegte Spieler die Zeit ihrer Hinausstellung verbringen müssen (im Handball die Spielerbank).

Strafe: Sanktionsmaßnahme gegen einen Wettkampfteilnehmer wegen regelwidrigen, unsportlichen und andere gefährdenden Verhaltens. Das Ausmaß der Strafe richtet sich nach der Schwere des Vergehens, z. B. Ballverlust an den Gegner, Ermahnung, Verwarnung, Belastung mit Strafpunkten, Hinausstellung auf Zeit oder für den Rest des Wettkampfs (Spielausschluß), Disqualifikation. Die Verhängung dieser Strafen fällt in die Kompetenz des Schieds- oder Kampfrichters. Darüber hinaus gibt es noch die vom jeweiligen Fachverband zusätzlich verhängte Strafe der ↑Sperre.

Strafpunkte: 1. *allgemein* die Belastung eines Wettkampfteilnehmers mit negativen Punkten infolge von Regelverstößen, z. B. im Motorsport; – 2. im *Bahnengolf* Punkte gegen einen Spieler, der zur Bewältigung eines Hindernisses oder einer Runde mehr als die vorgeschriebene Schlagzahl benötigt. – ↑auch Punktabzüge.

Strafraum: in Spielsportarten Ausgrenzung des Spielfelds vor dem Tor, in der spezielle Regeln bei Regelverstößen oder für einzelne Spieler (z. B. Torwart im Fußball) gelten. Ein Foul innerhalb des gegnerischen Strafraums wird mit direktem Strafstoß (↑Elfmeter) oder Strafwurf (Wasserball) geahndet.

Strafstoß ↑Elfmeter.

Strafwurf (Siebenmeterwurf) ↑Handball.

Strafzeit: in einigen Spielsportarten Zeitabschnitt, währenddessen ein Spieler infolge eines Regelverstoßes nicht ins Spielgeschehen eingreifen darf. Die Länge der Strafzeit richtet sich nach der Schwere des Vergehens.

Strandsegeln (Landsegeln): Form des Segelns an Land (auf Strandpisten) auf drei- oder vierrädrigen Jachten (Segelwagen), bestehend in der Regel aus Rumpf und Läuferplanke (Querachse) am Heck und Segel. Gesteuert werden die Geräte über ein oder zwei schwenkbar gelagerte Bugräder. Die Konstruktion der Geräte ist nicht genormt (Bootsform, Rennwagenform u. a.). Es gibt jedoch fünf Klassen mit genormter Segelfläche: I: 15 m^2, II: 10 m^2, III: 6,5 m^2, IV: 7,5 m^2, Mantaklasse: 5 m^2. Es werden Regatten im Dreieckskurs und offene Rennen gefahren. Seit 1963 werden Europa-, seit 1970 Weltmeisterschaften ausgetragen. – In der Bundesrepublik Deutschland wird das Strandsegeln vom *Deutschen Segler-Verband* (↑ Segelsport) betreut, international von der *Fédération Internationale de Strand et Land Yachting* (FISLY; gegründet 1962, Sitz Brüssel).

Straßenlauf: auf der Straße ausgetragener Laufwettbewerb der Leichtathletik für Damen und Herren über Distanzen zwischen 10 km bis zur Marathonstrecke. Straßenläufe sind in jüngster Zeit als Cityläufe oder Straßenmarathon sehr beliebt geworden. Seit 1977 werden deutsche Meisterschaften für Damen und Herren über 25 km ausgetragen, seit 1983 eine Weltmeisterschaft für Damen über 10 km.

Straßenradsport: im Gegensatz zum ↑ Bahnradsport auf öffentlichen Verkehrswegen oder auf geschlossenen Motorsportstrecken stattfindende Radrennen für Damen und Herren. – Zu Gerät (Straßenrennrad), Wettbewerben, Geschichte und Organisation ↑ Radsport.

Streckung: im Geräteturnen Bez. für den Bewegungsvorgang, mit dem der Körper in eine Haltung gebracht wird, die keinen Winkel mehr aufweist, z. B. beim Streckhang, -sprung (auch in der Gymnastik), -stand, -sturzhang, -stütz.

Streß [englisch, eigentlich „Druck, Anspannung“, gekürzt aus mittelenglisch distresse „Sorge, Kummer“]: Bez. für ein generelles Reaktionsmuster des Menschen auf stark erhöhte physische oder/und psychische Beanspruchung. Streß im physiologischen Sinn liegt vor, wenn der normale Selbstregulationsprozeß, d. h. das Gleichgewichtsprinzip (Homöostase) nicht mehr funktioniert. Nach Gabler sind dann drei Reaktionsstufen möglich: Alarmreaktion, Widerstand, Erschöpfung. – Im Sport entsteht Streß v. a. im Zusammenhang mit einem Wettkampf, insbesondere mit dem ↑ Vorstartzustand, in dem angenommen wird, das gesetzte Ziel nicht erreichen zu können. Diese Streßsituation kann unterstützt werden durch ungewohnte Trainings- und Wettkampfbedingungen, Angst vor dem Gegner, Anfälligkeit für Verletzungen, Rolle als Favorit, Streit mit Trainer und/oder Funktionären bzw. Mannschaftsmitgliedern, Schwierigkeiten im beruflichen oder privaten Leben u. a. Andererseits kann körperliche Betätigung im Sport dazu beitragen, Streß abzubauen.

Strukturgruppen: Bez. für Bewegungsverwandtschaften im Geräteturnen, d. h. Bewegungen, die durch gemeinsame Ausführungsmerkmale gekennzeichnet sind. Die wichtigsten Strukturgruppen sind: Bücke, Felge, Flanke, Grätsche, Hang, Hecht, Kehre, Kreisen, Rolle, Schere, Schraube, Schwung, Stemme, Streckung, Stütz, Überschlag.

Stufenbarrenturnen: Disziplin des Geräte- und Kunstturnens der Frauen. – **Sportgerät** ist der *Stufenbarren,* der ursprünglich dem Barren des Männerturnens (↑ Barrenturnen) entsprach, bei dem die Holme in unterschiedlicher Höhe fixiert waren. 1965 konstruierte Richard Reuther (* 1909) den heutigen Stufenbarren als ein „Doppelreck“, dessen Aufbau und Verspannung der des Recks (↑ Reckturnen) entspricht. Die Holme bestehen in der Regel aus Holz mit einer bruchsicheren Einlage, ihr Querschnitt entspricht in der Form dem Barren (größter senkrechter Durchmesser 48 mm, größter Breitendurchmesser 42 mm). Die Holme sind 2,40 m lang, ihr Weitenabstand ist zwischen 54 und 90 cm verstellbar. Der hohe Holm hat eine Höhe von 2,30 m, der untere Holm von 1,50 m. – Infolge der konstruktionsbedingten Erhöhung der Federkraft der Holme (Verspannung) umfaßt das Übungsgut am Stufenbarren im

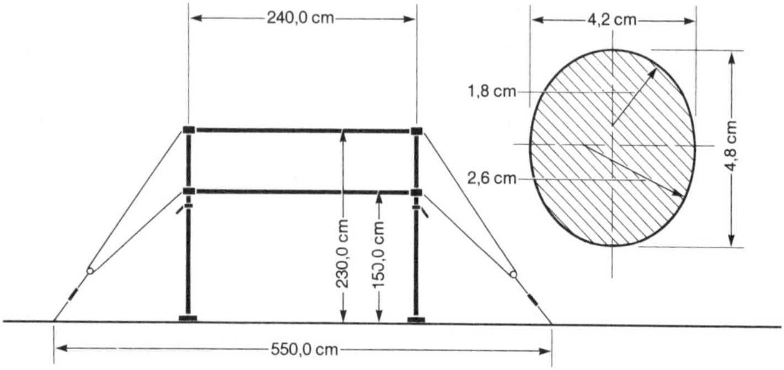

Stufenbarrenturnen. Frontalansicht des Stufenbarrens (links) und Querschnitt durch einen Holm (rechts)

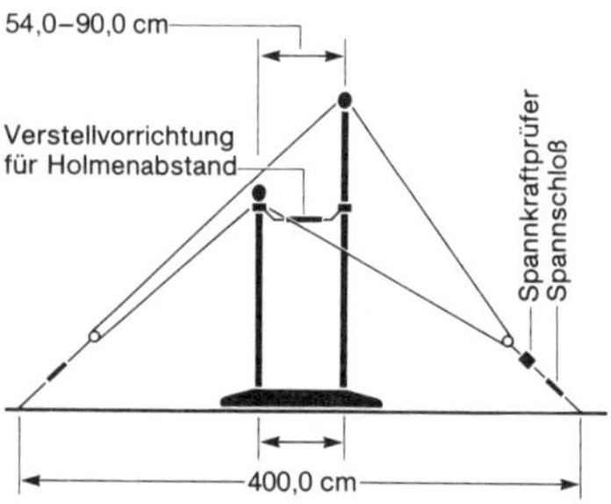

Stufenbarrenturnen. Seitenansicht des Stufenbarrens

wesentlichen Übungen des Reckturnens. – Das Stufenbarrenturnen wurde 1936 ins Frauenturnen übernommen. Es ist heute Bestandteil des Vierkampfs und des olympischen Achtkampfs (seit 1952) des Kunstturnens der Frauen. – Zur Wertung ↑Kunstturnen.

Sturm: 1. Wind der Stärke 9–11 der Beaufort-Skala (↑Windgeschwindigkeit); – 2. in Mannschaftsspielen (z. B. Fußball, Rugby, Eishockey) Bez. für Angriffsspieler.

Stütz: Haltung im Geräteturnen, bei der die Hände oder Unterarme auf das Gerät stemmen und so den Körper auf dem Gerät halten. Beispiele für Bewegungsfertigkeiten mit dem Element Stütz sind: Stützkehre, -kippe, -sprung, -waage, Liegestütz.

Stützen: vorwiegend statisch orientierte Form der Körperhaltung, bei der beide gestreckten Arme den Körper halten, indem die Hände die abstützenden Auflageflächen bilden (↑Stütz). Es gibt neben diesem gestreckten Stützen auch das gebeugte Stützen, das jedoch bedeutend mehr Kraft erfordert. Das Stützen bezieht sich v. a. auf das Geräteturnen (Barren, Reck, Lang- und Seitpferd). Eine Vorwärtsbewegung in stützender Haltung (Streckstütz) bezeichnet man als Stützeln. Eine weitere Variante ist das Stützhüpfen, wobei man am Barren im Beuge- oder Streckstütz vorschwingt, mit den Händen abschnellt und im Beuge- oder Streckstütz den Körper auffängt.

Sulky ['zʊlki, englisch 'sʌlki]: leichter, zweirädriger, gummibereifter Wagen mit Spezialsitz für ↑Trabrennen.

Sumo [zu japanisch sumafu „sich wehren“]: traditioneller japanischer Ringkampf. Kampfstätte ist ein erhöhter (etwa 65 cm) *Ring* (Durchmesser etwa 4,50 m) aus mit Lehm gefüllten Säcken. Die Ringer *(Sumori)* versuchen, einander auf den

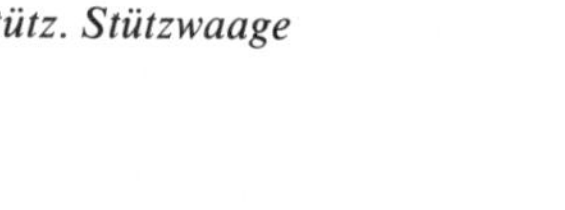

Stütz. Stützwaage

Boden des Rings zu werfen oder aus dem Ring hinaus zu drängen oder zu werfen. Dazu stehen ihnen 48 verschiedene Griffe zur Verfügung. Wichtigste Voraussetzungen des Sumo sind ein sehr hohes Körpergewicht (zwischen 90 und 140 kg) und Kraft der Sumori, aber auch Reaktionsschnelligkeit. Die Wettkampfkleidung der Sumori besteht aus einem Lendenschurz. Die Sumori sind in Kategorien (mit Auf- und Abstieg) eingeteilt; von dieser Einteilung ist nur der Großmeister des Sumo ausgenommen. Der Wettkampf wird von einem Kampfrichter in altjapanischer Tracht geleitet. – Sumo gilt als eine der ältesten Sportarten Japans (vermutlich schon im 1. Jahrhundert v. Chr. entstanden, historisch belegt im 7. Jahrhundert n. Chr.). Im 14.–16. Jahrhundert wurde es als Gewerbe betrieben, die Sumori lebten in Zeltgemeinschaften und sorgten für die Belustigung von Hof und Volk. Heute ist Sumo ein ritualisierter und professionalisierter Wettkampf. Höhepunkte sind die sechsmal jährlich 15 Tage lang stattfindenden Meisterschaftsturniere. Die Sumori müssen von früher Jugend an hart trainieren und mit einer speziellen Ernährung ihr Körpergewicht erhöhen.

Supercup [...kʌp, englisch] ↑Pokal.

Super-G [...dʒiː; englisch; G, Abk. für englisch giant „Riese"] ↑Superriesenslalom.

Superkompensation [zu lateinisch super „oben, über, darüber" und compensare „auswiegen, abwägen"] (Überkompensation): in der Trainingslehre Bez. für eine Regenerationsphase zwischen Belastungen, in der die verbrauchte Energie biochemisch und physiologisch wiederhergestellt wird. Die Superkompensation wird ausgelöst, wenn ein Belastungsreiz die Homöostase, d. h. die normale Selbstregulation, gestört hat. Bevor ein neuer Belastungs- bzw. Trainingsreiz folgt, darf der vorangegangene nicht völlig abgeklungen sein. – ↑auch Training.

Superriesenslalom [zu lateinisch super „oben, über, darüber" und ↑Slalom] (Super-G): 1982 eingeführte Disziplin des (alpinen) Skisports für Damen und Herren, bei der in einem Durchgang eine mit Kontrolltoren abgesteckte Strecke in möglichst kurzer Zeit zu durchfahren ist. Der Superriesenslalom ist eine Verbindung von Abfahrtslauf und Riesenslalom. Die mindestens 30 m breite Strecke soll für Herren einen Höhenunterschied zwischen 500–630 m, für Damen von 350 bis 500 m aufweisen. Die Tore entsprechen jenen des ↑Riesenslaloms, ihre lichte Weite beträgt 6–8 m, der Mindestabstand zweier aufeinanderfolgender Tore 25 m. Herrenwettbewerbe sollen nach Möglichkeit zwei Sprünge (einer geradeaus, einer mit Richtungsänderung) aufweisen. Die Läufer müssen Sturzhelme tragen. – Der Superriesenslalom ist ab 1988 olympische Disziplin (für Herren).

Surfen ['zørfən, 'zœrfən; zu englisch surf „Brandung"] (Segelsurfen, Windsurfen): Disziplin des Segelsports, die als Freizeit- und Wettkampfsport von Damen und Herren auf jedem Gewässer mit einem Surfbrett betrieben werden kann. Das **Surfbrett** ist ein 3,70 m langes und 65 cm breites Kunststoffbrett (ausgeschäumtes Polyäthylen) mit einem Steckschwert oder versenkbaren Schwert. Der etwa in der Mitte des Bretts nach allen Seiten kippbar und um 360° drehbar angebrachte Mast (Glasfiber) ist 4,20 m hoch und trägt das zwischen 3,6 und 10,0 m² große Segel, in das ein Sichtfenster für den Surfer eingearbeitet ist. Der Surfer steht mit dem Rücken zum Wind auf dem Brett und hält sich am Gabelbaum fest, der den Mast aufrechthält und durch Schwerpunktverlagerung zum Steuern benützt wird. – Die Wettfahrten werden nach den Regeln der Segelregatten gefahren. – Das Surfen entstand Anfang der 70er Jahre. Seit 1973 werden deutsche, Europa- und Weltmeisterschaften ausgetragen. Surfen ist seit 1984 olympische Disziplin. Es wird in der Bundesrepublik Deutschland vom

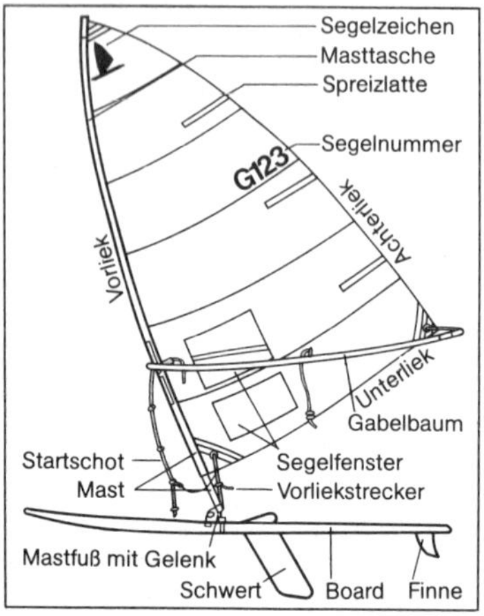

Surfen. Surfbrett mit Besegelung

Deutschen Segler-Verband (↑Segelsport) betreut, international von der *International Surfing Association.* – Eine wintersportliche Variante des Surfens ist das **Eissurfen,** wobei an der Unterseite des Surfbretts Kufen angebracht sind.

Suspensorium [zu lateinisch suspendere, suspensum „aufhängen"]: tragbeutelartiger Schutz der männlichen Geschlechtsteile, der entweder in die Sporthosen eingenäht ist oder gesondert angelegt wird; Vorschrift im Boxen, Judo und Ringen.

Sympathikus [zu griechisch sympatheĩn „mitleiden, empfinden"]: Teil des vegetativen Nervensystems, das die automatische Anpassung des Körpers an die Beanspruchungen reguliert. Durch Freisetzung von ↑Adrenalin und ↑Noradrenalin ins Blut sowie an Nervenenden bewirkt der Sympathikus im Sinne eines Flucht- bzw. Angriffinstinktes u. a. beschleunigte Atmung, Anstieg von Blutdruck und Herzleistung, Verringerung der Darmtätigkeit, Drosselung der Durchblutung von Haut und Darm zugunsten der Herz- und Skelettmuskulatur, gleichzeitig aber auch Anregung des Stoffwechsels, um aus den Reserven Energie bereitzustellen. Gegenspieler ist der ↑Parasympathikus.

Synapse [aus griechisch sýnapsis „Verbindung"]: Kontaktstelle, an der die Erregung eines Nervs an einen weiteren Nerv oder das Erfolgsorgan weitergegeben wird. Der Kontakt besteht nur indirekt, indem der elektrische Nervenreiz zu einer Freisetzung von Überträgerstoffen (↑Adrenalin, ↑Noradrenalin, ↑Acetylcholin) führt, die den ↑Rezeptor der angeschlossenen Zelle erreichen. Bei Muskeln (↑motorische Endplatte) führt dies zu einer Erregung (↑Aktionspotential), bei Nerven kann es auch eine Hemmung bewirken.

Synchronschwimmen [zu griechisch sýn „zugleich, zusammen" und chrónos „Zeit"] ↑Kunstschwimmen.

Synergisten [zu griechisch synergía „Mitarbeit"]: Strukturen und Regelmechanismen des Körpers, die in ihrer Wirkung oder einer Teilwirkung übereinstimmen oder sich unterstützen, z. B. die Hormone, von denen mehrere eine Stoffwechselsteigerung mit vermehrter Energiebereitstellung bewirken, die drei Wadenmuskeln, die gemeinsam an der Achillessehne ziehen, Nerven, deren geordnetes Zusammenwirken die Darmtätigkeit sinnvoll regelt. Zur maximalen Kraftentwicklung bei sportlicher Leistung ist besonders die Kenntnis der synergistischen Anteile von Muskeln nützlich, um sie gezielt mittrainieren und einsetzen zu können. – ↑auch Antagonisten.

Systole ['zystole, zys'to:lə; griechisch „das Zusammenziehen"]: Anspannungsphase des Herzens, die mit der Entspannungsphase (↑Diastole) abwechselt (↑Austreibungszeit).

systolische Austreibungszeit [zu ↑Systole] ↑Austreibungszeit.

T

Tackling [englisch 'tækliŋ] ↑Sliding-tackling.

Taekwondo (Taekwon-Do) [tɛ...; koreanisch; koreanisch tae „springen, (mit dem Fuß) stoßen", kwon „Faust" und japanisch do „Weg"]: zum Budosport zählende waffenlose Zweikampfsportart für Damen und Herren mit starker Ähnlichkeit zum Karate. – **Kampfstätte** ist eine 9 × 9 m große Fläche. – **Regeln** (Auswahl): Wettkampfsprache ist koreanisch. Die Kämpfer *(Taekwondoka)* sind in zehn (Herren) bzw. sieben (Damen) Gewichtsklassen eingeteilt. Die Kampfkleidung ist die des Karate. Es gibt zehn Schülergrade *(Kup)* und neun Meistergrade *(Dan)*. Gewertet wird nach Punkten für Angriffs- und Abwehrtechniken. Die Angriffe werden mit dem Fuß oder der Hand gegen Kopf, Hals und Rumpf geführt. Ein Treffer mit dem Fuß gegen den Kopf zählt zwei Punkte, andere Treffer einen Punkt. Alle Angriffe müssen 5 cm vor dem Ziel gestoppt werden. Ein Kampf geht immer über die ganze, vorher festgelegte Kampfzeit, er kann also nicht – wie die anderen Budokämpfe – durch ↑Ippon vorzeitig entschieden werden. In die Wertung gehen ein: der Kampf *(Chayu Taeryon)*, die Ausführung *(Hyong)* und ein Bruchtest *(Kypek Pa)*, bei dem 4 cm starke Fichtenbretter (30 × 30 cm) mit dem Fuß oder der Hand durchschlagen werden müssen. – Taekwondo geht auf verschiedene traditionelle asiatische Selbstverteidigungssysteme zurück, die der Koreaner Choi Hong Hi nach 1945 zu einer Sportart vereinheitlichte (heutiger Name seit 1955). Taekwondo kam 1965 über die USA nach Europa. Seit 1968 werden deutsche, seit 1973 Welt- und seit 1976 Europameisterschaften ausgetragen. Taekwondo wird in der Bundesrepublik Deutschland von der *Deutschen Taekwondo Union* (DTU; gegründet 1981, Sitz München) betreut, international von der *World Taekwondo Federation* (WTF; gegründet 1973, Sitz Seoul).

Takelage [...'la:ʒə; niederdeutsch] (Takelwerk): bei Segelschiffen die Gesamtheit der Vorrichtungen zum Tragen und Handhaben der Segel; umfaßt neben den Masten, Stangen und Spieren das „stehende Gut" zum Abspannen von Masten u. a. und das „laufende Gut" zum Bewegen der Segel.

Takt [aus lateinisch tactus „Berührung, Gefühl"]: 1. *musikalisches* Maß- und Bezugssystem, das die Betonungsabstufung und zeitliche Ordnung der Töne regelt und den ↑Rhythmus grundlegend bestimmt. Der Takt ist ein wesentliches Bewegungsmerkmal in den mit Musikbegleitung vorgetragenen Kunstsportarten, v. a. aber im Tanzsport, und geht mit in die Gesamtwertung ein; – 2. im *Pferdesport* Bez. für den gleichmäßigen Bewegungsrhythmus der Gangart des Pferdes, im Schritt ein Viertakt, im Trab ein Zweitakt, im Galopp ein Dreitakt. Abweichungen von der korrekten Fußfolge gelten als (wertungsrelevante) *Taktfehler*.

Taktik [aus französisch tactique, von griechisch taktikḗ (téchnē), eigentlich „Kunst der Anordnung und Aufstellung"]: allgemein das aufgrund von Überlegungen im Hinblick auf Zweckmäßigkeit und Erfolg festgelegte Vorgehen; im *Sport* der möglichst optimale und wirkungsvolle Einsatz der sportmotorisch-technischen Fertigkeiten auf der Grundlage eines entsprechenden motorischen Eigenschaftsniveaus zur Realisierung des Grundgedankens (Spielidee) einer Sportart (oft auch im Rahmen einer Gesamtstrategie). Taktische Maßnahmen spielen bei der wettkampfmäßigen Ausübung jeder Sportart eine Rolle, in entscheidendem Maß jedoch bei den Spielsportarten, v. a. den Mannschaftssportarten. Man unterscheidet hier v. a. zwischen **Offensiv-** bzw. **Angriffstaktik** und **Defensiv-** bzw. **Verteidigungstaktik.** Taktische Maßnahmen werden im Training gezielt einstudiert **(Taktiktraining),** und zwar als individuelle, Gruppen- und Mannschaftstaktik. Die Durchführung bestimmter taktischer Konzepte erfordert neben dem motorischen und technischen Können auch kognitive Leistungen, da gegnerische und eigene Entscheidungsalternativen und Handlungspläne situationsgerecht aufeinander abgestimmt werden müssen. – ↑auch Geschicklichkeit.

taktile Information [zu lateinisch tangere, tactum „berühren" und informatio „Bildung, Belehrung"]: über die Berührung (Tastsinn) vermittelte, für motorisches Lernen und Handeln relevante Nachrichten. Die taktile Information spielt eine wichtige Rolle beim Helfen und Sichern sowie in allen Sportarten, in denen Körperkontakt stattfindet oder die mit oder an einem Gerät ausgeübt werden.

Talent [aus mittellateinisch talentum „Gabe, Begabung" (als von Gott anvertrautes Gut)]: Bez. sowohl für die Anlage, die besondere Begabung zu überdurchschnittlichen Fähigkeiten auf einem bestimmten Gebiet, hier auf dem Gebiet sportlicher Bewegungshandlungen, als auch für die Person, die über diese Fähigkeiten verfügt. Talent ist abhängig sowohl von der ererbten Konstitution (↑auch Körperbautypen) und einer günstigen motorischen, kognitiven und affektiven Disposition als auch – hinsichtlich seiner Entwicklung – von günstigen sozialen und Umweltbedingungen. Mit Blick auf den Sport kann man (mit E. Hahn) drei Formen von Talent unterscheiden: *allgemeines motorisches Talent* (hohe motorische Lernfähigkeit, gutes Bewegungskönnen, breites Repertoire an Bewegungen), *sportliches Talent* (überdurchschnittliche Fähigkeit und Bereitschaft zum Erbringen sportlicher Leistungen) und *sportartspezifisches Talent* (Vorhandensein spezieller, für das Erbringen hoher Leistungen in einer bestimmten Sportart notwendiger physischer und psychischer Voraussetzungen). – Um Talente für den Sport erkennen und fördern zu können, wird zunächst eine **Talentbestimmung** vorgenommen, d. h. unter Berücksichtigung der für das Erbringen hoher Leistungen in einer Sportart bzw. einer sportlichen Disziplin entscheidenden Persönlichkeitsvariablen (z. B. anthropometrische Daten, motorische Eigenschaften und Fähigkeiten, sportmotorisch-technische Fertigkeiten, psychische und kognitive Dispositionen) wird ein Idealbild eines Sportlers dieser Disziplin (Hahn: „Psychosportogramm") erstellt. Auf dieser Grundlage erfolgt eine gezielte **Talentsuche,** die dann zu einer **Talentauswahl** unter sportartspezifischen und Altersgesichtspunkten führt. Jetzt setzt die eigentliche **Talentförderung (Leistungsförderung)** ein, d. h. alle die Maßnahmen, die vor, während und nach dem Training ergriffen werden, um ein Talent im Sport zu entwickeln. Dabei geht es v. a. darum, die Erfordernisse von Schule, Training, Wettkampf und notwendigem Freiraum für Freizeit in einer langfristigen Strategie sinnvoll in Einklang zu bringen. Dies geschieht meist differenziert nach Alter, Geschlecht, Leistungsstand und Sportart (Disziplin) auf den Ebenen des Wohnorts (z. B. ↑Fördergruppen in Zusammenarbeit von Schule und Verein), des Bundeslandes (Landesleistungszentren, Landesstützpunkte) und des Bundes (Bundesleistungszentren), z. T. auch in ↑Sportinternaten (v. a. für den Spitzensport). Bei der Talentförderung ist zu berücksichtigen, daß bereits die Talentsuche und -auswahl auf Schwierigkeiten stoßen, da bisher zuverlässige leistungsprognostische Testmethoden noch nicht hinreichend entwickelt sind, und daß eine Talentförderung nicht dazu führen darf, weniger oder nicht talentierte Jugendliche (Schüler) von den Förderungsmaßnahmen auszuschließen (↑ auch Sportförderunterricht).

Tandem [englisch, von lateinisch tandem „auf die Dauer, schließlich" (hier scherzhaft verstanden als „der Länge nach")]: im ↑ Radsport ein Rennrad für Bahnrennen für zwei Fahrer, die hintereinander sitzen, wobei nur der vordere lenken kann.

Tango [spanisch]: Tanz aus der Gruppe der Standardtänze im 2/4- oder 4/8-Takt mit 33 Takten pro Minute. Der Tango stammt aus Westindien, wurde in Argentinien zum Gesellschaftstanz und kam 1910 nach Europa. Bewegungsformen des Tangos sind: gleitende, knapp abgesetzte Gehschritte im Slow-quick-quick-Rhythmus, Promenaden, „Tangowiege"; Hauptmerkmal sind die schnellen Körperbewegungen. – Im Eis- und Rolltanz ist der Tango (im 4/4-Takt mit 27 Takten pro Minute) Pflichttanz.

tänzerische Gymnastik: auf die amerikanischen Tänzerinnen Isadora (*1878, † 1927) und Elisabeth Duncan († 1948) zurückgehende Richtung der Gymnastik, die das starre Ballett durch gymnastische Elemente auflockern wollte; weiterentwickelt von Rudolf von Laban (* 1879, † 1958), Mary Wigman (* 1886, † 1973) u. a., die versuchten, vom Tanz her die Körper- und Bewegungsbildung künstlerisch zu gestalten.

Tanzsport (Turniertanz): die wettkampfmäßig betriebene sportlich-künstlerische Variante des ↑ Gesellschaftstanzes für Einzelpaare, Mannschaften und Formationen (↑ Formationstanz). Für nationale und internationale **Tanzturniere** muß die **Tanzfläche** mindestens 180 m^2 groß sein und eine Mindestseitenlänge von 12 m haben. Zum Programm des Tanzsports zählen die fünf **Standardtänze** ↑ langsamer Walzer, ↑ Quickstep, ↑ Slowfox, ↑ Tango und ↑ Wiener Walzer und die fünf **lateinamerikanischen Tänze** ↑ Cha-Cha, ↑ Jive, ↑ Paso doble, ↑ Rumba und ↑ Samba. Für den Turniertanz gibt es (in aufsteigender Reihenfolge) die Startklassen (Leistungsklassen) E, D, C, B, A und Sonderklasse mit geregeltem Auf- und Abstieg, für die bestimmte Tänze vorgeschrieben sind und z. T. auch Schritt- und Figurenbeschränkungen gelten. Für die einzelnen Tänze gelten bestimmte Mindest- und Höchstzeiten, ferner sind die Tempi der Tänze festgelegt. Der Stil der Turnierkleidung der Tänzer und Tänzerinnen ist vorgeschrieben. Bei den Turnieren wird in einer Vor- und Zwischenrunde die Zahl der Wettkämpfer so reduziert, daß in der Endrunde höchstens sechs Teilnehmer tanzen. Die Wertung wird von fünf, bei nationalen und internationalen Turnieren von sieben Wertungsrichtern vorgenommen, und zwar nach fünf Wertungsgebieten: Takt- und Grundrhythmus, Körperlinien, Bewegungsablauf, rhythmische Gestaltung und Fußarbeit; ferner werden bewertet die harmonische Gestaltung, die choreographische Exaktheit der Figuren und der sportliche Einfallsreichtum, der allerdings artistische Elemente vermeiden soll.

Geschichte: Der Tanz als geregelte Körperbewegung zu Musik- oder Geräuschbegleitung war bereits im alten Ägypten und in Mesopotamien bekannt, und zwar als kultischer wie als geselliger Tanz. Seit dem 15. Jahrhundert kam es zu einer Scheidung von Volkstanz (↑ Folkloretanz) und dem höfisch-aristokratischen Gesellschaftstanz, aus dem sich dann ab etwa 1900 der Tanzsport entwikkelte. Seit 1909 werden Weltmeisterschaften für Einzelpaare (Amateure und Professionals) ausgetragen, Europameisterschaften für Amateure seit 1927, für Berufstänzer seit 1929. In der Bundesrepublik Deutschland sind der Amateurtanzsport im *Deutschen Tanzsportverband* (DTV; gegründet 1921, Sitz Neu-Isenburg), der Berufstanzsport im *Professional-*

Turnieramt (PTA) des *Allgemeinen Deutschen Tanzlehrer-Verbands* (ADTV; Sitz Wuppertal) organisiert, international im *International Council of Amateur Dancers* (ICAD; gegründet 1957, Sitz Bremen) bzw. (Professionals) im *International Council of Ballroom Dancing* (ICBD; gegründet 1950, Sitz London).

Tätlichkeit: v.a. in Mannschaftssportarten mit Körperkontakt Bez. für einen groben und bewußten Angriff auf den Körper eines Gegenspielers; wird meist mit Spielausschluß und einer längeren Sperre bestraft; gelegentlich werden Tätlichkeiten im Sport wie andere Körperverletzungen strafrechtlich verfolgt.

Tatsachenentscheidung: im Verlauf des Wettkampfs getroffene Entscheidung des Schieds- oder Kampfrichters über Regelverstöße (z.B. Foul) oder andere Vorgänge (z.B. Torentscheidung im Fußball), die im Regelfall nicht revidierbar ist, und gegen die auch kein Protest eingelegt werden kann. Ausnahme ist eine offensichtlich regelwidrig getroffene Tatsachenentscheidung, die heute gelegentlich mittels Fernsehaufzeichnungen („Fernsehurteil") aufgedeckt werden kann. Der Schieds- oder Kampfrichter kann in Zweifelsfällen Linienrichter oder Mitglieder des Kampfgerichts vor seiner Entscheidung befragen.

Tau [niederdeutsch]: dickes, kräftiges Seil (Strick), das im *Geräteturnen* (v.a. der Schule) als Übungsgerät insbesondere zur Kräftigung der Arm- und Rumpfmuskulatur eingesetzt wird und das einen starken Aufforderungscharakter besitzt. Das Tau wird v.a. als Klettertau zum Klettern, Schwingen und ↑Hangeln eingesetzt. – Im *Segelsport* werden Taue in vielfacher Verwendung eingesetzt (z.B. zum Festmachen des Bootes). – ↑auch Tauziehen.

Tauchbradykardie [zu griechisch bradýs „langsam" und kardía „Herz"]: beim Tauchen mit Atemstillstand, also ohne Gerät oder Schnorchel, automatisch eintretende Verlangsamung des Herzschlages. Ursache ist u.a. eine Umverteilung der Blutmenge im Körper, die eine Reizung des Parasympathikus bewirkt, wodurch die Herzfrequenz gesenkt wird. Die verringert gepumpte Blutmenge und ihr Sauerstoff werden dann vorzugsweise dem Gehirn und Herzen zugeleitet, der Körper spart so die knappe Luft für die lebenswichtigen Organe. Muskelarbeit muß dann unter anaeroben Bedingungen stattfinden.

Tauchen: Bez. für das Schwimmen bzw. den Aufenthalt unter Wasser für kürzere (ohne Atemgerät) oder längere Zeit (mit Atemgerät), zentrale Technik des ↑Tauchsports. Das Tauchen ohne Gerät spielt eine wichtige Rolle auch im Anfänger- und Rettungsschwimmen.

Tauchsport (Sporttauchen, Unterwassersport): das als Freizeitsport oder wettkampfmäßig betriebene Tauchen in Schwimmbecken oder freien Wassern. Man unterscheidet Tauchen ohne Gerät (d.h. ohne künstliche Zufuhr von Luft oder reinem Sauerstoff) und Tauchen mit Gerät. Beim *Tauchen ohne Gerät* besteht die Ausrüstung aus den sogenannten ABC-Geräten (Flossen [↑Schwimmflosse], ↑Maske und Schnorchel [mit einem Rückschlagventil versehenes Rohr mit Mundstück zum Ansaugen von Atemluft]). Die Tauchzeit (etwa 1/2 bis 3 Minuten) ist durch den Sauerstoffvorrat in Blut und Lunge begrenzt. Die erreichbare Tauchtiefe beträgt etwa 30–40 m. Durch die Kompressibilität der Luft in der Lunge und den Körperhöhlen und die Inkompressibilität des Körpers entsteht beim Abtauchen in den Körperhöhlen ein relativer Unterdruck, der zu Druckschäden (Blutgefäß- und Gewebezerreißungen) führen kann. Beim *Tauchen mit Gerät* wird normalerweise Luft (aber auch reiner Sauerstoff) geatmet, die unter gleichem Druck steht wie der aktuelle Umgebungsdruck. Die Luft wird in (bis zu vier) Stahlflaschen (Nenndruck meist 200 oder 300 bar) auf dem Rükken mitgeführt und dem Taucher über den sogenannten Lungenautomaten (eine durch den bei der Atmung entstehenden Unter- und Überdruck automatisch gesteuerte Dosiereinrichtung) zugeführt. Weitere wichtige Geräte sind: Kälteschutzanzug, Bleigürtel (zur Erleichterung des Abtauchens), Rettungsweste, Kompaß, Taucheruhr, Tiefenmesser und Dekometer, der Tiefe und Zeit für die Dekompressionsphasen beim Auftauchen anzeigt. Faktoren, die die Tauchtiefe begrenzen, sind: die toxische Wirkung des Sauerstoffs (Nieren- und Kreislaufschäden), die bei Luft in etwa 74 m, bei reinem Sauerstoff ab etwa 7 m Wassertiefe zu erwarten ist, und der ↑Tiefenrausch. Faktoren, die die Tauchzeit begrenzen, sind u. a. der Luftvorrat (mit zunehmender Tiefe steigt bei gleichbleibender Ventilation der Luftverbrauch, da die geatmeten Volumina unter höherem Druck stehen) sowie die Anreicherung des Körpergewebes mit Stickstoff in Abhängigkeit vom Druck und von der Tauchzeit. – Beim Auftauchen (ohne oder mit Gerät) muß das gelöste Gas allmählich über die Lunge abgeatmet werden, da es sonst zur Caissonkrankheit (↑Dekompressionsphase) kommt.

Im Tauchsport werden folgende **Wettbewerbe** ausgetragen: 1. **Flossenschwimmen,** ein Unterwasserschwimmwettbewerb über die Distanzen 100, 200, 400, 800, 1 500 und 1 850 m sowie eine 4 × 100- und 4 × 200-m-Staffel im Schwimmbekken (Damen und Herren) sowie im offenen Wasser über 3 000–25 000 m (Herren) und 3 000–8 000 m (Damen). Im Flossenschwimmen in Schwimmbecken werden Rekorde geführt. – 2. **Streckentauchen** (im Becken): über 50 m mit angehaltenem Atem (Damen und Herren), mit Druckluftgerät über 100 und 400 m (Damen und Herren) und über 800 m (Herren). Für die verschiedenen Distanzen müssen bestimmte Luftvolumina (0,7–7,0 l) mitgeführt werden. Über den Sieg entscheidet die kürzere Zeit. – 3. **Orientierungstauchen** (im freien Wasser): Unter Wasser müssen mit Hilfe von Kompaß und Entfernungsmesser Orientierungs- und Suchaufgaben gelöst werden. Die über eine Bojenleine mit einer Sicherheitsboje an der Wasseroberfläche verbundenen Taucher tragen Flossen und Atemgeräte mit normaler atmosphärischer Luft. Während des Wettbewerbs ist das Auftauchen untersagt. Es gelten Zeitbegrenzungen. Gewertet wird nach Punkten. Orientierungstauchen wird von Damen und Herren und als Mannschaftswettbewerb ausgetragen. – 4. ↑Unterwasserrugby.

Geschichte: Das Tauchen entwickelte sich zusammen mit dem Schwimmen. Bereits aus der Antike sind Berichte über den Einsatz von Tauchern zu militärischen Zwecken überliefert. Das sportliche Tauchen entstand erst seit Beginn des 20. Jahrhunderts im Zusammenhang mit der Entwicklung der Tauchgeräte. Seit etwa 1950 werden Wettkämpfe nach festen Regeln ausgetragen. Seit 1976 gibt es im Flossenschwimmen und Streckentauchen, seit 1973 im Orientierungstauchen Weltmeisterschaften und Europapokalwettbewerbe. In der Bundesrepublik Deutschland wird der Tauchsport vom *Verband Deutscher Sporttaucher* (VDST; gegründet 1954, Sitz Hamburg) betreut, international von der *Confédération Mondiale des Activités Subaquatiques* (CMAS; gegründet 1959, Sitz Paris).

Tauchzug: nach den Regeln erlaubte Schwimmphase unter Wasser beim Brustschwimmen: Nach dem Start und nach der Wende ist jeweils ein Armzug unter Wasser gestattet, dann muß der Kopf aus dem Wasser auftauchen.

Täuschung ↑Finte.

Tausendpunktewertung ↑Zehnkampf.

Tauklettern ↑Hangeln.

Tauziehen (Seilziehen): ein Kraftsportwettbewerb (für Männer), bei dem zwei Mannschaften zu je acht Teilnehmern an je einem Ende eines 32 m langen Seils (Taus; Umfang

10–12,5 cm) versuchen, den Gegner über eine Mittellinie mindestens 3 m ins eigene Feld zu ziehen. Es gibt drei Gewichtsklassen für das Gesamtgewicht der Mannschaften: bis 560, 640 und 720 kg. Ein Wettkampf besteht aus drei Durchgängen. Es siegt die Mannschaft, die zwei Durchgänge gewonnen hat. Verboten sind das Sitzen auf einem Fuß, absichtliches Berühren des Bodens mit der Hand, Schlingen des Seils. Die Mannschaftsmitglieder müssen in jedem Durchgang die gleichen Positionen am Seil einnehmen. – Das Tauziehen war 1900–20 olympische Disziplin. Seit 1964 werden Welt-, und seit 1978 Europameisterschaften ausgetragen. In der Bundesrepublik Deutschland wird das Tauziehen vom *Deutschen Rasenkraftsport- und Tauzieh-Verband* (gegründet 1971, Sitz Kassel) betreut, international von der *Tug of War International Federation* (TWIF; gegründet 1964, Sitz Salisbury, Großbritannien).

Team [englisch ti:m] ↑ Mannschaft.

Technik [zu téchnē „Handwerk, Kunstfertigkeit"]: im Sport Bez. für die Summe der ↑ sportmotorisch-technischen Fertigkeiten einer Sportart oder Disziplin, die optimale Form einer Bewegungsausführung. Die Technik ist neben den motorischen Eigenschaften und der Taktik ein zentrales Element des motorischen Lernprozesses, des Übens und Trainierens. Sie ist ein Teilbereich der sportmotorischen Leistung. Die Vielzahl der Technikelemente kann (nach Mechling/Carl) nach Gruppen differenziert werden, die jeweils ein Kontinuum zwischen zwei Polen darstellen: *ergebnisorientierte* Technikelemente (in Sportarten mit exakt meßbaren Leistungen) gegenüber *verlaufsorientierten* (in Kunstsportarten), stärker *konditionsdeterminierte* (z. B. beim 10000-m-Lauf) gegenüber *koordinationsdeterminierten* (z. B. 1 1/2facher Salto im Wasserspringen), *zyklische* (z. B. Laufen) gegenüber *azyklischen* (z. B. Kugelstoß), *offene* (z. B. Skilauf) gegenüber *geschlossenen* (z. B. Gewichtheben). Um beim Lernen, Üben und Trainieren von Technikelementen eine optimale sportliche Leistung sowohl relativ (Breitensport) als auch absolut (Spitzensport) zu erzielen, ist eine vorgängige und begleitende Analyse der Technik erforderlich, die ein Korrigieren und Verändern ermöglicht. Diese Analyse kann *qualitativ* durch Bewegungsbeobachtung unter bestimmten Kriterien (v. a. für die Technik der Kunstsportarten, aber auch im Sportunterricht; ↑ Bewegungsanalyse) und *quantitativ,* d. h. unter Einbeziehung naturwissenschaftlicher, v. a. biomechanischer (raum-zeitlicher und dynamisch-zeitlicher) Parameter erfolgen, wobei mechanische, optische und elektronische Meßtechniken eingesetzt werden (↑ auch Sportbiomechanik). – Der Verbesserung der sportlichen Technik dient ein spezielles **Techniktraining.**

technische Kommission: Unterorgan nationaler und internationaler Sportfachverbände, verantwortlich für Planung, Durchführung und Auswertung von Wettkämpfen, Trainings- und Lehrarbeit, Wahrung der Regeln u. a.

technischer Fehler: 1. im *Basketball* (technisches Foul) Sonderform einer Regelwidrigkeit, unsportliches Verhalten oder Mißachtung der Ermahnungen des Schiedsrichters durch Spieler oder Trainer (wird mit zwei Freiwürfen für den Gegner geahndet); – 2. im *Gewichtheben* unkorrekter Bewegungsablauf, z. B. das Berühren der Oberschenkel mit den Ellbogen beim Umsetzen.

technischer K. o. [ka'o:; Abk. für englisch knockout] ↑ Boxen.

Tee [englisch ti:]: 1. beim *Curling* Mittelpunkt des Zielkreises; – 2. beim *Football* ein kleiner, in den Boden gesteckter Aufsatz für den Ball beim Antritt; – 3. im *Golf* sowohl der Abschlagplatz einer Spielbahn als auch der kleine, 3–4 cm lange Stift, der mit seinem spitzen Ende in den Boden gesteckt wird und zum anderen Ende in einer trichterförmigen Vertiefung den

Golfball aufnimmt, damit dieser besser abgeschlagen werden kann.

Teil: Bestandteil sportmotorisch-technischer Fertigkeiten, die in einigen Kunstsportarten (z. B. Kunstturnen, rhythmische Sportgymnastik, Sportakrobatik) nach ihrem Schwierigkeitsgrad klassifiziert werden. Im Kunstturnen gelten nach dem Code de pointage: **A-Teil** (Wert 0,2 Punkte) als unterster, **B-Teil** (Wert 0,4 Punkte) als mittlerer und **C-Teil** (Wert 0,6 Punkte) als höchster Schwierigkeitsgrad. Seit 1985 gibt es im Kunstturnen noch einen **D-Teil** (Wert 0,8 Punkte), der sich zusammensetzt aus der Wertung für den C-Teil und 0,2 Punkte für Risiko, die ab 1980 als C + R (für Risiko) üblich war.

Teilkörperbewegung: im Gegensatz zur ↑Ganzkörperbewegung Bez. für sportliche Handlungsvollzüge, bei denen nur ein Teil des Körpers beansprucht wird, z. B. Beinarbeit im Brustschwimmen, Stockeinsatz beim Skilaufen, Ausholbewegung beim Speerwerfen. Im Rahmen des motorischen Lehr- und Lernprozesses ist es bisweilen wichtig, Bewegungen in Teilbewegungen zu zergliedern (analytisch-synthetische Methode), um zunächst die Teilkörperbewegung zu erlernen, bevor die gesamte Bewegung geübt wird.

Telemark [nach dem gleichnamigen Verwaltungsgebiet in Südnorwegen]: Technik im alpinen Skilauf **(Telemarkschwung)** und im Skispringen **(Telemarkaufsprung),** eine Ausfallstellung, bei der der talseitige Ski der Führungsski ist und in weiter Schrittstellung bei Belastung des bogeninneren Skis gefahren bzw. der Aufsprung beim Skispringen abgefedert wird.

Telleraxel [↑Axel]: Hebefigur im Paarlauf des Eis- und Rollkunstlaufs: Der sich auf beiden Füßen drehende Partner hält seine Partnerin in horizontaler Lage auf den hochgestreckten Armen; kann ein- oder beidarmig ausgeführt werden.

Tellern (Paddeln): beim Synchronschwimmen Bez. für eine leichte Bewegung der Hände, um den Körper in gestreckter waagerechter Haltung zu stabilisieren, sowohl in Ruhelage als auch in einer Vor- bzw. Rückwärtsbewegung.

Tempo [italienisch „Zeit(maß, -raum)“, von lateinisch tempus „Zeit“]: 1. *allgemein* Bez. für die (hohe) Geschwindigkeit einer Bewegung, z. B. eines Läufers (**Tempoläufer:** ein Läufer, der ein relativ hohes Tempo konstant halten kann) oder eines Mannschaftsspiels (**Tempospiel:** der Versuch, den Gegner durch Forcierung des Tempos zu ermüden und aus dem Konzept zu bringen); – 2. im *Fechten* a) das Zeitintervall für die Durchführung einer einfachen Aktion (z. B. Aufhaltstoß, Ausfall) oder deren Wiederholung, b) die geschickte Zeitwahl für den Beginn einer Aktion, Überraschungsmoment; – 3. im *Pferdesport* die unterschiedliche Geschwindigkeit innerhalb der einzelnen Gangarten: versammelt (langsam), mittel und stark; die Tempi können gewechselt werden.

Tempogegenstoß [↑Tempo] ↑Schnellangriff.

Temposchwung [↑Tempo] ↑alpiner Skilauf.

Tempowechselmethode [zu ↑Tempo und griechisch méthodos „der Weg zu etwas hin“]: 1. im Ausdauertraining Form der ↑Dauermethode; – 2. taktische Variante in Dauerwettbewerben (z. B. Mittel- und Langstreckenlauf der Leichtathletik), mit der durch mehrmaligen Wechsel der Laufgeschwindigkeit der Gegner aus dem Rhythmus gebracht werden soll.

Tennis [englisch; zu französisch tenez! „haltet“ (den Ball)]: vorwiegend im Freien, zunehmend aber auch in der Halle mit Schlägern und einem Ball gespieltes Rückschlagspiel für zwei (Einzel) bzw. vier (Doppel) Spieler. Tennis wird von Damen und Herren, auch als gemischtes Doppel (Mixed) gespielt.

Der **Spielgedanke** ist, den Ball mit Hilfe des Schlägers so in das gegnerische Feld zu schlagen, daß es dem

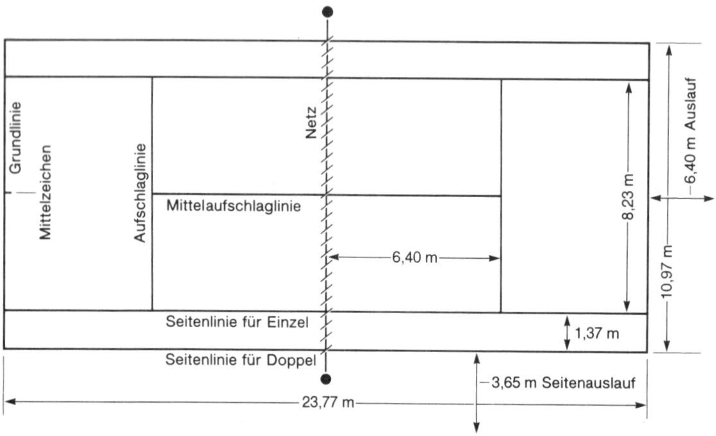

Tennis. Spielfeld

Gegner möglichst nicht gelingt, den Ball regelgerecht zurückzuschlagen. Tennis hat keine feste **Spielzeit,** sondern es wird auf zwei oder drei Gewinnsätze gespielt, d. h. daß es beim Spiel auf zwei Gewinnsätze maximal drei (2:1 Sätze), beim Spiel auf drei Gewinnsätze maximal fünf (3:2) Sätze geben kann.

Das rechteckige **Spielfeld** ist 23,77 m (= 26 englische yards) lang, in Einzelspielen 8,23 m (= 9 yards) und in Doppelspielen 10,97 m (= 12 yards) breit und wird von weißen Linien, den Seiten- und Grundlinien, begrenzt. Das in der Spielfeldmitte befindliche *Netz* hängt an einem zwischen zwei Pfosten gespannten Drahtseil: Es muß in der Mitte 0,915 m (= 1 yard), außen (genau:

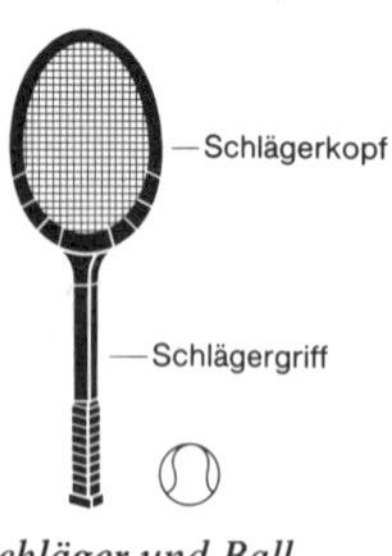

Tennis. Schläger und Ball

1 yard außerhalb der Seitenlinien) 1,06 m hoch sein. Jede Spielfeldhälfte weist unmittelbar am Netz zwei sogenannte *Aufschlagfelder* auf, die von den Seitenlinien des Einzelspielfeldes und einer Mittelaufschlaglinie (parallel zu den Seitenlinien) sowie von einer parallel zum Netz in 6,40 m (= 7 yards) Entfernung gezogenen *Aufschlaglinie* begrenzt werden. Die vier Aufschlagfelder haben die Maße 6,40 m × 4,115 m. Die Markierungslinien zählen zum Spielfeld. Dieses wird von einem Auslauf umgeben, der hinter der Grundlinie mindestens 6,40 m, neben den Seitenlinien mindestens 3,65 m breit sein muß. Der Spielboden besteht bei den sogenannten Hartplätzen aus rotem Ziegelmehl oder gemahlenem roten Naturstein, aus Asphalt oder Beton, aus Rasen, in Hallen aus Parkett, überwiegend jedoch aus Kunststoffboden oder Kunstfaserteppichboden.

Spielgerät sind ein aus Holz, Metall, Glasfiber o. a. Material gefertigter *Schläger* (Rackett), dessen Schlagfläche aus längs und quer in einem ovalen Rahmen gespannten Darm- und Kunststoffsaiten besteht (Gesamtlänge des Schlägers höchstens

81,28 cm, Gesamtbreite 31,75 cm; Gesamtlänge der Bespannungsfläche 39,37 cm, Gesamtbreite 29,21 cm) und ein haariger weißer (auch gelber oder orangefarbener) *Hohlgummiball* (Durchmesser 6,35–6,67 cm, Gewicht 56,7–58,7 g). Er muß so beschaffen sein, daß er zwischen 1,23 und 1,47 m hoch springt, wenn er bei 20° Celsius aus einer Höhe von 2,54 m auf eine harte Unterlage fällt. Die Härchen sollen den Luftwiderstand erhöhen und damit die Geschwindigkeit des Balles bremsen.

Spielregeln (Auswahl): Das Spiel beginnt mit dem Aufschlag. Dieser erfolgt so, daß der den Ballwechsel beginnende Spieler (Aufschläger), etwas seitlich von der Mitte der Grundlinie stehend, den Ball über seinen Kopf hochwirft und ihn von oben in das schräg gegenüberliegende Aufschlagfeld schlägt, und zwar abwechselnd von rechts und links zu Beginn jedes neuen Ballwechsels. Bei Netzberührung wird der Aufschlag wiederholt. Der Spieler, der diesen Aufschlag annehmen muß (Rückschläger), darf ihn erst nach dem gültigen Auftreffen auf dem Boden des Aufschlagfeldes annehmen und zurückspielen. Der dann hin- und hergespielte Ball darf direkt nach Überqueren des Netzes im Fluge (Flug- oder Volleyball) oder muß nach nur einmaligem Berühren des Bodens zurückgeschlagen werden. Jeder Ball, der von einem Spieler ins Netz oder ins „Aus" (d.h. außerhalb des Spielfeldes, beim Aufschlag auch außerhalb des Aufschlagfeldes auftreffend [allerdings darf der erste fehlerhafte Aufschlag wiederholt werden])oder erst nach zweimaliger Bodenberührung geschlagen wird, ist für den Gegner ein gewonnener Punkt.

Gezählt wird folgendermaßen: Gewinnt der Aufschläger den ersten Punkt, so heißt es 15:0, gewinnt der Rückschläger, so heißt es 0:15. Je nach Gewinn des 2. Punktes heißt es 30:0, 15:15 (beide) oder 0:30, nach Gewinn des 3. Punktes 40:0, 30:15, 15:30 oder 0:40. Gewinnt der führende Spieler bei 40:0, 40:15 oder 40:30 den nächsten Punkt, so hat er ein Spiel gewonnen. Steht es 40:40, heißt es beim nächsten Punkt „Vorteil Aufschläger", wenn der Aufschläger, und „Vorteil Rückschläger", wenn der Rückschläger den Punkt gewonnen hat. Gewinnt der jetzt führende Spieler den Ballwechsel, so hat er das Spiel gewonnen, gewinnt hingegen der bei „Vorteil" zurückliegende Spieler den Punkt, so heißt es „Einstand" (englisch: „Deuce"). Gespielt wird in der Folge so lange, bis der eine der beiden Spieler (beim Doppel eine der beiden Mannschaften) zwei Punkte in Folge gewinnt. Nach jedem Spiel geht der Aufschlag an den Rückschläger, der nun zum Aufschläger wird (bzw. in abwechselnder Folge an einen Spieler der gegnerischen Mannschaft bei Doppelspielen). Sechs gewonnene Spiele ergeben einen Satzgewinn, wobei jedoch der Gewinner einen Vorsprung von zwei Spielen haben muß, also 6:4 (nicht 6:5), 7:5, 10:8 usw. Meist wird aber nach 6:6 die sogenannte Tie-Break-Regel angewandt (↑Tie-Break). Nach jedem ungeraden Spiel (1, 3 usw.) werden die Seiten gewechselt (beim Tie-Break nach jeweils sechs Punkten).

Technik: Die Grundschläge beim Tennis sind Vorhandschlag für Bälle, die mit dem rechts vom Körper (bei Linkshändern umgekehrt) und Rückhandschlag für solche Bälle, die mit dem rechten Arm links vom Körper (bei Linkshändern umgekehrt) geschlagen werden. Dazu kommt der Aufschlag. Die wichtigsten Schlagvarianten sind ↑Drive, Flugball (direkt aus der Luft geschlagen), Halbflugball (unmittelbar nach dem Auftreffen auf dem Boden geschlagen), ↑Schmetterball (Smash), ↑Stoppball, Topspin (↑Schnitt). Das Tennisspiel erfordert Schnelligkeit, Kraft, Ausdauer, schnelle Erfassung der Situation (Beobachtung der Bewegung des Gegenspielers, auch Antizipation) und gute Reaktion. Es wird zu den Lifetimesportarten gerechnet und gewinnt auch in der Schule zunehmend an Bedeutung, wenngleich die noch immer begrenzt vorhandenen Plätze, v. a. in Hallen, dem im Wege stehen.

Geschichte: Vorläufer des heutigen Spiels sind das ↑Kaatsen und das französische Jeu de Paume, das seit dem 15. Jahrhundert zumeist mit der flachen Hand („paume“ aus lateinisch palma „die flache Hand“), dann mit tennisschlägerähnlichen Schlägern gespielt wurde. Aber auch in Italien, England und Deutschland wurde dieses Spiel in Ballhäusern ausgetragen. Auch Tennis wurde zunächst in Hallen gespielt. Im 18. Jahrhundert entwickelte es sich in England als Field-Tennis (später und auch heute noch Lawn-Tennis genannt) auf hartem, kurzem Rasen. 1874 stellte der englische Major W. C. Wingfield erste Regeln auf, die 1877 ergänzt wurden und in ihren Grundzügen noch heute gültig sind. 1877 fand im Londoner Stadtteil Wimbledon das erste Meisterschaftsturnier statt, das heute noch ausgetragen wird und als „inoffizielle Weltmeisterschaft“ gilt. Von England aus verbreitete sich das Tennisspiel in der neueren Form über die ganze Erde. 1877 wurde bereits auch in Deutschland nach den neuen Regeln gespielt. Der erste deutsche Tennisklub wurde 1881 in Baden-Baden gegründet. 1892 fand die erste deutsche Meisterschaft statt. Der ↑Davis-Cup wurde 1900 ins Leben gerufen. – Organisiert ist der Tennissport in der Bundesrepublik Deutschland im *Deutschen Tennis Bund* (DTB; gegründet 1902, Sitz Hannover), international in der *International Tennis Federation* (ITF; gegründet 1913, Sitz London). Die Berufsspieler sind in der *Association of Tennis Professionals* (ATP; gegründet 1971), die Spielerinnen in der *Women Tennis Association* (WTA) organisiert.

Tennisellbogen (Tennisarm): akuter Reizzustand oder chronische Abnutzungserscheinung der Sehnen von Muskeln, die das Handgelenk und die Hand strecken. Ursache: Überlastung bei eventuell falscher Technik. Die Außenseite des Ellbogens ist druckschmerzhaft, und die betroffenen Muskeln sind geschwächt. Behandlung durch Schonung, Ruhigstellung, Physiotherapie, notfalls auch Operation.

Test [englisch, aus altfranzösisch test „Tiegel für alchimistische Experimente“ (von lateinisch testum „Geschirr“)]: allgemein eine Untersuchung, Probe, Prüfung auf das Vorliegen bestimmter Kriterien; im engeren Sinn ein wissenschaftliches Routineverfahren zur quantitativen Erfassung abgrenzbarer individueller Merkmale (z. B. Persönlichkeit, Intelligenz, Qualifikation); neben dem Testverfahren werden auch das Testmaterial und der Vorgang des Testens Test genannt. – Tests im Sport dienen der Datenerhebung aus folgenden Bereichen: 1. *motorischer Verhaltensbereich* (Körperbauvoraussetzungen, Wahrnehmungseigenschaften, motorisch-konditionelle und -koordinative Eigenschaften, sportmotorisch-technische Fertigkeiten, sportmotorisch-taktische Fähigkeiten), 2. *kognitiver Verhaltensbereich* (sportartspezifische Kenntnisse [notwendig für das Zustandekommen sportmotorischer Leistungen und das Gesamtverständnis einer Sportart] und sportartübergreifende Kenntnisse [grundlegende Motorik, Sport als gesamtgesellschaftliche Erscheinung]), 3. *affektiver Verhaltensbereich* (Emotionen und Affekte, die die Voraussetzungen, die Realisierung und das Ergebnis sportlicher Handlungen betreffen). – Die meisten Tests basieren auf der klassischen Testtheorie, wonach ein Test bestimmte Gütekriterien (statistisch ausgedrückt als Quotient, der möglichst nahe an 1,00 liegt) zu erfüllen hat: *Objektivität* (Grad der Unabhängigkeit des Testergebnisses vom Untersucher), *Reliabilität* (formale Meßgenauigkeit) und *Validität* (Gültigkeit für das, was ein Test zu messen vorgibt). – Im Bereich des Sports werden folgende Testarten unterschieden: 1. ↑sportmotorischer Test, 2. normorientierter Test (NOT): dient der Ermittlung der Durchschnittsleistung, relativ zu einer Bezugsgruppe, sowie des Ausprägungsgrads einer Leistung, und 3. lernzielorientierter Test (LOT): dient der Feststellung (als Entscheidungsgrundlage), ob eine individuell gesetzte Norm erreicht wird oder nicht. – Der Test ist ein wichtiges Mittel der Datenerhebung in der sportwissenschaftlichen Forschung, in der Alltagspraxis des Sportunterrichts (z. B. Festlegung der Sportnote) und im Training (z. B. Feststellung der sportlichen Eignung, Trainingsplanung).

Testosteron [Kunstwort]: männliches Sexualhormon aus der Gruppe der ↑Androgene, Bildungsstätte: Hoden. Testosteron regt das Wachstum der männlichen Fortpflanzungsorgane an und ist bei der Ausbildung der typisch männlichen Körperbehaarung, beim Bartwuchs, bei der Umwandlung der Stimme sowie bei der Zunahme der Muskelmasse maßgeblich beteiligt.

Tetanie [zu ↑Tetanus]: Krampfanfallsleiden, das durch verschiedene Störungen des komplizierten chemischen Gleichgewichts im Körper verursacht wird. Das Bewußtsein bleibt während des Anfalls erhalten, anders als bei Krampfanfällen aus dem Gehirn (Epilepsie).

Tetanus [aus griechisch tétanos „Spannung; Verzerrung einzelner Glieder"]: 1. **tetanische Muskelkontraktion:** starke Muskelanspannung durch sehr schnell aufeinanderfolgende Nervenreizungen. Ein zwischenzeitliches Erschlaffen der Muskelfaser wird durch die hohe Frequenz der Aktionspotentiale (20–50 Reize/Sekunde) verhindert, jede nachfolgende Muskelzuckung setzt also auf einem erhöhten Anspannungsgrad ein. Die Kraftentwicklung steigt bis zum „vollständigen Tetanus" an, der durch eine Verschmelzung der Einzelzuckungen gekennzeichnet ist. Jede willkürliche Kontraktion der Skelettmuskelzellen entsteht durch diese Überlagerung von Einzelzuckungen, die Spannungsentwicklung kann dabei etwa 4–5mal so stark wie bei Einzelzukkungen werden. – 2. **Wundstarrkrampf:** durch Infektion mit Bazillen (Tetanusklostridien) ausgelöste Krankheit, die durch zunehmende, den ganzen Körper befallende Krämpfe gekennzeichnet ist. Der Erreger befindet sich vorwiegend im Erdboden (z. B. Sportplatz) und staubigen Untergrund (z. B. Aschenbahnen) und dringt durch Wunden (unabhängig von deren Größe) in den Menschen ein. Der Tetanus ist durch Atemmuskelkrämpfe in etwa 30–50 % der Fälle tödlich. Wegen geringer Behandlungsmöglichkeit ist eine vorsorgliche Tetanusschutzimpfung unbedingt zu empfehlen.

therapeutischer Sport [zu ↑Therapie]: zur Vorbeugung und Behandlung aus Bewegungsmangel entstandener Erkrankungen (z. B. Adipositas, Arteriosklerose, Herzinfarkt) betriebener Sport. Hierzu eignet sich v. a. ein dosiertes Ausdauertraining, z. B. Laufen, Radfahren, Schwimmen, Sportspiele, das besonders die Atmung, die Herzfunktion, den Kreislauf und die aerobe Kapazität verbessert. Bei Bewegungseinschränkung (z. B. durch Gips) ist dennoch z. B. ein isometrisches Training möglich und sinnvoll.

Therapie [aus griechisch therapeía, eigentlich „das Dienen, Pflegen"]: alle zur Heilung einer Krankheit herangezogenen Behandlungsmaßnahmen. Man unterscheidet operative und nichtoperative Verfahren. Zu den nichtoperativen Verfahren zählen u. a. medikamentöse Therapien, Naturheilverfahren, Akupunktur, physikalische Therapien, therapeutischer Sport, Beschäftigungs- und Musiktherapien, Psychotherapien (Analyse, Gesprächs-, Verhaltens-, Gestalttherapien u. a.). Es gibt Soforttherapien bis zur Besserung oder Ausheilung, Intervalltherapien, bei denen die Behandlung in bestimmten Zeitabständen wiederholt wird, lebenslange Therapien, z. B. bei Zuk-

Thorén (Eiskunstlauf)

kerkrankheit, Schilddrüsenerkrankungen u. a.

Thermik [zu griechisch thermós „warm, heiß"]: durch starke Erwärmung des Bodens und der darüberliegenden Luftschichten (als Folge der Sonneneinstrahlung) hervorgerufener Aufwind, v. a. über Städten, Asphaltböden, Feldern und Wiesen. Thermische Aufwinde sind normalerweise an Haufenwolken erkennbar. Bei wolkenlosem Himmel spricht man von „Blauthermik". Insbesondere beim Segelflugsport spielt v. a. die Thermik eine Rolle, die im Zusammenspiel von Wasser, Bergen und ebenen Flächen zu unterschiedlichen Tageszeiten entsteht.

Thermoregulation ↑Wärmeregulation.

Thorén [nach dem schwedischen Eiskunstläufer Per Thorén, * 1885, † 1926] (Euler): Sprung im Eis- und Rollkunstlauf: Beginn mit einem Bogen rückwärts-auswärts, nach Absprung volle Drehung in der Luft, Landung auf dem anderen Bein, Auslauf rückwärts-einwärts.

Tie-Break [englisch 'taıbrεık] (Van Allen Simplified Scoring System, VASSS-System): 1970 im Tennis eingeführte besondere Zählweise, durch die ein Wettkampf bei unentschiedenem Stand (6:6) dadurch schneller zum Abschluß gebracht wird, daß für den Satzgewinn nur ein Spiel (sonst: zwei Spiele) Vorsprung nötig ist. Jeder Fehler wird mit einem Punkt gezählt (bis mindestens sieben Punkte); zum Sieg des Spiels ist jedoch ein Vorsprung von zwei Punkten erforderlich. Nach zwei Punkten wechselt der Aufschlag, nach sechs Punkten werden auch die Seiten gewechselt. – Der Tie-Break wird in fast allen Tennisturnieren in jedem Satz gespielt, jedoch nicht beim Davis-Pokal und beim Wimbledon-Turnier nicht im jeweils letzten Satz gespielt.

Tiefenrausch: beim Tieftauchen (Tiefen ab etwa 30–40 m) auftretende, dem Alkoholrausch ähnliche Zustände wie Einschränkung der Konzentration und des Denkens, unangemessen sorglose und gute Stimmung hervorrufende Erscheinung, die zu gefährlichen Fehleinschätzungen der Situation und (möglicherweise tödlichen) Fehlleistungen führt. Ein „metallischer" Geschmack im Mund ist eine dringende Warnung und sollte den Taucher zum (dosierten) Auftauchen veranlassen.

Tiefentlastungsschwung: auf einem der sechs Schwungprinzipien des alpinen Skilaufs beruhender Schwung. Die Schwungauslösung erfolgt durch die Entlastung, d. h. durch das schnelle Beugen aller Gelenke der Beine. Die typische Ausprägungsform des Tiefschwungs ist der Ausgleichsschwung, bei dem das Beugen und Strecken der Beine dem Gelände angepaßt werden und der Rumpf weitgehend ruhig bleibt. Folgende Funktionsphasen sind beim Ausgleichsschwung zu unterscheiden: Druckausgleich (Beine durch das Gelände hochdrücken lassen), Drehposition vorbereiten (Antizipation), Ski umkanten, Druckausgleich (Beine strecken), Ski drehen, Schwung aussteuern.

Tiefstart ↑Start.

Time-out [englisch 'taım 'aʊt]: englische Bez. für ↑Auszeit.

Timing [englisch 'taımıŋ]: Bez. für die exakte und optimale zeitliche Abstimmung einer sportlichen Bewegungshandlung, auch von Bewegungsabläufen und Spielzügen. Exaktes Timing setzt eine gute Hand-Auge- und Fuß-Auge-Koordination voraus.

Tischtennis [↑Tennis]: vorwiegend (wettkampfmäßig immer) in der Halle mit Schlägern und einem Zelluloidball gespieltes Rückschlagspiel für zwei (Einzel) bzw. vier (Doppel) Spieler. Tischtennis wird von Damen und Herren, auch als gemischtes Doppel (Mixed) gespielt.

Der **Spielgedanke** ist, daß jeder Spieler versucht, den Ball mit Hilfe des Schlägers so auf die gegnerische Plattenhälfte zu spielen, daß es dem Gegner möglichst nicht gelingt, den Ball regelgerecht zurückzuspielen.

Tischtennis hat keine feste **Spielzeit,** sondern es wird auf zwei oder drei Gewinnsätze gespielt, was bedeutet, daß es beim Spiel auf zwei Gewinnsätze maximal drei (2:1 Sätze), beim Spiel auf drei Gewinnsätze maximal fünf (3:2) Sätze geben kann.

Der rechteckige **Turniertisch** (Platte) ist 274 cm lang und 152,5 cm breit. Er muß mit seiner Oberkante 76 cm vom Boden entfernt sein. Die Platte wird durch ein 15,25 cm hohes *Netz* in zwei Spielhälften eingeteilt. Das Netz muß 15,25 cm über beide Seiten des Tisches hinausragen. Die dunkelgrüne Platte und das Netz sind mit weißem Rand versehen, die Platte ist außerdem mit einer weißen Linie längs halbiert.

Spielgerät sind der *Schläger* und ein *Zelluloidball* (Durchmesser 37,2 bis 38,2 mm, Gewicht 2,4–2,53 g). Ursprünglich nur von weißer Farbe, sind inzwischen auch gelbe Bälle erlaubt. Größe, Form und Gewicht des Schlägers unterliegen keiner Beschränkung; er besteht aus einem gleichmäßig starken Holzblatt, das meist mit einer Noppen- oder Schaumgummischicht belegt ist, mit einem geraden Griff. Beide Seiten müssen verschiedenfarbig belegt sein; der Belag darf höchstens 4 mm dick sein.

Spielregeln (Auswahl): Das Spiel wird durch die Angabe eröffnet. Dabei muß der aus der flachen Hand nach oben geworfene Ball zuerst die Tischhälfte des Aufschlägers, dann die des Rückschlägers treffen. Der

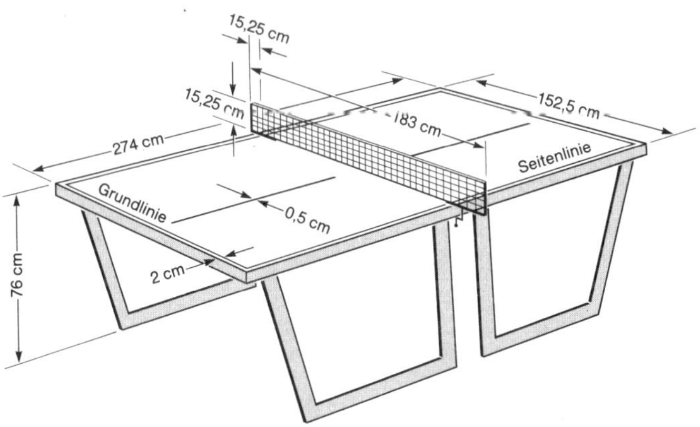

Tischtennis. Spieltisch

Aufschlag wird dann wiederholt, wenn der Ball das Netz berührt hat. Der Rückschläger muß den Ball direkt auf die Tischhälfte des Aufschlägers zurückschlagen; dabei darf der Ball die eigene Tischhälfte nicht (wie beim Aufschlag) berühren. Flugball ist nicht erlaubt und wird als Fehler bewertet. Weitere Fehler, die dem Gegner Punkte bringen, sind: Ausball, Körperberührung des Balles, fehlerhafter Aufschlag oder Rückschlag, Berührung der Spielfläche mit der Hand. Nach jeweils fünf Punkten wechselt der Aufschlag; der Rückschläger wird zum Aufschläger, der Aufschläger zum Rückschläger. Derjenige Spieler, der bei einem Vorsprung von mindestens zwei Punkten zuerst 21 Punkte erreicht, gewinnt den Satz. Vom Stand 20:20 an wird so lange gespielt, bis einer der beiden Spieler zwei Punkte Vorsprung hat. Dabei wechselt der Aufschlag nach jedem Punkt. Beim Doppel oder gemischten Doppel schlagen beide Spieler abwechselnd. Nach jedem Satz werden die Seiten gewechselt. Steht es bei einem Match auf zwei Gewinnsätze 1:1 oder bei einem Match auf drei Gewinnsätze 2:2, werden im letzten Satz die Seiten gewechselt, sobald einer der beiden Spieler 10 Punkte erreicht hat.
Technik: Bei den Ballwechseln werden Geschwindigkeiten von 40 bis 170 km/h erreicht, was für die Spieler eine Reaktionszeit von 0,07–0,25 Sekunden bedeutet. Erforderlich sind deshalb gute Reaktion, schnelles Erfassen der Situation, Konzentration und Antizipation. Es gibt zwei grundsätzliche Schlägerhaltungen, die ↑Shakehandshaltung (v. a. von europäischen Spielern bevorzugt) und den ↑Penholdergriff (v. a. von den asiatischen Spielern bevorzugt). Die optimale Entfernung des Spielers vom Spieltisch beträgt etwa einen halben Meter. Die Beine sollten leicht gespreizt sein, die Knie leicht federnd und möglichst parallel zur Flugbahn des Balles. Ballaufnahme und -rückgabe sind mit Vorhand- und Rückhandschlag möglich (↑Vorhand, ↑Rückhandschlag). Der Ball erhält eine Drehung, da er über die Schlägerfläche abrollt; diese Drehung kann durch Schnitt noch verstärkt werden. Der Ball kann durch Hochreißen des Schlägers (Topspin; ↑Schnitt) so gespielt werden, daß der Rückschlag schwierig, wenn nicht unmöglich wird. Abwehrschläge sind: Unterschnittschlag, Rollenabwehrschlag („Ballen“) und der passive Block.
Geschichte: Tischtennis hat sich im 19. Jahrhundert v. a. in Ostasien entwickelt. Um 1890 wurde der Zelluloidball von dem Engländer J. Gibb erfunden, kurz darauf der mit Gummi belegte Schläger. 1925 wurde die erste internationale, 1931 die erste nationale deutsche Meisterschaft ausgetragen. 1926 fand die erste Welt- und 1958 die erste Europameisterschaft statt. Seit 1972 gibt es ein europäisches Ranglistenturnier, seit 1980 den World Cup, seit 1984 den Europapokal. Ab 1988 ist Tischtennis olympische Sportart. – Organisiert ist der Tischtennissport in der Bundesrepublik Deutschland im *Deutschen Tischtennis-Bund* (DTTB; gegründet 1925, Sitz Frankfurt am Main), international in der *International Table Tennis Federation* (ITTF; gegründet 1926, Sitz Hastings).

Todesspirale [↑Spirale]: Figur im Kür- und Kurzprogramm des Paarlaufs im Eis- und Rollkunstlauf. Sie wird aus einer Spirale entwickelt, die die Partnerin auf einem Bein um den Partner läuft. Diese wird dabei, fast horizontal mit dem Rücken zur Lauffläche, nur vom gestreckten Arm des Partners an der Hand gehalten und um dessen Körperachse gezogen. Es gibt verschiedene Varianten der Todesspirale (rückwärts oder vorwärts, ein- oder auswärts und mit Umspringen).

Toe-loop [englisch 'toʊlu:p]: ein Sprung im Eis- und Rollkunstlauf: Beginn mit einem Dreier vorwärts-einwärts auf rückwärts-auswärts Einstechen der Zacke (Spitze) des Spielfußes, nach Absprung volle

Toe-loop (Eiskunstlauf)

Drehung in der Luft, Landung auf dem Bein, auf dem der Dreier ausgeführt wurde, Auslauf rückwärts-einwärts. Der Toe-loop wird ein-, zwei-, drei- und vierfach gesprungen.

Tonne [aus mittellateinisch tunna „Faß" (wohl keltischen Ursprungs)] ↑ Boje.

Topform [englisch top „Spitze"] ↑ Form.

Topspin [englisch top spin, eigentlich „Kreiseldrall"] ↑ Schnitt.

Tor: 1. in einigen *Mannschaftsspielen* (**Torspiele;** z. B. Fußball, Handball, Hockey, Eishockey) Bez. für das Angriffsziel, bestehend aus zwei Pfosten und einer Querstange („Latte"), meist mit einem daran befestigten Tornetz zum Auffangen des Balles; es wird vom Torwart verteidigt; auch Bez. für den erzielten Treffer **(Torerfolg).** Erzielt eine Mannschaft bei mehreren Gegentreffern **(Gegentor)** nur ein Tor, spricht man von **Ehrentor,** lenkt ein Spieler den Ball unbeabsichtigt ins eigene Tor, spricht man von **Eigentor;** – 2. im *alpinen Skilauf* Bez. für ein aus zwei Stangen bestehendes Hindernis, das zu durchlaufen ist (↑ Slalom, ↑ Riesenslalom, ↑ auch Torkombination); – 3. im *Springreiten* ein Hindernis, ein zwischen zwei Pfosten aufgehängtes Tor; – 4. im *Kanusport* (Kanuslalom) ein durch zwei hängende Stangen gebildetes Hindernis, das durchfahren werden muß; – 5. im *Wasserskilaufen* die durch je zwei Bojen gebildete Markierung des Anfangs (Eingangstor) und Endes (Ausgangstor) der Slalomstrecke; – 6. im *Krocket* die zu durchspielenden Drahtbügel, die den Spielkurs festlegen.

Torabschlag (Torabwurf) ↑ Abschlag, ↑ Abstoß, ↑ Abwurf.

Tordifferenz [lateinisch differentia „Verschiedenheit"]: in den Mannschaftstorspielen die Differenz zwischen erzielten (Torerfolge) und erhaltenen (Gegentore) Toren, die bei Punktgleichheit mit anderen Mannschaften den Tabellenplatz bestimmt. Dieses *Subtraktionsverfahren* löste 1969 das *Divisionsverfahren* ab, bei dem die Zahl der erhaltenen Tore durch die Zahl der erzielten Tore dividiert und so das **Torverhältnis** ermittelt wurde.

Torkombination [↑ Kombination]: im alpinen Skilauf eine Folge von zwei oder mehreren ↑ Toren, die, in vielen Varianten gesteckt, beim Slalom durchfahren werden müssen. Nach der Anzahl der eine Kombination bildenden Tore unterscheidet man einfache Tore, Doppel-, Dreifach-, Vierfach- usw. Tore, nach der Stellung zur Fahrtrichtung offene (quer), vertikale (längs) und Schrägtore. Beim Abstecken der Torkombinationen müssen Gelände, Schneeart und Leistungsstand der Läufer berücksichtigt werden.

Torlauf ↑ Slalom.

Torraum: in Mannschaftstorspielen der vor dem Tor abgegrenzte Raum des Spielfelds, der entweder nur vom ↑ Torwart betreten werden darf oder innerhalb dessen bestimmte Schutzvorschriften für den Torwart gelten.

Torsionsschwung [zu lateinisch torquere, tortum (Nebenform: torsum) „drehen"]: auf einem der sechs Schwungprinzipien des alpinen Skilaufs beruhender Schwung. Durch Drehung (Verwindung, Torsion) des Oberkörpers in zum Unterkörper entgegengesetzter Richtung entsteht eine Torsionsspannung, die sich auf die Skier überträgt und so den Schwung auslöst.

Torverhältnis ↑Tordifferenz.

Torwart (Torhüter, Torwächter, Tormann bzw. -frau, Schlußmann bzw. -frau, Keeper, Torsteher): in den Torschußspielen der Spieler einer Mannschaft, der das Tor seiner Mannschaft zu bewachen, d. h. Torerfolge des Gegners zu verhindern hat. Für den Torwart gelten in den einzelnen Sportarten besondere Regeln, z. B. genießt der Torwart besonderen Schutz im eigenen Torraum (Fußball, Eishockey), muß er eine gegen ihn verhängte Zeitstrafe nicht selbst absitzen (Eishockey), darf er den Ball im Strafraum mit den Händen (Fußball) oder mit den Füßen (Handball) berühren.

Totalkapazität [zu lateinisch totus „ganz, völlig" und capacitas „Fähigkeit"]: das nach stärkstmöglicher Einatmung in der Lunge vorhandene Volumen; bei jungen Erwachsenen etwa 5–6 l; nimmt mit dem Alter ab.

toter Ball: in den Mannschaftsballspielen ein Ball, der nicht mehr im Spiel ist, z. B. bei Spielunterbrechung durch Schiedsrichterpfiff, außerhalb des Spielfelds, nach Torerfolg u. a.

toter Punkt: vorübergehender Leistungsabfall (bis zur völligen Erschöpfung) bei längerdauernder körperlicher Belastung (z. B. beim Langstreckenlauf) infolge örtlicher Anhäufung von Milchsäure bei zunächst noch unzureichender Durchblutungssteigerung der betreffenden Muskelpartien. Durch entsprechende Kreislaufumstellung wird der tote Punkt überwunden und das ↑Steady state erreicht.

totes Rennen: Bez. für einen Lauf- oder Rennwettbewerb, in dem zwei oder mehrere Teilnehmer gleichzeitig die Ziellinie passieren. Die Siege werden geteilt: zwei erste Plätze, kein zweiter, dann ein dritter usw. Durch die elektronische Zeitmes-

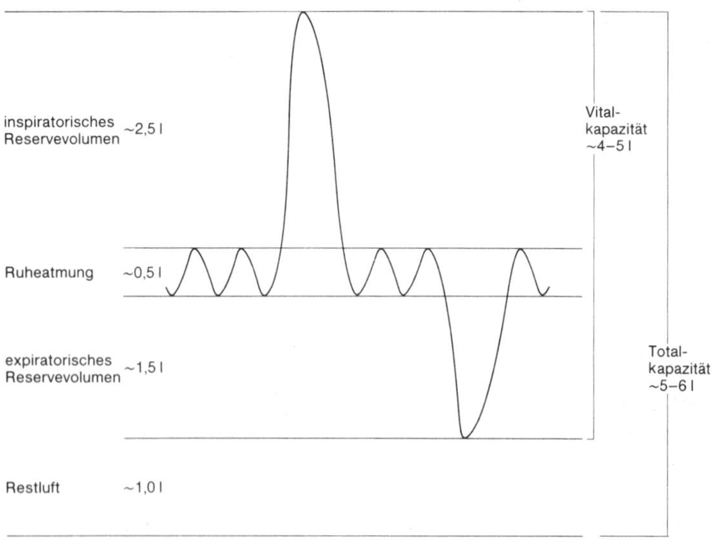

Totalkapazität

sung kommen heute tote Rennen nur noch selten vor.

Totraum: der Bereich im Verlauf der Atemwege, in dem zwar Atemluft bewegt wird, jedoch kein Gasaustausch stattfindet (z. B. Rachen, Luftröhre). Sein Volumen beträgt normal etwa 0,15 l, kann aber (z. B. bei Verwendung eines Tauchschnorchels) wesentlich vergrößert werden. Wegen der damit verbundenen vermehrten Atemarbeit muß die Schnorchellänge allerdings begrenzt bleiben.

Touristik [tu...; aus englisch tourisme, zu englisch tour „Ausflug"]: im Sport Bez. für ein sportlich orientiertes Wandern, Camping, Reisen usw., v. a. zu Erholungszwecken. Man kann nach der Jahreszeit Sommer- und Wintertouristik, nach der Fortbewegungsart Rad-, Auto-, Motorrad-, Bootstouristik, nach der Landschaft Hoch- (Bergsteigen, Bergwandern) und Seetouristik (Segeln, Surfen, Schwimmen) u. a. unterscheiden. Die Sporttouristik ist heute ein beachtlicher Wirtschaftszweig.

Traben: 1. langsames und entspanntes Laufen, z. B. beim Jogging oder als aktive Pause beim Intervalltraining sowie zur physiologischen Aktivierung und Beruhigung vor und nach dem Hauptteil des Trainings; – 2. im Pferdesport (Trab) ↑Gangart.

Trabrennen: Teildisziplin des Pferdesports (Pferderennsports), bei der Pferde im Trab (↑Gangart) einen Rennwagen (das Sulky) mit einem Fahrer ziehen. – **Sportstätte** ist die ovale Rennbahn („Geläuf") mit einer Gesamtlänge von 1 600–4 200 m, Breite etwa 25 m, eine meist sandbeschichtete Asphaltbahn mit überhöhten Kurven. – **Sportgerät** ist das **Sulky,** ein zweirädriger Rennwagen mit Plastikschutzscheiben zur Unfallverhütung (Gesamtgewicht höchstens 30 kg). Der Fahrer sitzt weit hinten. – Das **Traberpferd** (Traber; Stockmaß 160–170 cm) ist eine speziell auf Schnelligkeit im Trab gezüchtete Rasse; es wird mit spezieller Ausrüstung (Geschirr, Zaum, Gebiß, Fahrleine) an den Start gebracht. Für Stuten gilt ein Höchstalter von sieben, für Hengste und Wallache von zehn Jahren. – Das Renntempo bei Trabrennen liegt bei etwa 40–50 km/h. Der Start erfolgt entweder im *Bänderstart* (die Pferde sind hinter einem gespannten Gummiband aufgereiht, das beim Lösen in die Höhe schnellt) oder im *Autostart* (die Pferde sind hinter einem mit weit ausgebreiteten Drahtflügeln versehenen Auto aufgereiht, hinter dem sie her traben; wenn die Pferde die Startlinie erreicht haben, beschleunigt das Auto und verläßt mit eingeklappten Flügeln die Bahn). Die gesamte Distanz muß in sauberem Trab gelaufen werden; bei unreiner Gangart (Paßgang, Galopp) wird die Disqualifikation ausgesprochen. Die Gangart wird kontrolliert von der Rennleitung, die in einem Begleitwagen auf einem bahninneren Oval mitfährt. Sieger ist das nicht disqualifizierte Pferd, das als erstes mit seiner Nasenspitze die gedachte Ziellinie zwischen den Zielpfosten überquert. – Das erste Trabrennen in Deutschland wurde 1874 in Hamburg ausgetragen. Organisiert ist der Trabrennsport in der Bundesrepublik Deutschland im *Hauptverband für Traber-Zucht und -Rennen* (HVT; gegründet 1964, Sitz Kaarst), in Europa in der *Union Européenne de Trot* (UET; gegründet 1973, Sitz Paris).

Trainer ['trɛ:nər, englisch; zu ↑Training] (Coach): der für das ↑Training, die systematische Wettkampfvorbereitung und für eine möglichst umfassende Beratung von Einzelsportlern oder Mannschaften zuständige Ausbilder. Neben der für jeden Sportlehrer notwendigen grundlegenden Ausbildung sollte der Trainer v. a. Kenntnisse in der Trainingslehre und in der entsprechenden Sportart besitzen und nach Möglichkeit über eigene Wettkampferfahrung verfügen. Es gibt haupt- und nebenamtlich tätige Trainer. Die in den Vereinen und Verbänden des *Deutschen Sportbundes* tätigen Trainer benötigen eine Trainerlizenz, deren Gleichwertigkeit und Einheitlichkeit der *Deutsche Sportbund* in seinen „Rahmen-Richtlinien für die Ausbildung im Bereich des Deutschen Sportbundes" (1977) sicherzustellen versucht. Je nach der regionalen Zuständigkeit unterscheidet man Vereins-, Regional-, Landes-, Bundes- und Stützpunkttrainer.

Trainerakademie ['trɛ:nər...] (Trainerakademie Köln): 1974 in Köln gegründete und eingerichtete Akademie des *Deutschen Sportbunds* zur Ausbildung von Trainern für den Leistungssport. Die Ausbildung (allgemeine Grundlage, sportübergreifende und sportartspezifische Inhalte) dauert 1 1/2 Jahre und wird mit einer staatlich anerkannten Prüfung zum „Diplomtrainer des Deutschen Sportbundes" abgeschlossen. Träger der Akademie ist der *Verein Trainerakademie Köln e. V.*, gebildet aus Vertretern der öffentlichen Sportverwaltung und der Sportselbstverwaltung.

Training ['trɛ:nɪŋ; englisch, zu to train „erziehen, aufziehen"]: planmäßige Durchführung eines Programms von vielfältigen Übungen zur Ausbildung einer spezifischen körperlichen Fähigkeit, zur Stärkung der Kondition und zur Steigerung der Leistungsfähigkeit, und zwar der allgemeinmotorischen und der sportartspezifischen. Training hat nicht nur Bedeutung im Leistungs- und Spitzensport, sondern auch in Prävention und Rehabilitation sowie im Sportunterricht (an Schule, Volkshochschule, in Verein, Fitneßzentren u. a.) und im Bereich des Breiten- und Amateursports. – Das sportliche Training (unter Anleitung eines Trainers) dient zunächst der Anpassung **(Trainingsanpassung)** des Organismus an erhöhte Leistungsanforderungen in den jeweiligen Sportarten und Disziplinen, auch der Entwicklung des psychischen und des intellektuellen Leistungsvermögens durch ↑Trainingsbelastung. Hier geht es v. a. um das Erreichen der ↑Superkompensation, und zwar durch Befolgung bestimmter **Trainingsprinzipien,** d. h. wissenschaftlich und praktisch fundierter Leitlinien zur Planung und Durchführung eines Trainingsprozesses. Ziel dabei ist 1. die Sicherung des Effekts der Superkompensation (durch das Prinzip der Wiederholung, Regelmäßigkeit, Dauerhaftigkeit und Trainingsperiodisierung), 2. das Auslösen weiterer Vorgänge der Superkompensation (durch das Prinzip der allmählichen Belastungssteigerung), 3. die Steuerung der Superkompensation in erfolgversprechende Richtung (durch das Prinzip der Altersgemäßheit, Individualität und zunehmenden Spezialisierung). – Die Richtung eines geplanten Trainingsprozesses wird in **Trainingszielen** normativ vorgegeben, bei denen die komplexeren Ziele als **Trainingsarten** unterschieden werden: Konditionstraining (Ziel: motorische Eigenschaften), Techniktraining (Ziel: sportmotorisch-technische Fertigkeiten), Taktiktraining (Ziel: motorische Fertigkeiten), psychoregulatives Training (Ziel: psychophysische Steuerungstechniken) und Wettkampftraining (Ziel: Bewährung im Wettkampf). Diesen Trainingsarten sind Teilziele untergeordnet; z. B. wird beim Konditionstraining nach Ausdauer-, Kraft-, Schnelligkeits-, Gelenkigkeitstraining differenziert. Auch weitere didaktische Aspekte des Trainingsprozesses richten sich nach den Trainingszielen: die **Trainingsinhalte** (die Gesamtheit der v. a. sportmotorischen Übungen, die allgemein vorbereitende, speziell vorbereitende und Wettkampfübungen sein können), die **Trainingsmittel** (z. B. Sportgeräte, audiovisuelle Medien, organisatorische Hilfsmittel wie Ordnung in Kreis, Linie, Reihe) und die ↑Trainingsmethode. Werden Trainingsinhalte und -methode im Zusammenhang exakt beschrieben (z. B. Liegestütze und Standweitsprünge nach der Methode des Circuittrainings), spricht man von **Trainingsform.**

Die Effektivität aller Trainingsmaßnahmen wird durch Tests, Kontrollwettkämpfe und durch die eigentlichen Wettkämpfe überprüft (↑auch Trainingskontrolle). – Aufbau, Organisation, Durchführung und Kontrolle des Trainings werden in der ↑Trainingsplanung festgelegt. – Im **Trainingsaufbau,** d.h. in der Einteilung des Trainings nach verschiedenen Zeitabschnitten, kann man *langfristig* ein Grundlagen-, Aufbau-, Hochleistungs- und Formerhaltungstraining unterscheiden, *mittelfristig* eine Vorbereitungs-, Wettkampf- und Übergangsperiode sowie *kurzfristige* Trainingseinheiten (↑auch Trainingsperiodisierung, ↑Trainingszyklus). – ↑auch autogenes Training, ↑auxotonisches Training, ↑isometrisches Training, ↑isotonisches Training, ↑mentales Training, ↑observatives Training, ↑psychoregulatives Training.

Trainingsbelastung ['trɛ:...]: Bez. für die im Training zur sportlichen Leistungssteigerung notwendigen physischen, psychischen und geistigen Anforderungen. Man unterscheidet zwischen *äußerer Trainingsbelastung,* die sich zusammensetzt aus der **Trainingsintensität,** d.h. der Höhe und Dichte der Reize pro Zeiteinheit (z.B. Laufgeschwindigkeit) oder pro Anzahl der Versuche und Übungen (z.B. im Kunstturnen), und dem **Trainingsumfang (Trainingshäufigkeit),** d.h. der Dauer der Belastungsreize (Dauer einer ↑Trainingseinheit oder Anzahl der Trainingseinheiten pro Zeiteinheit, z.B. pro Tag, Woche, Monat, Jahr [etwa zurückgelegte Kilometer im Dauerlauf, gehobenes Gewicht im Krafttraining, Zahl der Pferdsprünge im Geräteturnen]), und *innerer Trainingsbelastung,* d.h. der Wirkung der Belastung auf den Organismus des Trainierenden. – ↑auch Trainingsmethode.

Trainingsbeobachtung ['trɛ:...] ↑Trainingskontrolle.

Trainingsbuch ['trɛ:...] ↑Trainingskontrolle.

Trainingseinheit ['trɛ:...]: kleinster organisatorischer Abschnitt im Rahmen eines Trainingsaufbaus, Grundlage für Trainingszyklen und zeitlich differenzierte Trainingspläne. Dauer und Anzahl von Trainingseinheiten pro Zeiteinheit (Trainingsumfang) sind Bestimmungsgrößen für die äußere Trainingsbelastung. Strukturell entspricht die Trainingseinheit einer Sport- oder Übungsstunde, und zwar sowohl hinsichtlich ihrer inneren Ordnung (einleitender, Haupt- und abschließender Teil) als auch ihrer äußeren Ordnung (Einzel-, Partner- oder Gruppenarbeit).

Trainingsforschung ['trɛ:...]: systematisch und interdisziplinär (Berücksichtigung z.B. von Sportmedizin, -biomechanik, -kinesiologie, -psychologie, -pädagogik, z.T. auch von Sportsoziologie, -geschichte und -philosophie) betriebene Untersuchung und Aufarbeitung von Trainingsvoraussetzungen, -bedingungen und -wirkungen; mit der Trainingslehre die Grundlage der Trainingswissenschaft.

Trainingshäufigkeit ['trɛ:...] ↑Trainingsbelastung.

Trainingsintensität ['trɛ:...; zu lateinisch intensus „gespannt, aufmerksam; heftig"] ↑Trainingsbelastung.

Trainingskontrolle ['trɛ:...; englisch-französisch]: Sammelbez. für alle Maßnahmen, die der Überprüfung der Trainingsergebnisse anhand der in der Trainingsplanung vorgegebenen Trainingsziele (Soll-Ist-Wert-Vergleich) dienen. Grundlage der Trainingskontrolle sind **Trainingsbeobachtung,** d.h. die Datenerhebung durch Selbst-, Fremd- oder teilnehmende Beobachtung von Trainingsverläufen, Wettkampfbeobachtung, Tests und Trainingswettkämpfe. Die so gewonnenen Daten werden vom Sportler oder/und Trainer sorgfältig in einem **Trainingsbuch** aufgezeichnet, wodurch der Sportler zu einem selbständigen und bewußteren, und damit auch zu einem gezielt geplanten und kontinuierlichen Training geführt wird. Auf der Basis der Trainingskontrolle setzt die ↑Trainingssteuerung ein.

Trainingslager ['trɛ:...]: zeitlich begrenztes gemeinsames und intensives Training einer Wettkampfmannschaft des Spitzensports, v. a. zur Vorbereitung auf herausragende Wettkämpfe (wie Meisterschaften, Olympische Spiele u. a.). Im Trainingslager sollen möglichst alle für einen Trainingserfolg notwendigen Bedingungsvariablen (z. B. sportmedizinische und -psychologische Betreuung, richtige Ernährung, optimale Übungsstätten, günstiges Klima) erfüllt sein. Zur Leistungsoptimierung werden Trainingslager oft in Höhenlagen abgehalten (↑ Höhentraining).

Trainingslehre ['trɛ:...]: systematische Ordnung aller Ergebnisse der wissenschaftlichen Trainingsforschung, z. B. zu Trainingszielen, -methoden, -inhalten, -planung, mit dem Ziel, den für das Training Verantwortlichen (Sportlehrer, Trainer, Übungsleitung) eine theoretisch fundierte Handlungsanleitung zu bieten. Man unterscheidet eine *allgemeine* und eine auf die einzelnen Sportarten und Disziplinen bezogene *spezielle* Trainingslehre. Beide Formen der Trainingslehre zielen nicht nur auf den Hochleistungssport, sondern haben ihre Bedeutung auch für ein sinnvolles Trainieren im Bereich des Breitensports und der Rehabilitation. Trainingslehre ist auch Gegenstand des theoretischen Sportunterrichts in der Schule. Neben der Trainingsforschung ist die Trainingslehre Teildisziplin der Trainingswissenschaft.

Trainingsmethode ['trɛ:...; zu griechisch méthodos „der Weg zu etwas hin"]: das planmäßige spezifische Verfahren, mit dem die Trainingsziele erreicht werden sollen, der sinnvollen Auswahl und Anordnung der Trainingsinhalte und -formen unter sachgemäßem Einsatz von Trainingsmitteln (↑ Training). Wichtig sind eine gute Interaktion zwischen Trainer und Sportler, die Vermittlung von Korrekturen sowie eine adäquate Dosierung der ↑ Trainingsbelastung. Die Trainingsmethode legt fest: die *Art der Belastungsdosierung* (z. B. Pyramiden-, Intervall-, Dauer-, Overload-, Circuittraining), die *Art der Muskelbelastung* (isometrisches, isotonisches, auxotonisches Training), die *Art der Beanspruchung* (aktives, observatives, mentales, autogenes Training) und die *Art des Verfahrens* (komplexes, analytisches, analytisch-synthetisches, Ganzheitstraining). Die einzelnen Elemente können in vielfältigen Kombinationen eingesetzt werden. Die Trainingsmethode hat Auswirkungen auch auf die Festlegung der Trainingseinheiten und auf die Trainingsplanung und -periodisierung.

Trainingsmittel ['trɛ:...] ↑ Training.

Trainingsorganisation ['trɛ:...; zu griechisch órganon, eigentlich „Werkzeug"]: die zielgerichtete Ordnung bzw. Regelung aller Funktionen, Tätigkeiten und Abläufe im Rahmen eines **Trainingsprogramms,** das die Konzeptionen und Grundsätze zur Erreichung eines bestimmten Trainingsziels von der Trainingsplanung über die Trainingsdurchführung bis zur Trainingsauswertung enthält.

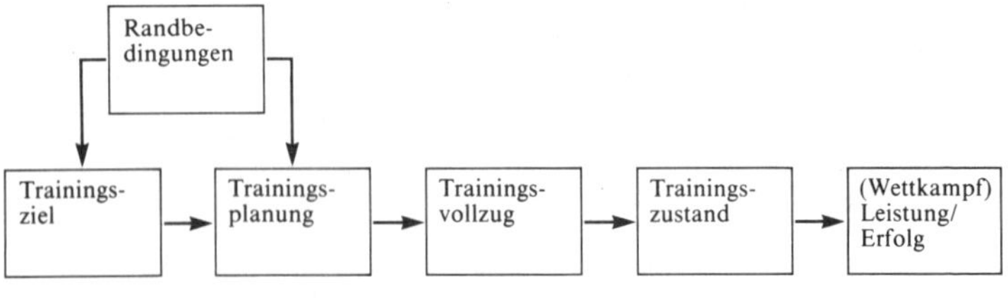

Trainingssteuerung. Modell der Trainingssteuerung (nach K. Carl)

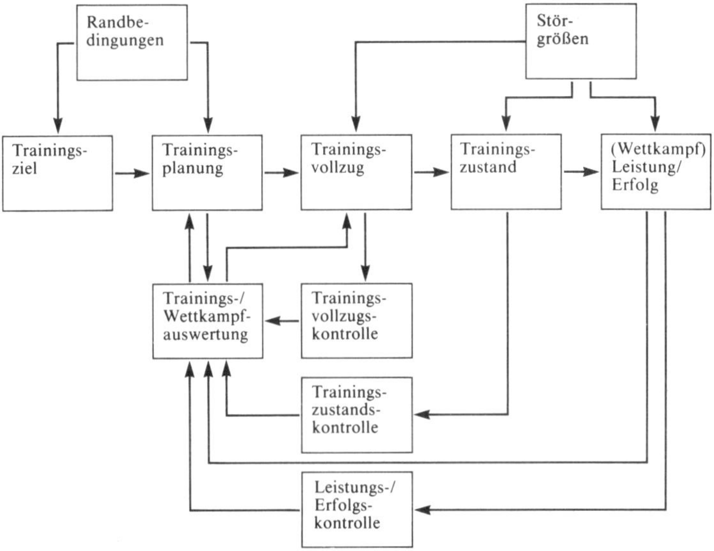

Trainingssteuerung. Modell der Trainingsregelung (nach K. Carl)

Trainingsperiodisierung ['trɛ:...; zu griechisch períodos „das Herumgehen; die regelmäßige Wiederkehr"]: die zeitliche Gliederung des Trainings eines Einzelsportlers oder einer Mannschaft in Abhängigkeit von den Wettkampfterminen. Man unterscheidet: *Vorbereitungsperiode* (gegebenenfalls unterteilt in Trainingszyklen), *Wettkampfperiode* (Aufbauwettkämpfe, Entspannung, Hauptwettkämpfe) und *Übergangsperiode* (aktive Ruheperiode zur nervlichen und körperlichen Erholung nach der Wettkampfperiode).

Trainingsplanung ['trɛ:...]: auf der Grundlage einer Voraussetzungsanalyse (z. B. Strukturen der Sportart oder Disziplin, Leistungsstand des Sportlers, Trainingsbedingungen, Wettkampfsysteme) vorgenommene Gesamtplanung von Aufbau, Vollzug, Kontrolle und Auswertung eines Trainings, und zwar jeweils gegliedert nach langfristigen (Trainingsabschnitt), mittelfristigen (Trainingsperiode) und kurzfristigen (Trainingseinheit) Trainingszielen. Die Trainingsplanung wird in **Trainingsplänen** (Tages-, Wochen-, Monats-, Jahres- und Mehrjahresplan) fixiert, ihre Realisierung Schritt für Schritt in Trainingsbüchern festgehalten. Tests und Wettkämpfe geben Aufschluß über die Richtigkeit der Planung.

Trainingsprinzipien ['trɛ:...] ↑Training.

Trainingsprogramm ['trɛ:...] ↑Trainingsorganisation.

Trainingssteuerung ['trɛ:...]: Zusammenschau aller Elemente der Trainingsplanung, -durchführung und -kontrolle (Leistungsdiagnose, Ziel- und Normsetzung, Auswertung durch Synchron-, Schnell- und Spätinformation) sowie der diese regelnden **(Trainingsregelung)** Maßnahmen und Trainingskomponenten (Trainingsinhalte, Anpassungsgesetzmäßigkeiten, Trainingsprinzipien und -methoden, situative Momente wie Störgrößen und Randbedingungen).

Trainingsumfang ['trɛ:...] ↑Trainingsbelastung.

Trainingswissenschaft ['trɛ:...]: Disziplin der Sportwissenschaft, die als angewandte Wissenschaft Probleme von Training, Wettkampf, Leistung und deren Bedingungen und Einflußgrößen zur Optimierung von Training und Wettkampf analysiert. Dabei faßt sie die Ergebnisse und Aussagen der interdisziplinären Trainingsforschung und der Trainingslehre zu einem wissenschaftlichen Gesamtsystem zusammen.

Trainingsziel ['trɛ:...] ↑Training.

Trainingszyklus ['trɛ:...; zu griechisch kýklos „Kreis, Kreislauf"]: im Rahmen der Trainingsplanung festgelegter zeitlicher Trainingsabschnitt innerhalb der Trainingsperiodisierung. Man unterscheidet: **Mikrozyklus** (Dauer: bis zu einer Woche; Inhalt: Abstimmung der Trainingsgestaltung), **Mesozyklus** (Dauer: 3–6 Wochen; Inhalt: Entwicklung der Leistungsgrundlagen) und **Makrozyklus** (Dauer: ein halbes bis mehrere Jahre; Inhalt: Vorbereitungs-, Wettkampf- und Übergangsperiode).

Trampolinturnen [auch: ...'li:n...; zu italienisch trampolo „Stelze"]: zum Geräteturnen zählender [Wettkampf]sport; Sprungübungen mit Drehungen um die Längs-, Breiten- und Tiefenachse auf einem elastischen Sprungtuch. – **Sportgerät** ist das **Trampolin,** ein Sprunggerät, bestehend aus einem tischförmigen Rahmen aus Leichtmetallrohren, die mit Schaumgummi gepolstert sind, zwischen die mit Gummikabeln oder abgedeckten Stahlfedern ein gummiverstärktes oder geflochtenes Nylontuch (3,60–4,30 × 1,80 bis 2,15 m; Bodenhöhe etwa 1 m) gespannt ist (Gesamtgewicht etwa 165 kg). In der Mitte des Tuchs ist zur Orientierung für die Springer eine Kreuzmarkierung angebracht. Die Sportler tragen Turnschuhe (Trampolinschuhe) und ein (bei Damen einteiliges) Turntrikot. Trampolinturnen wird meist (wettkampfmäßig immer) in der Halle ausgeübt, die eine Mindesthöhe von 7 m haben muß, da die Elastizität des Sprungtuchs Sprünge bis zu 6 m Höhe erlaubt.

Regeln (Auswahl): Im Trampolinturnen werden von Damen und Herren Einzelwettbewerbe und Wettbewerbe im (auch gemischten) Synchronspringen (bewegungskonforme Übungen von zwei Springern auf zwei nebeneinanderstehenden Geräten) ausgetragen. Jeder Wettbewerb besteht aus einer Pflicht- und zwei Kürübungen. Alle Übungen müssen vor dem Wettbewerb nach Verlauf und Schwierigkeitsgrad festgelegt sein (ein Abweichen von dieser Vorgabe ergibt Punktabzüge). Die Schwierigkeitsgrade und ihre Wertung sind festgelegt: Vierteldrehung (0,1 Punkt), Salto (0,4), Schraube (0,2). Ein Einspringen durch Wippen vor Beginn der Übungen ist erlaubt. Jede Übung besteht aus zehn verschiedenen Sprüngen, die nicht wiederholt werden dürfen, und muß in sicherem Stand (Dauer 3 Sekunden) beendet werden. Berührt ein Springer den Rahmen, werden ihm Punkte abgezogen. Die Kampfrichter können für jede Übung Noten zwischen 0 und 10 Punkten vergeben. Die Summe aus diesen Bewertungsnoten und den Punkten für den jeweiligen Schwierigkeitsgrad ergibt das Endresultat.

Technik: Einfachste Bewegung ist das Wippen im Stand, bei dem die Füße im Flug geschlossen, zur Landungserleichterung aber prallel geöffnet sind, die Arme schwingen zur Gleichgewichtserhaltung mit. Jede Sprungbewegung muß mit der Schwingung des Sprungtuchs übereinstimmen und federnd abgefangen werden. Die Rückstoßphase des Tuchs wird zum nächsten Aufsprung genutzt. Die Landung (als Fuß-, Knie-, Bank-, Bauch-, Sitz-, gehechtete oder gestreckte Rückenlandung) soll an der Stelle des Absprungs erfolgen. Es werden folgende Grundfiguren gesprungen: Hocke, Schere, Salto und Schraube, die zu zahlreichen Kombinationen verbunden werden können.

Geschichte: Das Trampolinspringen

diente zunächst dem Üben von Schrauben und Salti im Kunstturnen und Wasserspringen. 1937 entwikkelte der Amerikaner George Nissen (* 1914) das Großtrampolin. Wettkampfsport ist das Trampolinturnen seit 1957. 1960 fanden erste deutsche, 1964 Welt- und 1969 Europameisterschaften statt. – In der Bundesrepublik Deutschland ist das Trampolinturnen im *Deutschen Turner-Bund* (↑Turnen) organisiert, international im *Internationalen Trampolin-Verband* (ITV; gegründet 1964, Sitz Frankfurt am Main).

Transfer [englisch „Übertragung, Überführung", zu lateinisch transferre „hinüberbringen"]: 1. der Wechsel insbesondere von Berufssportlern von einem Verein zum anderen, meist verbunden mit der Zahlung einer Transfersumme (↑Ablösesumme). Es gibt (z. B. im Fußball) Transferlisten, die die transferwilligen Spieler enthalten und abgeschlossene Transfers mitteilen; – 2. **(Übertragung)** der Einfluß eines Lernprozesses und dessen Ergebnis auf einen anderen Lernprozeß und sein Ergebnis, und zwar in motorischer, kognitiver und sozial-affektiver Hinsicht. Im motorischen Bereich unterscheidet man a) den *Transfer von Fertigkeiten,* z. B. der Berücksichtigung von Bewegungsverwandtschaften, aber auch von Bewegungsähnlichkeiten und von vergleichbaren motorischen Ablaufprozessen sowie von bestimmten anlagebedingten Persönlichkeitsmerkmalen, und b) den sogenannten *bilateralen Transfer,* d. h. die Möglichkeit, die Motorik der einen Körperseite durch ein Training der anderen zu verbessern. Durch vorwiegend neurophysiologische Prozesse kann z. B. bei Stillegung einer Gliedmaße aufgrund einer Verletzung das Training der anderen die negative Wirkung der Stillegung mindern.

Trapez [aus spätlateinisch trapezium, von griechisch trapézion, eigentlich „Tischchen"]: 1. in der *Sportakrobatik* ein Schaukelreck (Holzstange zwischen zwei Schaukelseilen) zur Durchführung sogenannter Luftakte; – 2. im *Segelsport* bei Jollen ein am Mast befestigter Draht mit Gurt, der es einem Segler (bei Zweimannjollen dem Vorschotmann) ermöglicht, sich beim Kreuzen nach Luv außenbords zu lehnen, so daß das Boot möglichst aufrecht gesegelt werden kann; – 3. im *Wasserskilauf* Haltevorrichtung für den Läufer am Schleppseil.

Trapschießen [englisch trap „Wurfapparat"] ↑Schießsport.

Traubenzucker ↑Glukose.

Trauma [griechisch „Wunde, Verletzung"]: in *Medizin* und *Psychologie* Bez. für eine Verletzung, Wunde bzw. eine seelische Schädigung (psychisches Trauma) sowie für das diese jeweils verursachende Ereignis, z. B.: Schädelbruch durch einen Sturz auf den Kopf oder die seelische Belastung etwa eines Fechters, der seinen Sport nicht mehr ausüben mag, weil er einen Gegner in einem sportlichen Gefecht ernsthaft verletzt hat.

Traummeile ↑Meilenlauf.

Traumnote: in den mit Noten bewerteten Kunstsportarten die höchste erreichbare Punktzahl.

Travers [tra'vɛːr, tra'vɛrs; französisch „Quere"] ↑Dressurreiten.

Treffer: 1. in einigen *Mannschaftsballspielen* (z. B. Fußball, Basketball) ein Torerfolg bzw. Korbwurf; – 2. im *Boxen* ein gültiger und gelungener Schlag; – 3. im *Fechten* das regelgerechte Auftreffen der Klinge auf der gültigen Trefffläche des Gegners; – 4. im *Rugby* und *Football* das regelgerechte Passieren des Tors (Mals) durch den Ball nach einem Tritt bzw. Kick; – 5. im *Schießsport* (auch im Bogen- und Armbrustschießen) das Treffen des Ziels; – 6. im *Schlagball, Baseball* und den *Abwurfspielen* im Rahmen der kleinen Spiele das gültige Abwerfen bzw. „Aus"-Machen eines Gegenspielers.

Tremor [lateinisch „das Zittern"]: unwillkürliches Muskelzittern (Muskeltremor), das auf Erkrankungen des Gehirns oder auf Nervosität beruht und sich in rhythmischen Bewegungen des Körpers oder von Körperteilen äußert. Tritt z.T. nur bei willentlichen Bewegungen auf, z.T. ständig mit einer Frequenz von etwa 5 Zuckungen/sec oder mehr.

Trialsport ['traɪəl...; englisch trial „Probe, Versuch"]: Geschicklichkeitsprüfung auf Motorrädern (Spezialmaschinen mit extrem langen Federwegen; 350 cm^3 Hubraum, rund 20 PS; Gewicht 90 kg) in schwierigem Gelände, in dem auch natürliche Hindernisse zu umfahren sind. Ziel ist es, mit möglichst wenig Strafpunkten die geforderten Strecken (50 Wertungsabschnitte von maximal 50 m Länge auf 3–6 Runden) zu bewältigen, und zwar stehend auf den Fußrasten des Motorrads mit ausgleichenden Körperbewegungen. Strafpunkte gibt es für Abstützen mit den Füßen am Boden, Absitzen des Fahrers, Ausrutscher, falsches Steuern, Abwürgen. – Der Trialsport stammt aus Großbritannien und wurde um 1950 auf dem europäischen Kontinent bekannt. Seit 1968 gibt es Europa- und seit 1975 Weltmeisterschaften. Er ist in den Verbänden des ↑ Motorradsports organisiert.

Triathlon [griechisch „Dreikampf"]: 1. Ausdauerwettkampf aus Schwimmen (Langtriathlon: 2,5 km; Kurztriathlon: 300–1 000 m), Radfahren (100 km bzw. 25–30 km) und Langstreckenlauf (30 km bzw. 8–15 km) in Folge (an einem Tag). Sieger ist der Wettkämpfer mit der kürzesten Gesamtzeit. – Das erste Triathlon wurde 1977 auf Hawaii als Ultratriathlon (Schwimmen: 3,8 km, Radfahren: 180 km und Marathonlauf) ausgetragen. Es werden deutsche, Europa- und Weltmeisterschaften ausgetragen. In der Bundesrepublik Deutschland ist das Triathlon im *Deutschen Triathlon Bund* (gegründet 1983, Sitz Koblenz) organisiert, in Europa im *Europäischen Triathlon-Verband* (gegründet 1984, Sitz Almere, Niederlande); – 2. im Skisport (meist im Rahmen von Militärsportkämpfen) ein Dreikampf aus Skilanglauf (15 km), Schießen auf 150 m Distanz mit einem Karabiner (Kaliber 5,6) und Riesenslalom.

Trickskifahren [...ʃi:...; englisch trick „Kunstgriff, Kniff"] (Skiakrobatik, Kunstskilauf, Freestyle [skiing]): Kunst- und Akrobatikskilauf aus den drei Disziplinen Ballett, Springen und Buckelpistenfahren, für die unterschiedlich lange Skier (jeweils mit Sicherheitsbindung) gewählt werden: Ballett 140–150 cm, Springen 160–180 cm, Buckelpistenfahren 160–180 cm.

1. **Ballett** wird auf einem leicht geneigten Hang (200 m lang, 30 m breit) ausgeführt; es enthält Schrittkombinationen, Sprünge und akrobatische Schwünge mit Musikbegleitung. Fünf Kampfrichter werten mit maximal 10 Punkten (50% technische bzw. Gesamtausführung, 25% Virtuosität und Choreographie, 25% technischer Schwierigkeitsgrad). Die beste und schlechteste Wertung werden gestrichen und aus den drei verbleibenden wird der Durchschnitt als Endresultat genommen. Stürze oder Griffe in den Schnee ergeben Punktabzug; Skiverlust führt zur Disqualifikation.

2. **Springen** wird auf einer Schanze mit drei verschiedenen Absprungwinkeln (für aufrechte Sprünge, Salti vorwärts, Salti rückwärts) und mit steilem Aufsprung ausgeführt. Es werden zwei Durchgänge gesprungen (auch dreifache Sprünge, z. B. Schrauben; Vierfachsprünge sind verboten). Der Sprungplan muß angemeldet werden. Die Sprünge sind nach Schwierigkeitsgraden eingeteilt; ihre Bewertung erfolgt mit Punkten für die technische Ausführung (Absprung, Ablauf, Landung), die mit dem entsprechenden Schwierigkeitsgrad multipliziert werden. Neben einer Einzelwertung gibt es auch eine Kombinationswertung.

3. Beim **Buckelpistenfahren** (Hot-Dog) soll eine steile Buckelpiste (etwa 300 m lang) möglichst schnell und sicher (mit Sprüngen; jedoch keine Salti) durchfahren werden. Die drei Ranglistenersten fahren Richtzeiten. Die Wertung berücksichtigt

zu 25% die Zeit, zu 25% die zwei besten Sprünge und zu 50% die Technik (kontrolliertes Fahren). Es werden entweder Einzelläufe oder Parallelläufe nach dem K.-o.-System ausgetragen.

Geschichte: Das Trickskifahren entstand Anfang des 20. Jahrhunderts in den USA und kam 1970 nach Europa. Wettbewerbe werden seit 1973 ausgetragen, seit 1975 Europa- und Weltmeisterschaften sowie Pokalwettbewerbe. Ab 1988 gehört das Trickskifahren zum Programm der Olympischen Winterspiele. Es ist in der Bundesrepublik Deutschland im *Deutschen Freestyle Ski-Verband* (Sitz München) organisiert, in Europa in der *European Freestyle-Skiers Association* (EFSA; gegründet 1975).

Trimmaktion [zu ↑Trimmen und lateinisch actio „Tat, Handlung"]: 1970 vom *Deutschen Sportbund* ins Leben gerufene Bewegung („Trimm dich durch Sport"), die darauf abzielt, den Mangel an körperlicher Betätigung in breiten Bevölkerungsschichten durch mäßiges, aber genügend häufiges Training in der Freizeit zu überwinden. Die Trimmaktion wird durch Sponsoren mit entsprechenden Werbemaßnahmen unterstützt. Formen der Trimmaktion sind: 1. das Durchlaufen von **Trimmpfaden** (Waldsportpfad, Vita-Parcours): meist im Wald angelegte (gekennzeichnete) Strecken mit Hindernissen und Geräten für gymnastische Übungen, 2. der **Trimmtrab:** ein Dauerlauf unter dem Motto „Langsam laufen ohne schnaufen" zum Training der Ausdauer, 3. **Trimmspiele:** Volkswettbewerbe in verschiedenen Sportarten mit geringen Leistungsanforderungen (Betonung des spielerischen Charakters), 4. **Trimming 130** (seit 1983): ein sportliches Herz-Kreislauf-Training, vorwiegend durch Laufen, bei dem ein Pulsrichtwert von 130 Schlägen/Minute über eine individuell festzulegende Zeitstrecke (wünschenswert: 10 Minuten täglich oder 60 Minuten wöchentlich) erreicht werden soll. – Die Trimmaktion ist eine Weiterführung der Aktion ↑Zweiter Weg des Sports des *Deutschen Sportbunds.*

Trimmen [zu englisch trim „Ordnung, Gleichgewichtslage; richtige (körperliche und seelische) Verfassung"]: 1. das Einstellen der richtigen Schwimmlage eines Schiffes, beim Ruderboot durch Einstellung der beweglichen Teile in einen für Wettkämpfe optimalen Zustand, beim Segelboot die optimale Ausrichtung der Segel zur Erreichung einer bestmöglichen Geschwindigkeit (durch günstige Segeleinstellung, richtige Gewichtsverteilung und Einüben der Besatzung des Bootes); – 2. die Teilnahme an einer Trimmaktion.

Trockentraining [...trɛ:...; ↑Training]: Trainingsart, bei der nicht in dem Medium trainiert wird, in dem die Sportart eigentlich stattfindet; dient v.a. der Erarbeitung der sportartspezifischen Grundlagen hinsichtlich der motorischen Eigenschaften (z.B. Trockentraining als Skigymnastik in der Halle, aber auch das Üben sportmotorisch-technischer Fertigkeiten (z.B. Üben der Abfahrtstechnik im Skilauf mit Vibrationsplatten und im Windkanal).

Trostrunde: Bez. für eine Wettbewerbsrunde, an der Sportler bzw. Mannschaften teilnehmen, die bei den Wettkämpfen um den Sieg ausgeschieden sind (z.B. im K.-o.-System). In gleicher Weise spricht man auch von Trostfahren, Trostrennen, Trostspringen u.a. (je nach Sportart).

Tumbling: [englisch 'tʌmblɪŋ „Springen, Purzeln, Überschlagen"]: Form der Leibesübungen in verschiedenen Sportarten, z.B. Bodenturnen auf einer elastischen Bahn mit Überschlägen und Salti (v.a. in den USA entwickelt), auch Disziplin der Sportakrobatik, z.T. auch des Trampolinturnens.

Türkensitz ↑Schneidersitz.

Turmspringen ↑Wasserspringen.

Turnbewegung: Bez. für die aus älteren geistesgeschichtlichen Zusammenhängen entstandene, wesentlich im Zeichen der Erneuerung stehende, durch Friedrich Ludwig Jahn (* 1778, † 1852) um 1810 (1811 Errichtung des ersten öffentlichen Turnplatzes, ↑Hasenheide) begründete soziale Bewegung für körperliche Ertüchtigung (Leibesübungen) in Deutschland. Die Turnbewegung orientierte sich an den aufgeklärten Ideen der ↑Philanthropen sowie an Johann Christoph Friedrich GutsMuths (* 1759, † 1839), Gerhard Ulrich Anton Vieth (* 1763, † 1830) und v. a. Jahn. Liberalismus und bürgerlicher Nationalismus bestimmten die gesellschaftliche und politische Programmatik der Turnführer, deren Hauptziel die Beseitigung der Napoleonischen Herrschaft und die Überwindung der Kleinstaaterei war. Die starke gemeinschaftsorientierte Bindung der Turner galt als Vorbild und Vorstufe der staatlichen Einheit und beanspruchte das einzelne Mitglied der **Turngemeinde** im Dienste des Ganzen. Leistungs- und Konkurrenzdenken wurden gemieden, um einzelne nicht hervortreten zu lassen (Massenwettkämpfe, Massensiegerehrungen). Aus Anlaß der Ermordung des deutschen Dichters und Diplomaten August von Kotzebue (* 1761, † 1819) durch den Turner und Burschenschafter Karl Ludwig Sand (* 1795, † 1820), für die Jahn und sein Turnen verantwortlich gemacht wurden, kam es 1820 in Preußen zur Verhängung der **Turnsperre,** des Verbots öffentlicher Turnveranstaltungen, dem sich auch andere deutsche Staaten anschlossen. In der Folge zog sich das Turnen in Hallen zurück, wodurch es zur Entwicklung der Vielfalt des Geräteturnens kam. Nach der Aufhebung der Turnsperre in Preußen (1842), vorbereitet durch die Schrift „Zum Schutz der Gesundheit in den Schulen" (1839) des Arztes Karl Ignaz Lorinser (* 1796, † 1853), kam es zur schnellen Verbreitung des Turnens in Schulen, Vereinen und Burschenschaften. Turnkleidung, Turnerfahne, Turnerwahlspruch und die Einführung einer ↑Turnsprache waren von besonderer Bedeutung in dem Bestreben, Gemeinschaftlichkeit, Gleichheit und vaterländische Gesinnung zum Ausdruck zu bringen. Das erste größere *Turnfest* in Deutschland wurde 1841 in Frankfurt am Main ausgerichtet. Die gesamte deutsche **Turnerschaft** traf sich zum ersten Mal 1860 in Coburg (↑Turnfeste). – Ab 1856 erschien die „Deutsche Turnzeitung" (seit 1950 fortgeführt unter dem Titel „Deutsches Turnen"). Seit 1868 bestand die *Deutsche Turnerschaft,* von der sich 1893 eine proletarische Richtung (↑Arbeitersport) abspaltete. 1881 erfolgte die Gründung des *Europäischen Turnverbandes,* der nach dem Beitritt Chiles, Uruguays und der USA 1887 in *Internationaler Turnerbund* umbenannt wurde.

In Deutschland führten die fortwährenden Auseinandersetzungen zwischen der *Deutschen Turnerschaft* und den Sportverbänden v. a. über die Ausrichtung von Wettkämpfen 1924 zur „reinlichen Scheidung" von Turnen und Sport sowie zum Austritt der *Deutschen Turnerschaft* aus dem *Deutschen Reichsausschuß für Leibesübungen* (1925). Von 1933–45 war die *Deutsche Turnerschaft* nach ihrer Auflösung als Fachamt I (zuständig für Geräteturnen, Sommerspiele und Gymnastik) in den *Nationalsozialistischen Reichsbund für Leibesübungen* eingegliedert. 1950 wurde der *Deutsche Turner-Bund* gegründet (↑auch Turnen). – Die Turnbewegung prägte zusammen mit der Gymnastik-, Spiel- und Sportbewegung entscheidend die Geschichte der Leibesübungen, z. T. auch im Ausland (↑auch Sokolbewegung).

Turnen [altes Lehnwort (althochdeutsch turnen „drehen") aus lateinisch tornare „mit dem Dreheisen runden, drechseln"]: von Friedrich Ludwig Jahn (* 1778, † 1852) um 1810 geprägte Bez. für alle Leibesübungen. Jahn lehnte sich dabei an die Leibesübungen der Germanen und der Ritter des Mittelalters an, während Johann Christoph Friedrich GutsMuths (* 1759, † 1839) sich stärker auf die griechische Gymnastik bezog. Ein seit der 2. Hälfte des 19. Jahrhunderts enggefaßter Begriff des Turnens als Geräteturnen in der Halle an den seit Jahn weiterentwickelten Geräten wie Reck, Barren, Pferd u. a. ↑Turngeräten läßt sich abheben von der weitgefaßten Verwendung im *Deutschen Turner-Bund* zur Bez. aller dort gepflegten Arten des Turnens wie ↑Geräteturnen, ↑Gymnastik, ↑Turnspiele u. a. Die modernen, aus der Tradition der Turnerschaft herkommenden Großvereine bieten zunehmend ein Gesamtangebot von Sportarten und propagieren verstärkt ein *Jedermannturnen,* das nicht mehr einzelnen Sportarten zugerechnet werden kann (Breitensport). Das heutige Turnen im engeren Sinne umfaßt Geräteturnen, Kunstturnen, Hindernisturnen und Sonderturnen (Anwendung spezieller Übungsformen zur Verhinderung von Haltungsfehlern und -schäden) sowie Sonderformen des Turnens wie Rhönrad- und Trampolinturnen, Ringtennis u.a. – Turnen soll im Hinblick auf eine harmonische Menschenbildung betrieben werden sowie zur Kräftigung bzw. Wiederherstellung der Gesundheit, zur körperlichen und geistigen Entspannung, zur Charakterbildung und zur Persönlichkeitsentfaltung beitragen. – Die turnerische Bewegung zielt ab auf geformte Haltung bei allseitiger Beherrschung von Körper und Gerät, während die Turnspiele stärker das Bedürfnis nach Geselligkeit und Erholung befriedigen. ↑Kunstturnen als wettkampfmäßig betriebene Form des Geräteturnens und *Wettkampfgymnastik* (heute: ↑rhythmische Sportgymnastik) weisen entscheidende Merkmale des ↑Sports auf. Die Grenze zur Artistik ist nur schwer zu ziehen. Spitzenleistungen sind nur noch um den Preis eines umfassenden, im Kindesalter beginnenden, täglich betriebenen Trainings und mit zusätzlicher Ausbildung (z. B. Ballett) zu erzielen. Von ärztlicher Seite wird vor möglichen Gesundheitsschäden, v. a. hinsichtlich des Frauenturnens, gewarnt.

Organisiert ist das Turnen in der Bundesrepublik Deutschland im *Deutschen Turner-Bund* (DTB; gegründet 1950, Sitz Frankfurt am Main), international im *Internationalen Turnerbund* (ITB; gegründet 1897 als *Fédération Européenne de Gymnastique,* Sitz Lyss, Schweiz).

Turnerkreuz ↑frisch, fromm, fröhlich, frei.

Turnerwahlspruch ↑frisch, fromm, fröhlich, frei.

Turnfeste: Großveranstaltungen des *Deutschen Turner-Bundes* mit Wettkämpfen, Schauvorführungen und Feierlichkeiten. Das erste überregionale Turnfest fand 1841 in Frankfurt am Main statt. Besondere Bedeutung im Rahmen der Turnbewegung hatte das Turnfest von 1860 in Coburg, zu dem die gesamte deutsche Turnerschaft zusammenkam. Seit 1893 wird alle fünf Jahre das **Deutsche Turnfest** veranstaltet. Neben diesem heute bundesweiten Turnfest gibt es noch Landesturnfeste der einzelnen Bundesländer.

Turngeräte: Sammelbez. für alle Gegenstände (Geräte), die im Turnen (im weitesten Sinn verstanden) verwendet werden. Dazu zählen alle im wettkampfmäßigen Kunstturnen benötigten Geräte, alle ↑Handgeräte der Gymnastik, alle Hilfsgeräte wie Sprungbrett, Minitrampolin, Kasten, Bock, Tisch, Sprossenwand, Leiter, Bank, Tau, Matte, die v. a. in der Schule und im Breitensport verwendet werden, aber auch Geräte wie Rhönrad und Trampolin, deren Entwicklung zur Ausbildung eigenständiger Sportarten führte. – ↑auch Sportgeräte.

Turnhalle ↑Sport-, Spiel- und Freizeitanlagen.

Turnier [französisch]: in Anlehnung an die mittelalterliche Bedeutung als ritterliches Kampfspiel heute Bez. für eine größere Sportveranstaltung, an der mehrere Einzelsportler oder Mannschaften um den Turniersieg kämpfen, z. B. im Schach, Fechten, Tennis, Tischtennis, Tanzsport, Pferdesport und in den Mannschaftsspielen (Fußball, Handball u. a.).

Turniersport: im Pferdesport Sammelbez. für Springreiten, Dressurreiten, Vielseitigkeit, Fahren, Voltigieren und Ponyreiten. Das erste Reitturnier fand 1896 in Berlin statt. Die im Rahmen des Turniersports abgelegten Leistungsprüfungen werden heute in folgende Gruppen eingeteilt: I. Reiter-, Fahrer- und Schauwettbewerbe, II. Ponyprüfungen und Voltigieren, III. Material-, Reitpferde-, Springpferde- und Jagdpferdeprüfungen, IV. Dressurprüfungen, V. Springprüfungen; VI. Gelände- und Vielseitigkeitsprüfungen, VII. Wagenpferdeprüfungen, VIII. kombinierte Prüfungen.

Turniertanz ↑Tanzsport.

Turnierwerfen ↑Sportfischen.

Turnsperre ↑Turnbewegung.

Turnspiele: Ballspiele, die v.a. in den Turnvereinen gespielt wurden und werden. Zu Beginn des Turnens im 19. Jahrhundert waren Turnspiele neben Geräteübungen und volkstümlichen Übungen Inhalte des Turnens. Seit der Gründung des *Zentralausschusses zur Förderung der Volks- und Jugendspiele* (1891) werden Turnspiele verstärkt in den Turnvereinen gespielt. Zu den Turnspielen zählen z.B.: Schlagball, Faustball, Ringtennis, Prellball, Korbball, Korfball; in den Anfängen ihrer Entwicklung galten auch Schleuderball, Handball und Volleyball als Turnspiele, heute z.T. auch die kleinen Spiele. Seit 1974 gibt es im Bereich des *Deutschen Turner-Bundes* deutsche Turnspielmeisterschaften.

Turnsprache: Fachsprache für Übungen, Geräte und Übungsstätten im Turnen (Geräteturnen, Kunstturnen). Die deutsche Turnsprache wurde von Friedrich Ludwig Jahn (* 1778, † 1852) entwickelt, insbesondere auch durch die Neuentdeckung älterer Wörter, die Prägung neuer Bilder (Rad, Felge) und die Bildung von Fachausdrücken (Kehre, Wende). 1918 wurden von der *Deutschen Turnerschaft* durch den deutschen Turnerführer Arno Theodor Kunath (* 1864, † 1936) einheitliche Bez. für die Geräteübungen festgelegt. Die Turnsprache ist heute Bestandteil der Sportsprache und wird mit dieser im Sportthesaurus standardisiert und systematisiert.

Turnverein: Organisation für am Turnen passiv oder aktiv interessierte Menschen. Ältester deutscher Turnverein ist die noch heute bestehende *Hamburger Turnerschaft von 1816*. Die Turnvereine orientierten sich an der „freien Turngemeinde Friedrich Ludwig Jahn". Turngesetze regelten das Zusammenleben in der Turngemeinschaft. Im Laufe der Entwicklung des Sports bildeten die Turnvereine auch Sportabteilungen, so daß die meisten Turnvereine des *Deutschen Turner-Bundes* heute „Turn- und Sportvereine" sind, in denen vom Grundsatz her in allen Sportarten eine Abteilung gebildet werden kann.

Twist [zu englisch to twist „(zusammen)drehen"]: 1. in einigen *Kunstsportarten* (Geräteturnen, Sportakrobatik, Trampolinturnen) eine ganze Drehung um die Körperlängsachse (Schraube); – 2. im *Tennis* Überschnitt (↑Schnitt).

U

Übergangsperiode ↑Trainingsperiodisierung.

Überkompensation ↑Superkompensation.

Überkreuzvergleich: ein Austragungsmodus bei Turnieren in verschiedenen Sportarten, bei dem aus zwei oder mehr Gruppen unterschiedlich plazierte Mannschaften bzw. Sportler im K.-o.-System gegeneinander antreten (z.B.: Die Sieger aus den Begegnungen von Platz 1 der Gruppe A und Platz 2 der Gruppe B und Platz 2 der Gruppe A und Platz 1 der Gruppe B bestreiten das Endspiel).

Überlastung: in der Trainingslehre Bez. 1. (positiv) für ein Trainingsprinzip (↑Overloadtraining), z. B. das Absolvieren von zehn 120-m-Sprints beim 100-m-Sprinttraining, 2. (negativ) für eine Überbeanspruchung mit nachfolgendem Leistungsabfall.

Überlastungstraining [...trɛ:...] ↑Overloadtraining.

Überschlag: im Geräteturnen eine ganze Drehung um die Körperbreitenachse (vorwärts, rückwärts, seitwärts), bei der die Hände nach einer halben Drehung kurz aufstützen. Der freie Überschlag (ohne Boden- oder Gerätberührung) ist der ↑Salto. Der schnelle Überschlag vorwärts und rückwärts in Folge heißt **Flickflack.**

Überschnitt ↑Schnitt.

Übersetzen: 1. (Kreuzschritt) im *Eis-* und *Rollkunstlauf* das Übertreten des Standbeins durch das Spielbein beim Kurvenfahren, in Rückwärtsrichtung auch Anlauftechnik zu Sprüngen; – 2. im *Eis-* und *Rollschnellauf* die Kurventechnik, bei der das Spielbein über das Stoßbein tritt; – 3. in der *Leichtathletik* im Drei- und Weitsprung der Übergang von der Anlauf- und Absprungphase zum Sprung.

Übertragung ↑Transfer.

Übertreten: das regelwidrige Berühren oder Überschreiten einer Markierung, die zur Disqualifikation führen oder einen Versuch ungültig machen, z. B. im Kegelsport das Überschreiten des Grenzstrichs, in der Leichtathletik das Treten über den hinteren Rand des Absprungbalkens beim Weit- und Dreisprung, das Überschreiten der Abwurfmarkierungen in den Wurfdisziplinen (Speer-, Diskus- und Hammerwurf, Kugelstoß), der Wechselmarken bei den Staffelläufen, in einigen Rückschlagspielen das Nichtbeachten der Aufschlaglinie u. a.

Überzahlangriff: in einigen der Mannschaftsspiele (z. B. Basketball, Eishockey, Wasserball) ein schneller Angriff gegen eine Abwehr, die sich nach einem eigenen Angriff noch nicht wieder formieren konnte und somit in der Unterzahl ist; auch Bez. für einen Angriff bzw. ein Spiel (Überzahlspiel), bei dem die gegnerische Mannschaft einen oder mehrere Spieler weniger hat als Folge von Zeitstrafen oder Hinausstellung.

Übung: sowohl der Vorgang als auch das Ergebnis sportlichen Handelns. Als Vorgang ist Übung das wiederholte Ausführen festgelegter Bewegungsabläufe (das **Üben**) in unterschiedlichen Intensitätsgraden, als Ergebnis Teil einer umfassenden Bewegungsleistung bzw. -darbietung (z. B. im Eiskunstlauf, Kunstturnen u. a.).

Übungsform: Bez. für ein Strukturelement innerhalb des motorischen Lehr- und Lernprozesses, bestehend aus vorbereitenden Spielformen (der spielerischen Einübung), Grundformen (Üben der geforderten Technik) und Wettkampfformen (Üben der technischen Fertigkeit in schwierigen Situationen). Übungsformen sind in vielfältigen Variationen sportartspezifisch (auch für Schulsportarten) verfügbar.

Übungsleiter: neben- oder hauptamtliche Lehrkraft im Rahmen des Vereinssports. Je nach Ausbildungsgang vergibt der Deutsche Sportbund folgende Übungsleiterlizenzen: Übungsleiter A (v. a. für den Breitensport, aber auch für die untere Ebene des Spitzensports), Übungsleiter F (für bestimmte Sportarten), jeweils nach 120 Übungseinheiten und abschließender Prüfung), Übungsleiter S (für bestimmte Zielgruppen, z. B. Behinderte) nach weiteren 150 Übungseinheiten und Prüfungen.

Übungsreihe ↑methodische Reihe.

Übungsrichtung: Ausführungsrichtung eines sportlichen Bewegungsvollzugs: vorwärts, rückwärts, seitwärts.

UIAA-Skala ↑Bergsteigen.

Umkehrstaffel ↑Staffellauf.

Umsprung: 1. (Umspringen) im *Ge-*

räteturnen ein Griffwechsel im Stütz an Barren, Seitpferd und Reck, wobei die Hände das Gerät gleichzeitig loslassen und gleichzeitig wieder fassen; – 2. im *alpinen Skilauf* eine Art der Richtungsänderung am Steilhang, in der Regel als Einstockumsprung mit geschlossenen und in der Luft gebeugten Beinen.

Umsteigeschwung: auf einem der sechs Schwungprinzipien des alpinen Skilaufs beruhender Schwung, bei dessen Auslösung ein deutlicher Belastungswechsel von dem einen auf den anderen Ski erfolgt. Umsteigeschwünge werden in verschiedenen Schwungtypen gefahren: mit Bergstemme, Talstemme, aus offener (bzw. paralleler) Skistellung und Scherumsteigen berg- bzw. talwärts.

Umwelt und Sport ↑Sportökologie.

Unentschieden: Ausgang eines Wettkampfs ohne Sieger. In Mannschaftswettbewerben der Sportspiele, in denen ein Sieger ermittelt werden muß (z. B. Pokalwettbewerbe im Fußball), können bei unentschiedenem Stand nach der regulären Spielzeit Spielzeitverlängerungen, Toreschießen (z. B. Elfmeterschießen im Fußball) bzw. Punktemachen (z. B. Tie-Break im Tennis) oder Losentscheid zu einer Entscheidung führen.

unfair [...fɛːə]: nicht den Regeln der ↑Fairneß entsprechend.

Universiade [Kurzwort aus **Univer**sität und Olympi**ade**]: alle zwei Jahre stattfindende Weltmeisterschaften im Hochschulsport, unterteilt in Sommer- und Winteruniversiaden. Die Sommeruniversiade (erstmals 1959 in Turin) umfaßt folgende Sportarten: Leichtathletik, Schwimmen, Fechten, Basketball, Volleyball, Wasserball, Tennis, Hockey und Kunstturnen, die Winteruniversiade (erstmals 1927 in Cortina d'Ampezzo): alpiner und nordischer Skilauf, Eishockey und Eiskunstlauf. Vorläufer waren für die Sommerveranstaltung internationale Studentenweltspiele (seit 1910), für die Winterspiele internationale Wintersportwochen (seit 1951). Organisiert wird die Universiade von der ↑Fédération Internationale du Sport Universitaire in Zusammenarbeit mit dem jeweiligen Austragungsort. In der Bundesrepublik Deutschland ist dafür der *Allgemeine Deutsche Hochschulsportverband* zuständig.

Universitätssport ↑Hochschulsport.

Unparteiischer ↑Schiedsrichter.

Unterbrechung: 1. das zeitweilige Ruhen eines Wettkampfs, bedingt durch Verletzung, Witterung, technische Mängel, Zuschauerausschreitungen u. a.; die dabei verlorene Zeit wird in Mannschaftsspielen meist nachgespielt; – 2. ↑Auszeit; – 3. in den Kunstsportarten (z. B. im Kunstturnen) die nicht flüssige Lösung einer Aufgabe (z. B. durch einen Zwischenschwung zwischen zwei Übungen), gilt als schlechte und fehlerhafte Lösung der gestellten Aufgabe (Folge: Punktabzug).

unteres Zuspiel ↑Baggern.

Unterkühlung: das Absinken der Körpertemperatur unter den Normwert. Ursachen sind mangelnder Schutz gegenüber dem umliegenden Milieu (Luft, Wasser) und Stoffwechselerkrankungen wie z. B. bei Schilddrüsenunterfunktion. Besonders gefährdet sind Hände und Füße. Sie werden zunächst gefühllos und zeigen dann eventuell Frostbeulen. Schließlich bricht die Blutversorgung zusammen, so daß es zum Absterben der betreffenden Gliedmaße kommt, was eine Amputation zur Folge haben kann. In der Regel ist ein Absinken der Körpertemperatur unter 25 °C tödlich.

Unterlaufen: fehlerhaftes bzw. regelwidriges Bewegungsverhalten, z. B. im Fußball, Basketball und Handball das Rempeln und Zufallbringen eines hochgesprungenen Gegners, beim Stabhochsprung das Durchlaufen des Springers unter der Sprunglatte nach dem Einstechen des Stabs in den Einstichkasten ohne Absprung.

Unterrichtsmethodik ↑Sportmethodik.

Unterwasserrugby [...rʌgbɪ; ↑Rugby]: Mannschaftsspiel des Tauchsports mit dem Ziel, einen Ball ins gegnerische Tor zu legen. – **Sportstätte** ist ein Schwimmbecken von 8–12 × 12–18 m mit einer Wassertiefe von 3,50–5,00 m. Die Spielfeldbegrenzungen sind durch Leinen markiert, ebenso die Auswechselgasse an einer Längsseite, durch die das Auswechseln der Spieler erfolgen muß. Die Tore sind zwei feste Metallkörbe (45 cm hoch, Öffnungsdurchmesser 39–40 cm), die auf der Mitte der Schmalseiten am Beckenboden stehen. – **Spielgerät** ist ein Ball von 52–54 cm Umfang, der mit einer Salzlake gefüllt ist, so daß er sinken kann. Die Spieler tragen ABC-Geräte (↑Tauchsport) und blaue bzw. weiße Schwimmhosen und -kappen mit Nummern und Flossen. – Eine Mannschaft besteht aus 15 Spielern, von denen jeweils 6 im Spiel sind. – Die effektive **Spielzeit** beträgt 2 × 15 Minuten.

Regeln (Auswahl): Zu Beginn eines jeden Spielabschnitts liegt der Ball in der Spielfeldmitte auf dem Beckenboden. Auf Pfiff des Schiedsrichters versuchen beide Mannschaften, in Ballbesitz zu kommen, um den Ball in den gegnerischen Korb zu legen. Als Foul gelten: Angriff auf Maske, Schnorchel oder Flossen des Gegners, Festhalten an der Badehose, Niederdrücken, Schlagen, Treten, Klammern, Festhalten. Die Fouls werden mit Freiwürfen, Strafwürfen oder Zeitstrafen (zwei Minuten) geahndet. Das Spiel wird von zwei Unterwasserschiedsrichtern und einem Spielleiter geleitet. – 1980 wurden erste Weltmeisterschaften ausgetragen. Organisiert ist Unterwasserrugby in den Verbänden des Tauchsports.

Unterwassersport ↑Tauchsport.

V

vegetatives Nervensystem [zu lateinisch vegetare „in Bewegung setzen, beleben", nervus „Sehne, Flechse, Band, Muskelband" und griechisch sýstēma „aus mehreren Teilen zusammengesetztes Ganzes"]: im ganzen Körper ausgedehntes Netzwerk von Nerven, das die Aufgabe hat, automatisch und schnell die Körpervorgänge sinnvoll aufeinander abzustimmen und an die Beanspruchungen anzupassen. Aufgrund ihrer meist entgegengesetzten Wirkung bei der Steuerung des inneren Gleichgewichts unterscheidet man ↑Sympathikus und ↑Parasympathikus. Beide haben aktivierende und hemmende Anteile, die sich an verschiedenen Organen bemerkbar machen. Dadurch, daß das vegetative Nervensystem unwillkürlich arbeitet und sich selbständig gegenreguliert, ist der Körper überhaupt erst lebensfähig.

Venen [aus lateinisch vena „Blutader"]: Blutgefäße, die das Blut zum Herzen zurückführen bzw. als Blutspeicher dienen. Etwa 60% des gesamten Blutvolumens befinden sich in den Venen. Das aus dem Körperkreislauf kommende Blut ist sauerstoffarm, das von der Lunge zum Herzen transportierte Blut ist frisch mit Sauerstoff angereichert. Der Druck in den Venen ist viel niedriger als in den ↑Arterien, die sehr dehnbaren Venenwände sind mit schwächeren ringförmigen Muskeln versehen, die das Blut herzwärts pumpen und das Versacken des Blutes in den Beinen (↑Kollaps) verhindern sollen. Unterstützt wird der Rückstrom durch die ↑Muskelpumpe und den Sog des Herzens.

verbale Information [zu lateinisch verbum „Wort" und informatio „Bildung, Belehrung"]: die mündliche oder textliche Beschreibung einer Bewegungshandlung im Rahmen des Sportunterrichts zur Unterstützung des motorischen Lehr- und Lernprozesses.

Verband Deutscher Sport- und Gymnastikschulen (VDSG): Verband für die Ausbildungsinstitute für Sport- und Gymnastiklehrer in der Bundesrepublik Deutschland (gegründet 1955, Sitz Düsseldorf), Mitglied als Fachverband im *Deutschen Sportlehrerverband* sowie Mitgliedsverband des *Deutschen Sportbunds* in der Gruppe „Verbände für Wissenschaft und Bildung".

Vereinssport: die Summe aller sportlichen Aktivitäten im Rahmen der Sportvereine, sowohl im Breitensport als auch im Spitzensport. Der Vereinssport wird von der Sportselbstverwaltung verantwortet.

Verfolgungsrennen ↑ Radsport.

Vergütung (Ausgleich, Zeitausgleich): im Segelsport Zeitvorgabe für kleinere Jachten, um gleiche Wettkampfbedingungen für alle Teilnehmer zu schaffen.

Vermessungsformel: im Segelsport Bez. für eine Formel, die es gestattet, Jachten so zu klassifizieren, daß ein sinnvoller Wettbewerb unterschiedlicher Boote möglich wird (Ermittlung des sogenannten Rennwertes [aus Länge, Tiefgang, Segelfläche u.a.]). 1969 führte der Weltsegelverband die sogenannte **IOR-Formel** (IOR = Abk. für englisch **i**nternational **o**ffshore **r**ule) ein, nach der es acht Klassen für Jachten der Längen von rund 6 bis 22 m gibt.

Verrenkung ↑ Luxation.

Versehrtensport: früher Bez. für ↑ Behindertensport.

Verstauchung ↑ Distorsion.

Versuch: in verschiedenen Sportarten und Disziplinen Bez. für die Ausführung einer Wettkampfübung. Die Zahl der möglichen Versuche ist in den jeweiligen Regelwerken festgelegt. Je nach Sportart wird entweder der beste gültige Versuch gewertet (z. B. in der Leichtathletik) oder es wird aus allen Versuchen ein Gesamtergebnis ermittelt (z. B. beim Skispringen).

Verteidigung: Bez. für die Abwehr in den Mannschaftsballspielen, die den Angriff des Gegners wirkungslos machen soll. – ↑ auch Deckung.

Vertragsspieler: im Berufssport Bez. für einen Spieler (Sportler), der durch Vertrag zum Erbringen sportlicher Leistungen in einem Verein verpflichtet ist und dafür eine finanzielle Entschädigung erhält.

Verwarnung: vom Kampf- bzw. Schiedsrichter ausgesprochener Tadel für regelwidriges Verhalten eines Sportlers mit bestimmten Konsequenzen im Wiederholungsfall. Der Verwarnung geht oft eine Ermahnung voraus. Nach mehreren (je nach der Sportart) Verwarnungen kommt es zur Disqualifikation (z. B. im Boxen, in der Leichtathletik) oder zum Ausschluß (Hinausstellung) aus dem Spielverlauf (z. B. im Fußball).

Vestibularapparat [zu lateinisch vertibulum „Vorhof, Vorplatz" und apparare, apparatum „beschaffen, ausrüsten"]: Gleichgewichtsorgan, Teil des Labyrinths. Er liegt im Innenohr jeder Seite, tief in der seitlichen Schädelwand, und gibt Informationen über die Körperlage im dreidimensionalen Raum und über Dreh-, Beschleunigungs- sowie Verzögerungsvorgänge. Durch Verbindung mit dem Kleinhirn und anderen Teilen des Gehirns ermöglicht er die Aufrechterhaltung des Gleichgewichts (z. B. auch bei Kopfstand, Boden- und Geräteturnen).

Vielseitigkeitsreiten (früher Military, heute offiziell: Große Vielseitigkeitsprüfung): Prüfung im Pferdesport (Reitsport), bestehend aus Dressur, Geländeprüfung und Springen. Die Wettbewerbe finden in drei Klassen statt: Klasse L (Mindestalter der Pferde 5 Jahre), Klassen M und S (Mindestalter der Pferde 6 Jahre). Das beste Alter liegt zwischen 9 und 14 Jahren. Der Wettbewerb wird an drei aufeinanderfolgenden Tagen durchgeführt. Vor der ersten, während der zweiten und vor der dritten Teilprüfung wird eine tierärztliche Verfassungsprüfung der Pferde vorgenommen.

1. **Dressur:** In der Klasse L sind 16, in den Klassen M und S 20 Lektionen zu absolvieren. Die Dressuraufgaben (Lektionen und Hufschlagfiguren) müssen auswendig im Dressurviereck vorgetragen werden (zur Wertung ↑Dressurreiten).
2. **Geländeprüfung:** Sie erfolgt in vier Phasen: a) Wegestrecke I (bis 7 200 m, Tempo 220 m/min), b) Rennstrecke (bis 3 500 m, 8–10 Hindernisse, Tempo 690 m/min), c) Wegestrecke II (bis 9 000 m, Tempo 220 m/min), Pause mit tierärztlicher Untersuchung, d) Querfeldeinstrecke (bis 8 000 m, 25–35 Hindernisse [maximale Höhe 1,20 m, Tiefe 2,00 m, bei Weitsprüngen 4,00 m], Tempo 570 m/min). Zeitüberschreitungen ergeben Minuspunkte, für den ersten Ungehorsam gibt es 20, für den zweiten 40, für einen Sturz 60 Strafpunkte. Beim dritten Ungehorsam oder Sturz wird der Teilnehmer disqualifiziert.
3. **Springen:** Das Springen ist eine Springprüfung der Klasse L, die Wertung erfolgt ähnlich wie beim Springreiten: für Hindernisfehler 5, den ersten Ungehorsam 10, den zweiten 20, für einen Sturz 30 Strafpunkte.
Sieger des Vielseitigkeitsreitens ist, wer nach allen drei Disziplinen die niedrigste Strafpunktzahl aufweist.
Geschichte: Schon sehr früh waren bei vielen Völkern Reiterspiele als Ausbildung von Pferd und Reiter bekannt. In der Neuzeit war Military Bestandteil der Kavallerieausbildung, der Akzent lag auf den Querfeldeinritten. Vielseitigkeitsreiten zählt seit 1912 zum olympischen Programm. Seit 1959 gibt es Europa-, seit 1966 Weltmeisterschaften. – Zur Organisation ↑Reitsport.

Vierer: 1. in einigen Sportarten Bez. für eine Mannschaft aus vier Sportlern, z. B. im Radsport (Vierermannschaftsfahren, Vierermannschaftsverfolgungsrennen); – 2. im Bobsport, Kanusport und Rudersport Bez. für das mit vier Personen besetzte Gerät (Viererbob, Viererkajak, Vierer, Doppelvierer [im Rudersport auch, wenn zusätzlich der Steuermann als fünfte Person hinzukommt: Vierer mit Steuermann]); – 3. beim Golf eine Spielvariante, bei der zwei Parteien zu je zwei Spielern gegeneinander antreten und die Spieler jeder Partei nur einen Ball haben, den sie abwechselnd schlagen.

Vierkampf: Mehrkampf aus vier Wettbewerben: 1. im *Eisschnellauf:* **kleiner Vierkampf** über 500 m und 3 000 m am ersten, 1 500 m und 5 000 m am zweiten Tag; **großer Vierkampf** über 500 m und 5 000 m am ersten, 1 500 m und 10 000 m am zweiten Tag; **Vierkampf für Damen** über 500 m und 1 500 m am ersten, 1 000 m und 3 000 m am zweiten Tag; **Sprintervierkampf** für Damen und Herren über 500 m und 1 000 m jeweils an zwei Tagen; – 2. im *Geräteturnen* der Damen: Stufenbarren, Pferdsprung, Schwebebalken, Boden; – 3. in der *rhythmischen Sportgymnastik:* z. B. Ball, Reifen, Seil, ohne Gerät.

Viermeter: Strafschlag bzw. Strafwurf im Radball, Korbball und Wasserball, der aus einer Entfernung von 4 m ungehindert auf das Tor ausgeführt wird.

Viertel: Spielzeitabschnitt im Football und Wasserball.

Viertelfinale ↑Finale.

Visieren [aus mittelfranzösisch visière, zu lateinisch visus „Gesicht, Anblick"]: im Schießsport (einschließlich Bogen- und Armbrustschießen) das Ausrichten der Waffe auf das Ziel, wobei vom Auge über die Visiereinrichtung (Kimme und Korn) zum Ziel eine gerade Linie (Visierlinie) hergestellt werden soll.

visuelle Information [zu spätlateinisch visualis „zum Sehen gehörend" und lateinisch informatio „Bildung, Belehrung"]: bildliche Darstellung einer Bewegungshandlung im Rahmen des Sportunterrichts zur Unterstützung des motorischen Lehr- und Lernprozesses.

Vitalkapazität [zu lateinisch vitalis „zum Leben gehörig" und capacitas „Fähigkeit"]: die Luftmenge, die nach stärkster Einatmung maximal ausgeatmet werden kann. Sie stellt die Differenz von ↑Totalkapazität und ↑Restluft dar. Normal beträgt sie 4–5 l, bei gut trainierten Personen bis etwa 8 l. – Abb. S. 464.

Vitamine [aus lateinisch vita „Leben" und dem Kunstwort Amine zusammengesetzt]: in Pflanzen und Mikroorganismen aufgebaute Verbindungen. Da die Vitamine vom menschlichen Körper selbst nur unzureichend hergestellt werden, müssen sie regelmäßig von außen zugeführt werden. Man unterscheidet zwei Gruppen von Vitaminen, die wasserlöslichen und die fettlöslichen. Je nach Bedarf und Wirkung müssen sie dem Körper in unterschiedlicher Menge zugeführt werden. Im Wachstum und unter sogenannten Streßbedingungen ist der Vitaminbedarf erhöht. Die Vitamine sind bei Stoffwechselprozessen und Enzymfunktionen maßgeblich beteiligt. Werden sie unzureichend zugeführt, so gerät der Organismus aus dem Gleichgewicht und es kommt zu Mangelerscheinungen in Form verschiedener Krankheitsbilder, z. B. zur Nachtblindheit bei Vitamin-A-Mangel, zur Rachitis bei Vitamin-D-Mangel. Bei ausgewogener Kost kommt ein Vitaminmangel praktisch nicht vor.

Vita-Parcours [...ku:r; zu lateinisch vita „Leben" und ↑Parcours] ↑Trimmaktion.

Völkerball: zu den kleinen Spielen zählendes Wurfballspiel auf einem Spielfeld von etwa 8 × 16 m mit variablem Regelwerk. Zwei Mannschaften zu je 6–20 Spielern versuchen, mit einem Ball (Größe und Gewicht variieren) Spieler der anderen Mannschaft abzuwerfen, d. h. diese so zu treffen, daß sie den Ball nicht fangen können. Ein Abwurf zählt entweder einen Punkt für den Abwerfer, oder der getroffene Spieler muß das Spielfeld verlassen, kann aber hinter der gegnerischen Grundlinie im Zusammenspiel mit seiner Mannschaft versuchen, ebenfalls Gegner abzuwerfen. – Völkerball wird v. a. an Schulen in den unteren Klassen gespielt.

Volkssport: Bez. für die sportliche Betätigung weiter Kreise der Bevölkerung im Freizeit-, Breiten- und Erholungssport, gefördert durch Volkswettbewerbe. Seit 1970 besteht in der Bundesrepublik Deutschland der *Deutsche Volkssportverband* (DVV), der eigene Volkswettbewerbe veranstaltet.

Volkstanz ↑Folkloretanz.

Volkswettbewerbe: Bez. für Massenwettkämpfe in verschiedenen Sportarten und für verschiedene Altersklassen mit unterschiedlichen Leistungsstufen. Volkswettbewerbe erfreuen sich großer Beliebtheit, da es meist nicht um absolute Höchstleistungen, sondern um die relative Leistung des einzelnen Menschen geht. Beispiele für Volkswettbewerbe sind: Volksläufe, Volkswandern (Volksmärsche, Volksgehen), Volksschwimmen, Volksradfahren, Volksskilauf (meist Skilanglauf über 10–40 km; ↑auch Skimarathon). Volkswettbewerbe finden auch in Mehrkampfform statt (z. B. in Anlehnung an das Triathlon). Sie haben zudem eine nicht geringe Bedeutung für ein grundlegendes Ausdauertraining.

Vollball: ein Ball, der im Gegensatz zum Hohlball immer gefüllt ist (meist mit Tierhaaren), z. B. Medizinball, Schlagball und Schleuderball. Sportarten, in denen ein Vollball verwendet wird, sind z. B.: Baseball, Kricket, Pelota, Pferdepolo, Radball, Schlagball, Schleuderball, Softball.

Volley [englisch 'vɔlı „Flugbahn"]: Bez. für die Annahme und das Weiterspielen eines Balls direkt aus der Luft (Flugball), z. B. im Tennis und Fußball.

Volleyball ['vɔlı..., englisch; ↑Volley]: körperloses Mannschaftsrückschlagspiel, das von Damen und Herren als Freizeit- und Wettkampfsport im Freien und (wettkampfmäßig) in der Halle gespielt wird.

Spielgedanke ist es, einen Ball so über ein Netz in das gegnerische Feld zu spielen, daß er dort den Boden berührt oder nur fehlerhaft angenommen werden kann.

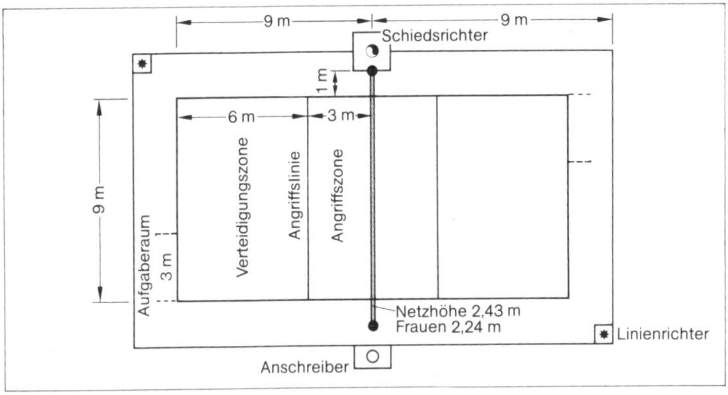

Volleyball. Spielfeld

Das **Spielfeld** mißt 9 × 18 m und ist durch eine Mittellinie parallel zu den Schmalseiten halbiert. In einem parallelen Abstand von 3 m zu beiden Seiten der Mittellinie ist je eine Angriffslinie gezogen, die die Spielfeldhälften in je eine Angriffszone (von der Mittellinie bis zur Angriffslinie) und eine Verteidigungszone teilt. An den Grundlinien befinden sich die Aufgaberäume von 3 m Breite, die durch 15 cm lange Linien in 20 cm Abstand von den Grundlinien gekennzeichnet sind. Eine Linie befindet sich in der Verlängerung der rechten Seitenlinie, die andere 3 m links davon. Der Aufgaberaum kann nach hinten beliebig verlängert werden. Zwischen zwei 0,50–1,00 m weit außerhalb des Spielfelds stehenden Pfosten ist senkrecht über der Mittellinie ein 1 m breites Netz gespannt (Bodenhöhe der Oberkante für Herren 2,43 m, für Damen 2,24 m). Senkrecht über den Seitenlinien sind am Netz zwei sogenannte Antennen (Stäbe aus bruchsicherem Material) so angebracht, daß sie 80 cm über die Netzoberkante hinausragen. Alle Markierungslinien sind 5 cm breit und gehören in voller Breite zum Spielfeld. Die Halle muß mindestens 7 m hoch sein, ihr Boden darf nicht aus Beton, Zement oder Asphalt bestehen.

Spielgerät ist der Volleyball, ein weißer Lederhohlball (Gummiblase mit weicher Lederhülle) von 65–67 cm Umfang und 250–270 g Gewicht.

Eine Mannschaft besteht aus sechs **Spielern** (drei Vorder-, Angriffs- oder Netzspieler, die ihre Positionen in der Angriffszone haben, und drei Hinter-, Abwehr- oder Grundspieler, die in der Verteidigungszone Aufstellung nehmen), dazu sechs Auswechselspieler.

Es gibt keine **Spielzeit,** sondern es wird auf drei (5-Satz-System) oder zwei (3-Satz-System) gespielt. Jede Mannschaft kann pro Satz zwei Auszeiten von maximal 30 Sekunden Dauer beanspruchen.

Regeln (Auswahl): Das Volleyballspiel wird von einem Kampfgericht geleitet, das aus einem 1. und 2. Schiedsrichter, einem Anschreiber und zwei (international vier) Linienrichtern besteht. Die Entscheidungsbefugnis während des Spiels liegt bei dem 1. Schiedsrichter, der von einem Hochstuhl (2,20–2,50 m hoch) auf der Verlängerung der Mittellinie das Spiel verfolgt. Das Spiel beginnt mit einer Aufgabe aus dem Aufgaberaum durch den Spieler der Position 1 (von diesem aus sind die Positionen der anderen Spieler gegen den Uhrzeigersinn durchnumeriert). Dabei darf der Ball das Netz nicht berühren. Er landet entweder im gegnerischen Feld oder er wird abgewehrt. Der aufgebende Spieler behält das Aufgaberecht, bis die eigene Mannschaft einen Fehler macht. Nach Ausführung der Aufgabe können sich die Spieler frei im Spielfeld bewegen. (Ausnahme: Hinterspieler dürfen nicht vor der Angriffslinie zum Schmettern abspringen und nicht blocken.) Bei einem Fehler der aufgebenden Mannschaft wechselt das Aufgaberecht. In der neu aufschlagenden Mannschaft wechselt die Position der Spieler im Uhrzeigersinn um einen Platz (Rotation), wodurch auch eine Überspezialisierung der Spieler verhindert wird. Der Ball darf nur äußerst kurz berührt werden und muß spätestens nach dem dritten Ballkontakt innerhalb einer Mannschaft ins Feld des Gegners gespielt werden. Fehler, die zum Punktgewinn für den Gegner bzw. zum Aufgabewechsel führen, sind: Netzberührung durch einen Spieler, der Ball berührt innerhalb oder außerhalb des Spielfelds den Boden (solange er den Boden noch nicht berührt hat, darf er allerdings auch von außerhalb des Spielfelds zurückgespielt werden, wenn dadurch nicht eine vierte Ballberührung erfolgt), die Aufgabe ist regelwidrig bzw. geht ins Aus; derselbe Spieler berührt den Ball zweimal hintereinander, ein Spieler überschreitet die Mittellinie mit dem ganzen Fuß, der Ball wird regelwidrig gespielt (z. B. gehalten, geführt, geworfen). – Ein Satz geht bis zu 15 Punkten bei mindestens zwei Punkten Abstand zum Gegner. Beim Stand von 14:14 wird so lange weitergespielt, bis ein Zweipunkteabstand erreicht ist.

Technik: Im Volleyball sind folgende Technikelemente wichtig: ↑Pritschen (oberes Zuspiel), ↑Baggern (unteres Zuspiel), Aufgabe (↑Flatteraufgabe, ↑Hakenaufgabe), Schmettern (↑Schmetterball) und Blocken (↑Block). Diese technischen Elemente sind relativ schwer zu erlernen, so daß erst ab einem bestimmten technischen Können ein solcher Spielfluß zustande kommt, daß auch eine entsprechende organische Belastung eintreten kann. Der richtige Einsatz technischer Fertigkeiten im Volleyball erfordert eine hohe Konzentrationsleistung.

Taktik: Die Taktik im Volleyball wird über eine Spielreihe (↑methodische Reihe) eingeführt, so daß die vollständige Spielsituation nur Schritt für Schritt erreicht wird. Im Rahmen des grundlegenden Spielablaufs sind folgende Phasen entscheidend: Annahme des Balles vom Gegner in der Luft und Zuspiel zum Mitspieler, Abspiel des Balles (↑Stellen) zu einem anderen Mitspieler (Vorderspieler), der dann z. B. einen Schmetterschlag ins gegnerische Feld versucht. Der Angriffsaufbau erfolgt in der Regel über Position 3 (mittlerer Angriffsspieler) so daß Position 4 oder 2 dann versuchen kann, zu schmettern. Beim Angriff hat eine Angriffssicherung zu erfolgen, falls der Angriffsschlag vom gegnerischen Block zurückspringt. Dabei kann entweder mit einer vorgezogenen oder zurückgezogenen Position 6 gespielt werden. Die relativ überschaubaren grundlegenden taktischen Möglichkeiten lassen bei entsprechenden technischen Voraussetzungen ein Spiel schnell zustandekommen.

Geschichte: Volleyball wurde von dem Amerikaner W. G. Morgan (* 1870, † 1942) unter der Bez. „Mintonette" als tennisähnliches Spiel mit einer Basketballblase entwickelt und 1895 in Springfield (USA) erstmals vorgestellt. Volleyball verbreitete sich zunächst in den USA, in Indien und Ostasien, nach dem 1. Weltkrieg auch in Europa (v. a. Osteuropa), in der Bundesrepublik Deutschland sprunghaft nach dem 2. Weltkrieg, und zählt heute zu den beliebtesten Sportarten im Schul- und Freizeitsport. Europameisterschaften werden seit 1948 (Herren) bzw. 1949 (Damen) ausgetragen, Weltmeisterschaften seit 1949 (Herren) bzw. 1952 (Damen). Zum olympischen Programm zählt Volleyball seit 1964. – In der Bundesrepublik Deutschland ist Volleyball im *Deutschen Volleyball-Verband* (DVV; gegründet 1955, Sitz Frankfurt am Main) organisiert, international in der *Fédération Internationale de Volleyball* (FIVB; gegründet 1951, Sitz Paris).

Volte ['vɔltə; französisch, von italienisch volta „Drehung"]: 1. im *Fechten* das seitliche Ausweichen vor dem Gegner durch Ausscheren eines Fußes aus der Gefechtslinie; – 2. im *Dressurreiten* eine Hufschlagfigur, ein gerittener Kreis von sechs Schritt Durchmesser.

Voltigieren [vɔlti'ʒi:rən; aus französisch voltiger, zu ↑Volte]: 1. im *Pferdesport* das Ausführen turnerischer Übungen am galoppierenden Pferd, das an der Longe des Voltigierlehrers einen Kreis von mindestens 13 m Durchmesser beschreibt. Im Sattel des Pferdes befindet sich ein Voltigiergurt mit zwei Griffen, die den Teilnehmern das Aufspringen auf das Pferd und die Ausführung der Übungen erleichtern. Kinder und Jugendliche (8–16 Jahre) führen in Achtergruppen Kür- und Pflichtwettkämpfe (Höchstdauer 15 Minuten) durch. Beim Einzelvoltigieren müssen die Teilnehmer mindestens 17 Jahre und dürfen höchstens 21 Jahre alt sein; – 2. im *Fechten* die Ausführung einer ↑Volte; – 3. im *Kunstkraftsport* die Durchführung von Gewandtheits- und Kletterübungen an Geräten; – 4. im *Geräteturnen* ältere Bez. für das Pferdturnen.

Vorbereitungsperiode ↑Trainingsperiodisierung.

Vorderspieler: Bez. für einen Spieler in Mannschafts- und Partnerspielen, der in der vorderen, d. h. in der Angriffsreihe spielt (Gegensatz: ↑Hinterspieler).

Vorgabe ↑Handikap, ↑Vergütung.

Vorhand: 1. (Vorhandschlag) in einigen *Rückschlagspielen* Bez. für eine Schlägerhaltung, bei der die Handinnenfläche in Richtung auf den Gegner zeigt (↑auch Griffarten); – 2. im *Hockey* das Schlagen des Balles mit der flachen Schlägerseite rechts vom Körper; – 3. im *Pferdesport* (Vorderhand) Bez. für alle Teile des Pferdes, die sich vor der Hand des Reiters befinden. – Gegensatz des Vorhandschlags ist der ↑Rückhandschlag.

Vorkampf ↑Endkampf.

Vorlage: 1. im *alpinen Skilauf* die Grundhaltung des Körpers bei der Fahrt in der Fallinie; – 2. im *Rudersport* gleichbedeutend mit ↑Auslage; – 3. in den *Mannschaftsballspielen* das Zuspielen des Balles zu einem Mitspieler zum Torschuß.

Vorlauf ↑Lauf.

vorlings: Bez. für die Stellung des Sportlers zum Gerät, bei der die Körpervorderseite dem Gerät zugewandt ist (z. B. im Geräteturnen und Wasserspringen).

Vormachen: Demonstration einer Bewegung zur Bildung einer Bewegungsvorstellung beim Lernenden. Dabei ist eine möglichst optimale Darbietung der Bewegung erforderlich, bei der die Funktionsphasen der Bewegung deutlich demonstriert werden sollten. Vormachen kann durch jeden am motorischen Lehr- und Lernprozeß Beteiligten erfolgen (insbesondere Sportlehrer, Trainer). Vormachen ist Bestandteil der deduktiven Methode im Sportunterricht.

Vorrunde ↑Runde.

Vorschoter [zu mittelniederdeutsch schōte „Zipfel" (von der unteren Ecke des Segels übertragen auf das daran befestigte Tau)]: im Segelsport Bez. für denjenigen, der in einer Zweimannjolle die Vorschot bedient, den Spinnaker fährt und gegebenenfalls im Trapez ausreitet.

Vorschulsport: Sammelbez. für alle Fördermaßnahmen von Kindern im Vorschulalter (3–6 Jahre) durch Bewegung, Spiel und Sport (ohne Leistungsdruck). Dabei geht es v. a. um eine grundlegende Bewegungserziehung und nicht um eine sportspezifische Bewegungsentwicklung. Die wichtigsten Aufgaben des Vorschulsports sind: Förderung des Bewegungsdrangs und der Bewegungsfreude, der Wahrnehmungseigenschaften im Sinne einer wechselseitigen Befruchtung der kognitiven und sensomotorischen Entwicklung, die Entwicklung der motorischen Eigenschaften, Fertigkeiten und Fähigkeiten in der Auseinandersetzung mit sich selbst, mit der materialen, räumlichen und personellen Umwelt, Anregung zu gemeinsamen Spiel- und Bewegungshandlungen. – Der Vorschulsport wird in Kindergärten und Sportvereinen gepflegt, um seinen weiteren Ausbau bemüht sich v. a. die *Deutsche Sportjugend.*

Vorstartzustand: Bez. für die psychophysische Anpassung an die Anforderungen eines Wettkampfs. Der Vorstartzustand ist gekennzeichnet durch psychische Faktoren (z. B. Kampfbereitschaft, Startfieber oder Startapathie) und durch physische Reaktionen (erhöhte Kreislauf-, Atmungs- und Stoffwechseltätigkeit). Wichtig für einen optimalen Vorstartzustand sind: ausgeglichener körperlicher und seelischer (streßfreier) Gesamtzustand, guter Trainingszustand, psychische Stabilität, Leistungsmotivation und Vorbereitung auf den Belastungsgrad des Wettkampfs. Der Verbesserung des Vorstartzustands dienen autogenes, mentales und psychoregulatives Training.

Vorstopper: Abwehrspieler im Fußball, der v. a. in der Spielfeldmitte den Spieler zu decken versucht, der die gegnerische Sturmspitze spielt.

Vorteil: 1. in einigen Mannschaftsballspielen eine Entscheidungsmöglichkeit des Schiedsrichters, bei einem Regelverstoß das Spiel nicht zu unterbrechen, wenn die Mannschaft, gegen die sich der Verstoß richtet, weiterhin in Ballbesitz bleibt und durch eine Spielunterbrechung eher benachteiligt wäre **(Vorteilsregel);** – 2. im ↑Tennis Spielstand nach Einstand.

Vorwärtssprünge: Gruppe von Sprüngen im Wasserspringen, die aus dem Stand oder Anlauf vorlingsvorwärts ausgeführt werden. Bei den Vorwärtssprüngen ist es wichtig, so abzuspringen, daß eine möglichst große Höhe erreicht wird, um in der Luft genügend Zeit für eine korrekte Ausführung von Drehbewegungen und/oder Haltungen (gestreckt, gedreht, gebückt, gehechtet) zu haben.

Vorzeigen: visuelle Darbietung einer zu erlernenden Bewegungsfertigkeit mit Hilfe von Zeichnungen, Reihenbildern, Filmen, Videofilmen u. a. Vorzeigen ist eine methodische Maßnahme mit den Vorteilen der Bewegungsverlangsamung, der immer gleichbleibenden Ausführung und der Wiederholbarkeit. Vorzeigen ist in Verbindung mit ↑Vormachen ein unverzichtbarer Bestandteil des methodischen Vorgehens im Sportunterricht.

W

Waage: in einigen Kunstsportarten Bez. für eine Bewegungsform, bei der der Körper (oder wesentliche Teile des Körpers) durch hängende, gestützte oder stehende Hilfe waagerecht gehalten wird, z. B. im *Eis-* und *Rollkunstlauf* (Körper und Spielbein bilden eine horizontale Linie; wird dabei eine Drehung ausgeführt, spricht man von **Waagepirouette;** im Paarlauf kann sie in Tanzhaltung, Kopf an Kopf oder Kopf an Fuß **[Libelle]** gelaufen werden), in der *Sportakrobatik* (waagerechte Körperhaltung durch Hängen oder Stützen), im *Geräteturnen* (ein Halteteil, bei dem der Körper waagerecht gehalten wird, z. B. als Halte-, Knie-, Stütz-, Stand- oder Hangwaage).

Wachsen: regelmäßige Pflege der Skilaufflächen (Belag) zur Verbesserung der Gleitfähigkeit; bei Langlaufskiern zur Erhöhung der Griffigkeit im Bereich der Abstoßzone. Je nach Schneeart werden Hartwachse, Tubenwachse oder Wachssprays verwendet. Durch regelmäßiges, sorgfältiges Wachsen werden der Belag geschont und die Haltbarkeit des Skis verlängert. Man unterscheidet Kaltwachsen und Heißwachsen (mit Wachsmaschine, Bügeleisen oder Wachsbrenner).

Wadenkrampf: eine meist auf Überbeanspruchung zurückzuführende schmerzhafte Daueranspannung der Wadenmuskeln oder eines Teils von ihnen (↑auch Krampf); eigentlich harmlos, kann aber z. B. beim Schwimmen im offenen Wasser tödliche Folgen haben.

Wahrnehmungseigenschaften: Bez. für die in den Sinnesorganen begründete Fähigkeit des Menschen zur (meist bewußten) Aufnahme und Verarbeitung von Informationen aus äußeren und inneren Reizen. Hinsichtlich der komplexen Handlungssituation im Sport liefern die Wahrnehmungseigenschaften das sensorische Input für den sensomotorischen Lernprozeß. Die Wahrnehmungseigenschaften sind **visuell** (Informationsaufnahme aus dem Vorzeigen und Vormachen einer Bewegung), **auditiv** (aus einer verbalen Bewegungskorrektur durch den Sportlehrer, Trainer u. a.), **taktil** (aus einer Bewegungshilfe des Trainers) und **kinästhetisch** (aus der eigenen, inneren Wahrnehmung eines Bewegungsablaufs). Der Ausprägungsgrad der Wahrnehmungseigenschaften ist entscheidend für das Erbringen jeglicher Bewegungsleistung, sei es im Alltag, bei der Arbeit oder in Freizeit und Sport. – ↑auch Sensomotorik.

Waldlauf: deutsche Variante des im internationalen Bereich unter der Bez. ↑Crosslauf bekannten leichtathletischen Laufens im freien Gelände (Wald); eingeführt 1908/09 von Carl Diem (* 1882, † 1962); seit 1921 deutsche Meisterschaften über Mittel- und Langstrecken.

Waldsportpfad (Vita-Parcours, Trimmpfad) ↑Trimmaktion.

Wandern: Bewegungsform, die in vielfältiger Weise ausgeführt werden kann und zur physischen, geistigen und seelischen Erholung beiträgt, v. a. durch das unmittelbare Erleben der Natur. Formen des Wanderns sind: Fußwandern (betreut durch Wandervereine, Alpenvereine, Vereine der Naturfreunde), Radwandern, Wasserwandern (im Ruder-, Segel- und Kanusport), ↑Skiwandern, Wandern zu Pferd. Seit 1883 besteht der *Verband Deutscher Gebirgs- und Wandervereine* (Sitz Stuttgart), seit 1970 die *Europäische Wandervereinigung.*

Wanderpokal (Wanderpreis) ↑Pokal.

Wärmeregulation [zu spätlateinisch regulare „regeln, einrichten"] (Thermoregulation): Mechanismen zum Erhalt der erforderlichen Körperkerntemperatur: Verminderung der Hautdurchblutung läßt diese abkühlen, dafür spart der Körper Wärmeverlust an der großen Oberfläche ein. Bei Überhitzung erfolgt das Gegenteil: zusätzliche Kühlung der Haut durch Schweiß, dessen Verdampfen Wärmeenergie verbraucht. Bei starker Daueranstrengung (Laufen, Radfahren) entstehen bis etwa 1 Liter Schweiß/Stunde. Körperliche und geistige Anstrengung erhitzen durch vermehrten Stoffwechsel (Marathonläufer auf über 40 °C).

Warmlaufen ↑Aufwärmen.

Wasalauf [nach dem schwedischen Königsgeschlecht der Wasa (Vasa)] ↑Skimarathon.

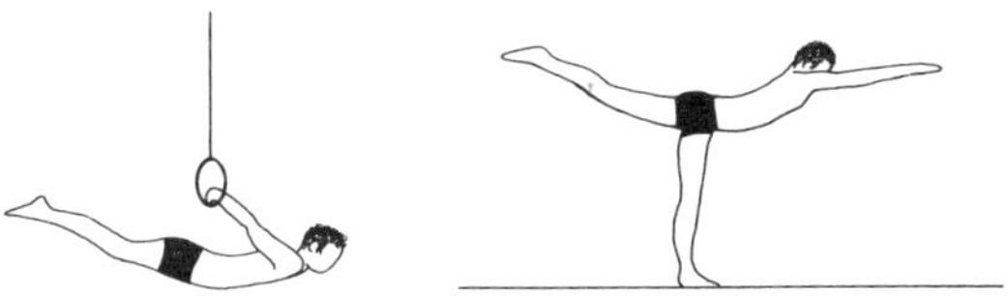

Waage. Geräteturnen: Hangwaage (links), Standwaage (rechts)

Wasserball: Mannschaftstorspiel im Wasser, ursprünglich nur für Männer, heute aber auch für Frauen. **Spielgedanke** ist, einen Ball möglichst oft in das gegnerische Tor zu werfen und dies beim Gegner zu verhindern. Dabei dient das Schwimmen als Fortbewegungsart.

Das **Spielfeld** ist ein Rechteck von höchstens 30 × 20 m in einem Schwimmbecken. Das Becken soll international 1,80 m tief sein. Eine Mittellinie halbiert das Spielfeld. Parallel zu den Torlinien (Schmalseiten) sind je eine Zwei- und eine Viermeterlinie an beiden Seiten des Spielfelds deutlich markiert. Auf der Mitte der Torlinie steht das Tor. Es ist 3 m breit und 90 cm hoch (oberhalb des Wasserspiegels) und nach hinten durch ein Netz geschlossen. **Sportgerät** ist der Wasserball (aus Gummi), Gewicht 400–450 g, Umfang 68–71 cm. Die Spieler tragen weiße und blaue Kappen mit Nummern, die Torhüter rote. Zum Schutz des Trommelfells können Ohrenschützer aus Kunststoff getragen werden.

Die effektive **Spielzeit** beträgt 4 × 7 Minuten, die Pause zwischen den einzelnen Spielabschnitten (Spielvierteln) zwei Minuten.

Spieler: Eine Mannschaft besteht aus 13 Spielern (jeweils 7 im Wasser), davon 2 Torhüter. Die 6 Ersatzspieler können nach einem Spielzeitviertel, bei Verletzungen oder nach einem Torerfolg eingewechselt werden.

Regeln (Auswahl): Das Wasserballspiel wird von zwei Schiedsrichtern geleitet, die eine Pfeife und eine Flagge haben (weißes und blaues Tuch je an einem Ende eines Stabs) zur Regelung des Spiels. Ein Zeitnehmer und zwei Torrichter unterstützen die Schiedsrichter. Zu Spielbeginn befinden sich beide Mannschaften auf ihren Torlinien. Der Ball wird dann in der Mitte des Spielfeldes von einem Schiedsrichter eingeworfen. Innerhalb von 35 Sekunden muß ein Angriff mit einem Torwurf abgeschlossen sein (sonst: Freiwurf für die gegnerische Mannschaft). Ein Tor kann mit jedem Körperteil (jedoch nicht durch Faustschlag) erzielt werden, vorausgesetzt der Ball wurde zuvor von mindestens zwei Spielern gespielt (Berührung nur mit der Hand). Beim Wiederbeginn nach Torerfolg muß sich jede Mannschaft in ihrer Spielfeldhälfte aufhalten. Einfache Fehler (z. B. Fangen mit beiden Händen, Ball un-

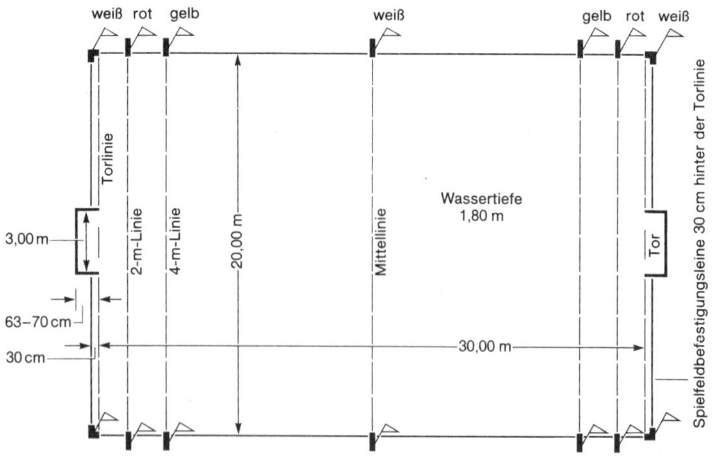

Wasserball. Spielfeld

ter Wasser, Abseitsstellung innerhalb des Zweimeterraumes) und schwere Fehler (z. B. brutales Spiel) werden mit Frei- oder Strafwürfen (von der 4-m-Linie) geahndet. Drei schwere Fehler durch denselben Spieler führen zum Ausschluß für die restliche Spielzeit. Ein Austauschspieler ist in diesem Fall einsetzbar. Ein Eckwurf wird von der 2-m-Linie ausgeführt, wenn der Ball über die Torlinie ins Aus geht und zuletzt von einem verteidigenden Spieler berührt wurde. Alle Spieler außer dem Torwart müssen sich außerhalb der 2-m-Linie befinden. Ein Freiwurf wird von der Stelle des Vergehens ausgeführt oder an der 2-m-Linie. Bei Eckwurf, Freiwurf oder Schiedsrichterwurf müssen immer zwei Spieler den Ball berühren, bevor ein Tor erzielt werden kann (freier Ball). Der Strafwurf kann von jedem Spieler der Mannschaft und von jedem Punkt der 4-m-Linie ausgeführt werden. Dabei müssen sich alle Spieler mit Ausnahme des Torwarts außerhalb des Viermeterraumes aufhalten. Für den Torwart gelten spezielle Regeln: Innerhalb des Viermeterraumes darf er gehen bzw. stehen, den Ball mit der Faust schlagen, mit beiden Händen fangen oder vom Boden hochspringen. Der Torwart darf die Mittellinie nicht überschreiten und den Ball nicht über die Mittellinie werfen.

Technik und **Taktik:** Die Schwimmtechnik ist meist die Kraultechnik, wobei in der Regel mit einer Brust-Bein-Arbeit begonnen wird, um aus der „stehenden" Position schnell in die Schwimmlage zu kommen; die Armzüge sind kürzer und der Kopf nach vorne gerichtet, um die Spielübersicht zu bewahren. Der Ball wird vor dem Körper gedribbelt, d. h. vom Kopf und den Armen umschlossen und so nach vorne getrieben. Geworfen und gefangen wird mit einer Hand. Wird der Ball nach einer kurzen Berührung in der Luft in eine andere Richtung weitergeleitet, so spricht man vom *Doppler.* Es gibt auch den *Selbstdoppler,* wenn der Ball von einer Hand zur anderen gespielt wird. *Schöpfgriff* ist die Ballaufnahme im Wasser durch eine schöpfende Bewegung der Hand, wonach er dann weitergespielt bzw. aufs Tor geschossen wird. Die Taktik ist ähnlich wie in den Mannschaftsspielen zu Land. Da das Wasserballspiel sehr kräftezehrend ist, gilt es, taktisch klug zu spielen, um mit den Kräften zu haushalten (z. B. Bogenwurf auf das Tor, wenn der Torwart sich weit vor dem Tor aufhält).

Geschichte: Das Wasserballspiel ist 1876 in Großbritannien erstmals nachgewiesen. Die ersten offiziellen Regeln wurden 1886 formuliert. 1888 fand in Großbritannien eine erste Meisterschaft statt. Nach Deutschland kam das Wasserballspiel 1894. 1898 erschienen entschärfte deutsche Regeln, die jedoch 1899 wieder den englischen angeglichen wurden. Seit 1900 zählt Wasserball zum olympischen Programm. 1912 fanden die ersten deutschen Meisterschaften statt. Europameisterschaften gibt es seit 1926, Europapokale seit 1964 und Weltmeisterschaften seit 1973. Wasserball ist in den Verbänden des ↑ Schwimmsports organisiert.

Wassergraben: Hindernis im ↑ Hindernislauf und ↑ Springreiten.

Wasserskilaufen [...ʃi:...]: Teildisziplin des Wassersports, bei der ein auf einem oder zwei Skiern stehender Sportler von einem Motorboot gezogen wird und dabei bestimmte Aufgaben zu erfüllen hat.

Sportgerät ist der Wasserski, ein Brett mit nach oben gebogener Spitze und einem stabilisierenden Kiel an der Unterseite des Endes. An der Unterseite dient eine 7 cm breite und 1,5 cm tiefe Hohlkehle der besseren Führung. Auf der Oberseite ist etwa in der Mitte des Skis eine pantoffelförmige Bindung aus Gummi angebracht, in die der Fuß geschoben wird. Die Länge der Wasserskier beträgt etwa 1,60–1,80 m (Trickski 1,00 m), die Breite 16,5–18,0 cm (Trickski 25 cm). Wird nur ein Ski benutzt, spricht man von ↑ Monoskifahren. Weitere Ausrüstungsgegenstände sind: Schwimmweste, Kälteschutzanzug, Kopf- und Gesichtsschutz (beim Springen), Motorboot (mindestens 40 PS) bzw. Schlepplift und Zugleine (12–23 m lang), die an ihrem freien Ende mit einem etwa 33 cm breiten Griff (Trapez) versehen ist.

Regeln (Auswahl): Es gibt für Damen und Herren folgende Wettbewerbe:

1. **Wasserski am Boot** mit den Disziplinen *Slalom* (Umfahren von sechs Außenbojen mit Durchfahren eines Einfahrts- und eines Ausfahrtstors: Die Tore sind 2,50 m breit, die Bojen, in Fahrtrichtung je 3, haben einen Abstand von 23 m, in Fahrtrichtung von 82 m voneinander; die Streckenlänge beträgt 259 m; das Boot fährt auf der Mittellinie zwischen den Bojen; Steigerung der Schwierigkeit durch Erhöhung der Geschwindigkeit [Höchstgeschwindigkeit für Herren 57 km/h, für Damen 54 km/h] oder/und Verkürzung der Zugleine), *Figurenlaufen* (zwei Kürdurchgänge auf Trickskiern [Höchstdauer jeweils 20 Sekunden] zur Demonstration möglichst vieler Figuren), *Springen* (über eine rampenartige, im Wasser verankerte Sprungschanze [Länge 6,40–6,70 m, Breite 3,70–4,30 m, Höhe 1,50–1,80 m] mit Figuren in der Luft und drei Weitsprüngen). – 2. **Wasserski am Lift** (mit den gleichen Disziplinen wie beim Wasserski am Boot; die Wettkampfbedingungen sind hier jedoch insofern anders, als keine Heckwellen des Zugboots durchquert werden müssen). – 3. **Barfußwasserski** ohne Skier auf den blanken Fußsohlen mit den Disziplinen *Figurenlaufen* (wie beim Wasserski am Boot), *Wellenslalom* (möglichst häufiges Durchqueren der Heckwelle in 15 Sekunden), *Springen* (Schanzenhöhe 45,5 cm, Geschwindigkeit bis zu 67 km/h). – 4. **Wasserskiracing** (Geschwindigkeitswettbewerb über eine Strecke von etwa 100 km [Herren] oder etwa 40–60 km [Damen] in möglichst kurzer Zeit, wobei Geschwindigkeiten bis zu 120 km/h erreicht werden können).

Geschichte: Das Wasserskilaufen entwickelte sich aus dem von den Eingeborenen Melanesiens geübten Brandungssurfen. Um 1920 wurde das sogenannte „Aquaplane" (ein breites Brett) als Vorläufer des Wasserskis bekannt. 1923 wurde unabhängig voneinander in den USA und in Frankreich das Wasserskilaufen als sportliche Disziplin entwickelt. Der erste Wasserski mit aufgebogener Spitze und Leitflosse wurde 1925 in den USA konstruiert. Seit 1949 gibt es Weltmeisterschaften. Das Wasserskilaufen ist in der Bundesrepublik Deutschland im *Deutschen Wasserski-Verband* (DWSV; gegründet 1958, Sitz Kassel) organisiert, international in der *Union Mondiale de Ski Nautique* (UMSN; gegründet 1946, Sitz Barcelona).

Wassersport: Sammelbez. für alle Sportarten, die nur im oder auf dem Wasser (Wasserbecken, Seen, Flüsse, Kanäle oder Meere) ausgeführt werden können. Sie spielen v.a. in der Freizeit als sogenannter Lifetimesport eine immer größere Rolle. Zum Wassersport zählen: Kanusport, Motorsport, Rudersport, Schwimmsport (einschließlich Kunstschwimmen und Rettungsschwimmen), Segelsport, Tauchsport, Wasserball, Wasserskilaufen, Wellenreiten und Surfen.

Wasserspringen: Disziplin des Wassersports für Damen und Herren, bei der von einem Sprungbrett bzw. von einem Sprungturm festgelegte Sprungfiguren bei Sprüngen ins Wasser gezeigt werden.

Sportstätte ist die Sprunganlage, bestehend aus Sprungbecken, Absprungvorrichtung und Sprungturm. Die Wassertiefe im *Sprungbecken* muß für Sprünge vom 1- und 3-m-Brett mindestens 3,40 m (gemessen unter der Brettvorderkante) betragen, von der 5-m-Plattform 3,80 m, von der 7,50-m-Plattform 4,10 m, von der 10-m-Plattform 4,50 m. Die lichte Raumhöhe über einem federnden Sprungbrett muß 5,00–5,50 m, über einer starren Plattform 3,20 m betragen. Die *Sprungbretter* für Sprünge aus 1 und 3 m Höhe (über dem Wasserspiegel) bestehen aus Holz, Glasfiber oder Leichtmetall, sie sind mindestens 4,80 m lang und 0,50 m breit. Ihre Oberfläche muß rutschfest sein. Sprungbretter sind auf einer verstellbaren Walze gelagert, wodurch die Federkraft des Bretts reguliert werden kann. Die starren *Plattformen* für Sprünge aus 1 m, 3 m, 5 m, 7,50 m und 10 m Höhe sind 6 m lang und 2,50 m breit und rutschfest ausgelegt. Sie sind an einem Sprungturm angebracht.

Regeln (Auswahl): Man unterscheidet zwei Sprungwettbewerbe: **Kunstspringen** (vom 1- und 3-m-Brett) und **Turmspringen** (von der 5-, 7,50- und 10-m-Plattform). Folgende Wettbewerbe werden ausgetragen: 1. Kunstspringen: *Herren:* 11 Sprünge (5 Pflicht-, 6 Kürsprünge), *Damen:* 10 Sprünge (5 Pflicht-, 5 Kürsprünge), 2. Turmspringen: *Herren:* 10 Sprünge (4 Kürsprünge mit, 6 Kürsprünge ohne Schwierigkeitsbegrenzung), *Damen:* 8 Sprünge (4 Kürsprünge mit, 4 Kürsprünge ohne Schwierigkeitsbegrenzung).

Es werten 5 Sprungrichter (7 bei Olympischen Spielen, Europa- und Weltmeisterschaften) mit 0–10 Punkten pro Sprung. Die Wertung bezieht sich zu 30% auf Anlauf und Absprung, zu 40% auf die Flugphase und zu 30% auf das Eintauchen. Die Sprünge stammen aus 6 Sprunggruppen mit Schwierigkeitsgraden von 1,1–3,0 (Sprunggruppe 1–5 für Kunstspringen, 1–6 für Turmspringen; ↑auch Sprunggruppe). Die schlechteste und die beste Note werden jeweils gestrichen, und die Summe der drei verbleibenden Noten mit dem Schwierigkeitsgrad multipliziert. Bei internationalen Veranstaltungen werden die 5 verbleibenden Noten mit 3/5 multipliziert, um die internationale an die nationale Wertung anzugleichen. Bei Verstößen gegen die Wettkampfbestimmungen werden Punkte abgezogen. Keinen Punkt gibt es, wenn ein anderer als der angegebene Sprung ausgeführt wird (eine Liste der Wettkampfserie muß 24 Stunden vor dem Wettkampf abgegeben werden).

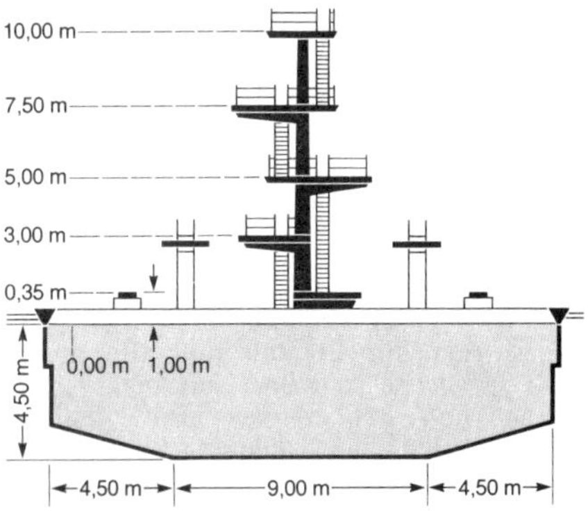

Wasserspringen. Sprunganlage

Technik: Die zentralen Technikelemente sind: Anlauf, Aufsatz, Absprung, Flugphase und Eintauchen. Die Standpositionen sind dabei vorlings und rücklings, die Sprungrichtungen vorwärts und rückwärts (Vorwärts- und Rückwärtssprünge). Weitere Sprungarten sind: Abfaller, Auerbachsprünge, Delphinsprünge, Fußsprünge, Schraubensprünge, Handstandsprünge. Die technische Sprungausführung während der Flugphase kann sein: a) gestreckt (Körper gerade) b) gehechtet (Körper knickt in der Hüfte, Knie bleiben durchgedrückt), c) gehockt (Knie werden unter die Brust gezogen), d) freie Ausführung in Verbindung mit Schraubensprüngen.

Geschichte: Wasserspringen war, wie Felszeichnungen belegen, schon im Altertum bekannt. Im Mittelalter entwickelten die Hallaren (Salzsieder in Halle) die Technik des Wasserspringens. 1843 entstand die erste Wertungstabelle für das Kunstspringen. Erste deutsche Meisterschaften: 1886 im Kunstspringen für Herren (1925 im Turmspringen), 1911 im Kunstspringen für Damen (1933 im Turmspringen). Wasserspringen für Herren ist seit 1904 olympische

Sportart, für Damen seit 1912. Europameisterschaften gibt es seit 1926, Weltmeisterschaften seit 1973. Wasserspringen ist in den Verbänden des ↑Schwimmsports organisiert.

Wechsel: 1. bei *Mannschaftsspielen* (z. B. Basketball, Football, Fußball, Handball, Eishockey, Volleyball) der geregelte Spieleraustausch während des Spielablaufs; erfolgt der Wechsel während einer Angriffsaktion, spricht man von ↑fliegendem Wechsel (z. B. im Eishockey); – 2. bei *Staffelwettbewerben* in der Leichtathletik, im Schwimmsport oder im Skilanglauf die Ablösung eines Sportlers durch den nächsten durch Übergabe des Staffelholzes (Leichtathletik), Anschlag an der Beckenwand und Startsprung (Schwimmen) oder Berühren des nächsten Läufers (Skilanglauf); – 3. im *Handball* zudem Bez. für den Positionstausch von zwei oder mehreren Spielern (Zweier-, Dreier-, Fünferwechsel) mit Laufwegen in oder durch die Abwehr des Gegners, um eine günstige Torwurfposition zu erspielen. Man spricht von Innen- oder Außenwechsel, je nachdem, ob der Wechsel mehr in der Spielfeldmitte oder an den Seitenlinien erfolgt.

Wedeln ↑alpiner Skilauf.

Wegerecht: im Wassersport Vorschriften, die die Vorfahrt bzw. das Ausweichen von Booten regeln; es gelten: 1. Backbordbug vor Steuerbordbug, 2. Lee vor Luv, 3. Überholer hält sich frei, 4. Segler vor Motorsegler.

Weitsprung: Sprungdisziplin der Leichtathletik für Damen und Herren, bei der nach einem Anlauf mit Absprung von einem Balken eine möglichst große Sprungweite zu erzielen ist.

Sportstätte ist die Weitsprunganlage, bestehend aus einer ebenen Anlaufbahn (45 m lang, 2 m breit), dem Absprungbalken und der Sprunggrube (9 Meter lang, mit feinem Sand gefüllt). Der Absprungbalken ist 1,21 – 1,22 m lang, 34 cm breit und 10 cm stark und in einem Abstand von 1 m zur Sprunggrube eben in die Anlaufbahn eingelassen. In den Balken ist ein Einlegebrett eingelassen (10,2 cm breit), das eine Plastilinauflage trägt, die ein Übertreten der Absprunglinie zweifelsfrei erkennen läßt. Für den Absprung stehen die ersten 20 cm der Breite des Balkens zur Verfügung.

Regeln (Auswahl): Der Weitsprung wird immer von der Absprunglinie aus bis zum letzten Eindruck in der Grube gemessen, gleichgültig, ob der Springer auf oder vor dem Balken abspringt. Fehlversuche sind: Übertreten der Absprunglinie oder Durchlaufen, Absprung rechts oder links vom Balken, Berühren des Bodens außerhalb der Sprunggrube, Zurückgehen durch die Sprunggrube nach dem Sprung, Saltosprünge. Für einen Wettkampf sind sechs Versuche (je drei für Vor- und Endkampf) vorgesehen, wobei jeweils der beste Versuch zählt.

Technik: Der Bewegungsablauf der Weitsprungtechnik gliedert sich in Anlauf, Absprung, Flug und Landung. Mit dem *Anlauf* soll eine hohe Anlaufgeschwindigkeit für einen kräftigen Absprung mit dem auf dem Absprungbalken genau aufsetzenden Sprungbein erzielt werden. Der Anlaufrhythmus soll möglichst immer gleich sein (Kontrolle durch individuelle Marken an der Seite der Anlaufbahn) mit einem langen vorletzten und einem kürzeren letzten Schritt. Die Länge des Anlaufs ist so zu wählen, daß bis zum Absprung die größte Geschwindigkeit erreicht werden kann. Der *Absprung* erfolgt

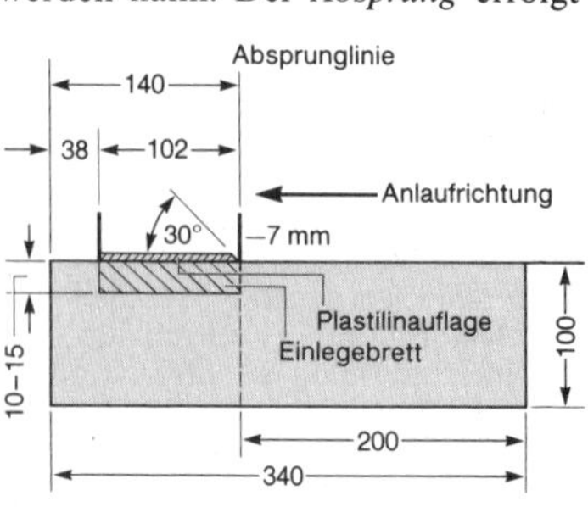

Weitsprung. Absprungbalken

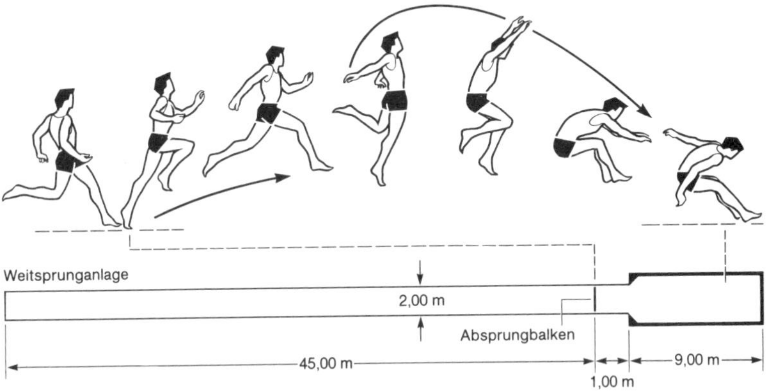

Weitsprung. Sprunganlage und Absprung (Hangtechnik)

durch aktives Aufsetzen des Sprungbeins auf Ferse und Ballen (Stemmen), Beugung und Streckung mit schnellkräftigem Einsatz von Armen und Schwungbein. Die Beine werden am Ende des Absprungs abgebremst, so daß die Kraftübertragung erfolgen kann. Im *Flug* wird in unterschiedlichen Körperstellungen – z. B. hängend oder laufend – versucht, das Gleichgewicht zu halten und die Landung vorzubereiten. Bei der *Landung* soll durch taschenmesserartiges Zusammenklappen von Rumpf und Beinen der Punkt des Eindrucks im Sand möglichst weit nach vorne verlagert werden, wobei man durch schnellenden Arm- und Körpereinsatz, d. h. ein Nachgeben in den Knien und Verschieben der Hüfte versucht, ein Zurückfallen in der Sprunggrube zu verhindern. – Zwei Techniken des Weitsprungs werden bevorzugt: a) **Hangtechnik** (Schwebehangsprung): Während der Flugphase werden Sprung- und Schwungbein bis zur Senkrechten gebracht; danach werden die Beine im Kniegelenk fast rechtwinklig gebeugt (größte Höhe der Flugkurve); für die Landevorbereitung werden die Oberschenkel an den sich nach vorne neigenden Oberkörper herangezogen, die Unterschenkel nach vorne geschwungen und die Arme zum Ausgleich nach unten-hinten geführt. b) **Laufsprungtechnik** („Hitch-Kick“): Die Laufbewegung wird während der Flugphase fortgesetzt (2 1/2 bis 3 1/2 Laufschritte). Die Arme schwingen kreisend mit, um v. a. das Gleichgewicht zu erhalten. Die Vorbereitung und Durchführung der Landung erfolgt wie bei der Hangtechnik.

Geschichte: Weitsprünge waren bereits in der griechischen Antike bekannt, bei den Germanen Hochweitsprünge über neun zusammengestellte Pferde („Königssprünge“). Ein erster überlieferter Wettkampf fand 1864 zwischen den Universitäten Oxford und Cambridge statt. Zwischen 1900 und 1914 wurden die Hangtechnik, ab 1920 die Laufsprungtechnik entwickelt. Der Weitsprung der Herren ist seit 1896, der der Damen seit 1948 olympische Disziplin. – Leistungsentwicklung im Weitsprung: erster offizieller Weltrekord der Herren (1901) 7,61 m, heute gültiger Weltrekord (1968) 8,90 m; der Damen (1928) 5,98 m und (1986): 7,45 m.

Welle: 1. zeitlich und räumlich periodische Änderung der Oberflächengestalt des Wassers, die in *Wassersportarten* (z. B. Wasserskilaufen, Wellenreiten, Surfen) zu berücksichtigen ist; – 2. im *Geräteturnen* Um-

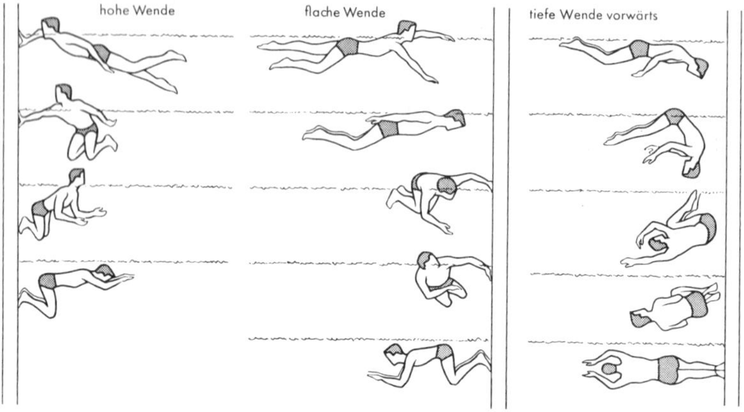

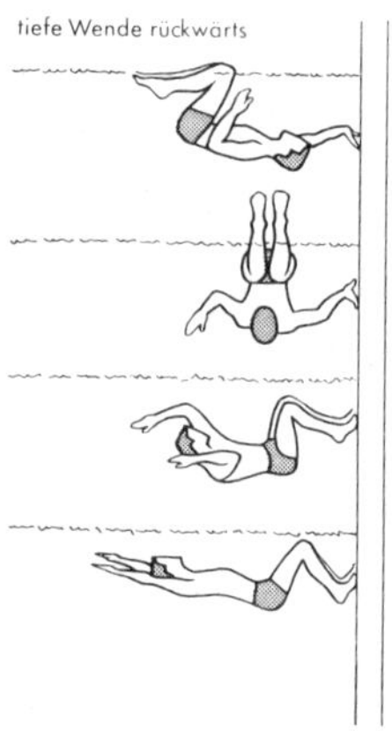

Wende (Schwimmsport)

schwung am Reck im Sitz oder Kniehang; – 3. im *Radsport* das Schlangenlinienfahren, um den Gegner am Überholen zu hindern (führt zur Disqualifikation); – 4. im *Segelflugsport* das Fliegen in Auf- und Abwinden.

Wellenreiten (Brandungsreiten, Surfriding): Wassersportart, bei der man sich auf einem an der Unterseite leicht gewölbten Brett (Surfboard) aus Balsaholz oder Kunststoff (Länge 2,50–2,80 m und Gewicht 10–12,5 kg) auf den Brandungswellen treiben läßt. Man schwimmt zunächst auf dem Brett liegend bis zur Brandung und versucht dann, auf dem Brett stehend auf der Welle in Richtung Land zu „reiten“. – Das Wellenreiten ist polynesischen Ursprungs und hat sich über die USA und Australien in Europa verbreitet. Aus dem Wellenreiten hat sich das Surfen entwickelt.

Weltbestleistung: Bez. für die jemals weltweit erbrachte beste Leistung in einer meßbaren Sportart (z. B. Leichtathletik, Schwimmsport), die im Gegensatz zum Weltrekord (↑Rekord) jedoch nicht offiziell anerkannt ist. In manchen Sportarten werden auch Weltjahresbestleistungen (bezogen auf das laufende Jahr) geführt.

Weltmeisterschaft (WM): Bez. für einen periodisch stattfindenden Wettkampf (auch für den Sieg und Titelgewinn darin), bei dem der weltbeste Sportler oder die weltbeste Mannschaft in einer Sportart oder Disziplin ermittelt und mit dem Titel **Weltmeister** ausgezeichnet wird.

Weltrat für Sportwissenschaft und Leibeserziehung ↑International Council of Sport Science and Physical Education.

Weltrekord ↑Rekord.

Wende: Bez. für eine sportartspezifische Technik der Richtungsänderung im Bewegungsablauf: im *Eis-* und *Rollkunstlauf* eine Pflichtfigur aus drei Kreisen ohne Kantenwechsel, im *Schwimmsport* eine Körperdrehung um die Breitenachse von 180° (je nach Schwimmtechnik unterscheidet man hohe, flache und tiefe Wende), im *Geräteturnen* das Überqueren des Geräts mit gestrecktem Körper, wobei das Gesicht zum Gerät gewandt ist, in der *Leichtathletik* (bei einigen Langstreckenläufen und beim Gehen) der Beginn des Rückwegs, im *Springreiten* die Richtungsänderung an den Wendepunkten des Parcours (Drehung des Pferdes auf der Vorder- oder Hinterhand [Wendung]), im *Kanu-*, *Ruder-* und *Segelsport* das Umfahren einer Wendeboje, ohne diese zu berühren, im *Segelsport* auch ein Manöver, bei dem das Boot mit dem Bug durch den Wind gedreht wird, so daß der Wind dann von der anderen Seite einfällt und das Segel auch auf dieser Seite steht.

Werfen: 1. Bez. für eine Bewegungsform, bei der ein Gegenstand (z. B. Ball, Diskus) mit der Hand oder beiden Händen möglichst weit oder/und zielgenau durch die Luft in Bewegung gesetzt wird (z. B. in einigen Mannschaftsspielen, in den Wurfdisziplinen der Leichtathletik); – 2. im Judo und Ringen **(Wurf)** eine Technik, mit der der Gegner mit Schwung und Kraft auf den Rücken oder die Seite geworfen wird.

Wertung: Verfahren zur Einstufung der Leistung (Leistungsbewertung) eines Sportlers im Wettkampf in den sogenannten Kunstsportarten, in denen eine exakte Leistungsmessung nach dem ↑C-G-S-System nicht möglich ist (z. B. Boxen, Eis- und Rollkunstlauf, Kunstturnen, Ringen, Tanzsport, Sportakrobatik). Die Wertung wird vom Kampfgericht (Wertungsrichtern) in Punkten vorgenommen, unter Berücksichtigung der in den Regelwerken festgelegten Wertungskriterien. – Auch bei Mehrkämpfen in Meßsportarten (z. B. Siebenkampf und Zehnkampf der Leichtathletik) gibt es eine Wertung, bei der die erzielten gemessenen Leistungen anhand einer Wertungstabelle in Punkte umgerechnet werden, um vergleichbare Größen zu erhalten.

Wettkampf (Wettbewerb): Bez. für einen sportlichen Leistungsvergleich, der durch folgende Elemente gekennzeichnet ist: Chancengleichheit und ordnungsgemäßer Ablauf, die in ↑Regeln festgeschrieben sind, Sanktionen für Regelverstöße, ideelle (Erlebnis der Teilnahme), symbolische (Prestige, Pokal- oder Medaillengewinn) oder materielle (Prämie) Werthaftigkeit. – Der Ursprung des sportlichen Wettkampfs wird in der griechischen ↑Agonistik und ↑Athletik gesehen. Die moderne Form des sportlichen Wettkampfs wird einerseits mit den Argumenten der Zielorientierung, des Erlebniswerts u. a. gerechtfertigt, unterliegt andererseits aber auch starker Kritik (↑kritische Sporttheorie). Der sportliche Wettkampf steht in enger Beziehung zum Training (Erprobung), das als Voraussetzung für einen pädagogisch verantworteten Wettkampf (Bewährung) gelten muß.

Wettkampfform: ein sportliches Üben in Form eines Wettkampfs; neben Spielform und Grundform eine der drei grundlegenden ↑Übungsformen, mit deren Hilfe motorisches Lernen geschieht. Sie wird eingesetzt, wenn durch Spiel- und Grundformen schon ein Grundbestand an Bewegungskönnen erarbeitet worden ist. Der Vorteil der Wettkampfform liegt in der meist gesteigerten Motivation zum Üben, nachteilig ist bisweilen, daß die Wettkampfidee zur nicht sachgerechten Bewegungsausführung verführt. In der Wettkampfvorbereitung hat die Wettkampfform eine wichtige Funktion.

Wettkampfsport: Bez. für jede sportliche Betätigung in der Form des ↑Wettkampfs. Der Wettkampfsport erfordert normierte Geräte, Übungsstätten und Verlaufsformen sowie das Vorhandensein eines quantitativen Vergleichsverfahrens. Wettkampfsport ist eine Leistungsart, sowohl als Spitzensport (mit absolutem Maßstab) als auch als Breitensport (mit relativem Maßstab).

Wettkampftraining [...trɛ:...]: das auf einen konkreten Wettkampf ausgerichtete ↑Training, unterschiedlich gestaltet, je nachdem, ob es sich um die Vorbereitungs-, Wettkampf- oder Übergangsperiode handelt.

Widerstandsübungen: Bez. für gymnastische Übungen, die gegen einen Widerstand ausgeübt werden und mit denen bestimmte Muskelpartien ausgebildet (gekräftigt) und die Körperhaltung insgesamt verbessert werden können (↑auch isometrisches Training).

Wiederbelebung: Maßnahmen zur Lebenserhaltung bei Ausfall einer oder mehrerer lebenswichtiger Funktionen. Teilnehmer an Sportarten, bei denen diese Funktionen besonders gefährdet sind (z. B. beim Tauchen), sollten die Grundzüge der Wiederbelebung beherrschen. Dazu gehören gegebenenfalls: Atemwege freimachen und freihalten, Beatmung mit und ohne Hilfsmittel, Herzmassage, Medikamente u. a. – ↑auch Erste Hilfe.

Wiederholungsmethode (Intervallmethode) ↑Ausdauertraining.

Wiener Walzer: Tanz aus der Gruppe der Standardtänze des Tanzsports im 3/4-Takt, mit 60 Takten/Minute mit dem Grundrhythmus 1–2–3. Der Wiener Walzer hat sich aus dem Ländler mit langsamerem Zeitmaß entwickelt. Er ist durch folgende Bewegungsformen charakterisiert: Drehungen nach beiden Seiten im Kreis und auf der Stelle, Übergänge zwischen den Drehungen, erster Schritt auf der Ferse und die beiden folgenden Schritte auf dem Ballen. Im Eis- und Rolltanz ist der Wiener Walzer Pflichttanz im 3/4-Takt mit 52 Takten/Minute.

Wildwasserrennen: zum Wildwassersport zählende Form des Wettbewerbs im ↑Kanusport, bei der es nur auf die vom Start ins Ziel gefahrene Zeit ankommt. Jeder Wettkampfteilnehmer sucht sich die für ihn optimale Strecke (mindestens 3 km und Schwierigkeitsstufe 3 mit natürlichen Hindernissen). Boote sind Kajak oder Kanadier, gesteuert nur durch Paddeltechnik bzw. Gewichtsverlagerung. Disziplinen sind: Einerkajak (Damen/Herren), Zweierkanadier (Herren), gemischter Zweierkanadier (1 Dame/1 Herr). Nach Kenterung muß das Boot ohne fremde Hilfe wieder bestiegen werden (↑auch Kenterrolle). Es gibt auch eine Kombination mit Kanuslalom.

Wildwassersport: Sammelbez. für Wanderfahrten, ↑Wildwasserrennen und Kanuslalom (↑Kanusport) im fließenden („wilden") Wasser. Es sind eine spezielle Ausrüstung und Vorsichtsmaßnahmen erforderlich. Die Wildwasser werden in Schwierigkeitsstufen von 1 (leicht) bis 6 (schwierig) eingeteilt.

Wimbledon [englisch 'wɪmbldən]: ehemals selbständige Stadt, heute Teil des Stadtbezirks Merton von London. Hier befindet sich eine berühmte Tennisanlage, deren **Centre Court** (Hauptplatz) etwa 15 000 Zuschauer faßt und in der seit 1877 jährlich (Juni/Juli) die „Internationalen englischen Tennismeisterschaften" ausgetragen werden, die als inoffizielle Weltmeisterschaft gelten.

Windgeschwindigkeit: die Windstärke, die für verschiedene Sportarten (Segeln, Surfen, Leicht-

Beaufort		km/h
0 = still		unter 1
1 = sehr leicht		1–5
2 = leicht		6–11
3 = schwach		12–19
4 = mäßig		20–28
5 = frisch		29–38
6 = stark		39–49
7 = steif		50–61
8 = stürmisch		62–74
9 = Sturm		75–88
10 = schwerer Sturm		89–102
11 = orkanartiger Sturm		103–117
12 = Orkan		118–133
13 =	Wirbelstürme	134–149
14 =	Wirbelstürme	150–166
15 =	Wirbelstürme	167–183
16 =	Wirbelstürme	184–201
17 =	Wirbelstürme	202–

athletik, Radsport u.a.) einen leistungsbestimmenden Faktor darstellt. Sie wird in m/sec, km/h oder Knoten (Seemeile/h) gemessen und nach der Beaufort-Skala in 17 Stärkeklassen eingeteilt.

Windkesselfunktion ↑Aorta.

Windschatten: vor Wind schützende Position im Rücken eines Vordermannes. Das Fahren im Windschatten wird v.a. im Motorsport und Radsport aus taktischen Gründen praktiziert, um Kräfte zu sparen und im richtigen Moment zum Überholen ansetzen zu können. In gewissem Maß kann man auch bei Mittel- und Langstreckenläufen in der Leichtathletik oder im Skilanglauf den Windschatten ausnützen.

Windsurfen [...sə:fan, englisch] ↑Surfen.

Wintersport: Sammelbez. für alle Sportarten, deren Ausführung an Schnee und Eis gebunden ist. Sie gehen in ihrer Entstehungsgeschichte häufig auf Brauchformen zurück, da sie aus den verschiedenen Fortbewegungsarten in Schnee und auf Eis entstanden sind. Der Wintersport spielt v.a. in der Freizeit als Lifetimesport (auch in der Touristik) eine immer größere Rolle, da er aufgrund der klimatischen Verhältnisse einen hohen gesundheitlichen Wert hat. Zum Programm der Olympischen Winterspiele zählen: Biathlon, Bobsport, Eishockey, Eiskunstlauf, Eisschnellauf, Schlittensport, alpiner Skilauf, Skilanglauf, Skispringen. Nicht olympische Wintersportarten sind: Eisschießen, Eissegeln, Skibobsport, Skijöring und Schneesurfen.

Wintertraining [...trɛ:...] Training in Sportarten, deren Wettkampfsaison im Frühjahr, Sommer und/oder Herbst liegt. Da die sogenannten Sommersportarten heute vielfach auch im Winter (in Hallen) wettkampfmäßig betrieben werden (z.B. Leichtathletik), wird auch das Wintertraining als Überbrückung bis zur eigentlichen Saison wichtig. – ↑auch Sommertraining.

Wippen: 1. in der *Gymnastik* eine Grundübung (federnde Auf- und Abwärtsbewegungen der Füße, Arme und des Beckens); – 2. im *Trampolinturnen* das federnde Auf- und Abspringen im Stand.

Wirbelsäule: knöcherne dorsale Achse des Skeletts; besteht aus einzelnen Wirbelkörpern, die durch Gelenkfortsätze und Bänder stabil verbunden sind, sowie den dazwischen gelagerten Bandscheiben. Größte Beweglichkeit (Drehen, Beugen) und daher auch stärkste Abnutzung weisen die Hals- und Lendenwirbelsäule auf. Die Brustwirbelsäule ist durch den an ihr ansetzenden Brustkorb nur eingeschränkt beweglich. Im Hohlraum der Wirbelsäule, und durch sie geschützt, verläuft das Rückenmark. Verletzungen können durch starke äußere Gewalteinwirkung oder als Überlastungsschäden (z.B. bei Turnern) auftreten. – ↑auch Spondylose, ↑Lordose.

WM: Abk. für: **W**elt**m**eisterschaft.

WM-System: System der taktischen Aufstellung der zehn Feldspieler im Fußball, das nach 1945 als Ersatz für den alten 1–2–3–5 Aufbau entwickelt worden ist. Dabei gleicht die Formation der Angriffsspieler einem „W“, die der Abwehrspieler einem „M“. Andere Staffelungen der Feldspieler sind: 4–2–4, 4–3–3 oder 4–4–2.

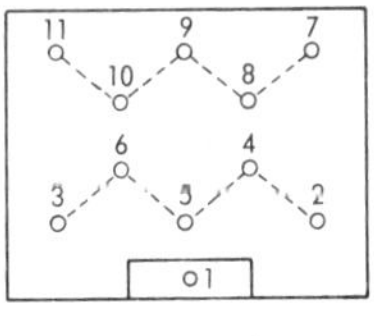

WM-System

Wunde: mit Zerstörung der schützenden [Schleim]haut verbundene Verletzung. Je nach Verletzungshergang ergibt sich eine verschiedene Tiefe und Ausdehnung, z.B. oberflächliche Schürfwunde bei Sturz, tiefe Wunde bei offenem Knochenbruch. Die Behandlung reicht entsprechend von der Reinigung bis zur Operation; eventuell Impfung gegen Wundstarrkrampf (Tetanus).

Y

Yacht ↑Jacht.

Yard [ja:rt, englisch ja:d, eigentlich „Gerte, Meßwert"]: englisches Längenmaß, das 91,44 cm entspricht. In der Leichtathletik werden in englischsprachigen Ländern Strecken vorwiegend in Yards angegeben. Auch international ist Yard häufig die grundlegende Maßeinheit für zahlreiche Spielfeld- und Geräteabmessungen.

Yoga ↑Joga.

Z

Zehnkampf: aus zehn Disziplinen bestehender Mehrkampf der Leichtathletik für Männer. Der Zehnkampf wird an zwei aufeinanderfolgenden Tagen in folgender Reihenfolge ausgetragen: *1. Tag:* 100-m-Lauf, Weitsprung, Kugelstoß, Hochsprung, 400-m-Lauf; *2. Tag:* 110-m-Hürdenlauf, Diskuswurf, Stabhochsprung, Speerwurf, 1 500-m-Lauf. Um die in verschiedenen Einheiten (Längen- und Zeiteinheiten) gemessenen Leistungen der einzelnen Disziplinen zu einem Gesamtergebnis addieren zu können, werden die gemessenen Leistungen nach einer international gültigen (letzte Fassung 1969) Mehrkampftabelle in Punkte umgerechnet **(Tausendpunktewertung),** bei der für alle Disziplinen ein mit 1 000 Punkten bewerteter Normwert festgelegt ist. Je nach der tatsächlichen Leistung werden von diesen 1 000 Punkten Punkte abgezogen bzw. hinzuaddiert. Im übrigen gelten die für die einzelnen Disziplinen gültigen Regeln.

Geschichte: Vorläufer des Zehnkampfs sind verschiedene Mehrkämpfe in Island, Deutschland und den USA. Ein Zehnkampf mit dem heutigen Programm wurde erstmals 1902 in Malmö (Schweden) ausgetragen. Olympische Disziplin ist der Zehnkampf seit 1912, allerdings waren die Disziplinen auf drei Tage verteilt. In der Zeit nach dem 1. Weltkrieg bis 1930 galt die **Hundertpunktewertung,** nach der in jeder Disziplin höchstens 100 Punkte erzielt werden konnten. Zu einer deutlichen Leistungssteigerung im Zehnkampf kam es in den 60er Jahren infolge der Einführung des dynamischen Zehn-

Zehnkampf mit Tausendpunktewertung

	1 000 Punkte	900 Punkte	800 Punkte	700 Punkte	600 Punkte
100 m	10,2 s	10,6 s	11,0 s	11,4 s	11,9 s
Weitsprung	7,90 m	7,39 m	6,90 m	6,43 m	5,98 m
Kugelstoß	18,75 m	16,92 m	15,19 m	13,55 m	12,01 m
Hochsprung	2,17 m	2,05 m	1,93 m	1,82 m	1,71 m
400 m	46,0 s	48,0 s	50,1 s	52,5 s	55,1 s
110 m Hürden	13,7 s	14,5 s	15,5 s	16,5 s	17,8 s
Diskuswurf	57,50 m	51,58 m	45,99 m	40,72 m	35,77 m
Stabhochsprung	4,78 m	4,36 m	3,97 m	3,60 m	3,25 m
Speerwurf	81,00 m	71,81 m	63,17 m	55,09 m	47,56 m
1 500 m	3:40,2 min	3:50,6 min	4:02,0 min	4:14,5 min	4:28,4 min

kampftrainings durch den deutschen Zehnkampftrainer F. Schirmer. Der erste offizielle Weltrekord (1922) lag bei 7 481,69 Punkten (nach der heutigen Tabelle: 6 270 Punkte), der heute gültige Weltrekord (1984) liegt bei 8 847 Punkten.

Zehnsekundenregel ↑Basketball.

Zeitausgleich ↑Vergütung.

Zeitbegrenzung: 1. die Zeitregel, nach der ein Wettkampf bei Unterbrechung nach einer bestimmten Zeitspanne wieder aufgenommen werden muß (z. B. Sprünge und Würfe in der Leichtathletik); – 2. Verfahren zur Beendigung eines Satzes in Rückschlagspielen ohne Spielzeit (z. B. der ↑Tie-Break im Tennis); – 3. festgesetzte Dauer für eine Übung (z. B. in Kunstturnen, rhythmische Sportgymnastik, Eiskunstlauf, Pferdesport [Überschreiten der Zeitbegrenzung gilt als Zeitfehler, der mit Punktabzug bzw. Strafpunkten belegt wird]); – 4. Zeitlimit für einen Wettkampf (z. B. im Rad- und Segelsport); – 5. Zeitfestlegung für die Dauer einzelner Spielzüge (z. B. die Drei-, Fünf-, Zehn- und Dreißigsekundenregel im Basketball).

Zeitmessung (Zeitnahme): 1. in den Meßsportarten ein Verfahren zur Ermittlung der Leistung, die sich in einer bestimmten Zeitdauer ausdrückt. Das früher übliche Verfahren der Handzeitmessung (Betätigung einer Stoppuhr durch Knopfdruck) ist seit etwa 1964 in den meisten Sportarten durch die ↑elektronische Zeitmessung abgelöst; – 2. in einigen Mannschafts- und Rückschlagspielen die – meist von einem besonderen Zeitnehmer vorgenommene – Überwachung der Spielzeit bzw. der Dauer einzelner Spielzüge und -zeitabschnitte (z. B. Basketball, Boxen, Eishockey, Handball, Tischtennis).

Zeitspiel: die absichtliche Verzögerung des Spielflusses (v. a. bei Spielen mit fester Spielzeit) mit dem Ziel, einen Tor- oder Punktevorsprung oder ein Unentschieden über die Spielzeit zu „retten", meist durch Halten des Balles in der eigenen Mannschaft; wird z. T. (z. B. als passives Spiel im Handball) mit einem freien Ball für den Gegner geahndet. In Spielen mit effektiver Spielzeit (z. B. Basketball, Eishockey) ist ein Zeitspiel nur begrenzt möglich.

Zeitstrafe: in einigen Mannschaftssportarten der zeitweilige Ausschluß eines Spielers vom Spielgeschehen (↑Strafzeit). In einigen Sportarten (z. B. Automobil-, Pferde- und Radsport) eine Sanktionsmaßnahme, bei der die tatsächliche, als Leistung gewertete Zeit eines Wettkampfs um bestimmte Strafzeiten erhöht wird.

Zentralnervensystem [griechisch-lateinisch] (ZNS): im Schädel (Hirn) und Wirbelkanal (Rückenmark) gelegener Anteil des Nervensystems mit folgenden Funktionen: Wahrnehmung, Verarbeitung, Wertung und Beantwortung von Reizen, Regelung und Koordination der Körperfunktionen, Entwurf von Bewegungs- und Verhaltensmustern, Denken, Merken, Fühlen, Wollen, Träumen.

Zerrung: durch plötzliche übermäßige Dehnung von Muskeln, Sehnen oder Bändern ausgelöste Gewebeverletzung, Vorstufe des Anrisses; bei Muskeln durch den Bluterguß sehr schmerzhaft; Behandlung durch Schonung bzw. Ruhigstellung für einige Tage oder länger. Zerrungen treten häufig auf an Beinmuskeln beim Springen und Sprinten, an Arm- und Brustmuskeln beim Ringen und Geräteturnen, an Handmuskeln bei Ballspielen und bei starker Gelenküberlastung.

Ziel: 1. das durch Markierungen (Linien, Pfosten o. ä.) festgelegte Ende einer Wettkampfstrecke. Die Reihenfolge der Teilnehmer beim Zieleinlauf (überwacht von **Zielrichtern**) wird in vielen Sportarten und Disziplinen durch Zielzeitkameras (↑elektronische Zeitmessung) festgehalten; – 2. etwas, das beim Schießen, Werfen o. ä. anvisiert wird und getroffen werden soll.

Zielbewegung: 1. Bewegungsvollzug, der zur Erreichung eines Ziels erforderlich ist; – 2. im motorischen Lernprozeß die Endform einer zu lernenden Bewegung.

Zirkeltraining [...trɛ:...] ↑Circuittraining.

Zitronensäurezyklus (Citratzyklus): wichtigster Abbaumechanismus im Körper. In ihn münden die meisten Abbauvorgänge des Stoffwechsels. V. a. Kohlenhydrate, die den Hauptanteil unserer Nahrung ausmachen, werden im Zitronensäurezyklus verwertet und können je nach Bedarf auch zu Eiweiß oder Fett aufgebaut werden. Wird dem Körper mit der Nahrung nicht genügend Energie zugeführt, so können Fettdepots eingeschmolzen und über ein Zwischenprodukt dem Zitronensäurezyklus zugeführt werden. In diesem „Verbrennungszyklus" werden energiereiche Verbindungen zur Aufrechterhaltung des Stoffwechsels gewonnen.

Zivilisationskrankheiten [aus französisch civilisation und englisch civilization, zu lateinisch civilis „den Staatsbürger betreffend, bürgerlich"] (Wohlstandskrankheiten): Bez. für Herz- und Kreislaufschäden bzw. -erkrankungen, die v. a. in den sogenannten Industrienationen an der Spitze aller Todesursachen stehen. Ursachen sind v. a.: falsche Ernährung (zuviel Fett), Streß, Genußmittelmißbrauch und Bewegungsarmut. Altersgemäße körperliche Beanspruchung im Sport wird als Mittel gegen Zivilisationskrankheiten empfohlen.

ZNS: Abk. für: ↑Zentral**n**erven**s**ystem.

Zone [aus lateinisch zona „(Erd)gürtel", von gleichbedeutendem griechisch zṓnē]: Abschnitt eines Spielfelds (z. B. Angriffszonen des Volleyballfelds) oder eines Geräts (z. B. Griffzonen im Geräteturnen); die Zonen dienen der Strukturierung von Bewegungsvollzügen, d. h. der optimalen Ausführung einer Zielbewegung.

Zonendeckung [↑Zone] (Raumdeckung) ↑Deckung.

Zuckerkrankheit ↑Insulin.

Zugphase ↑Armbewegung.

Zu-Null-Spiel: in einigen Mannschaftsspielen Bez. für ein Spiel, bei dem gegen eine Mannschaft kein Tor erzielt wurde.

Zusatzaufgabe: Mittel zur Intensivierung des Sportunterrichts durch Stellen weiterführender Aufgaben im Rahmen des motorischen Lehr- und Lernprozesses. Die Zusatzaufgaben beziehen sich auf bereits gelernte Bewegungsabläufe, die durch diese Übungsform gefestigt werden können, z. B. wenn beim Erlernen des Weitsprungs auf dem Rückweg zum Ablaufpunkt auf der Laufbahn der Hürdenlauf trainiert wird.

Zuschauer: Personen, die eine Sportveranstaltung besuchen, jedoch nicht am Wettkampf aktiv teilnehmen. Sportarten, die üblicherweise eine große Zahl von Zuschauern anziehen, nennt man auch **Zuschauersportarten**; sie gehören meist zum Bereich des Berufssports.

Zuspiel: 1. ↑Paß; – 2. im Volleyball das Weiterleiten des Balles innerhalb der eigenen Mannschaft zu einem Netzspieler, damit dieser einen Angriffsschlag ausführen kann; man unterscheidet **oberes Zuspiel** (↑Pritschen) und **unteres Zuspiel** (↑Baggern); der Spieler, der in der Regel durch Zuspiel den Angriffsschlag vorbereitet, heißt **Zuspieler.**

Zweckgymnastik ↑Gymnastik.

Zweier: 1. von zwei Personen gefahrenes Boot im ↑Rudersport und im ↑Kanusport; – 2. im Golf (Twosome) eine Spielart, bei der ein Spieler gegen einen anderen spielt.

Zweifachsprünge: im Eis- und Rollkunstlauf Bez. für Sprünge mit zwei vollen Drehungen um die Körperlängsachse.

Zweikampf: 1. Wettkampf mit Duellcharakter; von besonderer Bedeutung ist hier die taktische Einstellung auf den Gegner; Sportarten, die nur als Zweikampf ausgetragen werden können, heißen Zweikampfsportarten (↑Dualsportarten); – 2. Wettbewerb (Mehrkampf) aus zwei Disziplinen (z. B. Gewichtheben).

Zweikampfsportarten ↑Dualsportarten.

Zweilinienabseits ↑abseits.

Zweischiedsrichtersystem ↑Schiedsrichter.

Zweitaktrhythmus [↑Takt und ↑Rhythmus]: Technik zur Fortsetzung des Basketballspiels nach Annahme des Balles in der Bewegung oder nach Aufnahme des Balles am Ende eines Dribblings. Nach der Ballberührung dürfen nur zwei Schritte bis zum Stopp oder bis zum Weiterspielen des Balles gemacht werden. Beim sogenannten Schrittstopp oder Sprungstopp (Fangen des Balles im Sprung) werden die Knie gebeugt und das Gewicht liegt auf dem hinteren Bein (Standfuß), von dem aus dann auch ein ↑Sternschritt ausgeführt werden kann.

zweite Reihe: Bez. für eine taktische Angriffsformation in Mannschaftsballspielen, bei der ein Teil der Angriffsspieler in zurückgezogener Position spielt (v. a. im Handball, Fußball, Volleyball).

Zweiter Weg des Sports: im Rahmen der Initiative „Sport für alle" (Jedermannsport) vom *Deutschen Sportbund* 1959 verabschiedetes Aktionsprogramm zur Gewinnung neuer Personenkreise für den Sport durch Einrichtung neuer Abteilungen und Programme in bestehenden Sportvereinen, aber auch durch neue Initiativen im Rahmen des Betriebs-, Militär-, Polizeisports u. a. Anstoß waren die Zunahme von Bewegungsmangelkrankheiten und die wachsende Freizeit mit einem gesteigerten Bedürfnis nach Bewegung. Die Zielsetzungen des Zweiten Wegs des Sports werden seit 1970 von der ↑Trimmaktion aufgegriffen und weitergeführt.

Zwischenlauf ↑Lauf.

Zwischenrunde ↑Runde.

Zwischenspurt ↑Spurt.

Zwischenzeit: in Lauf- und Rennwettbewerben die an bestimmten Streckenpunkten gemessene bis dahin benötigte Zeit eines Wettkämpfers mit dem Ziel der sinnvollen Dosierung des Leistungsvermögens und der Einleitung taktischer Maßnahmen. Die moderne Technik ermöglicht es, daß die Wettkämpfer sowohl ihre eigenen als auch die Zwischenzeiten ihrer Konkurrenten erfahren, so daß sie die taktische Abstimmung ihres Wettkampfs weitgehend auch ohne Hilfe von außen vornehmen können.

Zwölfkampf (olympischer Zwölfkampf): Mehrkampf im Kunstturnen der Herren, bei dem je eine Pflicht- und eine Kürübung an den Geräten Barren, Boden, Langpferd, Reck, Ringen und Seitpferd geturnt werden. Es gibt im Zwölfkampf eine Einzelwertung und eine Mannschaftswertung.

zyklische Bewegung [zu griechisch kýklos „Kreis, Kreislauf"] ↑Bewegung.

Literatur

Allgemeines

1. Nachschlagewerke

Kleine Enzyklopädie Körperkultur und Sport. Herausgegeben von G. Erbach u. a. Berlin (Ost) [5]1979.
Nordheim, E. und W.: das blv sportlexikon. sport international. disziplinen, technik, regeln. München 1970–71. 2 Bände.
Der Sport Brockhaus. Alles vom Sport von A bis Z. Wiesbaden [4]1984.
Sportwissenschaftliches Lexikon. Redaktion P. Röthig. Schorndorf [5]1983.
Wehlen, R.: Regeln und Sprache des Sports. Mannheim 1976. 2 Bände.
Winkler, H.-J.: Sportbegriffe von A–Z. München 1978.
Winkler, H.-J.: Taschenlexikon des Sports. München 1983.

2. Handbücher

Baumann, S./Zieschang, K.: Handbuch der Sportpraxis. München 1976.
Berufsfeld Sport. Herausgegeben von H. Haag und K. Heinemann. Schorndorf 1987.
Einführung in die Sportwissenschaft. Herausgegeben von H. E. Rösch. Darmstadt 1978.
Einführung in die Theorie der Leibeserziehung und des Sports. Herausgegeben von O. Grupe. Schorndorf [5]1980.
Handbuch Sport. Wissenschaftliche Grundlagen von Unterricht und Training. Herausgegeben von K. Carl u. a. Düsseldorf 1984. 2 Bände.
Kritische Stichwörter zum Sport. Herausgegeben von H. J. Schulke. München 1983.
Steinkamp, E.: Was ist eigentlich Sport? Wuppertal 1983.
Taschenbuch des Sportunterrichts. Herausgegeben von W. Günzel. Baltmannsweiler 1985.

Theoriefelder der Sportwissenschaft

1. Sportbiomechanik

Biomechanische Leistungsdiagnostik. Herausgegeben von R. Ballreich und W. Baumann. Berlin 1980.
Fetz, F.: Bewegungslehre und Leibesübungen. Wiesbaden [2]1980.
Hochhuth, G.: Biomechanik sportlicher Bewegungen. Berlin (Ost) [5]1982.

2. Sportgeschichte

Geschichte der Leibesübungen. Herausgegeben von H. Ueberhorst. Berlin 1978–82. 5 Bände.
Saurbier, B.: Geschichte der Leibesübungen. Frankfurt am Main [10]1978.

3. Sportmedizin

Hollmann, W./Hettinger, T.: Sportmedizin. Arbeits- und Trainingsgrundlagen. Stuttgart [2]1980.
Rieckert, H.: Leistungsphysiologie. Schorndorf 1986.
Weineck, J.: Sportanatomie. Erlangen 1981.

4. Sportpädagogik

Grupe, O.: Grundlagen der Sportpädagogik. Schorndorf ³1984.
Meinberg, E.: Hauptprobleme der Sportpädagogik. Eine Einführung. Darmstadt 1984.
Meusel, H.: Einführung in die Sportpädagogik. München 1976.

5. Sportphilosophie

Aktuelle Probleme der Sportphilosophie. Herausgegeben von H. Lenk. Schorndorf 1983.
Philosophie des Sports. Herausgegeben von H. Lenk u. a. Schorndorf 1973.
Krockow, C.: Sport. Eine Soziologie und Philosophie des Leistungsprinzips. Hamburg 1974.

6. Sportpsychologie

Eberspächer, H.: Sportpsychologie. Reinbek 1982.
Thomas, A.: Einführung in die Sportpsychologie. Göttingen 1978.

7. Sportsoziologie

Heinemann, K.: Einführung in die Soziologie des Sports. Schorndorf ²1983.
Rigauer, B.: Sportsoziologie. Grundlagen, Methoden, Analysen. Reinbek 1982.

Theorie und Praxis des Sports

Alterssport. Versuch einer Bestandsaufnahme. Herausgegeben von R. Singer. Schorndorf 1981.
Behindertensport und Rehabilitation. Herausgegeben von K.-A. Jochheim und P. van der Schoot. Schorndorf 1981. 2 Teile.
Blödorn, M./Schmidt, P.: Trablaufen. Ein Ausdauersport für Herz und Kreislauf. Training, Technik, Taktik. Reinbek 1983.
Bös, K./Mechling, H.: Dimensionen sportmotorischer Leistungen. Schorndorf 1983.
Cratty, B. J.: Motorisches Lernen und Bewegungsverhalten. Frankfurt am Main 1975.
Dassel, H./Haag, H.: Circuit-Training in der Schule. Schorndorf ⁵1978.
Frau und Sport. Herausgegeben von G. Pfister. Frankfurt am Main 1980.
Freizeitsport. Aufgabe und Chance für jedermann. Herausgegeben von J. Dieckert. Gütersloh ²1978.
Gabler, H.: Aggressive Handlungen im Sport. Schorndorf 1976.
Göhner, W.: Bewegungsanalysen im Sport. Schorndorf 1979.
Groh, H./Groh, P.: Sportverletzung und Sportschäden. München 1975.
Grosser, M./Herbert, F.: Konditionsgymnastik. München ⁴1983.
Größing, S.: Einführung in die Sportdidaktik. Frankfurt am Main ²1981.
Grupe, O.: Bewegung, Spiel und Leistung im Sport. Grundthemen der Sportanthropologie. Schorndorf 1982.
Haag, H.: Die amerikanische Gesundheitserziehung. Theoretische Grundlagen und Realisierung in der Schule. Ein Beitrag zum Verständnis des Zusammenhanges von Freizeit-, Gesundheits- und Leibeserziehung. Schorndorf 1971.
Koch, K.: Konditionsschulung für die Jugend. Schorndorf ⁵1979.
Krüger, A.: Sport und Politik. Hannover 1975.
Kuchler, W.: Sportethos. Schorndorf 1969.
Kursbücher für die Sporttheorie in der Schule. Herausgegeben von P. Röthig und S. Größing. 1: Sportbiologie, 2: Trainingslehre, 3: Bewegungslehre, 4: Sportliches Handeln. Bad Homburg v. d. H. 1979–82. 4 Bände.

Letzelter, H. und M.: Krafttraining. Theorie, Methode, Praxis. Reinbek 1985.
Letzelter, M.: Trainingsgrundlagen. Training, Technik, Taktik. Reinbek 1984.
Meusel, W./Meusel, H.: Jahresprogramm Fitnesstraining und Ausgleichssport. Schorndorf 1978.
Mevert, F.: Olympische Spiele der Neuzeit von Athen bis Los Angeles. Niedernhausen 1983.
Mühlfriedel, B.: Trainingslehre. Frankfurt am Main [2]1983.
Nöcker, J.: Die Ernährung des Sportlers. Schorndorf [3]1983.
Pilz, G. A., u. a.: Sport und Gewalt. Schorndorf 1983.
Rigauer, B.: Sport und Arbeit. Frankfurt am Main 1969.
Röhrs, H.: Spiel und Sportspiel – ein Wechselverhältnis. Frankfurt am Main 1981.
Sport 2000. Herausgegeben von K. Heinemann und H. Becker. Schorndorf 1986.
Willimczik, K./Roth, K.: Bewegungslehre. Reinbek 1985.

Sportarten

1. Allgemeines

Texte zur Theorie der Sportarten. Herausgegeben von H. Haag. Schorndorf 1979 ff. Bis 1986 sind 6 Bände erschienen.

2. Individualsportarten

Brehm, W.: Skifahren für Kinder und Jugendliche. Training, Technik, Taktik. Reinbek 1984.
Frey, G., u. a.: Laufen, Springen, Werfen. Reinbek 1984.
Friedrich, E./Nilsson, M.: Gerätturnen 1. Training, Technik, Taktik. Reinbek 1983.
Joeres, U./Weichert, W.: Schwimmen. Bewegung und Spielen im Wasser. Reinbek 1984.
Jonath, U., u. a.: Leichtathletik I und II. Training, Technik, Taktik. Reinbek 1983–84. 2 Bände.
Mißmahl, J.: Gymnastik. Training, Technik, Taktik. Reinbek 1983.
Mödinger, H.: Rhythmische Sportgymnastik. Schorndorf 1980.
Weller, K.-L.: Technik und Methodik des Gerätturnens. Schorndorf 1981.

3. Dualsportarten

Birod, M.: Judokurs. Training, Technik, Taktik. Reinbek 1983.
Bucher, W.: Tennis in der Schule. Schorndorf 1984.
Harst, H., u. a.: Tischtennis. Training, Technik, Taktik. Reinbek 1983.
Knüppel, H.: Freizeitsport Badminton in Schule und Gruppen. Schorndorf [2]1979.
Meyners, E.: Badminton in der Schule. Schorndorf 1984.
Paschel, B.: Fechten. Bad Homburg v. d. H. 1981.

4. Mannschaftssportarten

Bartenbach, K./Schmidt, G.: Hockey. Grund- und Aufbaukurs. Schorndorf 1980.
Bisanz, G./Gerisch, G.: Fußball. Training, Technik, Taktik. Reinbek 1982.
Blume, G.: Volleyball. Training, Technik, Taktik. Reinbek 1984.
Hagedorn, G., u. a.: Basketball-Handbuch. Theorie, Methode, Praxis. Reinbek [4]1980.
Trosse, H.-D.: Handball. Training, Technik, Taktik. Reinbek 1982.